Fallbeispiele mit Softwarelösungen

in
Stotax Gehalt und Lohn^{Start}

Auf den folgenden Seiten werden typische Sachverhalte aus der Praxis und deren Lösungen mithilfe des Programms **Gehalt und Lohn** ^{Start} von Stollfuß Medien dargestellt.

Als Fallbeispiele stehen Ihnen zur Verfügung:

- Fallbeispiel 01: Regulärer Arbeitnehmer mit Lohnsteuerklasse I
- Fallbeispiel 02: Regulärer Arbeitnehmer mit steuerlichem Freibetrag
- Fallbeispiel 03: Regulärer Arbeitnehmer mit Lohnsteuerklasse IV und Faktor 1,000
- Fallbeispiel 04: Regulärer Arbeitnehmer mit Lohnsteuerklasse IV und Faktor 0,800
- Fallbeispiel 10: Einmalzahlung unterhalb der Beitragsbemessungsgrenze
- Fallbeispiel 11: Einmalzahlung oberhalb der Beitragsbemessungsgrenze (mit Vormonatsluft)
- Fallbeispiel 12: Einmalzahlung Märzklausel
- Fallbeispiel 13: Abfindung
- Fallbeispiel 20: Gleitzone
- Fallbeispiel 21: Steuerliche Jahresberechnung
- Fallbeispiel 22: Geringfügig Beschäftigter
- Fallbeispiel 23: Dienstwagen 1 %-Regelung
- Fallbeispiel 24: Barlohnumwandlung für Pensionskasse

In dem Programm Gehalt und Lohn^{Start} sind diese Fallbeispiele als vorausgefüllte Gehaltsauskünfte unter dem Menüpunkt „Berechnungsbeispiele" aufrufbar (siehe Abbildung):

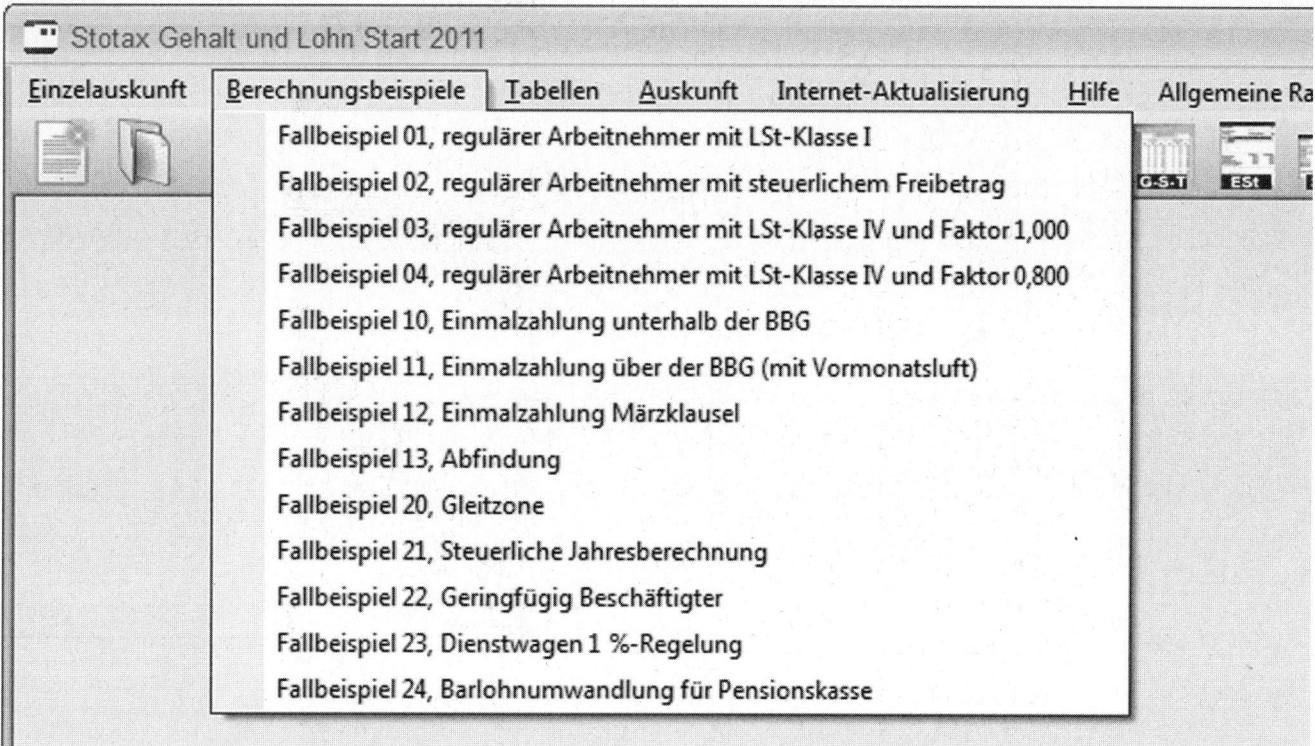

Fallbeispiel 01: Regulärer Arbeitnehmer mit Lohnsteuerklasse I

Sachverhalt

Der 28-jährige Arbeitnehmer A aus Köln mit Lohnsteuerklasse I hat eine Gehaltserhöhung bekommen und erhält zukünftig ein monatliches Bruttogehalt von 3 500,– €. Er hat keine Kinder und ist kirchensteuerpflichtig. Sowohl in der gesetzlichen Renten- und Arbeitslosenversicherung als auch in der gesetzlichen Kranken- und Pflegeversicherung ist er pflichtversichert.

Arbeitnehmer A möchte von seinem Arbeitgeber (Lohnbüro) wissen, wie viel er zukünftig als Nettogehalt ausgezahlt bekommt.

Lösungsweg mithilfe der elektronischen Einzelauskunft

Der Arbeitgeber (Lohnbüro) hat diesen Sachverhalt wie nachfolgend dargestellt in der Eingabemaske der Einzelauskunft erfasst. Die Eingabewerte können gespeichert werden und jederzeit z. B. als Vorlage wieder aufgerufen werden.

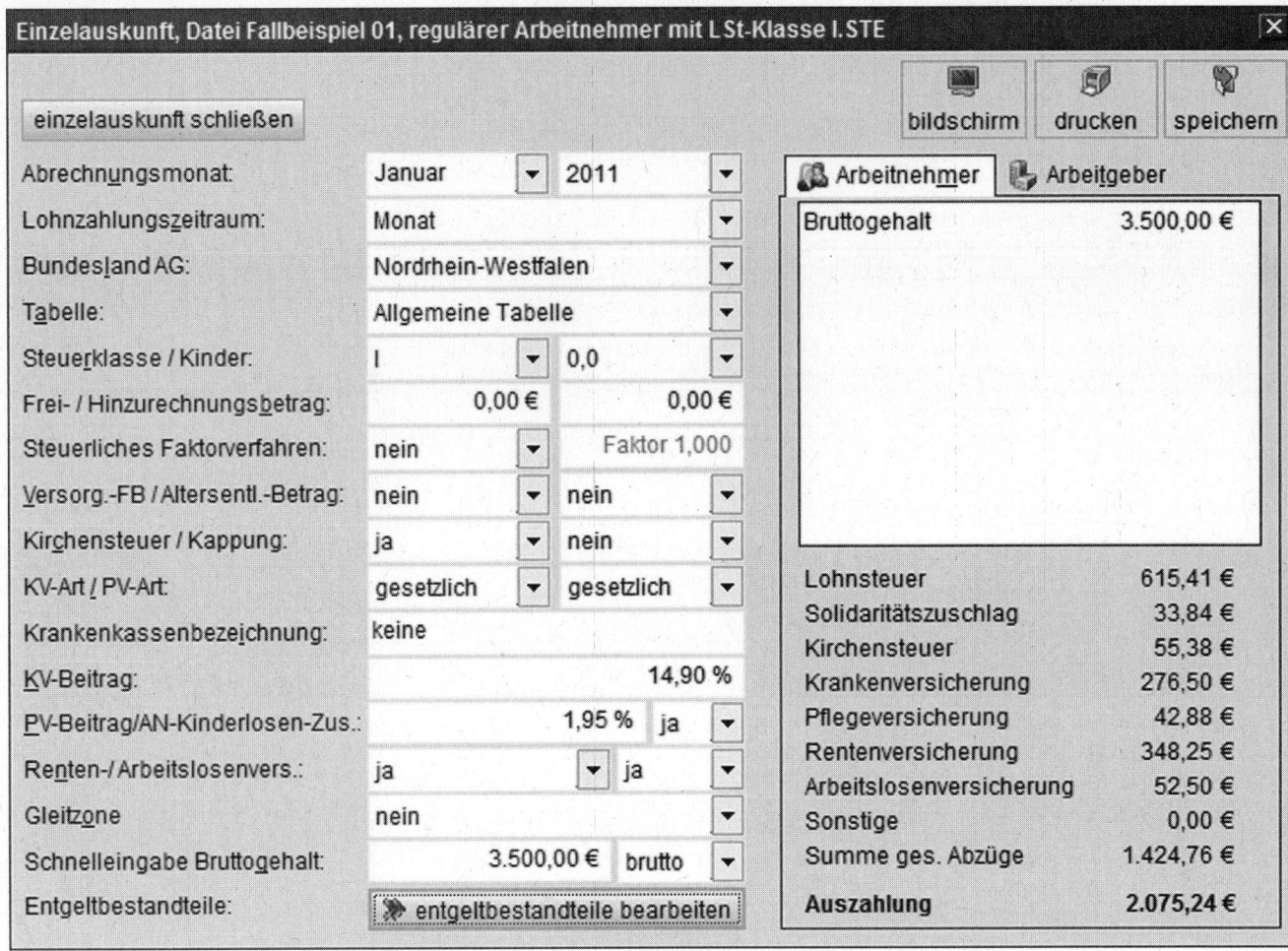

Bereits in der Schnellberechnung kann der Auszahlungsbetrag in Höhe von 2 075,24 € abgelesen werden.

Ansicht und Ausdruck der Einzelauskunft

Die einzelnen Besteuerungsmerkmale und Berechnungsergebnisse werden in der Einzelauskunft übersichtlich zusammengestellt und können direkt am Bildschirm angezeigt werden. Über die Druckfunktion kann dem Arbeitnehmer A ein Ausdruck der Berechnung zur Verfügung gestellt werden.

Einzelauskunft für den Monat Januar 2011
Lohnzahlungszeitraum: Monat   03.12.2010

Lohnsteuertabelle:	Allgemein	SV-Nr:	
Steuerklasse:	I	Krankenk.:	
Kinderfreibetrag:	0,0	KV:	gesetzlich
Freibetrag:		KV-Beitr.:	14,90 % inkl. AN-Z.
Hinzurech.betrag:		PV:	gesetzlich / ja
Jahresfreibetrag:		RV:	ja
Jahreshinzu.betr.:		AV:	ja
Versorg.-FB:	nein		
Altersentl.-FB:	nein		
Kirchensteuer:	ja		
KiSt-Satz:	9,00 %		

St-Tage	KV (L/E)*	RV (L/E)*	AV (L/E)*	PV (L/E)*
30	30/30	30/30	30/30	30/30

Brutto-Bezüge/Abzüge		St*	SV*	
003 Bruttogehalt		L	L	3.500,00 €
Gesamt-Verdienst				**3.500,00 €**

*	Steuer-Brutto	Lohnsteuer	Kirchensteuer	SolZ	Kammerbeitrag	
L S A P	3.500,00 €	615,41 €	55,38 €	33,84 €		704,63 €

	KV/PV-Brutto	RV/AV-Brutto	KV-Beitrag	PV-Beitrag	RV-Beitrag	AV-Beitrag	
L E P V	3.500,00 €	3.500,00 €	276,50 €	42,88 €	348,25 €	52,50 €	720,13 €

Netto-Verdienst/Auszahlungsbetrag	**2.075,24 €**

*) St = steuerliche Behandlung, SV = sozialversicherungsrechtliche Behandlung, L = laufender Bezug, S = sonstiger Bezug, A = außerordentlicher Bezug, P = pauschale Versteuerung/Verbeitragung, PAG = pauschale Versteuerung/Verbeitragung Arbeitgeber, E = Einmalzahlung, F = frei, V = dem Vorjahr zuzuordnende Einmalzahlungen, GBr = Behandlung im Gesamtbrutto

Fallbeispiel 02: Regulärer Arbeitnehmer mit steuerlichem Freibetrag

Sachverhalt

Arbeitnehmer A aus dem Fallbeispiel 01 überlegt sich, ob er sich einen Freibetrag in Höhe von 200,– € auf der Lohnsteuerkarte eintragen lassen soll. Hierzu möchte er vorab wissen, wie sich dieser Freibetrag auf seine Gehaltsauszahlung auswirkt.

Lösungsweg mithilfe der elektronischen Einzelauskunft

Der Arbeitgeber (Lohnbüro) hat diesen Sachverhalt wie nachfolgend dargestellt in der Eingabemaske der Einzelauskunft zu erfassen. Die Eingabewerte können gespeichert werden und jederzeit z. B. als Vorlage wieder aufgerufen werden.

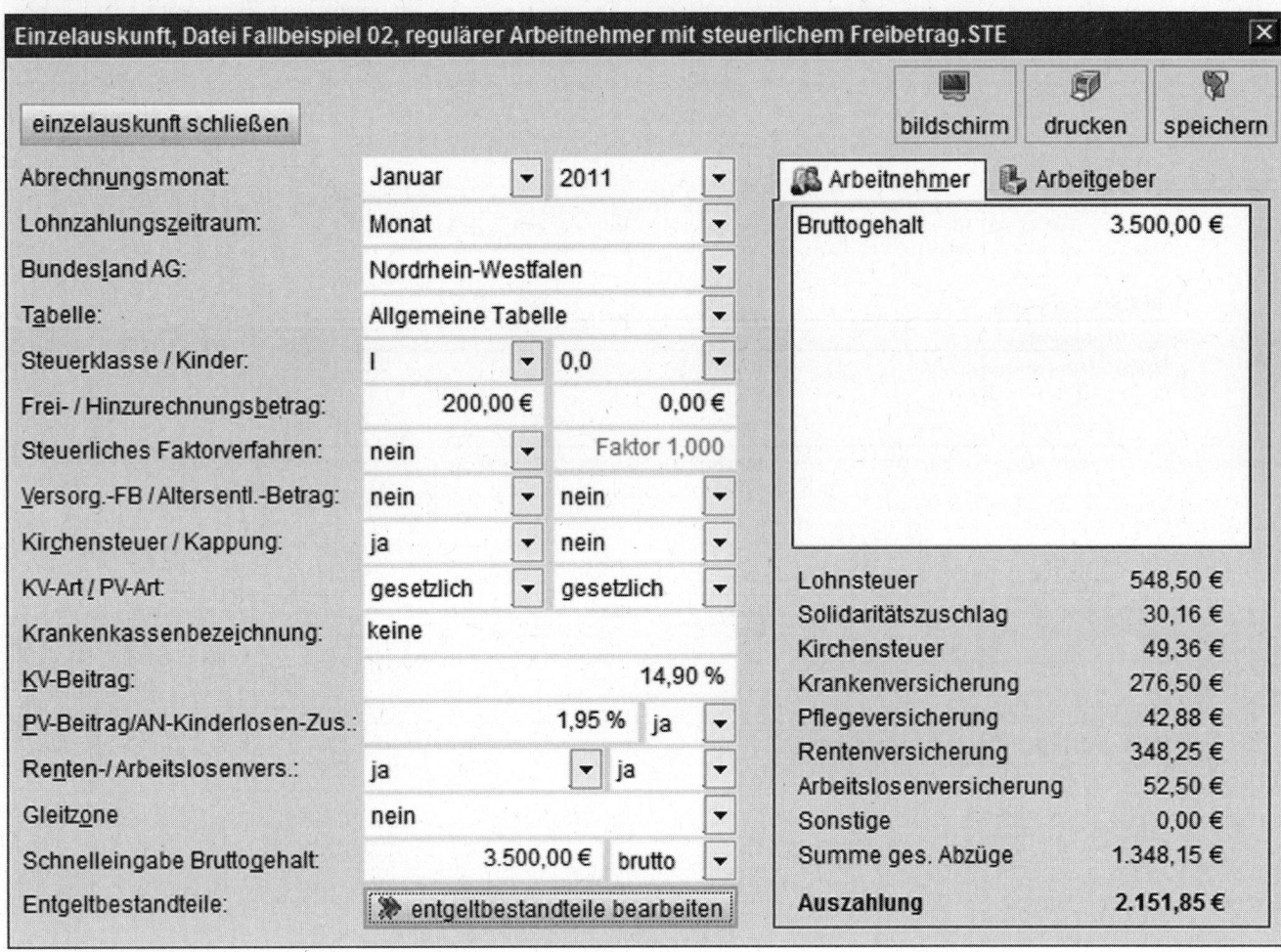

Die Schnellberechnung weist einen Auszahlungsbetrag in Höhe von 2 151,85 € aus. Gegenüber Fallbeispiel 01 verfügt Arbeitnehmer A bei Eintragung eines Freibetrags von 200,– € über 76,61 € Nettolohn mehr im Monat.

Ansicht und Ausdruck der Einzelauskunft

Die einzelnen Besteuerungsmerkmale und Berechnungsergebnisse werden in der Einzelauskunft übersichtlich zusammengestellt und können direkt am Bildschirm angezeigt werden. Über die Druckfunktion kann dem Arbeitnehmer A ein Ausdruck der Berechnung zur Verfügung gestellt werden.

Einzelauskunft für den Monat Januar 2011
Lohnzahlungszeitraum: Monat
03.12.2010

Lohnsteuertabelle:	Allgemein	SV-Nr:	
Steuerklasse:	I	Krankenk.:	
Kinderfreibetrag:	0,0	KV:	gesetzlich
Freibetrag:	200,00 €	KV-Beitr.:	14,90 % inkl. AN-Z.
Hinzurech.betrag:		PV:	gesetzlich / ja
Jahresfreibetrag:		RV:	ja
Jahreshinzu.betr.:		AV:	ja
Versorg.-FB:	nein		
Altersentl.-FB:	nein		
Kirchensteuer:	ja		
KiSt-Satz:	9,00 %		

St-Tage	KV (L/E)*	RV (L/E)*	AV (L/E)*	PV (L/E)*
30	30/30	30/30	30/30	30/30

Brutto-Bezüge/Abzüge		St*	SV*	
003 Bruttogehalt		L	L	3.500,00 €
Gesamt-Verdienst				**3.500,00 €**

*	Steuer-Brutto	Lohnsteuer	Kirchensteuer	SolZ	Kammerbeitrag	
L S A P	3.500,00 €	548,50 €	49,36 €	30,16 €		628,02 €

	KV/PV-Brutto	RV/AV-Brutto	KV-Beitrag	PV-Beitrag	RV-Beitrag	AV-Beitrag	
L E P V	3.500,00 €	3.500,00 €	276,50 €	42,88 €	348,25 €	52,50 €	720,13 €

Netto-Verdienst/Auszahlungsbetrag	**2.151,85 €**

*) St = steuerliche Behandlung, SV = sozialversicherungsrechtliche Behandlung, L = laufender Bezug, S = sonstiger Bezug, A = außerordentlicher Bezug, P = pauschale Versteuerung/Verbeitragung, PAG = pauschale Versteuerung/Verbeitragung Arbeitgeber, E = Einmalzahlung, F = frei, V = dem Vorjahr zuzuordnende Einmalzahlungen, GBr = Behandlung im Gesamtbrutto

Fallbeispiel 03: Regulärer Arbeitnehmer mit Lohnsteuerklasse IV und Faktor 1,000 (Faktorverfahren)

Sachverhalt

Die Eheleute Treu aus Münster verfügen über weitestgehend identische Monatsgehälter. Sie entscheiden sich daher für die Steuerklassen IV mit dem Faktor 1. Da der Faktor 1 der Standardfall ist, ist er auf der Lohnsteuerkarte oft nicht zusätzlich zur Steuerklasse IV eingetragen. Die Ehegatten haben keine Kinder und sind beide kirchensteuerpflichtig. Sowohl in der gesetzlichen Renten- und Arbeitslosenversicherung als auch in der gesetzlichen Kranken- und Pflegeversicherung sind sie pflichtversichert. Das Bruttogehalt der Ehefrau beträgt 3 500,– €.

Lösungsweg mithilfe der elektronischen Einzelauskunft

Der Arbeitgeber (Lohnbüro) hat diesen Sachverhalt wie nachfolgend dargestellt in der Eingabemaske der Einzelauskunft zu erfassen. Die Eingabewerte können gespeichert werden und jederzeit z. B. als Vorlage wieder aufgerufen werden.

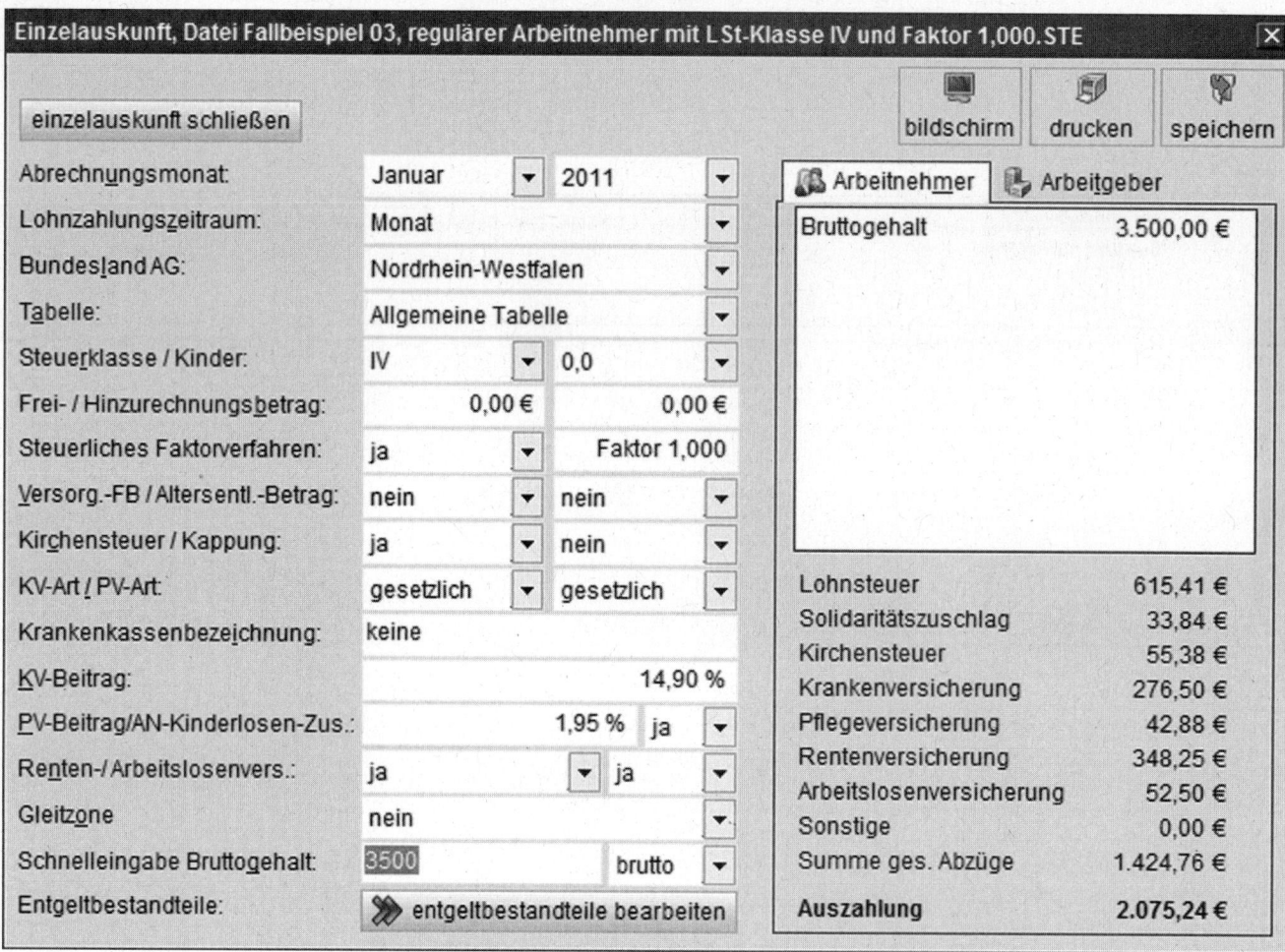

Die Schnellberechnung weist für die Ehefrau einen Auszahlungsbetrag in Höhe von 2 075,24 € aus. Sie erhält somit den gleichen Auszahlungsbetrag wie ein vergleichbarer Arbeitnehmer in der Steuerklasse I, siehe Fallbeispiel 01. Sofern im Hinblick auf die gemeinsame Veranlagung zunächst zu viel Lohnsteuer gezahlt wurde, wird diese im Rahmen der Veranlagung zur Einkommensteuer wieder erstattet.

Ansicht und Ausdruck der Einzelauskunft

Die einzelnen Besteuerungsmerkmale und Berechnungsergebnisse werden in der Einzelauskunft übersichtlich zusammengestellt und können direkt am Bildschirm angezeigt werden. Über die Druckfunktion kann dem Arbeitnehmer A ein Ausdruck der Berechnung zur Verfügung gestellt werden.

Einzelauskunft für den Monat Januar 2011
Lohnzahlungszeitraum: Monat

03.12.2010

Lohnsteuertabelle:Allgemein		SV-Nr:	
Steuerklasse:	IV 1,000	Krankenk.:	
Kinderfreibetrag:	0,0	KV:	gesetzlich
Freibetrag:		KV-Beitr.:	14,90 % inkl. AN-Z.
Hinzurech.betrag:		PV:	gesetzlich / ja
Jahresfreibetrag:		RV:	ja
Jahreshinzu.betr.:		AV:	ja
Versorg.-FB:	nein		
Altersentl.-FB:	nein		
Kirchensteuer:	ja		
KiSt-Satz:	9,00 %		
St-Tage	KV (L/E)*	RV (L/E)*	AV (L/E)*	PV (L/E)*
30	30/30	30/30	30/30	30/30

Brutto-Bezüge/Abzüge		St*	SV*	
003 Bruttogehalt		L	L	3.500,00 €
Gesamt-Verdienst				**3.500,00 €**

*	Steuer-Brutto	Lohnsteuer	Kirchensteuer	SolZ	Kammerbeitrag	
L S A P	3.500,00 €	615,41 €	55,38 €	33,84 €		704,63 €

*	KV/PV-Brutto	RV/AV-Brutto	KV-Beitrag	PV-Beitrag	RV-Beitrag	AV-Beitrag	
L E P V	3.500,00 €	3.500,00 €	276,50 €	42,88 €	348,25 €	52,50 €	720,13 €

| **Netto-Verdienst/Auszahlungsbetrag** | **2.075,24 €** |

*) St = steuerliche Behandlung, SV = sozialversicherungsrechtliche Behandlung, L = laufender Bezug, S = sonstiger Bezug, A = außerordentlicher Bezug, P = pauschale Versteuerung/Verbeitragung, PAG = pauschale Versteuerung/Verbeitragung Arbeitgeber, E = Einmalzahlung, F = frei, V = dem Vorjahr zuzuordnende Einmalzahlungen, GBr = Behandlung im Gesamtbrutto

Fallbeispiel 04: Regulärer Arbeitnehmer mit Lohnsteuerklasse IV und Faktor 0,800 (Faktorverfahren)

Sachverhalt

Die Eheleute aus Fallbeispiel 03 verfügen über unterschiedliche Bruttogehälter. Die Eheleute wünschen sich eine den Bruttogehältern exakt entsprechende verhältnismäßige Besteuerung. Die Steuerklassenwahl III/V kommt deshalb nicht in Betracht. Sie beantragen daher beim zuständigen Finanzamt die Ermittlung eines Faktors und lassen sich diesen auf der Lohnsteuerkarte eintragen. Die Lohnsteuerkarte der Ehefrau weist die Steuerklasse IV mit einem Faktor 0,800 aus.

Lösungsweg mithilfe der elektronischen Einzelauskunft

Der Arbeitgeber (Lohnbüro) hat diesen Sachverhalt wie nachfolgend dargestellt in der Eingabemaske der Einzelauskunft zu erfassen. Die Eingabewerte können gespeichert werden und jederzeit z. B. als Vorlage wieder aufgerufen werden.

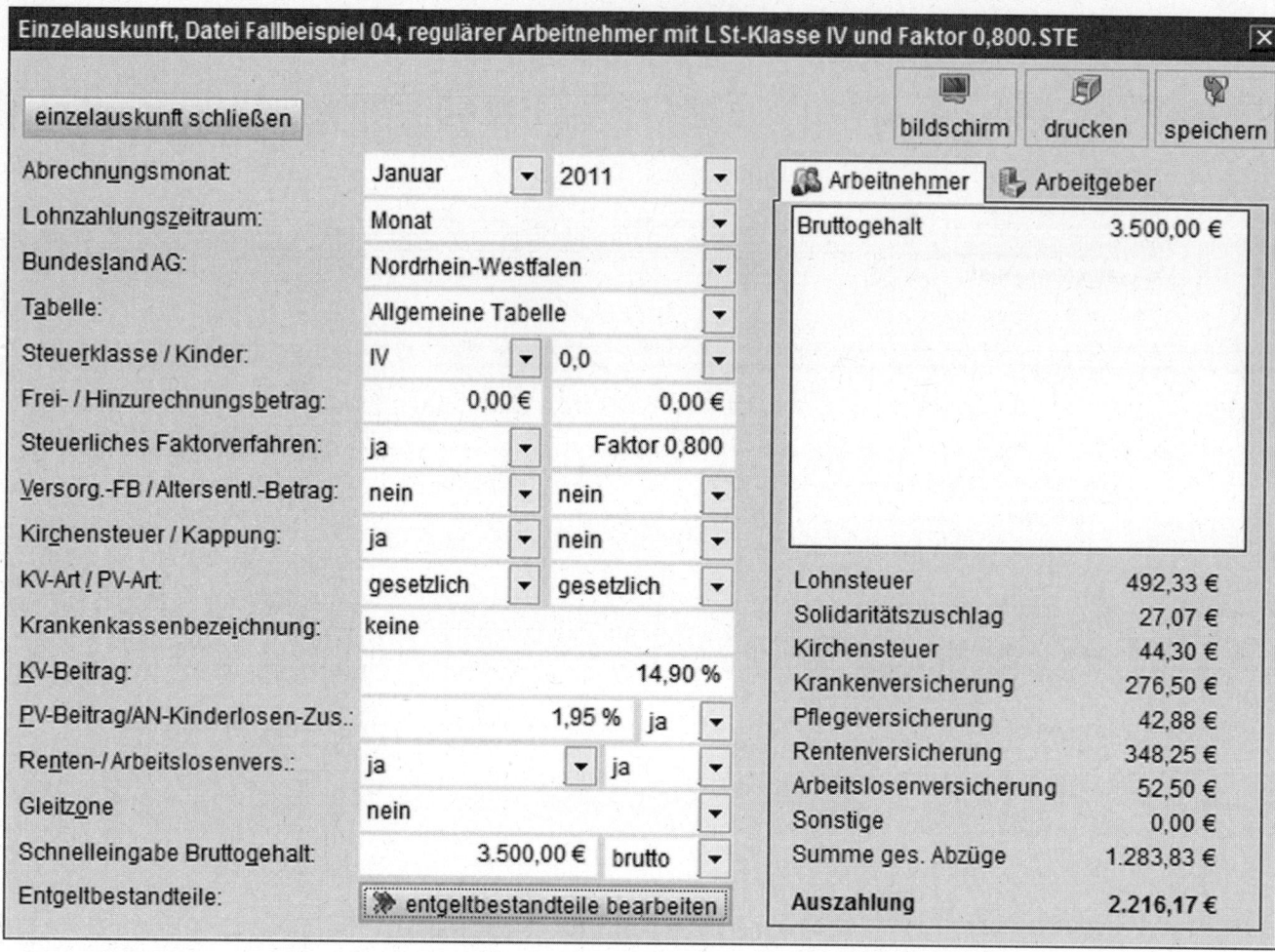

Die Schnellberechnung weist für die Ehefrau einen Auszahlungsbetrag in Höhe von 2 216,17 € aus. Sie erhält somit aufgrund der niedrigeren Lohnsteuer einen höheren Auszahlungsbetrag als beim Faktor 1,000 (siehe Fallbeispiel 03).

Ansicht und Ausdruck der Einzelauskunft

Die einzelnen Besteuerungsmerkmale und Berechnungsergebnisse werden in der Einzelauskunft übersichtlich zusammengestellt und können direkt am Bildschirm angezeigt werden. Über die Druckfunktion kann dem Arbeitnehmer A ein Ausdruck der Berechnung zur Verfügung gestellt werden.

Einzelauskunft für den Monat Januar 2011
Lohnzahlungszeitraum: Monat 03.12.2010

Lohnsteuertabelle:	Allgemein	SV-Nr:	
Steuerklasse:	IV 0,800	Krankenk.:	
Kinderfreibetrag:	0,0	KV:	gesetzlich
Freibetrag:		KV-Beitr.:	14,90 % inkl. AN-Z.
Hinzurech.betrag:		PV:	gesetzlich / ja
Jahresfreibetrag:		RV:	ja
Jahreshinzu.betr.:		AV:	ja
Versorg.-FB:	nein		
Altersentl.-FB:	nein		
Kirchensteuer:	ja		
KiSt-Satz:	9,00 %		

St-Tage	KV (L/E)*	RV (L/E)*	AV (L/E)*	PV (L/E)*
30	30/30	30/30	30/30	30/30

Brutto-Bezüge/Abzüge		St*	SV*	
003 Bruttogehalt		L	L	3.500,00 €
Gesamt-Verdienst				**3.500,00 €**

*	Steuer-Brutto	Lohnsteuer	Kirchensteuer	SolZ	Kammerbeitrag	
L S A P	3.500,00 €	492,33 €	44,30 €	27,07 €		563,70 €

	KV/PV-Brutto	RV/AV-Brutto	KV-Beitrag	PV-Beitrag	RV-Beitrag	AV-Beitrag	
L E P V	3.500,00 €	3.500,00 €	276,50 €	42,88 €	348,25 €	52,50 €	720,13 €

Netto-Verdienst/Auszahlungsbetrag	**2.216,17 €**

*) St = steuerliche Behandlung, SV = sozialversicherungsrechtliche Behandlung, L = laufender Bezug, S = sonstiger Bezug, A = außerordentlicher Bezug, P = pauschale Versteuerung/Verbeitragung, PAG = pauschale Versteuerung/Verbeitragung Arbeitgeber, E = Einmalzahlung, F = frei, V = dem Vorjahr zuzuordnende Einmalzahlungen, GBr = Behandlung im Gesamtbrutto

Fallbeispiel 10: Einmalzahlung unterhalb der Beitragsbemessungsgrenze

Sachverhalt

Mit dem 32-jährigen Arbeitnehmer A aus Bonn mit Lohnsteuerklasse I wurde ein Festgehalt von 3 000,– € vereinbart. Im Monat Mai erhält er zusätzlich ein Urlaubsgeld in Höhe von 500,– €. Das in den Monaten Januar bis April (insgesamt 120 sozialversicherungspflichtige Tage) in der Sozialversicherung bereits verbeitragte Einkommen beträgt 12 000,– €. Arbeitnehmer A hat keine Kinder und ist kirchensteuerpflichtig. Sowohl in der gesetzlichen Renten- und Arbeitslosenversicherung als auch in der gesetzlichen Kranken- und Pflegeversicherung ist er pflichtversichert.

Lösungsweg mithilfe der elektronischen Einzelauskunft

Der Arbeitgeber (Lohnbüro) hat diesen Sachverhalt wie nachfolgend dargestellt in der Eingabemaske der Einzelauskunft zu erfassen. Die Eingabewerte können gespeichert werden und jederzeit z. B. als Vorlage wieder aufgerufen werden.

In der Startmaske der Einzelauskunft hat der Arbeitgeber (Lohnbüro) zunächst die Besteuerungsmerkmale einzutragen. Für die weiteren Eingaben muss nun die Schaltfläche „Entgeltbestandteile bearbeiten" angeklickt werden.

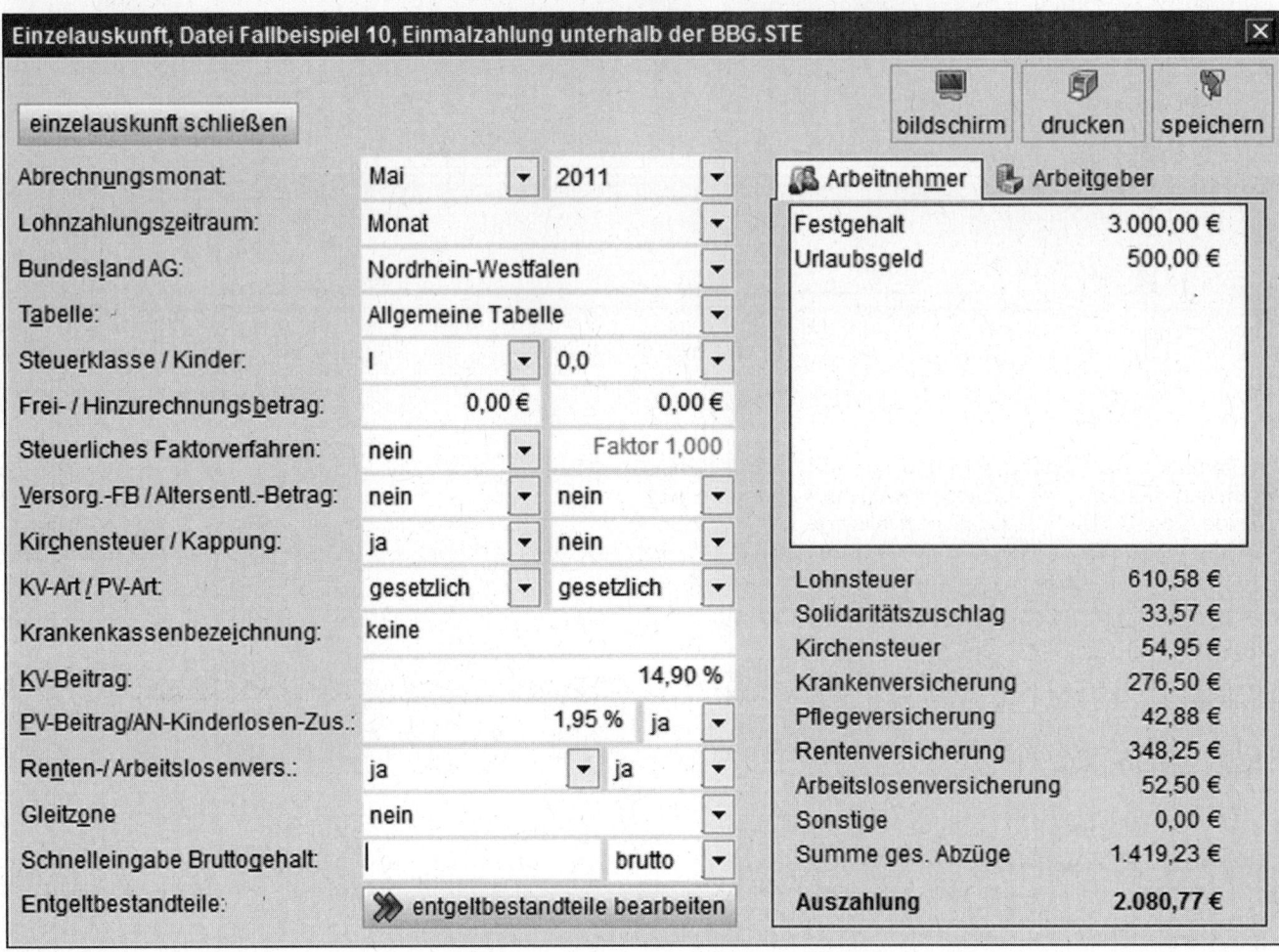

Es öffnet sich die Untermaske der Entgeltbestandteile. Hier sind zunächst die Angaben zum Festgehalt von 3 000 € und Urlaubsgeld von 500 € einzutragen.

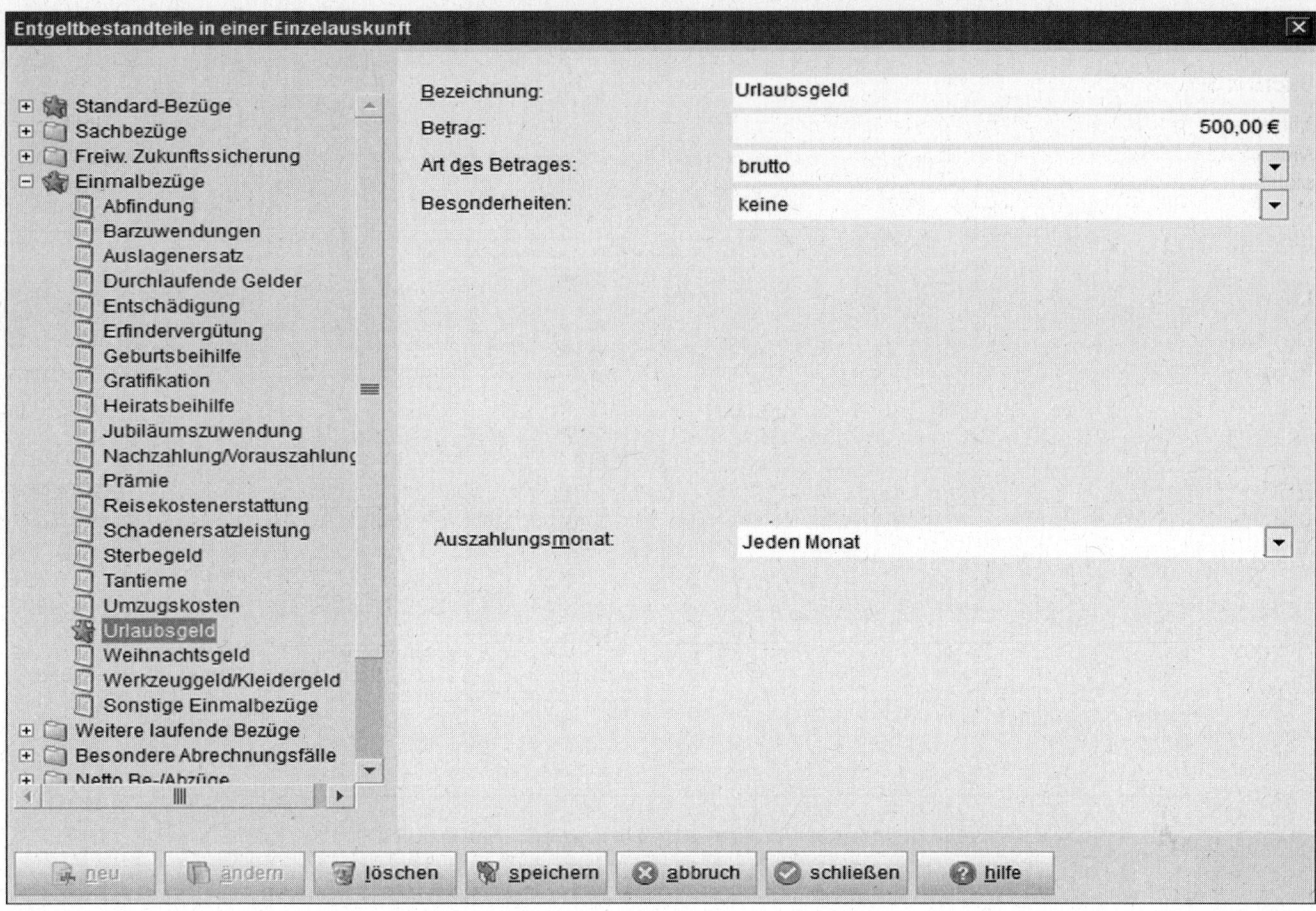

Zur korrekten Berechnung der Lohnsteuer für das Urlaubsgeld, das steuerrechtlich einen sonstigen Bezug darstellt, ist die Ermittlung des voraussichtlichen Jahreslohns notwendig. Die automatische Berechnung geht davon aus, dass die laufenden Bezüge (so z. B. das Festgehalt) monatlich gezahlt werden und ermittelt daher einen Jahreswert von 12 x 3 000 € = 36 000 €. Falls diese Hochrechnung z. B. aufgrund von früheren Gehaltserhöhungen unzutreffend wäre, muss der voraussichtliche Jahresarbeitslohn manuell berechnet und eingegeben werden.

Bei den SV-Angaben zum laufenden Jahr wurden die SV-Brutti und die SV-Tage der bereits abgerechneten Monate addiert eingegeben. Diese Werte sind für die korrekte Verbeitragung der Einmalzahlung notwendig.

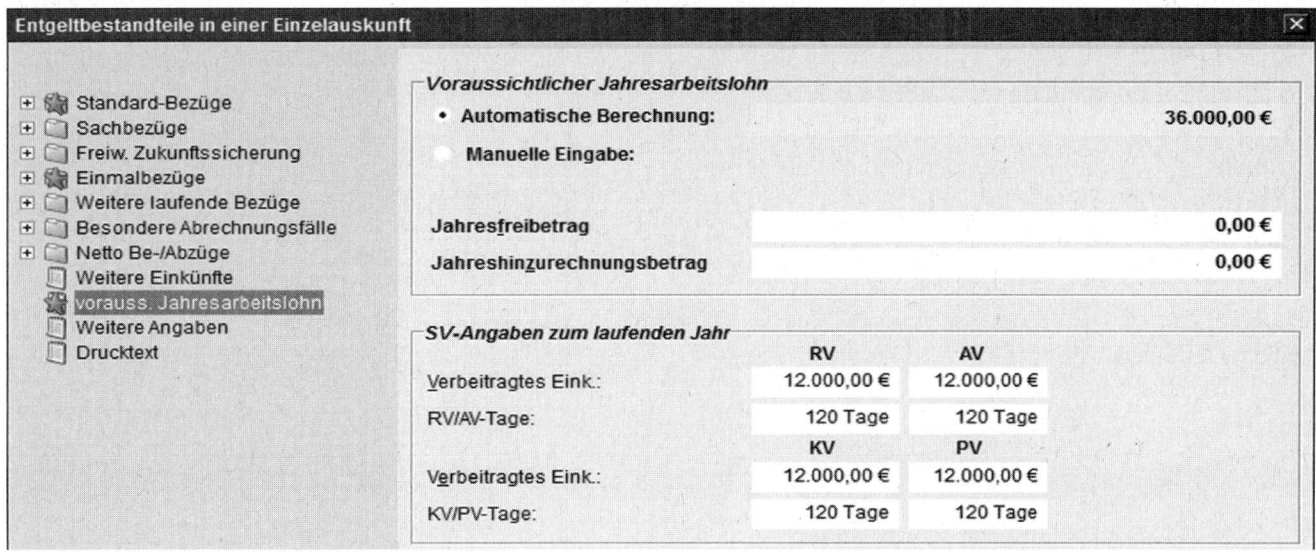

Ansicht und Ausdruck der Einzelauskunft

Die einzelnen Besteuerungsmerkmale und Berechnungsergebnisse werden in der Einzelauskunft übersichtlich zusammengestellt und können direkt am Bildschirm angezeigt werden. Über die Druckfunktion kann ein Ausdruck der Berechnung zur Verfügung gestellt werden.

Für den Monat Mai ergibt sich für Arbeitnehmer A unter Berücksichtigung der Einmalzahlung in Höhe von 500,– € folgende Abrechnung.

Einzelauskunft für den Monat Mai 2011
Lohnzahlungszeitraum: Monat   03.12.2010

Lohnsteuertabelle:	Allgemein	SV-Nr:	
Steuerklasse:	I	Krankenk.:	
Kinderfreibetrag:	0,0	KV:	gesetzlich
Freibetrag:		KV-Beitr.:	14,90 % inkl. AN-Z.
Hinzurech.betrag:		PV:	gesetzlich / ja
Jahresfreibetrag:		RV:	ja
Jahreshinzu.betr.:		AV:	ja
Versorg.-FB:	nein		
Altersentl.-FB:	nein		
Kirchensteuer:	ja		
KiSt-Satz:	9,00 %		

St-Tage	KV (L/E)*	RV (L/E)*	AV (L/E)*	PV (L/E)*
30	30/30	30/30	30/30	30/30

Brutto-Bezüge/Abzüge		St*	SV*	
002	Festgehalt	L	L	3.000,00 €
312	Urlaubsgeld	S	E	500,00 €
Gesamt-Verdienst				**3.500,00 €**

*	Steuer-Brutto	Lohnsteuer	Kirchensteuer	SolZ	Kammerbeitrag	
L	3.000,00 €	473,58 €	42,62 €	26,04 €		542,24 €
S	500,00 €	137,00 €	12,33 €	7,53 €		156,86 €
A						
P						

	KV/PV-Brutto	RV/AV-Brutto	KV-Beitrag	PV-Beitrag	RV-Beitrag	AV-Beitrag	
L	3.000,00 €	3.000,00 €	237,00 €	36,75 €	298,50 €	45,00 €	617,25 €
E	500,00 €	500,00 €	39,50 €	6,13 €	49,75 €	7,50 €	102,88 €
P							
V							

Netto-Verdienst/Auszahlungsbetrag	**2.080,77 €**

*) St = steuerliche Behandlung, SV = sozialversicherungsrechtliche Behandlung, L = laufender Bezug, S = sonstiger Bezug, A = außerordentlicher Bezug, P = pauschale Versteuerung/Verbeitragung, PAG = pauschale Versteuerung/Verbeitragung Arbeitgeber, E = Einmalzahlung, F = frei, V = dem Vorjahr zuzuordnende Einmalzahlungen, GBr = Behandlung im Gesamtbrutto

Fallbeispiel 11: Einmalzahlung oberhalb der Beitragsbemessungsgrenze (mit Vormonatsluft)

Sachverhalt

Arbeitnehmer A aus Fallbeispiel 10 erhält im Monat November ein zusätzlich vereinbartes Weihnachtsgeld in Höhe von 3 000,– €. Das in den Monaten Januar bis Oktober (insgesamt 300 sozialversicherungspflichtige Tage) in der Sozialversicherung bereits verbeitragte Einkommen beträgt 30 500,– €.

Lösungsweg mithilfe der elektronischen Einzelauskunft

Der Arbeitgeber (Lohnbüro) hat diesen Sachverhalt wie nachfolgend dargestellt in der Eingabemaske der Einzelauskunft zu erfassen. Die Eingabewerte können gespeichert werden und jederzeit z. B. als Vorlage wieder aufgerufen werden.

In der Startmaske der Einzelauskunft hat der Arbeitgeber (Lohnbüro) zunächst die Besteuerungsmerkmale einzutragen. Für die weiteren Eingaben muss nun die Schaltfläche „Entgeltbestandteile bearbeiten" angeklickt werden.

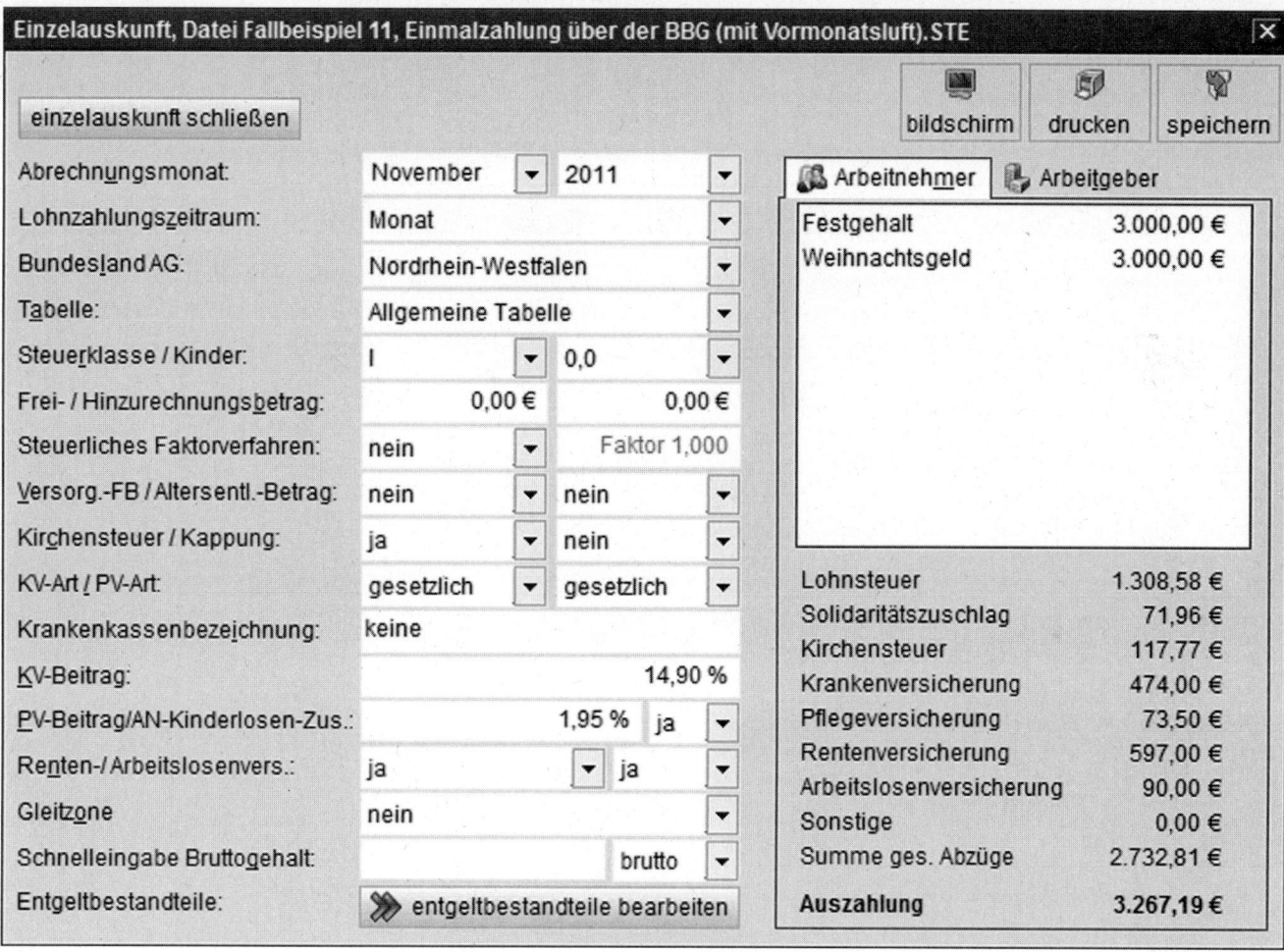

Es öffnet sich die Untermaske der Entgeltbestandteile. Hier sind wie in Fallbeispiel 10 die Angaben zum voraussichtlichen Jahresarbeitslohn einzugeben.

Fallbeispiele mit Softwarelösungen

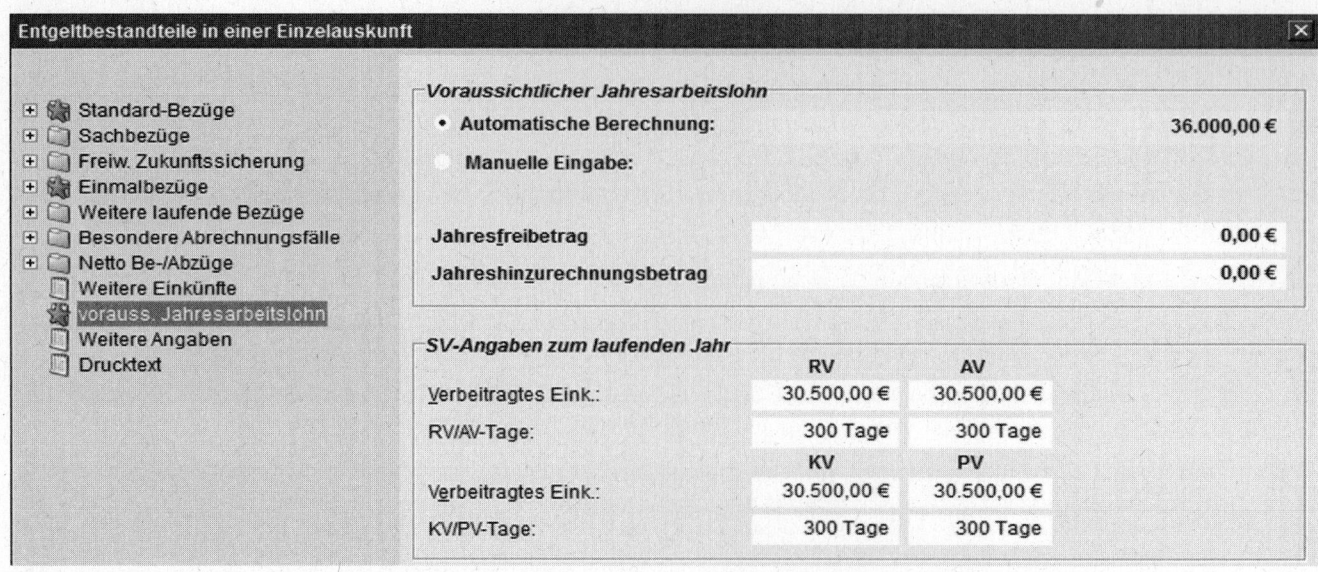

Die weiteren Angaben zu Weihnachtsgeld und Festgehalt sind in den entsprechenden Untermasken einzutragen.

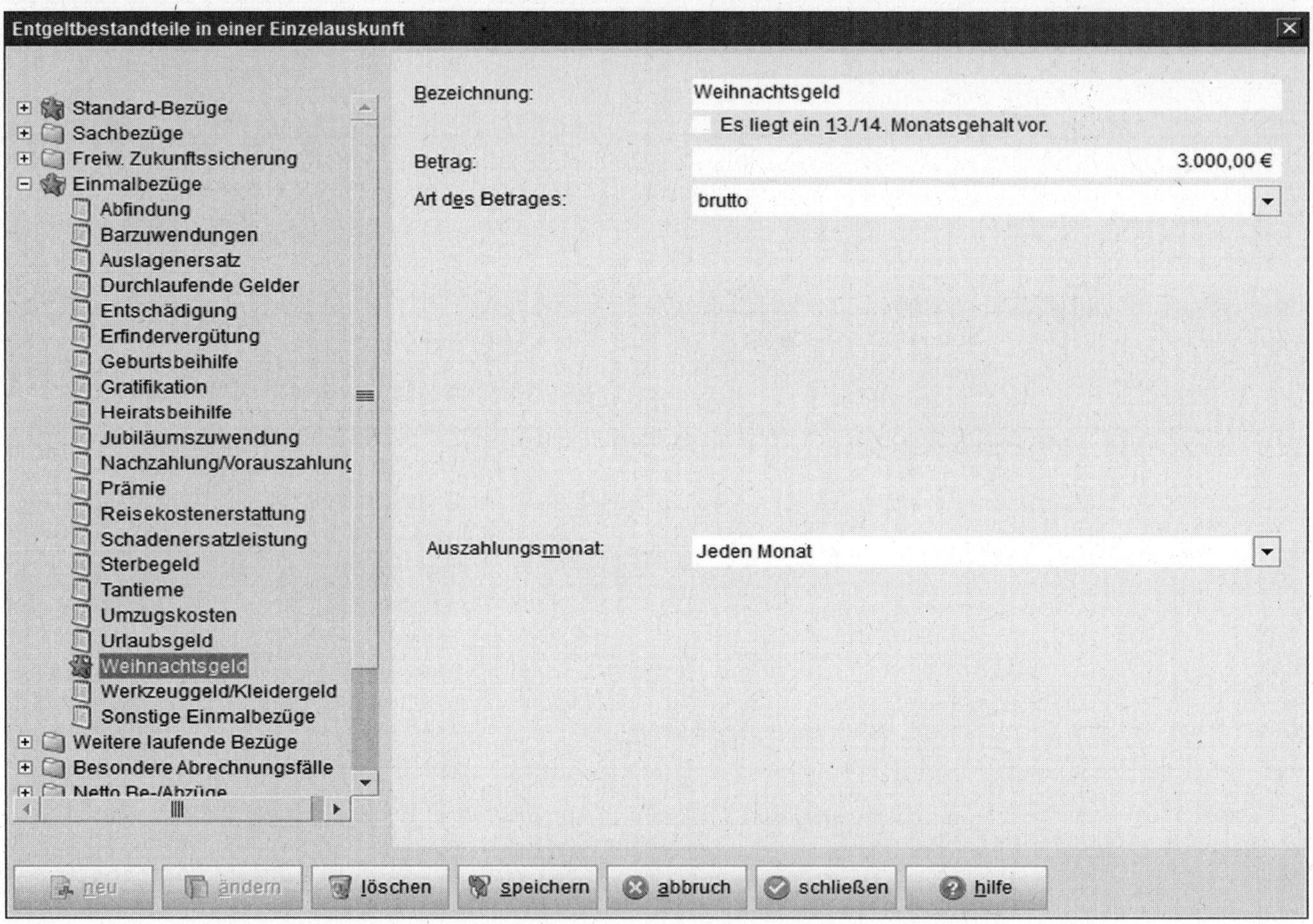

Ansicht und Ausdruck der Einzelauskunft

Die einzelnen Besteuerungsmerkmale und Berechnungsergebnisse werden in der Einzelauskunft übersichtlich zusammengestellt und können direkt am Bildschirm angezeigt werden. Über die Druckfunktion kann ein Ausdruck der Berechnung zur Verfügung gestellt werden.

Für den Monat November ergibt sich für Arbeitnehmer A unter Berücksichtigung der Einmalzahlung in Höhe von 3 000,– € folgende Abrechnung. Obwohl das Weihnachtsgeld zusammen mit dem Festgehalt die monatliche Beitragsbemessungsgrenze übersteigt, wird es dennoch in voller Höhe verbeitragt, weil aufgrund der zuvor eingegebenen SV-Angaben zum laufenden Jahr noch „Vormonatsluft" existierte. Als Vormonatsluft wird die Differenz zwischen der anteiligen Beitragsbemessungsgrenze (SV-Tage * Jahres-Beitragsbemessungsgrenze / 360) und den tatsächlich verbeitragten SV-Brutti bezeichnet. Sie führt zu einer Verbeitragung von grundsätzlich sv-pflichtigen Einmalzahlungen, die ansonsten über der monatlichen Beitragsbemessungsgrenze lägen.

Einzelauskunft für den Monat November 2011
Lohnzahlungszeitraum: Monat

03.12.2010

Lohnsteuertabelle:	Allgemein	SV-Nr:	
Steuerklasse:	I	Krankenk.:	
Kinderfreibetrag:	0,0	KV:	gesetzlich
Freibetrag:		KV-Beitr.:	14,90 % inkl. AN-Z.
Hinzurech.betrag:		PV:	gesetzlich / ja
Jahresfreibetrag:		RV:	ja
Jahreshinzu.betr.:		AV:	ja
Versorg.-FB:	nein		
Altersentl.-FB:	nein		
Kirchensteuer:	ja		
KiSt-Satz:	9,00 %		

St-Tage	KV (L/E)*	RV (L/E)*	AV (L/E)*	PV (L/E)*
30	30/30	30/30	30/30	30/30

Brutto-Bezüge/Abzüge		St*	SV*	
002	Festgehalt	L	L	3.000,00 €
313	Weihnachtsgeld	S	E	3.000,00 €
Gesamt-Verdienst				**6.000,00 €**

*	Steuer-Brutto	Lohnsteuer	Kirchensteuer	SolZ	Kammerbeitrag	
L	3.000,00 €	473,58 €	42,62 €	26,04 €		542,24 €
S	3.000,00 €	835,00 €	75,15 €	45,92 €		956,07 €
A						
P						

	KV/PV-Brutto	RV/AV-Brutto	KV-Beitrag	PV-Beitrag	RV-Beitrag	AV-Beitrag	
L	3.000,00 €	3.000,00 €	237,00 €	36,75 €	298,50 €	45,00 €	617,25 €
E	3.000,00 €	3.000,00 €	237,00 €	36,75 €	298,50 €	45,00 €	617,25 €
P							
V							

Netto-Verdienst/Auszahlungsbetrag	**3.267,19 €**

*) St = steuerliche Behandlung, SV = sozialversicherungsrechtliche Behandlung, L = laufender Bezug, S = sonstiger Bezug, A = außerordentlicher Bezug, P = pauschale Versteuerung/Verbeitragung, PAG = pauschale Versteuerung/Verbeitragung Arbeitgeber, E = Einmalzahlung, F = frei, V = dem Vorjahr zuzuordnende Einmalzahlungen, GBr = Behandlung im Gesamtbrutto

Fallbeispiel 12: Einmalzahlung Märzklausel

Sachverhalt

Mit dem 32-jährigen Arbeitnehmer A aus Bonn mit Lohnsteuerklasse I wurde ein Festgehalt von 3 000,– € vereinbart. Im Monat Februar erhält er als zusätzliche Vergütung eine Tantieme für seine Leistungen in den letzten beiden Jahren in Höhe von 6 000,– €. Das im Monat Januar (30 sozialversicherungspflichtige Tage) in der Sozialversicherung bereits verbeitragte Einkommen beträgt 3 000,– €. Im Vorjahr betrug dies 36 500,– € (360 sozialversicherungspflichtige Tage). Arbeitnehmer A hat keine Kinder und ist kirchensteuerpflichtig. Sowohl in der gesetzlichen Renten- und Arbeitslosenversicherung als auch in der gesetzlichen Kranken- und Pflegeversicherung ist er pflichtversichert.

Lösungsweg mithilfe der elektronischen Einzelauskunft

Der Arbeitgeber (Lohnbüro) hat diesen Sachverhalt wie nachfolgend dargestellt in der Eingabemaske der Einzelauskunft zu erfassen. Die Eingabewerte können gespeichert werden und jederzeit z. B. als Vorlage wieder aufgerufen werden.

In der Startmaske der Einzelauskunft hat der Arbeitgeber (Lohnbüro) zunächst die Besteuerungsmerkmale einzutragen. Für die weiteren Eingaben muss nun die Schaltfläche „Entgeltbestandteile bearbeiten" angeklickt werden.

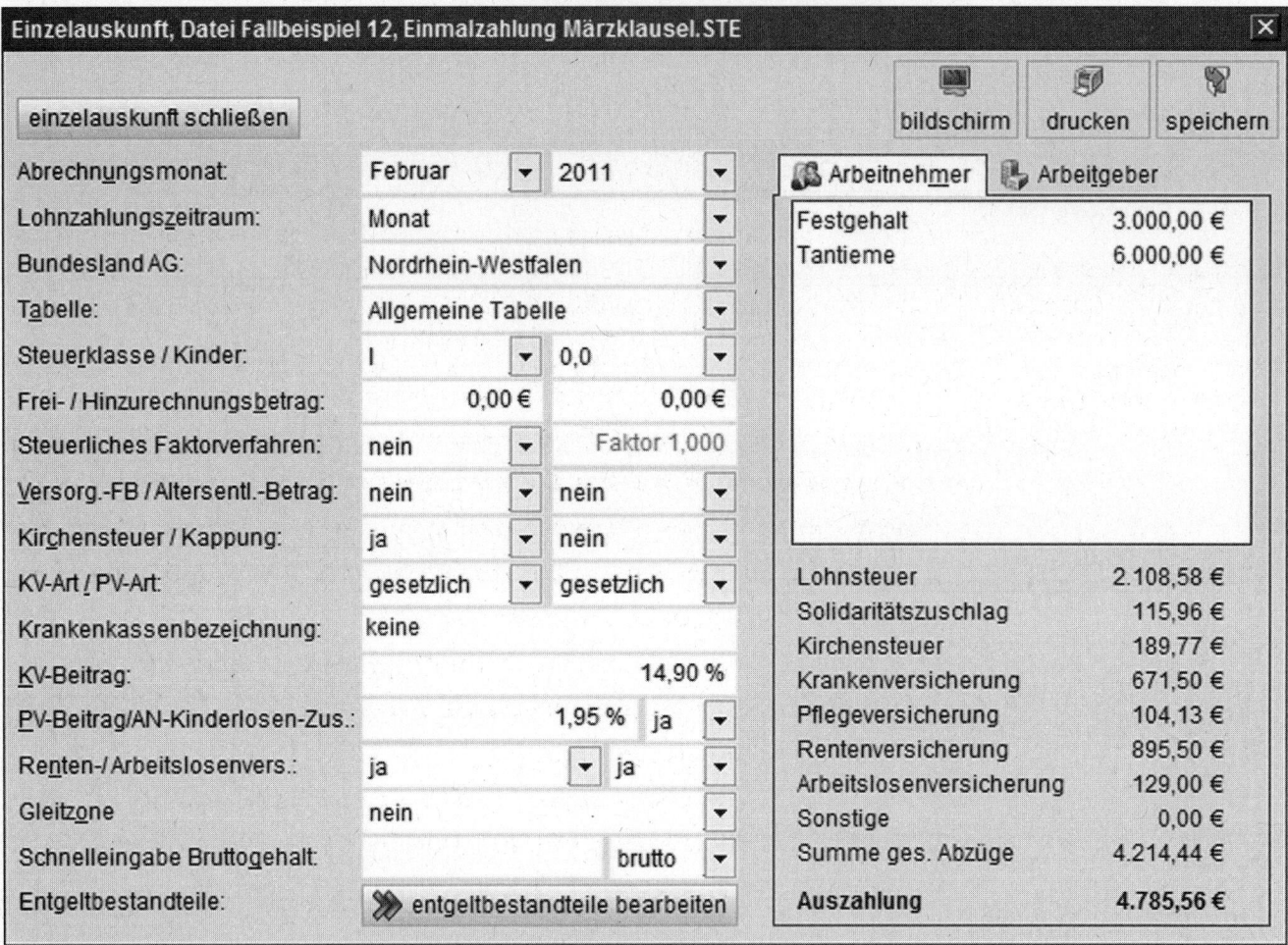

Neben den Angaben zum voraussichtlichen Jahresarbeitslohn des laufenden Jahres muss der Arbeitgeber für diesen besonderen Abrechnungsfall die Angaben des Vorjahres eingeben.

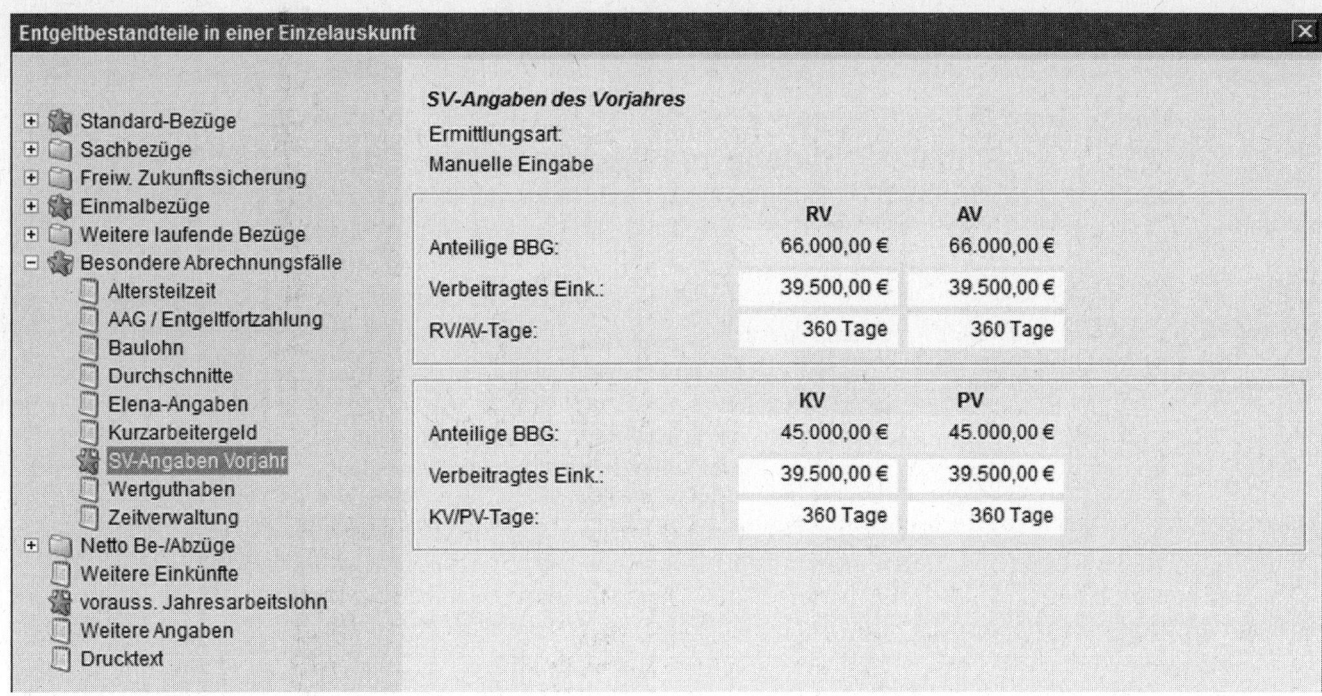

Die Tantieme selbst ist als Einmalbezug zu erfassen.

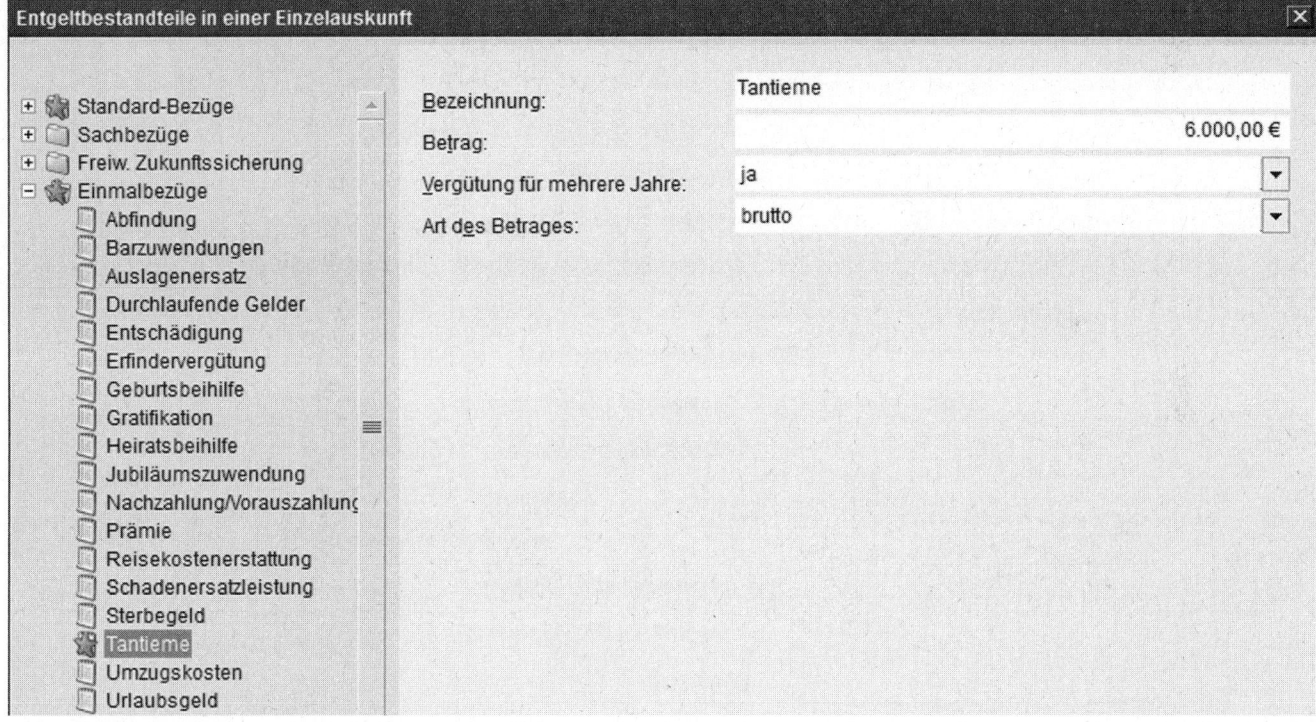

Ansicht und Ausdruck der Einzelauskunft

Die einzelnen Besteuerungsmerkmale und Berechnungsergebnisse werden in der Einzelauskunft übersichtlich zusammengestellt und können direkt am Bildschirm angezeigt werden. Über die Druckfunktion kann ein Ausdruck der Berechnung zur Verfügung gestellt werden.

Für den Monat Februar ergibt sich für Arbeitnehmer A unter Berücksichtigung der Einmalzahlung in Höhe von 6 000,– € und der Märzklausel folgende Abrechnung. Auch hier übersteigt wie im vorherigen Fallbeispiel die Einmalzahlung zusammen mit dem Festgehalt die monatliche Beitragsbemessungsgrenze. In den Monaten Januar bis März führt dies abweichend von den übrigen Lohnzahlungsmonaten zu einer „Verbeitragung ins Vorjahr", so dass hier die Vorjahresluft statt der Vormonatsluft zu einer Verbeitragung führt. Zur korrekten Berechnung werden die SV-Angaben des Vorjahres benötigt. Da in der Kranken- und Pflegeversicherung aufgrund der geringeren Beitragsbemessungsgrenze eine geringe Vorjahresluft zur Verfügung stand, wurde in diesen SV-Zweigen nicht die ganze Einmalzahlung verbeitragt.

Einzelauskunft für den Monat Februar 2011
Lohnzahlungszeitraum: Monat 03.12.2010

Lohnsteuertabelle:	Allgemein	SV-Nr:	
Steuerklasse:	I	Krankenk.:	
Kinderfreibetrag:	0,0	KV:	gesetzlich
Freibetrag:		KV-Beitr.:	14,90 % inkl. AN-Z.
Hinzurech.betrag:		PV:	gesetzlich / ja
Jahresfreibetrag:		RV:	ja
Jahreshinzu.betr.:		AV:	ja
Versorg.-FB:	nein		
Altersentl.-FB:	nein		
Kirchensteuer:	ja		
KiSt-Satz:	9,00 %		

St-Tage	KV (L/E)*	RV (L/E)*	AV (L/E)*	PV (L/E)*
30	30/30	30/30	30/30	30/30

Brutto-Bezüge/Abzüge		St*	SV*	
002	Festgehalt	L	L	3.000,00 €
307	Tantieme	A	V	6.000,00 €
Gesamt-Verdienst				**9.000,00 €**

*	Steuer-Brutto	Lohnsteuer	Kirchensteuer	SolZ	Kammerbeitrag	
L S	3.000,00 €	473,58 €	42,62 €	26,04 €		542,24 €
A P	6.000,00 €	1.635,00 €	147,15 €	89,92 €		1.872,07 €

	KV/PV-Brutto	RV/AV-Brutto	KV-Beitrag	PV-Beitrag	RV-Beitrag	AV-Beitrag	
L E	3.000,00 €	3.000,00 €	237,00 €	36,75 €	298,50 €	45,00 €	617,25 €
P V	5.500,00 €	6.000,00 €	434,50 €	67,38 €	597,00 €	84,00 €	1.182,88 €

| **Netto-Verdienst/Auszahlungsbetrag** | | | | | | | **4.785,56 €** |

*) St = steuerliche Behandlung, SV = sozialversicherungsrechtliche Behandlung, L = laufender Bezug, S = sonstiger Bezug, A = außerordentlicher Bezug, P = pauschale Versteuerung/Verbeitragung, PAG = pauschale Versteuerung/Verbeitragung Arbeitgeber, E = Einmalzahlung, F = frei, V = dem Vorjahr zuzuordnende Einmalzahlungen, GBr = Behandlung im Gesamtbrutto

Fallbeispiel 13: Abfindung

Sachverhalt

Mit dem 32-jährigen Arbeitnehmer A aus Bonn mit Lohnsteuerklasse III wurde ein Festgehalt von 3 000,- € vereinbart. Zum 1. Juli scheidet er aus dem Unternehmen aus. Die Abfindung in Höhe von 20 000,- € wird ihm als sonstiger Bezug im Juni ausgezahlt. Das in den Monaten Januar bis Mai (150 sozialversicherungspflichtige Tage) in der Sozialversicherung bereits verbeitragte Einkommen beträgt 15 500,- €. Arbeitnehmer A hat zwei Kinder und ist kirchensteuerpflichtig. Sowohl in der gesetzlichen Rentenversicherung als auch in der gesetzlichen Kranken- und Pflegeversicherung ist er pflichtversichert.

Lösungsweg mithilfe der elektronischen Einzelauskunft

Der Arbeitgeber (Lohnbüro) hat diesen Sachverhalt wie nachfolgend dargestellt in der Eingabemaske der Einzelauskunft zu erfassen. Die Eingabewerte können gespeichert werden und jederzeit z. B. als Vorlage wieder aufgerufen werden.

In der Startmaske der Einzelauskunft hat der Arbeitgeber (Lohnbüro) zunächst die Besteuerungsmerkmale einzutragen. Für die weiteren Eingaben muss nun die Schaltfläche „Entgeltbestandteile bearbeiten" angeklickt werden.

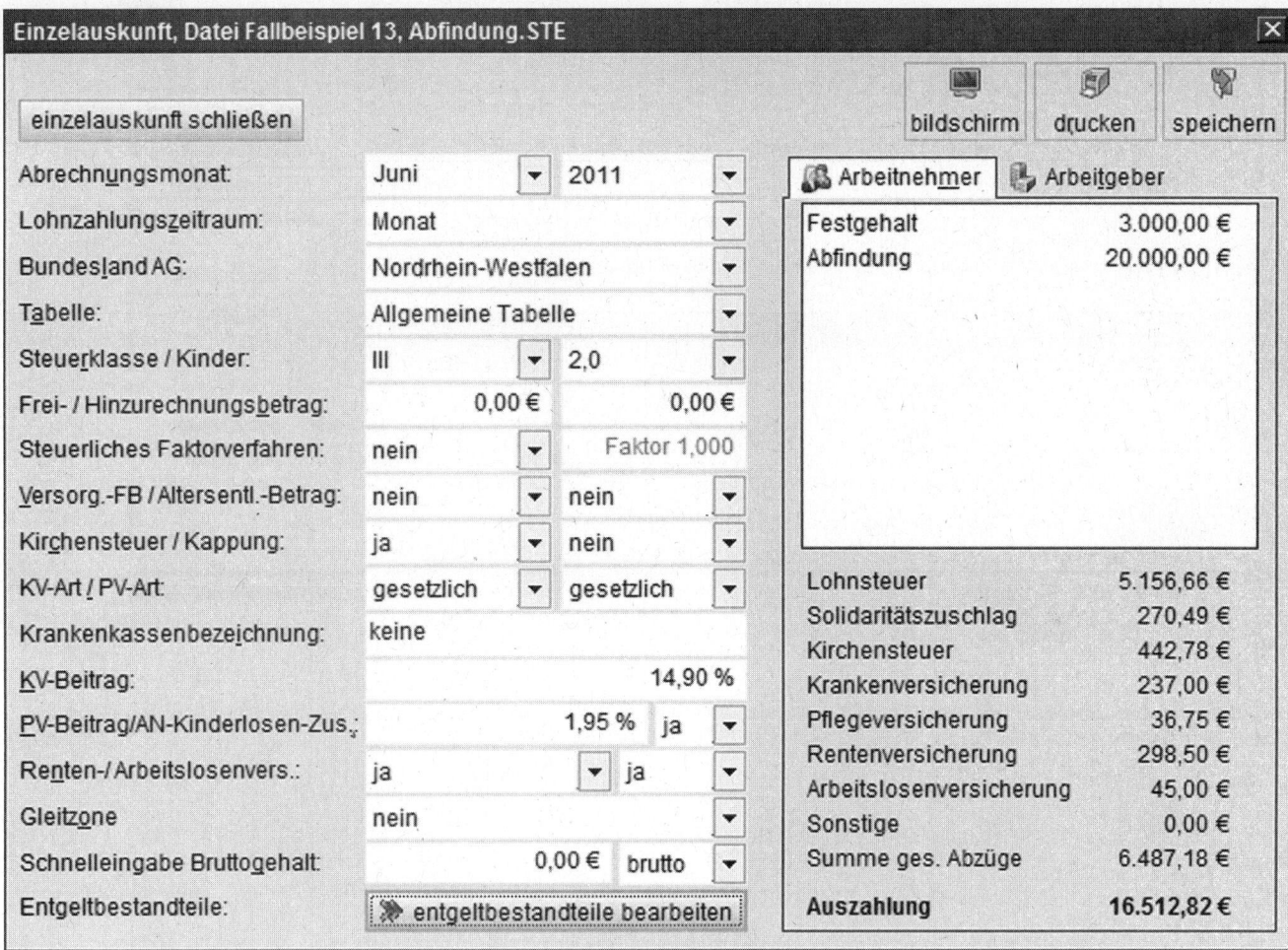

Neben den Angaben zum voraussichtlichen Jahresarbeitslohn des laufenden Jahres muss der Arbeitgeber für diesen besonderen Abrechnungsfall die Angaben des Vorjahres eingeben.

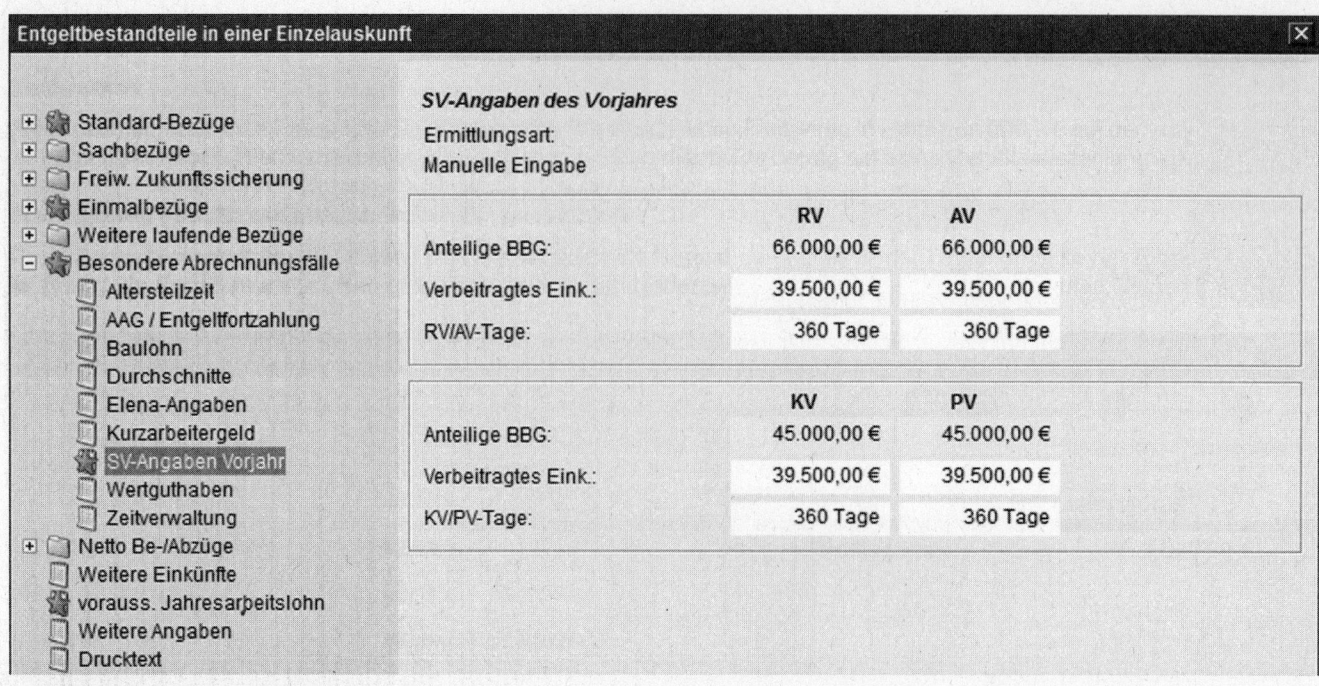

Die Abfindung ist bei den Einmalbezügen zu erfassen. Die Sozialversicherungspflicht bzw. -freiheit von Abfindungszahlungen i. w. S. ist in jedem Einzelfall aufgrund des Charakters der Zahlung zu prüfen.

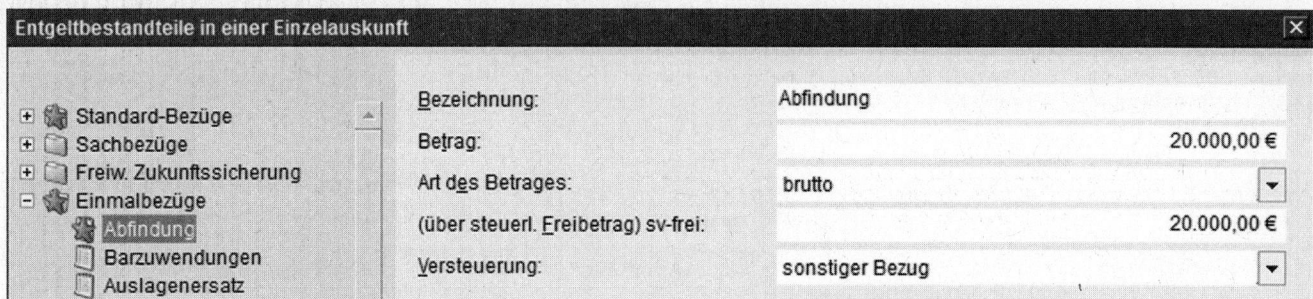

Ansicht und Ausdruck der Einzelauskunft

Die einzelnen Besteuerungsmerkmale und Berechnungsergebnisse werden in der Einzelauskunft übersichtlich zusammengestellt und können direkt am Bildschirm angezeigt werden. Über die Druckfunktion kann ein Ausdruck der Berechnung zur Verfügung gestellt werden.

Für den Monat Juni ergibt sich für Arbeitnehmer A unter Berücksichtigung der Abfindungszahlung in Höhe von 20 000,– € folgende Abrechnung.

Einzelauskunft für den Monat Juni 2011
Lohnzahlungszeitraum: Monat

03.12.2010

Lohnsteuertabelle: Allgemein		SV-Nr:	
Steuerklasse:	III	Krankenk.:	
Kinderfreibetrag:	2,0	KV:	gesetzlich
Freibetrag:		KV-Beitr.:	14,90 % inkl. AN-Z.
Hinzurech.betrag:		PV:	gesetzlich / ja
Jahresfreibetrag:		RV:	ja
Jahreshinzu.betr.:		AV:	ja
Versorg.-FB:	nein		
Altersentl.-FB:	nein		
Kirchensteuer:	ja		
KiSt-Satz:	9,00 %		

St-Tage	KV (L/E)*	RV (L/E)*	AV (L/E)*	PV (L/E)*
30	30/30	30/30	30/30	30/30

Brutto-Bezüge/Abzüge		St*	SV*	
002	Festgehalt	L	L	3.000,00 €
243	Abfindung	S	F	20.000,00 €
Gesamt-Verdienst				**23.000,00 €**

*	Steuer-Brutto	Lohnsteuer	Kirchensteuer	SolZ	Kammerbeitrag	
L	3.000,00 €	238,66 €	0,16 €			238,82 €
S	20.000,00 €	4.918,00 €	442,62 €	270,49 €		5.631,11 €
A						
P						

	KV/PV-Brutto	RV/AV-Brutto	KV-Beitrag	PV-Beitrag	RV-Beitrag	AV-Beitrag	
L	3.000,00 €	3.000,00 €	237,00 €	36,75 €	298,50 €	45,00 €	617,25 €
E							
P							
V							

Netto-Verdienst/Auszahlungsbetrag   **16.512,82 €**

*) St = steuerliche Behandlung, SV = sozialversicherungsrechtliche Behandlung, L = laufender Bezug, S = sonstiger Bezug, A = außerordentlicher Bezug, P = pauschale Versteuerung/Verbeitragung, PAG = pauschale Versteuerung/Verbeitragung Arbeitgeber, E = Einmalzahlung, F = frei, V = dem Vorjahr zuzuordnende Einmalzahlungen, GBr = Behandlung im Gesamtbrutto

Fallbeispiel 20: Gleitzone

Sachverhalt

Der 21-jährige Praktikant P aus Köln mit Lohnsteuerklasse I erhält für regelmäßige Büroarbeiten monatlich 550,- €. Er hat keine Kinder und ist kirchensteuerpflichtig. Sowohl in der gesetzlichen Renten- und Arbeitslosenversicherung als auch in der gesetzlichen Kranken- und Pflegeversicherung ist er pflichtversichert.

Lösungsweg mithilfe der elektronischen Einzelauskunft

Der Arbeitgeber (Lohnbüro) hat diesen Sachverhalt wie nachfolgend dargestellt in der Eingabemaske der Einzelauskunft zu erfassen. Die Eingabewerte können gespeichert werden und jederzeit z. B. als Vorlage wieder aufgerufen werden.

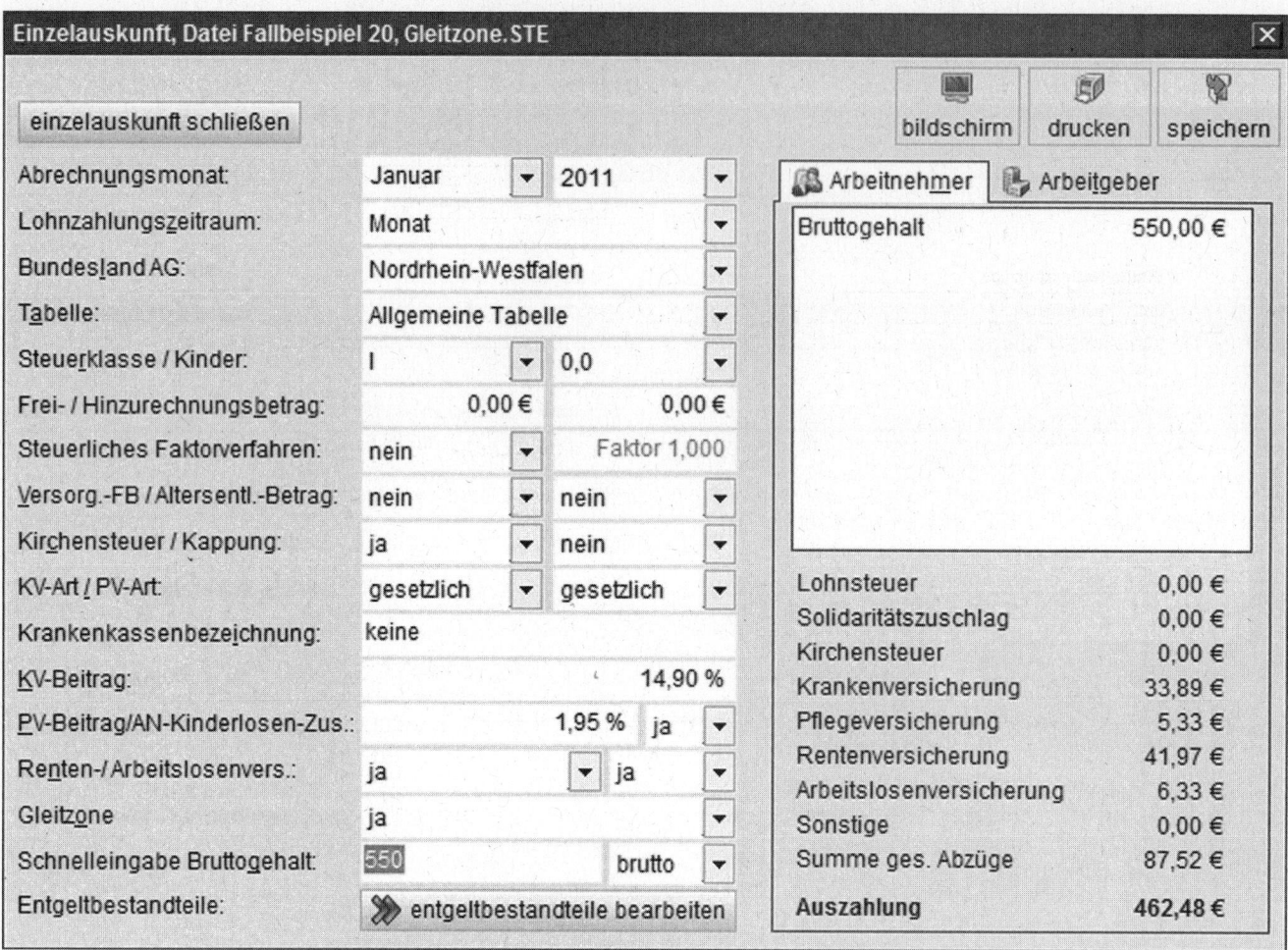

Der in der Gleitzone liegende Lohn in Höhe von 550,- € bleibt lohnsteuerfrei. Es werden Beiträge zur Sozialversicherung nach der Gleitzonenregelung berechnet. Der Praktikant P bekommt 462,48 € ausgezahlt.

Ansicht und Ausdruck der Einzelauskunft

Die einzelnen Besteuerungsmerkmale und Berechnungsergebnisse werden in der Einzelauskunft übersichtlich zusammengestellt und können direkt am Bildschirm angezeigt werden. Über die Druckfunktion kann ein Ausdruck der Berechnung zur Verfügung gestellt werden, auf dem auch das verminderte Gleitzonenbrutto in der Sozialversicherung ausgewiesen wird.

Einzelauskunft für den Monat Januar 2011
Lohnzahlungszeitraum: Monat   03.12.2010

Lohnsteuertabelle:	Allgemein	SV-Nr:	
Steuerklasse:	I	Krankenk.:	
Kinderfreibetrag:	0,0	KV:	gesetzlich
Freibetrag:		KV-Beitr.:	14,90 % inkl. AN-Z.
Hinzurech.betrag:		PV:	gesetzlich / ja
Jahresfreibetrag:		RV:	ja
Jahreshinzu.betr.:		AV:	ja
Versorg.-FB:	nein		
Altersentl.-FB:	nein		
Kirchensteuer:	ja		
KiSt-Satz:	9,00 %		

St-Tage	KV (L/E)*	RV (L/E)*	AV (L/E)*	PV (L/E)*
30	30/30	30/30	30/30	30/30

	Brutto-Bezüge/Abzüge			St*	SV*		
003	Bruttogehalt			L	L		550,00 €
Gesamt-Verdienst							**550,00 €**

*	Steuer-Brutto	Lohnsteuer	Kirchensteuer	SolZ		Kammerbeitrag	
L	550,00 €						
S							
A							
P							

	KV/PV-Brutto	RV/AV-Brutto	KV-Beitrag	PV-Beitrag	RV-Beitrag	AV-Beitrag	
L	485,88 €	485,88 €	33,89 €	5,33 €	41,97 €	6,33 €	87,52 €
E							
P							
V							

Die Gleitzonenregelung wurde angewendet.

Netto-Verdienst/Auszahlungsbetrag   **462,48 €**

---

*) St = steuerliche Behandlung, SV = sozialversicherungsrechtliche Behandlung, L = laufender Bezug, S = sonstiger Bezug, A = außerordentlicher Bezug,
P = pauschale Versteuerung/Verbeitragung, PAG = pauschale Versteuerung/Verbeitragung Arbeitgeber, E = Einmalzahlung, F = frei,
V = dem Vorjahr zuzuordnende Einmalzahlungen, GBr = Behandlung im Gesamtbrutto

Fallbeispiel 21: Steuerliche Jahresberechnung

Sachverhalt

Die 34-jährige Alleinerziehende S aus Dortmund mit Lohnsteuerklasse II erhält ein Bruttojahresgehalt in Höhe von 35 000,– €. Sie hat zwei Kinder, die auf der Lohnsteuerkarte eingetragen sind. S ist kirchensteuerpflichtig und sowohl in der gesetzlichen Renten- als auch in der gesetzlichen Kranken- und Pflegeversicherung pflichtversichert.

Lösungsweg mithilfe der elektronischen Einzelauskunft

Der Arbeitgeber (Lohnbüro) hat diesen Sachverhalt wie nachfolgend dargestellt in der Eingabemaske der Einzelauskunft zu erfassen. Die Eingabewerte können gespeichert werden und jederzeit z. B. als Vorlage wieder aufgerufen werden.

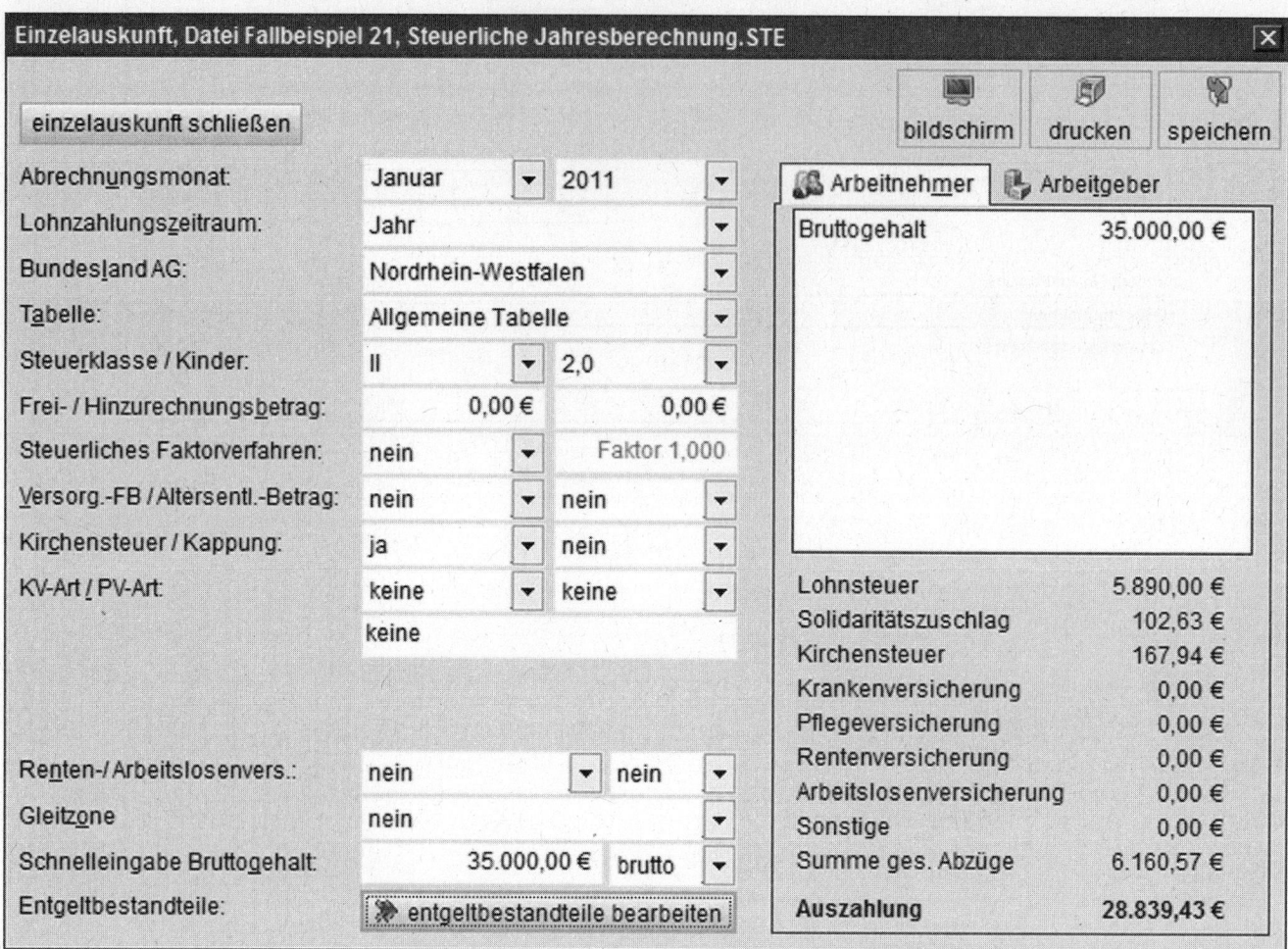

Ansicht und Ausdruck der Einzelauskunft

Die einzelnen Besteuerungsmerkmale und Berechnungsergebnisse werden in der Einzelauskunft übersichtlich zusammengestellt und können direkt am Bildschirm angezeigt werden. Über die Druckfunktion kann ein Ausdruck der Berechnung zur Verfügung gestellt werden.

Einzelauskunft für den Monat Januar 2011
Lohnzahlungszeitraum: Jahr   03.12.2010

Lohnsteuertabelle: Allgemein		SV-Nr:	
Steuerklasse:	II	Krankenk.:	
Kinderfreibetrag:	2,0	KV:	keine
Freibetrag:		KV-Beitr.:	
Hinzurech.betrag:		PV:	keine / ja
Jahresfreibetrag:		RV:	nein
Jahreshinzu.betr.:		AV:	nein
Versorg.-FB:	nein		
Altersentl.-FB:	nein		
Kirchensteuer:	ja		
KiSt-Satz:	9,00 %		

St-Tage	KV (L/E)*	RV (L/E)*	AV (L/E)*	PV (L/E)*
360	0/0	0/0	0/0	0/0

Brutto-Bezüge/Abzüge		St*	SV*	
003 Bruttogehalt		L	L	35.000,00 €
Gesamt-Verdienst				**35.000,00 €**

*	Steuer-Brutto	Lohnsteuer	Kirchensteuer	SolZ	Kammerbeitrag	
L S A P	35.000,00 €	5.890,00 €	167,94 €	102,63 €		6.160,57 €

	KV/PV-Brutto	RV/AV-Brutto	KV-Beitrag	PV-Beitrag	RV-Beitrag	AV-Beitrag
L E P V						

Netto-Verdienst/Auszahlungsbetrag	**28.839,43 €**

*) St = steuerliche Behandlung, SV = sozialversicherungsrechtliche Behandlung, L = laufender Bezug, S = sonstiger Bezug, A = außerordentlicher Bezug, P = pauschale Versteuerung/Verbeitragung, PAG = pauschale Versteuerung/Verbeitragung Arbeitgeber, E = Einmalzahlung, F = frei, V = dem Vorjahr zuzuordnende Einmalzahlungen, GBr = Behandlung im Gesamtbrutto

Fallbeispiel 22: Geringfügig Beschäftigter

Sachverhalt

Arbeitgeber A beabsichtigt für Lagerarbeiten einen geringfügig Beschäftigten mit monatlich 400,– € einzustellen. Die Beiträge für die gesetzliche Renten- und Krankenversicherung werden daher pauschaliert ermittelt. Für eine hausinterne Kalkulation möchte A die Arbeitgeber-Gesamtbelastung erfahren.

Lösungsweg mithilfe der elektronischen Einzelauskunft

Der Arbeitgeber (Lohnbüro) hat diesen Sachverhalt wie nachfolgend dargestellt in der Eingabemaske der Einzelauskunft zu erfassen. Die Eingabewerte können gespeichert werden und jederzeit z. B. als Vorlage wieder aufgerufen werden.

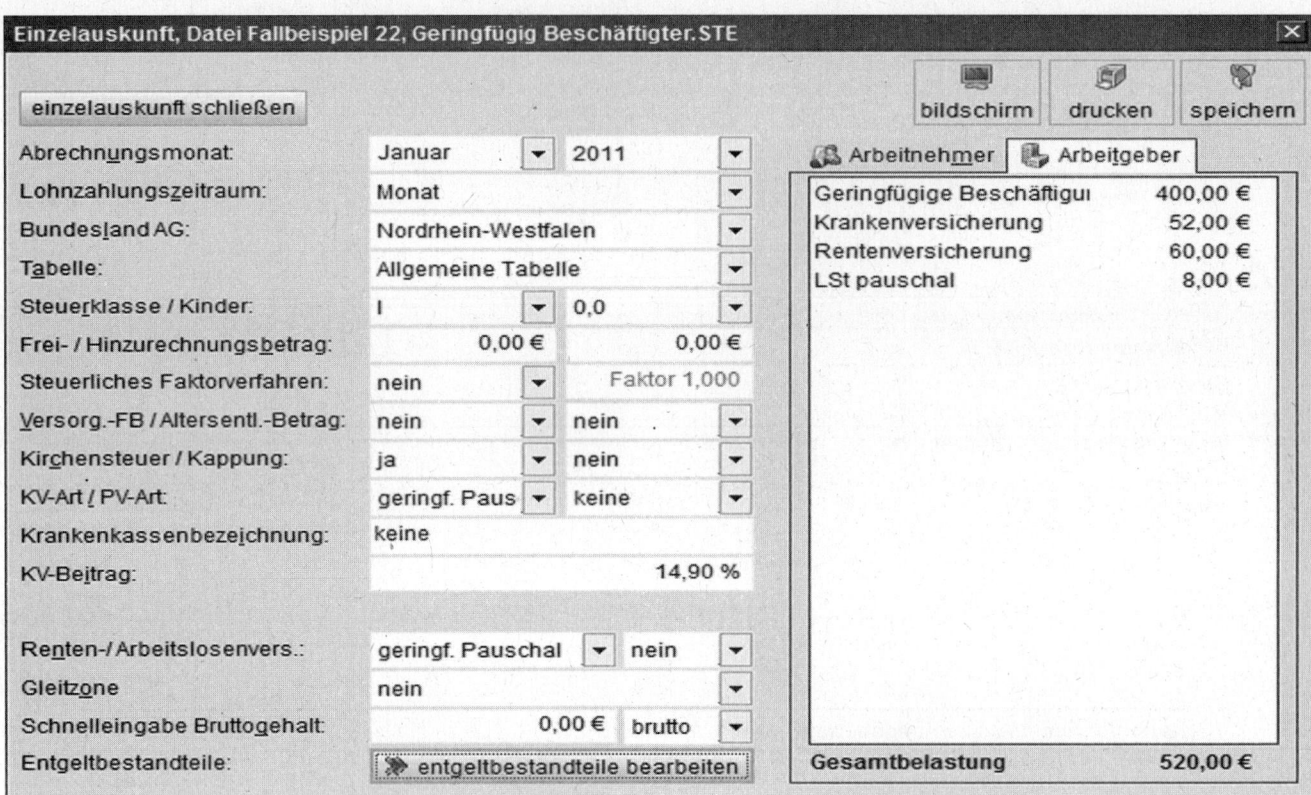

Bereits in der Schnellberechnung kann die Gesamtbelastung für den Arbeitgeber (ohne die Umlagebeiträge) abgelesen werden. Sie beträgt 520,– €. Dem geringfügig Beschäftigten werden 400,– € ohne Abzug ausgezahlt.

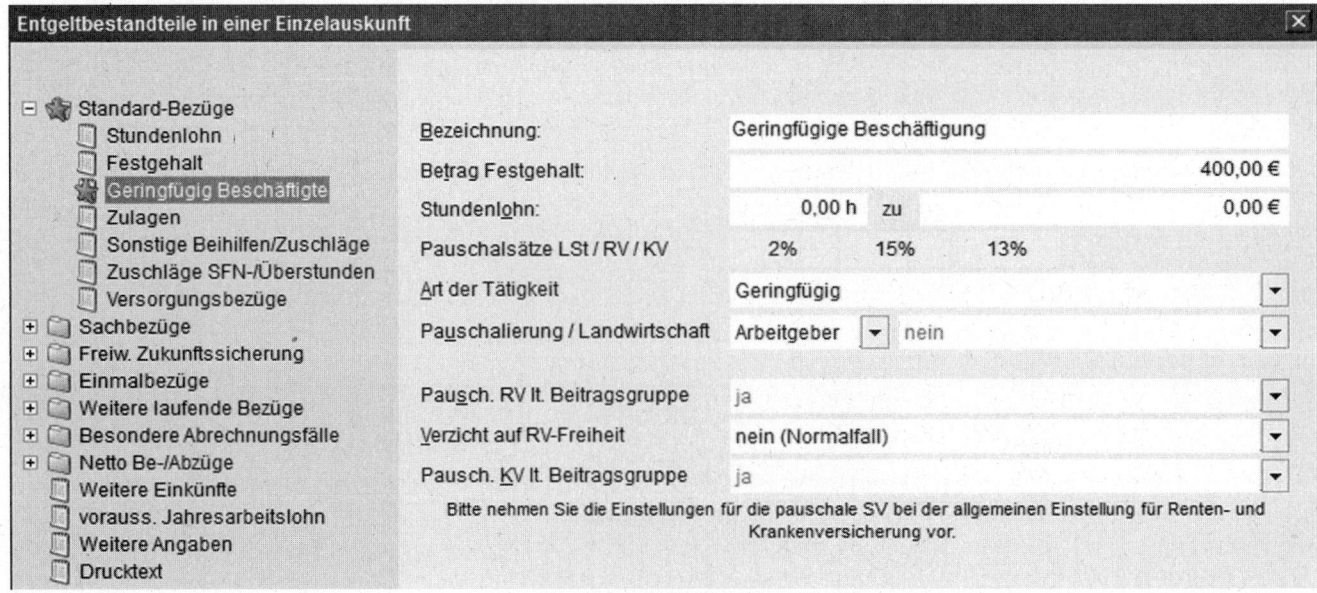

Ansicht und Ausdruck der Einzelauskunft

Die einzelnen Besteuerungsmerkmale und Berechnungsergebnisse werden in der Einzelauskunft übersichtlich zusammengestellt und können direkt am Bildschirm angezeigt werden. Über die Druckfunktion kann ein Ausdruck der Berechnung zur Verfügung gestellt werden.

Arbeitgeberbelastung für den Monat Januar 2011
Lohnzahlungszeitraum: Monat   03.12.2010

Lohnsteuertabelle: Allgemein		SV-Nr.:		
Steuerklasse:	I	Krankenk.:		
Kinderfreibetrag:	0,0	KV-Art:	g. pausch.	
Pers. Freibetrag:	0,00 €	KV-Beitr.:		
Jahresfreibetrag:	0,00 €	PV-Art:	keine	
Versorg.-FB:	nein	RV:	g. pausch.	
Altersentl.-FB:	nein	AV:	nein	
Kirchensteuer:	ja			
KiSt-Satz:	9,00 %			
St-Tage	KV (L/E)	RV (L/E)	AV (L/E)	PV (L/E)
30	0/0	0/0	0/0	0/0

Bezeichnung	
Geringfügige Beschäftigung	400,00 €
Krankenversicherung	52,00 €
Rentenversicherung	60,00 €
LSt pauschal	8,00 €
Gesamt-Belastung	**520,00 €**

Seite 1

Fallbeispiel 23: Dienstwagen 1 %-Regelung

Sachverhalt

Der 38-jährige Arbeitnehmer A aus Köln mit Lohnsteuerklasse I hat keine Kinder und ist kirchensteuerpflichtig. Er ist in einer Versorgungskasse rentenversichert. In der Kranken- und Pflegeversicherung ist er freiwillig versichert. Die Versicherungsbeiträge betragen 558,75 € bzw. 82,51 €. Der Arbeitgeber zahlt einen Zuschuss in Höhe von 262,50 € bzw. 36,56 €. Neben seinem Festgehalt in Höhe von 4 500,– € erhält A Kontoführungsgebühren in Höhe von 1,50 € monatlich als weiteren laufenden Bezug.

Arbeitnehmer A bekommt einen Dienstwagen gestellt, der nach der 1 %-Regelung versteuert wird. Der inländische Listenpreis des Dienstwagens beträgt 30 000,– €, hinzu kamen Sonderaustattungen für 3.000 €. Die Entfernung zwischen Wohnung und Arbeitsstätte beträgt 25 km. Es wird die Abwälzung der pauschalen Lohnsteuer auf den Arbeitnehmer vereinbart.

Lösungsweg mithilfe der elektronischen Einzelauskunft

Der Arbeitgeber (Lohnbüro) hat diesen Sachverhalt wie nachfolgend dargestellt in der Eingabemaske der Einzelauskunft zu erfassen. Die Eingabewerte können gespeichert werden und jederzeit z. B. als Vorlage wieder aufgerufen werden.

In der Startmaske der Einzelauskunft hat der Arbeitgeber (Lohnbüro) zunächst die Besteuerungsmerkmale einzutragen. Für die weiteren Eingaben muss nun die Schaltfläche „Entgeltbestandteile bearbeiten" angeklickt werden.

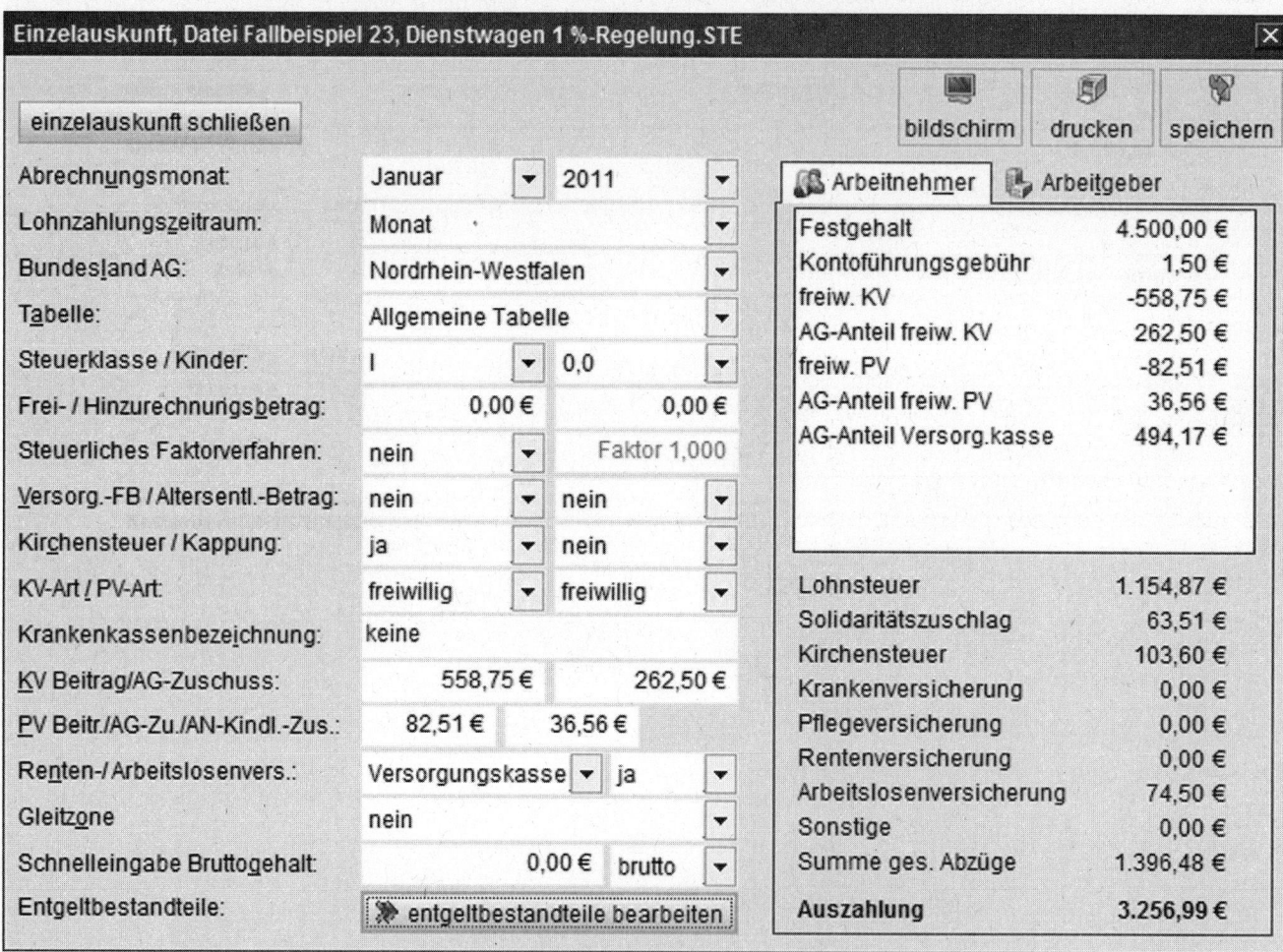

Neben dem Festgehalt (unter Standard-Bezüge) und den Kontoführungsgebühren (unter weitere laufende Bezüge) ist die Dienstwagengestellung als Sachbezug zu erfassen. Durch Eingabe der relevanten Angaben wird automatisch ein Sachbezugswert in Höhe von 577,50 € ermittelt.

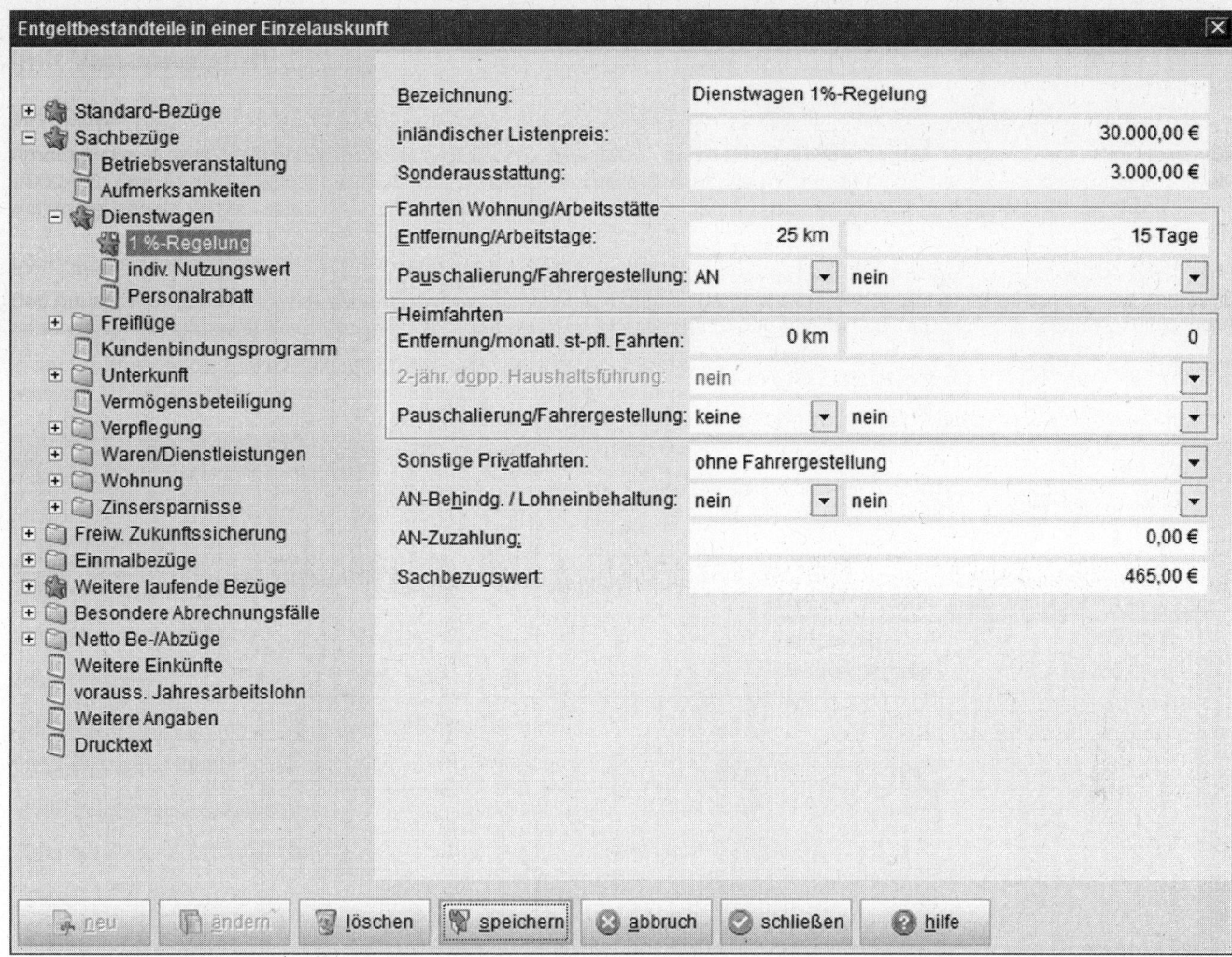

Ansicht und Ausdruck der Einzelauskunft

Die einzelnen Besteuerungsmerkmale und Berechnungsergebnisse werden in der Einzelauskunft übersichtlich zusammengestellt und können direkt am Bildschirm angezeigt werden. Über die Druckfunktion kann ein Ausdruck der Berechnung zur Verfügung gestellt werden.

Durch die Pauschalversteuerung der Fahrten zwischen Wohnung und Arbeitsstätte vermindert der Arbeitnehmer die Lohnsteuer- und SV-Beitragslast durch den Sachbezug.

Bei der Versorgungskasse berechnet die Einzelauskunft immer den Fall des Selbstzahlers, daher wird der Arbeitgeber-Zuschuss als Nettobezug aufgeführt. Den Gesamtbetrag würde dann der Arbeitnehmer selbst an die Versorgungskasse zahlen.

Fallbeispiele mit Softwarelösungen

Einzelauskunft für den Monat Januar 2011
Lohnzahlungszeitraum: Monat   03.12.2010

Lohnsteuertabelle:	Allgemein	SV-Nr:	
Steuerklasse:	I	Krankenk.:	
Kinderfreibetrag:	0,0	KV:	freiwillig
Freibetrag:		KV-Beitr.:	
Hinzurech.betrag:		PV:	freiwillig / ja
Jahresfreibetrag:		RV:	Vers.kasse
Jahreshinzu.betr.:		AV:	ja
Versorg.-FB:	nein		
Altersentl.-FB:	nein		
Kirchensteuer:	ja		
KiSt-Satz:	9,00 %		

St-Tage	KV (L/E)*	RV (L/E)*	AV (L/E)*	PV (L/E)*
30	0/0	0/0	30/30	0/0

Brutto-Bezüge/Abzüge   St*   SV*

002	Festgehalt	L	L	4.500,00 €
040	Dienstwagen 1%-Regelung	L	L	465,00 €
042	Dienstwagen 1%-Regelung Wohnung/Arbeitsstätte	P	F	112,50 €
316	Kontoführungsgebühr	L	L	1,50 €

Gesamt-Verdienst   **5.079,00 €**

*	Steuer-Brutto	Lohnsteuer	Kirchensteuer	SolZ		Kammerbeitrag	
L S A	4.966,50 €	1.138,00 €	102,42 €	62,59 €			1.303,01 €
P	112,50 €	16,87 €	1,18 €	0,92 €			18,97 €

	KV/PV-Brutto	RV/AV-Brutto	KV-Beitrag	PV-Beitrag	RV-Beitrag	AV-Beitrag
L E P V		4.966,50 €			74,50 €	74,50 €

Netto-Verdienst   **3.682,52 €**

Netto-Bezüge/Abzüge

046	Dienstwagen 1%-Regelung Wohnung/Arbeitsstätte	- 112,50 €
046	Dienstwagen 1%-Regelung	- 465,00 €
802	Arbeitgeberanteil zur freiwilligen Krankenversicherung	262,50 €
803	Arbeitgeberanteil zur freiwilligen Pflegeversicherung	36,56 €
804	Freiwillige Krankenversicherung	-558,75 €
805	Freiwillige Pflegeversicherung	-82,51 €
806	Arbeitgeberanteil zur Versorgungskasse	494,17 €

Auszahlungsbetrag   **3.256,99 €**

*) St = steuerliche Behandlung, SV = sozialversicherungsrechtliche Behandlung, L = laufender Bezug, S = sonstiger Bezug, A = außerordentlicher Bezug, P = pauschale Versteuerung/Verbeitragung, PAG = pauschale Versteuerung/Verbeitragung Arbeitgeber, E = Einmalzahlung, F = frei, V = dem Vorjahr zuzuordnende Einmalzahlungen, GBr = Behandlung im Gesamtbrutto

Fallbeispiel 24: Barlohnumwandlung für Pensionskasse

Sachverhalt

Der 38-jährige Arbeitnehmer A aus Köln mit Lohnsteuerklasse III mit zwei Kindern ist kirchensteuerpflichtig. Er ist sowohl in der gesetzlichen Renten- als auch in der gesetzlichen Kranken- und Pflegeversicherung pflichtversichert. Neben seinem Festgehalt in Höhe von 3 000,– € monatlich erhält A im Monat November ein Weihnachtsgeld in Höhe von 3 000,– €. Zusätzlich wurde eine Barlohnumwandlung in Höhe von 2 000,– € als Beitrag für eine Pensionskasse vereinbart. Da die 2 000 € unterhalb des Freibetrags nach § 3 Nr. 63 EStG bleiben, führen sie zur Steuer- und SV-Beitragsfreiheit.

Lösungsweg mithilfe der elektronischen Einzelauskunft

Der Arbeitgeber (Lohnbüro) hat diesen Sachverhalt wie nachfolgend dargestellt in der Eingabemaske der Einzelauskunft zu erfassen. Die Eingabewerte können gespeichert werden und jederzeit z. B. als Vorlage wieder aufgerufen werden.

In der Startmaske der Einzelauskunft hat der Arbeitgeber (Lohnbüro) zunächst die Besteuerungsmerkmale einzutragen. Für die weiteren Eingaben muss nun die Schaltfläche „Entgeltbestandteile bearbeiten" angeklickt werden.

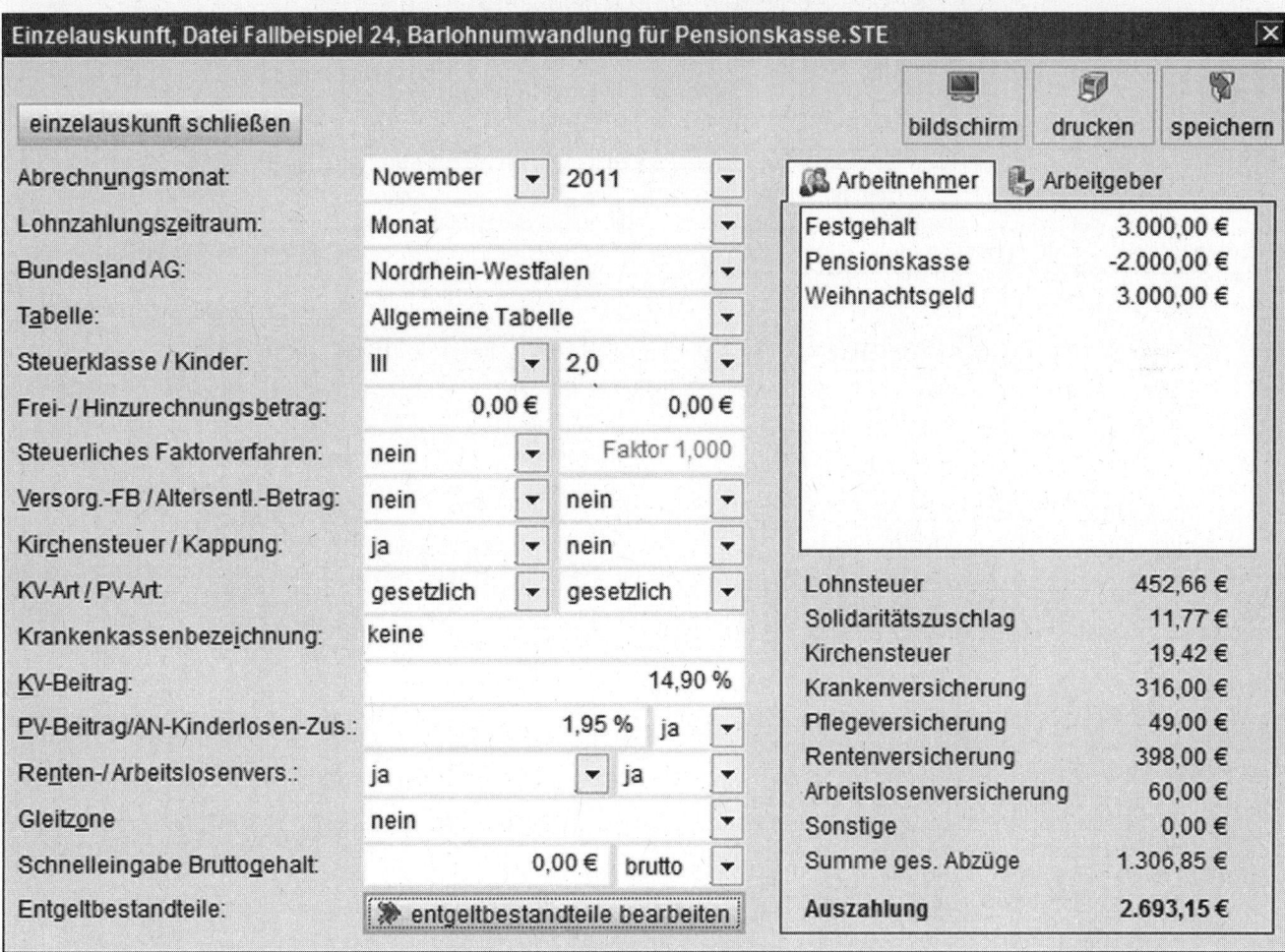

Neben dem Festgehalt (unter Standard-Bezüge) und dem Weihnachtsgeld (unter Einmalbezüge) ist die Barlohnumwandlung unter dem Entgeltbestandteil Freiwillige Zukunftssicherung zu erfassen. Da ein Teil des Weihnachtsgelds umgewandelt werden soll, wird als Bezugsart der „sonstige Bezug" ausgewählt. Für die Ermittlung der zutreffenden Abzugsbeträge reicht die Eingabe im Menüfeld „Beitrag" aus.

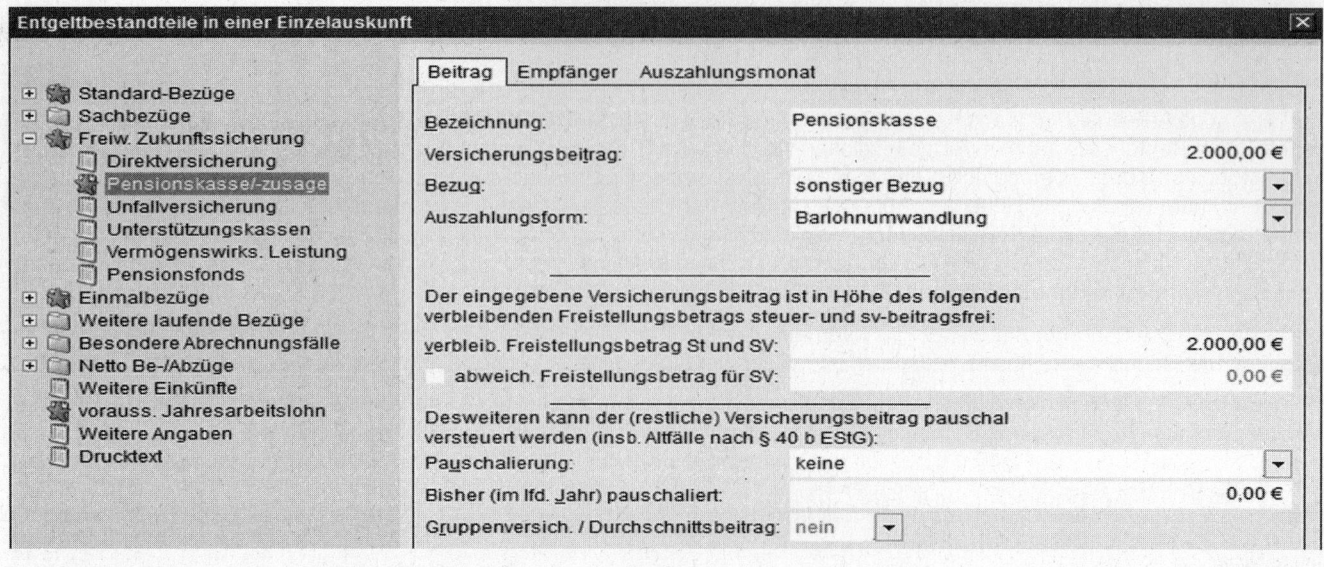

Ansicht und Ausdruck der Einzelauskunft

Die einzelnen Besteuerungsmerkmale und Berechnungsergebnisse werden in der Einzelauskunft übersichtlich zusammengestellt und können direkt am Bildschirm angezeigt werden. Über die Druckfunktion kann ein Ausdruck der Berechnung zur Verfügung gestellt werden. Die Auswirkungen der Barlohnumwandlung auf die Gehaltsabrechnung werden übersichtlich in der folgenden Einzelauskunft dargestellt.

Einzelauskunft für den Monat November 2011
Lohnzahlungszeitraum: Monat   03.12.2010

Lohnsteuertabelle:	Allgemein	SV-Nr:	
Steuerklasse:	III	Krankenk.:	
Kinderfreibetrag:	2,0	KV:	gesetzlich
Freibetrag:		KV-Beitr.:	14,90 % inkl. AN-Z.
Hinzurech.betrag:		PV:	gesetzlich / ja
Jahresfreibetrag:		RV:	ja
Jahreshinzu.betr.:		AV:	ja
Versorg.-FB:	nein		
Altersentl.-FB:	nein		
Kirchensteuer:	ja		
KiSt-Satz:	9,00 %		

St-Tage	KV (L/E)*	RV (L/E)*	AV (L/E)*	PV (L/E)*
30	30/30	30/30	30/30	30/30

Brutto-Bezüge/Abzüge		St*	SV*	
002	Festgehalt	L	L	3.000,00 €
170	Pensionskasse	F	F	-2.000,00 €
313	Weihnachtsgeld	S	E	3.000,00 €
Gesamt-Verdienst				**4.000,00 €**

*	Steuer-Brutto	Lohnsteuer	Kirchensteuer	SolZ		Kammerbeitrag	
L	3.000,00 €	238,66 €	0,16 €				238,82 €
S	1.000,00 €	214,00 €	19,26 €	11,77 €			245,03 €
A							
P							

	KV/PV-Brutto	RV/AV-Brutto	KV-Beitrag	PV-Beitrag	RV-Beitrag	AV-Beitrag	
L	3.000,00 €	3.000,00 €	237,00 €	36,75 €	298,50 €	45,00 €	617,25 €
E	1.000,00 €	1.000,00 €	79,00 €	12,25 €	99,50 €	15,00 €	205,75 €
P							
V							

Netto-Verdienst/Auszahlungsbetrag	**2.693,15 €**

*) St = steuerliche Behandlung, SV = sozialversicherungsrechtliche Behandlung, L = laufender Bezug, S = sonstiger Bezug, A = außerordentlicher Bezug, P = pauschale Versteuerung/Verbeitragung, PAG = pauschale Versteuerung/Verbeitragung Arbeitgeber, E = Einmalzahlung, F = frei, V = dem Vorjahr zuzuordnende Einmalzahlungen, GBr = Behandlung im Gesamtbrutto

Lohnsteuer – Allgemeiner Tarif

Sonstige Bezüge

Lohnsteuer Diese **Lohnsteuer-Tabelle** ist für Arbeitnehmer anzuwenden, die in der gesetzlichen Rentenversicherung pflichtversichert sind.

Bei Arbeitnehmern, die privat kranken- und pflegeversichert sind, ist vor Anwendung der Tabelle eine Nebenrechnung durchzuführen.

In den Erläuterungen und im Anhang zur Tabelle finden Sie nähere Informationen hierzu.

Solidaritätszuschlag Bei Sonstigen Bezügen wird der Solidaritätszuschlag stets mit 5,5% der Lohnsteuer ausgewiesen.

In den Erläuterungen zur Tabelle finden Sie nähere Informationen hierzu.

Kirchensteuer Diese Tabelle enthält die für alle Bundesländer maßgebenden Steuersätze von **8 %** und **9 %**.

8 % = Baden-Württemberg, Bayern

9 % = Berlin, Brandenburg, Bremen, Hamburg, Hessen, Mecklenburg-Vorpommern, Niedersachsen, Nordrhein-Westfalen, Rheinland-Pfalz, Saarland, Sachsen, Sachsen-Anhalt, Schleswig-Holstein, Thüringen

Zu beachten ist besonders die Mindestbetrags-Kirchensteuer in den einzelnen Bundesländern.

In den Erläuterungen zur Tabelle finden Sie nähere Informationen hierzu.

Sonstige Bezüge / A-Tarif — **0,01***

Lohn/Gehalt bis €*	Steuerklasse	LSt	SolZ	8%	9%
35,99	I,IV	—	—	—	—
	II	—	—	—	—
	III	—	—	—	—
	V	—	—	—	—
	VI	4	0,22	0,32	0,36
71,99	I,IV	—	—	—	—
	II	—	—	—	—
	III	—	—	—	—
	V	—	—	—	—
	VI	8	0,44	0,64	0,72
107,99	I,IV	—	—	—	—
	II	—	—	—	—
	III	—	—	—	—
	V	—	—	—	—
	VI	12	0,66	0,96	1,08
143,99	I,IV	—	—	—	—
	II	—	—	—	—
	III	—	—	—	—
	V	—	—	—	—
	VI	16	0,88	1,28	1,44
179,99	I,IV	—	—	—	—
	II	—	—	—	—
	III	—	—	—	—
	V	—	—	—	—
	VI	20	1,10	1,60	1,80
215,99	I,IV	—	—	—	—
	II	—	—	—	—
	III	—	—	—	—
	V	—	—	—	—
	VI	25	1,37	2,—	2,25
251,99	I,IV	—	—	—	—
	II	—	—	—	—
	III	—	—	—	—
	V	—	—	—	—
	VI	29	1,59	2,32	2,61
287,99	I,IV	—	—	—	—
	II	—	—	—	—
	III	—	—	—	—
	V	—	—	—	—
	VI	33	1,81	2,64	2,97
323,99	I,IV	—	—	—	—
	II	—	—	—	—
	III	—	—	—	—
	V	—	—	—	—
	VI	37	2,03	2,96	3,33
359,99	I,IV	—	—	—	—
	II	—	—	—	—
	III	—	—	—	—
	V	—	—	—	—
	VI	42	2,31	3,36	3,78
395,99	I,IV	—	—	—	—
	II	—	—	—	—
	III	—	—	—	—
	V	—	—	—	—
	VI	46	2,53	3,68	4,14
431,99	I,IV	—	—	—	—
	II	—	—	—	—
	III	—	—	—	—
	V	—	—	—	—
	VI	50	2,75	4,—	4,50
467,99	I,IV	—	—	—	—
	II	—	—	—	—
	III	—	—	—	—
	V	—	—	—	—
	VI	54	2,97	4,32	4,86
503,99	I,IV	—	—	—	—
	II	—	—	—	—
	III	—	—	—	—
	V	—	—	—	—
	VI	58	3,19	4,64	5,22
539,99	I,IV	—	—	—	—
	II	—	—	—	—
	III	—	—	—	—
	V	—	—	—	—
	VI	63	3,46	5,04	5,67
575,99	I,IV	—	—	—	—
	II	—	—	—	—
	III	—	—	—	—
	V	—	—	—	—
	VI	67	3,68	5,36	6,03
611,99	I,IV	—	—	—	—
	II	—	—	—	—
	III	—	—	—	—
	V	—	—	—	—
	VI	71	3,90	5,68	6,39
647,99	I,IV	—	—	—	—
	II	—	—	—	—
	III	—	—	—	—
	V	—	—	—	—
	VI	75	4,12	6,—	6,75
683,99	I,IV	—	—	—	—
	II	—	—	—	—
	III	—	—	—	—
	V	—	—	—	—
	VI	79	4,34	6,32	7,11
719,99	I,IV	—	—	—	—
	II	—	—	—	—
	III	—	—	—	—
	V	—	—	—	—
	VI	84	4,62	6,72	7,56
755,99	I,IV	—	—	—	—
	II	—	—	—	—
	III	—	—	—	—
	V	—	—	—	—
	VI	88	4,84	7,04	7,92
791,99	I,IV	—	—	—	—
	II	—	—	—	—
	III	—	—	—	—
	V	—	—	—	—
	VI	92	5,06	7,36	8,28
827,99	I,IV	—	—	—	—
	II	—	—	—	—
	III	—	—	—	—
	V	—	—	—	—
	VI	96	5,28	7,68	8,64
863,99	I,IV	—	—	—	—
	II	—	—	—	—
	III	—	—	—	—
	V	—	—	—	—
	VI	100	5,50	8,—	9,—
899,99	I,IV	—	—	—	—
	II	—	—	—	—
	III	—	—	—	—
	V	—	—	—	—
	VI	105	5,77	8,40	9,45
935,99	I,IV	—	—	—	—
	II	—	—	—	—
	III	—	—	—	—
	V	—	—	—	—
	VI	109	5,99	8,72	9,81
971,99	I,IV	—	—	—	—
	II	—	—	—	—
	III	—	—	—	—
	V	—	—	—	—
	VI	113	6,21	9,04	10,17
1 007,99	I,IV	—	—	—	—
	II	—	—	—	—
	III	—	—	—	—
	V	—	—	—	—
	VI	117	6,43	9,36	10,53
1 043,99	I,IV	—	—	—	—
	II	—	—	—	—
	III	—	—	—	—
	V	—	—	—	—
	VI	122	6,71	9,76	10,98
1 079,99	I,IV	—	—	—	—
	II	—	—	—	—
	III	—	—	—	—
	V	—	—	—	—
	VI	126	6,93	10,08	11,34
1 115,99	I,IV	—	—	—	—
	II	—	—	—	—
	III	—	—	—	—
	V	—	—	—	—
	VI	130	7,15	10,40	11,70
1 151,99	I,IV	—	—	—	—
	II	—	—	—	—
	III	—	—	—	—
	V	—	—	—	—
	VI	134	7,37	10,72	12,06
1 187,99	I,IV	—	—	—	—
	II	—	—	—	—
	III	—	—	—	—
	V	5	0,27	0,40	0,45
	VI	138	7,59	11,04	12,42
1 223,99	I,IV	—	—	—	—
	II	—	—	—	—
	III	—	—	—	—
	V	9	0,49	0,72	0,81
	VI	143	7,86	11,44	12,87
1 259,99	I,IV	—	—	—	—
	II	—	—	—	—
	III	—	—	—	—
	V	13	0,71	1,04	1,17
	VI	147	8,08	11,76	13,23
1 295,99	I,IV	—	—	—	—
	II	—	—	—	—
	III	—	—	—	—
	V	17	0,93	1,36	1,53
	VI	151	8,30	12,08	13,59
1 331,99	I,IV	—	—	—	—
	II	—	—	—	—
	III	—	—	—	—
	V	21	1,15	1,68	1,89
	VI	155	8,52	12,40	13,95
1 367,99	I,IV	—	—	—	—
	II	—	—	—	—
	III	—	—	—	—
	V	26	1,43	2,08	2,34
	VI	159	8,74	12,72	14,31
1 403,99	I,IV	—	—	—	—
	II	—	—	—	—
	III	—	—	—	—
	V	30	1,65	2,40	2,70
	VI	164	9,02	13,12	14,76
1 439,99	I,IV	—	—	—	—
	II	—	—	—	—
	III	—	—	—	—
	V	34	1,87	2,72	3,06
	VI	168	9,24	13,44	15,12
1 475,99	I,IV	—	—	—	—
	II	—	—	—	—
	III	—	—	—	—
	V	38	2,09	3,04	3,42
	VI	172	9,46	13,76	15,48
1 511,99	I,IV	—	—	—	—
	II	—	—	—	—
	III	—	—	—	—
	V	42	2,31	3,36	3,78
	VI	176	9,68	14,08	15,84
1 547,99	I,IV	—	—	—	—
	II	—	—	—	—
	III	—	—	—	—
	V	47	2,58	3,76	4,23
	VI	181	9,95	14,48	16,29
1 583,99	I,IV	—	—	—	—
	II	—	—	—	—
	III	—	—	—	—
	V	51	2,80	4,08	4,59
	VI	185	10,17	14,80	16,65
1 619,99	I,IV	—	—	—	—
	II	—	—	—	—
	III	—	—	—	—
	V	55	3,02	4,40	4,95
	VI	189	10,39	15,12	17,01
1 655,99	I,IV	—	—	—	—
	II	—	—	—	—
	III	—	—	—	—
	V	59	3,24	4,72	5,31
	VI	193	10,61	15,44	17,37
1 691,99	I,IV	—	—	—	—
	II	—	—	—	—
	III	—	—	—	—
	V	63	3,46	5,04	5,67
	VI	197	10,83	15,76	17,73
1 727,99	I,IV	—	—	—	—
	II	—	—	—	—
	III	—	—	—	—
	V	68	3,74	5,44	6,12
	VI	202	11,11	16,16	18,18

* Die ausgewiesenen Tabellenwerte sind amtlich. Siehe Erläuterungen auf der Umschlaginnenseite (U2).

3 455,99* — Sonstige Bezüge / A-Tarif

Lohnsteuer, Solidaritätszuschlag und Kirchensteuer in den Steuerklassen I – VI

Lohn/Gehalt bis €*	StKl	LSt	SolZ	8%	9%
1 763,99	I,IV	—	—	—	—
	II	—	—	—	—
	III	—	—	—	—
	V	72	3,96	5,76	6,48
	VI	206	11,33	16,48	18,54
1 799,99	I,IV	—	—	—	—
	II	—	—	—	—
	III	—	—	—	—
	V	76	4,18	6,08	6,84
	VI	210	11,55	16,80	18,90
1 835,99	I,IV	—	—	—	—
	II	—	—	—	—
	III	—	—	—	—
	V	80	4,40	6,40	7,20
	VI	214	11,77	17,12	19,26
1 871,99	I,IV	—	—	—	—
	II	—	—	—	—
	III	—	—	—	—
	V	85	4,67	6,80	7,65
	VI	218	11,99	17,44	19,62
1 907,99	I,IV	—	—	—	—
	II	—	—	—	—
	III	—	—	—	—
	V	89	4,89	7,12	8,01
	VI	223	12,26	17,84	20,07
1 943,99	I,IV	—	—	—	—
	II	—	—	—	—
	III	—	—	—	—
	V	93	5,11	7,44	8,37
	VI	227	12,48	18,16	20,43
1 979,99	I,IV	—	—	—	—
	II	—	—	—	—
	III	—	—	—	—
	V	97	5,33	7,76	8,73
	VI	231	12,70	18,48	20,79
2 015,99	I,IV	—	—	—	—
	II	—	—	—	—
	III	—	—	—	—
	V	101	5,55	8,08	9,09
	VI	235	12,92	18,80	21,15
2 051,99	I,IV	—	—	—	—
	II	—	—	—	—
	III	—	—	—	—
	V	106	5,83	8,48	9,54
	VI	239	13,14	19,12	21,51
2 087,99	I,IV	—	—	—	—
	II	—	—	—	—
	III	—	—	—	—
	V	110	6,05	8,80	9,90
	VI	244	13,42	19,52	21,96
2 123,99	I,IV	—	—	—	—
	II	—	—	—	—
	III	—	—	—	—
	V	114	6,27	9,12	10,26
	VI	248	13,64	19,84	22,32
2 159,99	I,IV	—	—	—	—
	II	—	—	—	—
	III	—	—	—	—
	V	118	6,49	9,44	10,62
	VI	252	13,86	20,16	22,68
2 195,99	I,IV	—	—	—	—
	II	—	—	—	—
	III	—	—	—	—
	V	123	6,76	9,84	11,07
	VI	256	14,08	20,48	23,04
2 231,99	I,IV	—	—	—	—
	II	—	—	—	—
	III	—	—	—	—
	V	127	6,98	10,16	11,43
	VI	261	14,35	20,88	23,49
2 267,99	I,IV	—	—	—	—
	II	—	—	—	—
	III	—	—	—	—
	V	131	7,20	10,48	11,79
	VI	265	14,57	21,20	23,85
2 303,99	I,IV	—	—	—	—
	II	—	—	—	—
	III	—	—	—	—
	V	135	7,42	10,80	12,15
	VI	269	14,79	21,52	24,21
2 339,99	I,IV	—	—	—	—
	II	—	—	—	—
	III	—	—	—	—
	V	139	7,64	11,12	12,51
	VI	273	15,01	21,84	24,57
2 375,99	I,IV	—	—	—	—
	II	—	—	—	—
	III	—	—	—	—
	V	144	7,92	11,52	12,96
	VI	277	15,23	22,16	24,93
2 411,99	I,IV	—	—	—	—
	II	—	—	—	—
	III	—	—	—	—
	V	148	8,14	11,84	13,32
	VI	282	15,51	22,56	25,38
2 447,99	I,IV	—	—	—	—
	II	—	—	—	—
	III	—	—	—	—
	V	152	8,36	12,16	13,68
	VI	286	15,73	22,88	25,74
2 483,99	I,IV	—	—	—	—
	II	—	—	—	—
	III	—	—	—	—
	V	156	8,58	12,48	14,04
	VI	290	15,95	23,20	26,10
2 519,99	I,IV	—	—	—	—
	II	—	—	—	—
	III	—	—	—	—
	V	161	8,85	12,88	14,49
	VI	294	16,17	23,52	26,46
2 555,99	I,IV	—	—	—	—
	II	—	—	—	—
	III	—	—	—	—
	V	165	9,07	13,20	14,85
	VI	299	16,44	23,92	26,91
2 591,99	I,IV	—	—	—	—
	II	—	—	—	—
	III	—	—	—	—
	V	169	9,29	13,52	15,21
	VI	303	16,66	24,24	27,27
2 627,99	I,IV	—	—	—	—
	II	—	—	—	—
	III	—	—	—	—
	V	173	9,51	13,84	15,57
	VI	307	16,88	24,56	27,63
2 663,99	I,IV	—	—	—	—
	II	—	—	—	—
	III	—	—	—	—
	V	177	9,73	14,16	15,93
	VI	311	17,10	24,88	27,99
2 699,99	I,IV	—	—	—	—
	II	—	—	—	—
	III	—	—	—	—
	V	182	10,01	14,56	16,38
	VI	315	17,32	25,20	28,35
2 735,99	I,IV	—	—	—	—
	II	—	—	—	—
	III	—	—	—	—
	V	186	10,23	14,88	16,74
	VI	320	17,60	25,60	28,80
2 771,99	I,IV	—	—	—	—
	II	—	—	—	—
	III	—	—	—	—
	V	190	10,45	15,20	17,10
	VI	324	17,82	25,92	29,16
2 807,99	I,IV	—	—	—	—
	II	—	—	—	—
	III	—	—	—	—
	V	194	10,67	15,52	17,46
	VI	328	18,04	26,24	29,52
2 843,99	I,IV	—	—	—	—
	II	—	—	—	—
	III	—	—	—	—
	V	198	10,89	15,84	17,82
	VI	332	18,26	26,56	29,88
2 879,99	I,IV	—	—	—	—
	II	—	—	—	—
	III	—	—	—	—
	V	203	11,16	16,24	18,27
	VI	336	18,48	26,88	30,24
2 915,99	I,IV	—	—	—	—
	II	—	—	—	—
	III	—	—	—	—
	V	207	11,38	16,56	18,63
	VI	341	18,75	27,28	30,69
2 951,99	I,IV	—	—	—	—
	II	—	—	—	—
	III	—	—	—	—
	V	211	11,60	16,88	18,99
	VI	345	18,97	27,60	31,05
2 987,99	I,IV	—	—	—	—
	II	—	—	—	—
	III	—	—	—	—
	V	215	11,82	17,20	19,35
	VI	349	19,19	27,92	31,41
3 023,99	I,IV	—	—	—	—
	II	—	—	—	—
	III	—	—	—	—
	V	219	12,04	17,52	19,71
	VI	353	19,41	28,24	31,77
3 059,99	I,IV	—	—	—	—
	II	—	—	—	—
	III	—	—	—	—
	V	224	12,32	17,92	20,16
	VI	357	19,63	28,56	32,13
3 095,99	I,IV	—	—	—	—
	II	—	—	—	—
	III	—	—	—	—
	V	228	12,54	18,24	20,52
	VI	362	19,91	28,96	32,58
3 131,99	I,IV	—	—	—	—
	II	—	—	—	—
	III	—	—	—	—
	V	232	12,76	18,56	20,88
	VI	366	20,13	29,28	32,94
3 167,99	I,IV	—	—	—	—
	II	—	—	—	—
	III	—	—	—	—
	V	236	12,98	18,88	21,24
	VI	370	20,35	29,60	33,30
3 203,99	I,IV	—	—	—	—
	II	—	—	—	—
	III	—	—	—	—
	V	241	13,25	19,28	21,69
	VI	374	20,57	29,92	33,66
3 239,99	I,IV	—	—	—	—
	II	—	—	—	—
	III	—	—	—	—
	V	245	13,47	19,60	22,05
	VI	379	20,84	30,32	34,11
3 275,99	I,IV	—	—	—	—
	II	—	—	—	—
	III	—	—	—	—
	V	249	13,69	19,92	22,41
	VI	383	21,06	30,64	34,47
3 311,99	I,IV	—	—	—	—
	II	—	—	—	—
	III	—	—	—	—
	V	253	13,91	20,24	22,77
	VI	387	21,28	30,96	34,83
3 347,99	I,IV	—	—	—	—
	II	—	—	—	—
	III	—	—	—	—
	V	257	14,13	20,56	23,13
	VI	391	21,50	31,28	35,19
3 383,99	I,IV	—	—	—	—
	II	—	—	—	—
	III	—	—	—	—
	V	262	14,41	20,96	23,58
	VI	395	21,72	31,60	35,55
3 419,99	I,IV	—	—	—	—
	II	—	—	—	—
	III	—	—	—	—
	V	266	14,63	21,28	23,94
	VI	400	22,—	32,—	36,—
3 455,99	I,IV	—	—	—	—
	II	—	—	—	—
	III	—	—	—	—
	V	270	14,85	21,60	24,30
	VI	404	22,22	32,32	36,36

* Die ausgewiesenen Tabellenwerte sind amtlich. Siehe Erläuterungen auf der Umschlaginnenseite (U2).

Sonstige Bezüge / A-Tarif 3 456,–*

Lohn/Gehalt bis €*	Steuerklasse	LSt	SolZ	8%	9%
3 491,99	I,IV	—	—	—	—
	II	—	—	—	—
	III	—	—	—	—
	V	274	15,07	21,92	24,66
	VI	408	22,44	32,64	36,72
3 527,99	I,IV	—	—	—	—
	II	—	—	—	—
	III	—	—	—	—
	V	279	15,34	22,32	25,11
	VI	412	22,66	32,96	37,08
3 563,99	I,IV	—	—	—	—
	II	—	—	—	—
	III	—	—	—	—
	V	283	15,56	22,64	25,47
	VI	417	22,93	33,36	37,53
3 599,99	I,IV	—	—	—	—
	II	—	—	—	—
	III	—	—	—	—
	V	287	15,78	22,96	25,83
	VI	421	23,15	33,68	37,89
3 635,99	I,IV	—	—	—	—
	II	—	—	—	—
	III	—	—	—	—
	V	291	16,—	23,28	26,19
	VI	425	23,37	34,—	38,25
3 671,99	I,IV	—	—	—	—
	II	—	—	—	—
	III	—	—	—	—
	V	295	16,22	23,60	26,55
	VI	429	23,59	34,32	38,61
3 707,99	I,IV	—	—	—	—
	II	—	—	—	—
	III	—	—	—	—
	V	300	16,50	24,—	27,—
	VI	433	23,81	34,64	38,97
3 743,99	I,IV	—	—	—	—
	II	—	—	—	—
	III	—	—	—	—
	V	304	16,72	24,32	27,36
	VI	438	24,09	35,04	39,42
3 779,99	I,IV	—	—	—	—
	II	—	—	—	—
	III	—	—	—	—
	V	308	16,94	24,64	27,72
	VI	442	24,31	35,36	39,78
3 815,99	I,IV	—	—	—	—
	II	—	—	—	—
	III	—	—	—	—
	V	312	17,16	24,96	28,08
	VI	446	24,53	35,68	40,14
3 851,99	I,IV	—	—	—	—
	II	—	—	—	—
	III	—	—	—	—
	V	316	17,38	25,28	28,44
	VI	450	24,75	36,—	40,50
3 887,99	I,IV	—	—	—	—
	II	—	—	—	—
	III	—	—	—	—
	V	321	17,65	25,68	28,89
	VI	455	25,02	36,40	40,95
3 923,99	I,IV	—	—	—	—
	II	—	—	—	—
	III	—	—	—	—
	V	325	17,87	26,—	29,25
	VI	459	25,24	36,72	41,31
3 959,99	I,IV	—	—	—	—
	II	—	—	—	—
	III	—	—	—	—
	V	329	18,09	26,32	29,61
	VI	463	25,46	37,04	41,67
3 995,99	I,IV	—	—	—	—
	II	—	—	—	—
	III	—	—	—	—
	V	333	18,31	26,64	29,97
	VI	467	25,68	37,36	42,03
4 031,99	I,IV	—	—	—	—
	II	—	—	—	—
	III	—	—	—	—
	V	337	18,53	26,96	30,33
	VI	471	25,90	37,68	42,39
4 067,99	V	342	18,81	27,36	30,78
	VI	476	26,18	38,08	42,84
4 103,99	V	346	19,03	27,68	31,14
	VI	480	26,40	38,40	43,20
4 139,99	V	350	19,25	28,—	31,50
	VI	484	26,62	38,72	43,56
4 175,99	V	354	19,47	28,32	31,86
	VI	488	26,84	39,04	43,92
4 211,99	V	359	19,74	28,72	32,31
	VI	492	27,06	39,36	44,28
4 247,99	V	363	19,96	29,04	32,67
	VI	497	27,33	39,76	44,73
4 283,99	V	367	20,18	29,36	33,03
	VI	501	27,55	40,08	45,09
4 319,99	V	371	20,40	29,68	33,39
	VI	505	27,77	40,40	45,45
4 355,99	V	375	20,62	30,—	33,75
	VI	509	27,99	40,72	45,81
4 391,99	V	380	20,90	30,40	34,20
	VI	513	28,21	41,04	46,17
4 427,99	V	384	21,12	30,72	34,56
	VI	518	28,49	41,44	46,62
4 463,99	V	388	21,34	31,04	34,92
	VI	522	28,71	41,76	46,98
4 499,99	V	392	21,56	31,36	35,28
	VI	526	28,93	42,08	47,34
4 535,99	V	397	21,83	31,76	35,73
	VI	530	29,15	42,40	47,70
4 571,99	V	401	22,05	32,08	36,09
	VI	535	29,42	42,80	48,15
4 607,99	V	405	22,27	32,40	36,45
	VI	539	29,64	43,12	48,51
4 643,99	V	409	22,49	32,72	36,81
	VI	543	29,86	43,44	48,87
4 679,99	V	413	22,71	33,04	37,17
	VI	547	30,08	43,76	49,23
4 715,99	V	418	22,99	33,44	37,62
	VI	551	30,30	44,08	49,59
4 751,99	V	422	23,21	33,76	37,98
	VI	556	30,58	44,48	50,04
4 787,99	V	426	23,43	34,08	38,34
	VI	560	30,80	44,80	50,40
4 823,99	V	430	23,65	34,40	38,70
	VI	564	31,02	45,12	50,76
4 859,99	V	434	23,87	34,72	39,06
	VI	568	31,24	45,44	51,12
4 895,99	V	439	24,14	35,12	39,51
	VI	573	31,51	45,84	51,57
4 931,99	V	443	24,36	35,44	39,87
	VI	577	31,73	46,16	51,93
4 967,99	V	447	24,58	35,76	40,23
	VI	581	31,95	46,48	52,29
5 003,99	V	451	24,80	36,08	40,59
	VI	585	32,17	46,80	52,65
5 039,99	V	455	25,02	36,40	40,95
	VI	589	32,39	47,12	53,01
5 075,99	V	460	25,30	36,80	41,40
	VI	594	32,67	47,52	53,46
5 111,99	V	464	25,52	37,12	41,76
	VI	598	32,89	47,84	53,82
5 147,99	V	468	25,74	37,44	42,12
	VI	602	33,11	48,16	54,18
5 183,99	V	472	25,96	37,76	42,48
	VI	606	33,33	48,48	54,54

* Die ausgewiesenen Tabellenwerte sind amtlich. Siehe Erläuterungen auf der Umschlaginnenseite (U2).

6 911,99* — Sonstige Bezüge / A-Tarif

Lohn/Gehalt bis €*	Steuerklasse	LSt	SolZ	8%	9%
5 219,99	I,IV	—	—	—	—
	II	—	—	—	—
	III	—	—	—	—
	V	477	26,23	38,16	42,93
	VI	610	33,55	48,80	54,90
5 255,99	I,IV	—	—	—	—
	II	—	—	—	—
	III	—	—	—	—
	V	481	26,45	38,48	43,29
	VI	615	33,82	49,20	55,35
5 291,99	I,IV	—	—	—	—
	II	—	—	—	—
	III	—	—	—	—
	V	485	26,67	38,80	43,65
	VI	619	34,04	49,52	55,71
5 327,99	I,IV	—	—	—	—
	II	—	—	—	—
	III	—	—	—	—
	V	489	26,89	39,12	44,01
	VI	623	34,26	49,84	56,07
5 363,99	I,IV	—	—	—	—
	II	—	—	—	—
	III	—	—	—	—
	V	493	27,11	39,44	44,37
	VI	627	34,48	50,16	56,43
5 399,99	I,IV	—	—	—	—
	II	—	—	—	—
	III	—	—	—	—
	V	498	27,39	39,84	44,82
	VI	631	34,70	50,48	56,79
5 435,99	I,IV	—	—	—	—
	II	—	—	—	—
	III	—	—	—	—
	V	502	27,61	40,16	45,18
	VI	636	34,98	50,88	57,24
5 471,99	I,IV	—	—	—	—
	II	—	—	—	—
	III	—	—	—	—
	V	506	27,83	40,48	45,54
	VI	640	35,20	51,20	57,60
5 507,99	I,IV	—	—	—	—
	II	—	—	—	—
	III	—	—	—	—
	V	510	28,05	40,80	45,90
	VI	644	35,42	51,52	57,96
5 543,99	I,IV	—	—	—	—
	II	—	—	—	—
	III	—	—	—	—
	V	515	28,32	41,20	46,35
	VI	648	35,64	51,84	58,32
5 579,99	I,IV	—	—	—	—
	II	—	—	—	—
	III	—	—	—	—
	V	519	28,54	41,52	46,71
	VI	653	35,91	52,24	58,77
5 615,99	I,IV	—	—	—	—
	II	—	—	—	—
	III	—	—	—	—
	V	523	28,76	41,84	47,07
	VI	657	36,13	52,56	59,13
5 651,99	I,IV	—	—	—	—
	II	—	—	—	—
	III	—	—	—	—
	V	527	28,98	42,16	47,43
	VI	661	36,35	52,88	59,49
5 687,99	I,IV	—	—	—	—
	II	—	—	—	—
	III	—	—	—	—
	V	531	29,20	42,48	47,79
	VI	665	36,57	53,20	59,85
5 723,99	I,IV	—	—	—	—
	II	—	—	—	—
	III	—	—	—	—
	V	536	29,48	42,88	48,24
	VI	669	36,79	53,52	60,21
5 759,99	I,IV	—	—	—	—
	II	—	—	—	—
	III	—	—	—	—
	V	540	29,70	43,20	48,60
	VI	674	37,07	53,92	60,66
5 795,99	I,IV	—	—	—	—
	II	—	—	—	—
	III	—	—	—	—
	V	544	29,92	43,52	48,96
	VI	678	37,29	54,24	61,02
5 831,99	I,IV	—	—	—	—
	II	—	—	—	—
	III	—	—	—	—
	V	548	30,14	43,84	49,32
	VI	682	37,51	54,56	61,38
5 867,99	I,IV	—	—	—	—
	II	—	—	—	—
	III	—	—	—	—
	V	552	30,36	44,16	49,68
	VI	686	37,73	54,88	61,74
5 903,99	I,IV	—	—	—	—
	II	—	—	—	—
	III	—	—	—	—
	V	557	30,63	44,56	50,13
	VI	691	38,—	55,28	62,19
5 939,99	I,IV	—	—	—	—
	II	—	—	—	—
	III	—	—	—	—
	V	561	30,85	44,88	50,49
	VI	695	38,22	55,60	62,55
5 975,99	I,IV	—	—	—	—
	II	—	—	—	—
	III	—	—	—	—
	V	565	31,07	45,20	50,85
	VI	699	38,44	55,92	62,91
6 011,99	I,IV	—	—	—	—
	II	—	—	—	—
	III	—	—	—	—
	V	569	31,29	45,52	51,21
	VI	703	38,66	56,24	63,27
6 047,99	I,IV	—	—	—	—
	II	—	—	—	—
	III	—	—	—	—
	V	574	31,57	45,92	51,66
	VI	707	38,88	56,56	63,63
6 083,99	I,IV	—	—	—	—
	II	—	—	—	—
	III	—	—	—	—
	V	578	31,79	46,24	52,02
	VI	712	39,16	56,96	64,08
6 119,99	I,IV	—	—	—	—
	II	—	—	—	—
	III	—	—	—	—
	V	582	32,01	46,56	52,38
	VI	716	39,38	57,28	64,44
6 155,99	I,IV	—	—	—	—
	II	—	—	—	—
	III	—	—	—	—
	V	586	32,23	46,88	52,74
	VI	720	39,60	57,60	64,80
6 191,99	I,IV	—	—	—	—
	II	—	—	—	—
	III	—	—	—	—
	V	590	32,45	47,20	53,10
	VI	724	39,82	57,92	65,16
6 227,99	I,IV	—	—	—	—
	II	—	—	—	—
	III	—	—	—	—
	V	595	32,72	47,60	53,55
	VI	728	40,04	58,24	65,52
6 263,99	I,IV	—	—	—	—
	II	—	—	—	—
	III	—	—	—	—
	V	599	32,94	47,92	53,91
	VI	733	40,31	58,64	65,97
6 299,99	I,IV	—	—	—	—
	II	—	—	—	—
	III	—	—	—	—
	V	603	33,16	48,24	54,27
	VI	737	40,53	58,96	66,33
6 335,99	I,IV	—	—	—	—
	II	—	—	—	—
	III	—	—	—	—
	V	607	33,38	48,56	54,63
	VI	741	40,75	59,28	66,69
6 371,99	I,IV	—	—	—	—
	II	—	—	—	—
	III	—	—	—	—
	V	611	33,60	48,88	54,99
	VI	745	40,97	59,60	67,05
6 407,99	I,IV	—	—	—	—
	II	—	—	—	—
	III	—	—	—	—
	V	616	33,88	49,28	55,44
	VI	749	41,19	59,92	67,41
6 443,99	I,IV	—	—	—	—
	II	—	—	—	—
	III	—	—	—	—
	V	620	34,10	49,60	55,80
	VI	754	41,47	60,32	67,86
6 479,99	I,IV	—	—	—	—
	II	—	—	—	—
	III	—	—	—	—
	V	624	34,32	49,92	56,16
	VI	758	41,69	60,64	68,22
6 515,99	I,IV	—	—	—	—
	II	—	—	—	—
	III	—	—	—	—
	V	628	34,54	50,24	56,52
	VI	762	41,91	60,96	68,58
6 551,99	I,IV	—	—	—	—
	II	—	—	—	—
	III	—	—	—	—
	V	632	34,76	50,56	56,88
	VI	766	42,13	61,28	68,94
6 587,99	I,IV	—	—	—	—
	II	—	—	—	—
	III	—	—	—	—
	V	637	35,03	50,96	57,33
	VI	771	42,40	61,68	69,39
6 623,99	I,IV	—	—	—	—
	II	—	—	—	—
	III	—	—	—	—
	V	641	35,25	51,28	57,69
	VI	775	42,62	62,—	69,75
6 659,99	I,IV	—	—	—	—
	II	—	—	—	—
	III	—	—	—	—
	V	645	35,47	51,60	58,05
	VI	779	42,84	62,32	70,11
6 695,99	I,IV	—	—	—	—
	II	—	—	—	—
	III	—	—	—	—
	V	649	35,69	51,92	58,41
	VI	783	43,06	62,64	70,47
6 731,99	I,IV	—	—	—	—
	II	—	—	—	—
	III	—	—	—	—
	V	654	35,97	52,32	58,86
	VI	787	43,28	62,96	70,83
6 767,99	I,IV	—	—	—	—
	II	—	—	—	—
	III	—	—	—	—
	V	658	36,19	52,64	59,22
	VI	792	43,56	63,36	71,28
6 803,99	I,IV	—	—	—	—
	II	—	—	—	—
	III	—	—	—	—
	V	662	36,41	52,96	59,58
	VI	796	43,78	63,68	71,64
6 839,99	I,IV	—	—	—	—
	II	—	—	—	—
	III	—	—	—	—
	V	666	36,63	53,28	59,94
	VI	800	44,—	64,—	72,—
6 875,99	I,IV	—	—	—	—
	II	—	—	—	—
	III	—	—	—	—
	V	670	36,85	53,60	60,30
	VI	804	44,22	64,32	72,36
6 911,99	I,IV	—	—	—	—
	II	—	—	—	—
	III	—	—	—	—
	V	675	37,12	54,—	60,75
	VI	808	44,44	64,64	72,72

* Die ausgewiesenen Tabellenwerte sind amtlich. Siehe Erläuterungen auf der Umschlaginnenseite (U2).

T 5

Sonstige Bezüge / A-Tarif 6 912,–*

Lohn/Gehalt bis €*	StKl	LSt	SolZ	8%	9%	Lohn/Gehalt bis €*	StKl	LSt	SolZ	8%	9%	Lohn/Gehalt bis €*	StKl	LSt	SolZ	8%	9%
6 947,99	I,IV	—	—	—	—	7 523,99	I,IV	—	—	—	—	8 099,99	I,IV	—	—	—	—
	II	—	—	—	—		II	—	—	—	—		II	—	—	—	—
	III	—	—	—	—		III	—	—	—	—		III	—	—	—	—
	V	679	37,34	54,32	61,11		V	746	41,03	59,68	67,14		V	814	44,77	65,12	73,26
	VI	813	44,71	65,04	73,17		VI	880	48,40	70,40	79,20		VI	948	52,14	75,84	85,32
6 983,99	I,IV	—	—	—	—	7 559,99	I,IV	—	—	—	—	8 135,99	I,IV	—	—	—	—
	II	—	—	—	—		II	—	—	—	—		II	—	—	—	—
	III	—	—	—	—		III	—	—	—	—		III	—	—	—	—
	V	683	37,56	54,64	61,47		V	750	41,25	60,—	67,50		V	818	44,99	65,44	73,62
	VI	817	44,93	65,36	73,53		VI	884	48,62	70,72	79,56		VI	952	52,36	76,16	85,68
7 019,99	I,IV	—	—	—	—	7 595,99	I,IV	—	—	—	—	8 171,99	I,IV	—	—	—	—
	II	—	—	—	—		II	—	—	—	—		II	—	—	—	—
	III	—	—	—	—		III	—	—	—	—		III	—	—	—	—
	V	687	37,78	54,96	61,83		V	755	41,52	60,40	67,95		V	822	45,21	65,76	73,98
	VI	821	45,15	65,68	73,89		VI	889	48,89	71,12	80,01		VI	956	52,58	76,48	86,04
7 055,99	I,IV	—	—	—	—	7 631,99	I,IV	—	—	—	—	8 207,99	I,IV	—	—	—	—
	II	—	—	—	—		II	—	—	—	—		II	—	—	—	—
	III	—	—	—	—		III	—	—	—	—		III	—	—	—	—
	V	692	38,06	55,36	62,28		V	759	41,74	60,72	68,31		V	826	45,43	66,08	74,34
	VI	825	45,37	66,—	74,25		VI	893	49,11	71,44	80,37		VI	960	52,80	76,80	86,40
7 091,99	I,IV	—	—	—	—	7 667,99	I,IV	—	—	—	—	8 243,99	I,IV	—	—	—	—
	II	—	—	—	—		II	—	—	—	—		II	—	—	—	—
	III	—	—	—	—		III	—	—	—	—		III	—	—	—	—
	V	696	38,28	55,68	62,64		V	763	41,96	61,04	68,67		V	831	45,70	66,48	74,79
	VI	830	45,65	66,40	74,70		VI	897	49,33	71,76	80,73		VI	964	53,02	77,12	86,76
7 127,99	I,IV	—	—	—	—	7 703,99	I,IV	—	—	—	—	8 279,99	I,IV	—	—	—	—
	II	—	—	—	—		II	—	—	—	—		II	—	—	—	—
	III	—	—	—	—		III	—	—	—	—		III	—	—	—	—
	V	700	38,50	56,—	63,—		V	767	42,18	61,36	69,03		V	835	45,92	66,80	75,15
	VI	834	45,87	66,72	75,06		VI	901	49,55	72,08	81,09		VI	969	53,29	77,52	87,21
7 163,99	I,IV	—	—	—	—	7 739,99	I,IV	—	—	—	—	8 315,99	I,IV	—	—	—	—
	II	—	—	—	—		II	—	—	—	—		II	—	—	—	—
	III	—	—	—	—		III	—	—	—	—		III	—	—	—	—
	V	704	38,72	56,32	63,36		V	772	42,46	61,76	69,48		V	839	46,14	67,12	75,51
	VI	838	46,09	67,04	75,42		VI	905	49,77	72,40	81,45		VI	973	53,51	77,84	87,57
7 199,99	I,IV	—	—	—	—	7 775,99	I,IV	—	—	—	—	8 351,99	I,IV	—	—	—	—
	II	—	—	—	—		II	—	—	—	—		II	—	—	—	—
	III	—	—	—	—		III	—	—	—	—		III	—	—	—	—
	V	708	38,94	56,64	63,72		V	776	42,68	62,08	69,84		V	843	46,36	67,44	75,87
	VI	842	46,31	67,36	75,78		VI	910	50,05	72,80	81,90		VI	977	53,73	78,16	87,93
7 235,99	I,IV	—	—	—	—	7 811,99	I,IV	—	—	—	—	8 387,99	I,IV	—	—	—	—
	II	—	—	—	—		II	—	—	—	—		II	—	—	—	—
	III	—	—	—	—		III	—	—	—	—		III	—	—	—	—
	V	713	39,21	57,04	64,17		V	780	42,90	62,40	70,20		V	847	46,58	67,76	76,23
	VI	846	46,53	67,68	76,14		VI	914	50,27	73,12	82,26		VI	981	53,95	78,48	88,29
7 271,99	I,IV	—	—	—	—	7 847,99	I,IV	—	—	—	—	8 423,99	I,IV	—	—	—	—
	II	—	—	—	—		II	—	—	—	—		II	—	—	—	—
	III	—	—	—	—		III	—	—	—	—		III	—	—	—	—
	V	717	39,43	57,36	64,53		V	784	43,12	62,72	70,56		V	852	46,86	68,16	76,68
	VI	851	46,80	68,08	76,59		VI	918	50,49	73,44	82,62		VI	986	54,23	78,88	88,74
7 307,99	I,IV	—	—	—	—	7 883,99	I,IV	—	—	—	—	8 459,99	I,IV	—	—	—	—
	II	—	—	—	—		II	—	—	—	—		II	—	—	—	—
	III	—	—	—	—		III	—	—	—	—		III	—	—	—	—
	V	721	39,65	57,68	64,89		V	788	43,34	63,04	70,92		V	856	47,08	68,48	77,04
	VI	855	47,02	68,40	76,95		VI	922	50,71	73,76	82,98		VI	990	54,45	79,20	89,10
7 343,99	I,IV	—	—	—	—	7 919,99	I,IV	—	—	—	—	8 495,99	I,IV	—	—	—	—
	II	—	—	—	—		II	—	—	—	—		II	—	—	—	—
	III	—	—	—	—		III	—	—	—	—		III	—	—	—	—
	V	725	39,87	58,—	65,25		V	793	43,61	63,44	71,37		V	860	47,30	68,80	77,40
	VI	859	47,24	68,72	77,31		VI	926	50,93	74,08	83,34		VI	994	54,67	79,52	89,46
7 379,99	I,IV	—	—	—	—	7 955,99	I,IV	—	—	—	—	8 531,99	I,IV	—	—	—	—
	II	—	—	—	—		II	—	—	—	—		II	—	—	—	—
	III	—	—	—	—		III	—	—	—	—		III	—	—	—	—
	V	729	40,09	58,32	65,61		V	797	43,83	63,76	71,73		V	864	47,52	69,12	77,76
	VI	863	47,46	69,04	77,67		VI	931	51,20	74,48	83,79		VI	998	54,89	79,84	89,82
7 415,99	I,IV	—	—	—	—	7 991,99	I,IV	—	—	—	—	8 567,99	I,IV	—	—	—	—
	II	—	—	—	—		II	—	—	—	—		II	—	—	—	—
	III	—	—	—	—		III	—	—	—	—		III	—	—	—	—
	V	734	40,37	58,72	66,06		V	801	44,05	64,08	72,09		V	868	47,74	69,44	78,12
	VI	868	47,74	69,44	78,12		VI	935	51,42	74,80	84,15		VI	1 002	55,11	80,16	90,18
7 451,99	I,IV	—	—	—	—	8 027,99	I,IV	—	—	—	—	8 603,99	I,IV	—	—	—	—
	II	—	—	—	—		II	—	—	—	—		II	—	—	—	—
	III	—	—	—	—		III	—	—	—	—		III	—	—	—	—
	V	738	40,59	59,04	66,42		V	805	44,27	64,40	72,45		V	873	48,01	69,84	78,57
	VI	872	47,96	69,76	78,48		VI	939	51,64	75,12	84,51		VI	1 007	55,38	80,56	90,63
7 487,99	I,IV	—	—	—	—	8 063,99	I,IV	—	—	—	—	8 639,99	I,IV	—	—	—	—
	II	—	—	—	—		II	—	—	—	—		II	—	—	—	—
	III	—	—	—	—		III	—	—	—	—		III	—	—	—	—
	V	742	40,81	59,36	66,78		V	810	44,55	64,80	72,90		V	877	48,23	70,16	78,93
	VI	876	48,18	70,08	78,84		VI	943	51,86	75,44	84,87		VI	1 011	55,60	80,88	90,99

* Die ausgewiesenen Tabellenwerte sind amtlich. Siehe Erläuterungen auf der Umschlaginnenseite (U2).

10 367,99* **Sonstige Bezüge / A-Tarif**

Lohn/Gehalt bis €*	Steuerklasse	LSt	SolZ	8%	9%	Lohn/Gehalt bis €*	Steuerklasse	LSt	SolZ	8%	9%	Lohn/Gehalt bis €*	Steuerklasse	LSt	SolZ	8%	9%
8 675,99	I,IV	—	—	—	—	9 251,99	I,IV	—	—	—	—	9 827,99	I,IV	—	—	—	—
	II	—	—	—	—		II	—	—	—	—		II	—	—	—	—
	III	—	—	—	—		III	—	—	—	—		III	—	—	—	—
	V	881	48,45	70,48	79,29		V	949	52,19	75,92	85,41		V	1 016	55,88	81,28	91,44
	VI	1 015	55,82	81,20	91,35		VI	1 082	59,51	86,56	97,38		VI	1 150	63,25	92,—	103,50
8 711,99	V	885	48,67	70,80	79,65	9 287,99	V	953	52,41	76,24	85,77	9 863,99	V	1 020	56,10	81,60	91,80
	VI	1 019	56,04	81,52	91,71		VI	1 087	59,78	86,96	97,83		VI	1 154	63,47	92,32	103,86
8 747,99	V	890	48,95	71,20	80,10	9 323,99	V	957	52,63	76,56	86,13	9 899,99	V	1 024	56,32	81,92	92,16
	VI	1 023	56,26	81,84	92,07		VI	1 091	60,—	87,28	98,19		VI	1 158	63,69	92,64	104,22
8 783,99	V	894	49,17	71,52	80,46	9 359,99	V	961	52,85	76,88	86,49	9 935,99	V	1 029	56,59	82,32	92,61
	VI	1 028	56,54	82,24	92,52		VI	1 095	60,22	87,60	98,55		VI	1 162	63,91	92,96	104,58
8 819,99	V	898	49,39	71,84	80,82	9 395,99	V	966	53,13	77,28	86,94	9 971,99	V	1 033	56,81	82,64	92,97
	VI	1 032	56,76	82,56	92,88		VI	1 099	60,44	87,92	98,91		VI	1 167	64,18	93,36	105,03
8 855,99	V	902	49,61	72,16	81,18	9 431,99	V	970	53,35	77,60	87,30	10 007,99	V	1 037	57,03	82,96	93,33
	VI	1 036	56,98	82,88	93,24		VI	1 104	60,72	88,32	99,36		VI	1 171	64,40	93,68	105,39
8 891,99	V	906	49,83	72,48	81,54	9 467,99	V	974	53,57	77,92	87,66	10 043,99	V	1 041	57,25	83,28	93,69
	VI	1 040	57,20	83,20	93,60		VI	1 108	60,94	88,64	99,72		VI	1 175	64,62	94,—	105,75
8 927,99	V	911	50,10	72,88	81,99	9 503,99	V	978	53,79	78,24	88,02	10 079,99	V	1 046	57,53	83,68	94,14
	VI	1 044	57,42	83,52	93,96		VI	1 112	61,16	88,96	100,08		VI	1 179	64,84	94,32	106,11
8 963,99	V	915	50,32	73,20	82,35	9 539,99	V	982	54,01	78,56	88,38	10 115,99	V	1 050	57,75	84,—	94,50
	VI	1 049	57,69	83,92	94,41		VI	1 116	61,38	89,28	100,44		VI	1 184	65,12	94,72	106,56
8 999,99	V	919	50,54	73,52	82,71	9 575,99	V	987	54,28	78,96	88,83	10 151,99	V	1 054	57,97	84,32	94,86
	VI	1 053	57,91	84,24	94,77		VI	1 120	61,60	89,60	100,80		VI	1 188	65,34	95,04	106,92
9 035,99	V	923	50,76	73,84	83,07	9 611,99	V	991	54,50	79,28	89,19	10 187,99	V	1 058	58,19	84,64	95,22
	VI	1 057	58,13	84,56	95,13		VI	1 125	61,87	90,—	101,25		VI	1 192	65,56	95,36	107,28
9 071,99	V	928	51,04	74,24	83,52	9 647,99	V	995	54,72	79,60	89,55	10 223,99	V	1 062	58,41	84,96	95,58
	VI	1 061	58,35	84,88	95,49		VI	1 129	62,09	90,32	101,61		VI	1 196	65,78	95,68	107,64
9 107,99	V	932	51,26	74,56	83,88	9 683,99	V	999	54,94	79,92	89,91	10 259,99	V	1 067	58,68	85,36	96,03
	VI	1 066	58,63	85,28	95,94		VI	1 133	62,31	90,64	101,97		VI	1 200	66,—	96,—	108,—
9 143,99	V	936	51,48	74,88	84,24	9 719,99	V	1 003	55,16	80,24	90,27	10 295,99	V	1 071	58,90	85,68	96,39
	VI	1 070	58,85	85,60	96,30		VI	1 137	62,53	90,96	102,33		VI	1 205	66,27	96,40	108,45
9 179,99	V	940	51,70	75,20	84,60	9 755,99	V	1 008	55,44	80,64	90,72	10 331,99	V	1 075	59,12	86,—	96,75
	VI	1 074	59,07	85,92	96,66		VI	1 141	62,75	91,28	102,69		VI	1 209	66,49	96,72	108,81
9 215,99	V	944	51,92	75,52	84,96	9 791,99	V	1 012	55,66	80,96	91,08	10 367,99	V	1 079	59,34	86,32	97,11
	VI	1 078	59,29	86,24	97,02		VI	1 146	63,03	91,68	103,14		VI	1 213	66,71	97,04	109,17

* Die ausgewiesenen Tabellenwerte sind amtlich. Siehe Erläuterungen auf der Umschlaginnenseite (U2).

T 7

Sonstige Bezüge / A-Tarif — 10 368,–*

Lohn/Gehalt bis €*	StKl	LSt	SolZ	8%	9%
10 403,99	I,IV	—	—	—	—
	II	—	—	—	—
	III	—	—	—	—
	V	1 084	59,62	86,72	97,56
	VI	1 217	66,93	97,36	109,53
10 439,99	I,IV	—	—	—	—
	II	—	—	—	—
	III	—	—	—	—
	V	1 088	59,84	87,04	97,92
	VI	1 222	67,21	97,76	109,98
10 475,99	I,IV	—	—	—	—
	II	—	—	—	—
	III	—	—	—	—
	V	1 092	60,06	87,36	98,28
	VI	1 226	67,43	98,08	110,34
10 511,99	I,IV	—	—	—	—
	II	—	—	—	—
	III	—	—	—	—
	V	1 096	60,28	87,68	98,64
	VI	1 230	67,65	98,40	110,70
10 547,99	I,IV	—	—	—	—
	II	—	—	—	—
	III	—	—	—	—
	V	1 100	60,50	88,—	99,—
	VI	1 234	67,87	98,72	111,06
10 583,99	I,IV	—	—	—	—
	II	—	—	—	—
	III	—	—	—	—
	V	1 105	60,77	88,40	99,45
	VI	1 238	68,09	99,04	111,42
10 619,99	I,IV	—	—	—	—
	II	—	—	—	—
	III	—	—	—	—
	V	1 109	60,99	88,72	99,81
	VI	1 243	68,36	99,44	111,87
10 655,99	I,IV	—	—	—	—
	II	—	—	—	—
	III	—	—	—	—
	V	1 113	61,21	89,04	100,17
	VI	1 247	68,58	99,76	112,23
10 691,99	I,IV	—	—	—	—
	II	—	—	—	—
	III	—	—	—	—
	V	1 117	61,43	89,36	100,53
	VI	1 251	68,80	100,08	112,59
10 727,99	I,IV	1	0,05	0,08	0,09
	II	—	—	—	—
	III	—	—	—	—
	V	1 121	61,65	89,68	100,89
	VI	1 255	69,02	100,40	112,95
10 763,99	I,IV	5	0,27	0,40	0,45
	II	—	—	—	—
	III	—	—	—	—
	V	1 126	61,93	90,08	101,34
	VI	1 260	69,30	100,80	113,40
10 799,99	I,IV	9	0,49	0,72	0,81
	II	—	—	—	—
	III	—	—	—	—
	V	1 130	62,15	90,40	101,70
	VI	1 264	69,52	101,12	113,76
10 835,99	I,IV	14	0,77	1,12	1,26
	II	—	—	—	—
	III	—	—	—	—
	V	1 134	62,37	90,72	102,06
	VI	1 268	69,74	101,44	114,12
10 871,99	I,IV	18	0,99	1,44	1,62
	II	—	—	—	—
	III	—	—	—	—
	V	1 138	62,59	91,04	102,42
	VI	1 272	69,96	101,76	114,48
10 907,99	I,IV	22	1,21	1,76	1,98
	II	—	—	—	—
	III	—	—	—	—
	V	1 142	62,81	91,36	102,78
	VI	1 276	70,18	102,08	114,84
10 943,99	I,IV	26	1,43	2,08	2,34
	II	—	—	—	—
	III	—	—	—	—
	V	1 147	63,08	91,76	103,23
	VI	1 281	70,45	102,48	115,29
10 979,99	I,IV	31	1,70	2,48	2,79
	II	—	—	—	—
	III	—	—	—	—
	V	1 151	63,30	92,08	103,59
	VI	1 285	70,67	102,80	115,65
11 015,99	I,IV	35	1,92	2,80	3,15
	II	—	—	—	—
	III	—	—	—	—
	V	1 155	63,52	92,40	103,95
	VI	1 289	70,89	103,12	116,01
11 051,99	I,IV	39	2,14	3,12	3,51
	II	—	—	—	—
	III	—	—	—	—
	V	1 159	63,74	92,72	104,31
	VI	1 293	71,11	103,44	116,37
11 087,99	I,IV	44	2,42	3,52	3,96
	II	—	—	—	—
	III	—	—	—	—
	V	1 164	64,02	93,12	104,76
	VI	1 297	71,33	103,76	116,73
11 123,99	I,IV	48	2,64	3,84	4,32
	II	—	—	—	—
	III	—	—	—	—
	V	1 168	64,24	93,44	105,12
	VI	1 302	71,61	104,16	117,18
11 159,99	I,IV	53	2,91	4,24	4,77
	II	—	—	—	—
	III	—	—	—	—
	V	1 172	64,46	93,76	105,48
	VI	1 306	71,83	104,48	117,54
11 195,99	I,IV	57	3,13	4,56	5,13
	II	—	—	—	—
	III	—	—	—	—
	V	1 176	64,68	94,08	105,84
	VI	1 310	72,05	104,80	117,90
11 231,99	I,IV	62	3,41	4,96	5,58
	II	—	—	—	—
	III	—	—	—	—
	V	1 180	64,90	94,40	106,20
	VI	1 314	72,27	105,12	118,26
11 267,99	I,IV	66	3,63	5,28	5,94
	II	—	—	—	—
	III	—	—	—	—
	V	1 185	65,17	94,80	106,65
	VI	1 318	72,49	105,44	118,62
11 303,99	I,IV	70	3,85	5,60	6,30
	II	—	—	—	—
	III	—	—	—	—
	V	1 189	65,39	95,12	107,01
	VI	1 329	73,09	106,32	119,61
11 339,99	I,IV	75	4,12	6,—	6,75
	II	—	—	—	—
	III	—	—	—	—
	V	1 193	65,61	95,44	107,37
	VI	1 341	73,75	107,28	120,69
11 375,99	I,IV	79	4,34	6,32	7,11
	II	—	—	—	—
	III	—	—	—	—
	V	1 197	65,83	95,76	107,73
	VI	1 354	74,47	108,32	121,86
11 411,99	I,IV	84	4,62	6,72	7,56
	II	—	—	—	—
	III	—	—	—	—
	V	1 201	66,05	96,08	108,09
	VI	1 367	75,18	109,36	123,03
11 447,99	I,IV	89	4,89	7,12	8,01
	II	—	—	—	—
	III	—	—	—	—
	V	1 206	66,33	96,48	108,54
	VI	1 380	75,90	110,40	124,20
11 483,99	I,IV	93	5,11	7,44	8,37
	II	—	—	—	—
	III	—	—	—	—
	V	1 210	66,55	96,80	108,90
	VI	1 392	76,56	111,36	125,28
11 519,99	I,IV	98	5,39	7,84	8,82
	II	—	—	—	—
	III	—	—	—	—
	V	1 214	66,77	97,12	109,26
	VI	1 405	77,27	112,40	126,45
11 555,99	I,IV	102	5,61	8,16	9,18
	II	—	—	—	—
	III	—	—	—	—
	V	1 218	66,99	97,44	109,62
	VI	1 417	77,93	113,36	127,53
11 591,99	I,IV	107	5,88	8,56	9,63
	II	—	—	—	—
	III	—	—	—	—
	V	1 223	67,26	97,84	110,07
	VI	1 430	78,65	114,40	128,70
11 627,99	I,IV	111	6,10	8,88	9,99
	II	—	—	—	—
	III	—	—	—	—
	V	1 227	67,48	98,16	110,43
	VI	1 443	79,36	115,44	129,87
11 663,99	I,IV	116	6,38	9,28	10,44
	II	—	—	—	—
	III	—	—	—	—
	V	1 231	67,70	98,48	110,79
	VI	1 455	80,02	116,40	130,95
11 699,99	I,IV	121	6,65	9,68	10,89
	II	—	—	—	—
	III	—	—	—	—
	V	1 235	67,92	98,80	111,15
	VI	1 468	80,74	117,44	132,12
11 735,99	I,IV	125	6,87	10,—	11,25
	II	—	—	—	—
	III	—	—	—	—
	V	1 239	68,14	99,12	111,51
	VI	1 480	81,40	118,40	133,20
11 771,99	I,IV	130	7,15	10,40	11,70
	II	—	—	—	—
	III	—	—	—	—
	V	1 244	68,42	99,52	111,96
	VI	1 493	82,11	119,44	134,37
11 807,99	I,IV	135	7,42	10,80	12,15
	II	—	—	—	—
	III	—	—	—	—
	V	1 248	68,64	99,84	112,32
	VI	1 506	82,83	120,48	135,54
11 843,99	I,IV	140	7,70	11,20	12,60
	II	—	—	—	—
	III	—	—	—	—
	V	1 252	68,86	100,16	112,68
	VI	1 519	83,54	121,52	136,71
11 879,99	I,IV	144	7,92	11,52	12,96
	II	—	—	—	—
	III	—	—	—	—
	V	1 256	69,08	100,48	113,04
	VI	1 531	84,20	122,48	137,79
11 915,99	I,IV	149	8,19	11,92	13,41
	II	—	—	—	—
	III	—	—	—	—
	V	1 260	69,30	100,80	113,40
	VI	1 544	84,92	123,52	138,96
11 951,99	I,IV	154	8,47	12,32	13,86
	II	—	—	—	—
	III	—	—	—	—
	V	1 265	69,57	101,20	113,85
	VI	1 556	85,58	124,48	140,04
11 987,99	I,IV	159	8,74	12,72	14,31
	II	—	—	—	—
	III	—	—	—	—
	V	1 269	69,79	101,52	114,21
	VI	1 569	86,29	125,52	141,21
12 023,99	I,IV	163	8,96	13,04	14,67
	II	—	—	—	—
	III	—	—	—	—
	V	1 273	70,01	101,84	114,57
	VI	1 582	87,01	126,56	142,38
12 059,99	I,IV	168	9,24	13,44	15,12
	II	—	—	—	—
	III	—	—	—	—
	V	1 277	70,23	102,16	114,93
	VI	1 594	87,67	127,52	143,46
12 095,99	I,IV	173	9,51	13,84	15,57
	II	—	—	—	—
	III	—	—	—	—
	V	1 281	70,45	102,48	115,29
	VI	1 607	88,38	128,56	144,63

* Die ausgewiesenen Tabellenwerte sind amtlich. Siehe Erläuterungen auf der Umschlaginnenseite (U2).

13 823,99* — Sonstige Bezüge / A-Tarif

Lohn/Gehalt bis €*	StKl	LSt	SolZ	8%	9%	Lohn/Gehalt bis €*	StKl	LSt	SolZ	8%	9%	Lohn/Gehalt bis €*	StKl	LSt	SolZ	8%	9%
12 131,99	I,IV	178	9,79	14,24	16,02	12 707,99	I,IV	258	14,19	20,64	23,22	13 283,99	I,IV	342	18,81	27,36	30,78
	II	—	—	—	—		II	51	2,80	4,08	4,59		II	123	6,76	9,84	11,07
	III	—	—	—	—		III	—	—	—	—		III	—	—	—	—
	V	1 286	70,73	102,88	115,74		V	1 420	78,10	113,60	127,80		V	1 623	89,26	129,84	146,07
	VI	1 620	89,10	129,60	145,80		VI	1 822	100,21	145,76	163,98		VI	2 024	111,32	161,92	182,16
12 167,99	I,IV	183	10,06	14,64	16,47	12 743,99	I,IV	263	14,46	21,04	23,67	13 319,99	I,IV	348	19,14	27,84	31,32
	II	—	—	—	—		II	55	3,02	4,40	4,95		II	128	7,04	10,24	11,52
	III	—	—	—	—		III	—	—	—	—		III	—	—	—	—
	V	1 290	70,95	103,20	116,10		V	1 433	78,81	114,64	128,97		V	1 635	89,92	130,80	147,15
	VI	1 632	89,76	130,56	146,88		VI	1 834	100,87	146,72	165,06		VI	2 037	112,03	162,96	183,33
12 203,99	I,IV	188	10,34	15,04	16,92	12 779,99	I,IV	268	14,74	21,44	24,12	13 355,99	I,IV	353	19,41	28,24	31,77
	II	—	—	—	—		II	59	3,24	4,72	5,31		II	133	7,31	10,64	11,97
	III	—	—	—	—		III	—	—	—	—		III	—	—	—	—
	V	1 294	71,17	103,52	116,46		V	1 446	79,53	115,68	130,14		V	1 648	90,64	131,84	148,32
	VI	1 645	90,47	131,60	148,05		VI	1 847	101,58	147,76	166,23		VI	2 049	112,69	163,92	184,41
12 239,99	I,IV	193	10,61	15,44	17,37	12 815,99	I,IV	273	15,01	21,84	24,57	13 391,99	I,IV	358	19,69	28,64	32,22
	II	—	—	—	—		II	64	3,52	5,12	5,76		II	137	7,53	10,96	12,33
	III	—	—	—	—		III	—	—	—	—		III	—	—	—	—
	V	1 298	71,39	103,84	116,82		V	1 459	80,24	116,72	131,31		V	1 661	91,35	132,88	149,49
	VI	1 658	91,19	132,64	149,22		VI	1 860	102,30	148,80	167,40		VI	2 062	113,41	164,96	185,58
12 275,99	I,IV	198	10,89	15,84	17,82	12 851,99	I,IV	279	15,34	22,32	25,11	13 427,99	I,IV	364	20,02	29,12	32,76
	II	—	—	—	—		II	69	3,79	5,52	6,21		II	142	7,81	11,36	12,78
	III	—	—	—	—		III	—	—	—	—		III	—	—	—	—
	V	1 303	71,66	104,24	117,27		V	1 471	80,90	117,68	132,39		V	1 673	92,01	133,84	150,57
	VI	1 670	91,85	133,60	150,30		VI	1 873	103,01	149,84	168,57		VI	2 075	114,12	166,—	186,75
12 311,99	I,IV	202	11,11	16,16	18,18	12 887,99	I,IV	284	15,62	22,72	25,56	13 463,99	I,IV	369	20,29	29,52	33,21
	II	3	0,16	0,24	0,27		II	73	4,01	5,84	6,57		II	147	8,08	11,76	13,23
	III	—	—	—	—		III	—	—	—	—		III	—	—	—	—
	V	1 307	71,88	104,56	117,63		V	1 484	81,62	118,72	133,56		V	1 686	92,73	134,88	151,74
	VI	1 683	92,56	134,64	151,47		VI	1 885	103,67	150,80	169,65		VI	2 087	114,78	166,96	187,83
12 347,99	I,IV	207	11,38	16,56	18,63	12 923,99	I,IV	289	15,89	23,12	26,01	13 499,99	I,IV	375	20,62	30,—	33,75
	II	7	0,38	0,56	0,63		II	77	4,23	6,16	6,93		II	152	8,36	12,16	13,68
	III	—	—	—	—		III	—	—	—	—		III	—	—	—	—
	V	1 311	72,10	104,88	117,99		V	1 496	82,28	119,68	134,64		V	1 698	93,39	135,84	152,82
	VI	1 695	93,22	135,60	152,55		VI	1 898	104,39	151,84	170,82		VI	2 100	115,50	168,—	189,—
12 383,99	I,IV	212	11,66	16,96	19,08	12 959,99	I,IV	294	16,17	23,52	26,46	13 535,99	I,IV	380	20,90	30,40	34,20
	II	12	0,66	0,96	1,08		II	82	4,51	6,56	7,38		II	157	8,63	12,56	14,13
	III	—	—	—	—		III	—	—	—	—		III	—	—	—	—
	V	1 315	72,32	105,20	118,35		V	1 509	82,99	120,72	135,81		V	1 711	94,10	136,88	153,99
	VI	1 708	93,94	136,64	153,72		VI	1 910	105,05	152,80	171,90		VI	2 113	116,21	169,04	190,17
12 419,99	I,IV	217	11,93	17,36	19,53	12 995,99	I,IV	299	16,44	23,92	26,91	13 571,99	I,IV	386	21,23	30,88	34,74
	II	16	0,88	1,28	1,44		II	86	4,73	6,88	7,74		II	161	8,85	12,88	14,49
	III	—	—	—	—		III	—	—	—	—		III	—	—	—	—
	V	1 319	72,54	105,52	118,71		V	1 522	83,71	121,76	136,98		V	1 724	94,82	137,92	155,16
	VI	1 721	94,65	137,68	154,89		VI	1 923	105,76	153,84	173,07		VI	2 125	116,87	170,—	191,25
12 455,99	I,IV	222	12,21	17,76	19,98	13 031,99	I,IV	305	16,77	24,40	27,45	13 607,99	I,IV	391	21,50	31,28	35,19
	II	20	1,10	1,60	1,80		II	91	5,—	7,28	8,19		II	166	9,13	13,28	14,94
	III	—	—	—	—		III	—	—	—	—		III	—	—	—	—
	V	1 332	73,26	106,56	119,88		V	1 534	84,37	122,72	138,06		V	1 737	95,53	138,96	156,33
	VI	1 733	95,31	138,64	155,97		VI	1 936	106,48	154,88	174,24		VI	2 138	117,59	171,04	192,42
12 491,99	I,IV	228	12,54	18,24	20,52	13 067,99	I,IV	310	17,05	24,80	27,90	13 643,99	I,IV	397	21,83	31,76	35,73
	II	25	1,37	2,—	2,25		II	96	5,28	7,68	8,64		II	171	9,40	13,68	15,39
	III	—	—	—	—		III	—	—	—	—		III	—	—	—	—
	V	1 345	73,97	107,60	121,05		V	1 547	85,08	123,76	139,23		V	1 749	96,19	139,92	157,41
	VI	1 746	96,03	139,68	157,14		VI	1 948	107,14	155,84	175,32		VI	2 151	118,30	172,08	193,59
12 527,99	I,IV	233	12,81	18,64	20,97	13 103,99	I,IV	315	17,32	25,20	28,35	13 679,99	I,IV	402	22,11	32,16	36,18
	II	29	1,59	2,32	2,61		II	100	5,50	8,—	9,—		II	176	9,68	14,08	15,84
	III	—	—	—	—		III	—	—	—	—		III	—	—	—	—
	V	1 357	74,63	108,56	122,13		V	1 559	85,74	124,72	140,31		V	1 762	96,91	140,96	158,58
	VI	1 759	96,74	140,72	158,31		VI	1 961	107,85	156,88	176,49		VI	2 163	118,96	173,04	194,67
12 563,99	I,IV	238	13,09	19,04	21,42	13 139,99	I,IV	321	17,65	25,68	28,89	13 715,99	I,IV	408	22,44	32,64	36,72
	II	33	1,81	2,64	2,97		II	105	5,77	8,40	9,45		II	181	9,95	14,48	16,29
	III	—	—	—	—		III	—	—	—	—		III	—	—	—	—
	V	1 370	75,35	109,60	123,30		V	1 572	86,46	125,76	141,48		V	1 774	97,57	141,92	159,66
	VI	1 771	97,40	141,68	159,39		VI	1 973	108,51	157,84	177,57		VI	2 176	119,68	174,08	195,84
12 599,99	I,IV	243	13,36	19,44	21,87	13 175,99	I,IV	326	17,93	26,08	29,34	13 751,99	I,IV	414	22,77	33,12	37,26
	II	38	2,09	3,04	3,42		II	109	5,99	8,72	9,81		II	186	10,23	14,88	16,74
	III	—	—	—	—		III	—	—	—	—		III	—	—	—	—
	V	1 383	76,06	110,64	124,47		V	1 585	87,17	126,80	142,65		V	1 787	98,28	142,96	160,83
	VI	1 784	98,12	142,72	160,56		VI	1 986	109,23	158,88	178,74		VI	2 188	120,34	175,04	196,92
12 635,99	I,IV	248	13,64	19,84	22,32	13 211,99	I,IV	331	18,20	26,48	29,79	13 787,99	I,IV	419	23,04	33,52	37,71
	II	42	2,31	3,36	3,78		II	114	6,27	9,12	10,26		II	190	10,45	15,20	17,10
	III	—	—	—	—		III	—	—	—	—		III	—	—	—	—
	V	1 395	76,72	111,60	125,55		V	1 598	87,89	127,84	143,82		V	1 800	99,—	144,—	162,—
	VI	1 797	98,83	143,76	161,73		VI	1 999	109,94	159,92	179,91		VI	2 201	121,05	176,08	198,09
12 671,99	I,IV	253	13,91	20,24	22,77	13 247,99	I,IV	337	18,53	26,96	30,33	13 823,99	I,IV	425	23,37	34,—	38,25
	II	46	2,53	3,68	4,14		II	119	6,54	9,52	10,71		II	195	10,72	15,60	17,55
	III	—	—	—	—		III	—	—	—	—		III	—	—	—	—
	V	1 408	77,44	112,64	126,72		V	1 610	88,55	128,80	144,90		V	1 812	99,66	144,96	163,08
	VI	1 809	99,49	144,72	162,81		VI	2 012	110,66	160,96	181,08		VI	2 214	121,77	177,12	199,26

* Die ausgewiesenen Tabellenwerte sind amtlich. Siehe Erläuterungen auf der Umschlaginnenseite (U2).

Sonstige Bezüge / A-Tarif 13 824,—*

Lohn/Gehalt bis €*	StKl	LSt	SolZ	8%	9%	Lohn/Gehalt bis €*	StKl	LSt	SolZ	8%	9%	Lohn/Gehalt bis €*	StKl	LSt	SolZ	8%	9%
13 859,99	I,IV	431	23,70	34,48	38,79	14 435,99	I,IV	523	28,76	41,84	47,07	15 011,99	I,IV	620	34,10	49,60	55,80
	II	200	11,—	16,—	18,—		II	281	15,45	22,48	25,29		II	367	20,18	29,36	33,03
	III	—	—	—	—		III	—	—	—	—		III	—	—	—	—
	V	1 825	100,37	146,—	164,25		V	2 027	111,48	162,16	182,43		V	2 230	122,65	178,40	200,70
	VI	2 227	122,48	178,16	200,43		VI	2 429	133,59	194,32	218,61		VI	2 631	144,70	210,48	236,79
13 895,99	I,IV	436	23,98	34,88	39,24	14 471,99	I,IV	529	29,09	42,32	47,61	15 047,99	I,IV	626	34,43	50,08	56,34
	II	205	11,27	16,40	18,45		II	287	15,78	22,96	25,83		II	372	20,46	29,76	33,48
	III	—	—	—	—		III	—	—	—	—		III	—	—	—	—
	V	1 838	101,09	147,04	165,42		V	2 040	112,20	163,20	183,60		V	2 242	123,31	179,36	201,78
	VI	2 239	123,14	179,12	201,51		VI	2 441	134,25	195,28	219,69		VI	2 644	145,42	211,52	237,96
13 931,99	I,IV	442	24,31	35,36	39,78	14 507,99	I,IV	535	29,42	42,80	48,15	15 083,99	I,IV	632	34,76	50,56	56,88
	II	210	11,55	16,80	18,90		II	292	16,06	23,36	26,28		II	378	20,79	30,24	34,02
	III	—	—	—	—		III	—	—	—	—		III	—	—	—	—
	V	1 850	101,75	148,—	166,50		V	2 052	112,86	164,16	184,68		V	2 255	124,02	180,40	202,95
	VI	2 252	123,86	180,16	202,68		VI	2 454	134,97	196,32	220,86		VI	2 656	146,08	212,48	239,04
13 967,99	I,IV	448	24,64	35,84	40,32	14 543,99	I,IV	541	29,75	43,28	48,69	15 119,99	I,IV	639	35,14	51,12	57,51
	II	215	11,82	17,20	19,35		II	297	16,33	23,76	26,73		II	383	21,06	30,64	34,47
	III	—	—	—	—		III	—	—	—	—		III	—	—	—	—
	V	1 863	102,46	149,04	167,67		V	2 065	113,57	165,20	185,85		V	2 267	124,68	181,36	204,03
	VI	2 265	124,57	181,20	203,85		VI	2 467	135,68	197,36	222,03		VI	2 669	146,79	213,52	240,21
14 003,99	I,IV	453	24,91	36,24	40,77	14 579,99	I,IV	547	30,08	43,76	49,23	15 155,99	I,IV	645	35,47	51,60	58,05
	II	220	12,10	17,60	19,80		II	302	16,61	24,16	27,18		II	389	21,39	31,12	35,01
	III	—	—	—	—		III	—	—	—	—		III	—	—	—	—
	V	1 876	103,18	150,08	168,84		V	2 078	114,29	166,24	187,02		V	2 280	125,40	182,40	205,20
	VI	2 277	125,23	182,16	204,93		VI	2 480	136,40	198,40	223,20		VI	2 682	147,51	214,56	241,38
14 039,99	I,IV	459	25,24	36,72	41,31	14 615,99	I,IV	553	30,41	44,24	49,77	15 191,99	I,IV	651	35,80	52,08	58,59
	II	225	12,37	18,—	20,25		II	308	16,94	24,64	27,72		II	394	21,67	31,52	35,46
	III	—	—	—	—		III	—	—	—	—		III	—	—	—	—
	V	1 888	103,84	151,04	169,92		V	2 091	115,—	167,28	188,19		V	2 293	126,11	183,44	206,37
	VI	2 290	125,95	183,20	206,10		VI	2 492	137,06	199,36	224,28		VI	2 694	148,17	215,52	242,46
14 075,99	I,IV	465	25,57	37,20	41,85	14 651,99	I,IV	559	30,74	44,72	50,31	15 227,99	I,IV	657	36,13	52,56	59,13
	II	230	12,65	18,40	20,70		II	313	17,21	25,04	28,17		II	400	22,—	32,—	36,—
	III	—	—	—	—		III	—	—	—	—		III	—	—	—	—
	V	1 901	104,55	152,08	171,09		V	2 103	115,66	168,24	189,27		V	2 305	126,77	184,40	207,45
	VI	2 302	126,61	184,16	207,18		VI	2 505	137,77	200,40	225,45		VI	2 707	148,88	216,56	243,63
14 111,99	I,IV	470	25,85	37,60	42,30	14 687,99	I,IV	565	31,07	45,20	50,85	15 263,99	I,IV	664	36,52	53,12	59,76
	II	235	12,92	18,80	21,15		II	318	17,49	25,44	28,62		II	406	22,33	32,48	36,54
	III	—	—	—	—		III	—	—	—	—		III	—	—	—	—
	V	1 913	105,21	153,04	172,17		V	2 116	116,38	169,28	190,44		V	2 318	127,49	185,44	208,62
	VI	2 315	127,32	185,20	208,35		VI	2 517	138,43	201,36	226,53		VI	2 720	149,60	217,60	244,80
14 147,99	I,IV	476	26,18	38,08	42,84	14 723,99	I,IV	571	31,40	45,68	51,39	15 299,99	I,IV	670	36,85	53,60	60,30
	II	240	13,20	19,20	21,60		II	324	17,82	25,92	29,16		II	411	22,60	32,88	36,99
	III	—	—	—	—		III	—	—	—	—		III	—	—	—	—
	V	1 926	105,93	154,08	173,34		V	2 128	117,04	170,24	191,52		V	2 331	128,20	186,48	209,79
	VI	2 328	128,04	186,24	209,52		VI	2 530	139,15	202,40	227,70		VI	2 732	150,26	218,56	245,88
14 183,99	I,IV	482	26,51	38,56	43,38	14 759,99	I,IV	577	31,73	46,16	51,93	15 335,99	I,IV	676	37,18	54,08	60,84
	II	245	13,47	19,60	22,05		II	329	18,09	26,32	29,61		II	417	22,93	33,36	37,53
	III	—	—	—	—		III	—	—	—	—		III	—	—	—	—
	V	1 939	106,64	155,12	174,51		V	2 141	117,75	171,28	192,69		V	2 343	128,86	187,44	210,87
	VI	2 340	128,70	187,20	210,60		VI	2 543	139,86	203,44	228,87		VI	2 745	150,97	219,60	247,05
14 219,99	I,IV	488	26,84	39,04	43,92	14 795,99	I,IV	583	32,06	46,64	52,47	15 371,99	I,IV	683	37,56	54,64	61,47
	II	251	13,80	20,08	22,59		II	334	18,37	26,72	30,06		II	422	23,21	33,76	37,98
	III	—	—	—	—		III	—	—	—	—		III	—	—	—	—
	V	1 952	107,36	156,16	175,68		V	2 154	118,47	172,32	193,86		V	2 356	129,58	188,48	212,04
	VI	2 353	129,41	188,24	211,77		VI	2 555	140,52	204,40	229,95		VI	2 758	151,69	220,64	248,22
14 255,99	I,IV	494	27,17	39,52	44,46	14 831,99	I,IV	589	32,39	47,12	53,01	15 407,99	I,IV	689	37,89	55,12	62,01
	II	256	14,08	20,48	23,04		II	340	18,70	27,20	30,60		II	428	23,54	34,24	38,52
	III	—	—	—	—		III	—	—	—	—		III	—	—	—	—
	V	1 964	108,02	157,12	176,76		V	2 166	119,13	173,28	194,94		V	2 369	130,29	189,52	213,21
	VI	2 366	130,13	189,28	212,94		VI	2 568	141,24	205,44	231,12		VI	2 770	152,35	221,60	249,30
14 291,99	I,IV	500	27,50	40,—	45,—	14 867,99	I,IV	595	32,72	47,60	53,55	15 443,99	I,IV	695	38,22	55,60	62,55
	II	261	14,35	20,88	23,49		II	345	18,97	27,60	31,05		II	434	23,87	34,72	39,06
	III	—	—	—	—		III	—	—	—	—		III	—	—	—	—
	V	1 977	108,73	158,16	177,93		V	2 179	119,84	174,32	196,11		V	2 381	130,95	190,48	214,29
	VI	2 378	130,79	190,24	214,02		VI	2 580	141,90	206,40	232,20		VI	2 783	153,06	222,64	250,47
14 327,99	I,IV	505	27,77	40,40	45,45	14 903,99	I,IV	602	33,11	48,16	54,18	15 479,99	I,IV	702	38,61	56,16	63,18
	II	266	14,63	21,28	23,94		II	351	19,30	28,08	31,59		II	439	24,14	35,12	39,51
	III	—	—	—	—		III	—	—	—	—		III	—	—	—	—
	V	1 989	109,39	159,12	179,01		V	2 192	120,56	175,36	197,28		V	2 394	131,67	191,52	215,46
	VI	2 391	131,50	191,28	215,19		VI	2 593	142,61	207,44	233,37		VI	2 795	153,72	223,60	251,55
14 363,99	I,IV	511	28,10	40,88	45,99	14 939,99	I,IV	608	33,44	48,64	54,72	15 515,99	I,IV	708	38,94	56,64	63,72
	II	271	14,90	21,68	24,39		II	356	19,58	28,48	32,04		II	445	24,47	35,60	40,05
	III	—	—	—	—		III	—	—	—	—		III	—	—	—	—
	V	2 002	110,11	160,16	180,18		V	2 204	121,22	176,32	198,36		V	2 406	132,33	192,48	216,54
	VI	2 404	132,22	192,32	216,36		VI	2 606	143,33	208,48	234,54		VI	2 808	154,44	224,64	252,72
14 399,99	I,IV	517	28,43	41,36	46,53	14 975,99	I,IV	614	33,77	49,12	55,26	15 551,99	I,IV	715	39,32	57,20	64,35
	II	276	15,18	22,08	24,84		II	361	19,85	28,88	32,49		II	451	24,80	36,08	40,59
	III	—	—	—	—		III	—	—	—	—		III	—	—	—	—
	V	2 015	110,82	161,20	181,35		V	2 217	121,93	177,36	199,53		V	2 419	133,04	193,52	217,71
	VI	2 416	132,88	193,28	217,44		VI	2 619	144,04	209,52	235,71		VI	2 821	155,15	225,68	253,89

*Die ausgewiesenen Tabellenwerte sind amtlich. Siehe Erläuterungen auf der Umschlaginnenseite (U2).

17 279,99* — Sonstige Bezüge / A-Tarif

Lohn/Gehalt bis €*	Klasse	LSt	SolZ	8%	9%
15 587,99	I,IV	721	39,65	57,68	64,89
	II	457	25,13	36,56	41,13
	III	—	—	—	—
	V	2 432	133,76	194,56	218,88
	VI	2 834	155,87	226,72	255,06
15 623,99	I,IV	728	40,04	58,24	65,52
	II	462	25,41	36,96	41,58
	III	—	—	—	—
	V	2 445	134,47	195,60	220,05
	VI	2 846	156,53	227,68	256,14
15 659,99	I,IV	734	40,37	58,72	66,06
	II	468	25,74	37,44	42,12
	III	—	—	—	—
	V	2 457	135,13	196,56	221,13
	VI	2 859	157,24	228,72	257,31
15 695,99	I,IV	741	40,75	59,28	66,69
	II	474	26,07	37,92	42,66
	III	—	—	—	—
	V	2 470	135,85	197,60	222,30
	VI	2 871	157,90	229,68	258,39
15 731,99	I,IV	747	41,08	59,76	67,23
	II	480	26,40	38,40	43,20
	III	—	—	—	—
	V	2 482	136,51	198,56	223,38
	VI	2 884	158,62	230,72	259,56
15 767,99	I,IV	754	41,47	60,32	67,86
	II	485	26,67	38,80	43,65
	III	—	—	—	—
	V	2 495	137,22	199,60	224,55
	VI	2 897	159,33	231,76	260,73
15 803,99	I,IV	760	41,80	60,80	68,40
	II	491	27,—	39,28	44,19
	III	—	—	—	—
	V	2 508	137,94	200,64	225,72
	VI	2 909	159,99	232,72	261,81
15 839,99	I,IV	767	42,18	61,36	69,03
	II	497	27,33	39,76	44,73
	III	—	—	—	—
	V	2 521	138,65	201,68	226,89
	VI	2 922	160,71	233,76	262,98
15 875,99	I,IV	774	42,57	61,92	69,66
	II	504	27,72	40,32	45,36
	III	—	—	—	—
	V	2 535	139,42	202,80	228,15
	VI	2 937	161,53	234,96	264,33
15 911,99	I,IV	782	43,01	62,56	70,38
	II	511	28,10	40,88	45,99
	III	—	—	—	—
	V	2 550	140,25	204,—	229,50
	VI	2 951	162,30	236,08	265,59
15 947,99	I,IV	789	43,39	63,12	71,01
	II	517	28,43	41,36	46,53
	III	—	—	—	—
	V	2 564	141,02	205,12	230,76
	VI	2 965	163,07	237,20	266,85
15 983,99	I,IV	797	43,83	63,76	71,73
	II	524	28,82	41,92	47,16
	III	—	—	—	—
	V	2 579	141,84	206,32	232,11
	VI	2 980	163,90	238,40	268,20
16 019,99	I,IV	805	44,27	64,40	72,45
	II	531	29,20	42,48	47,79
	III	—	—	—	—
	V	2 593	142,61	207,44	233,37
	VI	2 994	164,67	239,52	269,46
16 055,99	I,IV	812	44,66	64,96	73,08
	II	538	29,59	43,04	48,42
	III	—	—	—	—
	V	2 608	143,44	208,64	234,72
	VI	3 009	165,49	240,72	270,81
16 091,99	I,IV	820	45,10	65,60	73,80
	II	544	29,92	43,52	48,96
	III	—	—	—	—
	V	2 622	144,21	209,76	235,98
	VI	3 023	166,26	241,84	272,07
16 127,99	I,IV	828	45,54	66,24	74,52
	II	551	30,30	44,08	49,59
	III	—	—	—	—
	V	2 636	144,98	210,88	237,24
	VI	3 038	167,09	243,04	273,42
16 163,99	I,IV	835	45,92	66,80	75,15
	II	558	30,69	44,64	50,22
	III	—	—	—	—
	V	2 651	145,80	212,08	238,59
	VI	3 052	167,86	244,16	274,68
16 199,99	I,IV	843	46,36	67,44	75,87
	II	565	31,07	45,20	50,85
	III	—	—	—	—
	V	2 665	146,57	213,20	239,85
	VI	3 067	168,68	245,36	276,03
16 235,99	I,IV	851	46,80	68,08	76,59
	II	572	31,46	45,76	51,48
	III	—	—	—	—
	V	2 680	147,40	214,40	241,20
	VI	3 081	169,45	246,48	277,29
16 271,99	I,IV	859	47,24	68,72	77,31
	II	579	31,84	46,32	52,11
	III	—	—	—	—
	V	2 694	148,17	215,52	242,46
	VI	3 096	170,28	247,68	278,64
16 307,99	I,IV	866	47,63	69,28	77,94
	II	586	32,23	46,88	52,74
	III	—	—	—	—
	V	2 709	148,99	216,72	243,81
	VI	3 110	171,05	248,80	279,90
16 343,99	I,IV	874	48,07	69,92	78,66
	II	593	32,61	47,44	53,37
	III	—	—	—	—
	V	2 723	149,76	217,84	245,07
	VI	3 125	171,87	250,—	281,25
16 379,99	I,IV	882	48,51	70,56	79,38
	II	600	33,—	48,—	54,—
	III	—	—	—	—
	V	2 737	150,53	218,96	246,33
	VI	3 139	172,64	251,12	282,51
16 415,99	I,IV	890	48,95	71,20	80,10
	II	607	33,38	48,56	54,63
	III	—	—	—	—
	V	2 752	151,36	220,16	247,68
	VI	3 154	173,47	252,32	283,86
16 451,99	I,IV	898	49,39	71,84	80,82
	II	614	33,77	49,12	55,26
	III	—	—	—	—
	V	2 766	152,13	221,28	248,94
	VI	3 168	174,24	253,44	285,12
16 487,99	I,IV	906	49,83	72,48	81,54
	II	621	34,15	49,68	55,89
	III	—	—	—	—
	V	2 781	152,95	222,48	250,29
	VI	3 183	175,06	254,64	286,47
16 523,99	I,IV	913	50,21	73,04	82,17
	II	628	34,54	50,24	56,52
	III	—	—	—	—
	V	2 795	153,72	223,60	251,55
	VI	3 197	175,83	255,76	287,73
16 559,99	I,IV	922	50,71	73,76	82,98
	II	635	34,92	50,80	57,15
	III	—	—	—	—
	V	2 810	154,55	224,80	252,90
	VI	3 212	176,66	256,96	289,08
16 595,99	I,IV	929	51,09	74,32	83,61
	II	642	35,31	51,36	57,78
	III	—	—	—	—
	V	2 824	155,32	225,92	254,16
	VI	3 226	177,43	258,08	290,34
16 631,99	I,IV	937	51,53	74,96	84,33
	II	649	35,69	51,92	58,41
	III	—	—	—	—
	V	2 839	156,14	227,12	255,51
	VI	3 240	178,20	259,20	291,60
16 667,99	I,IV	945	51,97	75,60	85,05
	II	657	36,13	52,56	59,13
	III	—	—	—	—
	V	2 853	156,91	228,24	256,77
	VI	3 255	179,02	260,40	292,95
16 703,99	I,IV	953	52,41	76,24	85,77
	II	664	36,52	53,12	59,76
	III	—	—	—	—
	V	2 868	157,74	229,44	258,12
	VI	3 269	179,79	261,52	294,21
16 739,99	I,IV	961	52,85	76,88	86,49
	II	671	36,90	53,68	60,39
	III	—	—	—	—
	V	2 882	158,51	230,56	259,38
	VI	3 284	180,62	262,72	295,56
16 775,99	I,IV	969	53,29	77,52	87,21
	II	678	37,29	54,24	61,02
	III	—	—	—	—
	V	2 897	159,33	231,76	260,73
	VI	3 298	181,39	263,84	296,82
16 811,99	I,IV	977	53,73	78,16	87,93
	II	686	37,73	54,88	61,74
	III	—	—	—	—
	V	2 911	160,10	232,88	261,99
	VI	3 312	182,16	264,96	298,08
16 847,99	I,IV	986	54,23	78,88	88,74
	II	693	38,11	55,44	62,37
	III	—	—	—	—
	V	2 926	160,93	234,08	263,34
	VI	3 327	182,98	266,16	299,43
16 883,99	I,IV	994	54,67	79,52	89,46
	II	700	38,50	56,—	63,—
	III	—	—	—	—
	V	2 940	161,70	235,20	264,60
	VI	3 341	183,75	267,28	300,69
16 919,99	I,IV	1 002	55,11	80,16	90,18
	II	708	38,94	56,64	63,72
	III	—	—	—	—
	V	2 955	162,52	236,40	265,95
	VI	3 356	184,58	268,48	302,04
16 955,99	I,IV	1 010	55,55	80,80	90,90
	II	715	39,32	57,20	64,35
	III	—	—	—	—
	V	2 969	163,29	237,52	267,21
	VI	3 370	185,35	269,60	303,30
16 991,99	I,IV	1 018	55,99	81,44	91,62
	II	722	39,71	57,76	64,98
	III	—	—	—	—
	V	2 984	164,12	238,72	268,56
	VI	3 385	186,17	270,80	304,65
17 027,99	I,IV	1 027	56,48	82,16	92,43
	II	730	40,15	58,40	65,70
	III	—	—	—	—
	V	2 998	164,89	239,84	269,82
	VI	3 399	186,94	271,92	305,91
17 063,99	I,IV	1 035	56,92	82,80	93,15
	II	737	40,53	58,96	66,33
	III	—	—	—	—
	V	3 012	165,66	240,96	271,08
	VI	3 414	187,77	273,12	307,26
17 099,99	I,IV	1 043	57,36	83,44	93,87
	II	745	40,97	59,60	67,05
	III	—	—	—	—
	V	3 027	166,48	242,16	272,43
	VI	3 428	188,54	274,24	308,52
17 135,99	I,IV	1 052	57,86	84,16	94,68
	II	752	41,36	60,16	67,68
	III	—	—	—	—
	V	3 041	167,25	243,28	273,69
	VI	3 443	189,36	275,44	309,87
17 171,99	I,IV	1 060	58,30	84,80	95,40
	II	759	41,74	60,72	68,31
	III	—	—	—	—
	V	3 056	168,08	244,48	275,04
	VI	3 457	190,13	276,56	311,13
17 207,99	I,IV	1 068	58,74	85,44	96,12
	II	767	42,18	61,36	69,03
	III	—	—	—	—
	V	3 070	168,85	245,60	276,30
	VI	3 472	190,96	277,76	312,48
17 243,99	I,IV	1 077	59,23	86,16	96,93
	II	775	42,62	62,—	69,75
	III	—	—	—	—
	V	3 085	169,67	246,80	277,65
	VI	3 486	191,73	278,88	313,74
17 279,99	I,IV	1 085	59,67	86,80	97,65
	II	782	43,01	62,56	70,38
	III	—	—	—	—
	V	3 099	170,44	247,92	278,91
	VI	3 498	192,39	279,84	314,82

* Die ausgewiesenen Tabellenwerte sind amtlich. Siehe Erläuterungen auf der Umschlaginnenseite (U2).

Sonstige Bezüge / A-Tarif — 17 280,—*

Lohn/Gehalt bis €*	Klasse	LSt	SolZ	8%	9%	Lohn/Gehalt bis €*	Klasse	LSt	SolZ	8%	9%	Lohn/Gehalt bis €*	Klasse	LSt	SolZ	8%	9%
17 315,99	I,IV	1 093	60,11	87,44	98,37	17 891,99	I,IV	1 226	67,43	98,08	110,34	18 467,99	I,IV	1 361	74,85	108,88	122,49
	II	789	43,39	63,12	71,01		II	913	50,21	73,04	82,17		II	1 043	57,36	83,44	93,87
	III	—	—	—	—		III	—	—	—	—		III	—	—	—	—
	V	3 113	171,21	249,04	280,17		V	3 345	183,97	267,60	301,05		V	3 562	195,91	284,96	320,58
	VI	3 510	193,05	280,80	315,90		VI	3 710	204,05	296,80	333,90		VI	3 906	214,83	312,48	351,54
17 351,99	I,IV	1 101	60,55	88,08	99,09	17 927,99	I,IV	1 235	67,92	98,80	111,15	18 503,99	I,IV	1 369	75,29	109,52	123,21
	II	797	43,83	63,76	71,73		II	922	50,71	73,76	82,98		II	1 052	57,86	84,16	94,68
	III	—	—	—	—		III	—	—	—	—		III	—	—	—	—
	V	3 128	172,04	250,24	281,52		V	3 359	184,74	268,72	302,31		V	3 574	196,57	285,92	321,66
	VI	3 524	193,82	281,92	317,16		VI	3 720	204,60	297,60	334,80		VI	3 918	215,49	313,44	352,62
17 387,99	I,IV	1 110	61,05	88,80	99,90	17 963,99	I,IV	1 243	68,36	99,44	111,87	18 539,99	I,IV	1 378	75,79	110,24	124,02
	II	805	44,27	64,40	72,45		II	929	51,09	74,32	83,61		II	1 060	58,30	84,80	95,40
	III	—	—	—	—		III	—	—	—	—		III	—	—	—	—
	V	3 142	172,81	251,36	282,78		V	3 374	185,57	269,92	303,66		V	3 588	197,34	287,04	322,92
	VI	3 536	194,48	282,88	318,24		VI	3 732	205,26	298,56	335,88		VI	3 930	216,15	314,40	353,70
17 423,99	I,IV	1 118	61,49	89,44	100,62	17 999,99	I,IV	1 251	68,80	100,08	112,59	18 575,99	I,IV	1 386	76,23	110,88	124,74
	II	812	44,66	64,96	73,08		II	937	51,53	74,96	84,33		II	1 068	58,74	85,44	96,12
	III	—	—	—	—		III	—	—	—	—		III	—	—	—	—
	V	3 157	173,63	252,56	284,13		V	3 388	186,34	271,04	304,92		V	3 600	198,—	288,—	324,—
	VI	3 548	195,14	283,84	319,32		VI	3 746	206,03	299,68	337,14		VI	3 944	216,92	315,52	354,96
17 459,99	I,IV	1 126	61,93	90,08	101,34	18 035,99	I,IV	1 260	69,30	100,80	113,40	18 611,99	I,IV	1 395	76,72	111,60	125,55
	II	820	45,10	65,60	73,80		II	945	51,97	75,60	85,05		II	1 077	59,23	86,16	96,93
	III	—	—	—	—		III	—	—	—	—		III	—	—	—	—
	V	3 171	174,40	253,68	285,39		V	3 403	187,16	272,24	306,27		V	3 612	198,66	288,96	325,08
	VI	3 560	195,80	284,80	320,40		VI	3 758	206,69	300,64	338,22		VI	3 956	217,58	316,48	356,04
17 495,99	I,IV	1 135	62,42	90,80	102,15	18 071,99	I,IV	1 268	69,74	101,44	114,12	18 647,99	I,IV	1 403	77,16	112,24	126,27
	II	828	45,54	66,24	74,52		II	953	52,41	76,24	85,77		II	1 085	59,67	86,80	97,65
	III	—	—	—	—		III	—	—	—	—		III	—	—	—	—
	V	3 186	175,23	254,88	286,74		V	3 417	187,93	273,36	307,53		V	3 626	199,43	290,08	326,34
	VI	3 572	196,46	285,76	321,48		VI	3 772	207,46	301,76	339,48		VI	3 968	218,24	317,44	357,12
17 531,99	I,IV	1 143	62,86	91,44	102,87	18 107,99	I,IV	1 277	70,23	102,16	114,93	18 683,99	I,IV	1 412	77,66	112,96	127,08
	II	835	45,92	66,80	75,15		II	961	52,85	76,88	86,49		II	1 093	60,11	87,44	98,37
	III	—	—	—	—		III	—	—	—	—		III	—	—	—	—
	V	3 200	176,—	256,—	288,—		V	3 432	188,76	274,56	308,88		V	3 638	200,09	291,04	327,42
	VI	3 584	197,12	286,72	322,56		VI	3 782	208,01	302,56	340,36		VI	3 980	218,90	318,40	358,20
17 567,99	I,IV	1 151	63,30	92,08	103,59	18 143,99	I,IV	1 285	70,67	102,80	115,65	18 719,99	I,IV	1 420	78,10	113,60	127,80
	II	843	46,36	67,44	75,87		II	969	53,29	77,52	87,21		II	1 101	60,55	88,08	99,09
	III	—	—	—	—		III	—	—	—	—		III	—	—	—	—
	V	3 215	176,82	257,20	289,35		V	3 446	189,53	275,68	310,14		V	3 650	200,75	292,—	328,50
	VI	3 596	197,78	287,68	323,64		VI	3 796	208,78	303,68	341,64		VI	3 992	219,56	319,36	359,28
17 603,99	I,IV	1 160	63,80	92,80	104,40	18 179,99	I,IV	1 294	71,17	103,52	116,46	18 755,99	I,IV	1 429	78,59	114,32	128,61
	II	851	46,80	68,08	76,59		II	978	53,79	78,24	88,02		II	1 110	61,05	88,80	99,90
	III	—	—	—	—		III	—	—	—	—		III	—	—	—	—
	V	3 229	177,59	258,32	290,61		V	3 461	190,35	276,88	311,49		V	3 662	201,41	292,96	329,58
	VI	3 610	198,55	288,80	324,90		VI	3 808	209,44	304,64	342,72		VI	4 004	220,22	320,32	360,36
17 639,99	I,IV	1 168	64,24	93,44	105,12	18 215,99	I,IV	1 302	71,61	104,16	117,18	18 791,99	I,IV	1 438	79,09	115,04	129,42
	II	859	47,24	68,72	77,31		II	986	54,23	78,88	88,74		II	1 118	61,49	89,44	100,62
	III	—	—	—	—		III	—	—	—	—		III	—	—	—	—
	V	3 244	178,42	259,52	291,96		V	3 475	191,12	278,—	312,75		V	3 674	202,07	293,92	330,66
	VI	3 622	199,21	289,76	325,98		VI	3 820	210,10	305,60	343,80		VI	4 016	220,88	321,28	361,44
17 675,99	I,IV	1 176	64,68	94,08	105,84	18 251,99	I,IV	1 310	72,05	104,80	117,90	18 827,99	I,IV	1 446	79,53	115,68	130,14
	II	866	47,63	69,28	77,94		II	994	54,67	79,52	89,46		II	1 126	61,93	90,08	101,34
	III	—	—	—	—		III	—	—	—	—		III	—	—	—	—
	V	3 258	179,19	260,64	293,22		V	3 488	191,84	279,04	313,92		V	3 686	202,73	294,88	331,74
	VI	3 634	199,87	290,72	327,06		VI	3 832	210,76	306,56	344,88		VI	4 028	221,54	322,24	362,52
17 711,99	I,IV	1 185	65,17	94,80	106,65	18 287,99	I,IV	1 319	72,54	105,52	118,71	18 863,99	I,IV	1 455	80,02	116,40	130,95
	II	874	48,07	69,92	78,66		II	1 002	55,11	80,16	90,18		II	1 135	62,42	90,80	102,15
	III	—	—	—	—		III	—	—	—	—		III	—	—	—	—
	V	3 273	180,01	261,84	294,57		V	3 502	192,61	280,16	315,18		V	3 700	203,50	296,—	333,—
	VI	3 648	200,64	291,84	328,32		VI	3 846	211,53	307,68	346,14		VI	4 040	222,20	323,20	363,60
17 747,99	I,IV	1 193	65,61	95,44	107,37	18 323,99	I,IV	1 327	72,98	106,16	119,43	18 899,99	I,IV	1 463	80,46	117,04	131,67
	II	882	48,51	70,56	79,38		II	1 010	55,55	80,80	90,90		II	1 143	62,86	91,44	102,87
	III	—	—	—	—		III	—	—	—	—		III	—	—	—	—
	V	3 287	180,78	262,96	295,83		V	3 514	193,27	281,12	316,26		V	3 712	204,16	296,96	334,08
	VI	3 658	201,19	292,64	329,22		VI	3 856	212,08	308,48	347,04		VI	4 052	222,86	324,16	364,68
17 783,99	I,IV	1 201	66,05	96,08	108,09	18 359,99	I,IV	1 336	73,48	106,88	120,24	18 935,99	I,IV	1 471	80,90	117,68	132,39
	II	890	48,95	71,20	80,10		II	1 018	55,99	81,44	91,62		II	1 151	63,30	92,08	103,59
	III	—	—	—	—		III	—	—	—	—		III	—	—	—	—
	V	3 301	181,55	264,08	297,09		V	3 524	193,82	281,92	317,16		V	3 722	204,71	297,76	334,98
	VI	3 670	201,85	293,60	330,30		VI	3 870	212,85	309,60	348,30		VI	4 064	223,52	325,12	365,76
17 819,99	I,IV	1 210	66,55	96,80	108,90	18 395,99	I,IV	1 344	73,92	107,52	120,96	18 971,99	I,IV	1 480	81,40	118,40	133,20
	II	898	49,39	71,84	80,82		II	1 027	56,48	82,16	92,43		II	1 160	63,80	92,80	104,40
	III	—	—	—	—		III	—	—	—	—		III	—	—	—	—
	V	3 316	182,38	265,28	298,44		V	3 536	194,48	282,88	318,24		V	3 736	205,48	298,88	336,24
	VI	3 684	202,62	294,72	331,56		VI	3 882	213,51	310,56	349,38		VI	4 078	224,29	326,24	367,02
17 855,99	I,IV	1 218	66,99	97,44	109,62	18 431,99	I,IV	1 353	74,41	108,24	121,77	19 007,99	I,IV	1 489	81,89	119,12	134,01
	II	906	49,83	72,48	81,54		II	1 035	56,92	82,80	93,15		II	1 168	64,24	93,44	105,12
	III	—	—	—	—		III	—	—	—	—		III	—	—	—	—
	V	3 330	183,15	266,40	299,70		V	3 550	195,25	284,—	319,50		V	3 748	206,14	299,84	337,32
	VI	3 696	203,28	295,68	332,64		VI	3 894	214,17	311,52	350,46		VI	4 088	224,84	327,04	367,92

* Die ausgewiesenen Tabellenwerte sind amtlich. Siehe Erläuterungen auf der Umschlaginnenseite (U2).

20 735,99* **Sonstige Bezüge / A-Tarif**

Lohn/Gehalt bis €*	Klasse	LSt	SolZ	8%	9%	Lohn/Gehalt bis €*	Klasse	LSt	SolZ	8%	9%	Lohn/Gehalt bis €*	Klasse	LSt	SolZ	8%	9%
19 043,99	I,IV	1 497	82,33	119,76	134,73	19 619,99	I,IV	1 635	89,92	130,80	147,15	20 195,99	I,IV	1 773	97,51	141,84	159,57
	II	1 176	64,68	94,08	105,84		II	1 311	72,10	104,88	117,99		II	1 446	79,53	115,68	130,14
	III	—	—	—	—		III	—	—	—	—		III	—	—	—	—
	V	3 762	206,91	300,96	338,58		V	3 958	217,69	316,64	356,22		V	4 152	228,36	332,16	373,68
	VI	4 102	225,61	328,16	369,18		VI	4 294	236,17	343,52	386,46		VI	4 486	246,73	358,88	403,74
19 079,99	I,IV	1 506	82,83	120,48	135,54	19 655,99	I,IV	1 643	90,36	131,44	147,87	20 231,99	I,IV	1 782	98,01	142,56	160,38
	II	1 185	65,17	94,80	106,65		II	1 319	72,54	105,52	118,71		II	1 455	80,02	116,40	130,95
	III	—	—	—	—		III	—	—	—	—		III	—	—	—	—
	V	3 772	207,46	301,76	339,48		V	3 970	218,35	317,60	357,30		V	4 164	229,02	333,12	374,76
	VI	4 114	226,27	329,12	370,26		VI	4 308	236,94	344,64	387,72		VI	4 498	247,39	359,84	404,82
19 115,99	I,IV	1 514	83,27	121,12	136,26	19 691,99	I,IV	1 652	90,86	132,16	148,68	20 267,99	I,IV	1 791	98,50	143,28	161,19
	II	1 193	65,61	95,44	107,37		II	1 327	72,98	106,16	119,43		II	1 463	80,46	117,04	131,67
	III	—	—	—	—		III	—	—	—	—		III	—	—	—	—
	V	3 786	208,23	302,88	340,74		V	3 982	219,01	318,56	358,38		V	4 176	229,68	334,08	375,84
	VI	4 124	226,82	329,92	371,16		VI	4 318	237,49	345,44	388,62		VI	4 510	248,05	360,80	405,90
19 151,99	I,IV	1 523	83,76	121,84	137,07	19 727,99	I,IV	1 661	91,35	132,88	149,49	20 303,99	I,IV	1 800	99,—	144,—	162,—
	II	1 201	66,05	96,08	108,09		II	1 336	73,48	106,88	120,24		II	1 472	80,96	117,76	132,48
	III	—	—	—	—		III	—	—	—	—		III	—	—	—	—
	V	3 798	208,89	303,84	341,82		V	3 994	219,67	319,52	359,46		V	4 190	230,45	335,20	377,10
	VI	4 138	227,59	331,04	372,42		VI	4 330	238,15	346,40	389,70		VI	4 522	248,71	361,76	406,98
19 187,99	I,IV	1 531	84,20	122,48	137,79	19 763,99	I,IV	1 669	91,79	133,52	150,21	20 339,99	I,IV	1 808	99,44	144,64	162,72
	II	1 210	66,55	96,80	108,90		II	1 344	73,92	107,52	120,96		II	1 480	81,40	118,40	133,20
	III	—	—	—	—		III	—	—	—	—		III	4	0,22	0,32	0,36
	V	3 812	209,66	304,96	343,08		V	4 006	220,33	320,48	360,54		V	4 200	231,—	336,—	378,—
	VI	4 150	228,25	332,—	373,50		VI	4 342	238,81	347,36	390,78		VI	4 534	249,37	362,72	408,06
19 223,99	I,IV	1 540	84,70	123,20	138,60	19 799,99	I,IV	1 678	92,29	134,24	151,02	20 375,99	I,IV	1 817	99,93	145,36	163,53
	II	1 218	66,99	97,44	109,62		II	1 353	74,41	108,24	121,77		II	1 489	81,89	119,12	134,01
	III	—	—	—	—		III	—	—	—	—		III	10	0,55	0,80	0,90
	V	3 822	210,21	305,76	343,98		V	4 018	220,99	321,44	361,62		V	4 212	231,66	336,96	379,08
	VI	4 160	228,80	332,80	374,40		VI	4 354	239,47	348,32	391,86		VI	4 546	250,03	363,68	409,14
19 259,99	I,IV	1 548	85,14	123,84	139,32	19 835,99	I,IV	1 687	92,78	134,96	151,83	20 411,99	I,IV	1 826	100,43	146,08	164,34
	II	1 226	67,43	98,08	110,34		II	1 361	74,85	108,88	122,49		II	1 497	82,33	119,76	134,73
	III	—	—	—	—		III	—	—	—	—		III	14	0,77	1,12	1,26
	V	3 836	210,98	306,88	345,24		V	4 032	221,76	322,56	362,88		V	4 226	232,43	338,08	380,34
	VI	4 174	229,57	333,92	375,66		VI	4 366	240,13	349,28	392,94		VI	4 558	250,69	364,64	410,22
19 295,99	I,IV	1 557	85,63	124,56	140,13	19 871,99	I,IV	1 695	93,22	135,60	152,55	20 447,99	I,IV	1 835	100,92	146,80	165,15
	II	1 235	67,92	98,80	111,15		II	1 370	75,35	109,60	123,30		II	1 506	82,83	120,48	135,54
	III	—	—	—	—		III	—	—	—	—		III	18	0,99	1,44	1,62
	V	3 846	211,53	307,68	346,14		V	4 042	222,31	323,36	363,78		V	4 236	232,98	338,88	381,24
	VI	4 186	230,23	334,88	376,74		VI	4 378	240,79	350,24	394,02		VI	4 570	251,35	365,60	411,30
19 331,99	I,IV	1 566	86,13	125,28	140,94	19 907,99	I,IV	1 704	93,72	136,32	153,36	20 483,99	I,IV	1 843	101,36	147,44	165,87
	II	1 243	68,36	99,44	111,87		II	1 378	75,79	110,24	124,02		II	1 514	83,27	121,12	136,26
	III	—	—	—	—		III	—	—	—	—		III	22	1,21	1,76	1,98
	V	3 860	212,30	308,80	347,40		V	4 056	223,08	324,48	365,04		V	4 248	233,64	339,84	382,32
	VI	4 198	230,89	335,84	377,82		VI	4 392	241,56	351,36	395,28		VI	4 582	252,01	366,56	412,38
19 367,99	I,IV	1 574	86,57	125,92	141,66	19 943,99	I,IV	1 712	94,16	136,96	154,08	20 519,99	I,IV	1 852	101,86	148,16	166,68
	II	1 252	68,86	100,16	112,68		II	1 386	76,23	110,88	124,74		II	1 523	83,76	121,84	137,07
	III	—	—	—	—		III	—	—	—	—		III	26	1,43	2,08	2,34
	V	3 872	212,96	309,76	348,48		V	4 066	223,63	325,28	365,94		V	4 260	234,30	340,80	383,40
	VI	4 212	231,66	336,96	379,08		VI	4 402	242,11	352,16	396,18		VI	4 594	252,67	367,52	413,46
19 403,99	I,IV	1 583	87,06	126,64	142,47	19 979,99	I,IV	1 721	94,65	137,68	154,89	20 555,99	I,IV	1 861	102,35	148,88	167,49
	II	1 260	69,30	100,80	113,40		II	1 395	76,72	111,60	125,55		II	1 532	84,26	122,56	137,88
	III	—	—	—	—		III	—	—	—	—		III	30	1,65	2,40	2,70
	V	3 884	213,62	310,72	349,56		V	4 078	224,29	326,24	367,02		V	4 274	235,07	341,92	384,66
	VI	4 222	232,21	337,76	379,98		VI	4 414	242,77	353,12	397,26		VI	4 604	253,22	368,32	414,36
19 439,99	I,IV	1 591	87,50	127,28	143,19	20 015,99	I,IV	1 730	95,15	138,40	155,70	20 591,99	I,IV	1 870	102,85	149,60	168,30
	II	1 268	69,74	101,44	114,12		II	1 403	77,16	112,24	126,27		II	1 540	84,70	123,20	138,60
	III	—	—	—	—		III	—	—	—	—		III	34	1,87	2,72	3,06
	V	3 896	214,28	311,68	350,64		V	4 092	225,06	327,36	368,28		V	4 286	235,73	342,88	385,74
	VI	4 234	232,87	338,72	381,06		VI	4 426	243,43	354,08	398,34		VI	4 616	253,88	369,28	415,44
19 475,99	I,IV	1 600	88,—	128,—	144,—	20 051,99	I,IV	1 739	95,64	139,12	156,51	20 627,99	I,IV	1 878	103,29	150,24	169,02
	II	1 277	70,23	102,16	114,93		II	1 412	77,66	112,96	127,08		II	1 548	85,14	123,84	139,32
	III	—	—	—	—		III	—	—	—	—		III	40	2,20	3,20	3,60
	V	3 908	214,94	312,64	351,72		V	4 104	225,72	328,32	369,36		V	4 296	236,28	343,68	386,64
	VI	4 246	233,53	339,68	382,14		VI	4 438	244,09	355,04	399,42		VI	4 628	254,54	370,24	416,52
19 511,99	I,IV	1 609	88,49	128,72	144,81	20 087,99	I,IV	1 747	96,08	139,76	157,23	20 663,99	I,IV	1 887	103,78	150,96	169,83
	II	1 285	70,67	102,80	115,65		II	1 420	78,10	113,60	127,80		II	1 557	85,63	124,56	140,13
	III	—	—	—	—		III	—	—	—	—		III	44	2,42	3,52	3,96
	V	3 920	215,60	313,60	352,80		V	4 116	226,38	329,28	370,44		V	4 308	236,94	344,64	387,72
	VI	4 258	234,19	340,64	383,22		VI	4 450	244,75	356,—	400,50		VI	4 640	255,20	371,20	417,60
19 547,99	I,IV	1 617	88,93	129,36	145,53	20 123,99	I,IV	1 756	96,58	140,48	158,04	20 699,99	I,IV	1 896	104,28	151,68	170,64
	II	1 294	71,17	103,52	116,46		II	1 429	78,59	114,32	128,61		II	1 566	86,13	125,28	140,94
	III	—	—	—	—		III	—	—	—	—		III	48	2,64	3,84	4,32
	V	3 934	216,37	314,72	354,06		V	4 128	227,04	330,24	371,52		V	4 320	237,60	345,60	388,80
	VI	4 270	234,85	341,60	384,30		VI	4 462	245,41	356,96	401,58		VI	4 652	255,86	372,16	418,68
19 583,99	I,IV	1 626	89,43	130,08	146,34	20 159,99	I,IV	1 765	97,07	141,20	158,85	20 735,99	I,IV	1 905	104,77	152,40	171,45
	II	1 302	71,61	104,16	117,18		II	1 438	79,09	115,04	129,42		II	1 574	86,57	125,92	141,66
	III	—	—	—	—		III	—	—	—	—		III	52	2,86	4,16	4,68
	V	3 944	216,92	315,52	354,96		V	4 140	227,70	331,20	372,60		V	4 334	238,37	346,72	390,06
	VI	4 282	235,51	342,56	385,38		VI	4 474	246,07	357,92	402,66		VI	4 664	256,52	373,12	419,76

* Die ausgewiesenen Tabellenwerte sind amtlich. Siehe Erläuterungen auf der Umschlaginnenseite (U2).

Sonstige Bezüge / A-Tarif — 20 736,–*

Lohn/Gehalt bis €*	StKl	LSt	SolZ	8%	9%
20 771,99	I,IV	1 914	105,27	153,12	172,26
	II	1 583	87,06	126,64	142,47
	III	56	3,08	4,48	5,04
	V	4 346	239,03	347,68	391,14
	VI	4 674	257,07	373,92	420,66
20 807,99	I,IV	1 923	105,76	153,84	173,07
	II	1 592	87,56	127,36	143,28
	III	60	3,30	4,80	5,40
	V	4 358	239,69	348,64	392,22
	VI	4 686	257,73	374,88	421,74
20 843,99	I,IV	1 931	106,20	154,48	173,79
	II	1 600	88,—	128,—	144,—
	III	64	3,52	5,12	5,76
	V	4 370	240,35	349,60	393,30
	VI	4 698	258,39	375,84	422,82
20 879,99	I,IV	1 940	106,70	155,20	174,60
	II	1 609	88,49	128,72	144,81
	III	70	3,85	5,60	6,30
	V	4 380	240,90	350,40	394,20
	VI	4 710	259,05	376,80	423,90
20 915,99	I,IV	1 949	107,19	155,92	175,41
	II	1 617	88,93	129,36	145,53
	III	74	4,07	5,92	6,66
	V	4 392	241,56	351,36	395,28
	VI	4 722	259,71	377,76	424,98
20 951,99	I,IV	1 958	107,69	156,64	176,22
	II	1 626	89,43	130,08	146,34
	III	78	4,29	6,24	7,02
	V	4 404	242,22	352,32	396,36
	VI	4 734	260,37	378,72	426,06
20 987,99	I,IV	1 967	108,18	157,36	177,03
	II	1 635	89,92	130,80	147,15
	III	82	4,51	6,56	7,38
	V	4 416	242,88	353,28	397,44
	VI	4 746	261,03	379,68	427,14
21 023,99	I,IV	1 975	108,62	158,—	177,75
	II	1 643	90,36	131,44	147,87
	III	86	4,73	6,88	7,74
	V	4 428	243,54	354,24	398,52
	VI	4 758	261,69	380,64	428,22
21 059,99	I,IV	1 984	109,12	158,72	178,56
	II	1 652	90,86	132,16	148,68
	III	92	5,06	7,36	8,28
	V	4 440	244,20	355,20	399,60
	VI	4 768	262,24	381,44	429,12
21 095,99	I,IV	1 993	109,61	159,44	179,37
	II	1 661	91,35	132,88	149,49
	III	96	5,28	7,68	8,64
	V	4 454	244,97	356,32	400,86
	VI	4 780	262,90	382,40	430,20
21 131,99	I,IV	2 002	110,11	160,16	180,18
	II	1 669	91,79	133,52	150,21
	III	100	5,50	8,—	9,—
	V	4 466	245,63	357,28	401,94
	VI	4 792	263,56	383,36	431,28
21 167,99	I,IV	2 011	110,60	160,88	180,99
	II	1 678	92,29	134,24	151,02
	III	104	5,72	8,32	9,36
	V	4 478	246,29	358,24	403,02
	VI	4 806	264,33	384,48	432,54
21 203,99	I,IV	2 020	111,10	161,60	181,80
	II	1 687	92,78	134,96	151,83
	III	108	5,94	8,64	9,72
	V	4 490	246,95	359,20	404,10
	VI	4 818	264,99	385,44	433,62
21 239,99	I,IV	2 029	111,59	162,32	182,61
	II	1 695	93,22	135,60	152,55
	III	114	6,27	9,12	10,26
	V	4 502	247,61	360,16	405,18
	VI	4 828	265,54	386,24	434,52
21 275,99	I,IV	2 038	112,09	163,04	183,42
	II	1 704	93,72	136,32	153,36
	III	118	6,49	9,44	10,62
	V	4 514	248,27	361,12	406,26
	VI	4 840	266,20	387,20	435,60
21 311,99	I,IV	2 046	112,53	163,68	184,14
	II	1 712	94,16	136,96	154,08
	III	122	6,71	9,76	10,98
	V	4 524	248,82	361,92	407,16
	VI	4 852	266,86	388,16	436,68
21 347,99	I,IV	2 055	113,02	164,40	184,95
	II	1 721	94,65	137,68	154,89
	III	126	6,93	10,08	11,34
	V	4 538	249,59	363,04	408,42
	VI	4 866	267,63	389,28	437,94
21 383,99	I,IV	2 064	113,52	165,12	185,76
	II	1 730	95,15	138,40	155,70
	III	132	7,26	10,56	11,88
	V	4 548	250,14	363,84	409,32
	VI	4 876	268,18	390,08	438,84
21 419,99	I,IV	2 073	114,01	165,84	186,57
	II	1 738	95,59	139,04	156,42
	III	136	7,48	10,88	12,24
	V	4 560	250,80	364,80	410,40
	VI	4 888	268,84	391,04	439,92
21 455,99	I,IV	2 081	114,45	166,48	187,29
	II	1 746	96,03	139,68	157,14
	III	140	7,70	11,20	12,60
	V	4 570	251,35	365,60	411,30
	VI	4 900	269,50	392,—	441,—
21 491,99	I,IV	2 089	114,89	167,12	188,01
	II	1 754	96,47	140,32	157,86
	III	144	7,92	11,52	12,96
	V	4 582	252,01	366,56	412,38
	VI	4 910	270,05	392,80	441,90
21 527,99	I,IV	2 097	115,33	167,76	188,73
	II	1 762	96,91	140,96	158,58
	III	148	8,14	11,84	13,32
	V	4 592	252,56	367,36	413,28
	VI	4 920	270,60	393,60	442,80
21 563,99	I,IV	2 105	115,77	168,40	189,45
	II	1 770	97,35	141,60	159,30
	III	154	8,47	12,32	13,86
	V	4 602	253,11	368,16	414,18
	VI	4 932	271,26	394,56	443,88
21 599,99	I,IV	2 113	116,21	169,04	190,17
	II	1 778	97,79	142,24	160,02
	III	158	8,69	12,64	14,22
	V	4 614	253,77	369,12	415,26
	VI	4 942	271,81	395,36	444,78
21 635,99	I,IV	2 121	116,65	169,68	190,89
	II	1 786	98,23	142,88	160,74
	III	162	8,91	12,96	14,58
	V	4 624	254,32	369,92	416,16
	VI	4 952	272,36	396,16	445,68
21 671,99	I,IV	2 129	117,09	170,32	191,61
	II	1 794	98,67	143,52	161,46
	III	166	9,13	13,28	14,94
	V	4 634	254,87	370,72	417,06
	VI	4 964	273,02	397,12	446,76
21 707,99	I,IV	2 138	117,59	171,04	192,42
	II	1 802	99,11	144,16	162,18
	III	172	9,46	13,76	15,48
	V	4 646	255,53	371,68	418,14
	VI	4 976	273,68	398,08	447,84
21 743,99	I,IV	2 146	118,03	171,68	193,14
	II	1 810	99,55	144,80	162,90
	III	176	9,68	14,08	15,84
	V	4 656	256,08	372,48	419,04
	VI	4 986	274,23	398,88	448,74
21 779,99	I,IV	2 154	118,47	172,32	193,86
	II	1 818	99,99	145,44	163,62
	III	180	9,90	14,40	16,20
	V	4 666	256,63	373,28	419,94
	VI	4 998	274,89	399,84	449,82
21 815,99	I,IV	2 162	118,91	172,96	194,58
	II	1 825	100,37	146,—	164,25
	III	186	10,23	14,88	16,74
	V	4 676	257,18	374,08	420,84
	VI	5 008	275,44	400,64	450,72
21 851,99	I,IV	2 170	119,35	173,60	195,30
	II	1 833	100,81	146,64	164,97
	III	190	10,45	15,20	17,10
	V	4 686	257,73	374,88	421,74
	VI	5 018	275,99	401,44	451,62
21 887,99	I,IV	2 178	119,79	174,24	196,02
	II	1 841	101,25	147,28	165,69
	III	194	10,67	15,52	17,46
	V	4 698	258,39	375,84	422,82
	VI	5 030	276,65	402,40	452,70
21 923,99	I,IV	2 186	120,23	174,88	196,74
	II	1 849	101,69	147,92	166,41
	III	200	11,—	16,—	18,—
	V	4 708	258,94	376,64	423,72
	VI	5 042	277,31	403,36	453,78
21 959,99	I,IV	2 195	120,72	175,60	197,55
	II	1 857	102,13	148,56	167,13
	III	204	11,22	16,32	18,36
	V	4 720	259,60	377,60	424,80
	VI	5 052	277,86	404,16	454,68
21 995,99	I,IV	2 203	121,16	176,24	198,27
	II	1 865	102,57	149,20	167,85
	III	208	11,44	16,64	18,72
	V	4 730	260,15	378,40	425,70
	VI	5 062	278,41	404,96	455,58
22 031,99	I,IV	2 211	121,60	176,88	198,99
	II	1 873	103,01	149,84	168,57
	III	212	11,66	16,96	19,08
	V	4 740	260,70	379,20	426,60
	VI	5 074	279,07	405,92	456,66
22 067,99	I,IV	2 219	122,04	177,52	199,71
	II	1 881	103,45	150,48	169,29
	III	218	11,99	17,44	19,62
	V	4 752	261,36	380,16	427,68
	VI	5 086	279,73	406,88	457,74
22 103,99	I,IV	2 227	122,48	178,16	200,43
	II	1 889	103,89	151,12	170,01
	III	222	12,21	17,76	19,98
	V	4 762	261,91	380,96	428,58
	VI	5 096	280,28	407,68	458,64
22 139,99	I,IV	2 235	122,92	178,80	201,15
	II	1 897	104,33	151,76	170,73
	III	226	12,43	18,08	20,34
	V	4 772	262,46	381,76	429,48
	VI	5 108	280,94	408,64	459,72
22 175,99	I,IV	2 244	123,42	179,52	201,96
	II	1 905	104,77	152,40	171,45
	III	232	12,76	18,56	20,88
	V	4 784	263,12	382,72	430,56
	VI	5 118	281,49	409,44	460,62
22 211,99	I,IV	2 252	123,86	180,16	202,68
	II	1 913	105,21	153,04	172,17
	III	236	12,98	18,88	21,24
	V	4 794	263,67	383,52	431,46
	VI	5 130	282,15	410,40	461,70
22 247,99	I,IV	2 260	124,30	180,80	203,40
	II	1 921	105,65	153,68	172,89
	III	240	13,20	19,20	21,60
	V	4 804	264,22	384,32	432,36
	VI	5 140	282,70	411,20	462,60
22 283,99	I,IV	2 268	124,74	181,44	204,12
	II	1 929	106,09	154,32	173,61
	III	246	13,53	19,68	22,14
	V	4 816	264,88	385,28	433,44
	VI	5 152	283,36	412,16	463,68
22 319,99	I,IV	2 276	125,18	182,08	204,84
	II	1 937	106,53	154,96	174,33
	III	250	13,75	20,—	22,50
	V	4 826	265,43	386,08	434,34
	VI	5 162	283,91	412,96	464,58
22 355,99	I,IV	2 285	125,67	182,80	205,65
	II	1 945	106,97	155,60	175,05
	III	254	13,97	20,32	22,86
	V	4 838	266,09	387,04	435,42
	VI	5 174	284,57	413,92	465,66
22 391,99	I,IV	2 293	126,11	183,44	206,37
	II	1 953	107,41	156,24	175,77
	III	260	14,30	20,80	23,40
	V	4 850	266,75	388,—	436,50
	VI	5 184	285,12	414,72	466,56
22 427,99	I,IV	2 301	126,55	184,08	207,09
	II	1 961	107,85	156,88	176,49
	III	264	14,52	21,12	23,76
	V	4 860	267,30	388,80	437,40
	VI	5 196	285,78	415,68	467,64
22 463,99	I,IV	2 309	126,99	184,72	207,81
	II	1 969	108,29	157,52	177,21
	III	268	14,74	21,44	24,12
	V	4 872	267,96	389,76	438,48
	VI	5 206	286,33	416,48	468,54

* Die ausgewiesenen Tabellenwerte sind amtlich. Siehe Erläuterungen auf der Umschlaginnenseite (U2).

24 191,99* — Sonstige Bezüge / A-Tarif

Lohn/Gehalt bis €*	Steuerklasse	LSt	SolZ	8%	9%
22 499,99	I,IV	2 317	127,43	185,36	208,53
	II	1 977	108,73	158,16	177,93
	III	274	15,07	21,92	24,66
	V	4 882	268,51	390,56	439,38
	VI	5 218	286,99	417,44	469,62
22 535,99	I,IV	2 326	127,93	186,08	209,34
	II	1 985	109,17	158,80	178,65
	III	278	15,29	22,24	25,02
	V	4 892	269,06	391,36	440,28
	VI	5 230	287,65	418,40	470,70
22 571,99	I,IV	2 334	128,37	186,72	210,06
	II	1 993	109,61	159,44	179,37
	III	284	15,62	22,72	25,56
	V	4 904	269,72	392,32	441,36
	VI	5 240	288,20	419,20	471,60
22 607,99	I,IV	2 342	128,81	187,36	210,78
	II	2 001	110,05	160,08	180,09
	III	288	15,84	23,04	25,92
	V	4 914	270,27	393,12	442,26
	VI	5 252	288,86	420,16	472,68
22 643,99	I,IV	2 350	129,25	188,—	211,50
	II	2 009	110,49	160,72	180,81
	III	292	16,06	23,36	26,28
	V	4 924	270,82	393,92	443,16
	VI	5 262	289,41	420,96	473,58
22 679,99	I,IV	2 358	129,69	188,64	212,22
	II	2 017	110,93	161,36	181,53
	III	298	16,39	23,84	26,82
	V	4 934	271,37	394,72	444,06
	VI	5 274	290,07	421,92	474,66
22 715,99	I,IV	2 367	130,18	189,36	213,03
	II	2 025	111,37	162,—	182,25
	III	302	16,61	24,16	27,18
	V	4 948	272,14	395,84	445,32
	VI	5 286	290,73	422,88	475,74
22 751,99	I,IV	2 375	130,62	190,—	213,75
	II	2 033	111,81	162,64	182,97
	III	306	16,83	24,48	27,54
	V	4 958	272,69	396,64	446,22
	VI	5 296	291,28	423,68	476,64
22 787,99	I,IV	2 383	131,06	190,64	214,47
	II	2 041	112,25	163,28	183,69
	III	312	17,16	24,96	28,08
	V	4 970	273,35	397,60	447,30
	VI	5 306	291,83	424,48	477,54
22 823,99	I,IV	2 391	131,50	191,28	215,19
	II	2 050	112,75	164,—	184,50
	III	316	17,38	25,28	28,44
	V	4 980	273,90	398,40	448,20
	VI	5 318	292,49	425,44	478,62
22 859,99	I,IV	2 400	132,—	192,—	216,—
	II	2 058	113,19	164,64	185,22
	III	322	17,71	25,76	28,98
	V	4 990	274,45	399,20	449,10
	VI	5 330	293,15	426,40	479,70
22 895,99	I,IV	2 408	132,44	192,64	216,72
	II	2 066	113,63	165,28	185,94
	III	326	17,93	26,08	29,34
	V	5 000	275,—	400,—	450,—
	VI	5 342	293,81	427,36	480,78
22 931,99	I,IV	2 416	132,88	193,28	217,44
	II	2 074	114,07	165,92	186,66
	III	330	18,15	26,40	29,70
	V	5 012	275,66	400,96	451,08
	VI	5 352	294,36	428,16	481,68
22 967,99	I,IV	2 425	133,37	194,—	218,25
	II	2 082	114,51	166,56	187,38
	III	336	18,48	26,88	30,24
	V	5 024	276,32	401,92	452,16
	VI	5 362	294,91	428,96	482,58
23 003,99	I,IV	2 433	133,81	194,64	218,97
	II	2 090	114,95	167,20	188,10
	III	340	18,70	27,20	30,60
	V	5 034	276,87	402,72	453,06
	VI	5 376	295,68	430,08	483,84
23 039,99	I,IV	2 441	134,25	195,28	219,69
	II	2 098	115,39	167,84	188,82
	III	346	19,03	27,68	31,14
	V	5 046	277,53	403,68	454,14
	VI	5 386	296,23	430,88	484,74
23 075,99	I,IV	2 449	134,69	195,92	220,41
	II	2 106	115,83	168,48	189,54
	III	350	19,25	28,—	31,50
	V	5 056	278,08	404,48	455,04
	VI	5 396	296,78	431,68	485,64
23 111,99	I,IV	2 457	135,13	196,56	221,13
	II	2 114	116,27	169,12	190,26
	III	354	19,47	28,32	31,86
	V	5 066	278,63	405,28	455,94
	VI	5 408	297,44	432,64	486,72
23 147,99	I,IV	2 466	135,63	197,28	221,94
	II	2 122	116,71	169,76	190,98
	III	360	19,80	28,80	32,40
	V	5 078	279,29	406,24	457,02
	VI	5 422	298,21	433,76	487,98
23 183,99	I,IV	2 474	136,07	197,92	222,66
	II	2 130	117,15	170,40	191,70
	III	364	20,02	29,12	32,76
	V	5 090	279,95	407,20	458,10
	VI	5 432	298,76	434,56	488,88
23 219,99	I,IV	2 482	136,51	198,56	223,38
	II	2 139	117,64	171,12	192,51
	III	370	20,35	29,60	33,30
	V	5 100	280,50	408,—	459,—
	VI	5 442	299,31	435,36	489,78
23 255,99	I,IV	2 491	137,—	199,28	224,19
	II	2 147	118,08	171,76	193,23
	III	374	20,57	29,92	33,66
	V	5 110	281,05	408,80	459,90
	VI	5 454	299,97	436,32	490,86
23 291,99	I,IV	2 499	137,44	199,92	224,91
	II	2 155	118,52	172,40	193,95
	III	380	20,90	30,40	34,20
	V	5 124	281,82	409,92	461,16
	VI	5 464	300,52	437,12	491,76
23 327,99	I,IV	2 507	137,88	200,56	225,63
	II	2 163	118,96	173,04	194,67
	III	384	21,12	30,72	34,56
	V	5 134	282,37	410,72	462,06
	VI	5 478	301,29	438,24	493,02
23 363,99	I,IV	2 516	138,38	201,28	226,44
	II	2 171	119,40	173,68	195,39
	III	390	21,45	31,20	35,10
	V	5 144	282,92	411,52	462,96
	VI	5 488	301,84	439,04	493,92
23 399,99	I,IV	2 524	138,82	201,92	227,16
	II	2 179	119,84	174,32	196,11
	III	394	21,67	31,52	35,46
	V	5 156	283,58	412,48	464,04
	VI	5 500	302,50	440,—	495,—
23 435,99	I,IV	2 532	139,26	202,56	227,88
	II	2 187	120,28	174,96	196,83
	III	400	22,—	32,—	36,—
	V	5 168	284,24	413,44	465,12
	VI	5 510	303,05	440,80	495,90
23 471,99	I,IV	2 541	139,75	203,28	228,69
	II	2 196	120,78	175,68	197,64
	III	404	22,22	32,32	36,36
	V	5 178	284,79	414,24	466,02
	VI	5 522	303,71	441,76	496,98
23 507,99	I,IV	2 549	140,19	203,92	229,41
	II	2 204	121,22	176,32	198,36
	III	408	22,44	32,64	36,72
	V	5 188	285,34	415,04	466,92
	VI	5 534	304,37	442,72	498,06
23 543,99	I,IV	2 557	140,63	204,56	230,13
	II	2 212	121,66	176,96	199,08
	III	414	22,77	33,12	37,26
	V	5 200	286,—	416,—	468,—
	VI	5 546	305,03	443,68	499,14
23 579,99	I,IV	2 566	141,13	205,28	230,94
	II	2 220	122,10	177,60	199,80
	III	418	22,99	33,44	37,62
	V	5 212	286,66	416,96	469,08
	VI	5 556	305,58	444,48	500,04
23 615,99	I,IV	2 574	141,57	205,92	231,66
	II	2 228	122,54	178,24	200,52
	III	424	23,32	33,92	38,16
	V	5 222	287,21	417,76	469,98
	VI	5 568	306,24	445,44	501,12
23 651,99	I,IV	2 582	142,01	206,56	232,38
	II	2 236	122,98	178,88	201,24
	III	428	23,54	34,24	38,52
	V	5 232	287,76	418,56	470,88
	VI	5 578	306,79	446,24	502,02
23 687,99	I,IV	2 591	142,50	207,28	233,19
	II	2 244	123,42	179,52	201,96
	III	434	23,87	34,72	39,06
	V	5 246	288,53	419,68	472,14
	VI	5 592	307,56	447,36	503,28
23 723,99	I,IV	2 599	142,94	207,92	233,91
	II	2 253	123,91	180,24	202,77
	III	438	24,09	35,04	39,42
	V	5 256	289,08	420,48	473,04
	VI	5 602	308,11	448,16	504,18
23 759,99	I,IV	2 608	143,44	208,64	234,72
	II	2 261	124,35	180,88	203,49
	III	444	24,42	35,52	39,96
	V	5 268	289,74	421,44	474,12
	VI	5 614	308,77	449,12	505,26
23 795,99	I,IV	2 616	143,88	209,28	235,44
	II	2 269	124,79	181,52	204,21
	III	448	24,64	35,84	40,32
	V	5 278	290,29	422,24	475,02
	VI	5 624	309,32	449,92	506,16
23 831,99	I,IV	2 624	144,32	209,92	236,16
	II	2 277	125,23	182,16	204,93
	III	454	24,97	36,32	40,86
	V	5 290	290,95	423,20	476,10
	VI	5 636	309,98	450,88	507,24
23 867,99	I,IV	2 632	144,76	210,56	236,88
	II	2 285	125,67	182,80	205,65
	III	458	25,19	36,64	41,22
	V	5 300	291,50	424,—	477,—
	VI	5 646	310,53	451,68	508,14
23 903,99	I,IV	2 641	145,25	211,28	237,69
	II	2 294	126,17	183,52	206,46
	III	464	25,52	37,12	41,76
	V	5 312	292,16	424,96	478,08
	VI	5 658	311,19	452,64	509,22
23 939,99	I,IV	2 649	145,69	211,92	238,41
	II	2 302	126,61	184,16	207,18
	III	470	25,85	37,60	42,30
	V	5 322	292,71	425,76	478,98
	VI	5 672	311,96	453,76	510,48
23 975,99	I,IV	2 658	146,19	212,64	239,22
	II	2 310	127,05	184,80	207,90
	III	474	26,07	37,92	42,66
	V	5 336	293,48	426,88	480,24
	VI	5 682	312,51	454,56	511,38
24 011,99	I,IV	2 666	146,63	213,28	239,94
	II	2 318	127,49	185,44	208,62
	III	480	26,40	38,40	43,20
	V	5 346	294,03	427,68	481,14
	VI	5 694	313,17	455,52	512,46
24 047,99	I,IV	2 674	147,07	213,92	240,66
	II	2 326	127,93	186,08	209,34
	III	484	26,62	38,72	43,56
	V	5 356	294,58	428,48	482,04
	VI	5 704	313,72	456,32	513,36
24 083,99	I,IV	2 683	147,56	214,64	241,47
	II	2 335	128,42	186,80	210,15
	III	490	26,95	39,20	44,10
	V	5 368	295,24	429,44	483,12
	VI	5 716	314,38	457,28	514,44
24 119,99	I,IV	2 691	148,—	215,28	242,19
	II	2 343	128,86	187,44	210,87
	III	494	27,17	39,52	44,46
	V	5 378	295,79	430,24	484,02
	VI	5 728	315,04	458,24	515,52
24 155,99	I,IV	2 700	148,50	216,—	243,—
	II	2 351	129,30	188,08	211,59
	III	500	27,50	40,—	45,—
	V	5 392	296,56	431,36	485,28
	VI	5 740	315,70	459,20	516,60
24 191,99	I,IV	2 708	148,94	216,64	243,72
	II	2 359	129,74	188,72	212,31
	III	504	27,72	40,32	45,36
	V	5 402	297,11	432,16	486,18
	VI	5 752	316,36	460,16	517,68

* Die ausgewiesenen Tabellenwerte sind amtlich. Siehe Erläuterungen auf der Umschlaginnenseite (U2).

Sonstige Bezüge / A-Tarif — 24 192,–*

Lohn/Gehalt bis €*	StKl	LSt	SolZ	8%	9%
24 227,99	I,IV	2 717	149,43	217,36	244,53
	II	2 368	130,24	189,44	213,12
	III	510	28,05	40,80	45,90
	V	5 414	297,77	433,12	487,26
	VI	5 764	317,02	461,12	518,76
24 263,99	I,IV	2 725	149,87	218,—	245,25
	II	2 376	130,68	190,08	213,84
	III	514	28,27	41,12	46,26
	V	5 424	298,32	433,92	488,16
	VI	5 774	317,57	461,92	519,66
24 299,99	I,IV	2 733	150,31	218,64	245,97
	II	2 384	131,12	190,72	214,56
	III	520	28,60	41,60	46,80
	V	5 436	298,98	434,88	489,24
	VI	5 786	318,23	462,88	520,74
24 335,99	I,IV	2 742	150,81	219,36	246,78
	II	2 392	131,56	191,36	215,28
	III	524	28,82	41,92	47,16
	V	5 448	299,64	435,84	490,32
	VI	5 796	318,78	463,68	521,64
24 371,99	I,IV	2 750	151,25	220,—	247,50
	II	2 400	132,—	192,—	216,—
	III	530	29,15	42,40	47,70
	V	5 458	300,19	436,64	491,22
	VI	5 810	319,55	464,80	522,90
24 407,99	I,IV	2 759	151,74	220,72	248,31
	II	2 409	132,49	192,72	216,81
	III	536	29,48	42,88	48,24
	V	5 470	300,85	437,60	492,30
	VI	5 822	320,21	465,76	523,98
24 443,99	I,IV	2 767	152,18	221,36	249,03
	II	2 417	132,93	193,36	217,53
	III	540	29,70	43,20	48,60
	V	5 480	301,40	438,40	493,20
	VI	5 834	320,87	466,72	525,06
24 479,99	I,IV	2 776	152,68	222,08	249,84
	II	2 425	133,37	194,—	218,25
	III	546	30,03	43,68	49,14
	V	5 494	302,17	439,52	494,46
	VI	5 844	321,42	467,52	525,96
24 515,99	I,IV	2 784	153,12	222,72	250,56
	II	2 434	133,87	194,72	219,06
	III	550	30,25	44,—	49,50
	V	5 504	302,72	440,32	495,36
	VI	5 856	322,08	468,48	527,04
24 551,99	I,IV	2 793	153,61	223,44	251,37
	II	2 442	134,31	195,36	219,78
	III	556	30,58	44,48	50,04
	V	5 516	303,38	441,28	496,44
	VI	5 868	322,74	469,44	528,12
24 587,99	I,IV	2 801	154,05	224,08	252,09
	II	2 450	134,75	196,—	220,50
	III	562	30,91	44,96	50,58
	V	5 526	303,93	442,08	497,34
	VI	5 878	323,29	470,24	529,02
24 623,99	I,IV	2 810	154,55	224,80	252,90
	II	2 458	135,19	196,64	221,22
	III	566	31,13	45,28	50,94
	V	5 538	304,59	443,04	498,42
	VI	5 890	323,95	471,20	530,10
24 659,99	I,IV	2 818	154,99	225,44	253,62
	II	2 467	135,68	197,36	222,03
	III	572	31,46	45,76	51,48
	V	5 550	305,25	444,—	499,50
	VI	5 902	324,61	472,16	531,18
24 695,99	I,IV	2 827	155,48	226,16	254,43
	II	2 475	136,12	198,—	222,75
	III	578	31,79	46,24	52,02
	V	5 562	305,91	444,96	500,58
	VI	5 914	325,27	473,12	532,26
24 731,99	I,IV	2 835	155,92	226,80	255,15
	II	2 483	136,56	198,64	223,47
	III	582	32,01	46,56	52,38
	V	5 572	306,46	445,76	501,48
	VI	5 926	325,93	474,08	533,34
24 767,99	I,IV	2 844	156,42	227,52	255,96
	II	2 492	137,06	199,36	224,28
	III	588	32,34	47,04	52,92
	V	5 584	307,12	446,72	502,56
	VI	5 938	326,59	475,04	534,42
24 803,99	I,IV	2 852	156,86	228,16	256,68
	II	2 500	137,50	200,—	225,—
	III	592	32,56	47,36	53,28
	V	5 594	307,67	447,52	503,46
	VI	5 950	327,25	476,—	535,50
24 839,99	I,IV	2 860	157,30	228,80	257,40
	II	2 508	137,94	200,64	225,72
	III	598	32,89	47,84	53,82
	V	5 608	308,44	448,64	504,72
	VI	5 960	327,80	476,80	536,40
24 875,99	I,IV	2 869	157,79	229,52	258,21
	II	2 517	138,43	201,36	226,53
	III	604	33,22	48,32	54,36
	V	5 618	308,99	449,44	505,62
	VI	5 972	328,46	477,76	537,48
24 911,99	I,IV	2 878	158,29	230,24	259,02
	II	2 525	138,87	202,—	227,25
	III	608	33,44	48,64	54,72
	V	5 630	309,65	450,40	506,70
	VI	5 984	329,12	478,72	538,56
24 947,99	I,IV	2 886	158,73	230,88	259,74
	II	2 533	139,31	202,64	227,97
	III	614	33,77	49,12	55,26
	V	5 640	310,20	451,20	507,60
	VI	5 996	329,78	479,68	539,64
24 983,99	I,IV	2 894	159,17	231,52	260,46
	II	2 541	139,75	203,28	228,69
	III	618	33,99	49,44	55,62
	V	5 652	310,86	452,16	508,68
	VI	6 006	330,33	480,48	540,54
25 019,99	I,IV	2 903	159,66	232,24	261,27
	II	2 550	140,25	204,—	229,50
	III	624	34,32	49,92	56,16
	V	5 664	311,52	453,12	509,76
	VI	6 020	331,10	481,60	541,80
25 055,99	I,IV	2 912	160,16	232,96	262,08
	II	2 558	140,69	204,64	230,22
	III	630	34,65	50,40	56,70
	V	5 674	312,07	453,92	510,66
	VI	6 030	331,65	482,40	542,70
25 091,99	I,IV	2 920	160,60	233,60	262,80
	II	2 567	141,18	205,36	231,03
	III	636	34,98	50,88	57,24
	V	5 688	312,84	455,04	511,92
	VI	6 044	332,42	483,52	543,96
25 127,99	I,IV	2 929	161,09	234,32	263,61
	II	2 575	141,62	206,—	231,75
	III	642	35,31	51,36	57,78
	V	5 698	313,39	455,84	512,82
	VI	6 056	333,08	484,48	545,04
25 163,99	I,IV	2 937	161,53	234,96	264,33
	II	2 583	142,06	206,64	232,47
	III	648	35,64	51,84	58,32
	V	5 710	314,05	456,80	513,90
	VI	6 068	333,74	485,44	546,12
25 199,99	I,IV	2 946	162,03	235,68	265,14
	II	2 592	142,56	207,36	233,28
	III	654	35,97	52,32	58,86
	V	5 722	314,71	457,76	514,98
	VI	6 080	334,40	486,40	547,20
25 235,99	I,IV	2 954	162,47	236,32	265,86
	II	2 600	143,—	208,—	234,—
	III	662	36,41	52,96	59,58
	V	5 732	315,26	458,56	515,88
	VI	6 090	334,95	487,20	548,10
25 271,99	I,IV	2 963	162,96	237,04	266,67
	II	2 608	143,44	208,64	234,72
	III	668	36,74	53,44	60,12
	V	5 744	315,92	459,52	516,96
	VI	6 102	335,61	488,16	549,18
25 307,99	I,IV	2 971	163,40	237,68	267,39
	II	2 617	143,93	209,36	235,53
	III	674	37,07	53,92	60,66
	V	5 756	316,58	460,48	518,04
	VI	6 114	336,27	489,12	550,26
25 343,99	I,IV	2 980	163,90	238,40	268,20
	II	2 625	144,37	210,—	236,25
	III	680	37,40	54,40	61,20
	V	5 768	317,24	461,44	519,12
	VI	6 126	336,93	490,08	551,34
25 379,99	I,IV	2 989	164,39	239,12	269,01
	II	2 634	144,87	210,72	237,06
	III	686	37,73	54,88	61,74
	V	5 780	317,90	462,40	520,20
	VI	6 138	337,59	491,04	552,42
25 415,99	I,IV	2 997	164,83	239,76	269,73
	II	2 642	145,31	211,36	237,78
	III	692	38,06	55,36	62,28
	V	5 790	318,45	463,20	521,10
	VI	6 150	338,25	492,—	553,50
25 451,99	I,IV	3 006	165,33	240,48	270,54
	II	2 650	145,75	212,—	238,50
	III	698	38,39	55,84	62,82
	V	5 802	319,11	464,16	522,18
	VI	6 160	338,80	492,80	554,40
25 487,99	I,IV	3 014	165,77	241,12	271,26
	II	2 659	146,24	212,72	239,31
	III	704	38,72	56,32	63,36
	V	5 814	319,77	465,12	523,26
	VI	6 172	339,46	493,76	555,48
25 523,99	I,IV	3 023	166,26	241,84	272,07
	II	2 667	146,68	213,36	240,03
	III	710	39,05	56,80	63,90
	V	5 824	320,32	465,92	524,16
	VI	6 184	340,12	494,72	556,56
25 559,99	I,IV	3 031	166,70	242,48	272,79
	II	2 675	147,12	214,—	240,75
	III	716	39,38	57,28	64,44
	V	5 836	320,98	466,88	525,24
	VI	6 196	340,78	495,68	557,64
25 595,99	I,IV	3 040	167,20	243,20	273,60
	II	2 684	147,62	214,72	241,56
	III	724	39,82	57,92	65,16
	V	5 850	321,75	468,—	526,50
	VI	6 208	341,44	496,64	558,72
25 631,99	I,IV	3 049	167,69	243,92	274,41
	II	2 692	148,06	215,36	242,28
	III	730	40,15	58,40	65,70
	V	5 862	322,41	468,96	527,58
	VI	6 220	342,10	497,60	559,80
25 667,99	I,IV	3 057	168,13	244,56	275,13
	II	2 701	148,55	216,08	243,09
	III	736	40,48	58,88	66,24
	V	5 872	322,96	469,76	528,48
	VI	6 232	342,76	498,56	560,88
25 703,99	I,IV	3 066	168,63	245,28	275,94
	II	2 709	148,99	216,72	243,81
	III	742	40,81	59,36	66,78
	V	5 884	323,62	470,72	529,56
	VI	6 246	343,53	499,68	562,14
25 739,99	I,IV	3 074	169,07	245,92	276,66
	II	2 718	149,49	217,44	244,62
	III	748	41,14	59,84	67,32
	V	5 896	324,28	471,68	530,64
	VI	6 258	344,19	500,64	563,22
25 775,99	I,IV	3 083	169,56	246,64	277,47
	II	2 726	149,93	218,08	245,34
	III	754	41,47	60,32	67,86
	V	5 906	324,83	472,48	531,54
	VI	6 268	344,74	501,44	564,12
25 811,99	I,IV	3 092	170,06	247,36	278,28
	II	2 735	150,42	218,80	246,15
	III	760	41,80	60,80	68,40
	V	5 918	325,49	473,44	532,62
	VI	6 282	345,51	502,56	565,38
25 847,99	I,IV	3 100	170,50	248,—	279,—
	II	2 743	150,86	219,44	246,87
	III	766	42,13	61,28	68,94
	V	5 930	326,15	474,40	533,70
	VI	6 294	346,17	503,52	566,46
25 883,99	I,IV	3 109	170,99	248,72	279,81
	II	2 751	151,30	220,08	247,59
	III	774	42,57	61,92	69,66
	V	5 942	326,81	475,36	534,78
	VI	6 304	346,72	504,32	567,36
25 919,99	I,IV	3 118	171,49	249,44	280,62
	II	2 760	151,80	220,80	248,40
	III	780	42,90	62,40	70,20
	V	5 954	327,47	476,32	535,86
	VI	6 316	347,38	505,28	568,44

* Die ausgewiesenen Tabellenwerte sind amtlich. Siehe Erläuterungen auf der Umschlaginnenseite (U2).

27 647,99* — Sonstige Bezüge / A-Tarif

Lohn/Gehalt bis €*	StKl	LSt	SolZ	8%	9%	Lohn/Gehalt bis €*	StKl	LSt	SolZ	8%	9%	Lohn/Gehalt bis €*	StKl	LSt	SolZ	8%	9%
25 955,99	I,IV	3 126	171,93	250,08	281,34	26 531,99	I,IV	3 265	179,57	261,20	293,85	27 107,99	I,IV	3 405	187,27	272,40	306,45
	II	2 768	152,24	221,44	249,12		II	2 904	159,72	232,32	261,36		II	3 041	167,25	243,28	273,69
	III	786	43,23	62,88	70,74		III	888	48,84	71,04	79,92		III	994	54,67	79,52	89,46
	V	5 966	328,13	477,28	536,94		V	6 154	338,47	492,32	553,86		V	6 344	348,92	507,52	570,96
	VI	6 330	348,15	506,40	569,70		VI	6 522	358,71	521,76	586,98		VI	6 716	369,38	537,28	604,44
25 991,99	I,IV	3 135	172,42	250,80	282,15	26 567,99	I,IV	3 274	180,07	261,92	294,66	27 143,99	I,IV	3 414	187,77	273,12	307,26
	II	2 777	152,73	222,16	249,93		II	2 912	160,16	232,96	262,08		II	3 050	167,75	244,—	274,50
	III	792	43,56	63,36	71,28		III	896	49,28	71,68	80,64		III	1 002	55,11	80,16	90,18
	V	5 978	328,79	478,24	538,02		V	6 166	339,13	493,28	554,94		V	6 356	349,58	508,48	572,04
	VI	6 342	348,81	507,36	570,78		VI	6 534	359,37	522,72	588,06		VI	6 728	370,04	538,24	605,52
26 027,99	I,IV	3 144	172,92	251,52	282,96	26 603,99	I,IV	3 283	180,56	262,64	295,47	27 179,99	I,IV	3 423	188,26	273,84	308,07
	II	2 785	153,17	222,80	250,65		II	2 921	160,65	233,68	262,89		II	3 058	168,19	244,64	275,22
	III	798	43,89	63,84	71,82		III	902	49,61	72,16	81,18		III	1 008	55,44	80,64	90,72
	V	5 990	329,45	479,20	539,10		V	6 178	339,79	494,24	556,02		V	6 370	350,35	509,60	573,30
	VI	6 352	349,36	508,16	571,68		VI	6 546	360,03	523,68	589,14		VI	6 742	370,81	539,36	606,78
26 063,99	I,IV	3 152	173,36	252,16	283,68	26 639,99	I,IV	3 291	181,—	263,28	296,19	27 215,99	I,IV	3 432	188,76	274,56	308,88
	II	2 794	153,67	223,52	251,46		II	2 930	161,15	234,40	263,70		II	3 067	168,68	245,36	276,03
	III	804	44,22	64,32	72,36		III	908	49,94	72,64	81,72		III	1 014	55,77	81,12	91,26
	V	6 000	330,—	480,—	540,—		V	6 190	340,45	495,20	557,10		V	6 380	350,90	510,40	574,20
	VI	6 364	350,02	509,12	572,76		VI	6 558	360,69	524,64	590,22		VI	6 754	371,47	540,32	607,86
26 099,99	I,IV	3 161	173,85	252,88	284,49	26 675,99	I,IV	3 300	181,50	264,—	297,—	27 251,99	I,IV	3 440	189,20	275,20	309,60
	II	2 802	154,11	224,16	252,18		II	2 938	161,59	235,04	264,42		II	3 076	169,18	246,08	276,84
	III	812	44,66	64,96	73,08		III	914	50,27	73,12	82,26		III	1 022	56,21	81,76	91,98
	V	6 012	330,66	480,96	541,08		V	6 202	341,11	496,16	558,18		V	6 392	351,56	511,36	575,28
	VI	6 376	350,68	510,08	573,84		VI	6 570	361,35	525,60	591,30		VI	6 766	372,13	541,28	608,94
26 135,99	I,IV	3 170	174,35	253,60	285,30	26 711,99	I,IV	3 309	181,99	264,72	297,81	27 287,99	I,IV	3 449	189,69	275,92	310,41
	II	2 811	154,60	224,88	252,99		II	2 947	162,08	235,76	265,23		II	3 084	169,62	246,72	277,56
	III	818	44,99	65,44	73,62		III	922	50,71	73,76	82,98		III	1 028	56,54	82,24	92,52
	V	6 024	331,32	481,92	542,16		V	6 214	341,77	497,12	559,26		V	6 406	352,33	512,48	576,54
	VI	6 390	351,45	511,20	575,10		VI	6 582	362,01	526,56	592,38		VI	6 778	372,79	542,24	610,02
26 171,99	I,IV	3 178	174,79	254,24	286,02	26 747,99	I,IV	3 318	182,49	265,44	298,62	27 323,99	I,IV	3 458	190,19	276,64	311,22
	II	2 819	155,04	225,52	253,71		II	2 955	162,52	236,40	265,95		II	3 093	170,11	247,44	278,37
	III	824	45,32	65,92	74,16		III	928	51,04	74,24	83,52		III	1 034	56,87	82,72	93,06
	V	6 036	331,98	482,88	543,24		V	6 226	342,43	498,08	560,34		V	6 418	352,99	513,44	577,62
	VI	6 400	352,—	512,—	576,—		VI	6 596	362,78	527,68	593,64		VI	6 792	373,56	543,36	611,28
26 207,99	I,IV	3 187	175,28	254,96	286,83	26 783,99	I,IV	3 326	182,93	266,08	299,34	27 359,99	I,IV	3 467	190,68	277,36	312,03
	II	2 827	155,48	226,16	254,43		II	2 964	163,02	237,12	266,76		II	3 101	170,55	248,08	279,09
	III	830	45,65	66,40	74,70		III	934	51,37	74,72	84,06		III	1 042	57,31	83,36	93,78
	V	6 048	332,64	483,84	544,32		V	6 238	343,09	499,04	561,42		V	6 428	353,54	514,24	578,52
	VI	6 412	352,66	512,96	577,08		VI	6 608	363,44	528,64	594,72		VI	6 804	374,22	544,32	612,36
26 243,99	I,IV	3 195	175,72	255,60	287,55	26 819,99	I,IV	3 335	183,42	266,80	300,15	27 395,99	I,IV	3 476	191,18	278,08	312,84
	II	2 836	155,98	226,88	255,24		II	2 972	163,46	237,76	267,48		II	3 110	171,05	248,80	279,90
	III	838	46,09	67,04	75,42		III	942	51,81	75,36	84,78		III	1 048	57,64	83,84	94,32
	V	6 058	333,19	484,64	545,22		V	6 248	343,64	499,84	562,32		V	6 440	354,20	515,20	579,60
	VI	6 424	353,32	513,92	578,16		VI	6 620	364,10	529,60	595,80		VI	6 814	374,77	545,12	613,26
26 279,99	I,IV	3 204	176,22	256,32	288,36	26 855,99	I,IV	3 344	183,92	267,52	300,96	27 431,99	I,IV	3 484	191,62	278,72	313,56
	II	2 845	156,47	227,60	256,05		II	2 981	163,95	238,48	268,29		II	3 119	171,54	249,52	280,71
	III	844	46,42	67,52	75,96		III	948	52,14	75,84	85,32		III	1 056	58,08	84,48	95,04
	V	6 070	333,85	485,60	546,30		V	6 260	344,30	500,80	563,40		V	6 452	354,86	516,16	580,68
	VI	6 438	354,09	515,04	579,42		VI	6 632	364,76	530,56	596,88		VI	6 826	375,43	546,08	614,34
26 315,99	I,IV	3 213	176,71	257,04	289,17	26 891,99	I,IV	3 353	184,41	268,24	301,77	27 467,99	I,IV	3 493	192,11	279,44	314,37
	II	2 853	156,91	228,24	256,77		II	2 990	164,45	239,20	269,10		II	3 127	171,98	250,16	281,43
	III	850	46,75	68,—	76,50		III	954	52,47	76,32	85,86		III	1 062	58,41	84,96	95,58
	V	6 082	334,51	486,56	547,38		V	6 272	344,96	501,76	564,48		V	6 466	355,63	517,28	581,94
	VI	6 450	354,75	516,—	580,50		VI	6 642	365,31	531,36	597,78		VI	6 840	376,20	547,20	615,60
26 351,99	I,IV	3 222	177,21	257,76	289,98	26 927,99	I,IV	3 361	184,85	268,88	302,49	27 503,99	I,IV	3 502	192,61	280,16	315,18
	II	2 861	157,35	228,88	257,49		II	2 998	164,89	239,84	269,82		II	3 136	172,48	250,88	282,24
	III	856	47,08	68,48	77,04		III	962	52,91	76,96	86,58		III	1 068	58,74	85,44	96,12
	V	6 096	335,28	487,68	548,64		V	6 284	345,62	502,72	565,56		V	6 478	356,29	518,24	583,02
	VI	6 462	355,41	516,96	581,58		VI	6 654	365,97	532,32	598,86		VI	6 852	376,86	548,16	616,68
26 387,99	I,IV	3 230	177,65	258,40	290,70	26 963,99	I,IV	3 370	185,35	269,60	303,30	27 539,99	I,IV	3 511	193,10	280,88	315,99
	II	2 870	157,85	229,60	258,30		II	3 007	165,38	240,56	270,63		II	3 145	172,97	251,60	283,05
	III	862	47,41	68,96	77,58		III	968	53,24	77,44	87,12		III	1 076	59,18	86,08	96,84
	V	6 108	335,94	488,64	549,72		V	6 296	346,28	503,68	566,64		V	6 490	356,95	519,20	584,10
	VI	6 474	356,07	517,92	582,66		VI	6 668	366,74	533,44	600,12		VI	6 864	377,52	549,12	617,76
26 423,99	I,IV	3 239	178,14	259,12	291,51	26 999,99	I,IV	3 379	185,84	270,32	304,11	27 575,99	I,IV	3 520	193,60	281,60	316,80
	II	2 879	158,34	230,32	259,11		II	3 015	165,82	241,20	271,35		II	3 153	173,41	252,24	283,77
	III	870	47,85	69,60	78,30		III	974	53,57	77,92	87,66		III	1 082	59,51	86,56	97,38
	V	6 120	336,60	489,60	550,80		V	6 308	346,94	504,64	567,72		V	6 502	357,61	520,16	585,18
	VI	6 486	356,73	518,88	583,74		VI	6 680	367,40	534,40	601,20		VI	6 878	378,29	550,24	619,02
26 459,99	I,IV	3 248	178,64	259,84	292,32	27 035,99	I,IV	3 387	186,28	270,96	304,83	27 611,99	I,IV	3 528	194,04	282,24	317,52
	II	2 887	158,78	230,96	259,83		II	3 024	166,32	241,92	272,16		II	3 162	173,91	252,96	284,58
	III	876	48,18	70,08	78,84		III	982	54,01	78,56	88,38		III	1 090	59,95	87,20	98,10
	V	6 132	337,26	490,56	551,88		V	6 322	347,71	505,76	568,98		V	6 514	358,27	521,12	586,26
	VI	6 498	357,39	519,84	584,82		VI	6 692	368,06	535,36	602,28		VI	6 890	378,95	551,20	620,10
26 495,99	I,IV	3 256	179,08	260,48	293,04	27 071,99	I,IV	3 396	186,78	271,68	305,64	27 647,99	I,IV	3 537	194,53	282,96	318,33
	II	2 896	159,28	231,68	260,64		II	3 033	166,81	242,64	272,97		II	3 170	174,35	253,60	285,30
	III	882	48,51	70,56	79,38		III	988	54,34	79,04	88,92		III	1 096	60,28	87,68	98,64
	V	6 142	337,81	491,36	552,78		V	6 332	348,26	506,56	569,88		V	6 526	358,93	522,08	587,34
	VI	6 510	358,05	520,80	585,90		VI	6 704	368,72	536,32	603,36		VI	6 902	379,61	552,16	621,18

* Die ausgewiesenen Tabellenwerte sind amtlich. Siehe Erläuterungen auf der Umschlaginnenseite (U2).

Sonstige Bezüge / A-Tarif — 27 648,–*

Lohn/Gehalt bis €*	StKl	LSt	SolZ	8%	9%
27 683,99	I,IV	3 546	195,03	283,68	319,14
	II	3 179	174,84	254,32	286,11
	III	1 102	60,61	88,16	99,18
	V	6 538	359,59	523,04	588,42
	VI	6 916	380,38	553,28	622,44
27 719,99	I,IV	3 555	195,52	284,40	319,95
	II	3 188	175,34	255,04	286,92
	III	1 110	61,05	88,80	99,90
	V	6 550	360,25	524,—	589,50
	VI	6 928	381,04	554,24	623,52
27 755,99	I,IV	3 564	196,02	285,12	320,76
	II	3 197	175,83	255,76	287,73
	III	1 116	61,38	89,28	100,44
	V	6 562	360,91	524,96	590,58
	VI	6 940	381,70	555,20	624,60
27 791,99	I,IV	3 573	196,51	285,84	321,57
	II	3 205	176,27	256,40	288,45
	III	1 124	61,82	89,92	101,16
	V	6 574	361,57	525,92	591,66
	VI	6 952	382,36	556,16	625,68
27 827,99	I,IV	3 582	197,01	286,56	322,38
	II	3 214	176,77	257,12	289,26
	III	1 130	62,15	90,40	101,70
	V	6 586	362,23	526,88	592,74
	VI	6 964	383,02	557,12	626,76
27 863,99	I,IV	3 591	197,50	287,28	323,19
	II	3 223	177,26	257,84	290,07
	III	1 138	62,59	91,04	102,42
	V	6 598	362,89	527,84	593,82
	VI	6 976	383,68	558,08	627,84
27 899,99	I,IV	3 599	197,94	287,92	323,91
	II	3 231	177,70	258,48	290,79
	III	1 144	62,92	91,52	102,96
	V	6 612	363,66	528,96	595,08
	VI	6 988	384,34	559,04	628,92
27 935,99	I,IV	3 608	198,44	288,64	324,72
	II	3 240	178,20	259,20	291,60
	III	1 150	63,25	92,—	103,50
	V	6 624	364,32	529,92	596,16
	VI	7 002	385,11	560,16	630,18
27 971,99	I,IV	3 617	198,93	289,36	325,53
	II	3 249	178,69	259,92	292,41
	III	1 158	63,69	92,64	104,22
	V	6 636	364,98	530,88	597,24
	VI	7 014	385,77	561,12	631,26
28 007,99	I,IV	3 626	199,43	290,08	326,34
	II	3 257	179,13	260,56	293,13
	III	1 166	64,13	93,28	104,94
	V	6 648	365,64	531,84	598,32
	VI	7 028	386,54	562,24	632,52
28 043,99	I,IV	3 635	199,92	290,80	327,15
	II	3 266	179,63	261,28	293,94
	III	1 172	64,46	93,76	105,48
	V	6 660	366,30	532,80	599,40
	VI	7 040	387,20	563,20	633,60
28 079,99	I,IV	3 644	200,42	291,52	327,96
	II	3 275	180,12	262,—	294,75
	III	1 178	64,79	94,24	106,02
	V	6 672	366,96	533,76	600,48
	VI	7 052	387,86	564,16	634,68
28 115,99	I,IV	3 653	200,91	292,24	328,77
	II	3 283	180,56	262,64	295,47
	III	1 186	65,23	94,88	106,74
	V	6 684	367,62	534,72	601,56
	VI	7 064	388,52	565,12	635,76
28 151,99	I,IV	3 662	201,41	292,96	329,58
	II	3 292	181,06	263,36	296,28
	III	1 194	65,67	95,52	107,46
	V	6 698	368,39	535,84	602,82
	VI	7 076	389,18	566,08	636,84
28 187,99	I,IV	3 671	201,90	293,68	330,39
	II	3 301	181,55	264,08	297,09
	III	1 200	66,—	96,—	108,—
	V	6 710	369,05	536,80	603,90
	VI	7 090	389,95	567,20	638,10
28 223,99	I,IV	3 680	202,40	294,40	331,20
	II	3 310	182,05	264,80	297,90
	III	1 206	66,33	96,48	108,54
	V	6 722	369,71	537,76	604,98
	VI	7 102	390,61	568,16	639,18
28 259,99	I,IV	3 688	202,84	295,04	331,92
	II	3 318	182,49	265,44	298,62
	III	1 214	66,77	97,12	109,26
	V	6 734	370,37	538,72	606,06
	VI	7 114	391,27	569,12	640,26
28 295,99	I,IV	3 697	203,33	295,76	332,73
	II	3 327	182,98	266,16	299,43
	III	1 222	67,21	97,76	109,98
	V	6 746	371,03	539,68	607,14
	VI	7 128	392,04	570,24	641,52
28 331,99	I,IV	3 706	203,83	296,48	333,54
	II	3 336	183,48	266,88	300,24
	III	1 228	67,54	98,24	110,52
	V	6 758	371,69	540,64	608,22
	VI	7 140	392,70	571,20	642,60
28 367,99	I,IV	3 715	204,32	297,20	334,35
	II	3 345	183,97	267,60	301,05
	III	1 236	67,98	98,88	111,24
	V	6 770	372,35	541,60	609,30
	VI	7 152	393,36	572,16	643,68
28 403,99	I,IV	3 724	204,82	297,92	335,16
	II	3 353	184,41	268,24	301,77
	III	1 242	68,31	99,36	111,78
	V	6 782	373,01	542,56	610,38
	VI	7 164	394,02	573,12	644,49
28 439,99	I,IV	3 733	205,31	298,64	335,97
	II	3 362	184,91	268,96	302,58
	III	1 250	68,75	100,—	112,50
	V	6 794	373,67	543,52	611,46
	VI	7 176	394,68	574,08	645,84
28 475,99	I,IV	3 742	205,81	299,36	336,78
	II	3 371	185,40	269,68	303,39
	III	1 256	69,08	100,48	113,04
	V	6 808	374,44	544,64	612,72
	VI	7 190	395,45	575,20	647,10
28 511,99	I,IV	3 751	206,30	300,08	337,59
	II	3 380	185,90	270,40	304,21
	III	1 264	69,52	101,12	113,76
	V	6 820	375,10	545,60	613,80
	VI	7 204	396,22	576,32	648,36
28 547,99	I,IV	3 760	206,80	300,80	338,40
	II	3 389	186,39	271,12	305,01
	III	1 270	69,85	101,60	114,30
	V	6 832	375,76	546,56	614,88
	VI	7 216	396,88	577,28	649,44
28 583,99	I,IV	3 769	207,29	301,52	339,21
	II	3 397	186,83	271,76	305,73
	III	1 278	70,29	102,24	115,02
	V	6 844	376,42	547,52	615,96
	VI	7 228	397,54	578,24	650,52
28 619,99	I,IV	3 778	207,79	302,24	340,02
	II	3 406	187,33	272,48	306,54
	III	1 286	70,73	102,88	115,74
	V	6 858	377,19	548,64	617,22
	VI	7 240	398,20	579,20	651,60
28 655,99	I,IV	3 787	208,28	302,96	340,83
	II	3 415	187,82	273,20	307,35
	III	1 292	71,06	103,36	116,28
	V	6 870	377,85	549,60	618,30
	VI	7 252	398,86	580,16	652,68
28 691,99	I,IV	3 796	208,78	303,68	341,64
	II	3 424	188,32	273,92	308,16
	III	1 300	71,50	104,—	117,—
	V	6 882	378,51	550,56	619,38
	VI	7 266	399,63	581,28	653,94
28 727,99	I,IV	3 805	209,27	304,40	342,45
	II	3 432	188,76	274,56	308,88
	III	1 306	71,83	104,48	117,54
	V	6 894	379,17	551,52	620,46
	VI	7 278	400,29	582,24	655,02
28 763,99	I,IV	3 814	209,77	305,12	343,26
	II	3 441	189,25	275,28	309,69
	III	1 314	72,27	105,12	118,26
	V	6 908	379,94	552,64	621,72
	VI	7 292	401,06	583,36	656,28
28 799,99	I,IV	3 823	210,26	305,84	344,07
	II	3 450	189,75	276,—	310,50
	III	1 320	72,60	105,60	118,80
	V	6 918	380,49	553,44	622,62
	VI	7 304	401,72	584,32	657,36
28 835,99	I,IV	3 832	210,76	306,56	344,88
	II	3 459	190,24	276,72	311,31
	III	1 328	73,04	106,24	119,52
	V	6 932	381,26	554,56	623,88
	VI	7 316	402,38	585,28	658,44
28 871,99	I,IV	3 841	211,25	307,28	345,69
	II	3 468	190,74	277,44	312,12
	III	1 336	73,48	106,88	120,24
	V	6 944	381,92	555,52	624,96
	VI	7 328	403,04	586,24	659,52
28 907,99	I,IV	3 850	211,75	308,—	346,50
	II	3 476	191,18	278,08	312,84
	III	1 342	73,81	107,36	120,78
	V	6 956	382,58	556,48	626,04
	VI	7 342	403,81	587,36	660,78
28 943,99	I,IV	3 859	212,24	308,72	347,31
	II	3 485	191,67	278,80	313,65
	III	1 350	74,25	108,—	121,50
	V	6 970	383,35	557,60	627,30
	VI	7 356	404,58	588,48	662,04
28 979,99	I,IV	3 868	212,74	309,44	348,12
	II	3 494	192,17	279,52	314,46
	III	1 358	74,69	108,64	122,22
	V	6 982	384,01	558,56	628,38
	VI	7 368	405,24	589,44	663,12
29 015,99	I,IV	3 877	213,23	310,16	348,93
	II	3 503	192,66	280,24	315,27
	III	1 364	75,02	109,12	122,76
	V	6 994	384,67	559,52	629,46
	VI	7 380	405,90	590,40	664,20
29 051,99	I,IV	3 886	213,73	310,88	349,74
	II	3 512	193,16	280,96	316,08
	III	1 372	75,46	109,76	123,48
	V	7 006	385,33	560,48	630,54
	VI	7 392	406,56	591,36	665,28
29 087,99	I,IV	3 895	214,22	311,60	350,55
	II	3 521	193,65	281,68	316,89
	III	1 378	75,79	110,24	124,02
	V	7 020	386,10	561,60	631,80
	VI	7 406	407,33	592,48	666,54
29 123,99	I,IV	3 904	214,72	312,32	351,36
	II	3 530	194,15	282,40	317,70
	III	1 386	76,23	110,88	124,74
	V	7 030	386,65	562,40	632,70
	VI	7 420	408,10	593,60	667,80
29 159,99	I,IV	3 913	215,21	313,04	352,17
	II	3 538	194,59	283,04	318,42
	III	1 394	76,67	111,52	125,46
	V	7 044	387,42	563,52	633,96
	VI	7 432	408,76	594,56	668,88
29 195,99	I,IV	3 922	215,71	313,76	352,98
	II	3 547	195,08	283,76	319,23
	III	1 400	77,—	112,—	126,—
	V	7 056	388,08	564,48	635,04
	VI	7 444	409,42	595,52	669,96
29 231,99	I,IV	3 931	216,20	314,48	353,79
	II	3 556	195,58	284,48	320,04
	III	1 408	77,44	112,64	126,72
	V	7 068	388,74	565,44	636,12
	VI	7 456	410,08	596,48	671,04
29 267,99	I,IV	3 940	216,70	315,20	354,60
	II	3 565	196,07	285,20	320,85
	III	1 416	77,88	113,28	127,44
	V	7 082	389,51	566,56	637,38
	VI	7 470	410,85	597,60	672,30
29 303,99	I,IV	3 949	217,19	315,92	355,41
	II	3 574	196,57	285,92	321,66
	III	1 422	78,21	113,76	127,98
	V	7 094	390,17	567,52	638,46
	VI	7 484	411,62	598,72	673,56
29 339,99	I,IV	3 958	217,69	316,64	356,22
	II	3 583	197,06	286,64	322,47
	III	1 430	78,65	114,40	128,70
	V	7 108	390,94	568,64	639,72
	VI	7 496	412,28	599,68	674,64
29 375,99	I,IV	3 967	218,18	317,36	357,03
	II	3 591	197,50	287,28	323,19
	III	1 438	79,09	115,04	129,42
	V	7 120	391,60	569,60	640,80
	VI	7 508	412,94	600,64	675,72

T 18   * Die ausgewiesenen Tabellenwerte sind amtlich. Siehe Erläuterungen auf der Umschlaginnenseite (U2).

Sonstige Bezüge / A-Tarif

31 103,99*

Lohn/Gehalt bis €*		Lohnsteuer, Solidaritätszuschlag und Kirchensteuer in den Steuerklassen I – VI			
		LSt	SolZ	8%	9%
29 411,99	I,IV	3 977	218,73	318,16	357,93
	II	3 601	198,05	288,08	324,09
	III	1 444	79,42	115,52	129,96
	V	7 132	392,26	570,56	641,88
	VI	7 522	413,71	601,76	676,98
29 447,99	I,IV	3 986	219,23	318,88	358,74
	II	3 609	198,49	288,72	324,81
	III	1 452	79,86	116,16	130,68
	V	7 144	392,92	571,52	642,96
	VI	7 534	414,37	602,72	678,06
29 483,99	I,IV	3 995	219,72	319,60	359,55
	II	3 618	198,99	289,44	325,62
	III	1 460	80,30	116,80	131,40
	V	7 156	393,58	572,48	644,04
	VI	7 548	415,14	603,84	679,32
29 519,99	I,IV	4 004	220,22	320,32	360,36
	II	3 627	199,48	290,16	326,43
	III	1 468	80,74	117,44	132,12
	V	7 170	394,35	573,60	645,30
	VI	7 558	415,69	604,64	680,22
29 555,99	I,IV	4 013	220,71	321,04	361,17
	II	3 636	199,98	290,88	327,24
	III	1 474	81,07	117,92	132,66
	V	7 182	395,01	574,56	646,38
	VI	7 572	416,46	605,76	681,48
29 591,99	I,IV	4 022	221,21	321,76	361,98
	II	3 645	200,47	291,60	328,05
	III	1 482	81,51	118,56	133,38
	V	7 196	395,78	575,68	647,64
	VI	7 586	417,23	606,88	682,74
29 627,99	I,IV	4 031	221,70	322,48	362,79
	II	3 654	200,97	292,32	328,86
	III	1 490	81,95	119,20	134,10
	V	7 206	396,33	576,48	648,54
	VI	7 598	417,89	607,84	683,82
29 663,99	I,IV	4 040	222,20	323,20	363,60
	II	3 663	201,46	293,04	329,67
	III	1 496	82,28	119,68	134,64
	V	7 220	397,10	577,60	649,80
	VI	7 612	418,66	608,96	685,08
29 699,99	I,IV	4 049	222,69	323,92	364,41
	II	3 672	201,96	293,76	330,48
	III	1 504	82,72	120,32	135,36
	V	7 232	397,76	578,56	650,88
	VI	7 624	419,32	609,92	686,16
29 735,99	I,IV	4 058	223,19	324,64	365,22
	II	3 681	202,45	294,48	331,29
	III	1 512	83,16	120,96	136,08
	V	7 246	398,53	579,68	652,14
	VI	7 638	420,09	611,04	687,42
29 771,99	I,IV	4 067	223,68	325,36	366,03
	II	3 690	202,95	295,20	332,10
	III	1 518	83,49	121,44	136,62
	V	7 258	399,19	580,64	653,22
	VI	7 650	420,75	612,—	688,50
29 807,99	I,IV	4 076	224,18	326,08	366,84
	II	3 698	203,39	295,84	332,82
	III	1 526	83,93	122,08	137,34
	V	7 272	399,96	581,76	654,48
	VI	7 664	421,52	613,12	689,76
29 843,99	I,IV	4 085	224,67	326,80	367,65
	II	3 707	203,88	296,56	333,63
	III	1 534	84,37	122,72	138,06
	V	7 282	400,51	582,56	655,38
	VI	7 676	422,18	614,08	690,84
29 879,99	I,IV	4 095	225,22	327,60	368,55
	II	3 716	204,38	297,28	334,44
	III	1 542	84,81	123,36	138,78
	V	7 296	401,28	583,68	656,64
	VI	7 690	422,95	615,20	692,10
29 915,99	I,IV	4 104	225,72	328,32	369,36
	II	3 725	204,87	298,—	335,25
	III	1 550	85,25	124,—	139,50
	V	7 308	401,94	584,64	657,72
	VI	7 702	423,61	616,16	693,18
29 951,99	I,IV	4 113	226,21	329,04	370,17
	II	3 734	205,37	298,72	336,06
	III	1 556	85,58	124,48	140,04
	V	7 322	402,71	585,76	658,98
	VI	7 714	424,27	617,12	694,26

Lohn/Gehalt bis €*		LSt	SolZ	8%	9%
29 987,99	I,IV	4 122	226,71	329,76	370,98
	II	3 743	205,86	299,44	336,87
	III	1 564	86,02	125,12	140,76
	V	7 334	403,37	586,72	660,06
	VI	7 728	425,04	618,24	695,52
30 023,99	I,IV	4 131	227,20	330,48	371,79
	II	3 752	206,36	300,16	337,68
	III	1 572	86,46	125,76	141,48
	V	7 348	404,14	587,84	661,32
	VI	7 740	425,70	619,20	696,60
30 059,99	I,IV	4 140	227,70	331,20	372,60
	II	3 761	206,85	300,88	338,49
	III	1 580	86,90	126,40	142,20
	V	7 360	404,80	588,80	662,40
	VI	7 754	426,47	620,32	697,86
30 095,99	I,IV	4 150	228,25	332,—	373,50
	II	3 770	207,35	301,60	339,30
	III	1 586	87,23	126,88	142,74
	V	7 372	405,46	589,76	663,48
	VI	7 766	427,13	621,28	698,94
30 131,99	I,IV	4 159	228,74	332,72	374,31
	II	3 779	207,84	302,32	340,11
	III	1 594	87,67	127,52	143,46
	V	7 386	406,23	590,88	664,74
	VI	7 780	427,90	622,40	700,20
30 167,99	I,IV	4 168	229,24	333,44	375,12
	II	3 788	208,34	303,04	340,92
	III	1 602	88,11	128,16	144,18
	V	7 398	406,89	591,84	665,82
	VI	7 792	428,56	623,36	701,28
30 203,99	I,IV	4 177	229,73	334,16	375,93
	II	3 797	208,83	303,76	341,73
	III	1 610	88,55	128,80	144,90
	V	7 410	407,55	592,80	666,90
	VI	7 808	429,44	624,64	702,72
30 239,99	I,IV	4 186	230,23	334,88	376,74
	II	3 806	209,33	304,48	342,54
	III	1 618	88,99	129,44	145,62
	V	7 422	408,21	593,76	667,98
	VI	7 818	429,99	625,44	703,62
30 275,99	I,IV	4 195	230,72	335,60	377,55
	II	3 815	209,82	305,20	343,35
	III	1 624	89,32	129,92	146,16
	V	7 436	408,98	594,88	669,24
	VI	7 832	430,76	626,56	704,88
30 311,99	I,IV	4 204	231,22	336,32	378,36
	II	3 824	210,32	305,92	344,16
	III	1 632	89,76	130,56	146,88
	V	7 448	409,64	595,84	670,32
	VI	7 846	431,53	627,68	706,14
30 347,99	I,IV	4 214	231,77	337,12	379,26
	II	3 833	210,81	306,64	344,97
	III	1 640	90,20	131,20	147,60
	V	7 462	410,41	596,96	671,58
	VI	7 858	432,19	628,64	707,22
30 383,99	I,IV	4 223	232,26	337,84	380,07
	II	3 842	211,31	307,36	345,78
	III	1 648	90,64	131,84	148,32
	V	7 474	411,07	597,92	672,66
	VI	7 872	432,96	629,76	708,48
30 419,99	I,IV	4 232	232,76	338,56	380,88
	II	3 851	211,80	308,08	346,59
	III	1 656	91,08	132,48	149,04
	V	7 486	411,73	598,88	673,74
	VI	7 884	433,62	630,72	709,56
30 455,99	I,IV	4 241	233,25	339,28	381,69
	II	3 860	212,30	308,80	347,40
	III	1 664	91,52	133,12	149,76
	V	7 500	412,50	600,—	675,—
	VI	7 898	434,39	631,84	710,82
30 491,99	I,IV	4 250	233,75	340,—	382,50
	II	3 869	212,79	309,52	348,21
	III	1 672	91,96	133,76	150,48
	V	7 514	413,27	601,12	676,26
	VI	7 911	435,10	632,88	711,99
30 527,99	I,IV	4 260	234,30	340,80	383,40
	II	3 878	213,29	310,24	349,02
	III	1 678	92,29	134,24	151,02
	V	7 526	413,93	602,08	677,34
	VI	7 924	435,82	633,92	713,16

Lohn/Gehalt bis €*		LSt	SolZ	8%	9%
30 563,99	I,IV	4 269	234,79	341,52	384,21
	II	3 887	213,78	310,96	349,83
	III	1 686	92,73	134,88	151,74
	V	7 538	414,59	603,04	678,42
	VI	7 937	436,53	634,96	714,33
30 599,99	I,IV	4 278	235,29	342,24	385,02
	II	3 896	214,28	311,68	350,64
	III	1 694	93,17	135,52	152,46
	V	7 552	415,36	604,16	679,68
	VI	7 950	437,25	636,—	715,50
30 635,99	I,IV	4 287	235,78	342,96	385,83
	II	3 905	214,77	312,40	351,45
	III	1 702	93,61	136,16	153,18
	V	7 564	416,02	605,12	680,76
	VI	7 963	437,96	637,04	716,67
30 671,99	I,IV	4 297	236,33	343,76	386,73
	II	3 914	215,27	313,12	352,26
	III	1 710	94,05	136,80	153,90
	V	7 578	416,79	606,24	682,02
	VI	7 977	438,73	638,16	717,93
30 707,99	I,IV	4 306	236,83	344,48	387,54
	II	3 923	215,76	313,84	353,07
	III	1 718	94,49	137,44	154,62
	V	7 590	417,45	607,20	683,10
	VI	7 990	439,45	639,20	719,10
30 743,99	I,IV	4 315	237,32	345,20	388,35
	II	3 932	216,26	314,56	353,88
	III	1 726	94,93	138,08	155,34
	V	7 602	418,11	608,16	684,18
	VI	8 003	440,16	640,24	720,27
30 779,99	I,IV	4 324	237,82	345,92	389,16
	II	3 941	216,75	315,28	354,69
	III	1 732	95,26	138,56	155,88
	V	7 616	418,88	609,28	685,44
	VI	8 016	440,88	641,28	721,44
30 815,99	I,IV	4 333	238,31	346,64	389,97
	II	3 950	217,25	316,—	355,50
	III	1 740	95,70	139,20	156,60
	V	7 630	419,65	610,40	686,70
	VI	8 029	441,59	642,32	722,61
30 851,99	I,IV	4 343	238,86	347,44	390,87
	II	3 959	217,74	316,72	356,31
	III	1 748	96,14	139,84	157,32
	V	7 644	420,42	611,52	687,96
	VI	8 042	442,31	643,36	723,78
30 887,99	I,IV	4 352	239,36	348,16	391,68
	II	3 968	218,24	317,44	357,12
	III	1 756	96,58	140,48	158,04
	V	7 654	420,97	612,32	688,86
	VI	8 055	443,02	644,40	724,95
30 923,99	I,IV	4 361	239,85	348,88	392,49
	II	3 977	218,73	318,16	357,93
	III	1 764	97,02	141,12	158,76
	V	7 668	421,74	613,44	690,12
	VI	8 068	443,74	645,44	726,12
30 959,99	I,IV	4 370	240,35	349,60	393,30
	II	3 986	219,23	318,88	358,74
	III	1 772	97,46	141,76	159,48
	V	7 680	422,40	614,40	691,20
	VI	8 081	444,45	646,48	727,29
30 995,99	I,IV	4 380	240,90	350,40	394,20
	II	3 996	219,78	319,68	359,64
	III	1 780	97,90	142,40	160,20
	V	7 694	423,17	615,52	692,46
	VI	8 095	445,22	647,60	728,55
31 031,99	I,IV	4 389	241,39	351,12	395,01
	II	4 005	220,27	320,40	360,45
	III	1 788	98,34	143,04	160,92
	V	7 706	423,83	616,48	693,54
	VI	8 108	445,94	648,64	729,72
31 067,99	I,IV	4 398	241,89	351,84	395,82
	II	4 014	220,77	321,12	361,26
	III	1 796	98,78	143,68	161,64
	V	7 720	424,60	617,60	694,80
	VI	8 121	446,65	649,68	730,89
31 103,99	I,IV	4 407	242,38	352,56	396,63
	II	4 023	221,26	321,84	362,07
	III	1 804	99,22	144,32	162,36
	V	7 732	425,26	618,56	695,88
	VI	8 134	447,37	650,72	732,06

* Die ausgewiesenen Tabellenwerte sind amtlich. Siehe Erläuterungen auf der Umschlaginnenseite (U2).

Sonstige Bezüge / A-Tarif 31 104,–*

Lohn/Gehalt bis €*	StKl	LSt	SolZ	8%	9%
31 139,99	I,IV	4 417	242,93	353,36	397,53
	II	4 032	221,76	322,56	362,88
	III	1 812	99,66	144,96	163,08
	V	7 746	426,03	619,68	697,14
	VI	8 147	448,08	651,76	733,23
31 175,99	I,IV	4 426	243,43	354,08	398,34
	II	4 041	222,25	323,28	363,69
	III	1 820	100,10	145,60	163,80
	V	7 758	426,69	620,64	698,22
	VI	8 160	448,80	652,80	734,40
31 211,99	I,IV	4 435	243,92	354,80	399,15
	II	4 050	222,75	324,—	364,50
	III	1 828	100,54	146,24	164,52
	V	7 772	427,46	621,76	699,48
	VI	8 173	449,51	653,84	735,57
31 247,99	I,IV	4 445	244,47	355,60	400,05
	II	4 059	223,24	324,72	365,31
	III	1 836	100,98	146,88	165,24
	V	7 786	428,23	622,88	700,74
	VI	8 186	450,23	654,88	736,74
31 283,99	I,IV	4 454	244,97	356,32	400,86
	II	4 068	223,74	325,44	366,12
	III	1 844	101,42	147,52	165,96
	V	7 798	428,89	623,84	701,82
	VI	8 199	450,94	655,92	737,91
31 319,99	I,IV	4 463	245,46	357,04	401,67
	II	4 078	224,29	326,24	367,02
	III	1 850	101,75	148,—	166,50
	V	7 810	429,55	624,80	702,90
	VI	8 213	451,71	657,04	739,17
31 355,99	I,IV	4 473	246,01	357,84	402,57
	II	4 087	224,78	326,96	367,83
	III	1 860	102,30	148,80	167,40
	V	7 824	430,32	625,92	704,16
	VI	8 226	452,43	658,08	740,34
31 391,99	I,IV	4 482	246,51	358,56	403,38
	II	4 096	225,28	327,68	368,64
	III	1 868	102,74	149,44	168,12
	V	7 838	431,09	627,04	705,42
	VI	8 239	453,14	659,12	741,51
31 427,99	I,IV	4 491	247,—	359,28	404,19
	II	4 105	225,77	328,40	369,45
	III	1 876	103,18	150,08	168,84
	V	7 850	431,75	628,—	706,50
	VI	8 252	453,86	660,16	742,68
31 463,99	I,IV	4 501	247,55	360,08	405,09
	II	4 114	226,27	329,12	370,26
	III	1 882	103,51	150,56	169,38
	V	7 864	432,52	629,12	707,76
	VI	8 265	454,57	661,20	743,85
31 499,99	I,IV	4 510	248,05	360,80	405,90
	II	4 123	226,76	329,84	371,07
	III	1 890	103,95	151,20	170,10
	V	7 876	433,18	630,08	708,84
	VI	8 278	455,29	662,24	745,02
31 535,99	I,IV	4 519	248,54	361,52	406,71
	II	4 132	227,26	330,56	371,88
	III	1 900	104,50	152,—	171,—
	V	7 888	433,84	631,04	709,92
	VI	8 291	456,—	663,28	746,19
31 571,99	I,IV	4 529	249,09	362,32	407,61
	II	4 141	227,75	331,28	372,69
	III	1 908	104,94	152,64	171,72
	V	7 902	434,61	632,16	711,18
	VI	8 304	456,72	664,32	747,36
31 607,99	I,IV	4 538	249,59	363,04	408,42
	II	4 151	228,30	332,08	373,59
	III	1 916	105,38	153,28	172,44
	V	7 916	435,38	633,28	712,44
	VI	8 318	457,49	665,44	748,62
31 643,99	I,IV	4 547	250,08	363,76	409,23
	II	4 160	228,80	332,80	374,40
	III	1 922	105,71	153,76	172,98
	V	7 929	436,09	634,32	713,61
	VI	8 331	458,20	666,48	749,79
31 679,99	I,IV	4 557	250,63	364,56	410,13
	II	4 169	229,29	333,52	375,21
	III	1 932	106,26	154,56	173,88
	V	7 942	436,81	635,36	714,78
	VI	8 344	458,92	667,52	750,96
31 715,99	I,IV	4 566	251,13	365,28	410,94
	II	4 178	229,79	334,24	376,02
	III	1 940	106,70	155,20	174,60
	V	7 955	437,52	636,40	715,95
	VI	8 357	459,63	668,56	752,13
31 751,99	I,IV	4 575	251,62	366,—	411,75
	II	4 187	230,28	334,96	376,83
	III	1 948	107,14	155,84	175,32
	V	7 968	438,24	637,44	717,12
	VI	8 370	460,35	669,60	753,30
31 787,99	I,IV	4 585	252,17	366,80	412,65
	II	4 197	230,83	335,76	377,73
	III	1 956	107,58	156,48	176,04
	V	7 982	439,01	638,56	718,38
	VI	8 383	461,06	670,64	754,47
31 823,99	I,IV	4 594	252,67	367,52	413,46
	II	4 206	231,33	336,48	378,54
	III	1 964	108,02	157,12	176,76
	V	7 995	439,72	639,60	719,55
	VI	8 396	461,78	671,68	755,64
31 859,99	I,IV	4 603	253,16	368,24	414,27
	II	4 215	231,82	337,20	379,35
	III	1 972	108,46	157,76	177,48
	V	8 008	440,44	640,64	720,72
	VI	8 409	462,49	672,72	756,81
31 895,99	I,IV	4 613	253,71	369,04	415,17
	II	4 224	232,32	337,92	380,16
	III	1 980	108,90	158,40	178,20
	V	8 021	441,15	641,68	721,89
	VI	8 422	463,21	673,76	757,98
31 931,99	I,IV	4 622	254,21	369,76	415,98
	II	4 233	232,81	338,64	380,97
	III	1 988	109,34	159,04	178,92
	V	8 034	441,87	642,72	723,06
	VI	8 436	463,98	674,88	759,24
31 967,99	I,IV	4 632	254,76	370,56	416,88
	II	4 242	233,31	339,36	381,78
	III	1 996	109,78	159,68	179,64
	V	8 047	442,58	643,76	724,23
	VI	8 449	464,69	675,92	760,41
32 003,99	I,IV	4 641	255,25	371,28	417,69
	II	4 252	233,86	340,16	382,68
	III	2 004	110,22	160,32	180,36
	V	8 060	443,30	644,80	725,40
	VI	8 462	465,41	676,96	761,58
32 039,99	I,IV	4 650	255,75	372,—	418,50
	II	4 261	234,35	340,88	383,49
	III	2 012	110,66	160,96	181,08
	V	8 073	444,01	645,84	726,57
	VI	8 475	466,12	678,—	762,75
32 075,99	I,IV	4 660	256,30	372,80	419,40
	II	4 270	234,85	341,60	384,30
	III	2 020	111,10	161,60	181,80
	V	8 086	444,73	646,88	727,74
	VI	8 488	466,84	679,04	763,92
32 111,99	I,IV	4 669	256,79	373,52	420,21
	II	4 279	235,34	342,32	385,11
	III	2 028	111,54	162,24	182,52
	V	8 100	445,50	648,—	729,—
	VI	8 501	467,55	680,08	765,09
32 147,99	I,IV	4 679	257,34	374,32	421,11
	II	4 288	235,84	343,04	385,92
	III	2 036	111,98	162,88	183,24
	V	8 113	446,21	649,04	730,17
	VI	8 514	468,27	681,12	766,26
32 183,99	I,IV	4 688	257,84	375,04	421,92
	II	4 298	236,39	343,84	386,82
	III	2 044	112,42	163,52	183,96
	V	8 126	446,93	650,08	731,34
	VI	8 527	468,98	682,16	767,43
32 219,99	I,IV	4 697	258,33	375,76	422,73
	II	4 307	236,88	344,56	387,63
	III	2 054	112,97	164,32	184,86
	V	8 139	447,64	651,12	732,51
	VI	8 540	469,70	683,20	768,60
32 255,99	I,IV	4 707	258,88	376,56	423,63
	II	4 316	237,38	345,28	388,44
	III	2 062	113,41	164,96	185,58
	V	8 152	448,36	652,16	733,68
	VI	8 554	470,47	684,32	769,86
32 291,99	I,IV	4 716	259,38	377,28	424,44
	II	4 325	237,87	346,—	389,25
	III	2 070	113,85	165,60	186,30
	V	8 165	449,07	653,20	734,85
	VI	8 567	471,18	685,36	771,03
32 327,99	I,IV	4 726	259,93	378,08	425,34
	II	4 335	238,42	346,80	390,15
	III	2 078	114,29	166,24	187,02
	V	8 178	449,79	654,24	736,02
	VI	8 580	471,90	686,40	772,20
32 363,99	I,IV	4 735	260,42	378,80	426,15
	II	4 344	238,92	347,52	390,96
	III	2 088	114,84	167,04	187,92
	V	8 191	450,50	655,28	737,19
	VI	8 593	472,61	687,44	773,37
32 399,99	I,IV	4 745	260,97	379,60	427,05
	II	4 353	239,41	348,24	391,77
	III	2 096	115,28	167,68	188,64
	V	8 205	451,27	656,40	738,45
	VI	8 606	473,33	688,48	774,54
32 435,99	I,IV	4 754	261,47	380,32	427,86
	II	4 362	239,91	348,96	392,58
	III	2 104	115,72	168,32	189,36
	V	8 218	451,99	657,44	739,62
	VI	8 619	474,04	689,52	775,71
32 471,99	I,IV	4 763	261,96	381,04	428,67
	II	4 372	240,46	349,76	393,48
	III	2 112	116,16	168,96	190,08
	V	8 231	452,70	658,48	740,79
	VI	8 632	474,76	690,56	776,88
32 507,99	I,IV	4 773	262,51	381,84	429,57
	II	4 381	240,95	350,48	394,29
	III	2 120	116,60	169,60	190,80
	V	8 244	453,42	659,52	741,96
	VI	8 645	475,47	691,60	778,05
32 543,99	I,IV	4 782	263,01	382,56	430,38
	II	4 390	241,45	351,20	395,10
	III	2 128	117,04	170,24	191,52
	V	8 257	454,13	660,56	743,13
	VI	8 658	476,19	692,64	779,22
32 579,99	I,IV	4 792	263,56	383,36	431,28
	II	4 399	241,94	351,92	395,91
	III	2 136	117,48	170,88	192,24
	V	8 270	454,85	661,60	744,30
	VI	8 672	476,96	693,76	780,48
32 615,99	I,IV	4 801	264,05	384,08	432,09
	II	4 409	242,49	352,72	396,81
	III	2 146	118,03	171,68	193,14
	V	8 283	455,56	662,64	745,47
	VI	8 685	477,67	694,80	781,65
32 651,99	I,IV	4 811	264,60	384,88	432,99
	II	4 418	242,99	353,44	397,62
	III	2 154	118,47	172,32	193,86
	V	8 296	456,28	663,68	746,64
	VI	8 698	478,39	695,84	782,82
32 687,99	I,IV	4 820	265,10	385,60	433,80
	II	4 427	243,48	354,16	398,43
	III	2 162	118,91	172,96	194,58
	V	8 309	456,99	664,72	747,81
	VI	8 711	479,10	696,88	783,99
32 723,99	I,IV	4 830	265,65	386,40	434,70
	II	4 437	244,03	354,96	399,33
	III	2 170	119,35	173,60	195,30
	V	8 323	457,76	665,84	749,07
	VI	8 724	479,82	697,92	785,16
32 759,99	I,IV	4 839	266,14	387,12	435,51
	II	4 446	244,53	355,68	400,14
	III	2 178	119,79	174,24	196,02
	V	8 336	458,48	666,88	750,24
	VI	8 737	480,53	698,96	786,33
32 795,99	I,IV	4 849	266,69	387,92	436,41
	II	4 455	245,02	356,40	400,95
	III	2 186	120,23	174,88	196,74
	V	8 349	459,19	667,92	751,41
	VI	8 750	481,25	700,—	787,50
32 831,99	I,IV	4 858	267,19	388,64	437,22
	II	4 464	245,52	357,12	401,76
	III	2 194	120,67	175,52	197,46
	V	8 362	459,91	668,96	752,58
	VI	8 763	481,96	701,04	788,67

* Die ausgewiesenen Tabellenwerte sind amtlich. Siehe Erläuterungen auf der Umschlaginnenseite (U2).

34 559,99* **Sonstige Bezüge / A-Tarif**

Lohn/Gehalt bis €*	Steuerklasse	LSt	SolZ	8%	9%
32 867,99	I,IV	4 868	267,74	389,44	438,12
	II	4 474	246,07	357,92	402,66
	III	2 204	121,22	176,32	198,36
	V	8 375	460,62	670,—	753,75
	VI	8 777	482,73	702,16	789,93
32 903,99	I,IV	4 877	268,23	390,16	438,93
	II	4 483	246,56	358,64	403,47
	III	2 212	121,66	176,96	199,08
	V	8 388	461,34	671,04	754,92
	VI	8 790	483,45	703,20	791,10
32 939,99	I,IV	4 887	268,78	390,96	439,83
	II	4 492	247,05	359,36	404,28
	III	2 220	122,10	177,60	199,80
	V	8 401	462,05	672,08	756,09
	VI	8 803	484,16	704,24	792,27
32 975,99	I,IV	4 896	269,28	391,68	440,64
	II	4 502	247,61	360,16	405,18
	III	2 228	122,54	178,24	200,52
	V	8 414	462,77	673,12	757,26
	VI	8 816	484,88	705,28	793,44
33 011,99	I,IV	4 906	269,83	392,48	441,54
	II	4 511	248,10	360,88	405,99
	III	2 236	122,98	178,88	201,24
	V	8 427	463,48	674,16	758,43
	VI	8 829	485,59	706,32	794,61
33 047,99	I,IV	4 915	270,32	393,20	442,35
	II	4 520	248,60	361,60	406,80
	III	2 244	123,42	179,52	201,96
	V	8 441	464,25	675,28	759,69
	VI	8 842	486,31	707,36	795,78
33 083,99	I,IV	4 925	270,87	394,—	443,25
	II	4 530	249,15	362,40	407,70
	III	2 254	123,97	180,32	202,86
	V	8 454	464,97	676,32	760,86
	VI	8 855	487,02	708,40	796,95
33 119,99	I,IV	4 934	271,37	394,72	444,06
	II	4 539	249,64	363,12	408,51
	III	2 262	124,41	180,96	203,58
	V	8 467	465,68	677,36	762,03
	VI	8 868	487,74	709,44	798,12
33 155,99	I,IV	4 944	271,92	395,52	444,96
	II	4 548	250,14	363,84	409,32
	III	2 270	124,85	181,60	204,30
	V	8 480	466,40	678,40	763,20
	VI	8 881	488,45	710,48	799,29
33 191,99	I,IV	4 953	272,41	396,24	445,77
	II	4 558	250,69	364,64	410,22
	III	2 278	125,29	182,24	205,02
	V	8 493	467,11	679,44	764,37
	VI	8 895	489,22	711,60	800,55
33 227,99	I,IV	4 963	272,96	397,04	446,67
	II	4 567	251,18	365,36	411,03
	III	2 286	125,73	182,88	205,74
	V	8 506	467,83	680,48	765,54
	VI	8 908	489,94	712,64	801,72
33 263,99	I,IV	4 972	273,46	397,76	447,48
	II	4 576	251,68	366,08	411,84
	III	2 294	126,17	183,52	206,46
	V	8 519	468,54	681,52	766,71
	VI	8 921	490,65	713,68	802,89
33 299,99	I,IV	4 982	274,01	398,56	448,38
	II	4 586	252,23	366,88	412,74
	III	2 302	126,61	184,16	207,18
	V	8 532	469,26	682,56	767,88
	VI	8 934	491,37	714,72	804,06
33 335,99	I,IV	4 992	274,56	399,36	449,28
	II	4 595	252,72	367,60	413,55
	III	2 312	127,16	184,96	208,08
	V	8 546	470,03	683,68	769,14
	VI	8 947	492,08	715,76	805,23
33 371,99	I,IV	5 001	275,05	400,08	450,09
	II	4 605	253,27	368,40	414,45
	III	2 320	127,60	185,60	208,80
	V	8 559	470,74	684,72	770,31
	VI	8 960	492,80	716,80	806,40
33 407,99	I,IV	5 011	275,60	400,88	450,99
	II	4 614	253,77	369,12	415,26
	III	2 328	128,04	186,24	209,52
	V	8 572	471,46	685,76	771,51
	VI	8 973	493,51	717,84	807,57

Lohn/Gehalt bis €*	Steuerklasse	LSt	SolZ	8%	9%
33 443,99	I,IV	5 020	276,10	401,60	451,80
	II	4 623	254,26	369,84	416,07
	III	2 336	128,48	186,88	210,24
	V	8 585	472,17	686,80	772,65
	VI	8 986	494,23	718,88	808,74
33 479,99	I,IV	5 030	276,65	402,40	452,70
	II	4 633	254,81	370,64	416,97
	III	2 344	128,92	187,52	210,96
	V	8 598	472,89	687,84	773,82
	VI	9 000	495,—	720,—	810,—
33 515,99	I,IV	5 039	277,14	403,12	453,51
	II	4 642	255,31	371,36	417,78
	III	2 352	129,36	188,16	211,68
	V	8 611	473,60	688,88	774,99
	VI	9 013	495,71	721,04	811,17
33 551,99	I,IV	5 049	277,69	403,92	454,41
	II	4 651	255,80	372,08	418,59
	III	2 362	129,91	188,96	212,58
	V	8 624	474,32	689,92	776,16
	VI	9 026	496,43	722,08	812,34
33 587,99	I,IV	5 058	278,19	404,64	455,22
	II	4 661	256,35	372,88	419,49
	III	2 370	130,35	189,60	213,30
	V	8 637	475,03	690,96	777,33
	VI	9 039	497,14	723,12	813,51
33 623,99	I,IV	5 068	278,74	405,44	456,12
	II	4 670	256,85	373,60	420,30
	III	2 378	130,79	190,24	214,02
	V	8 650	475,75	692,—	778,50
	VI	9 052	497,86	724,16	814,68
33 659,99	I,IV	5 078	279,29	406,24	457,02
	II	4 680	257,40	374,40	421,20
	III	2 386	131,23	190,88	214,74
	V	8 664	476,52	693,12	779,76
	VI	9 065	498,57	725,20	815,85
33 695,99	I,IV	5 087	279,78	406,96	457,83
	II	4 689	257,89	375,12	422,01
	III	2 394	131,67	191,52	215,46
	V	8 677	477,23	694,16	780,93
	VI	9 078	499,29	726,24	817,02
33 731,99	I,IV	5 097	280,33	407,76	458,73
	II	4 698	258,39	375,84	422,82
	III	2 404	132,22	192,32	216,36
	V	8 690	477,95	695,20	782,10
	VI	9 091	500,—	727,28	818,19
33 767,99	I,IV	5 106	280,83	408,48	459,54
	II	4 708	258,94	376,64	423,72
	III	2 412	132,66	192,96	217,08
	V	8 703	478,66	696,24	783,27
	VI	9 105	500,77	728,40	819,45
33 803,99	I,IV	5 116	281,38	409,28	460,44
	II	4 717	259,43	377,36	424,53
	III	2 420	133,10	193,60	217,80
	V	8 716	479,38	697,28	784,44
	VI	9 118	501,49	729,44	820,62
33 839,99	I,IV	5 126	281,93	410,08	461,34
	II	4 727	259,98	378,16	425,43
	III	2 428	133,54	194,24	218,52
	V	8 729	480,09	698,32	785,61
	VI	9 131	502,20	730,48	821,79
33 875,99	I,IV	5 135	282,42	410,80	462,15
	II	4 736	260,48	378,88	426,24
	III	2 434	133,87	194,72	219,06
	V	8 742	480,81	699,36	786,78
	VI	9 144	502,92	731,52	822,96
33 911,99	I,IV	5 145	282,97	411,60	463,05
	II	4 746	261,03	379,68	427,14
	III	2 442	134,31	195,36	219,78
	V	8 755	481,52	700,40	787,95
	VI	9 157	503,63	732,56	824,13
33 947,99	I,IV	5 154	283,47	412,32	463,86
	II	4 755	261,52	380,40	427,95
	III	2 450	134,75	196,—	220,50
	V	8 769	482,29	701,52	789,21
	VI	9 170	504,35	733,60	825,30
33 983,99	I,IV	5 164	284,02	413,12	464,76
	II	4 765	262,07	381,20	428,85
	III	2 458	135,19	196,64	221,22
	V	8 782	483,01	702,56	790,38
	VI	9 183	505,06	734,64	826,47

Lohn/Gehalt bis €*	Steuerklasse	LSt	SolZ	8%	9%
34 019,99	I,IV	5 174	284,57	413,92	465,66
	II	4 774	262,57	381,92	429,66
	III	2 466	135,63	197,28	221,94
	V	8 795	483,72	703,60	791,55
	VI	9 196	505,78	735,68	827,64
34 055,99	I,IV	5 183	285,06	414,64	466,47
	II	4 783	263,06	382,64	430,47
	III	2 472	135,96	197,76	222,48
	V	8 808	484,44	704,64	792,72
	VI	9 210	506,55	736,80	828,90
34 091,99	I,IV	5 193	285,61	415,44	467,37
	II	4 793	263,61	383,44	431,37
	III	2 480	136,40	198,40	223,20
	V	8 821	485,15	705,68	793,89
	VI	9 223	507,26	737,84	830,07
34 127,99	I,IV	5 203	286,16	416,24	468,27
	II	4 802	264,11	384,16	432,18
	III	2 488	136,84	199,04	223,92
	V	8 834	485,87	706,72	795,06
	VI	9 236	507,98	738,88	831,24
34 163,99	I,IV	5 213	286,71	417,04	469,17
	II	4 812	264,66	384,96	433,08
	III	2 496	137,28	199,68	224,64
	V	8 847	486,58	707,76	796,23
	VI	9 249	508,69	739,92	832,41
34 199,99	I,IV	5 222	287,21	417,76	469,98
	II	4 821	265,15	385,68	433,89
	III	2 504	137,72	200,32	225,36
	V	8 860	487,30	708,80	797,40
	VI	9 262	509,41	740,96	833,58
34 235,99	I,IV	5 232	287,76	418,56	470,88
	II	4 831	265,70	386,48	434,79
	III	2 510	138,05	200,80	225,90
	V	8 874	488,07	709,92	798,66
	VI	9 275	510,12	742,—	834,75
34 271,99	I,IV	5 241	288,25	419,28	471,69
	II	4 840	266,20	387,20	435,60
	III	2 518	138,49	201,44	226,62
	V	8 887	488,78	710,96	799,83
	VI	9 288	510,84	743,04	835,92
34 307,99	I,IV	5 251	288,80	420,08	472,59
	II	4 850	266,75	388,—	436,50
	III	2 526	138,93	202,08	227,34
	V	8 900	489,50	712,—	801,—
	VI	9 301	511,55	744,08	837,09
34 343,99	I,IV	5 261	289,35	420,88	473,49
	II	4 859	267,24	388,72	437,31
	III	2 534	139,37	202,72	228,06
	V	8 913	490,21	713,04	802,17
	VI	9 315	512,32	745,20	838,35
34 379,99	I,IV	5 270	289,85	421,60	474,30
	II	4 869	267,79	389,52	438,21
	III	2 542	139,81	203,36	228,78
	V	8 926	490,93	714,08	803,34
	VI	9 328	513,04	746,24	839,52
34 415,99	I,IV	5 280	290,40	422,40	475,20
	II	4 878	268,29	390,24	439,02
	III	2 548	140,14	203,84	229,32
	V	8 939	491,64	715,12	804,51
	VI	9 341	513,75	747,28	840,69
34 451,99	I,IV	5 290	290,95	423,20	476,10
	II	4 888	268,84	391,04	439,92
	III	2 556	140,58	204,48	230,04
	V	8 952	492,36	716,16	805,68
	VI	9 354	514,47	748,32	841,86
34 487,99	I,IV	5 300	291,50	424,—	477,—
	II	4 897	269,33	391,76	440,73
	III	2 564	141,02	205,12	230,76
	V	8 965	493,07	717,20	806,85
	VI	9 367	515,18	749,36	843,03
34 523,99	I,IV	5 309	291,99	424,72	477,81
	II	4 907	269,88	392,56	441,63
	III	2 572	141,46	205,76	231,48
	V	8 979	493,84	718,32	808,11
	VI	9 380	515,90	750,40	844,20
34 559,99	I,IV	5 319	292,54	425,52	478,71
	II	4 916	270,38	393,28	442,44
	III	2 580	141,90	206,40	232,20
	V	8 992	494,56	719,36	809,28
	VI	9 393	516,61	751,44	845,37

* Die ausgewiesenen Tabellenwerte sind amtlich. Siehe Erläuterungen auf der Umschlaginnenseite (U2).

Sonstige Bezüge / A-Tarif — **34 560,—***

Lohn/Gehalt bis €*		LSt	SolZ	8%	9%
34 595,99	I,IV	5 329	293,09	426,32	479,61
	II	4 926	270,93	394,08	443,34
	III	2 588	142,34	207,04	232,92
	V	9 005	495,27	720,40	810,45
	VI	9 406	517,33	752,48	846,54
34 631,99	I,IV	5 338	293,59	427,04	480,42
	II	4 935	271,42	394,80	444,15
	III	2 594	142,67	207,52	233,46
	V	9 018	495,99	721,44	811,62
	VI	9 420	518,10	753,60	847,80
34 667,99	I,IV	5 348	294,14	427,84	481,32
	II	4 945	271,97	395,60	445,05
	III	2 602	143,11	208,16	234,18
	V	9 031	496,70	722,48	812,79
	VI	9 433	518,81	754,64	848,97
34 703,99	I,IV	5 358	294,69	428,64	482,22
	II	4 954	272,47	396,32	445,86
	III	2 610	143,55	208,80	234,90
	V	9 044	497,42	723,52	813,96
	VI	9 446	519,53	755,68	850,14
34 739,99	I,IV	5 367	295,18	429,36	483,03
	II	4 964	273,02	397,12	446,76
	III	2 618	143,99	209,44	235,62
	V	9 057	498,13	724,56	815,13
	VI	9 459	520,24	756,72	851,31
34 775,99	I,IV	5 377	295,73	430,16	483,93
	II	4 974	273,57	397,92	447,66
	III	2 626	144,43	210,08	236,34
	V	9 070	498,85	725,60	816,30
	VI	9 472	520,96	757,76	852,48
34 811,99	I,IV	5 387	296,28	430,96	484,83
	II	4 983	274,06	398,64	448,47
	III	2 632	144,76	210,56	236,88
	V	9 084	499,62	726,72	817,56
	VI	9 485	521,67	758,80	853,65
34 847,99	I,IV	5 397	296,83	431,76	485,73
	II	4 993	274,61	399,44	449,37
	III	2 640	145,20	211,20	237,60
	V	9 097	500,33	727,76	818,73
	VI	9 498	522,39	759,84	854,82
34 883,99	I,IV	5 406	297,33	432,48	486,54
	II	5 002	275,11	400,16	450,18
	III	2 648	145,64	211,84	238,32
	V	9 110	501,05	728,80	819,90
	VI	9 511	523,10	760,88	855,99
34 919,99	I,IV	5 416	297,88	433,28	487,44
	II	5 012	275,66	400,96	451,08
	III	2 656	146,08	212,48	239,04
	V	9 123	501,76	729,84	821,07
	VI	9 525	523,87	762,—	857,25
34 955,99	I,IV	5 426	298,43	434,08	488,34
	II	5 021	276,15	401,68	451,89
	III	2 664	146,52	213,12	239,76
	V	9 136	502,48	730,88	822,24
	VI	9 538	524,59	763,04	858,42
34 991,99	I,IV	5 436	298,98	434,88	489,24
	II	5 031	276,70	402,48	452,79
	III	2 672	146,96	213,76	240,48
	V	9 149	503,19	731,92	823,41
	VI	9 551	525,30	764,08	859,59
35 027,99	I,IV	5 445	299,47	435,60	490,05
	II	5 040	277,20	403,20	453,60
	III	2 678	147,29	214,24	241,02
	V	9 162	503,91	732,96	824,58
	VI	9 564	526,02	765,12	860,76
35 063,99	I,IV	5 455	300,02	436,40	490,95
	II	5 050	277,75	404,—	454,50
	III	2 686	147,73	214,88	241,74
	V	9 175	504,62	734,—	825,75
	VI	9 577	526,73	766,16	861,93
35 099,99	I,IV	5 465	300,57	437,20	491,85
	II	5 060	278,30	404,80	455,40
	III	2 694	148,17	215,52	242,46
	V	9 189	505,39	735,12	827,01
	VI	9 590	527,45	767,20	863,10
35 135,99	I,IV	5 475	301,12	438,—	492,75
	II	5 069	278,79	405,52	456,21
	III	2 702	148,61	216,16	243,18
	V	9 202	506,11	736,16	828,18
	VI	9 603	528,16	768,24	864,27

Lohn/Gehalt bis €*		LSt	SolZ	8%	9%
35 171,99	I,IV	5 485	301,67	438,80	493,65
	II	5 079	279,34	406,32	457,11
	III	2 710	149,05	216,80	243,90
	V	9 215	506,82	737,20	829,35
	VI	9 616	528,88	769,28	865,44
35 207,99	I,IV	5 494	302,17	439,52	494,46
	II	5 088	279,84	407,04	457,92
	III	2 718	149,49	217,44	244,62
	V	9 228	507,54	738,24	830,52
	VI	9 629	529,59	770,32	866,61
35 243,99	I,IV	5 504	302,72	440,32	495,36
	II	5 098	280,39	407,84	458,82
	III	2 726	149,93	218,08	245,34
	V	9 241	508,25	739,28	831,69
	VI	9 643	530,36	771,44	867,87
35 279,99	I,IV	5 514	303,27	441,12	496,26
	II	5 108	280,94	408,64	459,72
	III	2 732	150,26	218,56	245,88
	V	9 254	508,97	740,32	832,86
	VI	9 656	531,08	772,48	869,04
35 315,99	I,IV	5 524	303,82	441,92	497,16
	II	5 117	281,43	409,36	460,53
	III	2 740	150,70	219,20	246,60
	V	9 267	509,68	741,36	834,03
	VI	9 669	531,79	773,52	870,21
35 351,99	I,IV	5 534	304,37	442,72	498,06
	II	5 127	281,98	410,16	461,43
	III	2 748	151,14	219,84	247,32
	V	9 280	510,40	742,40	835,20
	VI	9 682	532,51	774,56	871,38
35 387,99	I,IV	5 544	304,92	443,52	498,96
	II	5 137	282,53	410,96	462,33
	III	2 756	151,58	220,48	248,04
	V	9 294	511,17	743,52	836,46
	VI	9 695	533,22	775,60	872,55
35 423,99	I,IV	5 553	305,41	444,24	499,77
	II	5 146	283,03	411,68	463,14
	III	2 764	152,02	221,12	248,76
	V	9 307	511,88	744,56	837,63
	VI	9 708	533,94	776,64	873,72
35 459,99	I,IV	5 563	305,96	445,04	500,67
	II	5 156	283,58	412,48	464,04
	III	2 770	152,35	221,60	249,30
	V	9 320	512,60	745,60	838,80
	VI	9 721	534,65	777,68	874,89
35 495,99	I,IV	5 573	306,51	445,84	501,57
	II	5 165	284,07	413,20	464,85
	III	2 778	152,79	222,24	250,02
	V	9 333	513,31	746,64	839,97
	VI	9 734	535,37	778,72	876,06
35 531,99	I,IV	5 583	307,06	446,64	502,47
	II	5 175	284,62	414,—	465,75
	III	2 786	153,23	222,88	250,74
	V	9 346	514,03	747,68	841,14
	VI	9 747	536,08	779,76	877,23
35 567,99	I,IV	5 593	307,61	447,44	503,37
	II	5 185	285,17	414,80	466,65
	III	2 794	153,67	223,52	251,46
	V	9 359	514,74	748,72	842,31
	VI	9 761	536,85	780,88	878,49
35 603,99	I,IV	5 602	308,11	448,16	504,18
	II	5 194	285,67	415,52	467,46
	III	2 802	154,11	224,16	252,18
	V	9 372	515,46	749,76	843,48
	VI	9 774	537,57	781,92	879,66
35 639,99	I,IV	5 612	308,66	448,96	505,08
	II	5 204	286,22	416,32	468,36
	III	2 810	154,55	224,80	252,90
	V	9 385	516,17	750,80	844,65
	VI	9 787	538,28	782,96	880,83
35 675,99	I,IV	5 622	309,21	449,76	505,98
	II	5 213	286,71	417,04	469,17
	III	2 818	154,99	225,44	253,62
	V	9 398	516,89	751,84	845,82
	VI	9 800	539,—	784,—	882,—
35 711,99	I,IV	5 632	309,76	450,56	506,88
	II	5 223	287,26	417,84	470,07
	III	2 826	155,43	226,08	254,34
	V	9 412	517,66	752,96	847,08
	VI	9 813	539,71	785,04	883,17

Lohn/Gehalt bis €*		LSt	SolZ	8%	9%
35 747,99	I,IV	5 642	310,31	451,36	507,78
	II	5 233	287,81	418,64	470,97
	III	2 832	155,76	226,56	254,88
	V	9 425	518,37	754,—	848,25
	VI	9 826	540,43	786,08	884,34
35 783,99	I,IV	5 652	310,86	452,16	508,68
	II	5 243	288,36	419,44	471,87
	III	2 840	156,20	227,20	255,60
	V	9 438	519,09	755,04	849,42
	VI	9 839	541,14	787,12	885,51
35 819,99	I,IV	5 661	311,35	452,88	509,49
	II	5 252	288,86	420,16	472,68
	III	2 848	156,64	227,84	256,32
	V	9 451	519,80	756,08	850,59
	VI	9 852	541,86	788,16	886,68
35 855,99	I,IV	5 671	311,90	453,68	510,39
	II	5 262	289,41	420,96	473,58
	III	2 856	157,08	228,48	257,04
	V	9 464	520,52	757,12	851,76
	VI	9 866	542,63	789,28	887,94
35 891,99	I,IV	5 681	312,45	454,48	511,29
	II	5 272	289,96	421,76	474,48
	III	2 864	157,52	229,12	257,76
	V	9 477	521,23	758,16	852,93
	VI	9 879	543,34	790,32	889,11
35 927,99	I,IV	5 691	313,—	455,28	512,19
	II	5 281	290,45	422,48	475,29
	III	2 872	157,96	229,76	258,48
	V	9 490	521,95	759,20	854,10
	VI	9 892	544,06	791,36	890,28
35 963,99	I,IV	5 701	313,55	456,08	513,09
	II	5 291	291,—	423,28	476,19
	III	2 878	158,29	230,24	259,02
	V	9 503	522,66	760,24	855,27
	VI	9 905	544,77	792,40	891,45
35 999,99	I,IV	5 711	314,10	456,88	513,99
	II	5 301	291,55	424,08	477,09
	III	2 886	158,73	230,88	259,74
	V	9 516	523,38	761,28	856,44
	VI	9 918	545,49	793,44	892,62
36 035,99	I,IV	5 721	314,65	457,68	514,89
	II	5 310	292,05	424,80	477,90
	III	2 894	159,17	231,52	260,46
	V	9 530	524,15	762,40	857,70
	VI	9 931	546,20	794,48	893,79
36 071,99	I,IV	5 731	315,20	458,48	515,79
	II	5 320	292,60	425,60	478,80
	III	2 902	159,61	232,16	261,18
	V	9 543	524,86	763,44	858,87
	VI	9 944	546,92	795,52	894,96
36 107,99	I,IV	5 740	315,70	459,20	516,60
	II	5 330	293,15	426,40	479,70
	III	2 910	160,05	232,80	261,90
	V	9 556	525,58	764,48	860,04
	VI	9 957	547,63	796,56	896,13
36 143,99	I,IV	5 750	316,25	460,—	517,50
	II	5 339	293,64	427,12	480,51
	III	2 918	160,49	233,44	262,62
	V	9 569	526,29	765,52	861,21
	VI	9 970	548,35	797,60	897,30
36 179,99	I,IV	5 760	316,80	460,80	518,40
	II	5 349	294,19	427,92	481,41
	III	2 926	160,93	234,08	263,34
	V	9 582	527,01	766,56	862,38
	VI	9 984	549,12	798,72	898,56
36 215,99	I,IV	5 770	317,35	461,60	519,30
	II	5 359	294,74	428,72	482,31
	III	2 932	161,26	234,56	263,88
	V	9 595	527,72	767,60	863,55
	VI	9 997	549,83	799,76	899,73
36 251,99	I,IV	5 780	317,90	462,40	520,20
	II	5 369	295,29	429,52	483,21
	III	2 940	161,70	235,20	264,60
	V	9 608	528,44	768,64	864,72
	VI	10 010	550,55	800,80	900,90
36 287,99	I,IV	5 790	318,45	463,20	521,10
	II	5 378	295,79	430,24	484,02
	III	2 948	162,14	235,84	265,32
	V	9 621	529,15	769,68	865,89
	VI	10 023	551,26	801,84	902,07

*Die ausgewiesenen Tabellenwerte sind amtlich. Siehe Erläuterungen auf der Umschlaginnenseite (U2).

38 015,99*

Sonstige Bezüge / A-Tarif

Tabelle 1

Lohn/Gehalt bis €*	Steuerklasse	LSt	SolZ	8%	9%
36 323,99	I,IV	5 800	319,—	464,—	522,—
	II	5 388	296,34	431,04	484,92
	III	2 956	162,58	236,48	266,04
	V	9 634	529,87	770,72	867,06
	VI	10 036	551,98	802,88	903,24
36 359,99	I,IV	5 810	319,55	464,80	522,90
	II	5 398	296,89	431,84	485,82
	III	2 964	163,02	237,12	266,76
	V	9 648	530,64	771,84	868,32
	VI	10 049	552,69	803,92	904,41
36 395,99	I,IV	5 820	320,10	465,60	523,80
	II	5 408	297,44	432,64	486,72
	III	2 972	163,46	237,76	267,48
	V	9 661	531,35	772,88	869,49
	VI	10 062	553,41	804,96	905,58
36 431,99	I,IV	5 830	320,65	466,40	524,70
	II	5 417	297,93	433,36	487,53
	III	2 980	163,90	238,40	268,20
	V	9 674	532,07	773,92	870,66
	VI	10 075	554,12	806,—	906,75
36 467,99	I,IV	5 840	321,20	467,20	525,60
	II	5 427	298,48	434,16	488,43
	III	2 986	164,23	238,88	268,74
	V	9 687	532,78	774,96	871,83
	VI	10 088	554,84	807,04	907,92
36 503,99	I,IV	5 850	321,75	468,—	526,50
	II	5 437	299,03	434,96	489,33
	III	2 994	164,67	239,52	269,46
	V	9 700	533,50	776,—	873,—
	VI	10 102	555,61	808,16	909,18
36 539,99	I,IV	5 860	322,30	468,80	527,40
	II	5 447	299,58	435,76	490,23
	III	3 002	165,11	240,16	270,18
	V	9 713	534,21	777,04	874,17
	VI	10 115	556,32	809,20	910,35
36 575,99	I,IV	5 870	322,85	469,60	528,30
	II	5 456	300,08	436,48	491,04
	III	3 010	165,55	240,80	270,90
	V	9 726	534,93	778,08	875,34
	VI	10 128	557,04	810,24	911,52
36 611,99	I,IV	5 879	323,34	470,32	529,11
	II	5 466	300,63	437,28	491,94
	III	3 018	165,99	241,44	271,62
	V	9 739	535,64	779,12	876,51
	VI	10 141	557,75	811,28	912,69
36 647,99	I,IV	5 890	323,95	471,20	530,10
	II	5 476	301,18	438,08	492,84
	III	3 026	166,43	242,08	272,34
	V	9 753	536,41	780,24	877,77
	VI	10 154	558,47	812,32	913,86
36 683,99	I,IV	5 900	324,50	472,—	531,—
	II	5 486	301,73	438,88	493,74
	III	3 034	166,87	242,72	273,06
	V	9 766	537,13	781,28	878,94
	VI	10 167	559,18	813,36	915,03
36 719,99	I,IV	5 909	324,99	472,72	531,81
	II	5 496	302,28	439,68	494,64
	III	3 042	167,31	243,36	273,78
	V	9 779	537,84	782,32	880,11
	VI	10 180	559,90	814,40	916,20
36 755,99	I,IV	5 919	325,54	473,52	532,71
	II	5 505	302,77	440,40	495,45
	III	3 050	167,75	244,—	274,50
	V	9 792	538,56	783,36	881,28
	VI	10 193	560,61	815,44	917,37
36 791,99	I,IV	5 929	326,09	474,32	533,61
	II	5 515	303,32	441,20	496,35
	III	3 058	168,19	244,64	275,22
	V	9 805	539,27	784,40	882,45
	VI	10 206	561,33	816,48	918,54
36 827,99	I,IV	5 939	326,64	475,12	534,51
	II	5 525	303,87	442,—	497,25
	III	3 066	168,63	245,28	275,94
	V	9 818	539,99	785,44	883,62
	VI	10 220	562,10	817,60	919,80
36 863,99	I,IV	5 949	327,19	475,92	535,41
	II	5 535	304,42	442,80	498,15
	III	3 072	168,96	245,76	276,48
	V	9 831	540,70	786,48	884,79
	VI	10 233	562,81	818,64	920,97

Tabelle 2

Lohn/Gehalt bis €*	Steuerklasse	LSt	SolZ	8%	9%
36 899,99	I,IV	5 959	327,74	476,72	536,31
	II	5 544	304,92	443,52	498,96
	III	3 080	169,40	246,40	277,20
	V	9 844	541,42	787,52	885,96
	VI	10 246	563,53	819,68	922,14
36 935,99	I,IV	5 969	328,29	477,52	537,21
	II	5 554	305,47	444,32	499,86
	III	3 088	169,84	247,04	277,92
	V	9 857	542,13	788,56	887,13
	VI	10 259	564,24	820,72	923,31
36 971,99	I,IV	5 979	328,84	478,32	538,11
	II	5 564	306,02	445,12	500,76
	III	3 096	170,28	247,68	278,64
	V	9 871	542,90	789,68	888,39
	VI	10 272	564,96	821,76	924,48
37 007,99	I,IV	5 989	329,39	479,12	539,01
	II	5 574	306,57	445,92	501,66
	III	3 104	170,72	248,32	279,36
	V	9 884	543,62	790,72	889,56
	VI	10 285	565,67	822,80	925,65
37 043,99	I,IV	5 999	329,94	479,92	539,91
	II	5 584	307,12	446,72	502,56
	III	3 112	171,16	248,96	280,08
	V	9 897	544,33	791,76	890,73
	VI	10 298	566,39	823,84	926,82
37 079,99	I,IV	6 009	330,49	480,72	540,81
	II	5 594	307,67	447,52	503,46
	III	3 120	171,60	249,60	280,80
	V	9 910	545,05	792,80	891,90
	VI	10 311	567,10	824,88	927,99
37 115,99	I,IV	6 020	331,10	481,60	541,80
	II	5 604	308,22	448,32	504,36
	III	3 128	172,04	250,24	281,52
	V	9 923	545,76	793,84	893,07
	VI	10 325	567,87	826,—	929,25
37 151,99	I,IV	6 030	331,65	482,40	542,70
	II	5 613	308,71	449,04	505,17
	III	3 134	172,37	250,72	282,06
	V	9 936	546,48	794,88	894,24
	VI	10 338	568,59	827,04	930,42
37 187,99	I,IV	6 039	332,14	483,12	543,51
	II	5 623	309,26	449,84	506,07
	III	3 142	172,81	251,36	282,78
	V	9 949	547,19	795,92	895,41
	VI	10 351	569,30	828,08	931,59
37 223,99	I,IV	6 049	332,69	483,92	544,41
	II	5 633	309,81	450,64	506,97
	III	3 150	173,25	252,—	283,50
	V	9 962	547,91	796,96	896,58
	VI	10 364	570,02	829,12	932,76
37 259,99	I,IV	6 059	333,24	484,72	545,31
	II	5 643	310,36	451,44	507,87
	III	3 158	173,69	252,64	284,22
	V	9 975	548,62	798,—	897,75
	VI	10 377	570,73	830,16	933,93
37 295,99	I,IV	6 070	333,85	485,60	546,30
	II	5 653	310,91	452,24	508,77
	III	3 166	174,13	253,28	284,94
	V	9 989	549,39	799,12	899,01
	VI	10 390	571,45	831,20	935,10
37 331,99	I,IV	6 080	334,40	486,40	547,20
	II	5 663	311,46	453,04	509,67
	III	3 174	174,57	253,92	285,66
	V	10 002	550,11	800,16	900,18
	VI	10 403	572,16	832,24	936,27
37 367,99	I,IV	6 090	334,95	487,20	548,10
	II	5 672	311,96	453,76	510,48
	III	3 182	175,01	254,56	286,38
	V	10 015	550,82	801,20	901,35
	VI	10 416	572,88	833,28	937,44
37 403,99	I,IV	6 100	335,50	488,—	549,—
	II	5 682	312,51	454,56	511,38
	III	3 190	175,45	255,20	287,10
	V	10 028	551,54	802,24	902,52
	VI	10 429	573,59	834,32	938,61
37 439,99	I,IV	6 110	336,05	488,80	549,90
	II	5 692	313,06	455,36	512,28
	III	3 198	175,89	255,84	287,82
	V	10 041	552,25	803,28	903,69
	VI	10 443	574,36	835,44	939,87

Tabelle 3

Lohn/Gehalt bis €*	Steuerklasse	LSt	SolZ	8%	9%
37 475,99	I,IV	6 120	336,60	489,60	550,80
	II	5 702	313,61	456,16	513,18
	III	3 206	176,33	256,48	288,54
	V	10 054	552,97	804,32	904,86
	VI	10 456	575,08	836,48	941,04
37 511,99	I,IV	6 130	337,15	490,40	551,70
	II	5 712	314,16	456,96	514,08
	III	3 212	176,66	256,96	289,08
	V	10 067	553,68	805,36	906,03
	VI	10 469	575,79	837,52	942,21
37 547,99	I,IV	6 140	337,70	491,20	552,60
	II	5 722	314,71	457,76	514,98
	III	3 220	177,10	257,60	289,80
	V	10 080	554,40	806,40	907,20
	VI	10 482	576,51	838,56	943,38
37 583,99	I,IV	6 150	338,25	492,—	553,50
	II	5 732	315,26	458,56	515,88
	III	3 228	177,54	258,24	290,52
	V	10 094	555,17	807,52	908,46
	VI	10 495	577,22	839,60	944,55
37 619,99	I,IV	6 160	338,80	492,80	554,40
	II	5 742	315,81	459,36	516,78
	III	3 236	177,98	258,88	291,24
	V	10 107	555,88	808,56	909,63
	VI	10 508	577,94	840,64	945,72
37 655,99	I,IV	6 170	339,35	493,60	555,30
	II	5 752	316,36	460,16	517,68
	III	3 244	178,42	259,52	291,96
	V	10 120	556,60	809,60	910,80
	VI	10 521	578,65	841,68	946,89
37 691,99	I,IV	6 180	339,90	494,40	556,20
	II	5 761	316,85	460,88	518,49
	III	3 252	178,86	260,16	292,68
	V	10 133	557,31	810,64	911,97
	VI	10 534	579,37	842,72	948,06
37 727,99	I,IV	6 190	340,45	495,20	557,10
	II	5 771	317,40	461,68	519,39
	III	3 260	179,30	260,80	293,40
	V	10 146	558,03	811,68	913,14
	VI	10 547	580,08	843,76	949,23
37 763,99	I,IV	6 201	341,05	496,08	558,09
	II	5 781	317,95	462,48	520,29
	III	3 268	179,74	261,44	294,12
	V	10 159	558,74	812,72	914,31
	VI	10 561	580,85	844,88	950,49
37 799,99	I,IV	6 211	341,60	496,88	558,99
	II	5 791	318,50	463,28	521,19
	III	3 276	180,18	262,08	294,84
	V	10 172	559,46	813,76	915,48
	VI	10 574	581,57	845,92	951,66
37 835,99	I,IV	6 221	342,15	497,68	559,89
	II	5 801	319,05	464,08	522,09
	III	3 284	180,62	262,72	295,56
	V	10 185	560,17	814,80	916,65
	VI	10 587	582,28	846,96	952,83
37 871,99	I,IV	6 231	342,70	498,48	560,79
	II	5 811	319,60	464,88	522,99
	III	3 292	181,06	263,36	296,28
	V	10 198	560,89	815,84	917,82
	VI	10 600	583,—	848,—	954,—
37 907,99	I,IV	6 241	343,25	499,28	561,69
	II	5 821	320,15	465,68	523,89
	III	3 300	181,50	264,—	297,—
	V	10 212	561,66	816,96	919,08
	VI	10 613	583,71	849,04	955,17
37 943,99	I,IV	6 251	343,80	500,08	562,59
	II	5 831	320,70	466,48	524,79
	III	3 308	181,94	264,64	297,72
	V	10 225	562,37	818,—	920,25
	VI	10 626	584,43	850,08	956,34
37 979,99	I,IV	6 261	344,35	500,88	563,49
	II	5 841	321,25	467,28	525,69
	III	3 314	182,27	265,12	298,26
	V	10 238	563,09	819,04	921,42
	VI	10 639	585,14	851,12	957,51
38 015,99	I,IV	6 271	344,90	501,68	564,39
	II	5 851	321,80	468,08	526,59
	III	3 322	182,71	265,76	298,98
	V	10 251	563,80	820,08	922,59
	VI	10 652	585,86	852,16	958,68

* Die ausgewiesenen Tabellenwerte sind amtlich. Siehe Erläuterungen auf der Umschlaginnenseite (U2).

Sonstige Bezüge / A-Tarif 38 016,–*

Lohn/Gehalt bis €*	StKl	LSt	SolZ	8%	9%	Lohn/Gehalt bis €*	StKl	LSt	SolZ	8%	9%	Lohn/Gehalt bis €*	StKl	LSt	SolZ	8%	9%
38 051,99	I,IV	6 281	345,45	502,48	565,29	38 627,99	I,IV	6 444	354,42	515,52	579,96	39 203,99	I,IV	6 608	363,44	528,64	594,72
	II	5 861	322,35	468,88	527,49		II	6 021	331,15	481,68	541,89		II	6 182	340,01	494,56	556,38
	III	3 330	183,15	266,40	299,70		III	3 456	190,08	276,48	311,04		III	3 582	197,01	286,56	322,38
	V	10 264	564,52	821,12	923,76		V	10 474	576,07	837,92	942,66		V	10 684	587,62	854,72	961,56
	VI	10 665	586,57	853,20	959,85		VI	10 875	598,12	870,–	978,75		VI	11 085	609,67	886,80	997,65
38 087,99	I,IV	6 292	346,06	503,36	566,28	38 663,99	I,IV	6 454	354,97	516,32	580,86	39 239,99	I,IV	6 619	364,04	529,52	595,71
	II	5 871	322,90	469,68	528,39		II	6 031	331,70	482,48	542,79		II	6 192	340,56	495,36	557,28
	III	3 338	183,59	267,04	300,42		III	3 464	190,52	277,12	311,76		III	3 590	197,45	287,20	323,10
	V	10 277	565,23	822,16	924,93		V	10 487	576,78	838,96	943,83		V	10 697	588,33	855,76	962,73
	VI	10 679	587,34	854,32	961,11		VI	10 888	598,84	871,04	979,92		VI	11 098	610,39	887,84	998,82
38 123,99	I,IV	6 302	346,61	504,16	567,18	38 699,99	I,IV	6 465	355,57	517,20	581,85	39 275,99	I,IV	6 629	364,59	530,32	596,61
	II	5 881	323,45	470,48	529,29		II	6 041	332,25	483,28	543,69		II	6 202	341,11	496,16	558,18
	III	3 346	184,03	267,68	301,14		III	3 472	190,96	277,76	312,48		III	3 598	197,89	287,84	323,82
	V	10 290	565,95	823,20	926,10		V	10 500	577,50	840,–	945,–		V	10 710	589,05	856,80	963,90
	VI	10 692	588,06	855,36	962,28		VI	10 902	599,61	872,16	981,18		VI	11 111	611,10	888,88	999,99
38 159,99	I,IV	6 312	347,16	504,96	568,08	38 735,99	I,IV	6 475	356,12	518,–	582,75	39 311,99	I,IV	6 639	365,14	531,12	597,51
	II	5 891	324,–	471,28	530,19		II	6 051	332,80	484,08	544,59		II	6 212	341,66	496,96	559,08
	III	3 354	184,47	268,32	301,86		III	3 480	191,40	278,40	313,20		III	3 606	198,33	288,48	324,54
	V	10 303	566,66	824,24	927,27		V	10 513	578,21	841,04	946,17		V	10 723	589,76	857,84	965,07
	VI	10 705	588,77	856,40	963,45		VI	10 915	600,32	873,20	982,35		VI	11 125	611,87	890,–	1 001,25
38 195,99	I,IV	6 322	347,71	505,76	568,98	38 771,99	I,IV	6 485	356,67	518,80	583,65	39 347,99	I,IV	6 650	365,75	532,–	598,50
	II	5 900	324,50	472,–	531,–		II	6 061	333,35	484,88	545,49		II	6 222	342,21	497,76	559,98
	III	3 362	184,91	268,96	302,58		III	3 488	191,84	279,04	313,92		III	3 614	198,77	289,12	325,26
	V	10 316	567,38	825,28	928,44		V	10 526	578,93	842,08	947,34		V	10 736	590,48	858,88	966,24
	VI	10 718	589,49	857,44	964,62		VI	10 928	601,04	874,24	983,52		VI	11 138	612,59	891,04	1 002,42
38 231,99	I,IV	6 332	348,26	506,56	569,88	38 807,99	I,IV	6 495	357,22	519,60	584,55	39 383,99	I,IV	6 660	366,30	532,80	599,40
	II	5 911	325,10	472,88	531,99		II	6 071	333,90	485,68	546,39		II	6 232	342,76	498,56	560,88
	III	3 370	185,35	269,60	303,30		III	3 496	192,28	279,68	314,64		III	3 622	199,21	289,76	325,98
	V	10 330	568,15	826,40	929,70		V	10 539	579,64	843,12	948,51		V	10 749	591,19	859,92	967,41
	VI	10 731	590,20	858,48	965,79		VI	10 941	601,75	875,28	984,69		VI	11 151	613,30	892,08	1 003,59
38 267,99	I,IV	6 343	348,86	507,44	570,87	38 843,99	I,IV	6 506	357,83	520,48	585,54	39 419,99	I,IV	6 670	366,85	533,60	600,30
	II	5 921	325,65	473,68	532,89		II	6 081	334,45	486,48	547,29		II	6 242	343,31	499,36	561,78
	III	3 378	185,79	270,24	304,02		III	3 504	192,72	280,32	315,36		III	3 630	199,65	290,40	326,70
	V	10 343	568,86	827,44	930,87		V	10 553	580,41	844,24	949,77		V	10 762	591,91	860,96	968,58
	VI	10 744	590,92	859,52	966,96		VI	10 954	602,47	876,32	985,86		VI	11 164	614,02	893,12	1 004,76
38 303,99	I,IV	6 353	349,41	508,24	571,77	38 879,99	I,IV	6 516	358,38	521,28	586,44	39 455,99	I,IV	6 680	367,40	534,40	601,20
	II	5 931	326,21	474,48	533,79		II	6 091	335,–	487,28	548,19		II	6 252	343,86	500,16	562,68
	III	3 386	186,23	270,88	304,74		III	3 512	193,16	280,96	316,08		III	3 638	200,09	291,04	327,42
	V	10 356	569,58	828,48	932,04		V	10 566	581,13	845,28	950,94		V	10 775	592,62	862,–	969,75
	VI	10 757	591,63	860,56	968,13		VI	10 967	603,18	877,36	987,03		VI	11 177	614,73	894,16	1 005,93
38 339,99	I,IV	6 363	349,96	509,04	572,67	38 915,99	I,IV	6 526	358,93	522,08	587,34	39 491,99	I,IV	6 691	368,–	535,28	602,19
	II	5 940	326,70	475,20	534,60		II	6 101	335,55	488,08	549,09		II	6 263	344,46	501,04	563,67
	III	3 394	186,67	271,52	305,46		III	3 520	193,60	281,60	316,80		III	3 646	200,53	291,68	328,14
	V	10 369	570,29	829,52	933,21		V	10 579	581,84	846,32	952,11		V	10 789	593,39	863,12	971,01
	VI	10 770	592,35	861,60	969,30		VI	10 980	603,90	878,40	988,20		VI	11 190	615,45	895,20	1 007,10
38 375,99	I,IV	6 373	350,51	509,84	573,57	38 951,99	I,IV	6 536	359,48	522,88	588,24	39 527,99	I,IV	6 701	368,55	536,08	603,09
	II	5 951	327,30	476,08	535,59		II	6 111	336,10	488,88	549,99		II	6 273	345,01	501,84	564,57
	III	3 402	187,11	272,16	306,18		III	3 528	194,04	282,24	317,52		III	3 654	200,97	292,32	328,86
	V	10 382	571,01	830,56	934,38		V	10 592	582,56	847,36	953,28		V	10 802	594,11	864,16	972,18
	VI	10 784	593,12	862,72	970,56		VI	10 993	604,61	879,44	989,37		VI	11 203	616,16	896,24	1 008,27
38 411,99	I,IV	6 383	351,06	510,64	574,47	38 987,99	I,IV	6 547	360,08	523,76	589,23	39 563,99	I,IV	6 711	369,10	536,88	603,99
	II	5 961	327,85	476,88	536,49		II	6 121	336,65	489,68	550,89		II	6 283	345,56	502,64	565,47
	III	3 410	187,55	272,80	306,90		III	3 536	194,48	282,88	318,24		III	3 662	201,41	292,96	329,58
	V	10 395	571,72	831,60	935,55		V	10 605	583,27	848,40	954,45		V	10 815	594,82	865,20	973,35
	VI	10 797	593,83	863,76	971,73		VI	11 006	605,33	880,48	990,54		VI	11 216	616,88	897,28	1 009,44
38 447,99	I,IV	6 393	351,61	511,44	575,37	39 023,99	I,IV	6 557	360,63	524,56	590,13	39 599,99	I,IV	6 722	369,71	537,76	604,98
	II	5 971	328,40	477,68	537,39		II	6 131	337,20	490,48	551,79		II	6 293	346,11	503,44	566,37
	III	3 416	187,88	273,28	307,44		III	3 544	194,92	283,52	318,96		III	3 670	201,85	293,60	330,30
	V	10 408	572,44	832,64	936,72		V	10 618	583,99	849,44	955,62		V	10 828	595,54	866,24	974,52
	VI	10 810	594,55	864,80	972,90		VI	11 020	606,10	881,60	991,80		VI	11 229	617,59	898,32	1 010,61
38 483,99	I,IV	6 404	352,22	512,32	576,36	39 059,99	I,IV	6 567	361,18	525,36	591,03	39 635,99	I,IV	6 732	370,26	538,56	605,88
	II	5 980	328,90	478,40	538,20		II	6 141	337,75	491,28	552,69		II	6 303	346,66	504,24	567,27
	III	3 424	188,32	273,92	308,16		III	3 552	195,36	284,16	319,68		III	3 678	202,29	294,24	331,02
	V	10 421	573,15	833,68	937,89		V	10 631	584,70	850,48	956,79		V	10 841	596,25	867,28	975,69
	VI	10 823	595,26	865,84	974,07		VI	11 033	606,81	882,64	992,97		VI	11 243	618,36	899,44	1 011,87
38 519,99	I,IV	6 414	352,77	513,12	577,26	39 095,99	I,IV	6 577	361,73	526,16	591,93	39 671,99	I,IV	6 742	370,81	539,36	606,78
	II	5 990	329,45	479,20	539,10		II	6 151	338,30	492,08	553,59		II	6 313	347,21	505,04	568,17
	III	3 432	188,76	274,56	308,88		III	3 558	195,69	284,64	320,22		III	3 686	202,73	294,88	331,74
	V	10 434	573,87	834,72	939,06		V	10 644	585,42	851,52	957,96		V	10 854	596,97	868,32	976,86
	VI	10 836	595,98	866,88	975,24		VI	11 046	607,53	883,68	994,14		VI	11 256	619,08	900,48	1 013,04
38 555,99	I,IV	6 424	353,32	513,92	578,16	39 131,99	I,IV	6 588	362,34	527,04	592,92	39 707,99	I,IV	6 753	371,41	540,24	607,77
	II	6 001	330,05	480,08	540,09		II	6 161	338,85	492,88	554,49		II	6 323	347,76	505,84	569,07
	III	3 440	189,20	275,20	309,60		III	3 568	196,24	285,44	321,12		III	3 694	203,17	295,52	332,46
	V	10 448	574,64	835,84	940,32		V	10 657	586,13	852,56	959,13		V	10 867	597,68	869,36	978,03
	VI	10 849	596,69	867,92	976,41		VI	11 059	608,24	884,72	995,31		VI	11 269	619,79	901,52	1 014,21
38 591,99	I,IV	6 434	353,87	514,72	579,06	39 167,99	I,IV	6 598	362,89	527,84	593,82	39 743,99	I,IV	6 763	371,96	541,04	608,67
	II	6 011	330,60	480,88	540,99		II	6 172	339,46	493,76	555,48		II	6 333	348,31	506,64	569,97
	III	3 448	189,64	275,84	310,32		III	3 576	196,68	286,08	321,84		III	3 702	203,61	296,16	333,18
	V	10 461	575,35	836,88	941,49		V	10 671	586,90	853,68	960,39		V	10 880	598,40	870,40	979,20
	VI	10 862	597,41	868,96	977,58		VI	11 072	608,96	885,76	996,48		VI	11 282	620,51	902,56	1 015,38

T 24   * Die ausgewiesenen Tabellenwerte sind amtlich. Siehe Erläuterungen auf der Umschlaginnenseite (U2).

41 471,99* — Sonstige Bezüge / A-Tarif

Lohn/Gehalt bis €*	Klasse	LSt	SolZ	8%	9%
39 779,99	I,IV	6 773	372,51	541,84	609,57
	II	6 344	348,92	507,52	570,96
	III	3 710	204,05	296,80	333,90
	V	10 893	599,11	871,44	980,37
	VI	11 295	621,22	903,60	1 016,55
39 815,99	I,IV	6 784	373,12	542,72	610,56
	II	6 354	349,47	508,32	571,86
	III	3 718	204,49	297,44	334,62
	V	10 907	599,88	872,56	981,63
	VI	11 308	621,94	904,64	1 017,72
39 851,99	I,IV	6 794	373,67	543,52	611,46
	II	6 364	350,02	509,12	572,76
	III	3 726	204,93	298,08	335,34
	V	10 920	600,60	873,60	982,80
	VI	11 321	622,65	905,60	1 018,89
39 887,99	I,IV	6 804	374,22	544,32	612,36
	II	6 374	350,57	509,92	573,66
	III	3 734	205,37	298,72	336,06
	V	10 933	601,31	874,64	983,97
	VI	11 334	623,37	906,64	1 020,06
39 923,99	I,IV	6 815	374,82	545,20	613,35
	II	6 384	351,12	510,72	574,56
	III	3 742	205,81	299,36	336,78
	V	10 946	602,03	875,68	985,14
	VI	11 347	624,08	907,76	1 021,23
39 959,99	I,IV	6 825	375,37	546,—	614,25
	II	6 395	351,72	511,60	575,55
	III	3 750	206,25	300,—	337,50
	V	10 959	602,74	876,72	986,31
	VI	11 361	624,85	908,88	1 022,49
39 995,99	I,IV	6 836	375,98	546,88	615,24
	II	6 405	352,27	512,40	576,45
	III	3 758	206,69	300,64	338,22
	V	10 972	603,46	877,76	987,48
	VI	11 374	625,57	909,92	1 023,66
40 031,99	I,IV	6 846	376,53	547,68	616,14
	II	6 415	352,82	513,20	577,35
	III	3 766	207,13	301,28	338,94
	V	10 985	604,17	878,80	988,65
	VI	11 387	626,28	910,96	1 024,83
40 067,99	I,IV	6 856	377,08	548,48	617,04
	II	6 425	353,37	514,—	578,25
	III	3 774	207,57	301,92	339,66
	V	10 998	604,89	879,84	989,82
	VI	11 400	627,—	912,—	1 026,—
40 103,99	I,IV	6 867	377,68	549,36	618,03
	II	6 436	353,98	514,88	579,24
	III	3 782	208,01	302,56	340,38
	V	11 012	605,66	880,96	991,08
	VI	11 413	627,71	913,04	1 027,17
40 139,99	I,IV	6 877	378,23	550,16	618,93
	II	6 446	354,53	515,68	580,14
	III	3 790	208,45	303,20	341,10
	V	11 025	606,37	882,—	992,25
	VI	11 426	628,43	914,08	1 028,34
40 175,99	I,IV	6 888	378,84	551,04	619,92
	II	6 456	355,08	516,48	581,04
	III	3 798	208,89	303,84	341,82
	V	11 038	607,09	883,04	993,42
	VI	11 439	629,14	915,12	1 029,51
40 211,99	I,IV	6 898	379,39	551,84	620,82
	II	6 466	355,63	517,28	581,94
	III	3 806	209,33	304,48	342,54
	V	11 051	607,80	884,08	994,59
	VI	11 452	629,86	916,16	1 030,68
40 247,99	I,IV	6 908	379,94	552,64	621,72
	II	6 476	356,18	518,08	582,84
	III	3 814	209,77	305,12	343,26
	V	11 064	608,52	885,12	995,76
	VI	11 465	630,57	917,20	1 031,85
40 283,99	I,IV	6 919	380,54	553,52	622,71
	II	6 487	356,78	518,96	583,83
	III	3 822	210,21	305,76	343,98
	V	11 077	609,23	886,16	996,93
	VI	11 479	631,34	917,28	1 033,11
40 319,99	I,IV	6 929	381,09	554,32	623,61
	II	6 497	357,33	519,76	584,73
	III	3 830	210,65	306,40	344,70
	V	11 090	609,95	887,20	998,10
	VI	11 492	632,06	919,36	1 034,28
40 355,99	I,IV	6 940	381,70	555,20	624,60
	II	6 507	357,88	520,56	585,63
	III	3 838	211,09	307,04	345,42
	V	11 103	610,66	888,24	999,27
	VI	11 505	632,77	920,40	1 035,45
40 391,99	I,IV	6 950	382,25	556,—	625,50
	II	6 517	358,43	521,36	586,53
	III	3 846	211,53	307,68	346,14
	V	11 116	611,38	889,28	1 000,44
	VI	11 518	633,49	921,44	1 036,62
40 427,99	I,IV	6 961	382,85	556,88	626,49
	II	6 528	359,04	522,24	587,52
	III	3 854	211,97	308,32	346,86
	V	11 130	612,15	890,40	1 001,70
	VI	11 531	634,20	922,48	1 037,79
40 463,99	I,IV	6 971	383,40	557,68	627,39
	II	6 538	359,59	523,04	588,42
	III	3 862	212,41	308,96	347,58
	V	11 143	612,86	891,44	1 002,87
	VI	11 544	634,92	923,52	1 038,96
40 499,99	I,IV	6 981	383,95	558,48	628,29
	II	6 548	360,14	523,84	589,32
	III	3 870	212,85	309,60	348,30
	V	11 156	613,58	892,48	1 004,04
	VI	11 557	635,63	924,56	1 040,13
40 535,99	I,IV	6 992	384,56	559,36	629,28
	II	6 558	360,69	524,64	590,22
	III	3 878	213,29	310,24	349,02
	V	11 169	614,29	893,52	1 005,21
	VI	11 570	636,35	925,60	1 041,30
40 571,99	I,IV	7 003	385,16	560,24	630,27
	II	6 569	361,29	525,52	591,21
	III	3 886	213,73	310,88	349,74
	V	11 182	615,01	894,56	1 006,38
	VI	11 584	637,12	926,72	1 042,56
40 607,99	I,IV	7 013	385,71	561,04	631,17
	II	6 579	361,84	526,32	592,11
	III	3 894	214,17	311,52	350,46
	V	11 195	615,72	895,60	1 007,55
	VI	11 597	637,83	927,76	1 043,73
40 643,99	I,IV	7 023	386,26	561,84	632,07
	II	6 589	362,39	527,12	593,01
	III	3 902	214,61	312,16	351,18
	V	11 208	616,44	896,64	1 008,72
	VI	11 610	638,55	928,80	1 044,90
40 679,99	I,IV	7 034	386,87	562,72	633,06
	II	6 599	362,94	527,92	593,91
	III	3 910	215,05	312,80	351,90
	V	11 221	617,15	897,68	1 009,89
	VI	11 623	639,26	929,84	1 046,07
40 715,99	I,IV	7 044	387,42	563,52	633,96
	II	6 609	363,49	528,72	594,81
	III	3 918	215,49	313,44	352,62
	V	11 234	617,87	898,72	1 011,06
	VI	11 636	639,98	930,88	1 047,24
40 751,99	I,IV	7 055	388,02	564,40	634,95
	II	6 620	364,10	529,60	595,80
	III	3 926	215,93	314,08	353,34
	V	11 248	618,64	899,84	1 012,32
	VI	11 649	640,69	931,92	1 048,41
40 787,99	I,IV	7 065	388,57	565,20	635,85
	II	6 630	364,65	530,40	596,70
	III	3 934	216,37	314,72	354,06
	V	11 261	619,35	900,88	1 013,49
	VI	11 662	641,41	932,96	1 049,58
40 823,99	I,IV	7 076	389,18	566,08	636,84
	II	6 640	365,20	531,20	597,60
	III	3 942	216,81	315,36	354,78
	V	11 274	620,07	901,92	1 014,66
	VI	11 675	642,12	934,—	1 050,75
40 859,99	I,IV	7 086	389,73	566,88	637,74
	II	6 651	365,80	532,08	598,59
	III	3 950	217,25	316,—	355,50
	V	11 287	620,78	902,96	1 015,83
	VI	11 688	642,84	935,04	1 051,92
40 895,99	I,IV	7 097	390,33	567,76	638,73
	II	6 661	366,35	532,88	599,49
	III	3 958	217,69	316,64	356,22
	V	11 300	621,50	904,—	1 017,—
	VI	11 702	643,61	936,16	1 053,18
40 931,99	I,IV	7 107	390,88	568,56	639,63
	II	6 671	366,90	533,68	600,39
	III	3 966	218,13	317,28	356,94
	V	11 313	622,21	905,04	1 018,17
	VI	11 715	644,32	937,20	1 054,35
40 967,99	I,IV	7 118	391,49	569,44	640,62
	II	6 682	367,51	534,56	601,38
	III	3 974	218,57	317,92	357,66
	V	11 326	622,93	906,08	1 019,34
	VI	11 728	645,04	938,24	1 055,52
41 003,99	I,IV	7 128	392,04	570,24	641,52
	II	6 692	368,06	535,36	602,28
	III	3 982	219,01	318,56	358,38
	V	11 339	623,64	907,12	1 020,51
	VI	11 741	645,75	939,28	1 056,69
41 039,99	I,IV	7 138	392,59	571,04	642,42
	II	6 702	368,61	536,16	603,18
	III	3 990	219,45	319,20	359,10
	V	11 352	624,36	908,16	1 021,68
	VI	11 754	646,47	940,32	1 057,86
41 075,99	I,IV	7 149	393,19	571,92	643,41
	II	6 713	369,21	537,04	604,17
	III	3 998	219,89	319,84	359,82
	V	11 366	625,13	909,28	1 022,94
	VI	11 767	647,18	941,36	1 059,03
41 111,99	I,IV	7 160	393,80	572,80	644,40
	II	6 723	369,76	537,84	605,07
	III	4 006	220,33	320,48	360,54
	V	11 379	625,84	910,32	1 024,11
	VI	11 780	647,90	942,40	1 060,20
41 147,99	I,IV	7 170	394,35	573,60	645,30
	II	6 733	370,31	538,64	605,97
	III	4 014	220,77	321,12	361,26
	V	11 392	626,56	911,36	1 025,28
	VI	11 793	648,61	943,44	1 061,37
41 183,99	I,IV	7 181	394,95	574,48	646,29
	II	6 743	370,86	539,44	606,87
	III	4 022	221,21	321,76	361,98
	V	11 405	627,27	912,40	1 026,45
	VI	11 806	649,33	944,48	1 062,54
41 219,99	I,IV	7 191	395,50	575,28	647,19
	II	6 754	371,47	540,32	607,86
	III	4 030	221,65	322,40	362,70
	V	11 418	627,99	913,44	1 027,62
	VI	11 820	650,10	945,60	1 063,80
41 255,99	I,IV	7 202	396,11	576,16	648,18
	II	6 764	372,02	541,12	608,76
	III	4 038	222,09	323,04	363,42
	V	11 431	628,70	914,48	1 028,79
	VI	11 833	650,81	946,64	1 064,97
41 291,99	I,IV	7 212	396,66	576,96	649,08
	II	6 775	372,62	542,—	609,75
	III	4 046	222,53	323,68	364,14
	V	11 444	629,42	915,52	1 029,96
	VI	11 846	651,53	947,68	1 066,14
41 327,99	I,IV	7 223	397,26	577,84	650,07
	II	6 785	373,17	542,80	610,65
	III	4 054	222,97	324,32	364,86
	V	11 457	630,13	916,56	1 031,13
	VI	11 859	652,24	948,72	1 067,31
41 363,99	I,IV	7 234	397,87	578,72	651,06
	II	6 796	373,78	543,68	611,64
	III	4 062	223,41	324,96	365,58
	V	11 471	630,90	917,68	1 032,39
	VI	11 872	652,96	949,76	1 068,48
41 399,99	I,IV	7 244	398,42	579,52	651,96
	II	6 806	374,33	544,48	612,54
	III	4 070	223,85	325,60	366,30
	V	11 484	631,62	918,72	1 033,56
	VI	11 885	653,67	950,80	1 069,65
41 435,99	I,IV	7 254	398,97	580,32	652,86
	II	6 816	374,88	545,28	613,44
	III	4 078	224,29	326,24	367,02
	V	11 497	632,33	919,76	1 034,73
	VI	11 898	654,39	951,84	1 070,82
41 471,99	I,IV	7 265	399,57	581,20	653,85
	II	6 826	375,43	546,08	614,34
	III	4 086	224,73	326,88	367,74
	V	11 510	633,05	920,80	1 035,90
	VI	11 911	655,10	952,88	1 071,99

* Die ausgewiesenen Tabellenwerte sind amtlich. Siehe Erläuterungen auf der Umschlaginnenseite (U2).

Sonstige Bezüge / A-Tarif — 41 472,—*

Lohn/Gehalt bis €*	StKl	LSt	SolZ	8%	9%	Lohn/Gehalt bis €*	StKl	LSt	SolZ	8%	9%	Lohn/Gehalt bis €*	StKl	LSt	SolZ	8%	9%
41 507,99	I,IV	7 275	400,12	582,—	654,75	42 083,99	I,IV	7 445	409,47	595,60	670,05	42 659,99	I,IV	7 616	418,88	609,28	685,44
	II	6 837	376,03	546,96	615,33		II	7 004	385,22	560,32	630,36		II	7 171	394,40	573,68	645,39
	III	4 094	225,17	327,52	368,46		III	4 224	232,32	337,92	380,16		III	4 354	239,47	348,32	391,86
	V	11 523	633,76	921,84	1 037,07		V	11 733	645,31	938,64	1 055,97		V	11 943	656,86	955,44	1 074,87
	VI	11 924	655,82	953,92	1 073,16		VI	12 134	667,37	970,72	1 092,06		VI	12 344	678,92	987,52	1 110,96
41 543,99	I,IV	7 286	400,73	582,88	655,74	42 119,99	I,IV	7 456	410,08	596,48	671,04	42 695,99	I,IV	7 627	419,49	610,16	686,43
	II	6 847	376,58	547,76	616,23		II	7 014	385,77	561,12	631,26		II	7 182	395,01	574,56	646,38
	III	4 102	225,61	328,16	369,18		III	4 232	232,76	338,56	380,88		III	4 362	239,91	348,96	392,58
	V	11 536	634,48	922,88	1 038,24		V	11 746	646,03	939,68	1 057,14		V	11 956	657,58	956,48	1 076,04
	VI	11 938	656,59	955,04	1 074,42		VI	12 147	668,08	971,76	1 093,23		VI	12 357	679,63	988,56	1 112,13
41 579,99	I,IV	7 297	401,33	583,76	656,73	42 155,99	I,IV	7 467	410,68	597,36	672,03	42 731,99	I,IV	7 637	420,03	610,96	687,33
	II	6 858	377,19	548,64	617,22		II	7 025	386,37	562,—	632,25		II	7 192	395,56	575,36	647,37
	III	4 110	226,05	328,80	369,90		III	4 240	233,20	339,20	381,60		III	4 370	240,35	349,60	393,30
	V	11 549	635,19	923,92	1 039,41		V	11 759	646,74	940,72	1 058,31		V	11 969	658,29	957,52	1 077,21
	VI	11 951	657,30	956,08	1 075,59		VI	12 161	668,85	972,88	1 094,49		VI	12 370	680,35	989,60	1 113,30
41 615,99	I,IV	7 307	401,88	584,56	657,63	42 191,99	I,IV	7 477	411,23	598,16	672,93	42 767,99	I,IV	7 648	420,64	611,84	688,32
	II	6 868	377,74	549,44	618,12		II	7 035	386,92	562,80	633,15		II	7 203	396,16	576,24	648,36
	III	4 118	226,49	329,44	370,62		III	4 248	233,64	339,84	382,32		III	4 378	240,79	350,24	394,02
	V	11 562	635,91	924,96	1 040,58		V	11 772	647,46	941,76	1 059,48		V	11 982	659,01	958,56	1 078,38
	VI	11 964	658,02	957,12	1 076,76		VI	12 174	669,57	973,92	1 095,66		VI	12 383	681,06	990,64	1 114,47
41 651,99	I,IV	7 318	402,49	585,44	658,62	42 227,99	I,IV	7 488	411,84	599,04	673,92	42 803,99	I,IV	7 659	421,24	612,72	689,31
	II	6 878	378,29	550,24	619,02		II	7 045	387,47	563,60	634,05		II	7 214	396,77	577,12	649,26
	III	4 126	226,93	330,08	371,34		III	4 256	234,08	340,48	383,04		III	4 386	241,23	350,88	394,74
	V	11 575	636,62	926,—	1 041,75		V	11 785	648,17	942,80	1 060,65		V	11 995	659,72	959,60	1 079,55
	VI	11 977	658,73	958,16	1 077,93		VI	12 187	670,28	974,96	1 096,83		VI	12 397	681,83	991,76	1 115,73
41 687,99	I,IV	7 329	403,09	586,32	659,61	42 263,99	I,IV	7 498	412,39	599,84	674,82	42 839,99	I,IV	7 670	421,85	613,60	690,30
	II	6 889	378,89	551,12	620,01		II	7 056	388,08	564,48	635,04		II	7 224	397,32	577,92	650,16
	III	4 136	227,48	330,88	372,24		III	4 264	234,52	341,12	383,76		III	4 394	241,67	351,52	395,46
	V	11 589	637,39	927,12	1 043,01		V	11 798	648,89	943,84	1 061,82		V	12 008	660,44	960,64	1 080,72
	VI	11 990	659,45	959,20	1 079,10		VI	12 200	671,—	976,—	1 098,—		VI	12 410	682,55	992,80	1 116,90
41 723,99	I,IV	7 339	403,64	587,12	660,51	42 299,99	I,IV	7 509	412,99	600,72	675,81	42 875,99	I,IV	7 680	422,40	614,40	691,20
	II	6 899	379,44	551,92	620,91		II	7 066	388,63	565,28	635,94		II	7 235	397,92	578,80	651,15
	III	4 142	227,81	331,36	372,78		III	4 272	234,96	341,76	384,48		III	4 402	242,11	352,16	396,18
	V	11 602	638,11	928,16	1 044,18		V	11 811	649,60	944,88	1 062,99		V	12 021	661,15	961,68	1 081,89
	VI	12 003	660,16	960,24	1 080,27		VI	12 213	671,71	977,04	1 099,17		VI	12 423	683,26	993,84	1 118,07
41 759,99	I,IV	7 350	404,25	588,—	661,50	42 335,99	I,IV	7 520	413,60	601,60	676,80	42 911,99	I,IV	7 691	423,—	615,28	692,19
	II	6 910	380,05	552,80	621,90		II	7 077	389,23	566,16	636,93		II	7 245	398,47	579,60	652,05
	III	4 152	228,36	332,16	373,68		III	4 280	235,40	342,40	385,20		III	4 410	242,55	352,80	396,90
	V	11 615	638,82	929,20	1 045,35		V	11 825	650,37	946,—	1 064,25		V	12 034	661,87	962,72	1 083,06
	VI	12 016	660,88	961,28	1 081,44		VI	12 226	672,43	978,08	1 100,34		VI	12 436	683,98	994,88	1 119,24
41 795,99	I,IV	7 360	404,80	588,80	662,40	42 371,99	I,IV	7 531	414,20	602,48	677,79	42 947,99	I,IV	7 702	423,61	616,16	693,18
	II	6 920	380,60	553,60	622,80		II	7 087	389,78	566,96	637,83		II	7 256	399,08	580,48	653,04
	III	4 158	228,69	332,64	374,22		III	4 288	235,84	343,04	385,92		III	4 418	242,99	353,44	397,62
	V	11 628	639,54	930,24	1 046,52		V	11 838	651,09	947,04	1 065,42		V	12 048	662,64	963,84	1 084,32
	VI	12 029	661,59	962,32	1 082,61		VI	12 239	673,14	979,12	1 101,51		VI	12 449	684,69	995,92	1 120,41
41 831,99	I,IV	7 371	405,40	589,68	663,39	42 407,99	I,IV	7 541	414,75	603,28	678,69	42 983,99	I,IV	7 713	424,21	617,04	694,17
	II	6 931	381,20	554,48	623,79		II	7 098	390,39	567,84	638,82		II	7 266	399,63	581,28	653,94
	III	4 168	229,24	333,44	375,12		III	4 296	236,28	343,68	386,64		III	4 428	243,54	354,24	398,52
	V	11 641	640,25	931,28	1 047,69		V	11 851	651,80	948,08	1 066,59		V	12 061	663,35	964,88	1 085,49
	VI	12 043	662,36	963,44	1 083,87		VI	12 252	673,86	980,16	1 102,68		VI	12 462	685,41	996,96	1 121,58
41 867,99	I,IV	7 382	406,01	590,56	664,38	42 443,99	I,IV	7 552	415,36	604,16	679,68	43 019,99	I,IV	7 723	424,76	617,84	695,07
	II	6 941	381,75	555,28	624,69		II	7 108	390,94	568,64	639,72		II	7 277	400,23	582,16	654,93
	III	4 176	229,68	334,08	375,84		III	4 304	236,72	344,32	387,36		III	4 434	243,87	354,72	399,06
	V	11 654	640,97	932,32	1 048,86		V	11 864	652,52	949,12	1 067,76		V	12 074	664,07	965,92	1 086,66
	VI	12 056	663,08	964,48	1 085,04		VI	12 265	674,57	981,20	1 103,85		VI	12 475	686,12	998,—	1 122,75
41 903,99	I,IV	7 392	406,56	591,36	665,28	42 479,99	I,IV	7 563	415,96	605,04	680,67	43 055,99	I,IV	7 734	425,37	618,72	696,06
	II	6 951	382,30	556,08	625,59		II	7 119	391,54	569,52	640,71		II	7 287	400,78	582,96	655,83
	III	4 184	230,12	334,72	376,56		III	4 312	237,16	344,96	388,08		III	4 444	244,42	355,52	399,96
	V	11 667	641,68	933,36	1 050,03		V	11 877	653,23	950,16	1 068,93		V	12 087	664,78	966,96	1 087,83
	VI	12 069	663,79	965,52	1 086,21		VI	12 279	675,34	982,32	1 105,11		VI	12 488	686,84	999,04	1 123,92
41 939,99	I,IV	7 403	407,16	592,24	666,27	42 515,99	I,IV	7 573	416,51	605,84	681,57	43 091,99	I,IV	7 745	425,97	619,60	697,05
	II	6 962	382,91	556,96	626,58		II	7 129	392,09	570,32	641,61		II	7 298	401,39	583,84	656,82
	III	4 192	230,56	335,36	377,28		III	4 322	237,71	345,76	388,98		III	4 452	244,86	356,16	400,68
	V	11 680	642,40	934,40	1 051,20		V	11 890	653,95	951,20	1 070,10		V	12 100	665,50	968,—	1 089,—
	VI	12 082	664,51	966,56	1 087,38		VI	12 292	676,06	983,36	1 106,28		VI	12 502	687,61	1 000,16	1 125,18
41 975,99	I,IV	7 413	407,71	593,04	667,17	42 551,99	I,IV	7 584	417,12	606,72	682,56	43 127,99	I,IV	7 756	426,58	620,48	698,04
	II	6 972	383,46	557,76	627,48		II	7 140	392,70	571,20	642,60		II	7 309	401,99	584,72	657,81
	III	4 200	231,—	336,—	378,—		III	4 330	238,15	346,40	389,70		III	4 460	245,30	356,80	401,40
	V	11 693	643,11	935,44	1 052,37		V	11 903	654,66	952,24	1 071,27		V	12 113	666,21	969,04	1 090,17
	VI	12 095	665,22	967,60	1 088,55		VI	12 305	676,77	984,40	1 107,45		VI	12 515	688,32	1 001,20	1 126,35
42 011,99	I,IV	7 424	408,31	593,92	668,16	42 587,99	I,IV	7 595	417,72	607,60	683,55	43 163,99	I,IV	7 766	427,13	621,28	698,94
	II	6 983	384,06	558,64	628,47		II	7 150	393,25	572,—	643,50		II	7 319	402,54	585,52	658,71
	III	4 208	231,44	336,64	378,72		III	4 338	238,59	347,04	390,42		III	4 468	245,74	357,44	402,12
	V	11 707	643,83	936,56	1 053,63		V	11 916	655,38	953,28	1 072,44		V	12 126	666,93	970,08	1 091,34
	VI	12 108	665,94	968,64	1 089,72		VI	12 318	677,49	985,44	1 108,62		VI	12 528	689,04	1 002,24	1 127,52
42 047,99	I,IV	7 435	408,92	594,80	669,15	42 623,99	I,IV	7 606	418,33	608,48	684,54	43 199,99	I,IV	7 777	427,73	622,16	699,93
	II	6 993	384,61	559,44	629,37		II	7 161	393,85	572,88	644,49		II	7 330	403,15	586,40	659,70
	III	4 216	231,88	337,28	379,44		III	4 346	239,03	347,68	391,14		III	4 476	246,18	358,08	402,84
	V	11 720	644,54	937,60	1 054,80		V	11 930	656,15	954,40	1 073,70		V	12 139	667,64	971,12	1 092,51
	VI	12 121	666,65	969,68	1 090,89		VI	12 331	678,20	986,48	1 109,79		VI	12 541	689,75	1 003,28	1 128,69

* Die ausgewiesenen Tabellenwerte sind amtlich. Siehe Erläuterungen auf der Umschlaginnenseite (U2).

Sonstige Bezüge / A-Tarif

44 927,99*

Lohn/Gehalt bis €*	Klasse	LSt	SolZ	8%	9%
43 235,99	I,IV	7 788	428,34	623,04	700,92
	II	7 340	403,70	587,20	660,60
	III	4 484	246,62	358,72	403,56
	V	12 152	668,36	972,16	1 093,68
	VI	12 554	690,47	1 004,32	1 129,86
43 271,99	I,IV	7 799	428,94	623,92	701,91
	II	7 351	404,30	588,08	661,59
	III	4 492	247,06	359,36	404,28
	V	12 166	669,13	973,28	1 094,94
	VI	12 567	691,18	1 005,36	1 131,03
43 307,99	I,IV	7 810	429,55	624,80	702,90
	II	7 362	404,91	588,96	662,58
	III	4 500	247,50	360,—	405,—
	V	12 179	669,84	974,32	1 096,11
	VI	12 580	691,90	1 006,40	1 132,20
43 343,99	I,IV	7 820	430,10	625,60	703,80
	II	7 372	405,46	589,76	663,48
	III	4 508	247,94	360,64	405,72
	V	12 192	670,56	975,36	1 097,28
	VI	12 593	692,61	1 007,44	1 133,37
43 379,99	I,IV	7 831	430,70	626,48	704,79
	II	7 383	406,06	590,64	664,47
	III	4 516	248,38	361,28	406,44
	V	12 205	671,27	976,40	1 098,45
	VI	12 606	693,33	1 008,48	1 134,54
43 415,99	I,IV	7 842	431,31	627,36	705,78
	II	7 394	406,67	591,52	665,46
	III	4 524	248,82	361,92	407,16
	V	12 218	671,99	977,44	1 099,62
	VI	12 620	694,10	1 009,60	1 135,80
43 451,99	I,IV	7 853	431,91	628,24	706,77
	II	7 404	407,22	592,32	666,36
	III	4 534	249,37	362,72	408,06
	V	12 231	672,70	978,48	1 100,79
	VI	12 633	694,81	1 010,64	1 136,97
43 487,99	I,IV	7 864	432,52	629,12	707,76
	II	7 415	407,83	593,20	667,35
	III	4 542	249,81	363,36	408,78
	V	12 244	673,42	979,52	1 101,96
	VI	12 646	695,53	1 011,68	1 138,14
43 523,99	I,IV	7 874	433,07	629,92	708,66
	II	7 425	408,37	594,—	668,25
	III	4 550	250,25	364,—	409,50
	V	12 257	674,13	980,56	1 103,13
	VI	12 659	696,24	1 012,72	1 139,31
43 559,99	I,IV	7 885	433,67	630,80	709,65
	II	7 436	408,98	594,88	669,24
	III	4 558	250,69	364,64	410,22
	V	12 271	674,90	981,68	1 104,39
	VI	12 672	696,96	1 013,76	1 140,48
43 595,99	I,IV	7 896	434,28	631,68	710,64
	II	7 447	409,58	595,76	670,23
	III	4 566	251,13	365,28	410,94
	V	12 284	675,62	982,72	1 105,56
	VI	12 685	697,67	1 014,80	1 141,65
43 631,99	I,IV	7 907	434,88	632,56	711,63
	II	7 457	410,13	596,56	671,13
	III	4 574	251,57	365,92	411,66
	V	12 297	676,33	983,76	1 106,73
	VI	12 698	698,39	1 015,84	1 142,82
43 667,99	I,IV	7 918	435,49	633,44	712,62
	II	7 468	410,74	597,44	672,12
	III	4 582	252,01	366,56	412,38
	V	12 310	677,05	984,80	1 107,90
	VI	12 711	699,10	1 016,88	1 143,99
43 703,99	I,IV	7 928	436,04	634,24	713,52
	II	7 478	411,29	598,24	673,02
	III	4 590	252,45	367,20	413,10
	V	12 323	677,76	985,84	1 109,07
	VI	12 724	699,82	1 017,92	1 145,16
43 739,99	I,IV	7 940	436,70	635,20	714,60
	II	7 489	411,89	599,12	674,01
	III	4 598	252,89	367,84	413,82
	V	12 336	678,48	986,88	1 110,24
	VI	12 738	700,59	1 019,04	1 146,42
43 775,99	I,IV	7 950	437,25	636,—	715,50
	II	7 500	412,50	600,—	675,—
	III	4 606	253,33	368,48	414,54
	V	12 349	679,19	987,92	1 111,41
	VI	12 751	701,30	1 020,08	1 147,59
43 811,99	I,IV	7 961	437,85	636,88	716,49
	II	7 510	413,05	600,80	675,90
	III	4 616	253,88	369,28	415,44
	V	12 362	679,91	988,96	1 112,58
	VI	12 764	702,02	1 021,12	1 148,76
43 847,99	I,IV	7 972	438,46	637,76	717,48
	II	7 521	413,65	601,68	676,89
	III	4 624	254,32	369,92	416,16
	V	12 375	680,62	990,—	1 113,75
	VI	12 777	702,73	1 022,16	1 149,93
43 883,99	I,IV	7 983	439,06	638,64	718,47
	II	7 532	414,26	602,56	677,88
	III	4 632	254,76	370,56	416,88
	V	12 389	681,39	991,12	1 115,01
	VI	12 790	703,45	1 023,20	1 151,10
43 919,99	I,IV	7 994	439,67	639,52	719,46
	II	7 543	414,86	603,44	678,87
	III	4 640	255,20	371,20	417,60
	V	12 402	682,11	992,16	1 116,18
	VI	12 803	704,16	1 024,24	1 152,27
43 955,99	I,IV	8 005	440,27	640,40	720,45
	II	7 553	415,41	604,24	679,77
	III	4 648	255,64	371,84	418,32
	V	12 415	682,82	993,20	1 117,35
	VI	12 816	704,88	1 025,28	1 153,44
43 991,99	I,IV	8 015	440,82	641,20	721,35
	II	7 564	416,02	605,12	680,76
	III	4 656	256,08	372,48	419,04
	V	12 428	683,54	994,24	1 118,52
	VI	12 829	705,59	1 026,32	1 154,61
44 027,99	I,IV	8 026	441,43	642,08	722,34
	II	7 574	416,57	605,92	681,66
	III	4 664	256,52	373,12	419,76
	V	12 441	684,25	995,28	1 119,69
	VI	12 843	706,36	1 027,44	1 155,87
44 063,99	I,IV	8 037	442,03	642,96	723,33
	II	7 585	417,17	606,80	682,65
	III	4 672	256,96	373,76	420,48
	V	12 454	684,97	996,32	1 120,86
	VI	12 856	707,08	1 028,48	1 157,04
44 099,99	I,IV	8 048	442,64	643,84	724,32
	II	7 596	417,78	607,68	683,64
	III	4 682	257,51	374,56	421,38
	V	12 467	685,68	997,36	1 122,03
	VI	12 869	707,79	1 029,52	1 158,21
44 135,99	I,IV	8 059	443,24	644,72	725,31
	II	7 607	418,38	608,56	684,63
	III	4 688	257,84	375,04	421,92
	V	12 480	686,40	998,40	1 123,20
	VI	12 882	708,51	1 030,56	1 159,38
44 171,99	I,IV	8 070	443,85	645,60	726,30
	II	7 617	418,93	609,36	685,53
	III	4 698	258,39	375,84	422,82
	V	12 493	687,11	999,44	1 124,37
	VI	12 895	709,22	1 031,60	1 160,55
44 207,99	I,IV	8 081	444,45	646,48	727,29
	II	7 628	419,54	610,24	686,52
	III	4 706	258,83	376,48	423,54
	V	12 507	687,88	1 000,56	1 125,63
	VI	12 908	709,94	1 032,64	1 161,72
44 243,99	I,IV	8 092	445,06	647,36	728,28
	II	7 639	420,14	611,12	687,51
	III	4 714	259,27	377,12	424,26
	V	12 520	688,60	1 001,60	1 126,80
	VI	12 921	710,65	1 033,68	1 162,89
44 279,99	I,IV	8 103	445,66	648,24	729,27
	II	7 649	420,69	611,92	688,41
	III	4 722	259,71	377,76	424,98
	V	12 533	689,31	1 002,64	1 127,97
	VI	12 934	711,37	1 034,72	1 164,06
44 315,99	I,IV	8 113	446,21	649,04	730,17
	II	7 660	421,30	612,80	689,40
	III	4 730	260,15	378,40	425,70
	V	12 546	690,03	1 003,68	1 129,14
	VI	12 948	712,14	1 035,84	1 165,32
44 351,99	I,IV	8 125	446,87	650,—	731,25
	II	7 671	421,90	613,68	690,39
	III	4 738	260,59	379,04	426,42
	V	12 559	690,74	1 004,72	1 130,31
	VI	12 961	712,85	1 036,88	1 166,49
44 387,99	I,IV	8 135	447,42	650,80	732,15
	II	7 682	422,51	614,56	691,38
	III	4 746	261,03	379,68	427,14
	V	12 572	691,46	1 005,76	1 131,48
	VI	12 974	713,57	1 037,92	1 167,66
44 423,99	I,IV	8 146	448,03	651,68	733,14
	II	7 692	423,06	615,36	692,28
	III	4 754	261,47	380,32	427,86
	V	12 585	692,17	1 006,80	1 132,65
	VI	12 987	714,28	1 038,96	1 168,83
44 459,99	I,IV	8 157	448,63	652,56	734,13
	II	7 703	423,66	616,24	693,27
	III	4 764	262,02	381,12	428,76
	V	12 598	692,89	1 007,84	1 133,82
	VI	13 000	715,—	1 040,—	1 170,—
44 495,99	I,IV	8 168	449,24	653,44	735,12
	II	7 714	424,27	617,12	694,26
	III	4 772	262,46	381,76	429,48
	V	12 612	693,66	1 008,96	1 135,08
	VI	13 013	715,71	1 041,04	1 136,25
44 531,99	I,IV	8 179	449,84	654,32	736,11
	II	7 725	424,87	618,—	695,25
	III	4 780	262,90	382,40	430,20
	V	12 625	694,37	1 010,—	1 136,25
	VI	13 026	716,43	1 042,08	1 172,34
44 567,99	I,IV	8 191	450,50	655,28	737,19
	II	7 736	425,48	618,88	696,24
	III	4 788	263,34	383,04	430,92
	V	12 639	695,14	1 011,12	1 137,51
	VI	13 040	717,20	1 043,20	1 173,60
44 603,99	I,IV	8 203	451,16	656,24	738,27
	II	7 748	426,14	619,84	697,32
	III	4 798	263,89	383,84	431,82
	V	12 653	695,91	1 012,24	1 138,77
	VI	13 055	718,02	1 044,40	1 174,95
44 639,99	I,IV	8 215	451,82	657,20	739,35
	II	7 760	426,80	620,80	698,40
	III	4 806	264,33	384,48	432,54
	V	12 667	696,68	1 013,36	1 140,03
	VI	13 069	718,79	1 045,52	1 176,21
44 675,99	I,IV	8 227	452,48	658,16	740,43
	II	7 772	427,46	621,76	699,48
	III	4 816	264,88	385,28	433,44
	V	12 682	697,51	1 014,56	1 141,38
	VI	13 084	719,62	1 046,72	1 177,56
44 711,99	I,IV	8 239	453,14	659,12	741,51
	II	7 783	428,06	622,64	700,47
	III	4 824	265,32	385,92	434,16
	V	12 696	698,28	1 015,68	1 142,64
	VI	13 098	720,39	1 047,84	1 178,82
44 747,99	I,IV	8 251	453,80	660,08	742,59
	II	7 795	428,72	623,60	701,55
	III	4 834	265,87	386,72	435,06
	V	12 711	699,10	1 016,88	1 143,99
	VI	13 113	721,21	1 049,04	1 180,17
44 783,99	I,IV	8 263	454,46	661,04	743,67
	II	7 807	429,38	624,56	702,63
	III	4 844	266,42	387,52	435,96
	V	12 725	699,87	1 018,—	1 145,25
	VI	13 127	721,98	1 050,16	1 181,43
44 819,99	I,IV	8 275	455,12	662,—	744,75
	II	7 819	430,04	625,52	703,71
	III	4 852	266,86	388,16	436,68
	V	12 740	700,70	1 019,20	1 146,60
	VI	13 141	722,75	1 051,28	1 182,69
44 855,99	I,IV	8 287	455,78	662,96	745,83
	II	7 831	430,70	626,48	704,79
	III	4 862	267,41	388,96	437,58
	V	12 754	701,47	1 020,32	1 147,86
	VI	13 156	723,58	1 052,48	1 184,04
44 891,99	I,IV	8 299	456,44	663,92	746,91
	II	7 843	431,36	627,44	705,87
	III	4 870	267,85	389,60	438,30
	V	12 769	702,29	1 021,52	1 149,21
	VI	13 170	724,35	1 053,60	1 185,30
44 927,99	I,IV	8 312	457,16	664,96	748,08
	II	7 855	432,02	628,40	706,95
	III	4 880	268,40	390,40	439,20
	V	12 783	703,06	1 022,64	1 150,47
	VI	13 185	725,17	1 054,80	1 186,65

* Die ausgewiesenen Tabellenwerte sind amtlich. Siehe Erläuterungen auf der Umschlaginnenseite (U2).

Sonstige Bezüge / A-Tarif — 44 928,–*

Lohn/Gehalt bis €*		Lohnsteuer, Solidaritätszuschlag und Kirchensteuer in den Steuerklassen I – VI				Lohn/Gehalt bis €*		Lohnsteuer, Solidaritätszuschlag und Kirchensteuer in den Steuerklassen I – VI				Lohn/Gehalt bis €*		Lohnsteuer, Solidaritätszuschlag und Kirchensteuer in den Steuerklassen I – VI			
		LSt	SolZ	8%	9%			LSt	SolZ	8%	9%			LSt	SolZ	8%	9%
44 963,99	I,IV	8 324	457,82	665,92	749,16	45 539,99	I,IV	8 518	468,49	681,44	766,62	46 115,99	I,IV	8 715	479,32	697,20	784,35
	II	7 867	432,68	629,36	708,03		II	8 058	443,19	644,64	725,22		II	8 251	453,80	660,08	742,59
	III	4 888	268,84	391,04	439,92		III	5 034	276,87	402,72	453,06		III	5 182	285,01	414,56	466,38
	V	12 798	703,89	1 023,84	1 151,82		V	13 029	716,59	1 042,32	1 172,61		V	13 260	729,30	1 060,80	1 193,40
	VI	13 199	725,94	1 055,92	1 187,91		VI	13 431	738,70	1 074,40	1 208,79		VI	13 662	751,41	1 092,96	1 229,58
44 999,99	I,IV	8 336	458,48	666,88	750,24	45 575,99	I,IV	8 531	469,20	682,48	767,79	46 151,99	I,IV	8 727	479,98	698,16	785,43
	II	7 879	433,34	630,32	709,11		II	8 070	443,85	645,60	726,30		II	8 263	454,46	661,04	743,69
	III	4 898	269,39	391,84	440,82		III	5 044	277,42	403,52	453,96		III	5 192	285,56	415,36	467,28
	V	12 812	704,66	1 024,96	1 153,08		V	13 043	717,36	1 043,44	1 173,87		V	13 275	730,12	1 062,—	1 194,75
	VI	13 214	726,77	1 057,12	1 189,26		VI	13 445	739,47	1 075,60	1 210,05		VI	13 676	752,18	1 094,08	1 230,84
45 035,99	I,IV	8 348	459,14	667,84	751,32	45 611,99	I,IV	8 543	469,86	683,44	768,87	46 187,99	I,IV	8 739	480,64	699,12	786,51
	II	7 891	434,—	631,28	710,19		II	8 082	444,51	646,56	727,38		II	8 275	455,12	662,—	744,75
	III	4 906	269,83	392,48	441,54		III	5 054	277,97	404,32	454,86		III	5 200	286,—	416,—	468,—
	V	12 827	705,48	1 026,16	1 154,43		V	13 058	718,19	1 044,64	1 175,22		V	13 289	730,89	1 063,12	1 196,01
	VI	13 228	727,54	1 058,24	1 190,52		VI	13 459	740,24	1 076,72	1 211,31		VI	13 691	753,—	1 095,28	1 232,19
45 071,99	I,IV	8 360	459,80	668,80	752,40	45 647,99	I,IV	8 555	470,52	684,40	769,95	46 223,99	I,IV	8 752	481,36	700,16	787,68
	II	7 902	434,61	632,16	711,18		II	8 094	445,17	647,52	728,46		II	8 287	455,78	662,96	745,83
	III	4 916	270,38	393,28	442,44		III	5 062	278,41	404,96	455,58		III	5 210	286,55	416,80	468,90
	V	12 841	706,25	1 027,28	1 155,69		V	13 072	718,96	1 045,76	1 176,48		V	13 304	731,71	1 064,32	1 197,36
	VI	13 242	728,31	1 059,36	1 191,78		VI	13 474	741,07	1 077,92	1 212,66		VI	13 705	753,77	1 096,40	1 233,45
45 107,99	I,IV	8 372	460,46	669,76	753,48	45 683,99	I,IV	8 567	471,18	685,36	771,03	46 259,99	I,IV	8 764	482,02	701,12	788,76
	II	7 915	435,32	633,20	712,35		II	8 106	445,83	648,48	729,54		II	8 299	456,44	663,92	746,91
	III	4 926	270,93	394,08	443,34		III	5 072	278,96	405,76	456,48		III	5 218	286,99	417,44	469,62
	V	12 856	707,08	1 028,48	1 157,04		V	13 087	719,78	1 046,96	1 177,83		V	13 318	732,49	1 065,44	1 198,62
	VI	13 257	729,13	1 060,56	1 193,13		VI	13 488	741,84	1 079,04	1 213,92		VI	13 719	754,54	1 097,52	1 234,71
45 143,99	I,IV	8 384	461,12	670,72	754,56	45 719,99	I,IV	8 580	471,90	686,40	772,20	46 295,99	I,IV	8 776	482,68	702,08	789,84
	II	7 926	435,93	634,08	713,34		II	8 118	446,49	649,44	730,62		II	8 312	457,16	664,96	748,08
	III	4 934	271,37	394,72	444,06		III	5 080	279,40	406,40	457,20		III	5 228	287,54	418,24	470,52
	V	12 870	707,85	1 029,60	1 158,30		V	13 101	720,55	1 048,08	1 179,09		V	13 333	733,31	1 066,64	1 199,97
	VI	13 271	729,90	1 061,68	1 194,39		VI	13 503	742,66	1 080,24	1 215,27		VI	13 734	755,37	1 098,72	1 236,06
45 179,99	I,IV	8 397	461,83	671,76	755,73	45 755,99	I,IV	8 592	472,56	687,36	773,28	46 331,99	I,IV	8 788	483,34	703,04	790,92
	II	7 939	436,64	635,12	714,51		II	8 131	447,20	650,48	731,79		II	8 324	457,82	665,92	749,16
	III	4 944	271,92	395,52	444,96		III	5 090	279,95	407,20	458,10		III	5 238	288,09	419,04	471,42
	V	12 885	708,67	1 030,80	1 159,65		V	13 116	721,38	1 049,28	1 180,44		V	13 347	734,08	1 067,76	1 201,23
	VI	13 286	730,73	1 062,88	1 195,74		VI	13 517	743,43	1 081,36	1 216,53		VI	13 748	756,14	1 099,84	1 237,32
45 215,99	I,IV	8 409	462,49	672,72	756,81	45 791,99	I,IV	8 604	473,22	688,32	774,36	46 367,99	I,IV	8 801	484,05	704,08	792,09
	II	7 950	437,25	636,—	715,50		II	8 142	447,81	651,36	732,78		II	8 336	458,48	666,88	750,24
	III	4 952	272,36	396,16	445,68		III	5 100	280,50	408,—	459,—		III	5 246	288,53	419,68	472,14
	V	12 899	709,44	1 031,92	1 160,91		V	13 130	722,15	1 050,40	1 181,70		V	13 362	734,91	1 068,96	1 202,58
	VI	13 300	731,50	1 064,—	1 197,—		VI	13 532	744,26	1 082,56	1 217,88		VI	13 763	756,96	1 101,04	1 238,67
45 251,99	I,IV	8 421	463,15	673,68	757,89	45 827,99	I,IV	8 616	473,88	689,28	775,44	46 403,99	I,IV	8 813	484,71	705,04	793,17
	II	7 963	437,96	637,04	716,67		II	8 154	448,47	652,32	733,86		II	8 348	459,14	667,84	751,32
	III	4 962	272,91	396,96	446,58		III	5 108	280,94	408,64	459,72		III	5 256	289,08	420,48	473,04
	V	12 913	710,21	1 033,04	1 162,17		V	13 144	722,92	1 051,52	1 182,96		V	13 376	735,68	1 070,08	1 203,84
	VI	13 315	732,32	1 065,20	1 198,35		VI	13 546	745,03	1 083,68	1 219,14		VI	13 777	757,73	1 102,16	1 239,93
45 287,99	I,IV	8 433	463,81	674,64	758,97	45 863,99	I,IV	8 629	474,59	690,32	776,61	46 439,99	I,IV	8 826	485,43	706,08	794,34
	II	7 974	438,57	637,92	717,66		II	8 167	449,18	653,36	735,03		II	8 360	459,80	668,80	752,40
	III	4 972	273,46	397,76	447,48		III	5 118	281,49	409,44	460,62		III	5 266	289,63	421,28	473,94
	V	12 928	711,04	1 034,24	1 163,52		V	13 159	723,74	1 052,72	1 184,31		V	13 391	736,50	1 071,28	1 205,19
	VI	13 329	733,09	1 066,32	1 199,61		VI	13 561	745,85	1 084,88	1 220,49		VI	13 792	758,56	1 103,36	1 241,28
45 323,99	I,IV	8 445	464,47	675,60	760,05	45 899,99	I,IV	8 641	475,25	691,28	777,69	46 475,99	I,IV	8 838	486,09	707,04	795,42
	II	7 986	439,23	638,88	718,74		II	8 179	449,84	654,32	736,11		II	8 372	460,46	669,76	753,48
	III	4 980	273,90	398,40	448,20		III	5 126	281,93	410,08	461,34		III	5 274	290,07	421,92	474,66
	V	12 942	711,81	1 035,36	1 164,78		V	13 173	724,51	1 053,84	1 185,57		V	13 405	737,27	1 072,40	1 206,45
	VI	13 344	733,92	1 067,52	1 200,96		VI	13 575	746,62	1 086,—	1 221,75		VI	13 806	759,33	1 104,48	1 242,54
45 359,99	I,IV	8 458	465,19	676,64	761,22	45 935,99	I,IV	8 653	475,91	692,24	778,77	46 511,99	I,IV	8 850	486,75	708,—	796,50
	II	7 998	439,89	639,84	719,82		II	8 191	450,50	655,28	737,19		II	8 384	461,12	670,72	754,56
	III	4 990	274,45	399,20	449,10		III	5 136	282,48	410,88	462,24		III	5 284	290,62	422,72	475,56
	V	12 957	712,63	1 036,56	1 166,13		V	13 188	725,34	1 055,04	1 186,92		V	13 419	738,04	1 073,52	1 207,71
	VI	13 358	734,69	1 068,64	1 202,22		VI	13 590	747,45	1 087,20	1 223,10		VI	13 821	760,15	1 105,68	1 243,89
45 395,99	I,IV	8 470	465,85	677,60	762,30	45 971,99	I,IV	8 665	476,57	693,20	779,85	46 547,99	I,IV	8 863	487,46	709,04	797,67
	II	8 010	440,55	640,80	720,90		II	8 203	451,16	656,24	738,27		II	8 397	461,83	671,76	755,73
	III	4 998	274,89	399,84	449,82		III	5 146	283,03	411,68	463,14		III	5 292	291,06	423,36	476,28
	V	12 971	713,40	1 037,68	1 167,39		V	13 202	726,11	1 056,16	1 188,18		V	13 434	738,87	1 074,72	1 209,06
	VI	13 373	735,51	1 069,84	1 203,57		VI	13 604	748,22	1 088,32	1 224,36		VI	13 835	760,92	1 106,80	1 245,15
45 431,99	I,IV	8 482	466,51	678,56	763,38	46 007,99	I,IV	8 678	477,29	694,24	781,02	46 583,99	I,IV	8 875	488,12	710,—	798,75
	II	8 022	441,21	641,76	721,98		II	8 215	451,82	657,20	739,35		II	8 409	462,49	672,72	756,81
	III	5 008	275,44	400,64	450,72		III	5 154	283,47	412,32	463,86		III	5 302	291,61	424,16	477,18
	V	12 986	714,23	1 038,88	1 168,74		V	13 217	726,93	1 057,36	1 189,53		V	13 448	739,64	1 075,84	1 210,32
	VI	13 387	736,28	1 070,96	1 204,83		VI	13 618	748,99	1 089,44	1 225,62		VI	13 850	761,75	1 077,04	1 246,50
45 467,99	I,IV	8 494	467,17	679,52	764,46	46 043,99	I,IV	8 690	477,95	695,20	782,10	46 619,99	I,IV	8 887	488,78	710,96	799,83
	II	8 034	441,87	642,72	723,06		II	8 227	452,48	658,16	740,43		II	8 421	463,15	673,68	757,89
	III	5 016	275,88	401,28	451,44		III	5 164	284,02	413,12	464,76		III	5 312	292,16	424,96	478,08
	V	13 000	715,—	1 040,—	1 170,—		V	13 231	727,70	1 058,48	1 190,79		V	13 463	740,46	1 077,04	1 211,67
	VI	13 402	737,11	1 072,16	1 206,18		VI	13 633	749,81	1 090,64	1 226,97		VI	13 864	762,52	1 109,12	1 247,76
45 503,99	I,IV	8 506	467,83	680,48	765,54	46 079,99	I,IV	8 702	478,61	696,16	783,18	46 655,99	I,IV	8 900	489,50	712,—	801,—
	II	8 046	442,53	643,68	724,14		II	8 239	453,14	659,12	741,51		II	8 433	463,81	674,64	758,97
	III	5 026	276,43	402,08	452,34		III	5 172	284,46	413,76	465,48		III	5 320	292,60	425,60	478,80
	V	13 015	715,82	1 041,20	1 171,35		V	13 246	728,53	1 059,68	1 192,14		V	13 477	741,23	1 078,16	1 212,93
	VI	13 416	737,88	1 073,28	1 207,44		VI	13 647	750,58	1 091,76	1 228,23		VI	13 879	763,34	1 110,32	1 249,11

* Die ausgewiesenen Tabellenwerte sind amtlich. Siehe Erläuterungen auf der Umschlaginnenseite (U2).

48 383,99*

Sonstige Bezüge / A-Tarif

Lohn/Gehalt bis €*	Steuerklasse	LSt	SolZ	8%	9%
		Lohnsteuer, Solidaritätszuschlag und Kirchensteuer in den Steuerklassen I – VI			
46 691,99	I,IV	8 912	490,16	712,96	802,08
	II	8 445	464,47	675,60	760,05
	III	5 330	293,15	426,40	479,70
	V	13 492	742,06	1 079,36	1 214,28
	VI	13 893	764,11	1 111,44	1 250,37
46 727,99	I,IV	8 925	490,87	714,—	803,25
	II	8 458	465,19	676,64	761,22
	III	5 340	293,70	427,20	480,60
	V	13 506	742,83	1 080,48	1 215,54
	VI	13 908	764,94	1 112,64	1 251,72
46 763,99	I,IV	8 937	491,53	714,96	804,33
	II	8 470	465,85	677,60	762,30
	III	5 348	294,14	427,84	481,32
	V	13 520	743,60	1 081,60	1 216,80
	VI	13 922	765,71	1 113,76	1 252,98
46 799,99	I,IV	8 949	492,19	715,92	805,41
	II	8 482	466,51	678,56	763,38
	III	5 358	294,69	428,64	482,22
	V	13 535	744,42	1 082,80	1 218,15
	VI	13 937	766,53	1 114,96	1 254,33
46 835,99	I,IV	8 962	492,91	716,96	806,58
	II	8 494	467,17	679,52	764,46
	III	5 368	295,24	429,44	483,12
	V	13 549	745,19	1 083,92	1 219,41
	VI	13 951	767,30	1 116,08	1 255,59
46 871,99	I,IV	8 974	493,57	717,92	807,66
	II	8 506	467,83	680,48	765,54
	III	5 376	295,68	430,08	483,84
	V	13 564	746,02	1 085,12	1 220,76
	VI	13 966	768,13	1 117,28	1 256,94
46 907,99	I,IV	8 986	494,23	718,88	808,74
	II	8 518	468,49	681,44	766,62
	III	5 386	296,23	430,88	484,74
	V	13 578	746,79	1 086,24	1 222,02
	VI	13 980	768,90	1 118,40	1 258,20
46 943,99	I,IV	8 999	494,94	719,92	809,91
	II	8 531	469,20	682,48	767,79
	III	5 394	296,67	431,52	485,46
	V	13 593	747,61	1 087,44	1 223,37
	VI	13 994	769,67	1 119,52	1 259,46
46 979,99	I,IV	9 011	495,60	720,88	810,99
	II	8 543	469,86	683,44	768,87
	III	5 404	297,22	432,32	486,36
	V	13 607	748,38	1 088,56	1 224,63
	VI	14 009	770,49	1 120,72	1 260,81
47 015,99	I,IV	9 024	496,32	721,92	812,16
	II	8 555	470,52	684,40	769,95
	III	5 414	297,77	433,12	487,26
	V	13 622	749,21	1 089,76	1 225,98
	VI	14 023	771,26	1 121,84	1 262,07
47 051,99	I,IV	9 036	496,98	722,88	813,24
	II	8 567	471,18	685,36	771,03
	III	5 422	298,21	433,76	487,98
	V	13 636	749,98	1 090,88	1 227,24
	VI	14 038	772,09	1 123,04	1 263,42
47 087,99	I,IV	9 049	497,69	723,92	814,41
	II	8 580	471,90	686,40	772,20
	III	5 432	298,76	434,56	488,88
	V	13 651	750,80	1 092,08	1 228,59
	VI	14 052	772,86	1 124,16	1 264,68
47 123,99	I,IV	9 061	498,35	724,88	815,49
	II	8 592	472,56	687,36	773,28
	III	5 442	299,31	435,36	489,78
	V	13 665	751,57	1 093,20	1 229,85
	VI	14 067	773,68	1 125,36	1 266,03
47 159,99	I,IV	9 074	499,07	725,92	816,66
	II	8 604	473,22	688,32	774,36
	III	5 450	299,75	436,—	490,50
	V	13 680	752,40	1 094,40	1 231,20
	VI	14 081	774,45	1 126,48	1 267,29
47 195,99	I,IV	9 086	499,73	726,88	817,74
	II	8 616	473,88	689,28	775,44
	III	5 460	300,30	436,80	491,40
	V	13 694	753,17	1 095,52	1 232,46
	VI	14 095	775,22	1 127,60	1 268,55
47 231,99	I,IV	9 099	500,44	727,92	818,91
	II	8 629	474,59	690,32	776,61
	III	5 470	300,85	437,60	492,30
	V	13 709	753,99	1 096,72	1 233,81
	VI	14 110	776,05	1 128,80	1 269,90
47 267,99	I,IV	9 111	501,10	728,88	819,99
	II	8 641	475,25	691,28	777,69
	III	5 478	301,29	438,24	493,02
	V	13 723	754,76	1 097,84	1 235,07
	VI	14 124	776,82	1 129,92	1 271,16
47 303,99	I,IV	9 124	501,82	729,92	821,16
	II	8 653	475,91	692,24	778,77
	III	5 488	301,84	439,04	493,92
	V	13 738	755,59	1 099,04	1 236,42
	VI	14 139	777,64	1 131,12	1 272,51
47 339,99	I,IV	9 136	502,48	730,88	822,24
	II	8 665	476,57	693,20	779,85
	III	5 498	302,39	439,84	494,82
	V	13 752	756,36	1 100,16	1 237,68
	VI	14 153	778,41	1 132,24	1 273,77
47 375,99	I,IV	9 149	503,19	731,92	823,41
	II	8 678	477,29	694,24	781,02
	III	5 506	302,83	440,48	495,54
	V	13 767	757,18	1 101,36	1 239,03
	VI	14 168	779,24	1 133,44	1 275,12
47 411,99	I,IV	9 161	503,85	732,88	824,49
	II	8 690	477,95	695,20	782,10
	III	5 516	303,38	441,28	496,44
	V	13 781	757,95	1 102,48	1 240,29
	VI	14 182	780,01	1 134,56	1 276,38
47 447,99	I,IV	9 173	504,51	733,84	825,57
	II	8 702	478,61	696,16	783,18
	III	5 524	303,82	441,92	497,16
	V	13 795	758,72	1 103,60	1 241,55
	VI	14 197	780,83	1 135,76	1 277,73
47 483,99	I,IV	9 186	505,23	734,88	826,74
	II	8 715	479,32	697,20	784,35
	III	5 534	304,37	442,72	498,06
	V	13 810	759,55	1 104,80	1 242,90
	VI	14 211	781,60	1 136,88	1 278,99
47 519,99	I,IV	9 198	505,89	735,84	827,82
	II	8 727	479,98	698,16	785,43
	III	5 544	304,92	443,52	498,96
	V	13 824	760,32	1 105,92	1 244,16
	VI	14 226	782,43	1 138,08	1 280,34
47 555,99	I,IV	9 211	506,60	736,88	828,99
	II	8 739	480,64	699,12	786,51
	III	5 552	305,36	444,16	499,68
	V	13 839	761,14	1 107,12	1 245,51
	VI	14 240	783,20	1 139,20	1 281,60
47 591,99	I,IV	9 223	507,26	737,84	830,07
	II	8 752	481,36	700,16	787,68
	III	5 562	305,91	444,96	500,58
	V	13 853	761,91	1 108,24	1 246,77
	VI	14 255	784,02	1 140,40	1 282,95
47 627,99	I,IV	9 236	507,98	738,88	831,24
	II	8 764	482,02	701,12	788,76
	III	5 572	306,46	445,76	501,48
	V	13 868	762,74	1 109,44	1 248,12
	VI	14 269	784,79	1 141,52	1 284,21
47 663,99	I,IV	9 249	508,69	739,92	832,41
	II	8 776	482,68	702,08	789,84
	III	5 582	307,01	446,56	502,38
	V	13 882	763,51	1 110,56	1 249,38
	VI	14 284	785,62	1 142,72	1 285,56
47 699,99	I,IV	9 261	509,35	740,88	833,49
	II	8 788	483,34	703,04	790,92
	III	5 590	307,45	447,20	503,10
	V	13 896	764,28	1 111,68	1 250,64
	VI	14 298	786,39	1 143,84	1 286,82
47 735,99	I,IV	9 274	510,07	741,92	834,66
	II	8 801	484,05	704,08	792,09
	III	5 600	308,—	448,—	504,—
	V	13 911	765,10	1 112,88	1 251,99
	VI	14 313	787,21	1 145,04	1 288,17
47 771,99	I,IV	9 286	510,73	742,88	835,74
	II	8 813	484,71	705,04	793,17
	III	5 608	308,44	448,64	504,72
	V	13 925	765,87	1 114,—	1 253,25
	VI	14 327	787,98	1 146,16	1 289,43
47 807,99	I,IV	9 299	511,44	743,92	836,91
	II	8 826	485,43	706,08	794,34
	III	5 618	308,99	449,44	505,62
	V	13 940	766,70	1 115,20	1 254,60
	VI	14 341	788,75	1 147,28	1 290,69
47 843,99	I,IV	9 311	512,10	744,88	837,99
	II	8 838	486,09	707,04	795,42
	III	5 628	309,54	450,24	506,52
	V	13 954	767,47	1 116,32	1 255,86
	VI	14 356	789,58	1 148,48	1 292,04
47 879,99	I,IV	9 324	512,82	745,92	839,16
	II	8 850	486,75	708,—	796,50
	III	5 638	310,09	451,04	507,42
	V	13 969	768,29	1 117,52	1 257,21
	VI	14 370	790,35	1 149,60	1 293,30
47 915,99	I,IV	9 336	513,48	746,88	840,24
	II	8 863	487,46	709,04	797,67
	III	5 646	310,53	451,68	508,14
	V	13 983	769,06	1 118,64	1 258,47
	VI	14 385	791,17	1 150,80	1 294,65
47 951,99	I,IV	9 349	514,19	747,92	841,41
	II	8 875	488,12	710,—	798,75
	III	5 656	311,08	452,48	509,04
	V	13 998	769,89	1 119,84	1 259,82
	VI	14 399	791,94	1 151,92	1 295,91
47 987,99	I,IV	9 362	514,91	748,96	842,58
	II	8 887	488,78	710,96	799,83
	III	5 666	311,63	453,28	509,94
	V	14 012	770,66	1 120,96	1 261,08
	VI	14 414	792,77	1 153,12	1 297,26
48 023,99	I,IV	9 374	515,57	749,92	843,66
	II	8 900	489,50	712,—	801,—
	III	5 674	312,07	453,92	510,66
	V	14 026	771,43	1 122,08	1 262,34
	VI	14 428	793,54	1 154,24	1 298,52
48 059,99	I,IV	9 387	516,28	750,96	844,83
	II	8 912	490,16	712,96	802,08
	III	5 684	312,62	454,72	511,56
	V	14 041	772,25	1 123,28	1 263,69
	VI	14 443	794,36	1 155,44	1 299,87
48 095,99	I,IV	9 399	516,94	751,92	845,91
	II	8 925	490,87	714,—	803,25
	III	5 694	313,17	455,52	512,46
	V	14 055	773,02	1 124,40	1 264,95
	VI	14 457	795,13	1 156,56	1 301,13
48 131,99	I,IV	9 412	517,66	752,96	847,08
	II	8 937	491,53	714,96	804,33
	III	5 702	313,61	456,16	513,18
	V	14 070	773,85	1 125,60	1 266,30
	VI	14 471	795,90	1 157,68	1 302,39
48 167,99	I,IV	9 425	518,37	754,—	848,25
	II	8 949	492,19	715,92	805,41
	III	5 712	314,16	456,96	514,08
	V	14 084	774,62	1 126,72	1 267,56
	VI	14 486	796,73	1 158,88	1 303,74
48 203,99	I,IV	9 437	519,03	754,96	849,33
	II	8 962	492,91	716,96	806,58
	III	5 722	314,71	457,76	514,98
	V	14 099	775,44	1 127,92	1 268,91
	VI	14 500	797,50	1 160,—	1 305,—
48 239,99	I,IV	9 450	519,75	756,—	850,50
	II	8 974	493,57	717,92	807,66
	III	5 730	315,15	458,40	515,70
	V	14 113	776,21	1 129,04	1 270,17
	VI	14 515	798,32	1 161,20	1 306,35
48 275,99	I,IV	9 462	520,41	756,96	851,58
	II	8 986	494,23	718,88	808,74
	III	5 740	315,70	459,20	516,60
	V	14 128	777,04	1 130,24	1 271,52
	VI	14 529	799,09	1 162,32	1 307,61
48 311,99	I,IV	9 475	521,12	758,—	852,75
	II	8 999	494,94	719,92	809,91
	III	5 750	316,25	460,—	517,50
	V	14 142	777,81	1 131,36	1 272,78
	VI	14 544	799,92	1 163,52	1 308,96
48 347,99	I,IV	9 488	521,84	759,04	853,92
	II	9 011	495,60	720,88	810,99
	III	5 758	316,69	460,64	518,22
	V	14 157	778,63	1 132,56	1 274,13
	VI	14 558	800,69	1 164,64	1 310,22
48 383,99	I,IV	9 500	522,50	760,—	855,—
	II	9 024	496,32	721,92	812,16
	III	5 768	317,24	461,44	519,12
	V	14 171	779,40	1 133,68	1 275,39
	VI	14 572	801,46	1 165,76	1 311,48

* Die ausgewiesenen Tabellenwerte sind amtlich. Siehe Erläuterungen auf der Umschlaginnenseite (U2).

Sonstige Bezüge / A-Tarif — 48 384,–*

Lohn/Gehalt bis €*	Klasse	LSt	SolZ	8%	9%
48 419,99	I,IV	9 513	523,21	761,04	856,17
	II	9 036	496,98	722,88	813,24
	III	5 778	317,79	462,24	520,02
	V	14 186	780,23	1 134,88	1 276,74
	VI	14 587	802,28	1 166,96	1 312,83
48 455,99	I,IV	9 526	523,93	762,08	857,34
	II	9 049	497,69	723,92	814,41
	III	5 786	318,23	462,88	520,74
	V	14 200	781,—	1 136,—	1 278,—
	VI	14 601	803,05	1 168,08	1 314,09
48 491,99	I,IV	9 538	524,59	763,04	858,42
	II	9 061	498,35	724,88	815,49
	III	5 796	318,78	463,68	521,64
	V	14 215	781,82	1 137,20	1 279,35
	VI	14 616	803,88	1 169,28	1 315,44
48 527,99	I,IV	9 551	525,30	764,08	859,59
	II	9 074	499,07	725,92	816,66
	III	5 806	319,33	464,48	522,54
	V	14 229	782,59	1 138,32	1 280,61
	VI	14 630	804,65	1 170,40	1 316,70
48 563,99	I,IV	9 564	526,02	765,12	860,76
	II	9 086	499,73	726,88	817,74
	III	5 816	319,88	465,28	523,44
	V	14 244	783,42	1 139,52	1 281,96
	VI	14 645	805,47	1 171,60	1 318,05
48 599,99	I,IV	9 576	526,68	766,08	861,84
	II	9 099	500,44	727,92	818,91
	III	5 824	320,32	465,92	524,16
	V	14 258	784,19	1 140,64	1 283,22
	VI	14 659	806,24	1 172,72	1 319,31
48 635,99	I,IV	9 589	527,39	767,12	863,01
	II	9 111	501,10	728,88	819,99
	III	5 834	320,87	466,72	525,06
	V	14 272	784,96	1 141,76	1 284,48
	VI	14 674	807,07	1 173,92	1 320,66
48 671,99	I,IV	9 602	528,11	768,16	864,18
	II	9 124	501,82	729,92	821,16
	III	5 844	321,42	467,52	525,96
	V	14 287	785,78	1 142,96	1 285,83
	VI	14 688	807,84	1 175,04	1 321,92
48 707,99	I,IV	9 614	528,77	769,12	865,26
	II	9 136	502,48	730,88	822,24
	III	5 852	321,86	468,16	526,68
	V	14 301	786,55	1 144,08	1 287,09
	VI	14 703	808,66	1 176,24	1 323,27
48 743,99	I,IV	9 627	529,48	770,16	866,43
	II	9 149	503,19	731,92	823,41
	III	5 862	322,41	468,96	527,58
	V	14 316	787,38	1 145,28	1 288,44
	VI	14 717	809,43	1 177,36	1 324,53
48 779,99	I,IV	9 640	530,20	771,20	867,60
	II	9 161	503,85	732,88	824,49
	III	5 872	322,96	469,76	528,48
	V	14 330	788,15	1 146,40	1 289,70
	VI	14 732	810,26	1 178,56	1 325,88
48 815,99	I,IV	9 653	530,91	772,24	868,77
	II	9 174	504,57	733,92	825,66
	III	5 882	323,51	470,56	529,38
	V	14 345	788,97	1 147,60	1 291,05
	VI	14 746	811,03	1 179,68	1 327,14
48 851,99	I,IV	9 665	531,57	773,20	869,85
	II	9 186	505,23	734,88	826,74
	III	5 890	323,95	471,20	530,10
	V	14 359	789,74	1 148,72	1 292,31
	VI	14 761	811,85	1 180,88	1 328,49
48 887,99	I,IV	9 678	532,29	774,24	871,02
	II	9 198	505,89	735,84	827,82
	III	5 900	324,50	472,—	531,—
	V	14 373	790,51	1 149,84	1 293,57
	VI	14 775	812,62	1 182,—	1 329,75
48 923,99	I,IV	9 691	533,—	775,28	872,19
	II	9 211	506,60	736,88	828,99
	III	5 910	325,05	472,80	531,90
	V	14 388	791,34	1 151,04	1 294,92
	VI	14 790	813,45	1 183,20	1 331,10
48 959,99	I,IV	9 703	533,66	776,24	873,27
	II	9 223	507,26	737,84	830,07
	III	5 918	325,49	473,44	532,62
	V	14 402	792,11	1 152,16	1 296,18
	VI	14 804	814,22	1 184,32	1 332,36
48 995,99	I,IV	9 716	534,38	777,28	874,44
	II	9 236	507,98	738,88	831,24
	III	5 928	326,04	474,24	533,52
	V	14 417	792,93	1 153,36	1 297,53
	VI	14 819	815,04	1 185,52	1 333,71
49 031,99	I,IV	9 729	535,09	778,32	875,61
	II	9 249	508,69	739,92	832,41
	III	5 938	326,59	475,04	534,42
	V	14 431	793,70	1 154,48	1 298,79
	VI	14 833	815,81	1 186,64	1 334,97
49 067,99	I,IV	9 742	535,81	779,36	876,78
	II	9 261	509,35	740,88	833,49
	III	5 948	327,14	475,84	535,32
	V	14 446	794,53	1 155,68	1 300,14
	VI	14 848	816,64	1 187,84	1 336,32
49 103,99	I,IV	9 754	536,47	780,32	877,86
	II	9 274	510,07	741,92	834,66
	III	5 956	327,58	476,48	536,04
	V	14 460	795,30	1 156,80	1 301,40
	VI	14 862	817,41	1 188,96	1 337,58
49 139,99	I,IV	9 767	537,18	781,36	879,03
	II	9 286	510,73	742,88	835,74
	III	5 966	328,13	477,28	536,94
	V	14 475	796,12	1 158,—	1 302,75
	VI	14 876	818,18	1 190,08	1 338,84
49 175,99	I,IV	9 780	537,90	782,40	880,20
	II	9 299	511,44	743,92	836,91
	III	5 976	328,68	478,08	537,84
	V	14 489	796,89	1 159,12	1 304,01
	VI	14 891	819,—	1 191,28	1 340,19
49 211,99	I,IV	9 792	538,56	783,36	881,28
	II	9 311	512,10	744,88	837,99
	III	5 984	329,12	478,72	538,56
	V	14 504	797,72	1 160,32	1 305,36
	VI	14 905	819,77	1 192,40	1 341,45
49 247,99	I,IV	9 805	539,27	784,40	882,45
	II	9 324	512,82	745,92	839,16
	III	5 994	329,67	479,52	539,46
	V	14 518	798,49	1 161,44	1 306,62
	VI	14 920	820,60	1 193,60	1 342,80
49 283,99	I,IV	9 818	539,99	785,44	883,62
	II	9 336	513,48	746,88	840,24
	III	6 004	330,22	480,32	540,36
	V	14 533	799,31	1 162,64	1 307,97
	VI	14 934	821,37	1 194,72	1 344,06
49 319,99	I,IV	9 831	540,70	786,48	884,79
	II	9 349	514,19	747,92	841,41
	III	6 012	330,66	480,96	541,08
	V	14 547	800,08	1 163,76	1 309,23
	VI	14 948	822,14	1 195,84	1 345,32
49 355,99	I,IV	9 844	541,42	787,52	885,96
	II	9 362	514,91	748,96	842,58
	III	6 022	331,21	481,76	541,98
	V	14 562	800,91	1 164,96	1 310,58
	VI	14 963	822,96	1 197,04	1 346,67
49 391,99	I,IV	9 856	542,08	788,48	887,04
	II	9 374	515,57	749,92	843,66
	III	6 032	331,76	482,56	542,88
	V	14 576	801,68	1 166,08	1 311,84
	VI	14 977	823,73	1 198,16	1 347,93
49 427,99	I,IV	9 869	542,79	789,52	888,21
	II	9 387	516,28	750,96	844,83
	III	6 042	332,31	483,36	543,78
	V	14 591	802,50	1 167,28	1 313,19
	VI	14 992	824,50	1 199,36	1 349,28
49 463,99	I,IV	9 882	543,51	790,56	889,38
	II	9 399	516,94	751,92	845,91
	III	6 050	332,75	484,—	544,50
	V	14 605	803,27	1 168,40	1 314,45
	VI	15 007	825,33	1 200,48	1 350,54
49 499,99	I,IV	9 895	544,22	791,60	890,55
	II	9 412	517,66	752,96	847,08
	III	6 060	333,30	484,80	545,40
	V	14 620	804,10	1 169,60	1 315,80
	VI	15 021	826,15	1 201,68	1 351,89
49 535,99	I,IV	9 908	544,94	792,64	891,72
	II	9 425	518,37	754,—	848,25
	III	6 070	333,85	485,60	546,30
	V	14 634	804,87	1 170,72	1 317,06
	VI	15 035	826,92	1 202,80	1 353,15
49 571,99	I,IV	9 920	545,60	793,60	892,80
	II	9 437	519,03	754,96	849,33
	III	6 080	334,40	486,40	547,20
	V	14 648	805,64	1 171,84	1 318,32
	VI	15 050	827,75	1 204,—	1 354,50
49 607,99	I,IV	9 933	546,31	794,64	893,97
	II	9 450	519,75	756,—	850,50
	III	6 088	334,84	487,04	547,92
	V	14 663	806,46	1 173,04	1 319,67
	VI	15 064	828,52	1 205,12	1 355,76
49 643,99	I,IV	9 946	547,03	795,68	895,14
	II	9 462	520,41	756,96	851,58
	III	6 098	335,39	487,84	548,82
	V	14 677	807,23	1 174,16	1 320,93
	VI	15 079	829,34	1 206,32	1 357,11
49 679,99	I,IV	9 959	547,74	796,72	896,31
	II	9 475	521,12	758,—	852,75
	III	6 108	335,94	488,64	549,72
	V	14 692	808,06	1 175,36	1 322,28
	VI	15 093	830,11	1 207,44	1 358,37
49 715,99	I,IV	9 972	548,46	797,76	897,48
	II	9 488	521,84	759,04	853,92
	III	6 118	336,49	489,44	550,62
	V	14 706	808,83	1 176,48	1 323,54
	VI	15 108	830,94	1 208,64	1 359,72
49 751,99	I,IV	9 985	549,17	798,80	898,65
	II	9 501	522,55	760,08	855,09
	III	6 126	336,93	490,08	551,34
	V	14 721	809,65	1 177,68	1 324,89
	VI	15 122	831,71	1 209,76	1 360,98
49 787,99	I,IV	9 998	549,89	799,84	899,82
	II	9 513	523,21	761,04	856,17
	III	6 136	337,48	490,88	552,24
	V	14 735	810,42	1 178,80	1 326,15
	VI	15 137	832,53	1 210,96	1 362,33
49 823,99	I,IV	10 010	550,55	800,80	900,90
	II	9 526	523,93	762,08	857,34
	III	6 146	338,03	491,68	553,14
	V	14 749	811,19	1 179,92	1 327,41
	VI	15 151	833,30	1 212,08	1 363,59
49 859,99	I,IV	10 023	551,26	801,84	902,07
	II	9 538	524,59	763,04	858,42
	III	6 156	338,58	492,48	554,04
	V	14 764	812,02	1 181,12	1 328,76
	VI	15 166	834,13	1 213,28	1 364,94
49 895,99	I,IV	10 036	551,98	802,88	903,24
	II	9 551	525,30	764,08	859,59
	III	6 164	339,02	493,12	554,76
	V	14 778	812,79	1 182,24	1 330,02
	VI	15 180	834,90	1 214,40	1 366,20
49 931,99	I,IV	10 049	552,69	803,92	904,41
	II	9 564	526,02	765,12	860,76
	III	6 174	339,57	493,92	555,66
	V	14 793	813,61	1 183,44	1 331,37
	VI	15 195	835,72	1 215,60	1 367,55
49 967,99	I,IV	10 062	553,41	804,96	905,58
	II	9 576	526,68	766,08	861,84
	III	6 184	340,12	494,72	556,56
	V	14 807	814,38	1 184,56	1 332,63
	VI	15 209	836,49	1 216,72	1 368,81
50 003,99	I,IV	10 075	554,12	806,—	906,75
	II	9 589	527,39	767,12	863,01
	III	6 194	340,67	495,52	557,46
	V	14 822	815,21	1 185,76	1 333,98
	VI	15 223	837,26	1 217,84	1 370,07
50 039,99	I,IV	10 088	554,84	807,04	907,92
	II	9 602	528,11	768,16	864,18
	III	6 202	341,11	496,16	558,18
	V	14 836	815,98	1 186,88	1 335,24
	VI	15 238	838,09	1 219,04	1 371,42
50 075,99	I,IV	10 100	555,50	808,—	909,—
	II	9 614	528,77	769,12	865,26
	III	6 212	341,66	496,96	559,08
	V	14 851	816,80	1 188,08	1 336,59
	VI	15 252	838,86	1 220,16	1 372,68
50 111,99	I,IV	10 114	556,27	809,12	910,26
	II	9 627	529,48	770,16	866,43
	III	6 222	342,21	497,76	559,98
	V	14 865	817,57	1 189,20	1 337,85
	VI	15 267	839,68	1 221,36	1 374,03

* Die ausgewiesenen Tabellenwerte sind amtlich. Siehe Erläuterungen auf der Umschlaginnenseite (U2).

51 839,99*

Sonstige Bezüge / A-Tarif

Lohnsteuer, Solidaritätszuschlag und Kirchensteuer in den Steuerklassen I – VI

Lohn/Gehalt bis €*		LSt	SolZ	8%	9%
50 147,99	I,IV	10 126	556,93	810,08	911,34
	II	9 640	530,20	771,20	867,60
	III	6 232	342,76	498,56	560,88
	V	14 880	818,40	1 190,40	1 339,20
	VI	15 281	840,45	1 222,48	1 375,29
50 183,99	I,IV	10 139	557,64	811,12	912,51
	II	9 653	530,91	772,24	868,77
	III	6 242	343,31	499,36	561,78
	V	14 894	819,17	1 191,52	1 340,46
	VI	15 296	841,28	1 223,68	1 376,64
50 219,99	I,IV	10 152	558,36	812,16	913,68
	II	9 665	531,57	773,20	869,85
	III	6 250	343,75	500,—	562,50
	V	14 908	819,94	1 192,64	1 341,72
	VI	15 310	842,05	1 224,80	1 377,90
50 255,99	I,IV	10 165	559,07	813,20	914,85
	II	9 678	532,29	774,24	871,02
	III	6 260	344,30	500,80	563,40
	V	14 923	820,76	1 193,84	1 343,07
	VI	15 324	842,82	1 225,92	1 379,16
50 291,99	I,IV	10 178	559,79	814,24	916,02
	II	9 691	533,—	775,28	872,19
	III	6 270	344,85	501,60	564,30
	V	14 937	821,53	1 194,96	1 344,33
	VI	15 339	843,64	1 227,12	1 380,51
50 327,99	I,IV	10 191	560,50	815,28	917,19
	II	9 703	533,66	776,24	873,27
	III	6 278	345,29	502,24	565,02
	V	14 952	822,36	1 196,16	1 345,68
	VI	15 353	844,41	1 228,24	1 381,77
50 363,99	I,IV	10 204	561,22	816,32	918,36
	II	9 716	534,38	777,28	874,44
	III	6 288	345,84	503,04	565,92
	V	14 966	823,13	1 197,28	1 346,94
	VI	15 368	845,24	1 229,44	1 383,12
50 399,99	I,IV	10 217	561,93	817,36	919,53
	II	9 729	535,09	778,32	875,61
	III	6 298	346,39	503,84	566,82
	V	14 981	823,95	1 198,48	1 348,29
	VI	15 382	846,01	1 230,56	1 384,38
50 435,99	I,IV	10 230	562,65	818,40	920,70
	II	9 742	535,81	779,36	876,78
	III	6 308	346,94	504,64	567,72
	V	14 995	824,72	1 199,60	1 349,55
	VI	15 397	846,83	1 231,76	1 385,73
50 471,99	I,IV	10 243	563,36	819,44	921,87
	II	9 754	536,47	780,32	877,86
	III	6 318	347,49	505,44	568,62
	V	15 010	825,55	1 200,80	1 350,90
	VI	15 411	847,60	1 232,88	1 386,99
50 507,99	I,IV	10 256	564,08	820,48	923,04
	II	9 767	537,18	781,36	879,03
	III	6 326	347,93	506,08	569,34
	V	15 024	826,32	1 201,92	1 352,16
	VI	15 426	848,43	1 234,08	1 388,34
50 543,99	I,IV	10 269	564,79	821,52	924,21
	II	9 780	537,90	782,40	880,20
	III	6 336	348,48	506,88	570,24
	V	15 039	827,14	1 203,12	1 353,51
	VI	15 440	849,20	1 235,20	1 389,60
50 579,99	I,IV	10 282	565,51	822,56	925,38
	II	9 792	538,56	783,36	881,28
	III	6 346	349,03	507,68	571,14
	V	15 053	827,91	1 204,24	1 354,77
	VI	15 454	849,97	1 236,32	1 390,86
50 615,99	I,IV	10 295	566,22	823,60	926,55
	II	9 805	539,27	784,40	882,45
	III	6 356	349,58	508,48	572,04
	V	15 068	828,74	1 205,44	1 356,12
	VI	15 469	850,79	1 237,52	1 392,21
50 651,99	I,IV	10 308	566,94	824,64	927,72
	II	9 818	539,99	785,44	883,62
	III	6 364	350,02	509,12	572,76
	V	15 082	829,51	1 206,56	1 357,38
	VI	15 483	851,56	1 238,64	1 393,47
50 687,99	I,IV	10 321	567,65	825,68	928,89
	II	9 831	540,70	786,48	884,79
	III	6 374	350,57	509,92	573,66
	V	15 097	830,33	1 207,76	1 358,73
	VI	15 498	852,39	1 239,84	1 394,82

Lohnsteuer, Solidaritätszuschlag und Kirchensteuer in den Steuerklassen I – VI

Lohn/Gehalt bis €*		LSt	SolZ	8%	9%
50 723,99	I,IV	10 334	568,37	826,72	930,06
	II	9 844	541,42	787,52	885,96
	III	6 384	351,12	510,72	574,56
	V	15 111	831,10	1 208,88	1 359,99
	VI	15 512	853,16	1 240,96	1 396,08
50 759,99	I,IV	10 346	569,03	827,68	931,14
	II	9 856	542,08	788,48	887,04
	III	6 394	351,67	511,52	575,46
	V	15 125	831,87	1 210,—	1 361,25
	VI	15 527	853,98	1 242,16	1 397,43
50 795,99	I,IV	10 360	569,80	828,80	932,40
	II	9 869	542,79	789,52	888,21
	III	6 404	352,22	512,32	576,36
	V	15 140	832,70	1 211,20	1 362,60
	VI	15 541	854,75	1 243,28	1 398,69
50 831,99	I,IV	10 372	570,46	829,76	933,48
	II	9 882	543,51	790,56	889,38
	III	6 412	352,66	512,96	577,08
	V	15 154	833,47	1 212,32	1 363,86
	VI	15 556	855,58	1 244,48	1 400,04
50 867,99	I,IV	10 386	571,23	830,88	934,74
	II	9 895	544,22	791,60	890,55
	III	6 422	353,21	513,76	577,98
	V	15 169	834,29	1 213,52	1 365,21
	VI	15 570	856,35	1 245,60	1 401,30
50 903,99	I,IV	10 399	571,94	831,92	935,91
	II	9 908	544,94	792,64	891,72
	III	6 432	353,76	514,56	578,88
	V	15 183	835,06	1 214,64	1 366,47
	VI	15 585	857,17	1 246,80	1 402,65
50 939,99	I,IV	10 412	572,66	832,96	937,08
	II	9 921	545,65	793,68	892,89
	III	6 442	354,31	515,36	579,78
	V	15 198	835,89	1 215,84	1 367,82
	VI	15 599	857,94	1 247,92	1 403,91
50 975,99	I,IV	10 425	573,37	834,—	938,25
	II	9 933	546,31	794,64	893,97
	III	6 450	354,75	516,—	580,50
	V	15 212	836,66	1 216,96	1 369,08
	VI	15 614	858,77	1 249,12	1 405,26
51 011,99	I,IV	10 438	574,09	835,04	939,42
	II	9 946	547,03	795,68	895,14
	III	6 460	355,30	516,80	581,40
	V	15 226	837,43	1 218,08	1 370,34
	VI	15 628	859,54	1 250,24	1 406,52
51 047,99	I,IV	10 451	574,80	836,08	940,59
	II	9 959	547,74	796,72	896,31
	III	6 470	355,85	517,60	582,30
	V	15 241	838,25	1 219,28	1 371,69
	VI	15 643	860,36	1 251,44	1 407,87
51 083,99	I,IV	10 464	575,52	837,12	941,76
	II	9 972	548,46	797,76	897,48
	III	6 480	356,40	518,40	583,20
	V	15 255	839,02	1 220,40	1 372,95
	VI	15 657	861,13	1 252,56	1 409,13
51 119,99	I,IV	10 477	576,23	838,16	942,93
	II	9 985	549,17	798,80	898,65
	III	6 490	356,95	519,20	584,10
	V	15 270	839,85	1 221,60	1 374,30
	VI	15 672	861,96	1 253,76	1 410,48
51 155,99	I,IV	10 490	576,95	839,20	944,10
	II	9 998	549,89	799,84	899,82
	III	6 498	357,39	519,84	584,82
	V	15 284	840,62	1 222,72	1 375,56
	VI	15 686	862,73	1 254,88	1 411,74
51 191,99	I,IV	10 503	577,66	840,24	945,27
	II	10 011	550,60	800,88	900,99
	III	6 508	357,94	520,64	585,72
	V	15 299	841,44	1 223,92	1 376,91
	VI	15 701	863,55	1 256,08	1 413,09
51 227,99	I,IV	10 516	578,38	841,28	946,44
	II	10 023	551,26	801,84	902,07
	III	6 518	358,49	521,44	586,62
	V	15 313	842,21	1 225,04	1 378,17
	VI	15 715	864,32	1 257,20	1 414,35
51 263,99	I,IV	10 529	579,09	842,32	947,61
	II	10 036	551,98	802,88	903,24
	III	6 528	359,04	522,24	587,52
	V	15 328	843,04	1 226,24	1 379,52
	VI	15 729	865,09	1 258,32	1 415,61

Lohnsteuer, Solidaritätszuschlag und Kirchensteuer in den Steuerklassen I – VI

Lohn/Gehalt bis €*		LSt	SolZ	8%	9%
51 299,99	I,IV	10 542	579,81	843,36	948,78
	II	10 049	552,69	803,92	904,41
	III	6 538	359,59	523,04	588,42
	V	15 342	843,81	1 227,36	1 380,78
	VI	15 744	865,92	1 259,52	1 416,96
51 335,99	I,IV	10 555	580,52	844,40	949,95
	II	10 062	553,41	804,96	905,58
	III	6 546	360,03	523,68	589,14
	V	15 357	844,63	1 228,56	1 382,13
	VI	15 758	866,69	1 260,64	1 418,22
51 371,99	I,IV	10 568	581,24	845,44	951,12
	II	10 075	554,12	806,—	906,75
	III	6 556	360,58	524,48	590,04
	V	15 371	845,40	1 229,68	1 383,39
	VI	15 773	867,51	1 261,84	1 419,57
51 407,99	I,IV	10 581	581,95	846,48	952,29
	II	10 088	554,84	807,04	907,92
	III	6 566	361,13	525,28	590,94
	V	15 386	846,23	1 230,88	1 384,74
	VI	15 787	868,28	1 262,96	1 420,83
51 443,99	I,IV	10 594	582,67	847,52	953,46
	II	10 100	555,50	808,—	909,—
	III	6 576	361,68	526,08	591,84
	V	15 400	847,—	1 232,—	1 386,—
	VI	15 801	869,05	1 264,08	1 422,09
51 479,99	I,IV	10 608	583,44	848,64	954,72
	II	10 114	556,27	809,12	910,26
	III	6 586	362,23	526,88	592,74
	V	15 415	847,82	1 233,20	1 387,35
	VI	15 816	869,88	1 265,28	1 423,44
51 515,99	I,IV	10 621	584,15	849,68	955,89
	II	10 126	556,93	810,08	911,34
	III	6 594	362,67	527,52	593,46
	V	15 429	848,59	1 234,32	1 388,61
	VI	15 830	870,65	1 266,40	1 424,70
51 551,99	I,IV	10 634	584,87	850,72	957,06
	II	10 139	557,64	811,12	912,51
	III	6 604	363,22	528,32	594,36
	V	15 444	849,42	1 235,52	1 389,96
	VI	15 845	871,47	1 267,60	1 426,05
51 587,99	I,IV	10 647	585,58	851,76	958,23
	II	10 152	558,36	812,16	913,68
	III	6 614	363,77	529,12	595,26
	V	15 458	850,19	1 236,64	1 391,22
	VI	15 859	872,24	1 268,72	1 427,31
51 623,99	I,IV	10 660	586,30	852,80	959,40
	II	10 165	559,07	813,20	914,85
	III	6 624	364,32	529,92	596,16
	V	15 473	851,01	1 237,84	1 392,57
	VI	15 874	873,07	1 269,92	1 428,66
51 659,99	I,IV	10 673	587,01	853,84	960,57
	II	10 178	559,79	814,24	916,02
	III	6 634	364,87	530,72	597,06
	V	15 487	851,78	1 238,96	1 393,83
	VI	15 888	873,84	1 271,04	1 429,92
51 695,99	I,IV	10 686	587,73	854,88	961,74
	II	10 191	560,50	815,28	917,19
	III	6 642	365,31	531,36	597,78
	V	15 501	852,55	1 240,08	1 395,09
	VI	15 903	874,66	1 272,24	1 431,27
51 731,99	I,IV	10 700	588,50	856,—	963,—
	II	10 204	561,22	816,32	918,36
	III	6 654	365,97	532,32	598,86
	V	15 516	853,38	1 241,28	1 396,44
	VI	15 917	875,43	1 273,36	1 432,53
51 767,99	I,IV	10 713	589,21	857,04	964,17
	II	10 217	561,93	817,36	919,53
	III	6 662	366,41	532,96	599,58
	V	15 530	854,15	1 242,40	1 397,70
	VI	15 932	876,26	1 274,56	1 433,88
51 803,99	I,IV	10 726	589,93	858,08	965,34
	II	10 230	562,65	818,40	920,70
	III	6 672	366,96	533,76	600,48
	V	15 545	854,97	1 243,60	1 399,05
	VI	15 946	877,03	1 275,68	1 435,14
51 839,99	I,IV	10 739	590,64	859,12	966,51
	II	10 243	563,36	819,44	921,87
	III	6 682	367,51	534,56	601,38
	V	15 559	855,74	1 244,72	1 400,31
	VI	15 961	877,85	1 276,88	1 436,49

* Die ausgewiesenen Tabellenwerte sind amtlich. Siehe Erläuterungen auf der Umschlaginnenseite (U2).

Sonstige Bezüge / A-Tarif — 51 840,–*

Lohn/Gehalt bis €*	StKl	LSt	SolZ	8%	9%
51 875,99	I,IV	10 752	591,36	860,16	967,68
	II	10 256	564,08	820,48	923,04
	III	6 692	368,06	535,36	602,28
	V	15 574	856,57	1 245,92	1 401,66
	VI	15 975	878,62	1 278,—	1 437,75
51 911,99	I,IV	10 765	592,07	861,20	968,85
	II	10 269	564,79	821,52	924,21
	III	6 702	368,61	536,16	603,18
	V	15 588	857,34	1 247,04	1 402,92
	VI	15 990	879,45	1 279,20	1 439,10
51 947,99	I,IV	10 778	592,79	862,24	970,02
	II	10 282	565,51	822,56	925,38
	III	6 710	369,05	536,80	603,90
	V	15 602	858,11	1 248,16	1 404,18
	VI	16 004	880,22	1 280,32	1 440,36
51 983,99	I,IV	10 792	593,56	863,36	971,28
	II	10 295	566,22	823,60	926,55
	III	6 720	369,60	537,60	604,80
	V	15 617	858,93	1 249,36	1 405,53
	VI	16 019	881,04	1 281,52	1 441,71
52 019,99	I,IV	10 805	594,27	864,40	972,45
	II	10 308	566,94	824,64	927,72
	III	6 730	370,15	538,40	605,70
	V	15 631	859,70	1 250,48	1 406,79
	VI	16 033	881,81	1 282,64	1 442,97
52 055,99	I,IV	10 818	594,99	865,44	973,62
	II	10 321	567,65	825,68	928,89
	III	6 740	370,70	539,20	606,60
	V	15 646	860,53	1 251,68	1 408,14
	VI	16 048	882,64	1 283,84	1 444,32
52 091,99	I,IV	10 831	595,70	866,48	974,79
	II	10 334	568,37	826,72	930,06
	III	6 750	371,25	540,—	607,50
	V	15 660	861,30	1 252,80	1 409,40
	VI	16 062	883,41	1 284,96	1 445,58
52 127,99	I,IV	10 845	596,47	867,60	976,05
	II	10 347	569,08	827,76	931,23
	III	6 760	371,80	540,80	608,40
	V	15 675	862,12	1 254,—	1 410,75
	VI	16 077	884,23	1 286,16	1 446,93
52 163,99	I,IV	10 858	597,19	868,64	977,22
	II	10 360	569,80	828,80	932,40
	III	6 768	372,24	541,44	609,12
	V	15 689	862,89	1 255,12	1 412,01
	VI	16 091	885,—	1 287,28	1 448,19
52 199,99	I,IV	10 871	597,90	869,68	978,39
	II	10 372	570,46	829,76	933,48
	III	6 778	372,79	542,24	610,02
	V	15 704	863,72	1 256,32	1 413,36
	VI	16 105	885,77	1 288,40	1 449,45
52 235,99	I,IV	10 884	598,62	870,72	979,56
	II	10 386	571,23	830,88	934,74
	III	6 788	373,34	543,04	610,92
	V	15 718	864,49	1 257,44	1 414,62
	VI	16 120	886,60	1 289,60	1 450,80
52 271,99	I,IV	10 897	599,33	871,76	980,73
	II	10 399	571,94	831,92	935,91
	III	6 798	373,89	543,84	611,82
	V	15 733	865,31	1 258,64	1 415,97
	VI	16 134	887,37	1 290,72	1 452,06
52 307,99	I,IV	10 911	600,10	872,88	981,99
	II	10 412	572,66	832,96	937,08
	III	6 808	374,44	544,64	612,72
	V	15 747	866,08	1 259,76	1 417,23
	VI	16 149	888,19	1 291,92	1 453,41
52 343,99	I,IV	10 924	600,82	873,92	983,16
	II	10 425	573,37	834,—	938,25
	III	6 816	374,88	545,28	613,44
	V	15 762	866,91	1 260,96	1 418,58
	VI	16 163	888,96	1 293,04	1 454,67
52 379,99	I,IV	10 937	601,53	874,96	984,33
	II	10 438	574,09	835,04	939,42
	III	6 828	375,54	546,24	614,52
	V	15 776	867,68	1 262,08	1 419,84
	VI	16 178	889,79	1 294,24	1 456,02
52 415,99	I,IV	10 950	602,25	876,—	985,50
	II	10 451	574,80	836,08	940,59
	III	6 836	375,98	546,88	615,24
	V	15 790	868,45	1 263,20	1 421,10
	VI	16 192	890,56	1 295,36	1 457,28
52 451,99	I,IV	10 963	602,96	877,04	986,67
	II	10 464	575,52	837,12	941,76
	III	6 846	376,53	547,68	616,14
	V	15 805	869,27	1 264,40	1 422,45
	VI	16 206	891,33	1 296,48	1 458,54
52 487,99	I,IV	10 977	603,73	878,16	987,93
	II	10 477	576,23	838,16	942,93
	III	6 856	377,08	548,48	617,04
	V	15 819	870,04	1 265,52	1 423,71
	VI	16 221	892,15	1 297,68	1 459,89
52 523,99	I,IV	10 990	604,45	879,20	989,10
	II	10 490	576,95	839,20	944,10
	III	6 866	377,63	549,28	617,94
	V	15 834	870,87	1 266,72	1 425,06
	VI	16 235	892,92	1 298,80	1 461,15
52 559,99	I,IV	11 004	605,22	880,32	990,36
	II	10 503	577,66	840,24	945,27
	III	6 876	378,18	550,08	618,84
	V	15 848	871,64	1 267,84	1 426,32
	VI	16 250	893,75	1 300,—	1 462,50
52 595,99	I,IV	11 017	605,93	881,36	991,53
	II	10 516	578,38	841,28	946,44
	III	6 886	378,73	550,88	619,74
	V	15 863	872,46	1 269,04	1 427,67
	VI	16 264	894,52	1 301,12	1 463,76
52 631,99	I,IV	11 030	606,65	882,40	992,70
	II	10 529	579,09	842,32	947,61
	III	6 894	379,17	551,52	620,46
	V	15 877	873,23	1 270,16	1 428,93
	VI	16 279	895,34	1 302,32	1 465,11
52 667,99	I,IV	11 043	607,36	883,44	993,87
	II	10 542	579,81	843,36	948,78
	III	6 904	379,72	552,32	621,36
	V	15 892	874,06	1 271,36	1 430,28
	VI	16 293	896,11	1 303,44	1 466,37
52 703,99	I,IV	11 056	608,08	884,48	995,04
	II	10 555	580,52	844,40	949,95
	III	6 914	380,27	553,12	622,26
	V	15 906	874,83	1 272,48	1 431,54
	VI	16 308	896,94	1 304,64	1 467,72
52 739,99	I,IV	11 070	608,85	885,60	996,30
	II	10 568	581,24	845,44	951,12
	III	6 924	380,82	553,92	623,16
	V	15 921	875,65	1 273,68	1 432,89
	VI	16 322	897,71	1 305,76	1 468,98
52 775,99	I,IV	11 083	609,56	886,64	997,47
	II	10 581	581,95	846,48	952,29
	III	6 934	381,37	554,72	624,06
	V	15 935	876,42	1 274,80	1 434,15
	VI	16 336	898,48	1 306,88	1 470,24
52 811,99	I,IV	11 097	610,33	887,76	998,73
	II	10 595	582,72	847,60	953,55
	III	6 944	381,92	555,52	624,96
	V	15 950	877,25	1 276,—	1 435,50
	VI	16 351	899,30	1 308,08	1 471,59
52 847,99	I,IV	11 110	611,05	888,80	999,90
	II	10 608	583,44	848,64	954,72
	III	6 952	382,36	556,16	625,68
	V	15 964	878,02	1 277,12	1 436,76
	VI	16 365	900,07	1 309,20	1 472,85
52 883,99	I,IV	11 123	611,76	889,84	1 001,07
	II	10 621	584,15	849,68	955,89
	III	6 962	382,91	556,96	626,58
	V	15 979	878,79	1 278,24	1 438,02
	VI	16 380	900,90	1 310,40	1 474,20
52 919,99	I,IV	11 136	612,48	890,88	1 002,24
	II	10 634	584,87	850,72	957,06
	III	6 972	383,46	557,76	627,48
	V	15 993	879,61	1 279,44	1 439,37
	VI	16 394	901,67	1 311,52	1 475,46
52 955,99	I,IV	11 150	613,25	892,—	1 003,50
	II	10 647	585,58	851,76	958,23
	III	6 982	384,01	558,56	628,38
	V	16 007	880,38	1 280,56	1 440,63
	VI	16 409	902,49	1 312,72	1 476,81
52 991,99	I,IV	11 163	613,96	893,04	1 004,67
	II	10 660	586,30	852,80	959,40
	III	6 992	384,56	559,36	629,28
	V	16 022	881,21	1 281,76	1 441,98
	VI	16 423	903,26	1 313,84	1 478,07
53 027,99	I,IV	11 176	614,68	894,08	1 005,84
	II	10 673	587,01	853,84	960,57
	III	7 002	385,11	560,16	630,18
	V	16 036	881,98	1 282,88	1 443,24
	VI	16 438	904,09	1 315,04	1 479,42
53 063,99	I,IV	11 190	615,45	895,20	1 007,10
	II	10 687	587,78	854,96	961,83
	III	7 012	385,66	560,96	631,08
	V	16 051	882,80	1 284,08	1 444,59
	VI	16 452	904,86	1 316,16	1 480,68
53 099,99	I,IV	11 203	616,16	896,24	1 008,27
	II	10 700	588,50	856,—	963,—
	III	7 022	386,21	561,76	631,98
	V	16 065	883,57	1 285,20	1 445,85
	VI	16 467	905,68	1 317,36	1 482,03
53 135,99	I,IV	11 216	616,88	897,28	1 009,44
	II	10 713	589,21	857,04	964,17
	III	7 030	386,65	562,40	632,70
	V	16 079	884,34	1 286,32	1 447,11
	VI	16 481	906,45	1 318,48	1 483,29
53 171,99	I,IV	11 230	617,65	898,40	1 010,70
	II	10 726	589,93	858,08	965,34
	III	7 040	387,20	563,20	633,60
	V	16 094	885,17	1 287,52	1 448,46
	VI	16 496	907,28	1 319,68	1 484,64
53 207,99	I,IV	11 243	618,36	899,44	1 011,87
	II	10 739	590,64	859,12	966,51
	III	7 050	387,75	564,—	634,50
	V	16 108	885,94	1 288,64	1 449,72
	VI	16 510	908,05	1 320,80	1 485,90
53 243,99	I,IV	11 257	619,13	900,56	1 013,13
	II	10 752	591,36	860,16	967,68
	III	7 060	388,30	564,80	635,40
	V	16 123	886,76	1 289,84	1 451,07
	VI	16 525	908,87	1 322,—	1 487,25
53 279,99	I,IV	11 270	619,85	901,60	1 014,30
	II	10 765	592,07	861,20	968,85
	III	7 070	388,85	565,60	636,30
	V	16 137	887,53	1 290,96	1 452,33
	VI	16 539	909,64	1 323,12	1 488,51
53 315,99	I,IV	11 283	620,56	902,64	1 015,47
	II	10 779	592,84	862,32	970,11
	III	7 080	389,40	566,40	637,20
	V	16 152	888,36	1 292,16	1 453,68
	VI	16 554	910,47	1 324,32	1 489,86
53 351,99	I,IV	11 297	621,33	903,76	1 016,73
	II	10 792	593,56	863,36	971,28
	III	7 090	389,95	567,20	638,10
	V	16 166	889,13	1 293,28	1 454,94
	VI	16 568	911,24	1 325,44	1 491,12
53 387,99	I,IV	11 310	622,05	904,80	1 017,90
	II	10 805	594,27	864,40	972,45
	III	7 098	390,39	567,84	638,82
	V	16 181	889,95	1 294,48	1 456,29
	VI	16 582	912,01	1 326,56	1 492,38
53 423,99	I,IV	11 324	622,82	905,92	1 019,16
	II	10 818	594,99	865,44	973,62
	III	7 110	391,05	568,80	639,90
	V	16 195	890,72	1 295,60	1 457,55
	VI	16 597	912,83	1 327,76	1 493,73
53 459,99	I,IV	11 337	623,53	906,96	1 020,33
	II	10 831	595,70	866,48	974,79
	III	7 118	391,49	569,44	640,62
	V	16 210	891,55	1 296,80	1 458,90
	VI	16 611	913,60	1 328,88	1 494,99
53 495,99	I,IV	11 350	624,25	908,—	1 021,50
	II	10 845	596,47	867,60	976,05
	III	7 128	392,04	570,24	641,52
	V	16 224	892,32	1 297,92	1 460,16
	VI	16 626	914,43	1 330,08	1 496,34
53 531,99	I,IV	11 364	625,02	909,12	1 022,76
	II	10 858	597,19	868,64	977,22
	III	7 138	392,59	571,04	642,42
	V	16 239	893,14	1 299,12	1 461,51
	VI	16 640	915,20	1 331,20	1 497,60
53 567,99	I,IV	11 377	625,73	910,16	1 023,93
	II	10 871	597,90	869,68	978,39
	III	7 148	393,14	571,84	643,32
	V	16 253	893,91	1 300,24	1 462,77
	VI	16 654	915,97	1 332,32	1 498,86

* Die ausgewiesenen Tabellenwerte sind amtlich. Siehe Erläuterungen auf der Umschlaginnenseite (U2).

55 295,99*

Sonstige Bezüge / A-Tarif

Lohn/ Gehalt bis €*	Steuerklasse	Lohnsteuer, Solidaritätszuschlag und Kirchensteuer in den Steuerklassen I – VI: LSt	SolZ	8%	9%
53 603,99	I,IV	11 391	626,50	911,28	1 025,19
	II	10 884	598,62	870,72	979,56
	III	7 158	393,69	572,64	644,22
	V	16 268	894,74	1 301,44	1 464,12
	VI	16 669	916,79	1 333,52	1 500,21
53 639,99	I,IV	11 404	627,22	912,32	1 026,36
	II	10 897	599,33	871,76	980,73
	III	7 168	394,24	573,44	645,12
	V	16 282	895,51	1 302,56	1 465,38
	VI	16 683	917,56	1 334,64	1 501,47
53 675,99	I,IV	11 417	627,93	913,36	1 027,53
	II	10 911	600,10	872,88	981,99
	III	7 178	394,79	574,24	646,02
	V	16 297	896,33	1 303,76	1 466,73
	VI	16 698	918,39	1 335,84	1 502,82
53 711,99	I,IV	11 431	628,70	914,48	1 028,79
	II	10 924	600,82	873,92	983,16
	III	7 186	395,23	574,88	646,74
	V	16 311	897,10	1 304,88	1 467,99
	VI	16 712	919,16	1 336,96	1 504,08
53 747,99	I,IV	11 444	629,42	915,52	1 029,96
	II	10 937	601,53	874,96	984,33
	III	7 198	395,89	575,84	647,82
	V	16 326	897,93	1 306,08	1 469,34
	VI	16 727	919,98	1 338,16	1 505,43
53 783,99	I,IV	11 458	630,19	916,64	1 031,22
	II	10 950	602,25	876,—	985,50
	III	7 206	396,33	576,48	648,54
	V	16 340	898,70	1 307,20	1 470,60
	VI	16 741	920,75	1 339,28	1 506,69
53 819,99	I,IV	11 471	630,90	917,68	1 032,39
	II	10 963	602,96	877,04	986,67
	III	7 216	396,88	577,28	649,44
	V	16 354	899,47	1 308,32	1 471,86
	VI	16 756	921,58	1 340,48	1 508,04
53 855,99	I,IV	11 485	631,67	918,80	1 033,65
	II	10 977	603,73	878,16	987,93
	III	7 226	397,43	578,08	650,34
	V	16 369	900,29	1 309,52	1 473,21
	VI	16 770	922,35	1 341,60	1 509,30
53 891,99	I,IV	11 498	632,39	919,84	1 034,82
	II	10 990	604,45	879,20	989,10
	III	7 236	397,98	578,88	651,24
	V	16 383	901,06	1 310,64	1 474,47
	VI	16 785	923,17	1 342,80	1 510,65
53 927,99	I,IV	11 512	633,16	920,96	1 036,08
	II	11 004	605,22	880,32	990,36
	III	7 246	398,53	579,68	652,14
	V	16 398	901,89	1 311,84	1 475,82
	VI	16 799	923,94	1 343,92	1 511,91
53 963,99	I,IV	11 525	633,87	922,—	1 037,25
	II	11 017	605,93	881,36	991,53
	III	7 256	399,08	580,48	653,04
	V	16 412	902,66	1 312,96	1 477,08
	VI	16 814	924,77	1 345,12	1 513,26
53 999,99	I,IV	11 539	634,64	923,12	1 038,51
	II	11 030	606,65	882,40	992,70
	III	7 266	399,63	581,28	653,94
	V	16 427	903,48	1 314,16	1 478,43
	VI	16 828	925,54	1 346,24	1 514,52
54 035,99	I,IV	11 552	635,36	924,16	1 039,68
	II	11 043	607,36	883,44	993,87
	III	7 276	400,18	582,08	654,84
	V	16 441	904,25	1 315,28	1 479,69
	VI	16 843	926,36	1 347,44	1 515,87
54 071,99	I,IV	11 565	636,07	925,20	1 040,85
	II	11 056	608,08	884,48	995,04
	III	7 284	400,62	582,72	655,56
	V	16 455	905,02	1 316,40	1 480,95
	VI	16 857	927,13	1 348,56	1 517,13
54 107,99	I,IV	11 579	636,84	926,32	1 042,11
	II	11 070	608,85	885,60	996,30
	III	7 296	401,28	583,68	656,64
	V	16 470	905,85	1 317,60	1 482,30
	VI	16 872	927,96	1 349,76	1 518,48
54 143,99	I,IV	11 592	637,56	927,36	1 043,28
	II	11 083	609,56	886,64	997,47
	III	7 304	401,72	584,32	657,36
	V	16 484	906,62	1 318,72	1 483,56
	VI	16 886	928,73	1 350,88	1 519,74
54 179,99	I,IV	11 606	638,33	928,48	1 044,54
	II	11 097	610,33	887,76	998,73
	III	7 314	402,27	585,12	658,26
	V	16 499	907,44	1 319,92	1 484,91
	VI	16 901	929,55	1 352,08	1 521,09
54 215,99	I,IV	11 620	639,10	929,60	1 045,80
	II	11 110	611,05	888,80	999,90
	III	7 324	402,82	585,92	659,16
	V	16 513	908,21	1 321,04	1 486,17
	VI	16 915	930,32	1 353,20	1 522,35
54 251,99	I,IV	11 633	639,81	930,64	1 046,97
	II	11 123	611,76	889,84	1 001,07
	III	7 334	403,37	586,72	660,06
	V	16 528	909,04	1 322,24	1 487,52
	VI	16 930	931,15	1 354,40	1 523,70
54 287,99	I,IV	11 647	640,58	931,76	1 048,23
	II	11 136	612,48	890,88	1 002,24
	III	7 344	403,92	587,52	660,96
	V	16 542	909,81	1 323,36	1 488,78
	VI	16 944	931,92	1 355,52	1 524,96
54 323,99	I,IV	11 660	641,30	932,80	1 049,40
	II	11 150	613,25	892,—	1 003,50
	III	7 354	404,47	588,32	661,86
	V	16 557	910,63	1 324,56	1 490,13
	VI	16 958	932,69	1 356,64	1 526,22
54 359,99	I,IV	11 674	642,07	933,92	1 050,66
	II	11 163	613,96	893,04	1 004,67
	III	7 364	405,02	589,12	662,76
	V	16 571	911,40	1 325,68	1 491,39
	VI	16 973	933,51	1 357,84	1 527,57
54 395,99	I,IV	11 687	642,78	934,96	1 051,83
	II	11 176	614,68	894,08	1 005,84
	III	7 374	405,57	589,92	663,66
	V	16 586	912,23	1 326,88	1 492,74
	VI	16 987	934,28	1 358,96	1 528,83
54 431,99	I,IV	11 701	643,55	936,08	1 053,09
	II	11 190	615,45	895,20	1 007,10
	III	7 384	406,12	590,72	664,56
	V	16 600	913,—	1 328,—	1 494,—
	VI	17 002	935,11	1 360,16	1 530,18
54 467,99	I,IV	11 714	644,27	937,12	1 054,26
	II	11 203	616,16	896,24	1 008,27
	III	7 394	406,67	591,52	665,46
	V	16 615	913,82	1 329,20	1 495,35
	VI	17 016	935,88	1 361,28	1 531,44
54 503,99	I,IV	11 728	645,04	938,24	1 055,52
	II	11 217	616,93	897,36	1 009,53
	III	7 404	407,22	592,32	666,36
	V	16 629	914,59	1 330,32	1 496,61
	VI	17 031	936,70	1 362,48	1 532,79
54 539,99	I,IV	11 742	645,81	939,36	1 056,78
	II	11 230	617,65	898,40	1 010,70
	III	7 412	407,66	592,96	667,08
	V	16 644	915,42	1 331,52	1 497,96
	VI	17 045	937,47	1 363,60	1 534,05
54 575,99	I,IV	11 755	646,52	940,40	1 057,95
	II	11 243	618,36	899,44	1 011,87
	III	7 422	408,21	593,76	667,98
	V	16 658	916,19	1 332,64	1 499,22
	VI	17 059	938,24	1 364,72	1 535,31
54 611,99	I,IV	11 769	647,29	941,52	1 059,21
	II	11 257	619,13	900,56	1 013,13
	III	7 432	408,76	594,56	668,88
	V	16 672	916,96	1 333,76	1 500,48
	VI	17 074	939,07	1 365,92	1 536,66
54 647,99	I,IV	11 782	648,01	942,56	1 060,38
	II	11 270	619,85	901,60	1 014,30
	III	7 442	409,31	595,36	669,78
	V	16 687	917,78	1 334,96	1 501,83
	VI	17 088	939,84	1 367,04	1 537,92
54 683,99	I,IV	11 796	648,78	943,68	1 061,64
	II	11 283	620,56	902,64	1 015,47
	III	7 452	409,86	596,16	670,68
	V	16 701	918,55	1 336,08	1 503,09
	VI	17 103	940,66	1 368,24	1 539,27
54 719,99	I,IV	11 809	649,49	944,72	1 062,81
	II	11 297	621,33	903,76	1 016,73
	III	7 462	410,41	596,96	671,58
	V	16 716	919,38	1 337,28	1 504,44
	VI	17 117	941,43	1 369,36	1 540,53
54 755,99	I,IV	11 823	650,26	945,84	1 064,07
	II	11 310	622,05	904,80	1 017,90
	III	7 472	410,96	597,76	672,48
	V	16 730	920,15	1 338,40	1 505,70
	VI	17 132	942,26	1 370,56	1 541,88
54 791,99	I,IV	11 837	651,03	946,96	1 065,33
	II	11 324	622,82	905,92	1 019,16
	III	7 482	411,51	598,56	673,38
	V	16 745	920,97	1 339,60	1 507,05
	VI	17 146	943,03	1 371,68	1 543,14
54 827,99	I,IV	11 850	651,75	948,—	1 066,50
	II	11 337	623,53	906,96	1 020,33
	III	7 492	412,06	599,36	674,28
	V	16 759	921,74	1 340,72	1 508,31
	VI	17 161	943,85	1 372,88	1 544,49
54 863,99	I,IV	11 864	652,52	949,12	1 067,76
	II	11 350	624,25	908,—	1 021,50
	III	7 502	412,61	600,16	675,18
	V	16 774	922,57	1 341,92	1 509,66
	VI	17 175	944,62	1 374,—	1 545,75
54 899,99	I,IV	11 877	653,23	950,16	1 068,93
	II	11 364	625,02	909,12	1 022,76
	III	7 512	413,16	600,96	676,08
	V	16 788	923,34	1 343,04	1 510,92
	VI	17 190	945,45	1 375,20	1 547,10
54 935,99	I,IV	11 891	654,—	951,28	1 070,19
	II	11 377	625,73	910,16	1 023,93
	III	7 522	413,71	601,76	676,98
	V	16 803	924,16	1 344,24	1 512,27
	VI	17 204	946,22	1 376,32	1 548,36
54 971,99	I,IV	11 905	654,77	952,40	1 071,45
	II	11 391	626,50	911,28	1 025,19
	III	7 532	414,26	602,56	677,88
	V	16 817	924,93	1 345,36	1 513,53
	VI	17 218	946,99	1 377,44	1 549,62
55 007,99	I,IV	11 918	655,49	953,44	1 072,62
	II	11 404	627,22	912,32	1 026,36
	III	7 542	414,81	603,36	678,78
	V	16 831	925,70	1 346,48	1 514,79
	VI	17 233	947,81	1 378,64	1 550,97
55 043,99	I,IV	11 932	656,26	954,56	1 073,88
	II	11 417	627,93	913,36	1 027,53
	III	7 550	415,25	604,—	679,50
	V	16 846	926,53	1 347,68	1 516,14
	VI	17 247	948,58	1 379,76	1 552,23
55 079,99	I,IV	11 946	657,03	955,68	1 075,14
	II	11 431	628,70	914,48	1 028,79
	III	7 560	415,80	604,80	680,40
	V	16 860	927,30	1 348,80	1 517,40
	VI	17 262	949,41	1 380,96	1 553,58
55 115,99	I,IV	11 959	657,74	956,72	1 076,31
	II	11 444	629,42	915,52	1 029,96
	III	7 572	416,46	605,76	681,48
	V	16 875	928,12	1 350,—	1 518,75
	VI	17 276	950,18	1 382,08	1 554,84
55 151,99	I,IV	11 973	658,51	957,84	1 077,57
	II	11 458	630,19	916,64	1 031,22
	III	7 580	416,90	606,40	682,20
	V	16 889	928,89	1 351,12	1 520,01
	VI	17 291	951,—	1 383,28	1 556,19
55 187,99	I,IV	11 987	659,28	958,96	1 078,83
	II	11 471	630,90	917,68	1 032,39
	III	7 590	417,45	607,20	683,10
	V	16 904	929,72	1 352,32	1 521,36
	VI	17 305	951,77	1 384,40	1 557,45
55 223,99	I,IV	12 000	660,—	960,—	1 080,—
	II	11 485	631,67	918,80	1 033,65
	III	7 600	418,—	608,—	684,—
	V	16 918	930,49	1 353,44	1 522,62
	VI	17 320	952,60	1 385,60	1 558,80
55 259,99	I,IV	12 014	660,77	961,12	1 081,26
	II	11 498	632,39	919,84	1 034,82
	III	7 610	418,55	608,80	684,90
	V	16 932	931,26	1 354,56	1 523,88
	VI	17 334	953,37	1 386,72	1 560,06
55 295,99	I,IV	12 028	661,54	962,24	1 082,52
	II	11 512	633,16	920,96	1 036,08
	III	7 620	419,10	609,60	685,80
	V	16 947	932,08	1 355,76	1 525,23
	VI	17 349	954,19	1 387,92	1 561,41

* Die ausgewiesenen Tabellenwerte sind amtlich. Siehe Erläuterungen auf der Umschlaginnenseite (U2).

Sonstige Bezüge / A-Tarif

55 296,–*

Lohn/Gehalt bis €*	Steuerklasse	Lohnsteuer, Solidaritätszuschlag und Kirchensteuer in den Steuerklassen I – VI LSt	SolZ	8%	9%
55 331,99	I,IV	12 041	662,25	963,28	1 083,69
	II	11 525	633,87	922,—	1 037,25
	III	7 630	419,65	610,40	686,70
	V	16 961	932,85	1 356,88	1 526,49
	VI	17 363	954,96	1 389,04	1 562,67
55 367,99	I,IV	12 055	663,02	964,40	1 084,95
	II	11 539	634,64	923,12	1 038,51
	III	7 640	420,20	611,20	687,60
	V	16 976	933,68	1 358,08	1 527,84
	VI	17 378	955,79	1 390,24	1 564,02
55 403,99	I,IV	12 069	663,79	965,52	1 086,21
	II	11 552	635,36	924,16	1 039,68
	III	7 650	420,75	612,—	688,50
	V	16 990	934,45	1 359,20	1 529,10
	VI	17 392	956,56	1 391,36	1 565,28
55 439,99	I,IV	12 083	664,56	966,64	1 087,47
	II	11 566	636,13	925,28	1 040,94
	III	7 660	421,30	612,80	689,40
	V	17 005	935,27	1 360,40	1 530,45
	VI	17 407	957,38	1 392,56	1 566,63
55 475,99	I,IV	12 096	665,28	967,68	1 088,64
	II	11 579	636,84	926,32	1 042,11
	III	7 670	421,85	613,60	690,30
	V	17 019	936,04	1 361,52	1 531,71
	VI	17 421	958,15	1 393,68	1 567,89
55 511,99	I,IV	12 110	666,05	968,80	1 089,90
	II	11 592	637,56	927,36	1 043,28
	III	7 680	422,40	614,40	691,20
	V	17 034	936,87	1 362,72	1 533,06
	VI	17 435	958,92	1 394,80	1 569,15
55 547,99	I,IV	12 124	666,82	969,92	1 091,16
	II	11 606	638,33	928,48	1 044,54
	III	7 690	422,95	615,20	692,10
	V	17 048	937,64	1 363,84	1 534,32
	VI	17 450	959,75	1 396,—	1 570,50
55 583,99	I,IV	12 137	667,53	970,96	1 092,33
	II	11 620	639,10	929,60	1 045,80
	III	7 700	423,50	616,—	693,—
	V	17 063	938,46	1 365,04	1 535,67
	VI	17 464	960,52	1 397,12	1 571,76
55 619,99	I,IV	12 151	668,30	972,08	1 093,59
	II	11 633	639,81	930,64	1 046,97
	III	7 710	424,05	616,80	693,90
	V	17 077	939,23	1 366,16	1 536,93
	VI	17 479	961,34	1 398,32	1 573,11
55 655,99	I,IV	12 165	669,07	973,20	1 094,85
	II	11 647	640,58	931,76	1 048,23
	III	7 720	424,60	617,60	694,80
	V	17 092	940,06	1 367,36	1 538,28
	VI	17 493	962,11	1 399,44	1 574,37
55 691,99	I,IV	12 179	669,84	974,32	1 096,11
	II	11 660	641,30	932,80	1 049,40
	III	7 730	425,15	618,40	695,70
	V	17 106	940,83	1 368,48	1 539,54
	VI	17 508	962,94	1 400,64	1 575,72
55 727,99	I,IV	12 192	670,56	975,36	1 097,28
	II	11 674	642,07	933,92	1 050,66
	III	7 740	425,70	619,20	696,60
	V	17 121	941,65	1 369,68	1 540,89
	VI	17 522	963,71	1 401,76	1 576,98
55 763,99	I,IV	12 206	671,33	976,48	1 098,54
	II	11 687	642,78	934,96	1 051,83
	III	7 750	426,25	620,—	697,50
	V	17 135	942,42	1 370,80	1 542,15
	VI	17 536	964,48	1 402,88	1 578,24
55 799,99	I,IV	12 220	672,10	977,60	1 099,80
	II	11 701	643,55	936,08	1 053,09
	III	7 760	426,80	620,80	698,40
	V	17 150	943,25	1 372,—	1 543,50
	VI	17 551	965,30	1 404,08	1 579,59
55 835,99	I,IV	12 233	672,81	978,64	1 100,97
	II	11 714	644,27	937,12	1 054,26
	III	7 770	427,35	621,60	699,30
	V	17 164	944,02	1 373,12	1 544,76
	VI	17 565	966,07	1 405,20	1 580,85
55 871,99	I,IV	12 247	673,58	979,76	1 102,23
	II	11 728	645,04	938,24	1 055,52
	III	7 780	427,90	622,40	700,20
	V	17 179	944,84	1 374,32	1 546,11
	VI	17 580	966,90	1 406,40	1 582,20

Lohn/Gehalt bis €*	Steuerklasse	Lohnsteuer, Solidaritätszuschlag und Kirchensteuer in den Steuerklassen I – VI LSt	SolZ	8%	9%
55 907,99	I,IV	12 261	674,35	980,88	1 103,49
	II	11 742	645,81	939,36	1 056,78
	III	7 790	428,45	623,20	701,10
	V	17 193	945,61	1 375,44	1 547,37
	VI	17 594	967,67	1 407,52	1 583,46
55 943,99	I,IV	12 275	675,12	982,—	1 104,75
	II	11 755	646,52	940,40	1 057,95
	III	7 798	428,89	623,84	701,82
	V	17 207	946,38	1 376,56	1 548,63
	VI	17 609	968,49	1 408,72	1 584,81
55 979,99	I,IV	12 289	675,89	983,12	1 106,01
	II	11 769	647,29	941,52	1 059,21
	III	7 810	429,55	624,80	702,90
	V	17 222	947,21	1 377,76	1 549,98
	VI	17 623	969,26	1 409,84	1 586,07
56 015,99	I,IV	12 302	676,61	984,16	1 107,18
	II	11 782	648,01	942,56	1 060,38
	III	7 820	430,10	625,60	703,80
	V	17 236	947,98	1 378,88	1 551,24
	VI	17 638	970,09	1 411,04	1 587,42
56 051,99	I,IV	12 316	677,38	985,28	1 108,44
	II	11 796	648,78	943,68	1 061,64
	III	7 828	430,54	626,24	704,52
	V	17 251	948,80	1 380,08	1 552,59
	VI	17 652	970,86	1 412,16	1 588,68
56 087,99	I,IV	12 330	678,15	986,40	1 109,70
	II	11 809	649,49	944,72	1 062,81
	III	7 838	431,09	627,04	705,42
	V	17 265	949,57	1 381,20	1 553,85
	VI	17 667	971,68	1 413,36	1 590,03
56 123,99	I,IV	12 344	678,92	987,52	1 110,96
	II	11 823	650,26	945,84	1 064,07
	III	7 850	431,75	628,—	706,50
	V	17 280	950,40	1 382,40	1 555,20
	VI	17 681	972,45	1 414,48	1 591,29
56 159,99	I,IV	12 358	679,69	988,64	1 112,22
	II	11 837	651,03	946,96	1 065,33
	III	7 860	432,30	628,80	707,40
	V	17 294	951,17	1 383,52	1 556,46
	VI	17 696	973,28	1 415,68	1 592,64
56 195,99	I,IV	12 371	680,40	989,68	1 113,39
	II	11 850	651,75	948,—	1 066,50
	III	7 868	432,74	629,44	708,12
	V	17 308	951,94	1 384,64	1 557,72
	VI	17 710	974,05	1 416,80	1 593,90
56 231,99	I,IV	12 385	681,17	990,80	1 114,65
	II	11 864	652,52	949,12	1 067,76
	III	7 878	433,29	630,24	709,02
	V	17 323	952,76	1 385,84	1 559,07
	VI	17 725	974,87	1 418,—	1 595,25
56 267,99	I,IV	12 399	681,94	991,92	1 115,91
	II	11 877	653,23	950,16	1 068,93
	III	7 888	433,84	631,04	709,92
	V	17 337	953,53	1 386,96	1 560,33
	VI	17 739	975,64	1 419,12	1 596,51
56 303,99	I,IV	12 413	682,71	993,04	1 117,17
	II	11 891	654,—	951,28	1 070,19
	III	7 900	434,50	632,—	711,—
	V	17 352	954,36	1 388,16	1 561,68
	VI	17 754	976,47	1 420,32	1 597,86
56 339,99	I,IV	12 427	683,48	994,16	1 118,43
	II	11 905	654,77	952,40	1 071,45
	III	7 908	434,94	632,64	711,72
	V	17 366	955,13	1 389,28	1 562,94
	VI	17 768	977,24	1 421,44	1 599,12
56 375,99	I,IV	12 441	684,25	995,28	1 119,69
	II	11 919	655,54	953,52	1 072,71
	III	7 918	435,49	633,44	712,62
	V	17 381	955,95	1 390,48	1 564,29
	VI	17 783	978,06	1 422,64	1 600,47
56 411,99	I,IV	12 454	684,97	996,32	1 120,86
	II	11 932	656,26	954,56	1 073,88
	III	7 928	436,04	634,24	713,52
	V	17 395	956,72	1 391,60	1 565,55
	VI	17 797	978,83	1 423,76	1 601,73
56 447,99	I,IV	12 468	685,74	997,44	1 122,12
	II	11 946	657,03	955,68	1 075,14
	III	7 938	436,59	635,04	714,42
	V	17 410	957,55	1 392,80	1 566,90
	VI	17 811	979,60	1 424,88	1 602,99

Lohn/Gehalt bis €*	Steuerklasse	Lohnsteuer, Solidaritätszuschlag und Kirchensteuer in den Steuerklassen I – VI LSt	SolZ	8%	9%
56 483,99	I,IV	12 482	686,51	998,56	1 123,38
	II	11 959	657,74	956,72	1 076,31
	III	7 948	437,14	635,84	715,32
	V	17 424	958,32	1 393,92	1 568,16
	VI	17 826	980,43	1 426,08	1 604,34
56 519,99	I,IV	12 496	687,28	999,68	1 124,64
	II	11 973	658,51	957,84	1 077,57
	III	7 958	437,69	636,64	716,22
	V	17 439	959,14	1 395,12	1 569,51
	VI	17 840	981,20	1 427,20	1 605,60
56 555,99	I,IV	12 510	688,05	1 000,80	1 125,90
	II	11 987	659,28	958,96	1 078,83
	III	7 968	438,24	637,44	717,12
	V	17 453	959,91	1 396,24	1 570,77
	VI	17 855	982,02	1 428,40	1 606,95
56 591,99	I,IV	12 524	688,82	1 001,92	1 127,16
	II	12 000	660,—	960,—	1 080,—
	III	7 978	438,79	638,24	718,02
	V	17 468	960,74	1 397,44	1 572,12
	VI	17 869	982,79	1 429,52	1 608,21
56 627,99	I,IV	12 538	689,59	1 003,04	1 128,42
	II	12 014	660,77	961,12	1 081,26
	III	7 990	439,45	639,20	719,10
	V	17 482	961,51	1 398,56	1 573,38
	VI	17 884	983,62	1 430,72	1 609,56
56 663,99	I,IV	12 552	690,36	1 004,16	1 129,68
	II	12 028	661,54	962,24	1 082,52
	III	7 998	439,89	639,84	719,82
	V	17 497	962,33	1 399,76	1 574,73
	VI	17 898	984,39	1 431,84	1 610,82
56 699,99	I,IV	12 565	691,07	1 005,20	1 130,85
	II	12 041	662,25	963,28	1 083,69
	III	8 008	440,44	640,64	720,72
	V	17 511	963,10	1 400,88	1 575,99
	VI	17 912	985,16	1 432,96	1 612,08
56 735,99	I,IV	12 579	691,84	1 006,32	1 132,11
	II	12 055	663,02	964,40	1 084,95
	III	8 018	440,99	641,44	721,62
	V	17 526	963,93	1 402,08	1 577,34
	VI	17 927	985,98	1 434,16	1 613,43
56 771,99	I,IV	12 593	692,61	1 007,44	1 133,37
	II	12 069	663,79	965,52	1 086,21
	III	8 028	441,54	642,24	722,52
	V	17 540	964,70	1 403,20	1 578,60
	VI	17 941	986,75	1 435,28	1 614,69
56 807,99	I,IV	12 607	693,38	1 008,56	1 134,63
	II	12 083	664,56	966,64	1 087,47
	III	8 040	442,20	643,20	723,60
	V	17 554	965,47	1 404,32	1 579,86
	VI	17 956	987,58	1 436,48	1 616,04
56 843,99	I,IV	12 621	694,15	1 009,68	1 135,89
	II	12 096	665,28	967,68	1 088,64
	III	8 048	442,64	643,84	724,32
	V	17 569	966,29	1 405,52	1 581,21
	VI	17 970	988,35	1 437,60	1 617,30
56 879,99	I,IV	12 635	694,92	1 010,80	1 137,15
	II	12 110	666,05	968,80	1 089,90
	III	8 058	443,19	644,64	725,22
	V	17 583	967,06	1 406,64	1 582,47
	VI	17 985	989,17	1 438,80	1 618,65
56 915,99	I,IV	12 649	695,69	1 011,92	1 138,41
	II	12 124	666,82	969,92	1 091,16
	III	8 068	443,74	645,44	726,12
	V	17 598	967,89	1 407,84	1 583,82
	VI	17 999	989,94	1 439,92	1 619,91
56 951,99	I,IV	12 663	696,46	1 013,04	1 139,67
	II	12 137	667,53	970,96	1 092,33
	III	8 078	444,29	646,24	727,02
	V	17 612	968,66	1 408,96	1 585,08
	VI	18 014	990,77	1 441,12	1 621,26
56 987,99	I,IV	12 677	697,23	1 014,16	1 140,93
	II	12 151	668,30	972,08	1 093,59
	III	8 090	444,95	647,20	728,10
	V	17 627	969,48	1 410,16	1 586,43
	VI	18 028	991,54	1 442,24	1 622,52
57 023,99	I,IV	12 691	698,—	1 015,28	1 142,19
	II	12 165	669,07	973,20	1 094,85
	III	8 100	445,50	648,—	729,—
	V	17 641	970,25	1 411,28	1 587,69
	VI	18 043	992,36	1 443,44	1 623,87

* Die ausgewiesenen Tabellenwerte sind amtlich. Siehe Erläuterungen auf der Umschlaginnenseite (U2).

58 175,99*

Sonstige Bezüge / A-Tarif

Lohn/ Gehalt bis €*	Steuerklasse	Lohnsteuer, Solidaritätszuschlag und Kirchensteuer in den Steuerklassen I – VI: LSt	SolZ	8%	9%
57 059,99	I,IV	12 705	698,77	1 016,40	1 143,45
	II	12 179	669,84	974,32	1 096,11
	III	8 110	446,05	648,80	729,90
	V	17 656	971,08	1 412,48	1 589,04
	VI	18 057	993,13	1 444,56	1 625,13
57 095,99	I,IV	12 719	699,54	1 017,52	1 144,71
	II	12 192	670,56	975,36	1 097,28
	III	8 118	446,49	649,44	730,62
	V	17 670	971,85	1 413,60	1 590,30
	VI	18 072	993,96	1 445,76	1 626,48
57 131,99	I,IV	12 732	700,26	1 018,56	1 145,88
	II	12 206	671,33	976,48	1 098,54
	III	8 128	447,04	650,24	731,52
	V	17 684	972,62	1 414,72	1 591,56
	VI	18 086	994,73	1 446,88	1 627,74
57 167,99	I,IV	12 747	701,08	1 019,76	1 147,23
	II	12 220	672,10	977,60	1 099,80
	III	8 140	447,70	651,20	732,60
	V	17 699	973,44	1 415,92	1 592,91
	VI	18 100	995,50	1 448,—	1 629,—
57 203,99	I,IV	12 760	701,80	1 020,80	1 148,40
	II	12 233	672,81	978,64	1 100,97
	III	8 150	448,25	652,—	733,50
	V	17 713	974,21	1 417,04	1 594,17
	VI	18 115	996,32	1 449,20	1 630,35
57 239,99	I,IV	12 775	702,62	1 022,—	1 149,75
	II	12 247	673,58	979,76	1 102,23
	III	8 160	448,80	652,80	734,40
	V	17 728	975,04	1 418,24	1 595,52
	VI	18 129	997,09	1 450,32	1 631,61
57 275,99	I,IV	12 788	703,34	1 023,04	1 150,92
	II	12 261	674,35	980,88	1 103,49
	III	8 170	449,35	653,60	735,30
	V	17 742	975,81	1 419,36	1 596,78
	VI	18 144	997,92	1 451,52	1 632,96
57 311,99	I,IV	12 803	704,16	1 024,24	1 152,27
	II	12 275	675,12	982,—	1 104,75
	III	8 180	449,90	654,40	736,20
	V	17 757	976,63	1 420,56	1 598,13
	VI	18 158	998,69	1 452,64	1 634,22
57 347,99	I,IV	12 816	704,88	1 025,28	1 153,44
	II	12 289	675,89	983,12	1 106,01
	III	8 190	450,45	655,20	737,10
	V	17 771	977,40	1 421,68	1 599,39
	VI	18 173	999,51	1 453,84	1 635,57
57 383,99	I,IV	12 830	705,65	1 026,40	1 154,70
	II	12 302	676,61	984,16	1 107,18
	III	8 200	451,—	656,—	738,—
	V	17 785	978,17	1 422,80	1 600,65
	VI	18 187	1 000,28	1 454,96	1 636,83
57 419,99	I,IV	12 845	706,47	1 027,60	1 156,05
	II	12 316	677,38	985,28	1 108,44
	III	8 210	451,55	656,80	738,90
	V	17 800	979,—	1 424,—	1 602,—
	VI	18 202	1 001,11	1 456,16	1 638,18
57 455,99	I,IV	12 858	707,19	1 028,64	1 157,22
	II	12 330	678,15	986,40	1 109,70
	III	8 220	452,10	657,60	739,80
	V	17 814	979,77	1 425,12	1 603,26
	VI	18 216	1 001,88	1 457,28	1 639,44
57 491,99	I,IV	12 873	708,01	1 029,84	1 158,57
	II	12 344	678,92	987,52	1 110,96
	III	8 230	452,65	658,40	740,70
	V	17 829	980,59	1 426,32	1 604,61
	VI	18 231	1 002,70	1 458,48	1 640,79
57 527,99	I,IV	12 886	708,73	1 030,88	1 159,74
	II	12 358	679,69	988,64	1 112,22
	III	8 240	453,20	659,20	741,60
	V	17 843	981,36	1 427,44	1 605,87
	VI	18 245	1 003,47	1 459,60	1 642,05
57 563,99	I,IV	12 901	709,55	1 032,08	1 161,09
	II	12 372	680,46	989,76	1 113,48
	III	8 250	453,75	660,—	742,50
	V	17 858	982,19	1 428,64	1 607,22
	VI	18 260	1 004,30	1 460,80	1 643,40
57 599,99	I,IV	12 915	710,32	1 033,20	1 162,35
	II	12 385	681,17	990,80	1 114,65
	III	8 260	454,30	660,80	743,40
	V	17 872	982,96	1 429,76	1 608,48
	VI	18 274	1 005,07	1 461,92	1 644,66

Lohn/ Gehalt bis €*	Steuerklasse	Lohnsteuer, Solidaritätszuschlag und Kirchensteuer in den Steuerklassen I – VI: LSt	SolZ	8%	9%
57 635,99 West	I,IV	12 928	711,04	1 034,24	1 163,52
	II	12 399	681,94	991,92	1 115,91
	III	8 270	454,85	661,60	744,30
	V	17 887	983,78	1 430,96	1 609,83
	VI	18 288	1 005,84	1 463,04	1 645,92
57 635,99 Ost	I,IV	12 929	711,09	1 034,32	1 163,61
	II	12 400	682,—	992,—	1 116,—
	III	8 270	454,85	661,60	744,30
	V	17 888	983,84	1 431,04	1 609,92
	VI	18 289	1 005,89	1 463,12	1 646,01
57 671,99 West	I,IV	12 943	711,86	1 035,44	1 164,87
	II	12 413	682,71	993,04	1 117,17
	III	8 280	455,40	662,40	745,20
	V	17 901	984,55	1 432,08	1 611,09
	VI	18 303	1 006,66	1 464,24	1 647,27
57 671,99 Ost	I,IV	12 944	711,92	1 035,52	1 164,96
	II	12 414	682,77	993,12	1 117,26
	III	8 280	455,40	662,40	745,20
	V	17 903	984,66	1 432,24	1 611,27
	VI	18 304	1 006,72	1 464,32	1 647,36
57 707,99 West	I,IV	12 957	712,63	1 036,56	1 166,13
	II	12 427	683,48	994,16	1 118,43
	III	8 290	455,95	663,20	746,10
	V	17 916	985,38	1 433,28	1 612,44
	VI	18 317	1 007,43	1 465,36	1 648,53
57 707,99 Ost	I,IV	12 959	712,74	1 036,72	1 166,31
	II	12 429	683,59	994,32	1 118,61
	III	8 292	456,06	663,36	746,28
	V	17 918	985,49	1 433,44	1 612,62
	VI	18 319	1 007,54	1 465,52	1 648,71
57 743,99 West	I,IV	12 971	713,40	1 037,68	1 167,39
	II	12 441	684,25	995,28	1 119,69
	III	8 300	456,50	664,—	747,—
	V	17 930	986,15	1 434,40	1 613,70
	VI	18 332	1 008,26	1 466,56	1 649,88
57 743,99 Ost	I,IV	12 973	713,51	1 037,84	1 167,57
	II	12 443	684,36	995,44	1 119,87
	III	8 302	456,61	664,16	747,18
	V	17 933	986,31	1 434,64	1 613,97
	VI	18 334	1 008,37	1 466,72	1 650,06
57 779,99 West	I,IV	12 985	714,17	1 038,80	1 168,65
	II	12 454	684,97	996,32	1 120,86
	III	8 310	457,05	664,80	747,90
	V	17 945	986,97	1 435,60	1 615,05
	VI	18 346	1 009,03	1 467,68	1 651,14
57 779,99 Ost	I,IV	12 988	714,34	1 039,04	1 168,92
	II	12 458	685,19	996,64	1 121,22
	III	8 312	457,16	664,96	748,08
	V	17 948	987,14	1 435,84	1 615,32
	VI	18 350	1 009,25	1 468,—	1 651,50
57 815,99 West	I,IV	12 999	714,94	1 039,92	1 169,91
	II	12 469	685,79	997,52	1 122,21
	III	8 320	457,60	665,60	748,80
	V	17 959	987,74	1 436,72	1 616,31
	VI	18 361	1 009,85	1 468,88	1 652,49
57 815,99 Ost	I,IV	13 003	715,16	1 040,24	1 170,27
	II	12 472	685,96	997,76	1 122,48
	III	8 324	457,82	665,92	749,16
	V	17 963	987,96	1 437,04	1 616,67
	VI	18 365	1 010,07	1 469,20	1 652,85
57 851,99 West	I,IV	13 013	715,71	1 041,04	1 171,17
	II	12 482	686,51	998,56	1 123,38
	III	8 330	458,15	666,40	749,70
	V	17 974	988,57	1 437,92	1 617,66
	VI	18 375	1 010,62	1 470,—	1 653,75
57 851,99 Ost	I,IV	13 017	715,93	1 041,36	1 171,53
	II	12 487	686,78	998,96	1 123,83
	III	8 334	458,37	666,72	750,06
	V	17 978	988,79	1 438,24	1 618,02
	VI	18 380	1 010,90	1 470,40	1 654,20
57 887,99 West	I,IV	13 027	716,48	1 042,16	1 172,43
	II	12 496	687,28	999,68	1 124,64
	III	8 340	458,70	667,20	750,60
	V	17 988	989,34	1 439,04	1 618,92
	VI	18 389	1 011,39	1 471,12	1 655,01
57 887,99 Ost	I,IV	13 032	716,76	1 042,56	1 172,88
	II	12 501	687,55	1 000,08	1 125,09
	III	8 344	458,92	667,52	750,96
	V	17 993	989,61	1 439,44	1 619,37
	VI	18 395	1 011,72	1 471,60	1 655,55

Lohn/ Gehalt bis €*	Steuerklasse	Lohnsteuer, Solidaritätszuschlag und Kirchensteuer in den Steuerklassen I – VI: LSt	SolZ	8%	9%
57 923,99 West	I,IV	13 041	717,25	1 043,28	1 173,69
	II	12 510	688,05	1 000,80	1 125,90
	III	8 350	459,25	668,—	751,50
	V	18 003	990,16	1 440,24	1 620,27
	VI	18 404	1 012,22	1 472,32	1 656,36
57 923,99 Ost	I,IV	13 047	717,58	1 043,76	1 174,23
	II	12 516	688,38	1 001,28	1 126,44
	III	8 354	459,47	668,32	751,86
	V	18 009	990,49	1 440,72	1 620,81
	VI	18 410	1 012,55	1 472,80	1 656,90
57 959,99 West	I,IV	13 055	718,02	1 044,40	1 174,95
	II	12 524	688,82	1 001,92	1 127,16
	III	8 360	459,80	668,80	752,40
	V	18 017	990,93	1 441,36	1 621,53
	VI	18 418	1 012,99	1 473,44	1 657,62
57 959,99 Ost	I,IV	13 062	718,41	1 044,96	1 175,58
	II	12 530	689,15	1 002,40	1 127,70
	III	8 366	460,13	669,28	752,94
	V	18 024	991,32	1 441,92	1 622,16
	VI	18 425	1 013,37	1 474,—	1 658,25
57 995,99 West	I,IV	13 069	718,79	1 045,52	1 176,21
	II	12 538	689,59	1 003,04	1 128,42
	III	8 372	460,46	669,76	753,48
	V	18 032	991,76	1 442,56	1 622,88
	VI	18 433	1 013,81	1 474,64	1 658,97
57 995,99 Ost	I,IV	13 076	719,18	1 046,08	1 176,84
	II	12 545	689,97	1 003,60	1 129,05
	III	8 376	460,68	670,08	753,84
	V	18 039	992,14	1 443,12	1 623,51
	VI	18 440	1 014,20	1 475,20	1 659,60
58 031,99 West	I,IV	13 083	719,56	1 046,64	1 177,47
	II	12 552	690,36	1 004,16	1 129,68
	III	8 382	461,01	670,56	754,38
	V	18 046	992,53	1 443,68	1 624,14
	VI	18 447	1 014,58	1 475,76	1 660,23
58 031,99 Ost	I,IV	13 091	720,—	1 047,28	1 178,19
	II	12 559	690,74	1 004,72	1 130,31
	III	8 386	461,23	670,88	754,74
	V	18 054	992,97	1 444,32	1 624,86
	VI	18 455	1 015,02	1 476,40	1 660,95
58 067,99 West	I,IV	13 097	720,33	1 047,76	1 178,73
	II	12 565	691,07	1 005,20	1 130,85
	III	8 392	461,56	671,36	755,28
	V	18 060	993,30	1 444,80	1 625,40
	VI	18 462	1 015,41	1 476,96	1 661,58
58 067,99 Ost	I,IV	13 106	720,83	1 048,48	1 179,54
	II	12 574	691,57	1 005,92	1 131,66
	III	8 398	461,89	671,84	755,82
	V	18 069	993,79	1 445,52	1 626,21
	VI	18 471	1 015,90	1 477,68	1 662,39
58 103,99 West	I,IV	13 112	721,16	1 048,96	1 180,08
	II	12 579	691,84	1 006,32	1 132,11
	III	8 402	462,11	672,16	756,18
	V	18 075	994,12	1 446,—	1 626,75
	VI	18 476	1 016,18	1 478,08	1 662,84
58 103,99 Ost	I,IV	13 121	721,65	1 049,68	1 180,89
	II	12 588	692,34	1 007,04	1 132,92
	III	8 408	462,44	672,64	756,72
	V	18 084	994,62	1 446,72	1 627,56
	VI	18 486	1 016,73	1 478,88	1 663,74
58 139,99 West	I,IV	13 125	721,87	1 050,—	1 181,25
	II	12 593	692,61	1 007,44	1 133,37
	III	8 412	462,66	672,96	757,08
	V	18 089	994,89	1 447,12	1 628,01
	VI	18 491	1 017,—	1 479,28	1 664,19
58 139,99 Ost	I,IV	13 135	722,42	1 050,80	1 182,15
	II	12 603	693,16	1 008,24	1 134,27
	III	8 418	462,99	673,44	757,62
	V	18 099	995,44	1 447,92	1 628,91
	VI	18 501	1 017,55	1 480,08	1 665,09
58 175,99 West	I,IV	13 140	722,70	1 051,20	1 182,60
	II	12 607	693,38	1 008,56	1 134,63
	III	8 422	463,21	673,76	757,98
	V	18 104	995,72	1 448,32	1 629,36
	VI	18 505	1 017,77	1 480,40	1 665,45
58 175,99 Ost	I,IV	13 150	723,25	1 052,—	1 183,50
	II	12 617	693,93	1 009,36	1 135,53
	III	8 428	463,54	674,24	758,52
	V	18 114	996,27	1 449,12	1 630,26
	VI	18 516	1 018,38	1 481,28	1 666,44

* Die ausgewiesenen Tabellenwerte sind amtlich. Siehe Erläuterungen auf der Umschlaginnenseite (U2).

Für Löhne und Gehälter ab 57 600,– € ist eine Unterscheidung nach West und Ost zu beachten. Nähere Informationen hierzu in den Erläuterungen zu den Lohnsteuertabellen.

Sonstige Bezüge / A-Tarif

58 176,–*

Lohnsteuer, Solidaritätszuschlag und Kirchensteuer in den Steuerklassen I – VI

Lohn/Gehalt bis €*		LSt	SolZ	8%	9%
58 211,99 West	I,IV	13 154	723,47	1 052,32	1 183,86
	II	12 621	694,15	1 009,68	1 135,89
	III	8 432	463,76	674,56	758,88
	V	18 118	996,49	1 449,44	1 630,62
	VI	18 520	1 018,60	1 481,60	1 666,80
58 211,99 Ost	I,IV	13 165	724,07	1 053,20	1 184,85
	II	12 632	694,76	1 010,56	1 136,88
	III	8 440	464,20	675,20	759,60
	V	18 129	997,09	1 450,32	1 631,61
	VI	18 531	1 019,20	1 482,48	1 667,79
58 247,99 West	I,IV	13 168	724,24	1 053,44	1 185,12
	II	12 635	694,92	1 010,80	1 137,15
	III	8 442	464,31	675,36	759,78
	V	18 133	997,31	1 450,64	1 631,97
	VI	18 534	1 019,37	1 482,72	1 668,06
58 247,99 Ost	I,IV	13 180	724,90	1 054,40	1 186,20
	II	12 647	695,58	1 011,76	1 138,23
	III	8 450	464,75	676,—	760,50
	V	18 145	997,97	1 451,60	1 633,05
	VI	18 546	1 020,03	1 483,68	1 669,14
58 283,99 West	I,IV	13 182	725,01	1 054,56	1 186,38
	II	12 649	695,69	1 011,92	1 138,41
	III	8 452	464,86	676,16	760,68
	V	18 147	998,08	1 451,76	1 633,23
	VI	18 549	1 020,19	1 483,92	1 669,41
58 283,99 Ost	I,IV	13 194	725,67	1 055,52	1 187,46
	II	12 661	696,35	1 012,88	1 139,49
	III	8 460	465,30	676,80	761,40
	V	18 160	998,80	1 452,80	1 634,40
	VI	18 561	1 020,85	1 484,88	1 670,49
58 319,99 West	I,IV	13 196	725,78	1 055,68	1 187,64
	II	12 663	696,46	1 013,04	1 139,67
	III	8 462	465,41	676,96	761,58
	V	18 161	998,85	1 452,88	1 634,49
	VI	18 563	1 020,96	1 485,04	1 670,67
58 319,99 Ost	I,IV	13 209	726,49	1 056,72	1 188,81
	II	12 676	697,18	1 014,08	1 140,84
	III	8 472	465,96	677,76	762,48
	V	18 175	999,62	1 454,—	1 635,75
	VI	18 576	1 021,68	1 486,08	1 671,84
58 355,99 West	I,IV	13 210	726,55	1 056,80	1 188,90
	II	12 677	697,23	1 014,16	1 140,93
	III	8 472	465,96	677,76	762,48
	V	18 176	999,68	1 454,08	1 635,84
	VI	18 578	1 021,79	1 486,24	1 672,02
58 355,99 Ost	I,IV	13 224	727,32	1 057,92	1 190,16
	II	12 690	697,95	1 015,20	1 142,10
	III	8 482	466,51	678,56	763,38
	V	18 190	1 000,45	1 455,20	1 637,10
	VI	18 591	1 022,50	1 487,28	1 673,19
58 391,99 West	I,IV	13 224	727,32	1 057,92	1 190,16
	II	12 691	698,—	1 015,28	1 142,19
	III	8 482	466,51	678,56	763,38
	V	18 190	1 000,45	1 455,20	1 637,10
	VI	18 592	1 022,56	1 487,36	1 673,28
58 391,99 Ost	I,IV	13 239	728,14	1 059,12	1 191,51
	II	12 705	698,77	1 016,40	1 143,45
	III	8 492	467,06	679,36	764,28
	V	18 205	1 001,27	1 456,40	1 638,45
	VI	18 607	1 023,38	1 488,56	1 674,63
58 427,99 West	I,IV	13 239	728,14	1 059,12	1 191,51
	II	12 705	698,77	1 016,40	1 143,45
	III	8 492	467,06	679,36	764,28
	V	18 205	1 001,27	1 456,40	1 638,45
	VI	18 607	1 023,38	1 488,56	1 674,63
58 427,99 Ost	I,IV	13 254	728,97	1 060,32	1 192,86
	II	12 719	699,54	1 017,52	1 144,71
	III	8 504	467,72	680,32	765,36
	V	18 220	1 002,10	1 457,60	1 639,80
	VI	18 622	1 024,21	1 489,76	1 675,98
58 463,99 West	I,IV	13 253	728,91	1 060,24	1 192,77
	II	12 719	699,54	1 017,52	1 144,71
	III	8 502	467,61	680,16	765,18
	V	18 219	1 002,04	1 457,52	1 639,71
	VI	18 621	1 024,15	1 489,68	1 675,89
58 463,99 Ost	I,IV	13 268	729,74	1 061,44	1 194,12
	II	12 734	700,37	1 018,72	1 146,06
	III	8 514	468,27	681,12	766,26
	V	18 235	1 002,92	1 458,80	1 641,15
	VI	18 637	1 025,03	1 490,96	1 677,33

Lohn/Gehalt bis €*		LSt	SolZ	8%	9%
58 499,99 West	I,IV	13 267	729,68	1 061,36	1 194,03
	II	12 733	700,31	1 018,64	1 145,97
	III	8 514	468,27	681,12	766,26
	V	18 234	1 002,87	1 458,72	1 641,06
	VI	18 636	1 024,98	1 490,88	1 677,24
58 499,99 Ost	I,IV	13 283	730,56	1 062,64	1 195,47
	II	12 749	701,19	1 019,92	1 147,41
	III	8 524	468,82	681,92	767,16
	V	18 250	1 003,75	1 460,—	1 642,50
	VI	18 652	1 025,86	1 492,16	1 678,68
58 535,99 West	I,IV	13 281	730,45	1 062,48	1 195,29
	II	12 747	701,08	1 019,76	1 147,23
	III	8 524	468,82	681,92	767,16
	V	18 248	1 003,64	1 459,84	1 642,32
	VI	18 650	1 025,75	1 492,—	1 678,50
58 535,99 Ost	I,IV	13 298	731,39	1 063,84	1 196,82
	II	12 763	701,96	1 021,04	1 148,67
	III	8 534	469,37	682,72	768,06
	V	18 266	1 004,63	1 461,28	1 643,94
	VI	18 667	1 026,68	1 493,36	1 680,03
58 571,99 West	I,IV	13 295	731,22	1 063,60	1 196,55
	II	12 760	701,80	1 020,80	1 148,40
	III	8 534	469,37	682,72	768,06
	V	18 263	1 004,46	1 461,04	1 643,67
	VI	18 664	1 026,52	1 493,12	1 679,76
58 571,99 Ost	I,IV	13 313	732,21	1 065,04	1 198,17
	II	12 778	702,79	1 022,24	1 150,02
	III	8 546	470,03	683,68	769,14
	V	18 281	1 005,45	1 462,48	1 645,29
	VI	18 682	1 027,51	1 494,56	1 681,38
58 607,99 West	I,IV	13 310	732,05	1 064,80	1 197,90
	II	12 775	702,62	1 022,—	1 149,75
	III	8 544	469,92	683,52	768,96
	V	18 277	1 005,23	1 462,16	1 644,93
	VI	18 679	1 027,34	1 494,32	1 681,11
58 607,99 Ost	I,IV	13 328	733,04	1 066,24	1 199,52
	II	12 792	703,56	1 023,36	1 151,28
	III	8 556	470,58	684,48	770,04
	V	18 296	1 006,28	1 463,68	1 646,64
	VI	18 697	1 028,33	1 495,76	1 682,73
58 643,99 West	I,IV	13 324	732,82	1 065,92	1 199,16
	II	12 788	703,34	1 023,04	1 150,92
	III	8 554	470,47	684,32	769,86
	V	18 292	1 006,06	1 463,36	1 646,28
	VI	18 693	1 028,11	1 495,44	1 682,37
58 643,99 Ost	I,IV	13 343	733,86	1 067,44	1 200,87
	II	12 807	704,38	1 024,56	1 152,63
	III	8 566	471,13	685,28	770,94
	V	18 311	1 007,10	1 464,88	1 647,99
	VI	18 712	1 029,16	1 496,96	1 684,08
58 679,99 West	I,IV	13 338	733,59	1 067,04	1 200,42
	II	12 803	704,16	1 024,24	1 152,27
	III	8 564	471,02	685,12	770,76
	V	18 306	1 006,83	1 464,48	1 647,54
	VI	18 708	1 028,94	1 496,64	1 683,72
58 679,99 Ost	I,IV	13 357	734,63	1 068,56	1 202,13
	II	12 822	705,21	1 025,76	1 153,98
	III	8 578	471,79	686,24	772,02
	V	18 326	1 007,93	1 466,08	1 649,34
	VI	18 728	1 030,04	1 498,24	1 685,52
58 715,99 West	I,IV	13 352	734,36	1 068,16	1 201,68
	II	12 816	704,88	1 025,28	1 153,44
	III	8 574	471,57	685,92	771,66
	V	18 321	1 007,65	1 465,68	1 648,89
	VI	18 722	1 029,71	1 497,76	1 684,98
58 715,99 Ost	I,IV	13 372	735,46	1 069,76	1 203,48
	II	12 836	705,98	1 026,88	1 155,24
	III	8 588	472,34	687,04	772,92
	V	18 341	1 008,75	1 467,28	1 650,69
	VI	18 743	1 030,86	1 499,44	1 686,87
58 751,99 West	I,IV	13 366	735,13	1 069,28	1 202,94
	II	12 831	705,70	1 026,48	1 154,79
	III	8 584	472,12	686,72	772,56
	V	18 335	1 008,42	1 466,80	1 650,15
	VI	18 737	1 030,53	1 498,96	1 686,33
58 751,99 Ost	I,IV	13 387	736,28	1 070,96	1 204,83
	II	12 851	706,80	1 028,08	1 156,59
	III	8 598	472,89	687,84	773,82
	V	18 356	1 009,58	1 468,48	1 652,04
	VI	18 758	1 031,69	1 500,64	1 688,22

Lohn/Gehalt bis €*		LSt	SolZ	8%	9%
58 787,99 West	I,IV	13 381	735,95	1 070,48	1 204,29
	II	12 845	706,47	1 027,60	1 156,05
	III	8 594	472,67	687,52	773,46
	V	18 350	1 009,25	1 468,—	1 651,50
	VI	18 751	1 031,30	1 500,08	1 687,59
58 787,99 Ost	I,IV	13 402	737,11	1 072,16	1 206,18
	II	12 866	707,63	1 029,28	1 157,94
	III	8 610	473,55	688,80	774,90
	V	18 371	1 010,40	1 469,68	1 653,39
	VI	18 773	1 032,51	1 501,84	1 689,57
58 823,99 West	I,IV	13 395	736,72	1 071,60	1 205,55
	II	12 858	707,19	1 028,64	1 157,22
	III	8 604	473,22	688,32	774,36
	V	18 364	1 010,02	1 469,12	1 652,76
	VI	18 765	1 032,07	1 501,20	1 688,85
58 823,99 Ost	I,IV	13 417	737,93	1 073,36	1 207,53
	II	12 880	708,40	1 030,40	1 159,20
	III	8 620	474,10	689,60	775,80
	V	18 387	1 011,28	1 470,96	1 654,83
	VI	18 788	1 033,34	1 503,04	1 690,92
58 859,99 West	I,IV	13 409	737,49	1 072,72	1 206,81
	II	12 873	708,01	1 029,84	1 158,57
	III	8 614	473,77	689,12	775,26
	V	18 379	1 010,84	1 470,32	1 654,11
	VI	18 780	1 032,90	1 502,40	1 690,20
58 859,99 Ost	I,IV	13 432	738,76	1 074,56	1 208,88
	II	12 895	709,22	1 031,60	1 160,55
	III	8 630	474,65	690,40	776,70
	V	18 402	1 012,11	1 472,16	1 656,18
	VI	18 803	1 034,16	1 504,24	1 692,27
58 895,99 West	I,IV	13 423	738,26	1 073,84	1 208,07
	II	12 886	708,73	1 030,88	1 159,74
	III	8 624	474,32	689,92	776,16
	V	18 393	1 011,61	1 471,44	1 655,37
	VI	18 794	1 033,67	1 503,52	1 691,46
58 895,99 Ost	I,IV	13 447	739,58	1 075,76	1 210,23
	II	12 910	710,05	1 032,80	1 161,90
	III	8 642	475,31	691,36	777,78
	V	18 417	1 012,93	1 473,36	1 657,53
	VI	18 818	1 034,99	1 505,44	1 693,62
58 931,99 West	I,IV	13 438	739,09	1 075,04	1 209,42
	II	12 901	709,55	1 032,08	1 161,09
	III	8 634	474,87	690,72	777,06
	V	18 408	1 012,44	1 472,64	1 656,72
	VI	18 809	1 034,49	1 504,72	1 692,81
58 931,99 Ost	I,IV	13 462	740,41	1 076,96	1 211,58
	II	12 924	710,82	1 033,92	1 163,16
	III	8 652	475,86	692,16	778,68
	V	18 432	1 013,76	1 474,56	1 658,88
	VI	18 833	1 035,81	1 506,64	1 694,97
58 967,99 West	I,IV	13 452	739,86	1 076,16	1 210,68
	II	12 915	710,32	1 033,20	1 162,35
	III	8 644	475,42	691,52	777,96
	V	18 422	1 013,21	1 473,76	1 657,98
	VI	18 823	1 035,26	1 505,84	1 694,07
58 967,99 Ost	I,IV	13 476	741,18	1 078,08	1 212,84
	II	12 939	711,64	1 035,12	1 164,51
	III	8 662	476,41	692,96	779,58
	V	18 447	1 014,58	1 475,76	1 660,23
	VI	18 849	1 036,69	1 507,92	1 696,41
59 003,99 West	I,IV	13 466	740,63	1 077,28	1 211,94
	II	12 929	711,09	1 034,32	1 163,61
	III	8 656	476,08	692,48	779,04
	V	18 436	1 013,98	1 474,88	1 659,24
	VI	18 838	1 036,09	1 507,04	1 695,42
59 003,99 Ost	I,IV	13 491	742,—	1 079,28	1 214,19
	II	12 954	712,47	1 036,32	1 165,86
	III	8 674	477,07	693,92	780,66
	V	18 462	1 015,41	1 476,96	1 661,58
	VI	18 864	1 037,52	1 509,12	1 697,76
59 039,99 West	I,IV	13 480	741,40	1 078,40	1 213,20
	II	12 943	711,86	1 035,44	1 164,87
	III	8 666	476,63	693,28	779,94
	V	18 451	1 014,80	1 476,08	1 660,59
	VI	18 852	1 036,86	1 508,16	1 696,68
59 039,99 Ost	I,IV	13 506	742,83	1 080,48	1 215,54
	II	12 968	713,24	1 037,44	1 167,12
	III	8 684	477,62	694,72	781,56
	V	18 477	1 016,23	1 478,16	1 662,93
	VI	18 879	1 038,34	1 510,32	1 699,11

*** Die ausgewiesenen Tabellenwerte sind amtlich. Siehe Erläuterungen auf der Umschlaginnenseite (U2).**

59 903,99*

Sonstige Bezüge / A-Tarif

Lohn/Gehalt bis €*	Steuerklasse	LSt	SolZ	8%	9%
59 075,99 West	I,IV	13 494	742,17	1 079,52	1 214,46
	II	12 957	712,63	1 036,56	1 166,13
	III	8 676	477,18	694,08	780,84
	V	18 465	1 015,57	1 477,20	1 661,85
	VI	18 867	1 037,68	1 509,36	1 698,03
59 075,99 Ost	I,IV	13 521	743,65	1 081,68	1 216,89
	II	12 983	714,06	1 038,64	1 168,47
	III	8 694	478,17	695,52	782,46
	V	18 492	1 017,06	1 479,36	1 664,28
	VI	18 894	1 039,17	1 511,52	1 700,46
59 111,99 West	I,IV	13 509	742,99	1 080,72	1 215,81
	II	12 971	713,40	1 037,68	1 167,39
	III	8 686	477,73	694,88	781,74
	V	18 480	1 016,40	1 478,40	1 663,20
	VI	18 881	1 038,45	1 510,48	1 699,29
59 111,99 Ost	I,IV	13 536	744,48	1 082,88	1 218,24
	II	12 998	714,89	1 039,84	1 169,82
	III	8 706	478,83	696,48	783,54
	V	18 507	1 017,88	1 480,56	1 665,63
	VI	18 909	1 039,99	1 512,72	1 701,81
59 147,99 West	I,IV	13 523	743,76	1 081,84	1 217,07
	II	12 985	714,17	1 038,80	1 168,65
	III	8 696	478,28	695,68	782,64
	V	18 494	1 017,17	1 479,52	1 664,46
	VI	18 896	1 039,28	1 511,68	1 700,64
59 147,99 Ost	I,IV	13 551	745,30	1 084,08	1 219,59
	II	13 013	715,71	1 041,04	1 171,17
	III	8 716	479,38	697,28	784,44
	V	18 523	1 018,76	1 481,84	1 667,07
	VI	18 924	1 040,82	1 513,92	1 703,16
59 183,99 West	I,IV	13 537	744,53	1 082,96	1 218,33
	II	12 999	714,94	1 039,92	1 169,91
	III	8 706	478,83	696,48	783,54
	V	18 509	1 017,99	1 480,72	1 665,81
	VI	18 910	1 040,05	1 512,80	1 701,90
59 183,99 Ost	I,IV	13 566	746,13	1 085,28	1 220,94
	II	13 027	716,48	1 042,16	1 172,43
	III	8 726	479,93	698,08	785,34
	V	18 538	1 019,59	1 483,04	1 668,42
	VI	18 939	1 041,64	1 515,12	1 704,51
59 219,99 West	I,IV	13 551	745,30	1 084,08	1 219,59
	II	13 013	715,71	1 041,04	1 171,17
	III	8 716	479,38	697,28	784,44
	V	18 523	1 018,76	1 481,84	1 667,07
	VI	18 925	1 040,87	1 514,—	1 703,25
59 219,99 Ost	I,IV	13 581	746,95	1 086,48	1 222,29
	II	13 042	717,31	1 043,36	1 173,78
	III	8 738	480,59	699,04	786,42
	V	18 553	1 020,41	1 484,24	1 669,77
	VI	18 954	1 042,47	1 516,32	1 705,86
59 255,99 West	I,IV	13 565	746,07	1 085,20	1 220,85
	II	13 027	716,48	1 042,16	1 172,43
	III	8 726	479,93	698,08	785,34
	V	18 537	1 019,53	1 482,96	1 668,33
	VI	18 939	1 041,64	1 515,12	1 704,51
59 255,99 Ost	I,IV	13 596	747,78	1 087,68	1 223,64
	II	13 057	718,13	1 044,56	1 175,13
	III	8 748	481,14	699,84	787,32
	V	18 568	1 021,24	1 485,44	1 671,12
	VI	18 969	1 043,29	1 517,52	1 707,21
59 291,99 West	I,IV	13 580	746,90	1 086,40	1 222,20
	II	13 041	717,25	1 043,28	1 173,69
	III	8 736	480,48	698,88	786,24
	V	18 552	1 020,36	1 484,16	1 669,68
	VI	18 954	1 042,47	1 516,32	1 705,86
59 291,99 Ost	I,IV	13 611	748,60	1 088,88	1 224,99
	II	13 071	718,90	1 045,68	1 176,39
	III	8 758	481,69	700,64	788,22
	V	18 583	1 022,06	1 486,64	1 672,47
	VI	18 985	1 044,17	1 518,80	1 708,65
59 327,99 West	I,IV	13 594	747,67	1 087,52	1 223,46
	II	13 055	718,02	1 044,40	1 174,95
	III	8 746	481,03	699,68	787,14
	V	18 566	1 021,13	1 485,28	1 670,94
	VI	18 968	1 043,24	1 517,44	1 707,12
59 327,99 Ost	I,IV	13 626	749,43	1 090,08	1 226,34
	II	13 086	719,73	1 046,88	1 177,74
	III	8 770	482,35	701,60	789,30
	V	18 598	1 022,89	1 487,84	1 673,82
	VI	19 000	1 045,—	1 520,—	1 710,—

Lohn/Gehalt bis €*	Steuerklasse	LSt	SolZ	8%	9%
59 363,99 West	I,IV	13 609	748,49	1 088,72	1 224,81
	II	13 069	718,79	1 045,52	1 176,21
	III	8 758	481,69	700,64	788,22
	V	18 581	1 021,95	1 486,48	1 672,29
	VI	18 982	1 044,01	1 518,56	1 708,38
59 363,99 Ost	I,IV	13 641	750,25	1 091,28	1 227,69
	II	13 101	720,55	1 048,08	1 179,09
	III	8 780	482,90	702,40	790,20
	V	18 613	1 023,71	1 489,04	1 675,17
	VI	19 015	1 045,82	1 521,20	1 711,35
59 399,99 West	I,IV	13 623	749,26	1 089,84	1 226,07
	II	13 083	719,56	1 046,64	1 177,47
	III	8 768	482,24	701,44	789,12
	V	18 595	1 022,72	1 487,60	1 673,55
	VI	18 997	1 044,83	1 519,76	1 709,73
59 399,99 Ost	I,IV	13 656	751,08	1 092,48	1 229,04
	II	13 116	721,38	1 049,28	1 180,44
	III	8 790	483,45	703,20	791,10
	V	18 628	1 024,54	1 490,24	1 676,52
	VI	19 030	1 046,65	1 522,40	1 712,70
59 435,99 West	I,IV	13 637	750,03	1 090,96	1 227,33
	II	13 098	720,39	1 047,84	1 178,82
	III	8 778	482,79	702,24	790,02
	V	18 610	1 023,55	1 488,80	1 674,90
	VI	19 011	1 045,60	1 520,88	1 710,99
59 435,99 Ost	I,IV	13 671	751,90	1 093,68	1 230,39
	II	13 130	722,15	1 050,40	1 181,70
	III	8 802	484,11	704,16	792,18
	V	18 644	1 025,42	1 491,52	1 677,96
	VI	19 045	1 047,47	1 523,60	1 714,05
59 471,99 West	I,IV	13 651	750,80	1 092,08	1 228,59
	II	13 112	721,16	1 048,96	1 180,08
	III	8 788	483,34	703,04	790,92
	V	18 624	1 024,32	1 489,92	1 676,16
	VI	19 026	1 046,43	1 522,08	1 712,34
59 471,99 Ost	I,IV	13 686	752,73	1 094,88	1 231,74
	II	13 145	722,97	1 051,60	1 183,05
	III	8 812	484,66	704,96	793,08
	V	18 659	1 026,24	1 492,72	1 679,31
	VI	19 060	1 048,30	1 524,80	1 715,40
59 507,99 West	I,IV	13 666	751,63	1 093,28	1 229,94
	II	13 125	721,87	1 050,—	1 181,25
	III	8 798	483,89	703,84	791,82
	V	18 639	1 025,14	1 491,12	1 677,51
	VI	19 040	1 047,20	1 523,20	1 713,60
59 507,99 Ost	I,IV	13 701	753,55	1 096,08	1 233,09
	II	13 160	723,80	1 052,80	1 184,40
	III	8 822	485,21	705,76	793,98
	V	18 674	1 027,07	1 493,92	1 680,66
	VI	19 075	1 049,12	1 526,—	1 716,75
59 543,99 West	I,IV	13 680	752,40	1 094,40	1 231,20
	II	13 140	722,70	1 051,20	1 182,60
	III	8 808	484,44	704,64	792,72
	V	18 653	1 025,91	1 492,24	1 678,77
	VI	19 055	1 048,02	1 524,40	1 714,95
59 543,99 Ost	I,IV	13 716	754,38	1 097,28	1 234,44
	II	13 175	724,62	1 054,—	1 185,75
	III	8 834	485,87	706,72	795,06
	V	18 689	1 027,89	1 495,12	1 682,01
	VI	19 090	1 049,95	1 527,20	1 718,10
59 579,99 West	I,IV	13 694	753,17	1 095,52	1 232,46
	II	13 154	723,47	1 052,32	1 183,86
	III	8 818	484,99	705,44	793,62
	V	18 667	1 026,68	1 493,36	1 680,03
	VI	19 069	1 048,79	1 525,52	1 716,21
59 579,99 Ost	I,IV	13 731	755,20	1 098,48	1 235,79
	II	13 189	725,39	1 055,12	1 187,01
	III	8 844	486,42	707,52	795,96
	V	18 704	1 028,72	1 496,32	1 683,36
	VI	19 106	1 050,83	1 528,48	1 719,54
59 615,99 West	I,IV	13 709	753,99	1 096,72	1 233,81
	II	13 168	724,24	1 053,44	1 185,12
	III	8 828	485,54	706,24	794,52
	V	18 682	1 027,51	1 494,56	1 681,38
	VI	19 084	1 049,62	1 526,72	1 717,56
59 615,99 Ost	I,IV	13 746	756,03	1 099,68	1 237,14
	II	13 204	726,22	1 056,32	1 188,36
	III	8 854	486,97	708,32	796,86
	V	18 719	1 029,54	1 497,52	1 684,71
	VI	19 121	1 051,65	1 529,68	1 720,89

Lohn/Gehalt bis €*	Steuerklasse	LSt	SolZ	8%	9%
59 651,99 West	I,IV	13 723	754,76	1 097,84	1 235,07
	II	13 182	725,01	1 054,56	1 186,38
	III	8 838	486,09	707,04	795,42
	V	18 696	1 028,28	1 495,68	1 682,64
	VI	19 098	1 050,39	1 527,84	1 718,82
59 651,99 Ost	I,IV	13 761	756,85	1 100,88	1 238,49
	II	13 219	727,04	1 057,52	1 189,71
	III	8 866	487,63	709,28	797,94
	V	18 734	1 030,37	1 498,72	1 686,06
	VI	19 136	1 052,48	1 530,88	1 722,24
59 687,99 West	I,IV	13 738	755,59	1 099,04	1 236,42
	II	13 196	725,78	1 055,68	1 187,64
	III	8 850	486,75	708,—	796,50
	V	18 711	1 029,10	1 496,88	1 683,99
	VI	19 113	1 051,21	1 529,04	1 720,17
59 687,99 Ost	I,IV	13 776	757,68	1 102,08	1 239,84
	II	13 234	727,87	1 058,72	1 191,06
	III	8 876	488,18	710,08	798,84
	V	18 749	1 031,19	1 499,92	1 687,41
	VI	19 151	1 053,30	1 532,08	1 723,59
59 723,99 West	I,IV	13 752	756,36	1 100,16	1 237,68
	II	13 210	726,55	1 056,80	1 188,90
	III	8 860	487,30	708,80	797,40
	V	18 725	1 029,87	1 498,—	1 685,25
	VI	19 127	1 051,98	1 530,16	1 721,43
59 723,99 Ost	I,IV	13 791	758,50	1 103,28	1 241,19
	II	13 249	728,69	1 059,92	1 192,41
	III	8 886	488,73	710,88	799,74
	V	18 765	1 032,07	1 501,20	1 688,85
	VI	19 166	1 054,13	1 533,28	1 724,94
59 759,99 West	I,IV	13 766	757,13	1 101,28	1 238,94
	II	13 224	727,32	1 057,92	1 190,16
	III	8 870	487,85	709,60	798,30
	V	18 740	1 030,70	1 499,20	1 686,60
	VI	19 141	1 052,75	1 531,28	1 722,69
59 759,99 Ost	I,IV	13 806	759,33	1 104,48	1 242,54
	II	13 263	729,46	1 061,04	1 193,67
	III	8 898	489,39	711,84	800,82
	V	18 780	1 032,90	1 502,40	1 690,20
	VI	19 181	1 054,95	1 534,48	1 726,29
59 795,99 West	I,IV	13 781	757,95	1 102,48	1 240,29
	II	13 239	728,14	1 059,12	1 191,51
	III	8 880	488,40	710,40	799,20
	V	18 754	1 031,47	1 500,32	1 687,86
	VI	19 156	1 053,58	1 532,48	1 724,04
59 795,99 Ost	I,IV	13 821	760,15	1 105,68	1 243,89
	II	13 278	730,29	1 062,24	1 195,02
	III	8 908	489,94	712,64	801,72
	V	18 795	1 033,72	1 503,60	1 691,55
	VI	19 196	1 055,78	1 535,68	1 727,64
59 831,99 West	I,IV	13 795	758,72	1 103,60	1 241,55
	II	13 253	728,91	1 060,24	1 192,77
	III	8 890	488,95	711,20	800,10
	V	18 769	1 032,29	1 501,52	1 689,21
	VI	19 170	1 054,35	1 533,60	1 725,30
59 831,99 Ost	I,IV	13 836	760,98	1 106,88	1 245,24
	II	13 293	731,11	1 063,44	1 196,37
	III	8 920	490,60	713,60	802,80
	V	18 810	1 034,55	1 504,80	1 692,90
	VI	19 211	1 056,60	1 536,88	1 728,99
59 867,99 West	I,IV	13 809	759,49	1 104,72	1 242,81
	II	13 267	729,68	1 061,36	1 194,03
	III	8 900	489,50	712,—	801,—
	V	18 783	1 033,06	1 502,64	1 690,47
	VI	19 185	1 055,17	1 534,80	1 726,65
59 867,99 Ost	I,IV	13 851	761,80	1 108,08	1 246,59
	II	13 308	731,94	1 064,64	1 197,72
	III	8 930	491,15	714,40	803,70
	V	18 825	1 035,37	1 506,—	1 694,25
	VI	19 227	1 057,48	1 538,16	1 730,43
59 903,99 West	I,IV	13 824	760,32	1 105,92	1 244,16
	II	13 281	730,45	1 062,48	1 195,29
	III	8 910	490,05	712,80	801,90
	V	18 798	1 033,89	1 503,84	1 691,82
	VI	19 199	1 055,94	1 535,92	1 727,91
59 903,99 Ost	I,IV	13 866	762,63	1 109,28	1 247,94
	II	13 323	732,76	1 065,84	1 199,07
	III	8 940	491,70	715,20	804,60
	V	18 840	1 036,20	1 507,20	1 695,60
	VI	19 242	1 058,31	1 539,36	1 731,78

Lohnsteuer, Solidaritätszuschlag und Kirchensteuer in den Steuerklassen I – VI

*** Die ausgewiesenen Tabellenwerte sind amtlich. Siehe Erläuterungen auf der Umschlaginnenseite (U2).**

Sonstige Bezüge / A-Tarif

59 904,–*

Lohn/Gehalt bis €*	Steuerklasse (I – VI)	LSt	SolZ	8%	9%
59 939,99 West	I,IV	13 838	761,09	1 107,04	1 245,42
	II	13 296	731,28	1 063,68	1 196,64
	III	8 920	490,60	713,60	802,80
	V	18 812	1 034,66	1 504,96	1 693,08
	VI	19 214	1 056,77	1 537,12	1 729,26
59 939,99 Ost	I,IV	13 881	763,45	1 110,48	1 249,29
	II	13 338	733,59	1 067,04	1 200,42
	III	8 952	492,36	716,16	805,68
	V	18 855	1 037,02	1 508,40	1 696,95
	VI	19 257	1 059,13	1 540,56	1 733,13
59 975,99 West	I,IV	13 852	761,86	1 108,16	1 246,68
	II	13 310	732,05	1 064,80	1 197,90
	III	8 932	491,26	714,56	803,88
	V	18 827	1 035,48	1 506,16	1 694,43
	VI	19 228	1 057,54	1 538,24	1 730,52
59 975,99 Ost	I,IV	13 896	764,28	1 111,68	1 250,64
	II	13 352	734,36	1 068,16	1 201,68
	III	8 962	492,91	716,96	806,58
	V	18 870	1 037,85	1 509,60	1 698,30
	VI	19 272	1 059,96	1 541,76	1 734,48
60 011,99 West	I,IV	13 867	762,68	1 109,36	1 248,03
	II	13 324	732,82	1 065,92	1 199,16
	III	8 942	491,81	715,36	804,78
	V	18 841	1 036,25	1 507,28	1 695,69
	VI	19 242	1 058,31	1 539,36	1 731,78
60 011,99 Ost	I,IV	13 911	765,10	1 112,88	1 251,99
	II	13 367	735,18	1 069,36	1 203,03
	III	8 972	493,46	717,76	807,48
	V	18 885	1 038,67	1 510,80	1 699,65
	VI	19 287	1 060,78	1 542,96	1 735,83
60 047,99 West	I,IV	13 881	763,45	1 110,48	1 249,29
	II	13 338	733,59	1 067,04	1 200,42
	III	8 952	492,36	716,16	805,68
	V	18 856	1 037,08	1 508,48	1 697,04
	VI	19 257	1 059,13	1 540,56	1 733,13
60 047,99 Ost	I,IV	13 926	765,93	1 114,08	1 253,34
	II	13 382	736,01	1 070,56	1 204,38
	III	8 984	494,12	718,72	808,56
	V	18 901	1 039,55	1 512,08	1 701,09
	VI	19 302	1 061,61	1 544,16	1 737,18
60 083,99 West	I,IV	13 895	764,22	1 111,60	1 250,55
	II	13 352	734,36	1 068,16	1 201,68
	III	8 962	492,91	716,96	806,58
	V	18 870	1 037,85	1 509,60	1 698,30
	VI	19 271	1 059,90	1 541,68	1 734,39
60 083,99 Ost	I,IV	13 941	766,75	1 115,28	1 254,69
	II	13 397	736,83	1 071,76	1 205,73
	III	8 994	494,67	719,52	809,46
	V	18 916	1 040,38	1 513,28	1 702,44
	VI	19 317	1 062,43	1 545,36	1 738,53
60 119,99 West	I,IV	13 910	765,05	1 112,80	1 251,90
	II	13 366	735,13	1 069,28	1 202,94
	III	8 972	493,46	717,76	807,48
	V	18 885	1 038,67	1 510,80	1 699,65
	VI	19 286	1 060,73	1 542,88	1 735,74
60 119,99 Ost	I,IV	13 956	767,58	1 116,48	1 256,04
	II	13 412	737,66	1 072,96	1 207,08
	III	9 006	495,33	720,48	810,54
	V	18 931	1 041,20	1 514,48	1 703,79
	VI	19 332	1 063,26	1 546,56	1 739,88
60 155,99 West	I,IV	13 924	765,82	1 113,92	1 253,16
	II	13 381	735,95	1 070,48	1 204,29
	III	8 982	494,01	718,56	808,38
	V	18 899	1 039,44	1 511,92	1 700,91
	VI	19 300	1 061,50	1 544,—	1 737,—
60 155,99 Ost	I,IV	13 971	768,40	1 117,68	1 257,39
	II	13 427	738,48	1 074,16	1 208,43
	III	9 016	495,88	721,28	811,44
	V	18 946	1 042,03	1 515,68	1 705,14
	VI	19 347	1 064,08	1 547,76	1 741,23
60 191,99 West	I,IV	13 939	766,64	1 115,12	1 254,51
	II	13 395	736,72	1 071,60	1 205,55
	III	8 992	494,56	719,36	809,28
	V	18 913	1 040,21	1 513,04	1 702,17
	VI	19 315	1 062,32	1 545,20	1 738,35
60 191,99 Ost	I,IV	13 986	769,23	1 118,88	1 258,74
	II	13 442	739,31	1 075,36	1 209,78
	III	9 026	496,43	722,08	812,34
	V	18 961	1 042,85	1 516,88	1 706,49
	VI	19 363	1 064,96	1 549,04	1 742,67
60 227,99 West	I,IV	13 953	767,41	1 116,24	1 255,77
	II	13 409	737,49	1 072,72	1 206,81
	III	9 004	495,22	720,32	810,36
	V	18 928	1 041,04	1 514,24	1 703,52
	VI	19 329	1 063,09	1 546,32	1 739,61
60 227,99 Ost	I,IV	14 001	770,05	1 120,08	1 260,09
	II	13 457	740,13	1 076,56	1 211,13
	III	9 038	497,09	723,04	813,42
	V	18 976	1 043,68	1 518,08	1 707,84
	VI	19 378	1 065,79	1 550,24	1 744,02
60 263,99 West	I,IV	13 968	768,24	1 117,44	1 257,12
	II	13 423	738,26	1 073,84	1 208,07
	III	9 014	495,77	721,12	811,26
	V	18 942	1 041,81	1 515,36	1 704,78
	VI	19 344	1 063,92	1 547,52	1 740,96
60 263,99 Ost	I,IV	14 017	770,93	1 121,36	1 261,53
	II	13 471	740,90	1 077,68	1 212,39
	III	9 048	497,64	723,84	814,32
	V	18 991	1 044,50	1 519,28	1 709,19
	VI	19 393	1 066,61	1 551,44	1 745,37
60 299,99 West	I,IV	13 982	769,01	1 118,56	1 258,38
	II	13 438	739,09	1 075,04	1 209,42
	III	9 024	496,32	721,92	812,16
	V	18 957	1 042,63	1 516,56	1 706,13
	VI	19 358	1 064,69	1 548,64	1 742,22
60 299,99 Ost	I,IV	14 032	771,76	1 122,56	1 262,88
	II	13 486	741,73	1 078,88	1 213,74
	III	9 058	498,19	724,64	815,22
	V	19 006	1 045,33	1 520,48	1 710,54
	VI	19 408	1 067,44	1 552,64	1 746,72
60 335,99 West	I,IV	13 996	769,78	1 119,68	1 259,64
	II	13 452	739,86	1 076,16	1 210,68
	III	9 034	496,87	722,72	813,06
	V	18 971	1 043,40	1 517,68	1 707,39
	VI	19 373	1 065,51	1 549,84	1 743,57
60 335,99 Ost	I,IV	14 047	772,58	1 123,76	1 264,23
	II	13 501	742,55	1 080,08	1 215,09
	III	9 070	498,85	725,60	816,30
	V	19 022	1 046,21	1 521,76	1 711,98
	VI	19 423	1 068,26	1 553,84	1 748,07
60 371,99 West	I,IV	14 011	770,60	1 120,88	1 260,99
	II	13 466	740,63	1 077,28	1 211,94
	III	9 044	497,42	723,52	813,96
	V	18 986	1 044,23	1 518,88	1 708,74
	VI	19 387	1 066,28	1 550,96	1 744,83
60 371,99 Ost	I,IV	14 062	773,41	1 124,96	1 265,58
	II	13 516	743,38	1 081,28	1 216,44
	III	9 080	499,40	726,40	817,20
	V	19 037	1 047,03	1 522,96	1 713,33
	VI	19 438	1 069,09	1 555,04	1 749,42
60 407,99 West	I,IV	14 025	771,37	1 122,—	1 262,25
	II	13 480	741,40	1 078,40	1 213,20
	III	9 054	497,97	724,32	814,86
	V	19 000	1 045,—	1 520,—	1 710,—
	VI	19 402	1 067,11	1 552,16	1 746,18
60 407,99 Ost	I,IV	14 077	774,23	1 126,16	1 266,93
	II	13 531	744,20	1 082,48	1 217,79
	III	9 092	500,06	727,36	818,28
	V	19 052	1 047,86	1 524,16	1 714,68
	VI	19 453	1 069,91	1 556,24	1 750,77
60 443,99 West	I,IV	14 040	772,20	1 123,20	1 263,60
	II	13 494	742,17	1 079,52	1 214,46
	III	9 064	498,52	725,12	815,76
	V	19 014	1 045,77	1 521,12	1 711,26
	VI	19 416	1 067,88	1 553,28	1 747,44
60 443,99 Ost	I,IV	14 092	775,06	1 127,36	1 268,28
	II	13 546	745,03	1 083,68	1 219,14
	III	9 102	500,61	728,16	819,18
	V	19 067	1 048,68	1 525,36	1 716,03
	VI	19 468	1 070,74	1 557,44	1 752,12
60 479,99 West	I,IV	14 054	772,97	1 124,32	1 264,86
	II	13 509	742,99	1 080,72	1 215,81
	III	9 074	499,07	725,92	816,66
	V	19 029	1 046,59	1 522,32	1 712,61
	VI	19 431	1 068,70	1 554,48	1 748,79
60 479,99 Ost	I,IV	14 107	775,88	1 128,56	1 269,63
	II	13 561	745,85	1 084,88	1 220,49
	III	9 112	501,16	728,96	820,08
	V	19 082	1 049,51	1 526,56	1 717,38
	VI	19 484	1 071,62	1 558,72	1 753,56
60 515,99 West	I,IV	14 069	773,79	1 125,52	1 266,21
	II	13 523	743,76	1 081,84	1 217,07
	III	9 086	499,73	726,88	817,74
	V	19 043	1 047,36	1 523,44	1 713,87
	VI	19 445	1 069,47	1 555,60	1 750,05
60 515,99 Ost	I,IV	14 122	776,71	1 129,76	1 270,98
	II	13 576	746,68	1 086,08	1 221,84
	III	9 124	501,82	729,92	821,16
	V	19 097	1 050,33	1 527,76	1 718,73
	VI	19 499	1 072,44	1 559,92	1 754,91
60 551,99 West	I,IV	14 083	774,56	1 126,64	1 267,47
	II	13 537	744,53	1 082,96	1 218,33
	III	9 096	500,28	727,68	818,64
	V	19 058	1 048,19	1 524,64	1 715,22
	VI	19 460	1 070,30	1 556,80	1 751,40
60 551,99 Ost	I,IV	14 137	777,53	1 130,96	1 272,33
	II	13 591	747,50	1 087,28	1 223,19
	III	9 134	502,37	730,72	822,06
	V	19 112	1 051,16	1 528,96	1 720,08
	VI	19 514	1 073,27	1 561,12	1 756,26
60 587,99 West	I,IV	14 098	775,39	1 127,84	1 268,82
	II	13 551	745,30	1 084,08	1 219,59
	III	9 106	500,83	728,48	819,54
	V	19 072	1 048,96	1 525,76	1 716,48
	VI	19 474	1 071,07	1 557,92	1 752,66
60 587,99 Ost	I,IV	14 153	778,41	1 132,24	1 273,77
	II	13 606	748,33	1 088,48	1 224,54
	III	9 146	503,03	731,68	823,14
	V	19 127	1 051,98	1 530,16	1 721,43
	VI	19 529	1 074,09	1 562,32	1 757,61
60 623,99 West	I,IV	14 112	776,16	1 128,96	1 270,08
	II	13 566	746,13	1 085,28	1 220,94
	III	9 116	501,38	729,28	820,44
	V	19 087	1 049,78	1 526,96	1 717,83
	VI	19 489	1 071,89	1 559,12	1 754,01
60 623,99 Ost	I,IV	14 168	779,24	1 133,44	1 275,12
	II	13 621	749,15	1 089,68	1 225,89
	III	9 156	503,58	732,48	824,04
	V	19 143	1 052,86	1 531,44	1 722,87
	VI	19 544	1 074,92	1 563,52	1 758,96
60 659,99 West	I,IV	14 127	776,98	1 130,16	1 271,43
	II	13 580	746,90	1 086,40	1 222,20
	III	9 126	501,93	730,08	821,34
	V	19 101	1 050,55	1 528,08	1 719,09
	VI	19 503	1 072,66	1 560,24	1 755,27
60 659,99 Ost	I,IV	14 183	780,06	1 134,64	1 276,47
	II	13 636	749,98	1 090,88	1 227,24
	III	9 166	504,13	733,28	824,94
	V	19 158	1 053,69	1 532,64	1 724,22
	VI	19 559	1 075,74	1 564,72	1 760,31
60 695,99 West	I,IV	14 141	777,75	1 131,28	1 272,69
	II	13 594	747,67	1 087,52	1 223,46
	III	9 136	502,48	730,88	822,24
	V	19 116	1 051,38	1 529,28	1 720,44
	VI	19 517	1 073,43	1 561,36	1 756,53
60 695,99 Ost	I,IV	14 198	780,89	1 135,84	1 277,82
	II	13 651	750,80	1 092,08	1 228,59
	III	9 178	504,79	734,24	826,02
	V	19 173	1 054,51	1 533,84	1 725,57
	VI	19 574	1 076,57	1 565,92	1 761,66
60 731,99 West	I,IV	14 156	778,58	1 132,48	1 274,04
	II	13 609	748,49	1 088,72	1 224,81
	III	9 148	503,14	731,84	823,32
	V	19 130	1 052,15	1 530,40	1 721,70
	VI	19 532	1 074,26	1 562,56	1 757,88
60 731,99 Ost	I,IV	14 213	781,71	1 137,04	1 279,17
	II	13 666	751,63	1 093,28	1 229,94
	III	9 188	505,34	735,04	826,92
	V	19 188	1 055,34	1 535,04	1 726,92
	VI	19 589	1 077,39	1 567,12	1 763,01
60 767,99 West	I,IV	14 170	779,35	1 133,60	1 275,30
	II	13 623	749,26	1 089,84	1 226,07
	III	9 158	503,69	732,64	824,22
	V	19 145	1 052,97	1 531,60	1 723,05
	VI	19 546	1 075,03	1 563,68	1 759,14
60 767,99 Ost	I,IV	14 228	782,54	1 138,24	1 280,52
	II	13 681	752,45	1 094,48	1 231,29
	III	9 198	505,89	735,84	827,82
	V	19 203	1 056,16	1 536,24	1 728,27
	VI	19 605	1 078,27	1 568,40	1 764,45

Spaltenkopf: Lohnsteuer, Solidaritätszuschlag und Kirchensteuer in den Steuerklassen I – VI

* Die ausgewiesenen Tabellenwerte sind amtlich. Siehe Erläuterungen auf der Umschlaginnenseite (U2).

61 631,99*

Sonstige Bezüge / A-Tarif

Lohn/Gehalt bis €*	Steuerklasse	LSt	SolZ	8%	9%
			Lohnsteuer, Solidaritätszuschlag und Kirchensteuer in den Steuerklassen I – VI		
60 803,99 West	I,IV	14 185	780,17	1 134,80	1 276,65
	II	13 637	750,03	1 090,96	1 227,33
	III	9 168	504,24	733,44	825,12
	V	19 159	1 053,74	1 532,72	1 724,31
	VI	19 561	1 075,85	1 564,88	1 760,49
60 803,99 Ost	I,IV	14 243	783,36	1 139,44	1 281,87
	II	13 696	753,28	1 095,68	1 232,64
	III	9 210	506,55	736,80	828,90
	V	19 218	1 056,99	1 537,44	1 729,62
	VI	19 620	1 079,10	1 569,60	1 765,80
60 839,99 West	I,IV	14 199	780,94	1 135,92	1 277,91
	II	13 651	750,80	1 092,08	1 228,59
	III	9 178	504,79	734,24	826,02
	V	19 174	1 054,57	1 533,92	1 725,66
	VI	19 575	1 076,62	1 566,—	1 761,75
60 839,99 Ost	I,IV	14 258	784,19	1 140,64	1 283,22
	II	13 711	754,10	1 096,88	1 233,99
	III	9 220	507,10	737,60	829,80
	V	19 233	1 057,81	1 538,64	1 730,97
	VI	19 635	1 079,92	1 570,80	1 767,15
60 875,99 West	I,IV	14 214	781,77	1 137,12	1 279,26
	II	13 666	751,63	1 093,28	1 229,94
	III	9 188	505,34	735,04	826,92
	V	19 188	1 055,34	1 535,04	1 726,92
	VI	19 590	1 077,45	1 567,20	1 763,10
60 875,99 Ost	I,IV	14 274	785,07	1 141,92	1 284,66
	II	13 726	754,93	1 098,08	1 235,34
	III	9 232	507,76	738,56	830,88
	V	19 248	1 058,64	1 539,84	1 732,32
	VI	19 650	1 080,75	1 572,—	1 768,50
60 911,99 West	I,IV	14 228	782,54	1 138,24	1 280,52
	II	13 680	752,40	1 094,40	1 231,20
	III	9 198	505,89	735,84	827,82
	V	19 203	1 056,16	1 536,24	1 728,27
	VI	19 604	1 078,22	1 568,32	1 764,36
60 911,99 Ost	I,IV	14 289	785,89	1 143,12	1 286,01
	II	13 741	755,75	1 099,28	1 236,69
	III	9 242	508,31	739,36	831,78
	V	19 263	1 059,46	1 541,04	1 733,67
	VI	19 665	1 081,57	1 573,20	1 769,85
60 947,99 West	I,IV	14 242	783,31	1 139,36	1 281,78
	II	13 694	753,17	1 095,52	1 232,46
	III	9 210	506,55	736,80	828,90
	V	19 217	1 056,93	1 537,36	1 729,53
	VI	19 618	1 078,99	1 569,44	1 765,62
60 947,99 Ost	I,IV	14 304	786,72	1 144,32	1 287,36
	II	13 756	756,58	1 100,48	1 238,04
	III	9 254	508,97	740,32	832,86
	V	19 279	1 060,34	1 542,32	1 735,11
	VI	19 680	1 082,40	1 574,40	1 771,20
60 983,99 West	I,IV	14 257	784,13	1 140,56	1 283,13
	II	13 709	753,99	1 096,72	1 233,81
	III	9 220	507,10	737,60	829,80
	V	19 232	1 057,76	1 538,56	1 730,88
	VI	19 633	1 079,81	1 570,64	1 766,97
60 983,99 Ost	I,IV	14 319	787,54	1 145,52	1 288,71
	II	13 771	757,40	1 101,68	1 239,39
	III	9 264	509,52	741,12	833,76
	V	19 294	1 061,17	1 543,52	1 736,46
	VI	19 695	1 083,22	1 575,60	1 772,55
61 019,99 West	I,IV	14 271	784,90	1 141,68	1 284,39
	II	13 723	754,76	1 097,84	1 235,07
	III	9 230	507,65	738,40	830,70
	V	19 246	1 058,53	1 539,68	1 732,14
	VI	19 647	1 080,58	1 571,76	1 768,23
61 019,99 Ost	I,IV	14 334	788,37	1 146,72	1 290,06
	II	13 786	758,23	1 102,88	1 240,74
	III	9 274	510,07	741,92	834,66
	V	19 309	1 061,99	1 544,72	1 737,81
	VI	19 710	1 084,05	1 576,80	1 773,90
61 055,99 West	I,IV	14 286	785,73	1 142,88	1 285,74
	II	13 738	755,59	1 099,04	1 236,42
	III	9 240	508,20	739,20	831,60
	V	19 261	1 059,35	1 540,88	1 733,49
	VI	19 662	1 081,41	1 572,96	1 769,58
61 055,99 Ost	I,IV	14 349	789,19	1 147,92	1 291,41
	II	13 801	759,05	1 104,08	1 242,09
	III	9 286	510,73	742,88	835,74
	V	19 324	1 062,82	1 545,92	1 739,16
	VI	19 725	1 084,87	1 578,—	1 775,25
61 091,99 West	I,IV	14 300	786,50	1 144,—	1 287,—
	II	13 752	756,36	1 100,16	1 237,68
	III	9 250	508,75	740,—	832,50
	V	19 275	1 060,12	1 542,—	1 734,75
	VI	19 676	1 082,18	1 574,08	1 770,84
61 091,99 Ost	I,IV	14 364	790,02	1 149,12	1 292,76
	II	13 816	759,88	1 105,28	1 243,44
	III	9 296	511,28	743,68	836,64
	V	19 339	1 063,64	1 547,12	1 740,51
	VI	19 741	1 085,75	1 579,28	1 776,69
61 127,99 West	I,IV	14 315	787,32	1 145,20	1 288,35
	II	13 766	757,13	1 101,28	1 238,94
	III	9 260	509,30	740,80	833,40
	V	19 290	1 060,95	1 543,20	1 736,10
	VI	19 691	1 083,—	1 575,28	1 772,19
61 127,99 Ost	I,IV	14 379	790,84	1 150,32	1 294,11
	II	13 831	760,70	1 106,48	1 244,79
	III	9 308	511,94	744,64	837,72
	V	19 354	1 064,47	1 548,32	1 741,86
	VI	19 756	1 086,58	1 580,48	1 778,04
61 163,99 West	I,IV	14 329	788,09	1 146,32	1 289,61
	II	13 781	757,95	1 102,48	1 240,29
	III	9 272	509,96	741,76	834,48
	V	19 304	1 061,72	1 544,32	1 737,36
	VI	19 705	1 083,77	1 576,40	1 773,45
61 163,99 Ost	I,IV	14 395	791,72	1 151,60	1 295,55
	II	13 846	761,53	1 107,68	1 246,14
	III	9 318	512,49	745,44	838,62
	V	19 369	1 065,29	1 549,52	1 743,21
	VI	19 771	1 087,40	1 581,68	1 779,39
61 199,99 West	I,IV	14 343	788,86	1 147,44	1 290,87
	II	13 795	758,72	1 103,60	1 241,55
	III	9 282	510,51	742,56	835,38
	V	19 318	1 062,49	1 545,44	1 738,62
	VI	19 720	1 084,60	1 577,60	1 774,80
61 199,99 Ost	I,IV	14 410	792,55	1 152,80	1 296,90
	II	13 861	762,35	1 108,88	1 247,49
	III	9 328	513,04	746,24	839,52
	V	19 384	1 066,12	1 550,72	1 744,56
	VI	19 786	1 088,23	1 582,88	1 780,74
61 235,99 West	I,IV	14 358	789,69	1 148,64	1 292,22
	II	13 809	759,49	1 104,72	1 242,81
	III	9 292	511,06	743,36	836,28
	V	19 333	1 063,31	1 546,64	1 739,97
	VI	19 734	1 085,37	1 578,72	1 776,06
61 235,99 Ost	I,IV	14 425	793,37	1 154,—	1 298,25
	II	13 876	763,18	1 110,08	1 248,84
	III	9 340	513,70	747,20	840,60
	V	19 400	1 067,—	1 552,—	1 746,—
	VI	19 801	1 089,05	1 584,08	1 782,09
61 271,99 West	I,IV	14 372	790,46	1 149,76	1 293,48
	II	13 824	760,32	1 105,92	1 244,16
	III	9 302	511,61	744,16	837,18
	V	19 347	1 064,08	1 547,76	1 741,23
	VI	19 749	1 086,19	1 579,92	1 777,41
61 271,99 Ost	I,IV	14 440	794,20	1 155,20	1 299,60
	II	13 891	764,—	1 111,28	1 250,19
	III	9 350	514,25	748,—	841,50
	V	19 415	1 067,82	1 553,20	1 747,35
	VI	19 816	1 089,88	1 585,28	1 783,44
61 307,99 West	I,IV	14 387	791,28	1 150,96	1 294,83
	II	13 838	761,09	1 107,04	1 245,42
	III	9 312	512,16	744,96	838,08
	V	19 362	1 064,91	1 548,96	1 742,58
	VI	19 763	1 086,96	1 581,04	1 778,67
61 307,99 Ost	I,IV	14 455	795,02	1 156,40	1 300,95
	II	13 906	764,83	1 112,48	1 251,54
	III	9 362	514,91	748,96	842,58
	V	19 430	1 068,65	1 554,40	1 748,70
	VI	19 831	1 090,70	1 586,48	1 784,79
61 343,99 West	I,IV	14 401	792,05	1 152,08	1 296,09
	II	13 852	761,86	1 108,16	1 246,68
	III	9 322	512,71	745,76	838,98
	V	19 376	1 065,68	1 550,08	1 743,84
	VI	19 778	1 087,79	1 582,24	1 780,02
61 343,99 Ost	I,IV	14 470	795,85	1 157,60	1 302,30
	II	13 921	765,65	1 113,68	1 252,89
	III	9 372	515,46	749,76	843,48
	V	19 445	1 069,47	1 555,60	1 750,05
	VI	19 846	1 091,53	1 587,68	1 786,14
61 379,99 West	I,IV	14 416	792,88	1 153,28	1 297,44
	II	13 867	762,68	1 109,36	1 248,03
	III	9 334	513,37	746,72	840,06
	V	19 390	1 066,45	1 551,20	1 745,10
	VI	19 792	1 088,56	1 583,36	1 781,28
61 379,99 Ost	I,IV	14 485	796,67	1 158,80	1 303,65
	II	13 936	766,48	1 114,88	1 254,24
	III	9 384	516,12	750,72	844,56
	V	19 460	1 070,30	1 556,80	1 751,40
	VI	19 862	1 092,41	1 588,96	1 787,58
61 415,99 West	I,IV	14 430	793,65	1 154,40	1 298,70
	II	13 881	763,45	1 110,48	1 249,29
	III	9 344	513,92	747,52	840,96
	V	19 405	1 067,27	1 552,40	1 746,45
	VI	19 807	1 089,38	1 584,56	1 782,63
61 415,99 Ost	I,IV	14 500	797,50	1 160,—	1 305,—
	II	13 951	767,30	1 116,08	1 255,59
	III	9 394	516,67	751,52	845,46
	V	19 475	1 071,12	1 558,—	1 752,75
	VI	19 877	1 093,23	1 590,16	1 788,93
61 451,99 West	I,IV	14 445	794,47	1 155,60	1 300,05
	II	13 895	764,22	1 111,60	1 250,55
	III	9 354	514,47	748,32	841,86
	V	19 419	1 068,04	1 553,52	1 747,71
	VI	19 821	1 090,15	1 585,68	1 783,89
61 451,99 Ost	I,IV	14 515	798,32	1 161,20	1 306,35
	II	13 966	768,13	1 117,28	1 256,94
	III	9 404	517,22	752,32	846,36
	V	19 490	1 071,95	1 559,20	1 754,10
	VI	19 892	1 094,06	1 591,36	1 790,28
61 487,99 West	I,IV	14 459	795,24	1 156,72	1 301,31
	II	13 910	765,05	1 112,80	1 251,90
	III	9 364	515,02	749,12	842,76
	V	19 434	1 068,87	1 554,72	1 749,06
	VI	19 836	1 090,98	1 586,88	1 785,24
61 487,99 Ost	I,IV	14 531	799,20	1 162,48	1 307,79
	II	13 981	768,95	1 118,48	1 258,29
	III	9 416	517,88	753,28	847,44
	V	19 505	1 072,77	1 560,40	1 755,45
	VI	19 907	1 094,88	1 592,56	1 791,63
61 523,99 West	I,IV	14 473	796,01	1 157,84	1 302,57
	II	13 924	765,82	1 113,92	1 253,16
	III	9 374	515,57	749,92	843,66
	V	19 448	1 069,64	1 555,84	1 750,32
	VI	19 850	1 091,75	1 588,—	1 786,50
61 523,99 Ost	I,IV	14 546	800,03	1 163,68	1 309,14
	II	13 996	769,78	1 119,68	1 259,64
	III	9 426	518,43	754,08	848,34
	V	19 521	1 073,65	1 561,68	1 756,89
	VI	19 922	1 095,71	1 593,76	1 792,98
61 559,99 West	I,IV	14 488	796,84	1 159,04	1 303,92
	II	13 939	766,64	1 115,12	1 254,51
	III	9 386	516,23	750,88	844,74
	V	19 463	1 070,46	1 557,04	1 751,67
	VI	19 864	1 092,52	1 589,12	1 787,76
61 559,99 Ost	I,IV	14 561	800,85	1 164,88	1 310,49
	II	14 012	770,66	1 120,96	1 261,08
	III	9 438	519,09	755,04	849,42
	V	19 536	1 074,48	1 562,88	1 758,24
	VI	19 937	1 096,53	1 594,96	1 794,33
61 595,99 West	I,IV	14 502	797,61	1 160,16	1 305,18
	II	13 953	767,41	1 116,24	1 255,77
	III	9 396	516,78	751,68	845,64
	V	19 477	1 071,23	1 558,16	1 752,93
	VI	19 879	1 093,34	1 590,32	1 789,11
61 595,99 Ost	I,IV	14 576	801,68	1 166,08	1 311,84
	II	14 027	771,48	1 122,16	1 262,43
	III	9 448	519,64	755,84	850,32
	V	19 551	1 075,30	1 564,08	1 759,59
	VI	19 952	1 097,36	1 596,16	1 795,68
61 631,99 West	I,IV	14 517	798,43	1 161,36	1 306,53
	II	13 968	768,24	1 117,44	1 257,12
	III	9 406	517,33	752,48	846,54
	V	19 492	1 072,06	1 559,36	1 754,28
	VI	19 893	1 094,11	1 591,44	1 790,37
61 631,99 Ost	I,IV	14 591	802,50	1 167,28	1 313,19
	II	14 042	772,31	1 123,36	1 263,78
	III	9 460	520,30	756,80	851,40
	V	19 566	1 076,13	1 565,28	1 760,94
	VI	19 967	1 098,18	1 597,36	1 797,03

* Die ausgewiesenen Tabellenwerte sind amtlich. Siehe Erläuterungen auf der Umschlaginnenseite (U2).

Sonstige Bezüge / A-Tarif

61 632,–*

Lohn/ Gehalt bis €*	Steuerklasse	LSt	SolZ	8%	9%
61 667,99 West	I,IV	14 531	799,20	1 162,48	1 307,79
	II	13 982	769,01	1 118,56	1 258,38
	III	9 416	517,88	753,28	847,44
	V	19 506	1 072,83	1 560,48	1 755,54
	VI	19 908	1 094,94	1 592,64	1 791,72
61 667,99 Ost	I,IV	14 606	803,33	1 168,48	1 314,54
	II	14 057	773,13	1 124,56	1 265,13
	III	9 470	520,85	757,60	852,30
	V	19 581	1 076,95	1 566,48	1 762,29
	VI	19 983	1 099,06	1 598,64	1 798,47
61 703,99 West	I,IV	14 546	800,03	1 163,68	1 309,14
	II	13 996	769,78	1 119,68	1 259,64
	III	9 426	518,43	754,08	848,34
	V	19 521	1 073,65	1 561,68	1 756,89
	VI	19 922	1 095,71	1 593,76	1 792,98
61 703,99 Ost	I,IV	14 621	804,15	1 169,68	1 315,89
	II	14 072	773,96	1 125,76	1 266,48
	III	9 480	521,40	758,40	853,20
	V	19 596	1 077,78	1 567,68	1 763,64
	VI	19 998	1 099,89	1 599,84	1 799,82
61 739,99 West	I,IV	14 560	800,80	1 164,80	1 310,40
	II	14 011	770,60	1 120,88	1 260,99
	III	9 438	519,09	755,04	849,42
	V	19 535	1 074,42	1 562,80	1 758,15
	VI	19 937	1 096,53	1 594,96	1 794,33
61 739,99 Ost	I,IV	14 636	804,98	1 170,88	1 317,24
	II	14 087	774,78	1 126,96	1 267,83
	III	9 492	522,06	759,36	854,28
	V	19 611	1 078,60	1 568,88	1 764,99
	VI	20 013	1 100,71	1 601,04	1 801,17
61 775,99 West	I,IV	14 575	801,62	1 166,—	1 311,75
	II	14 025	771,37	1 122,—	1 262,25
	III	9 448	519,64	755,84	850,32
	V	19 549	1 075,19	1 563,92	1 759,41
	VI	19 951	1 097,30	1 596,08	1 795,59
61 775,99 Ost	I,IV	14 652	805,86	1 172,16	1 318,68
	II	14 102	775,61	1 128,16	1 269,18
	III	9 502	522,61	760,16	855,18
	V	19 626	1 079,43	1 570,08	1 766,34
	VI	20 028	1 101,54	1 602,24	1 802,52
61 811,99 West	I,IV	14 589	802,39	1 167,12	1 313,01
	II	14 040	772,20	1 123,20	1 263,60
	III	9 458	520,19	756,64	851,22
	V	19 564	1 076,02	1 565,12	1 760,76
	VI	19 966	1 098,13	1 597,28	1 796,94
61 811,99 Ost	I,IV	14 667	806,68	1 173,36	1 320,03
	II	14 117	776,43	1 129,36	1 270,53
	III	9 514	523,27	761,12	856,26
	V	19 641	1 080,25	1 571,28	1 767,69
	VI	20 043	1 102,36	1 603,44	1 803,87
61 847,99 West	I,IV	14 604	803,22	1 168,32	1 314,36
	II	14 054	772,97	1 124,32	1 264,86
	III	9 468	520,74	757,44	852,12
	V	19 578	1 076,79	1 566,24	1 762,02
	VI	19 980	1 098,90	1 598,40	1 798,20
61 847,99 Ost	I,IV	14 682	807,51	1 174,56	1 321,38
	II	14 132	777,26	1 130,56	1 271,88
	III	9 524	523,82	761,92	857,16
	V	19 657	1 081,13	1 572,56	1 769,13
	VI	20 058	1 103,19	1 604,64	1 805,22
61 883,99 West	I,IV	14 618	803,99	1 169,44	1 315,62
	II	14 069	773,79	1 125,52	1 266,21
	III	9 478	521,29	758,24	853,02
	V	19 593	1 077,61	1 567,44	1 763,37
	VI	19 994	1 099,67	1 599,52	1 799,46
61 883,99 Ost	I,IV	14 697	808,33	1 175,76	1 322,73
	II	14 148	778,14	1 131,84	1 273,32
	III	9 536	524,48	762,88	858,24
	V	19 672	1 081,96	1 573,76	1 770,48
	VI	20 073	1 104,01	1 605,84	1 806,57
61 919,99 West	I,IV	14 633	804,81	1 170,64	1 316,97
	II	14 083	774,56	1 126,64	1 267,47
	III	9 490	521,95	759,20	854,10
	V	19 607	1 078,38	1 568,56	1 764,63
	VI	20 009	1 100,49	1 600,72	1 800,81
61 919,99 Ost	I,IV	14 712	809,16	1 176,96	1 324,08
	II	14 163	778,96	1 133,04	1 274,67
	III	9 546	525,03	763,68	859,14
	V	19 687	1 082,78	1 574,96	1 771,83
	VI	20 088	1 104,84	1 607,04	1 807,92

Lohn/ Gehalt bis €*	Steuerklasse	LSt	SolZ	8%	9%
61 955,99 West	I,IV	14 647	805,58	1 171,76	1 318,23
	II	14 098	775,39	1 127,84	1 268,82
	III	9 500	522,50	760,—	855,—
	V	19 622	1 079,21	1 569,76	1 765,98
	VI	20 023	1 101,26	1 601,84	1 802,07
61 955,99 Ost	I,IV	14 727	809,98	1 178,16	1 325,43
	II	14 178	779,79	1 134,24	1 276,02
	III	9 558	525,69	764,64	860,22
	V	19 702	1 083,61	1 576,16	1 773,18
	VI	20 103	1 105,66	1 608,24	1 809,27
61 991,99 West	I,IV	14 662	806,41	1 172,96	1 319,58
	II	14 112	776,16	1 128,96	1 270,08
	III	9 510	523,05	760,80	855,90
	V	19 636	1 079,98	1 570,88	1 767,24
	VI	20 038	1 102,09	1 603,04	1 803,42
61 991,99 Ost	I,IV	14 742	810,81	1 179,36	1 326,78
	II	14 193	780,61	1 135,44	1 277,37
	III	9 568	526,24	765,44	861,12
	V	19 717	1 084,43	1 577,36	1 774,53
	VI	20 119	1 106,54	1 609,52	1 810,71
62 027,99 West	I,IV	14 676	807,18	1 174,08	1 320,84
	II	14 127	776,98	1 130,16	1 271,43
	III	9 520	523,60	761,60	856,80
	V	19 651	1 080,80	1 572,08	1 768,59
	VI	20 052	1 102,86	1 604,16	1 804,68
62 027,99 Ost	I,IV	14 757	811,63	1 180,56	1 328,13
	II	14 208	781,44	1 136,64	1 278,72
	III	9 578	526,79	766,24	862,02
	V	19 732	1 085,26	1 578,56	1 775,88
	VI	20 134	1 107,37	1 610,72	1 812,06
62 063,99 West	I,IV	14 691	808,—	1 175,28	1 322,19
	II	14 141	777,75	1 131,28	1 272,69
	III	9 532	524,26	762,56	857,88
	V	19 665	1 081,57	1 573,20	1 769,85
	VI	20 067	1 103,68	1 605,36	1 806,03
62 063,99 Ost	I,IV	14 773	812,51	1 181,84	1 329,57
	II	14 223	782,26	1 137,84	1 280,07
	III	9 590	527,45	767,20	863,10
	V	19 747	1 086,08	1 579,76	1 777,23
	VI	20 149	1 108,19	1 611,92	1 813,41
62 099,99 West	I,IV	14 705	808,77	1 176,40	1 323,45
	II	14 156	778,58	1 132,48	1 274,04
	III	9 542	524,81	763,36	858,78
	V	19 680	1 082,40	1 574,40	1 771,20
	VI	20 081	1 104,45	1 606,48	1 807,29
62 099,99 Ost	I,IV	14 788	813,34	1 183,04	1 330,92
	II	14 238	783,09	1 139,04	1 281,42
	III	9 600	528,—	768,—	864,—
	V	19 762	1 086,91	1 580,96	1 778,58
	VI	20 164	1 109,02	1 613,12	1 814,76
62 135,99 West	I,IV	14 719	809,54	1 177,52	1 324,71
	II	14 170	779,35	1 133,60	1 275,30
	III	9 552	525,36	764,16	859,68
	V	19 694	1 083,17	1 575,52	1 772,46
	VI	20 095	1 105,22	1 607,60	1 808,55
62 135,99 Ost	I,IV	14 803	814,16	1 184,24	1 332,27
	II	14 253	783,91	1 140,24	1 282,77
	III	9 612	528,66	768,96	865,08
	V	19 778	1 087,79	1 582,24	1 780,02
	VI	20 179	1 109,84	1 614,32	1 816,11
62 171,99 West	I,IV	14 734	810,37	1 178,72	1 326,06
	II	14 185	780,17	1 134,80	1 276,65
	III	9 562	525,91	764,96	860,58
	V	19 709	1 083,99	1 576,72	1 773,81
	VI	20 110	1 106,05	1 608,80	1 809,90
62 171,99 Ost	I,IV	14 818	814,99	1 185,44	1 333,62
	II	14 269	784,79	1 141,52	1 284,21
	III	9 622	529,21	769,76	865,98
	V	19 793	1 088,61	1 583,44	1 781,37
	VI	20 194	1 110,67	1 615,52	1 817,46
62 207,99 West	I,IV	14 748	811,14	1 179,84	1 327,32
	II	14 199	780,94	1 135,92	1 277,91
	III	9 572	526,46	765,76	861,48
	V	19 723	1 084,76	1 577,84	1 775,07
	VI	20 124	1 106,82	1 609,92	1 811,16
62 207,99 Ost	I,IV	14 833	815,81	1 186,64	1 334,97
	II	14 284	785,62	1 142,72	1 285,56
	III	9 634	529,87	770,72	867,06
	V	19 808	1 089,44	1 584,64	1 782,72
	VI	20 209	1 111,49	1 616,72	1 818,81

Lohn/ Gehalt bis €*	Steuerklasse	LSt	SolZ	8%	9%
62 243,99 West	I,IV	14 763	811,96	1 181,04	1 328,67
	II	14 214	781,77	1 137,12	1 279,26
	III	9 584	527,12	766,72	862,56
	V	19 738	1 085,59	1 579,04	1 776,42
	VI	20 139	1 107,64	1 611,12	1 812,51
62 243,99 Ost	I,IV	14 848	816,64	1 187,84	1 336,32
	II	14 299	786,44	1 143,92	1 286,91
	III	9 644	530,42	771,52	867,96
	V	19 823	1 090,26	1 585,84	1 784,07
	VI	20 224	1 112,32	1 617,92	1 820,16
62 279,99 West	I,IV	14 777	812,73	1 182,16	1 329,93
	II	14 228	782,54	1 138,24	1 280,52
	III	9 594	527,67	767,52	863,46
	V	19 752	1 086,36	1 580,16	1 777,68
	VI	20 153	1 108,41	1 612,24	1 813,77
62 279,99 Ost	I,IV	14 863	817,46	1 189,04	1 337,67
	II	14 314	787,27	1 145,12	1 288,26
	III	9 656	531,08	772,48	869,04
	V	19 838	1 091,09	1 587,04	1 785,42
	VI	20 240	1 113,20	1 619,20	1 821,60
62 315,99 West	I,IV	14 792	813,56	1 183,36	1 331,28
	II	14 242	783,31	1 139,36	1 281,78
	III	9 604	528,22	768,32	864,36
	V	19 767	1 087,18	1 581,36	1 779,03
	VI	20 168	1 109,24	1 613,44	1 815,12
62 315,99 Ost	I,IV	14 878	818,29	1 190,24	1 339,02
	II	14 329	788,09	1 146,32	1 289,61
	III	9 666	531,63	773,28	869,94
	V	19 853	1 091,91	1 588,24	1 786,77
	VI	20 255	1 114,02	1 620,40	1 822,95
62 351,99 West	I,IV	14 806	814,33	1 184,48	1 332,54
	II	14 257	784,13	1 140,56	1 283,13
	III	9 614	528,77	769,12	865,26
	V	19 781	1 087,95	1 582,48	1 780,29
	VI	20 182	1 110,01	1 614,56	1 816,38
62 351,99 Ost	I,IV	14 893	819,11	1 191,44	1 340,37
	II	14 344	788,92	1 147,52	1 290,96
	III	9 678	532,29	774,24	871,02
	V	19 868	1 092,74	1 589,44	1 788,12
	VI	20 270	1 114,85	1 621,60	1 824,30
62 387,99 West	I,IV	14 820	815,10	1 185,60	1 333,80
	II	14 271	784,90	1 141,68	1 284,39
	III	9 624	529,32	769,92	866,16
	V	19 795	1 088,72	1 583,60	1 781,55
	VI	20 197	1 110,83	1 615,76	1 817,73
62 387,99 Ost	I,IV	14 909	819,99	1 192,72	1 341,81
	II	14 359	789,74	1 148,72	1 292,31
	III	9 688	532,84	775,04	871,92
	V	19 883	1 093,56	1 590,64	1 789,47
	VI	20 285	1 115,67	1 622,80	1 825,65
62 423,99 West	I,IV	14 835	815,92	1 186,80	1 335,15
	II	14 286	785,73	1 142,88	1 285,74
	III	9 636	529,98	770,88	867,24
	V	19 810	1 089,55	1 584,80	1 782,90
	VI	20 211	1 111,60	1 616,88	1 818,99
62 423,99 Ost	I,IV	14 924	820,82	1 193,92	1 343,16
	II	14 374	790,57	1 149,92	1 293,66
	III	9 700	533,50	776,—	873,—
	V	19 899	1 094,44	1 591,92	1 790,91
	VI	20 300	1 116,50	1 624,—	1 827,—
62 459,99 West	I,IV	14 849	816,69	1 187,92	1 336,41
	II	14 300	786,50	1 144,—	1 287,—
	III	9 646	530,53	771,68	868,14
	V	19 824	1 090,32	1 585,92	1 784,16
	VI	20 226	1 112,43	1 618,08	1 820,34
62 459,99 Ost	I,IV	14 939	821,64	1 195,12	1 344,51
	II	14 389	791,39	1 151,12	1 295,01
	III	9 710	534,05	776,80	873,90
	V	19 914	1 095,27	1 593,12	1 792,26
	VI	20 315	1 117,32	1 625,20	1 828,35
62 495,99 West	I,IV	14 864	817,52	1 189,12	1 337,76
	II	14 315	787,32	1 145,20	1 288,35
	III	9 656	531,08	772,48	869,04
	V	19 839	1 091,14	1 587,12	1 785,51
	VI	20 240	1 113,20	1 619,20	1 821,60
62 495,99 Ost	I,IV	14 954	822,47	1 196,32	1 345,86
	II	14 405	792,27	1 152,40	1 296,45
	III	9 720	534,60	777,60	874,80
	V	19 929	1 096,09	1 594,32	1 793,61
	VI	20 330	1 118,15	1 626,40	1 829,70

Lohnsteuer, Solidaritätszuschlag und Kirchensteuer in den Steuerklassen I – VI

*** Die ausgewiesenen Tabellenwerte sind amtlich. Siehe Erläuterungen auf der Umschlaginnenseite (U2).**

63 359,99*

Sonstige Bezüge / A-Tarif

Lohn/Gehalt bis €*	Lohnsteuer, Solidaritätszuschlag und Kirchensteuer in den Steuerklassen I – VI	LSt	SolZ	8%	9%
62 531,99 West	I,IV	14 878	818,29	1 190,24	1 339,02
	II	14 329	788,09	1 146,32	1 289,61
	III	9 666	531,63	773,28	869,94
	V	19 853	1 091,91	1 588,24	1 786,77
	VI	20 255	1 114,02	1 620,40	1 822,95
62 531,99 Ost	I,IV	14 969	823,29	1 197,52	1 347,21
	II	14 420	793,10	1 153,60	1 297,80
	III	9 732	535,26	778,56	875,88
	V	19 944	1 096,92	1 595,52	1 794,96
	VI	20 345	1 118,97	1 627,60	1 831,05
62 567,99 West	I,IV	14 893	819,11	1 191,44	1 340,37
	II	14 343	788,86	1 147,44	1 290,87
	III	9 676	532,18	774,08	870,84
	V	19 867	1 092,68	1 589,36	1 788,03
	VI	20 269	1 114,79	1 621,52	1 824,21
62 567,99 Ost	I,IV	14 984	824,12	1 198,72	1 348,56
	II	14 435	793,92	1 154,80	1 299,15
	III	9 742	535,81	779,36	876,78
	V	19 959	1 097,74	1 596,72	1 796,31
	VI	20 361	1 119,85	1 628,88	1 832,49
62 603,99 West	I,IV	14 907	819,88	1 192,56	1 341,63
	II	14 358	789,69	1 148,64	1 292,22
	III	9 688	532,84	775,04	871,92
	V	19 882	1 093,51	1 590,56	1 789,38
	VI	20 284	1 115,62	1 622,72	1 825,56
62 603,99 Ost	I,IV	14 999	824,94	1 199,92	1 349,91
	II	14 450	794,75	1 156,—	1 300,50
	III	9 754	536,47	780,32	877,86
	V	19 974	1 098,57	1 597,92	1 797,66
	VI	20 376	1 120,68	1 630,08	1 833,84
62 639,99 West	I,IV	14 922	820,71	1 193,76	1 342,98
	II	14 372	790,46	1 149,76	1 293,48
	III	9 698	533,39	775,84	872,82
	V	19 896	1 094,28	1 591,68	1 790,64
	VI	20 298	1 116,39	1 623,84	1 826,82
62 639,99 Ost	I,IV	15 014	825,77	1 201,12	1 351,26
	II	14 465	795,57	1 157,20	1 301,85
	III	9 764	537,02	781,12	878,76
	V	19 989	1 099,39	1 599,12	1 799,01
	VI	20 391	1 121,50	1 631,28	1 835,19
62 675,99 West	I,IV	14 936	821,48	1 194,88	1 344,24
	II	14 387	791,28	1 150,96	1 294,83
	III	9 708	533,94	776,64	873,72
	V	19 911	1 095,10	1 592,88	1 791,99
	VI	20 313	1 117,21	1 625,04	1 828,17
62 675,99 Ost	I,IV	15 030	826,65	1 202,40	1 352,70
	II	14 480	796,40	1 158,40	1 303,20
	III	9 776	537,68	782,08	879,84
	V	20 004	1 100,22	1 600,32	1 800,36
	VI	20 406	1 122,33	1 632,48	1 836,54
62 711,99 West	I,IV	14 951	822,30	1 196,08	1 345,59
	II	14 401	792,05	1 152,08	1 296,09
	III	9 718	534,49	777,44	874,62
	V	19 925	1 095,87	1 594,—	1 793,25
	VI	20 327	1 117,98	1 626,16	1 829,43
62 711,99 Ost	I,IV	15 045	827,47	1 203,60	1 354,05
	II	14 495	797,22	1 159,60	1 304,55
	III	9 786	538,23	782,88	880,74
	V	20 019	1 101,04	1 601,52	1 801,71
	VI	20 421	1 123,15	1 633,68	1 837,89
62 747,99 West	I,IV	14 965	823,07	1 197,20	1 346,85
	II	14 416	792,88	1 153,28	1 297,44
	III	9 730	535,15	778,40	875,70
	V	19 940	1 096,70	1 595,20	1 794,60
	VI	20 342	1 118,81	1 627,36	1 830,78
62 747,99 Ost	I,IV	15 060	828,30	1 204,80	1 355,40
	II	14 510	798,05	1 160,80	1 305,90
	III	9 798	538,89	783,84	881,82
	V	20 035	1 101,92	1 602,80	1 803,15
	VI	20 436	1 123,98	1 634,88	1 839,24
62 783,99 West	I,IV	14 980	823,90	1 198,40	1 348,20
	II	14 430	793,65	1 154,40	1 298,70
	III	9 740	535,70	779,20	876,60
	V	19 954	1 097,47	1 596,32	1 795,86
	VI	20 356	1 119,58	1 628,48	1 832,04
62 783,99 Ost	I,IV	15 075	829,12	1 206,—	1 356,75
	II	14 526	798,93	1 162,08	1 307,34
	III	9 808	539,44	784,64	882,72
	V	20 050	1 102,75	1 604,—	1 804,50
	VI	20 451	1 124,80	1 636,08	1 840,59
62 819,99 West	I,IV	14 994	824,67	1 199,52	1 349,46
	II	14 445	794,47	1 155,60	1 300,05
	III	9 750	536,25	780,—	877,50
	V	19 969	1 098,29	1 597,52	1 797,21
	VI	20 370	1 120,35	1 629,60	1 833,30
62 819,99 Ost	I,IV	15 090	829,95	1 207,20	1 358,10
	II	14 541	799,75	1 163,28	1 308,69
	III	9 820	540,10	785,60	883,80
	V	20 065	1 103,57	1 605,20	1 805,85
	VI	20 466	1 125,63	1 637,28	1 841,94
62 855,99 West	I,IV	15 009	825,49	1 200,72	1 350,81
	II	14 459	795,24	1 156,72	1 301,31
	III	9 760	536,80	780,80	878,40
	V	19 983	1 099,06	1 598,64	1 798,47
	VI	20 385	1 121,17	1 630,80	1 834,65
62 855,99 Ost	I,IV	15 105	830,77	1 208,40	1 359,45
	II	14 556	800,58	1 164,48	1 310,04
	III	9 830	540,65	786,40	884,70
	V	20 080	1 104,40	1 606,40	1 807,20
	VI	20 481	1 126,45	1 638,48	1 843,29
62 891,99 West	I,IV	15 023	826,26	1 201,84	1 352,07
	II	14 473	796,01	1 157,84	1 302,57
	III	9 770	537,35	781,60	879,30
	V	19 998	1 099,89	1 599,84	1 799,82
	VI	20 399	1 121,94	1 631,92	1 835,91
62 891,99 Ost	I,IV	15 120	831,60	1 209,60	1 360,80
	II	14 571	801,40	1 165,68	1 311,39
	III	9 842	541,31	787,36	885,78
	V	20 095	1 105,22	1 607,60	1 808,55
	VI	20 497	1 127,33	1 639,76	1 844,73
62 927,99 West	I,IV	15 038	827,09	1 203,04	1 353,42
	II	14 488	796,84	1 159,04	1 303,92
	III	9 782	538,01	782,56	880,38
	V	20 012	1 100,66	1 600,96	1 801,08
	VI	20 414	1 122,77	1 633,12	1 837,26
62 927,99 Ost	I,IV	15 135	832,42	1 210,80	1 362,15
	II	14 586	802,23	1 166,88	1 312,74
	III	9 852	541,86	788,16	886,68
	V	20 110	1 106,05	1 608,80	1 809,90
	VI	20 512	1 128,16	1 640,96	1 846,08
62 963,99 West	I,IV	15 052	827,86	1 204,16	1 354,68
	II	14 502	797,61	1 160,16	1 305,18
	III	9 792	538,56	783,36	881,28
	V	20 027	1 101,48	1 602,16	1 802,43
	VI	20 428	1 123,54	1 634,24	1 838,52
62 963,99 Ost	I,IV	15 151	833,30	1 212,08	1 363,59
	II	14 601	803,05	1 168,08	1 314,09
	III	9 864	542,52	789,12	887,76
	V	20 125	1 106,87	1 610,—	1 811,25
	VI	20 527	1 128,98	1 642,16	1 847,43
62 999,99 West	I,IV	15 067	828,68	1 205,36	1 356,03
	II	14 517	798,43	1 161,36	1 306,53
	III	9 802	539,11	784,16	882,18
	V	20 041	1 102,25	1 603,28	1 803,69
	VI	20 443	1 124,36	1 635,44	1 839,87
62 999,99 Ost	I,IV	15 166	834,13	1 213,28	1 364,94
	II	14 616	803,88	1 169,28	1 315,44
	III	9 874	543,07	789,92	888,66
	V	20 140	1 107,70	1 611,20	1 812,60
	VI	20 542	1 129,81	1 643,36	1 848,78
63 035,99 West	I,IV	15 081	829,45	1 206,48	1 357,29
	II	14 531	799,20	1 162,48	1 307,79
	III	9 812	539,66	784,96	883,08
	V	20 056	1 103,08	1 604,48	1 805,04
	VI	20 457	1 125,13	1 636,56	1 841,13
63 035,99 Ost	I,IV	15 181	834,95	1 214,48	1 366,29
	II	14 631	804,70	1 170,48	1 316,79
	III	9 886	543,73	790,88	889,74
	V	20 156	1 108,58	1 612,48	1 814,04
	VI	20 557	1 130,63	1 644,56	1 850,13
63 071,99 West	I,IV	15 095	830,22	1 207,60	1 358,55
	II	14 546	800,03	1 163,68	1 309,14
	III	9 824	540,32	785,92	884,16
	V	20 070	1 103,85	1 605,60	1 806,30
	VI	20 471	1 125,90	1 637,68	1 842,39
63 071,99 Ost	I,IV	15 196	835,78	1 215,68	1 367,64
	II	14 647	805,58	1 171,76	1 318,23
	III	9 896	544,28	791,68	890,64
	V	20 171	1 109,40	1 613,68	1 815,39
	VI	20 572	1 131,46	1 645,76	1 851,48
63 107,99 West	I,IV	15 110	831,05	1 208,80	1 359,90
	II	14 560	800,80	1 164,80	1 310,40
	III	9 834	540,87	786,72	885,06
	V	20 085	1 104,67	1 606,80	1 807,65
	VI	20 486	1 126,73	1 638,88	1 843,74
63 107,99 Ost	I,IV	15 211	836,60	1 216,88	1 368,99
	II	14 662	806,41	1 172,96	1 319,58
	III	9 908	544,94	792,64	891,72
	V	20 186	1 110,23	1 614,88	1 816,74
	VI	20 587	1 132,28	1 646,96	1 852,83
63 143,99 West	I,IV	15 124	831,82	1 209,92	1 361,16
	II	14 575	801,62	1 166,—	1 311,75
	III	9 844	541,42	787,52	885,96
	V	20 099	1 105,44	1 607,92	1 808,91
	VI	20 500	1 127,50	1 640,—	1 845,—
63 143,99 Ost	I,IV	15 226	837,43	1 218,08	1 370,34
	II	14 677	807,23	1 174,16	1 320,93
	III	9 918	545,49	793,44	892,62
	V	20 201	1 111,05	1 616,08	1 818,09
	VI	20 602	1 133,11	1 648,16	1 854,18
63 179,99 West	I,IV	15 139	832,64	1 211,12	1 362,51
	II	14 589	802,39	1 167,12	1 313,01
	III	9 854	541,97	788,32	886,86
	V	20 114	1 106,27	1 609,12	1 810,26
	VI	20 515	1 128,32	1 641,20	1 846,35
63 179,99 Ost	I,IV	15 241	838,25	1 219,28	1 371,69
	II	14 692	808,06	1 175,36	1 322,28
	III	9 930	546,15	794,40	893,70
	V	20 216	1 111,88	1 617,28	1 819,44
	VI	20 618	1 133,99	1 649,44	1 855,62
63 215,99 West	I,IV	15 153	833,41	1 212,24	1 363,77
	II	14 604	803,22	1 168,32	1 314,36
	III	9 866	542,63	789,28	887,94
	V	20 128	1 107,04	1 610,24	1 811,52
	VI	20 529	1 129,09	1 642,32	1 847,61
63 215,99 Ost	I,IV	15 256	839,08	1 220,48	1 373,04
	II	14 707	808,88	1 176,56	1 323,63
	III	9 940	546,70	795,20	894,60
	V	20 231	1 112,70	1 618,48	1 820,79
	VI	20 633	1 134,81	1 650,64	1 856,97
63 251,99 West	I,IV	15 168	834,24	1 213,44	1 365,12
	II	14 618	803,99	1 169,44	1 315,62
	III	9 876	543,18	790,08	888,84
	V	20 143	1 107,86	1 611,44	1 812,87
	VI	20 544	1 129,92	1 643,52	1 848,96
63 251,99 Ost	I,IV	15 271	839,90	1 221,68	1 374,39
	II	14 722	809,71	1 177,76	1 324,98
	III	9 952	547,36	796,16	895,68
	V	20 246	1 113,53	1 619,68	1 822,14
	VI	20 648	1 135,64	1 651,84	1 858,32
63 287,99 West	I,IV	15 182	835,01	1 214,56	1 366,38
	II	14 633	804,81	1 170,64	1 316,97
	III	9 886	543,73	790,88	889,74
	V	20 157	1 108,63	1 612,56	1 814,13
	VI	20 558	1 130,69	1 644,64	1 850,22
63 287,99 Ost	I,IV	15 287	840,78	1 222,96	1 375,83
	II	14 737	810,53	1 178,96	1 326,33
	III	9 962	547,91	796,96	896,58
	V	20 261	1 114,35	1 620,88	1 823,49
	VI	20 663	1 136,46	1 653,04	1 859,67
63 323,99 West	I,IV	15 196	835,78	1 215,68	1 367,64
	II	14 647	805,58	1 171,76	1 318,23
	III	9 898	544,39	791,84	890,82
	V	20 171	1 109,40	1 613,68	1 815,39
	VI	20 573	1 131,51	1 645,84	1 851,57
63 323,99 Ost	I,IV	15 302	841,61	1 224,16	1 377,18
	II	14 752	811,36	1 180,16	1 327,68
	III	9 974	548,57	797,92	897,66
	V	20 277	1 115,23	1 622,16	1 824,93
	VI	20 678	1 137,29	1 654,24	1 861,02
63 359,99 West	I,IV	15 211	836,60	1 216,88	1 368,99
	II	14 662	806,41	1 172,96	1 319,58
	III	9 908	544,94	792,64	891,72
	V	20 186	1 110,23	1 614,88	1 816,74
	VI	20 587	1 132,28	1 646,96	1 852,83
63 359,99 Ost	I,IV	15 317	842,43	1 225,36	1 378,53
	II	14 767	812,18	1 181,36	1 329,03
	III	9 984	549,12	798,72	898,56
	V	20 292	1 116,06	1 623,36	1 826,28
	VI	20 693	1 138,11	1 655,44	1 862,37

* Die ausgewiesenen Tabellenwerte sind amtlich. Siehe Erläuterungen auf der Umschlaginnenseite (U2).

Sonstige Bezüge / A-Tarif

63 360,–*

Lohnsteuer, Solidaritätszuschlag und Kirchensteuer in den Steuerklassen I – VI

Lohn/Gehalt bis €*		LSt	SolZ	8%	9%
63 395,99 West	I,IV	15 225	837,37	1 218,—	1 370,25
	II	14 676	807,18	1 174,08	1 320,84
	III	9 918	545,49	793,44	892,62
	V	20 200	1 111,—	1 616,—	1 818,—
	VI	20 602	1 133,11	1 648,16	1 854,18
63 395,99 Ost	I,IV	15 332	843,26	1 226,56	1 379,88
	II	14 783	813,06	1 182,64	1 330,47
	III	9 996	549,78	799,68	899,64
	V	20 307	1 116,88	1 624,56	1 827,63
	VI	20 708	1 138,94	1 656,64	1 863,72
63 431,99 West	I,IV	15 240	838,20	1 219,20	1 371,60
	II	14 691	808,—	1 175,28	1 322,19
	III	9 928	546,04	794,24	893,52
	V	20 215	1 111,82	1 617,20	1 819,35
	VI	20 616	1 133,88	1 649,28	1 855,44
63 431,99 Ost	I,IV	15 347	844,08	1 227,76	1 381,23
	II	14 798	813,89	1 183,84	1 331,82
	III	10 006	550,33	800,48	900,54
	V	20 322	1 117,71	1 625,76	1 828,98
	VI	20 723	1 139,76	1 657,84	1 865,07
63 467,99 West	I,IV	15 254	838,97	1 220,32	1 372,86
	II	14 705	808,77	1 176,40	1 323,45
	III	9 940	546,70	795,20	894,60
	V	20 229	1 112,59	1 618,32	1 820,61
	VI	20 631	1 134,70	1 650,48	1 856,79
63 467,99 Ost	I,IV	15 362	844,91	1 228,96	1 382,58
	II	14 813	814,71	1 185,04	1 333,17
	III	10 018	550,99	801,44	901,62
	V	20 337	1 118,53	1 626,96	1 830,33
	VI	20 739	1 140,64	1 659,12	1 866,51
63 503,99 West	I,IV	15 269	839,79	1 221,52	1 374,21
	II	14 719	809,54	1 177,52	1 324,71
	III	9 950	547,25	796,—	895,50
	V	20 243	1 113,36	1 619,44	1 821,87
	VI	20 645	1 135,47	1 651,60	1 858,05
63 503,99 Ost	I,IV	15 377	845,73	1 230,16	1 383,93
	II	14 828	815,54	1 186,24	1 334,52
	III	10 028	551,54	802,24	902,52
	V	20 352	1 119,36	1 628,16	1 831,68
	VI	20 754	1 141,47	1 660,32	1 867,86
63 539,99 West	I,IV	15 283	840,56	1 222,64	1 375,47
	II	14 734	810,37	1 178,72	1 326,06
	III	9 960	547,80	796,80	896,40
	V	20 258	1 114,19	1 620,64	1 823,22
	VI	20 660	1 136,30	1 652,80	1 859,40
63 539,99 Ost	I,IV	15 392	846,56	1 231,36	1 385,28
	II	14 843	816,36	1 187,44	1 335,87
	III	10 040	552,20	803,20	903,60
	V	20 367	1 120,18	1 629,36	1 833,03
	VI	20 769	1 142,29	1 661,52	1 869,21
63 575,99 West	I,IV	15 298	841,39	1 223,84	1 376,82
	II	14 748	811,14	1 179,84	1 327,32
	III	9 970	548,35	797,60	897,30
	V	20 272	1 114,96	1 621,76	1 824,48
	VI	20 674	1 137,07	1 653,92	1 860,66
63 575,99 Ost	I,IV	15 408	847,44	1 232,64	1 386,72
	II	14 858	817,19	1 188,64	1 337,22
	III	10 050	552,75	804,—	904,50
	V	20 382	1 121,01	1 630,56	1 834,38
	VI	20 784	1 143,12	1 662,72	1 870,56
63 611,99 West	I,IV	15 312	842,16	1 224,96	1 378,08
	II	14 763	811,96	1 181,04	1 328,67
	III	9 982	549,01	798,56	898,38
	V	20 287	1 115,78	1 622,96	1 825,83
	VI	20 689	1 137,89	1 655,12	1 862,01
63 611,99 Ost	I,IV	15 423	848,26	1 233,84	1 388,07
	II	14 873	818,01	1 189,84	1 338,57
	III	10 062	553,41	804,96	905,58
	V	20 397	1 121,83	1 631,76	1 835,73
	VI	20 799	1 143,94	1 663,92	1 871,91
63 647,99 West	I,IV	15 327	842,98	1 226,16	1 379,43
	II	14 777	812,73	1 182,16	1 329,93
	III	9 992	549,56	799,36	899,28
	V	20 301	1 116,55	1 624,08	1 827,09
	VI	20 703	1 138,66	1 656,24	1 863,27
63 647,99 Ost	I,IV	15 438	849,09	1 235,04	1 389,42
	II	14 888	818,84	1 191,04	1 339,92
	III	10 072	553,96	805,76	906,48
	V	20 413	1 122,71	1 633,04	1 837,17
	VI	20 814	1 144,77	1 665,12	1 873,26
63 683,99 West	I,IV	15 341	843,75	1 227,28	1 380,69
	II	14 792	813,56	1 183,36	1 331,28
	III	10 002	550,11	800,16	900,18
	V	20 316	1 117,38	1 625,28	1 828,44
	VI	20 718	1 139,49	1 657,44	1 864,62
63 683,99 Ost	I,IV	15 453	849,91	1 236,24	1 390,77
	II	14 904	819,72	1 192,32	1 341,36
	III	10 084	554,62	806,72	907,56
	V	20 428	1 123,54	1 634,24	1 838,52
	VI	20 829	1 145,59	1 666,32	1 874,61
63 719,99 West	I,IV	15 355	844,52	1 228,40	1 381,95
	II	14 806	814,33	1 184,48	1 332,54
	III	10 012	550,66	800,96	901,08
	V	20 330	1 118,15	1 626,40	1 829,70
	VI	20 732	1 140,26	1 658,56	1 865,88
63 719,99 Ost	I,IV	15 468	850,74	1 237,44	1 392,12
	II	14 919	820,54	1 193,52	1 342,71
	III	10 094	555,17	807,52	908,46
	V	20 443	1 124,36	1 635,44	1 839,87
	VI	20 844	1 146,42	1 667,52	1 875,96
63 755,99 West	I,IV	15 370	845,35	1 229,60	1 383,30
	II	14 820	815,10	1 185,60	1 333,80
	III	10 024	551,32	801,92	902,16
	V	20 345	1 118,97	1 627,60	1 831,05
	VI	20 746	1 141,03	1 659,68	1 867,14
63 755,99 Ost	I,IV	15 483	851,56	1 238,64	1 393,47
	II	14 934	821,37	1 194,72	1 344,06
	III	10 106	555,83	808,48	909,54
	V	20 458	1 125,19	1 636,64	1 841,22
	VI	20 859	1 147,24	1 668,72	1 877,31
63 791,99 West	I,IV	15 384	846,12	1 230,72	1 384,56
	II	14 835	815,92	1 186,80	1 335,15
	III	10 034	551,87	802,72	903,06
	V	20 359	1 119,74	1 628,72	1 832,31
	VI	20 761	1 141,85	1 660,88	1 868,49
63 791,99 Ost	I,IV	15 498	852,39	1 239,84	1 394,82
	II	14 949	822,19	1 195,92	1 345,41
	III	10 116	556,38	809,28	910,44
	V	20 473	1 126,01	1 637,84	1 842,57
	VI	20 875	1 148,12	1 670,—	1 878,75
63 827,99 West	I,IV	15 399	846,94	1 231,92	1 385,91
	II	14 849	816,69	1 187,92	1 336,41
	III	10 044	552,42	803,52	903,96
	V	20 374	1 120,57	1 629,92	1 833,66
	VI	20 775	1 142,62	1 662,—	1 869,75
63 827,99 Ost	I,IV	15 513	853,21	1 241,04	1 396,17
	II	14 964	823,02	1 197,12	1 346,76
	III	10 128	557,04	810,24	911,52
	V	20 488	1 126,84	1 639,04	1 843,92
	VI	20 890	1 148,95	1 671,20	1 880,10
63 863,99 West	I,IV	15 413	847,71	1 233,04	1 387,17
	II	14 864	817,52	1 189,12	1 337,76
	III	10 054	552,97	804,32	904,86
	V	20 388	1 121,34	1 631,04	1 834,92
	VI	20 790	1 143,45	1 663,20	1 871,10
63 863,99 Ost	I,IV	15 529	854,09	1 242,32	1 397,61
	II	14 979	823,84	1 198,32	1 348,11
	III	10 138	557,59	811,04	912,42
	V	20 503	1 127,66	1 640,24	1 845,27
	VI	20 905	1 149,77	1 672,40	1 881,45
63 899,99 West	I,IV	15 428	848,54	1 234,24	1 388,52
	II	14 878	818,29	1 190,24	1 339,02
	III	10 066	553,63	805,28	905,94
	V	20 403	1 122,16	1 632,24	1 836,27
	VI	20 804	1 144,22	1 664,32	1 872,36
63 899,99 Ost	I,IV	15 544	854,92	1 243,52	1 398,96
	II	14 994	824,67	1 199,52	1 349,46
	III	10 150	558,25	812,—	913,50
	V	20 518	1 128,49	1 641,44	1 846,62
	VI	20 920	1 150,60	1 673,60	1 882,80
63 935,99 West	I,IV	15 442	849,31	1 235,36	1 389,78
	II	14 893	819,11	1 191,44	1 340,37
	III	10 076	554,18	806,08	906,84
	V	20 417	1 122,93	1 633,36	1 837,53
	VI	20 819	1 145,04	1 665,52	1 873,71
63 935,99 Ost	I,IV	15 559	855,74	1 244,72	1 400,31
	II	15 009	825,49	1 200,72	1 350,81
	III	10 162	558,91	812,96	914,58
	V	20 534	1 129,37	1 642,72	1 848,06
	VI	20 935	1 151,42	1 674,80	1 884,15
63 971,99 West	I,IV	15 457	850,13	1 236,56	1 391,13
	II	14 907	819,88	1 192,56	1 341,63
	III	10 086	554,73	806,88	907,74
	V	20 431	1 123,70	1 634,48	1 838,79
	VI	20 833	1 145,81	1 666,64	1 874,97
63 971,99 Ost	I,IV	15 574	856,57	1 245,92	1 401,66
	II	15 025	826,37	1 202,—	1 352,25
	III	10 172	559,46	813,76	915,48
	V	20 549	1 130,19	1 643,92	1 849,41
	VI	20 950	1 152,25	1 676,—	1 885,50
64 007,99 West	I,IV	15 471	850,90	1 237,68	1 392,39
	II	14 922	820,71	1 193,76	1 342,98
	III	10 098	555,39	807,84	908,82
	V	20 446	1 124,53	1 635,68	1 840,14
	VI	20 847	1 146,58	1 667,76	1 876,23
64 007,99 Ost	I,IV	15 589	857,39	1 247,12	1 403,01
	II	15 040	827,20	1 203,20	1 353,60
	III	10 184	560,12	814,72	916,56
	V	20 564	1 131,02	1 645,12	1 850,76
	VI	20 965	1 153,07	1 677,20	1 886,85
64 043,99 West	I,IV	15 486	851,73	1 238,88	1 393,74
	II	14 936	821,48	1 194,88	1 344,24
	III	10 108	555,94	808,64	909,72
	V	20 460	1 125,30	1 636,80	1 841,40
	VI	20 862	1 147,41	1 668,96	1 877,58
64 043,99 Ost	I,IV	15 604	858,22	1 248,32	1 404,36
	II	15 055	828,02	1 204,40	1 354,95
	III	10 194	560,67	815,52	917,46
	V	20 579	1 131,84	1 646,32	1 852,11
	VI	20 980	1 153,90	1 678,40	1 888,20
64 079,99 West	I,IV	15 500	852,50	1 240,—	1 395,—
	II	14 951	822,30	1 196,08	1 345,59
	III	10 118	556,49	809,44	910,62
	V	20 475	1 126,12	1 638,—	1 842,75
	VI	20 876	1 148,18	1 670,08	1 878,84
64 079,99 Ost	I,IV	15 619	859,04	1 249,52	1 405,71
	II	15 070	828,85	1 205,60	1 356,30
	III	10 206	561,33	816,48	918,54
	V	20 594	1 132,67	1 647,52	1 853,46
	VI	20 996	1 154,78	1 679,68	1 889,64
64 115,99 West	I,IV	15 515	853,32	1 241,20	1 396,35
	II	14 965	823,07	1 197,20	1 346,85
	III	10 130	557,15	810,40	911,70
	V	20 489	1 126,89	1 639,12	1 844,01
	VI	20 891	1 149,—	1 671,28	1 880,19
64 115,99 Ost	I,IV	15 634	859,87	1 250,72	1 407,06
	II	15 085	829,67	1 206,80	1 357,65
	III	10 216	561,88	817,28	919,44
	V	20 609	1 133,49	1 648,72	1 854,81
	VI	21 011	1 155,60	1 680,88	1 890,99
64 151,99 West	I,IV	15 529	854,09	1 242,32	1 397,61
	II	14 980	823,90	1 198,40	1 348,20
	III	10 140	557,70	811,20	912,60
	V	20 504	1 127,72	1 640,32	1 845,36
	VI	20 905	1 149,77	1 672,40	1 881,45
64 151,99 Ost	I,IV	15 649	860,69	1 251,92	1 408,41
	II	15 100	830,50	1 208,—	1 359,—
	III	10 228	562,54	818,24	920,52
	V	20 624	1 134,32	1 649,92	1 856,16
	VI	21 026	1 156,43	1 682,08	1 892,34
64 187,99 West	I,IV	15 544	854,92	1 243,52	1 398,96
	II	14 994	824,67	1 199,52	1 349,46
	III	10 150	558,25	812,—	913,50
	V	20 518	1 128,49	1 641,44	1 846,62
	VI	20 920	1 150,60	1 673,60	1 882,80
64 187,99 Ost	I,IV	15 665	861,57	1 253,20	1 409,85
	II	15 115	831,32	1 209,20	1 360,35
	III	10 238	563,09	819,04	921,42
	V	20 639	1 135,14	1 651,12	1 857,51
	VI	21 041	1 157,25	1 683,28	1 893,69
64 223,99 West	I,IV	15 558	855,69	1 244,64	1 400,22
	II	15 009	825,49	1 200,72	1 350,81
	III	10 160	558,80	812,80	914,40
	V	20 533	1 129,31	1 642,64	1 847,97
	VI	20 934	1 151,37	1 674,72	1 884,06
64 223,99 Ost	I,IV	15 680	862,40	1 254,40	1 411,20
	II	15 130	832,15	1 210,40	1 361,70
	III	10 250	563,75	820,—	922,50
	V	20 655	1 136,02	1 652,40	1 858,95
	VI	21 056	1 158,08	1 684,48	1 895,04

* Die ausgewiesenen Tabellenwerte sind amtlich. Siehe Erläuterungen auf der Umschlaginnenseite (U2).

65 087,99*

Sonstige Bezüge / A-Tarif

Lohn/Gehalt bis €*	Lohnsteuer, Solidaritätszuschlag und Kirchensteuer in den Steuerklassen I – VI	LSt	SolZ	8%	9%
64 259,99 West	I,IV	15 572	856,46	1 245,76	1 401,48
	II	15 023	826,26	1 201,84	1 352,07
	III	10 170	559,35	813,60	915,30
	V	20 547	1 130,08	1 643,76	1 849,23
	VI	20 949	1 152,19	1 675,92	1 885,41
64 259,99 Ost	I,IV	15 695	863,22	1 255,60	1 412,55
	II	15 145	832,97	1 211,60	1 363,05
	III	10 260	564,30	820,80	923,40
	V	20 670	1 136,85	1 653,60	1 860,30
	VI	21 071	1 158,90	1 685,68	1 896,39
64 295,99 West	I,IV	15 587	857,28	1 246,96	1 402,83
	II	15 038	827,09	1 203,04	1 353,42
	III	10 182	560,01	814,56	916,38
	V	20 562	1 130,91	1 644,96	1 850,58
	VI	20 963	1 152,96	1 677,04	1 886,67
64 295,99 Ost	I,IV	15 710	864,05	1 256,80	1 413,90
	II	15 161	833,85	1 212,88	1 364,49
	III	10 272	564,96	821,76	924,48
	V	20 685	1 137,67	1 654,80	1 861,65
	VI	21 086	1 159,73	1 686,88	1 897,74
64 331,99 West	I,IV	15 601	858,05	1 248,08	1 404,09
	II	15 052	827,86	1 204,16	1 354,68
	III	10 192	560,56	815,36	917,28
	V	20 576	1 131,68	1 646,08	1 851,84
	VI	20 977	1 153,73	1 678,16	1 887,93
64 331,99 Ost	I,IV	15 725	864,87	1 258,—	1 415,25
	II	15 176	834,68	1 214,08	1 365,84
	III	10 282	565,51	822,56	925,38
	V	20 700	1 138,50	1 656,—	1 863,—
	VI	21 101	1 160,55	1 688,08	1 899,09
64 367,99 West	I,IV	15 616	858,88	1 249,28	1 405,44
	II	15 067	828,68	1 205,36	1 356,03
	III	10 202	561,11	816,16	918,18
	V	20 591	1 132,50	1 647,28	1 853,19
	VI	20 992	1 154,56	1 679,36	1 889,28
64 367,99 Ost	I,IV	15 740	865,70	1 259,20	1 416,60
	II	15 191	835,50	1 215,28	1 367,19
	III	10 294	566,17	823,52	926,46
	V	20 715	1 139,32	1 657,20	1 864,35
	VI	21 117	1 161,43	1 689,36	1 900,53
64 403,99 West	I,IV	15 630	859,65	1 250,40	1 406,70
	II	15 081	829,45	1 206,48	1 357,29
	III	10 214	561,77	817,12	919,26
	V	20 605	1 133,27	1 648,40	1 854,45
	VI	21 006	1 155,33	1 680,48	1 890,54
64 403,99 Ost	I,IV	15 755	866,52	1 260,40	1 417,95
	II	15 206	836,33	1 216,48	1 368,54
	III	10 306	566,83	824,48	927,54
	V	20 730	1 140,15	1 658,40	1 865,70
	VI	21 132	1 162,26	1 690,56	1 901,88
64 439,99 West	I,IV	15 645	860,47	1 251,60	1 408,05
	II	15 096	830,28	1 207,68	1 358,64
	III	10 224	562,32	817,92	920,16
	V	20 620	1 134,10	1 649,60	1 855,80
	VI	21 021	1 156,15	1 681,68	1 891,89
64 439,99 Ost	I,IV	15 770	867,35	1 261,60	1 419,30
	II	15 221	837,15	1 217,68	1 369,89
	III	10 316	567,38	825,28	928,44
	V	20 745	1 140,97	1 659,60	1 867,05
	VI	21 147	1 163,08	1 691,76	1 903,23
64 475,99 West	I,IV	15 659	861,24	1 252,72	1 409,31
	II	15 110	831,05	1 208,80	1 359,90
	III	10 234	562,87	818,72	921,06
	V	20 634	1 134,87	1 650,72	1 857,06
	VI	21 035	1 156,92	1 682,80	1 893,15
64 475,99 Ost	I,IV	15 786	868,23	1 262,88	1 420,74
	II	15 236	837,98	1 218,88	1 371,24
	III	10 328	568,04	826,24	929,52
	V	20 760	1 141,80	1 660,80	1 868,40
	VI	21 162	1 163,91	1 692,96	1 904,58
64 511,99 West	I,IV	15 673	862,01	1 253,84	1 410,57
	II	15 124	831,82	1 209,92	1 361,16
	III	10 246	563,53	819,68	922,14
	V	20 648	1 135,64	1 651,84	1 858,32
	VI	21 050	1 157,75	1 684,—	1 894,50
64 511,99 Ost	I,IV	15 801	869,05	1 264,08	1 422,09
	II	15 251	838,80	1 220,08	1 372,59
	III	10 338	568,59	827,04	930,42
	V	20 775	1 142,62	1 662,—	1 869,75
	VI	21 177	1 164,73	1 694,16	1 905,93
64 547,99 West	I,IV	15 688	862,84	1 255,04	1 411,92
	II	15 139	832,64	1 211,12	1 362,51
	III	10 256	564,08	820,48	923,04
	V	20 663	1 136,46	1 653,04	1 859,67
	VI	21 064	1 158,52	1 685,12	1 895,76
64 547,99 Ost	I,IV	15 816	869,88	1 265,28	1 423,44
	II	15 266	839,63	1 221,28	1 373,94
	III	10 350	569,25	828,—	931,50
	V	20 791	1 143,50	1 663,28	1 871,19
	VI	21 192	1 165,56	1 695,36	1 907,28
64 583,99 West	I,IV	15 702	863,61	1 256,16	1 413,18
	II	15 153	833,41	1 212,24	1 363,77
	III	10 266	564,63	821,28	923,94
	V	20 677	1 137,23	1 654,16	1 860,93
	VI	21 079	1 159,34	1 686,32	1 897,11
64 583,99 Ost	I,IV	15 831	870,70	1 266,48	1 424,79
	II	15 282	840,51	1 222,56	1 375,38
	III	10 360	569,80	828,80	932,40
	V	20 806	1 144,33	1 664,48	1 872,54
	VI	21 207	1 166,38	1 696,56	1 908,63
64 619,99 West	I,IV	15 717	864,43	1 257,36	1 414,53
	II	15 168	834,24	1 213,44	1 365,12
	III	10 278	565,29	822,24	925,02
	V	20 692	1 138,06	1 655,36	1 862,28
	VI	21 093	1 160,11	1 687,44	1 898,37
64 619,99 Ost	I,IV	15 846	871,53	1 267,68	1 426,14
	II	15 297	841,33	1 223,76	1 376,73
	III	10 372	570,46	829,76	933,48
	V	20 821	1 145,15	1 665,68	1 873,89
	VI	21 222	1 167,21	1 697,76	1 909,98
64 655,99 West	I,IV	15 731	865,20	1 258,48	1 415,79
	II	15 182	835,01	1 214,56	1 366,38
	III	10 288	565,84	823,04	925,92
	V	20 706	1 138,83	1 656,48	1 863,54
	VI	21 108	1 160,94	1 688,64	1 899,72
64 655,99 Ost	I,IV	15 861	872,35	1 268,88	1 427,49
	II	15 312	842,16	1 224,96	1 378,08
	III	10 382	571,01	830,56	934,38
	V	20 836	1 145,98	1 666,88	1 875,24
	VI	21 237	1 168,03	1 698,96	1 911,33
64 691,99 West	I,IV	15 746	866,03	1 259,68	1 417,14
	II	15 196	835,78	1 215,68	1 367,64
	III	10 298	566,39	823,84	926,82
	V	20 720	1 139,60	1 657,60	1 864,80
	VI	21 122	1 161,71	1 689,76	1 900,98
64 691,99 Ost	I,IV	15 876	873,18	1 270,08	1 428,84
	II	15 327	842,98	1 226,16	1 379,43
	III	10 394	571,67	831,52	935,46
	V	20 851	1 146,80	1 668,08	1 876,59
	VI	21 253	1 168,91	1 700,24	1 912,77
64 727,99 West	I,IV	15 760	866,80	1 260,80	1 418,40
	II	15 211	836,60	1 216,88	1 368,99
	III	10 308	566,94	824,64	927,72
	V	20 735	1 140,42	1 658,80	1 866,15
	VI	21 137	1 162,53	1 690,96	1 902,33
64 727,99 Ost	I,IV	15 891	874,—	1 271,28	1 430,19
	II	15 342	843,81	1 227,36	1 380,78
	III	10 406	572,33	832,48	936,54
	V	20 866	1 147,63	1 669,28	1 877,94
	VI	21 268	1 169,74	1 701,44	1 914,12
64 763,99 West	I,IV	15 775	867,62	1 262,—	1 419,75
	II	15 225	837,37	1 218,—	1 370,25
	III	10 320	567,60	825,60	928,80
	V	20 749	1 141,19	1 659,92	1 867,41
	VI	21 151	1 163,30	1 692,08	1 903,59
64 763,99 Ost	I,IV	15 907	874,88	1 272,56	1 431,63
	II	15 357	844,63	1 228,56	1 382,13
	III	10 416	572,88	833,28	937,44
	V	20 881	1 148,45	1 670,48	1 879,29
	VI	21 283	1 170,56	1 702,64	1 915,47
64 799,99 West	I,IV	15 789	868,39	1 263,12	1 421,01
	II	15 240	838,20	1 219,20	1 371,60
	III	10 330	568,15	826,40	929,70
	V	20 764	1 142,02	1 661,12	1 868,76
	VI	21 166	1 164,13	1 693,28	1 904,94
64 799,99 Ost	I,IV	15 922	875,71	1 273,76	1 432,98
	II	15 372	845,46	1 229,76	1 383,48
	III	10 428	573,54	834,24	938,52
	V	20 896	1 149,28	1 671,68	1 880,64
	VI	21 298	1 171,39	1 703,84	1 916,82
64 835,99 West	I,IV	15 804	869,22	1 264,32	1 422,36
	II	15 254	838,97	1 220,32	1 372,86
	III	10 340	568,70	827,20	930,60
	V	20 778	1 142,79	1 662,24	1 870,02
	VI	21 180	1 164,90	1 694,40	1 906,20
64 835,99 Ost	I,IV	15 937	876,53	1 274,96	1 434,33
	II	15 387	846,28	1 230,96	1 384,83
	III	10 438	574,09	835,04	939,42
	V	20 912	1 150,16	1 672,96	1 882,08
	VI	21 313	1 172,21	1 705,04	1 918,17
64 871,99 West	I,IV	15 818	869,99	1 265,44	1 423,62
	II	15 269	839,79	1 221,52	1 374,21
	III	10 352	569,36	828,16	931,68
	V	20 793	1 143,61	1 663,44	1 871,37
	VI	21 195	1 165,72	1 695,60	1 907,55
64 871,99 Ost	I,IV	15 952	877,36	1 276,16	1 435,68
	II	15 403	847,16	1 232,24	1 386,27
	III	10 450	574,75	836,—	940,50
	V	20 927	1 150,98	1 674,16	1 883,43
	VI	21 328	1 173,04	1 706,24	1 919,52
64 907,99 West	I,IV	15 833	870,81	1 266,64	1 424,97
	II	15 283	840,56	1 222,64	1 375,47
	III	10 362	569,91	828,96	932,58
	V	20 807	1 144,38	1 664,56	1 872,63
	VI	21 209	1 166,49	1 696,72	1 908,81
64 907,99 Ost	I,IV	15 967	878,18	1 277,36	1 437,03
	II	15 418	847,99	1 233,44	1 387,62
	III	10 460	575,30	836,80	941,40
	V	20 942	1 151,81	1 675,36	1 884,78
	VI	21 343	1 173,86	1 707,44	1 920,87
64 943,99 West	I,IV	15 847	871,58	1 267,76	1 426,23
	II	15 298	841,39	1 223,84	1 376,82
	III	10 372	570,46	829,76	933,48
	V	20 822	1 145,21	1 665,76	1 873,98
	VI	21 223	1 167,26	1 697,84	1 910,07
64 943,99 Ost	I,IV	15 982	879,01	1 278,56	1 438,38
	II	15 433	848,81	1 234,64	1 388,97
	III	10 472	575,96	837,76	942,48
	V	20 957	1 152,63	1 676,56	1 886,13
	VI	21 358	1 174,69	1 708,64	1 922,22
64 979,99 West	I,IV	15 862	872,41	1 268,96	1 427,58
	II	15 312	842,16	1 224,96	1 378,08
	III	10 384	571,12	830,72	934,56
	V	20 836	1 145,98	1 666,88	1 875,24
	VI	21 238	1 168,09	1 699,04	1 911,42
64 979,99 Ost	I,IV	15 997	879,83	1 279,76	1 439,73
	II	15 448	849,64	1 235,84	1 390,32
	III	10 484	576,62	838,72	943,56
	V	20 972	1 153,46	1 677,76	1 887,48
	VI	21 374	1 175,57	1 709,92	1 923,66
65 015,99 West	I,IV	15 876	873,18	1 270,08	1 428,84
	II	15 327	842,98	1 226,16	1 379,43
	III	10 394	571,67	831,52	935,46
	V	20 851	1 146,80	1 668,08	1 876,59
	VI	21 252	1 168,86	1 700,16	1 912,68
65 015,99 Ost	I,IV	16 012	880,66	1 280,96	1 441,08
	II	15 463	850,46	1 237,04	1 391,67
	III	10 494	577,17	839,52	944,46
	V	20 987	1 154,28	1 678,96	1 888,83
	VI	21 389	1 176,39	1 711,12	1 925,01
65 051,99 West	I,IV	15 891	874,—	1 271,28	1 430,19
	II	15 341	843,75	1 227,28	1 380,69
	III	10 404	572,22	832,32	936,36
	V	20 865	1 147,57	1 669,20	1 877,85
	VI	21 267	1 169,68	1 701,36	1 914,03
65 051,99 Ost	I,IV	16 027	881,48	1 282,16	1 442,43
	II	15 478	851,29	1 238,24	1 393,02
	III	10 506	577,83	840,48	945,54
	V	21 002	1 155,11	1 680,16	1 890,18
	VI	21 404	1 177,22	1 712,32	1 926,36
65 087,99 West	I,IV	15 905	874,77	1 272,40	1 431,45
	II	15 355	844,52	1 228,40	1 381,95
	III	10 416	572,88	833,28	937,44
	V	20 880	1 148,40	1 670,40	1 879,20
	VI	21 281	1 170,45	1 702,48	1 915,29
65 087,99 Ost	I,IV	16 043	882,36	1 283,44	1 443,87
	II	15 493	852,11	1 239,44	1 394,37
	III	10 516	578,38	841,28	946,44
	V	21 017	1 155,93	1 681,36	1 891,53
	VI	21 419	1 178,04	1 713,52	1 927,71

*** Die ausgewiesenen Tabellenwerte sind amtlich. Siehe Erläuterungen auf der Umschlaginnenseite (U2).**

Sonstige Bezüge / A-Tarif

65 088,–*

Lohn/ Gehalt bis €*	Lohnsteuer, Solidaritätszuschlag und Kirchensteuer in den Steuerklassen I – VI	LSt	SolZ	8%	9%
65 123,99 West	I,IV	15 920	875,60	1 273,60	1 432,80
	II	15 370	845,35	1 229,60	1 383,30
	III	10 426	573,43	834,08	938,34
	V	20 894	1 149,17	1 671,52	1 880,46
	VI	21 296	1 171,28	1 703,68	1 916,64
65 123,99 Ost	I,IV	16 058	883,19	1 284,64	1 445,22
	II	15 508	852,94	1 240,64	1 395,72
	III	10 528	579,04	842,24	947,52
	V	21 033	1 156,81	1 682,64	1 892,97
	VI	21 434	1 178,87	1 714,72	1 929,06
65 159,99 West	I,IV	15 934	876,37	1 274,72	1 434,06
	II	15 384	846,12	1 230,72	1 384,56
	III	10 436	573,98	834,88	939,24
	V	20 909	1 149,99	1 672,72	1 881,81
	VI	21 310	1 172,05	1 704,80	1 917,90
65 159,99 Ost	I,IV	16 073	884,01	1 285,84	1 446,57
	II	15 523	853,76	1 241,84	1 397,07
	III	10 538	579,59	843,04	948,42
	V	21 048	1 157,64	1 683,84	1 894,32
	VI	21 449	1 179,69	1 715,92	1 930,41
65 195,99 West	I,IV	15 948	877,14	1 275,84	1 435,32
	II	15 399	846,94	1 231,92	1 385,91
	III	10 448	574,64	835,84	940,32
	V	20 923	1 150,76	1 673,84	1 883,07
	VI	21 324	1 172,82	1 705,92	1 919,16
65 195,99 Ost	I,IV	16 088	884,84	1 287,04	1 447,92
	II	15 539	854,64	1 243,12	1 398,51
	III	10 550	580,25	844,—	949,50
	V	21 063	1 158,46	1 685,04	1 895,67
	VI	21 464	1 180,52	1 717,12	1 931,76
65 231,99 West	I,IV	15 963	877,96	1 277,04	1 436,67
	II	15 413	847,71	1 233,04	1 387,17
	III	10 458	575,19	836,64	941,22
	V	20 938	1 151,59	1 675,04	1 884,42
	VI	21 339	1 173,64	1 707,12	1 920,51
65 231,99 Ost	I,IV	16 103	885,66	1 288,24	1 449,27
	II	15 554	855,47	1 244,32	1 399,86
	III	10 562	580,91	844,96	950,58
	V	21 078	1 159,29	1 686,24	1 897,02
	VI	21 479	1 181,34	1 718,32	1 933,11
65 267,99 West	I,IV	15 977	878,73	1 278,16	1 437,93
	II	15 428	848,54	1 234,24	1 388,52
	III	10 468	575,74	837,44	942,12
	V	20 952	1 152,36	1 676,16	1 885,68
	VI	21 353	1 174,41	1 708,24	1 921,77
65 267,99 Ost	I,IV	16 118	886,49	1 289,44	1 450,62
	II	15 569	856,29	1 245,52	1 401,21
	III	10 572	581,46	845,76	951,48
	V	21 093	1 160,11	1 687,44	1 898,37
	VI	21 495	1 182,22	1 719,60	1 934,55
65 303,99 West	I,IV	15 992	879,56	1 279,36	1 439,28
	II	15 442	849,31	1 235,36	1 389,78
	III	10 480	576,40	838,40	943,20
	V	20 967	1 153,18	1 677,36	1 887,03
	VI	21 368	1 175,24	1 709,44	1 923,12
65 303,99 Ost	I,IV	16 133	887,31	1 290,64	1 451,97
	II	15 584	857,12	1 246,72	1 402,56
	III	10 584	582,12	846,72	952,56
	V	21 108	1 160,94	1 688,64	1 899,72
	VI	21 510	1 183,05	1 720,80	1 935,90
65 339,99 West	I,IV	16 006	880,33	1 280,48	1 440,54
	II	15 457	850,13	1 236,56	1 391,13
	III	10 490	576,95	839,20	944,10
	V	20 981	1 153,95	1 678,48	1 888,29
	VI	21 382	1 176,01	1 710,56	1 924,38
65 339,99 Ost	I,IV	16 148	888,14	1 291,84	1 453,32
	II	15 599	857,94	1 247,92	1 403,91
	III	10 594	582,67	847,52	953,46
	V	21 123	1 161,76	1 689,84	1 901,07
	VI	21 525	1 183,87	1 722,—	1 937,25
65 375,99 West	I,IV	16 021	881,15	1 281,68	1 441,89
	II	15 471	850,90	1 237,68	1 392,39
	III	10 500	577,50	840,—	945,—
	V	20 996	1 154,78	1 679,68	1 889,64
	VI	21 397	1 176,83	1 711,76	1 925,73
65 375,99 Ost	I,IV	16 164	889,02	1 293,12	1 454,76
	II	15 614	858,77	1 249,12	1 405,26
	III	10 606	583,33	848,48	954,54
	V	21 138	1 162,59	1 691,04	1 902,42
	VI	21 540	1 184,70	1 723,20	1 938,60

Lohn/ Gehalt bis €*	Lohnsteuer, Solidaritätszuschlag und Kirchensteuer in den Steuerklassen I – VI	LSt	SolZ	8%	9%
65 411,99 West	I,IV	16 035	881,92	1 282,80	1 443,15
	II	15 486	851,73	1 238,88	1 393,74
	III	10 512	578,16	840,96	946,08
	V	21 010	1 155,55	1 680,80	1 890,90
	VI	21 411	1 177,60	1 712,88	1 926,99
65 411,99 Ost	I,IV	16 179	889,84	1 294,32	1 456,11
	II	15 629	859,59	1 250,32	1 406,61
	III	10 618	583,99	849,44	955,62
	V	21 153	1 163,41	1 692,24	1 903,77
	VI	21 555	1 185,52	1 724,40	1 939,95
65 447,99 West	I,IV	16 049	882,69	1 283,92	1 444,41
	II	15 500	852,50	1 240,—	1 395,—
	III	10 522	578,71	841,76	946,98
	V	21 024	1 156,32	1 681,92	1 892,16
	VI	21 426	1 178,43	1 714,08	1 928,34
65 447,99 Ost	I,IV	16 194	890,67	1 295,52	1 457,46
	II	15 644	860,42	1 251,52	1 407,96
	III	10 628	584,54	850,24	956,52
	V	21 169	1 164,29	1 693,52	1 905,21
	VI	21 570	1 186,35	1 725,60	1 941,30
65 483,99 West	I,IV	16 064	883,52	1 285,12	1 445,76
	II	15 515	853,32	1 241,20	1 396,35
	III	10 532	579,26	842,56	947,88
	V	21 039	1 157,14	1 683,12	1 893,51
	VI	21 440	1 179,20	1 715,20	1 929,60
65 483,99 Ost	I,IV	16 209	891,49	1 296,72	1 458,81
	II	15 660	861,30	1 252,80	1 409,40
	III	10 640	585,20	851,20	957,60
	V	21 184	1 165,12	1 694,72	1 906,56
	VI	21 585	1 187,17	1 726,80	1 942,65
65 519,99 West	I,IV	16 078	884,29	1 286,24	1 447,02
	II	15 529	854,09	1 242,32	1 397,61
	III	10 544	579,92	843,52	948,96
	V	21 053	1 157,91	1 684,24	1 894,77
	VI	21 455	1 180,02	1 716,40	1 930,95
65 519,99 Ost	I,IV	16 224	892,32	1 297,92	1 460,16
	II	15 675	862,12	1 254,—	1 410,75
	III	10 650	585,75	852,—	958,50
	V	21 199	1 165,94	1 695,92	1 907,91
	VI	21 600	1 188,—	1 728,—	1 944,—
65 555,99 West	I,IV	16 093	885,11	1 287,44	1 448,37
	II	15 544	854,92	1 243,52	1 398,96
	III	10 554	580,47	844,32	949,86
	V	21 068	1 158,74	1 685,44	1 896,12
	VI	21 469	1 180,79	1 717,52	1 932,21
65 555,99 Ost	I,IV	16 239	893,14	1 299,12	1 461,51
	II	15 690	862,95	1 255,20	1 412,10
	III	10 662	586,41	852,96	959,58
	V	21 214	1 166,77	1 697,12	1 909,26
	VI	21 615	1 188,82	1 729,20	1 945,35
65 591,99 West	I,IV	16 107	885,88	1 288,56	1 449,63
	II	15 558	855,69	1 244,64	1 400,22
	III	10 564	581,02	845,12	950,76
	V	21 082	1 159,51	1 686,56	1 897,38
	VI	21 484	1 181,62	1 718,72	1 933,56
65 591,99 Ost	I,IV	16 254	893,97	1 300,32	1 462,86
	II	15 705	863,77	1 256,40	1 413,45
	III	10 674	587,07	853,92	960,66
	V	21 229	1 167,59	1 698,32	1 910,61
	VI	21 631	1 189,70	1 730,48	1 946,79
65 627,99 West	I,IV	16 122	886,71	1 289,76	1 450,98
	II	15 573	856,51	1 245,84	1 401,57
	III	10 576	581,68	846,08	951,84
	V	21 097	1 160,33	1 687,76	1 898,73
	VI	21 498	1 182,39	1 719,84	1 934,82
65 627,99 Ost	I,IV	16 269	894,79	1 301,52	1 464,21
	II	15 720	864,60	1 257,60	1 414,80
	III	10 684	587,62	854,72	961,56
	V	21 244	1 168,42	1 699,52	1 911,96
	VI	21 646	1 190,53	1 731,68	1 948,14
65 663,99 West	I,IV	16 136	887,48	1 290,88	1 452,24
	II	15 587	857,28	1 246,96	1 402,83
	III	10 586	582,23	846,88	952,74
	V	21 111	1 161,10	1 688,88	1 899,99
	VI	21 513	1 183,21	1 721,04	1 936,17
65 663,99 Ost	I,IV	16 285	895,67	1 302,80	1 465,65
	II	15 735	865,42	1 258,80	1 416,15
	III	10 696	588,28	855,68	962,64
	V	21 259	1 169,24	1 700,72	1 913,31
	VI	21 661	1 191,35	1 732,88	1 949,49

Lohn/ Gehalt bis €*	Lohnsteuer, Solidaritätszuschlag und Kirchensteuer in den Steuerklassen I – VI	LSt	SolZ	8%	9%
65 699,99 West	I,IV	16 151	888,30	1 292,08	1 453,59
	II	15 601	858,05	1 248,08	1 404,09
	III	10 596	582,78	847,68	953,64
	V	21 125	1 161,87	1 690,—	1 901,25
	VI	21 527	1 183,98	1 722,16	1 937,43
65 699,99 Ost	I,IV	16 300	896,50	1 304,—	1 467,—
	II	15 750	866,25	1 260,—	1 417,50
	III	10 706	588,83	856,48	963,54
	V	21 274	1 170,07	1 701,92	1 914,66
	VI	21 676	1 192,18	1 734,08	1 950,84
65 735,99 West	I,IV	16 165	889,07	1 293,20	1 454,85
	II	15 616	858,88	1 249,28	1 405,44
	III	10 608	583,44	848,64	954,72
	V	21 140	1 162,70	1 691,20	1 902,60
	VI	21 542	1 184,81	1 723,36	1 938,78
65 735,99 Ost	I,IV	16 315	897,32	1 305,20	1 468,35
	II	15 765	867,07	1 261,20	1 418,85
	III	10 718	589,49	857,44	964,62
	V	21 290	1 170,95	1 703,20	1 916,10
	VI	21 691	1 193,—	1 735,28	1 952,19
65 771,99 West	I,IV	16 180	889,90	1 294,40	1 456,20
	II	15 630	859,65	1 250,40	1 406,70
	III	10 618	583,99	849,44	955,62
	V	21 154	1 163,47	1 692,32	1 903,86
	VI	21 556	1 185,58	1 724,48	1 940,04
65 771,99 Ost	I,IV	16 330	898,15	1 306,40	1 469,70
	II	15 781	867,95	1 262,48	1 420,29
	III	10 730	590,15	858,40	965,70
	V	21 305	1 171,77	1 704,40	1 917,45
	VI	21 706	1 193,83	1 736,48	1 953,54
65 807,99 West	I,IV	16 194	890,67	1 295,52	1 457,46
	II	15 645	860,47	1 251,60	1 408,05
	III	10 630	584,65	850,40	956,70
	V	21 169	1 164,29	1 693,52	1 905,21
	VI	21 571	1 186,40	1 725,68	1 941,39
65 807,99 Ost	I,IV	16 345	898,97	1 307,60	1 471,05
	II	15 796	868,78	1 263,68	1 421,64
	III	10 740	590,70	859,20	966,60
	V	21 320	1 172,60	1 705,60	1 918,80
	VI	21 721	1 194,65	1 737,68	1 954,89
65 843,99 West	I,IV	16 209	891,49	1 296,72	1 458,81
	II	15 659	861,24	1 252,72	1 409,31
	III	10 640	585,20	851,20	957,60
	V	21 183	1 165,06	1 694,64	1 906,47
	VI	21 585	1 187,17	1 726,80	1 942,65
65 843,99 Ost	I,IV	16 360	899,80	1 308,80	1 472,40
	II	15 811	869,60	1 264,88	1 422,99
	III	10 752	591,36	860,16	967,68
	V	21 335	1 173,42	1 706,80	1 920,15
	VI	21 736	1 195,48	1 738,88	1 956,24
65 879,99 West	I,IV	16 223	892,26	1 297,84	1 460,07
	II	15 673	862,01	1 253,84	1 410,57
	III	10 650	585,75	852,—	958,50
	V	21 198	1 165,89	1 695,84	1 907,82
	VI	21 599	1 187,94	1 727,92	1 943,91
65 879,99 Ost	I,IV	16 375	900,62	1 310,—	1 473,75
	II	15 826	870,43	1 266,08	1 424,34
	III	10 762	591,91	860,96	968,58
	V	21 350	1 174,25	1 708,—	1 921,50
	VI	21 752	1 196,36	1 740,16	1 957,68
65 915,99 West	I,IV	16 237	893,03	1 298,96	1 461,33
	II	15 688	862,84	1 255,04	1 411,92
	III	10 660	586,30	852,80	959,40
	V	21 212	1 166,66	1 696,96	1 909,08
	VI	21 614	1 188,77	1 729,12	1 945,26
65 915,99 Ost	I,IV	16 390	901,45	1 311,20	1 475,10
	II	15 841	871,25	1 267,28	1 425,69
	III	10 774	592,57	861,92	969,66
	V	21 365	1 175,07	1 709,20	1 922,85
	VI	21 767	1 197,18	1 741,36	1 959,03
65 951,99 West	I,IV	16 252	893,86	1 300,16	1 462,68
	II	15 702	863,61	1 256,16	1 413,18
	III	10 672	586,96	853,76	960,48
	V	21 227	1 167,48	1 698,16	1 910,43
	VI	21 628	1 189,54	1 730,24	1 946,52
65 951,99 Ost	I,IV	16 405	902,27	1 312,40	1 476,45
	II	15 856	872,08	1 268,48	1 427,04
	III	10 786	593,23	862,88	970,74
	V	21 380	1 175,90	1 710,40	1 924,20
	VI	21 782	1 198,01	1 742,56	1 960,38

* Die ausgewiesenen Tabellenwerte sind amtlich. Siehe Erläuterungen auf der Umschlaginnenseite (U2).

66 815,99*

Sonstige Bezüge / A-Tarif

Lohn/Gehalt bis €*	Lohnsteuer, Solidaritätszuschlag und Kirchensteuer in den Steuerklassen I – VI	LSt	SolZ	8%	9%
65 987,99 West	I,IV	16 266	894,63	1 301,28	1 463,94
	II	15 717	864,43	1 257,36	1 414,53
	III	10 682	587,51	854,56	961,38
	V	21 241	1 168,25	1 699,28	1 911,69
	VI	21 643	1 190,36	1 731,44	1 947,87
65 987,99 Ost	I,IV	16 421	903,15	1 313,68	1 477,89
	II	15 871	872,90	1 269,68	1 428,39
	III	10 796	593,78	863,68	971,64
	V	21 395	1 176,72	1 711,60	1 925,55
	VI	21 797	1 198,83	1 743,76	1 961,73
66 023,99 West	I,IV	16 281	895,45	1 302,48	1 465,29
	II	15 732	865,26	1 258,56	1 415,88
	III	10 694	588,17	855,52	962,46
	V	21 256	1 169,08	1 700,48	1 913,04
	VI	21 657	1 191,13	1 732,56	1 949,13
66 023,99 Ost	I,IV	16 436	903,98	1 314,88	1 479,24
	II	15 886	873,73	1 270,88	1 429,74
	III	10 808	594,44	864,64	972,72
	V	21 411	1 177,60	1 712,88	1 926,99
	VI	21 812	1 199,66	1 744,96	1 963,08
66 059,99 West	I,IV	16 296	896,28	1 303,68	1 466,64
	II	15 747	866,08	1 259,76	1 417,23
	III	10 704	588,72	856,32	963,36
	V	21 271	1 169,90	1 701,68	1 914,39
	VI	21 673	1 192,01	1 733,84	1 950,57
66 059,99 Ost	I,IV	16 451	904,80	1 316,08	1 480,59
	II	15 901	874,55	1 272,08	1 431,09
	III	10 820	595,10	865,60	973,80
	V	21 426	1 178,43	1 714,08	1 928,34
	VI	21 827	1 200,48	1 746,16	1 964,43
66 095,99 West	I,IV	16 311	897,10	1 304,88	1 467,99
	II	15 762	866,91	1 260,96	1 418,58
	III	10 716	589,38	857,28	964,44
	V	21 286	1 170,73	1 702,88	1 915,74
	VI	21 688	1 192,84	1 735,04	1 951,92
66 095,99 Ost	I,IV	16 466	905,63	1 317,28	1 481,94
	II	15 917	875,43	1 273,36	1 432,53
	III	10 830	595,65	866,40	974,70
	V	21 441	1 179,25	1 715,28	1 929,69
	VI	21 842	1 201,31	1 747,36	1 965,78
66 131,99 West	I,IV	16 327	897,98	1 306,16	1 469,43
	II	15 777	867,73	1 262,16	1 419,93
	III	10 726	589,93	858,08	965,34
	V	21 301	1 171,55	1 704,08	1 917,09
	VI	21 703	1 193,66	1 736,24	1 953,27
66 131,99 Ost	I,IV	16 481	906,45	1 318,48	1 483,29
	II	15 932	876,26	1 274,56	1 433,88
	III	10 842	596,31	867,36	975,78
	V	21 456	1 180,08	1 716,48	1 931,04
	VI	21 857	1 202,13	1 748,56	1 967,13
66 167,99 West	I,IV	16 342	898,81	1 307,36	1 470,78
	II	15 792	868,56	1 263,36	1 421,28
	III	10 738	590,59	859,04	966,42
	V	21 316	1 172,38	1 705,28	1 918,44
	VI	21 718	1 194,49	1 737,44	1 954,62
66 167,99 Ost	I,IV	16 496	907,28	1 319,68	1 484,64
	II	15 947	877,08	1 275,76	1 435,23
	III	10 852	596,86	868,16	976,68
	V	21 471	1 180,90	1 717,68	1 932,39
	VI	21 873	1 203,01	1 749,84	1 968,57
66 203,99 West	I,IV	16 357	899,63	1 308,56	1 472,13
	II	15 807	869,38	1 264,56	1 422,63
	III	10 750	591,25	860,—	967,50
	V	21 332	1 173,26	1 706,56	1 919,88
	VI	21 733	1 195,31	1 738,64	1 955,97
66 203,99 Ost	I,IV	16 511	908,10	1 320,88	1 485,99
	II	15 962	877,91	1 276,96	1 436,58
	III	10 864	597,52	869,12	977,76
	V	21 486	1 181,73	1 718,88	1 933,74
	VI	21 888	1 203,84	1 751,04	1 969,92
66 239,99 West	I,IV	16 372	900,46	1 309,76	1 473,48
	II	15 823	870,26	1 265,84	1 424,07
	III	10 760	591,80	860,80	968,40
	V	21 347	1 174,08	1 707,76	1 921,23
	VI	21 748	1 196,14	1 739,84	1 957,32
66 239,99 Ost	I,IV	16 526	908,93	1 322,08	1 487,34
	II	15 977	878,73	1 278,16	1 437,93
	III	10 876	598,18	870,08	978,84
	V	21 501	1 182,55	1 720,08	1 935,09
	VI	21 903	1 204,66	1 752,24	1 971,27
66 275,99 West	I,IV	16 387	901,28	1 310,96	1 474,83
	II	15 838	871,09	1 267,04	1 425,42
	III	10 772	592,46	861,76	969,48
	V	21 362	1 174,91	1 708,96	1 922,58
	VI	21 763	1 196,96	1 741,04	1 958,67
66 275,99 Ost	I,IV	16 542	909,81	1 323,36	1 488,78
	II	15 992	879,56	1 279,36	1 439,28
	III	10 886	598,73	870,88	979,74
	V	21 516	1 183,38	1 721,28	1 936,44
	VI	21 918	1 205,49	1 753,44	1 972,62
66 311,99 West	I,IV	16 402	902,11	1 312,16	1 476,18
	II	15 853	871,91	1 268,24	1 426,77
	III	10 782	593,01	862,56	970,38
	V	21 377	1 175,73	1 710,16	1 923,93
	VI	21 778	1 197,79	1 742,24	1 960,02
66 311,99 Ost	I,IV	16 557	910,63	1 324,56	1 490,13
	II	16 007	880,38	1 280,56	1 440,63
	III	10 898	599,39	871,84	980,82
	V	21 531	1 184,20	1 722,48	1 937,79
	VI	21 933	1 206,31	1 754,64	1 973,97
66 347,99 West	I,IV	16 417	902,93	1 313,36	1 477,53
	II	15 868	872,74	1 269,44	1 428,12
	III	10 794	593,67	863,52	971,46
	V	21 392	1 176,56	1 711,36	1 925,28
	VI	21 794	1 198,67	1 743,52	1 961,46
66 347,99 Ost	I,IV	16 572	911,46	1 325,76	1 491,48
	II	16 022	881,21	1 281,76	1 441,98
	III	10 910	600,05	872,80	981,90
	V	21 547	1 185,08	1 723,76	1 939,23
	VI	21 948	1 207,14	1 755,84	1 975,32
66 383,99 West	I,IV	16 432	903,76	1 314,56	1 478,88
	II	15 883	873,56	1 270,64	1 429,47
	III	10 806	594,33	864,48	972,54
	V	21 407	1 177,38	1 712,56	1 926,63
	VI	21 809	1 199,49	1 744,72	1 962,81
66 383,99 Ost	I,IV	16 587	912,28	1 326,96	1 492,83
	II	16 038	882,09	1 283,04	1 443,42
	III	10 920	600,60	873,60	982,80
	V	21 562	1 185,91	1 724,96	1 940,58
	VI	21 963	1 207,96	1 757,04	1 976,67
66 419,99 West	I,IV	16 447	904,58	1 315,76	1 480,23
	II	15 898	874,39	1 271,84	1 430,82
	III	10 816	594,88	865,28	973,44
	V	21 422	1 178,21	1 713,76	1 927,98
	VI	21 824	1 200,32	1 745,92	1 964,16
66 419,99 Ost	I,IV	16 602	913,11	1 328,16	1 494,18
	II	16 053	882,91	1 284,24	1 444,77
	III	10 932	601,26	874,56	983,88
	V	21 577	1 186,73	1 726,16	1 941,93
	VI	21 978	1 208,79	1 758,24	1 978,02
66 455,99 West	I,IV	16 463	905,46	1 317,04	1 481,67
	II	15 913	875,21	1 273,04	1 432,17
	III	10 828	595,54	866,24	974,52
	V	21 437	1 179,03	1 714,96	1 929,33
	VI	21 839	1 201,14	1 747,12	1 965,51
66 455,99 Ost	I,IV	16 617	913,93	1 329,36	1 495,53
	II	16 068	883,74	1 285,44	1 446,12
	III	10 942	601,81	875,36	984,78
	V	21 592	1 187,56	1 727,36	1 943,28
	VI	21 993	1 209,61	1 759,44	1 979,37
66 491,99 West	I,IV	16 478	906,29	1 318,24	1 483,02
	II	15 928	876,04	1 274,24	1 433,52
	III	10 840	596,20	867,20	975,60
	V	21 453	1 179,91	1 716,24	1 930,77
	VI	21 854	1 201,97	1 748,32	1 966,86
66 491,99 Ost	I,IV	16 632	914,76	1 330,56	1 496,88
	II	16 083	884,56	1 286,64	1 447,47
	III	10 954	602,47	876,32	985,86
	V	21 607	1 188,38	1 728,56	1 944,63
	VI	22 009	1 210,49	1 760,72	1 980,81
66 527,99 West	I,IV	16 493	907,11	1 319,44	1 484,37
	II	15 943	876,86	1 275,44	1 434,87
	III	10 850	596,75	868,—	976,50
	V	21 468	1 180,74	1 717,44	1 932,12
	VI	21 869	1 202,79	1 749,52	1 968,21
66 527,99 Ost	I,IV	16 647	915,58	1 331,76	1 498,23
	II	16 098	885,39	1 287,84	1 448,82
	III	10 966	603,13	877,28	986,94
	V	21 622	1 189,21	1 729,76	1 945,98
	VI	22 024	1 211,32	1 761,92	1 982,16
66 563,99 West	I,IV	16 508	907,94	1 320,64	1 485,72
	II	15 959	877,74	1 276,72	1 436,31
	III	10 862	597,41	868,96	977,58
	V	21 483	1 181,56	1 718,64	1 933,47
	VI	21 884	1 203,62	1 750,72	1 969,56
66 563,99 Ost	I,IV	16 663	916,46	1 333,04	1 499,67
	II	16 113	886,21	1 289,04	1 450,17
	III	10 976	603,68	878,08	987,84
	V	21 637	1 190,03	1 730,96	1 947,33
	VI	22 039	1 212,14	1 763,12	1 983,51
66 599,99 West	I,IV	16 523	908,76	1 321,84	1 487,07
	II	15 974	878,57	1 277,92	1 437,66
	III	10 872	597,96	869,76	978,48
	V	21 498	1 182,39	1 719,84	1 934,82
	VI	21 899	1 204,44	1 751,92	1 970,91
66 599,99 Ost	I,IV	16 678	917,29	1 334,24	1 501,02
	II	16 128	887,04	1 290,24	1 451,52
	III	10 988	604,34	879,04	988,92
	V	21 652	1 190,86	1 732,16	1 948,68
	VI	22 054	1 212,97	1 764,32	1 984,86
66 635,99 West	I,IV	16 538	909,59	1 323,04	1 488,42
	II	15 989	879,39	1 279,12	1 439,01
	III	10 884	598,62	870,72	979,56
	V	21 513	1 183,21	1 721,04	1 936,17
	VI	21 915	1 205,32	1 753,20	1 972,35
66 635,99 Ost	I,IV	16 693	918,11	1 335,44	1 502,37
	II	16 143	887,86	1 291,44	1 452,87
	III	11 000	605,—	880,—	990,—
	V	21 668	1 191,74	1 733,44	1 950,12
	VI	22 069	1 213,79	1 765,52	1 986,21
66 671,99 West	I,IV	16 553	910,41	1 324,24	1 489,77
	II	16 004	880,22	1 280,32	1 440,36
	III	10 896	599,28	871,68	980,64
	V	21 528	1 184,04	1 722,24	1 937,52
	VI	21 930	1 206,15	1 754,40	1 973,70
66 671,99 Ost	I,IV	16 708	918,94	1 336,64	1 503,72
	II	16 159	888,74	1 292,72	1 454,31
	III	11 010	605,55	880,80	990,90
	V	21 683	1 192,56	1 734,64	1 951,47
	VI	22 084	1 214,62	1 766,72	1 987,56
66 707,99 West	I,IV	16 568	911,24	1 325,44	1 491,12
	II	16 019	881,04	1 281,52	1 441,71
	III	10 906	599,83	872,48	981,54
	V	21 543	1 184,86	1 723,44	1 938,87
	VI	21 945	1 206,97	1 755,60	1 975,05
66 707,99 Ost	I,IV	16 723	919,76	1 337,84	1 505,07
	II	16 174	889,57	1 293,92	1 455,66
	III	11 022	606,21	881,76	991,98
	V	21 698	1 193,39	1 735,84	1 952,82
	VI	22 099	1 215,44	1 767,92	1 988,91
66 743,99 West	I,IV	16 584	912,12	1 326,72	1 492,56
	II	16 034	881,87	1 282,72	1 443,06
	III	10 918	600,49	873,44	982,62
	V	21 558	1 185,69	1 724,64	1 940,22
	VI	21 960	1 207,80	1 756,80	1 976,40
66 743,99 Ost	I,IV	16 738	920,59	1 339,04	1 506,42
	II	16 189	890,39	1 295,12	1 457,01
	III	11 034	606,87	882,72	993,06
	V	21 713	1 194,21	1 737,04	1 954,17
	VI	22 114	1 216,27	1 769,12	1 990,26
66 779,99 West	I,IV	16 599	912,94	1 327,92	1 493,91
	II	16 049	882,69	1 283,92	1 444,41
	III	10 930	601,15	874,40	983,70
	V	21 573	1 186,51	1 725,84	1 941,57
	VI	21 975	1 208,62	1 758,—	1 977,75
66 779,99 Ost	I,IV	16 753	921,41	1 340,24	1 507,77
	II	16 204	891,22	1 296,32	1 458,36
	III	11 044	607,42	883,52	993,96
	V	21 728	1 195,04	1 738,24	1 955,52
	VI	22 130	1 217,15	1 770,40	1 991,70
66 815,99 West	I,IV	16 614	913,77	1 329,12	1 495,26
	II	16 064	883,52	1 285,12	1 445,76
	III	10 940	601,70	875,20	984,60
	V	21 589	1 187,39	1 727,12	1 943,01
	VI	21 990	1 209,45	1 759,20	1 979,10
66 815,99 Ost	I,IV	16 768	922,24	1 341,44	1 509,12
	II	16 219	892,04	1 297,52	1 459,71
	III	11 056	608,08	884,48	995,04
	V	21 743	1 195,86	1 739,44	1 956,87
	VI	22 145	1 217,97	1 771,60	1 993,05

* Die ausgewiesenen Tabellenwerte sind amtlich. Siehe Erläuterungen auf der Umschlaginnenseite (U2).

Sonstige Bezüge / A-Tarif

66 816,–*

Lohn/Gehalt bis €*	Steuerklasse	LSt	SolZ	8%	9%
66 851,99	I,IV	16 629	914,59	1 330,32	1 496,61
West	II	16 080	884,40	1 286,40	1 447,20
	III	10 952	602,36	876,16	985,68
	V	21 604	1 188,22	1 728,32	1 944,36
	VI	22 005	1 210,27	1 760,40	1 980,45
66 851,99	I,IV	16 783	923,06	1 342,64	1 510,47
Ost	II	16 234	892,87	1 298,72	1 461,06
	III	11 068	608,74	885,44	996,12
	V	21 758	1 196,69	1 740,64	1 958,22
	VI	22 160	1 218,80	1 772,80	1 994,40
66 887,99	I,IV	16 644	915,42	1 331,52	1 497,96
West	II	16 095	885,22	1 287,60	1 448,55
	III	10 962	602,91	876,96	986,58
	V	21 619	1 189,04	1 729,52	1 945,71
	VI	22 020	1 211,10	1 761,60	1 981,80
66 887,99	I,IV	16 799	923,94	1 343,92	1 511,91
Ost	II	16 249	893,69	1 299,92	1 462,41
	III	11 078	609,29	886,24	997,02
	V	21 773	1 197,51	1 741,84	1 959,57
	VI	22 175	1 219,62	1 774,—	1 995,75
66 923,99	I,IV	16 659	916,24	1 332,72	1 499,31
West	II	16 110	886,05	1 288,80	1 449,90
	III	10 974	603,57	877,92	987,66
	V	21 634	1 189,87	1 730,72	1 947,06
	VI	22 035	1 211,92	1 762,80	1 983,15
66 923,99	I,IV	16 814	924,77	1 345,12	1 513,26
Ost	II	16 264	894,52	1 301,12	1 463,76
	III	11 090	609,95	887,20	998,10
	V	21 789	1 198,39	1 743,12	1 961,01
	VI	22 190	1 220,45	1 775,20	1 997,10
66 959,99	I,IV	16 674	917,07	1 333,92	1 500,66
West	II	16 125	886,87	1 290,—	1 451,25
	III	10 986	604,23	878,88	988,74
	V	21 649	1 190,69	1 731,92	1 948,41
	VI	22 051	1 212,80	1 764,08	1 984,59
66 959,99	I,IV	16 829	925,59	1 346,32	1 514,61
Ost	II	16 279	895,34	1 302,32	1 465,11
	III	11 100	610,50	888,—	999,—
	V	21 804	1 199,22	1 744,32	1 962,36
	VI	22 205	1 221,27	1 776,40	1 998,45
66 995,99	I,IV	16 689	917,89	1 335,12	1 502,01
West	II	16 140	887,70	1 291,20	1 452,60
	III	10 996	604,78	879,68	989,64
	V	21 664	1 191,52	1 733,12	1 949,76
	VI	22 066	1 213,63	1 765,28	1 985,94
66 995,99	I,IV	16 844	926,42	1 347,52	1 515,96
Ost	II	16 295	896,22	1 303,60	1 466,55
	III	11 112	611,16	888,96	1 000,08
	V	21 819	1 200,04	1 745,52	1 963,71
	VI	22 220	1 222,10	1 777,60	1 999,80
67 031,99	I,IV	16 705	918,77	1 336,40	1 503,45
West	II	16 155	888,52	1 292,40	1 453,95
	III	11 008	605,44	880,64	990,72
	V	21 679	1 192,34	1 734,32	1 951,11
	VI	22 081	1 214,45	1 766,48	1 987,29
67 031,99	I,IV	16 859	927,24	1 348,72	1 517,31
Ost	II	16 310	897,05	1 304,80	1 467,90
	III	11 124	611,82	889,92	1 001,16
	V	21 834	1 200,87	1 746,72	1 965,06
	VI	22 235	1 222,92	1 778,80	2 001,15
67 067,99	I,IV	16 720	919,60	1 337,60	1 504,80
West	II	16 170	889,35	1 293,60	1 455,30
	III	11 020	606,10	881,60	991,80
	V	21 694	1 193,17	1 735,52	1 952,46
	VI	22 096	1 215,28	1 767,68	1 988,64
67 067,99	I,IV	16 874	928,07	1 349,92	1 518,66
Ost	II	16 325	897,87	1 306,—	1 469,25
	III	11 134	612,37	890,72	1 002,06
	V	21 849	1 201,69	1 747,92	1 966,41
	VI	22 251	1 223,80	1 780,08	2 002,59
67 103,99	I,IV	16 735	920,42	1 338,80	1 506,15
West	II	16 185	890,17	1 294,80	1 456,65
	III	11 030	606,65	882,40	992,70
	V	21 710	1 194,05	1 736,80	1 953,90
	VI	22 111	1 216,10	1 768,88	1 989,99
67 103,99	I,IV	16 889	928,89	1 351,12	1 520,01
Ost	II	16 340	898,70	1 307,20	1 470,60
	III	11 146	613,03	891,68	1 003,14
	V	21 864	1 202,52	1 749,12	1 967,76
	VI	22 266	1 224,63	1 781,28	2 003,94
67 139,99	I,IV	16 750	921,25	1 340,—	1 507,50
West	II	16 201	891,05	1 296,08	1 458,09
	III	11 042	607,31	883,36	993,78
	V	21 725	1 194,87	1 738,—	1 955,25
	VI	22 126	1 216,93	1 770,08	1 991,34
67 139,99	I,IV	16 904	929,72	1 352,32	1 521,36
Ost	II	16 355	899,52	1 308,40	1 471,95
	III	11 158	613,69	892,64	1 004,22
	V	21 879	1 203,34	1 750,32	1 969,11
	VI	22 281	1 225,45	1 782,48	2 005,29
67 175,99	I,IV	16 765	922,07	1 341,20	1 508,85
West	II	16 216	891,88	1 297,28	1 459,44
	III	11 054	607,97	884,32	994,86
	V	21 740	1 195,70	1 739,20	1 956,60
	VI	22 141	1 217,75	1 771,28	1 992,69
67 175,99	I,IV	16 920	930,60	1 353,60	1 522,80
Ost	II	16 370	900,35	1 309,60	1 473,30
	III	11 168	614,24	893,44	1 005,12
	V	21 894	1 204,17	1 751,52	1 970,46
	VI	22 296	1 226,28	1 783,68	2 006,64
67 211,99	I,IV	16 780	922,90	1 342,40	1 510,20
West	II	16 231	892,70	1 298,48	1 460,79
	III	11 064	608,52	885,12	995,76
	V	21 755	1 196,52	1 740,40	1 957,95
	VI	22 156	1 218,58	1 772,48	1 994,04
67 211,99	I,IV	16 935	931,42	1 354,80	1 524,15
Ost	II	16 385	901,17	1 310,80	1 474,65
	III	11 180	614,90	894,40	1 006,20
	V	21 909	1 204,99	1 752,72	1 971,81
	VI	22 311	1 227,10	1 784,88	2 007,99
67 247,99	I,IV	16 795	923,72	1 343,60	1 511,55
West	II	16 246	893,53	1 299,68	1 462,14
	III	11 076	609,18	886,08	996,84
	V	21 770	1 197,35	1 741,60	1 959,30
	VI	22 172	1 219,46	1 773,76	1 995,48
67 247,99	I,IV	16 950	932,25	1 356,—	1 525,50
Ost	II	16 400	902,—	1 312,—	1 476,—
	III	11 192	615,56	895,36	1 007,28
	V	21 925	1 205,87	1 754,—	1 973,25
	VI	22 326	1 227,93	1 786,08	2 009,34
67 283,99	I,IV	16 810	924,55	1 344,80	1 512,90
West	II	16 261	894,35	1 300,88	1 463,49
	III	11 088	609,84	887,04	997,92
	V	21 785	1 198,17	1 742,80	1 960,65
	VI	22 187	1 220,28	1 774,96	1 996,83
67 283,99	I,IV	16 965	933,07	1 357,20	1 526,85
Ost	II	16 416	902,88	1 313,28	1 477,44
	III	11 202	616,11	896,16	1 008,18
	V	21 940	1 206,70	1 755,20	1 974,60
	VI	22 341	1 228,75	1 787,28	2 010,69
67 319,99	I,IV	16 825	925,37	1 346,—	1 514,25
West	II	16 276	895,18	1 302,08	1 464,84
	III	11 098	610,39	887,84	998,82
	V	21 800	1 199,—	1 744,—	1 962,—
	VI	22 202	1 221,11	1 776,16	1 998,18
67 319,99	I,IV	16 980	933,90	1 358,40	1 528,20
Ost	II	16 431	903,70	1 314,48	1 478,79
	III	11 214	616,77	897,12	1 009,26
	V	21 955	1 207,52	1 756,40	1 975,95
	VI	22 356	1 229,58	1 788,48	2 012,04
67 355,99	I,IV	16 841	926,25	1 347,28	1 515,69
West	II	16 291	896,—	1 303,28	1 466,19
	III	11 110	611,05	888,80	999,90
	V	21 815	1 199,82	1 745,20	1 963,35
	VI	22 217	1 221,93	1 777,36	1 999,53
67 355,99	I,IV	16 995	934,72	1 359,60	1 529,55
Ost	II	16 446	904,53	1 315,68	1 480,14
	III	11 226	617,43	898,08	1 010,34
	V	21 970	1 208,35	1 757,60	1 977,30
	VI	22 371	1 230,40	1 789,68	2 013,39
67 391,99	I,IV	16 856	927,08	1 348,48	1 517,04
West	II	16 306	896,83	1 304,48	1 467,54
	III	11 122	611,71	889,76	1 000,98
	V	21 831	1 200,70	1 746,48	1 964,79
	VI	22 232	1 222,76	1 778,56	2 000,88
67 391,99	I,IV	17 010	935,55	1 360,80	1 530,90
Ost	II	16 461	905,35	1 316,88	1 481,49
	III	11 236	617,98	898,88	1 011,24
	V	21 985	1 209,17	1 758,80	1 978,65
	VI	22 387	1 231,28	1 790,96	2 014,83
67 427,99	I,IV	16 871	927,90	1 349,68	1 518,39
West	II	16 321	897,65	1 305,68	1 468,89
	III	11 132	612,26	890,56	1 001,88
	V	21 846	1 201,53	1 747,68	1 966,14
	VI	22 247	1 223,58	1 779,76	2 002,23
67 427,99	I,IV	17 025	936,37	1 362,—	1 532,25
Ost	II	16 476	906,18	1 318,08	1 482,84
	III	11 248	618,64	899,84	1 012,32
	V	22 000	1 210,—	1 760,—	1 980,—
	VI	22 402	1 232,11	1 792,16	2 016,18
67 463,99	I,IV	16 886	928,73	1 350,88	1 519,74
West	II	16 337	898,53	1 306,96	1 470,33
	III	11 144	612,92	891,52	1 002,96
	V	21 861	1 202,35	1 748,88	1 967,49
	VI	22 262	1 224,41	1 780,96	2 003,58
67 463,99	I,IV	17 041	937,25	1 363,28	1 533,69
Ost	II	16 491	907,—	1 319,28	1 484,19
	III	11 260	619,30	900,80	1 013,40
	V	22 015	1 210,82	1 761,20	1 981,35
	VI	22 417	1 232,93	1 793,36	2 017,53
67 499,99	I,IV	16 901	929,55	1 352,08	1 521,09
West	II	16 352	899,36	1 308,16	1 471,68
	III	11 156	613,58	892,48	1 004,04
	V	21 876	1 203,18	1 750,08	1 968,84
	VI	22 277	1 225,23	1 782,16	2 004,93
67 499,99	I,IV	17 056	938,08	1 364,48	1 535,04
Ost	II	16 506	907,83	1 320,48	1 485,54
	III	11 270	619,85	901,60	1 014,30
	V	22 030	1 211,65	1 762,40	1 982,70
	VI	22 432	1 233,76	1 794,56	2 018,88
67 535,99	I,IV	16 916	930,38	1 353,28	1 522,44
West	II	16 367	900,18	1 309,36	1 473,03
	III	11 166	614,13	893,28	1 004,94
	V	21 891	1 204,—	1 751,28	1 970,19
	VI	22 293	1 226,11	1 783,44	2 006,37
67 535,99	I,IV	17 071	938,90	1 365,68	1 536,39
Ost	II	16 521	908,65	1 321,68	1 486,89
	III	11 282	620,51	902,56	1 015,38
	V	22 046	1 212,53	1 763,68	1 984,14
	VI	22 447	1 234,58	1 795,76	2 020,23
67 571,99	I,IV	16 931	931,20	1 354,48	1 523,79
West	II	16 382	901,01	1 310,56	1 474,38
	III	11 178	614,79	894,24	1 006,02
	V	21 906	1 204,83	1 752,48	1 971,54
	VI	22 308	1 226,94	1 784,64	2 007,72
67 571,99	I,IV	17 086	939,73	1 366,88	1 537,74
Ost	II	16 537	909,53	1 322,96	1 488,33
	III	11 294	621,17	903,52	1 016,46
	V	22 061	1 213,35	1 764,88	1 985,49
	VI	22 462	1 235,41	1 796,96	2 021,58
67 607,99	I,IV	16 946	932,03	1 355,68	1 525,14
West	II	16 397	901,83	1 311,76	1 475,73
	III	11 190	615,45	895,20	1 007,10
	V	21 921	1 205,65	1 753,68	1 972,89
	VI	22 323	1 227,76	1 785,84	2 009,07
67 607,99	I,IV	17 101	940,55	1 368,08	1 539,09
Ost	II	16 552	910,36	1 324,16	1 489,68
	III	11 306	621,83	904,48	1 017,54
	V	22 076	1 214,18	1 766,08	1 986,84
	VI	22 477	1 236,23	1 798,16	2 022,93
67 643,99	I,IV	16 962	932,91	1 356,96	1 526,58
West	II	16 412	902,66	1 312,96	1 477,08
	III	11 200	616,—	896,—	1 008,—
	V	21 936	1 206,48	1 754,88	1 974,24
	VI	22 338	1 228,59	1 787,04	2 010,42
67 643,99	I,IV	17 116	941,38	1 369,28	1 540,44
Ost	II	16 567	911,18	1 325,36	1 491,03
	III	11 316	622,38	905,28	1 018,44
	V	22 091	1 215,—	1 767,28	1 988,19
	VI	22 492	1 237,06	1 799,36	2 024,28
67 679,99	I,IV	16 977	933,73	1 358,16	1 527,93
West	II	16 427	903,48	1 314,16	1 478,43
	III	11 212	616,66	896,96	1 009,08
	V	21 951	1 207,30	1 756,08	1 975,59
	VI	22 353	1 229,41	1 788,24	2 011,77
67 679,99	I,IV	17 131	942,20	1 370,48	1 541,79
Ost	II	16 582	912,01	1 326,56	1 492,38
	III	11 328	623,04	906,24	1 019,52
	V	22 106	1 215,83	1 768,48	1 989,54
	VI	22 508	1 237,94	1 800,64	2 025,72

Lohnsteuer, Solidaritätszuschlag und Kirchensteuer in den Steuerklassen I – VI

* Die ausgewiesenen Tabellenwerte sind amtlich. Siehe Erläuterungen auf der Umschlaginnenseite (U2).

68 543,99*

Sonstige Bezüge / A-Tarif

Lohn/ Gehalt bis €*	Lohnsteuer, Solidaritätszuschlag und Kirchensteuer in den Steuerklassen I – VI	LSt	SolZ	8%	9%
67 715,99 West	I,IV	16 992	934,56	1 359,36	1 529,28
	II	16 442	904,31	1 315,36	1 479,78
	III	11 224	617,32	897,92	1 010,16
	V	21 967	1 208,18	1 757,36	1 977,03
	VI	22 368	1 230,24	1 789,44	2 013,12
67 715,99 Ost	I,IV	17 146	943,03	1 371,68	1 543,14
	II	16 597	912,83	1 327,76	1 493,73
	III	11 340	623,70	907,20	1 020,60
	V	22 121	1 216,65	1 769,68	1 990,89
	VI	22 523	1 238,76	1 801,84	2 027,07
67 751,99 West	I,IV	17 007	935,38	1 360,56	1 530,63
	II	16 458	905,19	1 316,64	1 481,22
	III	11 234	617,87	898,72	1 011,06
	V	21 982	1 209,01	1 758,56	1 978,38
	VI	22 383	1 231,06	1 790,64	2 014,47
67 751,99 Ost	I,IV	17 161	943,85	1 372,88	1 544,49
	II	16 612	913,66	1 328,96	1 495,08
	III	11 350	624,25	908,—	1 021,50
	V	22 136	1 217,48	1 770,88	1 992,24
	VI	22 538	1 239,59	1 803,04	2 028,42
67 787,99 West	I,IV	17 022	936,21	1 361,76	1 531,98
	II	16 473	906,01	1 317,84	1 482,57
	III	11 246	618,53	899,68	1 012,14
	V	21 997	1 209,83	1 759,76	1 979,73
	VI	22 398	1 231,89	1 791,84	2 015,82
67 787,99 Ost	I,IV	17 177	944,73	1 374,16	1 545,93
	II	16 627	914,48	1 330,16	1 496,43
	III	11 362	624,91	908,96	1 022,58
	V	22 151	1 218,30	1 772,08	1 993,59
	VI	22 553	1 240,41	1 804,24	2 029,77
67 823,99 West	I,IV	17 037	937,03	1 362,96	1 533,33
	II	16 488	906,84	1 319,04	1 483,92
	III	11 258	619,19	900,64	1 013,22
	V	22 012	1 210,66	1 760,96	1 981,08
	VI	22 413	1 232,71	1 793,04	2 017,17
67 823,99 Ost	I,IV	17 192	945,56	1 375,36	1 547,28
	II	16 642	915,31	1 331,36	1 497,78
	III	11 374	625,57	909,92	1 023,66
	V	22 167	1 219,18	1 773,36	1 995,03
	VI	22 568	1 241,24	1 805,44	2 031,12
67 859,99 West	I,IV	17 052	937,86	1 364,16	1 534,68
	II	16 503	907,66	1 320,24	1 485,27
	III	11 268	619,74	901,44	1 014,12
	V	22 027	1 211,48	1 762,16	1 982,43
	VI	22 429	1 233,59	1 794,32	2 018,61
67 859,99 Ost	I,IV	17 207	946,38	1 376,56	1 548,63
	II	16 657	916,13	1 332,56	1 499,13
	III	11 384	626,12	910,72	1 024,56
	V	22 182	1 220,01	1 774,56	1 996,38
	VI	22 583	1 242,06	1 806,64	2 032,47
67 895,99 West	I,IV	17 067	938,68	1 365,36	1 536,03
	II	16 518	908,49	1 321,44	1 486,62
	III	11 280	620,40	902,40	1 015,20
	V	22 042	1 212,31	1 763,36	1 983,78
	VI	22 444	1 234,42	1 795,52	2 019,96
67 895,99 Ost	I,IV	17 222	947,21	1 377,76	1 549,98
	II	16 673	917,01	1 333,84	1 500,57
	III	11 396	626,78	911,68	1 025,64
	V	22 197	1 220,83	1 775,76	1 997,73
	VI	22 598	1 242,89	1 807,84	2 033,82
67 931,99 West	I,IV	17 083	939,56	1 366,64	1 537,47
	II	16 533	909,31	1 322,64	1 487,97
	III	11 292	621,06	903,36	1 016,28
	V	22 057	1 213,13	1 764,56	1 985,13
	VI	22 459	1 235,24	1 796,72	2 021,31
67 931,99 Ost	I,IV	17 237	948,03	1 378,96	1 551,33
	II	16 688	917,84	1 335,04	1 501,92
	III	11 408	627,44	912,64	1 026,72
	V	22 212	1 221,66	1 776,96	1 999,08
	VI	22 613	1 243,71	1 809,04	2 035,17
67 967,99 West	I,IV	17 098	940,39	1 367,84	1 538,82
	II	16 548	910,14	1 323,84	1 489,32
	III	11 302	621,61	904,16	1 017,18
	V	22 072	1 213,96	1 765,76	1 986,48
	VI	22 474	1 236,07	1 797,92	2 022,66
67 967,99 Ost	I,IV	17 252	948,86	1 380,16	1 552,68
	II	16 703	918,66	1 336,24	1 503,27
	III	11 418	627,99	913,44	1 027,62
	V	22 227	1 222,48	1 778,16	2 000,43
	VI	22 629	1 244,59	1 810,32	2 036,61
68 003,99 West	I,IV	17 113	941,21	1 369,04	1 540,17
	II	16 563	910,96	1 325,04	1 490,67
	III	11 314	622,27	905,12	1 018,26
	V	22 088	1 214,84	1 767,04	1 987,92
	VI	22 489	1 236,89	1 799,12	2 024,01
68 003,99 Ost	I,IV	17 267	949,68	1 381,36	1 554,03
	II	16 718	919,49	1 337,44	1 504,62
	III	11 430	628,65	914,40	1 028,70
	V	22 242	1 223,31	1 779,36	2 001,78
	VI	22 644	1 245,42	1 811,52	2 037,96
68 039,99 West	I,IV	17 128	942,04	1 370,24	1 541,52
	II	16 579	911,84	1 326,32	1 492,11
	III	11 326	622,93	906,08	1 019,34
	V	22 103	1 215,66	1 768,24	1 989,27
	VI	22 504	1 237,72	1 800,32	2 025,36
68 039,99 Ost	I,IV	17 282	950,51	1 382,56	1 555,38
	II	16 733	920,31	1 338,64	1 505,97
	III	11 442	629,31	915,36	1 029,78
	V	22 257	1 224,13	1 780,56	2 003,13
	VI	22 659	1 246,24	1 812,72	2 039,31
68 075,99 West	I,IV	17 143	942,86	1 371,44	1 542,87
	II	16 594	912,67	1 327,52	1 493,46
	III	11 336	623,48	906,88	1 020,24
	V	22 118	1 216,49	1 769,44	1 990,62
	VI	22 519	1 238,54	1 801,52	2 026,71
68 075,99 Ost	I,IV	17 298	951,39	1 383,84	1 556,82
	II	16 748	921,14	1 339,84	1 507,32
	III	11 454	629,97	916,32	1 030,86
	V	22 272	1 224,96	1 781,76	2 004,48
	VI	22 674	1 247,07	1 813,92	2 040,66
68 111,99 West	I,IV	17 158	943,69	1 372,64	1 544,22
	II	16 609	913,49	1 328,72	1 494,81
	III	11 348	624,14	907,84	1 021,32
	V	22 133	1 217,31	1 770,64	1 991,97
	VI	22 534	1 239,37	1 802,72	2 028,06
68 111,99 Ost	I,IV	17 313	952,21	1 385,04	1 558,17
	II	16 763	921,96	1 341,04	1 508,67
	III	11 464	630,52	917,12	1 031,76
	V	22 287	1 225,78	1 782,96	2 005,83
	VI	22 689	1 247,89	1 815,12	2 042,01
68 147,99 West	I,IV	17 173	944,51	1 373,84	1 545,57
	II	16 624	914,32	1 329,92	1 496,16
	III	11 360	624,80	908,80	1 022,40
	V	22 148	1 218,14	1 771,84	1 993,32
	VI	22 550	1 240,25	1 804,—	2 029,50
68 147,99 Ost	I,IV	17 328	953,04	1 386,24	1 559,52
	II	16 778	922,79	1 342,24	1 510,02
	III	11 476	631,18	918,08	1 032,84
	V	22 303	1 226,66	1 784,24	2 007,27
	VI	22 704	1 248,72	1 816,32	2 043,36
68 183,99 West	I,IV	17 188	945,34	1 375,04	1 546,92
	II	16 639	915,14	1 331,12	1 497,51
	III	11 370	625,35	909,60	1 023,30
	V	22 163	1 218,96	1 773,04	1 994,67
	VI	22 565	1 241,07	1 805,20	2 030,85
68 183,99 Ost	I,IV	17 343	953,86	1 387,44	1 560,87
	II	16 794	923,67	1 343,52	1 511,46
	III	11 488	631,84	919,04	1 033,92
	V	22 318	1 227,49	1 785,44	2 008,62
	VI	22 719	1 249,54	1 817,52	2 044,71
68 219,99 West	I,IV	17 203	946,16	1 376,24	1 548,27
	II	16 654	915,97	1 332,32	1 498,86
	III	11 382	626,01	910,56	1 024,38
	V	22 178	1 219,79	1 774,24	1 996,02
	VI	22 580	1 241,90	1 806,40	2 032,20
68 219,99 Ost	I,IV	17 358	954,69	1 388,64	1 562,22
	II	16 809	924,49	1 344,72	1 512,81
	III	11 498	632,39	919,84	1 034,82
	V	22 333	1 228,31	1 786,64	2 009,97
	VI	22 734	1 250,37	1 818,72	2 046,06
68 255,99 West	I,IV	17 219	947,04	1 377,52	1 549,71
	II	16 669	916,79	1 333,52	1 500,21
	III	11 394	626,67	911,52	1 025,46
	V	22 193	1 220,61	1 775,44	1 997,37
	VI	22 595	1 242,72	1 807,60	2 033,55
68 255,99 Ost	I,IV	17 373	955,51	1 389,84	1 563,57
	II	16 824	925,32	1 345,92	1 514,16
	III	11 510	633,05	920,80	1 035,90
	V	22 348	1 229,14	1 787,84	2 011,32
	VI	22 749	1 251,19	1 819,92	2 047,41
68 291,99 West	I,IV	17 234	947,87	1 378,72	1 551,06
	II	16 684	917,62	1 334,72	1 501,56
	III	11 404	627,22	912,32	1 026,36
	V	22 209	1 221,49	1 776,72	1 998,81
	VI	22 610	1 243,55	1 808,80	2 034,90
68 291,99 Ost	I,IV	17 388	956,34	1 391,04	1 564,92
	II	16 839	926,14	1 347,12	1 515,51
	III	11 522	633,71	921,76	1 036,98
	V	22 363	1 229,96	1 789,04	2 012,67
	VI	22 765	1 252,07	1 821,20	2 048,85
68 327,99 West	I,IV	17 249	948,69	1 379,92	1 552,41
	II	16 699	918,44	1 335,92	1 502,91
	III	11 416	627,88	913,28	1 027,44
	V	22 224	1 222,32	1 777,92	2 000,16
	VI	22 625	1 244,37	1 810,—	2 036,25
68 327,99 Ost	I,IV	17 403	957,16	1 392,24	1 566,27
	II	16 854	926,97	1 348,32	1 516,86
	III	11 532	634,26	922,56	1 037,88
	V	22 378	1 230,79	1 790,24	2 014,02
	VI	22 780	1 252,90	1 822,40	2 050,20
68 363,99 West	I,IV	17 264	949,52	1 381,12	1 553,76
	II	16 715	919,32	1 337,20	1 504,35
	III	11 428	628,54	914,24	1 028,52
	V	22 239	1 223,14	1 779,12	2 001,51
	VI	22 640	1 245,20	1 811,20	2 037,60
68 363,99 Ost	I,IV	17 419	958,04	1 393,52	1 567,71
	II	16 869	927,79	1 349,52	1 518,21
	III	11 544	634,92	923,52	1 038,96
	V	22 393	1 231,61	1 791,44	2 015,37
	VI	22 795	1 253,72	1 823,60	2 051,55
68 399,99 West	I,IV	17 279	950,34	1 382,32	1 555,11
	II	16 730	920,15	1 338,40	1 505,70
	III	11 440	629,20	915,20	1 029,60
	V	22 254	1 223,97	1 780,32	2 002,86
	VI	22 655	1 246,02	1 812,40	2 038,95
68 399,99 Ost	I,IV	17 434	958,87	1 394,72	1 569,06
	II	16 884	928,62	1 350,72	1 519,56
	III	11 556	635,58	924,48	1 040,04
	V	22 408	1 232,44	1 792,64	2 016,72
	VI	22 810	1 254,55	1 824,80	2 052,90
68 435,99 West	I,IV	17 294	951,17	1 383,52	1 556,46
	II	16 745	920,97	1 339,60	1 507,05
	III	11 450	629,75	916,—	1 030,50
	V	22 269	1 224,79	1 781,52	2 004,21
	VI	22 671	1 246,90	1 813,68	2 040,39
68 435,99 Ost	I,IV	17 449	959,69	1 395,92	1 570,41
	II	16 899	929,44	1 351,92	1 520,91
	III	11 568	636,24	925,44	1 041,12
	V	22 424	1 233,32	1 793,92	2 018,16
	VI	22 825	1 255,37	1 826,—	2 054,25
68 471,99 West	I,IV	17 309	951,99	1 384,72	1 557,81
	II	16 760	921,80	1 340,80	1 508,40
	III	11 462	630,41	916,96	1 031,58
	V	22 284	1 225,62	1 782,72	2 005,56
	VI	22 686	1 247,73	1 814,88	2 041,74
68 471,99 Ost	I,IV	17 464	960,52	1 397,12	1 571,76
	II	16 915	930,32	1 353,20	1 522,35
	III	11 578	636,79	926,24	1 042,02
	V	22 439	1 234,14	1 795,12	2 019,51
	VI	22 840	1 256,20	1 827,20	2 055,60
68 507,99 West	I,IV	17 324	952,82	1 385,92	1 559,16
	II	16 775	922,62	1 342,—	1 509,75
	III	11 474	631,07	917,92	1 032,66
	V	22 299	1 226,44	1 783,92	2 006,91
	VI	22 701	1 248,55	1 816,08	2 043,09
68 507,99 Ost	I,IV	17 479	961,34	1 398,32	1 573,11
	II	16 930	931,15	1 354,40	1 523,70
	III	11 590	637,45	927,20	1 043,10
	V	22 454	1 234,97	1 796,32	2 020,86
	VI	22 855	1 257,02	1 828,40	2 056,95
68 543,99 West	I,IV	17 340	953,70	1 387,20	1 560,60
	II	16 790	923,45	1 343,20	1 511,10
	III	11 484	631,62	918,72	1 033,56
	V	22 314	1 227,27	1 785,12	2 008,26
	VI	22 716	1 249,38	1 817,28	2 044,44
68 543,99 Ost	I,IV	17 494	962,17	1 399,52	1 574,46
	II	16 945	931,97	1 355,60	1 525,05
	III	11 602	638,11	928,16	1 044,18
	V	22 469	1 235,79	1 797,52	2 022,21
	VI	22 870	1 257,85	1 829,60	2 058,30

* Die ausgewiesenen Tabellenwerte sind amtlich. Siehe Erläuterungen auf der Umschlaginnenseite (U2).

Sonstige Bezüge / A-Tarif

68 544,–*

Lohn/ Gehalt bis €*	Steuerklasse	LSt	SolZ	8%	9%
68 579,99 West	I,IV	17 355	954,52	1 388,40	1 561,95
	II	16 805	924,27	1 344,40	1 512,45
	III	11 496	632,28	919,68	1 034,64
	V	22 329	1 228,09	1 786,32	2 009,61
	VI	22 731	1 250,20	1 818,48	2 045,79
68 579,99 Ost	I,IV	17 509	962,99	1 400,72	1 575,81
	II	16 960	932,80	1 356,80	1 526,40
	III	11 614	638,77	929,12	1 045,26
	V	22 484	1 236,62	1 798,72	2 023,56
	VI	22 886	1 258,73	1 830,88	2 059,74
68 615,99 West	I,IV	17 370	955,35	1 389,60	1 563,30
	II	16 820	925,10	1 345,60	1 513,80
	III	11 508	632,94	920,64	1 035,72
	V	22 345	1 228,97	1 787,60	2 011,05
	VI	22 746	1 251,03	1 819,68	2 047,14
68 615,99 Ost	I,IV	17 524	963,82	1 401,92	1 577,16
	II	16 975	933,62	1 358,—	1 527,75
	III	11 624	639,32	929,92	1 046,16
	V	22 499	1 237,44	1 799,92	2 024,91
	VI	22 901	1 259,55	1 832,08	2 061,09
68 651,99 West	I,IV	17 385	956,17	1 390,80	1 564,65
	II	16 836	925,98	1 346,88	1 515,24
	III	11 518	633,49	921,44	1 036,62
	V	22 360	1 229,80	1 788,80	2 012,40
	VI	22 761	1 251,85	1 820,88	2 048,49
68 651,99 Ost	I,IV	17 539	964,64	1 403,12	1 578,51
	II	16 990	934,45	1 359,20	1 529,10
	III	11 636	639,98	930,88	1 047,24
	V	22 514	1 238,27	1 801,12	2 026,26
	VI	22 916	1 260,38	1 833,28	2 062,44
68 687,99 West	I,IV	17 400	957,—	1 392,—	1 566,—
	II	16 851	926,80	1 348,08	1 516,59
	III	11 530	634,15	922,40	1 037,70
	V	22 375	1 230,62	1 790,—	2 013,75
	VI	22 776	1 252,68	1 822,08	2 049,84
68 687,99 Ost	I,IV	17 555	965,52	1 404,40	1 579,95
	II	17 005	935,27	1 360,40	1 530,45
	III	11 648	640,64	931,84	1 048,32
	V	22 529	1 239,09	1 802,32	2 027,61
	VI	22 931	1 261,20	1 834,48	2 063,79
68 723,99 West	I,IV	17 415	957,82	1 393,20	1 567,35
	II	16 866	927,63	1 349,28	1 517,94
	III	11 542	634,81	923,36	1 038,78
	V	22 390	1 231,45	1 791,20	2 015,10
	VI	22 791	1 253,50	1 823,28	2 051,19
68 723,99 Ost	I,IV	17 570	966,35	1 405,60	1 581,30
	II	17 020	936,10	1 361,60	1 531,80
	III	11 658	641,19	932,64	1 049,22
	V	22 545	1 239,97	1 803,60	2 029,05
	VI	22 946	1 262,03	1 835,68	2 065,14
68 759,99 West	I,IV	17 430	958,65	1 394,40	1 568,70
	II	16 881	928,45	1 350,48	1 519,29
	III	11 554	635,47	924,32	1 039,86
	V	22 405	1 232,27	1 792,40	2 016,45
	VI	22 807	1 254,38	1 824,56	2 052,63
68 759,99 Ost	I,IV	17 585	967,17	1 406,80	1 582,65
	II	17 035	936,92	1 362,80	1 533,15
	III	11 670	641,85	933,60	1 050,30
	V	22 560	1 240,80	1 804,80	2 030,40
	VI	22 961	1 262,85	1 836,88	2 066,49
68 795,99 West	I,IV	17 445	959,47	1 395,60	1 570,05
	II	16 896	929,28	1 351,68	1 520,64
	III	11 564	636,02	925,12	1 040,76
	V	22 420	1 233,10	1 793,60	2 017,80
	VI	22 822	1 255,21	1 825,76	2 053,98
68 795,99 Ost	I,IV	17 600	968,—	1 408,—	1 584,—
	II	17 051	937,80	1 364,08	1 534,59
	III	11 682	642,51	934,56	1 051,38
	V	22 575	1 241,62	1 806,—	2 031,75
	VI	22 976	1 263,68	1 838,08	2 067,84
68 831,99 West	I,IV	17 461	960,35	1 396,88	1 571,49
	II	16 911	930,10	1 352,88	1 521,99
	III	11 576	636,68	926,08	1 041,84
	V	22 435	1 233,92	1 794,80	2 019,15
	VI	22 837	1 256,03	1 826,96	2 055,33
68 831,99 Ost	I,IV	17 615	968,82	1 409,20	1 585,35
	II	17 066	938,63	1 365,28	1 535,94
	III	11 694	643,17	935,52	1 052,46
	V	22 590	1 242,45	1 807,20	2 033,10
	VI	22 991	1 264,50	1 839,28	2 069,19
68 867,99 West	I,IV	17 476	961,18	1 398,08	1 572,84
	II	16 926	930,93	1 354,08	1 523,34
	III	11 588	637,34	927,04	1 042,92
	V	22 450	1 234,75	1 796,—	2 020,50
	VI	22 852	1 256,86	1 828,16	2 056,68
68 867,99 Ost	I,IV	17 630	969,65	1 410,40	1 586,70
	II	17 081	939,45	1 366,48	1 537,29
	III	11 704	643,72	936,32	1 053,36
	V	22 605	1 243,27	1 808,40	2 034,45
	VI	23 007	1 265,38	1 840,56	2 070,63
68 903,99 West	I,IV	17 491	962,—	1 399,28	1 574,19
	II	16 941	931,75	1 355,28	1 524,69
	III	11 600	638,—	928,—	1 044,—
	V	22 466	1 235,63	1 797,28	2 021,94
	VI	22 867	1 257,68	1 829,36	2 058,03
68 903,99 Ost	I,IV	17 645	970,47	1 411,60	1 588,05
	II	17 096	940,28	1 367,68	1 538,64
	III	11 716	644,38	937,28	1 054,44
	V	22 620	1 244,10	1 809,60	2 035,80
	VI	23 022	1 266,21	1 841,76	2 071,98
68 939,99 West	I,IV	17 506	962,83	1 400,48	1 575,54
	II	16 957	932,63	1 356,56	1 526,13
	III	11 610	638,55	928,80	1 044,90
	V	22 481	1 236,45	1 798,48	2 023,29
	VI	22 882	1 258,51	1 830,56	2 059,38
68 939,99 Ost	I,IV	17 660	971,30	1 412,80	1 589,40
	II	17 111	941,10	1 368,88	1 539,99
	III	11 728	645,04	938,24	1 055,52
	V	22 635	1 244,92	1 810,80	2 037,15
	VI	23 037	1 267,03	1 842,96	2 073,33
68 975,99 West	I,IV	17 521	963,65	1 401,68	1 576,89
	II	16 972	933,46	1 357,76	1 527,48
	III	11 622	639,21	929,76	1 045,98
	V	22 496	1 237,28	1 799,68	2 024,64
	VI	22 897	1 259,33	1 831,76	2 060,73
68 975,99 Ost	I,IV	17 676	972,18	1 414,08	1 590,84
	II	17 126	941,93	1 370,08	1 541,34
	III	11 740	645,70	939,20	1 056,60
	V	22 650	1 245,75	1 812,—	2 038,50
	VI	23 052	1 267,86	1 844,16	2 074,68
69 011,99 West	I,IV	17 536	964,48	1 402,88	1 578,24
	II	16 987	934,28	1 358,96	1 528,83
	III	11 634	639,87	930,72	1 047,06
	V	22 511	1 238,10	1 800,88	2 025,99
	VI	22 912	1 260,16	1 832,96	2 062,08
69 011,99 Ost	I,IV	17 691	973,—	1 415,28	1 592,19
	II	17 141	942,75	1 371,28	1 542,69
	III	11 750	646,25	940,—	1 057,50
	V	22 665	1 246,57	1 813,20	2 039,85
	VI	23 067	1 268,68	1 845,36	2 076,03
69 047,99 West	I,IV	17 551	965,30	1 404,08	1 579,59
	II	17 002	935,11	1 360,16	1 530,18
	III	11 644	640,42	931,52	1 047,96
	V	22 526	1 238,93	1 802,08	2 027,34
	VI	22 928	1 261,04	1 834,24	2 063,52
69 047,99 Ost	I,IV	17 706	973,83	1 416,48	1 593,54
	II	17 156	943,58	1 372,48	1 544,04
	III	11 762	646,91	940,96	1 058,58
	V	22 681	1 247,45	1 814,48	2 041,29
	VI	23 082	1 269,51	1 846,56	2 077,38
69 083,99 West	I,IV	17 566	966,13	1 405,28	1 580,94
	II	17 017	935,93	1 361,36	1 531,53
	III	11 656	641,08	932,48	1 049,04
	V	22 541	1 239,75	1 803,28	2 028,69
	VI	22 943	1 261,86	1 835,44	2 064,87
69 083,99 Ost	I,IV	17 721	974,65	1 417,68	1 594,89
	II	17 172	944,46	1 373,76	1 545,48
	III	11 774	647,57	941,92	1 059,66
	V	22 696	1 248,28	1 815,68	2 042,64
	VI	23 097	1 270,33	1 847,76	2 078,73
69 119,99 West	I,IV	17 581	966,95	1 406,48	1 582,29
	II	17 032	936,76	1 362,56	1 532,88
	III	11 668	641,74	933,44	1 050,12
	V	22 556	1 240,58	1 804,48	2 030,04
	VI	22 958	1 262,69	1 836,64	2 066,22
69 119,99 Ost	I,IV	17 736	975,48	1 418,88	1 596,24
	II	17 187	945,28	1 374,96	1 546,83
	III	11 786	648,23	942,88	1 060,74
	V	22 711	1 249,10	1 816,88	2 043,99
	VI	23 112	1 271,16	1 848,96	2 080,08
69 155,99 West	I,IV	17 597	967,83	1 407,76	1 583,73
	II	17 047	937,58	1 363,76	1 534,23
	III	11 680	642,40	934,40	1 051,20
	V	22 571	1 241,40	1 805,68	2 031,39
	VI	22 973	1 263,51	1 837,84	2 067,57
69 155,99 Ost	I,IV	17 751	976,30	1 420,08	1 597,59
	II	17 202	946,11	1 376,16	1 548,18
	III	11 796	648,78	943,68	1 061,64
	V	22 726	1 249,93	1 818,08	2 045,34
	VI	23 127	1 271,98	1 850,16	2 081,43
69 191,99 West	I,IV	17 612	968,66	1 408,96	1 585,08
	II	17 062	938,41	1 364,96	1 535,58
	III	11 690	642,95	935,20	1 052,10
	V	22 587	1 242,28	1 806,96	2 032,83
	VI	22 988	1 264,34	1 839,04	2 068,92
69 191,99 Ost	I,IV	17 766	977,13	1 421,28	1 598,94
	II	17 217	946,93	1 377,36	1 549,53
	III	11 808	649,44	944,64	1 062,72
	V	22 741	1 250,75	1 819,28	2 046,69
	VI	23 143	1 272,86	1 851,44	2 082,87
69 227,99 West	I,IV	17 627	969,48	1 410,16	1 586,43
	II	17 077	939,23	1 366,16	1 536,93
	III	11 702	643,61	936,16	1 053,18
	V	22 602	1 243,11	1 808,16	2 034,18
	VI	23 003	1 265,16	1 840,24	2 070,27
69 227,99 Ost	I,IV	17 781	977,95	1 422,48	1 600,29
	II	17 232	947,76	1 378,56	1 550,88
	III	11 820	650,10	945,60	1 063,80
	V	22 756	1 251,58	1 820,48	2 048,04
	VI	23 158	1 273,69	1 852,64	2 084,22
69 263,99 West	I,IV	17 642	970,31	1 411,36	1 587,78
	II	17 093	940,11	1 367,44	1 538,37
	III	11 714	644,27	937,12	1 054,26
	V	22 617	1 243,93	1 809,36	2 035,53
	VI	23 018	1 265,99	1 841,44	2 071,62
69 263,99 Ost	I,IV	17 797	978,83	1 423,76	1 601,73
	II	17 247	948,58	1 379,76	1 552,23
	III	11 832	650,76	946,56	1 064,88
	V	22 771	1 252,40	1 821,68	2 049,39
	VI	23 173	1 274,51	1 853,84	2 085,57
69 299,99 West	I,IV	17 657	971,13	1 412,56	1 589,13
	II	17 108	940,94	1 368,64	1 539,72
	III	11 726	644,93	938,08	1 055,34
	V	22 632	1 244,76	1 810,56	2 036,88
	VI	23 033	1 266,81	1 842,64	2 072,97
69 299,99 Ost	I,IV	17 812	979,66	1 424,96	1 603,08
	II	17 262	949,41	1 380,96	1 553,58
	III	11 842	651,31	947,36	1 065,78
	V	22 786	1 253,23	1 822,88	2 050,74
	VI	23 188	1 275,34	1 855,04	2 086,92
69 335,99 West	I,IV	17 672	971,96	1 413,76	1 590,48
	II	17 123	941,76	1 369,84	1 541,07
	III	11 736	645,48	938,88	1 056,24
	V	22 647	1 245,58	1 811,76	2 038,23
	VI	23 049	1 267,69	1 843,92	2 074,41
69 335,99 Ost	I,IV	17 827	980,48	1 426,16	1 604,43
	II	17 277	950,23	1 382,16	1 554,93
	III	11 854	651,97	948,32	1 066,86
	V	22 802	1 254,11	1 824,16	2 052,18
	VI	23 203	1 276,16	1 856,24	2 088,27
69 371,99 West	I,IV	17 687	972,78	1 414,96	1 591,83
	II	17 138	942,59	1 371,04	1 542,42
	III	11 748	646,14	939,84	1 057,32
	V	22 662	1 246,41	1 812,96	2 039,58
	VI	23 064	1 268,52	1 845,12	2 075,76
69 371,99 Ost	I,IV	17 842	981,31	1 427,36	1 605,78
	II	17 293	951,11	1 383,44	1 556,37
	III	11 866	652,63	949,28	1 067,94
	V	22 817	1 254,93	1 825,36	2 053,53
	VI	23 218	1 276,99	1 857,44	2 089,62
69 407,99 West	I,IV	17 702	973,61	1 416,16	1 593,18
	II	17 153	943,41	1 372,24	1 543,77
	III	11 760	646,80	940,80	1 058,40
	V	22 677	1 247,23	1 814,16	2 040,93
	VI	23 079	1 269,34	1 846,32	2 077,11
69 407,99 Ost	I,IV	17 857	982,13	1 428,56	1 607,13
	II	17 308	951,94	1 384,64	1 557,72
	III	11 878	653,29	950,24	1 069,02
	V	22 832	1 255,76	1 826,56	2 054,88
	VI	23 233	1 277,81	1 858,64	2 090,97

(Lohnsteuer, Solidaritätszuschlag und Kirchensteuer in den Steuerklassen I – VI)

* Die ausgewiesenen Tabellenwerte sind amtlich. Siehe Erläuterungen auf der Umschlaginnenseite (U2).

70 271,99*

Sonstige Bezüge / A-Tarif

Lohn/Gehalt bis €*	Steuerklasse	LSt	SolZ	8%	9%
69 443,99 West	I,IV	17 718	974,49	1 417,44	1 594,62
	II	17 168	944,24	1 373,44	1 545,12
	III	11 770	647,35	941,60	1 059,30
	V	22 692	1 248,06	1 815,36	2 042,28
	VI	23 094	1 270,17	1 847,52	2 078,46
69 443,99 Ost	I,IV	17 872	982,96	1 429,76	1 608,48
	II	17 323	952,76	1 385,84	1 559,07
	III	11 888	653,84	951,04	1 069,92
	V	22 847	1 256,58	1 827,76	2 056,23
	VI	23 248	1 278,64	1 859,84	2 092,32
69 479,99 West	I,IV	17 733	975,31	1 418,64	1 595,97
	II	17 183	945,06	1 374,64	1 546,47
	III	11 782	648,01	942,56	1 060,38
	V	22 707	1 248,88	1 816,56	2 043,63
	VI	23 109	1 270,99	1 848,72	2 079,81
69 479,99 Ost	I,IV	17 887	983,78	1 430,96	1 609,83
	II	17 338	953,59	1 387,04	1 560,42
	III	11 900	654,50	952,—	1 071,—
	V	22 862	1 257,41	1 828,96	2 057,58
	VI	23 264	1 279,52	1 861,12	2 093,76
69 515,99 West	I,IV	17 748	976,14	1 419,84	1 597,32
	II	17 198	945,89	1 375,84	1 547,82
	III	11 794	648,67	943,52	1 061,46
	V	22 723	1 249,76	1 817,84	2 045,07
	VI	23 124	1 271,82	1 849,92	2 081,16
69 515,99 Ost	I,IV	17 902	984,61	1 432,16	1 611,18
	II	17 353	954,41	1 388,24	1 561,77
	III	11 912	655,16	952,96	1 072,08
	V	22 877	1 258,23	1 830,16	2 058,93
	VI	23 279	1 280,34	1 862,32	2 095,11
69 551,99 West	I,IV	17 763	976,96	1 421,04	1 598,67
	II	17 214	946,77	1 377,12	1 549,26
	III	11 806	649,33	944,48	1 062,54
	V	22 738	1 250,59	1 819,04	2 046,42
	VI	23 139	1 272,64	1 851,12	2 082,51
69 551,99 Ost	I,IV	17 917	985,43	1 433,36	1 612,53
	II	17 368	955,24	1 389,44	1 563,12
	III	11 924	655,82	953,92	1 073,16
	V	22 892	1 259,06	1 831,36	2 060,28
	VI	23 294	1 281,17	1 863,52	2 096,46
69 587,99 West	I,IV	17 778	977,79	1 422,24	1 600,02
	II	17 229	947,59	1 378,32	1 550,61
	III	11 816	649,88	945,28	1 063,44
	V	22 753	1 251,41	1 820,24	2 047,77
	VI	23 154	1 273,47	1 852,32	2 083,86
69 587,99 Ost	I,IV	17 933	986,31	1 434,64	1 613,97
	II	17 383	956,06	1 390,64	1 564,47
	III	11 934	656,37	954,72	1 074,06
	V	22 907	1 259,88	1 832,56	2 061,63
	VI	23 309	1 281,99	1 864,72	2 097,81
69 623,99 West	I,IV	17 793	978,61	1 423,44	1 601,37
	II	17 244	948,42	1 379,52	1 551,96
	III	11 828	650,54	946,24	1 064,52
	V	22 768	1 252,24	1 821,44	2 049,12
	VI	23 169	1 274,29	1 853,52	2 085,21
69 623,99 Ost	I,IV	17 948	987,14	1 435,84	1 615,32
	II	17 398	956,89	1 391,84	1 565,82
	III	11 946	657,03	955,68	1 075,14
	V	22 923	1 260,76	1 833,84	2 063,07
	VI	23 324	1 282,82	1 865,92	2 099,16
69 659,99 West	I,IV	17 808	979,44	1 424,64	1 602,72
	II	17 259	949,24	1 380,72	1 553,31
	III	11 840	651,20	947,20	1 065,60
	V	22 783	1 253,06	1 822,64	2 050,47
	VI	23 185	1 275,17	1 854,80	2 086,65
69 659,99 Ost	I,IV	17 963	987,96	1 437,04	1 616,67
	II	17 413	957,71	1 393,04	1 567,17
	III	11 958	657,69	956,64	1 076,22
	V	22 938	1 261,59	1 835,04	2 064,42
	VI	23 339	1 283,64	1 867,12	2 100,51
69 695,99 West	I,IV	17 823	980,26	1 425,84	1 604,07
	II	17 274	950,07	1 381,92	1 554,66
	III	11 852	651,86	948,16	1 066,68
	V	22 798	1 253,89	1 823,84	2 051,82
	VI	23 200	1 276,—	1 856,—	2 088,—
69 695,99 Ost	I,IV	17 978	988,79	1 438,24	1 618,02
	II	17 429	958,59	1 394,32	1 568,61
	III	11 970	658,35	957,60	1 077,30
	V	22 953	1 262,41	1 836,24	2 065,77
	VI	23 354	1 284,47	1 868,32	2 101,86

Lohn/Gehalt bis €*	Steuerklasse	LSt	SolZ	8%	9%
69 731,99 West	I,IV	17 839	981,14	1 427,12	1 605,51
	II	17 289	950,89	1 383,12	1 556,01
	III	11 862	652,41	948,96	1 067,58
	V	22 813	1 254,71	1 825,04	2 053,17
	VI	23 215	1 276,82	1 857,20	2 089,35
69 731,99 Ost	I,IV	17 993	989,61	1 439,44	1 619,37
	II	17 444	959,42	1 395,52	1 569,96
	III	11 980	658,90	958,40	1 078,20
	V	22 968	1 263,24	1 837,44	2 067,12
	VI	23 369	1 285,29	1 869,52	2 103,21
69 767,99 West	I,IV	17 854	981,97	1 428,32	1 606,86
	II	17 304	951,72	1 384,32	1 557,36
	III	11 874	653,07	949,92	1 068,66
	V	22 828	1 255,54	1 826,24	2 054,52
	VI	23 230	1 277,65	1 858,40	2 090,70
69 767,99 Ost	I,IV	18 008	990,44	1 440,64	1 620,72
	II	17 459	960,24	1 396,72	1 571,31
	III	11 992	659,56	959,36	1 079,28
	V	22 983	1 264,06	1 838,64	2 068,47
	VI	23 385	1 286,17	1 870,80	2 104,65
69 803,99 West	I,IV	17 869	982,79	1 429,52	1 608,21
	II	17 319	952,54	1 385,52	1 558,71
	III	11 886	653,73	950,88	1 069,74
	V	22 844	1 256,42	1 827,52	2 055,96
	VI	23 245	1 278,47	1 859,60	2 092,05
69 803,99 Ost	I,IV	18 023	991,26	1 441,84	1 622,07
	II	17 474	961,07	1 397,92	1 572,66
	III	12 004	660,22	960,32	1 080,36
	V	22 998	1 264,89	1 839,84	2 069,82
	VI	23 400	1 287,—	1 872,—	2 106,—
69 839,99 West	I,IV	17 884	983,62	1 430,72	1 609,56
	II	17 335	953,42	1 386,80	1 560,15
	III	11 898	654,39	951,84	1 070,82
	V	22 859	1 257,24	1 828,72	2 057,31
	VI	23 260	1 279,30	1 860,80	2 093,40
69 839,99 Ost	I,IV	18 038	992,09	1 443,04	1 623,42
	II	17 489	961,89	1 399,12	1 574,01
	III	12 016	660,88	961,28	1 081,44
	V	23 013	1 265,71	1 841,04	2 071,17
	VI	23 415	1 287,82	1 873,20	2 107,35
69 875,99 West	I,IV	17 899	984,44	1 431,92	1 610,91
	II	17 350	954,25	1 388,—	1 561,50
	III	11 910	655,05	952,80	1 071,90
	V	22 874	1 258,07	1 829,92	2 058,66
	VI	23 275	1 280,12	1 862,—	2 094,75
69 875,99 Ost	I,IV	18 054	992,97	1 444,32	1 624,86
	II	17 504	962,72	1 400,32	1 575,36
	III	12 026	661,43	962,08	1 082,34
	V	23 028	1 266,54	1 842,24	2 072,52
	VI	23 430	1 288,65	1 874,40	2 108,70
69 911,99 West	I,IV	17 914	985,27	1 433,12	1 612,26
	II	17 365	955,07	1 389,20	1 562,85
	III	11 920	655,60	953,60	1 072,80
	V	22 889	1 258,89	1 831,12	2 060,01
	VI	23 290	1 280,95	1 863,20	2 096,10
69 911,99 Ost	I,IV	18 069	993,79	1 445,52	1 626,21
	II	17 519	963,54	1 401,52	1 576,71
	III	12 038	662,09	963,04	1 083,42
	V	23 043	1 267,36	1 843,44	2 073,87
	VI	23 445	1 289,47	1 875,60	2 110,05
69 947,99 West	I,IV	17 929	986,09	1 434,32	1 613,61
	II	17 380	955,90	1 390,40	1 564,20
	III	11 932	656,26	954,56	1 073,88
	V	22 904	1 259,72	1 832,32	2 061,36
	VI	23 306	1 281,83	1 864,48	2 097,54
69 947,99 Ost	I,IV	18 084	994,62	1 446,72	1 627,56
	II	17 534	964,37	1 402,72	1 578,06
	III	12 050	662,75	964,—	1 084,50
	V	23 059	1 268,24	1 844,72	2 075,31
	VI	23 460	1 290,30	1 876,80	2 111,40
69 983,99 West	I,IV	17 944	986,92	1 435,52	1 614,96
	II	17 395	956,72	1 391,60	1 565,55
	III	11 944	656,92	955,52	1 074,96
	V	22 919	1 260,54	1 833,52	2 062,71
	VI	23 321	1 282,65	1 865,68	2 098,89
69 983,99 Ost	I,IV	18 099	995,44	1 447,92	1 628,91
	II	17 550	965,25	1 404,—	1 579,50
	III	12 062	663,41	964,96	1 085,58
	V	23 074	1 269,07	1 845,92	2 076,66
	VI	23 475	1 291,12	1 878,—	2 112,75

Lohn/Gehalt bis €*	Steuerklasse	LSt	SolZ	8%	9%
70 019,99 West	I,IV	17 959	987,74	1 436,72	1 616,31
	II	17 410	957,55	1 392,80	1 566,90
	III	11 956	657,58	956,48	1 076,04
	V	22 934	1 261,37	1 834,72	2 064,06
	VI	23 336	1 283,48	1 866,88	2 100,24
70 019,99 Ost	I,IV	18 114	996,27	1 449,12	1 630,26
	II	17 565	966,07	1 405,20	1 580,85
	III	12 074	664,07	965,92	1 086,66
	V	23 089	1 269,89	1 847,12	2 078,01
	VI	23 490	1 291,95	1 879,20	2 114,10
70 055,99 West	I,IV	17 975	988,62	1 438,—	1 617,75
	II	17 425	958,37	1 394,—	1 568,25
	III	11 966	658,13	957,28	1 076,94
	V	22 949	1 262,19	1 835,92	2 065,41
	VI	23 351	1 284,30	1 868,08	2 101,59
70 055,99 Ost	I,IV	18 129	997,09	1 450,32	1 631,61
	II	17 580	966,90	1 406,40	1 582,20
	III	12 084	664,62	966,72	1 087,56
	V	23 104	1 270,72	1 848,32	2 079,36
	VI	23 505	1 292,77	1 880,40	2 115,45
70 091,99 West	I,IV	17 990	989,45	1 439,20	1 619,10
	II	17 440	959,20	1 395,20	1 569,60
	III	11 978	658,79	958,24	1 078,02
	V	22 965	1 263,07	1 837,20	2 066,85
	VI	23 366	1 285,13	1 869,28	2 102,94
70 091,99 Ost	I,IV	18 144	997,92	1 451,52	1 632,96
	II	17 595	967,72	1 407,60	1 583,55
	III	12 096	665,28	967,68	1 088,64
	V	23 119	1 271,54	1 849,52	2 080,71
	VI	23 521	1 293,65	1 881,68	2 116,89
70 127,99 West	I,IV	18 005	990,27	1 440,40	1 620,45
	II	17 455	960,02	1 396,40	1 570,95
	III	11 990	659,45	959,20	1 079,10
	V	22 980	1 263,90	1 838,40	2 068,20
	VI	23 381	1 285,95	1 870,48	2 104,29
70 127,99 Ost	I,IV	18 159	998,74	1 452,72	1 634,31
	II	17 610	968,55	1 408,80	1 584,90
	III	12 108	665,94	968,64	1 089,72
	V	23 134	1 272,37	1 850,72	2 082,06
	VI	23 536	1 294,48	1 882,88	2 118,24
70 163,99 West	I,IV	18 020	991,10	1 441,60	1 621,80
	II	17 471	960,90	1 397,68	1 572,39
	III	12 002	660,11	960,16	1 080,18
	V	22 995	1 264,72	1 839,60	2 069,55
	VI	23 396	1 286,78	1 871,68	2 105,64
70 163,99 Ost	I,IV	18 175	999,62	1 454,—	1 635,75
	II	17 625	969,37	1 410,—	1 586,25
	III	12 120	666,60	969,60	1 090,80
	V	23 149	1 273,19	1 851,92	2 083,41
	VI	23 551	1 295,30	1 884,08	2 119,59
70 199,99 West	I,IV	18 035	991,92	1 442,80	1 623,15
	II	17 486	961,73	1 398,88	1 573,74
	III	12 012	660,66	960,96	1 081,08
	V	23 010	1 265,55	1 840,80	2 070,90
	VI	23 411	1 287,60	1 872,88	2 106,99
70 199,99 Ost	I,IV	18 190	1 000,45	1 455,20	1 637,10
	II	17 640	970,20	1 411,20	1 587,60
	III	12 132	667,26	970,56	1 091,88
	V	23 164	1 274,02	1 853,12	2 084,76
	VI	23 566	1 296,13	1 885,28	2 120,94
70 235,99 West	I,IV	18 050	992,75	1 444,—	1 624,50
	II	17 501	962,55	1 400,08	1 575,09
	III	12 024	661,32	961,92	1 082,16
	V	23 025	1 266,37	1 842,—	2 072,25
	VI	23 427	1 288,48	1 874,16	2 108,43
70 235,99 Ost	I,IV	18 205	1 001,27	1 456,40	1 638,45
	II	17 655	971,02	1 412,40	1 588,95
	III	12 142	667,81	971,36	1 092,78
	V	23 180	1 274,90	1 854,40	2 086,20
	VI	23 581	1 296,95	1 886,48	2 122,29
70 271,99 West	I,IV	18 065	993,57	1 445,20	1 625,85
	II	17 516	963,38	1 401,28	1 576,44
	III	12 036	661,98	962,88	1 083,24
	V	23 040	1 267,20	1 843,20	2 073,60
	VI	23 442	1 289,31	1 875,36	2 109,78
70 271,99 Ost	I,IV	18 220	1 002,10	1 457,60	1 639,80
	II	17 671	971,90	1 413,68	1 590,39
	III	12 154	668,47	972,32	1 093,86
	V	23 195	1 275,72	1 855,60	2 087,55
	VI	23 596	1 297,78	1 887,68	2 123,64

Lohnsteuer, Solidaritätszuschlag und Kirchensteuer in den Steuerklassen I – VI

* Die ausgewiesenen Tabellenwerte sind amtlich. Siehe Erläuterungen auf der Umschlaginnenseite (U2).

70 272,–*

Lohn/Gehalt bis €*	Steuerklasse	LSt	SolZ	8%	9%
70 307,99 West	I,IV	18 080	994,40	1 446,40	1 627,20
	II	17 531	964,20	1 402,48	1 577,79
	III	12 048	662,64	963,84	1 084,32
	V	23 055	1 268,02	1 844,40	2 074,95
	VI	23 457	1 290,13	1 876,56	2 111,13
70 307,99 Ost	I,IV	18 235	1 002,92	1 458,80	1 641,15
	II	17 686	972,73	1 414,88	1 591,74
	III	12 166	669,13	973,28	1 094,94
	V	23 210	1 276,55	1 856,80	2 088,90
	VI	23 611	1 298,60	1 888,88	2 124,99
70 343,99 West	I,IV	18 096	995,28	1 447,68	1 628,64
	II	17 546	965,03	1 403,68	1 579,14
	III	12 060	663,30	964,80	1 085,40
	V	23 070	1 268,85	1 845,60	2 076,30
	VI	23 472	1 290,96	1 877,76	2 112,48
70 343,99 Ost	I,IV	18 250	1 003,75	1 460,—	1 642,50
	II	17 701	973,55	1 416,08	1 593,09
	III	12 178	669,79	974,24	1 096,02
	V	23 225	1 277,37	1 858,—	2 090,25
	VI	23 626	1 299,43	1 890,08	2 126,34
70 379,99 West	I,IV	18 111	996,10	1 448,88	1 629,99
	II	17 561	965,85	1 404,88	1 580,49
	III	12 070	663,85	965,60	1 086,30
	V	23 085	1 269,67	1 846,80	2 077,65
	VI	23 487	1 291,78	1 878,96	2 113,83
70 379,99 Ost	I,IV	18 265	1 004,57	1 461,20	1 643,85
	II	17 716	974,38	1 417,28	1 594,44
	III	12 190	670,45	975,20	1 097,10
	V	23 240	1 278,20	1 859,20	2 091,60
	VI	23 642	1 300,31	1 891,36	2 127,78
70 415,99 West	I,IV	18 126	996,93	1 450,08	1 631,34
	II	17 576	966,68	1 406,08	1 581,84
	III	12 082	664,51	966,56	1 087,38
	V	23 101	1 270,55	1 848,08	2 079,09
	VI	23 502	1 292,61	1 880,16	2 115,18
70 415,99 Ost	I,IV	18 280	1 005,40	1 462,40	1 645,20
	II	17 731	975,20	1 418,48	1 595,79
	III	12 200	671,—	976,—	1 098,—
	V	23 255	1 279,02	1 860,40	2 092,95
	VI	23 657	1 301,13	1 892,56	2 129,13
70 451,99 West	I,IV	18 141	997,75	1 451,28	1 632,69
	II	17 592	967,56	1 407,36	1 583,28
	III	12 094	665,17	967,52	1 088,46
	V	23 116	1 271,38	1 849,28	2 080,44
	VI	23 517	1 293,43	1 881,36	2 116,53
70 451,99 Ost	I,IV	18 295	1 006,22	1 463,60	1 646,55
	II	17 746	976,03	1 419,68	1 597,14
	III	12 212	671,66	976,96	1 099,08
	V	23 270	1 279,85	1 861,60	2 094,30
	VI	23 672	1 301,96	1 893,76	2 130,48
70 487,99 West	I,IV	18 156	998,58	1 452,48	1 634,04
	II	17 607	968,38	1 408,56	1 584,63
	III	12 106	665,83	968,48	1 089,54
	V	23 131	1 272,20	1 850,48	2 081,79
	VI	23 532	1 294,26	1 882,56	2 117,88
70 487,99 Ost	I,IV	18 311	1 007,10	1 464,88	1 647,99
	II	17 761	976,85	1 420,88	1 598,49
	III	12 224	672,32	977,92	1 100,16
	V	23 285	1 280,67	1 862,80	2 095,65
	VI	23 687	1 302,78	1 894,96	2 131,83
70 523,99 West	I,IV	18 171	999,40	1 453,68	1 635,39
	II	17 622	969,21	1 409,76	1 585,98
	III	12 116	666,38	969,28	1 090,44
	V	23 146	1 273,03	1 851,68	2 083,14
	VI	23 547	1 295,08	1 883,76	2 119,23
70 523,99 Ost	I,IV	18 326	1 007,93	1 466,08	1 649,34
	II	17 776	977,68	1 422,08	1 599,84
	III	12 236	672,98	978,88	1 101,24
	V	23 301	1 281,55	1 864,08	2 097,09
	VI	23 702	1 303,61	1 896,16	2 133,18
70 559,99 West	I,IV	18 186	1 000,23	1 454,88	1 636,74
	II	17 637	970,03	1 410,96	1 587,33
	III	12 128	667,04	970,24	1 091,52
	V	23 161	1 273,85	1 852,88	2 084,49
	VI	23 563	1 295,96	1 885,04	2 120,67
70 559,99 Ost	I,IV	18 341	1 008,75	1 467,28	1 650,69
	II	17 791	978,50	1 423,28	1 601,19
	III	12 248	673,64	979,84	1 102,32
	V	23 316	1 282,38	1 865,28	2 098,44
	VI	23 717	1 304,43	1 897,36	2 134,53
70 595,99 West	I,IV	18 201	1 001,05	1 456,08	1 638,09
	II	17 652	970,86	1 412,16	1 588,68
	III	12 140	667,70	971,20	1 092,60
	V	23 176	1 274,68	1 854,08	2 085,84
	VI	23 578	1 296,79	1 886,24	2 122,02
70 595,99 Ost	I,IV	18 356	1 009,58	1 468,48	1 652,04
	II	17 807	979,38	1 424,56	1 602,63
	III	12 258	674,19	980,64	1 103,22
	V	23 331	1 283,20	1 866,48	2 099,79
	VI	23 732	1 305,26	1 898,56	2 135,88
70 631,99 West	I,IV	18 217	1 001,93	1 457,36	1 639,53
	II	17 667	971,68	1 413,36	1 590,03
	III	12 152	668,36	972,16	1 093,68
	V	23 191	1 275,50	1 855,28	2 087,19
	VI	23 593	1 297,61	1 887,44	2 123,37
70 631,99 Ost	I,IV	18 371	1 010,40	1 469,68	1 653,39
	II	17 822	980,21	1 425,76	1 603,98
	III	12 270	674,85	981,60	1 104,30
	V	23 346	1 284,03	1 867,68	2 101,14
	VI	23 747	1 306,08	1 899,76	2 137,23
70 667,99 West	I,IV	18 232	1 002,76	1 458,56	1 640,88
	II	17 682	972,51	1 414,56	1 591,38
	III	12 164	669,02	973,12	1 094,76
	V	23 206	1 276,33	1 856,48	2 088,54
	VI	23 608	1 298,44	1 888,64	2 124,72
70 667,99 Ost	I,IV	18 386	1 011,23	1 470,88	1 654,74
	II	17 837	981,03	1 426,96	1 605,33
	III	12 282	675,51	982,56	1 105,38
	V	23 361	1 284,85	1 868,88	2 102,49
	VI	23 763	1 306,96	1 901,04	2 138,67
70 703,99 West	I,IV	18 247	1 003,58	1 459,76	1 642,23
	II	17 697	973,33	1 415,76	1 592,73
	III	12 174	669,57	973,92	1 095,66
	V	23 222	1 277,21	1 857,76	2 089,98
	VI	23 623	1 299,26	1 889,84	2 126,07
70 703,99 Ost	I,IV	18 401	1 012,05	1 472,08	1 656,09
	II	17 852	981,86	1 428,16	1 606,68
	III	12 294	676,17	983,52	1 106,46
	V	23 376	1 285,68	1 870,08	2 103,84
	VI	23 778	1 307,79	1 902,24	2 140,02
70 739,99 West	I,IV	18 262	1 004,41	1 460,96	1 643,58
	II	17 713	974,21	1 417,04	1 594,17
	III	12 186	670,23	974,88	1 096,74
	V	23 237	1 278,03	1 858,96	2 091,33
	VI	23 638	1 300,09	1 891,04	2 127,42
70 739,99 Ost	I,IV	18 416	1 012,88	1 473,28	1 657,44
	II	17 867	982,68	1 429,36	1 608,03
	III	12 306	676,83	984,48	1 107,54
	V	23 391	1 286,50	1 871,28	2 105,19
	VI	23 793	1 308,61	1 903,44	2 141,37
70 775,99 West	I,IV	18 277	1 005,23	1 462,16	1 644,93
	II	17 728	975,04	1 418,24	1 595,52
	III	12 198	670,89	975,84	1 097,82
	V	23 252	1 278,86	1 860,16	2 092,68
	VI	23 653	1 300,91	1 892,24	2 128,77
70 775,99 Ost	I,IV	18 432	1 013,76	1 474,56	1 658,88
	II	17 882	983,51	1 430,56	1 609,38
	III	12 316	677,38	985,28	1 108,44
	V	23 406	1 287,33	1 872,48	2 106,54
	VI	23 808	1 309,44	1 904,64	2 142,72
70 811,99 West	I,IV	18 292	1 006,06	1 463,36	1 646,28
	II	17 743	975,86	1 419,44	1 596,87
	III	12 210	671,55	976,80	1 098,90
	V	23 267	1 279,68	1 861,36	2 094,03
	VI	23 668	1 301,74	1 893,44	2 130,12
70 811,99 Ost	I,IV	18 447	1 014,58	1 475,76	1 660,23
	II	17 897	984,33	1 431,76	1 610,73
	III	12 328	678,04	986,24	1 109,52
	V	23 421	1 288,15	1 873,68	2 107,89
	VI	23 823	1 310,26	1 905,84	2 144,07
70 847,99 West	I,IV	18 307	1 006,88	1 464,56	1 647,63
	II	17 758	976,69	1 420,64	1 598,22
	III	12 222	672,21	977,76	1 099,98
	V	23 282	1 280,51	1 862,56	2 095,38
	VI	23 684	1 302,62	1 894,72	2 131,56
70 847,99 Ost	I,IV	18 462	1 015,41	1 476,96	1 661,58
	II	17 912	985,16	1 432,96	1 612,08
	III	12 340	678,70	987,20	1 110,60
	V	23 437	1 289,03	1 874,96	2 109,33
	VI	23 838	1 311,09	1 907,04	2 145,42
70 883,99 West	I,IV	18 322	1 007,71	1 465,76	1 648,9
	II	17 773	977,51	1 421,84	1 599,5
	III	12 232	672,76	978,56	1 100,8
	V	23 297	1 281,33	1 863,76	2 096,7
	VI	23 699	1 303,44	1 895,92	2 132,9
70 883,99 Ost	I,IV	18 477	1 016,23	1 478,16	1 662,9
	II	17 928	986,04	1 434,24	1 613,5
	III	12 352	679,36	988,16	1 111,6
	V	23 452	1 289,86	1 876,16	2 110,6
	VI	23 853	1 311,91	1 908,24	2 146,7
70 919,99 West	I,IV	18 337	1 008,53	1 466,96	1 650,3
	II	17 788	978,34	1 423,04	1 600,9
	III	12 244	673,42	979,52	1 101,9
	V	23 312	1 282,16	1 864,96	2 098,0
	VI	23 714	1 304,27	1 897,12	2 134,2
70 919,99 Ost	I,IV	18 492	1 017,06	1 479,36	1 664,2
	II	17 943	986,86	1 435,44	1 614,8
	III	12 364	680,02	989,12	1 112,7
	V	23 467	1 290,68	1 877,36	2 112,0
	VI	23 868	1 312,74	1 909,44	2 148,1
70 955,99 West	I,IV	18 353	1 009,41	1 468,24	1 651,7
	II	17 803	979,16	1 424,24	1 602,2
	III	12 256	674,08	980,48	1 103,0
	V	23 327	1 282,98	1 866,16	2 099,4
	VI	23 729	1 305,09	1 898,32	2 135,6
70 955,99 Ost	I,IV	18 507	1 017,88	1 480,56	1 665,6
	II	17 958	987,69	1 436,64	1 616,2
	III	12 374	680,57	989,92	1 113,6
	V	23 482	1 291,51	1 878,56	2 113,3
	VI	23 883	1 313,56	1 910,64	2 149,4
70 991,99 West	I,IV	18 368	1 010,24	1 469,44	1 653,1
	II	17 818	979,99	1 425,44	1 603,6
	III	12 268	674,74	981,44	1 104,1
	V	23 343	1 283,86	1 867,44	2 100,8
	VI	23 744	1 305,92	1 899,52	2 136,9
70 991,99 Ost	I,IV	18 522	1 018,71	1 481,76	1 666,9
	II	17 973	988,51	1 437,84	1 617,5
	III	12 386	681,23	990,88	1 114,7
	V	23 497	1 292,33	1 879,76	2 114,7
	VI	23 899	1 314,44	1 911,92	2 150,9
71 027,99 West	I,IV	18 383	1 011,06	1 470,64	1 654,4
	II	17 833	980,81	1 426,64	1 604,9
	III	12 280	675,40	982,40	1 105,2
	V	23 358	1 284,69	1 868,64	2 102,2
	VI	23 759	1 306,74	1 900,72	2 138,3
71 027,99 Ost	I,IV	18 537	1 019,53	1 482,96	1 668,3
	II	17 988	989,34	1 439,04	1 618,9
	III	12 398	681,89	991,84	1 115,8
	V	23 512	1 293,16	1 880,96	2 116,0
	VI	23 914	1 315,27	1 913,12	2 152,2
71 063,99 West	I,IV	18 398	1 011,89	1 471,84	1 655,8
	II	17 849	981,69	1 427,92	1 606,4
	III	12 290	675,95	983,20	1 106,1
	V	23 373	1 285,51	1 869,84	2 103,5
	VI	23 774	1 307,57	1 901,92	2 139,6
71 063,99 Ost	I,IV	18 553	1 020,41	1 484,24	1 669,7
	II	18 003	990,16	1 440,24	1 620,2
	III	12 410	682,55	992,80	1 116,9
	V	23 527	1 293,98	1 882,16	2 117,4
	VI	23 929	1 316,09	1 914,32	2 153,6
71 099,99 West	I,IV	18 413	1 012,71	1 473,04	1 657,1
	II	17 864	982,52	1 429,12	1 607,7
	III	12 302	676,61	984,16	1 107,1
	V	23 388	1 286,34	1 871,04	2 104,9
	VI	23 789	1 308,39	1 903,12	2 141,0
71 099,99 Ost	I,IV	18 568	1 021,24	1 485,44	1 671,1
	II	18 018	990,99	1 441,44	1 621,6
	III	12 422	683,21	993,76	1 117,9
	V	23 542	1 294,81	1 883,36	2 118,7
	VI	23 944	1 316,92	1 915,52	2 154,9

Lohnsteuer, Solidaritätszuschlag und Kirchensteuer in den Steuerklassen I – VI

Für höhere Löhne/Gehälter können die Abzugsbeträge mit Hilfe der bei Stollfuß Medien erhältlichen Tabelle „Höhere Sonstige Bezüge" ermittelt werden.

* Die ausgewiesenen Tabellenwerte sind amtlich. Siehe Erläuterungen auf der Umschlaginnenseite (U2).

Lohnsteuer – Besonderer Tarif

Sonstige Bezüge

Lohnsteuer Diese **Lohnsteuer-Tabelle** ist für Arbeitnehmer anzuwenden, die in der gesetzlichen Rentenversicherung versicherungsfrei sowie privat kranken- und pflegeversichert sind.

Weist der privat kranken- und pflegeversicherte Arbeitnehmer höhere Beiträge als die in der Tabelle bereits berücksichtigte Mindestvorsorgepauschale nach, ist vor Anwendung der Tabelle eine Nebenrechnung durchzuführen.

In den Erläuterungen und im Anhang zur Tabelle finden Sie nähere Informationen hierzu.

Solidaritätszuschlag Bei Sonstigen Bezügen wird der Solidaritätszuschlag stets mit 5,5% der Lohnsteuer ausgewiesen.

In den Erläuterungen zur Tabelle finden Sie nähere Informationen hierzu.

Kirchensteuer Diese Tabelle enthält die für alle Bundesländer maßgebenden Steuersätze von **8 %** und **9 %**.

8 % = Baden-Württemberg, Bayern

9 % = Berlin, Brandenburg, Bremen, Hamburg, Hessen, Mecklenburg-Vorpommern, Niedersachsen, Nordrhein-Westfalen, Rheinland-Pfalz, Saarland, Sachsen, Sachsen-Anhalt, Schleswig-Holstein, Thüringen

Zu beachten ist besonders die Mindestbetrags-Kirchensteuer in den einzelnen Bundesländern.

In den Erläuterungen zur Tabelle finden Sie nähere Informationen hierzu.

Sonstige Bezüge / B-Tarif   0,01*

Lohn/Gehalt bis €*	StKl	LSt	SolZ	8%	9%
35,99	I,IV	—	—	—	—
	II	—	—	—	—
	III	—	—	—	—
	V	—	—	—	—
	VI	4	0,22	0,32	0,36
71,99	I,IV	—	—	—	—
	II	—	—	—	—
	III	—	—	—	—
	V	—	—	—	—
	VI	8	0,44	0,64	0,72
107,99	I,IV	—	—	—	—
	II	—	—	—	—
	III	—	—	—	—
	V	—	—	—	—
	VI	13	0,71	1,04	1,17
143,99	I,IV	—	—	—	—
	II	—	—	—	—
	III	—	—	—	—
	V	—	—	—	—
	VI	17	0,93	1,36	1,53
179,99	I,IV	—	—	—	—
	II	—	—	—	—
	III	—	—	—	—
	V	—	—	—	—
	VI	21	1,15	1,68	1,89
215,99	I,IV	—	—	—	—
	II	—	—	—	—
	III	—	—	—	—
	V	—	—	—	—
	VI	26	1,43	2,08	2,34
251,99	I,IV	—	—	—	—
	II	—	—	—	—
	III	—	—	—	—
	V	—	—	—	—
	VI	30	1,65	2,40	2,70
287,99	I,IV	—	—	—	—
	II	—	—	—	—
	III	—	—	—	—
	V	—	—	—	—
	VI	35	1,92	2,80	3,15
323,99	I,IV	—	—	—	—
	II	—	—	—	—
	III	—	—	—	—
	V	—	—	—	—
	VI	39	2,14	3,12	3,51
359,99	I,IV	—	—	—	—
	II	—	—	—	—
	III	—	—	—	—
	V	—	—	—	—
	VI	44	2,42	3,52	3,96
395,99	I,IV	—	—	—	—
	II	—	—	—	—
	III	—	—	—	—
	V	—	—	—	—
	VI	48	2,64	3,84	4,32
431,99	I,IV	—	—	—	—
	II	—	—	—	—
	III	—	—	—	—
	V	—	—	—	—
	VI	53	2,91	4,24	4,77
467,99	I,IV	—	—	—	—
	II	—	—	—	—
	III	—	—	—	—
	V	—	—	—	—
	VI	57	3,13	4,56	5,13
503,99	I,IV	—	—	—	—
	II	—	—	—	—
	III	—	—	—	—
	V	—	—	—	—
	VI	61	3,35	4,88	5,49
539,99	I,IV	—	—	—	—
	II	—	—	—	—
	III	—	—	—	—
	V	—	—	—	—
	VI	66	3,63	5,28	5,94
575,99	I,IV	—	—	—	—
	II	—	—	—	—
	III	—	—	—	—
	V	—	—	—	—
	VI	70	3,85	5,60	6,30
611,99	I,IV	—	—	—	—
	II	—	—	—	—
	III	—	—	—	—
	V	—	—	—	—
	VI	75	4,12	6,—	6,75
647,99	I,IV	—	—	—	—
	II	—	—	—	—
	III	—	—	—	—
	V	—	—	—	—
	VI	79	4,34	6,32	7,11
683,99	I,IV	—	—	—	—
	II	—	—	—	—
	III	—	—	—	—
	V	—	—	—	—
	VI	84	4,62	6,72	7,56
719,99	I,IV	—	—	—	—
	II	—	—	—	—
	III	—	—	—	—
	V	—	—	—	—
	VI	88	4,84	7,04	7,92
755,99	I,IV	—	—	—	—
	II	—	—	—	—
	III	—	—	—	—
	V	—	—	—	—
	VI	92	5,06	7,36	8,28
791,99	I,IV	—	—	—	—
	II	—	—	—	—
	III	—	—	—	—
	V	—	—	—	—
	VI	97	5,33	7,76	8,73
827,99	I,IV	—	—	—	—
	II	—	—	—	—
	III	—	—	—	—
	V	—	—	—	—
	VI	101	5,55	8,08	9,09
863,99	I,IV	—	—	—	—
	II	—	—	—	—
	III	—	—	—	—
	V	—	—	—	—
	VI	106	5,83	8,48	9,54
899,99	I,IV	—	—	—	—
	II	—	—	—	—
	III	—	—	—	—
	V	—	—	—	—
	VI	110	6,05	8,80	9,90
935,99	I,IV	—	—	—	—
	II	—	—	—	—
	III	—	—	—	—
	V	—	—	—	—
	VI	115	6,32	9,20	10,35
971,99	I,IV	—	—	—	—
	II	—	—	—	—
	III	—	—	—	—
	V	—	—	—	—
	VI	119	6,54	9,52	10,71
1 007,99	I,IV	—	—	—	—
	II	—	—	—	—
	III	—	—	—	—
	V	—	—	—	—
	VI	124	6,82	9,92	11,16
1 043,99	I,IV	—	—	—	—
	II	—	—	—	—
	III	—	—	—	—
	V	—	—	—	—
	VI	128	7,04	10,24	11,52
1 079,99	I,IV	—	—	—	—
	II	—	—	—	—
	III	—	—	—	—
	V	—	—	—	—
	VI	132	7,26	10,56	11,88
1 115,99	I,IV	—	—	—	—
	II	—	—	—	—
	III	—	—	—	—
	V	3	0,16	0,24	0,27
	VI	137	7,53	10,96	12,33
1 151,99	I,IV	—	—	—	—
	II	—	—	—	—
	III	—	—	—	—
	V	7	0,38	0,56	0,63
	VI	141	7,75	11,28	12,69
1 187,99	I,IV	—	—	—	—
	II	—	—	—	—
	III	—	—	—	—
	V	12	0,66	0,96	1,08
	VI	146	8,03	11,68	13,14
1 223,99	I,IV	—	—	—	—
	II	—	—	—	—
	III	—	—	—	—
	V	16	0,88	1,28	1,44
	VI	150	8,25	12,—	13,50
1 259,99	I,IV	—	—	—	—
	II	—	—	—	—
	III	—	—	—	—
	V	21	1,15	1,68	1,89
	VI	154	8,47	12,32	13,86
1 295,99	I,IV	—	—	—	—
	II	—	—	—	—
	III	—	—	—	—
	V	25	1,37	2,—	2,25
	VI	159	8,74	12,72	14,31
1 331,99	I,IV	—	—	—	—
	II	—	—	—	—
	III	—	—	—	—
	V	30	1,65	2,40	2,70
	VI	163	8,96	13,04	14,67
1 367,99	I,IV	—	—	—	—
	II	—	—	—	—
	III	—	—	—	—
	V	34	1,87	2,72	3,06
	VI	168	9,24	13,44	15,12
1 403,99	I,IV	—	—	—	—
	II	—	—	—	—
	III	—	—	—	—
	V	38	2,09	3,04	3,42
	VI	172	9,46	13,76	15,48
1 439,99	I,IV	—	—	—	—
	II	—	—	—	—
	III	—	—	—	—
	V	43	2,36	3,44	3,87
	VI	177	9,73	14,16	15,93
1 475,99	I,IV	—	—	—	—
	II	—	—	—	—
	III	—	—	—	—
	V	47	2,58	3,76	4,23
	VI	181	9,95	14,48	16,29
1 511,99	I,IV	—	—	—	—
	II	—	—	—	—
	III	—	—	—	—
	V	52	2,86	4,16	4,68
	VI	186	10,23	14,88	16,74
1 547,99	I,IV	—	—	—	—
	II	—	—	—	—
	III	—	—	—	—
	V	56	3,08	4,48	5,04
	VI	190	10,45	15,20	17,10
1 583,99	I,IV	—	—	—	—
	II	—	—	—	—
	III	—	—	—	—
	V	61	3,35	4,88	5,49
	VI	194	10,67	15,52	17,46
1 619,99	I,IV	—	—	—	—
	II	—	—	—	—
	III	—	—	—	—
	V	65	3,57	5,20	5,85
	VI	199	10,94	15,92	17,91
1 655,99	I,IV	—	—	—	—
	II	—	—	—	—
	III	—	—	—	—
	V	70	3,85	5,60	6,30
	VI	203	11,16	16,24	18,27
1 691,99	I,IV	—	—	—	—
	II	—	—	—	—
	III	—	—	—	—
	V	74	4,07	5,92	6,66
	VI	208	11,44	16,64	18,72
1 727,99	I,IV	—	—	—	—
	II	—	—	—	—
	III	—	—	—	—
	V	78	4,29	6,24	7,02
	VI	212	11,66	16,96	19,08

* Die ausgewiesenen Tabellenwerte sind amtlich. Siehe Erläuterungen auf der Umschlaginnenseite (U2).

3 455,99* **Sonstige Bezüge / B-Tarif**

Lohnsteuer, Solidaritätszuschlag und Kirchensteuer in den Steuerklassen I – VI

(Für Steuerklassen I, IV, II und III sind alle Werte "—".)

Lohn/Gehalt bis €*	Klasse	LSt	SolZ	8%	9%
1 763,99	V	83	4,56	6,64	7,47
	VI	217	11,93	17,36	19,53
1 799,99	V	87	4,78	6,96	7,83
	VI	221	12,15	17,68	19,89
1 835,99	V	92	5,06	7,36	8,28
	VI	225	12,37	18,—	20,25
1 871,99	V	96	5,28	7,68	8,64
	VI	230	12,65	18,40	20,70
1 907,99	V	101	5,55	8,08	9,09
	VI	234	12,87	18,72	21,06
1 943,99	V	105	5,77	8,40	9,45
	VI	239	13,14	19,12	21,51
1 979,99	V	109	5,99	8,72	9,81
	VI	243	13,36	19,44	21,87
2 015,99	V	114	6,27	9,12	10,26
	VI	248	13,64	19,84	22,32
2 051,99	V	118	6,49	9,44	10,62
	VI	252	13,86	20,16	22,68
2 087,99	V	123	6,76	9,84	11,07
	VI	257	14,13	20,56	23,13
2 123,99	V	127	6,98	10,16	11,43
	VI	261	14,35	20,88	23,49
2 159,99	V	132	7,26	10,56	11,88
	VI	265	14,57	21,20	23,85
2 195,99	V	136	7,48	10,88	12,24
	VI	270	14,85	21,60	24,30
2 231,99	V	140	7,70	11,20	12,60
	VI	274	15,07	21,92	24,66
2 267,99	V	145	7,97	11,60	13,05
	VI	279	15,34	22,32	25,11
2 303,99	V	149	8,19	11,92	13,41
	VI	283	15,56	22,64	25,47
2 339,99	V	154	8,47	12,32	13,86
	VI	288	15,84	23,04	25,92
2 375,99	V	158	8,69	12,64	14,22
	VI	292	16,06	23,36	26,28
2 411,99	V	163	8,96	13,04	14,67
	VI	296	16,28	23,68	26,64
2 447,99	V	167	9,18	13,36	15,03
	VI	301	16,55	24,08	27,09
2 483,99	V	171	9,40	13,68	15,39
	VI	305	16,77	24,40	27,45
2 519,99	V	176	9,68	14,08	15,84
	VI	310	17,05	24,80	27,90
2 555,99	V	180	9,90	14,40	16,20
	VI	314	17,27	25,12	28,26
2 591,99	V	185	10,17	14,80	16,65
	VI	319	17,54	25,52	28,71
2 627,99	V	189	10,39	15,12	17,01
	VI	323	17,76	25,84	29,07
2 663,99	V	194	10,67	15,52	17,46
	VI	328	18,04	26,24	29,52
2 699,99	V	198	10,89	15,84	17,82
	VI	332	18,26	26,56	29,88
2 735,99	V	203	11,16	16,24	18,27
	VI	336	18,48	26,88	30,24
2 771,99	V	207	11,38	16,56	18,63
	VI	341	18,75	27,28	30,69
2 807,99	V	211	11,60	16,88	18,99
	VI	345	18,97	27,60	31,05
2 843,99	V	216	11,88	17,28	19,44
	VI	350	19,25	28,—	31,50
2 879,99	V	220	12,10	17,60	19,80
	VI	354	19,47	28,32	31,86
2 915,99	V	225	12,37	18,—	20,25
	VI	359	19,74	28,72	32,31
2 951,99	V	229	12,59	18,32	20,61
	VI	363	19,96	29,04	32,67
2 987,99	V	234	12,87	18,72	21,06
	VI	367	20,18	29,36	33,03
3 023,99	V	238	13,09	19,04	21,42
	VI	372	20,46	29,76	33,48
3 059,99	V	242	13,31	19,36	21,78
	VI	376	20,68	30,08	33,84
3 095,99	V	247	13,58	19,76	22,23
	VI	381	20,95	30,48	34,29
3 131,99	V	251	13,80	20,08	22,59
	VI	385	21,17	30,80	34,65
3 167,99	V	256	14,08	20,48	23,04
	VI	390	21,45	31,20	35,10
3 203,99	V	260	14,30	20,80	23,40
	VI	394	21,67	31,52	35,46
3 239,99	V	265	14,57	21,20	23,85
	VI	399	21,94	31,92	35,91
3 275,99	V	269	14,79	21,52	24,21
	VI	403	22,16	32,24	36,27
3 311,99	V	273	15,01	21,84	24,57
	VI	407	22,38	32,56	36,63
3 347,99	V	278	15,29	22,24	25,02
	VI	412	22,66	32,96	37,08
3 383,99	V	282	15,51	22,56	25,38
	VI	416	22,88	33,28	37,44
3 419,99	V	287	15,78	22,96	25,83
	VI	421	23,15	33,68	37,89
3 455,99	V	291	16,—	23,28	26,19
	VI	425	23,37	34,—	38,25

* Die ausgewiesenen Tabellenwerte sind amtlich. Siehe Erläuterungen auf der Umschlaginnenseite (U2).

Sonstige Bezüge / B-Tarif 3 456,–*

Lohn/Gehalt bis €*	StKl	LSt	SolZ	8%	9%
3 491,99	I,IV	—	—	—	—
	II	—	—	—	—
	III	—	—	—	—
	V	296	16,28	23,68	26,64
	VI	429	23,59	34,32	38,61
3 527,99	I,IV	—	—	—	—
	II	—	—	—	—
	III	—	—	—	—
	V	300	16,50	24,—	27,—
	VI	434	23,87	34,72	39,06
3 563,99	I,IV	—	—	—	—
	II	—	—	—	—
	III	—	—	—	—
	V	305	16,77	24,40	27,45
	VI	438	24,09	35,04	39,42
3 599,99	I,IV	—	—	—	—
	II	—	—	—	—
	III	—	—	—	—
	V	309	16,99	24,72	27,81
	VI	443	24,36	35,44	39,87
3 635,99	I,IV	—	—	—	—
	II	—	—	—	—
	III	—	—	—	—
	V	313	17,21	25,04	28,17
	VI	447	24,58	35,76	40,23
3 671,99	I,IV	—	—	—	—
	II	—	—	—	—
	III	—	—	—	—
	V	318	17,49	25,44	28,62
	VI	452	24,86	36,16	40,68
3 707,99	I,IV	—	—	—	—
	II	—	—	—	—
	III	—	—	—	—
	V	322	17,71	25,76	28,98
	VI	456	25,08	36,48	41,04
3 743,99	I,IV	—	—	—	—
	II	—	—	—	—
	III	—	—	—	—
	V	327	17,98	26,16	29,43
	VI	461	25,35	36,88	41,49
3 779,99	I,IV	—	—	—	—
	II	—	—	—	—
	III	—	—	—	—
	V	331	18,20	26,48	29,79
	VI	465	25,57	37,20	41,85
3 815,99	I,IV	—	—	—	—
	II	—	—	—	—
	III	—	—	—	—
	V	336	18,48	26,88	30,24
	VI	469	25,79	37,52	42,21
3 851,99	I,IV	—	—	—	—
	II	—	—	—	—
	III	—	—	—	—
	V	340	18,70	27,20	30,60
	VI	474	26,07	37,92	42,66
3 887,99	I,IV	—	—	—	—
	II	—	—	—	—
	III	—	—	—	—
	V	344	18,92	27,52	30,96
	VI	478	26,29	38,24	43,02
3 923,99	I,IV	—	—	—	—
	II	—	—	—	—
	III	—	—	—	—
	V	349	19,19	27,92	31,41
	VI	483	26,56	38,64	43,47
3 959,99	I,IV	—	—	—	—
	II	—	—	—	—
	III	—	—	—	—
	V	353	19,41	28,24	31,77
	VI	487	26,78	38,96	43,83
3 995,99	I,IV	—	—	—	—
	II	—	—	—	—
	III	—	—	—	—
	V	358	19,69	28,64	32,22
	VI	492	27,06	39,36	44,28
4 031,99	I,IV	—	—	—	—
	II	—	—	—	—
	III	—	—	—	—
	V	362	19,91	28,96	32,58
	VI	496	27,28	39,68	44,64
4 067,99	I,IV	—	—	—	—
	II	—	—	—	—
	III	—	—	—	—
	V	367	20,18	29,36	33,03
	VI	500	27,50	40,—	45,—
4 103,99	I,IV	—	—	—	—
	II	—	—	—	—
	III	—	—	—	—
	V	371	20,40	29,68	33,39
	VI	505	27,77	40,40	45,45
4 139,99	I,IV	—	—	—	—
	II	—	—	—	—
	III	—	—	—	—
	V	376	20,68	30,08	33,84
	VI	509	27,99	40,72	45,81
4 175,99	I,IV	—	—	—	—
	II	—	—	—	—
	III	—	—	—	—
	V	380	20,90	30,40	34,20
	VI	514	28,27	41,12	46,26
4 211,99	I,IV	—	—	—	—
	II	—	—	—	—
	III	—	—	—	—
	V	384	21,12	30,72	34,56
	VI	518	28,49	41,44	46,62
4 247,99	I,IV	—	—	—	—
	II	—	—	—	—
	III	—	—	—	—
	V	389	21,39	31,12	35,01
	VI	523	28,76	41,84	47,07
4 283,99	I,IV	—	—	—	—
	II	—	—	—	—
	III	—	—	—	—
	V	393	21,61	31,44	35,37
	VI	527	28,98	42,16	47,43
4 319,99	I,IV	—	—	—	—
	II	—	—	—	—
	III	—	—	—	—
	V	398	21,89	31,84	35,82
	VI	532	29,26	42,56	47,88
4 355,99	I,IV	—	—	—	—
	II	—	—	—	—
	III	—	—	—	—
	V	402	22,11	32,16	36,18
	VI	536	29,48	42,88	48,24
4 391,99	I,IV	—	—	—	—
	II	—	—	—	—
	III	—	—	—	—
	V	406	22,33	32,48	36,54
	VI	540	29,70	43,20	48,60
4 427,99	I,IV	—	—	—	—
	II	—	—	—	—
	III	—	—	—	—
	V	411	22,60	32,88	36,99
	VI	545	29,97	43,60	49,05
4 463,99	I,IV	—	—	—	—
	II	—	—	—	—
	III	—	—	—	—
	V	415	22,82	33,20	37,35
	VI	549	30,19	43,92	49,41
4 499,99	I,IV	—	—	—	—
	II	—	—	—	—
	III	—	—	—	—
	V	420	23,10	33,60	37,80
	VI	554	30,47	44,32	49,86
4 535,99	I,IV	—	—	—	—
	II	—	—	—	—
	III	—	—	—	—
	V	424	23,32	33,92	38,16
	VI	558	30,69	44,64	50,22
4 571,99	I,IV	—	—	—	—
	II	—	—	—	—
	III	—	—	—	—
	V	429	23,59	34,32	38,61
	VI	563	30,96	45,04	50,67
4 607,99	I,IV	—	—	—	—
	II	—	—	—	—
	III	—	—	—	—
	V	433	23,81	34,64	38,97
	VI	567	31,18	45,36	51,03
4 643,99	I,IV	—	—	—	—
	II	—	—	—	—
	III	—	—	—	—
	V	438	24,09	35,04	39,42
	VI	571	31,40	45,68	51,39
4 679,99	I,IV	—	—	—	—
	II	—	—	—	—
	III	—	—	—	—
	V	442	24,31	35,36	39,78
	VI	576	31,68	46,08	51,84
4 715,99	I,IV	—	—	—	—
	II	—	—	—	—
	III	—	—	—	—
	V	447	24,58	35,76	40,23
	VI	580	31,90	46,40	52,20
4 751,99	I,IV	—	—	—	—
	II	—	—	—	—
	III	—	—	—	—
	V	451	24,80	36,08	40,59
	VI	585	32,17	46,80	52,65
4 787,99	I,IV	—	—	—	—
	II	—	—	—	—
	III	—	—	—	—
	V	455	25,02	36,40	40,95
	VI	589	32,39	47,12	53,01
4 823,99	I,IV	—	—	—	—
	II	—	—	—	—
	III	—	—	—	—
	V	460	25,30	36,80	41,40
	VI	594	32,67	47,52	53,46
4 859,99	I,IV	—	—	—	—
	II	—	—	—	—
	III	—	—	—	—
	V	464	25,52	37,12	41,76
	VI	598	32,89	47,84	53,82
4 895,99	I,IV	—	—	—	—
	II	—	—	—	—
	III	—	—	—	—
	V	469	25,79	37,52	42,21
	VI	602	33,11	48,16	54,18
4 931,99	I,IV	—	—	—	—
	II	—	—	—	—
	III	—	—	—	—
	V	473	26,01	37,84	42,57
	VI	607	33,38	48,56	54,63
4 967,99	I,IV	—	—	—	—
	II	—	—	—	—
	III	—	—	—	—
	V	477	26,23	38,16	42,93
	VI	611	33,60	48,88	54,99
5 003,99	I,IV	—	—	—	—
	II	—	—	—	—
	III	—	—	—	—
	V	482	26,51	38,56	43,38
	VI	616	33,88	49,28	55,44
5 039,99	I,IV	—	—	—	—
	II	—	—	—	—
	III	—	—	—	—
	V	486	26,73	38,88	43,74
	VI	620	34,10	49,60	55,80
5 075,99	I,IV	—	—	—	—
	II	—	—	—	—
	III	—	—	—	—
	V	491	27,—	39,28	44,19
	VI	625	34,37	50,—	56,25
5 111,99	I,IV	—	—	—	—
	II	—	—	—	—
	III	—	—	—	—
	V	495	27,22	39,60	44,55
	VI	629	34,59	50,32	56,61
5 147,99	I,IV	—	—	—	—
	II	—	—	—	—
	III	—	—	—	—
	V	500	27,50	40,—	45,—
	VI	634	34,87	50,72	57,06
5 183,99	I,IV	—	—	—	—
	II	—	—	—	—
	III	—	—	—	—
	V	504	27,72	40,32	45,36
	VI	638	35,09	51,04	57,42

* Die ausgewiesenen Tabellenwerte sind amtlich. Siehe Erläuterungen auf der Umschlaginnenseite (U2).

6 911,99* — Sonstige Bezüge / B-Tarif

Lohn/Gehalt bis €*	Klasse	LSt	SolZ	8%	9%	Lohn/Gehalt bis €*	Klasse	LSt	SolZ	8%	9%	Lohn/Gehalt bis €*	Klasse	LSt	SolZ	8%	9%
5 219,99	I,IV	—	—	—	—	5 795,99	I,IV	—	—	—	—	6 371,99	I,IV	—	—	—	—
	II	—	—	—	—		II	—	—	—	—		II	—	—	—	—
	III	—	—	—	—		III	—	—	—	—		III	—	—	—	—
	V	509	27,99	40,72	45,81		V	580	31,90	46,40	52,20		V	651	35,80	52,08	58,59
	VI	642	35,31	51,36	57,78		VI	713	39,21	57,04	64,17		VI	784	43,12	62,72	70,56
5 255,99	I,IV	—	—	—	—	5 831,99	I,IV	—	—	—	—	6 407,99	I,IV	—	—	—	—
	II	—	—	—	—		II	—	—	—	—		II	—	—	—	—
	III	—	—	—	—		III	—	—	—	—		III	—	—	—	—
	V	513	28,21	41,04	46,17		V	584	32,12	46,72	52,56		V	655	36,02	52,40	58,95
	VI	647	35,58	51,76	58,23		VI	718	39,49	57,44	64,62		VI	789	43,39	63,12	71,01
5 291,99	I,IV	—	—	—	—	5 867,99	I,IV	—	—	—	—	6 443,99	I,IV	—	—	—	—
	II	—	—	—	—		II	—	—	—	—		II	—	—	—	—
	III	—	—	—	—		III	—	—	—	—		III	—	—	—	—
	V	517	28,43	41,36	46,53		V	588	32,34	47,04	52,92		V	659	36,24	52,72	59,31
	VI	651	35,80	52,08	58,59		VI	722	39,71	57,76	64,98		VI	793	43,61	63,44	71,37
5 327,99	I,IV	—	—	—	—	5 903,99	I,IV	—	—	—	—	6 479,99	I,IV	—	—	—	—
	II	—	—	—	—		II	—	—	—	—		II	—	—	—	—
	III	—	—	—	—		III	—	—	—	—		III	—	—	—	—
	V	522	28,71	41,76	46,98		V	593	32,61	47,44	53,37		V	664	36,52	53,12	59,76
	VI	656	36,08	52,48	59,04		VI	727	39,98	58,16	65,43		VI	798	43,89	63,84	71,82
5 363,99	I,IV	—	—	—	—	5 939,99	I,IV	—	—	—	—	6 515,99	I,IV	—	—	—	—
	II	—	—	—	—		II	—	—	—	—		II	—	—	—	—
	III	—	—	—	—		III	—	—	—	—		III	—	—	—	—
	V	526	28,93	42,08	47,34		V	597	32,83	47,76	53,73		V	668	36,74	53,44	60,12
	VI	660	36,30	52,80	59,40		VI	731	40,20	58,48	65,79		VI	802	44,11	64,16	72,18
5 399,99	I,IV	—	—	—	—	5 975,99	I,IV	—	—	—	—	6 551,99	I,IV	—	—	—	—
	II	—	—	—	—		II	—	—	—	—		II	—	—	—	—
	III	—	—	—	—		III	—	—	—	—		III	—	—	—	—
	V	531	29,20	42,48	47,79		V	602	33,11	48,16	54,18		V	673	37,01	53,84	60,57
	VI	665	36,57	53,20	59,85		VI	735	40,42	58,80	66,15		VI	806	44,33	64,48	72,54
5 435,99	I,IV	—	—	—	—	6 011,99	I,IV	—	—	—	—	6 587,99	I,IV	—	—	—	—
	II	—	—	—	—		II	—	—	—	—		II	—	—	—	—
	III	—	—	—	—		III	—	—	—	—		III	—	—	—	—
	V	535	29,42	42,80	48,15		V	606	33,33	48,48	54,54		V	677	37,23	54,16	60,93
	VI	669	36,79	53,52	60,21		VI	740	40,70	59,20	66,60		VI	811	44,60	64,88	72,99
5 471,99	I,IV	—	—	—	—	6 047,99	I,IV	—	—	—	—	6 623,99	I,IV	—	—	—	—
	II	—	—	—	—		II	—	—	—	—		II	—	—	—	—
	III	—	—	—	—		III	—	—	—	—		III	—	—	—	—
	V	540	29,70	43,20	48,60		V	611	33,60	48,88	54,99		V	682	37,51	54,56	61,38
	VI	673	37,01	53,84	60,57		VI	744	40,92	59,52	66,96		VI	815	44,82	65,20	73,35
5 507,99	I,IV	—	—	—	—	6 083,99	I,IV	—	—	—	—	6 659,99	I,IV	—	—	—	—
	II	—	—	—	—		II	—	—	—	—		II	—	—	—	—
	III	—	—	—	—		III	—	—	—	—		III	—	—	—	—
	V	544	29,92	43,52	48,96		V	615	33,82	49,20	55,35		V	686	37,73	54,88	61,74
	VI	678	37,29	54,24	61,02		VI	749	41,19	59,92	67,41		VI	820	45,10	65,60	73,80
5 543,99	I,IV	—	—	—	—	6 119,99	I,IV	—	—	—	—	6 695,99	I,IV	—	—	—	—
	II	—	—	—	—		II	—	—	—	—		II	—	—	—	—
	III	—	—	—	—		III	—	—	—	—		III	—	—	—	—
	V	548	30,14	43,84	49,32		V	619	34,04	49,52	55,71		V	690	37,95	55,20	62,10
	VI	682	37,51	54,56	61,38		VI	753	41,41	60,24	67,77		VI	824	45,32	65,92	74,16
5 579,99	I,IV	—	—	—	—	6 155,99	I,IV	—	—	—	—	6 731,99	I,IV	—	—	—	—
	II	—	—	—	—		II	—	—	—	—		II	—	—	—	—
	III	—	—	—	—		III	—	—	—	—		III	—	—	—	—
	V	553	30,41	44,24	49,77		V	624	34,32	49,92	56,16		V	695	38,22	55,60	62,55
	VI	687	37,78	54,96	61,83		VI	758	41,69	60,64	68,22		VI	829	45,59	66,32	74,61
5 615,99	I,IV	—	—	—	—	6 191,99	I,IV	—	—	—	—	6 767,99	I,IV	—	—	—	—
	II	—	—	—	—		II	—	—	—	—		II	—	—	—	—
	III	—	—	—	—		III	—	—	—	—		III	—	—	—	—
	V	557	30,63	44,56	50,13		V	628	34,54	50,24	56,52		V	699	38,44	55,92	62,91
	VI	691	38,—	55,28	62,19		VI	762	41,91	60,96	68,58		VI	833	45,81	66,64	74,97
5 651,99	I,IV	—	—	—	—	6 227,99	I,IV	—	—	—	—	6 803,99	I,IV	—	—	—	—
	II	—	—	—	—		II	—	—	—	—		II	—	—	—	—
	III	—	—	—	—		III	—	—	—	—		III	—	—	—	—
	V	562	30,91	44,96	50,58		V	633	34,81	50,64	56,97		V	704	38,72	56,32	63,36
	VI	696	38,28	55,68	62,64		VI	767	42,18	61,36	69,03		VI	838	46,09	67,04	75,42
5 687,99	I,IV	—	—	—	—	6 263,99	I,IV	—	—	—	—	6 839,99	I,IV	—	—	—	—
	II	—	—	—	—		II	—	—	—	—		II	—	—	—	—
	III	—	—	—	—		III	—	—	—	—		III	—	—	—	—
	V	566	31,13	45,28	50,94		V	637	35,03	50,96	57,33		V	708	38,94	56,64	63,72
	VI	700	38,50	56,—	63,—		VI	771	42,40	61,68	69,39		VI	842	46,31	67,36	75,78
5 723,99	I,IV	—	—	—	—	6 299,99	I,IV	—	—	—	—	6 875,99	I,IV	—	—	—	—
	II	—	—	—	—		II	—	—	—	—		II	—	—	—	—
	III	—	—	—	—		III	—	—	—	—		III	—	—	—	—
	V	571	31,40	45,68	51,39		V	642	35,31	51,36	57,78		V	713	39,21	57,04	64,17
	VI	705	38,77	56,40	63,45		VI	776	42,68	62,08	69,84		VI	846	46,53	67,68	76,14
5 759,99	I,IV	—	—	—	—	6 335,99	I,IV	—	—	—	—	6 911,99	I,IV	—	—	—	—
	II	—	—	—	—		II	—	—	—	—		II	—	—	—	—
	III	—	—	—	—		III	—	—	—	—		III	—	—	—	—
	V	575	31,62	46,—	51,75		V	646	35,53	51,68	58,14		V	717	39,43	57,36	64,53
	VI	709	38,99	56,72	63,81		VI	780	42,90	62,40	70,20		VI	851	46,80	68,08	76,59

* Die ausgewiesenen Tabellenwerte sind amtlich. Siehe Erläuterungen auf der Umschlaginnenseite (U2).

T 55

Sonstige Bezüge / B-Tarif — 6 912,–*

Lohn/Gehalt bis €*	Steuerklasse	LSt	SolZ	8%	9%
6 947,99	I,IV	—	—	—	—
	II	—	—	—	—
	III	—	—	—	—
	V	721	39,65	57,68	64,89
	VI	855	47,02	68,40	76,95
6 983,99	I,IV	—	—	—	—
	II	—	—	—	—
	III	—	—	—	—
	V	726	39,93	58,08	65,34
	VI	860	47,30	68,80	77,40
7 019,99	I,IV	—	—	—	—
	II	—	—	—	—
	III	—	—	—	—
	V	730	40,15	58,40	65,70
	VI	864	47,52	69,12	77,76
7 055,99	I,IV	—	—	—	—
	II	—	—	—	—
	III	—	—	—	—
	V	735	40,42	58,80	66,15
	VI	869	47,79	69,52	78,21
7 091,99	I,IV	—	—	—	—
	II	—	—	—	—
	III	—	—	—	—
	V	739	40,64	59,12	66,51
	VI	873	48,01	69,84	78,57
7 127,99	I,IV	—	—	—	—
	II	—	—	—	—
	III	—	—	—	—
	V	744	40,92	59,52	66,96
	VI	877	48,23	70,16	78,93
7 163,99	I,IV	—	—	—	—
	II	—	—	—	—
	III	—	—	—	—
	V	748	41,14	59,84	67,32
	VI	882	48,51	70,56	79,38
7 199,99	I,IV	—	—	—	—
	II	—	—	—	—
	III	—	—	—	—
	V	753	41,41	60,24	67,77
	VI	886	48,73	70,88	79,74
7 235,99	I,IV	—	—	—	—
	II	—	—	—	—
	III	—	—	—	—
	V	757	41,63	60,56	68,13
	VI	891	49,—	71,28	80,19
7 271,99	I,IV	—	—	—	—
	II	—	—	—	—
	III	—	—	—	—
	V	761	41,85	60,88	68,49
	VI	895	49,22	71,60	80,55
7 307,99	I,IV	—	—	—	—
	II	—	—	—	—
	III	—	—	—	—
	V	766	42,13	61,28	68,94
	VI	900	49,50	72,—	81,—
7 343,99	I,IV	—	—	—	—
	II	—	—	—	—
	III	—	—	—	—
	V	770	42,35	61,60	69,30
	VI	904	49,72	72,32	81,36
7 379,99	I,IV	—	—	—	—
	II	—	—	—	—
	III	—	—	—	—
	V	775	42,62	62,—	69,75
	VI	909	49,99	72,72	81,81
7 415,99	I,IV	—	—	—	—
	II	—	—	—	—
	III	—	—	—	—
	V	779	42,84	62,32	70,11
	VI	913	50,21	73,04	82,17
7 451,99	I,IV	—	—	—	—
	II	—	—	—	—
	III	—	—	—	—
	V	784	43,12	62,72	70,56
	VI	917	50,43	73,36	82,53
7 487,99	I,IV	—	—	—	—
	II	—	—	—	—
	III	—	—	—	—
	V	788	43,34	63,04	70,92
	VI	922	50,71	73,76	82,98
7 523,99	I,IV	—	—	—	—
	II	—	—	—	—
	III	—	—	—	—
	V	792	43,56	63,36	71,28
	VI	926	50,93	74,08	83,34
7 559,99	I,IV	—	—	—	—
	II	—	—	—	—
	III	—	—	—	—
	V	797	43,83	63,76	71,73
	VI	931	51,20	74,48	83,79
7 595,99	I,IV	—	—	—	—
	II	—	—	—	—
	III	—	—	—	—
	V	801	44,05	64,08	72,09
	VI	935	51,42	74,80	84,15
7 631,99	I,IV	—	—	—	—
	II	—	—	—	—
	III	—	—	—	—
	V	806	44,33	64,48	72,54
	VI	940	51,70	75,20	84,60
7 667,99	I,IV	—	—	—	—
	II	—	—	—	—
	III	—	—	—	—
	V	810	44,55	64,80	72,90
	VI	944	51,92	75,52	84,96
7 703,99	I,IV	—	—	—	—
	II	—	—	—	—
	III	—	—	—	—
	V	815	44,82	65,20	73,35
	VI	948	52,14	75,84	85,32
7 739,99	I,IV	—	—	—	—
	II	—	—	—	—
	III	—	—	—	—
	V	819	45,04	65,52	73,71
	VI	953	52,41	76,24	85,77
7 775,99	I,IV	—	—	—	—
	II	—	—	—	—
	III	—	—	—	—
	V	823	45,26	65,84	74,07
	VI	957	52,63	76,56	86,13
7 811,99	I,IV	—	—	—	—
	II	—	—	—	—
	III	—	—	—	—
	V	828	45,54	66,24	74,52
	VI	962	52,91	76,96	86,58
7 847,99	I,IV	—	—	—	—
	II	—	—	—	—
	III	—	—	—	—
	V	832	45,76	66,56	74,88
	VI	966	53,13	77,28	86,94
7 883,99	I,IV	—	—	—	—
	II	—	—	—	—
	III	—	—	—	—
	V	837	46,03	66,96	75,33
	VI	971	53,40	77,68	87,39
7 919,99	I,IV	—	—	—	—
	II	—	—	—	—
	III	—	—	—	—
	V	841	46,25	67,28	75,69
	VI	975	53,62	78,—	87,75
7 955,99	I,IV	—	—	—	—
	II	—	—	—	—
	III	—	—	—	—
	V	846	46,53	67,68	76,14
	VI	980	53,90	78,40	88,20
7 991,99	I,IV	—	—	—	—
	II	—	—	—	—
	III	—	—	—	—
	V	850	46,75	68,—	76,50
	VI	984	54,12	78,72	88,56
8 027,99	I,IV	—	—	—	—
	II	—	—	—	—
	III	—	—	—	—
	V	854	46,97	68,32	76,86
	VI	988	54,34	79,04	88,92
8 063,99	I,IV	—	—	—	—
	II	—	—	—	—
	III	—	—	—	—
	V	859	47,24	68,72	77,31
	VI	993	54,61	79,44	89,37
8 099,99	I,IV	—	—	—	—
	II	—	—	—	—
	III	—	—	—	—
	V	863	47,46	69,04	77,67
	VI	997	54,83	79,76	89,73
8 135,99	I,IV	—	—	—	—
	II	—	—	—	—
	III	—	—	—	—
	V	868	47,74	69,44	78,12
	VI	1 002	55,11	80,16	90,18
8 171,99	I,IV	—	—	—	—
	II	—	—	—	—
	III	—	—	—	—
	V	872	47,96	69,76	78,48
	VI	1 006	55,33	80,48	90,54
8 207,99	I,IV	—	—	—	—
	II	—	—	—	—
	III	—	—	—	—
	V	877	48,23	70,16	78,93
	VI	1 011	55,60	80,88	90,99
8 243,99	I,IV	—	—	—	—
	II	—	—	—	—
	III	—	—	—	—
	V	881	48,45	70,48	79,29
	VI	1 015	55,82	81,20	91,35
8 279,99	I,IV	—	—	—	—
	II	—	—	—	—
	III	—	—	—	—
	V	886	48,73	70,88	79,74
	VI	1 019	56,04	81,52	91,71
8 315,99	I,IV	—	—	—	—
	II	—	—	—	—
	III	—	—	—	—
	V	890	48,95	71,20	80,10
	VI	1 024	56,32	81,92	92,16
8 351,99	I,IV	—	—	—	—
	II	—	—	—	—
	III	—	—	—	—
	V	894	49,17	71,52	80,46
	VI	1 028	56,54	82,24	92,52
8 387,99	I,IV	—	—	—	—
	II	—	—	—	—
	III	—	—	—	—
	V	899	49,44	71,92	80,91
	VI	1 033	56,81	82,64	92,97
8 423,99	I,IV	—	—	—	—
	II	—	—	—	—
	III	—	—	—	—
	V	903	49,66	72,24	81,27
	VI	1 037	57,03	82,96	93,33
8 459,99	I,IV	—	—	—	—
	II	—	—	—	—
	III	—	—	—	—
	V	908	49,94	72,64	81,72
	VI	1 042	57,31	83,36	93,78
8 495,99	I,IV	—	—	—	—
	II	—	—	—	—
	III	—	—	—	—
	V	912	50,16	72,96	82,08
	VI	1 046	57,53	83,68	94,14
8 531,99	I,IV	—	—	—	—
	II	—	—	—	—
	III	—	—	—	—
	V	917	50,43	73,36	82,53
	VI	1 050	57,75	84,—	94,50
8 567,99	I,IV	—	—	—	—
	II	—	—	—	—
	III	—	—	—	—
	V	921	50,65	73,68	82,89
	VI	1 055	58,02	84,40	94,95
8 603,99	I,IV	—	—	—	—
	II	—	—	—	—
	III	—	—	—	—
	V	925	50,87	74,—	83,25
	VI	1 059	58,24	84,72	95,31
8 639,99	I,IV	—	—	—	—
	II	—	—	—	—
	III	—	—	—	—
	V	930	51,15	74,40	83,70
	VI	1 064	58,52	85,12	95,76

* Die ausgewiesenen Tabellenwerte sind amtlich. Siehe Erläuterungen auf der Umschlaginnenseite (U2).

10 367,99* — Sonstige Bezüge / B-Tarif

Lohn/Gehalt bis €*	StKl	LSt	SolZ	8%	9%
8 675,99	I,IV	—	—	—	—
	II	—	—	—	—
	III	—	—	—	—
	V	934	51,37	74,72	84,06
	VI	1 068	58,74	85,44	96,12
8 711,99	I,IV	—	—	—	—
	II	—	—	—	—
	III	—	—	—	—
	V	939	51,64	75,12	84,51
	VI	1 073	59,01	85,84	96,57
8 747,99	I,IV	—	—	—	—
	II	—	—	—	—
	III	—	—	—	—
	V	943	51,86	75,44	84,87
	VI	1 077	59,23	86,16	96,93
8 783,99	I,IV	—	—	—	—
	II	—	—	—	—
	III	—	—	—	—
	V	948	52,14	75,84	85,32
	VI	1 081	59,45	86,48	97,29
8 819,99	I,IV	—	—	—	—
	II	—	—	—	—
	III	—	—	—	—
	V	952	52,36	76,16	85,68
	VI	1 086	59,73	86,88	97,74
8 855,99	I,IV	—	—	—	—
	II	—	—	—	—
	III	—	—	—	—
	V	957	52,63	76,56	86,13
	VI	1 090	59,95	87,20	98,10
8 891,99	I,IV	—	—	—	—
	II	—	—	—	—
	III	—	—	—	—
	V	961	52,85	76,88	86,49
	VI	1 095	60,22	87,60	98,55
8 927,99	I,IV	—	—	—	—
	II	—	—	—	—
	III	—	—	—	—
	V	965	53,07	77,20	86,85
	VI	1 099	60,44	87,92	98,91
8 963,99	I,IV	—	—	—	—
	II	—	—	—	—
	III	—	—	—	—
	V	970	53,35	77,60	87,30
	VI	1 104	60,72	88,32	99,36
8 999,99	I,IV	—	—	—	—
	II	—	—	—	—
	III	—	—	—	—
	V	974	53,57	77,92	87,66
	VI	1 108	60,94	88,64	99,72
9 035,99	I,IV	—	—	—	—
	II	—	—	—	—
	III	—	—	—	—
	V	979	53,84	78,32	88,11
	VI	1 113	61,21	89,04	100,17
9 071,99	I,IV	—	—	—	—
	II	—	—	—	—
	III	—	—	—	—
	V	983	54,06	78,64	88,47
	VI	1 117	61,43	89,36	100,53
9 107,99	I,IV	—	—	—	—
	II	—	—	—	—
	III	—	—	—	—
	V	988	54,34	79,04	88,92
	VI	1 121	61,65	89,68	100,89
9 143,99	I,IV	—	—	—	—
	II	—	—	—	—
	III	—	—	—	—
	V	992	54,56	79,36	89,28
	VI	1 126	61,93	90,08	101,34
9 179,99	I,IV	—	—	—	—
	II	—	—	—	—
	III	—	—	—	—
	V	996	54,78	79,68	89,64
	VI	1 130	62,15	90,40	101,70
9 215,99	I,IV	—	—	—	—
	II	—	—	—	—
	III	—	—	—	—
	V	1 001	55,05	80,08	90,09
	VI	1 135	62,42	90,80	102,15
9 251,99	I,IV	—	—	—	—
	II	—	—	—	—
	III	—	—	—	—
	V	1 005	55,27	80,40	90,45
	VI	1 139	62,64	91,12	102,51
9 287,99	I,IV	—	—	—	—
	II	—	—	—	—
	III	—	—	—	—
	V	1 010	55,55	80,80	90,90
	VI	1 144	62,92	91,52	102,96
9 323,99	I,IV	—	—	—	—
	II	—	—	—	—
	III	—	—	—	—
	V	1 014	55,77	81,12	91,26
	VI	1 148	63,14	91,84	103,32
9 359,99	I,IV	—	—	—	—
	II	—	—	—	—
	III	—	—	—	—
	V	1 019	56,04	81,52	91,71
	VI	1 152	63,36	92,16	103,68
9 395,99	I,IV	—	—	—	—
	II	—	—	—	—
	III	—	—	—	—
	V	1 023	56,26	81,84	92,07
	VI	1 157	63,63	92,56	104,13
9 431,99	I,IV	—	—	—	—
	II	—	—	—	—
	III	—	—	—	—
	V	1 028	56,54	82,24	92,52
	VI	1 161	63,85	92,88	104,49
9 467,99	I,IV	—	—	—	—
	II	—	—	—	—
	III	—	—	—	—
	V	1 032	56,76	82,56	92,88
	VI	1 166	64,13	93,28	104,94
9 503,99	I,IV	—	—	—	—
	II	—	—	—	—
	III	—	—	—	—
	V	1 036	56,98	82,88	93,24
	VI	1 170	64,35	93,60	105,30
9 539,99	I,IV	—	—	—	—
	II	—	—	—	—
	III	—	—	—	—
	V	1 041	57,25	83,28	93,69
	VI	1 175	64,62	94,—	105,75
9 575,99	I,IV	—	—	—	—
	II	—	—	—	—
	III	—	—	—	—
	V	1 045	57,47	83,60	94,05
	VI	1 179	64,84	94,32	106,11
9 611,99	I,IV	—	—	—	—
	II	—	—	—	—
	III	—	—	—	—
	V	1 050	57,75	84,—	94,50
	VI	1 183	65,06	94,64	106,47
9 647,99	I,IV	—	—	—	—
	II	—	—	—	—
	III	—	—	—	—
	V	1 054	57,97	84,32	94,86
	VI	1 188	65,34	95,04	106,92
9 683,99	I,IV	—	—	—	—
	II	—	—	—	—
	III	—	—	—	—
	V	1 058	58,19	84,64	95,22
	VI	1 192	65,56	95,36	107,28
9 719,99	I,IV	—	—	—	—
	II	—	—	—	—
	III	—	—	—	—
	V	1 063	58,46	85,04	95,67
	VI	1 197	65,83	95,76	107,73
9 755,99	I,IV	—	—	—	—
	II	—	—	—	—
	III	—	—	—	—
	V	1 067	58,68	85,36	96,03
	VI	1 201	66,05	96,08	108,09
9 791,99	I,IV	—	—	—	—
	II	—	—	—	—
	III	—	—	—	—
	V	1 072	58,96	85,76	96,48
	VI	1 206	66,33	96,48	108,54
9 827,99	I,IV	—	—	—	—
	II	—	—	—	—
	III	—	—	—	—
	V	1 076	59,18	86,08	96,84
	VI	1 210	66,55	96,80	108,90
9 863,99	I,IV	—	—	—	—
	II	—	—	—	—
	III	—	—	—	—
	V	1 081	59,45	86,48	97,29
	VI	1 215	66,82	97,20	109,35
9 899,99	I,IV	—	—	—	—
	II	—	—	—	—
	III	—	—	—	—
	V	1 085	59,67	86,80	97,65
	VI	1 219	67,04	97,52	109,71
9 935,99	I,IV	—	—	—	—
	II	—	—	—	—
	III	—	—	—	—
	V	1 090	59,95	87,20	98,10
	VI	1 223	67,26	97,84	110,07
9 971,99	I,IV	—	—	—	—
	II	—	—	—	—
	III	—	—	—	—
	V	1 094	60,17	87,52	98,46
	VI	1 228	67,54	98,24	110,52
10 007,99	I,IV	—	—	—	—
	II	—	—	—	—
	III	—	—	—	—
	V	1 099	60,44	87,92	98,91
	VI	1 232	67,76	98,56	110,88
10 043,99	I,IV	—	—	—	—
	II	—	—	—	—
	III	—	—	—	—
	V	1 103	60,66	88,24	99,27
	VI	1 237	68,03	98,96	111,33
10 079,99	I,IV	—	—	—	—
	II	—	—	—	—
	III	—	—	—	—
	V	1 107	60,88	88,56	99,63
	VI	1 241	68,25	99,28	111,69
10 115,99	I,IV	—	—	—	—
	II	—	—	—	—
	III	—	—	—	—
	V	1 112	61,16	88,96	100,08
	VI	1 246	68,53	99,68	112,14
10 151,99	I,IV	—	—	—	—
	II	—	—	—	—
	III	—	—	—	—
	V	1 116	61,38	89,28	100,44
	VI	1 250	68,75	100,—	112,50
10 187,99	I,IV	—	—	—	—
	II	—	—	—	—
	III	—	—	—	—
	V	1 121	61,65	89,68	100,89
	VI	1 254	68,97	100,32	112,86
10 223,99	I,IV	5	0,27	0,40	0,45
	II	—	—	—	—
	III	—	—	—	—
	V	1 125	61,87	90,—	101,25
	VI	1 259	69,24	100,72	113,31
10 259,99	I,IV	9	0,49	0,72	0,81
	II	—	—	—	—
	III	—	—	—	—
	V	1 129	62,09	90,32	101,61
	VI	1 263	69,46	101,04	113,67
10 295,99	I,IV	13	0,71	1,04	1,17
	II	—	—	—	—
	III	—	—	—	—
	V	1 134	62,37	90,72	102,06
	VI	1 268	69,74	101,44	114,12
10 331,99	I,IV	18	0,99	1,44	1,62
	II	—	—	—	—
	III	—	—	—	—
	V	1 138	62,59	91,04	102,42
	VI	1 272	69,96	101,76	114,48
10 367,99	I,IV	22	1,21	1,76	1,98
	II	—	—	—	—
	III	—	—	—	—
	V	1 143	62,86	91,44	102,87
	VI	1 277	70,23	102,16	114,93

* Die ausgewiesenen Tabellenwerte sind amtlich. Siehe Erläuterungen auf der Umschlaginnenseite (U2).

T 57

Sonstige Bezüge / B-Tarif — 10 368,—*

Lohn/Gehalt bis €*	StKl	LSt	SolZ	8%	9%
10 403,99	I,IV	27	1,48	2,16	2,43
	II	—	—	—	—
	III	—	—	—	—
	V	1 147	63,08	91,76	103,23
	VI	1 281	70,45	102,48	115,29
10 439,99	I,IV	32	1,76	2,56	2,88
	II	—	—	—	—
	III	—	—	—	—
	V	1 152	63,36	92,16	103,68
	VI	1 286	70,73	102,88	115,74
10 475,99	I,IV	36	1,98	2,88	3,24
	II	—	—	—	—
	III	—	—	—	—
	V	1 156	63,58	92,48	104,04
	VI	1 290	70,95	103,20	116,10
10 511,99	I,IV	41	2,25	3,28	3,69
	II	—	—	—	—
	III	—	—	—	—
	V	1 161	63,85	92,88	104,49
	VI	1 294	71,17	103,52	116,46
10 547,99	I,IV	45	2,47	3,60	4,05
	II	—	—	—	—
	III	—	—	—	—
	V	1 165	64,07	93,20	104,85
	VI	1 299	71,44	103,92	116,91
10 583,99	I,IV	50	2,75	4,—	4,50
	II	—	—	—	—
	III	—	—	—	—
	V	1 169	64,29	93,52	105,21
	VI	1 303	71,66	104,24	117,27
10 619,99	I,IV	55	3,02	4,40	4,95
	II	—	—	—	—
	III	—	—	—	—
	V	1 174	64,57	93,92	105,66
	VI	1 308	71,94	104,64	117,72
10 655,99	I,IV	59	3,24	4,72	5,31
	II	—	—	—	—
	III	—	—	—	—
	V	1 178	64,79	94,24	106,02
	VI	1 312	72,16	104,96	118,08
10 691,99	I,IV	64	3,52	5,12	5,76
	II	—	—	—	—
	III	—	—	—	—
	V	1 183	65,06	94,64	106,47
	VI	1 316	72,38	105,28	118,44
10 727,99	I,IV	69	3,79	5,52	6,21
	II	—	—	—	—
	III	—	—	—	—
	V	1 187	65,28	94,96	106,83
	VI	1 324	72,82	105,92	119,16
10 763,99	I,IV	73	4,01	5,84	6,57
	II	—	—	—	—
	III	—	—	—	—
	V	1 192	65,56	95,36	107,28
	VI	1 337	73,53	106,96	120,33
10 799,99	I,IV	78	4,29	6,24	7,02
	II	—	—	—	—
	III	—	—	—	—
	V	1 196	65,78	95,68	107,64
	VI	1 351	74,30	108,08	121,59
10 835,99	I,IV	83	4,56	6,64	7,47
	II	—	—	—	—
	III	—	—	—	—
	V	1 200	66,—	96,—	108,—
	VI	1 364	75,02	109,12	122,76
10 871,99	I,IV	88	4,84	7,04	7,92
	II	—	—	—	—
	III	—	—	—	—
	V	1 205	66,27	96,40	108,45
	VI	1 377	75,73	110,16	123,93
10 907,99	I,IV	93	5,11	7,44	8,37
	II	—	—	—	—
	III	—	—	—	—
	V	1 209	66,49	96,72	108,81
	VI	1 390	76,45	111,20	125,10
10 943,99	I,IV	97	5,33	7,76	8,73
	II	—	—	—	—
	III	—	—	—	—
	V	1 214	66,77	97,12	109,26
	VI	1 404	77,22	112,32	126,36
10 979,99	I,IV	102	5,61	8,16	9,18
	II	—	—	—	—
	III	—	—	—	—
	V	1 218	66,99	97,44	109,62
	VI	1 417	77,93	113,36	127,53
11 015,99	I,IV	107	5,88	8,56	9,63
	II	—	—	—	—
	III	—	—	—	—
	V	1 223	67,26	97,84	110,07
	VI	1 430	78,65	114,40	128,70
11 051,99	I,IV	112	6,16	8,96	10,08
	II	—	—	—	—
	III	—	—	—	—
	V	1 227	67,48	98,16	110,43
	VI	1 443	79,36	115,44	129,87
11 087,99	I,IV	117	6,43	9,36	10,53
	II	—	—	—	—
	III	—	—	—	—
	V	1 232	67,76	98,56	110,88
	VI	1 457	80,13	116,56	131,13
11 123,99	I,IV	122	6,71	9,76	10,98
	II	—	—	—	—
	III	—	—	—	—
	V	1 236	67,98	98,88	111,24
	VI	1 470	80,85	117,60	132,30
11 159,99	I,IV	126	6,93	10,08	11,34
	II	—	—	—	—
	III	—	—	—	—
	V	1 240	68,20	99,20	111,60
	VI	1 483	81,56	118,64	133,47
11 195,99	I,IV	131	7,20	10,48	11,79
	II	—	—	—	—
	III	—	—	—	—
	V	1 245	68,47	99,60	112,05
	VI	1 497	82,33	119,76	134,73
11 231,99	I,IV	136	7,48	10,88	12,24
	II	—	—	—	—
	III	—	—	—	—
	V	1 249	68,69	99,92	112,41
	VI	1 510	83,05	120,80	135,90
11 267,99	I,IV	141	7,75	11,28	12,69
	II	—	—	—	—
	III	—	—	—	—
	V	1 254	68,97	100,32	112,86
	VI	1 523	83,76	121,84	137,07
11 303,99	I,IV	146	8,03	11,68	13,14
	II	—	—	—	—
	III	—	—	—	—
	V	1 258	69,19	100,64	113,22
	VI	1 537	84,53	122,96	138,33
11 339,99	I,IV	151	8,30	12,08	13,59
	II	—	—	—	—
	III	—	—	—	—
	V	1 263	69,46	101,04	113,67
	VI	1 550	85,25	124,—	139,50
11 375,99	I,IV	156	8,58	12,48	14,04
	II	—	—	—	—
	III	—	—	—	—
	V	1 267	69,68	101,36	114,03
	VI	1 563	85,96	125,04	140,67
11 411,99	I,IV	161	8,85	12,88	14,49
	II	—	—	—	—
	III	—	—	—	—
	V	1 271	69,90	101,68	114,39
	VI	1 577	86,73	126,16	141,93
11 447,99	I,IV	167	9,18	13,36	15,03
	II	—	—	—	—
	III	—	—	—	—
	V	1 276	70,18	102,08	114,84
	VI	1 590	87,45	127,20	143,10
11 483,99	I,IV	172	9,46	13,76	15,48
	II	—	—	—	—
	III	—	—	—	—
	V	1 280	70,40	102,40	115,20
	VI	1 603	88,16	128,24	144,27
11 519,99	I,IV	177	9,73	14,16	15,93
	II	—	—	—	—
	III	—	—	—	—
	V	1 285	70,67	102,80	115,65
	VI	1 616	88,88	129,28	145,44
11 555,99	I,IV	182	10,01	14,56	16,38
	II	—	—	—	—
	III	—	—	—	—
	V	1 289	70,89	103,12	116,01
	VI	1 630	89,65	130,40	146,70
11 591,99	I,IV	187	10,28	14,96	16,83
	II	—	—	—	—
	III	—	—	—	—
	V	1 294	71,17	103,52	116,46
	VI	1 643	90,36	131,44	147,87
11 627,99	I,IV	192	10,56	15,36	17,28
	II	—	—	—	—
	III	—	—	—	—
	V	1 298	71,39	103,84	116,82
	VI	1 656	91,08	132,48	149,04
11 663,99	I,IV	197	10,83	15,76	17,73
	II	—	—	—	—
	III	—	—	—	—
	V	1 302	71,61	104,16	117,18
	VI	1 670	91,85	133,60	150,30
11 699,99	I,IV	203	11,16	16,24	18,27
	II	3	0,16	0,24	0,27
	III	—	—	—	—
	V	1 307	71,88	104,56	117,63
	VI	1 683	92,56	134,64	151,47
11 735,99	I,IV	208	11,44	16,64	18,72
	II	8	0,44	0,64	0,72
	III	—	—	—	—
	V	1 311	72,10	104,88	117,99
	VI	1 696	93,28	135,68	152,64
11 771,99	I,IV	213	11,71	17,04	19,17
	II	12	0,66	0,96	1,08
	III	—	—	—	—
	V	1 316	72,38	105,28	118,44
	VI	1 710	94,05	136,80	153,90
11 807,99	I,IV	218	11,99	17,44	19,62
	II	17	0,93	1,36	1,53
	III	—	—	—	—
	V	1 322	72,71	105,76	118,98
	VI	1 723	94,76	137,84	155,07
11 843,99	I,IV	224	12,32	17,92	20,16
	II	21	1,15	1,68	1,89
	III	—	—	—	—
	V	1 335	73,42	106,80	120,15
	VI	1 736	95,48	138,88	156,24
11 879,99	I,IV	229	12,59	18,32	20,61
	II	26	1,43	2,08	2,34
	III	—	—	—	—
	V	1 348	74,14	107,84	121,32
	VI	1 750	96,25	140,—	157,50
11 915,99	I,IV	234	12,87	18,72	21,06
	II	30	1,65	2,40	2,70
	III	—	—	—	—
	V	1 362	74,91	108,96	122,59
	VI	1 763	96,96	141,04	158,67
11 951,99	I,IV	239	13,14	19,12	21,51
	II	35	1,92	2,80	3,15
	III	—	—	—	—
	V	1 375	75,62	110,—	123,75
	VI	1 776	97,68	142,08	159,84
11 987,99	I,IV	245	13,47	19,60	22,05
	II	39	2,14	3,12	3,51
	III	—	—	—	—
	V	1 388	76,34	111,04	124,92
	VI	1 789	98,39	143,12	161,01
12 023,99	I,IV	250	13,75	20,—	22,50
	II	44	2,42	3,52	3,96
	III	—	—	—	—
	V	1 401	77,05	112,08	126,09
	VI	1 803	99,16	144,24	162,27
12 059,99	I,IV	256	14,08	20,48	23,04
	II	49	2,69	3,92	4,41
	III	—	—	—	—
	V	1 414	77,77	113,12	127,26
	VI	1 816	99,88	145,28	163,44
12 095,99	I,IV	261	14,35	20,88	23,49
	II	53	2,91	4,24	4,77
	III	—	—	—	—
	V	1 428	78,54	114,24	128,52
	VI	1 829	100,59	146,32	164,61

* Die ausgewiesenen Tabellenwerte sind amtlich. Siehe Erläuterungen auf der Umschlaginnenseite (U2).

13 823,99* — Sonstige Bezüge / B-Tarif

Lohn/Gehalt bis €*	Klasse	LSt	SolZ	8%	9%
12 131,99	I,IV	266	14,63	21,28	23,94
	II	58	3,19	4,64	5,22
	III	—	—	—	—
	V	1 441	79,25	115,28	129,69
	VI	1 843	101,36	147,44	165,87
12 167,99	I,IV	272	14,96	21,76	24,48
	II	63	3,46	5,04	5,67
	III	—	—	—	—
	V	1 454	79,97	116,32	130,86
	VI	1 856	102,08	148,48	167,04
12 203,99	I,IV	277	15,23	22,16	24,93
	II	67	3,68	5,36	6,03
	III	—	—	—	—
	V	1 468	80,74	117,44	132,12
	VI	1 869	102,79	149,52	168,21
12 239,99	I,IV	283	15,56	22,64	25,47
	II	72	3,96	5,76	6,48
	III	—	—	—	—
	V	1 481	81,45	118,48	133,29
	VI	1 883	103,56	150,64	169,47
12 275,99	I,IV	288	15,84	23,04	25,92
	II	77	4,23	6,16	6,93
	III	—	—	—	—
	V	1 494	82,17	119,52	134,46
	VI	1 896	104,28	151,68	170,64
12 311,99	I,IV	294	16,17	23,52	26,46
	II	82	4,51	6,56	7,38
	III	—	—	—	—
	V	1 508	82,94	120,64	135,72
	VI	1 909	104,99	152,72	171,81
12 347,99	I,IV	299	16,44	23,92	26,91
	II	86	4,73	6,88	7,74
	III	—	—	—	—
	V	1 521	83,65	121,68	136,89
	VI	1 923	105,76	153,84	173,07
12 383,99	I,IV	305	16,77	24,40	27,45
	II	91	5,—	7,28	8,19
	III	—	—	—	—
	V	1 534	84,37	122,72	138,06
	VI	1 936	106,48	154,88	174,24
12 419,99	I,IV	310	17,05	24,80	27,90
	II	96	5,28	7,68	8,64
	III	—	—	—	—
	V	1 548	85,14	123,84	139,32
	VI	1 949	107,19	155,92	175,41
12 455,99	I,IV	316	17,38	25,28	28,44
	II	101	5,55	8,08	9,09
	III	—	—	—	—
	V	1 561	85,85	124,88	140,49
	VI	1 963	107,96	157,04	176,67
12 491,99	I,IV	321	17,65	25,68	28,89
	II	105	5,77	8,40	9,45
	III	—	—	—	—
	V	1 574	86,57	125,92	141,66
	VI	1 976	108,68	158,08	177,84
12 527,99	I,IV	327	17,98	26,16	29,43
	II	110	6,05	8,80	9,90
	III	—	—	—	—
	V	1 587	87,28	126,96	142,83
	VI	1 989	109,39	159,12	179,01
12 563,99	I,IV	333	18,31	26,64	29,97
	II	115	6,32	9,20	10,35
	III	—	—	—	—
	V	1 601	88,05	128,08	144,09
	VI	2 002	110,11	160,16	180,18
12 599,99	I,IV	339	18,64	27,12	30,51
	II	120	6,60	9,60	10,80
	III	—	—	—	—
	V	1 614	88,77	129,12	145,26
	VI	2 016	110,88	161,28	181,44
12 635,99	I,IV	344	18,92	27,52	30,96
	II	125	6,87	10,—	11,25
	III	—	—	—	—
	V	1 627	89,48	130,16	146,43
	VI	2 029	111,59	162,32	182,61
12 671,99	I,IV	350	19,25	28,—	31,50
	II	130	7,15	10,40	11,70
	III	—	—	—	—
	V	1 641	90,25	131,28	147,69
	VI	2 042	112,31	163,36	183,78
12 707,99	I,IV	356	19,58	28,48	32,04
	II	135	7,42	10,80	12,15
	III	—	—	—	—
	V	1 654	90,97	132,32	148,86
	VI	2 056	113,08	164,48	185,04
12 743,99	I,IV	361	19,85	28,88	32,49
	II	140	7,70	11,20	12,60
	III	—	—	—	—
	V	1 667	91,68	133,36	150,03
	VI	2 069	113,79	165,52	186,21
12 779,99	I,IV	367	20,18	29,36	33,03
	II	145	7,97	11,60	13,05
	III	—	—	—	—
	V	1 681	92,45	134,48	151,29
	VI	2 082	114,51	166,56	187,38
12 815,99	I,IV	373	20,51	29,84	33,57
	II	150	8,25	12,—	13,50
	III	—	—	—	—
	V	1 694	93,17	135,52	152,46
	VI	2 096	115,28	167,68	188,64
12 851,99	I,IV	379	20,84	30,32	34,11
	II	155	8,52	12,40	13,95
	III	—	—	—	—
	V	1 707	93,88	136,56	153,63
	VI	2 109	115,99	168,72	189,81
12 887,99	I,IV	384	21,12	30,72	34,56
	II	160	8,80	12,80	14,40
	III	—	—	—	—
	V	1 721	94,65	137,68	154,89
	VI	2 122	116,71	169,76	190,98
12 923,99	I,IV	390	21,45	31,20	35,10
	II	165	9,07	13,20	14,85
	III	—	—	—	—
	V	1 734	95,37	138,72	156,06
	VI	2 136	117,48	170,88	192,24
12 959,99	I,IV	396	21,78	31,68	35,64
	II	170	9,35	13,60	15,30
	III	—	—	—	—
	V	1 747	96,08	139,76	157,23
	VI	2 149	118,19	171,92	193,41
12 995,99	I,IV	402	22,11	32,16	36,18
	II	175	9,62	14,—	15,75
	III	—	—	—	—
	V	1 761	96,85	140,88	158,49
	VI	2 162	118,91	172,96	194,58
13 031,99	I,IV	408	22,44	32,64	36,72
	II	180	9,90	14,40	16,20
	III	—	—	—	—
	V	1 774	97,57	141,92	159,66
	VI	2 175	119,62	174,—	195,75
13 067,99	I,IV	414	22,77	33,12	37,26
	II	186	10,23	14,88	16,74
	III	—	—	—	—
	V	1 787	98,28	142,96	160,83
	VI	2 188	120,34	175,04	196,92
13 103,99	I,IV	420	23,10	33,60	37,80
	II	191	10,50	15,28	17,19
	III	—	—	—	—
	V	1 800	99,—	144,—	162,—
	VI	2 202	121,11	176,16	198,18
13 139,99	I,IV	426	23,43	34,08	38,34
	II	196	10,78	15,68	17,64
	III	—	—	—	—
	V	1 814	99,77	145,12	163,26
	VI	2 215	121,82	177,20	199,35
13 175,99	I,IV	431	23,70	34,48	38,79
	II	201	11,05	16,08	18,09
	III	—	—	—	—
	V	1 827	100,48	146,16	164,43
	VI	2 228	122,54	178,24	200,52
13 211,99	I,IV	437	24,03	34,96	39,33
	II	206	11,33	16,48	18,54
	III	—	—	—	—
	V	1 840	101,20	147,20	165,60
	VI	2 242	123,31	179,36	201,78
13 247,99	I,IV	443	24,36	35,44	39,87
	II	212	11,66	16,96	19,08
	III	—	—	—	—
	V	1 854	101,97	148,32	166,86
	VI	2 255	124,02	180,40	202,95
13 283,99	I,IV	449	24,69	35,92	40,41
	II	217	11,93	17,36	19,53
	III	—	—	—	—
	V	1 867	102,68	149,36	168,03
	VI	2 268	124,74	181,44	204,12
13 319,99	I,IV	455	25,02	36,40	40,95
	II	222	12,21	17,76	19,98
	III	—	—	—	—
	V	1 880	103,40	150,40	169,20
	VI	2 282	125,51	182,56	205,38
13 355,99	I,IV	461	25,35	36,88	41,49
	II	227	12,48	18,16	20,43
	III	—	—	—	—
	V	1 894	104,17	151,52	170,46
	VI	2 295	126,22	183,60	206,55
13 391,99	I,IV	467	25,68	37,36	42,03
	II	233	12,81	18,64	20,97
	III	—	—	—	—
	V	1 907	104,88	152,56	171,63
	VI	2 308	126,94	184,64	207,72
13 427,99	I,IV	474	26,07	37,92	42,66
	II	238	13,09	19,04	21,42
	III	—	—	—	—
	V	1 920	105,60	153,60	172,80
	VI	2 322	127,71	185,76	208,98
13 463,99	I,IV	480	26,40	38,40	43,20
	II	243	13,36	19,44	21,87
	III	—	—	—	—
	V	1 934	106,37	154,72	174,06
	VI	2 335	128,42	186,80	210,15
13 499,99	I,IV	486	26,73	38,88	43,74
	II	249	13,69	19,92	22,41
	III	—	—	—	—
	V	1 947	107,08	155,76	175,23
	VI	2 349	129,19	187,92	211,41
13 535,99	I,IV	492	27,06	39,36	44,28
	II	254	13,97	20,32	22,86
	III	—	—	—	—
	V	1 960	107,80	156,80	176,40
	VI	2 362	129,91	188,96	212,58
13 571,99	I,IV	498	27,39	39,84	44,82
	II	259	14,24	20,72	23,31
	III	—	—	—	—
	V	1 973	108,51	157,84	177,57
	VI	2 375	130,62	190,—	213,75
13 607,99	I,IV	504	27,72	40,32	45,36
	II	265	14,57	21,20	23,85
	III	—	—	—	—
	V	1 987	109,28	158,96	178,83
	VI	2 388	131,34	191,04	214,92
13 643,99	I,IV	510	28,05	40,80	45,90
	II	270	14,85	21,60	24,30
	III	—	—	—	—
	V	2 000	110,—	160,—	180,—
	VI	2 401	132,05	192,08	216,09
13 679,99	I,IV	517	28,43	41,36	46,53
	II	276	15,18	22,08	24,84
	III	—	—	—	—
	V	2 013	110,71	161,04	181,17
	VI	2 415	132,82	193,20	217,35
13 715,99	I,IV	523	28,76	41,84	47,07
	II	281	15,45	22,48	25,29
	III	—	—	—	—
	V	2 027	111,48	162,16	182,43
	VI	2 428	133,54	194,24	218,52
13 751,99	I,IV	529	29,09	42,32	47,61
	II	287	15,78	22,96	25,83
	III	—	—	—	—
	V	2 040	112,20	163,20	183,60
	VI	2 441	134,25	195,28	219,69
13 787,99	I,IV	535	29,42	42,80	48,15
	II	292	16,06	23,36	26,28
	III	—	—	—	—
	V	2 053	112,91	164,24	184,77
	VI	2 455	135,02	196,40	220,95
13 823,99	I,IV	542	29,81	43,36	48,78
	II	298	16,39	23,84	26,82
	III	—	—	—	—
	V	2 067	113,68	165,36	186,03
	VI	2 468	135,74	197,44	222,12

* Die ausgewiesenen Tabellenwerte sind amtlich. Siehe Erläuterungen auf der Umschlaginnenseite (U2).

T 59

Sonstige Bezüge / B-Tarif — 13 824,–*

Lohn/Gehalt bis €*	Klasse	LSt	SolZ	8%	9%
13 859,99	I,IV	548	30,14	43,84	49,32
	II	303	16,66	24,24	27,27
	III	—	—	—	—
	V	2 080	114,40	166,40	187,20
	VI	2 481	136,45	198,48	223,29
13 895,99	I,IV	554	30,47	44,32	49,86
	II	309	16,99	24,72	27,81
	III	—	—	—	—
	V	2 093	115,11	167,44	188,37
	VI	2 495	137,22	199,60	224,55
13 931,99	I,IV	561	30,85	44,88	50,49
	II	314	17,27	25,12	28,26
	III	—	—	—	—
	V	2 107	115,88	168,56	189,63
	VI	2 508	137,94	200,64	225,72
13 967,99	I,IV	567	31,18	45,36	51,03
	II	320	17,60	25,60	28,80
	III	—	—	—	—
	V	2 120	116,60	169,60	190,80
	VI	2 521	138,65	201,68	226,89
14 003,99	I,IV	573	31,51	45,84	51,57
	II	326	17,93	26,08	29,34
	III	—	—	—	—
	V	2 133	117,31	170,64	191,97
	VI	2 535	139,42	202,80	228,15
14 039,99	I,IV	580	31,90	46,40	52,20
	II	331	18,20	26,48	29,79
	III	—	—	—	—
	V	2 146	118,03	171,68	193,14
	VI	2 548	140,14	203,84	229,32
14 075,99	I,IV	586	32,23	46,88	52,74
	II	337	18,53	26,96	30,33
	III	—	—	—	—
	V	2 160	118,80	172,80	194,40
	VI	2 561	140,85	204,88	230,49
14 111,99	I,IV	592	32,56	47,36	53,28
	II	342	18,81	27,36	30,78
	III	—	—	—	—
	V	2 173	119,51	173,84	195,57
	VI	2 574	141,57	205,92	231,66
14 147,99	I,IV	599	32,94	47,92	53,91
	II	348	19,14	27,84	31,32
	III	—	—	—	—
	V	2 186	120,23	174,88	196,74
	VI	2 588	142,34	207,04	232,92
14 183,99	I,IV	605	33,27	48,40	54,45
	II	354	19,47	28,32	31,86
	III	—	—	—	—
	V	2 199	120,94	175,92	197,91
	VI	2 601	143,05	208,08	234,09
14 219,99	I,IV	612	33,66	48,96	55,08
	II	360	19,80	28,80	32,40
	III	—	—	—	—
	V	2 213	121,71	177,04	199,17
	VI	2 614	143,77	209,12	235,26
14 255,99	I,IV	618	33,99	49,44	55,62
	II	365	20,07	29,20	32,85
	III	—	—	—	—
	V	2 226	122,43	178,08	200,34
	VI	2 628	144,54	210,24	236,52
14 291,99	I,IV	625	34,37	50,—	56,25
	II	371	20,40	29,68	33,39
	III	—	—	—	—
	V	2 239	123,14	179,12	201,51
	VI	2 641	145,25	211,28	237,69
14 327,99	I,IV	631	34,70	50,48	56,79
	II	377	20,73	30,16	33,93
	III	—	—	—	—
	V	2 253	123,91	180,24	202,77
	VI	2 654	145,97	212,32	238,86
14 363,99	I,IV	638	35,09	51,04	57,42
	II	383	21,06	30,64	34,47
	III	—	—	—	—
	V	2 266	124,63	181,28	203,94
	VI	2 668	146,74	213,44	240,12
14 399,99	I,IV	645	35,47	51,60	58,05
	II	389	21,39	31,12	35,01
	III	—	—	—	—
	V	2 280	125,40	182,40	205,20
	VI	2 681	147,45	214,48	241,29
14 435,99	I,IV	651	35,80	52,08	58,59
	II	394	21,67	31,52	35,46
	III	—	—	—	—
	V	2 293	126,11	183,44	206,37
	VI	2 694	148,17	215,52	242,46
14 471,99	I,IV	658	36,19	52,64	59,22
	II	400	22,—	32,—	36,—
	III	—	—	—	—
	V	2 306	126,83	184,48	207,54
	VI	2 708	148,94	216,64	243,72
14 507,99	I,IV	664	36,52	53,12	59,76
	II	406	22,33	32,48	36,54
	III	—	—	—	—
	V	2 320	127,60	185,60	208,80
	VI	2 721	149,65	217,68	244,89
14 543,99	I,IV	671	36,90	53,68	60,39
	II	412	22,66	32,96	37,08
	III	—	—	—	—
	V	2 333	128,31	186,64	209,97
	VI	2 734	150,37	218,72	246,06
14 579,99	I,IV	678	37,29	54,24	61,02
	II	418	22,99	33,44	37,62
	III	—	—	—	—
	V	2 346	129,03	187,68	211,14
	VI	2 748	151,14	219,84	247,32
14 615,99	I,IV	684	37,62	54,72	61,56
	II	424	23,32	33,92	38,16
	III	—	—	—	—
	V	2 359	129,74	188,72	212,31
	VI	2 761	151,85	220,88	248,49
14 651,99	I,IV	691	38,—	55,28	62,19
	II	430	23,65	34,40	38,70
	III	—	—	—	—
	V	2 372	130,46	189,76	213,48
	VI	2 774	152,57	221,92	249,66
14 687,99	I,IV	698	38,39	55,84	62,82
	II	436	23,98	34,88	39,24
	III	—	—	—	—
	V	2 386	131,23	190,88	214,74
	VI	2 787	153,28	222,96	250,83
14 723,99	I,IV	705	38,77	56,40	63,45
	II	442	24,31	35,36	39,78
	III	—	—	—	—
	V	2 399	131,94	191,92	215,91
	VI	2 801	154,05	224,08	252,09
14 759,99	I,IV	711	39,10	56,88	63,99
	II	448	24,64	35,84	40,32
	III	—	—	—	—
	V	2 412	132,66	192,96	217,08
	VI	2 814	154,77	225,12	253,26
14 795,99	I,IV	718	39,49	57,44	64,62
	II	454	24,97	36,32	40,86
	III	—	—	—	—
	V	2 426	133,43	194,08	218,34
	VI	2 827	155,48	226,16	254,43
14 831,99	I,IV	725	39,87	58,—	65,25
	II	460	25,30	36,80	41,40
	III	—	—	—	—
	V	2 439	134,14	195,12	219,51
	VI	2 841	156,25	227,28	255,69
14 867,99	I,IV	732	40,26	58,56	65,88
	II	466	25,63	37,28	41,94
	III	—	—	—	—
	V	2 452	134,86	196,16	220,68
	VI	2 854	156,97	228,32	256,86
14 903,99	I,IV	738	40,59	59,04	66,42
	II	472	25,96	37,76	42,48
	III	—	—	—	—
	V	2 466	135,63	197,28	221,94
	VI	2 867	157,68	229,36	258,03
14 939,99	I,IV	745	40,97	59,60	67,05
	II	478	26,29	38,24	43,02
	III	—	—	—	—
	V	2 479	136,34	198,32	223,11
	VI	2 881	158,45	230,48	259,29
14 975,99	I,IV	752	41,36	60,16	67,68
	II	484	26,62	38,72	43,56
	III	—	—	—	—
	V	2 492	137,06	199,36	224,28
	VI	2 894	159,17	231,52	260,46
15 011,99	I,IV	759	41,74	60,72	68,31
	II	490	26,95	39,20	44,10
	III	—	—	—	—
	V	2 506	137,83	200,48	225,54
	VI	2 907	159,88	232,56	261,63
15 047,99	I,IV	766	42,13	61,28	68,94
	II	496	27,28	39,68	44,64
	III	—	—	—	—
	V	2 519	138,54	201,52	226,71
	VI	2 921	160,65	233,68	262,89
15 083,99	I,IV	773	42,51	61,84	69,57
	II	502	27,61	40,16	45,18
	III	—	—	—	—
	V	2 532	139,26	202,56	227,88
	VI	2 934	161,37	234,72	264,06
15 119,99	I,IV	780	42,90	62,40	70,20
	II	509	27,99	40,72	45,81
	III	—	—	—	—
	V	2 545	139,97	203,60	229,05
	VI	2 947	162,08	235,76	265,23
15 155,99	I,IV	787	43,28	62,96	70,83
	II	515	28,32	41,20	46,35
	III	—	—	—	—
	V	2 559	140,74	204,72	230,31
	VI	2 960	162,80	236,80	266,40
15 191,99	I,IV	794	43,67	63,52	71,46
	II	521	28,65	41,68	46,89
	III	—	—	—	—
	V	2 572	141,46	205,76	231,48
	VI	2 973	163,51	237,84	267,57
15 227,99	I,IV	801	44,05	64,08	72,09
	II	527	28,98	42,16	47,43
	III	—	—	—	—
	V	2 585	142,17	206,80	232,65
	VI	2 987	164,28	238,96	268,83
15 263,99	I,IV	808	44,44	64,64	72,72
	II	534	29,37	42,72	48,06
	III	—	—	—	—
	V	2 599	142,94	207,92	233,91
	VI	3 000	165,—	240,—	270,—
15 299,99	I,IV	815	44,82	65,20	73,35
	II	540	29,70	43,20	48,60
	III	—	—	—	—
	V	2 612	143,66	208,96	235,08
	VI	3 014	165,77	241,12	271,26
15 335,99	I,IV	822	45,21	65,76	73,98
	II	546	30,03	43,68	49,14
	III	—	—	—	—
	V	2 625	144,37	210,—	236,25
	VI	3 027	166,48	242,16	272,43
15 371,99	I,IV	829	45,59	66,32	74,61
	II	552	30,36	44,16	49,68
	III	—	—	—	—
	V	2 639	145,14	211,12	237,51
	VI	3 040	167,20	243,20	273,60
15 407,99	I,IV	836	45,98	66,88	75,24
	II	559	30,74	44,72	50,31
	III	—	—	—	—
	V	2 652	145,86	212,16	238,68
	VI	3 054	167,97	244,32	274,86
15 443,99	I,IV	843	46,36	67,44	75,87
	II	565	31,07	45,20	50,85
	III	—	—	—	—
	V	2 665	146,57	213,20	239,85
	VI	3 067	168,68	245,36	276,03
15 479,99	I,IV	850	46,75	68,—	76,50
	II	571	31,40	45,68	51,39
	III	—	—	—	—
	V	2 679	147,34	214,32	241,11
	VI	3 080	169,40	246,40	277,20
15 515,99	I,IV	857	47,13	68,56	77,13
	II	578	31,79	46,24	52,02
	III	—	—	—	—
	V	2 692	148,06	215,36	242,28
	VI	3 094	170,17	247,52	278,46
15 551,99	I,IV	864	47,52	69,12	77,76
	II	584	32,12	46,72	52,56
	III	—	—	—	—
	V	2 705	148,77	216,40	243,45
	VI	3 107	170,88	248,56	279,63

* Die ausgewiesenen Tabellenwerte sind amtlich. Siehe Erläuterungen auf der Umschlaginnenseite (U2).

17 279,99* — Sonstige Bezüge / B-Tarif

Lohn/Gehalt bis €*	Klasse	LSt	SolZ	8%	9%
15 587,99	I,IV	872	47,96	69,76	78,48
	II	591	32,50	47,28	53,19
	III	—	—	—	—
	V	2 719	149,54	217,52	244,71
	VI	3 120	171,60	249,60	280,80
15 623,99	I,IV	879	48,34	70,32	79,11
	II	597	32,83	47,76	53,73
	III	—	—	—	—
	V	2 732	150,26	218,56	245,88
	VI	3 133	172,31	250,64	281,97
15 659,99	I,IV	886	48,73	70,88	79,74
	II	603	33,16	48,24	54,27
	III	—	—	—	—
	V	2 745	150,97	219,60	247,05
	VI	3 147	173,08	251,76	283,23
15 695,99	I,IV	893	49,11	71,44	80,37
	II	610	33,55	48,80	54,90
	III	—	—	—	—
	V	2 758	151,69	220,64	248,22
	VI	3 160	173,80	252,80	284,40
15 731,99	I,IV	901	49,55	72,08	81,09
	II	617	33,93	49,36	55,53
	III	—	—	—	—
	V	2 772	152,46	221,76	249,48
	VI	3 173	174,51	253,84	285,57
15 767,99	I,IV	908	49,94	72,64	81,72
	II	623	34,26	49,84	56,07
	III	—	—	—	—
	V	2 785	153,17	222,80	250,65
	VI	3 186	175,23	254,88	286,74
15 803,99	I,IV	915	50,32	73,20	82,35
	II	630	34,65	50,40	56,70
	III	—	—	—	—
	V	2 798	153,89	223,84	251,82
	VI	3 200	176,—	256,—	288,—
15 839,99	I,IV	923	50,76	73,84	83,07
	II	636	34,98	50,88	57,24
	III	—	—	—	—
	V	2 812	154,66	224,96	253,08
	VI	3 214	176,77	257,12	289,26
15 875,99	I,IV	931	51,20	74,48	83,79
	II	644	35,42	51,52	57,96
	III	—	—	—	—
	V	2 827	155,48	226,16	254,43
	VI	3 229	177,59	258,32	290,61
15 911,99	I,IV	939	51,64	75,12	84,51
	II	651	35,80	52,08	58,59
	III	—	—	—	—
	V	2 842	156,31	227,36	255,78
	VI	3 244	178,42	259,52	291,96
15 947,99	I,IV	948	52,14	75,84	85,32
	II	659	36,24	52,72	59,31
	III	—	—	—	—
	V	2 858	157,19	228,64	257,22
	VI	3 259	179,24	260,72	293,31
15 983,99	I,IV	956	52,58	76,48	86,04
	II	666	36,63	53,28	59,94
	III	—	—	—	—
	V	2 873	158,01	229,84	258,57
	VI	3 274	180,07	261,92	294,66
16 019,99	I,IV	965	53,07	77,20	86,85
	II	674	37,07	53,92	60,66
	III	—	—	—	—
	V	2 888	158,84	231,04	259,92
	VI	3 289	180,89	263,12	296,01
16 055,99	I,IV	973	53,51	77,84	87,57
	II	681	37,45	54,48	61,29
	III	—	—	—	—
	V	2 903	159,66	232,24	261,27
	VI	3 304	181,72	264,32	297,36
16 091,99	I,IV	981	53,95	78,48	88,29
	II	689	37,89	55,12	62,01
	III	—	—	—	—
	V	2 918	160,49	233,44	262,62
	VI	3 320	182,60	265,60	298,80
16 127,99	I,IV	990	54,45	79,20	89,10
	II	697	38,33	55,76	62,73
	III	—	—	—	—
	V	2 933	161,31	234,64	263,97
	VI	3 335	183,42	266,80	300,15
16 163,99	I,IV	998	54,89	79,84	89,82
	II	704	38,72	56,32	63,36
	III	—	—	—	—
	V	2 948	162,14	235,84	265,32
	VI	3 350	184,25	268,—	301,50
16 199,99	I,IV	1 007	55,38	80,56	90,63
	II	712	39,16	56,96	64,08
	III	—	—	—	—
	V	2 963	162,96	237,04	266,67
	VI	3 365	185,07	269,20	302,85
16 235,99	I,IV	1 016	55,88	81,28	91,44
	II	720	39,60	57,60	64,80
	III	—	—	—	—
	V	2 979	163,84	238,32	268,11
	VI	3 380	185,90	270,40	304,20
16 271,99	I,IV	1 024	56,32	81,92	92,16
	II	727	39,98	58,16	65,43
	III	—	—	—	—
	V	2 994	164,67	239,52	269,46
	VI	3 395	186,72	271,60	305,55
16 307,99	I,IV	1 033	56,81	82,64	92,97
	II	735	40,42	58,80	66,15
	III	—	—	—	—
	V	3 009	165,49	240,72	270,81
	VI	3 410	187,55	272,80	306,90
16 343,99	I,IV	1 042	57,31	83,36	93,78
	II	743	40,86	59,44	66,87
	III	—	—	—	—
	V	3 024	166,32	241,92	272,16
	VI	3 425	188,37	274,—	308,25
16 379,99	I,IV	1 050	57,75	84,—	94,50
	II	751	41,30	60,08	67,59
	III	—	—	—	—
	V	3 039	167,14	243,12	273,51
	VI	3 441	189,25	275,28	309,69
16 415,99	I,IV	1 059	58,24	84,72	95,31
	II	759	41,74	60,72	68,31
	III	—	—	—	—
	V	3 054	167,97	244,32	274,86
	VI	3 456	190,08	276,48	311,04
16 451,99	I,IV	1 068	58,74	85,44	96,12
	II	766	42,13	61,28	68,94
	III	—	—	—	—
	V	3 069	168,79	245,52	276,21
	VI	3 471	190,90	277,68	312,39
16 487,99	I,IV	1 076	59,18	86,08	96,84
	II	774	42,57	61,92	69,66
	III	—	—	—	—
	V	3 084	169,62	246,72	277,56
	VI	3 486	191,73	278,88	313,74
16 523,99	I,IV	1 085	59,67	86,80	97,65
	II	782	43,01	62,56	70,38
	III	—	—	—	—
	V	3 099	170,44	247,92	278,91
	VI	3 498	192,39	279,84	314,82
16 559,99	I,IV	1 094	60,17	87,52	98,46
	II	790	43,45	63,20	71,10
	III	—	—	—	—
	V	3 115	171,32	249,20	280,35
	VI	3 510	193,05	280,80	315,90
16 595,99	I,IV	1 102	60,61	88,16	99,18
	II	798	43,89	63,84	71,82
	III	—	—	—	—
	V	3 130	172,15	250,40	281,70
	VI	3 524	193,82	281,92	317,16
16 631,99	I,IV	1 111	61,10	88,88	99,99
	II	806	44,33	64,48	72,54
	III	—	—	—	—
	V	3 145	172,97	251,60	283,05
	VI	3 538	194,59	283,04	318,42
16 667,99	I,IV	1 120	61,60	89,60	100,80
	II	814	44,77	65,12	73,26
	III	—	—	—	—
	V	3 160	173,80	252,80	284,40
	VI	3 548	195,14	283,84	319,32
16 703,99	I,IV	1 128	62,04	90,24	101,52
	II	822	45,21	65,76	73,98
	III	—	—	—	—
	V	3 175	174,62	254,—	285,75
	VI	3 562	195,91	284,96	320,58
16 739,99	I,IV	1 137	62,53	90,96	102,33
	II	830	45,65	66,40	74,70
	III	—	—	—	—
	V	3 190	175,45	255,20	287,10
	VI	3 576	196,68	286,08	321,84
16 775,99	I,IV	1 146	63,03	91,68	103,14
	II	838	46,09	67,04	75,42
	III	—	—	—	—
	V	3 205	176,27	256,40	288,45
	VI	3 590	197,45	287,20	323,10
16 811,99	I,IV	1 155	63,52	92,40	103,95
	II	846	46,53	67,68	76,14
	III	—	—	—	—
	V	3 220	177,10	257,60	289,80
	VI	3 602	198,11	288,16	324,18
16 847,99	I,IV	1 163	63,96	93,04	104,67
	II	854	46,97	68,32	76,86
	III	—	—	—	—
	V	3 236	177,98	258,88	291,24
	VI	3 616	198,88	289,28	325,44
16 883,99	I,IV	1 172	64,46	93,76	105,48
	II	862	47,41	68,96	77,58
	III	—	—	—	—
	V	3 251	178,80	260,08	292,59
	VI	3 628	199,54	290,24	326,52
16 919,99	I,IV	1 181	64,95	94,48	106,29
	II	871	47,90	69,68	78,39
	III	—	—	—	—
	V	3 266	179,63	261,28	293,94
	VI	3 640	200,20	291,20	327,60
16 955,99	I,IV	1 189	65,39	95,12	107,01
	II	879	48,34	70,32	79,11
	III	—	—	—	—
	V	3 281	180,45	262,48	295,29
	VI	3 654	200,97	292,32	328,86
16 991,99	I,IV	1 198	65,89	95,84	107,82
	II	887	48,78	70,96	79,83
	III	—	—	—	—
	V	3 296	181,28	263,68	296,64
	VI	3 666	201,63	293,28	329,94
17 027,99	I,IV	1 207	66,38	96,56	108,63
	II	895	49,22	71,60	80,55
	III	—	—	—	—
	V	3 311	182,10	264,88	297,99
	VI	3 680	202,40	294,40	331,20
17 063,99	I,IV	1 216	66,88	97,28	109,44
	II	903	49,66	72,24	81,27
	III	—	—	—	—
	V	3 326	182,93	266,08	299,34
	VI	3 692	203,06	295,36	332,28
17 099,99	I,IV	1 224	67,32	97,92	110,16
	II	912	50,16	72,96	82,08
	III	—	—	—	—
	V	3 341	183,75	267,28	300,69
	VI	3 706	203,83	296,48	333,54
17 135,99	I,IV	1 233	67,81	98,64	110,97
	II	920	50,60	73,60	82,80
	III	—	—	—	—
	V	3 357	184,63	268,56	302,13
	VI	3 720	204,60	297,60	334,80
17 171,99	I,IV	1 242	68,31	99,36	111,78
	II	928	51,04	74,24	83,52
	III	—	—	—	—
	V	3 372	185,46	269,76	303,48
	VI	3 732	205,26	298,56	335,88
17 207,99	I,IV	1 251	68,80	100,08	112,59
	II	937	51,53	74,96	84,33
	III	—	—	—	—
	V	3 387	186,28	270,96	304,83
	VI	3 746	206,03	299,68	337,14
17 243,99	I,IV	1 259	69,24	100,72	113,31
	II	945	51,97	75,60	85,05
	III	—	—	—	—
	V	3 402	187,11	272,16	306,18
	VI	3 758	206,69	300,64	338,22
17 279,99	I,IV	1 268	69,74	101,44	114,12
	II	953	52,41	76,24	85,77
	III	—	—	—	—
	V	3 417	187,93	273,36	307,53
	VI	3 772	207,46	301,76	339,48

* Die ausgewiesenen Tabellenwerte sind amtlich. Siehe Erläuterungen auf der Umschlaginnenseite (U2).

T 61

Sonstige Bezüge / B-Tarif — 17 280,–*

Lohn/Gehalt bis €*	StKl	LSt	SolZ	8%	9%
17 315,99	I,IV	1 277	70,23	102,16	114,93
	II	962	52,91	76,96	86,58
	III	—	—	—	—
	V	3 432	188,76	274,56	308,88
	VI	3 784	208,12	302,72	340,56
17 351,99	I,IV	1 286	70,73	102,88	115,74
	II	970	53,35	77,60	87,30
	III	—	—	—	—
	V	3 447	189,58	275,76	310,23
	VI	3 798	208,89	303,84	341,82
17 387,99	I,IV	1 295	71,22	103,60	116,55
	II	979	53,84	78,32	88,11
	III	—	—	—	—
	V	3 462	190,41	276,96	311,58
	VI	3 810	209,55	304,80	342,90
17 423,99	I,IV	1 303	71,66	104,24	117,27
	II	987	54,28	78,96	88,83
	III	—	—	—	—
	V	3 477	191,23	278,16	312,93
	VI	3 822	210,21	305,76	343,98
17 459,99	I,IV	1 312	72,16	104,96	118,08
	II	996	54,78	79,68	89,64
	III	—	—	—	—
	V	3 490	191,95	279,20	314,10
	VI	3 836	210,98	306,88	345,24
17 495,99	I,IV	1 321	72,65	105,68	118,89
	II	1 004	55,22	80,32	90,36
	III	—	—	—	—
	V	3 504	192,72	280,32	315,36
	VI	3 848	211,64	307,84	346,32
17 531,99	I,IV	1 330	73,15	106,40	119,70
	II	1 013	55,71	81,04	91,17
	III	—	—	—	—
	V	3 516	193,38	281,28	316,44
	VI	3 862	212,41	308,96	347,58
17 567,99	I,IV	1 339	73,64	107,12	120,51
	II	1 021	56,15	81,68	91,89
	III	—	—	—	—
	V	3 530	194,15	282,40	317,70
	VI	3 874	213,07	309,92	348,66
17 603,99	I,IV	1 348	74,14	107,84	121,32
	II	1 030	56,65	82,40	92,70
	III	—	—	—	—
	V	3 542	194,81	283,36	318,78
	VI	3 886	213,73	310,88	349,74
17 639,99	I,IV	1 356	74,58	108,48	122,04
	II	1 039	57,14	83,12	93,51
	III	—	—	—	—
	V	3 556	195,58	284,48	320,04
	VI	3 900	214,50	312,—	351,—
17 675,99	I,IV	1 365	75,07	109,20	122,85
	II	1 048	57,64	83,84	94,32
	III	—	—	—	—
	V	3 570	196,35	285,60	321,30
	VI	3 912	215,16	312,96	352,08
17 711,99	I,IV	1 374	75,57	109,92	123,66
	II	1 056	58,08	84,48	95,04
	III	—	—	—	—
	V	3 582	197,01	286,56	322,38
	VI	3 924	215,82	313,92	353,16
17 747,99	I,IV	1 383	76,06	110,64	124,47
	II	1 065	58,57	85,20	95,85
	III	—	—	—	—
	V	3 594	197,67	287,52	323,46
	VI	3 938	216,59	315,04	354,42
17 783,99	I,IV	1 392	76,56	111,36	125,28
	II	1 074	59,07	85,92	96,66
	III	—	—	—	—
	V	3 608	198,44	288,64	324,72
	VI	3 950	217,25	316,—	355,50
17 819,99	I,IV	1 401	77,05	112,08	126,09
	II	1 082	59,51	86,56	97,38
	III	—	—	—	—
	V	3 620	199,10	289,60	325,80
	VI	3 962	217,91	316,96	356,58
17 855,99	I,IV	1 410	77,55	112,80	126,90
	II	1 091	60,—	87,28	98,19
	III	—	—	—	—
	V	3 634	199,87	290,72	327,06
	VI	3 976	218,68	318,08	357,84
17 891,99	I,IV	1 418	77,99	113,44	127,62
	II	1 099	60,44	87,92	98,91
	III	—	—	—	—
	V	3 648	200,64	291,84	328,32
	VI	3 990	219,45	319,20	359,10
17 927,99	I,IV	1 427	78,48	114,16	128,43
	II	1 108	60,94	88,64	99,72
	III	—	—	—	—
	V	3 660	201,30	292,80	329,40
	VI	4 002	220,11	320,16	360,18
17 963,99	I,IV	1 436	78,98	114,88	129,24
	II	1 117	61,43	89,36	100,53
	III	—	—	—	—
	V	3 672	201,96	293,76	330,48
	VI	4 014	220,77	321,12	361,26
17 999,99	I,IV	1 445	79,47	115,60	130,05
	II	1 126	61,93	90,08	101,34
	III	—	—	—	—
	V	3 684	202,62	294,72	331,56
	VI	4 028	221,54	322,24	362,52
18 035,99	I,IV	1 454	79,97	116,32	130,86
	II	1 134	62,37	90,72	102,06
	III	—	—	—	—
	V	3 698	203,39	295,84	332,82
	VI	4 040	222,20	323,20	363,60
18 071,99	I,IV	1 463	80,46	117,04	131,67
	II	1 143	62,86	91,44	102,87
	III	—	—	—	—
	V	3 712	204,04	296,96	334,08
	VI	4 052	222,86	324,16	364,68
18 107,99	I,IV	1 472	80,96	117,76	132,48
	II	1 152	63,36	92,16	103,68
	III	—	—	—	—
	V	3 724	204,82	297,92	335,16
	VI	4 064	223,52	325,12	365,76
18 143,99	I,IV	1 481	81,45	118,48	133,29
	II	1 160	63,80	92,80	104,40
	III	—	—	—	—
	V	3 738	205,59	299,04	336,42
	VI	4 078	224,29	326,24	367,02
18 179,99	I,IV	1 490	81,95	119,20	134,10
	II	1 169	64,29	93,52	105,21
	III	—	—	—	—
	V	3 750	206,25	300,—	337,50
	VI	4 090	224,95	327,20	368,10
18 215,99	I,IV	1 499	82,44	119,92	134,91
	II	1 178	64,79	94,24	106,02
	III	—	—	—	—
	V	3 764	207,02	301,12	338,76
	VI	4 104	225,72	328,32	369,36
18 251,99	I,IV	1 508	82,94	120,64	135,72
	II	1 187	65,28	94,96	106,83
	III	—	—	—	—
	V	3 776	207,68	302,08	339,84
	VI	4 116	226,38	329,28	370,44
18 287,99	I,IV	1 517	83,43	121,36	136,53
	II	1 195	65,72	95,60	107,55
	III	—	—	—	—
	V	3 790	208,45	303,20	341,10
	VI	4 128	227,04	330,24	371,52
18 323,99	I,IV	1 526	83,93	122,08	137,34
	II	1 204	66,22	96,32	108,36
	III	—	—	—	—
	V	3 802	209,11	304,16	342,18
	VI	4 142	227,81	331,36	372,78
18 359,99	I,IV	1 535	84,42	122,80	138,15
	II	1 213	66,71	97,04	109,17
	III	—	—	—	—
	V	3 814	209,77	305,12	343,26
	VI	4 154	228,47	332,32	373,86
18 395,99	I,IV	1 543	84,86	123,44	138,87
	II	1 221	67,15	97,68	109,89
	III	—	—	—	—
	V	3 828	210,54	306,24	344,52
	VI	4 166	229,13	333,28	374,94
18 431,99	I,IV	1 552	85,36	124,16	139,68
	II	1 230	67,65	98,40	110,70
	III	—	—	—	—
	V	3 840	211,20	307,20	345,60
	VI	4 178	229,79	334,24	376,02
18 467,99	I,IV	1 561	85,85	124,88	140,49
	II	1 239	68,14	99,12	111,51
	III	—	—	—	—
	V	3 854	211,97	308,32	346,86
	VI	4 192	230,56	335,36	377,28
18 503,99	I,IV	1 570	86,35	125,60	141,30
	II	1 248	68,64	99,84	112,32
	III	—	—	—	—
	V	3 866	212,63	309,28	347,94
	VI	4 204	231,22	336,32	378,36
18 539,99	I,IV	1 579	86,84	126,32	142,11
	II	1 257	69,13	100,56	113,13
	III	—	—	—	—
	V	3 880	213,40	310,40	349,20
	VI	4 216	231,88	337,28	379,44
18 575,99	I,IV	1 588	87,34	127,04	142,92
	II	1 265	69,57	101,20	113,85
	III	—	—	—	—
	V	3 892	214,06	311,36	350,28
	VI	4 230	232,65	338,40	380,70
18 611,99	I,IV	1 597	87,83	127,76	143,73
	II	1 274	70,07	101,92	114,66
	III	—	—	—	—
	V	3 904	214,72	312,32	351,36
	VI	4 242	233,31	339,36	381,78
18 647,99	I,IV	1 606	88,33	128,48	144,54
	II	1 283	70,56	102,64	115,47
	III	—	—	—	—
	V	3 918	215,49	313,44	352,62
	VI	4 254	233,97	340,32	382,86
18 683,99	I,IV	1 615	88,82	129,20	145,35
	II	1 292	71,06	103,36	116,28
	III	—	—	—	—
	V	3 930	216,15	314,40	353,70
	VI	4 268	234,74	341,44	384,12
18 719,99	I,IV	1 624	89,32	129,92	146,16
	II	1 301	71,55	104,08	117,09
	III	—	—	—	—
	V	3 942	216,81	315,36	354,78
	VI	4 280	235,40	342,40	385,20
18 755,99	I,IV	1 633	89,81	130,64	146,97
	II	1 309	71,99	104,72	117,81
	III	—	—	—	—
	V	3 956	217,58	316,48	356,04
	VI	4 292	236,06	343,36	386,28
18 791,99	I,IV	1 643	90,36	131,44	147,87
	II	1 318	72,49	105,44	118,62
	III	—	—	—	—
	V	3 970	218,35	317,60	357,30
	VI	4 306	236,83	344,48	387,54
18 827,99	I,IV	1 652	90,86	132,16	148,68
	II	1 327	72,98	106,16	119,43
	III	—	—	—	—
	V	3 982	219,01	318,56	358,38
	VI	4 318	237,49	345,44	388,62
18 863,99	I,IV	1 661	91,35	132,88	149,49
	II	1 336	73,48	106,88	120,24
	III	—	—	—	—
	V	3 994	219,67	319,52	359,46
	VI	4 330	238,15	346,40	389,70
18 899,99	I,IV	1 670	91,85	133,60	150,30
	II	1 345	73,97	107,60	121,05
	III	—	—	—	—
	V	4 008	220,44	320,64	360,72
	VI	4 344	238,92	347,52	390,96
18 935,99	I,IV	1 679	92,34	134,32	151,11
	II	1 353	74,41	108,24	121,77
	III	—	—	—	—
	V	4 020	221,10	321,60	361,80
	VI	4 356	239,58	348,48	392,04
18 971,99	I,IV	1 688	92,84	135,04	151,92
	II	1 362	74,91	108,96	122,58
	III	—	—	—	—
	V	4 032	221,76	322,56	362,88
	VI	4 370	240,35	349,60	393,30
19 007,99	I,IV	1 697	93,33	135,76	152,73
	II	1 371	75,40	109,68	123,39
	III	—	—	—	—
	V	4 046	222,53	323,68	364,14
	VI	4 380	240,90	350,40	394,20

* Die ausgewiesenen Tabellenwerte sind amtlich. Siehe Erläuterungen auf der Umschlaginnenseite (U2).

Sonstige Bezüge / B-Tarif

20 735,99*

Lohn/Gehalt bis €*	Steuerklasse	LSt	SolZ	8%	9%
19 043,99	I,IV	1 706	93,83	136,48	153,54
	II	1 380	75,90	110,40	124,20
	III	—	—	—	—
	V	4 058	223,19	324,64	365,22
	VI	4 392	241,56	351,36	395,28
19 079,99	I,IV	1 715	94,32	137,20	154,35
	II	1 389	76,39	111,12	125,01
	III	—	—	—	—
	V	4 072	223,96	325,76	366,48
	VI	4 406	242,33	352,48	396,54
19 115,99	I,IV	1 724	94,82	137,92	155,16
	II	1 398	76,89	111,84	125,82
	III	—	—	—	—
	V	4 084	224,62	326,72	367,56
	VI	4 418	242,99	353,44	397,62
19 151,99	I,IV	1 733	95,31	138,64	155,97
	II	1 407	77,38	112,56	126,63
	III	—	—	—	—
	V	4 096	225,28	327,68	368,64
	VI	4 432	243,76	354,56	398,88
19 187,99	I,IV	1 742	95,81	139,36	156,78
	II	1 416	77,88	113,28	127,44
	III	—	—	—	—
	V	4 108	225,94	328,64	369,72
	VI	4 442	244,31	355,36	399,78
19 223,99	I,IV	1 751	96,30	140,08	157,59
	II	1 424	78,32	113,92	128,16
	III	—	—	—	—
	V	4 122	226,71	329,76	370,98
	VI	4 456	245,08	356,48	401,04
19 259,99	I,IV	1 760	96,80	140,80	158,40
	II	1 433	78,81	114,64	128,97
	III	—	—	—	—
	V	4 134	227,37	330,72	372,06
	VI	4 468	245,74	357,44	402,12
19 295,99	I,IV	1 770	97,35	141,60	159,30
	II	1 442	79,31	115,36	129,78
	III	—	—	—	—
	V	4 146	228,03	331,68	373,14
	VI	4 482	246,51	358,56	403,38
19 331,99	I,IV	1 779	97,84	142,32	160,11
	II	1 451	79,80	116,08	130,59
	III	6	0,33	0,48	0,54
	V	4 158	228,69	332,64	374,22
	VI	4 492	247,06	359,36	404,28
19 367,99	I,IV	1 788	98,34	143,04	160,92
	II	1 460	80,30	116,80	131,40
	III	10	0,55	0,80	0,90
	V	4 172	229,46	333,76	375,48
	VI	4 506	247,83	360,48	405,54
19 403,99	I,IV	1 797	98,83	143,76	161,73
	II	1 469	80,79	117,52	132,21
	III	14	0,77	1,12	1,26
	V	4 186	230,23	334,88	376,74
	VI	4 518	248,49	361,44	406,62
19 439,99	I,IV	1 806	99,33	144,48	162,54
	II	1 478	81,29	118,24	133,02
	III	18	0,99	1,44	1,62
	V	4 198	230,89	335,84	377,82
	VI	4 532	249,26	362,56	407,88
19 475,99	I,IV	1 815	99,82	145,20	163,35
	II	1 487	81,78	118,96	133,83
	III	24	1,32	1,92	2,16
	V	4 212	231,66	336,96	379,08
	VI	4 542	249,81	363,36	408,78
19 511,99	I,IV	1 824	100,32	145,92	164,16
	II	1 496	82,28	119,68	134,64
	III	28	1,54	2,24	2,52
	V	4 224	232,32	337,92	380,16
	VI	4 556	250,58	364,48	410,04
19 547,99	I,IV	1 834	100,87	146,72	165,06
	II	1 505	82,77	120,40	135,45
	III	32	1,76	2,56	2,88
	V	4 236	232,98	338,88	381,24
	VI	4 568	251,24	365,44	411,12
19 583,99	I,IV	1 843	101,36	147,44	165,87
	II	1 514	83,27	121,12	136,26
	III	36	1,98	2,88	3,24
	V	4 248	233,64	339,84	382,32
	VI	4 580	251,90	366,40	412,20
19 619,99	I,IV	1 852	101,86	148,16	166,68
	II	1 523	83,76	121,84	137,07
	III	42	2,31	3,36	3,78
	V	4 262	234,41	340,96	383,58
	VI	4 592	252,56	367,36	413,28
19 655,99	I,IV	1 861	102,35	148,88	167,49
	II	1 532	84,26	122,56	137,88
	III	46	2,53	3,68	4,14
	V	4 274	235,07	341,92	384,66
	VI	4 604	253,22	368,32	414,36
19 691,99	I,IV	1 870	102,85	149,60	168,30
	II	1 540	84,70	123,20	138,60
	III	50	2,75	4,—	4,50
	V	4 284	235,62	342,72	385,56
	VI	4 618	253,99	369,44	415,62
19 727,99	I,IV	1 879	103,34	150,32	169,11
	II	1 549	85,19	123,92	139,41
	III	54	2,97	4,32	4,86
	V	4 298	236,39	343,84	386,82
	VI	4 630	254,65	370,40	416,70
19 763,99	I,IV	1 889	103,89	151,12	170,01
	II	1 558	85,69	124,64	140,22
	III	60	3,30	4,80	5,40
	V	4 310	237,05	344,80	387,90
	VI	4 642	255,31	371,36	417,78
19 799,99	I,IV	1 898	104,39	151,84	170,82
	II	1 567	86,18	125,36	141,03
	III	64	3,52	5,12	5,76
	V	4 322	237,71	345,76	388,98
	VI	4 654	255,97	372,32	418,86
19 835,99	I,IV	1 907	104,88	152,56	171,63
	II	1 576	86,68	126,08	141,84
	III	68	3,74	5,44	6,12
	V	4 336	238,48	346,88	390,24
	VI	4 666	256,63	373,28	419,94
19 871,99	I,IV	1 916	105,38	153,28	172,44
	II	1 585	87,17	126,80	142,65
	III	74	4,07	5,92	6,66
	V	4 348	239,14	347,84	391,32
	VI	4 678	257,29	374,24	421,02
19 907,99	I,IV	1 925	105,87	154,—	173,25
	II	1 594	87,67	127,52	143,46
	III	78	4,29	6,24	7,02
	V	4 362	239,91	348,96	392,58
	VI	4 690	257,95	375,20	422,10
19 943,99	I,IV	1 935	106,42	154,80	174,15
	II	1 603	88,16	128,24	144,27
	III	82	4,51	6,56	7,38
	V	4 374	240,57	349,92	393,66
	VI	4 702	258,61	376,16	423,18
19 979,99	I,IV	1 944	106,92	155,52	174,96
	II	1 612	88,66	128,96	145,08
	III	86	4,73	6,88	7,74
	V	4 386	241,23	350,88	394,74
	VI	4 716	259,38	377,28	424,44
20 015,99	I,IV	1 953	107,41	156,24	175,77
	II	1 621	89,15	129,68	145,89
	III	92	5,06	7,36	8,28
	V	4 398	241,89	351,84	395,82
	VI	4 726	259,93	378,08	425,34
20 051,99	I,IV	1 962	107,91	156,96	176,58
	II	1 630	89,65	130,40	146,70
	III	96	5,28	7,68	8,64
	V	4 410	242,55	352,80	396,90
	VI	4 740	260,70	379,20	426,60
20 087,99	I,IV	1 972	108,46	157,76	177,48
	II	1 639	90,14	131,12	147,51
	III	100	5,50	8,—	9,—
	V	4 424	243,32	353,92	398,16
	VI	4 752	261,36	380,16	427,68
20 123,99	I,IV	1 981	108,95	158,48	178,29
	II	1 649	90,69	131,92	148,41
	III	106	5,83	8,48	9,54
	V	4 436	243,98	354,88	399,24
	VI	4 764	262,02	381,12	428,76
20 159,99	I,IV	1 990	109,45	159,20	179,10
	II	1 658	91,19	132,64	149,22
	III	110	6,05	8,80	9,90
	V	4 450	244,75	356,—	400,50
	VI	4 776	262,68	382,08	429,84
20 195,99	I,IV	1 999	109,94	159,92	179,91
	II	1 667	91,68	133,36	150,03
	III	114	6,27	9,12	10,26
	V	4 460	245,30	356,80	401,40
	VI	4 790	263,45	383,20	431,10
20 231,99	I,IV	2 009	110,49	160,72	180,81
	II	1 676	92,18	134,08	150,84
	III	120	6,60	9,60	10,80
	V	4 474	246,07	357,92	402,66
	VI	4 800	264,—	384,—	432,—
20 267,99	I,IV	2 018	110,99	161,44	181,62
	II	1 685	92,67	134,80	151,65
	III	124	6,82	9,92	11,16
	V	4 486	246,73	358,88	403,74
	VI	4 814	264,77	385,12	433,26
20 303,99	I,IV	2 027	111,48	162,16	182,43
	II	1 694	93,17	135,52	152,46
	III	128	7,04	10,24	11,52
	V	4 500	247,50	360,—	405,—
	VI	4 826	265,43	386,08	434,34
20 339,99	I,IV	2 037	112,03	162,96	183,33
	II	1 703	93,66	136,24	153,27
	III	134	7,37	10,72	12,06
	V	4 510	248,05	360,80	405,90
	VI	4 840	266,20	387,20	435,60
20 375,99	I,IV	2 046	112,53	163,68	184,14
	II	1 712	94,16	136,96	154,08
	III	138	7,59	11,04	12,42
	V	4 524	248,82	361,92	407,16
	VI	4 850	266,75	388,—	436,50
20 411,99	I,IV	2 055	113,02	164,40	184,95
	II	1 721	94,65	137,68	154,89
	III	142	7,81	11,36	12,78
	V	4 536	249,48	362,88	408,24
	VI	4 864	267,52	389,12	437,76
20 447,99	I,IV	2 064	113,52	165,12	185,76
	II	1 730	95,15	138,40	155,70
	III	148	8,14	11,84	13,32
	V	4 548	250,14	363,84	409,32
	VI	4 876	268,18	390,08	438,84
20 483,99	I,IV	2 074	114,07	165,92	186,66
	II	1 739	95,64	139,12	156,51
	III	152	8,36	12,16	13,68
	V	4 560	250,80	364,80	410,40
	VI	4 890	268,95	391,20	440,10
20 519,99	I,IV	2 083	114,56	166,64	187,47
	II	1 748	96,14	139,84	157,32
	III	158	8,69	12,64	14,22
	V	4 574	251,57	365,92	411,66
	VI	4 902	269,61	392,16	441,18
20 555,99	I,IV	2 092	115,06	167,36	188,28
	II	1 757	96,63	140,56	158,13
	III	162	8,91	12,96	14,58
	V	4 584	252,12	366,72	412,56
	VI	4 914	270,27	393,12	442,26
20 591,99	I,IV	2 102	115,61	168,16	189,18
	II	1 767	97,18	141,36	159,03
	III	166	9,13	13,28	14,94
	V	4 598	252,89	367,84	413,82
	VI	4 926	270,93	394,08	443,34
20 627,99	I,IV	2 111	116,10	168,88	189,99
	II	1 776	97,68	142,08	159,84
	III	172	9,46	13,76	15,48
	V	4 612	253,66	368,96	415,08
	VI	4 940	271,70	395,20	444,60
20 663,99	I,IV	2 120	116,60	169,60	190,80
	II	1 785	98,17	142,80	160,65
	III	176	9,68	14,08	15,84
	V	4 622	254,21	369,76	415,98
	VI	4 952	272,36	396,16	445,68
20 699,99	I,IV	2 130	117,15	170,40	191,70
	II	1 794	98,67	143,52	161,46
	III	182	10,01	14,56	16,38
	V	4 636	254,98	370,88	417,24
	VI	4 966	273,13	397,28	446,94
20 735,99	I,IV	2 139	117,64	171,12	192,51
	II	1 803	99,16	144,24	162,27
	III	186	10,23	14,88	16,74
	V	4 646	255,53	371,68	418,14
	VI	4 978	273,79	398,24	448,02

*Die ausgewiesenen Tabellenwerte sind amtlich. Siehe Erläuterungen auf der Umschlaginnenseite (U2).

Sonstige Bezüge / B-Tarif — 20 736,–*

Lohn/Gehalt bis €*	StKl	LSt	SolZ	8%	9%
20 771,99	I,IV	2 148	118,14	171,84	193,32
	II	1 812	99,66	144,96	163,08
	III	190	10,45	15,20	17,10
	V	4 660	256,30	372,80	419,40
	VI	4 988	274,34	399,04	448,92
20 807,99	I,IV	2 158	118,69	172,64	194,22
	II	1 821	100,15	145,68	163,89
	III	196	10,78	15,68	17,64
	V	4 672	256,96	373,76	420,48
	VI	5 002	275,11	400,16	450,18
20 843,99	I,IV	2 167	119,18	173,36	195,03
	II	1 831	100,70	146,48	164,79
	III	200	11,—	16,—	18,—
	V	4 682	257,51	374,56	421,38
	VI	5 014	275,77	401,12	451,26
20 879,99	I,IV	2 177	119,73	174,16	195,93
	II	1 840	101,20	147,20	165,60
	III	206	11,33	16,48	18,54
	V	4 696	258,28	375,68	422,64
	VI	5 028	276,54	402,24	452,52
20 915,99	I,IV	2 186	120,23	174,88	196,74
	II	1 849	101,69	147,92	166,41
	III	210	11,55	16,80	18,90
	V	4 708	258,94	376,64	423,72
	VI	5 040	277,20	403,20	453,60
20 951,99	I,IV	2 195	120,72	175,60	197,55
	II	1 858	102,19	148,64	167,22
	III	214	11,77	17,12	19,26
	V	4 720	259,60	377,60	424,80
	VI	5 054	277,97	404,32	454,86
20 987,99	I,IV	2 205	121,27	176,40	198,45
	II	1 867	102,68	149,36	168,03
	III	220	12,10	17,60	19,80
	V	4 732	260,26	378,56	425,88
	VI	5 066	278,63	405,28	455,94
21 023,99	I,IV	2 214	121,77	177,12	199,26
	II	1 876	103,18	150,08	168,84
	III	224	12,32	17,92	20,16
	V	4 746	261,03	379,68	427,14
	VI	5 078	279,29	406,24	457,02
21 059,99	I,IV	2 224	122,32	177,92	200,16
	II	1 886	103,73	150,88	169,74
	III	230	12,65	18,40	20,70
	V	4 756	261,58	380,48	428,04
	VI	5 092	280,06	407,36	458,28
21 095,99	I,IV	2 233	122,81	178,64	200,97
	II	1 895	104,22	151,60	170,55
	III	234	12,87	18,72	21,06
	V	4 770	262,35	381,60	429,30
	VI	5 104	280,72	408,32	459,36
21 131,99	I,IV	2 242	123,31	179,36	201,78
	II	1 904	104,72	152,32	171,36
	III	240	13,20	19,20	21,60
	V	4 784	263,12	382,72	430,56
	VI	5 118	281,49	409,44	460,62
21 167,99	I,IV	2 252	123,86	180,16	202,68
	II	1 913	105,21	153,04	172,17
	III	244	13,42	19,52	21,96
	V	4 794	263,67	383,52	431,46
	VI	5 130	282,15	410,40	461,70
21 203,99	I,IV	2 261	124,35	180,88	203,49
	II	1 922	105,71	153,76	172,98
	III	250	13,75	20,—	22,50
	V	4 806	264,33	384,48	432,54
	VI	5 142	282,81	411,36	462,78
21 239,99	I,IV	2 271	124,90	181,68	204,39
	II	1 932	106,26	154,56	173,88
	III	254	13,97	20,32	22,86
	V	4 820	265,10	385,60	433,80
	VI	5 156	283,58	412,48	464,04
21 275,99	I,IV	2 280	125,40	182,40	205,20
	II	1 941	106,75	155,28	174,69
	III	258	14,19	20,64	23,22
	V	4 832	265,76	386,56	434,88
	VI	5 168	284,24	413,44	465,12
21 311,99	I,IV	2 290	125,95	183,20	206,10
	II	1 950	107,25	156,—	175,50
	III	264	14,52	21,12	23,76
	V	4 844	266,42	387,52	435,96
	VI	5 182	285,01	414,56	466,38
21 347,99	I,IV	2 299	126,44	183,92	206,91
	II	1 959	107,74	156,72	176,31
	III	268	14,74	21,44	24,12
	V	4 856	267,08	388,48	437,04
	VI	5 194	285,67	415,52	467,46
21 383,99	I,IV	2 308	126,94	184,64	207,72
	II	1 969	108,29	157,52	177,21
	III	274	15,07	21,92	24,66
	V	4 870	267,85	389,60	438,30
	VI	5 206	286,33	416,48	468,54
21 419,99	I,IV	2 317	127,43	185,36	208,53
	II	1 977	108,73	158,16	177,93
	III	278	15,29	22,24	25,02
	V	4 882	268,51	390,56	439,38
	VI	5 218	286,99	417,44	469,62
21 455,99	I,IV	2 326	127,93	186,08	209,34
	II	1 986	109,23	158,88	178,74
	III	284	15,62	22,72	25,56
	V	4 894	269,17	391,52	440,46
	VI	5 230	287,65	418,40	470,70
21 491,99	I,IV	2 335	128,42	186,80	210,15
	II	1 994	109,67	159,52	179,46
	III	288	15,84	23,04	25,92
	V	4 904	269,72	392,32	441,36
	VI	5 242	288,31	419,36	471,78
21 527,99	I,IV	2 343	128,86	187,44	210,87
	II	2 003	110,16	160,24	180,27
	III	294	16,17	23,52	26,46
	V	4 916	270,38	393,28	442,44
	VI	5 254	288,97	420,32	472,86
21 563,99	I,IV	2 352	129,36	188,16	211,68
	II	2 011	110,60	160,88	180,99
	III	298	16,39	23,84	26,82
	V	4 928	271,04	394,24	443,52
	VI	5 266	289,63	421,28	473,94
21 599,99	I,IV	2 361	129,85	188,88	212,49
	II	2 020	111,10	161,60	181,80
	III	304	16,72	24,32	27,36
	V	4 940	271,70	395,20	444,60
	VI	5 278	290,29	422,24	475,02
21 635,99	I,IV	2 369	130,29	189,52	213,21
	II	2 028	111,54	162,24	182,52
	III	308	16,94	24,64	27,72
	V	4 950	272,25	396,—	445,50
	VI	5 288	290,84	423,04	475,92
21 671,99	I,IV	2 378	130,79	190,24	214,02
	II	2 037	112,03	162,96	183,33
	III	314	17,27	25,12	28,26
	V	4 962	272,91	396,96	446,58
	VI	5 300	291,50	424,—	477,—
21 707,99	I,IV	2 387	131,28	190,96	214,83
	II	2 045	112,47	163,60	184,05
	III	320	17,60	25,60	28,80
	V	4 974	273,57	397,92	447,66
	VI	5 312	292,16	424,96	478,08
21 743,99	I,IV	2 395	131,72	191,60	215,55
	II	2 054	112,97	164,32	184,86
	III	324	17,82	25,92	29,16
	V	4 984	274,12	398,72	448,56
	VI	5 324	292,82	425,92	479,16
21 779,99	I,IV	2 404	132,22	192,32	216,36
	II	2 062	113,41	164,96	185,58
	III	330	18,15	26,40	29,70
	V	4 996	274,78	399,68	449,64
	VI	5 336	293,48	426,88	480,24
21 815,99	I,IV	2 413	132,71	193,04	217,17
	II	2 070	113,85	165,60	186,30
	III	334	18,37	26,72	30,06
	V	5 008	275,44	400,64	450,72
	VI	5 348	294,14	427,84	481,32
21 851,99	I,IV	2 421	133,15	193,68	217,89
	II	2 079	114,34	166,32	187,11
	III	340	18,70	27,20	30,60
	V	5 020	276,10	401,60	451,80
	VI	5 360	294,80	428,80	482,40
21 887,99	I,IV	2 430	133,65	194,40	218,70
	II	2 087	114,78	166,96	187,83
	III	344	18,92	27,52	30,96
	V	5 030	276,65	402,40	452,70
	VI	5 372	295,46	429,76	483,48
21 923,99	I,IV	2 439	134,14	195,12	219,51
	II	2 096	115,28	167,68	188,64
	III	350	19,25	28,—	31,50
	V	5 042	277,31	403,36	453,78
	VI	5 382	296,01	430,56	484,38
21 959,99	I,IV	2 448	134,64	195,84	220,32
	II	2 105	115,77	168,40	189,45
	III	354	19,47	28,32	31,86
	V	5 054	277,97	404,32	454,86
	VI	5 394	296,67	431,52	485,46
21 995,99	I,IV	2 456	135,08	196,48	221,04
	II	2 113	116,21	169,04	190,17
	III	360	19,80	28,80	32,40
	V	5 064	278,52	405,12	455,76
	VI	5 406	297,33	432,48	486,54
22 031,99	I,IV	2 465	135,57	197,20	221,85
	II	2 121	116,65	169,68	190,89
	III	364	20,02	29,12	32,76
	V	5 076	279,18	406,08	456,84
	VI	5 418	297,99	433,44	487,62
22 067,99	I,IV	2 474	136,07	197,92	222,66
	II	2 130	117,15	170,40	191,70
	III	370	20,35	29,60	33,30
	V	5 088	279,84	407,04	457,92
	VI	5 430	298,65	434,40	488,70
22 103,99	I,IV	2 482	136,51	198,56	223,38
	II	2 139	117,64	171,12	192,51
	III	376	20,68	30,08	33,84
	V	5 100	280,50	408,—	459,—
	VI	5 442	299,31	435,36	489,78
22 139,99	I,IV	2 491	137,—	199,28	224,19
	II	2 147	118,08	171,76	193,23
	III	380	20,90	30,40	34,20
	V	5 112	281,16	408,96	460,08
	VI	5 454	299,97	436,32	490,86
22 175,99	I,IV	2 500	137,50	200,—	225,—
	II	2 155	118,52	172,40	193,95
	III	386	21,23	30,88	34,74
	V	5 122	281,71	409,76	460,98
	VI	5 466	300,63	437,28	491,94
22 211,99	I,IV	2 508	137,94	200,64	225,72
	II	2 164	119,02	173,12	194,76
	III	390	21,45	31,20	35,10
	V	5 134	282,37	410,72	462,06
	VI	5 478	301,29	438,24	493,02
22 247,99	I,IV	2 517	138,43	201,36	226,53
	II	2 173	119,51	173,84	195,57
	III	396	21,78	31,68	35,64
	V	5 146	283,03	411,68	463,14
	VI	5 490	301,95	439,20	494,10
22 283,99	I,IV	2 526	138,93	202,08	227,34
	II	2 181	119,95	174,48	196,29
	III	402	22,11	32,16	36,18
	V	5 158	283,69	412,64	464,22
	VI	5 502	302,61	440,16	495,18
22 319,99	I,IV	2 535	139,42	202,80	228,15
	II	2 190	120,45	175,20	197,10
	III	406	22,33	32,48	36,54
	V	5 170	284,35	413,60	465,30
	VI	5 514	303,27	441,12	496,26
22 355,99	I,IV	2 543	139,86	203,44	228,87
	II	2 198	120,89	175,84	197,82
	III	412	22,66	32,96	37,08
	V	5 182	285,01	414,56	466,38
	VI	5 526	303,93	442,08	497,34
22 391,99	I,IV	2 552	140,36	204,16	229,68
	II	2 207	121,38	176,56	198,63
	III	416	22,88	33,28	37,44
	V	5 194	285,67	415,52	467,46
	VI	5 538	304,59	443,04	498,42
22 427,99	I,IV	2 561	140,85	204,88	230,49
	II	2 215	121,82	177,20	199,35
	III	422	23,21	33,76	37,98
	V	5 204	286,22	416,32	468,36
	VI	5 550	305,25	444,—	499,50
22 463,99	I,IV	2 570	141,35	205,60	231,30
	II	2 223	122,32	177,92	200,16
	III	428	23,54	34,24	38,52
	V	5 216	286,88	417,28	469,44
	VI	5 562	305,91	444,96	500,58

* Die ausgewiesenen Tabellenwerte sind amtlich. Siehe Erläuterungen auf der Umschlaginnenseite (U2).

24 191,99* Sonstige Bezüge / B-Tarif

Lohn/Gehalt bis €*	Klasse	LSt	SolZ	8%	9%
22 499,99	I,IV	2 579	141,84	206,32	232,11
	II	2 233	122,81	178,64	200,97
	III	432	23,76	34,56	38,88
	V	5 228	287,54	418,24	470,52
	VI	5 574	306,57	445,92	501,66
22 535,99	I,IV	2 587	142,28	206,96	232,83
	II	2 241	123,25	179,28	201,69
	III	438	24,09	35,04	39,42
	V	5 240	288,20	419,20	471,60
	VI	5 586	307,23	446,88	502,74
22 571,99	I,IV	2 596	142,78	207,68	233,64
	II	2 250	123,75	180,—	202,50
	III	444	24,42	35,52	39,96
	V	5 252	288,86	420,16	472,68
	VI	5 598	307,89	447,84	503,82
22 607,99	I,IV	2 605	143,27	208,40	234,45
	II	2 258	124,19	180,64	203,22
	III	448	24,64	35,84	40,32
	V	5 264	289,52	421,12	473,76
	VI	5 610	308,55	448,80	504,90
22 643,99	I,IV	2 614	143,77	209,12	235,26
	II	2 267	124,68	181,36	204,03
	III	454	24,97	36,32	40,86
	V	5 276	290,18	422,08	474,84
	VI	5 622	309,21	449,76	505,98
22 679,99	I,IV	2 623	144,26	209,84	236,07
	II	2 276	125,18	182,08	204,84
	III	458	25,19	36,64	41,22
	V	5 288	290,84	423,04	475,92
	VI	5 634	309,87	450,72	507,06
22 715,99	I,IV	2 631	144,70	210,48	236,79
	II	2 284	125,62	182,72	205,56
	III	464	25,52	37,12	41,76
	V	5 300	291,50	424,—	477,—
	VI	5 646	310,53	451,68	508,14
22 751,99	I,IV	2 640	145,20	211,20	237,60
	II	2 293	126,11	183,44	206,37
	III	470	25,85	37,60	42,30
	V	5 312	292,16	424,96	478,08
	VI	5 658	311,19	452,64	509,22
22 787,99	I,IV	2 649	145,69	211,92	238,41
	II	2 301	126,55	184,08	207,09
	III	474	26,07	37,92	42,66
	V	5 324	292,82	425,92	479,16
	VI	5 670	311,85	453,60	510,30
22 823,99	I,IV	2 658	146,19	212,64	239,22
	II	2 310	127,05	184,80	207,90
	III	480	26,40	38,40	43,20
	V	5 336	293,48	426,88	480,24
	VI	5 682	312,51	454,56	511,38
22 859,99	I,IV	2 667	146,68	213,36	240,03
	II	2 319	127,54	185,52	208,71
	III	486	26,73	38,88	43,74
	V	5 346	294,03	427,68	481,14
	VI	5 696	313,28	455,68	512,64
22 895,99	I,IV	2 675	147,12	214,—	240,75
	II	2 327	127,98	186,16	209,43
	III	490	26,95	39,20	44,10
	V	5 358	294,69	428,64	482,22
	VI	5 706	313,83	456,48	513,54
22 931,99	I,IV	2 684	147,62	214,72	241,56
	II	2 336	128,48	186,88	210,24
	III	496	27,28	39,68	44,64
	V	5 368	295,24	429,44	483,12
	VI	5 720	314,60	457,60	514,80
22 967,99	I,IV	2 693	148,11	215,44	242,37
	II	2 344	128,92	187,52	210,96
	III	502	27,61	40,16	45,18
	V	5 380	295,90	430,40	484,20
	VI	5 730	315,15	458,40	515,70
23 003,99	I,IV	2 702	148,61	216,16	243,18
	II	2 353	129,41	188,24	211,77
	III	506	27,83	40,48	45,54
	V	5 392	296,56	431,36	485,28
	VI	5 742	315,81	459,36	516,78
23 039,99	I,IV	2 711	149,10	216,88	243,99
	II	2 362	129,91	188,96	212,58
	III	512	28,16	40,96	46,08
	V	5 406	297,33	432,48	486,54
	VI	5 756	316,58	460,48	518,04
23 075,99	I,IV	2 720	149,60	217,60	244,80
	II	2 371	130,40	189,68	213,39
	III	518	28,49	41,44	46,62
	V	5 418	297,99	433,44	487,62
	VI	5 768	317,24	461,44	519,12
23 111,99	I,IV	2 728	150,04	218,24	245,52
	II	2 379	130,84	190,32	214,11
	III	522	28,71	41,76	46,98
	V	5 428	298,54	434,24	488,52
	VI	5 780	317,90	462,40	520,20
23 147,99	I,IV	2 737	150,53	218,96	246,33
	II	2 388	131,34	191,04	214,92
	III	528	29,04	42,24	47,52
	V	5 440	299,20	435,20	489,60
	VI	5 792	318,56	463,36	521,28
23 183,99	I,IV	2 746	151,03	219,68	247,14
	II	2 396	131,78	191,68	215,64
	III	534	29,37	42,72	48,06
	V	5 454	299,97	436,32	490,86
	VI	5 802	319,11	464,16	522,18
23 219,99	I,IV	2 755	151,52	220,40	247,95
	II	2 405	132,27	192,40	216,45
	III	540	29,70	43,20	48,60
	V	5 466	300,63	437,28	491,94
	VI	5 816	319,88	465,28	523,44
23 255,99	I,IV	2 764	152,02	221,12	248,76
	II	2 414	132,77	193,12	217,26
	III	544	29,92	43,52	48,96
	V	5 478	301,29	438,24	493,02
	VI	5 828	320,54	466,24	524,52
23 291,99	I,IV	2 773	152,51	221,84	249,57
	II	2 422	133,21	193,76	217,98
	III	550	30,25	44,—	49,50
	V	5 488	301,84	439,04	493,92
	VI	5 840	321,20	467,20	525,60
23 327,99	I,IV	2 782	153,01	222,56	250,38
	II	2 431	133,70	194,48	218,79
	III	556	30,58	44,48	50,04
	V	5 502	302,61	440,16	495,18
	VI	5 852	321,86	468,16	526,68
23 363,99	I,IV	2 791	153,50	223,28	251,19
	II	2 440	134,20	195,20	219,60
	III	562	30,91	44,96	50,58
	V	5 512	303,16	440,96	496,08
	VI	5 866	322,63	469,28	527,94
23 399,99	I,IV	2 800	154,—	224,—	252,—
	II	2 449	134,69	195,92	220,41
	III	566	31,13	45,28	50,94
	V	5 524	303,82	441,92	497,16
	VI	5 876	323,18	470,08	528,84
23 435,99	I,IV	2 808	154,44	224,64	252,72
	II	2 457	135,13	196,56	221,13
	III	572	31,46	45,76	51,48
	V	5 536	304,48	442,88	498,24
	VI	5 890	323,95	471,20	530,10
23 471,99	I,IV	2 817	154,93	225,36	253,53
	II	2 466	135,63	197,28	221,94
	III	578	31,79	46,24	52,02
	V	5 548	305,14	443,84	499,32
	VI	5 902	324,61	472,16	531,18
23 507,99	I,IV	2 826	155,43	226,08	254,34
	II	2 475	136,12	198,—	222,75
	III	584	32,12	46,72	52,56
	V	5 560	305,80	444,80	500,40
	VI	5 914	325,27	473,12	532,26
23 543,99	I,IV	2 835	155,92	226,80	255,15
	II	2 483	136,56	198,64	223,47
	III	588	32,34	47,04	52,92
	V	5 572	306,46	445,76	501,48
	VI	5 926	325,93	474,08	533,34
23 579,99	I,IV	2 844	156,42	227,52	255,96
	II	2 492	137,06	199,36	224,28
	III	594	32,67	47,52	53,46
	V	5 584	307,12	446,72	502,56
	VI	5 938	326,59	475,04	534,42
23 615,99	I,IV	2 853	156,91	228,24	256,77
	II	2 501	137,55	200,08	225,09
	III	600	33,—	48,—	54,—
	V	5 598	307,89	447,84	503,82
	VI	5 950	327,25	476,—	535,50
23 651,99	I,IV	2 862	157,41	228,96	257,58
	II	2 510	138,05	200,80	225,90
	III	606	33,33	48,48	54,54
	V	5 608	308,44	448,64	504,72
	VI	5 962	327,91	476,96	536,58
23 687,99	I,IV	2 871	157,90	229,68	258,39
	II	2 518	138,49	201,44	226,62
	III	610	33,55	48,80	54,90
	V	5 620	309,10	449,60	505,80
	VI	5 976	328,68	478,08	537,84
23 723,99	I,IV	2 880	158,40	230,40	259,20
	II	2 527	138,98	202,16	227,43
	III	616	33,88	49,28	55,44
	V	5 632	309,76	450,56	506,88
	VI	5 988	329,34	479,04	538,92
23 759,99	I,IV	2 889	158,89	231,12	260,01
	II	2 536	139,48	202,88	228,24
	III	622	34,21	49,76	55,98
	V	5 644	310,42	451,52	507,96
	VI	6 000	330,—	480,—	540,—
23 795,99	I,IV	2 898	159,39	231,84	260,82
	II	2 545	139,97	203,60	229,05
	III	628	34,54	50,24	56,52
	V	5 656	311,08	452,48	509,04
	VI	6 012	330,66	480,96	541,08
23 831,99	I,IV	2 906	159,83	232,48	261,54
	II	2 553	140,41	204,24	229,77
	III	634	34,87	50,72	57,06
	V	5 668	311,74	453,44	510,12
	VI	6 024	331,32	481,92	542,16
23 867,99	I,IV	2 915	160,32	233,20	262,35
	II	2 562	140,91	204,96	230,58
	III	638	35,09	51,04	57,42
	V	5 680	312,40	454,40	511,20
	VI	6 038	332,09	483,04	543,42
23 903,99	I,IV	2 925	160,87	234,—	263,25
	II	2 571	141,40	205,68	231,39
	III	644	35,42	51,52	57,96
	V	5 694	313,17	455,52	512,46
	VI	6 050	332,75	484,—	544,50
23 939,99	I,IV	2 934	161,37	234,72	264,06
	II	2 580	141,90	206,40	232,20
	III	650	35,75	52,—	58,50
	V	5 704	313,72	456,32	513,36
	VI	6 062	333,41	484,96	545,58
23 975,99	I,IV	2 943	161,86	235,44	264,87
	II	2 589	142,39	207,12	233,01
	III	656	36,08	52,48	59,04
	V	5 716	314,38	457,28	514,44
	VI	6 074	334,07	485,92	546,66
24 011,99	I,IV	2 951	162,30	236,08	265,59
	II	2 597	142,83	207,76	233,73
	III	662	36,41	52,96	59,58
	V	5 728	315,04	458,24	515,52
	VI	6 086	334,73	486,88	547,74
24 047,99	I,IV	2 960	162,80	236,80	266,40
	II	2 606	143,33	208,48	234,54
	III	666	36,63	53,28	59,94
	V	5 740	315,70	459,20	516,60
	VI	6 100	335,50	488,—	549,—
24 083,99	I,IV	2 969	163,29	237,52	267,21
	II	2 615	143,82	209,20	235,35
	III	672	36,96	53,76	60,48
	V	5 754	316,47	460,32	517,86
	VI	6 110	336,05	488,80	549,90
24 119,99	I,IV	2 978	163,79	238,24	268,02
	II	2 624	144,32	209,92	236,16
	III	678	37,29	54,24	61,02
	V	5 766	317,13	461,28	518,94
	VI	6 124	336,82	489,92	551,16
24 155,99	I,IV	2 987	164,28	238,96	268,83
	II	2 632	144,76	210,56	236,88
	III	684	37,62	54,72	61,56
	V	5 778	317,79	462,24	520,02
	VI	6 136	337,48	490,88	552,24
24 191,99	I,IV	2 996	164,78	239,68	269,64
	II	2 641	145,25	211,28	237,69
	III	690	37,95	55,20	62,10
	V	5 790	318,45	463,20	521,10
	VI	6 148	338,14	491,84	553,32

* Die ausgewiesenen Tabellenwerte sind amtlich. Siehe Erläuterungen auf der Umschlaginnenseite (U2).

Sonstige Bezüge / B-Tarif — 24 192,–*

Lohn/Gehalt bis €*	Klasse	LSt	SolZ	8%	9%
24 227,99	I,IV	3 005	165,27	240,40	270,45
	II	2 650	145,75	212,—	238,50
	III	696	38,28	55,68	62,64
	V	5 802	319,11	464,16	522,18
	VI	6 160	338,80	492,80	554,40
24 263,99	I,IV	3 014	165,77	241,12	271,26
	II	2 659	146,24	212,72	239,31
	III	700	38,50	56,—	63,—
	V	5 814	319,77	465,12	523,26
	VI	6 172	339,46	493,76	555,48
24 299,99	I,IV	3 023	166,26	241,84	272,07
	II	2 668	146,74	213,44	240,12
	III	706	38,83	56,48	63,54
	V	5 826	320,43	466,08	524,34
	VI	6 186	340,23	494,88	556,74
24 335,99	I,IV	3 033	166,81	242,64	272,97
	II	2 677	147,23	214,16	240,93
	III	712	39,16	56,96	64,08
	V	5 840	321,20	467,20	525,60
	VI	6 200	341,—	496,—	558,—
24 371,99	I,IV	3 041	167,25	243,28	273,69
	II	2 685	147,67	214,80	241,65
	III	718	39,49	57,44	64,62
	V	5 852	321,86	468,16	526,68
	VI	6 212	341,66	496,96	559,08
24 407,99	I,IV	3 050	167,75	244,—	274,59
	II	2 694	148,17	215,52	242,46
	III	724	39,82	57,92	65,16
	V	5 862	322,41	468,96	527,58
	VI	6 222	342,21	497,76	559,98
24 443,99	I,IV	3 060	168,30	244,80	275,40
	II	2 703	148,66	216,24	243,27
	III	730	40,15	58,40	65,70
	V	5 874	323,07	469,92	528,66
	VI	6 236	342,98	498,88	561,24
24 479,99	I,IV	3 069	168,79	245,52	276,21
	II	2 712	149,16	216,96	244,08
	III	736	40,48	58,88	66,24
	V	5 888	323,84	471,04	529,92
	VI	6 250	343,75	500,—	562,50
24 515,99	I,IV	3 078	169,29	246,24	277,02
	II	2 721	149,65	217,68	244,89
	III	740	40,70	59,20	66,60
	V	5 900	324,50	472,—	531,—
	VI	6 260	344,30	500,80	563,40
24 551,99	I,IV	3 087	169,78	246,96	277,83
	II	2 730	150,15	218,40	245,70
	III	746	41,03	59,68	67,14
	V	5 912	325,16	472,96	532,08
	VI	6 274	345,07	501,92	564,66
24 587,99	I,IV	3 096	170,27	247,68	278,64
	II	2 738	150,59	219,04	246,42
	III	752	41,36	60,16	67,68
	V	5 924	325,82	473,92	533,16
	VI	6 286	345,73	502,88	565,74
24 623,99	I,IV	3 105	170,77	248,40	279,45
	II	2 747	151,08	219,76	247,23
	III	758	41,69	60,64	68,22
	V	5 936	326,48	474,88	534,24
	VI	6 300	346,50	504,—	567,—
24 659,99	I,IV	3 114	171,27	249,12	280,26
	II	2 756	151,58	220,48	248,04
	III	764	42,02	61,12	68,76
	V	5 948	327,14	475,84	535,32
	VI	6 310	347,05	504,80	567,90
24 695,99	I,IV	3 123	171,76	249,84	281,07
	II	2 765	152,07	221,20	248,85
	III	770	42,35	61,60	69,30
	V	5 962	327,91	476,96	536,58
	VI	6 324	347,82	505,92	569,16
24 731,99	I,IV	3 132	172,26	250,56	281,88
	II	2 774	152,57	221,92	249,66
	III	776	42,68	62,08	69,84
	V	5 974	328,57	477,92	537,66
	VI	6 338	348,59	507,04	570,42
24 767,99	I,IV	3 141	172,75	251,28	282,69
	II	2 783	153,06	222,64	250,47
	III	782	43,01	62,56	70,38
	V	5 986	329,23	478,88	538,74
	VI	6 350	349,25	508,—	571,50
24 803,99	I,IV	3 150	173,25	252,—	283,50
	II	2 792	153,56	223,36	251,28
	III	788	43,34	63,04	70,92
	V	5 998	329,89	479,84	539,82
	VI	6 362	349,91	508,96	572,58
24 839,99	I,IV	3 159	173,74	252,72	284,31
	II	2 801	154,05	224,08	252,09
	III	794	43,67	63,52	71,46
	V	6 010	330,55	480,80	540,90
	VI	6 374	350,57	509,92	573,66
24 875,99	I,IV	3 168	174,24	253,44	285,12
	II	2 810	154,55	224,80	252,90
	III	798	43,89	63,84	71,82
	V	6 024	331,32	481,92	542,16
	VI	6 388	351,34	511,04	574,92
24 911,99	I,IV	3 178	174,79	254,24	286,02
	II	2 819	155,04	225,52	253,71
	III	804	44,22	64,32	72,36
	V	6 036	331,98	482,88	543,24
	VI	6 400	352,—	512,—	576,—
24 947,99	I,IV	3 187	175,28	254,96	286,83
	II	2 827	155,48	226,16	254,43
	III	810	44,55	64,80	72,90
	V	6 046	332,53	483,68	544,14
	VI	6 412	352,66	512,96	577,08
24 983,99	I,IV	3 196	175,78	255,68	287,64
	II	2 836	155,98	226,88	255,24
	III	816	44,88	65,28	73,44
	V	6 060	333,30	484,80	545,40
	VI	6 426	353,43	514,08	578,34
25 019,99	I,IV	3 205	176,27	256,40	288,45
	II	2 845	156,47	227,60	256,05
	III	824	45,32	65,92	74,16
	V	6 072	333,96	485,76	546,48
	VI	6 436	353,98	514,88	579,24
25 055,99	I,IV	3 214	176,77	257,12	289,26
	II	2 854	156,97	228,32	256,86
	III	830	45,65	66,40	74,70
	V	6 086	334,73	486,88	547,74
	VI	6 450	354,75	516,—	580,50
25 091,99	I,IV	3 223	177,26	257,84	290,07
	II	2 863	157,46	229,04	257,67
	III	836	45,98	66,88	75,24
	V	6 096	335,28	487,68	548,64
	VI	6 464	355,52	517,12	581,76
25 127,99	I,IV	3 232	177,76	258,56	290,88
	II	2 872	157,96	229,76	258,48
	III	844	46,42	67,52	75,96
	V	6 108	335,94	488,64	549,72
	VI	6 476	356,18	518,08	582,84
25 163,99	I,IV	3 241	178,25	259,28	291,69
	II	2 881	158,45	230,48	259,29
	III	850	46,75	68,—	76,50
	V	6 122	336,71	489,76	550,98
	VI	6 488	356,84	519,04	583,92
25 199,99	I,IV	3 251	178,80	260,08	292,59
	II	2 890	158,95	231,20	260,10
	III	856	47,08	68,48	77,04
	V	6 134	337,37	490,72	552,06
	VI	6 502	357,61	520,16	585,18
25 235,99	I,IV	3 260	179,30	260,80	293,40
	II	2 899	159,44	231,92	260,91
	III	864	47,52	69,12	77,76
	V	6 148	338,14	491,84	553,32
	VI	6 514	358,27	521,12	586,26
25 271,99	I,IV	3 269	179,79	261,52	294,21
	II	2 908	159,94	232,64	261,72
	III	870	47,85	69,60	78,30
	V	6 158	338,69	492,64	554,22
	VI	6 526	358,93	522,08	587,34
25 307,99	I,IV	3 278	180,29	262,24	295,02
	II	2 917	160,43	233,36	262,53
	III	878	48,29	70,24	79,02
	V	6 172	339,46	493,76	555,48
	VI	6 540	359,70	523,20	588,60
25 343,99	I,IV	3 287	180,78	262,96	295,83
	II	2 926	160,93	234,08	263,34
	III	884	48,62	70,72	79,56
	V	6 184	340,12	494,72	556,56
	VI	6 554	360,47	524,32	589,86
25 379,99	I,IV	3 296	181,28	263,68	296,64
	II	2 935	161,42	234,80	264,15
	III	890	48,95	71,20	80,10
	V	6 198	340,89	495,84	557,82
	VI	6 564	361,02	525,12	590,76
25 415,99	I,IV	3 306	181,83	264,48	297,54
	II	2 944	161,92	235,52	264,96
	III	898	49,39	71,84	80,82
	V	6 208	341,44	496,64	558,72
	VI	6 578	361,79	526,24	592,02
25 451,99	I,IV	3 315	182,32	265,20	298,35
	II	2 953	162,41	236,24	265,77
	III	904	49,72	72,32	81,36
	V	6 222	342,21	497,76	559,98
	VI	6 590	362,45	527,20	593,10
25 487,99	I,IV	3 324	182,82	265,92	299,16
	II	2 961	162,85	236,88	266,49
	III	912	50,16	72,96	82,08
	V	6 234	342,87	498,72	561,06
	VI	6 602	363,11	528,16	594,18
25 523,99	I,IV	3 333	183,31	266,64	299,97
	II	2 970	163,35	237,60	267,30
	III	918	50,49	73,44	82,62
	V	6 248	343,64	499,84	562,32
	VI	6 616	363,88	529,28	595,44
25 559,99	I,IV	3 342	183,81	267,36	300,78
	II	2 980	163,90	238,40	268,20
	III	924	50,82	73,92	83,16
	V	6 258	344,19	500,64	563,22
	VI	6 628	364,54	530,24	596,52
25 595,99	I,IV	3 351	184,30	268,08	301,59
	II	2 989	164,39	239,12	269,01
	III	932	51,26	74,56	83,88
	V	6 272	344,96	501,76	564,48
	VI	6 642	365,31	531,36	597,78
25 631,99	I,IV	3 361	184,85	268,88	302,49
	II	2 998	164,89	239,84	269,82
	III	938	51,59	75,04	84,42
	V	6 286	345,73	502,88	565,74
	VI	6 656	366,08	532,48	599,04
25 667,99	I,IV	3 370	185,35	269,60	303,30
	II	3 006	165,33	240,48	270,54
	III	946	52,03	75,68	85,14
	V	6 298	346,39	503,84	566,82
	VI	6 668	366,74	533,44	600,12
25 703,99	I,IV	3 379	185,84	270,32	304,11
	II	3 016	165,88	241,28	271,44
	III	952	52,36	76,16	85,68
	V	6 308	346,94	504,64	567,72
	VI	6 680	367,40	534,40	601,20
25 739,99	I,IV	3 388	186,34	271,04	304,92
	II	3 025	166,37	242,—	272,25
	III	960	52,80	76,80	86,40
	V	6 322	347,71	505,76	568,98
	VI	6 694	368,17	535,52	602,46
25 775,99	I,IV	3 398	186,89	271,84	305,82
	II	3 034	166,87	242,72	273,06
	III	966	53,13	77,28	86,94
	V	6 336	348,48	506,88	570,24
	VI	6 706	368,83	536,48	603,54
25 811,99	I,IV	3 407	187,38	272,56	306,63
	II	3 043	167,36	243,44	273,87
	III	974	53,57	77,92	87,66
	V	6 346	349,03	507,68	571,14
	VI	6 720	369,60	537,60	604,80
25 847,99	I,IV	3 416	187,88	273,28	307,44
	II	3 052	167,86	244,16	274,68
	III	980	53,90	78,40	88,20
	V	6 360	349,80	508,80	572,40
	VI	6 734	370,37	538,72	606,06
25 883,99	I,IV	3 425	188,37	274,—	308,25
	II	3 061	168,35	244,88	275,49
	III	988	54,34	79,04	88,92
	V	6 372	350,46	509,76	573,48
	VI	6 744	370,92	539,52	606,96
25 919,99	I,IV	3 434	188,87	274,72	309,06
	II	3 070	168,85	245,60	276,30
	III	994	54,67	79,52	89,46
	V	6 384	351,12	510,72	574,56
	VI	6 758	371,69	540,64	608,22

* Die ausgewiesenen Tabellenwerte sind amtlich. Siehe Erläuterungen auf der Umschlaginnenseite (U2).

27 647,99*

Sonstige Bezüge / B-Tarif

Lohn/Gehalt bis €*	Steuerklasse	LSt	SolZ	8%	9%	Lohn/Gehalt bis €*	Steuerklasse	LSt	SolZ	8%	9%	Lohn/Gehalt bis €*	Steuerklasse	LSt	SolZ	8%	9%
25 955,99	I,IV	3 444	189,42	275,52	309,96	26 531,99	I,IV	3 592	197,56	287,36	323,28	27 107,99	I,IV	3 742	205,81	299,36	336,78
	II	3 079	169,34	246,32	277,11		II	3 224	177,32	257,92	290,16		II	3 371	185,40	269,68	303,39
	III	1 002	55,11	80,16	90,18		III	1 114	61,27	89,12	100,26		III	1 232	67,76	98,56	110,88
	V	6 398	351,89	511,84	575,82		V	6 602	363,11	528,16	594,18		V	6 808	374,44	544,64	612,72
	VI	6 770	372,35	541,60	609,30		VI	6 980	383,90	558,40	628,20		VI	7 190	395,45	575,20	647,10
25 991,99	I,IV	3 453	189,91	276,24	310,77	26 567,99	I,IV	3 602	198,11	288,16	324,18	27 143,99	I,IV	3 751	206,30	300,08	337,59
	II	3 088	169,84	247,04	277,92		II	3 234	177,87	258,72	291,06		II	3 380	185,90	270,40	304,20
	III	1 008	55,44	80,64	90,72		III	1 122	61,71	89,76	100,98		III	1 238	68,09	99,04	111,42
	V	6 410	352,55	512,80	576,90		V	6 616	363,88	529,28	595,44		V	6 820	375,10	545,60	613,80
	VI	6 784	373,12	542,72	610,56		VI	6 994	384,67	559,52	629,46		VI	7 204	396,22	576,32	648,36
26 027,99	I,IV	3 462	190,41	276,96	311,58	26 603,99	I,IV	3 611	198,60	288,88	324,99	27 179,99	I,IV	3 761	206,85	300,88	338,49
	II	3 097	170,33	247,76	278,73		II	3 242	178,31	259,36	291,78		II	3 389	186,39	271,12	305,01
	III	1 016	55,88	81,28	91,44		III	1 130	62,15	90,40	101,70		III	1 246	68,53	99,68	112,14
	V	6 422	353,21	513,76	577,98		V	6 626	364,43	530,08	596,34		V	6 834	375,87	546,72	615,06
	VI	6 798	373,89	543,84	611,82		VI	7 004	385,22	560,32	630,36		VI	7 216	396,88	577,28	649,44
26 063,99	I,IV	3 471	190,90	277,68	312,39	26 639,99	I,IV	3 620	199,10	289,60	325,80	27 215,99	I,IV	3 770	207,35	301,60	339,30
	II	3 106	170,83	248,48	279,54		II	3 252	178,86	260,16	292,68		II	3 399	186,94	271,92	305,91
	III	1 022	56,21	81,76	91,98		III	1 136	62,48	90,88	102,24		III	1 254	68,97	100,32	112,86
	V	6 436	353,98	514,88	579,24		V	6 640	365,20	531,20	597,60		V	6 846	376,53	547,68	616,14
	VI	6 808	374,44	544,64	612,72		VI	7 018	385,99	561,44	631,62		VI	7 230	397,65	578,40	650,70
26 099,99	I,IV	3 481	191,45	278,48	313,29	26 675,99	I,IV	3 630	199,65	290,40	326,70	27 251,99	I,IV	3 780	207,90	302,40	340,20
	II	3 115	171,32	249,20	280,35		II	3 261	179,35	260,88	293,49		II	3 408	187,44	272,64	306,72
	III	1 030	56,65	82,40	92,70		III	1 144	62,92	91,52	102,96		III	1 262	69,41	100,96	113,58
	V	6 448	354,64	515,84	580,32		V	6 654	365,97	532,32	598,86		V	6 860	377,30	548,80	617,40
	VI	6 822	375,21	545,76	613,98		VI	7 030	386,65	562,40	632,70		VI	7 242	398,31	579,36	651,78
26 135,99	I,IV	3 490	191,95	279,20	314,10	26 711,99	I,IV	3 639	200,14	291,12	327,51	27 287,99	I,IV	3 789	208,39	303,12	341,01
	II	3 124	171,82	249,92	281,16		II	3 270	179,85	261,60	294,30		II	3 417	187,93	273,36	307,53
	III	1 036	56,98	82,88	93,24		III	1 150	63,25	92,—	103,50		III	1 268	69,74	101,44	114,12
	V	6 462	355,41	516,96	581,58		V	6 666	366,63	533,28	599,94		V	6 872	377,96	549,76	618,48
	VI	6 836	375,98	546,88	615,24		VI	7 044	387,42	563,52	633,96		VI	7 258	399,19	580,64	653,22
26 171,99	I,IV	3 499	192,44	279,92	314,91	26 747,99	I,IV	3 648	200,64	291,84	328,32	27 323,99	I,IV	3 799	208,94	303,92	341,91
	II	3 133	172,31	250,64	281,97		II	3 279	180,34	262,32	295,11		II	3 426	188,43	274,08	308,34
	III	1 044	57,42	83,52	93,96		III	1 158	63,69	92,64	104,22		III	1 276	70,18	102,08	114,84
	V	6 474	356,07	517,92	582,66		V	6 678	367,29	534,24	601,02		V	6 886	378,73	550,88	619,74
	VI	6 848	376,64	547,84	616,32		VI	7 058	388,19	564,64	635,22		VI	7 270	399,85	581,60	654,30
26 207,99	I,IV	3 509	192,99	280,72	315,81	26 783,99	I,IV	3 658	201,19	292,64	329,22	27 359,99	I,IV	3 808	209,44	304,64	342,72
	II	3 142	172,81	251,36	282,78		II	3 288	180,84	263,04	295,92		II	3 436	188,98	274,88	309,24
	III	1 050	57,75	84,—	94,50		III	1 166	64,13	93,28	104,94		III	1 284	70,62	102,72	115,56
	V	6 486	356,73	518,88	583,74		V	6 692	368,06	535,36	602,28		V	6 900	379,50	552,—	621,—
	VI	6 862	377,41	548,96	617,58		VI	7 070	388,85	565,60	636,30		VI	7 284	400,62	582,72	655,56
26 243,99	I,IV	3 518	193,49	281,44	316,62	26 819,99	I,IV	3 667	201,68	293,36	330,03	27 395,99	I,IV	3 817	209,93	305,36	343,53
	II	3 151	173,30	252,08	283,59		II	3 297	181,33	263,76	296,73		II	3 445	189,47	275,60	310,05
	III	1 058	58,19	84,64	95,22		III	1 172	64,46	93,76	105,48		III	1 290	70,95	103,20	116,10
	V	6 500	357,50	520,—	585,—		V	6 704	368,72	536,32	603,36		V	6 912	380,16	552,96	622,08
	VI	6 874	378,07	549,92	618,66		VI	7 084	389,62	566,72	637,56		VI	7 296	401,28	583,68	656,64
26 279,99	I,IV	3 527	193,98	282,16	317,43	26 855,99	I,IV	3 676	202,18	294,08	330,84	27 431,99	I,IV	3 827	210,48	306,16	344,43
	II	3 160	173,80	252,80	284,40		II	3 307	181,88	264,56	297,63		II	3 454	189,97	276,32	310,86
	III	1 064	58,52	85,12	95,76		III	1 180	64,90	94,40	106,20		III	1 298	71,39	103,84	116,82
	V	6 512	358,16	520,96	586,08		V	6 718	369,49	537,44	604,62		V	6 926	380,93	554,08	623,34
	VI	6 888	378,84	551,04	619,92		VI	7 098	390,39	567,84	638,82		VI	7 310	402,05	584,80	657,90
26 315,99	I,IV	3 536	194,48	282,88	318,24	26 891,99	I,IV	3 686	202,73	294,88	331,74	27 467,99	I,IV	3 836	210,98	306,88	345,24
	II	3 170	174,35	253,60	285,30		II	3 316	182,38	265,28	298,44		II	3 463	190,46	277,04	311,67
	III	1 072	58,96	85,76	96,48		III	1 188	65,34	95,04	106,92		III	1 306	71,83	104,48	117,54
	V	6 524	358,82	521,92	587,16		V	6 730	370,15	538,40	605,70		V	6 938	381,59	555,04	624,42
	VI	6 902	379,61	552,16	621,18		VI	7 112	391,16	568,96	640,08		VI	7 322	402,71	585,76	658,98
26 351,99	I,IV	3 546	195,03	283,68	319,14	26 927,99	I,IV	3 695	203,22	295,60	332,55	27 503,99	I,IV	3 846	211,53	307,68	346,14
	II	3 179	174,84	254,32	286,11		II	3 325	182,87	266,—	299,25		II	3 473	191,01	277,84	312,57
	III	1 080	59,40	86,40	97,20		III	1 194	65,67	95,52	107,46		III	1 314	72,27	105,12	118,26
	V	6 538	359,59	523,04	588,42		V	6 744	370,92	539,52	606,96		V	6 952	382,36	556,16	625,68
	VI	6 914	380,27	553,12	622,26		VI	7 124	391,82	569,92	641,16		VI	7 338	403,59	587,04	660,42
26 387,99	I,IV	3 555	195,52	284,40	319,95	26 963,99	I,IV	3 704	203,72	296,32	333,36	27 539,99	I,IV	3 855	212,02	308,40	346,95
	II	3 188	175,34	255,04	286,92		II	3 334	183,37	266,72	300,06		II	3 482	191,51	278,56	313,38
	III	1 086	59,73	86,88	97,74		III	1 202	66,11	96,16	108,18		III	1 320	72,60	105,60	118,80
	V	6 550	360,25	524,—	589,50		V	6 756	371,58	540,48	608,04		V	6 964	383,02	557,12	626,76
	VI	6 928	381,04	554,24	623,52		VI	7 138	392,59	571,04	642,42		VI	7 350	404,25	588,—	661,50
26 423,99	I,IV	3 564	196,02	285,12	320,76	26 999,99	I,IV	3 714	204,27	297,12	334,26	27 575,99	I,IV	3 865	212,57	309,20	347,85
	II	3 197	175,83	255,76	287,73		II	3 343	183,86	267,44	300,87		II	3 491	192,—	279,28	314,19
	III	1 094	60,17	87,52	98,46		III	1 210	66,55	96,80	108,90		III	1 328	73,04	106,24	119,52
	V	6 562	360,91	524,96	590,58		V	6 768	372,24	541,44	609,12		V	6 978	383,79	558,24	628,02
	VI	6 938	381,59	555,04	624,42		VI	7 150	393,25	572,—	643,50		VI	7 364	405,02	589,12	662,76
26 459,99	I,IV	3 574	196,57	285,92	321,66	27 035,99	I,IV	3 723	204,76	297,84	335,07	27 611,99	I,IV	3 874	213,07	309,92	348,66
	II	3 206	176,33	256,48	288,54		II	3 353	184,41	268,24	301,77		II	3 500	192,50	280,—	315,—
	III	1 100	60,50	88,—	99,—		III	1 216	66,88	97,28	109,44		III	1 336	73,48	106,88	120,24
	V	6 576	361,68	526,08	591,84		V	6 782	373,01	542,56	610,38		V	6 992	384,56	559,36	629,28
	VI	6 952	382,36	556,16	625,68		VI	7 164	394,02	573,12	644,76		VI	7 376	405,68	590,08	663,84
26 495,99	I,IV	3 583	197,06	286,64	322,47	27 071,99	I,IV	3 733	205,31	298,64	335,97	27 647,99	I,IV	3 884	213,62	310,72	349,56
	II	3 215	176,83	257,20	289,35		II	3 362	184,91	268,96	302,58		II	3 510	193,05	280,80	315,90
	III	1 108	60,94	88,64	99,72		III	1 224	67,32	97,92	110,16		III	1 344	73,92	107,52	120,96
	V	6 588	362,34	527,04	592,92		V	6 796	373,78	543,68	611,64		V	7 004	385,22	560,32	630,36
	VI	6 968	383,24	557,44	627,12		VI	7 176	394,68	574,08	645,84		VI	7 390	406,45	591,20	665,10

* Die ausgewiesenen Tabellenwerte sind amtlich. Siehe Erläuterungen auf der Umschlaginnenseite (U2).

Sonstige Bezüge / B-Tarif — 27 648,–*

Lohn/Gehalt bis €*	Klasse	LSt	SolZ	8%	9%
27 683,99	I,IV	3 893	214,11	311,44	350,37
	II	3 519	193,54	281,52	316,71
	III	1 352	74,36	108,16	121,68
	V	7 018	385,99	561,44	631,62
	VI	7 404	407,22	592,32	666,36
27 719,99	I,IV	3 903	214,66	312,24	351,27
	II	3 528	194,04	282,24	317,52
	III	1 358	74,69	108,64	122,22
	V	7 028	386,54	562,24	632,52
	VI	7 418	407,99	593,44	667,62
27 755,99	I,IV	3 912	215,16	312,96	352,08
	II	3 538	194,59	283,04	318,42
	III	1 366	75,13	109,28	122,94
	V	7 044	387,42	563,52	633,96
	VI	7 430	408,65	594,40	668,70
27 791,99	I,IV	3 922	215,71	313,76	352,98
	II	3 547	195,08	283,76	319,23
	III	1 374	75,57	109,92	123,66
	V	7 056	388,08	564,48	635,04
	VI	7 444	409,42	595,52	669,96
27 827,99	I,IV	3 931	216,20	314,48	353,79
	II	3 556	195,58	284,48	320,04
	III	1 382	76,01	110,56	124,38
	V	7 070	388,85	565,60	636,30
	VI	7 458	410,19	596,64	671,22
27 863,99	I,IV	3 941	216,75	315,28	354,69
	II	3 566	196,13	285,28	320,94
	III	1 390	76,45	111,20	125,10
	V	7 082	389,51	566,56	637,38
	VI	7 470	410,85	597,60	672,30
27 899,99	I,IV	3 950	217,25	316,—	355,50
	II	3 575	196,62	286,—	321,75
	III	1 396	76,78	111,68	125,64
	V	7 096	390,28	567,68	638,64
	VI	7 484	411,62	598,72	673,56
27 935,99	I,IV	3 960	217,80	316,80	356,40
	II	3 584	197,12	286,72	322,56
	III	1 404	77,22	112,32	126,36
	V	7 110	391,05	568,80	639,90
	VI	7 498	412,39	599,84	674,82
27 971,99	I,IV	3 969	218,29	317,52	357,21
	II	3 593	197,61	287,44	323,37
	III	1 412	77,66	112,96	127,08
	V	7 122	391,71	569,76	640,98
	VI	7 510	413,05	600,80	675,90
28 007,99	I,IV	3 979	218,84	318,32	358,11
	II	3 603	198,16	288,24	324,27
	III	1 420	78,10	113,60	127,80
	V	7 136	392,48	570,88	642,24
	VI	7 524	413,82	601,92	677,16
28 043,99	I,IV	3 988	219,34	319,04	358,92
	II	3 612	198,66	288,96	325,08
	III	1 428	78,54	114,24	128,52
	V	7 148	393,14	571,84	643,32
	VI	7 538	414,59	603,04	678,42
28 079,99	I,IV	3 998	219,89	319,84	359,82
	II	3 621	199,15	289,68	325,89
	III	1 436	78,98	114,88	129,24
	V	7 162	393,91	572,96	644,58
	VI	7 550	415,25	604,—	679,50
28 115,99	I,IV	4 007	220,38	320,56	360,63
	II	3 631	199,70	290,48	326,79
	III	1 442	79,31	115,36	129,78
	V	7 174	394,57	573,92	645,66
	VI	7 566	416,13	605,28	680,94
28 151,99	I,IV	4 017	220,93	321,36	361,53
	II	3 640	200,20	291,20	327,60
	III	1 450	79,75	116,—	130,50
	V	7 188	395,34	575,04	646,92
	VI	7 578	416,79	606,24	682,02
28 187,99	I,IV	4 027	221,48	322,16	362,43
	II	3 650	200,75	292,—	328,50
	III	1 458	80,19	116,64	131,22
	V	7 200	396,—	576,—	648,—
	VI	7 592	417,56	607,36	683,28
28 223,99	I,IV	4 036	221,98	322,88	363,24
	II	3 659	201,24	292,72	329,31
	III	1 466	80,63	117,28	131,94
	V	7 214	396,77	577,12	649,26
	VI	7 606	418,33	608,48	684,54
28 259,99	I,IV	4 045	222,47	323,60	364,05
	II	3 668	201,74	293,44	330,12
	III	1 474	81,07	117,92	132,66
	V	7 228	397,54	578,24	650,52
	VI	7 620	419,10	609,60	685,80
28 295,99	I,IV	4 055	223,02	324,40	364,95
	II	3 678	202,29	294,24	331,02
	III	1 482	81,51	118,56	133,38
	V	7 240	398,20	579,20	651,60
	VI	7 632	419,76	610,56	686,88
28 331,99	I,IV	4 065	223,57	325,20	365,85
	II	3 687	202,78	294,96	331,83
	III	1 490	81,95	119,20	134,10
	V	7 256	399,08	580,48	653,04
	VI	7 648	420,64	611,84	688,32
28 367,99	I,IV	4 074	224,07	325,92	366,66
	II	3 696	203,28	295,68	332,64
	III	1 498	82,39	119,84	134,82
	V	7 268	399,74	581,44	654,12
	VI	7 660	421,30	612,80	689,40
28 403,99	I,IV	4 084	224,62	326,72	367,56
	II	3 706	203,83	296,48	333,54
	III	1 506	82,83	120,48	135,54
	V	7 280	400,40	582,40	655,20
	VI	7 674	422,07	613,92	690,66
28 439,99	I,IV	4 093	225,11	327,44	368,37
	II	3 715	204,32	297,20	334,35
	III	1 512	83,16	120,96	136,08
	V	7 294	401,17	583,52	656,46
	VI	7 688	422,84	615,04	691,92
28 475,99	I,IV	4 103	225,66	328,24	369,27
	II	3 724	204,82	297,92	335,16
	III	1 520	83,60	121,60	136,80
	V	7 308	401,94	584,64	657,72
	VI	7 700	423,50	616,—	693,—
28 511,99	I,IV	4 113	226,21	329,04	370,17
	II	3 734	205,37	298,72	336,06
	III	1 528	84,04	122,24	137,52
	V	7 320	402,60	585,60	658,80
	VI	7 716	424,38	617,28	694,44
28 547,99	I,IV	4 122	226,71	329,76	370,98
	II	3 743	205,86	299,44	336,87
	III	1 536	84,48	122,88	138,24
	V	7 336	403,48	586,88	660,24
	VI	7 728	425,04	618,24	695,52
28 583,99	I,IV	4 132	227,26	330,56	371,88
	II	3 753	206,41	300,24	337,77
	III	1 544	84,92	123,52	138,96
	V	7 348	404,14	587,84	661,32
	VI	7 740	425,70	619,20	696,60
28 619,99	I,IV	4 141	227,75	331,28	372,69
	II	3 762	206,91	300,96	338,58
	III	1 552	85,36	124,16	139,68
	V	7 362	404,91	588,96	662,58
	VI	7 756	426,58	620,48	698,04
28 655,99	I,IV	4 151	228,30	332,08	373,59
	II	3 771	207,40	301,68	339,39
	III	1 560	85,80	124,80	140,40
	V	7 374	405,57	589,92	663,66
	VI	7 768	427,24	621,44	699,12
28 691,99	I,IV	4 161	228,85	332,88	374,49
	II	3 781	207,95	302,48	340,29
	III	1 568	86,24	125,44	141,12
	V	7 388	406,34	591,04	664,92
	VI	7 784	428,12	622,72	700,56
28 727,99	I,IV	4 170	229,35	333,60	375,30
	II	3 790	208,45	303,20	341,10
	III	1 576	86,68	126,08	141,84
	V	7 402	407,11	592,16	666,18
	VI	7 796	428,78	623,68	701,64
28 763,99	I,IV	4 180	229,90	334,40	376,20
	II	3 800	209,—	304,—	342,—
	III	1 584	87,12	126,72	142,56
	V	7 416	407,88	593,28	667,44
	VI	7 812	429,66	624,96	703,08
28 799,99	I,IV	4 190	230,45	335,20	377,10
	II	3 809	209,49	304,72	342,81
	III	1 592	87,56	127,36	143,28
	V	7 428	408,54	594,24	668,52
	VI	7 824	430,32	625,92	704,16
28 835,99	I,IV	4 199	230,94	335,92	377,91
	II	3 819	210,04	305,52	343,71
	III	1 600	88,—	128,—	144,—
	V	7 442	409,31	595,36	669,78
	VI	7 836	430,98	626,88	705,24
28 871,99	I,IV	4 209	231,49	336,72	378,81
	II	3 828	210,54	306,24	344,52
	III	1 608	88,44	128,64	144,72
	V	7 456	410,08	596,48	671,04
	VI	7 852	431,86	628,16	706,68
28 907,99	I,IV	4 219	232,04	337,52	379,71
	II	3 838	211,09	307,04	345,42
	III	1 616	88,88	129,28	145,44
	V	7 468	410,74	597,44	672,12
	VI	7 864	432,52	629,12	707,76
28 943,99	I,IV	4 228	232,54	338,24	380,52
	II	3 847	211,58	307,76	346,23
	III	1 624	89,32	129,92	146,16
	V	7 482	411,51	598,56	673,38
	VI	7 880	433,40	630,40	709,20
28 979,99	I,IV	4 238	233,09	339,04	381,42
	II	3 857	212,13	308,56	347,13
	III	1 632	89,76	130,56	146,88
	V	7 496	412,28	599,68	674,64
	VI	7 894	434,17	631,52	710,46
29 015,99	I,IV	4 247	233,58	339,76	382,23
	II	3 866	212,63	309,28	347,94
	III	1 640	90,20	131,20	147,60
	V	7 508	412,94	600,64	675,72
	VI	7 906	434,83	632,48	711,54
29 051,99	I,IV	4 257	234,13	340,56	383,13
	II	3 875	213,12	310,—	348,75
	III	1 648	90,64	131,84	148,32
	V	7 522	413,71	601,76	676,98
	VI	7 921	435,65	633,68	712,89
29 087,99	I,IV	4 267	234,68	341,36	384,03
	II	3 885	213,67	310,80	349,65
	III	1 656	91,08	132,48	149,04
	V	7 536	414,48	602,88	678,24
	VI	7 934	436,37	634,72	714,06
29 123,99	I,IV	4 277	235,23	342,16	384,93
	II	3 895	214,22	311,60	350,55
	III	1 664	91,52	133,12	149,76
	V	7 550	415,25	604,—	679,50
	VI	7 948	437,14	635,84	715,32
29 159,99	I,IV	4 286	235,73	342,88	385,74
	II	3 904	214,72	312,32	351,36
	III	1 672	91,96	133,76	150,48
	V	7 564	416,02	605,12	680,76
	VI	7 962	437,91	636,96	716,58
29 195,99	I,IV	4 296	236,28	343,68	386,64
	II	3 913	215,21	313,04	352,17
	III	1 680	92,40	134,40	151,20
	V	7 576	416,68	606,08	681,84
	VI	7 976	438,68	638,08	717,84
29 231,99	I,IV	4 306	236,83	344,48	387,54
	II	3 923	215,76	313,84	353,07
	III	1 688	92,84	135,04	151,92
	V	7 590	417,45	607,20	683,10
	VI	7 989	439,39	639,12	719,01
29 267,99	I,IV	4 315	237,32	345,20	388,35
	II	3 932	216,26	314,56	353,88
	III	1 696	93,28	135,68	152,64
	V	7 604	418,22	608,32	684,36
	VI	8 003	440,16	640,24	720,27
29 303,99	I,IV	4 325	237,87	346,—	389,25
	II	3 942	216,81	315,36	354,78
	III	1 704	93,72	136,32	153,36
	V	7 618	418,99	609,44	685,62
	VI	8 017	440,93	641,36	721,53
29 339,99	I,IV	4 335	238,42	346,80	390,15
	II	3 952	217,36	316,16	355,68
	III	1 712	94,16	136,96	154,08
	V	7 632	419,76	610,56	686,88
	VI	8 031	441,70	642,48	722,79
29 375,99	I,IV	4 344	238,92	347,52	390,96
	II	3 961	217,85	316,88	356,49
	III	1 720	94,60	137,60	154,80
	V	7 646	420,53	611,68	688,14
	VI	8 044	442,42	643,52	723,96

* Die ausgewiesenen Tabellenwerte sind amtlich. Siehe Erläuterungen auf der Umschlaginnenseite (U2).

31 103,99*

Sonstige Bezüge / B-Tarif

Lohn/Gehalt bis €*		Lohnsteuer, Solidaritätszuschlag und Kirchensteuer in den Steuerklassen I – VI				Lohn/Gehalt bis €*		Lohnsteuer, Solidaritätszuschlag und Kirchensteuer in den Steuerklassen I – VI				Lohn/Gehalt bis €*		Lohnsteuer, Solidaritätszuschlag und Kirchensteuer in den Steuerklassen I – VI			
		LSt	SolZ	8%	9%			LSt	SolZ	8%	9%			LSt	SolZ	8%	9%
29 411,99	I,IV	4 354	239,47	348,32	391,86	29 987,99	I,IV	4 510	248,05	360,80	405,90	30 563,99	I,IV	4 668	256,74	373,44	420,12
	II	3 970	218,35	317,60	357,30		II	4 123	226,76	329,84	371,07		II	4 278	235,29	342,24	385,02
	III	1 728	95,04	138,24	155,52		III	1 860	102,30	148,80	167,40		III	1 994	109,67	159,52	179,46
	V	7 658	421,19	612,64	689,22		V	7 878	433,29	630,24	709,02		V	8 098	445,39	647,84	728,82
	VI	8 058	443,19	644,64	725,22		VI	8 279	455,34	662,32	745,11		VI	8 499	467,44	679,92	764,91
29 447,99	I,IV	4 364	240,02	349,12	392,76	30 023,99	I,IV	4 520	248,60	361,60	406,80	30 599,99	I,IV	4 678	257,29	374,24	421,02
	II	3 980	218,90	318,40	358,20		II	4 133	227,31	330,64	371,97		II	4 288	235,84	343,04	385,92
	III	1 736	95,48	138,88	156,24		III	1 868	102,74	149,44	168,12		III	2 004	110,22	160,32	180,36
	V	7 670	421,85	613,60	690,30		V	7 890	433,95	631,20	710,10		V	8 112	446,16	648,96	730,08
	VI	8 072	443,96	645,76	726,48		VI	8 293	456,11	663,44	746,37		VI	8 513	468,21	681,04	766,17
29 483,99	I,IV	4 374	240,57	349,92	393,66	30 059,99	I,IV	4 530	249,15	362,40	407,70	30 635,99	I,IV	4 688	257,84	375,04	421,92
	II	3 990	219,45	319,20	359,10		II	4 143	227,86	331,44	372,87		II	4 297	236,33	343,76	386,73
	III	1 744	95,92	139,52	156,96		III	1 876	103,18	150,08	168,84		III	2 012	110,66	160,96	181,08
	V	7 686	422,73	614,88	691,74		V	7 904	434,72	632,32	711,36		V	8 125	446,87	650,—	731,25
	VI	8 086	444,73	646,88	727,74		VI	8 307	456,88	664,56	747,63		VI	8 527	468,98	682,16	767,43
29 519,99	I,IV	4 383	241,06	350,64	394,47	30 095,99	I,IV	4 540	249,70	363,20	408,60	30 671,99	I,IV	4 697	258,33	375,76	422,73
	II	3 999	219,94	319,92	359,91		II	4 152	228,36	332,16	373,68		II	4 307	236,88	344,56	387,63
	III	1 752	96,36	140,16	157,68		III	1 886	103,73	150,88	169,74		III	2 020	111,10	161,60	181,80
	V	7 698	423,39	615,84	692,82		V	7 918	435,49	633,44	712,62		V	8 139	447,64	651,12	732,51
	VI	8 100	445,50	648,—	729,—		VI	8 320	457,60	665,60	748,80		VI	8 540	469,70	683,20	768,60
29 555,99	I,IV	4 393	241,61	351,44	395,37	30 131,99	I,IV	4 549	250,19	363,92	409,41	30 707,99	I,IV	4 707	258,88	376,56	423,63
	II	4 008	220,44	320,64	360,72		II	4 162	228,91	332,96	374,58		II	4 316	237,38	345,28	388,44
	III	1 762	96,91	140,96	158,58		III	1 894	104,17	151,52	170,46		III	2 030	111,65	162,40	182,70
	V	7 712	424,16	616,96	694,08		V	7 932	436,26	634,56	713,88		V	8 153	448,41	652,24	733,77
	VI	8 113	446,21	649,04	730,17		VI	8 334	458,37	666,72	750,06		VI	8 554	470,47	684,32	769,86
29 591,99	I,IV	4 403	242,16	352,24	396,27	30 167,99	I,IV	4 559	250,74	364,72	410,31	30 743,99	I,IV	4 717	259,43	377,36	424,53
	II	4 018	220,99	321,44	361,62		II	4 172	229,46	333,76	375,48		II	4 326	237,93	346,08	389,34
	III	1 770	97,35	141,60	159,30		III	1 902	104,61	152,16	171,18		III	2 038	112,09	163,04	183,42
	V	7 726	424,93	618,08	695,34		V	7 946	437,03	635,68	715,14		V	8 167	449,18	653,36	735,03
	VI	8 127	446,98	650,16	731,43		VI	8 348	459,14	667,84	751,32		VI	8 568	471,24	685,44	771,12
29 627,99	I,IV	4 413	242,71	353,04	397,17	30 203,99	I,IV	4 569	251,29	365,52	411,21	30 779,99	I,IV	4 727	259,98	378,16	425,43
	II	4 028	221,54	322,24	362,52		II	4 181	229,95	334,48	376,29		II	4 336	238,48	346,88	390,24
	III	1 778	97,79	142,24	160,02		III	1 910	105,05	152,80	171,90		III	2 046	112,53	163,68	184,14
	V	7 738	425,59	619,04	696,42		V	7 960	437,80	636,80	716,40		V	8 181	449,95	654,48	736,29
	VI	8 141	447,75	651,28	732,69		VI	8 362	459,91	668,96	752,58		VI	8 582	472,01	686,56	772,38
29 663,99	I,IV	4 422	243,21	353,76	397,98	30 239,99	I,IV	4 579	251,84	366,32	412,11	30 815,99	I,IV	4 737	260,53	378,96	426,33
	II	4 037	222,03	322,96	363,33		II	4 191	230,50	335,28	377,19		II	4 346	239,03	347,68	391,14
	III	1 786	98,23	142,88	160,74		III	1 918	105,49	153,44	172,62		III	2 054	112,97	164,32	184,86
	V	7 754	426,47	620,32	697,86		V	7 974	438,57	637,92	717,66		V	8 194	450,67	655,52	737,46
	VI	8 155	448,52	652,40	733,95		VI	8 375	460,62	670,—	753,75		VI	8 596	472,78	687,68	773,64
29 699,99	I,IV	4 432	243,76	354,56	398,88	30 275,99	I,IV	4 589	252,39	367,12	413,01	30 851,99	I,IV	4 747	261,08	379,76	427,23
	II	4 047	222,58	323,76	364,23		II	4 201	231,05	336,08	378,09		II	4 355	239,52	348,40	391,95
	III	1 794	98,67	143,52	161,46		III	1 928	106,04	154,24	173,52		III	2 064	113,52	165,12	185,76
	V	7 766	427,13	621,28	698,94		V	7 988	439,34	639,04	718,92		V	8 208	451,44	656,64	738,72
	VI	8 169	449,29	653,52	735,21		VI	8 389	461,39	671,12	755,01		VI	8 609	473,49	688,72	774,81
29 735,99	I,IV	4 442	244,31	355,36	399,78	30 311,99	I,IV	4 599	252,94	367,92	413,91	30 887,99	I,IV	4 757	261,63	380,56	428,13
	II	4 056	223,08	324,48	365,04		II	4 210	231,55	336,80	378,90		II	4 365	240,07	349,20	392,85
	III	1 802	99,11	144,16	162,18		III	1 936	106,48	154,88	174,24		III	2 072	113,96	165,76	186,48
	V	7 782	428,01	622,56	700,38		V	8 001	440,05	640,08	720,09		V	8 222	452,21	657,76	739,98
	VI	8 182	450,01	654,56	736,38		VI	8 403	462,16	672,24	756,27		VI	8 623	474,26	689,84	776,07
29 771,99	I,IV	4 452	244,86	356,16	400,68	30 347,99	I,IV	4 609	253,49	368,72	414,81	30 923,99	I,IV	4 767	262,18	381,36	429,03
	II	4 066	223,63	325,28	365,94		II	4 220	232,10	337,60	379,80		II	4 375	240,62	350,—	393,75
	III	1 810	99,55	144,80	162,90		III	1 944	106,92	155,52	174,96		III	2 082	114,51	166,56	187,38
	V	7 794	428,67	623,52	701,46		V	8 015	440,82	641,20	721,35		V	8 236	452,98	658,88	741,24
	VI	8 196	450,78	655,68	737,64		VI	8 417	462,93	673,36	757,53		VI	8 637	475,03	690,96	777,33
29 807,99	I,IV	4 461	245,35	356,88	401,49	30 383,99	I,IV	4 618	253,98	369,44	415,62	30 959,99	I,IV	4 777	262,73	382,16	429,93
	II	4 076	224,18	326,08	366,84		II	4 229	232,59	338,32	380,61		II	4 385	241,17	350,80	394,65
	III	1 818	99,99	145,44	163,62		III	1 952	107,36	156,16	175,68		III	2 090	114,95	167,20	188,10
	V	7 810	429,55	624,80	702,90		V	8 029	441,59	642,32	722,61		V	8 249	453,69	659,92	742,41
	VI	8 210	451,55	656,80	738,90		VI	8 430	463,65	674,40	758,70		VI	8 651	475,80	692,08	778,59
29 843,99	I,IV	4 471	245,90	357,68	402,39	30 419,99	I,IV	4 628	254,54	370,24	416,52	30 995,99	I,IV	4 787	263,28	382,96	430,83
	II	4 085	224,67	326,80	367,65		II	4 239	233,14	339,12	381,51		II	4 394	241,67	351,52	395,46
	III	1 826	100,43	146,08	164,34		III	1 960	107,80	156,80	176,40		III	2 098	115,39	167,84	188,82
	V	7 822	430,21	625,76	703,98		V	8 043	442,36	643,44	723,87		V	8 263	454,46	661,04	743,67
	VI	8 224	452,32	657,92	740,16		VI	8 444	464,42	675,52	759,96		VI	8 665	476,57	693,20	779,85
29 879,99	I,IV	4 481	246,45	358,48	403,29	30 455,99	I,IV	4 638	255,09	371,04	417,42	31 031,99	I,IV	4 796	263,78	383,68	431,64
	II	4 095	225,22	327,60	368,55		II	4 249	233,69	339,92	382,41		II	4 404	242,22	352,32	396,36
	III	1 836	100,98	146,88	165,24		III	1 970	108,35	157,60	177,30		III	2 108	115,94	168,64	189,72
	V	7 836	430,98	626,88	705,24		V	8 057	443,13	644,56	725,13		V	8 277	455,23	662,16	744,93
	VI	8 238	453,09	659,04	741,42		VI	8 458	465,19	676,64	761,22		VI	8 678	477,29	694,24	781,02
29 915,99	I,IV	4 491	247,—	359,28	404,19	30 491,99	I,IV	4 648	255,64	371,84	418,32	31 067,99	I,IV	4 806	264,33	384,48	432,54
	II	4 104	225,72	328,32	369,36		II	4 258	234,19	340,64	383,22		II	4 414	242,77	353,12	397,26
	III	1 844	101,42	147,52	165,96		III	1 978	108,79	158,24	178,02		III	2 116	116,38	169,28	190,44
	V	7 850	431,75	628,—	706,50		V	8 070	443,85	645,60	726,30		V	8 291	456,—	663,28	746,19
	VI	8 251	453,80	660,08	742,59		VI	8 472	465,96	677,76	762,48		VI	8 692	478,06	695,36	782,28
29 951,99	I,IV	4 500	247,50	360,—	405,—	30 527,99	I,IV	4 658	256,19	372,64	419,22	31 103,99	I,IV	4 816	264,88	385,28	433,44
	II	4 114	226,27	329,12	370,26		II	4 268	234,74	341,44	384,12		II	4 424	243,32	353,92	398,16
	III	1 852	101,86	148,16	166,68		III	1 986	109,23	158,88	178,74		III	2 124	116,82	169,92	191,16
	V	7 862	432,41	628,96	707,58		V	8 084	444,62	646,72	727,56		V	8 304	456,72	664,32	747,36
	VI	8 265	454,57	661,20	743,85		VI	8 485	466,67	678,80	763,65		VI	8 706	478,83	696,48	783,54

* Die ausgewiesenen Tabellenwerte sind amtlich. Siehe Erläuterungen auf der Umschlaginnenseite (U2).

T 69

Sonstige Bezüge / B-Tarif — 31 104,–*

Lohn/Gehalt bis €*		Lohnsteuer, Solidaritätszuschlag und Kirchensteuer in den Steuerklassen I – VI			
		LSt	SolZ	8%	9%
31 139,99	I,IV	4 826	265,43	386,08	434,34
	II	4 433	243,81	354,64	398,97
	III	2 134	117,37	170,72	192,06
	V	8 318	457,49	665,44	748,62
	VI	8 720	479,60	697,60	784,80
31 175,99	I,IV	4 836	265,98	386,88	435,24
	II	4 443	244,36	355,44	399,87
	III	2 142	117,81	171,36	192,78
	V	8 332	458,26	666,56	749,88
	VI	8 734	480,37	698,72	786,06
31 211,99	I,IV	4 846	266,53	387,68	436,14
	II	4 453	244,91	356,24	400,77
	III	2 150	118,25	172,—	193,50
	V	8 346	459,03	667,68	751,14
	VI	8 747	481,08	699,76	787,23
31 247,99	I,IV	4 856	267,08	388,48	437,04
	II	4 463	245,46	357,04	401,67
	III	2 160	118,80	172,80	194,40
	V	8 359	459,74	668,72	752,31
	VI	8 761	481,85	700,88	788,49
31 283,99	I,IV	4 866	267,63	389,28	437,94
	II	4 472	245,96	357,76	402,48
	III	2 168	119,24	173,44	195,12
	V	8 373	460,51	669,84	753,57
	VI	8 775	482,62	702,—	789,75
31 319,99	I,IV	4 876	268,18	390,08	438,84
	II	4 482	246,51	358,56	403,38
	III	2 176	119,68	174,08	195,84
	V	8 387	461,28	670,96	754,83
	VI	8 789	483,39	703,12	791,01
31 355,99	I,IV	4 886	268,73	390,88	439,74
	II	4 492	247,06	359,36	404,28
	III	2 186	120,23	174,88	196,74
	V	8 401	462,05	672,08	756,09
	VI	8 803	484,16	704,24	792,27
31 391,99	I,IV	4 896	269,28	391,68	440,64
	II	4 502	247,61	360,16	405,18
	III	2 194	120,67	175,52	197,46
	V	8 414	462,77	673,12	757,26
	VI	8 816	484,88	705,28	793,68
31 427,99	I,IV	4 906	269,83	392,48	441,54
	II	4 511	248,10	360,88	405,99
	III	2 202	121,11	176,16	198,18
	V	8 428	463,54	674,24	758,52
	VI	8 830	485,65	706,40	794,70
31 463,99	I,IV	4 916	270,38	393,28	442,44
	II	4 521	248,65	361,68	406,89
	III	2 212	121,66	176,96	199,08
	V	8 442	464,31	675,36	759,78
	VI	8 844	486,42	707,52	795,96
31 499,99	I,IV	4 926	270,93	394,08	443,34
	II	4 531	249,20	362,48	407,79
	III	2 220	122,10	177,60	199,80
	V	8 456	465,08	676,48	761,04
	VI	8 858	487,19	708,64	797,22
31 535,99	I,IV	4 936	271,48	394,88	444,24
	II	4 541	249,75	363,28	408,69
	III	2 228	122,54	178,24	200,52
	V	8 470	465,85	677,60	762,30
	VI	8 871	487,90	709,68	798,39
31 571,99	I,IV	4 946	272,03	395,68	445,14
	II	4 551	250,30	364,08	409,59
	III	2 238	123,09	179,04	201,42
	V	8 483	466,56	678,64	763,47
	VI	8 885	488,67	710,80	799,65
31 607,99	I,IV	4 956	272,58	396,48	446,04
	II	4 561	250,85	364,88	410,49
	III	2 246	123,53	179,68	202,14
	V	8 497	467,33	679,76	764,73
	VI	8 899	489,44	711,92	800,91
31 643,99	I,IV	4 966	273,13	397,28	446,94
	II	4 570	251,35	365,60	411,30
	III	2 254	123,97	180,32	202,86
	V	8 511	468,10	680,88	765,99
	VI	8 913	490,21	713,04	802,17
31 679,99	I,IV	4 976	273,68	398,08	447,84
	II	4 580	251,90	366,40	412,20
	III	2 264	124,52	181,12	203,76
	V	8 525	468,87	682,—	767,25
	VI	8 926	490,93	714,08	803,34
31 715,99	I,IV	4 986	274,23	398,88	448,74
	II	4 590	252,45	367,20	413,10
	III	2 272	124,96	181,76	204,48
	V	8 539	469,64	683,12	768,51
	VI	8 940	491,70	715,20	804,60
31 751,99	I,IV	4 997	274,83	399,76	449,73
	II	4 600	253,—	368,—	414,—
	III	2 282	125,51	182,56	205,38
	V	8 553	470,41	684,24	769,77
	VI	8 954	492,47	716,32	805,86
31 787,99	I,IV	5 006	275,33	400,48	450,54
	II	4 610	253,55	368,80	414,90
	III	2 290	125,95	183,20	206,10
	V	8 566	471,13	685,28	770,94
	VI	8 968	493,24	717,44	807,12
31 823,99	I,IV	5 016	275,88	401,28	451,44
	II	4 620	254,10	369,60	415,80
	III	2 298	126,39	183,84	206,82
	V	8 580	471,90	686,40	772,20
	VI	8 981	493,95	718,48	808,29
31 859,99	I,IV	5 027	276,48	402,16	452,43
	II	4 630	254,65	370,40	416,70
	III	2 308	126,94	184,64	207,72
	V	8 594	472,67	687,52	773,46
	VI	8 995	494,72	719,60	809,55
31 895,99	I,IV	5 037	277,03	402,96	453,33
	II	4 639	255,14	371,12	417,51
	III	2 316	127,38	185,28	208,44
	V	8 608	473,44	688,64	774,72
	VI	9 009	495,49	720,72	810,81
31 931,99	I,IV	5 047	277,58	403,76	454,23
	II	4 649	255,69	371,92	418,41
	III	2 324	127,82	185,92	209,16
	V	8 622	474,21	689,76	775,98
	VI	9 023	496,26	721,84	812,07
31 967,99	I,IV	5 057	278,13	404,56	455,13
	II	4 659	256,24	372,72	419,31
	III	2 334	128,37	186,72	210,06
	V	8 635	474,92	690,80	777,15
	VI	9 036	496,98	722,88	813,24
32 003,99	I,IV	5 067	278,68	405,36	456,03
	II	4 669	256,79	373,52	420,21
	III	2 342	128,81	187,36	210,78
	V	8 649	475,69	691,92	778,41
	VI	9 050	497,75	724,—	814,50
32 039,99	I,IV	5 077	279,23	406,16	456,93
	II	4 679	257,34	374,32	421,11
	III	2 350	129,25	188,—	211,50
	V	8 663	476,46	693,04	779,67
	VI	9 064	498,52	725,12	815,76
32 075,99	I,IV	5 087	279,78	406,96	457,83
	II	4 689	257,89	375,12	422,01
	III	2 360	129,80	188,80	212,40
	V	8 677	477,23	694,16	780,93
	VI	9 078	499,29	726,24	817,02
32 111,99	I,IV	5 097	280,33	407,76	458,73
	II	4 699	258,44	375,92	422,91
	III	2 368	130,24	189,44	213,12
	V	8 690	477,95	695,20	782,10
	VI	9 092	500,06	727,36	818,28
32 147,99	I,IV	5 107	280,88	408,56	459,63
	II	4 708	258,94	376,64	423,72
	III	2 376	130,68	190,08	213,84
	V	8 704	478,72	696,32	783,36
	VI	9 105	500,77	728,40	819,45
32 183,99	I,IV	5 117	281,43	409,36	460,53
	II	4 718	259,49	377,44	424,62
	III	2 386	131,23	190,88	214,74
	V	8 718	479,49	697,44	784,62
	VI	9 119	501,54	729,52	820,71
32 219,99	I,IV	5 127	281,98	410,16	461,43
	II	4 728	260,04	378,24	425,52
	III	2 394	131,67	191,52	215,46
	V	8 732	480,26	698,56	785,88
	VI	9 133	502,31	730,64	821,97
32 255,99	I,IV	5 137	282,53	410,96	462,33
	II	4 738	260,59	379,04	426,42
	III	2 404	132,22	192,32	216,36
	V	8 745	480,97	699,60	787,05
	VI	9 147	503,08	731,76	823,23
32 291,99	I,IV	5 148	283,14	411,84	463,32
	II	4 748	261,14	379,84	427,32
	III	2 412	132,66	192,96	217,08
	V	8 759	481,74	700,72	788,31
	VI	9 161	503,85	732,88	824,49
32 327,99	I,IV	5 158	283,69	412,64	464,22
	II	4 758	261,69	380,64	428,22
	III	2 420	133,10	193,60	217,80
	V	8 773	482,51	701,84	789,57
	VI	9 174	504,57	733,92	825,66
32 363,99	I,IV	5 168	284,24	413,44	465,12
	II	4 768	262,24	381,44	429,12
	III	2 430	133,65	194,40	218,70
	V	8 787	483,28	702,96	790,83
	VI	9 188	505,34	735,04	826,92
32 399,99	I,IV	5 178	284,79	414,24	466,02
	II	4 778	262,79	382,24	430,02
	III	2 438	134,09	195,04	219,42
	V	8 800	484,—	704,—	792,—
	VI	9 202	506,11	736,16	828,18
32 435,99	I,IV	5 188	285,34	415,04	466,92
	II	4 788	263,34	383,04	430,92
	III	2 446	134,53	195,68	220,14
	V	8 814	484,77	705,12	793,26
	VI	9 216	506,88	737,28	829,44
32 471,99	I,IV	5 198	285,89	415,84	467,82
	II	4 798	263,89	383,84	431,82
	III	2 456	135,08	196,48	221,04
	V	8 828	485,54	706,24	794,52
	VI	9 230	507,65	738,40	830,70
32 507,99	I,IV	5 208	286,44	416,64	468,72
	II	4 808	264,44	384,64	432,72
	III	2 464	135,52	197,12	221,76
	V	8 842	486,31	707,36	795,78
	VI	9 243	508,36	739,44	831,87
32 543,99	I,IV	5 218	286,99	417,44	469,62
	II	4 818	264,99	385,44	433,62
	III	2 474	136,07	197,92	222,66
	V	8 855	487,02	708,40	796,95
	VI	9 257	509,13	740,56	833,13
32 579,99	I,IV	5 229	287,59	418,32	470,61
	II	4 828	265,54	386,24	434,52
	III	2 482	136,51	198,56	223,38
	V	8 869	487,79	709,52	798,21
	VI	9 271	509,90	741,68	834,39
32 615,99	I,IV	5 239	288,14	419,12	471,51
	II	4 838	266,09	387,04	435,42
	III	2 490	136,95	199,20	224,10
	V	8 883	488,56	710,64	799,47
	VI	9 285	510,67	742,80	835,65
32 651,99	I,IV	5 249	288,69	419,92	472,41
	II	4 848	266,64	387,84	436,32
	III	2 500	137,50	200,—	225,—
	V	8 897	489,33	711,76	800,73
	VI	9 299	511,44	743,92	836,91
32 687,99	I,IV	5 259	289,24	420,72	473,31
	II	4 857	267,13	388,56	437,13
	III	2 508	137,94	200,64	225,72
	V	8 910	490,05	712,80	801,90
	VI	9 312	512,16	744,96	838,08
32 723,99	I,IV	5 269	289,79	421,52	474,21
	II	4 867	267,68	389,36	438,03
	III	2 516	138,38	201,28	226,44
	V	8 924	490,82	713,92	803,16
	VI	9 326	512,93	746,08	839,34
32 759,99	I,IV	5 279	290,34	422,32	475,11
	II	4 878	268,29	390,24	439,02
	III	2 526	138,93	202,08	227,34
	V	8 938	491,59	715,04	804,42
	VI	9 340	513,70	747,20	840,60
32 795,99	I,IV	5 290	290,95	423,20	476,10
	II	4 888	268,84	391,04	439,92
	III	2 534	139,37	202,72	228,06
	V	8 952	492,36	716,16	805,68
	VI	9 354	514,47	748,32	841,86
32 831,99	I,IV	5 300	291,50	424,—	477,—
	II	4 898	269,39	391,84	440,82
	III	2 544	139,92	203,52	228,96
	V	8 966	493,13	717,28	806,94
	VI	9 367	515,18	749,36	843,03

* Die ausgewiesenen Tabellenwerte sind amtlich. Siehe Erläuterungen auf der Umschlaginnenseite (U2).

34 559,99* Sonstige Bezüge / B-Tarif

Lohn/Gehalt bis €*		LSt	SolZ	8%	9%
32 867,99	I,IV	5 310	292,05	424,80	477,90
	II	4 907	269,88	392,56	441,63
	III	2 552	140,36	204,16	229,68
	V	8 979	493,84	718,32	808,11
	VI	9 381	515,95	750,48	844,29
32 903,99	I,IV	5 320	292,60	425,60	478,80
	II	4 917	270,43	393,36	442,53
	III	2 560	140,80	204,80	230,40
	V	8 993	494,61	719,44	809,37
	VI	9 395	516,72	751,60	845,55
32 939,99	I,IV	5 330	293,15	426,40	479,70
	II	4 927	270,98	394,16	443,43
	III	2 570	141,35	205,60	231,30
	V	9 007	495,38	720,56	810,63
	VI	9 409	517,49	752,72	846,81
32 975,99	I,IV	5 341	293,75	427,28	480,69
	II	4 938	271,59	395,04	444,42
	III	2 578	141,79	206,24	232,02
	V	9 021	496,15	721,68	811,89
	VI	9 422	518,21	753,76	847,98
33 011,99	I,IV	5 351	294,30	428,08	481,59
	II	4 948	272,14	395,84	445,32
	III	2 588	142,34	207,04	232,92
	V	9 035	496,92	722,80	813,15
	VI	9 436	518,98	754,88	849,24
33 047,99	I,IV	5 361	294,85	428,88	482,49
	II	4 958	272,69	396,64	446,22
	III	2 596	142,78	207,68	233,64
	V	9 049	497,69	723,92	814,41
	VI	9 450	519,75	756,—	850,50
33 083,99	I,IV	5 371	295,40	429,68	483,39
	II	4 967	273,18	397,36	447,03
	III	2 604	143,22	208,32	234,36
	V	9 062	498,41	724,96	815,58
	VI	9 464	520,52	757,12	851,76
33 119,99	I,IV	5 381	295,95	430,48	484,29
	II	4 978	273,79	398,24	448,02
	III	2 614	143,77	209,12	235,26
	V	9 076	499,18	726,08	816,84
	VI	9 477	521,23	758,16	852,93
33 155,99	I,IV	5 392	296,56	431,36	485,28
	II	4 988	274,34	399,04	448,92
	III	2 622	144,21	209,76	235,98
	V	9 090	499,95	727,20	818,10
	VI	9 491	522,—	759,28	854,19
33 191,99	I,IV	5 402	297,11	432,16	486,18
	II	4 998	274,89	399,84	449,82
	III	2 632	144,76	210,56	236,88
	V	9 104	500,72	728,32	819,36
	VI	9 505	522,77	760,40	855,45
33 227,99	I,IV	5 412	297,66	432,96	487,08
	II	5 008	275,44	400,64	450,72
	III	2 640	145,20	211,20	237,60
	V	9 118	501,49	729,44	820,62
	VI	9 519	523,54	761,52	856,71
33 263,99	I,IV	5 422	298,21	433,76	487,98
	II	5 018	275,99	401,44	451,62
	III	2 650	145,75	212,—	238,50
	V	9 131	502,20	730,48	821,79
	VI	9 532	524,25	762,56	857,88
33 299,99	I,IV	5 433	298,81	434,64	488,97
	II	5 028	276,54	402,24	452,52
	III	2 658	146,19	212,64	239,22
	V	9 145	502,97	731,60	823,05
	VI	9 546	525,03	763,68	859,14
33 335,99	I,IV	5 443	299,36	435,44	489,87
	II	5 038	277,09	403,04	453,42
	III	2 666	146,63	213,28	239,94
	V	9 159	503,74	732,72	824,31
	VI	9 560	525,80	764,80	860,40
33 371,99	I,IV	5 453	299,91	436,24	490,77
	II	5 048	277,64	403,84	454,32
	III	2 676	147,18	214,08	240,84
	V	9 173	504,51	733,84	825,57
	VI	9 574	526,57	765,92	861,66
33 407,99	I,IV	5 464	300,52	437,12	491,76
	II	5 058	278,19	404,64	455,22
	III	2 684	147,62	214,72	241,56
	V	9 186	505,23	734,88	826,74
	VI	9 588	527,34	767,04	862,92

Lohn/Gehalt bis €*		LSt	SolZ	8%	9%
33 443,99	I,IV	5 474	301,07	437,92	492,66
	II	5 068	278,74	405,44	456,12
	III	2 694	148,17	215,52	242,46
	V	9 200	506,—	736,—	828,—
	VI	9 601	528,05	768,08	864,09
33 479,99	I,IV	5 484	301,62	438,72	493,56
	II	5 078	279,29	406,24	457,02
	III	2 702	148,61	216,16	243,18
	V	9 214	506,77	737,12	829,26
	VI	9 615	528,82	769,20	865,35
33 515,99	I,IV	5 494	302,17	439,52	494,46
	II	5 088	279,84	407,04	457,92
	III	2 710	149,05	216,80	243,90
	V	9 228	507,54	738,24	830,52
	VI	9 629	529,59	770,32	866,61
33 551,99	I,IV	5 505	302,77	440,40	495,45
	II	5 098	280,39	407,84	458,82
	III	2 720	149,60	217,60	244,80
	V	9 241	508,25	739,28	831,69
	VI	9 643	530,36	771,44	867,87
33 587,99	I,IV	5 515	303,32	441,20	496,35
	II	5 109	280,99	408,72	459,81
	III	2 728	150,04	218,24	245,52
	V	9 255	509,02	740,40	832,95
	VI	9 657	531,13	772,56	869,13
33 623,99	I,IV	5 525	303,87	442,—	497,25
	II	5 118	281,49	409,44	460,62
	III	2 738	150,59	219,04	246,42
	V	9 269	509,79	741,52	834,21
	VI	9 670	531,85	773,60	870,30
33 659,99	I,IV	5 535	304,42	442,80	498,15
	II	5 129	282,09	410,32	461,61
	III	2 746	151,03	219,68	247,14
	V	9 283	510,56	742,64	835,47
	VI	9 684	532,62	774,72	871,56
33 695,99	I,IV	5 546	305,03	443,68	499,14
	II	5 139	282,64	411,12	462,51
	III	2 756	151,58	220,48	248,04
	V	9 296	511,28	743,68	836,64
	VI	9 698	533,39	775,84	872,82
33 731,99	I,IV	5 556	305,58	444,48	500,04
	II	5 149	283,19	411,92	463,41
	III	2 764	152,02	221,12	248,76
	V	9 310	512,05	744,80	837,90
	VI	9 712	534,16	776,96	874,08
33 767,99	I,IV	5 566	306,13	445,28	500,94
	II	5 159	283,74	412,72	464,31
	III	2 772	152,46	221,76	249,48
	V	9 324	512,82	745,92	839,07
	VI	9 726	534,93	778,08	875,34
33 803,99	I,IV	5 577	306,73	446,16	501,93
	II	5 169	284,29	413,52	465,21
	III	2 782	153,01	222,56	250,38
	V	9 338	513,59	747,04	840,42
	VI	9 739	535,64	779,12	876,51
33 839,99	I,IV	5 587	307,28	446,96	502,83
	II	5 179	284,84	414,32	466,11
	III	2 790	153,45	223,20	251,10
	V	9 351	514,30	748,08	841,59
	VI	9 753	536,41	780,24	877,77
33 875,99	I,IV	5 597	307,83	447,76	503,73
	II	5 189	285,39	415,12	467,01
	III	2 798	153,89	223,84	251,82
	V	9 365	515,07	749,20	842,85
	VI	9 767	537,18	781,36	879,03
33 911,99	I,IV	5 608	308,44	448,64	504,72
	II	5 200	286,—	416,—	468,—
	III	2 806	154,33	224,48	252,54
	V	9 379	515,84	750,32	844,11
	VI	9 781	537,95	782,48	880,29
33 947,99	I,IV	5 618	308,99	449,44	505,62
	II	5 210	286,55	416,80	468,90
	III	2 814	154,77	225,12	253,26
	V	9 393	516,61	751,44	845,37
	VI	9 795	538,72	783,60	881,55
33 983,99	I,IV	5 628	309,54	450,24	506,52
	II	5 220	287,10	417,60	469,80
	III	2 822	155,21	225,76	253,98
	V	9 406	517,33	752,48	846,54
	VI	9 808	539,44	784,64	882,72

Lohn/Gehalt bis €*		LSt	SolZ	8%	9%
34 019,99	I,IV	5 639	310,14	451,12	507,51
	II	5 230	287,65	418,40	470,70
	III	2 830	155,65	226,40	254,70
	V	9 420	518,10	753,60	847,80
	VI	9 822	540,15	785,76	883,98
34 055,99	I,IV	5 649	310,69	451,92	508,41
	II	5 240	288,20	419,20	471,60
	III	2 838	156,09	227,04	255,42
	V	9 434	518,87	754,72	849,06
	VI	9 836	540,98	786,88	885,24
34 091,99	I,IV	5 659	311,24	452,72	509,31
	II	5 250	288,75	420,—	472,50
	III	2 846	156,53	227,68	256,14
	V	9 448	519,64	755,84	850,32
	VI	9 850	541,75	788,—	886,50
34 127,99	I,IV	5 670	311,85	453,60	510,30
	II	5 261	289,35	420,88	473,49
	III	2 854	156,97	228,32	256,86
	V	9 462	520,41	756,96	851,58
	VI	9 863	542,46	789,04	887,67
34 163,99	I,IV	5 680	312,40	454,40	511,20
	II	5 270	289,85	421,60	474,30
	III	2 862	157,41	228,96	257,58
	V	9 475	521,12	758,—	852,75
	VI	9 877	543,23	790,16	888,93
34 199,99	I,IV	5 690	312,95	455,20	512,10
	II	5 281	290,45	422,48	475,29
	III	2 870	157,85	229,60	258,30
	V	9 489	521,89	759,12	854,01
	VI	9 891	544,—	791,28	890,19
34 235,99	I,IV	5 701	313,55	456,08	513,09
	II	5 291	291,—	423,28	476,19
	III	2 878	158,29	230,24	259,02
	V	9 503	522,66	760,24	855,27
	VI	9 905	544,77	792,40	891,45
34 271,99	I,IV	5 711	314,10	456,88	513,99
	II	5 301	291,55	424,08	477,09
	III	2 886	158,73	230,88	259,74
	V	9 517	523,43	761,36	856,53
	VI	9 918	545,49	793,44	892,62
34 307,99	I,IV	5 722	314,71	457,76	514,98
	II	5 311	292,10	424,88	477,99
	III	2 896	159,28	231,68	260,64
	V	9 531	524,20	762,48	857,79
	VI	9 932	546,26	794,56	893,88
34 343,99	I,IV	5 732	315,26	458,56	515,88
	II	5 321	292,65	425,68	478,89
	III	2 904	159,72	232,32	261,36
	V	9 544	524,97	763,52	858,96
	VI	9 946	547,03	795,68	895,14
34 379,99	I,IV	5 742	315,81	459,36	516,78
	II	5 332	293,26	426,56	479,97
	III	2 912	160,16	232,96	262,08
	V	9 558	525,69	764,64	860,22
	VI	9 960	547,80	796,80	896,40
34 415,99	I,IV	5 753	316,41	460,24	517,77
	II	5 342	293,81	427,36	480,78
	III	2 920	160,60	233,60	262,80
	V	9 572	526,46	765,76	861,39
	VI	9 973	548,51	797,84	897,57
34 451,99	I,IV	5 763	316,96	461,04	518,67
	II	5 352	294,36	428,16	481,68
	III	2 928	161,04	234,24	263,52
	V	9 586	527,23	766,88	862,65
	VI	9 987	549,28	798,96	898,83
34 487,99	I,IV	5 774	317,57	461,92	519,66
	II	5 362	294,91	428,96	482,58
	III	2 936	161,48	234,88	264,24
	V	9 600	528,—	768,—	864,—
	VI	10 001	550,05	800,08	900,09
34 523,99	I,IV	5 784	318,12	462,72	520,56
	II	5 373	295,51	429,84	483,57
	III	2 944	161,92	235,52	264,96
	V	9 614	528,77	769,12	865,26
	VI	10 015	550,82	801,20	901,35
34 559,99	I,IV	5 794	318,67	463,52	521,46
	II	5 383	296,06	430,64	484,47
	III	2 952	162,36	236,16	265,68
	V	9 627	529,48	770,16	866,43
	VI	10 029	551,59	802,32	902,61

*Die ausgewiesenen Tabellenwerte sind amtlich. Siehe Erläuterungen auf der Umschlaginnenseite (U2).

Sonstige Bezüge / B-Tarif — 34 560,–*

Lohn/Gehalt bis €*	Klasse	LSt	SolZ	8%	9%
34 595,99	I,IV	5 805	319,27	464,40	522,45
	II	5 393	296,61	431,44	485,37
	III	2 960	162,80	236,80	266,40
	V	9 641	530,25	771,28	867,69
	VI	10 042	552,31	803,36	903,78
34 631,99	I,IV	5 815	319,82	465,20	523,35
	II	5 403	297,16	432,24	486,27
	III	2 968	163,24	237,44	267,12
	V	9 655	531,02	772,40	868,95
	VI	10 056	553,08	804,48	905,04
34 667,99	I,IV	5 826	320,43	466,08	524,34
	II	5 414	297,77	433,12	487,26
	III	2 976	163,68	238,08	267,84
	V	9 669	531,79	773,52	870,21
	VI	10 070	553,85	805,60	906,30
34 703,99	I,IV	5 836	320,98	466,88	525,24
	II	5 424	298,32	433,92	488,16
	III	2 984	164,12	238,72	268,56
	V	9 682	532,51	774,56	871,38
	VI	10 084	554,62	806,72	907,56
34 739,99	I,IV	5 847	321,58	467,76	526,23
	II	5 434	298,87	434,72	489,06
	III	2 992	164,56	239,36	269,28
	V	9 696	533,28	775,68	872,64
	VI	10 097	555,33	807,76	908,73
34 775,99	I,IV	5 857	322,13	468,56	527,13
	II	5 444	299,42	435,52	489,96
	III	3 000	165,—	240,—	270,—
	V	9 710	534,05	776,80	873,90
	VI	10 111	556,10	808,88	909,99
34 811,99	I,IV	5 868	322,74	469,44	528,12
	II	5 455	300,02	436,40	490,95
	III	3 008	165,44	240,64	270,72
	V	9 724	534,82	777,92	875,16
	VI	10 125	556,87	810,—	911,25
34 847,99	I,IV	5 878	323,29	470,24	529,02
	II	5 465	300,57	437,20	491,85
	III	3 018	165,99	241,44	271,62
	V	9 737	535,53	778,96	876,33
	VI	10 139	557,64	811,12	912,51
34 883,99	I,IV	5 889	323,89	471,12	530,01
	II	5 475	301,12	438,—	492,75
	III	3 026	166,43	242,08	272,34
	V	9 751	536,30	780,08	877,59
	VI	10 153	558,41	812,24	913,77
34 919,99	I,IV	5 899	324,44	471,92	530,91
	II	5 485	301,67	438,80	493,65
	III	3 034	166,87	242,72	273,06
	V	9 765	537,07	781,20	878,85
	VI	10 166	559,13	813,28	914,94
34 955,99	I,IV	5 909	324,99	472,72	531,81
	II	5 496	302,28	439,68	494,64
	III	3 042	167,31	243,36	273,78
	V	9 779	537,84	782,32	880,11
	VI	10 180	559,90	814,40	916,20
34 991,99	I,IV	5 920	325,60	473,60	532,80
	II	5 506	302,83	440,48	495,54
	III	3 050	167,75	244,—	274,50
	V	9 792	538,56	783,36	881,28
	VI	10 194	560,67	815,52	917,46
35 027,99	I,IV	5 931	326,20	474,48	533,79
	II	5 516	303,38	441,28	496,44
	III	3 058	168,19	244,64	275,22
	V	9 806	539,33	784,48	882,54
	VI	10 208	561,44	816,64	918,72
35 063,99	I,IV	5 941	326,75	475,28	534,69
	II	5 527	303,98	442,16	497,43
	III	3 066	168,63	245,28	275,94
	V	9 820	540,10	785,60	883,80
	VI	10 222	562,21	817,76	919,98
35 099,99	I,IV	5 951	327,30	476,08	535,59
	II	5 537	304,53	442,96	498,33
	III	3 074	169,07	245,92	276,66
	V	9 834	540,87	786,72	885,06
	VI	10 235	562,92	818,80	921,15
35 135,99	I,IV	5 962	327,91	476,96	536,58
	II	5 547	305,08	443,76	499,23
	III	3 082	169,51	246,56	277,38
	V	9 847	541,58	787,76	886,23
	VI	10 249	563,69	819,92	922,41
35 171,99	I,IV	5 972	328,46	477,76	537,48
	II	5 557	305,63	444,56	500,13
	III	3 090	169,95	247,20	278,10
	V	9 861	542,35	788,88	887,49
	VI	10 263	564,46	821,04	923,67
35 207,99	I,IV	5 983	329,06	478,64	538,47
	II	5 568	306,24	445,44	501,12
	III	3 098	170,39	247,84	278,82
	V	9 875	543,12	790,—	888,75
	VI	10 277	565,23	822,16	924,93
35 243,99	I,IV	5 994	329,67	479,52	539,46
	II	5 578	306,79	446,24	502,02
	III	3 106	170,83	248,48	279,54
	V	9 889	543,89	791,12	890,01
	VI	10 291	566,—	823,28	926,19
35 279,99	I,IV	6 004	330,22	480,32	540,36
	II	5 588	307,34	447,04	502,92
	III	3 114	171,27	249,12	280,26
	V	9 903	544,66	792,24	891,27
	VI	10 304	566,72	824,32	927,36
35 315,99	I,IV	6 014	330,77	481,12	541,26
	II	5 599	307,94	447,92	503,91
	III	3 124	171,82	249,92	281,16
	V	9 916	545,38	793,28	892,44
	VI	10 318	567,49	825,44	928,62
35 351,99	I,IV	6 025	331,37	482,—	542,25
	II	5 609	308,49	448,72	504,81
	III	3 132	172,26	250,56	281,88
	V	9 930	546,15	794,40	893,70
	VI	10 332	568,26	826,56	929,88
35 387,99	I,IV	6 036	331,98	482,88	543,24
	II	5 619	309,04	449,52	505,71
	III	3 140	172,70	251,20	282,60
	V	9 944	546,92	795,52	894,96
	VI	10 346	569,03	827,68	931,14
35 423,99	I,IV	6 046	332,53	483,68	544,14
	II	5 630	309,65	450,40	506,70
	III	3 148	173,14	251,84	283,32
	V	9 958	547,69	796,64	896,22
	VI	10 359	569,74	828,72	932,31
35 459,99	I,IV	6 057	333,13	484,56	545,13
	II	5 640	310,20	451,20	507,60
	III	3 156	173,58	252,48	284,04
	V	9 971	548,40	797,68	897,39
	VI	10 373	570,51	829,84	933,57
35 495,99	I,IV	6 067	333,68	485,36	546,03
	II	5 650	310,75	452,—	508,50
	III	3 164	174,02	253,12	284,76
	V	9 985	549,17	798,80	898,65
	VI	10 387	571,28	830,96	934,83
35 531,99	I,IV	6 078	334,29	486,24	547,02
	II	5 661	311,35	452,88	509,49
	III	3 172	174,46	253,76	285,48
	V	9 999	549,94	799,92	899,91
	VI	10 401	572,05	832,08	936,09
35 567,99	I,IV	6 088	334,84	487,04	547,92
	II	5 671	311,90	453,68	510,39
	III	3 180	174,90	254,40	286,20
	V	10 013	550,71	801,04	901,17
	VI	10 414	572,77	833,12	937,26
35 603,99	I,IV	6 099	335,44	487,92	548,91
	II	5 682	312,51	454,56	511,38
	III	3 188	175,34	255,04	286,92
	V	10 027	551,48	802,16	902,43
	VI	10 428	573,54	834,24	938,52
35 639,99	I,IV	6 109	335,99	488,72	549,81
	II	5 692	313,06	455,36	512,28
	III	3 196	175,78	255,68	287,64
	V	10 040	552,20	803,20	903,60
	VI	10 442	574,31	835,36	939,78
35 675,99	I,IV	6 120	336,60	489,60	550,80
	II	5 702	313,61	456,16	513,18
	III	3 206	176,33	256,48	288,54
	V	10 054	552,97	804,32	904,86
	VI	10 456	575,08	836,48	941,04
35 711,99	I,IV	6 131	337,20	490,48	551,79
	II	5 713	314,21	457,04	514,17
	III	3 214	176,77	257,12	289,26
	V	10 068	553,74	805,44	906,12
	VI	10 470	575,85	837,60	942,30
35 747,99	I,IV	6 141	337,75	491,28	552,69
	II	5 723	314,76	457,84	515,07
	III	3 222	177,21	257,76	289,98
	V	10 082	554,51	806,56	907,38
	VI	10 483	576,56	838,64	943,47
35 783,99	I,IV	6 152	338,36	492,16	553,68
	II	5 733	315,31	458,64	515,97
	III	3 230	177,65	258,40	290,70
	V	10 096	555,28	807,68	908,64
	VI	10 497	577,33	839,76	944,73
35 819,99	I,IV	6 162	338,91	492,96	554,58
	II	5 744	315,92	459,52	516,96
	III	3 238	178,09	259,04	291,42
	V	10 109	555,99	808,72	909,81
	VI	10 511	578,10	840,88	945,99
35 855,99	I,IV	6 173	339,51	493,84	555,57
	II	5 754	316,47	460,32	517,86
	III	3 246	178,53	259,68	292,14
	V	10 123	556,76	809,84	911,07
	VI	10 525	578,87	842,—	947,25
35 891,99	I,IV	6 184	340,12	494,72	556,56
	II	5 765	317,07	461,20	518,85
	III	3 254	178,97	260,32	292,86
	V	10 137	557,53	810,96	912,33
	VI	10 538	579,59	843,04	948,42
35 927,99	I,IV	6 194	340,67	495,52	557,46
	II	5 775	317,62	462,—	519,75
	III	3 262	179,41	260,96	293,58
	V	10 151	558,30	812,08	913,59
	VI	10 552	580,36	844,16	949,68
35 963,99	I,IV	6 205	341,27	496,40	558,45
	II	5 786	318,23	462,88	520,74
	III	3 270	179,85	261,60	294,30
	V	10 165	559,07	813,20	914,85
	VI	10 566	581,13	845,28	950,94
35 999,99	I,IV	6 216	341,88	497,28	559,44
	II	5 796	318,78	463,68	521,64
	III	3 280	180,40	262,40	295,20
	V	10 178	559,79	814,24	916,02
	VI	10 580	581,90	846,40	952,20
36 035,99	I,IV	6 226	342,43	498,08	560,34
	II	5 806	319,33	464,48	522,54
	III	3 288	180,84	263,04	295,92
	V	10 192	560,56	815,36	917,28
	VI	10 593	582,61	847,44	953,37
36 071,99	I,IV	6 237	343,03	498,96	561,33
	II	5 817	319,93	465,36	523,53
	III	3 296	181,28	263,68	296,64
	V	10 206	561,33	816,48	918,54
	VI	10 607	583,38	848,56	954,63
36 107,99	I,IV	6 247	343,58	499,76	562,23
	II	5 827	320,48	466,16	524,43
	III	3 304	181,72	264,32	297,36
	V	10 220	562,10	817,60	919,80
	VI	10 621	584,15	849,68	955,89
36 143,99	I,IV	6 258	344,19	500,64	563,22
	II	5 838	321,09	467,04	525,42
	III	3 312	182,16	264,96	298,08
	V	10 233	562,81	818,64	920,97
	VI	10 635	584,92	850,80	957,15
36 179,99	I,IV	6 269	344,79	501,52	564,21
	II	5 848	321,64	467,84	526,32
	III	3 320	182,60	265,60	298,80
	V	10 247	563,58	819,76	922,23
	VI	10 649	585,69	851,92	958,41
36 215,99	I,IV	6 279	345,34	502,32	565,11
	II	5 858	322,19	468,64	527,22
	III	3 328	183,04	266,24	299,52
	V	10 261	564,35	820,88	923,49
	VI	10 662	586,41	852,96	959,58
36 251,99	I,IV	6 290	345,95	503,20	566,10
	II	5 869	322,79	469,52	528,21
	III	3 336	183,48	266,88	300,24
	V	10 275	565,12	822,—	924,75
	VI	10 676	587,18	854,08	960,84
36 287,99	I,IV	6 301	346,55	504,08	567,09
	II	5 879	323,34	470,32	529,11
	III	3 346	184,03	267,68	301,14
	V	10 288	565,84	823,04	925,92
	VI	10 690	587,95	855,20	962,10

* Die ausgewiesenen Tabellenwerte sind amtlich. Siehe Erläuterungen auf der Umschlaginnenseite (U2).

38 015,99* — Sonstige Bezüge / B-Tarif

Lohn/Gehalt bis €*	Steuerklasse	LSt	SolZ	8%	9%
36 323,99	I,IV	6 311	347,10	504,88	567,99
	II	5 890	323,95	471,20	530,10
	III	3 354	184,47	268,32	301,86
	V	10 302	566,61	824,16	927,18
	VI	10 704	588,72	856,32	963,36
36 359,99	I,IV	6 322	347,71	505,76	568,98
	II	5 900	324,50	472,—	531,—
	III	3 362	184,91	268,96	302,58
	V	10 316	567,38	825,28	928,44
	VI	10 718	589,49	857,44	964,62
36 395,99	I,IV	6 332	348,26	506,56	569,88
	II	5 911	325,10	472,88	531,99
	III	3 370	185,35	269,60	303,30
	V	10 330	568,15	826,40	929,70
	VI	10 731	590,20	858,48	965,79
36 431,99	I,IV	6 343	348,86	507,44	570,87
	II	5 921	325,65	473,68	532,89
	III	3 378	185,79	270,24	304,02
	V	10 344	568,92	827,52	930,96
	VI	10 745	590,97	859,60	967,05
36 467,99	I,IV	6 354	349,47	508,32	571,86
	II	5 932	326,26	474,56	533,88
	III	3 386	186,23	270,88	304,74
	V	10 357	569,63	828,56	932,13
	VI	10 759	591,74	860,72	968,31
36 503,99	I,IV	6 365	350,07	509,20	572,85
	II	5 942	326,81	475,36	534,78
	III	3 394	186,67	271,52	305,46
	V	10 371	570,40	829,68	933,39
	VI	10 773	592,51	861,84	969,57
36 539,99	I,IV	6 375	350,62	510,—	573,75
	II	5 953	327,41	476,24	535,77
	III	3 404	187,22	272,32	306,36
	V	10 385	571,17	830,80	934,65
	VI	10 787	593,28	862,96	970,83
36 575,99	I,IV	6 386	351,23	510,88	574,74
	II	5 963	327,96	477,04	536,67
	III	3 412	187,66	272,96	307,08
	V	10 399	571,94	831,92	935,91
	VI	10 800	594,—	864,—	972,—
36 611,99	I,IV	6 397	351,83	511,76	575,73
	II	5 974	328,57	477,92	537,66
	III	3 420	188,10	273,60	307,80
	V	10 412	572,66	832,96	937,08
	VI	10 814	594,77	865,12	973,26
36 647,99	I,IV	6 407	352,38	512,56	576,63
	II	5 984	329,12	478,72	538,56
	III	3 428	188,54	274,24	308,52
	V	10 426	573,43	834,08	938,34
	VI	10 828	595,54	866,24	974,52
36 683,99	I,IV	6 418	352,99	513,44	577,62
	II	5 995	329,72	479,60	539,55
	III	3 436	188,98	274,88	309,24
	V	10 440	574,20	835,20	939,60
	VI	10 842	596,31	867,36	975,78
36 719,99	I,IV	6 429	353,59	514,32	578,61
	II	6 005	330,27	480,40	540,45
	III	3 444	189,42	275,52	309,96
	V	10 454	574,97	836,32	940,86
	VI	10 855	597,02	868,40	976,95
36 755,99	I,IV	6 439	354,14	515,12	579,51
	II	6 016	330,88	481,28	541,44
	III	3 452	189,86	276,16	310,68
	V	10 467	575,68	837,36	942,03
	VI	10 869	597,79	869,52	978,21
36 791,99	I,IV	6 450	354,75	516,—	580,50
	II	6 026	331,43	482,08	542,34
	III	3 460	190,30	276,80	311,40
	V	10 481	576,45	838,48	943,29
	VI	10 883	598,56	870,64	979,47
36 827,99	I,IV	6 461	355,35	516,88	581,49
	II	6 037	332,03	482,96	543,33
	III	3 470	190,85	277,60	312,30
	V	10 495	577,22	839,60	944,55
	VI	10 897	599,33	871,76	980,73
36 863,99	I,IV	6 472	355,96	517,76	582,48
	II	6 048	332,64	483,84	544,32
	III	3 478	191,29	278,24	313,02
	V	10 509	577,99	840,72	945,81
	VI	10 911	600,10	872,88	981,99
36 899,99	I,IV	6 483	356,56	518,64	583,47
	II	6 058	333,19	484,64	545,22
	III	3 486	191,73	278,88	313,74
	V	10 523	578,76	841,84	947,07
	VI	10 924	600,82	873,92	983,16
36 935,99	I,IV	6 493	357,11	519,44	584,37
	II	6 068	333,74	485,44	546,12
	III	3 494	192,17	279,52	314,46
	V	10 536	579,48	842,88	948,24
	VI	10 938	601,59	875,04	984,42
36 971,99	I,IV	6 504	357,72	520,32	585,36
	II	6 079	334,34	486,32	547,11
	III	3 502	192,61	280,16	315,18
	V	10 550	580,25	844,—	949,50
	VI	10 952	602,36	876,16	985,68
37 007,99	I,IV	6 515	358,32	521,20	586,35
	II	6 090	334,95	487,20	548,10
	III	3 510	193,05	280,80	315,90
	V	10 564	581,02	845,12	950,76
	VI	10 966	603,13	877,28	986,94
37 043,99	I,IV	6 526	358,93	522,08	587,34
	II	6 100	335,50	488,—	549,—
	III	3 518	193,49	281,44	316,62
	V	10 578	581,79	846,24	952,02
	VI	10 979	603,84	878,32	988,11
37 079,99	I,IV	6 536	359,48	522,88	588,24
	II	6 111	336,10	488,88	549,99
	III	3 528	194,04	282,24	317,52
	V	10 592	582,56	847,36	953,28
	VI	10 993	604,61	879,44	989,37
37 115,99	I,IV	6 547	360,08	523,76	589,23
	II	6 121	336,65	489,68	550,89
	III	3 536	194,48	282,88	318,24
	V	10 605	583,27	848,40	954,45
	VI	11 007	605,38	880,56	990,63
37 151,99	I,IV	6 558	360,69	524,64	590,22
	II	6 132	337,26	490,56	551,88
	III	3 544	194,92	283,52	318,96
	V	10 619	584,04	849,52	955,71
	VI	11 021	606,15	881,68	991,89
37 187,99	I,IV	6 569	361,29	525,52	591,21
	II	6 143	337,86	491,44	552,87
	III	3 552	195,36	284,16	319,68
	V	10 633	584,81	850,64	956,97
	VI	11 034	606,87	882,72	993,06
37 223,99	I,IV	6 579	361,84	526,32	592,11
	II	6 153	338,41	492,24	553,77
	III	3 560	195,80	284,80	320,40
	V	10 647	585,58	851,76	958,23
	VI	11 048	607,64	883,84	994,32
37 259,99	I,IV	6 590	362,45	527,20	593,10
	II	6 164	339,02	493,12	554,76
	III	3 570	196,35	285,60	321,30
	V	10 661	586,35	852,88	959,49
	VI	11 062	608,41	884,96	995,58
37 295,99	I,IV	6 601	363,05	528,08	594,09
	II	6 174	339,57	493,92	555,66
	III	3 578	196,79	286,24	322,02
	V	10 674	587,07	853,92	960,66
	VI	11 076	609,18	886,08	996,84
37 331,99	I,IV	6 612	363,66	528,96	595,08
	II	6 185	340,17	494,80	556,65
	III	3 586	197,23	286,88	322,74
	V	10 688	587,84	855,04	961,92
	VI	11 089	609,89	887,12	998,01
37 367,99	I,IV	6 623	364,26	529,84	596,07
	II	6 196	340,78	495,68	557,64
	III	3 594	197,67	287,52	323,46
	V	10 702	588,61	856,16	963,18
	VI	11 103	610,66	888,24	999,27
37 403,99	I,IV	6 633	364,81	530,64	596,97
	II	6 206	341,33	496,48	558,54
	III	3 602	198,11	288,16	324,18
	V	10 716	589,38	857,28	964,44
	VI	11 117	611,43	889,36	1 000,53
37 439,99	I,IV	6 644	365,42	531,52	597,96
	II	6 217	341,93	497,36	559,53
	III	3 610	198,55	288,80	324,90
	V	10 729	590,09	858,32	965,61
	VI	11 131	612,20	890,48	1 001,79
37 475,99	I,IV	6 655	366,02	532,40	598,95
	II	6 228	342,54	498,24	560,52
	III	3 618	198,99	289,44	325,62
	V	10 743	590,86	859,44	966,87
	VI	11 145	612,97	891,60	1 003,05
37 511,99	I,IV	6 666	366,63	533,28	599,94
	II	6 238	343,09	499,04	561,42
	III	3 626	199,43	290,08	326,34
	V	10 757	591,63	860,56	968,13
	VI	11 158	613,69	892,64	1 004,22
37 547,99	I,IV	6 677	367,23	534,16	600,93
	II	6 249	343,69	499,92	562,41
	III	3 636	199,98	290,88	327,24
	V	10 771	592,40	861,68	969,39
	VI	11 172	614,46	893,76	1 005,48
37 583,99	I,IV	6 688	367,84	535,04	601,92
	II	6 259	344,24	500,72	563,31
	III	3 644	200,42	291,52	327,96
	V	10 785	593,17	862,80	970,65
	VI	11 186	615,23	894,88	1 006,74
37 619,99	I,IV	6 698	368,39	535,84	602,82
	II	6 270	344,85	501,60	564,30
	III	3 652	200,86	292,16	328,68
	V	10 798	593,89	863,84	971,82
	VI	11 200	616,—	896,—	1 008,—
37 655,99	I,IV	6 709	368,99	536,72	603,81
	II	6 281	345,45	502,48	565,29
	III	3 660	201,30	292,80	329,40
	V	10 812	594,66	864,96	973,08
	VI	11 214	616,77	897,12	1 009,26
37 691,99	I,IV	6 720	369,60	537,60	604,80
	II	6 291	346,—	503,28	566,19
	III	3 668	201,74	293,44	330,12
	V	10 826	595,43	866,08	974,34
	VI	11 227	617,48	898,16	1 010,43
37 727,99	I,IV	6 731	370,20	538,48	605,79
	II	6 302	346,61	504,16	567,18
	III	3 678	202,29	294,24	331,02
	V	10 840	596,20	867,20	975,60
	VI	11 241	618,25	899,28	1 011,69
37 763,99	I,IV	6 742	370,81	539,36	606,78
	II	6 313	347,21	505,04	568,17
	III	3 686	202,73	294,88	331,74
	V	10 853	596,91	868,24	976,77
	VI	11 255	619,02	900,40	1 012,95
37 799,99	I,IV	6 753	371,41	540,24	607,77
	II	6 323	347,76	505,84	569,07
	III	3 694	203,17	295,52	332,46
	V	10 867	597,68	869,36	978,03
	VI	11 269	619,79	901,52	1 014,21
37 835,99	I,IV	6 764	372,02	541,12	608,76
	II	6 334	348,37	506,72	570,06
	III	3 702	203,61	296,16	333,18
	V	10 881	598,45	870,48	979,29
	VI	11 283	620,56	902,64	1 015,47
37 871,99	I,IV	6 774	372,57	541,92	609,66
	II	6 345	348,97	507,60	571,05
	III	3 710	204,05	296,80	333,90
	V	10 895	599,22	871,60	980,55
	VI	11 296	621,28	903,68	1 016,64
37 907,99	I,IV	6 785	373,17	542,80	610,65
	II	6 355	349,52	508,40	571,95
	III	3 720	204,60	297,60	334,80
	V	10 908	599,94	872,64	981,72
	VI	11 310	622,05	904,80	1 017,90
37 943,99	I,IV	6 796	373,78	543,68	611,64
	II	6 366	350,13	509,28	572,94
	III	3 728	205,04	298,24	335,52
	V	10 922	600,71	873,76	982,98
	VI	11 324	622,82	905,92	1 019,16
37 979,99	I,IV	6 807	374,38	544,56	612,63
	II	6 377	350,73	510,16	573,93
	III	3 736	205,48	298,88	336,24
	V	10 936	601,48	874,88	984,24
	VI	11 338	623,59	907,04	1 020,42
38 015,99	I,IV	6 818	374,99	545,44	613,62
	II	6 388	351,34	511,04	574,92
	III	3 744	205,92	299,52	336,96
	V	10 950	602,25	876,—	985,50
	VI	11 352	624,36	908,16	1 021,68

* Die ausgewiesenen Tabellenwerte sind amtlich. Siehe Erläuterungen auf der Umschlaginnenseite (U2).

T 73

Sonstige Bezüge / B-Tarif — 38 016,—*

Lohn/Gehalt bis €*	Klasse	LSt	SolZ	8%	9%
38 051,99	I,IV	6 829	375,59	546,32	614,61
	II	6 398	351,89	511,84	575,82
	III	3 752	206,36	300,16	337,68
	V	10 963	602,96	877,04	986,67
	VI	11 365	625,07	909,20	1 022,85
38 087,99	I,IV	6 840	376,20	547,20	615,60
	II	6 409	352,49	512,72	576,81
	III	3 760	206,96	300,80	338,40
	V	10 977	603,73	878,16	987,93
	VI	11 379	625,84	910,32	1 024,11
38 123,99	I,IV	6 851	376,80	548,08	616,59
	II	6 420	353,10	513,60	577,80
	III	3 770	207,35	301,60	339,30
	V	10 991	604,50	879,28	989,19
	VI	11 393	626,61	911,44	1 025,37
38 159,99	I,IV	6 862	377,41	548,96	617,58
	II	6 430	353,65	514,40	578,70
	III	3 778	207,79	302,24	340,02
	V	11 005	605,27	880,40	990,45
	VI	11 407	627,38	912,56	1 026,63
38 195,99	I,IV	6 873	378,01	549,84	618,57
	II	6 441	354,25	515,28	579,69
	III	3 786	208,23	302,88	340,74
	V	11 019	606,04	881,52	991,71
	VI	11 420	628,10	913,60	1 027,80
38 231,99	I,IV	6 883	378,56	550,64	619,47
	II	6 452	354,86	516,16	580,68
	III	3 794	208,67	303,52	341,46
	V	11 032	606,76	882,56	992,88
	VI	11 434	628,87	914,72	1 029,06
38 267,99	I,IV	6 894	379,17	551,52	620,46
	II	6 462	355,41	516,96	581,58
	III	3 802	209,11	304,16	342,18
	V	11 046	607,53	883,68	994,14
	VI	11 448	629,64	915,84	1 030,32
38 303,99	I,IV	6 905	379,77	552,40	621,45
	II	6 473	356,01	517,84	582,57
	III	3 810	209,55	304,80	342,90
	V	11 060	608,30	884,80	995,40
	VI	11 462	630,41	916,96	1 031,58
38 339,99	I,IV	6 916	380,38	553,28	622,44
	II	6 484	356,62	518,72	583,56
	III	3 820	210,10	305,60	343,80
	V	11 074	609,07	885,92	996,66
	VI	11 475	631,12	918,—	1 032,75
38 375,99	I,IV	6 927	380,98	554,16	623,43
	II	6 495	357,22	519,60	584,55
	III	3 828	210,54	306,24	344,52
	V	11 088	609,84	887,04	997,92
	VI	11 489	631,89	919,12	1 034,01
38 411,99	I,IV	6 938	381,59	555,04	624,42
	II	6 505	357,77	520,40	585,45
	III	3 836	210,98	306,88	345,24
	V	11 101	610,55	888,08	999,09
	VI	11 503	632,66	920,24	1 035,27
38 447,99	I,IV	6 949	382,19	555,92	625,41
	II	6 516	358,38	521,28	586,44
	III	3 844	211,42	307,52	345,96
	V	11 115	611,32	889,20	1 000,35
	VI	11 517	633,43	921,36	1 036,53
38 483,99	I,IV	6 960	382,80	556,80	626,40
	II	6 527	358,98	522,16	587,43
	III	3 852	211,86	308,16	346,68
	V	11 129	612,09	890,32	1 001,61
	VI	11 530	634,15	922,40	1 037,70
38 519,99	I,IV	6 971	383,40	557,68	627,39
	II	6 538	359,59	523,04	588,42
	III	3 862	212,41	308,96	347,58
	V	11 143	612,86	891,44	1 002,87
	VI	11 544	634,92	923,52	1 038,96
38 555,99	I,IV	6 982	384,01	558,56	628,38
	II	6 549	360,19	523,92	589,41
	III	3 870	212,85	309,60	348,30
	V	11 157	613,63	892,56	1 004,13
	VI	11 558	635,69	924,64	1 040,22
38 591,99	I,IV	6 993	384,61	559,44	629,37
	II	6 559	360,74	524,72	590,31
	III	3 878	213,29	310,24	349,02
	V	11 170	614,35	893,60	1 005,30
	VI	11 572	636,46	925,76	1 041,48

Lohn/Gehalt bis €*	Klasse	LSt	SolZ	8%	9%
38 627,99	I,IV	7 004	385,22	560,32	630,36
	II	6 570	361,35	525,60	591,30
	III	3 886	213,73	310,88	349,74
	V	11 184	615,12	894,72	1 006,56
	VI	11 585	637,17	926,80	1 042,65
38 663,99	I,IV	7 015	385,82	561,20	631,35
	II	6 581	361,95	526,48	592,29
	III	3 894	214,17	311,52	350,46
	V	11 198	615,89	895,84	1 007,82
	VI	11 599	637,94	927,92	1 043,91
38 699,99	I,IV	7 026	386,43	562,08	632,34
	II	6 592	362,56	527,36	593,28
	III	3 904	214,72	312,32	351,36
	V	11 212	616,66	896,96	1 009,08
	VI	11 613	638,71	929,04	1 045,17
38 735,99	I,IV	7 037	387,03	562,96	633,33
	II	6 602	363,11	528,16	594,18
	III	3 912	215,16	312,96	352,08
	V	11 226	617,43	898,08	1 010,34
	VI	11 627	639,48	930,16	1 046,43
38 771,99	I,IV	7 048	387,64	563,84	634,32
	II	6 613	363,71	529,04	595,17
	III	3 920	215,60	313,60	352,80
	V	11 239	618,14	899,12	1 011,51
	VI	11 640	640,20	931,20	1 047,60
38 807,99	I,IV	7 059	388,24	564,72	635,31
	II	6 624	364,32	529,92	596,16
	III	3 928	216,04	314,24	353,52
	V	11 253	618,91	900,24	1 012,77
	VI	11 654	640,97	932,32	1 048,86
38 843,99	I,IV	7 070	388,85	565,60	636,30
	II	6 635	364,92	530,80	597,15
	III	3 938	216,59	315,04	354,42
	V	11 267	619,68	901,36	1 014,03
	VI	11 668	641,74	933,44	1 050,12
38 879,99	I,IV	7 081	389,45	566,48	637,29
	II	6 646	365,53	531,68	598,14
	III	3 946	217,03	315,68	355,14
	V	11 281	620,45	902,48	1 015,29
	VI	11 682	642,51	934,56	1 051,38
38 915,99	I,IV	7 092	390,06	567,36	638,28
	II	6 657	366,13	532,56	599,13
	III	3 954	217,47	316,32	355,86
	V	11 294	621,17	903,52	1 016,46
	VI	11 696	643,28	935,68	1 052,64
38 951,99	I,IV	7 103	390,66	568,24	639,27
	II	6 667	366,68	533,36	600,03
	III	3 962	217,91	316,96	356,58
	V	11 308	621,94	904,64	1 017,72
	VI	11 710	644,05	936,80	1 053,90
38 987,99	I,IV	7 114	391,27	569,12	640,26
	II	6 678	367,29	534,24	601,02
	III	3 972	218,46	317,76	357,48
	V	11 322	622,71	905,76	1 018,98
	VI	11 723	644,76	937,84	1 055,07
39 023,99	I,IV	7 125	391,87	570,—	641,25
	II	6 689	367,89	535,12	602,01
	III	3 980	218,90	318,40	358,20
	V	11 336	623,48	906,88	1 020,24
	VI	11 737	645,53	938,96	1 056,33
39 059,99	I,IV	7 136	392,48	570,88	642,24
	II	6 700	368,50	536,—	603,—
	III	3 988	219,34	319,04	358,92
	V	11 349	624,19	907,92	1 021,41
	VI	11 751	646,30	940,08	1 057,59
39 095,99	I,IV	7 147	393,08	571,76	643,23
	II	6 711	369,10	536,88	603,99
	III	3 996	219,78	319,68	359,64
	V	11 363	624,96	909,04	1 022,67
	VI	11 765	647,07	941,20	1 058,85
39 131,99	I,IV	7 158	393,69	572,64	644,22
	II	6 722	369,71	537,76	604,98
	III	4 004	220,22	320,32	360,36
	V	11 377	625,73	910,16	1 023,93
	VI	11 779	647,84	942,32	1 060,11
39 167,99	I,IV	7 169	394,29	573,52	645,21
	II	6 732	370,26	538,56	605,88
	III	4 014	220,77	321,12	361,26
	V	11 391	626,50	911,28	1 025,19
	VI	11 792	648,56	943,36	1 061,28

Lohn/Gehalt bis €*	Klasse	LSt	SolZ	8%	9%
39 203,99	I,IV	7 180	394,90	574,40	646,20
	II	6 743	370,86	539,44	606,87
	III	4 022	221,21	321,76	361,98
	V	11 404	627,22	912,32	1 026,36
	VI	11 806	649,33	944,48	1 062,54
39 239,99	I,IV	7 191	395,50	575,28	647,19
	II	6 754	371,47	540,32	607,86
	III	4 030	221,65	322,40	362,70
	V	11 418	627,99	913,44	1 027,62
	VI	11 820	650,10	945,60	1 063,80
39 275,99	I,IV	7 202	396,11	576,16	648,18
	II	6 765	372,07	541,20	608,85
	III	4 038	222,09	323,04	363,42
	V	11 432	628,76	914,56	1 028,88
	VI	11 834	650,87	946,72	1 065,06
39 311,99	I,IV	7 214	396,77	577,12	649,26
	II	6 776	372,68	542,08	609,84
	III	4 048	222,64	323,84	364,32
	V	11 446	629,53	915,68	1 030,14
	VI	11 848	651,64	947,84	1 066,32
39 347,99	I,IV	7 224	397,32	577,92	650,16
	II	6 787	373,28	542,96	610,83
	III	4 056	223,08	324,48	365,04
	V	11 459	630,24	916,72	1 031,31
	VI	11 861	652,35	948,88	1 067,49
39 383,99	I,IV	7 236	397,98	578,88	651,24
	II	6 798	373,89	543,84	611,82
	III	4 064	223,52	325,12	365,76
	V	11 473	631,01	917,84	1 032,57
	VI	11 875	653,12	950,—	1 068,75
39 419,99	I,IV	7 247	398,58	579,76	652,23
	II	6 808	374,44	544,64	612,72
	III	4 072	223,96	325,76	366,48
	V	11 487	631,78	918,96	1 033,83
	VI	11 889	653,89	951,12	1 070,01
39 455,99	I,IV	7 258	399,19	580,64	653,22
	II	6 819	375,04	545,52	613,71
	III	4 080	224,40	326,40	367,20
	V	11 501	632,55	920,08	1 035,09
	VI	11 903	654,66	952,24	1 071,27
39 491,99	I,IV	7 269	399,79	581,52	654,21
	II	6 830	375,65	546,40	614,70
	III	4 090	224,95	327,20	368,10
	V	11 515	633,32	921,20	1 036,35
	VI	11 916	655,38	953,28	1 072,44
39 527,99	I,IV	7 280	400,40	582,40	655,20
	II	6 841	376,25	547,28	615,69
	III	4 098	225,39	327,84	368,82
	V	11 528	634,04	922,24	1 037,52
	VI	11 930	656,15	954,40	1 073,70
39 563,99	I,IV	7 291	401,—	583,28	656,19
	II	6 852	376,86	548,16	616,68
	III	4 106	225,83	328,48	369,54
	V	11 542	634,81	923,36	1 038,78
	VI	11 944	656,92	955,52	1 074,96
39 599,99	I,IV	7 302	401,61	584,16	657,18
	II	6 863	377,46	549,04	617,67
	III	4 114	226,27	329,12	370,26
	V	11 556	635,58	924,48	1 040,04
	VI	11 958	657,69	956,64	1 076,22
39 635,99	I,IV	7 313	402,21	585,04	658,17
	II	6 874	378,07	549,92	618,66
	III	4 124	226,82	329,92	371,16
	V	11 570	636,35	925,60	1 041,30
	VI	11 971	658,40	957,68	1 077,39
39 671,99	I,IV	7 325	402,87	586,—	659,25
	II	6 885	378,67	550,80	619,65
	III	4 132	227,26	330,56	371,88
	V	11 584	637,12	926,72	1 042,56
	VI	11 985	659,17	958,80	1 078,65
39 707,99	I,IV	7 335	403,42	586,80	660,15
	II	6 896	379,28	551,68	620,64
	III	4 140	227,70	331,20	372,60
	V	11 597	637,83	927,76	1 043,73
	VI	11 999	659,94	959,92	1 079,91
39 743,99	I,IV	7 347	404,08	587,76	661,23
	II	6 907	379,88	552,56	621,63
	III	4 148	228,14	331,84	373,32
	V	11 611	638,60	928,88	1 044,99
	VI	12 013	660,71	961,04	1 081,17

* Die ausgewiesenen Tabellenwerte sind amtlich. Siehe Erläuterungen auf der Umschlaginnenseite (U2).

41 471,99* Sonstige Bezüge / B-Tarif

Lohn/Gehalt bis €*	StKl	LSt	SolZ	8%	9%	Lohn/Gehalt bis €*	StKl	LSt	SolZ	8%	9%	Lohn/Gehalt bis €*	StKl	LSt	SolZ	8%	9%
39 779,99	I,IV	7 358	404,69	588,64	662,22	40 355,99	I,IV	7 537	414,53	602,96	678,33	40 931,99	I,IV	7 717	424,43	617,36	694,53
	II	6 918	380,49	553,44	622,62		II	7 093	390,11	567,44	638,37		II	7 270	399,85	581,60	654,30
	III	4 158	228,69	332,64	374,22		III	4 294	236,17	343,52	386,46		III	4 430	243,65	354,40	398,70
	V	11 625	639,37	930,—	1 046,25		V	11 845	651,47	947,60	1 066,05		V	12 066	663,63	965,28	1 085,94
	VI	12 026	661,43	962,08	1 082,34		VI	12 247	673,58	979,76	1 102,23		VI	12 467	685,68	997,36	1 122,03
39 815,99	I,IV	7 369	405,29	589,52	663,21	40 391,99	I,IV	7 548	415,14	603,84	679,32	40 967,99	I,IV	7 728	425,04	618,24	695,52
	II	6 929	381,09	554,32	623,61		II	7 104	390,72	568,32	639,36		II	7 282	400,51	582,56	655,38
	III	4 166	229,13	333,28	374,94		III	4 302	236,61	344,16	387,18		III	4 438	244,09	355,04	399,42
	V	11 639	640,14	931,12	1 047,51		V	11 859	652,24	948,72	1 067,31		V	12 080	664,40	966,40	1 087,20
	VI	12 040	662,20	963,20	1 083,60		VI	12 261	674,35	980,88	1 103,49		VI	12 481	686,45	998,48	1 123,29
39 851,99	I,IV	7 380	405,90	590,40	664,20	40 427,99	I,IV	7 559	415,74	604,72	680,31	41 003,99	I,IV	7 739	425,64	619,12	696,51
	II	6 940	381,70	555,20	624,60		II	7 116	391,38	569,28	640,44		II	7 292	401,06	583,36	656,28
	III	4 174	229,57	333,92	375,66		III	4 310	237,05	344,80	387,90		III	4 448	244,64	355,84	400,32
	V	11 653	640,91	932,24	1 048,77		V	11 873	653,01	949,84	1 068,57		V	12 093	665,11	967,44	1 088,37
	VI	12 054	662,97	964,32	1 084,86		VI	12 275	675,12	982,—	1 104,75		VI	12 495	687,22	999,60	1 124,55
39 887,99	I,IV	7 391	406,50	591,28	665,19	40 463,99	I,IV	7 570	416,35	605,60	681,30	41 039,99	I,IV	7 751	426,30	620,08	697,59
	II	6 950	382,25	556,—	625,50		II	7 126	391,93	570,08	641,34		II	7 304	401,72	584,32	657,36
	III	4 182	230,01	334,56	376,38		III	4 318	237,49	345,44	388,62		III	4 456	245,08	356,48	401,04
	V	11 666	641,63	933,28	1 049,94		V	11 887	653,78	950,96	1 069,83		V	12 107	665,88	968,56	1 089,63
	VI	12 068	663,74	965,44	1 086,12		VI	12 288	675,84	983,04	1 105,92		VI	12 509	687,99	1 000,72	1 125,81
39 923,99	I,IV	7 402	407,11	592,16	666,18	40 499,99	I,IV	7 582	417,01	606,56	682,38	41 075,99	I,IV	7 762	426,91	620,96	698,58
	II	6 961	382,85	556,88	626,49		II	7 137	392,53	570,96	642,33		II	7 315	402,32	585,20	658,35
	III	4 190	230,45	335,20	377,10		III	4 328	238,04	346,24	389,52		III	4 464	245,52	357,12	401,76
	V	11 680	642,40	934,40	1 051,20		V	11 900	654,50	952,—	1 071,—		V	12 121	666,65	969,68	1 090,89
	VI	12 081	664,45	966,48	1 087,29		VI	12 302	676,61	984,16	1 107,18		VI	12 522	688,71	1 001,76	1 126,98
39 959,99	I,IV	7 414	407,77	593,12	667,26	40 535,99	I,IV	7 593	417,61	607,44	683,37	41 111,99	I,IV	7 773	427,51	621,84	699,57
	II	6 972	383,46	557,76	627,48		II	7 149	393,19	571,92	643,41		II	7 326	402,93	586,08	659,34
	III	4 200	231,—	336,—	378,—		III	4 336	238,48	346,88	390,24		III	4 474	246,07	357,92	402,66
	V	11 694	643,17	935,52	1 052,46		V	11 914	655,27	953,12	1 072,26		V	12 135	667,42	970,80	1 092,15
	VI	12 095	665,22	967,60	1 088,55		VI	12 316	677,38	985,28	1 108,44		VI	12 536	689,48	1 002,88	1 128,24
39 995,99	I,IV	7 425	408,37	594,—	668,25	40 571,99	I,IV	7 604	418,22	608,32	684,36	41 147,99	I,IV	7 785	428,17	622,80	700,65
	II	6 983	384,06	558,64	628,47		II	7 160	393,80	572,80	644,40		II	7 337	403,53	586,96	660,33
	III	4 208	231,44	336,64	378,72		III	4 344	238,92	347,52	390,96		III	4 482	246,51	358,56	403,38
	V	11 708	643,94	936,64	1 053,72		V	11 928	656,04	954,24	1 073,52		V	12 149	668,19	971,92	1 093,41
	VI	12 109	665,99	968,72	1 089,81		VI	12 330	678,15	986,40	1 109,70		VI	12 550	690,25	1 004,—	1 129,50
40 031,99	I,IV	7 436	408,98	594,88	669,24	40 607,99	I,IV	7 615	418,82	609,20	685,35	41 183,99	I,IV	7 796	428,78	623,68	701,64
	II	6 994	384,67	559,52	629,46		II	7 171	394,40	573,68	645,39		II	7 348	404,14	587,84	661,32
	III	4 216	231,88	337,28	379,44		III	4 354	239,47	348,32	391,86		III	4 490	246,95	359,20	404,10
	V	11 722	644,71	937,76	1 054,98		V	11 942	656,81	955,36	1 074,78		V	12 162	668,91	972,96	1 094,58
	VI	12 123	666,76	969,84	1 091,07		VI	12 344	678,92	987,52	1 110,96		VI	12 564	691,02	1 005,12	1 130,76
40 067,99	I,IV	7 447	409,58	595,76	670,23	40 643,99	I,IV	7 626	419,43	610,08	686,34	41 219,99	I,IV	7 807	429,38	624,56	702,63
	II	7 005	385,27	560,40	630,45		II	7 182	395,01	574,56	646,38		II	7 359	404,74	588,72	662,31
	III	4 226	232,43	338,08	380,34		III	4 362	239,91	348,96	392,58		III	4 498	247,39	359,84	404,82
	V	11 735	645,42	938,80	1 056,15		V	11 955	657,52	956,40	1 075,95		V	12 176	669,68	974,08	1 095,84
	VI	12 136	667,48	970,88	1 092,24		VI	12 357	679,63	988,56	1 112,13		VI	12 577	691,73	1 006,16	1 131,93
40 103,99	I,IV	7 458	410,19	596,64	671,22	40 679,99	I,IV	7 638	420,09	611,04	687,42	41 255,99	I,IV	7 819	430,04	625,52	703,71
	II	7 016	385,88	561,28	631,44		II	7 193	395,61	575,44	647,37		II	7 370	405,35	589,60	663,30
	III	4 234	232,87	338,72	381,06		III	4 370	240,35	349,60	393,30		III	4 508	247,94	360,64	405,72
	V	11 749	646,19	939,92	1 057,41		V	11 969	658,29	957,52	1 077,21		V	12 190	670,45	975,20	1 097,10
	VI	12 150	668,25	972,—	1 093,50		VI	12 371	680,40	989,68	1 113,39		VI	12 591	692,50	1 007,28	1 133,19
40 139,99	I,IV	7 469	410,79	597,52	672,21	40 715,99	I,IV	7 649	420,69	611,92	688,41	41 291,99	I,IV	7 830	430,65	626,40	704,70
	II	7 027	386,48	562,16	632,43		II	7 204	396,22	576,32	648,36		II	7 382	406,01	590,56	664,38
	III	4 242	233,31	339,36	381,78		III	4 378	240,79	350,24	394,02		III	4 516	248,38	361,28	406,44
	V	11 763	646,96	941,04	1 058,67		V	11 983	659,06	958,64	1 078,47		V	12 204	671,22	976,32	1 098,36
	VI	12 164	669,02	973,12	1 094,76		VI	12 385	681,17	990,80	1 114,65		VI	12 605	693,27	1 008,40	1 134,45
40 175,99	I,IV	7 481	411,45	598,48	673,29	40 751,99	I,IV	7 660	421,30	612,80	689,40	41 327,99	I,IV	7 841	431,25	627,28	705,69
	II	7 038	387,09	563,04	633,42		II	7 215	396,82	577,20	649,35		II	7 393	406,61	591,44	665,37
	III	4 250	233,75	340,—	382,50		III	4 388	241,34	351,04	394,92		III	4 524	248,82	361,92	407,16
	V	11 777	647,73	942,16	1 059,93		V	11 997	659,83	959,76	1 079,73		V	12 218	671,99	977,44	1 099,62
	VI	12 178	669,79	974,24	1 096,02		VI	12 399	681,94	991,92	1 115,91		VI	12 619	694,04	1 009,52	1 135,71
40 211,99	I,IV	7 492	412,06	599,36	674,28	40 787,99	I,IV	7 672	421,96	613,76	690,48	41 363,99	I,IV	7 853	431,91	628,24	706,77
	II	7 049	387,69	563,92	634,41		II	7 226	397,43	578,08	650,34		II	7 404	407,22	592,32	666,36
	III	4 260	234,30	340,80	383,40		III	4 396	241,78	351,68	395,64		III	4 532	249,26	362,56	407,88
	V	11 790	648,45	943,20	1 061,10		V	12 011	660,60	960,88	1 080,99		V	12 231	672,70	978,48	1 100,79
	VI	12 192	670,56	975,36	1 097,28		VI	12 412	682,66	992,96	1 117,08		VI	12 633	694,81	1 010,64	1 136,97
40 247,99	I,IV	7 503	412,66	600,24	675,27	40 823,99	I,IV	7 683	422,56	614,64	691,47	41 399,99	I,IV	7 864	432,52	629,12	707,76
	II	7 060	388,30	564,80	635,40		II	7 237	398,03	578,96	651,33		II	7 415	407,82	593,20	667,35
	III	4 268	234,74	341,44	384,12		III	4 404	242,22	352,32	396,36		III	4 542	249,81	363,36	408,78
	V	11 804	649,22	944,32	1 062,36		V	12 024	661,32	961,92	1 082,16		V	12 245	673,47	979,60	1 102,05
	VI	12 206	671,33	976,48	1 098,54		VI	12 426	683,43	994,08	1 118,34		VI	12 646	695,53	1 011,68	1 138,14
40 283,99	I,IV	7 514	413,27	601,12	676,26	40 859,99	I,IV	7 694	423,17	615,52	692,46	41 435,99	I,IV	7 875	433,12	630,—	708,75
	II	7 071	388,90	565,68	636,39		II	7 248	398,64	579,84	652,32		II	7 426	408,43	594,08	668,34
	III	4 276	235,18	342,08	384,84		III	4 414	242,77	353,12	397,26		III	4 550	250,25	364,—	409,50
	V	11 818	649,99	945,44	1 063,62		V	12 038	662,09	963,04	1 083,42		V	12 259	674,24	980,72	1 103,31
	VI	12 219	672,04	977,52	1 099,71		VI	12 440	684,20	995,20	1 119,60		VI	12 660	696,30	1 012,80	1 139,40
40 319,99	I,IV	7 525	413,87	602,—	677,25	40 895,99	I,IV	7 706	423,83	616,48	693,54	41 471,99	I,IV	7 887	433,78	630,96	709,83
	II	7 082	389,51	566,56	637,38		II	7 259	399,24	580,72	653,31		II	7 437	409,03	594,96	669,33
	III	4 284	235,62	342,72	385,56		III	4 422	243,21	353,76	397,98		III	4 560	250,80	364,80	410,40
	V	11 832	650,76	946,56	1 064,88		V	12 052	662,86	964,16	1 084,68		V	12 273	675,01	981,84	1 104,57
	VI	12 233	672,81	978,64	1 100,97		VI	12 454	684,97	996,32	1 120,86		VI	12 674	697,07	1 013,92	1 140,66

* Die ausgewiesenen Tabellenwerte sind amtlich. Siehe Erläuterungen auf der Umschlaginnenseite (U2).

T 75

Sonstige Bezüge / B-Tarif 41 472,–*

Lohn/Gehalt bis €*	StKl	LSt	SolZ	8%	9%	Lohn/Gehalt bis €*	StKl	LSt	SolZ	8%	9%	Lohn/Gehalt bis €*	StKl	LSt	SolZ	8%	9%
41 507,99	I,IV	7 898	434,39	631,84	710,82	42 083,99	I,IV	8 081	444,45	646,48	727,29	42 659,99	I,IV	8 265	454,57	661,20	743,85
	II	7 449	409,69	595,92	670,41		II	7 628	419,54	610,24	686,52		II	7 809	429,49	624,72	702,81
	III	4 568	251,24	365,44	411,12		III	4 706	258,83	376,48	423,54		III	4 844	266,42	387,52	435,96
	V	12 286	675,73	982,88	1 105,74		V	12 507	687,88	1 000,56	1 125,63		V	12 727	699,98	1 018,16	1 145,42
	VI	12 688	697,84	1 015,04	1 141,92		VI	12 908	709,94	1 032,64	1 161,72		VI	13 129	722,09	1 050,32	1 181,61
41 543,99	I,IV	7 909	434,99	632,72	711,81	42 119,99	I,IV	8 092	445,06	647,36	728,28	42 695,99	I,IV	8 276	455,17	662,08	744,84
	II	7 460	410,30	596,80	671,40		II	7 639	420,14	611,12	687,51		II	7 820	430,10	625,60	703,80
	III	4 576	251,68	366,08	411,84		III	4 714	259,27	377,12	424,26		III	4 852	266,86	388,16	436,68
	V	12 300	676,50	984,—	1 107,—		V	12 520	688,60	1 001,60	1 126,80		V	12 741	700,75	1 019,28	1 146,69
	VI	12 701	698,55	1 016,08	1 143,09		VI	12 922	710,71	1 033,76	1 162,98		VI	13 142	722,81	1 051,36	1 182,78
41 579,99	I,IV	7 921	435,65	633,68	712,89	42 155,99	I,IV	8 104	445,72	648,32	729,36	42 731,99	I,IV	8 288	455,84	663,04	745,92
	II	7 471	410,90	597,68	672,39		II	7 650	420,75	612,—	688,50		II	7 831	430,70	626,48	704,79
	III	4 584	252,12	366,72	412,56		III	4 722	259,71	377,76	424,98		III	4 862	267,41	388,96	437,58
	V	12 314	677,27	985,12	1 108,26		V	12 534	689,37	1 002,72	1 128,06		V	12 755	701,52	1 020,40	1 147,95
	VI	12 715	699,32	1 017,20	1 144,35		VI	12 936	711,48	1 034,88	1 164,24		VI	13 156	723,58	1 052,48	1 184,04
41 615,99	I,IV	7 932	436,26	634,56	713,88	42 191,99	I,IV	8 115	446,32	649,20	730,35	42 767,99	I,IV	8 299	456,44	663,92	746,91
	II	7 482	411,51	598,56	673,38		II	7 662	421,41	612,96	689,58		II	7 843	431,36	627,44	705,87
	III	4 594	252,67	367,52	413,46		III	4 732	260,26	378,56	425,88		III	4 870	267,85	389,60	438,30
	V	12 328	678,04	986,24	1 109,52		V	12 548	690,14	1 003,84	1 129,32		V	12 769	702,29	1 021,52	1 149,21
	VI	12 729	700,09	1 018,32	1 145,61		VI	12 950	712,25	1 036,—	1 165,50		VI	13 170	724,35	1 053,60	1 185,30
41 651,99	I,IV	7 944	436,92	635,52	714,96	42 227,99	I,IV	8 127	446,98	650,16	731,43	42 803,99	I,IV	8 311	457,10	664,88	747,99
	II	7 493	412,11	599,44	674,37		II	7 673	422,01	613,84	690,57		II	7 854	431,97	628,32	706,86
	III	4 602	253,11	368,16	414,18		III	4 740	260,70	379,20	426,60		III	4 880	268,40	390,40	439,20
	V	12 341	678,75	987,28	1 110,69		V	12 562	690,91	1 004,96	1 130,58		V	12 782	703,01	1 022,56	1 150,38
	VI	12 743	700,86	1 019,44	1 146,87		VI	12 963	712,96	1 037,04	1 166,67		VI	13 184	725,12	1 054,72	1 186,56
41 687,99	I,IV	7 955	437,52	636,40	715,95	42 263,99	I,IV	8 138	447,59	651,04	732,42	42 839,99	I,IV	8 322	457,71	665,76	748,98
	II	7 505	412,77	600,40	675,45		II	7 685	422,67	614,80	691,65		II	7 865	432,57	629,20	707,85
	III	4 610	253,55	368,80	414,90		III	4 750	261,25	380,—	427,50		III	4 888	268,84	391,04	439,92
	V	12 355	679,52	988,40	1 111,95		V	12 576	691,68	1 006,08	1 131,84		V	12 796	703,78	1 023,68	1 151,64
	VI	12 757	701,63	1 020,56	1 148,13		VI	12 977	713,73	1 038,16	1 167,93		VI	13 197	725,83	1 055,76	1 187,73
41 723,99	I,IV	7 967	438,18	637,36	717,03	42 299,99	I,IV	8 149	448,19	651,92	733,41	42 875,99	I,IV	8 334	458,37	666,72	750,06
	II	7 516	413,38	601,28	676,44		II	7 696	423,28	615,68	692,64		II	7 877	433,23	630,16	708,93
	III	4 620	254,10	369,60	415,80		III	4 758	261,69	380,64	428,22		III	4 896	269,28	391,68	440,64
	V	12 369	680,29	989,52	1 113,21		V	12 589	692,39	1 007,12	1 133,01		V	12 810	704,55	1 024,80	1 152,90
	VI	12 771	702,40	1 021,68	1 149,39		VI	12 991	714,50	1 039,28	1 169,19		VI	13 211	726,60	1 056,88	1 188,99
41 759,99	I,IV	7 978	438,79	638,24	718,02	42 335,99	I,IV	8 161	448,85	652,88	734,49	42 911,99	I,IV	8 345	458,97	667,60	751,05
	II	7 527	413,98	602,16	677,43		II	7 707	423,88	616,56	693,63		II	7 888	433,84	631,04	709,92
	III	4 628	254,54	370,24	416,52		III	4 766	262,13	381,28	428,94		III	4 906	269,83	392,48	441,54
	V	12 383	681,06	990,64	1 114,47		V	12 603	693,16	1 008,24	1 134,27		V	12 824	705,32	1 025,92	1 154,16
	VI	12 784	703,12	1 022,72	1 150,56		VI	13 005	715,27	1 040,40	1 170,45		VI	13 225	727,37	1 058,—	1 190,25
41 795,99	I,IV	7 989	439,39	639,12	719,01	42 371,99	I,IV	8 173	449,51	653,84	735,57	42 947,99	I,IV	8 357	459,63	668,56	752,13
	II	7 538	414,59	603,04	678,42		II	7 718	424,49	617,44	694,62		II	7 900	434,50	632,—	711,—
	III	4 636	254,99	370,88	417,24		III	4 774	262,57	381,92	429,66		III	4 914	270,27	393,12	442,26
	V	12 396	681,78	991,68	1 115,64		V	12 617	693,93	1 009,36	1 135,53		V	12 837	706,03	1 026,96	1 155,33
	VI	12 798	703,89	1 023,84	1 151,82		VI	13 018	715,99	1 041,44	1 171,62		VI	13 239	728,14	1 059,12	1 191,51
41 831,99	I,IV	8 001	440,05	640,08	720,09	42 407,99	I,IV	8 184	450,12	654,72	736,56	42 983,99	I,IV	8 369	460,29	669,52	753,21
	II	7 549	415,19	603,92	679,41		II	7 730	425,15	618,40	695,70		II	7 911	435,10	632,88	711,99
	III	4 646	255,53	371,68	418,14		III	4 784	263,12	382,72	430,56		III	4 922	270,71	393,76	442,98
	V	12 410	682,55	992,80	1 116,90		V	12 631	694,70	1 010,48	1 136,79		V	12 851	706,80	1 028,08	1 156,59
	VI	12 812	704,66	1 024,96	1 153,08		VI	13 032	716,76	1 042,56	1 172,88		VI	13 253	728,91	1 060,24	1 192,77
41 867,99	I,IV	8 012	440,66	640,96	721,08	42 443,99	I,IV	8 196	450,78	655,68	737,64	43 019,99	I,IV	8 380	460,90	670,40	754,20
	II	7 561	415,85	604,88	680,49		II	7 741	425,75	619,28	696,69		II	7 922	435,71	633,76	712,98
	III	4 654	255,97	372,32	418,86		III	4 792	263,56	383,36	431,28		III	4 932	271,26	394,56	443,88
	V	12 424	683,32	993,92	1 118,16		V	12 645	695,47	1 011,60	1 138,05		V	12 865	707,57	1 029,20	1 157,85
	VI	12 826	705,43	1 026,08	1 154,34		VI	13 046	717,53	1 043,68	1 174,14		VI	13 266	729,63	1 061,28	1 193,94
41 903,99	I,IV	8 024	441,32	641,92	722,16	42 479,99	I,IV	8 207	451,38	656,56	738,63	43 055,99	I,IV	8 392	461,56	671,36	755,28
	II	7 572	416,46	605,76	681,48		II	7 752	426,36	620,16	697,68		II	7 934	436,37	634,72	714,06
	III	4 662	256,41	372,96	419,58		III	4 800	264,—	384,—	432,—		III	4 940	271,70	395,20	444,60
	V	12 438	684,09	995,04	1 119,42		V	12 658	696,19	1 012,64	1 139,22		V	12 879	708,34	1 030,72	1 159,11
	VI	12 840	706,20	1 027,20	1 155,60		VI	13 060	718,30	1 044,80	1 175,40		VI	13 280	730,40	1 062,40	1 195,20
41 939,99	I,IV	8 035	441,92	642,80	723,15	42 515,99	I,IV	8 219	452,04	657,52	739,71	43 091,99	I,IV	8 403	462,16	672,24	756,27
	II	7 583	417,06	606,64	682,47		II	7 763	426,96	621,04	698,67		II	7 945	436,97	635,60	715,05
	III	4 672	256,96	373,76	420,48		III	4 810	264,55	384,80	432,90		III	4 948	272,14	395,84	445,32
	V	12 451	684,80	996,08	1 120,59		V	12 672	696,96	1 013,76	1 140,48		V	12 892	709,06	1 031,36	1 160,28
	VI	12 853	706,91	1 028,24	1 156,77		VI	13 074	719,07	1 045,92	1 176,66		VI	13 294	731,17	1 063,52	1 196,46
41 975,99	I,IV	8 046	442,53	643,68	724,14	42 551,99	I,IV	8 230	452,65	658,40	740,70	43 127,99	I,IV	8 415	462,82	673,20	757,35
	II	7 594	417,67	607,52	683,46		II	7 775	427,62	622,—	699,75		II	7 957	437,63	636,56	716,13
	III	4 680	257,40	374,40	421,20		III	4 818	264,99	385,44	433,62		III	4 958	272,69	396,64	446,22
	V	12 465	685,57	997,20	1 121,85		V	12 686	697,73	1 014,88	1 141,74		V	12 906	709,83	1 032,48	1 161,54
	VI	12 867	707,68	1 029,36	1 158,03		VI	13 087	719,78	1 046,96	1 177,83		VI	13 308	731,94	1 064,64	1 197,72
42 011,99	I,IV	8 058	443,19	644,64	725,22	42 587,99	I,IV	8 242	453,31	659,36	741,78	43 163,99	I,IV	8 427	463,48	674,16	758,43
	II	7 606	418,33	608,48	684,54		II	7 786	428,23	622,88	700,74		II	7 968	438,24	637,44	717,12
	III	4 688	257,84	375,04	421,92		III	4 826	265,43	386,08	434,34		III	4 966	273,13	397,28	446,94
	V	12 479	686,34	998,32	1 123,11		V	12 700	698,50	1 016,—	1 143,—		V	12 920	710,60	1 033,60	1 162,80
	VI	12 881	708,45	1 030,48	1 159,29		VI	13 101	720,55	1 048,08	1 179,09		VI	13 322	732,71	1 065,76	1 198,98
42 047,99	I,IV	8 069	443,79	645,52	726,21	42 623,99	I,IV	8 253	453,91	660,24	742,77	43 199,99	I,IV	8 438	464,09	675,04	759,42
	II	7 617	418,93	609,36	685,53		II	7 798	428,89	623,84	701,82		II	7 980	438,90	638,40	718,20
	III	4 696	258,28	375,68	422,64		III	4 836	265,98	386,88	435,24		III	4 974	273,57	397,92	447,66
	V	12 493	687,11	999,44	1 124,37		V	12 714	699,27	1 017,12	1 144,26		V	12 934	711,37	1 034,72	1 164,06
	VI	12 895	709,22	1 031,60	1 160,55		VI	13 115	721,32	1 049,26	1 180,35		VI	13 336	733,48	1 066,88	1 200,24

* Die ausgewiesenen Tabellenwerte sind amtlich. Siehe Erläuterungen auf der Umschlaginnenseite (U2).

44 927,99* Sonstige Bezüge / B-Tarif

Lohn/Gehalt bis €*	Klasse	LSt	SolZ	8%	9%	Lohn/Gehalt bis €*	Klasse	LSt	SolZ	8%	9%	Lohn/Gehalt bis €*	Klasse	LSt	SolZ	8%	9%
43 235,99	I,IV	8 450	464,75	676,—	760,50	43 811,99	I,IV	8 636	474,98	690,88	777,24	44 387,99	I,IV	8 824	485,32	705,92	794,16
	II	7 991	439,50	639,28	719,19		II	8 174	449,57	653,92	735,66		II	8 359	459,74	668,72	752,31
	III	4 984	274,12	398,72	448,56		III	5 124	281,82	409,92	461,16		III	5 264	289,52	421,12	473,76
	V	12 948	712,14	1 035,84	1 165,32		V	13 168	724,24	1 053,44	1 185,12		V	13 389	736,39	1 071,12	1 205,01
	VI	13 349	734,19	1 067,92	1 201,41		VI	13 570	746,35	1 085,60	1 221,30		VI	13 790	758,45	1 103,20	1 241,10
43 271,99	I,IV	8 461	465,35	676,88	761,49	43 847,99	I,IV	8 648	475,64	691,84	778,32	44 423,99	I,IV	8 836	485,98	706,88	795,24
	II	8 002	440,11	640,16	720,18		II	8 186	450,23	654,88	736,74		II	8 370	460,35	669,60	753,30
	III	4 992	274,56	399,36	449,28		III	5 132	282,26	410,56	461,88		III	5 274	290,07	421,92	474,66
	V	12 961	712,85	1 036,88	1 166,49		V	13 182	725,01	1 054,56	1 186,29		V	13 402	737,11	1 072,16	1 206,18
	VI	13 363	734,96	1 069,04	1 202,67		VI	13 583	747,06	1 086,64	1 222,47		VI	13 804	759,22	1 104,32	1 242,36
43 307,99	I,IV	8 473	466,01	677,84	762,57	43 883,99	I,IV	8 660	476,30	692,80	779,40	44 459,99	I,IV	8 848	486,64	707,84	796,32
	II	8 014	440,77	641,12	721,26		II	8 197	450,83	655,76	737,73		II	8 382	461,01	670,56	754,38
	III	5 000	275,—	400,—	450,—		III	5 142	282,81	411,36	462,78		III	5 282	290,51	422,56	475,38
	V	12 975	713,62	1 038,—	1 167,75		V	13 196	725,78	1 055,68	1 187,64		V	13 416	737,88	1 073,28	1 207,44
	VI	13 377	735,73	1 070,16	1 203,93		VI	13 597	747,83	1 087,76	1 223,73		VI	13 818	759,99	1 105,44	1 243,62
43 343,99	I,IV	8 485	466,67	678,80	763,65	43 919,99	I,IV	8 671	476,90	693,68	780,39	44 495,99	I,IV	8 859	487,24	708,72	797,31
	II	8 025	441,37	642,—	722,25		II	8 209	451,49	656,72	738,81		II	8 393	461,61	671,44	755,37
	III	5 010	275,55	400,80	450,90		III	5 150	283,25	412,—	463,50		III	5 290	290,95	423,20	476,10
	V	12 989	714,39	1 039,12	1 169,01		V	13 210	726,55	1 056,80	1 188,90		V	13 430	738,65	1 074,40	1 208,70
	VI	13 391	736,50	1 071,28	1 205,19		VI	13 611	748,60	1 088,88	1 224,99		VI	13 831	760,70	1 106,48	1 244,79
43 379,99	I,IV	8 496	467,28	679,68	764,64	43 955,99	I,IV	8 683	477,56	694,64	781,47	44 531,99	I,IV	8 871	487,90	709,68	798,39
	II	8 037	442,03	642,96	723,33		II	8 220	452,10	657,60	739,80		II	8 405	462,27	672,40	756,45
	III	5 018	275,99	401,44	451,62		III	5 158	283,69	412,64	464,22		III	5 300	291,50	424,—	477,—
	V	13 003	715,16	1 040,24	1 170,27		V	13 223	727,26	1 057,84	1 190,07		V	13 444	739,42	1 075,52	1 209,96
	VI	13 404	737,22	1 072,32	1 206,36		VI	13 625	749,37	1 090,—	1 226,25		VI	13 845	761,47	1 107,60	1 246,05
43 415,99	I,IV	8 508	467,94	680,64	765,72	43 991,99	I,IV	8 695	478,22	695,60	782,55	44 567,99	I,IV	8 883	488,56	710,64	799,47
	II	8 048	442,64	643,84	724,32		II	8 231	452,70	658,48	740,79		II	8 417	462,93	673,36	757,53
	III	5 026	276,43	402,08	452,34		III	5 168	284,24	413,44	465,12		III	5 308	291,94	424,64	477,72
	V	13 016	715,88	1 041,28	1 171,44		V	13 237	728,03	1 058,96	1 191,33		V	13 458	740,19	1 076,64	1 211,22
	VI	13 418	737,99	1 073,44	1 207,62		VI	13 638	750,09	1 091,04	1 227,42		VI	13 860	762,30	1 108,80	1 247,40
43 451,99	I,IV	8 520	468,60	681,60	766,80	44 027,99	I,IV	8 706	478,83	696,48	783,54	44 603,99	I,IV	8 896	489,28	711,68	800,64
	II	8 059	443,24	644,72	725,31		II	8 243	453,36	659,44	741,87		II	8 430	463,65	674,40	758,70
	III	5 036	276,98	402,88	453,24		III	5 176	284,68	414,08	465,84		III	5 318	292,49	425,44	478,62
	V	13 030	716,65	1 042,40	1 172,70		V	13 251	728,80	1 060,08	1 192,59		V	13 473	741,01	1 077,84	1 212,57
	VI	13 432	738,76	1 074,56	1 208,88		VI	13 652	750,86	1 092,16	1 228,68		VI	13 875	763,12	1 110,—	1 248,75
43 487,99	I,IV	8 531	469,20	682,48	767,79	44 063,99	I,IV	8 718	479,49	697,44	784,62	44 639,99	I,IV	8 909	489,99	712,72	801,81
	II	8 071	443,90	645,68	726,39		II	8 255	454,02	660,40	742,95		II	8 443	464,36	675,44	759,87
	III	5 044	277,42	403,52	453,96		III	5 186	285,23	414,88	466,74		III	5 328	293,04	426,24	479,52
	V	13 044	717,42	1 043,52	1 173,96		V	13 265	729,57	1 061,20	1 193,85		V	13 488	741,84	1 079,04	1 213,92
	VI	13 446	739,53	1 075,68	1 210,14		VI	13 666	751,63	1 093,28	1 229,94		VI	13 890	763,95	1 111,20	1 250,10
43 523,99	I,IV	8 543	469,86	683,44	768,87	44 099,99	I,IV	8 730	480,15	698,40	785,70	44 675,99	I,IV	8 922	490,71	713,76	802,98
	II	8 082	444,51	646,56	727,38		II	8 266	454,63	661,28	743,94		II	8 455	465,02	676,40	760,95
	III	5 054	277,97	404,32	454,86		III	5 194	285,67	415,52	467,46		III	5 338	293,59	427,04	480,42
	V	13 058	718,19	1 044,64	1 175,22		V	13 278	730,29	1 062,24	1 195,02		V	13 504	742,72	1 080,32	1 215,36
	VI	13 459	740,24	1 076,72	1 211,31		VI	13 680	752,40	1 094,40	1 231,20		VI	13 905	764,77	1 112,40	1 251,45
43 559,99	I,IV	8 555	470,52	684,40	769,95	44 135,99	I,IV	8 741	480,75	699,28	786,69	44 711,99	I,IV	8 935	491,42	714,80	804,15
	II	8 094	445,17	647,52	728,46		II	8 278	455,29	662,24	745,02		II	8 468	465,74	677,44	762,12
	III	5 062	278,41	404,96	455,58		III	5 202	286,11	416,16	468,18		III	5 348	294,14	427,84	481,32
	V	13 072	718,96	1 045,76	1 176,48		V	13 292	731,06	1 063,36	1 196,28		V	13 519	743,54	1 081,52	1 216,71
	VI	13 473	741,01	1 077,84	1 212,57		VI	13 693	753,11	1 095,44	1 232,37		VI	13 920	765,60	1 113,60	1 252,80
43 595,99	I,IV	8 566	471,13	685,28	770,94	44 171,99	I,IV	8 753	481,41	700,24	787,77	44 747,99	I,IV	8 948	492,14	715,84	805,32
	II	8 105	445,77	648,40	729,45		II	8 289	455,89	663,12	746,01		II	8 481	466,45	678,48	763,29
	III	5 070	278,85	405,60	456,30		III	5 212	286,66	416,96	469,08		III	5 356	294,58	428,48	482,04
	V	13 085	719,67	1 046,80	1 177,65		V	13 306	731,83	1 064,48	1 197,54		V	13 534	744,37	1 082,72	1 218,06
	VI	13 487	741,78	1 078,96	1 213,83		VI	13 707	753,88	1 096,56	1 233,63		VI	13 935	766,42	1 114,80	1 254,15
43 631,99	I,IV	8 578	471,79	686,24	772,02	44 207,99	I,IV	8 765	482,07	701,20	788,85	44 783,99	I,IV	8 961	492,85	716,88	806,49
	II	8 117	446,43	649,36	730,53		II	8 301	456,55	664,08	747,09		II	8 494	467,17	679,52	764,46
	III	5 080	279,40	406,40	457,20		III	5 220	287,10	417,60	469,80		III	5 366	295,13	429,28	482,94
	V	13 099	720,44	1 047,92	1 178,91		V	13 320	732,60	1 065,60	1 198,80		V	13 549	745,19	1 083,92	1 219,41
	VI	13 501	742,55	1 080,08	1 215,09		VI	13 721	754,65	1 097,68	1 234,89		VI	13 950	767,25	1 116,—	1 255,50
43 667,99	I,IV	8 590	472,45	687,20	773,10	44 243,99	I,IV	8 777	482,73	702,16	789,93	44 819,99	I,IV	8 974	493,57	717,92	807,66
	II	8 128	447,04	650,24	731,52		II	8 312	457,16	664,96	748,08		II	8 506	467,83	680,48	765,54
	III	5 088	279,84	407,04	457,92		III	5 230	287,65	418,40	470,70		III	5 376	295,68	430,08	483,84
	V	13 113	721,21	1 049,04	1 180,17		V	13 333	733,31	1 066,64	1 199,97		V	13 564	746,02	1 085,12	1 220,76
	VI	13 515	743,32	1 081,20	1 216,35		VI	13 735	755,42	1 098,80	1 236,15		VI	13 966	768,13	1 117,28	1 256,94
43 703,99	I,IV	8 601	473,05	688,08	774,09	44 279,99	I,IV	8 789	483,39	703,12	791,01	44 855,99	I,IV	8 987	494,28	718,96	808,83
	II	8 140	447,70	651,20	732,60		II	8 324	457,82	665,92	749,16		II	8 519	468,54	681,52	766,71
	III	5 098	280,39	407,84	458,82		III	5 238	288,09	419,04	471,42		III	5 386	296,23	430,88	484,74
	V	13 127	721,98	1 050,16	1 181,43		V	13 347	734,08	1 067,76	1 201,23		V	13 579	746,84	1 086,32	1 222,11
	VI	13 528	744,04	1 082,24	1 217,52		VI	13 749	756,19	1 099,92	1 237,41		VI	13 981	768,95	1 118,48	1 258,29
43 739,99	I,IV	8 613	473,71	689,04	775,17	44 315,99	I,IV	8 800	484,—	704,—	792,—	44 891,99	I,IV	9 000	495,—	720,—	810,—
	II	8 151	448,30	652,08	733,59		II	8 335	458,42	666,80	750,15		II	8 532	469,26	682,56	767,88
	III	5 106	280,83	408,48	459,54		III	5 246	288,53	419,68	472,14		III	5 396	296,78	431,68	485,64
	V	13 141	722,75	1 051,28	1 182,69		V	13 361	734,85	1 068,88	1 202,49		V	13 594	747,67	1 087,52	1 223,46
	VI	13 542	744,81	1 083,36	1 218,78		VI	13 762	756,91	1 100,96	1 238,58		VI	13 996	769,78	1 119,68	1 259,64
43 775,99	I,IV	8 624	474,32	689,92	776,16	44 351,99	I,IV	8 812	484,66	704,96	793,08	44 927,99	I,IV	9 013	495,71	721,04	811,17
	II	8 162	448,91	652,96	734,58		II	8 347	459,08	667,76	751,23		II	8 545	469,97	683,60	769,05
	III	5 114	281,27	409,12	460,26		III	5 256	289,08	420,48	473,04		III	5 406	297,33	432,48	486,54
	V	13 154	723,47	1 052,32	1 183,86		V	13 375	735,62	1 070,—	1 203,75		V	13 609	748,49	1 088,72	1 224,81
	VI	13 556	745,58	1 084,48	1 220,04		VI	13 776	757,68	1 102,08	1 239,84		VI	14 011	770,60	1 120,88	1 260,99

* Die ausgewiesenen Tabellenwerte sind amtlich. Siehe Erläuterungen auf der Umschlaginnenseite (U2).

Sonstige Bezüge / B-Tarif 44 928,–*

Lohn/Gehalt bis €*	StKl	LSt	SolZ	8%	9%	Lohn/Gehalt bis €*	StKl	LSt	SolZ	8%	9%	Lohn/Gehalt bis €*	StKl	LSt	SolZ	8%	9%
44 963,99	I,IV	9 026	496,43	722,08	812,34	45 539,99	I,IV	9 235	507,92	738,80	831,15	46 115,99	I,IV	9 445	519,47	755,60	850,05
	II	8 558	470,69	684,64	770,22		II	8 763	481,96	701,04	788,67		II	8 970	493,35	717,60	807,30
	III	5 416	297,88	433,28	487,44		III	5 570	306,35	445,60	501,30		III	5 728	315,04	458,24	515,52
	V	13 625	749,37	1 090,—	1 226,25		V	13 866	762,63	1 109,28	1 247,94		V	14 108	775,94	1 128,64	1 269,72
	VI	14 026	771,43	1 122,08	1 262,34		VI	14 268	784,74	1 141,44	1 284,12		VI	14 510	798,05	1 160,80	1 305,90
44 999,99	I,IV	9 039	497,14	723,12	813,51	45 575,99	I,IV	9 248	508,64	739,84	832,32	46 151,99	I,IV	9 459	520,24	756,72	851,31
	II	8 570	471,35	685,60	771,30		II	8 776	482,68	702,08	789,84		II	8 983	494,06	718,64	808,47
	III	5 424	298,32	433,92	488,16		III	5 580	306,90	446,40	502,20		III	5 738	315,59	459,04	516,42
	V	13 640	750,20	1 091,20	1 227,60		V	13 882	763,51	1 110,56	1 249,38		V	14 124	776,82	1 129,92	1 271,16
	VI	14 041	772,25	1 123,28	1 263,69		VI	14 283	785,56	1 112,64	1 285,47		VI	14 525	798,87	1 162,—	1 307,25
45 035,99	I,IV	9 052	497,86	724,16	814,68	45 611,99	I,IV	9 261	509,35	740,88	833,49	46 187,99	I,IV	9 472	520,96	757,76	852,48
	II	8 583	472,06	686,64	772,47		II	8 789	483,39	703,12	791,01		II	8 996	494,78	719,68	809,64
	III	5 434	298,87	434,72	489,06		III	5 590	307,45	447,20	503,10		III	5 746	316,03	459,68	517,14
	V	13 655	751,02	1 092,40	1 228,95		V	13 897	764,33	1 111,76	1 250,73		V	14 139	777,64	1 131,12	1 272,51
	VI	14 056	773,08	1 124,48	1 265,04		VI	14 298	786,39	1 143,84	1 286,82		VI	14 540	799,70	1 163,20	1 308,60
45 071,99	I,IV	9 065	498,57	725,20	815,85	45 647,99	I,IV	9 274	510,07	741,92	834,66	46 223,99	I,IV	9 485	521,67	758,80	853,65
	II	8 596	472,78	687,68	773,64		II	8 802	484,11	704,16	792,18		II	9 009	495,49	720,72	810,81
	III	5 444	299,42	435,52	489,96		III	5 600	308,—	448,—	504,—		III	5 756	316,58	460,48	518,04
	V	13 670	751,85	1 093,60	1 230,30		V	13 912	765,16	1 112,96	1 252,08		V	14 154	778,47	1 132,32	1 273,86
	VI	14 071	773,90	1 125,68	1 266,39		VI	14 313	787,21	1 145,04	1 288,17		VI	14 555	800,52	1 164,40	1 309,95
45 107,99	I,IV	9 078	499,29	726,24	817,02	45 683,99	I,IV	9 288	510,84	743,04	835,92	46 259,99	I,IV	9 498	522,39	759,84	854,82
	II	8 609	473,49	688,72	774,81		II	8 815	484,82	705,20	793,35		II	9 022	496,21	721,76	811,98
	III	5 454	299,97	436,32	490,86		III	5 610	308,55	448,80	504,90		III	5 766	317,13	461,28	518,94
	V	13 685	752,67	1 094,80	1 231,65		V	13 927	765,98	1 114,16	1 253,43		V	14 169	779,29	1 133,52	1 275,21
	VI	14 087	774,78	1 126,96	1 267,83		VI	14 328	788,04	1 146,24	1 289,52		VI	14 570	801,35	1 165,60	1 311,30
45 143,99	I,IV	9 091	500,—	727,28	818,19	45 719,99	I,IV	9 301	511,55	744,08	837,09	46 295,99	I,IV	9 512	523,16	760,96	856,08
	II	8 622	474,21	689,76	775,98		II	8 827	485,48	706,16	794,43		II	9 035	496,92	722,80	813,15
	III	5 464	300,52	437,12	491,76		III	5 620	309,10	449,60	505,80		III	5 776	317,68	462,08	519,84
	V	13 700	753,50	1 096,—	1 233,—		V	13 942	766,81	1 115,36	1 254,78		V	14 184	780,12	1 134,72	1 276,56
	VI	14 102	775,61	1 128,16	1 269,18		VI	14 344	788,92	1 147,52	1 290,96		VI	14 586	802,23	1 166,88	1 312,74
45 179,99	I,IV	9 104	500,72	728,32	819,36	45 755,99	I,IV	9 314	512,27	745,12	838,26	46 331,99	I,IV	9 525	523,87	762,—	857,25
	II	8 634	474,87	690,72	777,06		II	8 840	486,20	707,20	795,60		II	9 048	497,64	723,84	814,32
	III	5 474	301,07	437,92	492,66		III	5 630	309,65	450,40	506,70		III	5 786	318,23	462,88	520,74
	V	13 715	754,32	1 097,20	1 234,35		V	13 957	767,63	1 116,56	1 256,13		V	14 199	780,94	1 135,92	1 277,91
	VI	14 117	776,43	1 129,36	1 270,53		VI	14 359	789,74	1 148,72	1 292,31		VI	14 601	803,05	1 168,08	1 314,09
45 215,99	I,IV	9 117	501,43	729,36	820,53	45 791,99	I,IV	9 327	512,98	746,16	839,43	46 367,99	I,IV	9 538	524,59	763,04	858,42
	II	8 647	475,58	691,76	778,23		II	8 853	486,91	708,24	796,77		II	9 061	498,35	724,88	815,49
	III	5 484	301,62	438,72	493,56		III	5 640	310,20	451,20	507,60		III	5 796	318,78	463,68	521,64
	V	13 730	755,15	1 098,40	1 235,70		V	13 972	768,46	1 117,76	1 257,48		V	14 214	781,77	1 137,12	1 279,26
	VI	14 132	777,26	1 130,56	1 271,88		VI	14 374	790,57	1 149,92	1 293,66		VI	14 616	803,88	1 169,28	1 315,44
45 251,99	I,IV	9 130	502,15	730,40	821,70	45 827,99	I,IV	9 340	513,70	747,20	840,60	46 403,99	I,IV	9 551	525,30	764,08	859,59
	II	8 660	476,30	692,80	779,40		II	8 866	487,63	709,28	797,94		II	9 074	499,07	725,92	816,66
	III	5 492	302,06	439,36	494,28		III	5 648	310,64	451,84	508,32		III	5 806	319,33	464,48	522,54
	V	13 746	756,03	1 099,68	1 237,14		V	13 987	769,28	1 118,96	1 258,83		V	14 229	782,59	1 138,32	1 280,61
	VI	14 147	778,08	1 131,76	1 273,23		VI	14 389	791,39	1 151,12	1 295,01		VI	14 631	804,70	1 170,48	1 316,79
45 287,99	I,IV	9 144	502,92	731,52	822,96	45 863,99	I,IV	9 353	514,41	748,24	841,77	46 439,99	I,IV	9 564	526,02	765,12	860,76
	II	8 673	477,01	693,84	780,57		II	8 879	488,34	710,32	799,11		II	9 087	499,78	726,96	817,83
	III	5 502	302,61	440,16	495,18		III	5 658	311,19	452,64	509,22		III	5 816	319,88	465,28	523,44
	V	13 761	756,85	1 100,88	1 238,49		V	14 003	770,16	1 120,24	1 260,27		V	14 244	783,42	1 139,52	1 281,96
	VI	14 162	778,91	1 132,96	1 274,58		VI	14 404	792,22	1 152,32	1 296,36		VI	14 646	805,53	1 171,68	1 318,14
45 323,99	I,IV	9 157	503,63	732,56	824,13	45 899,99	I,IV	9 366	515,13	749,28	842,94	46 475,99	I,IV	9 578	526,79	766,24	862,02
	II	8 686	477,73	694,88	781,74		II	8 892	489,06	711,36	800,28		II	9 100	500,50	728,—	819,—
	III	5 512	303,16	440,96	496,08		III	5 668	311,74	453,44	510,12		III	5 826	320,43	466,08	524,34
	V	13 776	757,68	1 102,08	1 239,84		V	14 018	770,99	1 121,44	1 261,62		V	14 260	784,30	1 140,80	1 283,40
	VI	14 177	779,73	1 134,16	1 275,93		VI	14 419	793,04	1 153,52	1 297,71		VI	14 661	806,35	1 172,88	1 319,49
45 359,99	I,IV	9 170	504,35	733,60	825,30	45 935,99	I,IV	9 380	515,90	750,40	844,20	46 511,99	I,IV	9 591	527,50	767,28	863,19
	II	8 699	478,44	695,92	782,91		II	8 905	489,77	712,40	801,45		II	9 113	501,21	729,04	820,17
	III	5 522	303,71	441,76	496,98		III	5 678	312,29	454,24	511,02		III	5 836	320,98	466,88	525,24
	V	13 791	758,50	1 103,28	1 241,19		V	14 033	771,81	1 122,64	1 262,97		V	14 275	785,12	1 142,—	1 284,75
	VI	14 192	780,56	1 135,36	1 277,28		VI	14 434	793,87	1 154,72	1 299,06		VI	14 676	807,17	1 174,08	1 321,09
45 395,99	I,IV	9 183	505,06	734,64	826,47	45 971,99	I,IV	9 393	516,61	751,44	845,37	46 547,99	I,IV	9 604	528,22	768,32	864,36
	II	8 711	479,10	696,88	783,99		II	8 918	490,49	713,44	802,62		II	9 126	501,93	730,08	821,34
	III	5 532	304,26	442,56	497,88		III	5 688	312,84	455,04	511,92		III	5 846	321,53	467,68	526,14
	V	13 806	759,33	1 104,48	1 242,54		V	14 048	772,64	1 123,84	1 264,32		V	14 290	785,95	1 143,20	1 286,10
	VI	14 208	781,44	1 136,64	1 278,72		VI	14 449	794,69	1 155,92	1 300,41		VI	14 691	808,—	1 175,28	1 322,19
45 431,99	I,IV	9 196	505,78	735,68	827,64	46 007,99	I,IV	9 406	517,33	752,48	846,54	46 583,99	I,IV	9 618	528,99	769,44	865,62
	II	8 724	479,82	697,92	785,16		II	8 931	491,20	714,48	803,79		II	9 139	502,64	731,12	822,51
	III	5 542	304,81	443,36	498,78		III	5 698	313,39	455,84	512,82		III	5 856	322,08	468,48	527,04
	V	13 821	760,15	1 105,68	1 243,89		V	14 063	773,46	1 125,04	1 265,67		V	14 305	786,77	1 144,40	1 287,45
	VI	14 223	782,26	1 137,84	1 280,07		VI	14 465	795,57	1 157,20	1 301,85		VI	14 706	808,83	1 176,48	1 323,54
45 467,99	I,IV	9 209	506,49	736,72	828,81	46 043,99	I,IV	9 419	518,04	753,52	847,71	46 619,99	I,IV	9 631	529,70	770,48	866,79
	II	8 737	480,53	698,96	786,33		II	8 944	491,92	715,52	804,96		II	9 152	503,36	732,16	823,68
	III	5 552	305,36	444,16	499,68		III	5 708	313,94	456,64	513,72		III	5 864	322,52	469,12	527,76
	V	13 836	760,98	1 106,88	1 245,24		V	14 078	774,29	1 126,24	1 267,02		V	14 320	787,60	1 145,60	1 288,80
	VI	14 238	783,09	1 139,04	1 281,42		VI	14 480	796,40	1 158,40	1 303,20		VI	14 722	809,71	1 177,76	1 324,98
45 503,99	I,IV	9 222	507,21	737,76	829,98	46 079,99	I,IV	9 432	518,76	754,56	848,88	46 655,99	I,IV	9 644	530,42	771,52	867,96
	II	8 750	481,25	700,—	787,50		II	8 957	492,63	716,56	806,13		II	9 165	504,07	733,20	824,85
	III	5 562	305,91	444,96	500,58		III	5 718	314,49	457,44	514,62		III	5 874	323,07	469,92	528,66
	V	13 851	761,80	1 108,08	1 246,59		V	14 093	775,11	1 127,44	1 268,37		V	14 335	788,42	1 146,80	1 290,15
	VI	14 253	783,91	1 140,24	1 282,77		VI	14 495	797,22	1 159,60	1 304,55		VI	14 737	810,53	1 178,96	1 326,33

* Die ausgewiesenen Tabellenwerte sind amtlich. Siehe Erläuterungen auf der Umschlaginnenseite (U2).

48 383,99* — Sonstige Bezüge / B-Tarif

Lohnsteuer, Solidaritätszuschlag und Kirchensteuer in den Steuerklassen I – VI

Lohn/Gehalt bis €*	Kl.	LSt	SolZ	8%	9%
46 691,99	I,IV	9 657	531,13	772,56	869,13
	II	9 178	504,79	734,24	826,02
	III	5 884	323,62	470,72	529,56
	V	14 350	789,25	1 148,—	1 291,50
	VI	14 752	811,36	1 180,16	1 327,68
46 727,99	I,IV	9 671	531,90	773,68	870,39
	II	9 191	505,50	735,28	827,19
	III	5 894	324,17	471,52	530,46
	V	14 365	790,07	1 149,20	1 292,85
	VI	14 767	812,18	1 181,36	1 329,03
46 763,99	I,IV	9 684	532,62	774,72	871,56
	II	9 205	506,27	736,40	828,45
	III	5 904	324,72	472,32	531,36
	V	14 381	790,95	1 150,48	1 294,29
	VI	14 782	813,01	1 182,56	1 330,38
46 799,99	I,IV	9 697	533,33	775,76	872,73
	II	9 218	506,99	737,44	829,62
	III	5 914	325,27	473,12	532,26
	V	14 396	791,78	1 151,68	1 295,64
	VI	14 797	813,83	1 183,76	1 331,73
46 835,99	I,IV	9 711	534,10	776,88	873,99
	II	9 231	507,70	738,48	830,79
	III	5 924	325,82	473,92	533,16
	V	14 411	792,60	1 152,88	1 296,99
	VI	14 812	814,66	1 184,96	1 333,08
46 871,99	I,IV	9 724	534,82	777,92	875,16
	II	9 244	508,42	739,52	831,96
	III	5 934	326,37	474,72	534,06
	V	14 426	793,43	1 154,08	1 298,34
	VI	14 827	815,48	1 186,16	1 334,43
46 907,99	I,IV	9 737	535,53	778,96	876,33
	II	9 257	509,13	740,56	833,13
	III	5 944	326,92	475,52	534,96
	V	14 441	794,25	1 155,28	1 299,69
	VI	14 843	816,36	1 187,44	1 335,87
46 943,99	I,IV	9 751	536,30	780,08	877,59
	II	9 270	509,85	741,60	834,30
	III	5 954	327,47	476,32	535,86
	V	14 456	795,08	1 156,48	1 301,04
	VI	14 858	817,19	1 188,64	1 337,22
46 979,99	I,IV	9 764	537,02	781,12	878,76
	II	9 283	510,56	742,64	835,47
	III	5 964	328,02	477,12	536,76
	V	14 471	795,90	1 157,68	1 302,39
	VI	14 873	818,01	1 189,84	1 338,57
47 015,99	I,IV	9 777	537,73	782,16	879,93
	II	9 296	511,28	743,68	836,64
	III	5 974	328,57	477,92	537,66
	V	14 486	796,73	1 158,88	1 303,74
	VI	14 888	818,84	1 191,04	1 339,92
47 051,99	I,IV	9 791	538,50	783,28	881,19
	II	9 309	511,99	744,72	837,81
	III	5 984	329,12	478,72	538,56
	V	14 502	797,61	1 160,16	1 305,18
	VI	14 903	819,66	1 192,24	1 341,27
47 087,99	I,IV	9 804	539,22	784,32	882,36
	II	9 323	512,76	745,84	839,07
	III	5 994	329,67	479,52	539,46
	V	14 517	798,43	1 161,36	1 306,53
	VI	14 918	820,49	1 193,44	1 342,62
47 123,99	I,IV	9 817	539,93	785,36	883,53
	II	9 336	513,48	746,88	840,24
	III	6 002	330,11	480,16	540,18
	V	14 532	799,26	1 162,56	1 307,88
	VI	14 933	821,31	1 194,64	1 343,97
47 159,99	I,IV	9 831	540,70	786,48	884,79
	II	9 349	514,19	747,92	841,41
	III	6 012	330,66	480,96	541,08
	V	14 547	800,08	1 163,76	1 309,23
	VI	14 948	822,14	1 195,84	1 345,32
47 195,99	I,IV	9 844	541,42	787,52	885,96
	II	9 362	514,91	748,96	842,58
	III	6 022	331,21	481,76	541,98
	V	14 562	800,91	1 164,96	1 310,58
	VI	14 964	823,02	1 197,12	1 346,76
47 231,99	I,IV	9 857	542,13	788,56	887,13
	II	9 375	515,62	749,76	843,75
	III	6 032	331,76	482,56	542,88
	V	14 577	801,73	1 166,16	1 311,93
	VI	14 979	823,84	1 198,32	1 348,11
47 267,99	I,IV	9 871	542,90	789,68	888,39
	II	9 388	516,34	751,04	844,92
	III	6 042	332,31	483,36	543,78
	V	14 592	802,56	1 167,36	1 313,28
	VI	14 994	824,67	1 199,52	1 349,46
47 303,99	I,IV	9 884	543,62	790,72	889,56
	II	9 402	517,11	752,16	846,18
	III	6 052	332,86	484,16	544,68
	V	14 607	803,38	1 168,56	1 314,63
	VI	15 009	825,49	1 200,72	1 350,81
47 339,99	I,IV	9 898	544,39	791,84	890,82
	II	9 415	517,82	753,20	847,35
	III	6 062	333,41	484,96	545,58
	V	14 622	804,21	1 169,76	1 315,98
	VI	15 024	826,32	1 201,92	1 352,16
47 375,99	I,IV	9 911	545,10	792,88	891,99
	II	9 428	518,54	754,24	848,52
	III	6 072	333,96	485,76	546,48
	V	14 638	805,09	1 171,04	1 317,42
	VI	15 039	827,14	1 203,12	1 353,51
47 411,99	I,IV	9 924	545,82	793,92	893,16
	II	9 441	519,25	755,28	849,69
	III	6 082	334,51	486,56	547,38
	V	14 653	805,91	1 172,24	1 318,77
	VI	15 054	827,97	1 204,32	1 354,86
47 447,99	I,IV	9 938	546,59	795,04	894,42
	II	9 454	519,97	756,32	850,86
	III	6 092	335,06	487,36	548,28
	V	14 668	806,74	1 173,44	1 320,12
	VI	15 069	828,79	1 205,52	1 356,21
47 483,99	I,IV	9 951	547,30	796,08	895,59
	II	9 467	520,68	757,36	852,03
	III	6 102	335,61	488,16	549,18
	V	14 683	807,56	1 174,64	1 321,47
	VI	15 084	829,62	1 206,72	1 357,56
47 519,99	I,IV	9 965	548,07	797,20	896,85
	II	9 481	521,45	758,48	853,29
	III	6 112	336,16	488,96	550,08
	V	14 698	808,39	1 175,84	1 322,82
	VI	15 100	830,50	1 208,—	1 359,—
47 555,99	I,IV	9 978	548,79	798,24	898,02
	II	9 494	522,17	759,52	854,46
	III	6 122	336,71	489,76	550,98
	V	14 713	809,21	1 177,04	1 324,17
	VI	15 115	831,32	1 209,20	1 360,35
47 591,99	I,IV	9 992	549,56	799,36	899,28
	II	9 507	522,88	760,56	855,63
	III	6 132	337,26	490,56	551,88
	V	14 728	810,04	1 178,24	1 325,52
	VI	15 130	832,15	1 210,40	1 361,70
47 627,99	I,IV	10 005	550,27	800,40	900,45
	II	9 520	523,60	761,60	856,80
	III	6 142	337,81	491,36	552,78
	V	14 743	810,86	1 179,44	1 326,87
	VI	15 145	832,97	1 211,60	1 363,05
47 663,99	I,IV	10 018	550,99	801,44	901,62
	II	9 534	524,37	762,72	858,06
	III	6 152	338,36	492,16	553,68
	V	14 759	811,74	1 180,72	1 328,31
	VI	15 160	833,80	1 212,80	1 364,40
47 699,99	I,IV	10 032	551,76	802,56	902,88
	II	9 547	525,08	763,76	859,23
	III	6 162	338,91	492,96	554,58
	V	14 774	812,57	1 181,92	1 329,66
	VI	15 175	834,62	1 214,—	1 365,75
47 735,99	I,IV	10 045	552,47	803,60	904,05
	II	9 560	525,80	764,80	860,40
	III	6 172	339,46	493,76	555,48
	V	14 789	813,39	1 183,12	1 331,01
	VI	15 190	835,45	1 215,20	1 367,10
47 771,99	I,IV	10 059	553,24	804,72	905,31
	II	9 573	526,51	765,84	861,57
	III	6 182	340,01	494,56	556,38
	V	14 804	814,22	1 184,32	1 332,36
	VI	15 205	836,27	1 216,40	1 368,45
47 807,99	I,IV	10 072	553,96	805,76	906,48
	II	9 587	527,28	766,96	862,83
	III	6 192	340,56	495,36	557,28
	V	14 819	815,04	1 185,52	1 333,71
	VI	15 221	837,15	1 217,68	1 369,89
47 843,99	I,IV	10 086	554,73	806,88	907,74
	II	9 600	528,—	768,—	864,—
	III	6 202	341,11	496,16	558,18
	V	14 834	815,87	1 186,72	1 335,06
	VI	15 236	837,98	1 218,88	1 371,24
47 879,99	I,IV	10 099	555,44	807,92	908,91
	II	9 613	528,71	769,04	865,17
	III	6 212	341,66	496,96	559,08
	V	14 849	816,69	1 187,92	1 336,41
	VI	15 251	838,80	1 220,08	1 372,59
47 915,99	I,IV	10 113	556,21	809,04	910,17
	II	9 626	529,43	770,08	866,34
	III	6 222	342,21	497,76	559,98
	V	14 864	817,52	1 189,12	1 337,76
	VI	15 266	839,63	1 221,28	1 373,94
47 951,99	I,IV	10 126	556,93	810,08	911,34
	II	9 640	530,20	771,20	867,60
	III	6 232	342,76	498,56	560,88
	V	14 880	818,40	1 190,40	1 339,20
	VI	15 281	840,45	1 222,48	1 375,29
47 987,99	I,IV	10 140	557,70	811,20	912,60
	II	9 653	530,91	772,24	868,77
	III	6 242	343,31	499,36	561,78
	V	14 895	819,22	1 191,60	1 340,55
	VI	15 296	841,28	1 223,68	1 376,64
48 023,99	I,IV	10 153	558,41	812,24	913,77
	II	9 666	531,63	773,28	869,94
	III	6 252	343,86	500,16	562,68
	V	14 910	820,05	1 192,80	1 341,90
	VI	15 311	842,10	1 224,88	1 377,99
48 059,99	I,IV	10 167	559,18	813,36	915,03
	II	9 680	532,40	774,40	871,20
	III	6 262	344,41	500,96	563,58
	V	14 925	820,87	1 194,—	1 343,25
	VI	15 326	842,93	1 226,08	1 379,34
48 095,99	I,IV	10 180	559,90	814,40	916,20
	II	9 693	533,11	775,44	872,37
	III	6 272	344,96	501,76	564,48
	V	14 940	821,70	1 195,20	1 344,60
	VI	15 342	843,81	1 227,36	1 380,78
48 131,99	I,IV	10 194	560,67	815,52	917,46
	II	9 706	533,83	776,48	873,54
	III	6 280	345,40	502,40	565,20
	V	14 955	822,52	1 196,40	1 345,95
	VI	15 357	844,63	1 228,56	1 382,13
48 167,99	I,IV	10 207	561,38	816,56	918,63
	II	9 719	534,54	777,52	874,71
	III	6 290	345,95	503,20	566,10
	V	14 970	823,35	1 197,60	1 347,30
	VI	15 372	845,46	1 229,76	1 383,48
48 203,99	I,IV	10 221	562,15	817,68	919,89
	II	9 733	535,31	778,64	875,97
	III	6 300	346,50	504,—	567,—
	V	14 985	824,17	1 198,80	1 348,65
	VI	15 387	846,28	1 230,96	1 384,83
48 239,99	I,IV	10 234	562,87	818,72	921,06
	II	9 746	536,03	779,68	877,14
	III	6 310	347,05	504,80	567,90
	V	15 000	825,—	1 200,—	1 350,—
	VI	15 402	847,11	1 232,16	1 386,18
48 275,99	I,IV	10 248	563,64	819,84	922,32
	II	9 759	536,74	780,72	878,31
	III	6 320	347,60	505,60	568,80
	V	15 016	825,88	1 201,28	1 351,44
	VI	15 417	847,93	1 233,36	1 387,53
48 311,99	I,IV	10 262	564,41	820,96	923,58
	II	9 773	537,51	781,84	879,57
	III	6 330	348,15	506,40	569,70
	V	15 031	826,70	1 202,48	1 352,79
	VI	15 432	848,76	1 234,56	1 388,88
48 347,99	I,IV	10 275	565,12	822,—	924,75
	II	9 786	538,23	782,88	880,74
	III	6 340	348,70	507,20	570,60
	V	15 046	827,53	1 203,68	1 354,14
	VI	15 447	849,58	1 235,76	1 390,23
48 383,99	I,IV	10 289	565,89	823,12	926,01
	II	9 800	539,—	784,—	882,—
	III	6 350	349,25	508,—	571,50
	V	15 061	828,35	1 204,88	1 355,49
	VI	15 462	850,41	1 236,96	1 391,58

* Die ausgewiesenen Tabellenwerte sind amtlich. Siehe Erläuterungen auf der Umschlaginnenseite (U2).

T 79

Sonstige Bezüge / B-Tarif

48 384,–*

Lohn/ Gehalt bis €*	Lohnsteuer, Solidaritätszuschlag und Kirchensteuer in den Steuerklassen I – VI	LSt	SolZ	8%	9%
48 419,99	I,IV	10 302	566,61	824,16	927,18
	II	9 813	539,71	785,04	883,17
	III	6 360	349,80	508,80	572,40
	V	15 076	829,18	1 206,08	1 356,84
	VI	15 478	851,29	1 238,24	1 393,02
48 455,99	I,IV	10 316	567,38	825,28	928,44
	II	9 826	540,43	786,08	884,34
	III	6 370	350,35	509,60	573,30
	V	15 091	830,—	1 207,28	1 358,19
	VI	15 493	852,11	1 239,44	1 394,37
48 491,99	I,IV	10 329	568,09	826,32	929,61
	II	9 840	541,20	787,20	885,60
	III	6 380	350,90	510,40	574,20
	V	15 106	830,83	1 208,48	1 359,54
	VI	15 508	852,94	1 240,64	1 395,72
48 527,99	I,IV	10 343	568,86	827,44	930,87
	II	9 853	541,91	788,24	886,77
	III	6 390	351,45	511,20	575,10
	V	15 121	831,65	1 209,68	1 360,89
	VI	15 523	853,76	1 241,84	1 397,07
48 563,99	I,IV	10 357	569,63	828,56	932,13
	II	9 866	542,63	789,28	887,94
	III	6 400	352,—	512,—	576,—
	V	15 137	832,53	1 210,96	1 362,33
	VI	15 538	854,59	1 243,04	1 398,42
48 599,99	I,IV	10 370	570,35	829,60	933,30
	II	9 880	543,40	790,40	889,20
	III	6 410	352,55	512,80	576,90
	V	15 152	833,36	1 212,16	1 363,68
	VI	15 553	855,41	1 244,24	1 399,77
48 635,99	I,IV	10 384	571,12	830,72	934,56
	II	9 893	544,11	791,44	890,37
	III	6 420	353,10	513,60	577,80
	V	15 167	834,18	1 213,36	1 365,03
	VI	15 568	856,24	1 245,44	1 401,12
48 671,99	I,IV	10 397	571,83	831,76	935,73
	II	9 907	544,88	792,56	891,63
	III	6 430	353,65	514,40	578,70
	V	15 182	835,01	1 214,56	1 366,38
	VI	15 583	857,06	1 246,64	1 402,47
48 707,99	I,IV	10 411	572,60	832,88	936,99
	II	9 920	545,60	793,60	892,80
	III	6 440	354,20	515,20	579,60
	V	15 197	835,83	1 215,76	1 367,73
	VI	15 599	857,94	1 247,92	1 403,91
48 743,99	I,IV	10 425	573,37	834,—	938,25
	II	9 933	546,31	794,64	893,97
	III	6 450	354,75	516,—	580,50
	V	15 212	836,66	1 216,96	1 369,08
	VI	15 614	858,77	1 249,12	1 405,26
48 779,99	I,IV	10 438	574,09	835,04	939,42
	II	9 947	547,08	795,76	895,23
	III	6 460	355,30	516,80	581,40
	V	15 227	837,48	1 218,16	1 370,43
	VI	15 629	859,59	1 250,32	1 406,61
48 815,99	I,IV	10 452	574,86	836,16	940,68
	II	9 960	547,80	796,80	896,40
	III	6 470	355,85	517,60	582,30
	V	15 242	838,31	1 219,36	1 371,78
	VI	15 644	860,42	1 251,52	1 407,96
48 851,99	I,IV	10 466	575,63	837,28	941,94
	II	9 974	548,57	797,92	897,66
	III	6 480	356,40	518,40	583,20
	V	15 258	839,19	1 220,64	1 373,22
	VI	15 659	861,24	1 252,72	1 409,31
48 887,99	I,IV	10 479	576,34	838,32	943,11
	II	9 987	549,28	798,96	898,83
	III	6 492	357,06	519,36	584,28
	V	15 273	840,01	1 221,84	1 374,57
	VI	15 674	862,07	1 253,92	1 410,66
48 923,99	I,IV	10 493	577,11	839,44	944,37
	II	10 001	550,05	800,08	900,09
	III	6 502	357,61	520,16	585,18
	V	15 288	840,84	1 223,04	1 375,92
	VI	15 689	862,89	1 255,12	1 412,01
48 959,99	I,IV	10 507	577,88	840,56	945,63
	II	10 014	550,77	801,12	901,26
	III	6 512	358,16	520,96	586,08
	V	15 303	841,66	1 224,24	1 377,27
	VI	15 704	863,72	1 256,32	1 413,36

Lohn/ Gehalt bis €*	Lohnsteuer, Solidaritätszuschlag und Kirchensteuer in den Steuerklassen I – VI	LSt	SolZ	8%	9%
48 995,99	I,IV	10 520	578,60	841,60	946,80
	II	10 027	551,48	802,16	902,43
	III	6 522	358,71	521,76	586,98
	V	15 318	842,49	1 225,44	1 378,62
	VI	15 720	864,60	1 257,60	1 414,80
49 031,99	I,IV	10 534	579,37	842,72	948,06
	II	10 041	552,25	803,28	903,69
	III	6 532	359,26	522,56	587,88
	V	15 333	843,31	1 226,64	1 379,97
	VI	15 735	865,42	1 258,80	1 416,15
49 067,99	I,IV	10 548	580,14	843,84	949,32
	II	10 054	552,97	804,32	904,86
	III	6 542	359,81	523,36	588,78
	V	15 348	844,14	1 227,84	1 381,32
	VI	15 750	866,25	1 260,—	1 417,50
49 103,99	I,IV	10 561	580,85	844,88	950,49
	II	10 068	553,74	805,44	906,12
	III	6 552	360,36	524,16	589,68
	V	15 363	844,96	1 229,04	1 382,67
	VI	15 765	867,07	1 261,20	1 418,85
49 139,99	I,IV	10 575	581,62	846,—	951,75
	II	10 081	554,45	806,48	907,29
	III	6 562	360,91	524,96	590,58
	V	15 378	845,79	1 230,24	1 384,02
	VI	15 780	867,90	1 262,40	1 420,20
49 175,99	I,IV	10 589	582,39	847,12	953,01
	II	10 095	555,22	807,60	908,55
	III	6 572	361,46	525,76	591,48
	V	15 394	846,67	1 231,52	1 385,46
	VI	15 795	868,72	1 263,60	1 421,55
49 211,99	I,IV	10 602	583,11	848,16	954,18
	II	10 108	555,94	808,64	909,72
	III	6 582	362,01	526,56	592,38
	V	15 409	847,49	1 232,72	1 386,81
	VI	15 810	869,55	1 264,80	1 422,90
49 247,99	I,IV	10 616	583,88	849,28	955,44
	II	10 122	556,71	809,76	910,98
	III	6 592	362,56	527,36	593,28
	V	15 424	848,32	1 233,92	1 388,16
	VI	15 825	870,37	1 266,—	1 424,25
49 283,99	I,IV	10 630	584,65	850,40	956,70
	II	10 135	557,42	810,80	912,15
	III	6 602	363,11	528,16	594,18
	V	15 439	849,14	1 235,12	1 389,51
	VI	15 840	871,20	1 267,20	1 425,60
49 319,99	I,IV	10 644	585,42	851,52	957,96
	II	10 149	558,19	811,92	913,41
	III	6 612	363,66	528,96	595,08
	V	15 454	849,97	1 236,32	1 390,86
	VI	15 856	872,08	1 268,48	1 427,04
49 355,99	I,IV	10 657	586,13	852,56	959,13
	II	10 162	558,91	812,96	914,58
	III	6 622	364,21	529,76	595,98
	V	15 469	850,79	1 237,52	1 392,21
	VI	15 871	872,90	1 269,68	1 428,39
49 391,99	I,IV	10 671	586,90	853,68	960,39
	II	10 176	559,68	814,08	915,84
	III	6 632	364,76	530,56	596,88
	V	15 484	851,62	1 238,72	1 393,56
	VI	15 886	873,73	1 270,88	1 429,74
49 427,99	I,IV	10 685	587,67	854,80	961,65
	II	10 189	560,39	815,12	917,01
	III	6 642	365,31	531,36	597,78
	V	15 499	852,44	1 239,92	1 394,91
	VI	15 901	874,55	1 272,08	1 431,09
49 463,99	I,IV	10 698	588,39	855,84	962,82
	II	10 203	561,16	816,24	918,27
	III	6 652	365,86	532,16	598,68
	V	15 515	853,32	1 241,20	1 396,35
	VI	15 916	875,38	1 273,28	1 432,44
49 499,99	I,IV	10 712	589,16	856,96	964,08
	II	10 216	561,88	817,28	919,44
	III	6 662	366,41	532,96	599,58
	V	15 530	854,15	1 242,40	1 397,70
	VI	15 931	876,20	1 274,48	1 433,79
49 535,99	I,IV	10 726	589,93	858,08	965,34
	II	10 230	562,65	818,40	920,70
	III	6 672	366,96	533,76	600,48
	V	15 545	854,97	1 243,60	1 399,05
	VI	15 946	877,03	1 275,68	1 435,14

Lohn/ Gehalt bis €*	Lohnsteuer, Solidaritätszuschlag und Kirchensteuer in den Steuerklassen I – VI	LSt	SolZ	8%	9%
49 571,99	I,IV	10 740	590,70	859,20	966,60
	II	10 243	563,36	819,44	921,87
	III	6 682	367,51	534,56	601,38
	V	15 560	855,80	1 244,80	1 400,40
	VI	15 961	877,85	1 276,88	1 436,49
49 607,99	I,IV	10 753	591,41	860,24	967,77
	II	10 257	564,13	820,56	923,13
	III	6 692	368,06	535,36	602,28
	V	15 575	856,62	1 246,—	1 401,75
	VI	15 977	878,73	1 278,16	1 437,93
49 643,99	I,IV	10 767	592,18	861,36	969,03
	II	10 271	564,90	821,68	924,39
	III	6 702	368,61	536,16	603,18
	V	15 590	857,45	1 247,20	1 403,10
	VI	15 992	879,56	1 279,36	1 439,28
49 679,99	I,IV	10 781	592,95	862,48	970,29
	II	10 284	565,62	822,72	925,56
	III	6 712	369,16	536,96	604,08
	V	15 605	858,27	1 248,40	1 404,45
	VI	16 007	880,38	1 280,56	1 440,63
49 715,99	I,IV	10 795	593,72	863,60	971,55
	II	10 298	566,39	823,84	926,82
	III	6 722	369,71	537,76	604,98
	V	15 620	859,10	1 249,60	1 405,80
	VI	16 022	881,21	1 281,76	1 441,98
49 751,99	I,IV	10 809	594,49	864,72	972,81
	II	10 311	567,10	824,88	927,99
	III	6 732	370,26	538,56	605,88
	V	15 636	859,98	1 250,88	1 407,24
	VI	16 037	882,03	1 282,96	1 443,33
49 787,99	I,IV	10 822	595,21	865,76	973,98
	II	10 325	567,87	826,—	929,25
	III	6 742	370,81	539,36	606,78
	V	15 651	860,80	1 252,08	1 408,59
	VI	16 052	882,86	1 284,16	1 444,68
49 823,99	I,IV	10 836	595,98	866,88	975,24
	II	10 338	568,59	827,04	930,42
	III	6 752	371,36	540,16	607,68
	V	15 666	861,63	1 253,28	1 409,94
	VI	16 067	883,68	1 285,36	1 446,03
49 859,99	I,IV	10 850	596,75	868,—	976,50
	II	10 352	569,36	828,16	931,68
	III	6 762	371,91	540,96	608,58
	V	15 681	862,45	1 254,48	1 411,29
	VI	16 082	884,51	1 286,56	1 447,38
49 895,99	I,IV	10 864	597,52	869,12	977,76
	II	10 366	570,13	829,28	932,94
	III	6 774	372,57	541,92	609,66
	V	15 696	863,28	1 255,68	1 412,64
	VI	16 098	885,39	1 287,84	1 448,82
49 931,99	I,IV	10 878	598,29	870,24	979,02
	II	10 379	570,84	830,32	934,11
	III	6 784	373,12	542,72	610,56
	V	15 711	864,10	1 256,88	1 413,99
	VI	16 113	886,21	1 289,04	1 450,17
49 967,99	I,IV	10 892	599,06	871,36	980,28
	II	10 393	571,61	831,44	935,37
	III	6 794	373,67	543,52	611,46
	V	15 726	864,93	1 258,08	1 415,34
	VI	16 128	887,04	1 290,24	1 451,52
50 003,99	I,IV	10 905	599,77	872,40	981,45
	II	10 407	572,38	832,56	936,63
	III	6 804	374,22	544,32	612,36
	V	15 741	865,75	1 259,28	1 416,69
	VI	16 143	887,86	1 291,44	1 452,87
50 039,99	I,IV	10 919	600,54	873,52	982,71
	II	10 420	573,10	833,60	937,80
	III	6 814	374,77	545,12	613,26
	V	15 756	866,58	1 260,48	1 418,04
	VI	16 158	888,69	1 292,64	1 454,22
50 075,99	I,IV	10 933	601,31	874,64	983,97
	II	10 434	573,87	834,72	939,06
	III	6 824	375,32	545,92	614,16
	V	15 772	867,46	1 261,76	1 419,48
	VI	16 173	889,51	1 293,84	1 455,57
50 111,99	I,IV	10 947	602,08	875,76	985,23
	II	10 447	574,58	835,76	940,23
	III	6 834	375,87	546,72	615,06
	V	15 787	868,28	1 262,96	1 420,83
	VI	16 188	890,34	1 295,04	1 456,92

* Die ausgewiesenen Tabellenwerte sind amtlich. Siehe Erläuterungen auf der Umschlaginnenseite (U2).

51 839,99*

Sonstige Bezüge / B-Tarif

Lohn/Gehalt bis €*	Lohnsteuer, Solidaritätszuschlag und Kirchensteuer in den Steuerklassen I – VI	LSt	SolZ	8%	9%
50 147,99	I,IV	10 961	602,85	876,88	986,49
	II	10 461	575,35	836,88	941,49
	III	6 844	376,42	547,52	615,96
	V	15 802	869,11	1 264,16	1 422,18
	VI	16 203	891,16	1 296,24	1 458,27
50 183,99	I,IV	10 975	603,62	878,—	987,75
	II	10 475	576,12	838,—	942,75
	III	6 854	376,97	548,32	616,86
	V	15 817	869,93	1 265,36	1 423,53
	VI	16 218	891,99	1 297,44	1 459,62
50 219,99	I,IV	10 988	604,34	879,04	988,92
	II	10 488	576,84	839,04	943,92
	III	6 864	377,52	549,12	617,76
	V	15 832	870,76	1 266,56	1 424,88
	VI	16 234	892,87	1 298,72	1 461,06
50 255,99	I,IV	11 002	605,11	880,16	990,18
	II	10 502	577,61	840,16	945,18
	III	6 874	378,07	549,92	618,66
	V	15 847	871,58	1 267,76	1 426,23
	VI	16 249	893,69	1 299,92	1 462,41
50 291,99	I,IV	11 016	605,88	881,28	991,44
	II	10 516	578,38	841,28	946,44
	III	6 884	378,62	550,72	619,56
	V	15 862	872,41	1 268,96	1 427,58
	VI	16 264	894,52	1 301,12	1 463,76
50 327,99	I,IV	11 030	606,65	882,40	992,70
	II	10 529	579,09	842,32	947,61
	III	6 894	379,17	551,52	620,46
	V	15 877	873,23	1 270,16	1 428,93
	VI	16 279	895,34	1 302,32	1 465,11
50 363,99	I,IV	11 044	607,42	883,52	993,96
	II	10 543	579,86	843,44	948,87
	III	6 904	379,72	552,32	621,36
	V	15 893	874,11	1 271,44	1 430,37
	VI	16 294	896,17	1 303,52	1 466,46
50 399,99	I,IV	11 058	608,19	884,64	995,22
	II	10 557	580,63	844,56	950,13
	III	6 914	380,27	553,12	622,26
	V	15 908	874,94	1 272,64	1 431,72
	VI	16 309	896,99	1 304,72	1 467,81
50 435,99	I,IV	11 072	608,96	885,76	996,48
	II	10 570	581,35	845,60	951,30
	III	6 926	380,93	554,08	623,34
	V	15 923	875,76	1 273,84	1 433,07
	VI	16 324	897,82	1 305,92	1 469,16
50 471,99	I,IV	11 086	609,73	886,88	997,74
	II	10 584	582,12	846,72	952,56
	III	6 936	381,48	554,88	624,24
	V	15 938	876,59	1 275,04	1 434,42
	VI	16 339	898,64	1 307,12	1 470,51
50 507,99	I,IV	11 100	610,50	888,—	999,—
	II	10 598	582,89	847,84	953,82
	III	6 946	382,03	555,68	625,14
	V	15 953	877,41	1 276,24	1 435,77
	VI	16 355	899,52	1 308,40	1 471,95
50 543,99	I,IV	11 114	611,27	889,12	1 000,26
	II	10 612	583,66	848,96	955,08
	III	6 956	382,58	556,48	626,04
	V	15 968	878,24	1 277,44	1 437,12
	VI	16 370	900,35	1 309,60	1 473,30
50 579,99	I,IV	11 128	612,04	890,24	1 001,52
	II	10 625	584,37	850,—	956,25
	III	6 966	383,13	557,28	626,94
	V	15 983	879,06	1 278,64	1 438,47
	VI	16 385	901,17	1 310,80	1 474,65
50 615,99	I,IV	11 141	612,75	891,28	1 002,69
	II	10 639	585,14	851,12	957,51
	III	6 976	383,68	558,08	627,84
	V	15 998	879,89	1 279,84	1 439,82
	VI	16 400	902,—	1 312,—	1 476,—
50 651,99	I,IV	11 155	613,52	892,40	1 003,95
	II	10 653	585,91	852,24	958,77
	III	6 986	384,23	558,88	628,74
	V	16 014	880,77	1 281,12	1 441,26
	VI	16 415	902,82	1 313,20	1 477,35
50 687,99	I,IV	11 169	614,29	893,52	1 005,21
	II	10 666	586,63	853,28	959,94
	III	6 996	384,78	559,68	629,64
	V	16 029	881,59	1 282,32	1 442,61
	VI	16 430	903,65	1 314,40	1 478,70

Lohn/Gehalt bis €*	Lohnsteuer, Solidaritätszuschlag und Kirchensteuer in den Steuerklassen I – VI	LSt	SolZ	8%	9%
50 723,99	I,IV	11 183	615,06	894,64	1 006,47
	II	10 680	587,40	854,40	961,20
	III	7 006	385,33	560,48	630,54
	V	16 044	882,42	1 283,52	1 443,96
	VI	16 445	904,47	1 315,60	1 480,05
50 759,99	I,IV	11 197	615,83	895,76	1 007,73
	II	10 694	588,17	855,52	962,46
	III	7 016	385,88	561,28	631,44
	V	16 059	883,24	1 284,72	1 445,31
	VI	16 460	905,30	1 316,80	1 481,40
50 795,99	I,IV	11 211	616,60	896,88	1 008,99
	II	10 708	588,94	856,64	963,72
	III	7 026	386,43	562,08	632,34
	V	16 074	884,07	1 285,92	1 446,66
	VI	16 476	906,18	1 318,08	1 482,84
50 831,99	I,IV	11 225	617,37	898,—	1 010,25
	II	10 721	589,65	857,68	964,89
	III	7 038	387,09	563,04	633,42
	V	16 089	884,89	1 287,12	1 448,01
	VI	16 491	907,—	1 319,28	1 484,19
50 867,99	I,IV	11 239	618,14	899,12	1 011,51
	II	10 735	590,42	858,80	966,15
	III	7 048	387,64	563,84	634,32
	V	16 104	885,72	1 288,32	1 449,36
	VI	16 506	907,83	1 320,48	1 485,54
50 903,99	I,IV	11 253	618,91	900,24	1 012,77
	II	10 749	591,19	859,92	967,41
	III	7 058	388,19	564,64	635,22
	V	16 119	886,54	1 289,52	1 450,71
	VI	16 521	908,65	1 321,68	1 486,89
50 939,99	I,IV	11 267	619,68	901,36	1 014,03
	II	10 763	591,96	861,04	968,67
	III	7 068	388,74	565,44	636,12
	V	16 134	887,37	1 290,72	1 452,06
	VI	16 536	909,48	1 322,88	1 488,24
50 975,99	I,IV	11 281	620,45	902,48	1 015,29
	II	10 776	592,68	862,08	969,84
	III	7 078	389,29	566,24	637,02
	V	16 150	888,25	1 292,—	1 453,50
	VI	16 551	910,30	1 324,08	1 489,59
51 011,99	I,IV	11 295	621,22	903,60	1 016,55
	II	10 790	593,45	863,20	971,10
	III	7 088	389,84	567,04	637,92
	V	16 165	889,07	1 293,20	1 454,85
	VI	16 566	911,13	1 325,28	1 490,94
51 047,99	I,IV	11 309	621,99	904,72	1 017,81
	II	10 804	594,22	864,32	972,36
	III	7 098	390,39	567,84	638,82
	V	16 180	889,90	1 294,40	1 456,20
	VI	16 581	911,95	1 326,48	1 492,29
51 083,99	I,IV	11 323	622,76	905,84	1 019,07
	II	10 818	594,99	865,44	973,62
	III	7 108	390,94	568,64	639,72
	V	16 195	890,72	1 295,60	1 457,55
	VI	16 596	912,78	1 327,68	1 493,64
51 119,99	I,IV	11 337	623,53	906,96	1 020,33
	II	10 832	595,76	866,56	974,88
	III	7 118	391,49	569,44	640,62
	V	16 210	891,55	1 296,80	1 458,90
	VI	16 612	913,66	1 328,96	1 495,08
51 155,99	I,IV	11 351	624,30	908,08	1 021,59
	II	10 845	596,47	867,60	976,05
	III	7 128	392,04	570,24	641,52
	V	16 225	892,37	1 298,—	1 460,25
	VI	16 627	914,48	1 330,16	1 496,43
51 191,99	I,IV	11 365	625,07	909,20	1 022,85
	II	10 859	597,24	868,72	977,31
	III	7 140	392,70	571,20	642,60
	V	16 240	893,20	1 299,20	1 461,60
	VI	16 642	915,31	1 331,36	1 497,78
51 227,99	I,IV	11 379	625,84	910,32	1 024,11
	II	10 873	598,01	869,84	978,57
	III	7 150	393,25	572,—	643,50
	V	16 255	894,02	1 300,40	1 462,95
	VI	16 657	916,13	1 332,56	1 499,13
51 263,99	I,IV	11 393	626,61	911,44	1 025,37
	II	10 887	598,78	870,96	979,83
	III	7 160	393,80	572,80	644,40
	V	16 271	894,90	1 301,68	1 464,39
	VI	16 672	916,96	1 333,76	1 500,48

Lohn/Gehalt bis €*	Lohnsteuer, Solidaritätszuschlag und Kirchensteuer in den Steuerklassen I – VI	LSt	SolZ	8%	9%
51 299,99	I,IV	11 407	627,38	912,56	1 026,63
	II	10 901	599,55	872,08	981,09
	III	7 170	394,35	573,60	645,30
	V	16 286	895,73	1 302,88	1 465,74
	VI	16 687	917,78	1 334,96	1 501,83
51 335,99	I,IV	11 421	628,15	913,68	1 027,89
	II	10 915	600,32	873,20	982,35
	III	7 180	394,90	574,40	646,20
	V	16 301	896,55	1 304,08	1 467,09
	VI	16 702	918,61	1 336,16	1 503,18
51 371,99	I,IV	11 435	628,92	914,80	1 029,15
	II	10 928	601,04	874,24	983,52
	III	7 190	395,45	575,20	647,10
	V	16 316	897,38	1 305,28	1 468,44
	VI	16 717	919,43	1 337,36	1 504,53
51 407,99	I,IV	11 450	629,75	916,—	1 030,50
	II	10 942	601,81	875,36	984,78
	III	7 200	396,—	576,—	648,—
	V	16 331	898,20	1 306,48	1 469,79
	VI	16 733	920,31	1 338,64	1 505,97
51 443,99	I,IV	11 464	630,52	917,12	1 031,76
	II	10 956	602,58	876,48	986,04
	III	7 210	396,55	576,80	648,90
	V	16 346	899,03	1 307,68	1 471,14
	VI	16 748	921,14	1 339,84	1 507,32
51 479,99	I,IV	11 478	631,29	918,24	1 033,02
	II	10 970	603,35	877,60	987,30
	III	7 222	397,21	577,76	649,98
	V	16 361	899,85	1 308,88	1 472,49
	VI	16 763	921,96	1 341,04	1 508,67
51 515,99	I,IV	11 492	632,06	919,36	1 034,28
	II	10 984	604,12	878,72	988,56
	III	7 232	397,76	578,56	650,88
	V	16 376	900,68	1 310,08	1 473,84
	VI	16 778	922,79	1 342,24	1 510,02
51 551,99	I,IV	11 506	632,83	920,48	1 035,54
	II	10 998	604,89	879,84	989,82
	III	7 242	398,31	579,36	651,78
	V	16 392	901,56	1 311,36	1 475,28
	VI	16 793	923,61	1 343,44	1 511,37
51 587,99	I,IV	11 520	633,60	921,60	1 036,80
	II	11 012	605,66	880,96	991,08
	III	7 252	398,86	580,16	652,68
	V	16 407	902,38	1 312,56	1 476,63
	VI	16 808	924,44	1 344,64	1 512,72
51 623,99	I,IV	11 534	634,37	922,72	1 038,06
	II	11 025	606,37	882,—	992,25
	III	7 262	399,41	580,96	653,58
	V	16 422	903,21	1 313,76	1 477,98
	VI	16 823	925,26	1 345,84	1 514,07
51 659,99	I,IV	11 548	635,14	923,84	1 039,32
	II	11 039	607,14	883,12	993,51
	III	7 272	399,96	581,76	654,48
	V	16 437	904,03	1 314,96	1 479,33
	VI	16 838	926,09	1 347,04	1 515,42
51 695,99	I,IV	11 562	635,91	924,96	1 040,58
	II	11 053	607,91	884,24	994,77
	III	7 282	400,51	582,56	655,38
	V	16 452	904,86	1 316,16	1 480,68
	VI	16 854	926,97	1 348,32	1 516,86
51 731,99	I,IV	11 576	636,68	926,08	1 041,84
	II	11 067	608,68	885,36	996,03
	III	7 292	401,06	583,36	656,28
	V	16 467	905,68	1 317,36	1 482,03
	VI	16 869	927,79	1 349,52	1 518,21
51 767,99	I,IV	11 591	637,50	927,28	1 043,19
	II	11 081	609,45	886,48	997,29
	III	7 304	401,72	584,32	657,36
	V	16 482	906,51	1 318,56	1 483,38
	VI	16 884	928,62	1 350,72	1 519,56
51 803,99	I,IV	11 605	638,27	928,40	1 044,45
	II	11 095	610,22	887,60	998,55
	III	7 314	402,27	585,12	658,26
	V	16 497	907,33	1 319,76	1 484,73
	VI	16 899	929,44	1 351,92	1 520,91
51 839,99	I,IV	11 619	639,04	929,52	1 045,71
	II	11 109	610,99	888,72	999,81
	III	7 324	402,82	585,92	659,16
	V	16 512	908,16	1 320,96	1 486,08
	VI	16 914	930,27	1 353,12	1 522,26

* Die ausgewiesenen Tabellenwerte sind amtlich. Siehe Erläuterungen auf der Umschlaginnenseite (U2).

Sonstige Bezüge / B-Tarif 51 840,–*

Lohnsteuer, Solidaritätszuschlag und Kirchensteuer in den Steuerklassen I – VI

Lohn/Gehalt bis €*	Klasse	LSt	SolZ	8%	9%
51 875,99	I,IV	11 633	639,81	930,64	1 046,97
	II	11 123	611,76	889,84	1 001,07
	III	7 334	403,37	586,72	660,06
	V	16 528	909,04	1 322,24	1 487,52
	VI	16 929	931,09	1 354,32	1 523,61
51 911,99	I,IV	11 647	640,58	931,76	1 048,23
	II	11 137	612,53	890,96	1 002,33
	III	7 344	403,92	587,52	660,96
	V	16 543	909,86	1 323,44	1 488,87
	VI	16 944	931,92	1 355,52	1 524,96
51 947,99	I,IV	11 661	641,35	932,88	1 049,49
	II	11 151	613,30	892,08	1 003,59
	III	7 354	404,47	588,32	661,86
	V	16 558	910,69	1 324,64	1 490,22
	VI	16 959	932,74	1 356,72	1 526,31
51 983,99	I,IV	11 675	642,12	934,—	1 050,75
	II	11 165	614,07	893,20	1 004,85
	III	7 364	405,02	589,12	662,76
	V	16 573	911,51	1 325,84	1 491,57
	VI	16 974	933,57	1 357,92	1 527,66
52 019,99	I,IV	11 690	642,95	935,20	1 052,10
	II	11 179	614,84	894,32	1 006,11
	III	7 376	405,68	590,08	663,84
	V	16 588	912,34	1 327,04	1 492,92
	VI	16 990	934,45	1 359,20	1 529,10
52 055,99	I,IV	11 704	643,72	936,32	1 053,36
	II	11 193	615,61	895,44	1 007,37
	III	7 386	406,23	590,88	664,74
	V	16 603	913,16	1 328,24	1 494,27
	VI	17 005	935,27	1 360,40	1 530,45
52 091,99	I,IV	11 718	644,49	937,44	1 054,62
	II	11 207	616,38	896,56	1 008,63
	III	7 396	406,78	591,68	665,64
	V	16 618	913,99	1 329,44	1 495,62
	VI	17 020	936,10	1 361,60	1 531,80
52 127,99	I,IV	11 732	645,26	938,56	1 055,88
	II	11 221	617,15	897,68	1 009,89
	III	7 406	407,33	592,48	666,54
	V	16 633	914,81	1 330,64	1 496,97
	VI	17 035	936,92	1 362,80	1 533,15
52 163,99	I,IV	11 746	646,03	939,68	1 057,14
	II	11 234	617,87	898,72	1 011,06
	III	7 416	407,88	593,28	667,44
	V	16 649	915,69	1 331,92	1 498,41
	VI	17 050	937,75	1 364,—	1 534,50
52 199,99	I,IV	11 760	646,80	940,80	1 058,40
	II	11 248	618,64	899,84	1 012,32
	III	7 426	408,43	594,08	668,34
	V	16 664	916,52	1 333,12	1 499,76
	VI	17 065	938,57	1 365,20	1 535,85
52 235,99	I,IV	11 775	647,62	942,—	1 059,75
	II	11 262	619,41	900,96	1 013,58
	III	7 436	408,98	594,88	669,24
	V	16 679	917,34	1 334,32	1 501,11
	VI	17 080	939,40	1 366,40	1 537,20
52 271,99	I,IV	11 789	648,39	943,12	1 061,01
	II	11 276	620,18	902,08	1 014,84
	III	7 448	409,64	595,84	670,32
	V	16 694	918,17	1 335,52	1 502,46
	VI	17 095	940,22	1 367,60	1 538,55
52 307,99	I,IV	11 803	649,16	944,24	1 062,27
	II	11 290	620,95	903,20	1 016,10
	III	7 458	410,19	596,64	671,22
	V	16 709	918,99	1 336,72	1 503,81
	VI	17 111	941,10	1 368,88	1 539,99
52 343,99	I,IV	11 817	649,93	945,36	1 063,53
	II	11 304	621,72	904,32	1 017,36
	III	7 468	410,74	597,44	672,12
	V	16 724	919,82	1 337,92	1 505,16
	VI	17 126	941,93	1 370,08	1 541,34
52 379,99	I,IV	11 832	650,76	946,56	1 064,88
	II	11 318	622,49	905,44	1 018,62
	III	7 478	411,29	598,24	673,02
	V	16 739	920,64	1 339,12	1 506,51
	VI	17 141	942,75	1 371,28	1 542,69
52 415,99	I,IV	11 846	651,53	947,68	1 066,14
	II	11 332	623,26	906,56	1 019,88
	III	7 488	411,84	599,04	673,92
	V	16 754	921,47	1 340,32	1 507,86
	VI	17 156	943,58	1 372,48	1 544,04
52 451,99	I,IV	11 860	652,30	948,80	1 067,40
	II	11 347	624,08	907,76	1 021,23
	III	7 498	412,39	599,84	674,82
	V	16 770	922,35	1 341,60	1 509,30
	VI	17 171	944,40	1 373,68	1 545,39
52 487,99	I,IV	11 874	653,07	949,92	1 068,66
	II	11 361	624,85	908,88	1 022,49
	III	7 510	413,05	600,80	675,90
	V	16 785	923,17	1 342,80	1 510,65
	VI	17 186	945,23	1 374,88	1 546,74
52 523,99	I,IV	11 888	653,84	951,04	1 069,92
	II	11 375	625,62	910,—	1 023,75
	III	7 520	413,60	601,60	676,80
	V	16 800	924,—	1 344,—	1 512,—
	VI	17 201	946,05	1 376,08	1 548,09
52 559,99	I,IV	11 903	654,66	952,24	1 071,27
	II	11 389	626,39	911,12	1 025,01
	III	7 530	414,15	602,40	677,70
	V	16 815	924,82	1 345,20	1 513,35
	VI	17 216	946,88	1 377,28	1 549,44
52 595,99	I,IV	11 917	655,43	953,36	1 072,53
	II	11 403	627,16	912,24	1 026,27
	III	7 540	414,70	603,20	678,60
	V	16 830	925,65	1 346,40	1 514,70
	VI	17 232	947,76	1 378,56	1 550,88
52 631,99	I,IV	11 931	656,20	954,48	1 073,79
	II	11 417	627,93	913,36	1 027,53
	III	7 550	415,25	604,—	679,50
	V	16 845	926,47	1 347,60	1 516,05
	VI	17 247	948,58	1 379,76	1 552,23
52 667,99	I,IV	11 946	657,03	955,68	1 075,14
	II	11 431	628,70	914,48	1 028,79
	III	7 560	415,80	604,80	680,40
	V	16 860	927,30	1 348,80	1 517,40
	VI	17 262	949,41	1 380,96	1 553,58
52 703,99	I,IV	11 960	657,80	956,80	1 076,40
	II	11 445	629,47	915,60	1 030,05
	III	7 572	416,46	605,76	681,48
	V	16 875	928,12	1 350,—	1 518,75
	VI	17 277	950,23	1 382,16	1 554,93
52 739,99	I,IV	11 974	658,57	957,92	1 077,66
	II	11 459	630,24	916,72	1 031,31
	III	7 582	417,01	606,56	682,38
	V	16 890	928,95	1 351,20	1 520,10
	VI	17 292	951,06	1 383,36	1 556,28
52 775,99	I,IV	11 988	659,34	959,04	1 078,92
	II	11 473	631,01	917,84	1 032,57
	III	7 592	417,56	607,36	683,28
	V	16 906	929,83	1 352,48	1 521,54
	VI	17 307	951,88	1 384,56	1 557,63
52 811,99	I,IV	12 003	660,16	960,24	1 080,27
	II	11 487	631,78	918,96	1 033,83
	III	7 602	418,11	608,16	684,18
	V	16 921	930,65	1 353,68	1 522,89
	VI	17 322	952,71	1 385,76	1 558,98
52 847,99	I,IV	12 017	660,93	961,36	1 081,53
	II	11 501	632,55	920,08	1 035,09
	III	7 612	418,66	608,96	685,08
	V	16 936	931,48	1 354,88	1 524,24
	VI	17 337	953,53	1 386,96	1 560,33
52 883,99	I,IV	12 031	661,70	962,48	1 082,79
	II	11 515	633,32	921,20	1 036,31
	III	7 622	419,21	609,76	685,98
	V	16 951	932,30	1 356,08	1 525,59
	VI	17 352	954,36	1 388,16	1 561,68
52 919,99	I,IV	12 046	662,53	963,68	1 084,14
	II	11 529	634,09	922,32	1 037,61
	III	7 634	419,87	610,72	687,06
	V	16 966	933,13	1 357,28	1 526,94
	VI	17 368	955,24	1 389,44	1 563,12
52 955,99	I,IV	12 060	663,30	964,80	1 085,40
	II	11 543	634,86	923,44	1 038,87
	III	7 644	420,42	611,52	687,96
	V	16 981	933,95	1 358,48	1 528,29
	VI	17 383	956,06	1 390,64	1 564,47
52 991,99	I,IV	12 074	664,07	965,92	1 086,66
	II	11 558	635,69	924,64	1 040,22
	III	7 654	420,97	612,32	688,86
	V	16 996	934,78	1 359,68	1 529,64
	VI	17 398	956,89	1 391,84	1 565,82
53 027,99	I,IV	12 089	664,89	967,12	1 088,01
	II	11 572	636,46	925,76	1 041,48
	III	7 664	421,52	613,12	689,76
	V	17 011	935,60	1 360,88	1 530,99
	VI	17 413	957,71	1 393,04	1 567,17
53 063,99	I,IV	12 103	665,66	968,24	1 089,27
	II	11 586	637,23	926,88	1 042,74
	III	7 674	422,07	613,92	690,66
	V	17 027	936,48	1 362,16	1 532,43
	VI	17 428	958,54	1 394,24	1 568,52
53 099,99	I,IV	12 117	666,43	969,36	1 090,53
	II	11 600	638,—	928,—	1 044,—
	III	7 686	422,73	614,88	691,74
	V	17 042	937,31	1 363,36	1 533,78
	VI	17 443	959,36	1 395,44	1 569,87
53 135,99	I,IV	12 132	667,26	970,56	1 091,88
	II	11 614	638,77	929,12	1 045,26
	III	7 696	423,28	615,68	692,64
	V	17 057	938,13	1 364,56	1 535,13
	VI	17 458	960,19	1 396,64	1 571,22
53 171,99	I,IV	12 146	668,03	971,68	1 093,14
	II	11 628	639,54	930,24	1 046,52
	III	7 706	423,83	616,48	693,54
	V	17 072	938,96	1 365,76	1 536,48
	VI	17 473	961,01	1 397,84	1 572,57
53 207,99	I,IV	12 160	668,80	972,80	1 094,40
	II	11 642	640,31	931,36	1 047,78
	III	7 716	424,38	617,28	694,44
	V	17 087	939,78	1 366,96	1 537,83
	VI	17 489	961,89	1 399,12	1 574,01
53 243,99	I,IV	12 175	669,62	974,—	1 095,75
	II	11 656	641,08	932,48	1 049,04
	III	7 726	424,93	618,08	695,34
	V	17 102	940,61	1 368,16	1 539,18
	VI	17 504	962,72	1 400,32	1 575,36
53 279,99	I,IV	12 189	670,39	975,12	1 097,01
	II	11 671	641,90	933,68	1 050,39
	III	7 738	425,59	619,04	696,42
	V	17 117	941,43	1 369,36	1 540,53
	VI	17 519	963,54	1 401,52	1 576,71
53 315,99	I,IV	12 203	671,16	976,24	1 098,27
	II	11 685	642,67	934,80	1 051,65
	III	7 748	426,14	619,84	697,32
	V	17 132	942,26	1 370,56	1 541,88
	VI	17 534	964,37	1 402,72	1 578,06
53 351,99	I,IV	12 218	671,99	977,44	1 099,62
	II	11 699	643,44	935,92	1 052,91
	III	7 758	426,69	620,64	698,22
	V	17 148	943,14	1 371,84	1 543,32
	VI	17 549	965,19	1 403,92	1 579,41
53 387,99	I,IV	12 232	672,76	978,56	1 100,88
	II	11 713	644,21	937,04	1 054,17
	III	7 768	427,24	621,44	699,12
	V	17 163	943,96	1 373,04	1 544,67
	VI	17 564	966,02	1 405,12	1 580,76
53 423,99	I,IV	12 247	673,58	979,76	1 102,23
	II	11 727	644,98	938,16	1 055,43
	III	7 778	427,79	622,24	700,02
	V	17 178	944,79	1 374,24	1 546,02
	VI	17 579	966,84	1 406,32	1 582,11
53 459,99	I,IV	12 261	674,35	980,88	1 103,49
	II	11 742	645,81	939,36	1 056,78
	III	7 790	428,45	623,20	701,10
	V	17 193	945,61	1 375,44	1 547,37
	VI	17 594	967,67	1 407,52	1 583,46
53 495,99	I,IV	12 275	675,12	982,—	1 104,75
	II	11 756	646,58	940,48	1 058,04
	III	7 800	429,—	624,—	702,—
	V	17 208	946,44	1 376,64	1 548,72
	VI	17 610	968,55	1 408,80	1 584,90
53 531,99	I,IV	12 290	675,95	983,20	1 106,10
	II	11 770	647,35	941,60	1 059,30
	III	7 810	429,55	624,80	702,90
	V	17 223	947,26	1 377,84	1 550,07
	VI	17 625	969,37	1 410,—	1 586,25
53 567,99	I,IV	12 304	676,72	984,32	1 107,36
	II	11 784	648,12	942,72	1 060,56
	III	7 820	430,10	625,60	703,80
	V	17 238	948,09	1 379,04	1 551,42
	VI	17 640	970,20	1 411,20	1 587,60

* Die ausgewiesenen Tabellenwerte sind amtlich. Siehe Erläuterungen auf der Umschlaginnenseite (U2).

55 295,99*

Sonstige Bezüge / B-Tarif

Lohn/ Gehalt bis €*	Steuerklasse	LSt	SolZ	8%	9%
53 603,99	I,IV	12 319	677,54	985,52	1 108,71
	II	11 798	648,89	943,84	1 061,82
	III	7 830	430,65	626,40	704,70
	V	17 253	948,91	1 380,24	1 552,77
	VI	17 655	971,02	1 412,40	1 588,95
53 639,99	I,IV	12 333	678,31	986,64	1 109,97
	II	11 813	649,71	945,04	1 063,17
	III	7 842	431,31	627,36	705,78
	V	17 268	949,74	1 381,44	1 554,12
	VI	17 670	971,85	1 413,60	1 590,30
53 675,99	I,IV	12 348	679,14	987,84	1 111,32
	II	11 827	650,48	946,16	1 064,43
	III	7 852	431,86	628,16	706,68
	V	17 284	950,62	1 382,72	1 555,56
	VI	17 685	972,67	1 414,80	1 591,65
53 711,99	I,IV	12 362	679,91	988,96	1 112,58
	II	11 841	651,25	947,28	1 065,69
	III	7 862	432,41	628,96	707,58
	V	17 299	951,44	1 383,92	1 556,91
	VI	17 700	973,50	1 416,—	1 593,—
53 747,99	I,IV	12 377	680,73	990,16	1 113,93
	II	11 855	652,02	948,40	1 066,95
	III	7 872	432,96	629,76	708,48
	V	17 314	952,27	1 385,12	1 558,26
	VI	17 715	974,32	1 417,20	1 594,35
53 783,99	I,IV	12 391	681,50	991,28	1 115,19
	II	11 869	652,79	949,52	1 068,21
	III	7 882	433,51	630,56	709,38
	V	17 329	953,09	1 386,32	1 559,61
	VI	17 730	975,15	1 418,40	1 595,70
53 819,99	I,IV	12 405	682,27	992,40	1 116,45
	II	11 884	653,62	950,72	1 069,56
	III	7 894	434,17	631,52	710,46
	V	17 344	953,92	1 387,52	1 560,96
	VI	17 746	976,03	1 419,68	1 597,14
53 855,99	I,IV	12 420	683,10	993,60	1 117,80
	II	11 898	654,39	951,84	1 070,82
	III	7 904	434,72	632,32	711,36
	V	17 359	954,74	1 388,72	1 562,31
	VI	17 761	976,85	1 420,88	1 598,49
53 891,99	I,IV	12 434	683,87	994,72	1 119,06
	II	11 912	655,16	952,96	1 072,08
	III	7 914	435,27	633,12	712,26
	V	17 374	955,57	1 389,92	1 563,66
	VI	17 776	977,68	1 422,08	1 599,84
53 927,99	I,IV	12 449	684,69	995,92	1 120,41
	II	11 927	655,98	954,16	1 073,43
	III	7 924	435,82	633,92	713,16
	V	17 389	956,39	1 391,12	1 565,01
	VI	17 791	978,50	1 423,28	1 601,19
53 963,99	I,IV	12 463	685,46	997,04	1 121,67
	II	11 941	656,75	955,28	1 074,69
	III	7 936	436,48	634,88	714,24
	V	17 405	957,27	1 392,40	1 566,45
	VI	17 806	979,33	1 424,48	1 602,54
53 999,99	I,IV	12 478	686,29	998,24	1 123,02
	II	11 955	657,52	956,40	1 075,95
	III	7 946	437,03	635,68	715,14
	V	17 420	958,10	1 393,60	1 567,80
	VI	17 821	980,15	1 425,68	1 603,89
54 035,99	I,IV	12 492	687,06	999,36	1 124,28
	II	11 969	658,29	957,52	1 077,21
	III	7 956	437,58	636,48	716,04
	V	17 435	958,92	1 394,80	1 569,15
	VI	17 836	980,98	1 426,88	1 605,24
54 071,99	I,IV	12 507	687,88	1 000,56	1 125,63
	II	11 984	659,12	958,72	1 078,56
	III	7 966	438,13	637,28	716,94
	V	17 450	959,75	1 396,—	1 570,50
	VI	17 851	981,80	1 428,08	1 606,59
54 107,99	I,IV	12 521	688,65	1 001,68	1 126,89
	II	11 998	659,89	959,84	1 079,82
	III	7 976	438,68	638,08	717,84
	V	17 465	960,57	1 397,20	1 571,85
	VI	17 867	982,68	1 429,36	1 608,03
54 143,99	I,IV	12 536	689,48	1 002,88	1 128,24
	II	12 012	660,66	960,96	1 081,08
	III	7 988	439,34	639,04	718,92
	V	17 480	961,40	1 398,40	1 573,20
	VI	17 882	983,51	1 430,56	1 609,38

Lohn/ Gehalt bis €*	Steuerklasse	LSt	SolZ	8%	9%
54 179,99	I,IV	12 550	690,25	1 004,—	1 129,50
	II	12 027	661,48	962,16	1 082,43
	III	7 998	439,89	639,84	719,82
	V	17 495	962,22	1 399,60	1 574,55
	VI	17 897	984,33	1 431,76	1 610,73
54 215,99	I,IV	12 565	691,07	1 005,20	1 130,85
	II	12 041	662,25	963,28	1 083,69
	III	8 008	440,44	640,64	720,72
	V	17 510	963,05	1 400,80	1 575,90
	VI	17 912	985,16	1 432,96	1 612,08
54 251,99	I,IV	12 579	691,84	1 006,32	1 132,11
	II	12 055	663,02	964,40	1 084,95
	III	8 018	440,99	641,44	721,62
	V	17 526	963,93	1 402,08	1 577,34
	VI	17 927	985,98	1 434,16	1 613,43
54 287,99	I,IV	12 594	692,67	1 007,52	1 133,46
	II	12 070	663,85	965,60	1 086,30
	III	8 030	441,65	642,40	722,70
	V	17 541	964,75	1 403,28	1 578,69
	VI	17 942	986,81	1 435,36	1 614,78
54 323,99	I,IV	12 609	693,49	1 008,72	1 134,81
	II	12 084	664,62	966,72	1 087,56
	III	8 040	442,20	643,20	723,60
	V	17 556	965,58	1 404,48	1 580,04
	VI	17 957	987,63	1 436,56	1 616,13
54 359,99	I,IV	12 623	694,26	1 009,84	1 136,07
	II	12 098	665,39	967,84	1 088,82
	III	8 050	442,75	644,—	724,50
	V	17 571	966,40	1 405,68	1 581,39
	VI	17 972	988,46	1 437,76	1 617,48
54 395,99	I,IV	12 638	695,09	1 011,04	1 137,42
	II	12 113	666,21	969,04	1 090,17
	III	8 060	443,30	644,80	725,40
	V	17 586	967,23	1 406,88	1 582,74
	VI	17 988	989,34	1 439,04	1 618,92
54 431,99	I,IV	12 652	695,86	1 012,16	1 138,68
	II	12 127	666,98	970,16	1 091,43
	III	8 072	443,96	645,76	726,48
	V	17 601	968,05	1 408,08	1 584,09
	VI	18 003	990,16	1 440,24	1 620,27
54 467,99	I,IV	12 667	696,68	1 013,36	1 140,03
	II	12 141	667,75	971,28	1 092,69
	III	8 082	444,51	646,56	727,38
	V	17 616	968,88	1 409,28	1 585,44
	VI	18 018	990,99	1 441,44	1 621,62
54 503,99	I,IV	12 681	697,45	1 014,48	1 141,29
	II	12 156	668,58	972,48	1 094,04
	III	8 092	445,06	647,36	728,28
	V	17 631	969,70	1 410,48	1 586,79
	VI	18 033	991,81	1 442,64	1 622,97
54 539,99	I,IV	12 696	698,28	1 015,68	1 142,64
	II	12 170	669,35	973,60	1 095,30
	III	8 102	445,61	648,16	729,18
	V	17 646	970,53	1 411,68	1 588,14
	VI	18 048	992,64	1 443,84	1 624,32
54 575,99	I,IV	12 711	699,10	1 016,88	1 143,99
	II	12 184	670,12	974,72	1 096,56
	III	8 114	446,27	649,12	730,26
	V	17 662	971,41	1 412,96	1 589,58
	VI	18 063	993,46	1 445,04	1 625,67
54 611,99	I,IV	12 725	699,87	1 018,—	1 145,25
	II	12 199	670,94	975,92	1 097,91
	III	8 124	446,82	649,92	731,16
	V	17 677	972,23	1 414,16	1 590,93
	VI	18 078	994,29	1 446,24	1 627,02
54 647,99	I,IV	12 740	700,70	1 019,20	1 146,60
	II	12 213	671,71	977,04	1 099,17
	III	8 134	447,37	650,72	732,06
	V	17 692	973,06	1 415,36	1 592,28
	VI	18 093	995,11	1 447,44	1 628,37
54 683,99	I,IV	12 754	701,47	1 020,32	1 147,86
	II	12 227	672,48	978,16	1 100,43
	III	8 144	447,92	651,52	732,96
	V	17 707	973,88	1 416,56	1 593,63
	VI	18 108	995,94	1 448,64	1 629,72
54 719,99	I,IV	12 769	702,29	1 021,52	1 149,21
	II	12 242	673,31	979,36	1 101,78
	III	8 156	448,58	652,48	734,04
	V	17 722	974,71	1 417,76	1 594,98
	VI	18 124	996,82	1 449,92	1 631,16

Lohn/ Gehalt bis €*	Steuerklasse	LSt	SolZ	8%	9%
54 755,99	I,IV	12 784	703,12	1 022,72	1 150,56
	II	12 256	674,08	980,48	1 103,04
	III	8 166	449,13	653,28	734,94
	V	17 737	975,53	1 418,96	1 596,33
	VI	18 139	997,64	1 451,12	1 632,51
54 791,99	I,IV	12 798	703,89	1 023,84	1 151,82
	II	12 271	674,90	981,68	1 104,39
	III	8 176	449,68	654,08	735,84
	V	17 752	976,36	1 420,16	1 597,68
	VI	18 154	998,47	1 452,32	1 633,86
54 827,99	I,IV	12 813	704,71	1 025,04	1 153,17
	II	12 285	675,67	982,80	1 105,65
	III	8 186	450,23	654,88	736,74
	V	17 767	977,18	1 421,36	1 599,03
	VI	18 169	999,29	1 453,52	1 635,21
54 863,99	I,IV	12 827	705,48	1 026,16	1 154,43
	II	12 300	676,50	984,—	1 107,—
	III	8 198	450,89	655,84	737,82
	V	17 783	978,06	1 422,64	1 600,47
	VI	18 184	1 000,12	1 454,72	1 636,56
54 899,99	I,IV	12 842	706,31	1 027,36	1 155,78
	II	12 314	677,27	985,12	1 108,26
	III	8 208	451,44	656,64	738,72
	V	17 798	978,89	1 423,84	1 601,82
	VI	18 199	1 000,94	1 455,92	1 637,91
54 935,99	I,IV	12 857	707,13	1 028,56	1 157,13
	II	12 328	678,04	986,24	1 109,52
	III	8 218	451,99	657,44	739,62
	V	17 813	979,71	1 425,04	1 603,17
	VI	18 214	1 001,77	1 457,12	1 639,26
54 971,99	I,IV	12 871	707,90	1 029,68	1 158,39
	II	12 343	678,86	987,44	1 110,87
	III	8 228	452,54	658,24	740,52
	V	17 828	980,54	1 426,24	1 604,52
	VI	18 229	1 002,59	1 458,32	1 640,61
55 007,99	I,IV	12 886	708,73	1 030,88	1 159,74
	II	12 357	679,63	988,56	1 112,13
	III	8 240	453,20	659,20	741,60
	V	17 843	981,36	1 427,44	1 605,87
	VI	18 245	1 003,47	1 459,60	1 642,05
55 043,99	I,IV	12 901	709,55	1 032,08	1 161,09
	II	12 372	680,46	989,76	1 113,48
	III	8 250	453,75	660,—	742,50
	V	17 858	982,19	1 428,64	1 607,22
	VI	18 260	1 004,30	1 460,80	1 643,40
55 079,99	I,IV	12 915	710,32	1 033,20	1 162,35
	II	12 386	681,23	990,88	1 114,74
	III	8 260	454,30	660,80	743,40
	V	17 873	983,01	1 429,84	1 608,57
	VI	18 275	1 005,12	1 462,—	1 644,75
55 115,99	I,IV	12 930	711,15	1 034,40	1 163,70
	II	12 401	682,05	992,08	1 116,09
	III	8 270	454,85	661,60	744,30
	V	17 888	983,84	1 431,04	1 609,92
	VI	18 290	1 005,95	1 463,20	1 646,10
55 151,99	I,IV	12 945	711,97	1 035,60	1 165,05
	II	12 415	682,82	993,20	1 117,35
	III	8 282	455,51	662,56	745,38
	V	17 904	984,72	1 432,32	1 611,36
	VI	18 305	1 006,77	1 464,40	1 647,45
55 187,99	I,IV	12 959	712,74	1 036,72	1 166,31
	II	12 430	683,65	994,40	1 118,70
	III	8 292	456,06	663,36	746,28
	V	17 919	985,54	1 433,52	1 612,71
	VI	18 320	1 007,60	1 465,60	1 648,80
55 223,99	I,IV	12 974	713,57	1 037,92	1 167,66
	II	12 444	684,42	995,52	1 119,96
	III	8 302	456,61	664,16	747,18
	V	17 934	986,37	1 434,72	1 614,06
	VI	18 335	1 008,42	1 466,80	1 650,15
55 259,99	I,IV	12 989	714,39	1 039,12	1 169,01
	II	12 459	685,24	996,72	1 121,31
	III	8 314	457,27	665,12	748,26
	V	17 949	987,19	1 435,92	1 615,41
	VI	18 350	1 009,25	1 468,—	1 651,50
55 295,99	I,IV	13 004	715,22	1 040,32	1 170,36
	II	12 473	686,01	997,84	1 122,57
	III	8 324	457,82	665,92	749,16
	V	17 964	988,02	1 437,12	1 616,76
	VI	18 366	1 010,13	1 469,28	1 652,94

Lohnsteuer, Solidaritätszuschlag und Kirchensteuer in den Steuerklassen I – VI

* Die ausgewiesenen Tabellenwerte sind amtlich. Siehe Erläuterungen auf der Umschlaginnenseite (U2).

Sonstige Bezüge / B-Tarif

55 296,–*

Lohn/Gehalt bis €*	Steuerklasse	LSt	SolZ	8%	9%
55 331,99	I,IV	13 018	715,99	1 041,44	1 171,62
	II	12 487	686,78	998,96	1 123,83
	III	8 334	458,37	666,72	750,06
	V	17 979	988,84	1 438,32	1 618,11
	VI	18 381	1 010,95	1 470,48	1 654,29
55 367,99	I,IV	13 033	716,81	1 042,64	1 172,97
	II	12 502	687,61	1 000,16	1 125,18
	III	8 344	458,92	667,52	750,96
	V	17 994	989,67	1 439,52	1 619,46
	VI	18 396	1 011,78	1 471,68	1 655,64
55 403,99	I,IV	13 048	717,64	1 043,84	1 174,32
	II	12 517	688,43	1 001,36	1 126,53
	III	8 356	459,58	668,48	752,04
	V	18 009	990,49	1 440,72	1 620,81
	VI	18 411	1 012,60	1 472,88	1 656,99
55 439,99	I,IV	13 062	718,41	1 044,96	1 175,58
	II	12 531	689,20	1 002,48	1 127,79
	III	8 366	460,13	669,28	752,94
	V	18 024	991,32	1 441,92	1 622,16
	VI	18 426	1 013,43	1 474,08	1 658,34
55 475,99	I,IV	13 077	719,23	1 046,16	1 176,93
	II	12 546	690,03	1 003,68	1 129,14
	III	8 376	460,68	670,08	753,84
	V	18 040	992,20	1 443,20	1 623,60
	VI	18 441	1 014,25	1 475,28	1 659,69
55 511,99	I,IV	13 092	720,06	1 047,36	1 178,28
	II	12 560	690,80	1 004,80	1 130,40
	III	8 388	461,34	671,04	754,92
	V	18 055	993,02	1 444,40	1 624,95
	VI	18 456	1 015,08	1 476,48	1 661,04
55 547,99	I,IV	13 107	720,88	1 048,56	1 179,63
	II	12 575	691,62	1 006,—	1 131,75
	III	8 398	461,89	671,84	755,82
	V	18 070	993,85	1 445,60	1 626,30
	VI	18 471	1 015,90	1 477,68	1 662,39
55 583,99	I,IV	13 121	721,65	1 049,68	1 180,89
	II	12 589	692,39	1 007,12	1 133,01
	III	8 408	462,44	672,64	756,72
	V	18 085	994,67	1 446,80	1 627,65
	VI	18 486	1 016,73	1 478,88	1 663,74
55 619,99	I,IV	13 136	722,48	1 050,88	1 182,24
	II	12 604	693,22	1 008,32	1 134,36
	III	8 418	462,99	673,44	757,62
	V	18 100	995,50	1 448,—	1 629,—
	VI	18 502	1 017,61	1 480,16	1 665,18
55 655,99	I,IV	13 151	723,30	1 052,08	1 183,59
	II	12 618	693,99	1 009,44	1 135,62
	III	8 430	463,65	674,40	758,70
	V	18 115	996,32	1 449,20	1 630,35
	VI	18 517	1 018,43	1 481,36	1 666,53
55 691,99	I,IV	13 166	724,13	1 053,28	1 184,94
	II	12 633	694,81	1 010,64	1 136,97
	III	8 440	464,20	675,20	759,60
	V	18 130	997,15	1 450,40	1 631,70
	VI	18 532	1 019,26	1 482,56	1 667,88
55 727,99	I,IV	13 180	724,90	1 054,40	1 186,20
	II	12 647	695,58	1 011,76	1 138,23
	III	8 450	464,75	676,—	760,50
	V	18 145	997,97	1 451,60	1 633,05
	VI	18 547	1 020,08	1 483,76	1 669,23
55 763,99	I,IV	13 195	725,72	1 055,60	1 187,55
	II	12 662	696,41	1 012,96	1 139,58
	III	8 462	465,41	676,96	761,58
	V	18 161	998,85	1 452,88	1 634,49
	VI	18 562	1 020,91	1 484,96	1 670,58
55 799,99	I,IV	13 210	726,55	1 056,80	1 188,90
	II	12 676	697,18	1 014,08	1 140,84
	III	8 472	465,96	677,76	762,48
	V	18 176	999,68	1 454,08	1 635,84
	VI	18 577	1 021,73	1 486,16	1 671,93
55 835,99	I,IV	13 225	727,37	1 058,—	1 190,25
	II	12 691	698,—	1 015,28	1 142,19
	III	8 482	466,51	678,56	763,38
	V	18 191	1 000,50	1 455,28	1 637,19
	VI	18 592	1 022,56	1 487,36	1 673,28
55 871,99	I,IV	13 240	728,20	1 059,20	1 191,60
	II	12 706	698,83	1 016,48	1 143,54
	III	8 494	467,17	679,52	764,46
	V	18 206	1 001,33	1 456,48	1 638,54
	VI	18 607	1 023,38	1 488,56	1 674,63
55 907,99	I,IV	13 254	728,97	1 060,32	1 192,86
	II	12 720	699,60	1 017,60	1 144,80
	III	8 504	467,72	680,32	765,36
	V	18 221	1 002,15	1 457,68	1 639,89
	VI	18 623	1 024,26	1 489,84	1 676,07
55 943,99	I,IV	13 269	729,79	1 061,52	1 194,21
	II	12 735	700,42	1 018,80	1 146,15
	III	8 514	468,27	681,12	766,26
	V	18 236	1 002,98	1 458,88	1 641,24
	VI	18 638	1 025,09	1 491,04	1 677,42
55 979,99	I,IV	13 284	730,62	1 062,72	1 195,56
	II	12 749	701,19	1 019,92	1 147,41
	III	8 524	468,82	681,92	767,16
	V	18 251	1 003,80	1 460,08	1 642,59
	VI	18 653	1 025,91	1 492,24	1 678,77
56 015,99	I,IV	13 299	731,44	1 063,92	1 196,91
	II	12 764	702,02	1 021,12	1 148,76
	III	8 536	469,48	682,88	768,24
	V	18 266	1 004,63	1 461,28	1 643,94
	VI	18 668	1 026,74	1 493,44	1 680,12
56 051,99	I,IV	13 314	732,27	1 065,12	1 198,26
	II	12 779	702,84	1 022,32	1 150,11
	III	8 546	470,03	683,68	769,14
	V	18 282	1 005,51	1 462,56	1 645,38
	VI	18 683	1 027,56	1 494,64	1 681,47
56 087,99	I,IV	13 329	733,09	1 066,32	1 199,61
	II	12 793	703,61	1 023,44	1 151,37
	III	8 556	470,58	684,48	770,04
	V	18 297	1 006,33	1 463,76	1 646,73
	VI	18 698	1 028,39	1 495,84	1 682,82
56 123,99	I,IV	13 343	733,86	1 067,44	1 200,87
	II	12 808	704,44	1 024,64	1 152,72
	III	8 568	471,24	685,44	771,12
	V	18 312	1 007,16	1 464,96	1 648,08
	VI	18 713	1 029,21	1 497,04	1 684,17
56 159,99	I,IV	13 358	734,69	1 068,64	1 202,22
	II	12 823	705,26	1 025,84	1 154,07
	III	8 578	471,79	686,24	772,02
	V	18 327	1 007,98	1 466,16	1 649,43
	VI	18 728	1 030,04	1 498,24	1 685,52
56 195,99	I,IV	13 373	735,51	1 069,84	1 203,57
	II	12 837	706,03	1 026,96	1 155,33
	III	8 588	472,34	687,04	772,92
	V	18 342	1 008,81	1 467,36	1 650,78
	VI	18 744	1 030,92	1 499,52	1 686,96
56 231,99	I,IV	13 388	736,34	1 071,04	1 204,92
	II	12 852	706,86	1 028,16	1 156,68
	III	8 600	473,—	688,—	774,—
	V	18 357	1 009,63	1 468,56	1 652,13
	VI	18 759	1 031,74	1 500,72	1 688,31
56 267,99	I,IV	13 403	737,16	1 072,24	1 206,27
	II	12 866	707,63	1 029,28	1 157,94
	III	8 610	473,55	688,80	774,90
	V	18 372	1 010,46	1 469,76	1 653,48
	VI	18 774	1 032,57	1 501,92	1 689,66
56 303,99	I,IV	13 418	737,99	1 073,44	1 207,62
	II	12 881	708,45	1 030,48	1 159,29
	III	8 620	474,10	689,60	775,80
	V	18 387	1 011,28	1 470,96	1 654,83
	VI	18 789	1 033,39	1 503,12	1 691,01
56 339,99	I,IV	13 433	738,81	1 074,64	1 208,97
	II	12 896	709,28	1 031,68	1 160,64
	III	8 632	474,76	690,56	776,88
	V	18 402	1 012,11	1 472,16	1 656,18
	VI	18 804	1 034,22	1 504,32	1 692,36
56 375,99	I,IV	13 447	739,58	1 075,76	1 210,23
	II	12 910	710,05	1 032,80	1 161,90
	III	8 642	475,31	691,36	777,78
	V	18 418	1 012,99	1 473,44	1 657,62
	VI	18 819	1 035,04	1 505,52	1 693,71
56 411,99	I,IV	13 462	740,41	1 076,96	1 211,58
	II	12 925	710,87	1 034,—	1 163,25
	III	8 652	475,86	692,16	778,68
	V	18 433	1 013,81	1 474,64	1 658,97
	VI	18 834	1 035,87	1 506,72	1 695,06
56 447,99	I,IV	13 477	741,23	1 078,16	1 212,93
	II	12 940	711,70	1 035,20	1 164,60
	III	8 664	476,52	693,12	779,76
	V	18 448	1 014,64	1 475,84	1 660,32
	VI	18 849	1 036,69	1 507,92	1 696,41
56 483,99	I,IV	13 492	742,06	1 079,36	1 214,28
	II	12 955	712,52	1 036,40	1 165,95
	III	8 674	477,07	693,92	780,66
	V	18 463	1 015,46	1 477,04	1 661,67
	VI	18 864	1 037,52	1 509,12	1 697,76
56 519,99	I,IV	13 507	742,88	1 080,56	1 215,63
	II	12 969	713,29	1 037,52	1 167,21
	III	8 684	477,62	694,72	781,56
	V	18 478	1 016,29	1 478,24	1 663,02
	VI	18 880	1 038,40	1 510,40	1 699,20
56 555,99	I,IV	13 522	743,71	1 081,76	1 216,98
	II	12 984	714,12	1 038,72	1 168,56
	III	8 696	478,28	695,68	782,64
	V	18 493	1 017,11	1 479,44	1 664,37
	VI	18 895	1 039,22	1 511,60	1 700,55
56 591,99	I,IV	13 537	744,53	1 082,96	1 218,33
	II	12 999	714,94	1 039,92	1 169,91
	III	8 706	478,83	696,48	783,54
	V	18 508	1 017,94	1 480,64	1 665,72
	VI	18 910	1 040,05	1 512,80	1 701,90
56 627,99	I,IV	13 552	745,36	1 084,16	1 219,68
	II	13 013	715,71	1 041,04	1 171,17
	III	8 716	479,38	697,28	784,44
	V	18 523	1 018,76	1 481,84	1 667,07
	VI	18 925	1 040,87	1 514,—	1 703,25
56 663,99	I,IV	13 567	746,18	1 085,36	1 221,03
	II	13 028	716,54	1 042,24	1 172,52
	III	8 728	480,04	698,24	785,52
	V	18 539	1 019,64	1 483,12	1 668,51
	VI	18 940	1 041,70	1 515,20	1 704,60
56 699,99	I,IV	13 582	747,01	1 086,56	1 222,38
	II	13 043	717,36	1 043,44	1 173,87
	III	8 738	480,59	699,04	786,42
	V	18 554	1 020,47	1 484,32	1 669,86
	VI	18 955	1 042,52	1 516,40	1 705,95
56 735,99	I,IV	13 597	747,83	1 087,76	1 223,73
	II	13 057	718,13	1 044,56	1 175,13
	III	8 748	481,14	699,84	787,32
	V	18 569	1 021,29	1 485,52	1 671,21
	VI	18 970	1 043,35	1 517,60	1 707,30
56 771,99	I,IV	13 612	748,66	1 088,96	1 225,08
	II	13 072	718,96	1 045,76	1 176,48
	III	8 760	481,80	700,80	788,40
	V	18 584	1 022,12	1 486,72	1 672,56
	VI	18 985	1 044,17	1 518,80	1 708,65
56 807,99	I,IV	13 627	749,48	1 090,16	1 226,43
	II	13 087	719,78	1 046,96	1 177,83
	III	8 770	482,35	701,60	789,30
	V	18 599	1 022,94	1 487,92	1 673,91
	VI	19 001	1 045,05	1 520,08	1 710,09
56 843,99	I,IV	13 641	750,25	1 091,28	1 227,69
	II	13 102	720,61	1 048,16	1 179,18
	III	8 780	482,90	702,40	790,20
	V	18 614	1 023,77	1 489,12	1 675,26
	VI	19 016	1 045,88	1 521,28	1 711,44
56 879,99	I,IV	13 656	751,08	1 092,48	1 229,04
	II	13 116	721,38	1 049,28	1 180,44
	III	8 792	483,56	703,36	791,28
	V	18 629	1 024,59	1 490,32	1 676,61
	VI	19 031	1 046,70	1 522,48	1 712,79
56 915,99	I,IV	13 671	751,90	1 093,68	1 230,39
	II	13 131	722,20	1 050,48	1 181,79
	III	8 802	484,11	704,16	792,18
	V	18 644	1 025,42	1 491,52	1 677,96
	VI	19 046	1 047,53	1 523,68	1 714,14
56 951,99	I,IV	13 686	752,73	1 094,88	1 231,74
	II	13 146	723,03	1 051,68	1 183,14
	III	8 812	484,66	704,96	793,08
	V	18 660	1 026,30	1 492,80	1 679,40
	VI	19 061	1 048,35	1 524,88	1 715,49
56 987,99	I,IV	13 701	753,55	1 096,08	1 233,09
	II	13 161	723,85	1 052,88	1 184,49
	III	8 824	485,32	705,92	794,16
	V	18 675	1 027,12	1 494,—	1 680,75
	VI	19 076	1 049,18	1 526,08	1 716,84
57 023,99	I,IV	13 716	754,38	1 097,28	1 234,44
	II	13 176	724,68	1 054,08	1 185,84
	III	8 834	485,87	706,72	795,06
	V	18 690	1 027,95	1 495,20	1 682,10
	VI	19 091	1 050,—	1 527,28	1 718,19

Lohnsteuer, Solidaritätszuschlag und Kirchensteuer in den Steuerklassen I – VI

* Die ausgewiesenen Tabellenwerte sind amtlich. Siehe Erläuterungen auf der Umschlaginnenseite (U2).

58 751,99*

Sonstige Bezüge / B-Tarif

Lohn/ Gehalt bis €*	Lohnsteuer, Solidaritätszuschlag und Kirchensteuer in den Steuerklassen I – VI	LSt	SolZ	8%	9%
57 059,99	I,IV	13 731	755,20	1 098,48	1 235,79
	II	13 190	725,45	1 055,20	1 187,10
	III	8 844	486,42	707,52	795,96
	V	18 705	1 028,77	1 496,40	1 683,45
	VI	19 106	1 050,83	1 528,48	1 719,54
57 095,99	I,IV	13 746	756,03	1 099,68	1 237,14
	II	13 205	726,27	1 056,40	1 188,45
	III	8 856	487,08	708,48	797,04
	V	18 720	1 029,60	1 497,60	1 684,80
	VI	19 122	1 051,71	1 529,76	1 720,98
57 131,99	I,IV	13 761	756,85	1 100,88	1 238,49
	II	13 220	727,10	1 057,60	1 189,80
	III	8 866	487,63	709,28	797,94
	V	18 735	1 030,42	1 498,80	1 686,15
	VI	19 137	1 052,53	1 530,96	1 722,33
57 167,99	I,IV	13 776	757,68	1 102,08	1 239,84
	II	13 235	727,92	1 058,80	1 191,15
	III	8 876	488,18	710,08	798,84
	V	18 750	1 031,25	1 500,—	1 687,50
	VI	19 152	1 053,36	1 532,16	1 723,68
57 203,99	I,IV	13 791	758,50	1 103,28	1 241,19
	II	13 249	728,69	1 059,92	1 192,41
	III	8 888	488,84	711,04	799,92
	V	18 765	1 032,07	1 501,20	1 688,85
	VI	19 167	1 054,18	1 533,36	1 725,03
57 239,99	I,IV	13 806	759,33	1 104,48	1 242,54
	II	13 264	729,52	1 061,12	1 193,76
	III	8 898	489,39	711,84	800,82
	V	18 780	1 032,90	1 502,40	1 690,20
	VI	19 182	1 055,01	1 534,56	1 726,38
57 275,99	I,IV	13 821	760,15	1 105,68	1 243,89
	II	13 279	730,34	1 062,32	1 195,11
	III	8 908	489,94	712,64	801,72
	V	18 796	1 033,78	1 503,68	1 691,64
	VI	19 197	1 055,83	1 535,76	1 727,73
57 311,99	I,IV	13 837	761,03	1 106,96	1 245,33
	II	13 294	731,17	1 063,52	1 196,46
	III	8 920	490,60	713,60	802,80
	V	18 811	1 034,60	1 504,88	1 692,99
	VI	19 212	1 056,66	1 536,96	1 729,08
57 347,99	I,IV	13 852	761,86	1 108,16	1 246,68
	II	13 309	731,99	1 064,72	1 197,81
	III	8 930	491,15	714,40	803,70
	V	18 826	1 035,43	1 506,08	1 694,34
	VI	19 227	1 057,48	1 538,16	1 730,43
57 383,99	I,IV	13 867	762,68	1 109,36	1 248,03
	II	13 324	732,82	1 065,92	1 199,16
	III	8 942	491,81	715,36	804,78
	V	18 841	1 036,25	1 507,28	1 695,69
	VI	19 242	1 058,31	1 539,36	1 731,78
57 419,99	I,IV	13 882	763,51	1 110,56	1 249,38
	II	13 338	733,59	1 067,04	1 200,42
	III	8 952	492,36	716,16	805,68
	V	18 856	1 037,08	1 508,48	1 697,04
	VI	19 258	1 059,19	1 540,64	1 733,22
57 455,99	I,IV	13 897	764,33	1 111,76	1 250,73
	II	13 353	734,41	1 068,24	1 201,77
	III	8 962	492,91	716,96	806,58
	V	18 871	1 037,90	1 509,68	1 698,39
	VI	19 273	1 060,01	1 541,84	1 734,57
57 491,99	I,IV	13 912	765,16	1 112,96	1 252,08
	II	13 368	735,24	1 069,44	1 203,12
	III	8 974	493,57	717,92	807,66
	V	18 886	1 038,73	1 510,88	1 699,74
	VI	19 288	1 060,84	1 543,04	1 735,92
57 527,99	I,IV	13 927	765,98	1 114,16	1 253,43
	II	13 383	736,06	1 070,64	1 204,47
	III	8 984	494,12	718,72	808,56
	V	18 901	1 039,55	1 512,08	1 701,09
	VI	19 303	1 061,66	1 544,24	1 737,27
57 563,99	I,IV	13 942	766,81	1 115,36	1 254,78
	II	13 398	736,89	1 071,84	1 205,82
	III	8 994	494,67	719,52	809,46
	V	18 917	1 040,43	1 513,36	1 702,53
	VI	19 318	1 062,49	1 545,44	1 738,62
57 599,99	I,IV	13 957	767,63	1 116,56	1 256,13
	II	13 413	737,71	1 073,04	1 207,17
	III	9 006	495,33	720,48	810,54
	V	18 932	1 041,26	1 514,56	1 703,88
	VI	19 333	1 063,31	1 546,64	1 739,97
57 635,99	I,IV	13 972	768,46	1 117,76	1 257,48
	II	13 428	738,54	1 074,24	1 208,52
	III	9 016	495,88	721,28	811,44
	V	18 947	1 042,08	1 515,76	1 705,23
	VI	19 348	1 064,14	1 547,84	1 741,32
57 671,99	I,IV	13 987	769,28	1 118,96	1 258,83
	II	13 442	739,31	1 075,36	1 209,78
	III	9 028	496,54	722,24	812,52
	V	18 962	1 042,91	1 516,96	1 706,58
	VI	19 363	1 064,96	1 549,04	1 742,67
57 707,99	I,IV	14 002	770,11	1 120,16	1 260,18
	II	13 457	740,13	1 076,56	1 211,13
	III	9 038	497,09	723,04	813,42
	V	18 977	1 043,73	1 518,16	1 707,93
	VI	19 379	1 065,84	1 550,32	1 744,11
57 743,99	I,IV	14 017	770,93	1 121,36	1 261,53
	II	13 472	740,96	1 077,76	1 212,48
	III	9 048	497,64	723,84	814,32
	V	18 992	1 044,56	1 519,36	1 709,28
	VI	19 394	1 066,67	1 551,52	1 745,46
57 779,99	I,IV	14 033	771,81	1 122,64	1 262,97
	II	13 487	741,78	1 078,96	1 213,83
	III	9 060	498,30	724,80	815,40
	V	19 007	1 045,38	1 520,56	1 710,63
	VI	19 409	1 067,49	1 552,72	1 746,81
57 815,99	I,IV	14 048	772,64	1 123,84	1 264,32
	II	13 502	742,61	1 080,16	1 215,18
	III	9 070	498,85	725,60	816,30
	V	19 022	1 046,21	1 521,76	1 711,98
	VI	19 424	1 068,32	1 553,92	1 748,16
57 851,99	I,IV	14 063	773,46	1 125,04	1 265,67
	II	13 517	743,43	1 081,36	1 216,53
	III	9 080	499,40	726,40	817,20
	V	19 038	1 047,09	1 523,04	1 713,42
	VI	19 439	1 069,14	1 555,12	1 749,51
57 887,99	I,IV	14 078	774,29	1 126,24	1 267,02
	II	13 532	744,26	1 082,56	1 217,88
	III	9 092	500,06	727,36	818,28
	V	19 053	1 047,91	1 524,24	1 714,77
	VI	19 454	1 069,97	1 556,32	1 750,86
57 923,99	I,IV	14 093	775,11	1 127,44	1 268,37
	II	13 547	745,08	1 083,76	1 219,23
	III	9 102	500,61	728,16	819,18
	V	19 068	1 048,74	1 525,44	1 716,12
	VI	19 469	1 070,79	1 557,52	1 752,21
57 959,99	I,IV	14 108	775,94	1 128,64	1 269,72
	II	13 562	745,91	1 084,96	1 220,58
	III	9 114	501,27	729,12	820,26
	V	19 083	1 049,56	1 526,64	1 717,47
	VI	19 484	1 071,62	1 558,72	1 753,56
57 995,99	I,IV	14 123	776,76	1 129,84	1 271,07
	II	13 577	746,73	1 086,16	1 221,93
	III	9 124	501,82	729,92	821,16
	V	19 098	1 050,39	1 527,84	1 718,82
	VI	19 500	1 072,50	1 560,—	1 755,—
58 031,99	I,IV	14 138	777,59	1 131,04	1 272,42
	II	13 592	747,56	1 087,36	1 223,28
	III	9 134	502,37	730,72	822,06
	V	19 113	1 051,21	1 529,04	1 720,17
	VI	19 515	1 073,32	1 561,20	1 756,35
58 067,99	I,IV	14 153	778,41	1 132,24	1 273,77
	II	13 607	748,38	1 088,56	1 224,63
	III	9 146	503,03	731,68	823,14
	V	19 128	1 052,04	1 530,24	1 721,52
	VI	19 530	1 074,15	1 562,40	1 757,70
58 103,99	I,IV	14 169	779,29	1 133,52	1 275,21
	II	13 622	749,21	1 089,76	1 225,98
	III	9 156	503,58	732,48	824,04
	V	19 143	1 052,86	1 531,44	1 722,87
	VI	19 545	1 074,97	1 563,60	1 759,05
58 139,99	I,IV	14 184	780,12	1 134,72	1 276,56
	II	13 636	749,98	1 090,88	1 227,24
	III	9 168	504,24	733,44	825,12
	V	19 158	1 053,69	1 532,64	1 724,22
	VI	19 560	1 075,80	1 564,80	1 760,40
58 175,99	I,IV	14 199	780,94	1 135,92	1 277,91
	II	13 651	750,80	1 092,08	1 228,59
	III	9 178	504,79	734,24	826,02
	V	19 174	1 054,57	1 533,92	1 725,66
	VI	19 575	1 076,62	1 566,—	1 761,75
58 211,99	I,IV	14 214	781,77	1 137,12	1 279,26
	II	13 666	751,63	1 093,28	1 229,94
	III	9 188	505,34	735,04	826,92
	V	19 189	1 055,39	1 535,12	1 727,01
	VI	19 590	1 077,45	1 567,20	1 763,10
58 247,99	I,IV	14 229	782,59	1 138,32	1 280,61
	II	13 681	752,45	1 094,48	1 231,29
	III	9 200	506,—	736,—	828,—
	V	19 204	1 056,22	1 536,32	1 728,36
	VI	19 605	1 078,27	1 568,40	1 764,45
58 283,99	I,IV	14 244	783,42	1 139,52	1 281,96
	II	13 696	753,28	1 095,68	1 232,64
	III	9 210	506,55	736,80	828,90
	V	19 219	1 057,04	1 537,52	1 729,71
	VI	19 620	1 079,10	1 569,60	1 765,80
58 319,99	I,IV	14 259	784,24	1 140,72	1 283,31
	II	13 711	754,10	1 096,88	1 233,99
	III	9 222	507,21	737,76	829,98
	V	19 234	1 057,87	1 538,72	1 731,06
	VI	19 636	1 079,98	1 570,88	1 767,24
58 355,99	I,IV	14 274	785,07	1 141,92	1 284,66
	II	13 726	754,93	1 098,08	1 235,34
	III	9 232	507,76	738,56	830,88
	V	19 249	1 058,69	1 539,92	1 732,41
	VI	19 651	1 080,80	1 572,08	1 768,59
58 391,99	I,IV	14 290	785,95	1 143,20	1 286,10
	II	13 741	755,75	1 099,28	1 236,69
	III	9 242	508,31	739,36	831,78
	V	19 264	1 059,52	1 541,12	1 733,76
	VI	19 666	1 081,63	1 573,28	1 769,94
58 427,99	I,IV	14 305	786,77	1 144,40	1 287,45
	II	13 756	756,58	1 100,48	1 238,04
	III	9 254	508,97	740,32	832,86
	V	19 279	1 060,34	1 542,32	1 735,11
	VI	19 681	1 082,45	1 574,48	1 771,29
58 463,99	I,IV	14 320	787,60	1 145,60	1 288,80
	II	13 771	757,40	1 101,68	1 239,39
	III	9 264	509,52	741,12	833,76
	V	19 295	1 061,22	1 543,60	1 736,55
	VI	19 696	1 083,28	1 575,68	1 772,64
58 499,99	I,IV	14 335	788,42	1 146,80	1 290,15
	II	13 786	758,23	1 102,88	1 240,74
	III	9 276	510,18	742,08	834,84
	V	19 310	1 062,05	1 544,80	1 737,90
	VI	19 711	1 084,10	1 576,88	1 773,99
58 535,99	I,IV	14 350	789,25	1 148,—	1 291,50
	II	13 801	759,05	1 104,08	1 242,09
	III	9 286	510,73	742,88	835,74
	V	19 325	1 062,87	1 546,—	1 739,25
	VI	19 726	1 084,93	1 578,08	1 775,34
58 571,99	I,IV	14 365	790,07	1 149,20	1 292,85
	II	13 816	759,88	1 105,28	1 243,44
	III	9 296	511,28	743,68	836,64
	V	19 340	1 063,70	1 547,20	1 740,60
	VI	19 741	1 085,75	1 579,28	1 776,69
58 607,99	I,IV	14 380	790,90	1 150,40	1 294,20
	II	13 832	760,76	1 106,56	1 244,88
	III	9 308	511,94	744,64	837,72
	V	19 355	1 064,52	1 548,40	1 741,95
	VI	19 757	1 086,63	1 580,56	1 778,13
58 643,99	I,IV	14 395	791,72	1 151,60	1 295,55
	II	13 847	761,58	1 107,76	1 246,23
	III	9 318	512,49	745,44	838,62
	V	19 370	1 065,35	1 549,60	1 743,30
	VI	19 772	1 087,46	1 581,76	1 779,48
58 679,99	I,IV	14 410	792,55	1 152,80	1 296,90
	II	13 862	762,41	1 108,96	1 247,58
	III	9 330	513,15	746,40	839,70
	V	19 385	1 066,17	1 550,80	1 744,65
	VI	19 787	1 088,28	1 582,96	1 780,83
58 715,99	I,IV	14 426	793,43	1 154,08	1 298,34
	II	13 877	763,23	1 110,16	1 248,93
	III	9 340	513,70	747,20	840,60
	V	19 400	1 067,—	1 552,—	1 746,—
	VI	19 802	1 089,11	1 584,16	1 782,18
58 751,99	I,IV	14 441	794,25	1 155,28	1 299,69
	II	13 892	764,06	1 111,36	1 250,28
	III	9 352	514,36	748,16	841,68
	V	19 416	1 067,88	1 553,28	1 747,44
	VI	19 817	1 089,93	1 585,36	1 783,53

* Die ausgewiesenen Tabellenwerte sind amtlich. Siehe Erläuterungen auf der Umschlaginnenseite (U2).

Sonstige Bezüge / B-Tarif

58 752,–*

Lohn/Gehalt bis €*	Steuerklasse	LSt	SolZ	8%	9%
58 787,99	I,IV	14 456	795,08	1 156,48	1 301,04
	II	13 907	764,88	1 112,56	1 251,63
	III	9 362	514,91	748,96	842,58
	V	19 431	1 068,70	1 554,48	1 748,79
	VI	19 832	1 090,76	1 586,56	1 784,88
58 823,99	I,IV	14 471	795,90	1 157,68	1 302,39
	II	13 922	765,71	1 113,76	1 252,98
	III	9 372	515,46	749,76	843,48
	V	19 446	1 069,53	1 555,68	1 750,14
	VI	19 847	1 091,58	1 587,76	1 786,23
58 859,99	I,IV	14 486	796,73	1 158,88	1 303,74
	II	13 937	766,53	1 114,96	1 254,33
	III	9 384	516,12	750,72	844,56
	V	19 461	1 070,35	1 556,88	1 751,49
	VI	19 862	1 092,41	1 588,96	1 787,58
58 895,99	I,IV	14 501	797,55	1 160,08	1 305,09
	II	13 952	767,36	1 116,16	1 255,68
	III	9 394	516,67	751,52	845,46
	V	19 476	1 071,18	1 558,08	1 752,84
	VI	19 878	1 093,29	1 590,24	1 789,02
58 931,99	I,IV	14 516	798,38	1 161,28	1 306,44
	II	13 967	768,18	1 117,36	1 257,03
	III	9 406	517,33	752,48	846,54
	V	19 491	1 072,—	1 559,28	1 754,19
	VI	19 893	1 094,11	1 591,44	1 790,37
58 967,99	I,IV	14 531	799,20	1 162,48	1 307,79
	II	13 982	769,01	1 118,56	1 258,38
	III	9 416	517,88	753,28	847,44
	V	19 506	1 072,83	1 560,48	1 755,54
	VI	19 908	1 094,94	1 592,64	1 791,72
59 003,99	I,IV	14 547	800,08	1 163,76	1 309,23
	II	13 997	769,83	1 119,76	1 259,73
	III	9 428	518,54	754,24	848,52
	V	19 521	1 073,65	1 561,68	1 756,89
	VI	19 923	1 095,76	1 593,84	1 793,07
59 039,99	I,IV	14 562	800,91	1 164,96	1 310,58
	II	14 012	770,66	1 120,96	1 261,08
	III	9 438	519,09	755,04	849,42
	V	19 536	1 074,48	1 562,88	1 758,24
	VI	19 938	1 096,59	1 595,04	1 794,42
59 075,99	I,IV	14 577	801,73	1 166,16	1 311,93
	II	14 028	771,54	1 122,24	1 262,52
	III	9 448	519,64	755,84	850,32
	V	19 552	1 075,36	1 564,16	1 759,68
	VI	19 953	1 097,41	1 596,24	1 795,77
59 111,99	I,IV	14 592	802,56	1 167,36	1 313,28
	II	14 043	772,36	1 123,44	1 263,87
	III	9 460	520,30	756,80	851,40
	V	19 567	1 076,18	1 565,36	1 761,03
	VI	19 968	1 098,24	1 597,44	1 797,12
59 147,99	I,IV	14 607	803,38	1 168,56	1 314,63
	II	14 058	773,19	1 124,64	1 265,22
	III	9 470	520,85	757,60	852,30
	V	19 582	1 077,01	1 566,56	1 762,38
	VI	19 983	1 099,06	1 598,64	1 798,47
59 183,99	I,IV	14 622	804,21	1 169,76	1 315,98
	II	14 073	774,01	1 125,84	1 266,57
	III	9 482	521,51	758,56	853,38
	V	19 597	1 077,83	1 567,76	1 763,73
	VI	19 998	1 099,89	1 599,84	1 799,82
59 219,99	I,IV	14 637	805,03	1 170,96	1 317,33
	II	14 088	774,84	1 127,04	1 267,92
	III	9 492	522,06	759,36	854,28
	V	19 612	1 078,66	1 568,96	1 765,08
	VI	20 014	1 100,77	1 601,12	1 801,26
59 255,99	I,IV	14 652	805,86	1 172,16	1 318,68
	II	14 103	775,66	1 128,24	1 269,27
	III	9 504	522,72	760,32	855,36
	V	19 627	1 079,48	1 570,16	1 766,43
	VI	20 029	1 101,59	1 602,32	1 802,61
59 291,99	I,IV	14 668	806,74	1 173,44	1 320,12
	II	14 118	776,49	1 129,44	1 270,62
	III	9 514	523,27	761,12	856,26
	V	19 642	1 080,31	1 571,36	1 767,78
	VI	20 044	1 102,42	1 603,52	1 803,96
59 327,99	I,IV	14 683	807,56	1 174,64	1 321,47
	II	14 133	777,31	1 130,64	1 271,97
	III	9 526	523,93	762,08	857,34
	V	19 657	1 081,13	1 572,56	1 769,13
	VI	20 059	1 103,24	1 604,72	1 805,31
59 363,99	I,IV	14 698	808,39	1 175,84	1 322,82
	II	14 148	778,14	1 131,84	1 273,32
	III	9 536	524,48	762,88	858,24
	V	19 673	1 082,01	1 573,84	1 770,57
	VI	20 074	1 104,07	1 605,92	1 806,66
59 399,99	I,IV	14 713	809,21	1 177,04	1 324,17
	II	14 164	779,02	1 133,12	1 274,76
	III	9 546	525,03	763,68	859,14
	V	19 688	1 082,84	1 575,04	1 771,92
	VI	20 089	1 104,89	1 607,12	1 808,01
59 435,99	I,IV	14 728	810,04	1 178,24	1 325,52
	II	14 179	779,84	1 134,32	1 276,11
	III	9 558	525,69	764,64	860,22
	V	19 703	1 083,66	1 576,24	1 773,27
	VI	20 104	1 105,72	1 608,32	1 809,36
59 471,99	I,IV	14 743	810,86	1 179,44	1 326,87
	II	14 194	780,67	1 135,52	1 277,46
	III	9 568	526,24	765,44	861,12
	V	19 718	1 084,49	1 577,44	1 774,62
	VI	20 119	1 106,54	1 609,52	1 810,71
59 507,99	I,IV	14 758	811,69	1 180,64	1 328,22
	II	14 209	781,49	1 136,72	1 278,81
	III	9 580	526,90	766,40	862,20
	V	19 733	1 085,31	1 578,64	1 775,97
	VI	20 135	1 107,42	1 610,80	1 812,15
59 543,99	I,IV	14 773	812,51	1 181,84	1 329,57
	II	14 224	782,32	1 137,92	1 280,16
	III	9 590	527,45	767,20	863,10
	V	19 748	1 086,14	1 579,84	1 777,32
	VI	20 150	1 108,25	1 612,—	1 813,50
59 579,99	I,IV	14 788	813,34	1 183,04	1 330,92
	II	14 239	783,14	1 139,12	1 281,51
	III	9 602	528,11	768,16	864,18
	V	19 763	1 086,96	1 581,04	1 778,67
	VI	20 165	1 109,07	1 613,20	1 814,85
59 615,99	I,IV	14 804	814,22	1 184,32	1 332,36
	II	14 254	783,97	1 140,32	1 282,86
	III	9 612	528,66	768,96	865,08
	V	19 778	1 087,79	1 582,24	1 780,02
	VI	20 180	1 109,90	1 614,40	1 816,20
59 651,99	I,IV	14 819	815,04	1 185,52	1 333,71
	II	14 269	784,79	1 141,52	1 284,21
	III	9 624	529,32	769,92	866,16
	V	19 794	1 088,67	1 583,52	1 781,46
	VI	20 195	1 110,72	1 615,60	1 817,55
59 687,99	I,IV	14 834	815,87	1 186,72	1 335,06
	II	14 284	785,62	1 142,72	1 285,56
	III	9 634	529,87	770,72	867,06
	V	19 809	1 089,49	1 584,72	1 782,81
	VI	20 210	1 111,55	1 616,80	1 818,90
59 723,99	I,IV	14 849	816,69	1 187,92	1 336,41
	II	14 300	786,50	1 144,—	1 287,—
	III	9 646	530,53	771,68	868,14
	V	19 824	1 090,32	1 585,92	1 784,16
	VI	20 225	1 112,37	1 618,—	1 820,25
59 759,99	I,IV	14 864	817,52	1 189,12	1 337,76
	II	14 315	787,32	1 145,20	1 288,35
	III	9 656	531,08	772,48	869,04
	V	19 839	1 091,14	1 587,12	1 785,51
	VI	20 240	1 113,20	1 619,20	1 821,60
59 795,99	I,IV	14 879	818,34	1 190,32	1 339,11
	II	14 330	788,15	1 146,40	1 289,70
	III	9 666	531,63	773,28	869,94
	V	19 854	1 091,97	1 588,32	1 786,86
	VI	20 256	1 114,08	1 620,48	1 823,04
59 831,99	I,IV	14 894	819,17	1 191,52	1 340,46
	II	14 345	788,97	1 147,60	1 291,05
	III	9 678	532,29	774,24	871,02
	V	19 869	1 092,79	1 589,52	1 788,21
	VI	20 271	1 114,90	1 621,68	1 824,39
59 867,99	I,IV	14 909	819,99	1 192,72	1 341,81
	II	14 360	789,80	1 148,80	1 292,40
	III	9 688	532,84	775,04	871,92
	V	19 884	1 093,62	1 590,72	1 789,56
	VI	20 286	1 115,73	1 622,88	1 825,74
59 903,99	I,IV	14 925	820,87	1 194,—	1 343,25
	II	14 375	790,62	1 150,—	1 293,75
	III	9 700	533,50	776,—	873,—
	V	19 899	1 094,44	1 591,92	1 790,91
	VI	20 301	1 116,55	1 624,08	1 827,09
59 939,99	I,IV	14 940	821,70	1 195,20	1 344,60
	II	14 390	791,45	1 151,20	1 295,10
	III	9 710	534,05	776,80	873,90
	V	19 914	1 095,27	1 593,12	1 792,26
	VI	20 316	1 117,38	1 625,28	1 828,44
59 975,99	I,IV	14 955	822,52	1 196,40	1 345,95
	II	14 405	792,27	1 152,40	1 296,45
	III	9 722	534,71	777,76	874,98
	V	19 930	1 096,15	1 594,40	1 793,70
	VI	20 331	1 118,20	1 626,48	1 829,79
60 011,99	I,IV	14 970	823,35	1 197,60	1 347,30
	II	14 421	793,15	1 153,68	1 297,89
	III	9 732	535,26	778,56	875,88
	V	19 945	1 096,97	1 595,60	1 795,05
	VI	20 346	1 119,03	1 627,68	1 831,14
60 047,99	I,IV	14 985	824,17	1 198,80	1 348,65
	II	14 436	793,98	1 154,88	1 299,24
	III	9 744	535,92	779,52	876,96
	V	19 960	1 097,80	1 596,80	1 796,40
	VI	20 361	1 119,85	1 628,88	1 832,49
60 083,99	I,IV	15 000	825,—	1 200,—	1 350,—
	II	14 451	794,80	1 156,08	1 300,59
	III	9 754	536,47	780,32	877,86
	V	19 975	1 098,62	1 598,—	1 797,75
	VI	20 376	1 120,68	1 630,08	1 833,84
60 119,99	I,IV	15 015	825,82	1 201,20	1 351,35
	II	14 466	795,63	1 157,28	1 301,94
	III	9 766	537,13	781,28	878,94
	V	19 990	1 099,45	1 599,20	1 799,10
	VI	20 392	1 121,56	1 631,36	1 835,28
60 155,99	I,IV	15 030	826,65	1 202,40	1 352,70
	II	14 481	796,45	1 158,48	1 303,29
	III	9 776	537,68	782,08	879,84
	V	20 005	1 100,27	1 600,40	1 800,45
	VI	20 407	1 122,38	1 632,56	1 836,63
60 191,99	I,IV	15 046	827,53	1 203,68	1 354,14
	II	14 496	797,28	1 159,68	1 304,64
	III	9 788	538,34	783,04	880,92
	V	20 020	1 101,10	1 601,60	1 801,80
	VI	20 422	1 123,21	1 633,76	1 837,98
60 227,99	I,IV	15 061	828,35	1 204,88	1 355,49
	II	14 511	798,10	1 160,88	1 305,99
	III	9 798	538,89	783,84	881,82
	V	20 035	1 101,92	1 602,80	1 803,15
	VI	20 437	1 124,03	1 634,96	1 839,33
60 263,99	I,IV	15 076	829,18	1 206,08	1 356,84
	II	14 526	798,93	1 162,08	1 307,34
	III	9 810	539,55	784,80	882,90
	V	20 051	1 102,80	1 604,08	1 804,59
	VI	20 452	1 124,86	1 636,16	1 840,68
60 299,99	I,IV	15 091	830,—	1 207,28	1 358,19
	II	14 542	799,81	1 163,36	1 308,78
	III	9 820	540,10	785,60	883,80
	V	20 066	1 103,63	1 605,28	1 805,94
	VI	20 467	1 125,68	1 637,36	1 842,03
60 335,99	I,IV	15 106	830,83	1 208,48	1 359,54
	II	14 557	800,63	1 164,56	1 310,13
	III	9 832	540,76	786,56	884,88
	V	20 081	1 104,45	1 606,48	1 807,29
	VI	20 482	1 126,51	1 638,56	1 843,38
60 371,99	I,IV	15 121	831,65	1 209,68	1 360,89
	II	14 572	801,46	1 165,76	1 311,48
	III	9 842	541,31	787,36	885,78
	V	20 096	1 105,28	1 607,68	1 808,64
	VI	20 497	1 127,33	1 639,76	1 844,73
60 407,99	I,IV	15 136	832,48	1 210,88	1 362,24
	II	14 587	802,28	1 166,96	1 312,83
	III	9 854	541,97	788,32	886,86
	V	20 111	1 106,10	1 608,88	1 809,99
	VI	20 513	1 128,21	1 641,04	1 846,17
60 443,99	I,IV	15 151	833,30	1 212,08	1 363,59
	II	14 602	803,11	1 168,16	1 314,18
	III	9 864	542,52	789,12	887,76
	V	20 126	1 106,93	1 610,08	1 811,34
	VI	20 528	1 129,04	1 642,24	1 847,52
60 479,99	I,IV	15 166	834,13	1 213,28	1 364,94
	II	14 617	803,93	1 169,36	1 315,53
	III	9 876	543,18	790,08	888,84
	V	20 141	1 107,75	1 611,28	1 812,69
	VI	20 543	1 129,86	1 643,44	1 848,87

Lohnsteuer, Solidaritätszuschlag und Kirchensteuer in den Steuerklassen I – VI

* Die ausgewiesenen Tabellenwerte sind amtlich. Siehe Erläuterungen auf der Umschlaginnenseite (U2).

62 207,99*

Sonstige Bezüge / B-Tarif

Lohn/ Gehalt bis €*	Steuerklasse	LSt	SolZ	8%	9%
60 515,99	I,IV	15 182	835,01	1 214,56	1 366,38
	II	14 632	804,76	1 170,56	1 316,88
	III	9 886	543,73	790,88	889,74
	V	20 156	1 108,58	1 612,48	1 814,04
	VI	20 558	1 130,69	1 644,64	1 850,22
60 551,99	I,IV	15 197	835,83	1 215,76	1 367,73
	II	14 647	805,58	1 171,76	1 318,23
	III	9 898	544,39	791,84	890,82
	V	20 172	1 109,46	1 613,76	1 815,48
	VI	20 573	1 131,51	1 645,84	1 851,57
60 587,99	I,IV	15 212	836,66	1 216,96	1 369,08
	II	14 662	806,41	1 172,96	1 319,58
	III	9 908	544,94	792,64	891,72
	V	20 187	1 110,28	1 614,96	1 816,83
	VI	20 588	1 132,34	1 647,04	1 852,92
60 623,99	I,IV	15 227	837,48	1 218,16	1 370,43
	II	14 678	807,29	1 174,24	1 321,02
	III	9 920	545,60	793,60	892,80
	V	20 202	1 111,11	1 616,16	1 818,18
	VI	20 603	1 133,16	1 648,24	1 854,27
60 659,99	I,IV	15 242	838,31	1 219,36	1 371,78
	II	14 693	808,11	1 175,44	1 322,37
	III	9 930	546,15	794,40	893,70
	V	20 217	1 111,93	1 617,36	1 819,53
	VI	20 618	1 133,99	1 649,44	1 855,62
60 695,99	I,IV	15 257	839,13	1 220,56	1 373,13
	II	14 708	808,94	1 176,64	1 323,72
	III	9 942	546,81	795,36	894,78
	V	20 232	1 112,76	1 618,56	1 820,88
	VI	20 634	1 134,87	1 650,72	1 857,06
60 731,99	I,IV	15 272	839,96	1 221,76	1 374,48
	II	14 723	809,76	1 177,84	1 325,07
	III	9 952	547,36	796,16	895,68
	V	20 247	1 113,58	1 619,76	1 822,23
	VI	20 649	1 135,69	1 651,92	1 858,41
60 767,99	I,IV	15 287	840,78	1 222,96	1 375,83
	II	14 738	810,59	1 179,04	1 326,42
	III	9 964	548,02	797,12	896,76
	V	20 262	1 114,41	1 620,96	1 823,58
	VI	20 664	1 136,52	1 653,12	1 859,76
60 803,99	I,IV	15 303	841,66	1 224,24	1 377,27
	II	14 753	811,41	1 180,24	1 327,77
	III	9 974	548,57	797,92	897,66
	V	20 277	1 115,23	1 622,16	1 824,93
	VI	20 679	1 137,34	1 654,32	1 861,11
60 839,99	I,IV	15 318	842,49	1 225,44	1 378,62
	II	14 768	812,24	1 181,44	1 329,12
	III	9 986	549,23	798,88	898,74
	V	20 292	1 116,06	1 623,36	1 826,28
	VI	20 694	1 138,17	1 655,52	1 862,46
60 875,99	I,IV	15 333	843,31	1 226,64	1 379,97
	II	14 783	813,06	1 182,64	1 330,47
	III	9 996	549,78	799,68	899,64
	V	20 308	1 116,94	1 624,64	1 827,72
	VI	20 709	1 138,99	1 656,72	1 863,81
60 911,99	I,IV	15 348	844,14	1 227,84	1 381,32
	II	14 799	813,94	1 183,92	1 331,91
	III	10 008	550,44	800,64	900,72
	V	20 323	1 117,76	1 625,84	1 829,07
	VI	20 724	1 139,82	1 657,92	1 865,16
60 947,99	I,IV	15 363	844,96	1 229,04	1 382,67
	II	14 814	814,77	1 185,12	1 333,26
	III	10 018	550,99	801,44	901,62
	V	20 338	1 118,59	1 627,04	1 830,42
	VI	20 739	1 140,64	1 659,12	1 866,51
60 983,99	I,IV	15 378	845,79	1 230,24	1 384,02
	II	14 829	815,59	1 186,32	1 334,61
	III	10 030	551,65	802,40	902,70
	V	20 353	1 119,41	1 628,24	1 831,77
	VI	20 754	1 141,47	1 660,32	1 867,86
61 019,99	I,IV	15 393	846,61	1 231,44	1 385,37
	II	14 844	816,42	1 187,52	1 335,96
	III	10 040	552,20	803,20	903,60
	V	20 368	1 120,24	1 629,44	1 833,12
	VI	20 770	1 142,35	1 661,60	1 869,30
61 055,99	I,IV	15 408	847,44	1 232,64	1 386,72
	II	14 859	817,24	1 188,72	1 337,31
	III	10 052	552,86	804,16	904,68
	V	20 383	1 121,06	1 630,64	1 834,47
	VI	20 785	1 143,17	1 662,80	1 870,65
61 091,99	I,IV	15 424	848,32	1 233,92	1 388,16
	II	14 874	818,07	1 189,92	1 338,66
	III	10 062	553,41	804,96	905,58
	V	20 398	1 121,89	1 631,84	1 835,82
	VI	20 800	1 144,—	1 664,—	1 872,—
61 127,99	I,IV	15 439	849,14	1 235,12	1 389,51
	II	14 889	818,89	1 191,12	1 340,01
	III	10 074	554,07	805,92	906,66
	V	20 413	1 122,71	1 633,04	1 837,17
	VI	20 815	1 144,82	1 665,20	1 873,35
61 163,99	I,IV	15 454	849,97	1 236,32	1 390,86
	II	14 904	819,72	1 192,32	1 341,36
	III	10 084	554,62	806,72	907,56
	V	20 429	1 123,59	1 634,32	1 838,61
	VI	20 830	1 145,65	1 666,40	1 874,70
61 199,99	I,IV	15 469	850,79	1 237,52	1 392,21
	II	14 920	820,60	1 193,60	1 342,80
	III	10 096	555,28	807,68	908,64
	V	20 444	1 124,42	1 635,52	1 839,96
	VI	20 845	1 146,47	1 667,60	1 876,05
61 235,99	I,IV	15 484	851,62	1 238,72	1 393,56
	II	14 935	821,42	1 194,80	1 344,15
	III	10 106	555,83	808,48	909,54
	V	20 459	1 125,24	1 636,72	1 841,31
	VI	20 860	1 147,30	1 668,80	1 877,40
61 271,99	I,IV	15 499	852,44	1 239,92	1 394,91
	II	14 950	822,25	1 196,—	1 345,50
	III	10 118	556,49	809,44	910,62
	V	20 474	1 126,07	1 637,92	1 842,66
	VI	20 875	1 148,12	1 670,—	1 878,75
61 307,99	I,IV	15 514	853,27	1 241,12	1 396,26
	II	14 965	823,07	1 197,20	1 346,85
	III	10 128	557,04	810,24	911,52
	V	20 489	1 126,89	1 639,12	1 844,01
	VI	20 891	1 149,—	1 671,28	1 880,19
61 343,99	I,IV	15 529	854,09	1 242,32	1 397,61
	II	14 980	823,90	1 198,40	1 348,20
	III	10 140	557,70	811,20	912,60
	V	20 504	1 127,72	1 640,32	1 845,36
	VI	20 906	1 149,83	1 672,48	1 881,54
61 379,99	I,IV	15 544	854,92	1 243,52	1 398,96
	II	14 995	824,72	1 199,60	1 349,55
	III	10 150	558,25	812,—	913,50
	V	20 519	1 128,54	1 641,52	1 846,71
	VI	20 921	1 150,65	1 673,68	1 882,89
61 415,99	I,IV	15 560	855,80	1 244,80	1 400,40
	II	15 010	825,55	1 200,80	1 350,90
	III	10 162	558,91	812,96	914,58
	V	20 534	1 129,37	1 642,72	1 848,06
	VI	20 936	1 151,48	1 674,88	1 884,24
61 451,99	I,IV	15 575	856,62	1 246,—	1 401,75
	II	15 025	826,37	1 202,—	1 352,25
	III	10 172	559,46	813,76	915,48
	V	20 550	1 130,25	1 644,—	1 849,50
	VI	20 951	1 152,30	1 676,08	1 885,59
61 487,99	I,IV	15 590	857,45	1 247,20	1 403,10
	II	15 040	827,20	1 203,20	1 353,60
	III	10 184	560,12	814,72	916,56
	V	20 565	1 131,07	1 645,20	1 850,85
	VI	20 966	1 153,13	1 677,28	1 886,94
61 523,99	I,IV	15 605	858,27	1 248,40	1 404,45
	II	15 056	828,08	1 204,48	1 355,04
	III	10 194	560,67	815,52	917,46
	V	20 580	1 131,90	1 646,40	1 852,20
	VI	20 981	1 153,95	1 678,48	1 888,29
61 559,99	I,IV	15 620	859,10	1 249,60	1 405,80
	II	15 071	828,90	1 205,68	1 356,39
	III	10 206	561,33	816,48	918,54
	V	20 595	1 132,72	1 647,60	1 853,55
	VI	20 996	1 154,78	1 679,68	1 889,64
61 595,99	I,IV	15 635	859,92	1 250,80	1 407,15
	II	15 086	829,73	1 206,88	1 357,74
	III	10 218	561,99	817,44	919,62
	V	20 610	1 133,55	1 648,80	1 854,90
	VI	21 012	1 155,66	1 680,96	1 891,08
61 631,99	I,IV	15 650	860,75	1 252,—	1 408,50
	II	15 101	830,55	1 208,08	1 359,09
	III	10 228	562,54	818,24	920,52
	V	20 625	1 134,37	1 650,—	1 856,25
	VI	21 027	1 156,48	1 682,16	1 892,43
61 667,99	I,IV	15 665	861,57	1 253,20	1 409,85
	II	15 116	831,38	1 209,28	1 360,44
	III	10 240	563,20	819,20	921,60
	V	20 640	1 135,20	1 651,20	1 857,60
	VI	21 042	1 157,31	1 683,36	1 893,78
61 703,99	I,IV	15 681	862,45	1 254,48	1 411,29
	II	15 131	832,20	1 210,48	1 361,79
	III	10 250	563,75	820,—	922,50
	V	20 655	1 136,02	1 652,40	1 858,95
	VI	21 057	1 158,13	1 684,56	1 895,13
61 739,99	I,IV	15 696	863,28	1 255,68	1 412,64
	II	15 146	833,03	1 211,68	1 363,14
	III	10 262	564,41	820,96	923,58
	V	20 670	1 136,85	1 653,60	1 860,30
	VI	21 072	1 158,96	1 685,76	1 896,48
61 775,99	I,IV	15 711	864,10	1 256,88	1 413,99
	II	15 161	833,85	1 212,88	1 364,49
	III	10 272	564,96	821,76	924,48
	V	20 686	1 137,73	1 654,88	1 861,74
	VI	21 087	1 159,78	1 686,96	1 897,83
61 811,99	I,IV	15 726	864,93	1 258,08	1 415,34
	II	15 177	834,73	1 214,16	1 365,93
	III	10 284	565,62	822,72	925,56
	V	20 701	1 138,55	1 656,08	1 863,09
	VI	21 102	1 160,61	1 688,16	1 899,18
61 847,99	I,IV	15 741	865,75	1 259,28	1 416,69
	II	15 192	835,56	1 215,36	1 367,28
	III	10 294	566,17	823,52	926,46
	V	20 716	1 139,38	1 657,28	1 864,44
	VI	21 117	1 161,43	1 689,36	1 900,53
61 883,99	I,IV	15 756	866,58	1 260,48	1 418,04
	II	15 207	836,38	1 216,56	1 368,63
	III	10 306	566,83	824,48	927,54
	V	20 731	1 140,20	1 658,48	1 865,79
	VI	21 132	1 162,26	1 690,56	1 901,88
61 919,99	I,IV	15 771	867,40	1 261,68	1 419,39
	II	15 222	837,21	1 217,76	1 369,98
	III	10 316	567,38	825,28	928,44
	V	20 746	1 141,03	1 659,68	1 867,14
	VI	21 148	1 163,14	1 691,84	1 903,32
61 955,99	I,IV	15 786	868,23	1 262,88	1 420,74
	II	15 237	838,03	1 218,96	1 371,33
	III	10 328	568,04	826,24	929,52
	V	20 761	1 141,85	1 660,88	1 868,49
	VI	21 163	1 163,96	1 693,04	1 904,67
61 991,99	I,IV	15 802	869,11	1 264,16	1 422,18
	II	15 252	838,86	1 220,16	1 372,68
	III	10 340	568,70	827,20	930,60
	V	20 776	1 142,68	1 662,08	1 869,84
	VI	21 178	1 164,79	1 694,24	1 906,02
62 027,99	I,IV	15 817	869,93	1 265,36	1 423,53
	II	15 267	839,68	1 221,36	1 374,03
	III	10 350	569,25	828,—	931,50
	V	20 791	1 143,50	1 663,28	1 871,19
	VI	21 193	1 165,61	1 695,44	1 907,37
62 063,99	I,IV	15 832	870,76	1 266,56	1 424,88
	II	15 282	840,51	1 222,56	1 375,38
	III	10 362	569,91	828,96	932,58
	V	20 807	1 144,38	1 664,56	1 872,63
	VI	21 208	1 166,44	1 696,64	1 908,72
62 099,99	I,IV	15 847	871,58	1 267,76	1 426,23
	II	15 298	841,39	1 223,84	1 376,82
	III	10 372	570,46	829,76	933,48
	V	20 822	1 145,21	1 665,76	1 873,98
	VI	21 223	1 167,26	1 697,84	1 910,07
62 135,99	I,IV	15 862	872,41	1 268,96	1 427,58
	II	15 313	842,21	1 225,04	1 378,17
	III	10 384	571,12	830,72	934,56
	V	20 837	1 146,03	1 666,96	1 875,33
	VI	21 238	1 168,09	1 699,04	1 911,42
62 171,99	I,IV	15 877	873,23	1 270,16	1 428,93
	II	15 328	843,04	1 226,24	1 379,52
	III	10 394	571,67	831,52	935,46
	V	20 852	1 146,86	1 668,16	1 876,68
	VI	21 253	1 168,91	1 700,24	1 912,77
62 207,99	I,IV	15 892	874,06	1 271,36	1 430,28
	II	15 343	843,86	1 227,44	1 380,87
	III	10 406	572,33	832,48	936,54
	V	20 867	1 147,68	1 669,36	1 878,03
	VI	21 269	1 169,79	1 701,52	1 914,21

(Spaltenkopf: Lohnsteuer, Solidaritätszuschlag und Kirchensteuer in den Steuerklassen I – VI)

* Die ausgewiesenen Tabellenwerte sind amtlich. Siehe Erläuterungen auf der Umschlaginnenseite (U2).

Sonstige Bezüge / B-Tarif

62 208,–*

Lohn/ Gehalt bis €*	Lohnsteuer, Solidaritätszuschlag und Kirchensteuer in den Steuerklassen I – VI	LSt	SolZ	8%	9%
62 243,99	I,IV	15 907	874,88	1 272,56	1 431,63
	II	15 358	844,69	1 228,64	1 382,22
	III	10 416	572,88	833,28	937,44
	V	20 882	1 148,51	1 670,56	1 879,38
	VI	21 284	1 170,62	1 702,72	1 915,56
62 279,99	I,IV	15 922	875,71	1 273,76	1 432,98
	II	15 373	845,51	1 229,84	1 383,57
	III	10 428	573,54	834,24	938,52
	V	20 897	1 149,33	1 671,76	1 880,73
	VI	21 299	1 171,44	1 703,92	1 916,91
62 315,99	I,IV	15 938	876,59	1 275,04	1 434,42
	II	15 388	846,34	1 231,04	1 384,92
	III	10 440	574,20	835,20	939,60
	V	20 912	1 150,16	1 672,96	1 882,08
	VI	21 314	1 172,27	1 705,12	1 918,26
62 351,99	I,IV	15 953	877,41	1 276,24	1 435,77
	II	15 403	847,16	1 232,24	1 386,27
	III	10 450	574,75	836,—	940,50
	V	20 928	1 151,04	1 674,24	1 883,52
	VI	21 329	1 173,09	1 706,32	1 919,61
62 387,99	I,IV	15 968	878,24	1 277,44	1 437,12
	II	15 418	847,99	1 233,44	1 387,62
	III	10 462	575,41	836,96	941,58
	V	20 943	1 151,86	1 675,44	1 884,87
	VI	21 344	1 173,92	1 707,52	1 920,96
62 423,99	I,IV	15 983	879,06	1 278,64	1 438,47
	II	15 434	848,87	1 234,72	1 389,06
	III	10 472	575,96	837,76	942,48
	V	20 958	1 152,69	1 676,64	1 886,22
	VI	21 359	1 174,74	1 708,72	1 922,31
62 459,99	I,IV	15 998	879,89	1 279,84	1 439,82
	II	15 449	849,69	1 235,92	1 390,41
	III	10 484	576,62	838,72	943,56
	V	20 973	1 153,51	1 677,84	1 887,57
	VI	21 374	1 175,57	1 709,92	1 923,66
62 495,99	I,IV	16 013	880,71	1 281,04	1 441,17
	II	15 464	850,52	1 237,12	1 391,76
	III	10 494	577,17	839,52	944,46
	V	20 988	1 154,34	1 679,04	1 888,92
	VI	21 390	1 176,45	1 711,20	1 925,10
62 531,99	I,IV	16 028	881,54	1 282,24	1 442,52
	II	15 479	851,34	1 238,32	1 393,11
	III	10 506	577,83	840,48	945,54
	V	21 003	1 155,16	1 680,24	1 890,27
	VI	21 405	1 177,27	1 712,40	1 926,45
62 567,99	I,IV	16 043	882,36	1 283,44	1 443,87
	II	15 494	852,17	1 239,52	1 394,46
	III	10 518	578,49	841,44	946,62
	V	21 018	1 155,99	1 681,44	1 891,62
	VI	21 420	1 178,10	1 713,60	1 927,80
62 603,99	I,IV	16 059	883,24	1 284,72	1 445,31
	II	15 509	852,99	1 240,72	1 395,81
	III	10 528	579,04	842,24	947,52
	V	21 033	1 156,81	1 682,64	1 892,97
	VI	21 435	1 178,92	1 714,80	1 929,15
62 639,99	I,IV	16 074	884,07	1 285,92	1 446,66
	II	15 524	853,82	1 241,92	1 397,16
	III	10 540	579,70	843,20	948,60
	V	21 048	1 157,64	1 683,84	1 894,32
	VI	21 450	1 179,75	1 716,—	1 930,50
62 675,99	I,IV	16 089	884,89	1 287,12	1 448,01
	II	15 539	854,64	1 243,12	1 398,51
	III	10 550	580,25	844,—	949,50
	V	21 064	1 158,52	1 685,12	1 895,76
	VI	21 465	1 180,57	1 717,20	1 931,85
62 711,99	I,IV	16 104	885,72	1 288,32	1 449,36
	II	15 555	855,52	1 244,40	1 399,95
	III	10 562	580,91	844,96	950,58
	V	21 079	1 159,34	1 686,32	1 897,11
	VI	21 480	1 181,40	1 718,40	1 933,20
62 747,99	I,IV	16 119	886,54	1 289,52	1 450,71
	II	15 570	856,35	1 245,60	1 401,30
	III	10 574	581,57	845,92	951,66
	V	21 094	1 160,17	1 687,52	1 898,46
	VI	21 495	1 182,22	1 719,60	1 934,55
62 783,99	I,IV	16 134	887,37	1 290,72	1 452,06
	II	15 585	857,17	1 246,80	1 402,65
	III	10 584	582,12	846,72	952,56
	V	21 109	1 160,99	1 688,72	1 899,81
	VI	21 510	1 183,05	1 720,80	1 935,90

Lohn/ Gehalt bis €*	Lohnsteuer, Solidaritätszuschlag und Kirchensteuer in den Steuerklassen I – VI	LSt	SolZ	8%	9%
62 819,99	I,IV	16 149	888,19	1 291,92	1 453,41
	II	15 600	858,—	1 248,—	1 404,—
	III	10 596	582,78	847,68	953,64
	V	21 124	1 161,82	1 689,92	1 901,16
	VI	21 526	1 183,93	1 722,08	1 937,34
62 855,99	I,IV	16 164	889,02	1 293,12	1 454,76
	II	15 615	858,82	1 249,20	1 405,35
	III	10 606	583,33	848,48	954,54
	V	21 139	1 162,64	1 691,12	1 902,51
	VI	21 541	1 184,75	1 723,28	1 938,69
62 891,99	I,IV	16 180	889,90	1 294,40	1 456,20
	II	15 630	859,65	1 250,40	1 406,70
	III	10 618	583,99	849,44	955,62
	V	21 154	1 163,47	1 692,32	1 903,86
	VI	21 556	1 185,58	1 724,48	1 940,04
62 927,99	I,IV	16 195	890,72	1 295,60	1 457,55
	II	15 645	860,47	1 251,60	1 408,05
	III	10 630	584,65	850,40	956,70
	V	21 169	1 164,29	1 693,52	1 905,21
	VI	21 571	1 186,40	1 725,68	1 941,39
62 963,99	I,IV	16 210	891,55	1 296,80	1 458,90
	II	15 660	861,30	1 252,80	1 409,40
	III	10 640	585,20	851,20	957,60
	V	21 185	1 165,17	1 694,80	1 906,65
	VI	21 586	1 187,23	1 726,88	1 942,74
62 999,99	I,IV	16 225	892,37	1 298,—	1 460,25
	II	15 676	862,18	1 254,08	1 410,84
	III	10 652	585,86	852,16	958,68
	V	21 200	1 166,—	1 696,—	1 908,—
	VI	21 601	1 188,05	1 728,08	1 944,09
63 035,99	I,IV	16 240	893,20	1 299,20	1 461,60
	II	15 691	863,—	1 255,28	1 412,19
	III	10 662	586,41	852,96	959,58
	V	21 215	1 166,82	1 697,20	1 909,35
	VI	21 616	1 188,88	1 729,28	1 945,44
63 071,99	I,IV	16 255	894,02	1 300,40	1 462,95
	II	15 706	863,83	1 256,48	1 413,54
	III	10 674	587,07	853,92	960,66
	V	21 230	1 167,65	1 698,40	1 910,70
	VI	21 631	1 189,70	1 730,48	1 946,79
63 107,99	I,IV	16 270	894,85	1 301,60	1 464,30
	II	15 721	864,65	1 257,68	1 414,89
	III	10 686	587,73	854,88	961,74
	V	21 245	1 168,47	1 699,60	1 912,05
	VI	21 647	1 190,58	1 731,76	1 948,23
63 143,99	I,IV	16 285	895,67	1 302,80	1 465,65
	II	15 736	865,48	1 258,88	1 416,24
	III	10 696	588,28	855,68	962,64
	V	21 260	1 169,30	1 700,80	1 913,40
	VI	21 662	1 191,41	1 732,96	1 949,58
63 179,99	I,IV	16 300	896,50	1 304,—	1 467,—
	II	15 751	866,30	1 260,08	1 417,59
	III	10 708	588,94	856,64	963,72
	V	21 275	1 170,12	1 702,—	1 914,75
	VI	21 677	1 192,23	1 734,16	1 950,93
63 215,99	I,IV	16 316	897,38	1 305,28	1 468,44
	II	15 766	867,13	1 261,28	1 418,94
	III	10 718	589,49	857,44	964,62
	V	21 290	1 170,95	1 703,20	1 916,10
	VI	21 692	1 193,06	1 735,36	1 952,28
63 251,99	I,IV	16 331	898,20	1 306,48	1 469,79
	II	15 781	867,95	1 262,48	1 420,29
	III	10 730	590,15	858,40	965,70
	V	21 306	1 171,83	1 704,48	1 917,54
	VI	21 707	1 193,88	1 736,56	1 953,63
63 287,99	I,IV	16 346	899,03	1 307,68	1 471,14
	II	15 796	868,78	1 263,68	1 421,64
	III	10 742	590,81	859,36	966,78
	V	21 321	1 172,65	1 705,68	1 918,89
	VI	21 722	1 194,71	1 737,76	1 954,98
63 323,99	I,IV	16 361	899,85	1 308,88	1 472,49
	II	15 812	869,66	1 264,96	1 423,08
	III	10 752	591,36	860,16	967,68
	V	21 336	1 173,48	1 706,88	1 920,24
	VI	21 737	1 195,53	1 738,96	1 956,33
63 359,99	I,IV	16 376	900,68	1 310,08	1 473,84
	II	15 827	870,48	1 266,16	1 424,43
	III	10 764	592,02	861,12	968,76
	V	21 351	1 174,30	1 708,08	1 921,59
	VI	21 752	1 196,36	1 740,16	1 957,68

Lohn/ Gehalt bis €*	Lohnsteuer, Solidaritätszuschlag und Kirchensteuer in den Steuerklassen I – VI	LSt	SolZ	8%	9%
63 395,99	I,IV	16 391	901,50	1 311,28	1 475,19
	II	15 842	871,31	1 267,36	1 425,78
	III	10 774	592,57	861,92	969,66
	V	21 366	1 175,13	1 709,28	1 922,94
	VI	21 768	1 197,24	1 741,44	1 959,12
63 431,99	I,IV	16 406	902,33	1 312,48	1 476,54
	II	15 857	872,13	1 268,56	1 427,13
	III	10 786	593,23	862,88	970,74
	V	21 381	1 175,95	1 710,48	1 924,29
	VI	21 783	1 198,06	1 742,64	1 960,47
63 467,99	I,IV	16 421	903,15	1 313,68	1 477,89
	II	15 872	872,96	1 269,76	1 428,48
	III	10 798	593,89	863,84	971,82
	V	21 396	1 176,78	1 711,68	1 925,64
	VI	21 798	1 198,89	1 743,84	1 961,82
63 503,99	I,IV	16 437	904,03	1 314,96	1 479,33
	II	15 887	873,78	1 270,96	1 429,83
	III	10 808	594,44	864,64	972,72
	V	21 411	1 177,60	1 712,88	1 926,99
	VI	21 813	1 199,71	1 745,04	1 963,17
63 539,99	I,IV	16 452	904,86	1 316,16	1 480,68
	II	15 902	874,61	1 272,16	1 431,18
	III	10 820	595,10	865,60	973,80
	V	21 426	1 178,43	1 714,08	1 928,34
	VI	21 828	1 200,54	1 746,24	1 964,52
63 575,99	I,IV	16 467	905,68	1 317,36	1 482,03
	II	15 917	875,43	1 273,36	1 432,53
	III	10 830	595,65	866,40	974,70
	V	21 442	1 179,31	1 715,36	1 929,78
	VI	21 843	1 201,36	1 747,44	1 965,87
63 611,99	I,IV	16 482	906,51	1 318,56	1 483,38
	II	15 933	876,31	1 274,64	1 433,97
	III	10 842	596,31	867,36	975,78
	V	21 457	1 180,13	1 716,56	1 931,13
	VI	21 858	1 202,19	1 748,64	1 967,22
63 647,99	I,IV	16 497	907,33	1 319,76	1 484,73
	II	15 948	877,14	1 275,84	1 435,32
	III	10 854	596,97	868,32	976,86
	V	21 472	1 180,96	1 717,76	1 932,48
	VI	21 873	1 203,01	1 749,84	1 968,57
63 683,99	I,IV	16 512	908,16	1 320,96	1 486,08
	II	15 963	877,96	1 277,04	1 436,67
	III	10 864	597,52	869,12	977,76
	V	21 487	1 181,78	1 718,96	1 933,83
	VI	21 888	1 203,84	1 751,04	1 969,92
63 719,99	I,IV	16 527	908,98	1 322,16	1 487,43
	II	15 978	878,79	1 278,24	1 438,02
	III	10 876	598,18	870,08	978,84
	V	21 502	1 182,61	1 720,16	1 935,18
	VI	21 904	1 204,72	1 752,32	1 971,36
63 755,99	I,IV	16 542	909,81	1 323,36	1 488,78
	II	15 993	879,61	1 279,44	1 439,37
	III	10 888	598,84	871,04	979,92
	V	21 517	1 183,43	1 721,36	1 936,53
	VI	21 919	1 205,54	1 753,52	1 972,71
63 791,99	I,IV	16 558	910,69	1 324,64	1 490,22
	II	16 008	880,44	1 280,64	1 440,72
	III	10 898	599,39	871,84	980,82
	V	21 532	1 184,26	1 722,56	1 937,88
	VI	21 934	1 206,37	1 754,72	1 974,06
63 827,99	I,IV	16 573	911,51	1 325,84	1 491,57
	II	16 023	881,26	1 281,84	1 442,07
	III	10 910	600,05	872,80	981,90
	V	21 547	1 185,08	1 723,76	1 939,23
	VI	21 949	1 207,19	1 755,92	1 975,41
63 863,99	I,IV	16 588	912,34	1 327,04	1 492,92
	II	16 038	882,09	1 283,04	1 443,42
	III	10 920	600,60	873,60	982,80
	V	21 563	1 185,96	1 725,04	1 940,67
	VI	21 964	1 208,02	1 757,12	1 976,76
63 899,99	I,IV	16 603	913,16	1 328,24	1 494,27
	II	16 054	882,97	1 284,32	1 444,86
	III	10 932	601,26	874,56	983,88
	V	21 578	1 186,79	1 726,24	1 942,02
	VI	21 979	1 208,84	1 758,32	1 978,11
63 935,99	I,IV	16 618	913,99	1 329,44	1 495,62
	II	16 069	883,79	1 285,52	1 446,21
	III	10 944	601,92	875,52	984,96
	V	21 593	1 187,61	1 727,44	1 943,37
	VI	21 994	1 209,67	1 759,52	1 979,46

* Die ausgewiesenen Tabellenwerte sind amtlich. Siehe Erläuterungen auf der Umschlaginnenseite (U2).

65 663,99*
Sonstige Bezüge / B-Tarif

Lohn/Gehalt bis €*	Steuerklasse	LSt	SolZ	8%	9%
63 971,99	I,IV	16 633	914,81	1 330,64	1 496,97
	II	16 084	884,62	1 286,72	1 447,56
	III	10 954	602,47	876,32	985,86
	V	21 608	1 188,44	1 728,64	1 944,72
	VI	22 009	1 210,49	1 760,72	1 980,81
64 007,99	I,IV	16 648	915,64	1 331,84	1 498,32
	II	16 099	885,44	1 287,92	1 448,91
	III	10 966	603,13	877,28	986,94
	V	21 623	1 189,26	1 729,84	1 946,07
	VI	22 025	1 211,37	1 762,—	1 982,25
64 043,99	I,IV	16 663	916,46	1 333,04	1 499,67
	II	16 114	886,27	1 289,12	1 450,26
	III	10 978	603,79	878,24	988,02
	V	21 638	1 190,09	1 731,04	1 947,42
	VI	22 040	1 212,20	1 763,20	1 983,60
64 079,99	I,IV	16 678	917,29	1 334,24	1 501,02
	II	16 129	887,09	1 290,32	1 451,61
	III	10 988	604,34	879,04	988,92
	V	21 653	1 190,91	1 732,24	1 948,77
	VI	22 055	1 213,02	1 764,40	1 984,95
64 115,99	I,IV	16 694	918,17	1 335,52	1 502,46
	II	16 144	887,92	1 291,52	1 452,96
	III	11 000	605,—	880,—	990,—
	V	21 668	1 191,74	1 733,44	1 950,12
	VI	22 070	1 213,85	1 765,60	1 986,30
64 151,99	I,IV	16 709	918,99	1 336,72	1 503,81
	II	16 159	888,74	1 292,72	1 454,31
	III	11 012	605,66	880,96	991,08
	V	21 684	1 192,62	1 734,72	1 951,56
	VI	22 085	1 214,67	1 766,80	1 987,65
64 187,99	I,IV	16 724	919,82	1 337,92	1 505,16
	II	16 174	889,57	1 293,92	1 455,66
	III	11 022	606,21	881,76	991,98
	V	21 699	1 193,44	1 735,92	1 952,91
	VI	22 100	1 215,50	1 768,—	1 989,—
64 223,99	I,IV	16 739	920,64	1 339,12	1 506,51
	II	16 190	890,45	1 295,20	1 457,10
	III	11 034	606,87	882,72	993,06
	V	21 714	1 194,27	1 737,12	1 954,26
	VI	22 115	1 216,32	1 769,20	1 990,35
64 259,99	I,IV	16 754	921,47	1 340,32	1 507,86
	II	16 205	891,27	1 296,40	1 458,45
	III	11 046	607,53	883,68	994,14
	V	21 729	1 195,09	1 738,32	1 955,61
	VI	22 130	1 217,15	1 770,40	1 991,70
64 295,99	I,IV	16 769	922,29	1 341,52	1 509,21
	II	16 220	892,10	1 297,60	1 459,80
	III	11 056	608,08	884,48	995,04
	V	21 744	1 195,92	1 739,52	1 956,96
	VI	22 146	1 218,03	1 771,68	1 993,14
64 331,99	I,IV	16 784	923,12	1 342,72	1 510,56
	II	16 235	892,92	1 298,80	1 461,15
	III	11 068	608,74	885,44	996,12
	V	21 759	1 196,74	1 740,72	1 958,31
	VI	22 161	1 218,85	1 772,88	1 994,49
64 367,99	I,IV	16 799	923,94	1 343,92	1 511,91
	II	16 250	893,75	1 300,—	1 462,50
	III	11 078	609,29	886,24	997,02
	V	21 774	1 197,57	1 741,92	1 959,66
	VI	22 176	1 219,68	1 774,08	1 995,84
64 403,99	I,IV	16 815	924,82	1 345,20	1 513,35
	II	16 265	894,57	1 301,20	1 463,85
	III	11 090	609,95	887,20	998,10
	V	21 789	1 198,39	1 743,12	1 961,01
	VI	22 191	1 220,50	1 775,28	1 997,19
64 439,99	I,IV	16 830	925,65	1 346,40	1 514,70
	II	16 280	895,40	1 302,40	1 465,20
	III	11 102	610,61	888,16	999,18
	V	21 804	1 199,22	1 744,32	1 962,36
	VI	22 206	1 221,33	1 776,48	1 998,54
64 475,99	I,IV	16 845	926,47	1 347,60	1 516,05
	II	16 295	896,22	1 303,60	1 466,55
	III	11 112	611,16	888,96	1 000,08
	V	21 820	1 200,10	1 745,60	1 963,80
	VI	22 221	1 222,15	1 777,68	1 999,89
64 511,99	I,IV	16 860	927,30	1 348,80	1 517,40
	II	16 311	897,10	1 304,88	1 467,99
	III	11 124	611,82	889,92	1 001,16
	V	21 835	1 200,92	1 746,80	1 965,15
	VI	22 236	1 222,98	1 778,88	2 001,24

Lohn/Gehalt bis €*	Steuerklasse	LSt	SolZ	8%	9%
64 547,99	I,IV	16 875	928,12	1 350,—	1 518,75
	II	16 326	897,93	1 306,08	1 469,34
	III	11 136	612,48	890,88	1 002,24
	V	21 850	1 201,75	1 748,—	1 966,50
	VI	22 251	1 223,80	1 780,08	2 002,59
64 583,99	I,IV	16 890	928,95	1 351,20	1 520,10
	II	16 341	898,75	1 307,28	1 470,69
	III	11 146	613,03	891,68	1 003,14
	V	21 865	1 202,57	1 749,20	1 967,85
	VI	22 266	1 224,63	1 781,28	2 003,94
64 619,99	I,IV	16 905	929,77	1 352,40	1 521,45
	II	16 356	899,58	1 308,48	1 472,04
	III	11 158	613,69	892,64	1 004,22
	V	21 880	1 203,40	1 750,40	1 969,20
	VI	22 282	1 225,51	1 782,56	2 005,38
64 655,99	I,IV	16 920	930,60	1 353,60	1 522,80
	II	16 371	900,40	1 309,68	1 473,39
	III	11 170	614,35	893,60	1 005,30
	V	21 895	1 204,22	1 751,60	1 970,55
	VI	22 297	1 226,33	1 783,76	2 006,73
64 691,99	I,IV	16 936	931,48	1 354,88	1 524,24
	II	16 386	901,23	1 310,88	1 474,74
	III	11 180	614,90	894,40	1 006,20
	V	21 910	1 205,05	1 752,80	1 971,90
	VI	22 312	1 227,16	1 784,96	2 008,08
64 727,99	I,IV	16 951	932,30	1 356,08	1 525,59
	II	16 401	902,05	1 312,08	1 476,09
	III	11 192	615,56	895,36	1 007,28
	V	21 925	1 205,87	1 754,—	1 973,25
	VI	22 327	1 227,98	1 786,16	2 009,43
64 763,99	I,IV	16 966	933,13	1 357,28	1 526,94
	II	16 416	902,88	1 313,28	1 477,44
	III	11 204	616,22	896,32	1 008,36
	V	21 941	1 206,75	1 755,28	1 974,69
	VI	22 342	1 228,81	1 787,36	2 010,78
64 799,99	I,IV	16 981	933,95	1 358,48	1 528,29
	II	16 432	903,76	1 314,56	1 478,88
	III	11 214	616,77	897,12	1 009,26
	V	21 956	1 207,58	1 756,48	1 976,04
	VI	22 357	1 229,63	1 788,56	2 012,13
64 835,99	I,IV	16 996	934,78	1 359,68	1 529,64
	II	16 447	904,58	1 315,76	1 480,23
	III	11 226	617,43	898,08	1 010,34
	V	21 971	1 208,40	1 757,68	1 977,39
	VI	22 372	1 230,46	1 789,76	2 013,48
64 871,99	I,IV	17 011	935,60	1 360,88	1 530,99
	II	16 462	905,41	1 316,96	1 481,58
	III	11 238	618,09	899,04	1 011,42
	V	21 986	1 209,23	1 758,88	1 978,74
	VI	22 387	1 231,28	1 790,96	2 014,83
64 907,99	I,IV	17 026	936,43	1 362,08	1 532,34
	II	16 477	906,23	1 318,16	1 482,93
	III	11 248	618,64	899,84	1 012,32
	V	22 001	1 210,05	1 760,08	1 980,09
	VI	22 403	1 232,16	1 792,24	2 016,27
64 943,99	I,IV	17 041	937,25	1 363,28	1 533,69
	II	16 492	907,06	1 319,36	1 484,28
	III	11 260	619,30	900,80	1 013,40
	V	22 016	1 210,88	1 761,28	1 981,44
	VI	22 418	1 232,99	1 793,44	2 017,62
64 979,99	I,IV	17 056	938,08	1 364,48	1 535,04
	II	16 507	907,88	1 320,56	1 485,63
	III	11 272	619,96	901,76	1 014,48
	V	22 031	1 211,70	1 762,48	1 982,79
	VI	22 433	1 233,81	1 794,64	2 018,97
65 015,99	I,IV	17 072	938,96	1 365,76	1 536,48
	II	16 522	908,71	1 321,76	1 486,98
	III	11 282	620,51	902,56	1 015,38
	V	22 046	1 212,53	1 763,68	1 984,14
	VI	22 448	1 234,64	1 795,84	2 020,32
65 051,99	I,IV	17 087	939,78	1 366,96	1 537,83
	II	16 537	909,53	1 322,96	1 488,33
	III	11 294	621,17	903,52	1 016,46
	V	22 062	1 213,41	1 764,96	1 985,58
	VI	22 463	1 235,46	1 797,04	2 021,67
65 087,99	I,IV	17 102	940,61	1 368,16	1 539,18
	II	16 552	910,36	1 324,16	1 489,68
	III	11 306	621,83	904,48	1 017,54
	V	22 077	1 214,23	1 766,16	1 986,93
	VI	22 478	1 236,29	1 798,24	2 023,02

Lohn/Gehalt bis €*	Steuerklasse	LSt	SolZ	8%	9%
65 123,99	I,IV	17 117	941,43	1 369,36	1 540,53
	II	16 568	911,24	1 325,44	1 491,12
	III	11 318	622,49	905,44	1 018,62
	V	22 092	1 215,06	1 767,36	1 988,28
	VI	22 493	1 237,11	1 799,44	2 024,37
65 159,99	I,IV	17 132	942,26	1 370,56	1 541,88
	II	16 583	912,06	1 326,64	1 492,47
	III	11 328	623,04	906,24	1 019,52
	V	22 107	1 215,88	1 768,56	1 989,63
	VI	22 508	1 237,94	1 800,64	2 025,72
65 195,99	I,IV	17 147	943,08	1 371,76	1 543,23
	II	16 598	912,89	1 327,84	1 493,82
	III	11 340	623,70	907,20	1 020,60
	V	22 122	1 216,71	1 769,76	1 990,98
	VI	22 524	1 238,82	1 801,92	2 027,16
65 231,99	I,IV	17 162	943,91	1 372,96	1 544,58
	II	16 613	913,71	1 329,04	1 495,17
	III	11 352	624,36	908,16	1 021,68
	V	22 137	1 217,53	1 770,96	1 992,33
	VI	22 539	1 239,64	1 803,12	2 028,51
65 267,99	I,IV	17 177	944,73	1 374,16	1 545,93
	II	16 628	914,54	1 330,24	1 496,52
	III	11 362	624,91	908,96	1 022,58
	V	22 152	1 218,36	1 772,16	1 993,68
	VI	22 554	1 240,47	1 804,32	2 029,86
65 303,99	I,IV	17 193	945,61	1 375,44	1 547,37
	II	16 643	915,36	1 331,44	1 497,87
	III	11 374	625,57	909,92	1 023,66
	V	22 167	1 219,18	1 773,36	1 995,03
	VI	22 569	1 241,29	1 805,52	2 031,21
65 339,99	I,IV	17 208	946,44	1 376,64	1 548,72
	II	16 658	916,19	1 332,64	1 499,22
	III	11 386	626,23	910,88	1 024,74
	V	22 182	1 220,01	1 774,56	1 996,38
	VI	22 584	1 242,12	1 806,72	2 032,56
65 375,99	I,IV	17 223	947,26	1 377,84	1 550,07
	II	16 673	917,01	1 333,84	1 500,57
	III	11 396	626,78	911,68	1 025,64
	V	22 198	1 220,89	1 775,84	1 997,82
	VI	22 599	1 242,94	1 807,92	2 033,91
65 411,99	I,IV	17 238	948,09	1 379,04	1 551,42
	II	16 689	917,89	1 335,12	1 502,01
	III	11 408	627,44	912,64	1 026,72
	V	22 213	1 221,71	1 777,04	1 999,17
	VI	22 614	1 243,77	1 809,12	2 035,26
65 447,99	I,IV	17 253	948,91	1 380,24	1 552,77
	II	16 704	918,72	1 336,32	1 503,36
	III	11 420	628,10	913,60	1 027,80
	V	22 228	1 222,54	1 778,24	2 000,52
	VI	22 629	1 244,59	1 810,32	2 036,61
65 483,99	I,IV	17 268	949,74	1 381,44	1 554,12
	II	16 719	919,54	1 337,52	1 504,71
	III	11 430	628,65	914,40	1 028,70
	V	22 243	1 223,36	1 779,44	2 001,87
	VI	22 644	1 245,42	1 811,52	2 037,96
65 519,99	I,IV	17 283	950,56	1 382,64	1 555,47
	II	16 734	920,37	1 338,72	1 506,06
	III	11 442	629,31	915,36	1 029,78
	V	22 258	1 224,19	1 780,64	2 003,22
	VI	22 660	1 246,30	1 812,80	2 039,40
65 555,99	I,IV	17 298	951,39	1 383,84	1 556,82
	II	16 749	921,19	1 339,92	1 507,41
	III	11 454	629,97	916,32	1 030,86
	V	22 273	1 225,01	1 781,84	2 004,57
	VI	22 675	1 247,12	1 814,—	2 040,75
65 591,99	I,IV	17 314	952,27	1 385,12	1 558,26
	II	16 764	922,02	1 341,12	1 508,76
	III	11 466	630,63	917,28	1 031,94
	V	22 288	1 225,84	1 783,04	2 005,92
	VI	22 690	1 247,95	1 815,20	2 042,10
65 627,99	I,IV	17 329	953,09	1 386,32	1 559,61
	II	16 779	922,84	1 342,32	1 510,11
	III	11 476	631,18	918,08	1 032,84
	V	22 303	1 226,66	1 784,24	2 007,27
	VI	22 705	1 248,77	1 816,40	2 043,45
65 663,99	I,IV	17 344	953,92	1 387,52	1 560,96
	II	16 794	923,67	1 343,52	1 511,46
	III	11 488	631,84	919,04	1 033,92
	V	22 319	1 227,54	1 785,52	2 008,71
	VI	22 720	1 249,60	1 817,60	2 044,80

Lohnsteuer, Solidaritätszuschlag und Kirchensteuer in den Steuerklassen I – VI

* Die ausgewiesenen Tabellenwerte sind amtlich. Siehe Erläuterungen auf der Umschlaginnenseite (U2).

Sonstige Bezüge / B-Tarif

65 664,–*

Lohn/ Gehalt bis €*	Lohnsteuer, Solidaritätszuschlag und Kirchensteuer in den Steuerklassen I – VI	LSt	SolZ	8%	9%
65 699,99	I,IV	17 359	954,74	1 388,72	1 562,31
	II	16 810	924,55	1 344,80	1 512,90
	III	11 500	632,50	920,—	1 035,—
	V	22 334	1 228,37	1 786,72	2 010,06
	VI	22 735	1 250,42	1 818,80	2 046,15
65 735,99	I,IV	17 374	955,57	1 389,92	1 563,66
	II	16 825	925,37	1 346,—	1 514,25
	III	11 510	633,05	920,80	1 035,90
	V	22 349	1 229,19	1 787,92	2 011,41
	VI	22 750	1 251,25	1 820,—	2 047,50
65 771,99	I,IV	17 389	956,39	1 391,12	1 565,01
	II	16 840	926,20	1 347,20	1 515,60
	III	11 522	633,71	921,76	1 036,98
	V	22 364	1 230,02	1 789,12	2 012,76
	VI	22 765	1 252,07	1 821,20	2 048,85
65 807,99	I,IV	17 404	957,22	1 392,32	1 566,36
	II	16 855	927,02	1 348,40	1 516,95
	III	11 534	634,37	922,72	1 038,06
	V	22 379	1 230,84	1 790,32	2 014,11
	VI	22 781	1 252,95	1 822,48	2 050,29
65 843,99	I,IV	17 419	958,04	1 393,52	1 567,71
	II	16 870	927,85	1 349,60	1 518,30
	III	11 546	635,03	923,68	1 039,14
	V	22 394	1 231,67	1 791,52	2 015,46
	VI	22 796	1 253,78	1 823,68	2 051,64
65 879,99	I,IV	17 434	958,87	1 394,72	1 569,06
	II	16 885	928,67	1 350,80	1 519,65
	III	11 556	635,58	924,48	1 040,04
	V	22 409	1 232,49	1 792,72	2 016,81
	VI	22 811	1 254,60	1 824,88	2 052,99
65 915,99	I,IV	17 450	959,75	1 396,—	1 570,50
	II	16 900	929,50	1 352,—	1 521,—
	III	11 568	636,24	925,44	1 041,12
	V	22 424	1 233,32	1 793,92	2 018,16
	VI	22 826	1 255,43	1 826,08	2 054,34
65 951,99	I,IV	17 465	960,57	1 397,20	1 571,85
	II	16 915	930,32	1 353,20	1 522,35
	III	11 580	636,90	926,40	1 042,20
	V	22 440	1 234,20	1 795,20	2 019,60
	VI	22 841	1 256,25	1 827,28	2 055,69
65 987,99	I,IV	17 480	961,40	1 398,40	1 573,20
	II	16 930	931,15	1 354,40	1 523,70
	III	11 590	637,45	927,20	1 043,10
	V	22 455	1 235,02	1 796,40	2 020,95
	VI	22 856	1 257,08	1 828,48	2 057,04
66 023,99	I,IV	17 495	962,22	1 399,60	1 574,55
	II	16 946	932,03	1 355,68	1 525,14
	III	11 602	638,11	928,16	1 044,18
	V	22 470	1 235,85	1 797,60	2 022,30
	VI	22 871	1 257,90	1 829,68	2 058,39
66 059,99	I,IV	17 510	963,05	1 400,80	1 575,90
	II	16 961	932,85	1 356,88	1 526,49
	III	11 614	638,77	929,12	1 045,26
	V	22 485	1 236,67	1 798,80	2 023,65
	VI	22 886	1 258,73	1 830,88	2 059,74
66 095,99	I,IV	17 525	963,87	1 402,—	1 577,25
	II	16 976	933,68	1 358,08	1 527,84
	III	11 626	639,43	930,08	1 046,34
	V	22 500	1 237,50	1 800,—	2 025,—
	VI	22 902	1 259,61	1 832,16	2 061,18
66 131,99	I,IV	17 540	964,70	1 403,20	1 578,60
	II	16 991	934,50	1 359,28	1 529,19
	III	11 636	639,98	930,88	1 047,24
	V	22 515	1 238,32	1 801,20	2 026,35
	VI	22 917	1 260,43	1 833,36	2 062,53
66 167,99	I,IV	17 555	965,52	1 404,40	1 579,95
	II	17 006	935,33	1 360,48	1 530,54
	III	11 648	640,64	931,84	1 048,32
	V	22 530	1 239,15	1 802,40	2 027,70
	VI	22 932	1 261,26	1 834,56	2 063,88
66 203,99	I,IV	17 571	966,40	1 405,68	1 581,39
	II	17 021	936,15	1 361,68	1 531,89
	III	11 660	641,30	932,80	1 049,40
	V	22 545	1 239,97	1 803,60	2 029,05
	VI	22 947	1 262,08	1 835,76	2 065,23
66 239,99	I,IV	17 586	967,23	1 406,88	1 582,74
	II	17 036	936,98	1 362,88	1 533,24
	III	11 670	641,85	933,60	1 050,30
	V	22 560	1 240,80	1 804,80	2 030,40
	VI	22 962	1 262,91	1 836,96	2 066,58
66 275,99	I,IV	17 601	968,05	1 408,08	1 584,09
	II	17 051	937,80	1 364,08	1 534,59
	III	11 682	642,51	934,56	1 051,38
	V	22 576	1 241,68	1 806,08	2 031,84
	VI	22 977	1 263,73	1 838,16	2 067,93
66 311,99	I,IV	17 616	968,88	1 409,28	1 585,44
	II	17 067	938,68	1 365,36	1 536,03
	III	11 694	643,17	935,52	1 052,46
	V	22 591	1 242,50	1 807,28	2 033,19
	VI	22 992	1 264,56	1 839,36	2 069,28
66 347,99	I,IV	17 631	969,70	1 410,48	1 586,79
	II	17 082	939,51	1 366,56	1 537,38
	III	11 706	643,83	936,48	1 053,54
	V	22 606	1 243,33	1 808,48	2 034,54
	VI	23 007	1 265,38	1 840,56	2 070,63
66 383,99	I,IV	17 646	970,53	1 411,68	1 588,14
	II	17 097	940,33	1 367,76	1 538,73
	III	11 716	644,38	937,28	1 054,44
	V	22 621	1 244,15	1 809,68	2 035,89
	VI	23 022	1 266,21	1 841,76	2 071,98
66 419,99	I,IV	17 661	971,35	1 412,88	1 589,49
	II	17 112	941,16	1 368,96	1 540,08
	III	11 728	645,04	938,24	1 055,52
	V	22 636	1 244,98	1 810,88	2 037,24
	VI	23 038	1 267,09	1 843,04	2 073,42
66 455,99	I,IV	17 676	972,18	1 414,08	1 590,84
	II	17 127	941,98	1 370,16	1 541,43
	III	11 740	645,70	939,20	1 056,60
	V	22 651	1 245,80	1 812,08	2 038,59
	VI	23 053	1 267,91	1 844,24	2 074,77
66 491,99	I,IV	17 692	973,06	1 415,36	1 592,28
	II	17 142	942,81	1 371,36	1 542,78
	III	11 752	646,36	940,16	1 057,68
	V	22 666	1 246,63	1 813,28	2 039,94
	VI	23 068	1 268,74	1 845,44	2 076,12
66 527,99	I,IV	17 707	973,88	1 416,56	1 593,63
	II	17 157	943,63	1 372,56	1 544,13
	III	11 762	646,91	940,96	1 058,58
	V	22 681	1 247,45	1 814,48	2 041,29
	VI	23 083	1 269,56	1 846,64	2 077,47
66 563,99	I,IV	17 722	974,71	1 417,76	1 594,98
	II	17 172	944,46	1 373,76	1 545,48
	III	11 774	647,57	941,92	1 059,66
	V	22 697	1 248,33	1 815,76	2 042,73
	VI	23 098	1 270,39	1 847,84	2 078,82
66 599,99	I,IV	17 737	975,53	1 418,96	1 596,33
	II	17 188	945,34	1 375,04	1 546,92
	III	11 786	648,23	942,88	1 060,74
	V	22 712	1 249,16	1 816,96	2 044,08
	VI	23 113	1 271,21	1 849,04	2 080,17
66 635,99	I,IV	17 752	976,36	1 420,16	1 597,68
	II	17 203	946,16	1 376,24	1 548,27
	III	11 798	648,89	943,84	1 061,82
	V	22 727	1 249,98	1 818,16	2 045,43
	VI	23 128	1 272,04	1 850,24	2 081,52
66 671,99	I,IV	17 767	977,18	1 421,36	1 599,03
	II	17 218	946,99	1 377,44	1 549,62
	III	11 808	649,44	944,64	1 062,72
	V	22 742	1 250,81	1 819,36	2 046,78
	VI	23 143	1 272,86	1 851,44	2 082,87
66 707,99	I,IV	17 782	978,01	1 422,56	1 600,38
	II	17 233	947,81	1 378,64	1 550,97
	III	11 820	650,10	945,60	1 063,80
	V	22 757	1 251,63	1 820,56	2 048,13
	VI	23 159	1 273,74	1 852,72	2 084,31
66 743,99	I,IV	17 797	978,83	1 423,76	1 601,73
	II	17 248	948,64	1 379,84	1 552,32
	III	11 832	650,76	946,56	1 064,88
	V	22 772	1 252,46	1 821,76	2 049,48
	VI	23 174	1 274,57	1 853,92	2 085,66
66 779,99	I,IV	17 812	979,66	1 424,96	1 603,08
	II	17 263	949,46	1 381,04	1 553,67
	III	11 844	651,42	947,52	1 065,96
	V	22 787	1 253,28	1 822,96	2 050,83
	VI	23 189	1 275,39	1 855,12	2 087,01
66 815,99	I,IV	17 828	980,54	1 426,24	1 604,52
	II	17 278	950,29	1 382,24	1 555,02
	III	11 854	651,97	948,32	1 066,86
	V	22 802	1 254,11	1 824,16	2 052,18
	VI	23 204	1 276,22	1 856,32	2 088,36
66 851,99	I,IV	17 843	981,36	1 427,44	1 605,87
	II	17 293	951,11	1 383,44	1 556,37
	III	11 866	652,63	949,28	1 067,94
	V	22 818	1 254,99	1 825,44	2 053,62
	VI	23 219	1 277,04	1 857,52	2 089,71
66 887,99	I,IV	17 858	982,19	1 428,64	1 607,22
	II	17 308	951,94	1 384,64	1 557,72
	III	11 878	653,29	950,24	1 069,02
	V	22 833	1 255,81	1 826,64	2 054,97
	VI	23 234	1 277,87	1 858,72	2 091,06
66 923,99	I,IV	17 873	983,01	1 429,84	1 608,57
	II	17 324	952,82	1 385,92	1 559,16
	III	11 890	653,95	951,20	1 070,10
	V	22 848	1 256,64	1 827,84	2 056,32
	VI	23 249	1 278,69	1 859,92	2 092,41
66 959,99	I,IV	17 888	983,84	1 431,04	1 609,92
	II	17 339	953,64	1 387,12	1 560,51
	III	11 900	654,50	952,—	1 071,—
	V	22 863	1 257,46	1 829,04	2 057,67
	VI	23 264	1 279,52	1 861,12	2 093,76
66 995,99	I,IV	17 903	984,66	1 432,24	1 611,27
	II	17 354	954,47	1 388,32	1 561,86
	III	11 912	655,16	952,96	1 072,08
	V	22 878	1 258,29	1 830,24	2 059,02
	VI	23 280	1 280,40	1 862,40	2 095,20
67 031,99	I,IV	17 918	985,49	1 433,44	1 612,62
	II	17 369	955,29	1 389,52	1 563,21
	III	11 924	655,82	953,92	1 073,16
	V	22 893	1 259,11	1 831,44	2 060,37
	VI	23 295	1 281,22	1 863,60	2 096,55
67 067,99	I,IV	17 933	986,31	1 434,64	1 613,97
	II	17 384	956,12	1 390,72	1 564,56
	III	11 936	656,48	954,88	1 074,24
	V	22 908	1 259,94	1 832,64	2 061,72
	VI	23 310	1 282,05	1 864,80	2 097,90
67 103,99	I,IV	17 949	987,19	1 435,92	1 615,41
	II	17 399	956,94	1 391,92	1 565,91
	III	11 946	657,03	955,68	1 075,14
	V	22 923	1 260,76	1 833,84	2 063,07
	VI	23 325	1 282,87	1 866,—	2 099,25
67 139,99	I,IV	17 964	988,02	1 437,12	1 616,76
	II	17 414	957,77	1 393,12	1 567,26
	III	11 958	657,69	956,64	1 076,22
	V	22 938	1 261,59	1 835,04	2 064,42
	VI	23 340	1 283,70	1 867,20	2 100,60
67 175,99	I,IV	17 979	988,84	1 438,32	1 618,11
	II	17 429	958,59	1 394,32	1 568,61
	III	11 970	658,35	957,60	1 077,30
	V	22 954	1 262,47	1 836,32	2 065,86
	VI	23 355	1 284,52	1 868,40	2 101,95
67 211,99	I,IV	17 994	989,67	1 439,52	1 619,46
	II	17 445	959,47	1 395,60	1 570,05
	III	11 982	659,01	958,56	1 078,38
	V	22 969	1 263,29	1 837,52	2 067,21
	VI	23 370	1 285,35	1 869,60	2 103,30
67 247,99	I,IV	18 009	990,49	1 440,72	1 620,81
	II	17 460	960,30	1 396,80	1 571,40
	III	11 992	659,56	959,36	1 079,28
	V	22 984	1 264,12	1 838,72	2 068,56
	VI	23 385	1 286,17	1 870,80	2 104,65
67 283,99	I,IV	18 024	991,32	1 441,92	1 622,16
	II	17 475	961,12	1 398,—	1 572,75
	III	12 004	660,22	960,32	1 080,36
	V	22 999	1 264,94	1 839,92	2 069,91
	VI	23 400	1 287,—	1 872,—	2 106,—
67 319,99	I,IV	18 039	992,14	1 443,12	1 623,51
	II	17 490	961,95	1 399,20	1 574,10
	III	12 016	660,88	961,28	1 081,44
	V	23 014	1 265,77	1 841,12	2 071,26
	VI	23 416	1 287,88	1 873,28	2 107,44
67 355,99	I,IV	18 054	992,97	1 444,32	1 624,86
	II	17 505	962,77	1 400,40	1 575,45
	III	12 028	661,54	962,24	1 082,52
	V	23 029	1 266,59	1 842,32	2 072,61
	VI	23 431	1 288,70	1 874,48	2 108,79
67 391,99	I,IV	18 070	993,85	1 445,60	1 626,30
	II	17 520	963,60	1 401,60	1 576,80
	III	12 040	662,20	963,20	1 083,60
	V	23 044	1 267,42	1 843,52	2 073,96
	VI	23 446	1 289,53	1 875,68	2 110,14

* Die ausgewiesenen Tabellenwerte sind amtlich. Siehe Erläuterungen auf der Umschlaginnenseite (U2).

69 119,99*

Sonstige Bezüge / B-Tarif

Lohn/Gehalt bis €*	Steuerklasse	LSt	SolZ	8%	9%
67 427,99	I,IV	18 085	994,67	1 446,80	1 627,65
	II	17 535	964,42	1 402,80	1 578,15
	III	12 050	662,75	964,—	1 084,50
	V	23 059	1 268,24	1 844,72	2 075,31
	VI	23 461	1 290,35	1 876,88	2 111,49
67 463,99	I,IV	18 100	995,50	1 448,—	1 629,—
	II	17 550	965,25	1 404,—	1 579,50
	III	12 062	663,41	964,96	1 085,58
	V	23 075	1 269,12	1 846,—	2 076,75
	VI	23 476	1 291,18	1 878,08	2 112,84
67 499,99	I,IV	18 115	996,32	1 449,20	1 630,35
	II	17 566	966,13	1 405,28	1 580,94
	III	12 074	664,07	965,92	1 086,66
	V	23 090	1 269,95	1 847,20	2 078,10
	VI	23 491	1 292,—	1 879,28	2 114,19
67 535,99	I,IV	18 130	997,15	1 450,40	1 631,70
	II	17 581	966,95	1 406,48	1 582,29
	III	12 086	664,73	966,88	1 087,74
	V	23 105	1 270,77	1 848,40	2 079,45
	VI	23 506	1 292,83	1 880,48	2 115,54
67 571,99	I,IV	18 145	997,97	1 451,60	1 633,05
	II	17 596	967,78	1 407,68	1 583,64
	III	12 096	665,28	967,68	1 088,64
	V	23 120	1 271,60	1 849,60	2 080,80
	VI	23 521	1 293,65	1 881,68	2 116,89
67 607,99	I,IV	18 160	998,80	1 452,80	1 634,40
	II	17 611	968,60	1 408,88	1 584,99
	III	12 108	665,94	968,64	1 089,72
	V	23 135	1 272,42	1 850,80	2 082,15
	VI	23 537	1 294,53	1 882,96	2 118,33
67 643,99	I,IV	18 175	999,62	1 454,—	1 635,75
	II	17 626	969,43	1 410,08	1 586,34
	III	12 120	666,60	969,60	1 090,80
	V	23 150	1 273,25	1 852,—	2 083,50
	VI	23 552	1 295,36	1 884,16	2 119,68
67 679,99	I,IV	18 190	1 000,45	1 455,20	1 637,10
	II	17 641	970,25	1 411,28	1 587,69
	III	12 132	667,26	970,56	1 091,88
	V	23 165	1 274,07	1 853,20	2 084,85
	VI	23 567	1 296,18	1 885,36	2 121,03
67 715,99	I,IV	18 206	1 001,33	1 456,48	1 638,54
	II	17 656	971,08	1 412,48	1 589,04
	III	12 144	667,92	971,52	1 092,96
	V	23 180	1 274,90	1 854,40	2 086,20
	VI	23 582	1 297,01	1 886,56	2 122,38
67 751,99	I,IV	18 221	1 002,15	1 457,68	1 639,89
	II	17 671	971,90	1 413,68	1 590,39
	III	12 154	668,47	972,32	1 093,86
	V	23 196	1 275,78	1 855,68	2 087,64
	VI	23 597	1 297,83	1 887,76	2 123,73
67 787,99	I,IV	18 236	1 002,98	1 458,88	1 641,24
	II	17 686	972,73	1 414,88	1 591,74
	III	12 166	669,13	973,28	1 094,94
	V	23 211	1 276,60	1 856,88	2 088,99
	VI	23 612	1 298,66	1 888,96	2 125,08
67 823,99	I,IV	18 251	1 003,80	1 460,08	1 642,59
	II	17 702	973,61	1 416,16	1 593,18
	III	12 178	669,79	974,24	1 096,02
	V	23 226	1 277,43	1 858,08	2 090,34
	VI	23 627	1 299,48	1 890,16	2 126,43
67 859,99	I,IV	18 266	1 004,63	1 461,28	1 643,94
	II	17 717	974,43	1 417,36	1 594,53
	III	12 190	670,45	975,20	1 097,10
	V	23 241	1 278,25	1 859,28	2 091,69
	VI	23 642	1 300,31	1 891,36	2 127,78
67 895,99	I,IV	18 281	1 005,45	1 462,48	1 645,29
	II	17 732	975,26	1 418,56	1 595,88
	III	12 202	671,11	976,16	1 098,18
	V	23 256	1 279,08	1 860,48	2 093,04
	VI	23 658	1 301,19	1 892,64	2 129,22
67 931,99	I,IV	18 296	1 006,28	1 463,68	1 646,64
	II	17 747	976,08	1 419,76	1 597,23
	III	12 212	671,66	976,96	1 099,08
	V	23 271	1 279,90	1 861,68	2 094,39
	VI	23 673	1 302,01	1 893,84	2 130,57
67 967,99	I,IV	18 311	1 007,10	1 464,88	1 647,99
	II	17 762	976,91	1 420,96	1 598,58
	III	12 224	672,32	977,92	1 100,16
	V	23 286	1 280,73	1 862,88	2 095,74
	VI	23 688	1 302,84	1 895,04	2 131,92

Lohn/Gehalt bis €*	Steuerklasse	LSt	SolZ	8%	9%
68 003,99	I,IV	18 327	1 007,98	1 466,16	1 649,43
	II	17 777	977,73	1 422,16	1 599,93
	III	12 236	672,98	978,88	1 101,24
	V	23 301	1 281,55	1 864,08	2 097,09
	VI	23 703	1 303,66	1 896,24	2 133,27
68 039,99	I,IV	18 342	1 008,81	1 467,36	1 650,78
	II	17 792	978,56	1 423,36	1 601,28
	III	12 248	673,64	979,84	1 102,32
	V	23 316	1 282,38	1 865,28	2 098,44
	VI	23 718	1 304,49	1 897,44	2 134,62
68 075,99	I,IV	18 357	1 009,63	1 468,56	1 652,13
	II	17 807	979,38	1 424,56	1 602,63
	III	12 260	674,30	980,80	1 103,40
	V	23 332	1 283,26	1 866,56	2 099,88
	VI	23 733	1 305,31	1 898,64	2 135,97
68 111,99	I,IV	18 372	1 010,46	1 469,76	1 653,48
	II	17 823	980,26	1 425,84	1 604,07
	III	12 270	674,85	981,60	1 104,30
	V	23 347	1 284,08	1 867,76	2 101,23
	VI	23 748	1 306,14	1 899,84	2 137,32
68 147,99	I,IV	18 387	1 011,28	1 470,96	1 654,83
	II	17 838	981,09	1 427,04	1 605,42
	III	12 282	675,51	982,56	1 105,38
	V	23 362	1 284,91	1 868,96	2 102,58
	VI	23 763	1 306,96	1 901,04	2 138,67
68 183,99	I,IV	18 402	1 012,11	1 472,16	1 656,18
	II	17 853	981,91	1 428,24	1 606,77
	III	12 294	676,17	983,52	1 106,46
	V	23 377	1 285,73	1 870,16	2 103,93
	VI	23 778	1 307,79	1 902,24	2 140,02
68 219,99	I,IV	18 417	1 012,93	1 473,36	1 657,53
	II	17 868	982,74	1 429,44	1 608,12
	III	12 306	676,83	984,48	1 107,54
	V	23 392	1 286,56	1 871,36	2 105,28
	VI	23 794	1 308,67	1 903,52	2 141,46
68 255,99	I,IV	18 432	1 013,76	1 474,56	1 658,88
	II	17 883	983,56	1 430,64	1 609,47
	III	12 318	677,49	985,44	1 108,62
	V	23 407	1 287,38	1 872,56	2 106,63
	VI	23 809	1 309,49	1 904,72	2 142,81
68 291,99	I,IV	18 448	1 014,64	1 475,84	1 660,32
	II	17 898	984,39	1 431,84	1 610,82
	III	12 330	678,15	986,40	1 109,70
	V	23 422	1 288,21	1 873,76	2 107,98
	VI	23 824	1 310,32	1 905,92	2 144,16
68 327,99	I,IV	18 463	1 015,46	1 477,04	1 661,67
	II	17 913	985,21	1 433,04	1 612,17
	III	12 340	678,70	987,20	1 110,60
	V	23 437	1 289,03	1 874,96	2 109,33
	VI	23 839	1 311,14	1 907,12	2 145,51
68 363,99	I,IV	18 478	1 016,29	1 478,24	1 663,02
	II	17 928	986,04	1 434,24	1 613,52
	III	12 352	679,36	988,16	1 111,68
	V	23 453	1 289,91	1 876,24	2 110,77
	VI	23 854	1 311,97	1 908,32	2 146,86
68 399,99	I,IV	18 493	1 017,11	1 479,44	1 664,37
	II	17 944	986,92	1 435,52	1 614,96
	III	12 364	680,02	989,12	1 112,76
	V	23 468	1 290,74	1 877,44	2 112,12
	VI	23 869	1 312,79	1 909,52	2 148,21
68 435,99	I,IV	18 508	1 017,94	1 480,64	1 665,72
	II	17 959	987,74	1 436,72	1 616,31
	III	12 376	680,68	990,08	1 113,84
	V	23 483	1 291,56	1 878,64	2 113,47
	VI	23 884	1 313,62	1 910,72	2 149,56
68 471,99	I,IV	18 523	1 018,76	1 481,84	1 667,07
	II	17 974	988,57	1 437,92	1 617,66
	III	12 388	681,34	991,04	1 114,92
	V	23 498	1 292,39	1 879,84	2 114,82
	VI	23 899	1 314,44	1 911,92	2 150,91
68 507,99	I,IV	18 538	1 019,59	1 483,04	1 668,42
	II	17 989	989,39	1 439,12	1 619,01
	III	12 398	681,89	991,84	1 115,82
	V	23 513	1 293,21	1 881,04	2 116,17
	VI	23 915	1 315,32	1 913,20	2 152,35
68 543,99	I,IV	18 553	1 020,41	1 484,24	1 669,77
	II	18 004	990,22	1 440,32	1 620,36
	III	12 410	682,55	992,80	1 116,90
	V	23 528	1 294,04	1 882,24	2 117,52
	VI	23 930	1 316,15	1 914,40	2 153,70

Lohn/Gehalt bis €*	Steuerklasse	LSt	SolZ	8%	9%
68 579,99	I,IV	18 568	1 021,24	1 485,44	1 671,12
	II	18 019	991,04	1 441,52	1 621,71
	III	12 422	683,21	993,76	1 117,98
	V	23 543	1 294,86	1 883,44	2 118,87
	VI	23 945	1 316,97	1 915,60	2 155,05
68 615,99	I,IV	18 584	1 022,12	1 486,72	1 672,56
	II	18 034	991,87	1 442,72	1 623,06
	III	12 434	683,87	994,72	1 119,06
	V	23 558	1 295,69	1 884,64	2 120,22
	VI	23 960	1 317,80	1 916,80	2 156,40
68 651,99	I,IV	18 599	1 022,94	1 487,92	1 673,91
	II	18 049	992,69	1 443,92	1 624,41
	III	12 446	684,53	995,68	1 120,14
	V	23 574	1 296,57	1 885,92	2 121,66
	VI	23 975	1 318,62	1 918,—	2 157,75
68 687,99	I,IV	18 614	1 023,77	1 489,12	1 675,26
	II	18 064	993,52	1 445,12	1 625,76
	III	12 458	685,19	996,64	1 121,22
	V	23 589	1 297,39	1 887,12	2 123,01
	VI	23 990	1 319,45	1 919,20	2 159,10
68 723,99	I,IV	18 629	1 024,59	1 490,32	1 676,61
	II	18 080	994,40	1 446,40	1 627,20
	III	12 468	685,74	997,44	1 122,12
	V	23 604	1 298,22	1 888,32	2 124,36
	VI	24 005	1 320,27	1 920,40	2 160,45
68 759,99	I,IV	18 644	1 025,42	1 491,52	1 677,96
	II	18 095	995,22	1 447,60	1 628,55
	III	12 480	686,40	998,40	1 123,20
	V	23 619	1 299,04	1 889,52	2 125,71
	VI	24 020	1 321,10	1 921,60	2 161,80
68 795,99	I,IV	18 659	1 026,24	1 492,72	1 679,31
	II	18 110	996,05	1 448,80	1 629,90
	III	12 492	687,06	999,36	1 124,28
	V	23 634	1 299,87	1 890,72	2 127,06
	VI	24 036	1 321,98	1 922,88	2 163,24
68 831,99	I,IV	18 674	1 027,07	1 493,92	1 680,66
	II	18 125	996,87	1 450,—	1 631,25
	III	12 504	687,72	1 000,32	1 125,36
	V	23 649	1 300,69	1 891,92	2 128,41
	VI	24 051	1 322,80	1 924,08	2 164,59
68 867,99	I,IV	18 689	1 027,89	1 495,12	1 682,01
	II	18 140	997,70	1 451,20	1 632,60
	III	12 516	688,38	1 001,28	1 126,44
	V	23 664	1 301,52	1 893,12	2 129,76
	VI	24 066	1 323,63	1 925,28	2 165,94
68 903,99	I,IV	18 705	1 028,77	1 496,40	1 683,45
	II	18 155	998,52	1 452,40	1 633,95
	III	12 528	689,04	1 002,24	1 127,52
	V	23 679	1 302,34	1 894,32	2 131,11
	VI	24 081	1 324,45	1 926,48	2 167,29
68 939,99	I,IV	18 720	1 029,60	1 497,60	1 684,80
	II	18 170	999,35	1 453,60	1 635,30
	III	12 538	689,59	1 003,04	1 128,42
	V	23 694	1 303,17	1 895,52	2 132,46
	VI	24 096	1 325,28	1 927,68	2 168,64
68 975,99	I,IV	18 735	1 030,42	1 498,80	1 686,15
	II	18 185	1 000,17	1 454,80	1 636,65
	III	12 550	690,25	1 004,—	1 129,50
	V	23 710	1 304,05	1 896,80	2 133,90
	VI	24 111	1 326,10	1 928,88	2 169,99
69 011,99	I,IV	18 750	1 031,25	1 500,—	1 687,50
	II	18 201	1 001,05	1 456,08	1 638,09
	III	12 562	690,91	1 004,96	1 130,58
	V	23 725	1 304,87	1 898,—	2 135,25
	VI	24 126	1 326,93	1 930,08	2 171,34
69 047,99	I,IV	18 765	1 032,07	1 501,20	1 688,85
	II	18 216	1 001,88	1 457,28	1 639,44
	III	12 574	691,57	1 005,92	1 131,66
	V	23 740	1 305,70	1 899,20	2 136,60
	VI	24 141	1 327,75	1 931,28	2 172,69
69 083,99	I,IV	18 780	1 032,90	1 502,40	1 690,20
	II	18 231	1 002,70	1 458,48	1 640,79
	III	12 586	692,23	1 006,88	1 132,74
	V	23 755	1 306,52	1 900,40	2 137,95
	VI	24 156	1 328,58	1 932,48	2 174,04
69 119,99	I,IV	18 795	1 033,72	1 503,60	1 691,55
	II	18 246	1 003,53	1 459,68	1 642,14
	III	12 598	692,89	1 007,84	1 133,82
	V	23 770	1 307,35	1 901,60	2 139,30
	VI	24 172	1 329,46	1 933,76	2 175,48

Lohnsteuer, Solidaritätszuschlag und Kirchensteuer in den Steuerklassen I – VI

* Die ausgewiesenen Tabellenwerte sind amtlich. Siehe Erläuterungen auf der Umschlaginnenseite (U2).

Sonstige Bezüge / B-Tarif

69 120,–*

Lohn/Gehalt bis €*		Lohnsteuer, Solidaritätszuschlag und Kirchensteuer in den Steuerklassen I – VI LSt	SolZ	8%	9%
69 155,99	I,IV	18 810	1 034,55	1 504,80	1 692,90
	II	18 261	1 004,35	1 460,88	1 643,49
	III	12 608	693,44	1 008,64	1 134,72
	V	23 785	1 308,17	1 902,80	2 140,65
	VI	24 187	1 330,28	1 934,96	2 176,83
69 191,99	I,IV	18 826	1 035,43	1 506,08	1 694,34
	II	18 276	1 005,18	1 462,08	1 644,84
	III	12 620	694,10	1 009,60	1 135,80
	V	23 800	1 309,—	1 904,—	2 142,—
	VI	24 202	1 331,11	1 936,16	2 178,18
69 227,99	I,IV	18 841	1 036,25	1 507,28	1 695,69
	II	18 291	1 006,—	1 463,28	1 646,19
	III	12 632	694,76	1 010,56	1 136,88
	V	23 815	1 309,82	1 905,20	2 143,35
	VI	24 217	1 331,93	1 937,36	2 179,53
69 263,99	I,IV	18 856	1 037,08	1 508,48	1 697,04
	II	18 306	1 006,83	1 464,48	1 647,54
	III	12 644	695,42	1 011,52	1 137,96
	V	23 831	1 310,70	1 906,48	2 144,79
	VI	24 232	1 332,76	1 938,56	2 180,88
69 299,99	I,IV	18 871	1 037,90	1 509,68	1 698,39
	II	18 322	1 007,71	1 465,76	1 648,98
	III	12 656	696,08	1 012,48	1 139,04
	V	23 846	1 311,53	1 907,68	2 146,14
	VI	24 247	1 333,58	1 939,76	2 182,23
69 335,99	I,IV	18 886	1 038,73	1 510,88	1 699,74
	II	18 337	1 008,53	1 466,96	1 650,33
	III	12 668	696,74	1 013,44	1 140,12
	V	23 861	1 312,35	1 908,88	2 147,49
	VI	24 262	1 334,41	1 940,96	2 183,58
69 371,99	I,IV	18 901	1 039,55	1 512,08	1 701,09
	II	18 352	1 009,36	1 468,16	1 651,68
	III	12 680	697,40	1 014,40	1 141,20
	V	23 876	1 313,18	1 910,08	2 148,84
	VI	24 277	1 335,23	1 942,16	2 184,93
69 407,99	I,IV	18 916	1 040,38	1 513,28	1 702,44
	II	18 367	1 010,18	1 469,36	1 653,03
	III	12 690	697,95	1 015,20	1 142,10
	V	23 891	1 314,—	1 911,28	2 150,19
	VI	24 293	1 336,11	1 943,44	2 186,37
69 443,99	I,IV	18 931	1 041,20	1 514,48	1 703,79
	II	18 382	1 011,01	1 470,56	1 654,38
	III	12 702	698,61	1 016,16	1 143,18
	V	23 906	1 314,83	1 912,48	2 151,54
	VI	24 308	1 336,94	1 944,64	2 187,72
69 479,99	I,IV	18 946	1 042,03	1 515,68	1 705,14
	II	18 397	1 011,83	1 471,76	1 655,73
	III	12 714	699,27	1 017,12	1 144,26
	V	23 921	1 315,65	1 913,68	2 152,89
	VI	24 323	1 337,76	1 945,84	2 189,07
69 515,99	I,IV	18 962	1 042,91	1 516,96	1 706,58
	II	18 412	1 012,66	1 472,96	1 657,08
	III	12 726	699,93	1 018,08	1 145,34
	V	23 936	1 316,48	1 914,88	2 154,24
	VI	24 338	1 338,59	1 947,04	2 190,42
69 551,99	I,IV	18 977	1 043,73	1 518,16	1 707,93
	II	18 427	1 013,48	1 474,16	1 658,43
	III	12 738	700,59	1 019,04	1 146,42
	V	23 952	1 317,36	1 916,16	2 155,68
	VI	24 353	1 339,41	1 948,24	2 191,77
69 587,99	I,IV	18 992	1 044,56	1 519,36	1 709,28
	II	18 442	1 014,31	1 475,36	1 659,78
	III	12 750	701,25	1 020,—	1 147,50
	V	23 967	1 318,18	1 917,36	2 157,03
	VI	24 368	1 340,24	1 949,44	2 193,12
69 623,99	I,IV	19 007	1 045,38	1 520,56	1 710,63
	II	18 458	1 015,19	1 476,64	1 661,22
	III	12 762	701,91	1 020,96	1 148,58
	V	23 982	1 319,01	1 918,56	2 158,38
	VI	24 383	1 341,06	1 950,64	2 194,47
69 659,99	I,IV	19 022	1 046,21	1 521,76	1 711,98
	II	18 473	1 016,01	1 477,84	1 662,57
	III	12 774	702,57	1 021,92	1 149,66
	V	23 997	1 319,83	1 919,76	2 159,73
	VI	24 398	1 341,89	1 951,84	2 195,82
69 695,99	I,IV	19 037	1 047,03	1 522,96	1 713,33
	II	18 488	1 016,84	1 479,04	1 663,92
	III	12 784	703,12	1 022,72	1 150,56
	V	24 012	1 320,66	1 920,96	2 161,08
	VI	24 414	1 342,77	1 953,12	2 197,26

Lohn/Gehalt bis €*		Lohnsteuer, Solidaritätszuschlag und Kirchensteuer in den Steuerklassen I – VI LSt	SolZ	8%	9%
69 731,99	I,IV	19 052	1 047,86	1 524,16	1 714,68
	II	18 503	1 017,66	1 480,24	1 665,27
	III	12 796	703,78	1 023,68	1 151,64
	V	24 027	1 321,48	1 922,16	2 162,43
	VI	24 429	1 343,59	1 954,32	2 198,61
69 767,99	I,IV	19 067	1 048,68	1 525,36	1 716,03
	II	18 518	1 018,49	1 481,44	1 666,62
	III	12 808	704,44	1 024,64	1 152,72
	V	24 042	1 322,31	1 923,36	2 163,78
	VI	24 444	1 344,42	1 955,52	2 199,96
69 803,99	I,IV	19 083	1 049,56	1 526,64	1 717,47
	II	18 533	1 019,31	1 482,64	1 667,97
	III	12 820	705,10	1 025,60	1 153,80
	V	24 057	1 323,13	1 924,56	2 165,13
	VI	24 459	1 345,24	1 956,72	2 201,31
69 839,99	I,IV	19 098	1 050,39	1 527,84	1 718,82
	II	18 548	1 020,14	1 483,84	1 669,32
	III	12 832	705,76	1 026,56	1 154,88
	V	24 072	1 323,96	1 925,76	2 166,48
	VI	24 474	1 346,07	1 957,92	2 202,66
69 875,99	I,IV	19 113	1 051,21	1 529,04	1 720,17
	II	18 563	1 020,96	1 485,04	1 670,67
	III	12 844	706,42	1 027,52	1 155,96
	V	24 088	1 324,84	1 927,04	2 167,92
	VI	24 489	1 346,89	1 959,12	2 204,01
69 911,99	I,IV	19 128	1 052,04	1 530,24	1 721,52
	II	18 579	1 021,84	1 486,32	1 672,11
	III	12 856	707,08	1 028,48	1 157,04
	V	24 103	1 325,66	1 928,24	2 169,27
	VI	24 504	1 347,72	1 960,32	2 205,36
69 947,99	I,IV	19 143	1 052,86	1 531,44	1 722,87
	II	18 594	1 022,67	1 487,52	1 673,46
	III	12 868	707,74	1 029,44	1 158,12
	V	24 118	1 326,49	1 929,44	2 170,62
	VI	24 519	1 348,54	1 961,52	2 206,71
69 983,99	I,IV	19 158	1 053,69	1 532,64	1 724,22
	II	18 609	1 023,49	1 488,72	1 674,81
	III	12 878	708,29	1 030,24	1 159,02
	V	24 133	1 327,31	1 930,64	2 171,97
	VI	24 534	1 349,37	1 962,72	2 208,06
70 019,99	I,IV	19 173	1 054,51	1 533,84	1 725,57
	II	18 624	1 024,32	1 489,92	1 676,16
	III	12 890	708,95	1 031,20	1 160,10
	V	24 148	1 328,14	1 931,84	2 173,32
	VI	24 550	1 350,25	1 964,—	2 209,50
70 055,99	I,IV	19 188	1 055,34	1 535,04	1 726,92
	II	18 639	1 025,14	1 491,12	1 677,51
	III	12 902	709,61	1 032,16	1 161,18
	V	24 163	1 328,96	1 933,04	2 174,67
	VI	24 565	1 351,07	1 965,20	2 210,85
70 091,99	I,IV	19 204	1 056,22	1 536,32	1 728,36
	II	18 654	1 025,97	1 492,32	1 678,86
	III	12 914	710,27	1 033,12	1 162,26
	V	24 178	1 329,79	1 934,24	2 176,02
	VI	24 580	1 351,90	1 966,40	2 212,20
70 127,99	I,IV	19 219	1 057,04	1 537,52	1 729,71
	II	18 669	1 026,79	1 493,52	1 680,21
	III	12 926	710,93	1 034,08	1 163,34
	V	24 193	1 330,61	1 935,44	2 177,37
	VI	24 595	1 352,72	1 967,60	2 213,55
70 163,99	I,IV	19 234	1 057,87	1 538,72	1 731,06
	II	18 684	1 027,62	1 494,72	1 681,56
	III	12 938	711,59	1 035,04	1 164,42
	V	24 209	1 331,49	1 936,72	2 178,81
	VI	24 610	1 353,55	1 968,80	2 214,90
70 199,99	I,IV	19 249	1 058,69	1 539,92	1 732,41
	II	18 700	1 028,50	1 496,—	1 683,—
	III	12 950	712,25	1 036,—	1 165,50
	V	24 224	1 332,32	1 937,92	2 180,16
	VI	24 625	1 354,37	1 970,—	2 216,25
70 235,99	I,IV	19 264	1 059,52	1 541,12	1 733,76
	II	18 715	1 029,32	1 497,20	1 684,35
	III	12 962	712,91	1 036,96	1 166,58
	V	24 239	1 333,14	1 939,12	2 181,51
	VI	24 640	1 355,20	1 971,20	2 217,60
70 271,99	I,IV	19 279	1 060,34	1 542,32	1 735,11
	II	18 730	1 030,15	1 498,40	1 685,70
	III	12 974	713,57	1 037,92	1 167,66
	V	24 254	1 333,97	1 940,32	2 182,86
	VI	24 655	1 356,02	1 972,40	2 218,95

Lohn/Gehalt bis €*		Lohnsteuer, Solidaritätszuschlag und Kirchensteuer in den Steuerklassen I – VI LSt	SolZ	8%	9%
70 307,99	I,IV	19 294	1 061,17	1 543,52	1 736,46
	II	18 745	1 030,97	1 499,60	1 687,05
	III	12 984	714,12	1 038,72	1 168,56
	V	24 269	1 334,79	1 941,52	2 184,21
	VI	24 671	1 356,90	1 973,68	2 220,39
70 343,99	I,IV	19 309	1 061,99	1 544,72	1 737,81
	II	18 760	1 031,80	1 500,80	1 688,40
	III	12 996	714,78	1 039,68	1 169,64
	V	24 284	1 335,62	1 942,72	2 185,56
	VI	24 686	1 357,73	1 974,88	2 221,74
70 379,99	I,IV	19 324	1 062,82	1 545,92	1 739,16
	II	18 775	1 032,62	1 502,—	1 689,75
	III	13 008	715,44	1 040,64	1 170,72
	V	24 299	1 336,44	1 943,92	2 186,91
	VI	24 701	1 358,55	1 976,08	2 223,09
70 415,99	I,IV	19 340	1 063,70	1 547,20	1 740,60
	II	18 790	1 033,45	1 503,20	1 691,10
	III	13 020	716,10	1 041,60	1 171,80
	V	24 314	1 337,27	1 945,12	2 188,26
	VI	24 716	1 359,38	1 977,28	2 224,44
70 451,99	I,IV	19 355	1 064,52	1 548,40	1 741,95
	II	18 805	1 034,27	1 504,40	1 692,45
	III	13 032	716,76	1 042,56	1 172,88
	V	24 330	1 338,15	1 946,40	2 189,70
	VI	24 731	1 360,20	1 978,48	2 225,79
70 487,99	I,IV	19 370	1 065,35	1 549,60	1 743,30
	II	18 820	1 035,10	1 505,60	1 693,80
	III	13 044	717,42	1 043,52	1 173,96
	V	24 345	1 338,97	1 947,60	2 191,05
	VI	24 746	1 361,03	1 979,68	2 227,14
70 523,99	I,IV	19 385	1 066,17	1 550,80	1 744,65
	II	18 836	1 035,98	1 506,88	1 695,24
	III	13 056	718,08	1 044,48	1 175,04
	V	24 360	1 339,80	1 948,80	2 192,40
	VI	24 761	1 361,85	1 980,88	2 228,49
70 559,99	I,IV	19 400	1 067,—	1 552,—	1 746,—
	II	18 851	1 036,80	1 508,08	1 696,59
	III	13 068	718,74	1 045,44	1 176,12
	V	24 375	1 340,62	1 950,—	2 193,75
	VI	24 776	1 362,68	1 982,08	2 229,84
70 595,99	I,IV	19 415	1 067,82	1 553,20	1 747,35
	II	18 866	1 037,63	1 509,28	1 697,94
	III	13 080	719,40	1 046,40	1 177,20
	V	24 390	1 341,45	1 951,20	2 195,10
	VI	24 792	1 363,56	1 983,36	2 231,28
70 631,99	I,IV	19 430	1 068,65	1 554,40	1 748,70
	II	18 881	1 038,45	1 510,48	1 699,29
	III	13 092	720,06	1 047,36	1 178,28
	V	24 405	1 342,27	1 952,40	2 196,45
	VI	24 807	1 364,38	1 984,56	2 232,63
70 667,99	I,IV	19 445	1 069,47	1 555,60	1 750,05
	II	18 896	1 039,28	1 511,68	1 700,64
	III	13 104	720,72	1 048,32	1 179,36
	V	24 420	1 343,10	1 953,60	2 197,80
	VI	24 822	1 365,21	1 985,76	2 233,98
70 703,99	I,IV	19 461	1 070,35	1 556,88	1 751,49
	II	18 911	1 040,10	1 512,88	1 701,99
	III	13 114	721,27	1 049,12	1 180,26
	V	24 435	1 343,92	1 954,80	2 199,15
	VI	24 837	1 366,03	1 986,96	2 235,33
70 739,99	I,IV	19 476	1 071,18	1 558,08	1 752,84
	II	18 926	1 040,93	1 514,08	1 703,34
	III	13 126	721,93	1 050,08	1 181,34
	V	24 450	1 344,75	1 956,—	2 200,50
	VI	24 852	1 366,86	1 988,16	2 236,68
70 775,99	I,IV	19 491	1 072,—	1 559,28	1 754,19
	II	18 941	1 041,75	1 515,28	1 704,69
	III	13 138	722,59	1 051,04	1 182,42
	V	24 466	1 345,63	1 957,28	2 201,94
	VI	24 867	1 367,68	1 989,36	2 238,03
70 811,99	I,IV	19 506	1 072,83	1 560,48	1 755,54
	II	18 957	1 042,63	1 516,56	1 706,13
	III	13 150	723,25	1 052,—	1 183,50
	V	24 481	1 346,45	1 958,48	2 203,29
	VI	24 882	1 368,51	1 990,56	2 239,38
70 847,99	I,IV	19 521	1 073,65	1 561,68	1 756,89
	II	18 972	1 043,46	1 517,76	1 707,48
	III	13 162	723,91	1 052,96	1 184,58
	V	24 496	1 347,28	1 959,68	2 204,64
	VI	24 897	1 369,33	1 991,76	2 240,73

* Die ausgewiesenen Tabellenwerte sind amtlich. Siehe Erläuterungen auf der Umschlaginnenseite (U2).

72 575,99*

Sonstige Bezüge / B-Tarif

Lohn/Gehalt bis €*	Steuerklasse	LSt	SolZ	8%	9%
70 883,99	I,IV	19 536	1 074,48	1 562,88	1 758,24
	II	18 987	1 044,28	1 518,96	1 708,83
	III	13 174	724,57	1 053,92	1 185,66
	V	24 511	1 348,10	1 960,88	2 205,99
	VI	24 912	1 370,16	1 992,96	2 242,08
70 919,99	I,IV	19 551	1 075,30	1 564,08	1 759,59
	II	19 002	1 045,11	1 520,16	1 710,18
	III	13 186	725,23	1 054,88	1 186,74
	V	24 526	1 348,93	1 962,08	2 207,34
	VI	24 928	1 371,04	1 994,24	2 243,52
70 955,99	I,IV	19 566	1 076,13	1 565,28	1 760,94
	II	19 017	1 045,93	1 521,36	1 711,53
	III	13 198	725,89	1 055,84	1 187,82
	V	24 541	1 349,75	1 963,28	2 208,69
	VI	24 943	1 371,86	1 995,44	2 244,87
70 991,99	I,IV	19 582	1 077,01	1 566,56	1 762,38
	II	19 032	1 046,76	1 522,56	1 712,88
	III	13 210	726,55	1 056,80	1 188,90
	V	24 556	1 350,58	1 964,48	2 210,04
	VI	24 958	1 372,69	1 996,64	2 246,22
71 027,99	I,IV	19 597	1 077,83	1 567,76	1 763,73
	II	19 047	1 047,58	1 523,76	1 714,23
	III	13 222	727,21	1 057,76	1 189,98
	V	24 571	1 351,40	1 965,68	2 211,39
	VI	24 973	1 373,51	1 997,84	2 247,57
71 063,99	I,IV	19 612	1 078,66	1 568,96	1 765,08
	II	19 062	1 048,41	1 524,96	1 715,58
	III	13 234	727,87	1 058,72	1 191,06
	V	24 587	1 352,28	1 966,96	2 212,83
	VI	24 988	1 374,34	1 999,04	2 248,92
71 099,99	I,IV	19 627	1 079,48	1 570,16	1 766,43
	II	19 078	1 049,29	1 526,24	1 717,02
	III	13 246	728,53	1 059,68	1 192,14
	V	24 602	1 353,11	1 968,16	2 214,18
	VI	25 003	1 375,16	2 000,24	2 250,27
71 135,99	I,IV	19 642	1 080,31	1 571,36	1 767,78
	II	19 093	1 050,11	1 527,44	1 718,37
	III	13 258	729,19	1 060,64	1 193,22
	V	24 617	1 353,93	1 969,36	2 215,53
	VI	25 018	1 375,99	2 001,44	2 251,62
71 171,99	I,IV	19 657	1 081,13	1 572,56	1 769,13
	II	19 108	1 050,94	1 528,64	1 719,72
	III	13 268	729,74	1 061,44	1 194,12
	V	24 632	1 354,76	1 970,56	2 216,88
	VI	25 033	1 376,81	2 002,64	2 252,97
71 207,99	I,IV	19 672	1 081,96	1 573,76	1 770,48
	II	19 123	1 051,76	1 529,84	1 721,07
	III	13 280	730,40	1 062,40	1 195,20
	V	24 647	1 355,58	1 971,76	2 218,23
	VI	25 049	1 377,69	2 003,92	2 254,41
71 243,99	I,IV	19 687	1 082,78	1 574,96	1 771,83
	II	19 138	1 052,59	1 531,04	1 722,42
	III	13 292	731,06	1 063,36	1 196,28
	V	24 662	1 356,41	1 972,96	2 219,58
	VI	25 064	1 378,52	2 005,12	2 255,76
71 279,99	I,IV	19 702	1 083,61	1 576,16	1 773,18
	II	19 153	1 053,41	1 532,24	1 723,77
	III	13 304	731,72	1 064,32	1 197,36
	V	24 677	1 357,23	1 974,16	2 220,93
	VI	25 079	1 379,34	2 006,32	2 257,11
71 315,99	I,IV	19 718	1 084,49	1 577,44	1 774,62
	II	19 168	1 054,24	1 533,44	1 725,12
	III	13 316	732,38	1 065,28	1 198,44
	V	24 692	1 358,06	1 975,36	2 222,28
	VI	25 094	1 380,17	2 007,52	2 258,46
71 351,99	I,IV	19 733	1 085,31	1 578,64	1 775,97
	II	19 183	1 055,06	1 534,64	1 726,47
	III	13 328	733,04	1 066,24	1 199,52
	V	24 708	1 358,94	1 976,64	2 223,72
	VI	25 109	1 380,99	2 008,72	2 259,81
71 387,99	I,IV	19 748	1 086,14	1 579,84	1 777,32
	II	19 198	1 055,89	1 535,84	1 727,82
	III	13 340	733,70	1 067,20	1 200,60
	V	24 723	1 359,76	1 977,84	2 225,07
	VI	25 124	1 381,82	2 009,92	2 261,16
71 423,99	I,IV	19 763	1 086,96	1 581,04	1 778,67
	II	19 214	1 056,77	1 537,12	1 729,26
	III	13 352	734,36	1 068,16	1 201,68
	V	24 738	1 360,59	1 979,04	2 226,42
	VI	25 139	1 382,64	2 011,12	2 262,51
71 459,99	I,IV	19 778	1 087,79	1 582,24	1 780,02
	II	19 229	1 057,59	1 538,32	1 730,61
	III	13 364	735,02	1 069,12	1 202,76
	V	24 753	1 361,41	1 980,24	2 227,77
	VI	25 154	1 383,47	2 012,32	2 263,86
71 495,99	I,IV	19 793	1 088,61	1 583,44	1 781,37
	II	19 244	1 058,42	1 539,52	1 731,96
	III	13 376	735,68	1 070,08	1 203,84
	V	24 768	1 362,24	1 981,44	2 229,12
	VI	25 170	1 384,35	2 013,60	2 265,30
71 531,99	I,IV	19 808	1 089,44	1 584,64	1 782,72
	II	19 259	1 059,24	1 540,72	1 733,31
	III	13 388	736,34	1 071,04	1 204,92
	V	24 783	1 363,06	1 982,64	2 230,47
	VI	25 185	1 385,17	2 014,80	2 266,65
71 567,99	I,IV	19 823	1 090,26	1 585,84	1 784,07
	II	19 274	1 060,07	1 541,92	1 734,66
	III	13 400	737,—	1 072,—	1 206,—
	V	24 798	1 363,89	1 983,84	2 231,82
	VI	25 200	1 386,—	2 016,—	2 268,—
71 603,99	I,IV	19 839	1 091,14	1 587,12	1 785,51
	II	19 289	1 060,89	1 543,12	1 736,01
	III	13 412	737,66	1 072,96	1 207,08
	V	24 813	1 364,71	1 985,04	2 233,17
	VI	25 215	1 386,82	2 017,20	2 269,35
71 639,99	I,IV	19 854	1 091,97	1 588,32	1 786,86
	II	19 304	1 061,72	1 544,32	1 737,36
	III	13 424	738,32	1 073,92	1 208,16
	V	24 828	1 365,54	1 986,24	2 234,52
	VI	25 230	1 387,65	2 018,40	2 270,70
71 675,99	I,IV	19 869	1 092,79	1 589,52	1 788,21
	II	19 319	1 062,54	1 545,52	1 738,71
	III	13 436	738,98	1 074,88	1 209,24
	V	24 844	1 366,42	1 987,52	2 235,96
	VI	25 245	1 388,47	2 019,60	2 272,05
71 711,99	I,IV	19 884	1 093,62	1 590,72	1 789,56
	II	19 335	1 063,42	1 546,80	1 740,15
	III	13 448	739,64	1 075,84	1 210,32
	V	24 859	1 367,24	1 988,72	2 237,31
	VI	25 260	1 389,30	2 020,80	2 273,40
71 747,99	I,IV	19 899	1 094,44	1 591,92	1 790,91
	II	19 350	1 064,25	1 548,—	1 741,50
	III	13 460	740,30	1 076,80	1 211,40
	V	24 874	1 368,07	1 989,92	2 238,66
	VI	25 275	1 390,12	2 022,—	2 274,75
71 783,99	I,IV	19 914	1 095,27	1 593,12	1 792,26
	II	19 365	1 065,07	1 549,20	1 742,85
	III	13 472	740,96	1 077,76	1 212,48
	V	24 889	1 368,89	1 991,12	2 240,01
	VI	25 290	1 390,95	2 023,20	2 276,10
71 819,99	I,IV	19 929	1 096,09	1 594,32	1 793,61
	II	19 380	1 065,90	1 550,40	1 744,20
	III	13 482	741,51	1 078,56	1 213,38
	V	24 904	1 369,72	1 992,32	2 241,36
	VI	25 306	1 391,83	2 024,48	2 277,54
71 855,99	I,IV	19 944	1 096,92	1 595,52	1 794,96
	II	19 395	1 066,72	1 551,60	1 745,55
	III	13 494	742,17	1 079,52	1 214,46
	V	24 919	1 370,54	1 993,52	2 242,71
	VI	25 321	1 392,65	2 025,68	2 278,89
71 891,99	I,IV	19 960	1 097,80	1 596,80	1 796,40
	II	19 410	1 067,55	1 552,80	1 746,90
	III	13 506	742,83	1 080,48	1 215,54
	V	24 934	1 371,37	1 994,72	2 244,06
	VI	25 336	1 393,48	2 026,88	2 280,24
71 927,99	I,IV	19 975	1 098,62	1 598,—	1 797,75
	II	19 425	1 068,37	1 554,—	1 748,25
	III	13 518	743,49	1 081,44	1 216,62
	V	24 949	1 372,19	1 995,92	2 245,41
	VI	25 351	1 394,30	2 028,08	2 281,59
71 963,99	I,IV	19 990	1 099,45	1 599,20	1 799,10
	II	19 440	1 069,20	1 555,20	1 749,60
	III	13 530	744,15	1 082,40	1 217,70
	V	24 965	1 373,07	1 997,20	2 246,85
	VI	25 366	1 395,13	2 029,28	2 282,94
71 999,99	I,IV	20 005	1 100,27	1 600,40	1 800,45
	II	19 456	1 070,08	1 556,48	1 751,04
	III	13 542	744,81	1 083,36	1 218,78
	V	24 980	1 373,90	1 998,40	2 248,20
	VI	25 381	1 395,95	2 030,48	2 284,29
72 035,99	I,IV	20 020	1 101,10	1 601,60	1 801,80
	II	19 471	1 070,90	1 557,68	1 752,39
	III	13 554	745,47	1 084,32	1 219,86
	V	24 995	1 374,72	1 999,60	2 249,55
	VI	25 396	1 396,78	2 031,68	2 285,64
72 071,99	I,IV	20 035	1 101,92	1 602,80	1 803,15
	II	19 486	1 071,73	1 558,88	1 753,74
	III	13 566	746,13	1 085,28	1 220,94
	V	25 010	1 375,55	2 000,80	2 250,90
	VI	25 411	1 397,60	2 032,88	2 286,99
72 107,99	I,IV	20 050	1 102,75	1 604,—	1 804,50
	II	19 501	1 072,55	1 560,08	1 755,09
	III	13 578	746,79	1 086,24	1 222,02
	V	25 025	1 376,37	2 002,—	2 252,25
	VI	25 427	1 398,48	2 034,16	2 288,43
72 143,99	I,IV	20 065	1 103,57	1 605,20	1 805,85
	II	19 516	1 073,38	1 561,28	1 756,44
	III	13 590	747,45	1 087,20	1 223,10
	V	25 040	1 377,20	2 003,20	2 253,60
	VI	25 442	1 399,31	2 035,36	2 289,78
72 179,99	I,IV	20 080	1 104,40	1 606,40	1 807,20
	II	19 531	1 074,20	1 562,48	1 757,79
	III	13 602	748,11	1 088,16	1 224,18
	V	25 055	1 378,02	2 004,40	2 254,95
	VI	25 457	1 400,13	2 036,56	2 291,13
72 215,99	I,IV	20 096	1 105,28	1 607,68	1 808,64
	II	19 546	1 075,03	1 563,68	1 759,14
	III	13 614	748,77	1 089,12	1 225,26
	V	25 070	1 378,85	2 005,60	2 256,30
	VI	25 472	1 400,96	2 037,76	2 292,48
72 251,99	I,IV	20 111	1 106,10	1 608,88	1 809,99
	II	19 561	1 075,85	1 564,88	1 760,49
	III	13 626	749,43	1 090,08	1 226,34
	V	25 086	1 379,73	2 006,88	2 257,74
	VI	25 487	1 401,78	2 038,96	2 293,83
72 287,99	I,IV	20 126	1 106,93	1 610,08	1 811,34
	II	19 576	1 076,68	1 566,08	1 761,84
	III	13 638	750,09	1 091,04	1 227,42
	V	25 101	1 380,55	2 008,08	2 259,09
	VI	25 502	1 402,61	2 040,16	2 295,18
72 323,99	I,IV	20 141	1 107,75	1 611,28	1 812,69
	II	19 592	1 077,56	1 567,36	1 763,28
	III	13 650	750,75	1 092,—	1 228,50
	V	25 116	1 381,38	2 009,28	2 260,44
	VI	25 517	1 403,43	2 041,36	2 296,53
72 359,99	I,IV	20 156	1 108,58	1 612,48	1 814,04
	II	19 607	1 078,38	1 568,56	1 764,63
	III	13 662	751,41	1 092,96	1 229,58
	V	25 131	1 382,20	2 010,48	2 261,79
	VI	25 532	1 404,26	2 042,56	2 297,88
72 395,99	I,IV	20 171	1 109,40	1 613,68	1 815,39
	II	19 622	1 079,21	1 569,76	1 765,98
	III	13 674	752,07	1 093,92	1 230,66
	V	25 146	1 383,03	2 011,68	2 263,14
	VI	25 548	1 405,14	2 043,84	2 299,32
72 431,99	I,IV	20 186	1 110,23	1 614,88	1 816,74
	II	19 637	1 080,03	1 570,96	1 767,33
	III	13 686	752,73	1 094,88	1 231,74
	V	25 161	1 383,85	2 012,88	2 264,49
	VI	25 563	1 405,96	2 045,04	2 300,67
72 467,99	I,IV	20 201	1 111,05	1 616,08	1 818,09
	II	19 652	1 080,86	1 572,16	1 768,68
	III	13 698	753,39	1 095,84	1 232,82
	V	25 176	1 384,68	2 014,08	2 265,84
	VI	25 578	1 406,79	2 046,24	2 302,02
72 503,99	I,IV	20 217	1 111,93	1 617,36	1 819,53
	II	19 667	1 081,68	1 573,36	1 770,03
	III	13 710	754,05	1 096,80	1 233,90
	V	25 191	1 385,50	2 015,28	2 267,19
	VI	25 593	1 407,61	2 047,44	2 303,37
72 539,99	I,IV	20 232	1 112,76	1 618,56	1 820,88
	II	19 682	1 082,51	1 574,56	1 771,38
	III	13 722	754,71	1 097,76	1 234,98
	V	25 206	1 386,33	2 016,48	2 268,54
	VI	25 608	1 408,44	2 048,64	2 304,72
72 575,99	I,IV	20 247	1 113,58	1 619,76	1 822,23
	II	19 697	1 083,33	1 575,76	1 772,73
	III	13 734	755,37	1 098,72	1 236,06
	V	25 222	1 387,21	2 017,76	2 269,98
	VI	25 623	1 409,26	2 049,84	2 306,07

(Lohnsteuer, Solidaritätszuschlag und Kirchensteuer in den Steuerklassen I – VI)

* Die ausgewiesenen Tabellenwerte sind amtlich. Siehe Erläuterungen auf der Umschlaginnenseite (U2).

Sonstige Bezüge / B-Tarif

72 576,–*

Lohn/ Gehalt bis €*		Lohnsteuer, Solidaritätszuschlag und Kirchensteuer in den Steuerklassen I – VI			
		LSt	SolZ	8%	9%
72 611,99	I,IV	20 262	1 114,41	1 620,96	1 823,58
	II	19 713	1 084,21	1 577,04	1 774,17
	III	13 746	756,03	1 099,68	1 237,14
	V	25 237	1 388,03	2 018,96	2 271,33
	VI	25 638	1 410,09	2 051,04	2 307,42
72 647,99	I,IV	20 277	1 115,23	1 622,16	1 824,93
	II	19 728	1 085,04	1 578,24	1 775,52
	III	13 758	756,69	1 100,64	1 238,22
	V	25 252	1 388,86	2 020,16	2 272,68
	VI	25 653	1 410,91	2 052,24	2 308,77
72 683,99	I,IV	20 292	1 116,06	1 623,36	1 826,28
	II	19 743	1 085,86	1 579,44	1 776,87
	III	13 770	757,35	1 101,60	1 239,30
	V	25 267	1 389,68	2 021,36	2 274,03
	VI	25 668	1 411,74	2 053,44	2 310,12
72 719,99	I,IV	20 307	1 116,88	1 624,56	1 827,63
	II	19 758	1 086,69	1 580,64	1 778,22
	III	13 782	758,01	1 102,56	1 240,38
	V	25 282	1 390,51	2 022,56	2 275,38
	VI	25 684	1 412,62	2 054,72	2 311,56
72 755,99	I,IV	20 322	1 117,71	1 625,76	1 828,98
	II	19 773	1 087,51	1 581,84	1 779,57
	III	13 794	758,67	1 103,52	1 241,46
	V	25 297	1 391,33	2 023,76	2 276,73
	VI	25 699	1 413,44	2 055,92	2 312,91
72 791,99	I,IV	20 338	1 118,59	1 627,04	1 830,42
	II	19 788	1 088,34	1 583,04	1 780,92
	III	13 806	759,33	1 104,48	1 242,54
	V	25 312	1 392,16	2 024,96	2 278,08
	VI	25 714	1 414,27	2 057,12	2 314,26
72 827,99	I,IV	20 353	1 119,41	1 628,24	1 831,77
	II	19 803	1 089,16	1 584,24	1 782,27
	III	13 818	759,99	1 105,44	1 243,62
	V	25 327	1 392,98	2 026,16	2 279,43
	VI	25 729	1 415,09	2 058,32	2 315,61
72 863,99	I,IV	20 368	1 120,24	1 629,44	1 833,12
	II	19 818	1 089,99	1 585,44	1 783,62
	III	13 830	760,65	1 106,40	1 244,70
	V	25 343	1 393,86	2 027,44	2 280,87
	VI	25 744	1 415,92	2 059,52	2 316,96
72 899,99	I,IV	20 383	1 121,06	1 630,64	1 834,47
	II	19 834	1 090,87	1 586,72	1 785,06
	III	13 842	761,31	1 107,36	1 245,78
	V	25 358	1 394,69	2 028,64	2 282,22
	VI	25 759	1 416,74	2 060,72	2 318,31
72 935,99	I,IV	20 398	1 121,89	1 631,84	1 835,82
	II	19 849	1 091,69	1 587,92	1 786,41
	III	13 854	761,97	1 108,32	1 246,86
	V	25 373	1 395,51	2 029,84	2 283,57
	VI	25 774	1 417,57	2 061,92	2 319,66
72 971,99	I,IV	20 413	1 122,71	1 633,04	1 837,17
	II	19 864	1 092,52	1 589,12	1 787,76
	III	13 866	762,63	1 109,28	1 247,94
	V	25 388	1 396,34	2 031,04	2 284,92
	VI	25 789	1 418,39	2 063,12	2 321,01
73 007,99	I,IV	20 428	1 123,54	1 634,24	1 838,52
	II	19 879	1 093,34	1 590,32	1 789,11
	III	13 878	763,29	1 110,24	1 249,02
	V	25 403	1 397,16	2 032,24	2 286,27
	VI	25 805	1 419,27	2 064,40	2 322,45
73 043,99	I,IV	20 443	1 124,36	1 635,44	1 839,87
	II	19 894	1 094,17	1 591,52	1 790,46
	III	13 890	763,95	1 111,20	1 250,10
	V	25 418	1 397,99	2 033,44	2 287,62
	VI	25 820	1 420,10	2 065,60	2 323,80
73 079,99	I,IV	20 458	1 125,19	1 636,64	1 841,22
	II	19 909	1 094,99	1 592,72	1 791,81
	III	13 902	764,61	1 112,16	1 251,18
	V	25 433	1 398,81	2 034,64	2 288,97
	VI	25 835	1 420,92	2 066,80	2 325,15
73 115,99	I,IV	20 474	1 126,07	1 637,92	1 842,66
	II	19 924	1 095,82	1 593,92	1 793,16
	III	13 914	765,27	1 113,12	1 252,26
	V	25 448	1 399,64	2 035,84	2 290,32
	VI	25 850	1 421,75	2 068,—	2 326,50
73 151,99	I,IV	20 489	1 126,89	1 639,12	1 844,01
	II	19 939	1 096,64	1 595,12	1 794,51
	III	13 926	765,93	1 114,08	1 253,34
	V	25 464	1 400,52	2 037,12	2 291,76
	VI	25 865	1 422,57	2 069,20	2 327,85

Lohn/ Gehalt bis €*		Lohnsteuer, Solidaritätszuschlag und Kirchensteuer in den Steuerklassen I – VI			
		LSt	SolZ	8%	9%
73 187,99	I,IV	20 504	1 127,72	1 640,32	1 845,36
	II	19 954	1 097,47	1 596,32	1 795,86
	III	13 938	766,59	1 115,04	1 254,42
	V	25 479	1 401,34	2 038,32	2 293,11
	VI	25 880	1 423,40	2 070,40	2 329,20
73 223,99	I,IV	20 519	1 128,54	1 641,52	1 846,71
	II	19 970	1 098,35	1 597,60	1 797,30
	III	13 950	767,25	1 116,—	1 255,50
	V	25 494	1 402,17	2 039,52	2 294,46
	VI	25 895	1 424,22	2 071,60	2 330,55
73 259,99	I,IV	20 534	1 129,37	1 642,72	1 848,06
	II	19 985	1 099,17	1 598,80	1 798,65
	III	13 962	767,91	1 116,96	1 256,58
	V	25 509	1 402,99	2 040,72	2 295,81
	VI	25 910	1 425,05	2 072,80	2 331,90
73 295,99	I,IV	20 549	1 130,19	1 643,92	1 849,41
	II	20 000	1 100,—	1 600,—	1 800,—
	III	13 974	768,57	1 117,92	1 257,66
	V	25 524	1 403,82	2 041,92	2 297,16
	VI	25 926	1 425,93	2 074,08	2 333,34
73 331,99	I,IV	20 564	1 131,02	1 645,12	1 850,76
	II	20 015	1 100,82	1 601,20	1 801,35
	III	13 986	769,23	1 118,88	1 258,74
	V	25 539	1 404,64	2 043,12	2 298,51
	VI	25 941	1 426,75	2 075,28	2 334,69
73 367,99	I,IV	20 579	1 131,84	1 646,32	1 852,11
	II	20 030	1 101,65	1 602,40	1 802,70
	III	13 998	769,89	1 119,84	1 259,82
	V	25 554	1 405,47	2 044,32	2 299,86
	VI	25 956	1 427,58	2 076,48	2 336,04
73 403,99	I,IV	20 595	1 132,72	1 647,60	1 853,55
	II	20 045	1 102,47	1 603,60	1 804,05
	III	14 010	770,55	1 120,80	1 260,90
	V	25 569	1 406,29	2 045,52	2 301,21
	VI	25 971	1 428,40	2 077,68	2 337,39
73 439,99	I,IV	20 610	1 133,55	1 648,80	1 854,90
	II	20 060	1 103,30	1 604,80	1 805,40
	III	14 022	771,21	1 121,76	1 261,98
	V	25 584	1 407,12	2 046,72	2 302,56
	VI	25 986	1 429,23	2 078,88	2 338,74
73 475,99	I,IV	20 625	1 134,37	1 650,—	1 856,25
	II	20 075	1 104,12	1 606,—	1 806,75
	III	14 034	771,87	1 122,72	1 263,06
	V	25 600	1 408,—	2 048,—	2 304,—
	VI	26 001	1 430,05	2 080,08	2 340,09
73 511,99	I,IV	20 640	1 135,20	1 651,20	1 857,60
	II	20 091	1 105,—	1 607,28	1 808,19
	III	14 046	772,53	1 123,68	1 264,14
	V	25 615	1 408,82	2 049,20	2 305,35
	VI	26 016	1 430,88	2 081,28	2 341,44
73 547,99	I,IV	20 655	1 136,02	1 652,40	1 858,95
	II	20 106	1 105,83	1 608,48	1 809,54
	III	14 058	773,19	1 124,64	1 265,22
	V	25 630	1 409,65	2 050,40	2 306,70
	VI	26 031	1 431,70	2 082,48	2 342,79
73 583,99	I,IV	20 670	1 136,85	1 653,60	1 860,30
	II	20 121	1 106,65	1 609,68	1 810,89
	III	14 070	773,85	1 125,60	1 266,30
	V	25 645	1 410,47	2 051,60	2 308,05
	VI	26 046	1 432,53	2 083,68	2 344,14
73 619,99	I,IV	20 685	1 137,67	1 654,80	1 861,65
	II	20 136	1 107,48	1 610,88	1 812,24
	III	14 082	774,51	1 126,56	1 267,38
	V	25 660	1 411,30	2 052,80	2 309,40
	VI	26 062	1 433,41	2 084,96	2 345,58
73 655,99	I,IV	20 700	1 138,50	1 656,—	1 863,—
	II	20 151	1 108,30	1 612,08	1 813,59
	III	14 094	775,17	1 127,52	1 268,46
	V	25 675	1 412,12	2 054,—	2 310,75
	VI	26 077	1 434,23	2 086,16	2 346,93
73 691,99	I,IV	20 716	1 139,38	1 657,28	1 864,44
	II	20 166	1 109,13	1 613,28	1 814,94
	III	14 106	775,83	1 128,48	1 269,54
	V	25 690	1 412,95	2 055,20	2 312,10
	VI	26 092	1 435,06	2 087,36	2 348,28
73 727,99	I,IV	20 731	1 140,20	1 658,48	1 865,79
	II	20 181	1 109,95	1 614,48	1 816,29
	III	14 118	776,49	1 129,44	1 270,62
	V	25 705	1 413,77	2 056,40	2 313,45
	VI	26 107	1 435,88	2 088,56	2 349,63

Lohn/ Gehalt bis €*		Lohnsteuer, Solidaritätszuschlag und Kirchensteuer in den Steuerklassen I – VI			
		LSt	SolZ	8%	9%
73 763,99	I,IV	20 746	1 141,03	1 659,68	1 867,14
	II	20 196	1 110,78	1 615,68	1 817,64
	III	14 132	777,26	1 130,56	1 271,88
	V	25 721	1 414,65	2 057,68	2 314,89
	VI	26 122	1 436,71	2 089,76	2 350,98
73 799,99	I,IV	20 761	1 141,85	1 660,88	1 868,49
	II	20 212	1 111,66	1 616,96	1 819,08
	III	14 144	777,92	1 131,52	1 272,96
	V	25 736	1 415,48	2 058,88	2 316,24
	VI	26 137	1 437,53	2 090,96	2 352,33
73 835,99	I,IV	20 776	1 142,68	1 662,08	1 869,84
	II	20 227	1 112,48	1 618,16	1 820,43
	III	14 156	778,58	1 132,48	1 274,04
	V	25 751	1 416,30	2 060,08	2 317,59
	VI	26 152	1 438,36	2 092,16	2 353,68
73 871,99	I,IV	20 791	1 143,50	1 663,28	1 871,19
	II	20 242	1 113,31	1 619,36	1 821,78
	III	14 168	779,24	1 133,44	1 275,12
	V	25 766	1 417,13	2 061,28	2 318,94
	VI	26 167	1 439,18	2 093,36	2 355,03
73 907,99	I,IV	20 806	1 144,33	1 664,48	1 872,54
	II	20 257	1 114,13	1 620,56	1 823,13
	III	14 180	779,90	1 134,40	1 276,20
	V	25 781	1 417,95	2 062,48	2 320,29
	VI	26 183	1 440,06	2 094,64	2 356,47
73 943,99	I,IV	20 821	1 145,15	1 665,68	1 873,89
	II	20 272	1 114,96	1 621,76	1 824,48
	III	14 192	780,56	1 135,36	1 277,28
	V	25 796	1 418,78	2 063,68	2 321,64
	VI	26 198	1 440,89	2 095,84	2 357,82
73 979,99	I,IV	20 836	1 145,98	1 666,88	1 875,24
	II	20 287	1 115,78	1 622,96	1 825,83
	III	14 204	781,22	1 136,32	1 278,36
	V	25 811	1 419,60	2 064,88	2 322,99
	VI	26 213	1 441,71	2 097,04	2 359,17
74 015,99	I,IV	20 852	1 146,86	1 668,16	1 876,68
	II	20 302	1 116,61	1 624,16	1 827,18
	III	14 216	781,88	1 137,28	1 279,44
	V	25 826	1 420,43	2 066,08	2 324,34
	VI	26 228	1 442,54	2 098,24	2 360,52
74 051,99	I,IV	20 867	1 147,68	1 669,36	1 878,03
	II	20 317	1 117,43	1 625,36	1 828,53
	III	14 228	782,54	1 138,24	1 280,52
	V	25 842	1 421,31	2 067,36	2 325,78
	VI	26 243	1 443,36	2 099,44	2 361,87
74 087,99	I,IV	20 882	1 148,51	1 670,56	1 879,38
	II	20 332	1 118,26	1 626,56	1 829,88
	III	14 240	783,20	1 139,20	1 281,60
	V	25 857	1 422,13	2 068,56	2 327,13
	VI	26 258	1 444,19	2 100,64	2 363,22
74 123,99	I,IV	20 897	1 149,33	1 671,76	1 880,73
	II	20 348	1 119,14	1 627,84	1 831,32
	III	14 252	783,86	1 140,16	1 282,68
	V	25 872	1 422,96	2 069,76	2 328,48
	VI	26 273	1 445,01	2 101,84	2 364,57
74 159,99	I,IV	20 912	1 150,16	1 672,96	1 882,08
	II	20 363	1 119,96	1 629,04	1 832,67
	III	14 264	784,52	1 141,12	1 283,76
	V	25 887	1 423,78	2 070,96	2 329,83
	VI	26 288	1 445,84	2 103,04	2 365,92
74 195,99	I,IV	20 927	1 150,98	1 674,16	1 883,43
	II	20 378	1 120,79	1 630,24	1 834,02
	III	14 276	785,18	1 142,08	1 284,84
	V	25 902	1 424,61	2 072,16	2 331,18
	VI	26 304	1 446,72	2 104,32	2 367,36
74 231,99	I,IV	20 942	1 151,81	1 675,36	1 884,78
	II	20 393	1 121,61	1 631,44	1 835,37
	III	14 288	785,84	1 143,04	1 285,92
	V	25 917	1 425,43	2 073,36	2 332,53
	VI	26 319	1 447,54	2 105,52	2 368,71
74 267,99	I,IV	20 957	1 152,63	1 676,56	1 886,13
	II	20 408	1 122,44	1 632,64	1 836,72
	III	14 300	786,50	1 144,—	1 287,—
	V	25 932	1 426,26	2 074,56	2 333,88
	VI	26 334	1 448,37	2 106,72	2 370,06
74 303,99	I,IV	20 973	1 153,51	1 677,84	1 887,57
	II	20 423	1 123,26	1 633,84	1 838,07
	III	14 312	787,16	1 144,96	1 288,08
	V	25 947	1 427,08	2 075,76	2 335,23
	VI	26 349	1 449,19	2 107,92	2 371,41

* Die ausgewiesenen Tabellenwerte sind amtlich. Siehe Erläuterungen auf der Umschlaginnenseite (U2).

76 031,99*

Sonstige Bezüge / B-Tarif

Lohn/ Gehalt bis €*	Lohnsteuer, Solidaritätszuschlag und Kirchensteuer in den Steuerklassen I – VI	LSt	SolZ	8%	9%
74 339,99	I,IV	20 988	1 154,34	1 679,04	1 888,92
	II	20 438	1 124,09	1 635,04	1 839,42
	III	14 324	787,82	1 145,92	1 289,16
	V	25 962	1 427,91	2 076,96	2 336,58
	VI	26 364	1 450,02	2 109,12	2 372,76
74 375,99	I,IV	21 003	1 155,16	1 680,24	1 890,27
	II	20 453	1 124,91	1 636,24	1 840,77
	III	14 336	788,48	1 146,88	1 290,24
	V	25 978	1 428,79	2 078,24	2 338,02
	VI	26 379	1 450,84	2 110,32	2 374,11
74 411,99	I,IV	21 018	1 155,99	1 681,44	1 891,62
	II	20 469	1 125,79	1 637,52	1 842,21
	III	14 348	789,14	1 147,84	1 291,32
	V	25 993	1 429,61	2 079,44	2 339,37
	VI	26 394	1 451,67	2 111,52	2 375,46
74 447,99	I,IV	21 033	1 156,81	1 682,64	1 892,97
	II	20 484	1 126,62	1 638,72	1 843,56
	III	14 362	789,91	1 148,96	1 292,58
	V	26 008	1 430,44	2 080,64	2 340,72
	VI	26 409	1 452,49	2 112,72	2 376,81
74 483,99	I,IV	21 048	1 157,64	1 683,84	1 894,32
	II	20 499	1 127,44	1 639,92	1 844,91
	III	14 374	790,57	1 149,92	1 293,66
	V	26 023	1 431,26	2 081,84	2 342,07
	VI	26 424	1 453,32	2 113,92	2 378,16
74 519,99	I,IV	21 063	1 158,46	1 685,04	1 895,67
	II	20 514	1 128,27	1 641,12	1 846,26
	III	14 386	791,23	1 150,88	1 294,74
	V	26 038	1 432,09	2 083,04	2 343,42
	VI	26 440	1 454,20	2 115,20	2 379,60
74 555,99	I,IV	21 078	1 159,29	1 686,24	1 897,02
	II	20 529	1 129,09	1 642,32	1 847,61
	III	14 398	791,89	1 151,84	1 295,82
	V	26 053	1 432,91	2 084,24	2 344,77
	VI	26 455	1 455,02	2 116,40	2 380,95
74 591,99	I,IV	21 094	1 160,17	1 687,52	1 898,46
	II	20 544	1 129,92	1 643,52	1 848,96
	III	14 410	792,55	1 152,80	1 296,90
	V	26 068	1 433,74	2 085,44	2 346,12
	VI	26 470	1 455,85	2 117,60	2 382,30
74 627,99	I,IV	21 109	1 160,99	1 688,72	1 899,81
	II	20 559	1 130,74	1 644,72	1 850,31
	III	14 422	793,21	1 153,76	1 297,98
	V	26 083	1 434,56	2 086,64	2 347,47
	VI	26 485	1 456,67	2 118,80	2 383,65
74 663,99	I,IV	21 124	1 161,82	1 689,92	1 901,16
	II	20 574	1 131,57	1 645,92	1 851,66
	III	14 434	793,87	1 154,72	1 299,06
	V	26 099	1 435,44	2 087,92	2 348,91
	VI	26 500	1 457,50	2 120,—	2 385,—
74 699,99	I,IV	21 139	1 162,64	1 691,12	1 902,51
	II	20 590	1 132,45	1 647,20	1 853,10
	III	14 446	794,53	1 155,68	1 300,14
	V	26 114	1 436,27	2 089,12	2 350,26
	VI	26 515	1 458,32	2 121,20	2 386,35
74 735,99	I,IV	21 154	1 163,47	1 692,32	1 903,86
	II	20 605	1 133,27	1 648,40	1 854,45
	III	14 458	795,19	1 156,64	1 301,22
	V	26 129	1 437,09	2 090,32	2 351,61
	VI	26 530	1 459,15	2 122,40	2 387,70
74 771,99	I,IV	21 169	1 164,29	1 693,52	1 905,21
	II	20 620	1 134,10	1 649,60	1 855,80
	III	14 470	795,85	1 157,60	1 302,30
	V	26 144	1 437,92	2 091,52	2 352,96
	VI	26 545	1 459,97	2 123,60	2 389,05
74 807,99	I,IV	21 184	1 165,12	1 694,72	1 906,56
	II	20 635	1 134,92	1 650,80	1 857,15
	III	14 482	796,51	1 158,56	1 303,38
	V	26 159	1 438,74	2 092,72	2 354,31
	VI	26 561	1 460,85	2 124,88	2 390,49
74 843,99	I,IV	21 199	1 165,94	1 695,92	1 907,91
	II	20 650	1 135,75	1 652,—	1 858,50
	III	14 494	797,17	1 159,52	1 304,46
	V	26 174	1 439,57	2 093,92	2 355,66
	VI	26 576	1 461,68	2 126,08	2 391,84
74 879,99	I,IV	21 214	1 166,77	1 697,12	1 909,26
	II	20 665	1 136,57	1 653,20	1 859,85
	III	14 506	797,83	1 160,48	1 305,54
	V	26 189	1 440,39	2 095,12	2 357,01
	VI	26 591	1 462,50	2 127,28	2 393,19

Lohn/ Gehalt bis €*	Lohnsteuer, Solidaritätszuschlag und Kirchensteuer in den Steuerklassen I – VI	LSt	SolZ	8%	9%
74 915,99	I,IV	21 230	1 167,65	1 698,40	1 910,70
	II	20 680	1 137,40	1 654,40	1 861,20
	III	14 520	798,60	1 161,60	1 306,80
	V	26 204	1 441,22	2 096,32	2 358,36
	VI	26 606	1 463,33	2 128,48	2 394,54
74 951,99	I,IV	21 245	1 168,47	1 699,60	1 912,05
	II	20 695	1 138,22	1 655,60	1 862,55
	III	14 532	799,26	1 162,56	1 307,88
	V	26 220	1 442,10	2 097,60	2 359,80
	VI	26 621	1 464,15	2 129,68	2 395,89
74 987,99	I,IV	21 260	1 169,30	1 700,80	1 913,40
	II	20 710	1 139,05	1 656,80	1 863,90
	III	14 544	799,92	1 163,52	1 308,96
	V	26 235	1 442,92	2 098,80	2 361,15
	VI	26 636	1 464,98	2 130,88	2 397,24
75 023,99	I,IV	21 275	1 170,12	1 702,—	1 914,75
	II	20 726	1 139,93	1 658,08	1 865,34
	III	14 556	800,58	1 164,48	1 310,04
	V	26 250	1 443,75	2 100,—	2 362,50
	VI	26 651	1 465,80	2 132,08	2 398,59
75 059,99	I,IV	21 290	1 170,95	1 703,20	1 916,10
	II	20 741	1 140,75	1 659,28	1 866,69
	III	14 568	801,24	1 165,44	1 311,12
	V	26 265	1 444,57	2 101,20	2 363,85
	VI	26 666	1 466,63	2 133,28	2 399,94
75 095,99	I,IV	21 305	1 171,77	1 704,40	1 917,45
	II	20 756	1 141,58	1 660,48	1 868,04
	III	14 580	801,90	1 166,40	1 312,20
	V	26 280	1 445,40	2 102,40	2 365,20
	VI	26 682	1 467,51	2 134,56	2 401,38
75 131,99	I,IV	21 320	1 172,60	1 705,60	1 918,80
	II	20 771	1 142,40	1 661,68	1 869,39
	III	14 592	802,56	1 167,36	1 313,28
	V	26 295	1 446,22	2 103,60	2 366,55
	VI	26 697	1 468,33	2 135,76	2 402,73
75 167,99	I,IV	21 335	1 173,42	1 706,80	1 920,15
	II	20 786	1 143,23	1 662,88	1 870,74
	III	14 604	803,22	1 168,32	1 314,36
	V	26 310	1 447,05	2 104,80	2 367,90
	VI	26 712	1 469,16	2 136,96	2 404,08
75 203,99	I,IV	21 351	1 174,30	1 708,08	1 921,59
	II	20 801	1 144,05	1 664,08	1 872,09
	III	14 616	803,88	1 169,28	1 315,44
	V	26 325	1 447,87	2 106,—	2 369,25
	VI	26 727	1 469,98	2 138,16	2 405,43
75 239,99	I,IV	21 366	1 175,13	1 709,28	1 922,94
	II	20 816	1 144,88	1 665,28	1 873,44
	III	14 628	804,54	1 170,24	1 316,52
	V	26 340	1 448,70	2 107,20	2 370,60
	VI	26 742	1 470,81	2 139,36	2 406,78
75 275,99	I,IV	21 381	1 175,95	1 710,48	1 924,29
	II	20 831	1 145,70	1 666,48	1 874,79
	III	14 642	805,31	1 171,36	1 317,78
	V	26 356	1 449,58	2 108,48	2 372,04
	VI	26 757	1 471,63	2 140,56	2 408,13
75 311,99	I,IV	21 396	1 176,78	1 711,68	1 925,64
	II	20 847	1 146,58	1 667,76	1 876,23
	III	14 654	805,97	1 172,32	1 318,86
	V	26 371	1 450,40	2 109,68	2 373,39
	VI	26 772	1 472,46	2 141,76	2 409,48
75 347,99	I,IV	21 411	1 177,60	1 712,88	1 926,99
	II	20 862	1 147,41	1 668,96	1 877,58
	III	14 666	806,63	1 173,28	1 319,94
	V	26 386	1 451,23	2 110,88	2 374,74
	VI	26 787	1 473,28	2 142,96	2 410,83
75 383,99	I,IV	21 426	1 178,43	1 714,08	1 928,34
	II	20 877	1 148,23	1 670,16	1 878,93
	III	14 678	807,29	1 174,24	1 321,02
	V	26 401	1 452,05	2 112,08	2 376,09
	VI	26 802	1 474,11	2 144,16	2 412,18
75 419,99	I,IV	21 441	1 179,25	1 715,28	1 929,69
	II	20 892	1 149,06	1 671,36	1 880,28
	III	14 690	807,95	1 175,20	1 322,10
	V	26 416	1 452,88	2 113,28	2 377,44
	VI	26 818	1 474,99	2 145,44	2 413,62
75 455,99	I,IV	21 456	1 180,08	1 716,48	1 931,04
	II	20 907	1 149,88	1 672,56	1 881,63
	III	14 702	808,61	1 176,16	1 323,18
	V	26 431	1 453,70	2 114,48	2 378,79
	VI	26 833	1 475,81	2 146,64	2 414,97

Lohn/ Gehalt bis €*	Lohnsteuer, Solidaritätszuschlag und Kirchensteuer in den Steuerklassen I – VI	LSt	SolZ	8%	9%
75 491,99	I,IV	21 472	1 180,96	1 717,76	1 932,48
	II	20 922	1 150,71	1 673,76	1 882,98
	III	14 714	809,27	1 177,12	1 324,26
	V	26 446	1 454,53	2 115,68	2 380,14
	VI	26 848	1 476,64	2 147,84	2 416,32
75 527,99	I,IV	21 487	1 181,78	1 718,96	1 933,83
	II	20 937	1 151,53	1 674,96	1 884,33
	III	14 726	809,93	1 178,08	1 325,34
	V	26 461	1 455,35	2 116,88	2 381,49
	VI	26 863	1 477,46	2 149,04	2 417,67
75 563,99	I,IV	21 502	1 182,61	1 720,16	1 935,18
	II	20 952	1 152,36	1 676,16	1 885,68
	III	14 738	810,59	1 179,04	1 326,42
	V	26 477	1 456,23	2 118,16	2 382,93
	VI	26 878	1 478,29	2 150,24	2 419,02
75 599,99	I,IV	21 517	1 183,43	1 721,36	1 936,53
	II	20 968	1 153,24	1 677,44	1 887,12
	III	14 750	811,25	1 180,—	1 327,50
	V	26 492	1 457,06	2 119,36	2 384,28
	VI	26 893	1 479,11	2 151,44	2 420,37
75 635,99	I,IV	21 532	1 184,26	1 722,56	1 937,88
	II	20 983	1 154,06	1 678,64	1 888,47
	III	14 764	812,02	1 181,12	1 328,76
	V	26 507	1 457,88	2 120,56	2 385,63
	VI	26 908	1 479,94	2 152,64	2 421,72
75 671,99	I,IV	21 547	1 185,08	1 723,76	1 939,23
	II	20 998	1 154,89	1 679,84	1 889,82
	III	14 776	812,68	1 182,08	1 329,84
	V	26 522	1 458,71	2 121,76	2 386,98
	VI	26 923	1 480,76	2 153,84	2 423,07
75 707,99	I,IV	21 562	1 185,91	1 724,96	1 940,58
	II	21 013	1 155,71	1 681,04	1 891,17
	III	14 788	813,34	1 183,04	1 330,92
	V	26 537	1 459,53	2 122,96	2 388,33
	VI	26 939	1 481,64	2 155,12	2 424,51
75 743,99	I,IV	21 577	1 186,73	1 726,16	1 941,93
	II	21 028	1 156,54	1 682,24	1 892,52
	III	14 800	814,—	1 184,—	1 332,—
	V	26 552	1 460,36	2 124,16	2 389,68
	VI	26 954	1 482,47	2 156,32	2 425,86
75 779,99	I,IV	21 592	1 187,56	1 727,36	1 943,28
	II	21 043	1 157,36	1 683,44	1 893,87
	III	14 812	814,66	1 184,96	1 333,08
	V	26 567	1 461,18	2 125,36	2 391,03
	VI	26 969	1 483,29	2 157,52	2 427,21
75 815,99	I,IV	21 608	1 188,44	1 728,64	1 944,72
	II	21 058	1 158,19	1 684,64	1 895,22
	III	14 824	815,32	1 185,92	1 334,16
	V	26 582	1 462,01	2 126,56	2 392,38
	VI	26 984	1 484,12	2 158,72	2 428,56
75 851,99	I,IV	21 623	1 189,26	1 729,84	1 946,07
	II	21 073	1 159,01	1 685,84	1 896,57
	III	14 836	815,98	1 186,88	1 335,24
	V	26 598	1 462,89	2 127,84	2 393,82
	VI	26 999	1 484,94	2 159,92	2 429,91
75 887,99	I,IV	21 638	1 190,09	1 731,04	1 947,42
	II	21 088	1 159,84	1 687,04	1 897,92
	III	14 848	816,64	1 187,84	1 336,32
	V	26 613	1 463,71	2 129,04	2 395,17
	VI	27 014	1 485,77	2 161,12	2 431,26
75 923,99	I,IV	21 653	1 190,91	1 732,24	1 948,77
	II	21 104	1 160,72	1 688,32	1 899,36
	III	14 862	817,41	1 188,96	1 337,58
	V	26 628	1 464,54	2 130,24	2 396,52
	VI	27 029	1 486,59	2 162,32	2 432,61
75 959,99	I,IV	21 668	1 191,74	1 733,44	1 950,12
	II	21 119	1 161,54	1 689,52	1 900,71
	III	14 874	818,07	1 189,92	1 338,66
	V	26 643	1 465,36	2 131,44	2 397,87
	VI	27 044	1 487,42	2 163,52	2 433,96
75 995,99	I,IV	21 683	1 192,56	1 734,64	1 951,47
	II	21 134	1 162,37	1 690,72	1 902,06
	III	14 886	818,73	1 190,88	1 339,74
	V	26 658	1 466,19	2 132,64	2 399,22
	VI	27 060	1 488,30	2 164,80	2 435,40
76 031,99	I,IV	21 698	1 193,39	1 735,84	1 952,82
	II	21 149	1 163,19	1 691,92	1 903,41
	III	14 898	819,39	1 191,84	1 340,82
	V	26 673	1 467,01	2 133,84	2 400,57
	VI	27 075	1 489,12	2 166,—	2 436,75

* Die ausgewiesenen Tabellenwerte sind amtlich. Siehe Erläuterungen auf der Umschlaginnenseite (U2).

Sonstige Bezüge / B-Tarif

76 032,–*

Lohn/Gehalt bis €*	Steuerklasse	LSt	SolZ	8%	9%
76 067,99	I,IV	21 713	1 194,21	1 737,04	1 954,17
	II	21 164	1 164,02	1 693,12	1 904,76
	III	14 910	820,05	1 192,80	1 341,90
	V	26 688	1 467,84	2 135,04	2 401,92
	VI	27 090	1 489,95	2 167,20	2 438,10
76 103,99	I,IV	21 729	1 195,09	1 738,32	1 955,61
	II	21 179	1 164,84	1 694,32	1 906,11
	III	14 922	820,71	1 193,76	1 342,98
	V	26 703	1 468,66	2 136,24	2 403,27
	VI	27 105	1 490,77	2 168,40	2 439,45
76 139,99	I,IV	21 744	1 195,92	1 739,52	1 956,96
	II	21 194	1 165,67	1 695,52	1 907,46
	III	14 934	821,37	1 194,72	1 344,06
	V	26 718	1 469,49	2 137,44	2 404,62
	VI	27 120	1 491,60	2 169,60	2 440,80
76 175,99	I,IV	21 759	1 196,74	1 740,72	1 958,31
	II	21 209	1 166,49	1 696,72	1 908,81
	III	14 948	822,14	1 195,84	1 345,32
	V	26 734	1 470,37	2 138,72	2 406,06
	VI	27 135	1 492,42	2 170,80	2 442,15
76 211,99	I,IV	21 774	1 197,57	1 741,92	1 959,66
	II	21 225	1 167,37	1 698,—	1 910,25
	III	14 960	822,80	1 196,80	1 346,40
	V	26 749	1 471,19	2 139,92	2 407,41
	VI	27 150	1 493,25	2 172,—	2 443,50
76 247,99	I,IV	21 789	1 198,39	1 743,12	1 961,01
	II	21 240	1 168,20	1 699,20	1 911,60
	III	14 972	823,46	1 197,76	1 347,48
	V	26 764	1 472,02	2 141,12	2 408,76
	VI	27 165	1 494,07	2 173,20	2 444,85
76 283,99	I,IV	21 804	1 199,22	1 744,32	1 962,36
	II	21 255	1 169,02	1 700,40	1 912,95
	III	14 984	824,12	1 198,72	1 348,56
	V	26 779	1 472,84	2 142,32	2 410,11
	VI	27 180	1 494,90	2 174,40	2 446,20
76 319,99	I,IV	21 819	1 200,04	1 745,52	1 963,71
	II	21 270	1 169,85	1 701,60	1 914,30
	III	14 996	824,78	1 199,68	1 349,64
	V	26 794	1 473,67	2 143,52	2 411,46
	VI	27 196	1 495,78	2 175,68	2 447,64
76 355,99	I,IV	21 834	1 200,87	1 746,72	1 965,06
	II	21 285	1 170,67	1 702,80	1 915,65
	III	15 008	825,44	1 200,64	1 350,72
	V	26 809	1 474,49	2 144,72	2 412,81
	VI	27 211	1 496,60	2 176,88	2 448,99
76 391,99	I,IV	21 850	1 201,75	1 748,—	1 966,50
	II	21 300	1 171,50	1 704,—	1 917,—
	III	15 020	826,10	1 201,60	1 351,80
	V	26 824	1 475,32	2 145,92	2 414,16
	VI	27 226	1 497,43	2 178,08	2 450,34
76 427,99	I,IV	21 865	1 202,57	1 749,20	1 967,85
	II	21 315	1 172,32	1 705,20	1 918,35
	III	15 034	826,87	1 202,72	1 353,06
	V	26 839	1 476,14	2 147,12	2 415,51
	VI	27 241	1 498,25	2 179,28	2 451,69
76 463,99	I,IV	21 880	1 203,40	1 750,40	1 969,20
	II	21 330	1 173,15	1 706,40	1 919,70
	III	15 046	827,53	1 203,68	1 354,14
	V	26 855	1 477,02	2 148,40	2 416,95
	VI	27 256	1 499,08	2 180,48	2 453,04
76 499,99	I,IV	21 895	1 204,22	1 751,60	1 970,55
	II	21 346	1 174,03	1 707,68	1 921,14
	III	15 058	828,19	1 204,64	1 355,22
	V	26 870	1 477,85	2 149,60	2 418,30
	VI	27 271	1 499,90	2 181,68	2 454,39
76 535,99	I,IV	21 910	1 205,05	1 752,80	1 971,90
	II	21 361	1 174,85	1 708,88	1 922,49
	III	15 070	828,85	1 205,60	1 356,30
	V	26 885	1 478,67	2 150,80	2 419,65
	VI	27 286	1 500,73	2 182,88	2 455,74
76 571,99	I,IV	21 925	1 205,87	1 754,—	1 973,25
	II	21 376	1 175,68	1 710,08	1 923,84
	III	15 082	829,51	1 206,56	1 357,38
	V	26 900	1 479,50	2 152,—	2 421,—
	VI	27 301	1 501,55	2 184,08	2 457,09
76 607,99	I,IV	21 940	1 206,70	1 755,20	1 974,60
	II	21 391	1 176,50	1 711,28	1 925,19
	III	15 094	830,17	1 207,52	1 358,46
	V	26 915	1 480,32	2 153,20	2 422,35
	VI	27 317	1 502,43	2 185,36	2 458,53

Lohn/Gehalt bis €*	Steuerklasse	LSt	SolZ	8%	9%
76 643,99	I,IV	21 955	1 207,52	1 756,40	1 975,95
	II	21 406	1 177,33	1 712,48	1 926,54
	III	15 106	830,83	1 208,48	1 359,54
	V	26 930	1 481,15	2 154,40	2 423,70
	VI	27 332	1 503,26	2 186,56	2 459,88
76 679,99	I,IV	21 970	1 208,35	1 757,60	1 977,30
	II	21 421	1 178,15	1 713,68	1 927,89
	III	15 120	831,60	1 209,60	1 360,80
	V	26 945	1 481,97	2 155,60	2 425,05
	VI	27 347	1 504,08	2 187,76	2 461,23
76 715,99	I,IV	21 986	1 209,23	1 758,88	1 978,74
	II	21 436	1 178,98	1 714,88	1 929,24
	III	15 132	832,26	1 210,56	1 361,88
	V	26 960	1 482,80	2 156,80	2 426,40
	VI	27 362	1 504,91	2 188,96	2 462,58
76 751,99	I,IV	22 001	1 210,05	1 760,08	1 980,09
	II	21 451	1 179,80	1 716,08	1 930,59
	III	15 144	832,92	1 211,52	1 362,96
	V	26 976	1 483,68	2 158,08	2 427,84
	VI	27 377	1 505,73	2 190,16	2 463,93
76 787,99	I,IV	22 016	1 210,88	1 761,28	1 981,44
	II	21 466	1 180,63	1 717,28	1 931,94
	III	15 156	833,58	1 212,48	1 364,04
	V	26 991	1 484,50	2 159,28	2 429,19
	VI	27 392	1 506,56	2 191,36	2 465,28
76 823,99	I,IV	22 031	1 211,70	1 762,48	1 982,79
	II	21 482	1 181,51	1 718,56	1 933,38
	III	15 168	834,24	1 213,44	1 365,12
	V	27 006	1 485,33	2 160,48	2 430,54
	VI	27 407	1 507,38	2 192,56	2 466,63
76 859,99	I,IV	22 046	1 212,53	1 763,68	1 984,14
	II	21 497	1 182,33	1 719,76	1 934,73
	III	15 180	834,90	1 214,40	1 366,20
	V	27 021	1 486,15	2 161,68	2 431,89
	VI	27 422	1 508,21	2 193,76	2 467,98
76 895,99	I,IV	22 061	1 213,35	1 764,88	1 985,49
	II	21 512	1 183,16	1 720,96	1 936,08
	III	15 194	835,67	1 215,52	1 367,46
	V	27 036	1 486,98	2 162,88	2 433,24
	VI	27 438	1 509,09	2 195,04	2 469,42
76 931,99	I,IV	22 076	1 214,18	1 766,08	1 986,84
	II	21 527	1 183,98	1 722,16	1 937,43
	III	15 206	836,33	1 216,48	1 368,54
	V	27 051	1 487,80	2 164,08	2 434,59
	VI	27 453	1 509,91	2 196,24	2 470,77
76 967,99	I,IV	22 091	1 215,—	1 767,28	1 988,19
	II	21 542	1 184,81	1 723,36	1 938,78
	III	15 218	836,99	1 217,44	1 369,62
	V	27 066	1 488,63	2 165,28	2 435,94
	VI	27 468	1 510,74	2 197,44	2 472,12
77 003,99	I,IV	22 107	1 215,88	1 768,56	1 989,63
	II	21 557	1 185,63	1 724,56	1 940,13
	III	15 230	837,65	1 218,40	1 370,70
	V	27 081	1 489,45	2 166,48	2 437,29
	VI	27 483	1 511,56	2 198,64	2 473,47
77 039,99	I,IV	22 122	1 216,71	1 769,76	1 990,98
	II	21 572	1 186,46	1 725,76	1 941,48
	III	15 242	838,31	1 219,36	1 371,78
	V	27 096	1 490,28	2 167,68	2 438,64
	VI	27 498	1 512,39	2 199,84	2 474,82
77 075,99	I,IV	22 137	1 217,53	1 770,96	1 992,33
	II	21 587	1 187,28	1 726,96	1 942,83
	III	15 254	838,97	1 220,32	1 372,86
	V	27 112	1 491,16	2 168,96	2 440,08
	VI	27 513	1 513,21	2 201,04	2 476,17
77 111,99	I,IV	22 152	1 218,36	1 772,16	1 993,68
	II	21 603	1 188,16	1 728,24	1 944,27
	III	15 268	839,74	1 221,44	1 374,12
	V	27 127	1 491,98	2 170,16	2 441,43
	VI	27 528	1 514,04	2 202,24	2 477,52
77 147,99	I,IV	22 167	1 219,18	1 773,36	1 995,03
	II	21 618	1 188,99	1 729,44	1 945,62
	III	15 280	840,40	1 222,40	1 375,20
	V	27 142	1 492,81	2 171,36	2 442,78
	VI	27 543	1 514,86	2 203,44	2 478,87
77 183,99	I,IV	22 182	1 220,01	1 774,56	1 996,38
	II	21 633	1 189,81	1 730,64	1 946,97
	III	15 292	841,06	1 223,36	1 376,28
	V	27 157	1 493,63	2 172,56	2 444,13
	VI	27 558	1 515,69	2 204,64	2 480,22

Lohn/Gehalt bis €*	Steuerklasse	LSt	SolZ	8%	9%
77 219,99	I,IV	22 197	1 220,83	1 775,76	1 997,73
	II	21 648	1 190,64	1 731,84	1 948,32
	III	15 304	841,72	1 224,32	1 377,36
	V	27 172	1 494,46	2 173,76	2 445,48
	VI	27 574	1 516,57	2 205,92	2 481,66
77 255,99	I,IV	22 212	1 221,66	1 776,96	1 999,08
	II	21 663	1 191,46	1 733,04	1 949,67
	III	15 316	842,38	1 225,28	1 378,44
	V	27 187	1 495,28	2 174,96	2 446,83
	VI	27 589	1 517,39	2 207,12	2 483,01
77 291,99	I,IV	22 228	1 222,54	1 778,24	2 000,52
	II	21 678	1 192,29	1 734,24	1 951,02
	III	15 330	843,15	1 226,40	1 379,70
	V	27 202	1 496,11	2 176,16	2 448,18
	VI	27 604	1 518,22	2 208,32	2 484,36
77 327,99	I,IV	22 243	1 223,36	1 779,44	2 001,87
	II	21 693	1 193,11	1 735,44	1 952,37
	III	15 342	843,81	1 227,36	1 380,78
	V	27 217	1 496,93	2 177,36	2 449,53
	VI	27 619	1 519,04	2 209,52	2 485,71
77 363,99	I,IV	22 258	1 224,19	1 780,64	2 003,22
	II	21 708	1 193,94	1 736,64	1 953,72
	III	15 354	844,47	1 228,32	1 381,86
	V	27 233	1 497,81	2 178,64	2 450,97
	VI	27 634	1 519,87	2 210,72	2 487,06
77 399,99	I,IV	22 273	1 225,01	1 781,84	2 004,57
	II	21 724	1 194,82	1 737,92	1 955,16
	III	15 366	845,13	1 229,28	1 382,94
	V	27 248	1 498,64	2 179,84	2 452,32
	VI	27 649	1 520,69	2 211,92	2 488,41
77 435,99	I,IV	22 288	1 225,84	1 783,04	2 005,92
	II	21 739	1 195,64	1 739,12	1 956,51
	III	15 378	845,79	1 230,24	1 384,02
	V	27 263	1 499,46	2 181,04	2 453,67
	VI	27 664	1 521,52	2 213,12	2 489,76
77 471,99	I,IV	22 303	1 226,66	1 784,24	2 007,27
	II	21 754	1 196,47	1 740,32	1 957,86
	III	15 392	846,56	1 231,36	1 385,28
	V	27 278	1 500,29	2 182,24	2 455,02
	VI	27 679	1 522,34	2 214,32	2 491,11
77 507,99	I,IV	22 318	1 227,49	1 785,44	2 008,62
	II	21 769	1 197,29	1 741,52	1 959,21
	III	15 404	847,22	1 232,32	1 386,36
	V	27 293	1 501,11	2 183,44	2 456,37
	VI	27 695	1 523,22	2 215,60	2 492,55
77 543,99	I,IV	22 333	1 228,31	1 786,64	2 009,97
	II	21 784	1 198,12	1 742,72	1 960,56
	III	15 416	847,88	1 233,28	1 387,44
	V	27 308	1 501,94	2 184,64	2 457,72
	VI	27 710	1 524,05	2 216,80	2 493,90
77 579,99	I,IV	22 348	1 229,14	1 787,84	2 011,32
	II	21 799	1 198,94	1 743,92	1 961,91
	III	15 428	848,54	1 234,24	1 388,52
	V	27 323	1 502,76	2 185,84	2 459,07
	VI	27 725	1 524,87	2 218,—	2 495,25
77 615,99	I,IV	22 364	1 230,02	1 789,12	2 012,76
	II	21 814	1 199,77	1 745,12	1 963,26
	III	15 440	849,20	1 235,20	1 389,60
	V	27 338	1 503,59	2 187,04	2 460,42
	VI	27 740	1 525,70	2 219,20	2 496,60
77 651,99	I,IV	22 379	1 230,84	1 790,32	2 014,11
	II	21 829	1 200,59	1 746,32	1 964,61
	III	15 454	849,97	1 236,32	1 390,86
	V	27 354	1 504,47	2 188,32	2 461,86
	VI	27 755	1 526,52	2 220,40	2 497,95
77 687,99	I,IV	22 394	1 231,67	1 791,52	2 015,46
	II	21 844	1 201,42	1 747,52	1 965,96
	III	15 466	850,63	1 237,28	1 391,94
	V	27 369	1 505,29	2 189,52	2 463,21
	VI	27 770	1 527,35	2 221,60	2 499,30

Table headings: Lohnsteuer, Solidaritätszuschlag und Kirchensteuer in den Steuerklassen I – VI

Für höhere Löhne/Gehälter können die Abzugsbeträge mit Hilfe der bei Stollfuß Medien erhältlichen Tabelle „Höhere Sonstige Bezüge" ermittelt werden.

* Die ausgewiesenen Tabellenwerte sind amtlich. Siehe Erläuterungen auf der Umschlaginnenseite (U2).

Hinweise zur Anwendung der Zusatztabelle zu den Allgemeinen Lohnsteuertabellen

Anwendung der Zusatztabelle

Warum gibt es die Zusatztabelle?

Wie bisher gilt die Allgemeine Lohnsteuertabelle für Arbeitnehmer, die **in allen Zweigen der gesetzlichen Sozialversicherung versichert** sind. Bei diesen Arbeitnehmern, die in der gesetzlichen Rentenversicherung sowie in der gesetzlichen Kranken- und Pflegeversicherung versichert sind, werden die Arbeitnehmerbeiträge beim Lohnsteuerabzug – unabhängig von den tatsächlich geleisteten Beiträgen – typisierend als Vorsorgeaufwendungen angesetzt und damit bei Anwendung der Allgemeinen Lohnsteuertabellen **automatisch** berücksichtigt.

Bei rentenversicherungspflichtigen Arbeitnehmern, die **privat kranken- und pflegeversichert** sind, dürfen hingegen im Lohnsteuerabzugsverfahren nach Steuerklasse I bis V die tatsächlichen Beiträge zur Basiskranken- und Pflegepflichtversicherung berücksichtigt werden, wenn der Arbeitnehmer seinem Arbeitgeber eine entsprechende **Beitragsbescheinigung** seines Versicherungsunternehmens vorgelegt hat. Diese besondere Beitragsmitteilung weist die zu berücksichtigenden Basiskranken- und Pflegepflichtbeiträge des Arbeitnehmers (ggf. seines mitversicherten Ehegatten und seiner mitversicherten Kinder) als **Monatsbetrag** aus. Die nachgewiesenen Beiträge werden dann im Lohnsteuerabzugsverfahren unter Berücksichtigung eines typisierten steuerfreien Arbeitgeberzuschusses angesetzt.

Legt der privat krankenversicherte Arbeitnehmer seinem Arbeitgeber die besondere Beitragsbescheinigung seines Versicherungsunternehmens **nicht** vor, darf beim Lohnsteuerabzug nur eine sog. **Mindestvorsorgepauschale** von 12 % des Arbeitslohns, höchstens 1 900 € im Jahr (158,33 € im Monat) bzw. bei Steuerklasse III von höchstens 3 000 € im Jahr (250 € im Monat) berücksichtigt werden. Diese Mindestvorsorgepauschale kommt auch zur Anwendung, wenn sie höher ist, als die nachgewiesenen Basiskranken- und Pflegepflichtversicherungsbeiträge.

Wie wird die Zusatztabelle angewandt?

Um die Allgemeine Lohnsteuertabelle auch für privat krankenversicherte Arbeitnehmer nutzen zu können, muss in einer Nebenberechnung der in der Allgemeinen Lohnsteuertabelle bereits berücksichtigte Teil der Vorsorgepauschale für Kranken- und Pflegeversicherungsbeiträge den nachgewiesenen Basiskranken- und Pflegepflichtversicherungsbeiträgen bzw. der Mindestvorsorgepauschale gegenübergestellt werden und der Arbeitslohn, bei dem die Steuerabzüge aus der Allgemeinen Lohnsteuertabelle abgelesen werden können, entsprechend „korrigiert" werden.

Zur Erleichterung dieser Nebenberechnung sind in der Zusatztabelle bis zu einem Monatslohn von 3 713,99 € (darüber hinaus verändern sich die Beträge wegen Erreichens der für das Jahr 2011 geltenden Beitragsbemessungsgrenze von 3 712,50 € nicht mehr) getrennt nach Steuerklasse III und nach Steuerklasse I, II, IV, V in Spalte 3 die in der Allgemeinen Lohnsteuertabelle als typisierter Arbeitnehmeranteil enthaltene Vorsorgepauschale für Kranken- und Pflegeversicherungsbeiträge (Teilvorsorgepauschale PV/KV) in Höhe von 8,875 % (= PV 0,975 % + KV 7,9 %) des Arbeitslohns und in Spalte 4 der entsprechende typisierte steuerfreie Arbeitgeberzuschuss in Höhe von 7,975 % (= PV 0,975 % + KV 7,0 %) des Arbeitslohns ausgewiesen. Bis zu einem Monatslohn von 1 781,99 € in Steuerklasse I, II, IV und V bzw. 2 816,99 € in Steuerklasse III ist der in Spalte 3 ausgewiesene Betrag die jeweilige Mindestvorsorgepauschale (vgl. Nr. 1).

Beispiel 1

Gesetzlich rentenversicherungspflichtiger Arbeitnehmer in Steuerklasse III mit einem Monatslohn von 3 500 € ist privat krankenversichert. Er legt seinem Arbeitgeber eine gesonderte Beitragsbescheinigung seiner privaten Krankenkasse vor, wonach die **tatsächlichen** Basiskranken- und Pflegepflichtversicherungsbeiträge **insgesamt monatlich 800 €** betragen.

In der Allgemeinen Lohnsteuertabelle ist bei einem Monatslohn von 3 500 € gemäß Spalte 3 der Zusatztabelle für Kranken- und Pflegeversicherungsbeiträge eine Teilvorsorgepauschale von 310,66 € eingearbeitet, zu dem der typisierte steuerfreie Arbeitgeberzuschuss nach Spalte 4 in Höhe von 279,16 € hinzutritt. Der privat versicherte Arbeitnehmer hat demgegenüber berücksichtigungsfähige Gesamtaufwendungen von monatlich 800 €. Um die nachgewiesenen Basiskranken- und Pflegepflichtversicherungsbeiträge auch bei Anwendung der Allgemeinen Lohnsteuertabelle berücksichtigen zu können, sind in einer Nebenberechnung die nachgewiesenen Beiträge um die nach der Allgemeinen Lohnsteuertabelle laut Spalte 3 bereits enthaltene Teilvorsorgepauschale und um den typisierten steuerfreien Arbeitgeberzuschuss gemäß Spalte 4 zu mindern (800 € ./. 310,66 € ./. 279,16 € = 210,18 €). Der verbleibende Restbetrag von 210,18 € ist dann wie ein zusätzlicher Freibetrag vom Monatsarbeitslohn von 3 500 € abzuziehen, so dass die Lohnsteuer in der Allgemeinen Lohnsteuertabelle bei 3 289,82 € und nicht bei 3 500 € abzulesen ist.

Beispiel 2

Der Arbeitnehmer des Beispiels 1 ist ledig und hat anstelle von 800 € nur **nachgewiesene** Basiskranken- und Pflegepflichtversicherungsbeiträge in Höhe von **insgesamt 450 €** monatlich. Dieser Betrag ist größer als die Mindestvorsorgepauschale von 158,33 € in Steuerklasse I bei einem Monatslohn von 3 500 €. In der Allgemeinen Lohnsteuertabelle wird für diesen Monatslohn jedoch als typisierter Arbeitnehmeranteil ein Betrag von 310,66 € berücksichtigt, zu dem jetzt bei einem privat versicherten Arbeitnehmer noch ein typisierter steuerfreier Arbeitgeberzuschuss von 279,16 € hinzukommt.

Um die nachgewiesenen Basiskranken- und Pflegepflichtversicherungsbeiträge bei Anwendung der Allgemeinen Lohnsteuertabelle berücksichtigen zu können, sind in einer Nebenberechnung die nachgewiesenen Beiträge um die nach der Allgemeinen Lohnsteuertabelle laut Spalte 3 bereits enthaltene Teilvorsorgepauschale und um den typisierten steuerfreien Arbeitgeberzuschuss gemäß Spalte 4 zu mindern. Anders als im Beispiel 1 ergibt sich bei dieser Gegenüberstellung (450 € ./. 310,66 € ./. 279,16 € =) ein negativer Betrag von 139,82 €. Dies bedeutet, dass der Arbeitslohn von 3500 € um den negativen Restbetrag von 139,82 € erhöht wird. Die Lohnsteuer kann dann aus der Allgemeinen Lohnsteuertabelle bei dem auf 3 639,82 € (= 3500 € + 139,82 €) „korrigierten" Arbeitslohn abgelesen werden.

Beispiel 3

Gesetzlich rentenversicherungspflichtiger Arbeitnehmer mit Steuerklasse I ist privat versichert und hat einen Monatsarbeitslohn von 5 500 €. Er hat seinem Arbeitgeber eine gesonderte **Beitragsbescheinigung** seiner Krankenversicherung über seine tatsächlichen Basiskranken- und Pflegepflichtversicherungsbeiträge **nicht vorgelegt**.

Im Lohnsteuerabzugsverfahren darf für den Arbeitnehmer nur die Mindestvorsorgepauschale von 158,33 € (Steuerklasse I) berücksichtigt werden. Nach Spalte 3 der Zusatztabelle der Allgemeinen Lohnsteuertabelle ist in der Allgemeinen Lohnsteuertabelle für einen Monatslohn ab 3 712,50 € jedoch für Kranken- und Pflegeversicherungsbeiträge bereits eine Teilvorsorgepauschale von 329,41 € enthalten. Der Arbeitslohn wird daher um 171,08 € (= 329,41€ ./. 158,33 €) erhöht. Für den so auf 5 671,08 € (= 5 500 € + 171,08 €) „korrigierten" Arbeitslohn kann dann die Lohnsteuer aus der Allgemeinen Lohnsteuertabelle abgelesen werden.

Tagestabelle

Wie erfolgt die Umrechnung bei Verwendung der Tagestabelle?

Die Lohnsteuerberechnung für den laufenden Arbeitslohn beruht auf einer Hochrechnung des im jeweiligen Lohnzahlungszeitraum zu zahlenden laufenden Arbeitslohns auf einen Jahresarbeitslohn. Die sich hierfür ergebende Jahreslohnsteuer ist dann für den Arbeitslohn eines monatlichen Lohnzahlungszeitraums mit einem 1/12 und für den eines täglichen Lohnzahlungszeitraums mit einem 1/360 zu multiplizieren. Die Zusatztabelle der Allgemeinen Lohnsteuertabellen enthält jedoch nur Monatswerte. Aus Vereinfachungsgründen wird es bezogen auf die Berücksichtigung der zutreffenden Teilvorsorgepauschale nicht beanstandet, wenn der Tageslohn mit 30 multipliziert wird, dann mit diesem Monatswert zunächst der Korrekturbetrag mit der Zusatzmonatstabelle errechnet wird und dann wieder mit 30 dividiert die Steuerabzüge für den so korrigierten Tageslohn aus der Allgemeinen Tageslohnsteuertabelle abgelesen werden.

Beispiel

Gesetzlich rentenversicherungspflichtiger Arbeitnehmer in Steuerklasse III beginnt sein Arbeitsverhältnis am 15.6. und ist privat krankenversichert. Zu seinen Kranken- und Pflegepflichtversicherungsbeiträgen erhält er von seinem Arbeitgeber einen steuerfreien Arbeitgeberzuschuss. Der Arbeitnehmer hat seinem Arbeitgeber eine gesonderte Beitragsbescheinigung seiner privaten Krankenversicherung vorgelegt, wonach seine **tatsächlichen** Basiskranken- und Pflegepflichtversicherungsbeiträge insgesamt **monatlich 800 €** betragen. Der für Juni maßgebliche Tageslohn beträgt 140 €, was einem Monatslohn von 4 200 € entspricht.

Die Zusatztabelle der Allgemeinen Lohnsteuertabelle weist für einen Monatslohn die für Kranken- und Pflegeversicherungsbeiträge eingearbeitete Vorsorgepauschale in Spalte 3 mit einem Betrag von 329,41 € und in Spalte 4 den typisierten steuerfreien Arbeitgeberzuschuss mit 296,- € aus. Der privat versicherte Arbeitnehmer hat demgegenüber berücksichtigungsfähige Gesamtaufwendungen von monatlich 800 €. Um die nachgewiesenen Basiskranken- und Pflegepflichtversicherungsbeiträge auch bei Anwendung der Allgemeinen Lohnsteuertabelle berücksichtigen zu können, sind in einer Nebenberechnung die nachgewiesenen Beiträge um die nach der Allgemeinen Lohnsteuertabelle laut Spalte 3 bereits enthaltene Teilvorsorgepauschale und um den typisierten steuerfreien Arbeitgeberzuschuss gemäß Spalte 4 zu mindern (800 € ./. 329,41€ ./. 296,- € = 174,59 €). Der verbleibende Restbetrag von 174,59 € ist dann auf einen Tageswert von 5,82 € (= 174,59 € : 30) umzurechnen, der dann wie ein zusätzlicher Freibetrag vom Tagesarbeitslohn von 140 € abzuziehen ist, so dass die Lohnsteuer in der Allgemeinen Tageslohnsteuertabelle bei 134,18 € und nicht bei 140 € abzulesen ist.

Jahrestabelle

Wie erfolgt die Umrechnung bei Verwendung der Jahrestabelle?

Die Zusatztabelle der Allgemeinen Lohnsteuertabellen enthält nur Monatswerte. Aus Vereinfachungsgründen wird es bezogen auf die Berücksichtigung der zutreffenden Teilvorsorgepauschale nicht beanstandet, wenn der Jahreslohn durch 12 dividiert wird, dann mit diesem Monatswert zunächst der Korrekturbetrag mit der Zusatzmonatstabelle errechnet wird und dann wieder mit 12 multipliziert die Steuerabzüge für den so korrigierten Jahresarbeitslohn aus der Allgemeinen Jahreslohnsteuertabelle abgelesen werden.

Besondere Lohnsteuertabelle

Kann der Zusatzteil bei den Besonderen Lohnsteuertabellen angewandt werden?

In der Besonderen Lohnsteuertabelle, die bekanntlich nur für Arbeitnehmer gilt, für die kein Arbeitnehmeranteil zur gesetzlichen Rentenversicherung zu entrichten ist, ist als Vorsorgepauschale lediglich die Mindestvorsorgepauschale eingearbeitet. Der Personenkreis, für den die Besondere Lohnsteuertabelle zur Anwendung kommt, erhält regelmäßig zu seinen privaten Kranken- und Pflegepflichtversicherungsbeiträgen keinen steuerfreien Arbeitgeberzuschuss. Dementsprechend kann der Zusatzteil nicht auf Arbeitnehmer, für die die Besondere Lohnsteuertabelle gilt, automatisch übertragen werden. Bis zu einem Monatslohn von 1 781,99 € in Steuerklasse I, II, IV und V bzw. 2 816,99 € in Steuerklasse III ist aber der in Spalte 3 ausgewiesene Betrag als Mindestvorsorgepauschale mit der Mindestvorsorgepauschale der Besonderen Lohnsteuertabelle identisch, so dass insoweit eine hilfsweise Verwendung möglich ist.

Anmerkung:

Bei diesen in den Beispielen 1 bis 3 dargestellten Berechnungsmethoden, um die Allgemeine Lohnsteuertabelle nutzen zu können, können sich im Vergleich zur maschinellen Lohnsteuerberechnung Abweichungen ergeben, da bei der manuellen Lohnsteuerberechnung Frei- und Hinzurechnungsbeträge nur über die Kürzung bzw. Erhöhung des Bruttolohns erfolgen können, was sich auch auf die Teilvorsorgepauschale für die Rentenversicherung auswirken kann. Ansonsten kann die genaue Berechnung der Lohnsteuer mittels der beigelegten CD-ROM durchgeführt werden.

269,99 MONAT

Lohn/Gehalt bis €	Steuerklasse	BVSP**	TAGZ***
2,99	I, II, IV, V	0,33	0,16
	III	0,33	0,16
5,99	I, II, IV, V	0,66	0,41
	III	0,66	0,41
8,99	I, II, IV, V	1,—	0,66
	III	1,—	0,66
11,99	I, II, IV, V	1,41	0,91
	III	1,41	0,91
14,99	I, II, IV, V	1,75	1,16
	III	1,75	1,16
17,99	I, II, IV, V	2,08	1,41
	III	2,08	1,41
20,99	I, II, IV, V	2,50	1,66
	III	2,50	1,66
23,99	I, II, IV, V	2,83	1,83
	III	2,83	1,83
26,99	I, II, IV, V	3,16	2,08
	III	3,16	2,08
29,99	I, II, IV, V	3,58	2,33
	III	3,58	2,33
32,99	I, II, IV, V	3,91	2,58
	III	3,91	2,58
35,99	I, II, IV, V	4,25	2,83
	III	4,25	2,83
38,99	I, II, IV, V	4,66	3,08
	III	4,66	3,08
41,99	I, II, IV, V	5,—	3,33
	III	5,—	3,33
44,99	I, II, IV, V	5,33	3,58
	III	5,33	3,58
47,99	I, II, IV, V	5,75	3,75
	III	5,75	3,75
50,99	I, II, IV, V	6,08	4,—
	III	6,08	4,—
53,99	I, II, IV, V	6,41	4,25
	III	6,41	4,25
56,99	I, II, IV, V	6,83	4,50
	III	6,83	4,50
59,99	I, II, IV, V	7,16	4,75
	III	7,16	4,75
62,99	I, II, IV, V	7,50	5,—
	III	7,50	5,—
65,99	I, II, IV, V	7,91	5,25
	III	7,91	5,25
68,99	I, II, IV, V	8,25	5,50
	III	8,25	5,50
71,99	I, II, IV, V	8,58	5,66
	III	8,58	5,66
74,99	I, II, IV, V	8,91	5,91
	III	8,91	5,91
77,99	I, II, IV, V	9,33	6,16
	III	9,33	6,16
80,99	I, II, IV, V	9,66	6,41
	III	9,66	6,41
83,99	I, II, IV, V	10,—	6,66
	III	10,—	6,66
86,99	I, II, IV, V	10,41	6,91
	III	10,41	6,91
89,99	I, II, IV, V	10,75	7,16
	III	10,75	7,16
92,99	I, II, IV, V	11,08	7,41
	III	11,08	7,41
95,99	I, II, IV, V	11,50	7,58
	III	11,50	7,58
98,99	I, II, IV, V	11,83	7,83
	III	11,83	7,83
101,99	I, II, IV, V	12,16	8,08
	III	12,16	8,08
104,99	I, II, IV, V	12,58	8,33
	III	12,58	8,33
107,99	I, II, IV, V	12,91	8,58
	III	12,91	8,58
110,99	I, II, IV, V	13,25	8,83
	III	13,25	8,83
113,99	I, II, IV, V	13,66	9,08
	III	13,66	9,08
116,99	I, II, IV, V	14,—	9,25
	III	14,—	9,25
119,99	I, II, IV, V	14,33	9,50
	III	14,33	9,50
122,99	I, II, IV, V	14,75	9,75
	III	14,75	9,75
125,99	I, II, IV, V	15,08	10,—
	III	15,08	10,—
128,99	I, II, IV, V	15,41	10,25
	III	15,41	10,25
131,99	I, II, IV, V	15,83	10,50
	III	15,83	10,50
134,99	I, II, IV, V	16,16	10,75
	III	16,16	10,75
137,99	I, II, IV, V	16,50	11,—
	III	16,50	11,—
140,99	I, II, IV, V	16,91	11,16
	III	16,91	11,16
143,99	I, II, IV, V	17,25	11,41
	III	17,25	11,41
146,99	I, II, IV, V	17,58	11,66
	III	17,58	11,66
149,99	I, II, IV, V	17,91	11,91
	III	17,91	11,91
152,99	I, II, IV, V	18,33	12,16
	III	18,33	12,16
155,99	I, II, IV, V	18,66	12,41
	III	18,66	12,41
158,99	I, II, IV, V	19,—	12,66
	III	19,—	12,66
161,99	I, II, IV, V	19,41	12,91
	III	19,41	12,91
164,99	I, II, IV, V	19,75	13,08
	III	19,75	13,08
167,99	I, II, IV, V	20,08	13,33
	III	20,08	13,33
170,99	I, II, IV, V	20,50	13,58
	III	20,50	13,58
173,99	I, II, IV, V	20,83	13,83
	III	20,83	13,83
176,99	I, II, IV, V	21,16	14,08
	III	21,16	14,08
179,99	I, II, IV, V	21,58	14,33
	III	21,58	14,33
182,99	I, II, IV, V	21,91	14,58
	III	21,91	14,58
185,99	I, II, IV, V	22,25	14,83
	III	22,25	14,83
188,99	I, II, IV, V	22,66	15,—
	III	22,66	15,—
191,99	I, II, IV, V	23,—	15,25
	III	23,—	15,25
194,99	I, II, IV, V	23,33	15,50
	III	23,33	15,50
197,99	I, II, IV, V	23,75	15,75
	III	23,75	15,75
200,99	I, II, IV, V	24,08	16,—
	III	24,08	16,—
203,99	I, II, IV, V	24,41	16,25
	III	24,41	16,25
206,99	I, II, IV, V	24,83	16,50
	III	24,83	16,50
209,99	I, II, IV, V	25,16	16,66
	III	25,16	16,66
212,99	I, II, IV, V	25,50	16,91
	III	25,50	16,91
215,99	I, II, IV, V	25,91	17,16
	III	25,91	17,16
218,99	I, II, IV, V	26,25	17,41
	III	26,25	17,41
221,99	I, II, IV, V	26,58	17,66
	III	26,58	17,66
224,99	I, II, IV, V	26,91	17,91
	III	26,91	17,91
227,99	I, II, IV, V	27,33	18,16
	III	27,33	18,16
230,99	I, II, IV, V	27,66	18,41
	III	27,66	18,41
233,99	I, II, IV, V	28,—	18,58
	III	28,—	18,58
236,99	I, II, IV, V	28,41	18,83
	III	28,41	18,83
239,99	I, II, IV, V	28,75	19,08
	III	28,75	19,08
242,99	I, II, IV, V	29,08	19,33
	III	29,08	19,33
245,99	I, II, IV, V	29,50	19,58
	III	29,50	19,58
248,99	I, II, IV, V	29,83	19,83
	III	29,83	19,83
251,99	I, II, IV, V	30,16	20,08
	III	30,16	20,08
254,99	I, II, IV, V	30,58	20,33
	III	30,58	20,33
257,99	I, II, IV, V	30,91	20,50
	III	30,91	20,50
260,99	I, II, IV, V	31,25	20,75
	III	31,25	20,75
263,99	I, II, IV, V	31,66	21,—
	III	31,66	21,—
266,99	I, II, IV, V	32,—	21,25
	III	32,—	21,25
269,99	I, II, IV, V	32,33	21,50
	III	32,33	21,50

Spalte: Abzugsbetrag bei privat Kranken- und Pflegeversicherten*

* Arbeitnehmer, bei denen die Besondere Tabelle anzuwenden ist, beachten bitte die Hinweise auf Seite AP 2.
** BVSP = Mindestvorsorgepauschale für die Basiskranken- und Pflegeversicherungsbeiträge.
*** TAGZ = Typisierter Arbeitgeberzuschuss zur Kranken- und Pflegeversicherung.

MONAT 270,–

Lohn/Gehalt bis €	Abzugsbetrag bei privat Kranken- und Pflegeversicherten*			Lohn/Gehalt bis €	Abzugsbetrag bei privat Kranken- und Pflegeversicherten*			Lohn/Gehalt bis €	Abzugsbetrag bei privat Kranken- und Pflegeversicherten*		
		BVSP**	TAGZ***			BVSP**	TAGZ***			BVSP**	TAGZ***
272,99	I, II, IV, V	32,75	21,75	362,99	I, II, IV, V	43,50	28,91	452,99	I, II, IV, V	54,33	36,08
	III	32,75	21,75		III	43,50	28,91		III	54,33	36,08
275,99	I, II, IV, V	33,08	22,—	365,99	I, II, IV, V	43,91	29,16	455,99	I, II, IV, V	54,66	36,33
	III	33,08	22,—		III	43,91	29,16		III	54,66	36,33
278,99	I, II, IV, V	33,41	22,25	368,99	I, II, IV, V	44,25	29,41	458,99	I, II, IV, V	55,—	36,58
	III	33,41	22,25		III	44,25	29,41		III	55,—	36,58
281,99	I, II, IV, V	33,83	22,41	371,99	I, II, IV, V	44,58	29,66	461,99	I, II, IV, V	55,41	36,83
	III	33,83	22,41		III	44,58	29,66		III	55,41	36,83
284,99	I, II, IV, V	34,16	22,66	374,99	I, II, IV, V	44,91	29,83	464,99	I, II, IV, V	55,75	37,08
	III	34,16	22,66		III	44,91	29,83		III	55,75	37,08
287,99	I, II, IV, V	34,50	22,91	377,99	I, II, IV, V	45,33	30,08	467,99	I, II, IV, V	56,08	37,25
	III	34,50	22,91		III	45,33	30,08		III	56,08	37,25
290,99	I, II, IV, V	34,91	23,16	380,99	I, II, IV, V	45,66	30,33	470,99	I, II, IV, V	56,50	37,50
	III	34,91	23,16		III	45,66	30,33		III	56,50	37,50
293,99	I, II, IV, V	35,25	23,41	383,99	I, II, IV, V	46,—	30,58	473,99	I, II, IV, V	56,83	37,75
	III	35,25	23,41		III	46,—	30,58		III	56,83	37,75
296,99	I, II, IV, V	35,58	23,66	386,99	I, II, IV, V	46,41	30,83	476,99	I, II, IV, V	57,16	38,—
	III	35,58	23,66		III	46,41	30,83		III	57,16	38,—
299,99	I, II, IV, V	35,91	23,91	389,99	I, II, IV, V	46,75	31,08	479,99	I, II, IV, V	57,58	38,25
	III	35,91	23,91		III	46,75	31,08		III	57,58	38,25
302,99	I, II, IV, V	36,33	24,08	392,99	I, II, IV, V	47,08	31,33	482,99	I, II, IV, V	57,91	38,50
	III	36,33	24,08		III	47,08	31,33		III	57,91	38,50
305,99	I, II, IV, V	36,66	24,33	395,99	I, II, IV, V	47,50	31,50	485,99	I, II, IV, V	58,25	38,75
	III	36,66	24,33		III	47,50	31,50		III	58,25	38,75
308,99	I, II, IV, V	37,—	24,58	398,99	I, II, IV, V	47,83	31,75	488,99	I, II, IV, V	58,66	38,91
	III	37,—	24,58		III	47,83	31,75		III	58,66	38,91
311,99	I, II, IV, V	37,41	24,83	401,99	I, II, IV, V	48,16	32,—	491,99	I, II, IV, V	59,—	39,16
	III	37,41	24,83		III	48,16	32,—		III	59,—	39,16
314,99	I, II, IV, V	37,75	25,08	404,99	I, II, IV, V	48,58	32,25	494,99	I, II, IV, V	59,33	39,41
	III	37,75	25,08		III	48,58	32,25		III	59,33	39,41
317,99	I, II, IV, V	38,08	25,33	407,99	I, II, IV, V	48,91	32,50	497,99	I, II, IV, V	59,75	39,66
	III	38,08	25,33		III	48,91	32,50		III	59,75	39,66
320,99	I, II, IV, V	38,50	25,58	410,99	I, II, IV, V	49,25	32,75	500,99	I, II, IV, V	60,08	39,91
	III	38,50	25,58		III	49,25	32,75		III	60,08	39,91
323,99	I, II, IV, V	38,83	25,83	413,99	I, II, IV, V	49,66	33,—	503,99	I, II, IV, V	60,41	40,16
	III	38,83	25,83		III	49,66	33,—		III	60,41	40,16
326,99	I, II, IV, V	39,16	26,—	416,99	I, II, IV, V	50,—	33,25	506,99	I, II, IV, V	60,83	40,41
	III	39,16	26,—		III	50,—	33,25		III	60,83	40,41
329,99	I, II, IV, V	39,58	26,25	419,99	I, II, IV, V	50,33	33,41	509,99	I, II, IV, V	61,16	40,66
	III	39,58	26,25		III	50,33	33,41		III	61,16	40,66
332,99	I, II, IV, V	39,91	26,50	422,99	I, II, IV, V	50,75	33,66	512,99	I, II, IV, V	61,50	40,83
	III	39,91	26,50		III	50,75	33,66		III	61,50	40,83
335,99	I, II, IV, V	40,25	26,75	425,99	I, II, IV, V	51,08	33,91	515,99	I, II, IV, V	61,91	41,08
	III	40,25	26,75		III	51,08	33,91		III	61,91	41,08
338,99	I, II, IV, V	40,66	27,—	428,99	I, II, IV, V	51,41	34,16	518,99	I, II, IV, V	62,25	41,33
	III	40,66	27,—		III	51,41	34,16		III	62,25	41,33
341,99	I, II, IV, V	41,—	27,25	431,99	I, II, IV, V	51,83	34,41	521,99	I, II, IV, V	62,58	41,58
	III	41,—	27,25		III	51,83	34,41		III	62,58	41,58
344,99	I, II, IV, V	41,33	27,50	434,99	I, II, IV, V	52,16	34,66	524,99	I, II, IV, V	62,91	41,83
	III	41,33	27,50		III	52,16	34,66		III	62,91	41,83
347,99	I, II, IV, V	41,75	27,75	437,99	I, II, IV, V	52,50	34,91	527,99	I, II, IV, V	63,33	42,08
	III	41,75	27,75		III	52,50	34,91		III	63,33	42,08
350,99	I, II, IV, V	42,08	27,91	440,99	I, II, IV, V	52,91	35,16	530,99	I, II, IV, V	63,66	42,33
	III	42,08	27,91		III	52,91	35,16		III	63,66	42,33
353,99	I, II, IV, V	42,41	28,16	443,99	I, II, IV, V	53,25	35,33	533,99	I, II, IV, V	64,—	42,58
	III	42,41	28,16		III	53,25	35,33		III	64,—	42,58
356,99	I, II, IV, V	42,83	28,41	446,99	I, II, IV, V	53,58	35,58	536,99	I, II, IV, V	64,41	42,75
	III	42,83	28,41		III	53,58	35,58		III	64,41	42,75
359,99	I, II, IV, V	43,16	28,66	449,99	I, II, IV, V	53,91	35,83	539,99	I, II, IV, V	64,75	43,—
	III	43,16	28,66		III	53,91	35,83		III	64,75	43,—

AP 4

* Arbeitnehmer, bei denen die Besondere Tabelle anzuwenden ist, beachten bitte die Hinweise auf Seite AP 2.
** BVSP = Mindestvorsorgepauschale für die Basiskranken- und Pflegeversicherungsbeiträge.
*** TAGZ = Typisierter Arbeitgeberzuschuss zur Kranken- und Pflegeversicherung.

809,99 MONAT

Lohn/Gehalt bis €	Klasse	BVSP**	TAGZ***
542,99	I, II, IV, V	65,08	43,25
	III	65,08	43,25
545,99	I, II, IV, V	65,50	43,50
	III	65,50	43,50
548,99	I, II, IV, V	65,83	43,75
	III	65,83	43,75
551,99	I, II, IV, V	66,16	44,—
	III	66,16	44,—
554,99	I, II, IV, V	66,58	44,25
	III	66,58	44,25
557,99	I, II, IV, V	66,91	44,50
	III	66,91	44,50
560,99	I, II, IV, V	67,25	44,66
	III	67,25	44,66
563,99	I, II, IV, V	67,66	44,91
	III	67,66	44,91
566,99	I, II, IV, V	68,—	45,16
	III	68,—	45,16
569,99	I, II, IV, V	68,33	45,41
	III	68,33	45,41
572,99	I, II, IV, V	68,75	45,66
	III	68,75	45,66
575,99	I, II, IV, V	69,08	45,91
	III	69,08	45,91
578,99	I, II, IV, V	69,41	46,16
	III	69,41	46,16
581,99	I, II, IV, V	69,83	46,33
	III	69,83	46,33
584,99	I, II, IV, V	70,16	46,58
	III	70,16	46,58
587,99	I, II, IV, V	70,50	46,83
	III	70,50	46,83
590,99	I, II, IV, V	70,91	47,08
	III	70,91	47,08
593,99	I, II, IV, V	71,25	47,33
	III	71,25	47,33
596,99	I, II, IV, V	71,58	47,58
	III	71,58	47,58
599,99	I, II, IV, V	71,91	47,83
	III	71,91	47,83
602,99	I, II, IV, V	72,33	48,08
	III	72,33	48,08
605,99	I, II, IV, V	72,66	48,25
	III	72,66	48,25
608,99	I, II, IV, V	73,—	48,50
	III	73,—	48,50
611,99	I, II, IV, V	73,41	48,75
	III	73,41	48,75
614,99	I, II, IV, V	73,75	49,—
	III	73,75	49,—
617,99	I, II, IV, V	74,08	49,25
	III	74,08	49,25
620,99	I, II, IV, V	74,50	49,50
	III	74,50	49,50
623,99	I, II, IV, V	74,83	49,75
	III	74,83	49,75
626,99	I, II, IV, V	75,16	50,—
	III	75,16	50,—
629,99	I, II, IV, V	75,58	50,16
	III	75,58	50,16
632,99	I, II, IV, V	75,91	50,41
	III	75,91	50,41
635,99	I, II, IV, V	76,25	50,66
	III	76,25	50,66
638,99	I, II, IV, V	76,66	50,91
	III	76,66	50,91
641,99	I, II, IV, V	77,—	51,16
	III	77,—	51,16
644,99	I, II, IV, V	77,33	51,41
	III	77,33	51,41
647,99	I, II, IV, V	77,75	51,66
	III	77,75	51,66
650,99	I, II, IV, V	78,08	51,91
	III	78,08	51,91
653,99	I, II, IV, V	78,41	52,08
	III	78,41	52,08
656,99	I, II, IV, V	78,83	52,33
	III	78,83	52,33
659,99	I, II, IV, V	79,16	52,58
	III	79,16	52,58
662,99	I, II, IV, V	79,50	52,83
	III	79,50	52,83
665,99	I, II, IV, V	79,91	53,08
	III	79,91	53,08
668,99	I, II, IV, V	80,25	53,33
	III	80,25	53,33
671,99	I, II, IV, V	80,58	53,58
	III	80,58	53,58
674,99	I, II, IV, V	80,91	53,75
	III	80,91	53,75
677,99	I, II, IV, V	81,33	54,—
	III	81,33	54,—
680,99	I, II, IV, V	81,66	54,25
	III	81,66	54,25
683,99	I, II, IV, V	82,—	54,50
	III	82,—	54,50
686,99	I, II, IV, V	82,41	54,75
	III	82,41	54,75
689,99	I, II, IV, V	82,75	55,—
	III	82,75	55,—
692,99	I, II, IV, V	83,08	55,25
	III	83,08	55,25
695,99	I, II, IV, V	83,50	55,50
	III	83,50	55,50
698,99	I, II, IV, V	83,83	55,66
	III	83,83	55,66
701,99	I, II, IV, V	84,16	55,91
	III	84,16	55,91
704,99	I, II, IV, V	84,58	56,16
	III	84,58	56,16
707,99	I, II, IV, V	84,91	56,41
	III	84,91	56,41
710,99	I, II, IV, V	85,25	56,66
	III	85,25	56,66
713,99	I, II, IV, V	85,66	56,91
	III	85,66	56,91
716,99	I, II, IV, V	86,—	57,16
	III	86,—	57,16
719,99	I, II, IV, V	86,33	57,41
	III	86,33	57,41
722,99	I, II, IV, V	86,75	57,58
	III	86,75	57,58
725,99	I, II, IV, V	87,08	57,83
	III	87,08	57,83
728,99	I, II, IV, V	87,41	58,08
	III	87,41	58,08
731,99	I, II, IV, V	87,83	58,33
	III	87,83	58,33
734,99	I, II, IV, V	88,16	58,58
	III	88,16	58,58
737,99	I, II, IV, V	88,50	58,83
	III	88,50	58,83
740,99	I, II, IV, V	88,91	59,08
	III	88,91	59,08
743,99	I, II, IV, V	89,25	59,33
	III	89,25	59,33
746,99	I, II, IV, V	89,58	59,50
	III	89,58	59,50
749,99	I, II, IV, V	89,91	59,75
	III	89,91	59,75
752,99	I, II, IV, V	90,33	60,—
	III	90,33	60,—
755,99	I, II, IV, V	90,66	60,25
	III	90,66	60,25
758,99	I, II, IV, V	91,—	60,50
	III	91,—	60,50
761,99	I, II, IV, V	91,41	60,75
	III	91,41	60,75
764,99	I, II, IV, V	91,75	61,—
	III	91,75	61,—
767,99	I, II, IV, V	92,08	61,16
	III	92,08	61,16
770,99	I, II, IV, V	92,50	61,41
	III	92,50	61,41
773,99	I, II, IV, V	92,83	61,66
	III	92,83	61,66
776,99	I, II, IV, V	93,16	61,91
	III	93,16	61,91
779,99	I, II, IV, V	93,58	62,16
	III	93,58	62,16
782,99	I, II, IV, V	93,91	62,41
	III	93,91	62,41
785,99	I, II, IV, V	94,25	62,66
	III	94,25	62,66
788,99	I, II, IV, V	94,66	62,91
	III	94,66	62,91
791,99	I, II, IV, V	95,—	63,08
	III	95,—	63,08
794,99	I, II, IV, V	95,33	63,33
	III	95,33	63,33
797,99	I, II, IV, V	95,75	63,58
	III	95,75	63,58
800,99	I, II, IV, V	96,08	63,83
	III	96,08	63,83
803,99	I, II, IV, V	96,41	64,08
	III	96,41	64,08
806,99	I, II, IV, V	96,83	64,33
	III	96,83	64,33
809,99	I, II, IV, V	97,16	64,58
	III	97,16	64,58

Lohn/Gehalt bis € — *Abzugsbetrag bei privat Kranken- und Pflegeversicherten**

* Arbeitnehmer, bei denen die Besondere Tabelle anzuwenden ist, beachten bitte die Hinweise auf Seite AP 2.
** BVSP = Mindestvorsorgepauschale für die Basiskranken- und Pflegeversicherungsbeiträge.
*** TAGZ = Typisierter Arbeitgeberzuschuss zur Kranken- und Pflegeversicherung.

MONAT 810,–

Lohn/Gehalt bis €		Abzugsbetrag bei privat Kranken- und Pflegeversicherten*	
		BVSP**	TAGZ***
812,99	I, II, IV, V	97,50	64,83
	III	97,50	64,83
815,99	I, II, IV, V	97,91	65,—
	III	97,91	65,—
818,99	I, II, IV, V	98,25	65,25
	III	98,25	65,25
821,99	I, II, IV, V	98,58	65,50
	III	98,58	65,50
824,99	I, II, IV, V	98,91	65,75
	III	98,91	65,75
827,99	I, II, IV, V	99,33	66,—
	III	99,33	66,—
830,99	I, II, IV, V	99,66	66,25
	III	99,66	66,25
833,99	I, II, IV, V	100,—	66,50
	III	100,—	66,50
836,99	I, II, IV, V	100,41	66,75
	III	100,41	66,75
839,99	I, II, IV, V	100,75	66,91
	III	100,75	66,91
842,99	I, II, IV, V	101,08	67,16
	III	101,08	67,16
845,99	I, II, IV, V	101,50	67,41
	III	101,50	67,41
848,99	I, II, IV, V	101,83	67,66
	III	101,83	67,66
851,99	I, II, IV, V	102,16	67,91
	III	102,16	67,91
854,99	I, II, IV, V	102,58	68,16
	III	102,58	68,16
857,99	I, II, IV, V	102,91	68,41
	III	102,91	68,41
860,99	I, II, IV, V	103,25	68,58
	III	103,25	68,58
863,99	I, II, IV, V	103,66	68,83
	III	103,66	68,83
866,99	I, II, IV, V	104,—	69,08
	III	104,—	69,08
869,99	I, II, IV, V	104,33	69,33
	III	104,33	69,33
872,99	I, II, IV, V	104,75	69,58
	III	104,75	69,58
875,99	I, II, IV, V	105,08	69,83
	III	105,08	69,83
878,99	I, II, IV, V	105,41	70,08
	III	105,41	70,08
881,99	I, II, IV, V	105,83	70,33
	III	105,83	70,33
884,99	I, II, IV, V	106,16	70,50
	III	106,16	70,50
887,99	I, II, IV, V	106,50	70,75
	III	106,50	70,75
890,99	I, II, IV, V	106,91	71,—
	III	106,91	71,—
893,99	I, II, IV, V	107,25	71,25
	III	107,25	71,25
896,99	I, II, IV, V	107,58	71,50
	III	107,58	71,50
899,99	I, II, IV, V	107,91	71,75
	III	107,91	71,75
902,99	I, II, IV, V	108,33	72,—
	III	108,33	72,—
905,99	I, II, IV, V	108,66	72,25
	III	108,66	72,25
908,99	I, II, IV, V	109,—	72,41
	III	109,—	72,41
911,99	I, II, IV, V	109,41	72,66
	III	109,41	72,66
914,99	I, II, IV, V	109,75	72,91
	III	109,75	72,91
917,99	I, II, IV, V	110,08	73,16
	III	110,08	73,16
920,99	I, II, IV, V	110,50	73,41
	III	110,50	73,41
923,99	I, II, IV, V	110,83	73,66
	III	110,83	73,66
926,99	I, II, IV, V	111,16	73,91
	III	111,16	73,91
929,99	I, II, IV, V	111,58	74,16
	III	111,58	74,16
932,99	I, II, IV, V	111,91	74,33
	III	111,91	74,33
935,99	I, II, IV, V	112,25	74,58
	III	112,25	74,58
938,99	I, II, IV, V	112,66	74,83
	III	112,66	74,83
941,99	I, II, IV, V	113,—	75,08
	III	113,—	75,08
944,99	I, II, IV, V	113,33	75,33
	III	113,33	75,33
947,99	I, II, IV, V	113,75	75,58
	III	113,75	75,58
950,99	I, II, IV, V	114,08	75,83
	III	114,08	75,83
953,99	I, II, IV, V	114,41	76,—
	III	114,41	76,—
956,99	I, II, IV, V	114,83	76,25
	III	114,83	76,25
959,99	I, II, IV, V	115,16	76,50
	III	115,16	76,50
962,99	I, II, IV, V	115,50	76,75
	III	115,50	76,75
965,99	I, II, IV, V	115,91	77,—
	III	115,91	77,—
968,99	I, II, IV, V	116,25	77,25
	III	116,25	77,25
971,99	I, II, IV, V	116,58	77,50
	III	116,58	77,50
974,99	I, II, IV, V	116,91	77,75
	III	116,91	77,75
977,99	I, II, IV, V	117,33	77,91
	III	117,33	77,91
980,99	I, II, IV, V	117,66	78,16
	III	117,66	78,16
983,99	I, II, IV, V	118,—	78,41
	III	118,—	78,41
986,99	I, II, IV, V	118,41	78,66
	III	118,41	78,66
989,99	I, II, IV, V	118,75	78,91
	III	118,75	78,91
992,99	I, II, IV, V	119,08	79,16
	III	119,08	79,16
995,99	I, II, IV, V	119,50	79,41
	III	119,50	79,41
998,99	I, II, IV, V	119,83	79,66
	III	119,83	79,66
1 001,99	I, II, IV, V	120,16	79,83
	III	120,16	79,83
1 004,99	I, II, IV, V	120,58	80,08
	III	120,58	80,08
1 007,99	I, II, IV, V	120,91	80,33
	III	120,91	80,33
1 010,99	I, II, IV, V	121,25	80,58
	III	121,25	80,58
1 013,99	I, II, IV, V	121,66	80,83
	III	121,66	80,83
1 016,99	I, II, IV, V	122,—	81,08
	III	122,—	81,08
1 019,99	I, II, IV, V	122,33	81,33
	III	122,33	81,33
1 022,99	I, II, IV, V	122,75	81,58
	III	122,75	81,58
1 025,99	I, II, IV, V	123,08	81,75
	III	123,08	81,75
1 028,99	I, II, IV, V	123,41	82,—
	III	123,41	82,—
1 031,99	I, II, IV, V	123,83	82,25
	III	123,83	82,25
1 034,99	I, II, IV, V	124,16	82,50
	III	124,16	82,50
1 037,99	I, II, IV, V	124,50	82,75
	III	124,50	82,75
1 040,99	I, II, IV, V	124,91	83,—
	III	124,91	83,—
1 043,99	I, II, IV, V	125,25	83,25
	III	125,25	83,25
1 046,99	I, II, IV, V	125,58	83,41
	III	125,58	83,41
1 049,99	I, II, IV, V	125,91	83,66
	III	125,91	83,66
1 052,99	I, II, IV, V	126,33	83,91
	III	126,33	83,91
1 055,99	I, II, IV, V	126,66	84,16
	III	126,66	84,16
1 058,99	I, II, IV, V	127,—	84,41
	III	127,—	84,41
1 061,99	I, II, IV, V	127,41	84,66
	III	127,41	84,66
1 064,99	I, II, IV, V	127,75	84,91
	III	127,75	84,91
1 067,99	I, II, IV, V	128,08	85,16
	III	128,08	85,16
1 070,99	I, II, IV, V	128,50	85,33
	III	128,50	85,33
1 073,99	I, II, IV, V	128,83	85,58
	III	128,83	85,58
1 076,99	I, II, IV, V	129,16	85,83
	III	129,16	85,83
1 079,99	I, II, IV, V	129,58	86,08
	III	129,58	86,08

* Arbeitnehmer, bei denen die Besondere Tabelle anzuwenden ist, beachten bitte die Hinweise auf Seite AP 2.
** BVSP = Mindestvorsorgepauschale für die Basiskranken- und Pflegeversicherungsbeiträge.
*** TAGZ = Typisierter Arbeitgeberzuschuss zur Kranken- und Pflegeversicherung.

1 349,99 MONAT

Lohn/Gehalt bis €		Abzugsbetrag bei privat Kranken- und Pflegeversicherten*	
		BVSP**	TAGZ***
1 082,99	I, II, IV, V	129,91	86,33
	III	129,91	86,33
1 085,99	I, II, IV, V	130,25	86,58
	III	130,25	86,58
1 088,99	I, II, IV, V	130,66	86,83
	III	130,66	86,83
1 091,99	I, II, IV, V	131,—	87,08
	III	131,—	87,08
1 094,99	I, II, IV, V	131,33	87,25
	III	131,33	87,25
1 097,99	I, II, IV, V	131,75	87,50
	III	131,75	87,50
1 100,99	I, II, IV, V	132,08	87,75
	III	132,08	87,75
1 103,99	I, II, IV, V	132,41	88,—
	III	132,41	88,—
1 106,99	I, II, IV, V	132,83	88,25
	III	132,83	88,25
1 109,99	I, II, IV, V	133,16	88,50
	III	133,16	88,50
1 112,99	I, II, IV, V	133,50	88,75
	III	133,50	88,75
1 115,99	I, II, IV, V	133,91	89,—
	III	133,91	89,—
1 118,99	I, II, IV, V	134,25	89,16
	III	134,25	89,16
1 121,99	I, II, IV, V	134,58	89,41
	III	134,58	89,41
1 124,99	I, II, IV, V	134,91	89,66
	III	134,91	89,66
1 127,99	I, II, IV, V	135,33	89,91
	III	135,33	89,91
1 130,99	I, II, IV, V	135,66	90,16
	III	135,66	90,16
1 133,99	I, II, IV, V	136,—	90,41
	III	136,—	90,41
1 136,99	I, II, IV, V	136,41	90,66
	III	136,41	90,66
1 139,99	I, II, IV, V	136,75	90,83
	III	136,75	90,83
1 142,99	I, II, IV, V	137,08	91,08
	III	137,08	91,08
1 145,99	I, II, IV, V	137,50	91,33
	III	137,50	91,33
1 148,99	I, II, IV, V	137,83	91,58
	III	137,83	91,58
1 151,99	I, II, IV, V	138,16	91,83
	III	138,16	91,83
1 154,99	I, II, IV, V	138,58	92,08
	III	138,58	92,08
1 157,99	I, II, IV, V	138,91	92,33
	III	138,91	92,33
1 160,99	I, II, IV, V	139,25	92,58
	III	139,25	92,58
1 163,99	I, II, IV, V	139,66	92,75
	III	139,66	92,75
1 166,99	I, II, IV, V	140,—	93,—
	III	140,—	93,—
1 169,99	I, II, IV, V	140,33	93,25
	III	140,33	93,25
1 172,99	I, II, IV, V	140,75	93,50
	III	140,75	93,50
1 175,99	I, II, IV, V	141,08	93,75
	III	141,08	93,75
1 178,99	I, II, IV, V	141,41	94,—
	III	141,41	94,—
1 181,99	I, II, IV, V	141,83	94,25
	III	141,83	94,25
1 184,99	I, II, IV, V	142,16	94,50
	III	142,16	94,50
1 187,99	I, II, IV, V	142,50	94,66
	III	142,50	94,66
1 190,99	I, II, IV, V	142,91	94,91
	III	142,91	94,91
1 193,99	I, II, IV, V	143,25	95,16
	III	143,25	95,16
1 196,99	I, II, IV, V	143,58	95,41
	III	143,58	95,41
1 199,99	I, II, IV, V	143,91	95,66
	III	143,91	95,66
1 202,99	I, II, IV, V	144,33	95,91
	III	144,33	95,91
1 205,99	I, II, IV, V	144,66	96,16
	III	144,66	96,16
1 208,99	I, II, IV, V	145,—	96,41
	III	145,—	96,41
1 211,99	I, II, IV, V	145,41	96,58
	III	145,41	96,58
1 214,99	I, II, IV, V	145,75	96,83
	III	145,75	96,83
1 217,99	I, II, IV, V	146,08	97,08
	III	146,08	97,08
1 220,99	I, II, IV, V	146,50	97,33
	III	146,50	97,33
1 223,99	I, II, IV, V	146,83	97,58
	III	146,83	97,58
1 226,99	I, II, IV, V	147,16	97,83
	III	147,16	97,83
1 229,99	I, II, IV, V	147,58	98,08
	III	147,58	98,08
1 232,99	I, II, IV, V	147,91	98,25
	III	147,91	98,25
1 235,99	I, II, IV, V	148,25	98,50
	III	148,25	98,50
1 238,99	I, II, IV, V	148,66	98,75
	III	148,66	98,75
1 241,99	I, II, IV, V	149,—	99,—
	III	149,—	99,—
1 244,99	I, II, IV, V	149,33	99,25
	III	149,33	99,25
1 247,99	I, II, IV, V	149,75	99,50
	III	149,75	99,50
1 250,99	I, II, IV, V	150,08	99,75
	III	150,08	99,75
1 253,99	I, II, IV, V	150,41	100,—
	III	150,41	100,—
1 256,99	I, II, IV, V	150,83	100,16
	III	150,83	100,16
1 259,99	I, II, IV, V	151,16	100,41
	III	151,16	100,41
1 262,99	I, II, IV, V	151,50	100,66
	III	151,50	100,66
1 265,99	I, II, IV, V	151,91	100,91
	III	151,91	100,91
1 268,99	I, II, IV, V	152,25	101,16
	III	152,25	101,16
1 271,99	I, II, IV, V	152,58	101,41
	III	152,58	101,41
1 274,99	I, II, IV, V	152,91	101,66
	III	152,91	101,66
1 277,99	I, II, IV, V	153,33	101,91
	III	153,33	101,91
1 280,99	I, II, IV, V	153,66	102,08
	III	153,66	102,08
1 283,99	I, II, IV, V	154,—	102,33
	III	154,—	102,33
1 286,99	I, II, IV, V	154,41	102,58
	III	154,41	102,58
1 289,99	I, II, IV, V	154,75	102,83
	III	154,75	102,83
1 292,99	I, II, IV, V	155,08	103,08
	III	155,08	103,08
1 295,99	I, II, IV, V	155,50	103,33
	III	155,50	103,33
1 298,99	I, II, IV, V	155,83	103,58
	III	155,83	103,58
1 301,99	I, II, IV, V	156,16	103,83
	III	156,16	103,83
1 304,99	I, II, IV, V	156,58	104,—
	III	156,58	104,—
1 307,99	I, II, IV, V	156,91	104,25
	III	156,91	104,25
1 310,99	I, II, IV, V	157,25	104,50
	III	157,25	104,50
1 313,99	I, II, IV, V	157,66	104,75
	III	157,66	104,75
1 316,99	I, II, IV, V	158,—	105,—
	III	158,—	105,—
1 319,99	I, II, IV, V	158,33	105,25
	III	158,33	105,25
1 322,99	I, II, IV, V	158,33	105,50
	III	158,75	105,50
1 325,99	I, II, IV, V	158,33	105,66
	III	159,08	105,66
1 328,99	I, II, IV, V	158,33	105,91
	III	159,41	105,91
1 331,99	I, II, IV, V	158,33	106,16
	III	159,83	106,16
1 334,99	I, II, IV, V	158,33	106,41
	III	160,16	106,41
1 337,99	I, II, IV, V	158,33	106,66
	III	160,50	106,66
1 340,99	I, II, IV, V	158,33	106,91
	III	160,91	106,91
1 343,99	I, II, IV, V	158,33	107,16
	III	161,25	107,16
1 346,99	I, II, IV, V	158,33	107,41
	III	161,58	107,41
1 349,99	I, II, IV, V	158,33	107,58
	III	161,91	107,58

* Arbeitnehmer, bei denen die Besondere Tabelle anzuwenden ist, beachten bitte die Hinweise auf Seite AP 2.
** BVSP = Mindestvorsorgepauschale für die Basiskranken- und Pflegeversicherungsbeiträge.
*** TAGZ = Typisierter Arbeitgeberzuschuss zur Kranken- und Pflegeversicherung.

MONAT 1 350,–

Lohn/Gehalt bis €		Abzugsbetrag bei privat Kranken- und Pflegeversicherten*	
		BVSP**	TAGZ***
1 352,99	I, II, IV, V	158,33	107,83
	III	162,33	107,83
1 355,99	I, II, IV, V	158,33	108,08
	III	162,66	108,08
1 358,99	I, II, IV, V	158,33	108,33
	III	163,—	108,33
1 361,99	I, II, IV, V	158,33	108,58
	III	163,41	108,58
1 364,99	I, II, IV, V	158,33	108,83
	III	163,75	108,83
1 367,99	I, II, IV, V	158,33	109,08
	III	164,08	109,08
1 370,99	I, II, IV, V	158,33	109,33
	III	164,50	109,33
1 373,99	I, II, IV, V	158,33	109,50
	III	164,83	109,50
1 376,99	I, II, IV, V	158,33	109,75
	III	165,16	109,75
1 379,99	I, II, IV, V	158,33	110,—
	III	165,58	110,—
1 382,99	I, II, IV, V	158,33	110,25
	III	165,91	110,25
1 385,99	I, II, IV, V	158,33	110,50
	III	166,25	110,50
1 388,99	I, II, IV, V	158,33	110,75
	III	166,66	110,75
1 391,99	I, II, IV, V	158,33	111,—
	III	167,—	111,—
1 394,99	I, II, IV, V	158,33	111,25
	III	167,33	111,25
1 397,99	I, II, IV, V	158,33	111,41
	III	167,75	111,41
1 400,99	I, II, IV, V	158,33	111,66
	III	168,08	111,66
1 403,99	I, II, IV, V	158,33	111,91
	III	168,41	111,91
1 406,99	I, II, IV, V	158,33	112,16
	III	168,83	112,16
1 409,99	I, II, IV, V	158,33	112,41
	III	169,16	112,41
1 412,99	I, II, IV, V	158,33	112,66
	III	169,50	112,66
1 415,99	I, II, IV, V	158,33	112,91
	III	169,91	112,91
1 418,99	I, II, IV, V	158,33	113,08
	III	170,25	113,08
1 421,99	I, II, IV, V	158,33	113,33
	III	170,58	113,33
1 424,99	I, II, IV, V	158,33	113,58
	III	170,91	113,58
1 427,99	I, II, IV, V	158,33	113,83
	III	171,33	113,83
1 430,99	I, II, IV, V	158,33	114,08
	III	171,66	114,08
1 433,99	I, II, IV, V	158,33	114,33
	III	172,—	114,33
1 436,99	I, II, IV, V	158,33	114,58
	III	172,41	114,58
1 439,99	I, II, IV, V	158,33	114,83
	III	172,75	114,83
1 442,99	I, II, IV, V	158,33	115,—
	III	173,08	115,—
1 445,99	I, II, IV, V	158,33	115,25
	III	173,50	115,25
1 448,99	I, II, IV, V	158,33	115,50
	III	173,83	115,50
1 451,99	I, II, IV, V	158,33	115,75
	III	174,16	115,75
1 454,99	I, II, IV, V	158,33	116,—
	III	174,58	116,—
1 457,99	I, II, IV, V	158,33	116,25
	III	174,91	116,25
1 460,99	I, II, IV, V	158,33	116,50
	III	175,25	116,50
1 463,99	I, II, IV, V	158,33	116,75
	III	175,66	116,75
1 466,99	I, II, IV, V	158,33	116,91
	III	176,—	116,91
1 469,99	I, II, IV, V	158,33	117,16
	III	176,33	117,16
1 472,99	I, II, IV, V	158,33	117,41
	III	176,75	117,41
1 475,99	I, II, IV, V	158,33	117,66
	III	177,08	117,66
1 478,99	I, II, IV, V	158,33	117,91
	III	177,41	117,91
1 481,99	I, II, IV, V	158,33	118,16
	III	177,83	118,16
1 484,99	I, II, IV, V	158,33	118,41
	III	178,16	118,41
1 487,99	I, II, IV, V	158,33	118,66
	III	178,50	118,66
1 490,99	I, II, IV, V	158,33	118,83
	III	178,91	118,83
1 493,99	I, II, IV, V	158,33	119,08
	III	179,25	119,08
1 496,99	I, II, IV, V	158,33	119,33
	III	179,58	119,33
1 499,99	I, II, IV, V	158,33	119,58
	III	179,91	119,58
1 502,99	I, II, IV, V	158,33	119,83
	III	180,33	119,83
1 505,99	I, II, IV, V	158,33	120,08
	III	180,66	120,08
1 508,99	I, II, IV, V	158,33	120,33
	III	181,—	120,33
1 511,99	I, II, IV, V	158,33	120,50
	III	181,41	120,50
1 514,99	I, II, IV, V	158,33	120,75
	III	181,75	120,75
1 517,99	I, II, IV, V	158,33	121,—
	III	182,08	121,—
1 520,99	I, II, IV, V	158,33	121,25
	III	182,50	121,25
1 523,99	I, II, IV, V	158,33	121,50
	III	182,83	121,50
1 526,99	I, II, IV, V	158,33	121,75
	III	183,16	121,75
1 529,99	I, II, IV, V	158,33	122,—
	III	183,58	122,—
1 532,99	I, II, IV, V	158,33	122,25
	III	183,91	122,25
1 535,99	I, II, IV, V	158,33	122,41
	III	184,25	122,41
1 538,99	I, II, IV, V	158,33	122,66
	III	184,66	122,66
1 541,99	I, II, IV, V	158,33	122,91
	III	185,—	122,91
1 544,99	I, II, IV, V	158,33	123,16
	III	185,33	123,16
1 547,99	I, II, IV, V	158,33	123,41
	III	185,75	123,41
1 550,99	I, II, IV, V	158,33	123,66
	III	186,08	123,66
1 553,99	I, II, IV, V	158,33	123,91
	III	186,41	123,91
1 556,99	I, II, IV, V	158,33	124,16
	III	186,83	124,16
1 559,99	I, II, IV, V	158,33	124,33
	III	187,16	124,33
1 562,99	I, II, IV, V	158,33	124,58
	III	187,50	124,58
1 565,99	I, II, IV, V	158,33	124,83
	III	187,91	124,83
1 568,99	I, II, IV, V	158,33	125,08
	III	188,25	125,08
1 571,99	I, II, IV, V	158,33	125,33
	III	188,58	125,33
1 574,99	I, II, IV, V	158,33	125,58
	III	188,91	125,58
1 577,99	I, II, IV, V	158,33	125,83
	III	189,33	125,83
1 580,99	I, II, IV, V	158,33	126,08
	III	189,66	126,08
1 583,99	I, II, IV, V	158,33	126,25
	III	190,—	126,25
1 586,99	I, II, IV, V	158,33	126,50
	III	190,41	126,50
1 589,99	I, II, IV, V	158,33	126,75
	III	190,75	126,75
1 592,99	I, II, IV, V	158,33	127,—
	III	191,08	127,—
1 595,99	I, II, IV, V	158,33	127,25
	III	191,50	127,25
1 598,99	I, II, IV, V	158,33	127,50
	III	191,83	127,50
1 601,99	I, II, IV, V	158,33	127,75
	III	192,16	127,75
1 604,99	I, II, IV, V	158,33	127,91
	III	192,58	127,91
1 607,99	I, II, IV, V	158,33	128,16
	III	192,91	128,16
1 610,99	I, II, IV, V	158,33	128,41
	III	193,25	128,41
1 613,99	I, II, IV, V	158,33	128,66
	III	193,66	128,66
1 616,99	I, II, IV, V	158,33	128,91
	III	194,—	128,91
1 619,99	I, II, IV, V	158,33	129,16
	III	194,33	129,16

* Arbeitnehmer, bei denen die Besondere Tabelle anzuwenden ist, beachten bitte die Hinweise auf Seite AP 2.
** BVSP = Mindestvorsorgepauschale für die Basiskranken- und Pflegeversicherungsbeiträge.
*** TAGZ = Typisierter Arbeitgeberzuschuss zur Kranken- und Pflegeversicherung.

1 889,99 MONAT

Lohn/Gehalt bis €	Klasse	BVSP**	TAGZ***
1 622,99	I, II, IV, V / III	158,33 / 194,75	129,41 / 129,41
1 625,99	I, II, IV, V / III	158,33 / 195,08	129,66 / 129,66
1 628,99	I, II, IV, V / III	158,33 / 195,41	129,83 / 129,83
1 631,99	I, II, IV, V / III	158,33 / 195,83	130,08 / 130,08
1 634,99	I, II, IV, V / III	158,33 / 196,16	130,33 / 130,33
1 637,99	I, II, IV, V / III	158,33 / 196,50	130,58 / 130,58
1 640,99	I, II, IV, V / III	158,33 / 196,91	130,83 / 130,83
1 643,99	I, II, IV, V / III	158,33 / 197,25	131,08 / 131,08
1 646,99	I, II, IV, V / III	158,33 / 197,58	131,33 / 131,33
1 649,99	I, II, IV, V / III	158,33 / 197,91	131,58 / 131,58
1 652,99	I, II, IV, V / III	158,33 / 198,33	131,75 / 131,75
1 655,99	I, II, IV, V / III	158,33 / 198,66	132,— / 132,—
1 658,99	I, II, IV, V / III	158,33 / 199,—	132,25 / 132,25
1 661,99	I, II, IV, V / III	158,33 / 199,41	132,50 / 132,50
1 664,99	I, II, IV, V / III	158,33 / 199,75	132,75 / 132,75
1 667,99	I, II, IV, V / III	158,33 / 200,08	133,— / 133,—
1 670,99	I, II, IV, V / III	158,33 / 200,50	133,25 / 133,25
1 673,99	I, II, IV, V / III	158,33 / 200,83	133,50 / 133,50
1 676,99	I, II, IV, V / III	158,33 / 201,16	133,66 / 133,66
1 679,99	I, II, IV, V / III	158,33 / 201,58	133,91 / 133,91
1 682,99	I, II, IV, V / III	158,33 / 201,91	134,16 / 134,16
1 685,99	I, II, IV, V / III	158,33 / 202,25	134,41 / 134,41
1 688,99	I, II, IV, V / III	158,33 / 202,66	134,66 / 134,66
1 691,99	I, II, IV, V / III	158,33 / 203,—	134,91 / 134,91
1 694,99	I, II, IV, V / III	158,33 / 203,33	135,16 / 135,16
1 697,99	I, II, IV, V / III	158,33 / 203,75	135,33 / 135,33
1 700,99	I, II, IV, V / III	158,33 / 204,08	135,58 / 135,58
1 703,99	I, II, IV, V / III	158,33 / 204,41	135,83 / 135,83
1 706,99	I, II, IV, V / III	158,33 / 204,83	136,08 / 136,08
1 709,99	I, II, IV, V / III	158,33 / 205,16	136,33 / 136,33
1 712,99	I, II, IV, V / III	158,33 / 205,50	136,58 / 136,58
1 715,99	I, II, IV, V / III	158,33 / 205,91	136,83 / 136,83
1 718,99	I, II, IV, V / III	158,33 / 206,25	137,08 / 137,08
1 721,99	I, II, IV, V / III	158,33 / 206,58	137,25 / 137,25
1 724,99	I, II, IV, V / III	158,33 / 206,91	137,50 / 137,50
1 727,99	I, II, IV, V / III	158,33 / 207,33	137,75 / 137,75
1 730,99	I, II, IV, V / III	158,33 / 207,66	138,— / 138,—
1 733,99	I, II, IV, V / III	158,33 / 208,—	138,25 / 138,25
1 736,99	I, II, IV, V / III	158,33 / 208,41	138,50 / 138,50
1 739,99	I, II, IV, V / III	158,33 / 208,75	138,75 / 138,75
1 742,99	I, II, IV, V / III	158,33 / 209,08	139,— / 139,—
1 745,99	I, II, IV, V / III	158,33 / 209,50	139,16 / 139,16
1 748,99	I, II, IV, V / III	158,33 / 209,83	139,41 / 139,41
1 751,99	I, II, IV, V / III	158,33 / 210,16	139,66 / 139,66
1 754,99	I, II, IV, V / III	158,33 / 210,58	139,91 / 139,91
1 757,99	I, II, IV, V / III	158,33 / 210,91	140,16 / 140,16
1 760,99	I, II, IV, V / III	158,33 / 211,25	140,41 / 140,41
1 763,99	I, II, IV, V / III	158,33 / 211,66	140,66 / 140,66
1 766,99	I, II, IV, V / III	158,33 / 212,—	140,91 / 140,91
1 769,99	I, II, IV, V / III	158,33 / 212,33	141,08 / 141,08
1 772,99	I, II, IV, V / III	158,33 / 212,75	141,33 / 141,33
1 775,99	I, II, IV, V / III	158,33 / 213,08	141,58 / 141,58
1 778,99	I, II, IV, V / III	158,33 / 213,41	141,83 / 141,83
1 781,99	I, II, IV, V / III	158,33 / 213,83	142,08 / 142,08
1 784,99	I, II, IV, V / III	158,41 / 214,16	142,33 / 142,33
1 787,99	I, II, IV, V / III	158,66 / 214,50	142,58 / 142,58
1 790,99	I, II, IV, V / III	158,91 / 214,91	142,75 / 142,75
1 793,99	I, II, IV, V / III	159,16 / 215,25	143,— / 143,—
1 796,99	I, II, IV, V / III	159,41 / 215,58	143,25 / 143,25
1 799,99	I, II, IV, V / III	159,66 / 215,91	143,50 / 143,50
1 802,99	I, II, IV, V / III	160,— / 216,33	143,75 / 143,75
1 805,99	I, II, IV, V / III	160,25 / 216,66	144,— / 144,—
1 808,99	I, II, IV, V / III	160,50 / 217,—	144,25 / 144,25
1 811,99	I, II, IV, V / III	160,75 / 217,41	144,50 / 144,50
1 814,99	I, II, IV, V / III	161,— / 217,75	144,66 / 144,66
1 817,99	I, II, IV, V / III	161,33 / 218,08	144,91 / 144,91
1 820,99	I, II, IV, V / III	161,58 / 218,50	145,16 / 145,16
1 823,99	I, II, IV, V / III	161,83 / 218,83	145,41 / 145,41
1 826,99	I, II, IV, V / III	162,08 / 219,16	145,66 / 145,66
1 829,99	I, II, IV, V / III	162,33 / 219,58	145,91 / 145,91
1 832,99	I, II, IV, V / III	162,66 / 219,91	146,16 / 146,16
1 835,99	I, II, IV, V / III	162,91 / 220,25	146,41 / 146,41
1 838,99	I, II, IV, V / III	163,16 / 220,66	146,58 / 146,58
1 841,99	I, II, IV, V / III	163,41 / 221,—	146,83 / 146,83
1 844,99	I, II, IV, V / III	163,66 / 221,33	147,08 / 147,08
1 847,99	I, II, IV, V / III	164,— / 221,75	147,33 / 147,33
1 850,99	I, II, IV, V / III	164,25 / 222,08	147,58 / 147,58
1 853,99	I, II, IV, V / III	164,50 / 222,41	147,83 / 147,83
1 856,99	I, II, IV, V / III	164,75 / 222,83	148,08 / 148,08
1 859,99	I, II, IV, V / III	165,— / 223,16	148,33 / 148,33
1 862,99	I, II, IV, V / III	165,33 / 223,50	148,50 / 148,50
1 865,99	I, II, IV, V / III	165,58 / 223,91	148,75 / 148,75
1 868,99	I, II, IV, V / III	165,83 / 224,25	149,— / 149,—
1 871,99	I, II, IV, V / III	166,08 / 224,58	149,25 / 149,25
1 874,99	I, II, IV, V / III	166,33 / 224,91	149,50 / 149,50
1 877,99	I, II, IV, V / III	166,66 / 225,33	149,75 / 149,75
1 880,99	I, II, IV, V / III	166,91 / 225,66	150,— / 150,—
1 883,99	I, II, IV, V / III	167,16 / 226,—	150,16 / 150,16
1 886,99	I, II, IV, V / III	167,41 / 226,41	150,41 / 150,41
1 889,99	I, II, IV, V / III	167,66 / 226,75	150,66 / 150,66

* Arbeitnehmer, bei denen die Besondere Tabelle anzuwenden ist, beachten bitte die Hinweise auf Seite AP 2.
** BVSP = Mindestvorsorgepauschale für die Basiskranken- und Pflegeversicherungsbeiträge.
*** TAGZ = Typisierter Arbeitgeberzuschuss zur Kranken- und Pflegeversicherung.

MONAT 1 890,—

Lohn/Gehalt bis €		Abzugsbetrag bei privat Kranken- und Pflegeversicherten*	
		BVSP**	TAGZ***
1 892,99	I, II, IV, V	168,—	150,91
	III	227,08	150,91
1 895,99	I, II, IV, V	168,25	151,16
	III	227,50	151,16
1 898,99	I, II, IV, V	168,50	151,41
	III	227,83	151,41
1 901,99	I, II, IV, V	168,75	151,66
	III	228,16	151,66
1 904,99	I, II, IV, V	169,—	151,91
	III	228,58	151,91
1 907,99	I, II, IV, V	169,33	152,08
	III	228,91	152,08
1 910,99	I, II, IV, V	169,58	152,33
	III	229,25	152,33
1 913,99	I, II, IV, V	169,83	152,58
	III	229,66	152,58
1 916,99	I, II, IV, V	170,08	152,83
	III	230,—	152,83
1 919,99	I, II, IV, V	170,33	153,08
	III	230,33	153,08
1 922,99	I, II, IV, V	170,58	153,33
	III	230,75	153,33
1 925,99	I, II, IV, V	170,91	153,58
	III	231,08	153,58
1 928,99	I, II, IV, V	171,16	153,83
	III	231,41	153,83
1 931,99	I, II, IV, V	171,41	154,—
	III	231,83	154,—
1 934,99	I, II, IV, V	171,66	154,25
	III	232,16	154,25
1 937,99	I, II, IV, V	171,91	154,50
	III	232,50	154,50
1 940,99	I, II, IV, V	172,25	154,75
	III	232,91	154,75
1 943,99	I, II, IV, V	172,50	155,—
	III	233,25	155,—
1 946,99	I, II, IV, V	172,75	155,25
	III	233,58	155,25
1 949,99	I, II, IV, V	173,—	155,50
	III	233,91	155,50
1 952,99	I, II, IV, V	173,25	155,75
	III	234,33	155,75
1 955,99	I, II, IV, V	173,58	155,91
	III	234,66	155,91
1 958,99	I, II, IV, V	173,83	156,16
	III	235,—	156,16
1 961,99	I, II, IV, V	174,08	156,41
	III	235,41	156,41
1 964,99	I, II, IV, V	174,33	156,66
	III	235,75	156,66
1 967,99	I, II, IV, V	174,58	156,91
	III	236,08	156,91
1 970,99	I, II, IV, V	174,91	157,16
	III	236,50	157,16
1 973,99	I, II, IV, V	175,16	157,41
	III	236,83	157,41
1 976,99	I, II, IV, V	175,41	157,58
	III	237,16	157,58
1 979,99	I, II, IV, V	175,66	157,83
	III	237,58	157,83
1 982,99	I, II, IV, V	175,91	158,08
	III	237,91	158,08
1 985,99	I, II, IV, V	176,25	158,33
	III	238,25	158,33
1 988,99	I, II, IV, V	176,50	158,58
	III	238,66	158,58
1 991,99	I, II, IV, V	176,75	158,83
	III	239,—	158,83
1 994,99	I, II, IV, V	177,—	159,08
	III	239,33	159,08
1 997,99	I, II, IV, V	177,25	159,33
	III	239,75	159,33
2 000,99	I, II, IV, V	177,58	159,50
	III	240,08	159,50
2 003,99	I, II, IV, V	177,83	159,75
	III	240,41	159,75
2 006,99	I, II, IV, V	178,08	160,—
	III	240,83	160,—
2 009,99	I, II, IV, V	178,33	160,25
	III	241,16	160,25
2 012,99	I, II, IV, V	178,58	160,50
	III	241,50	160,50
2 015,99	I, II, IV, V	178,91	160,75
	III	241,91	160,75
2 018,99	I, II, IV, V	179,16	161,—
	III	242,25	161,—
2 021,99	I, II, IV, V	179,41	161,25
	III	242,58	161,25
2 024,99	I, II, IV, V	179,66	161,41
	III	242,91	161,41
2 027,99	I, II, IV, V	179,91	161,66
	III	243,33	161,66
2 030,99	I, II, IV, V	180,25	161,91
	III	243,66	161,91
2 033,99	I, II, IV, V	180,50	162,16
	III	244,—	162,16
2 036,99	I, II, IV, V	180,75	162,41
	III	244,41	162,41
2 039,99	I, II, IV, V	181,—	162,66
	III	244,75	162,66
2 042,99	I, II, IV, V	181,25	162,91
	III	245,08	162,91
2 045,99	I, II, IV, V	181,50	163,16
	III	245,50	163,16
2 048,99	I, II, IV, V	181,83	163,33
	III	245,83	163,33
2 051,99	I, II, IV, V	182,08	163,58
	III	246,16	163,58
2 054,99	I, II, IV, V	182,33	163,83
	III	246,58	163,83
2 057,99	I, II, IV, V	182,58	164,08
	III	246,91	164,08
2 060,99	I, II, IV, V	182,83	164,33
	III	247,25	164,33
2 063,99	I, II, IV, V	183,16	164,58
	III	247,66	164,58
2 066,99	I, II, IV, V	183,41	164,83
	III	248,—	164,83
2 069,99	I, II, IV, V	183,66	165,—
	III	248,33	165,—
2 072,99	I, II, IV, V	183,91	165,25
	III	248,75	165,25
2 075,99	I, II, IV, V	184,16	165,50
	III	249,08	165,50
2 078,99	I, II, IV, V	184,50	165,75
	III	249,41	165,75
2 081,99	I, II, IV, V	184,75	166,—
	III	249,83	166,—
2 084,99	I, II, IV, V	185,—	166,25
	III	250,—	166,25
2 087,99	I, II, IV, V	185,25	166,50
	III	250,—	166,50
2 090,99	I, II, IV, V	185,50	166,75
	III	250,—	166,75
2 093,99	I, II, IV, V	185,83	166,91
	III	250,—	166,91
2 096,99	I, II, IV, V	186,08	167,16
	III	250,—	167,16
2 099,99	I, II, IV, V	186,33	167,41
	III	250,—	167,41
2 102,99	I, II, IV, V	186,58	167,66
	III	250,—	167,66
2 105,99	I, II, IV, V	186,83	167,91
	III	250,—	167,91
2 108,99	I, II, IV, V	187,16	168,16
	III	250,—	168,16
2 111,99	I, II, IV, V	187,41	168,41
	III	250,—	168,41
2 114,99	I, II, IV, V	187,66	168,66
	III	250,—	168,66
2 117,99	I, II, IV, V	187,91	168,83
	III	250,—	168,83
2 120,99	I, II, IV, V	188,16	169,08
	III	250,—	169,08
2 123,99	I, II, IV, V	188,50	169,33
	III	250,—	169,33
2 126,99	I, II, IV, V	188,75	169,58
	III	250,—	169,58
2 129,99	I, II, IV, V	189,—	169,83
	III	250,—	169,83
2 132,99	I, II, IV, V	189,25	170,08
	III	250,—	170,08
2 135,99	I, II, IV, V	189,50	170,33
	III	250,—	170,33
2 138,99	I, II, IV, V	189,83	170,58
	III	250,—	170,58
2 141,99	I, II, IV, V	190,08	170,75
	III	250,—	170,75
2 144,99	I, II, IV, V	190,33	171,—
	III	250,—	171,—
2 147,99	I, II, IV, V	190,58	171,25
	III	250,—	171,25
2 150,99	I, II, IV, V	190,83	171,50
	III	250,—	171,50
2 153,99	I, II, IV, V	191,16	171,75
	III	250,—	171,75
2 156,99	I, II, IV, V	191,41	172,—
	III	250,—	172,—
2 159,99	I, II, IV, V	191,66	172,25
	III	250,—	172,25

* Arbeitnehmer, bei denen die Besondere Tabelle anzuwenden ist, beachten bitte die Hinweise auf Seite AP 2.
** BVSP = Mindestvorsorgepauschale für die Basiskranken- und Pflegeversicherungsbeiträge.
*** TAGZ = Typisierter Arbeitgeberzuschuss zur Kranken- und Pflegeversicherung.

2 429,99 MONAT

Lohn/Gehalt bis €	Klasse	BVSP**	TAGZ***
2 162,99	I, II, IV, V	191,91	172,41
	III	250,—	172,41
2 165,99	I, II, IV, V	192,16	172,66
	III	250,—	172,66
2 168,99	I, II, IV, V	192,41	172,91
	III	250,—	172,91
2 171,99	I, II, IV, V	192,75	173,16
	III	250,—	173,16
2 174,99	I, II, IV, V	193,—	173,41
	III	250,—	173,41
2 177,99	I, II, IV, V	193,25	173,66
	III	250,—	173,66
2 180,99	I, II, IV, V	193,50	173,91
	III	250,—	173,91
2 183,99	I, II, IV, V	193,75	174,16
	III	250,—	174,16
2 186,99	I, II, IV, V	194,08	174,33
	III	250,—	174,33
2 189,99	I, II, IV, V	194,33	174,58
	III	250,—	174,58
2 192,99	I, II, IV, V	194,58	174,83
	III	250,—	174,83
2 195,99	I, II, IV, V	194,83	175,08
	III	250,—	175,08
2 198,99	I, II, IV, V	195,08	175,33
	III	250,—	175,33
2 201,99	I, II, IV, V	195,41	175,58
	III	250,—	175,58
2 204,99	I, II, IV, V	195,66	175,83
	III	250,—	175,83
2 207,99	I, II, IV, V	195,91	176,08
	III	250,—	176,08
2 210,99	I, II, IV, V	196,16	176,25
	III	250,—	176,25
2 213,99	I, II, IV, V	196,41	176,50
	III	250,—	176,50
2 216,99	I, II, IV, V	196,75	176,75
	III	250,—	176,75
2 219,99	I, II, IV, V	197,—	177,—
	III	250,—	177,—
2 222,99	I, II, IV, V	197,25	177,25
	III	250,—	177,25
2 225,99	I, II, IV, V	197,50	177,50
	III	250,—	177,50
2 228,99	I, II, IV, V	197,75	177,75
	III	250,—	177,75
2 231,99	I, II, IV, V	198,08	178,—
	III	250,—	178,—
2 234,99	I, II, IV, V	198,33	178,16
	III	250,—	178,16
2 237,99	I, II, IV, V	198,58	178,41
	III	250,—	178,41
2 240,99	I, II, IV, V	198,83	178,66
	III	250,—	178,66
2 243,99	I, II, IV, V	199,08	178,91
	III	250,—	178,91
2 246,99	I, II, IV, V	199,41	179,16
	III	250,—	179,16
2 249,99	I, II, IV, V	199,66	179,41
	III	250,—	179,41
2 252,99	I, II, IV, V	199,91	179,66
	III	250,—	179,66
2 255,99	I, II, IV, V	200,16	179,83
	III	250,—	179,83
2 258,99	I, II, IV, V	200,41	180,08
	III	250,—	180,08
2 261,99	I, II, IV, V	200,75	180,33
	III	250,—	180,33
2 264,99	I, II, IV, V	201,—	180,58
	III	250,—	180,58
2 267,99	I, II, IV, V	201,25	180,83
	III	250,—	180,83
2 270,99	I, II, IV, V	201,50	181,08
	III	250,—	181,08
2 273,99	I, II, IV, V	201,75	181,33
	III	250,—	181,33
2 276,99	I, II, IV, V	202,08	181,58
	III	250,—	181,58
2 279,99	I, II, IV, V	202,33	181,75
	III	250,—	181,75
2 282,99	I, II, IV, V	202,58	182,—
	III	250,—	182,—
2 285,99	I, II, IV, V	202,83	182,25
	III	250,—	182,25
2 288,99	I, II, IV, V	203,08	182,50
	III	250,—	182,50
2 291,99	I, II, IV, V	203,33	182,75
	III	250,—	182,75
2 294,99	I, II, IV, V	203,66	183,—
	III	250,—	183,—
2 297,99	I, II, IV, V	203,91	183,25
	III	250,—	183,25
2 300,99	I, II, IV, V	204,16	183,50
	III	250,—	183,50
2 303,99	I, II, IV, V	204,41	183,66
	III	250,—	183,66
2 306,99	I, II, IV, V	204,66	183,91
	III	250,—	183,91
2 309,99	I, II, IV, V	205,—	184,16
	III	250,—	184,16
2 312,99	I, II, IV, V	205,25	184,41
	III	250,—	184,41
2 315,99	I, II, IV, V	205,50	184,66
	III	250,—	184,66
2 318,99	I, II, IV, V	205,75	184,91
	III	250,—	184,91
2 321,99	I, II, IV, V	206,—	185,16
	III	250,—	185,16
2 324,99	I, II, IV, V	206,33	185,41
	III	250,—	185,41
2 327,99	I, II, IV, V	206,58	185,58
	III	250,—	185,58
2 330,99	I, II, IV, V	206,83	185,83
	III	250,—	185,83
2 333,99	I, II, IV, V	207,08	186,08
	III	250,—	186,08
2 336,99	I, II, IV, V	207,33	186,33
	III	250,—	186,33
2 339,99	I, II, IV, V	207,66	186,58
	III	250,—	186,58
2 342,99	I, II, IV, V	207,91	186,83
	III	250,—	186,83
2 345,99	I, II, IV, V	208,16	187,08
	III	250,—	187,08
2 348,99	I, II, IV, V	208,41	187,25
	III	250,—	187,25
2 351,99	I, II, IV, V	208,66	187,50
	III	250,—	187,50
2 354,99	I, II, IV, V	209,—	187,75
	III	250,—	187,75
2 357,99	I, II, IV, V	209,25	188,—
	III	250,—	188,—
2 360,99	I, II, IV, V	209,50	188,25
	III	250,—	188,25
2 363,99	I, II, IV, V	209,75	188,50
	III	250,—	188,50
2 366,99	I, II, IV, V	210,—	188,75
	III	250,—	188,75
2 369,99	I, II, IV, V	210,33	189,—
	III	250,—	189,—
2 372,99	I, II, IV, V	210,58	189,16
	III	250,—	189,16
2 375,99	I, II, IV, V	210,83	189,41
	III	250,—	189,41
2 378,99	I, II, IV, V	211,08	189,66
	III	250,—	189,66
2 381,99	I, II, IV, V	211,33	189,91
	III	250,—	189,91
2 384,99	I, II, IV, V	211,66	190,16
	III	250,—	190,16
2 387,99	I, II, IV, V	211,91	190,41
	III	250,—	190,41
2 390,99	I, II, IV, V	212,16	190,66
	III	250,—	190,66
2 393,99	I, II, IV, V	212,41	190,91
	III	250,—	190,91
2 396,99	I, II, IV, V	212,66	191,08
	III	250,—	191,08
2 399,99	I, II, IV, V	212,91	191,33
	III	250,—	191,33
2 402,99	I, II, IV, V	213,25	191,58
	III	250,—	191,58
2 405,99	I, II, IV, V	213,50	191,83
	III	250,—	191,83
2 408,99	I, II, IV, V	213,75	192,08
	III	250,—	192,08
2 411,99	I, II, IV, V	214,—	192,33
	III	250,—	192,33
2 414,99	I, II, IV, V	214,25	192,58
	III	250,—	192,58
2 417,99	I, II, IV, V	214,58	192,83
	III	250,—	192,83
2 420,99	I, II, IV, V	214,83	193,—
	III	250,—	193,—
2 423,99	I, II, IV, V	215,08	193,25
	III	250,—	193,25
2 426,99	I, II, IV, V	215,33	193,50
	III	250,—	193,50
2 429,99	I, II, IV, V	215,58	193,75
	III	250,—	193,75

* Arbeitnehmer, bei denen die Besondere Tabelle anzuwenden ist, beachten bitte die Hinweise auf Seite AP 2.
** BVSP = Mindestvorsorgepauschale für die Basiskranken- und Pflegeversicherungsbeiträge.
*** TAGZ = Typisierter Arbeitgeberzuschuss zur Kranken- und Pflegeversicherung.

MONAT 2 430,–

Lohn/Gehalt bis €		Abzugsbetrag bei privat Kranken- und Pflegeversicherten* BVSP**	TAGZ***
2 432,99	I, II, IV, V	215,91	194,—
	III	250,—	194,—
2 435,99	I, II, IV, V	216,16	194,25
	III	250,—	194,25
2 438,99	I, II, IV, V	216,41	194,50
	III	250,—	194,50
2 441,99	I, II, IV, V	216,66	194,66
	III	250,—	194,66
2 444,99	I, II, IV, V	216,91	194,91
	III	250,—	194,91
2 447,99	I, II, IV, V	217,25	195,16
	III	250,—	195,16
2 450,99	I, II, IV, V	217,50	195,41
	III	250,—	195,41
2 453,99	I, II, IV, V	217,75	195,66
	III	250,—	195,66
2 456,99	I, II, IV, V	218,—	195,91
	III	250,—	195,91
2 459,99	I, II, IV, V	218,25	196,16
	III	250,—	196,16
2 462,99	I, II, IV, V	218,58	196,41
	III	250,—	196,41
2 465,99	I, II, IV, V	218,83	196,58
	III	250,—	196,58
2 468,99	I, II, IV, V	219,08	196,83
	III	250,—	196,83
2 471,99	I, II, IV, V	219,33	197,08
	III	250,—	197,08
2 474,99	I, II, IV, V	219,58	197,33
	III	250,—	197,33
2 477,99	I, II, IV, V	219,91	197,58
	III	250,—	197,58
2 480,99	I, II, IV, V	220,16	197,83
	III	250,—	197,83
2 483,99	I, II, IV, V	220,41	198,08
	III	250,—	198,08
2 486,99	I, II, IV, V	220,66	198,33
	III	250,—	198,33
2 489,99	I, II, IV, V	220,91	198,50
	III	250,—	198,50
2 492,99	I, II, IV, V	221,25	198,75
	III	250,—	198,75
2 495,99	I, II, IV, V	221,50	199,—
	III	250,—	199,—
2 498,99	I, II, IV, V	221,75	199,25
	III	250,—	199,25
2 501,99	I, II, IV, V	222,—	199,50
	III	250,—	199,50
2 504,99	I, II, IV, V	222,25	199,75
	III	250,—	199,75
2 507,99	I, II, IV, V	222,58	200,—
	III	250,—	200,—
2 510,99	I, II, IV, V	222,83	200,25
	III	250,—	200,25
2 513,99	I, II, IV, V	223,08	200,41
	III	250,—	200,41
2 516,99	I, II, IV, V	223,33	200,66
	III	250,—	200,66
2 519,99	I, II, IV, V	223,58	200,91
	III	250,—	200,91
2 522,99	I, II, IV, V	223,83	201,16
	III	250,—	201,16
2 525,99	I, II, IV, V	224,16	201,41
	III	250,—	201,41
2 528,99	I, II, IV, V	224,41	201,66
	III	250,—	201,66
2 531,99	I, II, IV, V	224,66	201,91
	III	250,—	201,91
2 534,99	I, II, IV, V	224,91	202,08
	III	250,—	202,08
2 537,99	I, II, IV, V	225,16	202,33
	III	250,—	202,33
2 540,99	I, II, IV, V	225,50	202,58
	III	250,—	202,58
2 543,99	I, II, IV, V	225,75	202,83
	III	250,—	202,83
2 546,99	I, II, IV, V	226,—	203,08
	III	250,—	203,08
2 549,99	I, II, IV, V	226,25	203,33
	III	250,—	203,33
2 552,99	I, II, IV, V	226,50	203,58
	III	250,—	203,58
2 555,99	I, II, IV, V	226,83	203,83
	III	250,—	203,83
2 558,99	I, II, IV, V	227,08	204,—
	III	250,—	204,—
2 561,99	I, II, IV, V	227,33	204,25
	III	250,—	204,25
2 564,99	I, II, IV, V	227,58	204,50
	III	250,—	204,50
2 567,99	I, II, IV, V	227,83	204,75
	III	250,—	204,75
2 570,99	I, II, IV, V	228,16	205,—
	III	250,—	205,—
2 573,99	I, II, IV, V	228,41	205,25
	III	250,—	205,25
2 576,99	I, II, IV, V	228,66	205,50
	III	250,—	205,50
2 579,99	I, II, IV, V	228,91	205,75
	III	250,—	205,75
2 582,99	I, II, IV, V	229,16	205,91
	III	250,—	205,91
2 585,99	I, II, IV, V	229,50	206,16
	III	250,—	206,16
2 588,99	I, II, IV, V	229,75	206,41
	III	250,—	206,41
2 591,99	I, II, IV, V	230,—	206,66
	III	250,—	206,66
2 594,99	I, II, IV, V	230,25	206,91
	III	250,—	206,91
2 597,99	I, II, IV, V	230,50	207,16
	III	250,—	207,16
2 600,99	I, II, IV, V	230,83	207,41
	III	250,—	207,41
2 603,99	I, II, IV, V	231,08	207,66
	III	250,—	207,66
2 606,99	I, II, IV, V	231,33	207,83
	III	250,—	207,83
2 609,99	I, II, IV, V	231,58	208,08
	III	250,—	208,08
2 612,99	I, II, IV, V	231,83	208,33
	III	250,—	208,33
2 615,99	I, II, IV, V	232,16	208,58
	III	250,—	208,58
2 618,99	I, II, IV, V	232,41	208,83
	III	250,—	208,83
2 621,99	I, II, IV, V	232,66	209,08
	III	250,—	209,08
2 624,99	I, II, IV, V	232,91	209,33
	III	250,—	209,33
2 627,99	I, II, IV, V	233,16	209,50
	III	250,—	209,50
2 630,99	I, II, IV, V	233,50	209,75
	III	250,—	209,75
2 633,99	I, II, IV, V	233,75	210,—
	III	250,—	210,—
2 636,99	I, II, IV, V	234,—	210,25
	III	250,—	210,25
2 639,99	I, II, IV, V	234,25	210,50
	III	250,—	210,50
2 642,99	I, II, IV, V	234,50	210,75
	III	250,—	210,75
2 645,99	I, II, IV, V	234,75	211,—
	III	250,—	211,—
2 648,99	I, II, IV, V	235,08	211,25
	III	250,—	211,25
2 651,99	I, II, IV, V	235,33	211,41
	III	250,—	211,41
2 654,99	I, II, IV, V	235,58	211,66
	III	250,—	211,66
2 657,99	I, II, IV, V	235,83	211,91
	III	250,—	211,91
2 660,99	I, II, IV, V	236,08	212,16
	III	250,—	212,16
2 663,99	I, II, IV, V	236,41	212,41
	III	250,—	212,41
2 666,99	I, II, IV, V	236,66	212,66
	III	250,—	212,66
2 669,99	I, II, IV, V	236,91	212,91
	III	250,—	212,91
2 672,99	I, II, IV, V	237,16	213,16
	III	250,—	213,16
2 675,99	I, II, IV, V	237,41	213,33
	III	250,—	213,33
2 678,99	I, II, IV, V	237,75	213,58
	III	250,—	213,58
2 681,99	I, II, IV, V	238,—	213,83
	III	250,—	213,83
2 684,99	I, II, IV, V	238,25	214,08
	III	250,—	214,08
2 687,99	I, II, IV, V	238,50	214,33
	III	250,—	214,33
2 690,99	I, II, IV, V	238,75	214,58
	III	250,—	214,58
2 693,99	I, II, IV, V	239,08	214,83
	III	250,—	214,83
2 696,99	I, II, IV, V	239,33	215,08
	III	250,—	215,08
2 699,99	I, II, IV, V	239,58	215,25
	III	250,—	215,25

* Arbeitnehmer, bei denen die Besondere Tabelle anzuwenden ist, beachten bitte die Hinweise auf Seite AP 2.
** BVSP = Mindestvorsorgepauschale für die Basiskranken- und Pflegeversicherungsbeiträge.
*** TAGZ = Typisierter Arbeitgeberzuschuss zur Kranken- und Pflegeversicherung.

2 969,99 MONAT

Lohn/Gehalt bis €		Abzugsbetrag bei privat Kranken- und Pflegeversicherten* BVSP**	TAGZ***
2 702,99	I, II, IV, V / III	239,83 / 250,—	215,50 / 215,50
2 705,99	I, II, IV, V / III	240,08 / 250,—	215,75 / 215,75
2 708,99	I, II, IV, V / III	240,41 / 250,—	216,— / 216,—
2 711,99	I, II, IV, V / III	240,66 / 250,—	216,25 / 216,25
2 714,99	I, II, IV, V / III	240,91 / 250,—	216,50 / 216,50
2 717,99	I, II, IV, V / III	241,16 / 250,—	216,75 / 216,75
2 720,99	I, II, IV, V / III	241,41 / 250,—	216,91 / 216,91
2 723,99	I, II, IV, V / III	241,75 / 250,—	217,16 / 217,16
2 726,99	I, II, IV, V / III	242,— / 250,—	217,41 / 217,41
2 729,99	I, II, IV, V / III	242,25 / 250,—	217,66 / 217,66
2 732,99	I, II, IV, V / III	242,50 / 250,—	217,91 / 217,91
2 735,99	I, II, IV, V / III	242,75 / 250,—	218,16 / 218,16
2 738,99	I, II, IV, V / III	243,08 / 250,—	218,41 / 218,41
2 741,99	I, II, IV, V / III	243,33 / 250,—	218,66 / 218,66
2 744,99	I, II, IV, V / III	243,58 / 250,—	218,83 / 218,83
2 747,99	I, II, IV, V / III	243,83 / 250,—	219,08 / 219,08
2 750,99	I, II, IV, V / III	244,08 / 250,—	219,33 / 219,33
2 753,99	I, II, IV, V / III	244,41 / 250,—	219,58 / 219,58
2 756,99	I, II, IV, V / III	244,66 / 250,—	219,83 / 219,83
2 759,99	I, II, IV, V / III	244,91 / 250,—	220,08 / 220,08
2 762,99	I, II, IV, V / III	245,16 / 250,—	220,33 / 220,33
2 765,99	I, II, IV, V / III	245,41 / 250,—	220,58 / 220,58
2 768,99	I, II, IV, V / III	245,66 / 250,—	220,75 / 220,75
2 771,99	I, II, IV, V / III	246,— / 250,—	221,— / 221,—
2 774,99	I, II, IV, V / III	246,25 / 250,—	221,25 / 221,25
2 777,99	I, II, IV, V / III	246,50 / 250,—	221,50 / 221,50
2 780,99	I, II, IV, V / III	246,75 / 250,—	221,75 / 221,75
2 783,99	I, II, IV, V / III	247,— / 250,—	222,— / 222,—
2 786,99	I, II, IV, V / III	247,33 / 250,—	222,25 / 222,25
2 789,99	I, II, IV, V / III	247,58 / 250,—	222,50 / 222,50
2 792,99	I, II, IV, V / III	247,83 / 250,—	222,66 / 222,66
2 795,99	I, II, IV, V / III	248,08 / 250,—	222,91 / 222,91
2 798,99	I, II, IV, V / III	248,33 / 250,—	223,16 / 223,16
2 801,99	I, II, IV, V / III	248,66 / 250,—	223,41 / 223,41
2 804,99	I, II, IV, V / III	248,91 / 250,—	223,66 / 223,66
2 807,99	I, II, IV, V / III	249,16 / 250,—	223,91 / 223,91
2 810,99	I, II, IV, V / III	249,41 / 250,—	224,16 / 224,16
2 813,99	I, II, IV, V / III	249,66 / 250,—	224,33 / 224,33
2 816,99	I, II, IV, V / III	250,— / 250,—	224,58 / 224,58
2 819,99	I, II, IV, V / III	250,25 / 250,25	224,83 / 224,83
2 822,99	I, II, IV, V / III	250,50 / 250,50	225,08 / 225,08
2 825,99	I, II, IV, V / III	250,75 / 250,75	225,33 / 225,33
2 828,99	I, II, IV, V / III	251,— / 251,—	225,58 / 225,58
2 831,99	I, II, IV, V / III	251,33 / 251,33	225,83 / 225,83
2 834,99	I, II, IV, V / III	251,58 / 251,58	226,08 / 226,08
2 837,99	I, II, IV, V / III	251,83 / 251,83	226,25 / 226,25
2 840,99	I, II, IV, V / III	252,08 / 252,08	226,50 / 226,50
2 843,99	I, II, IV, V / III	252,33 / 252,33	226,75 / 226,75
2 846,99	I, II, IV, V / III	252,66 / 252,66	227,— / 227,—
2 849,99	I, II, IV, V / III	252,91 / 252,91	227,25 / 227,25
2 852,99	I, II, IV, V / III	253,16 / 253,16	227,50 / 227,50
2 855,99	I, II, IV, V / III	253,41 / 253,41	227,75 / 227,75
2 858,99	I, II, IV, V / III	253,66 / 253,66	228,— / 228,—
2 861,99	I, II, IV, V / III	254,— / 254,—	228,16 / 228,16
2 864,99	I, II, IV, V / III	254,25 / 254,25	228,41 / 228,41
2 867,99	I, II, IV, V / III	254,50 / 254,50	228,66 / 228,66
2 870,99	I, II, IV, V / III	254,75 / 254,75	228,91 / 228,91
2 873,99	I, II, IV, V / III	255,— / 255,—	229,16 / 229,16
2 876,99	I, II, IV, V / III	255,33 / 255,33	229,41 / 229,41
2 879,99	I, II, IV, V / III	255,58 / 255,58	229,66 / 229,66
2 882,99	I, II, IV, V / III	255,83 / 255,83	229,91 / 229,91
2 885,99	I, II, IV, V / III	256,08 / 256,08	230,08 / 230,08
2 888,99	I, II, IV, V / III	256,33 / 256,33	230,33 / 230,33
2 891,99	I, II, IV, V / III	256,58 / 256,58	230,58 / 230,58
2 894,99	I, II, IV, V / III	256,91 / 256,91	230,83 / 230,83
2 897,99	I, II, IV, V / III	257,16 / 257,16	231,08 / 231,08
2 900,99	I, II, IV, V / III	257,41 / 257,41	231,33 / 231,33
2 903,99	I, II, IV, V / III	257,66 / 257,66	231,58 / 231,58
2 906,99	I, II, IV, V / III	257,91 / 257,91	231,75 / 231,75
2 909,99	I, II, IV, V / III	258,25 / 258,25	232,— / 232,—
2 912,99	I, II, IV, V / III	258,50 / 258,50	232,25 / 232,25
2 915,99	I, II, IV, V / III	258,75 / 258,75	232,50 / 232,50
2 918,99	I, II, IV, V / III	259,— / 259,—	232,75 / 232,75
2 921,99	I, II, IV, V / III	259,25 / 259,25	233,— / 233,—
2 924,99	I, II, IV, V / III	259,58 / 259,58	233,25 / 233,25
2 927,99	I, II, IV, V / III	259,83 / 259,83	233,50 / 233,50
2 930,99	I, II, IV, V / III	260,08 / 260,08	233,66 / 233,66
2 933,99	I, II, IV, V / III	260,33 / 260,33	233,91 / 233,91
2 936,99	I, II, IV, V / III	260,58 / 260,58	234,16 / 234,16
2 939,99	I, II, IV, V / III	260,91 / 260,91	234,41 / 234,41
2 942,99	I, II, IV, V / III	261,16 / 261,16	234,66 / 234,66
2 945,99	I, II, IV, V / III	261,41 / 261,41	234,91 / 234,91
2 948,99	I, II, IV, V / III	261,66 / 261,66	235,16 / 235,16
2 951,99	I, II, IV, V / III	261,91 / 261,91	235,41 / 235,41
2 954,99	I, II, IV, V / III	262,25 / 262,25	235,58 / 235,58
2 957,99	I, II, IV, V / III	262,50 / 262,50	235,83 / 235,83
2 960,99	I, II, IV, V / III	262,75 / 262,75	236,08 / 236,08
2 963,99	I, II, IV, V / III	263,— / 263,—	236,33 / 236,33
2 966,99	I, II, IV, V / III	263,25 / 263,25	236,58 / 236,58
2 969,99	I, II, IV, V / III	263,58 / 263,58	236,83 / 236,83

* Arbeitnehmer, bei denen die Besondere Tabelle anzuwenden ist, beachten bitte die Hinweise auf Seite AP 2.
** BVSP = Mindestvorsorgepauschale für die Basiskranken- und Pflegeversicherungsbeiträge.
*** TAGZ = Typisierter Arbeitgeberzuschuss zur Kranken- und Pflegeversicherung.

MONAT 2 970,−

Lohn/Gehalt bis €		Abzugsbetrag bei privat Kranken- und Pflegeversicherten* BVSP** / TAGZ***		Lohn/Gehalt bis €		Abzugsbetrag bei privat Kranken- und Pflegeversicherten* BVSP** / TAGZ***		Lohn/Gehalt bis €		Abzugsbetrag bei privat Kranken- und Pflegeversicherten* BVSP** / TAGZ***	
2 972,99	I, II, IV, V	263,83	237,08	3 062,99	I, II, IV, V	271,83	244,25	3 152,99	I, II, IV, V	279,75	251,41
	III	263,83	237,08		III	271,83	244,25		III	279,75	251,41
2 975,99	I, II, IV, V	264,08	237,33	3 065,99	I, II, IV, V	272,08	244,50	3 155,99	I, II, IV, V	280,08	251,66
	III	264,08	237,33		III	272,08	244,50		III	280,08	251,66
2 978,99	I, II, IV, V	264,33	237,50	3 068,99	I, II, IV, V	272,33	244,75	3 158,99	I, II, IV, V	280,33	251,91
	III	264,33	237,50		III	272,33	244,75		III	280,33	251,91
2 981,99	I, II, IV, V	264,58	237,75	3 071,99	I, II, IV, V	272,58	244,91	3 161,99	I, II, IV, V	280,58	252,16
	III	264,58	237,75		III	272,58	244,91		III	280,58	252,16
2 984,99	I, II, IV, V	264,91	238,—	3 074,99	I, II, IV, V	272,83	245,16	3 164,99	I, II, IV, V	280,83	252,33
	III	264,91	238,—		III	272,83	245,16		III	280,83	252,33
2 987,99	I, II, IV, V	265,16	238,25	3 077,99	I, II, IV, V	273,16	245,41	3 167,99	I, II, IV, V	281,08	252,58
	III	265,16	238,25		III	273,16	245,41		III	281,08	252,58
2 990,99	I, II, IV, V	265,41	238,50	3 080,99	I, II, IV, V	273,41	245,66	3 170,99	I, II, IV, V	281,41	252,83
	III	265,41	238,50		III	273,41	245,66		III	281,41	252,83
2 993,99	I, II, IV, V	265,66	238,75	3 083,99	I, II, IV, V	273,66	245,91	3 173,99	I, II, IV, V	281,66	253,08
	III	265,66	238,75		III	273,66	245,91		III	281,66	253,08
2 996,99	I, II, IV, V	265,91	239,—	3 086,99	I, II, IV, V	273,91	246,16	3 176,99	I, II, IV, V	281,91	253,33
	III	265,91	239,—		III	273,91	246,16		III	281,91	253,33
2 999,99	I, II, IV, V	266,16	239,16	3 089,99	I, II, IV, V	274,16	246,41	3 179,99	I, II, IV, V	282,16	253,58
	III	266,16	239,16		III	274,16	246,41		III	282,16	253,58
3 002,99	I, II, IV, V	266,50	239,41	3 092,99	I, II, IV, V	274,50	246,66	3 182,99	I, II, IV, V	282,41	253,83
	III	266,50	239,41		III	274,50	246,66		III	282,41	253,83
3 005,99	I, II, IV, V	266,75	239,66	3 095,99	I, II, IV, V	274,75	246,83	3 185,99	I, II, IV, V	282,75	254,08
	III	266,75	239,66		III	274,75	246,83		III	282,75	254,08
3 008,99	I, II, IV, V	267,—	239,91	3 098,99	I, II, IV, V	275,—	247,08	3 188,99	I, II, IV, V	283,—	254,25
	III	267,—	239,91		III	275,—	247,08		III	283,—	254,25
3 011,99	I, II, IV, V	267,25	240,16	3 101,99	I, II, IV, V	275,25	247,33	3 191,99	I, II, IV, V	283,25	254,50
	III	267,25	240,16		III	275,25	247,33		III	283,25	254,50
3 014,99	I, II, IV, V	267,50	240,41	3 104,99	I, II, IV, V	275,50	247,58	3 194,99	I, II, IV, V	283,50	254,75
	III	267,50	240,41		III	275,50	247,58		III	283,50	254,75
3 017,99	I, II, IV, V	267,83	240,66	3 107,99	I, II, IV, V	275,83	247,83	3 197,99	I, II, IV, V	283,75	255,—
	III	267,83	240,66		III	275,83	247,83		III	283,75	255,—
3 020,99	I, II, IV, V	268,08	240,91	3 110,99	I, II, IV, V	276,08	248,08	3 200,99	I, II, IV, V	284,08	255,25
	III	268,08	240,91		III	276,08	248,08		III	284,08	255,25
3 023,99	I, II, IV, V	268,33	241,08	3 113,99	I, II, IV, V	276,33	248,33	3 203,99	I, II, IV, V	284,33	255,50
	III	268,33	241,08		III	276,33	248,33		III	284,33	255,50
3 026,99	I, II, IV, V	268,58	241,33	3 116,99	I, II, IV, V	276,58	248,50	3 206,99	I, II, IV, V	284,58	255,75
	III	268,58	241,33		III	276,58	248,50		III	284,58	255,75
3 029,99	I, II, IV, V	268,83	241,58	3 119,99	I, II, IV, V	276,83	248,75	3 209,99	I, II, IV, V	284,83	255,91
	III	268,83	241,58		III	276,83	248,75		III	284,83	255,91
3 032,99	I, II, IV, V	269,16	241,83	3 122,99	I, II, IV, V	277,08	249,—	3 212,99	I, II, IV, V	285,08	256,16
	III	269,16	241,83		III	277,08	249,—		III	285,08	256,16
3 035,99	I, II, IV, V	269,41	242,08	3 125,99	I, II, IV, V	277,41	249,25	3 215,99	I, II, IV, V	285,41	256,41
	III	269,41	242,08		III	277,41	249,25		III	285,41	256,41
3 038,99	I, II, IV, V	269,66	242,33	3 128,99	I, II, IV, V	277,66	249,50	3 218,99	I, II, IV, V	285,66	256,66
	III	269,66	242,33		III	277,66	249,50		III	285,66	256,66
3 041,99	I, II, IV, V	269,91	242,58	3 131,99	I, II, IV, V	277,91	249,75	3 221,99	I, II, IV, V	285,91	256,91
	III	269,91	242,58		III	277,91	249,75		III	285,91	256,91
3 044,99	I, II, IV, V	270,16	242,83	3 134,99	I, II, IV, V	278,16	250,—	3 224,99	I, II, IV, V	286,16	257,16
	III	270,16	242,83		III	278,16	250,—		III	286,16	257,16
3 047,99	I, II, IV, V	270,50	243,—	3 137,99	I, II, IV, V	278,41	250,25	3 227,99	I, II, IV, V	286,41	257,41
	III	270,50	243,—		III	278,41	250,25		III	286,41	257,41
3 050,99	I, II, IV, V	270,75	243,25	3 140,99	I, II, IV, V	278,75	250,41	3 230,99	I, II, IV, V	286,75	257,66
	III	270,75	243,25		III	278,75	250,41		III	286,75	257,66
3 053,99	I, II, IV, V	271,—	243,50	3 143,99	I, II, IV, V	279,—	250,66	3 233,99	I, II, IV, V	287,—	257,83
	III	271,—	243,50		III	279,—	250,66		III	287,—	257,83
3 056,99	I, II, IV, V	271,25	243,75	3 146,99	I, II, IV, V	279,25	250,91	3 236,99	I, II, IV, V	287,25	258,08
	III	271,25	243,75		III	279,25	250,91		III	287,25	258,08
3 059,99	I, II, IV, V	271,50	244,—	3 149,99	I, II, IV, V	279,50	251,16	3 239,99	I, II, IV, V	287,50	258,33
	III	271,50	244,—		III	279,50	251,16		III	287,50	258,33

* Arbeitnehmer, bei denen die Besondere Tabelle anzuwenden ist, beachten bitte die Hinweise auf Seite AP 2.
** BVSP = Mindestvorsorgepauschale für die Basiskranken- und Pflegeversicherungsbeiträge.
*** TAGZ = Typisierter Arbeitgeberzuschuss zur Kranken- und Pflegeversicherung.

3 509,99 MONAT

Lohn/Gehalt bis €	Abzugsbetrag bei privat Kranken- und Pflegeversicherten*	BVSP**	TAGZ***
3 242,99	I, II, IV, V	287,75	258,58
	III	287,75	258,58
3 245,99	I, II, IV, V	288,—	258,83
	III	288,—	258,83
3 248,99	I, II, IV, V	288,33	259,08
	III	288,33	259,08
3 251,99	I, II, IV, V	288,58	259,33
	III	288,58	259,33
3 254,99	I, II, IV, V	288,83	259,58
	III	288,83	259,58
3 257,99	I, II, IV, V	289,08	259,75
	III	289,08	259,75
3 260,99	I, II, IV, V	289,33	260,—
	III	289,33	260,—
3 263,99	I, II, IV, V	289,66	260,25
	III	289,66	260,25
3 266,99	I, II, IV, V	289,91	260,50
	III	289,91	260,50
3 269,99	I, II, IV, V	290,16	260,75
	III	290,16	260,75
3 272,99	I, II, IV, V	290,41	261,—
	III	290,41	261,—
3 275,99	I, II, IV, V	290,66	261,25
	III	290,66	261,25
3 278,99	I, II, IV, V	291,—	261,50
	III	291,—	261,50
3 281,99	I, II, IV, V	291,25	261,66
	III	291,25	261,66
3 284,99	I, II, IV, V	291,50	261,91
	III	291,50	261,91
3 287,99	I, II, IV, V	291,75	262,16
	III	291,75	262,16
3 290,99	I, II, IV, V	292,—	262,41
	III	292,—	262,41
3 293,99	I, II, IV, V	292,33	262,66
	III	292,33	262,66
3 296,99	I, II, IV, V	292,58	262,91
	III	292,58	262,91
3 299,99	I, II, IV, V	292,83	263,16
	III	292,83	263,16
3 302,99	I, II, IV, V	293,08	263,33
	III	293,08	263,33
3 305,99	I, II, IV, V	293,33	263,58
	III	293,33	263,58
3 308,99	I, II, IV, V	293,66	263,83
	III	293,66	263,83
3 311,99	I, II, IV, V	293,91	264,08
	III	293,91	264,08
3 314,99	I, II, IV, V	294,16	264,33
	III	294,16	264,33
3 317,99	I, II, IV, V	294,41	264,58
	III	294,41	264,58
3 320,99	I, II, IV, V	294,66	264,83
	III	294,66	264,83
3 323,99	I, II, IV, V	295,—	265,08
	III	295,—	265,08
3 326,99	I, II, IV, V	295,25	265,25
	III	295,25	265,25
3 329,99	I, II, IV, V	295,50	265,50
	III	295,50	265,50
3 332,99	I, II, IV, V	295,75	265,75
	III	295,75	265,75
3 335,99	I, II, IV, V	296,—	266,—
	III	296,—	266,—
3 338,99	I, II, IV, V	296,33	266,25
	III	296,33	266,25
3 341,99	I, II, IV, V	296,58	266,50
	III	296,58	266,50
3 344,99	I, II, IV, V	296,83	266,75
	III	296,83	266,75
3 347,99	I, II, IV, V	297,08	267,—
	III	297,08	267,—
3 350,99	I, II, IV, V	297,33	267,16
	III	297,33	267,16
3 353,99	I, II, IV, V	297,66	267,41
	III	297,66	267,41
3 356,99	I, II, IV, V	297,91	267,66
	III	297,91	267,66
3 359,99	I, II, IV, V	298,16	267,91
	III	298,16	267,91
3 362,99	I, II, IV, V	298,41	268,16
	III	298,41	268,16
3 365,99	I, II, IV, V	298,66	268,41
	III	298,66	268,41
3 368,99	I, II, IV, V	298,91	268,66
	III	298,91	268,66
3 371,99	I, II, IV, V	299,25	268,91
	III	299,25	268,91
3 374,99	I, II, IV, V	299,50	269,08
	III	299,50	269,08
3 377,99	I, II, IV, V	299,75	269,33
	III	299,75	269,33
3 380,99	I, II, IV, V	300,—	269,58
	III	300,—	269,58
3 383,99	I, II, IV, V	300,25	269,83
	III	300,25	269,83
3 386,99	I, II, IV, V	300,58	270,08
	III	300,58	270,08
3 389,99	I, II, IV, V	300,83	270,33
	III	300,83	270,33
3 392,99	I, II, IV, V	301,08	270,58
	III	301,08	270,58
3 395,99	I, II, IV, V	301,33	270,75
	III	301,33	270,75
3 398,99	I, II, IV, V	301,58	271,—
	III	301,58	271,—
3 401,99	I, II, IV, V	301,91	271,25
	III	301,91	271,25
3 404,99	I, II, IV, V	302,16	271,50
	III	302,16	271,50
3 407,99	I, II, IV, V	302,41	271,75
	III	302,41	271,75
3 410,99	I, II, IV, V	302,66	272,—
	III	302,66	272,—
3 413,99	I, II, IV, V	302,91	272,25
	III	302,91	272,25
3 416,99	I, II, IV, V	303,25	272,50
	III	303,25	272,50
3 419,99	I, II, IV, V	303,50	272,66
	III	303,50	272,66
3 422,99	I, II, IV, V	303,75	272,91
	III	303,75	272,91
3 425,99	I, II, IV, V	304,—	273,16
	III	304,—	273,16
3 428,99	I, II, IV, V	304,25	273,41
	III	304,25	273,41
3 431,99	I, II, IV, V	304,58	273,66
	III	304,58	273,66
3 434,99	I, II, IV, V	304,83	273,91
	III	304,83	273,91
3 437,99	I, II, IV, V	305,08	274,16
	III	305,08	274,16
3 440,99	I, II, IV, V	305,33	274,41
	III	305,33	274,41
3 443,99	I, II, IV, V	305,58	274,58
	III	305,58	274,58
3 446,99	I, II, IV, V	305,91	274,83
	III	305,91	274,83
3 449,99	I, II, IV, V	306,16	275,08
	III	306,16	275,08
3 452,99	I, II, IV, V	306,41	275,33
	III	306,41	275,33
3 455,99	I, II, IV, V	306,66	275,58
	III	306,66	275,58
3 458,99	I, II, IV, V	306,91	275,83
	III	306,91	275,83
3 461,99	I, II, IV, V	307,25	276,08
	III	307,25	276,08
3 464,99	I, II, IV, V	307,50	276,33
	III	307,50	276,33
3 467,99	I, II, IV, V	307,75	276,50
	III	307,75	276,50
3 470,99	I, II, IV, V	308,—	276,75
	III	308,—	276,75
3 473,99	I, II, IV, V	308,25	277,—
	III	308,25	277,—
3 476,99	I, II, IV, V	308,58	277,25
	III	308,58	277,25
3 479,99	I, II, IV, V	308,83	277,50
	III	308,83	277,50
3 482,99	I, II, IV, V	309,08	277,75
	III	309,08	277,75
3 485,99	I, II, IV, V	309,33	278,—
	III	309,33	278,—
3 488,99	I, II, IV, V	309,58	278,16
	III	309,58	278,16
3 491,99	I, II, IV, V	309,83	278,41
	III	309,83	278,41
3 494,99	I, II, IV, V	310,16	278,66
	III	310,16	278,66
3 497,99	I, II, IV, V	310,41	278,91
	III	310,41	278,91
3 500,99	I, II, IV, V	310,66	279,16
	III	310,66	279,16
3 503,99	I, II, IV, V	310,91	279,41
	III	310,91	279,41
3 506,99	I, II, IV, V	311,16	279,66
	III	311,16	279,66
3 509,99	I, II, IV, V	311,50	279,91
	III	311,50	279,91

* Arbeitnehmer, bei denen die Besondere Tabelle anzuwenden ist, beachten bitte die Hinweise auf Seite AP 2.
** BVSP = Mindestvorsorgepauschale für die Basiskranken- und Pflegeversicherungsbeiträge.
*** TAGZ = Typisierter Arbeitgeberzuschuss zur Kranken- und Pflegeversicherung.

MONAT 3 510,–

Lohn/Gehalt bis €		Abzugsbetrag bei privat Kranken- und Pflegeversicherten*	
		BVSP**	TAGZ***
3 512,99	I, II, IV, V	311,75	280,08
	III	311,75	280,08
3 515,99	I, II, IV, V	312,—	280,33
	III	312,—	280,33
3 518,99	I, II, IV, V	312,25	280,58
	III	312,25	280,58
3 521,99	I, II, IV, V	312,50	280,83
	III	312,50	280,83
3 524,99	I, II, IV, V	312,83	281,08
	III	312,83	281,08
3 527,99	I, II, IV, V	313,08	281,33
	III	313,08	281,33
3 530,99	I, II, IV, V	313,33	281,58
	III	313,33	281,58
3 533,99	I, II, IV, V	313,58	281,83
	III	313,58	281,83
3 536,99	I, II, IV, V	313,83	282,—
	III	313,83	282,—
3 539,99	I, II, IV, V	314,16	282,25
	III	314,16	282,25
3 542,99	I, II, IV, V	314,41	282,50
	III	314,41	282,50
3 545,99	I, II, IV, V	314,66	282,75
	III	314,66	282,75
3 548,99	I, II, IV, V	314,91	283,—
	III	314,91	283,—
3 551,99	I, II, IV, V	315,16	283,25
	III	315,16	283,25
3 554,99	I, II, IV, V	315,50	283,50
	III	315,50	283,50
3 557,99	I, II, IV, V	315,75	283,75
	III	315,75	283,75
3 560,99	I, II, IV, V	316,—	283,91
	III	316,—	283,91
3 563,99	I, II, IV, V	316,25	284,16
	III	316,25	284,16
3 566,99	I, II, IV, V	316,50	284,41
	III	316,50	284,41
3 569,99	I, II, IV, V	316,83	284,66
	III	316,83	284,66
3 572,99	I, II, IV, V	317,08	284,91
	III	317,08	284,91
3 575,99	I, II, IV, V	317,33	285,16
	III	317,33	285,16
3 578,99	I, II, IV, V	317,58	285,41
	III	317,58	285,41
3 581,99	I, II, IV, V	317,83	285,58
	III	317,83	285,58
3 584,99	I, II, IV, V	318,16	285,83
	III	318,16	285,83
3 587,99	I, II, IV, V	318,41	286,08
	III	318,41	286,08
3 590,99	I, II, IV, V	318,66	286,33
	III	318,66	286,33
3 593,99	I, II, IV, V	318,91	286,58
	III	318,91	286,58
3 596,99	I, II, IV, V	319,16	286,83
	III	319,16	286,83
3 599,99	I, II, IV, V	319,41	287,08
	III	319,41	287,08
3 602,99	I, II, IV, V	319,75	287,33
	III	319,75	287,33
3 605,99	I, II, IV, V	320,—	287,50
	III	320,—	287,50
3 608,99	I, II, IV, V	320,25	287,75
	III	320,25	287,75
3 611,99	I, II, IV, V	320,50	288,—
	III	320,50	288,—
3 614,99	I, II, IV, V	320,75	288,25
	III	320,75	288,25
3 617,99	I, II, IV, V	321,08	288,50
	III	321,08	288,50
3 620,99	I, II, IV, V	321,33	288,75
	III	321,33	288,75
3 623,99	I, II, IV, V	321,58	289,—
	III	321,58	289,—
3 626,99	I, II, IV, V	321,83	289,25
	III	321,83	289,25
3 629,99	I, II, IV, V	322,08	289,41
	III	322,08	289,41
3 632,99	I, II, IV, V	322,41	289,66
	III	322,41	289,66
3 635,99	I, II, IV, V	322,66	289,91
	III	322,66	289,91
3 638,99	I, II, IV, V	322,91	290,16
	III	322,91	290,16
3 641,99	I, II, IV, V	323,16	290,41
	III	323,16	290,41
3 644,99	I, II, IV, V	323,41	290,66
	III	323,41	290,66
3 647,99	I, II, IV, V	323,75	290,91
	III	323,75	290,91
3 650,99	I, II, IV, V	324,—	291,16
	III	324,—	291,16
3 653,99	I, II, IV, V	324,25	291,33
	III	324,25	291,33
3 656,99	I, II, IV, V	324,50	291,58
	III	324,50	291,58
3 659,99	I, II, IV, V	324,75	291,83
	III	324,75	291,83
3 662,99	I, II, IV, V	325,08	292,08
	III	325,08	292,08
3 665,99	I, II, IV, V	325,33	292,33
	III	325,33	292,33
3 668,99	I, II, IV, V	325,58	292,58
	III	325,58	292,58
3 671,99	I, II, IV, V	325,83	292,83
	III	325,83	292,83
3 674,99	I, II, IV, V	326,08	293,—
	III	326,08	293,—
3 677,99	I, II, IV, V	326,41	293,25
	III	326,41	293,25
3 680,99	I, II, IV, V	326,66	293,50
	III	326,66	293,50
3 683,99	I, II, IV, V	326,91	293,75
	III	326,91	293,75
3 686,99	I, II, IV, V	327,16	294,—
	III	327,16	294,—
3 689,99	I, II, IV, V	327,41	294,25
	III	327,41	294,25
3 692,99	I, II, IV, V	327,75	294,50
	III	327,75	294,50
3 695,99	I, II, IV, V	328,—	294,75
	III	328,—	294,75
3 698,99	I, II, IV, V	328,25	294,91
	III	328,25	294,91
3 701,99	I, II, IV, V	328,50	295,16
	III	328,50	295,16
3 704,99	I, II, IV, V	328,75	295,41
	III	328,75	295,41
3 707,99	I, II, IV, V	329,08	295,66
	III	329,08	295,66
3 710,99	I, II, IV, V	329,33	295,91
	III	329,33	295,91
3 713,99	I, II, IV, V	329,41	296,—
	III	329,41	296,—
3 716,99	I, II, IV, V	329,41	296,—
	III	329,41	296,—
3 719,99	I, II, IV, V	329,41	296,—
	III	329,41	296,—
3 722,99	I, II, IV, V	329,41	296,—
	III	329,41	296,—
3 725,99	I, II, IV, V	329,41	296,—
	III	329,41	296,—
3 728,99	I, II, IV, V	329,41	296,—
	III	329,41	296,—
3 731,99	I, II, IV, V	329,41	296,—
	III	329,41	296,—
3 734,99	I, II, IV, V	329,41	296,—
	III	329,41	296,—
3 737,99	I, II, IV, V	329,41	296,—
	III	329,41	296,—
3 740,99	I, II, IV, V	329,41	296,—
	III	329,41	296,—
3 743,99	I, II, IV, V	329,41	296,—
	III	329,41	296,—
3 746,99	I, II, IV, V	329,41	296,—
	III	329,41	296,—
3 749,99	I, II, IV, V	329,41	296,—
	III	329,41	296,—
3 752,99	I, II, IV, V	329,41	296,—
	III	329,41	296,—
3 755,99	I, II, IV, V	329,41	296,—
	III	329,41	296,—
3 758,99	I, II, IV, V	329,41	296,—
	III	329,41	296,—
3 761,99	I, II, IV, V	329,41	296,—
	III	329,41	296,—
3 764,99	I, II, IV, V	329,41	296,—
	III	329,41	296,—
3 767,99	I, II, IV, V	329,41	296,—
	III	329,41	296,—
3 770,99	I, II, IV, V	329,41	296,—
	III	329,41	296,—

Für höhere Löhne und Gehälter ändern sich die Abzugsbeträge nicht mehr. Die Werte können aus der letzten Lohnstufe abgelesen werden.

* Arbeitnehmer, bei denen die Besondere Tabelle anzuwenden ist, beachten bitte die Hinweise auf Seite AP 2.
** BVSP = Mindestvorsorgepauschale für die Basiskranken- und Pflegeversicherungsbeiträge.
*** TAGZ = Typisierter Arbeitgeberzuschuss zur Kranken- und Pflegeversicherung.

Inhaltsübersicht
(Redaktionsschluss: 26. 11. 2010)

Rechtsänderungen ab 1. 1. 2011 sind durch senkrechte Randstriche | kenntlich gemacht.

	Rz.
Abkürzungsverzeichnis	
A. Allgemeines	1–32
I. Vorbemerkungen	1–4
II. Allgemeine oder Besondere Tabelle	5–9
III. Praxishinweise zur Anwendung	10–17
1. Lohnsteuer-Tabelle (Allgemeine und Besondere)	10–13.2
a) Allgemeine Hinweise	10
b) Persönlicher Freibetrag, Hinzurechnungsbetrag	11
c) Altersentlastungsbetrag	12
d) Versorgungsfreibetrag	13
e) Nachweis höherer privater Kranken- und Pflegeversicherungsbeiträge	13.1
f) Faktorverfahren	13.2
2. Tabellenfreibeträge	14
3. Unterschiede zwischen Tabellensteuer und elektronisch ermittelter Steuer	15–16
4. Einkommensteuer-Tabelle	17
IV. Steuertarif	18–22
V. Steuerklassenwahl-Tabelle	23–27
VI. Faktorverfahren	27.1
VII. Kurzschema zur Ermittlung des zu versteuernden Einkommens	28–30
VIII. Kurzschema zur Ermittlung der festzusetzenden Einkommensteuer	31–32
B. Einkommensteuer	1–98.2
I. Bedeutung der Einkommensteuer	1–2
II. Rechtsgrundlagen	3
III. Steuerpflicht	4–22
1. Persönliche/sachliche Steuerpflicht	4–13
2. Unbeschränkte/beschränkte Einkommensteuerpflicht	14–22
IV. Veranlagungspflichten	23–26
1. Pflichtveranlagung nach § 46 EStG	23
2. Antrag auf Einkommensteuerveranlagung	24–26
V. Einkommensteuerveranlagung	27–29
VI. Veranlagungsarten	30–46
1. Allgemeines	30–31
2. Zusammenveranlagung	32–35
3. Getrennte Veranlagung	36–39
4. Vergleich zwischen Zusammenveranlagung und getrennter Veranlagung	40
5. Besondere Veranlagung von Ehegatten im Heiratsjahr	41–43
6. Veranlagung von verwitweten, geschiedenen und allein erziehenden Personen	44–46
VII. Ermittlung des zu versteuernden Einkommens	47–93
1. Besteuerungsgrundlagen	47–48
2. Ermittlung der Einkünfte	49–51
3. Besonderheiten bei einzelnen Einkunftsarten	52–59
a) Land- und Forstwirtschaft	52
b) Gewerbebetrieb	53
c) Selbständige Arbeit	54–55
d) Nichtselbständige Arbeit	56
e) Kapitalvermögen	57
f) Vermietung und Verpachtung	58
g) Sonstige Einkünfte	59
4. Ermittlung des zu versteuernden Einkommens im Einzelnen	60–69
a) Summe der Einkünfte	61–66
b) Gesamtbetrag der Einkünfte	67
c) Einkommen	68
d) Zu versteuerndes Einkommen	69
5. Kinder	70–86
a) Allgemeines	70–71
b) Berücksichtigungsfähige Kinder	72–78
c) Kindergeld	79
d) Freibeträge für Kinder	80–83
e) Entlastungsbetrag für Alleinerziehende	84–86
6. ABC der Werbungskosten (Einkünfte aus nichtselbständiger Arbeit)	87
7. ABC der Sonderausgaben	88–91
8. ABC der Außergewöhnlichen Belastungen	92

			Rz.
		9. ABC der Sonstigen Freibeträge, Freigrenzen, Pauschbeträge, Abzugsbeträge	93
	VIII.	Steuererhebungsformen/Einkommensteuer-Vorauszahlungen	94–98.2
		1. Einkünfte aus nichtselbständiger Arbeit (Lohnsteuer)	95
		2. Einkünfte aus Kapitalvermögen (Abgeltungsteuer – eigentl. Kapitalertragsteuer)	96
		3. Einkommensteuer-Vorauszahlung	97–98.2

C. Lohnsteuer — 1–248
- I. Begriffsdefinitionen — 1–25
  - 1. Lohnsteuer-Anmeldung — 4–5
  - 2. Arbeitgeber — 6–13
  - 3. Arbeitnehmer — 14–25
    - a) Arbeitnehmereigenschaft — 14–21
    - b) Aushilfstätigkeit, Nebentätigkeit — 22
    - c) Dienstverhältnis zwischen Familienangehörigen — 23–25
- II. Lohnsteuerverfahren — 26–99
  - 1. Lohnkonto — 26–31
  - 2. Lohnsteuerkarte 2010/Bescheinigung für den Lohnsteuerabzug 2011 — 32–76
    - a) Verfahren bis einschließlich 2010 — 32–34
    - b) Verfahren ab 2012 — 35
    - c) Verfahren in 2011 — 36–40.3
    - d) Steuerklasse — 41–53.5
    - e) Eintragungen auf der Lohnsteuerkarte/der Ersatzbescheinigung — 53.6–76
  - 3. Lohnsteuerabzug, Anmeldung und Abführung der Lohnsteuer — 77–81
  - 4. Änderung des Lohnsteuerabzugs — 82–84
  - 5. Anzeigepflichten — 85–87
  - 6. Abschluss des Lohnsteuerabzugs — 88–92
  - 7. Haftung — 93–97
  - 8. Anrufungsauskunft — 98–99
- III. Arbeitslohn — 100–161
  - 1. Einnahmen, Arbeitslohn — 100–112
  - 2. Laufender Arbeitslohn — 113–124
  - 3. Sonstige Bezüge — 125–153
    - a) Begriff — 125–126
    - b) Lohnsteuerermittlung — 127–131
    - c) Höhe der Lohnsteuer — 132
    - d) Besonderheiten bei der Lohnsteuerermittlung von sonstigen Bezügen — 133–140
    - e) Ermäßigter Steuersatz bei Bezügen für Entschädigungen und eine mehrjährige Tätigkeit — 141–153
  - 4. Nettoarbeitslohn — 154–160
    - a) Nettolohnvereinbarung — 154–155
    - b) Nettolohn als laufender Arbeitslohn — 156–157
    - c) Nettolohn als sonstiger Bezug — 158–159
    - d) Lohnkonto, Lohnsteuerbescheinigung — 160
  - 5. ABC des Arbeitslohns (steuerpflichtig, steuerfrei, steuerbegünstigt) — 161
- IV. Pauschalierung der Lohnsteuer — 162–234
  - 1. Teilzeitbeschäftigungen — 164–190
    - a) Kurzfristige Beschäftigung — 166–167
    - b) Unvorhersehbare sofort erforderliche kurzfristige Beschäftigung — 168
    - c) Besteuerung des Arbeitsentgelts für geringfügig entlohnte Beschäftigungen — 169–175
    - d) Aushilfskräfte in der Land- und Forstwirtschaft — 176–177
    - e) Ergänzende Vorschriften — 178–190
  - 2. Zukunftssicherungsleistungen — 191–200
  - 3. Lohnsteuer-Pauschalierung in besonderen Fällen — 201–234
    - a) Lohnsteuer-Pauschalierung mit durchschnittlichem Steuersatz — 202–209
    - b) Fester Pauschsteuersatz für bestimmte Arbeitslohnteile — 210–232
    - c) Besonderer Pauschsteuersatz von 30 % — 233–233.1
    - d) Pauschalierung der Lohnsteuer für Sachzuwendungen — 234
- V. Lohnsteuer-Jahresausgleich durch den Arbeitgeber, Einkommensteuerveranlagung — 235–248
  - 1. Lohnsteuer-Jahresausgleich — 236–245
  - 2. Abschlussbuchungen — 246
  - 3. Permanenter Lohnsteuer-Jahresausgleich — 247
  - 4. Einkommensteuerveranlagung durch das Finanzamt — 248

D. Solidaritätszuschlag — 1–17
- I. Rechtsgrundlagen — 1–2
- II. Höhe des Solidaritätszuschlags — 3–4.1
- III. Solidaritätszuschlag und Lohnsteuer — 5–17
  - 1. Allgemeines — 5
  - 2. Berücksichtigung von Kindern — 6

			Rz.
	3.	Milderung des Solidaritätszuschlags	7
	4.	Faktorverfahren bei Ehegatten	8
	5.	Lohnsteuer-Pauschalierung/Sonstige Bezüge	9–10
	6.	Abweichende Lohnzahlungszeiträume	11
	7.	Nettolohnvereinbarung	12
	8.	Änderung des Lohnsteuerabzugs	13
	9.	Nachzahlungen und Vorauszahlungen von Arbeitslohn	14
	10.	Lohnsteuer-Jahresausgleich durch den Arbeitgeber	15
	11.	Permanenter Lohnsteuer-Jahresausgleich	16
	12.	Aufzeichnung und Bescheinigung des Solidaritätszuschlags	17

E. Kirchensteuer — 1–28
- I. Einführung — 1
- II. Schuldner und Gläubiger der Kirchensteuer — 2–3
  1. Schuldner der Kirchensteuer — 2
  2. Gläubiger der Kirchensteuer — 3
- III. Höhe der Kirchensteuer — 4–13
  1. Kirchensteuerhebesatz — 4
  2. Korrekturen der Bemessungsgrundlage für die Berechnung der Kirchensteuer — 5–7
     a) Berücksichtigung von Kindern — 6
     b) Halb- bzw. Teileinkünfteverfahren und Anrechnung des Gewerbesteuermessbetrags — 7
  3. Begrenzung der Kirchensteuer (sog. Kappung) — 8
  4. Mindestbetrags-Kirchensteuer — 9
  5. Kirchensteuer bei Lohnsteuerpauschalierung, einheitliche Pauschsteuer — 10–12
  6. Kirchensteuer nach dem Lohnsteuer-Faktorverfahren — 12.1
  7. Kirchensteuer auf Kapitalertragsteuer (Abgeltungsteuer) ab 2009 — 13
- IV. Besteuerung der Ehegatten — 14–19
- V. Beginn und Ende der Kirchensteuerpflicht — 20–21
- VI. Zwölftelung der Kirchensteuer — 22
- VII. Erlass der Kirchensteuer — 22.1
- VIII. Abzug der Kirchenlohnsteuer durch den Arbeitgeber — 23–24
- IX. Verwaltung der Kirchensteuer in den Bundesländern — 25
- X. Kirchensteuer-Übersicht — 26–27
  1. Zusammenfassender Überblick nach Bundesländern — 26
  2. Mindestbetrags-Kirchensteuer — 27
- XI. Auskünfte in Kirchensteuerfragen — 28

F. Vermögensbildung — 1–17
- I. Allgemeines — 1–2
- II. Vermögenswirksame Leistungen — 3–8
- III. Arbeitnehmer-Sparzulage — 9–17

G. Stichwortverzeichnis

A. Allgemeines

I. Vorbemerkungen

1 In den nachfolgenden Erläuterungen wird durch Pictogramme auf das beigefügte Softwareprogramm Stotax Gehalt und Lohn *Start* hingewiesen. Mit dem Symbol 🅢 wird auf die Softwareunterstützung bei der Berechnung von Sonderfällen hingewiesen. Die den Tabellen vorangestellten Fallbeispiele sind in der begleitenden Software als praktische Berechnungsbeispiele hinterlegt (vorausgefüllte Eingabefelder). Die beigefügte Software Gehalt und Lohn *Start* dient der centgenauen Berechnung der lohn- und sozialversicherungsrechtlichen Abzüge.

2 Wie hoch „die Steuer" ist, hier die Einkommen- oder Lohnsteuer, interessiert sowohl den, der sie zu tragen bzw. zu zahlen hat, als auch den, der sie zu ermitteln und abzuziehen hat. Die Höhe der Einkommen- oder Lohnsteuer lässt sich aber nicht einfach im Einkommensteuergesetz (EStG) ablesen. Sie ist dort zwar genau bestimmt, nämlich in der sog. **Tarifformel** (→ Rz. A 18, 21), aber eben nicht betragsmäßig in Euro und Cent. Diese Tarifformel wird auf das „zu versteuernde Einkommen" eines Kalenderjahres angewandt und ergibt die festzusetzende tarifliche Einkommensteuer in Euro und Cent.

Primär ist die Einkommensteuer/Lohnsteuer seit 2001 nach der Tarifformel (elektronisch) zu errechnen. Dabei gab es für die Jahre 2001 bis 2003 noch gesetzliche Tarifstufen: für 2001 54 DM/128 DM (Grund-/Splittingtarif), für 2002 und 2003 36 €/72 € (Grund-/Splittingtarif). Ab 2004 entfällt die Stufenbildung für die elektronische (Einkommen- und Lohn-) Steuerberechnung, so dass sich für jeden Euro grundsätzlich eine andere (Einkommen- und Lohn-) Steuer ergibt. Damit die Lohnsteuertabellen nicht einen unvertretbaren Umfang annehmen, ist für diese Zwecke aber weiterhin eine **Stufenbildung** von 36 € (für Jahrestabellen) für die manuelle Berechnung der Lohnsteuer vorgegeben. Seit 2004 ist die in den Tabellenstufen auszuweisende Lohnsteuer aus der Obergrenze der Tabellenstufe zu berechnen (vorher aus der Mitte) und stimmt folglich nur an der Obergrenze mit der maschinellen Lohnsteuer überein (unterhalb der Obergrenze ist die Tabellensteuer tendenziell geringfügig höher). Die Höhe der tariflichen Einkommensteuer 2011 ist gegenüber 2010 unverändert.

3 Die Umstellung auf eine **primäre elektronische Steuerberechnung** hat natürlich das Bedürfnis der Praxis unberührt gelassen, das Ergebnis der Steuerberechnung auch in Tabellen nachschlagen zu können. Diesen Zweck erfüllen die vorliegenden Tabellen. Sie sind handlich, dienen der schnellen Information, der Kontrolle der Software, sind hilfreich bei der Hochrechnung eines vereinbarten Nettolohns auf den Bruttolohn und notwendig für die **manuelle Steuerberechnung**. Der Steuerabzug beschränkt sich aber nicht auf die Lohnsteuer. Hinzu kommen der Solidaritätszuschlag und die Kirchensteuer (sowie die Sozialversicherung). Dies berücksichtigen die von Stollfuß angebotenen Tabellen im Interesse der Praxistauglichkeit.

4 Die Tabellen sind wesensgemäß für bestimmte Zwecke angelegt; sie liefern daher verständlicherweise **nur bei bestimmungsgemäßer Benutzung die zutreffenden Ergebnisse**. Auch wenn die Lohnsteuer keine eigene Steuer ist, sondern nur eine Erhebungsform der Einkommensteuer (grundsätzlich vorläufiger Steuerabzug auf Arbeitslohn), können folglich die **Lohnsteuer-Tabellen** nur zum Steuerabzug vom (Brutto-) Arbeitslohn verwendet werden. Lohnsteuer-Tabellen bauen auf dem Bruttoarbeitslohn (des Jahres, des Monats etc.) auf. Dafür liefern sie zutreffende Ergebnisse, nicht aber für die Einkommensteuer. Für diese ist die **Einkommensteuer-Tabelle** zu verwenden, die auf dem zu versteuernden Einkommen (stets des Jahres) aufbaut. Das zu versteuernde Einkommen ist (begrifflich) stets niedriger als der (Brutto-) Arbeitslohn. Selbstverständlich beruhen aber die Lohnsteuer-Tabellen auf demselben **Einkommensteuertarif** wie die Einkommensteuer-Tabelle. Die Steuerbelastung ist nach beiden Tabellen gleich hoch. Für die Lohnsteuer-Tabellen ist das zu versteuernde Einkommen für die praktische Anwendung jedoch in Bruttoarbeitslohnbeträge umgerechnet (hochgerechnet), wobei bestimmte Pauschbeträge und entsprechend dem Familienstand in Betracht kommende Freibeträge eingearbeitet werden (**Tabellenfreibeträge,** → Rz. A 14). Geringfügige Abweichungen der Tabellenlohnsteuer gegenüber der Formelsteuer (Einkommen-/maschinelle Lohnsteuer) ergeben sich jedoch seit 2004 unterhalb der Tabellenstufenobergrenze aus dem Wegfall der Stufenbildung bei der elektronischen Berechnung (→ Rz. A 2), auf die aber aus praktischen Gründen bei den Lohnsteuer-Tabellen nicht verzichtet werden kann.

II. Allgemeine oder Besondere Tabelle

5 Hauptunterscheidung für den Lohnsteuerabzug ist die **Tabellenart**, also die Frage, ob die Allgemeine Tabelle oder die Besondere Tabelle anzuwenden ist. Diese Unterscheidung beruht darauf, dass in die Lohnsteuer-Tabellen als einer der Tabellenfreibeträge eine **Vorsorgepauschale** in unterschiedlicher Höhe eingearbeitet ist. Im Veranlagungsverfahren entfällt ab 2010 die Vorsorgepauschale für Vorsorgeaufwendungen (Renten-, Kranken-, Pflege-, Arbeitslosenversicherung); es werden die tatsächlich geleisteten Vorsorgeaufwendungen berücksichtigt. Beim Lohnsteuerabzug kann jedoch auf eine typisierende Vorsorgepauschale nicht verzichtet werden. Die Höhe der Vorsorgepauschale richtet sich ab 2010 hauptsächlich danach, ob der Arbeitnehmer sozialversicherungspflichtig ist oder nicht. Die **allgemeine Vorsorgepauschale** (bei Pflichtversicherung in der gesetzlichen Rentenversicherung, Versicherung in der gesetzlichen Krankenversicherung und der sozialen Pflegeversicherung) gilt folglich für sozialversicherungspflichtige Arbeitnehmer. Für diese Personengruppe ist die Allgemeine Tabelle (→ Rz. A 7) zu verwenden. Die **besondere Vorsorgepauschale** gilt für nicht sozialversicherungspflichtige Arbeitnehmer (keine Rentenversicherungspflicht, keine Versicherung in der gesetzlichen Krankenversicherung und der sozialen Pflegeversicherung), folglich z. B. für Beamte und beherrschende Gesellschafter-Geschäftsführer. Für diese Personengruppe ist die Besondere Tabelle zu verwenden (→ Rz. A 8). Darüber hinaus gibt es Vorsorgepauschalen, die **Elemente aus den beiden genannten Vorsorgepauschalen** enthalten (z. B. Pflichtversicherung in der gesetzlichen Rentenversicherung, aber keine Versicherung in der gesetzlichen Krankenversicherung und der sozialen Pflegeversicherung, oder keine Rentenversicherungspflicht, aber Versicherung in der gesetzlichen Krankenversicherung und der sozialen Pflegeversicherung). In diesen Fällen verwenden Sie bitte die beigefügte Software 🅢; oder das bei Stollfuß Medien erhältliche Lohnabrechnungsprogramm „Gehalt und Lohn".

6 Sozialversicherungspflichtige Arbeitnehmer haben höhere gesetzliche Vorsorgeaufwendungen (Sozialversicherungs-

beiträge in allen Versicherungszweigen). Sie erhalten daher beim Lohnsteuerabzug die höhere **allgemeine Vorsorgepauschale**. Sie setzt sich ab 2010 aus Teilbeträgen für Renten-, Kranken- und Pflegeversicherung gem. den gesetzlichen Beitragsregeln zusammen. Sie ist in der **Allgemeinen Tabelle** berücksichtigt.

Nicht sozialversicherungspflichtige Arbeitnehmer (insbesondere Beamte) haben grundsätzlich niedrigere Vorsorgeaufwendungen. Sie erhalten daher beim Lohnsteuerabzug die niedrigere **besondere Vorsorgepauschale** für Beiträge zur privaten Kranken- und Pflegeversicherung. Die privaten Kranken- und Pflegeversicherungsbeiträge sind unterschiedlich hoch und können daher beim Lohnsteuerabzug und insbesondere tabellarisch nur in Form der gesetzlichen **Mindestvorsorgepauschale** berücksichtigt werden. Die Mindestvorsorgepauschale i. H. v. 12 % des Arbeitslohns, höchstens 1 900 € im Kalenderjahr, in Steuerklasse III 3 000 €, ist in der **Besonderen Tabelle** berücksichtigt.

7 Die **Allgemeine Tabelle** ist anzuwenden für Arbeitnehmer, die in allen Zweigen der Sozialversicherung (Renten-, Kranken- und Pflegeversicherung) versichert sind. Die Arbeitslosenversicherung ist für die Bemessung der Vorsorgepauschale unerheblich. Die Teilbeträge der Vorsorgepauschale in den jeweiligen Versicherungszweigen richten sich nach dem Arbeitslohn i. V. m. den gesetzlichen Beitragssätzen und den Beitragsbemessungsgrenzen. Bei der Rentenversicherung sind die unterschiedlichen Beitragsbemessungsgrenzen Ost (2011: 57 600 € jährlich/4 800 € monatlich) und West (2011 unverändert: 66 000 € jährlich/5 500 € monatlich) zu beachten (die vereinfachende allgemeine Anwendung der Beitragsbemessungsgrenze West endete 2009). Bei Arbeitslöhnen über der Beitragsbemessungsgrenze der Rentenversicherung Ost ist folglich ein unterschiedlich hoher Teilbetrag der Vorsorgepauschale für die Rentenversicherung getrennt nach Ost und West in der Allgemeinen Tabelle berücksichtigt, und zwar in Höhe des gesetzlichen Arbeitnehmeranteils i. H. v. 9,95 % (Hälfte des Gesamtbeitragssatzes zur gesetzlichen Rentenversicherung 2011 i. H. v. 19,9 %), soweit er 2011 berücksichtigungsfähig ist (44 % des Arbeitnehmerbeitrags).

Die Teilbeträge der Vorsorgepauschale für die Kranken- und Pflegeversicherung sind in der Tabelle in Höhe der gesetzlichen **Mindestvorsorgepauschale** (12 % des Arbeitslohns, höchstens 1 900 €, in Steuerklasse III 3 000 €) berücksichtigt, soweit die Mindestvorsorgepauschale höher ist als die Summe der abziehbaren Teilbeträge der Vorsorgepauschale für die gesetzliche Kranken- und soziale Pflegeversicherung. Ist die Mindestvorsorgepauschale niedriger als die Summe der abziehbaren Teilbeträge der Vorsorgepauschale für die gesetzliche Kranken- und soziale Pflegeversicherung, so sind die höheren gesetzlichen Beiträge in der Tabelle berücksichtigt. Der Anwender muss diese **Vergleichsrechnung** daher nicht selbst vornehmen. Die Beitragsbemessungsgrenze für die Kranken- und Pflegeversicherung beträgt 2011 bundeseinheitlich 44 550 € jährlich/3 712,50 € monatlich.

Der Teilbetrag der Vorsorgepauschale für die gesetzliche Krankenversicherung ist mit dem Arbeitnehmeranteil am ermäßigten Beitragssatz zur gesetzlichen Krankenversicherung (also ohne den im allgemeinen Beitragssatz enthaltenen Beitragssatzanteil für das Krankengeld i. H. v. 0,6 %) i. H. v. 7,9 % berücksichtigt. (Berechnung: Der ermäßigte Beitragssatz zur Krankenversicherung beträgt 2011 14,9 % (+ 0,6 % gegenüber 2010); davon hat der Arbeitnehmer vorab 0,9 % zu tragen, hinzu kommt die Hälfte des paritätischen Beitragsanteils von 14,0 % = 7,0 %, ergibt 7,9 % Arbeitnehmeranteil.)

Der Teilbetrag der Vorsorgepauschale für die Pflegeversicherung ist mit dem Arbeitnehmeranteil i. H. v. 0,975 % berücksichtigt (Hälfte des gesetzlichen Gesamtbeitragssatzes zur Pflegeversicherung 2011 unverändert i. H. v. 1,95 %). Der Beitragszuschlag des Arbeitnehmers in der Pflegeversicherung i. H. v. 0,25 % (§ 55 Abs. 3 SGB XI) ist in den Tabellen aus Vereinfachungsgründen nicht berücksichtigt. Dies kann zu einer geringfügig höheren Lohnsteuer als bei der maschinellen Lohnsteuerberechnung führen.

In **Sachsen** besteht bei der Pflegeversicherung die Besonderheit, dass der Arbeitnehmeranteil an der Pflegeversicherung mit 1,475 % (also um 0,5 %) höher ist als im übrigen Bundesgebiet. Diese Besonderheit ist in den Tabellen aus Vereinfachungsgründen ebenfalls nicht berücksichtigt. Auch dies führt zu einer höheren Lohnsteuer als bei der maschinellen Lohnsteuerberechnung. Zur maschinellen Berechnung verwenden Sie bitte die beigefügte Software ⊙ oder das bei Stollfuß Medien erhältliche Lohnabrechnungsprogramm „Gehalt und Lohn".

Die **Besondere Tabelle** ist anzuwenden für Beamte, Richter, 8 Berufssoldaten, Soldaten auf Zeit und alle Arbeitnehmer, die keinen Beitragsanteil zur gesetzlichen Rentenversicherung sowie gesetzlichen Kranken- und sozialen Pflegeversicherung entrichten (also nicht z. B. für freiwillig gesetzlich krankenversicherte Beamte). Die Beiträge für die private Kranken- und Pflegeversicherung werden in den Tabellen mit der **Mindestvorsorgepauschale** (→ Rz. A 6) berücksichtigt. Soweit der Arbeitnehmer höhere abziehbare Beiträge für private Kranken- und Pflegeversicherungsbeiträge nachweist (also dem Arbeitgeber eine Bescheinigung der Versicherungsgesellschaft vorgelegt hat), kann die Lohnsteuer anhand der Tabellen mit einem **Korrekturbetrag** (→ Rz. A 13.1) annähernd ermittelt werden. Eine centgenaue Berechnung ist mit der beigefügten Software ⊙ oder dem bei Stollfuß Medien erhältlichen Lohnabrechnungsprogramm „Gehalt und Lohn" möglich.

Die Unterscheidung nach Allgemeiner und Besonderer Tabelle gibt es nur beim Lohnsteuerabzug. Bei der **Einkommensteuer-Tabelle** (→ Rz. A 17) ist die Unterscheidung nicht erforderlich; diese geht vom zu versteuernden Einkommen aus, bei dessen Ermittlung die Sonderausgaben im Rahmen der Höchstbeträge und der Günstigerprüfung abgezogen werden. 9

III. Praxishinweise zur Anwendung

1. Lohnsteuer-Tabelle (Allgemeine und Besondere)

a) Allgemeine Hinweise

Die Lohnsteuer-Tabellen gehen vom steuerpflichtigen Bruttoarbeitslohn aus. Diesen hat der Arbeitgeber zu ermitteln (→ Rz. C 100 ff.). Dann hat er zu entscheiden, ob für den bestimmten Arbeitnehmer die Allgemeine oder die Besondere Tabelle anzuwenden ist (→ Rz. A 5–8). Die danach zutreffende Lohnsteuer-Tabelle für den jeweiligen **Lohnzahlungszeitraum** (Monat-, Tagestabelle etc.) ist zu benutzen. Vor Anwendung dieser Lohnsteuer-Tabelle ist der jeweilige steuerpflichtige Bruttoarbeitslohn zu korrigieren: 10

Abzusetzen ist ggf.

- der auf der Lohnsteuerkarte eingetragene persönliche Freibetrag (→ Rz. A 11),
- der Altersentlastungsbetrag (→ Rz. A 12) und

A. Allgemeines

- der Versorgungsfreibetrag und (ab 2005) der Zuschlag zum Versorgungsfreibetrag (→ Rz. A 13).

Hinzuzurechnen ist ggf.

- der auf der Lohnsteuerkarte eingetragene Hinzurechnungsbetrag (→ Rz. A 11).

b) Persönlicher Freibetrag, Hinzurechnungsbetrag

11 Der **persönliche Freibetrag** oder **Hinzurechnungsbetrag** ist (vom Finanzamt oder der Gemeinde eingetragen) der Lohnsteuerkarte (→ Rz. 32 ff.) zu entnehmen. Sollte der Freibetrag/Hinzurechnungsbetrag für den jeweiligen Lohnzahlungszeitraum nicht eingetragen sein, kann ihn der Arbeitgeber aus einer Eintragung ableiten. Der tägliche Betrag ist mit 1/30, der wöchentliche ist mit 7/30 des Monatsbetrags anzusetzen. Für die Ermittlung der Lohnabzugsbeträge ist der Freibetrag/Hinzurechnungsbetrag vom Bruttoarbeitslohn abzuziehen bzw. dem Bruttoarbeitslohn hinzuzurechnen. Für den so geminderten bzw. erhöhten Bruttoarbeitslohn ist dann die entsprechende Stufe in der Lohnsteuer-Tabelle aufzusuchen. Zu den möglichen Differenzen gegenüber der elektronisch ermittelten Lohnsteuer → Rz. A 15.

c) Altersentlastungsbetrag

12 Der **Altersentlastungsbetrag** ist bei Arbeitnehmern zu berücksichtigen, die vor Beginn des Kalenderjahres das 64. Lebensjahr vollendet haben. Der Altersentlastungsbetrag (Freibetrag) wird ab 2006 sukzessive abgeschmolzen (auf 0 € im Jahr 2040). Der Prozentsatz und Höchstbetrag des **Erstjahres** (Erreichen der Altersgrenze: Vollendung des 64. Lebensjahrs im Vorjahr) bleiben dem Arbeitnehmer zeitlebens erhalten. Steuerbegünstigte Versorgungsbezüge bleiben bei der Berechnung außer Betracht. Der auf den Lohnzahlungszeitraum entfallende Anteil ist zu ermitteln mit einem Zwölftel für den Monat, mit 7/30 des Monatsbetrags für die Woche und mit 1/30 des Monatsbetrags für den Tag. Der dem Lohnzahlungszeitraum entsprechende anteilige Höchstbetrag darf auch dann nicht überschritten werden, wenn in den vorangegangenen Lohnzahlungszeiträumen desselben Jahres der Höchstbetrag nicht ausgeschöpft worden ist. Bei im Ausland ansässigen (beschränkt einkommensteuerpflichtigen) Arbeitnehmern ist ein Altersentlastungsbetrag ab 2009 abzuziehen. Die Beträge für die jeweiligen Erstjahre können der nachfolgenden Tabelle entnommen werden.

Altersentlastungsbetrag § 24a EStG

	Altersentlastungsbetrag			Abzugsbeträge höchstens		
Vollendung 64. Lebensj.	Erstjahr	vom Arbeitslohn in %	Höchstbetrag Kalenderjahr in €	Monat 1/12 Kj. €	Woche 7/30 von Mt. €	Tag 1/30 von Mt. €
bis 2004	2005	40,0	1 900	159,00	37,10	5,30
2005	2006	38,4	1 824	152,00	35,50	5,10
2006	2007	36,8	1 748	146,00	34,10	4,90
2007	2008	35,2	1 672	140,00	32,70	4,70
2008	2009	33,6	1 596	133,00	31,10	4,45
2009	2010	32,0	1 520	127,00	29,70	4,25
2010	2011	30,4	1 444	121,00	28,30	4,05

d) Versorgungsfreibetrag

13 Der **Versorgungsfreibetrag** ist abzuziehen, wenn es sich bei einem Teil des Arbeitslohns oder insgesamt um Versorgungsbezüge handelt. **Versorgungsbezüge sind auf früheren Dienstleistungen beruhende Bezüge und Vorteile (Altersbezüge wie Ruhegehalt, Witwen- oder Waisengeld, wegen Berufs- oder Erwerbsunfähigkeit). Bezüge, die wegen Erreichens einer Altersgrenze gezahlt werden, gelten erst dann als Versorgungsbezüge, wenn der Stpfl. das 63. Lebensjahr oder, wenn er Schwerbehinderter ist, das 60. Lebensjahr vollendet hat. Bemessungsgrundlage** für den Versorgungsfreibetrag ist das Zwölffache des ersten vollen Monatsbezugs zuzüglich voraussichtlicher Sonderzahlungen. Die danach einmal berechnete Höhe der Freibeträge für Versorgungsbezüge gelten grundsätzlich für die gesamte Laufzeit des Versorgungsbezugs **(betragsmäßige Festschreibung)**. Regelmäßige Anpassungen führen also nicht zu einer Neuberechnung. Wegen dieser Komplizierungen wird auf die Darstellung der Versorgungsbezüge in den Tabellen verzichtet. Die Lohnsteuer kann jedoch mit den Tabellen annähernd ermittelt werden, wenn von dem Versorgungsbezug ein **Korrekturbetrag** für den Versorgungsfreibetrag und den Zuschlag zum Versorgungsfreibetrag abgezogen wird, der sich nach dem **Erstjahr** (begünstigter Versorgungsbeginn) richtet.

Der Versorgungsfreibetrag beträgt bei Versorgungsbeginn bis **2005** 40 % der Versorgungsbezüge, höchstens jedoch **3 000 €** jährlich. Außerdem ist der **Zuschlag zum Versorgungsfreibetrag** dann i. H. v. **900 €** abzuziehen. Der Zuschlag zum Versorgungsfreibetrag wurde 2005 eingeführt zum Ausgleich des auf 102 € jährlich abgesenkten **Werbungskostenpauschbetrags für Versorgungsbezüge** (der Arbeitnehmer-Pauschbetrag von 920 € ist für sie nicht mehr anzuwenden). Der auf den Lohnzahlungszeitraum insgesamt entfallende Anteil dieser Freibeträge für Versorgungsbezüge ist zu ermitteln mit einem Zwölftel für den Monat, mit 7/30 des Monatsbetrags für die Woche und mit 1/30 des Monatsbetrags für den Tag. Da aber in den Lohnsteuer-Tabellen der Arbeitnehmer-Pauschbetrag von 920 € berücksichtigt ist, bei Versorgungsbezügen jedoch nur ein Werbungskostenpauschbetrag von 102 € abzuziehen ist, muss zum Ausgleich von den Freibeträgen für Versorgungsbezüge ein Betrag von 818 € jährlich (bzw. ein dem Lohnzahlungszeitraum entsprechender Bruchteil) abgezogen werden. Das ergibt insgesamt einen **Korrekturbetrag bei Versorgungsbezügen bei Versorgungsbeginn bis 2005** von (3 900 € − 818 € =) **3 082 € jährlich höchstens**. Die Beträge für die jeweiligen Erstjahre können der nachfolgenden Tabelle entnommen werden.

Versorgungsfreibetrag (VB) § 19 Abs. 2 EStG

	Versorgungsfreibetrag		Zuschlag zum VB	Summe	Korrekturbetrag			
					(= Summe VB + Zuschlag VB − 818 €)			
begünst. Versorgungsbeginn Erstjahr	vom Arbeitsl. in %	Höchstbetrag in €	in €	VB + Zuschl. in €	Kalenderjahr in €	Monat 1/12 Kj. €	Woche 7/30 von Mt. €	Tag 1/30 von Mt. €
bis 2005	40,0	3 000	900	3 900	3 082	256,83	59,93	8,56
2006	38,4	2 880	864	3 744	2 926	243,83	56,89	8,12
2007	36,8	2 760	828	3 588	2 770	230,83	53,86	7,69
2008	35,2	2 640	792	3 432	2 614	217,83	50,82	7,26
2009	33,6	2 520	756	3 276	2 458	204,83	47,79	6,82
2010	32,0	2 400	720	3 120	2 302	191,83	44,75	6,39
2011	30,4	2 280	684	2 964	2 146	178,83	41,73	5,96

e) Nachweis höherer privater Kranken- und Pflegeversicherungsbeiträge

13.1 Die **Allgemeine Tabelle** unterstellt bei der Ermittlung die Versicherungspflicht in der gesetzlichen Kranken- und Pflegeversicherung. Die **Besondere Tabelle** kann nur die gesetzliche Mindestvorsorgepauschale berücksichtigen (→ Rz. A 6, 8). Der Arbeitgeber (ohne maschinelle Lohnabrechnung) kann jedoch die Lohnsteuer annähernd mit Hilfe eines Korrekturbetrages ermitteln, wenn ein Arbeitnehmer höhere abziehbare private Kranken- und Pflegeversicherungsbeiträge nachweist. Der **Korrekturbetrag** (ggf. anteilig für den jeweiligen Lohnzahlungszeitraum) ergibt sich aus dem **Jahresbetrag der privaten Kranken- und Pflegeversicherungsbei-**

A. Allgemeines

träge des Arbeitnehmers **abzüglich Mindestvorsorgepauschale für den Jahresarbeitslohn** und **abzüglich eines typisierten Arbeitgeberzuschusses zur privaten Kranken- und Pflegeversicherung für den Jahresarbeitslohn**, wenn der Arbeitgeber verpflichtet ist, einen Zuschuss zur Kranken- und Pflegeversicherung zu zahlen. Ist der verbleibende Betrag positiv, so wird der Korrekturbetrag vom Bruttolohn (ggf. anteilig für den jeweiligen Lohnzahlungszeitraum) abgezogen und die Lohnsteuer von dem geminderten Bruttolohn abgelesen. Sollte der Betrag negativ werden, so entfällt ein Korrekturbetrag (es bleibt bei der in der Besonderen Tabelle eingearbeiteten Mindestvorsorgepauschale).

Beispiel:
Ein Beamter, Steuerklasse III, erhält einen Jahresarbeitslohn von 40 000 €. Seine nachgewiesenen Basiskranken- und Pflegepflichtversicherungsbeiträge betragen jährlich 4 000 €. Er erhält keinen Zuschuss von seinem Arbeitgeber.
Der **Korrekturbetrag** berechnet sich aus **4 000 € abzüglich** Mindestvorsorgepauschale (12 % von 40 000 € = 4 800 €, höchstens 3 000 €, anzusetzen sind) **3 000 € = 1 000 € jährlich**. Die Jahreslohnsteuer ist bei (40 000 € − 1 000 € =) 39 000 € abzulesen. Die Monatslohnsteuer ist bei (3 333,33 € Monatsbezüge − [1/12 des jährlichen Korrekturbetrages von 1 000 €=] 83,33 € =) 3 250 € abzulesen.

Zur Ermittlung des Korrekturbetrages wird auf den „**Anhang für Arbeitnehmer, die privat kranken- und pflegeversichert sind**" im Anschluss an die Lohnsteuertabellen verwiesen. Die beigefügte Software ⊙ oder das bei Stollfuß Medien erhältliche Lohnabrechnungsprogramm „Gehalt und Lohn" ermöglichen die centgenaue Berechnung.

f) Faktorverfahren

13.2 Arbeitnehmer-Ehegatten können erstmals für 2010 das **Faktorverfahren** wählen (→ Rz. A 23, 27.1, C 53.1 ff.). Legt ein Arbeitnehmer dem Arbeitgeber eine Lohnsteuerkarte IV mit Faktor vor, so multipliziert der Arbeitgeber den in der Allgemeinen oder Besonderen Tabelle abzulesenden Steuerabzugsbetrag für die Steuerklasse IV jeweils mit dem Faktor 0, . . . und erhält so die geminderte Lohnsteuer. Aus der geminderten Lohnsteuer sind die Lohnkirchensteuer und der Solidaritätszuschlag zu berechnen; zu den Besonderheiten beim Solidaritätszuschlag wegen der sog. Nullzone und der Milderungsregelung → Rz. D 8. Vor Anwendung der Tabellen für Steuerklasse IV ist der Bruttoarbeitslohn ggf. zu korrigieren (Abzugsbetrag Altersentlastungsbetrag → Rz. A 12, Korrekturbetrag bei Versorgungsbezug → Rz. A 13, Korrekturbetrag höhere private Kranken- und Pflegeversicherungsbeiträge → Rz. A 13.1).

2. Tabellenfreibeträge

14 Im Unterschied zur Einkommensteuer-Tabelle (→ Rz. A 17), die vom zu versteuernden Einkommen ausgeht, beruht die Lohnsteuer-Tabelle auf dem steuerpflichtigen Bruttoarbeitslohn und unterscheidet zwischen den sechs Lohnsteuerklassen (→ Rz. C 41–47). In der Lohnsteuer-Tabelle sind bestimmte Freibeträge und Pauschbeträge eingearbeitet, die auch bei der Ermittlung des zu versteuernden Einkommens bzw. in der Tarifformel berücksichtigt werden (sog. **Tabellenfreibeträge**). Dabei handelt es sich um

– den **Grundfreibetrag** (→ Rz. A 21). Er beträgt im Jahr 2011 8 004 € (unverändert) und wird in den Steuerklassen I, II und IV berücksichtigt. In der Steuerklasse III wird er durch das Splittingverfahren doppelt berücksichtigt;

– den **Arbeitnehmer-Pauschbetrag** (→ Rz. B 56) für Werbungskosten. Er beträgt im Jahr 2011 (unverändert) 920 € jährlich und steht einem Arbeitnehmer jährlich nur einmal zu. Der Arbeitnehmer-Pauschbetrag ist für Versorgungsbezüge ab 2005 nicht mehr anzuwenden (→ Rz. A 13). Er ist in den Steuerklassen I, II, III, IV und V je einmal eingearbeitet (nicht in Steuerklasse VI für weitere Dienstverhältnisse des Arbeitnehmers);

– den **Sonderausgaben-Pauschbetrag** (→ Rz. B 91) für Sonderausgaben (z. B. Kirchensteuer, Spenden), die nicht Vorsorgeaufwendungen sind. Er beträgt jährlich 36 € und ist in den Steuerklassen I, II, III, IV und V eingearbeitet. In Steuerklasse III wird er ab 2010 nicht mehr verdoppelt;

– die **Vorsorgepauschale** (→ Rz. B 91) für Vorsorgeaufwendungen. Sie ist ab 2010 in alle Steuerklassen eingearbeitet, also in Steuerklasse I, II, III, IV, V und VI und wird in Steuerklasse III grundsätzlich nicht mehr erhöht (nur höhere Mindestvorsorgepauschale → Rz. A 6, 8). Die Vorsorgepauschale ist durch das Bürgerentlastungsgesetz Krankenversicherung ab 2010 neu geregelt worden. Dies wird in der Allgemeinen bzw. Besonderen Lohnsteuer-Tabelle dargestellt (→ Rz. A 7, 8);

– der **Entlastungsbetrag für Alleinerziehende** beträgt im Jahr 2010 (unverändert) 1 308 €. Der Entlastungsbetrag für Alleinerziehende ist in der Steuerklasse II eingearbeitet;

– die Freibeträge für Kinder, nämlich den **Kinderfreibetrag** (→ Rz. B 80) und den **Freibetrag für den Betreuungs- und Erziehungs- oder Ausbildungsbedarf** (→ Rz. B 80). Diese haben insofern eine Sonderstellung bei den Tabellenfreibeträgen, als sie sich nicht auf die Höhe der Lohnsteuer selbst auswirken (im laufenden Kalenderjahr wird dafür das Kindergeld als Steuervergütung monatlich bezahlt), sondern nur bei der Ermittlung (über eine rechnerische Kürzung der Lohnsteuer zur **Maßstabsteuer**) für die **Zuschlagsteuern**, nämlich den **Solidaritätszuschlag** und die **Kirchensteuer**, steuermindernd berücksichtigt werden. Das Ergebnis dieser Berechnung ist in den Verlagstabellen ausgewiesen.

3. Unterschiede zwischen Tabellensteuer und elektronisch ermittelter Steuer

15 Unterschiede zwischen Tabellensteuer und elektronisch ermittelter Lohnsteuer (und folglich von den davon abhängigen Zuschlagsteuern Solidaritätszuschlag und Kirchensteuer) können seit 2005 auch auftreten, weil die Vorsorgepauschale in Freibetrags- oder Hinzurechnungsbetragsfällen bei elektronisch berechneter Lohnsteuer niedriger oder höher sein kann als die in der Tabellenstufe eingearbeitete Vorsorgepauschale. Bei der elektronischen Lohnsteuerberechnung wird (seit 2001) die Vorsorgepauschale wie bei der Einkommensteuerveranlagung berechnet, nämlich vom (Brutto-) Arbeitslohn; ein etwa auf der Lohnsteuerkarte eingetragener Freibetrag oder Hinzurechnungsbetrag ist in der Veranlagung ohne Bedeutung. In der Lohnsteuer-Tabelle kann die Vorsorgepauschale dagegen aus technischen Gründen nur nach dem Bruttolohn der jeweiligen Tabellenstufe ermittelt werden. Ist auf der Lohnsteuerkarte ein persönlicher Freibetrag bzw. Hinzurechnungsbetrag eingetragen, so ist der Bruttolohn entsprechend zu korrigieren und die Lohnsteuer in einer niedrigeren bzw. höheren Lohnstufe abzulesen (→ Rz. A 11). Folglich wird damit automatisch eine niedrigere oder höhere oder (im Höchstbetragsbereich) auch gleich hohe Vorsorgepauschale berücksichtigt. Ab 2010 tragen außerdem Besonderheiten bei der Pflegeversicherung (höherer Arbeitnehmeranteil in Sachsen, Arbeitnehmerzuschlag für Kinderlose) zu einer höheren Tabellensteuer bei, die tabellarisch nicht berücksichtigt werden.

16 In der Veranlagung des Arbeitnehmers werden die (ohnehin) geringfügigen Unterschiedsbeträge über die Anrechnung der Lohnsteuer spätestens ausgeglichen.

Hat ein Arbeitgeber die Lohnsteuer manuell nach der Tabelle berechnet und sollte diese (was kaum zu erwarten ist!) niedriger sein als bei elektronischer Lohnsteuerberechnung, so braucht er nicht zu befürchten, dass er bis zur Höhe der elektronischen Lohnsteuer haftet, z. B. bei einer Lohnsteuer-Außenprüfung. Die Lohnsteuer gemäß Tabelle ist der zutreffende Steuerabzug, wenn die Lohnsteuer nicht elektronisch berechnet wurde.

Mit der beigefügten Software 🟢 können alle Besonderheiten berücksichtigt werden und somit die elektronisch zutreffenden, centgenauen Abzugsbeträge ermittelt werden.

4. Einkommensteuer-Tabelle

17 Die **Einkommensteuer-Tabelle** weist die Einkommensteuer für das zu versteuernde Einkommen aus. Das **zu versteuernde Einkommen** wird in der Einkommensteuerveranlagung – auch für Arbeitnehmer – ermittelt (Kurzschema → Rz. A 28). Bei der Einkommensteuer ist zwischen **Grundtabelle** (für nicht Verheiratete) und **Splittingtabelle** (für Zusammenveranlagung/Verheiratete) zu unterscheiden (→ Rz. B 32). Die Tarifformel (→ Rz. A 21) enthält ab 2004 keine Stufen (→ Rz. A 2). Die Einkommensteuer-Tabelle wird jedoch aus Gründen des Umfangs weiter in Stufen von 36 € aufgestellt. Die Steuer wird dabei aus dem ausgewiesenen zu versteuernden Einkommen berechnet.

IV. Steuertarif

18 Der Steuertarif ist das Herzstück des Einkommensteuergesetzes. Dieses kennt nur eine einzige **Tarifformel,** die auf das zu versteuernde Einkommen allgemein und einheitlich angewandt wird. Dies ist deutlicher Ausdruck dafür, dass es nach dem der Einkommensteuer zu Grunde liegenden Grundsatz der Besteuerung nach der finanziellen Leistungsfähigkeit nicht darauf ankommt, wie mühsam oder leicht und in welcher Einkunftsart das Einkommen erzielt wurde. Sonderbelastungen und persönliche Verhältnisse des Stpfl. im Einzelfall sind zuvor zu berücksichtigen (Kurzschema zur Ermittlung des zu versteuernden Einkommens → Rz. A 28).

19 Die einheitliche und allgemeine Tarifformel wird herkömmlich als **Grundtarif** bezeichnet, der in der **Einkommensteuer-Grundtabelle** dargestellt wird. Er gilt auch für Ehepaare, die getrennt zur Einkommensteuer veranlagt werden. Werden Ehegatten zusammen zur Einkommensteuer veranlagt, so wird für die Steuerberechnung das sog. Splitting-Verfahren angewandt. Die Steuerberechnung geschieht dabei in der Weise, dass das gemeinsame (zu versteuernde) Einkommen halbiert wird und die Einkommensteuer für das halbierte (zu versteuernde) Einkommen nach dem Grundtarif verdoppelt wird. Diese verdoppelte Einkommensteuer für das gemeinsame (zu versteuernde) Einkommen wird dargestellt in der **Einkommensteuer-Splittingtabelle**. Dieses Rechenergebnis wird vielfach auch kurz als **Splittingtarif** bezeichnet. Wie dargestellt handelt es sich aber nicht um eine besondere Tarifformel, sondern um ein Rechenverfahren (das Einkommensteuergesetz selbst verwendet daher auch den Ausdruck „Splitting-Verfahren") auf der Basis der einheitlichen und allgemeinen Tarifformel. Die doppelte Einkommensteuer für das hälftige gemeinsame (zu versteuernde) Einkommen ist die Splittingsteuer. Oder anders ausgedrückt: In der Splittingtabelle (im Splittingtarif) ist für den doppelten Betrag zu versteuerndes Einkommen die doppelte Einkommensteuer aus dem einfachen Betrag zu versteuerndes Einkommen im Grundtarif dargestellt.

Beispiel:

zu versteuerndes Einkommen	Tarif	Einkommensteuer
10 000 €	Grundtarif	315 €
20 000 €	Grundtarif	2 701 €
20 000 €	Splitting	630 €
40 000 €	Splitting	5 402 €

20 Dieses Splitting-Verfahren ist unabhängig davon, in welcher Verteilung die zusammenveranlagten Ehegatten das gemeinsame (zu versteuernde) Einkommen erzielt haben; ein Ehegatte kann also auch keine Einkünfte haben. Das Splitting-Verfahren führt zu einer Progressionsmilderung, und zwar um so höher, je weiter die jeweiligen Einkommen der Ehegatten auseinander liegen und je höher das gemeinsame zu versteuernde Einkommen ist (für 2011 bis zu 15 694 €).

21 Diese Progressionsmilderung ist Folge des Einkommensteuertarifs (der **Tarifformel**). Der Einkommensteuertarif setzt sich aus drei Tarifzonen zusammen:

- Die erste Tarifzone ist die sog. **Nullzone**. Das ist der **Grundfreibetrag**. Er beträgt im Jahr 2011 **8 004 €** (unverändert). Für ein zu versteuerndes Einkommen bis zu diesem Grundfreibetrag beträgt die Einkommensteuer 0 €. Damit wird das sog. Existenzminimum für den privaten Verbrauch steuerunbelastet gestellt.

- Die zweite Tarifzone ist die sog. **Progressionszone**. Mit steigendem zu versteuernden Einkommen steigt in diesem Bereich auch der Steuersatz. Er beginnt im Jahr 2011 mit 14 % (unverändert) in der Eingangszone (**Eingangsteuersatz**) und steigt mathematisch linear bis zu einem **Knickpunkt** bei **13 469 €** (unverändert) auf etwa 24 %. Von diesem Knickpunkt an steigt der Steuersatz weniger steil bis zum Ende der Progressionszone im Jahr 2011 bei **52 881 €** (unverändert) auf **42,0 %** (unverändert).

- Als dritte Tarifzone folgt im Anschluss an die Progressionszone die sog. **obere Proportionalzone**. Darin unterliegt das zu versteuernde Einkommen ab **52 882 €** (unverändert) im Jahr einem gleich bleibenden Steuersatz von **42,0 %** (unverändert) (**Spitzensteuersatz**). Für ein zu versteuerndes Einkommen von **250 731 €** (unverändert) an beträgt der **Spitzensteuersatz 45,0 %** (unverändert).

Im Splitting-Verfahren gilt dies für den doppelten Betrag des zu versteuernden Einkommens.

22 Der Eingang- und Spitzensteuersatz darf nicht mit dem **Grenzsteuersatz** oder dem durchschnittlichen Einkommensteuersatz für ein bestimmtes zu versteuerndes Einkommen verwechselt werden. Der durchschnittliche Einkommensteuersatz (die durchschnittliche **Einkommensteuerbelastung**) ergibt sich aus der absoluten Einkommensteuer für das gesamte zu versteuernde Einkommen (absolute tarifliche Einkommensteuer x 100 : zu versteuerndes Einkommen). Er ist prozentual stets niedriger als der Grenzsteuersatz (oder ein durchschnittlicher Grenzsteuersatz), der die Steuerbelastung für einen bestimmten Euro (eine Stufe) im Verlauf des zu versteuernden Einkommens ausdrückt.

Beispiel:

zu versteuerndes Einkommen	Tarif	Einkommensteuer
10 000 €	Grundtarif	315 €
10 100 €	Grundtarif	333 €

Durchschnittlicher Einkommensteuersatz (für 10 100 €):

$$\frac{333\ \text{€} \times 100}{\text{Zuversteuerndes Einkommen 10 100 €}} = 3{,}29\ \%$$

(Durchschnittlicher) Grenzsteuersatz
(für Stufe 10 000 bis 10 100 €):

$$\frac{\text{Unterschiedsbetrag Steuer 18} \times 100}{\text{Unterschiedsbetrag zu versteuerndes Einkommen 100}} = 18\ \%$$

V. Steuerklassenwahl-Tabelle

23 Beiderseits als Arbeitnehmer berufstätige Ehegatten stehen vor der Frage, ob sie die **Steuerklassenkombination III/V** (d.h. III für Ehegatten A und V für Ehegatten B) wählen sollen oder lieber die Steuerklassenkombination **IV/IV** (in der die Lohnsteuer dieselbe ist wie in Steuerklasse I). Das Einkommensteuergesetz ermöglicht diese Steuerklassenwahl, um typischen Einkommensunterschieden schon im laufenden Kalenderjahr beim Lohnsteuerabzug Rechnung tragen zu können, also mit der Summe beider Lohnsteuerabzüge möglichst schon die Jahressteuer zu treffen, die sich in der Zusammenveranlagung – ohne andere Einkünfte – ergeben wird. Sind die Bruttoarbeitslöhne beider Ehegatten etwa gleich hoch, dann trifft dies bei der Steuerklassenkombination IV/IV zu. Sind die Bruttoarbeitslöhne der Ehegatten nennenswert unterschiedlich, dann führt die Steuerklassenkombination III/V (III für den höher bezahlten Ehegatten und V für den niedriger bezahlten Ehegatten) in der Summe zu einer niedrigeren Lohnsteuer. Ab 2010 können die Arbeitnehmer-Ehegatten außerdem auch die Steuerklasse IV mit Faktor wählen (**Faktorverfahren** → Rz. A 13.2, 27.1, C 53.1 ff.). In der Veranlagung spielt die für das Abzugsverfahren gewählte Steuerklassenkombination keine Rolle.

24 Da die Steuerklassenkombination IV/IV in der Veranlagung i. d. R. nicht zu einer Nachzahlung führt, ist bei dieser Steuerklassenkombination keine Pflichtveranlagung vorgesehen. Dies gilt jedoch nicht, wenn die Lohnsteuer bei einem der Ehegatten für einen Teil des Jahres nach der Besonderen und für einen anderen Teil des Jahres nach der Allgemeinen Tabelle ermittelt wurde oder die Ehegatten aus anderen Gründen zur Einkommensteuer veranlagt werden müssen, z. B. weil sie neben ihrem Arbeitslohn noch andere Einkünfte hatten oder sie die Veranlagung beantragen.

25 Mit der Steuerklassenkombination III/V ist jedoch stets eine **Pflichtveranlagung** verbunden, weil der typisierende Lohnsteuerabzug i. d. R. nicht ganz der Jahressteuer entspricht. In der Veranlagung wird dann (ggf. unter Berücksichtigung anderer Einkünfte) zu wenig erhobene Steuer nachgefordert und zu viel erhobene Steuer erstattet.

26 Bei der Steuerklassenwahl sollte auch – außerhalb der Steuertechnik – ggf. beachtet werden, dass sich manche **Lohnersatzleistungen** am Nettoarbeitslohn orientieren (z. B. Arbeitslosengeld, Elterngeld, Mutterschaftsgeld) und sich die Steuerklassenwahl mittelbar darauf auswirken kann. Auch wenn die Leistungsgesetze an die gewählte Steuerklasse anknüpfen, kann die Rechtspraxis davon abweichen, wenn die gewählte Steuerklassenkombination wirtschaftlich nicht dem Verhältnis der Arbeitslöhne entspricht.

27 In der nachfolgenden Tabelle ist der Monatslohn A des höher verdienenden Ehegatten und der Monatslohn B des geringer verdienenden Ehegatten – jeweils nach Abzug etwaiger Freibeträge – angegeben, der bei der Wahl der Steuerklasse III (für den höher Verdienenden) und V (für den geringer Verdienenden) nicht überschritten werden darf, wenn der geringste Lohnsteuerabzug erreicht werden soll. Die Tabelle gilt nicht bei (begünstigten) Versorgungsbezügen.

Übersteigt der Monatslohn B den nach der Tabelle in Betracht kommenden Betrag, so führt die Steuerklassenkombination IV/IV für die Ehegatten zu einem geringeren oder zumindest nicht höheren Lohnsteuerabzug als die Steuerklassenkombination III/V.

Wahl der Steuerklassen in 2011

Tabelle I: bei Sozialversicherungspflicht des höher verdienenden Ehegatten

Monatlicher Arbeitslohn A*) €	Monatlicher Arbeitslohn B*) in € bei . . . des geringer verdienenden Ehegatten		Monatlicher Arbeitslohn A*) €	Monatlicher Arbeitslohn B*) in € bei . . . des geringer verdienenden Ehegatten	
	Sozialversicherungspflicht	Sozialversicherungsfreiheit		Sozialversicherungspflicht	Sozialversicherungsfreiheit
1	2	3	4	5	6
1 250	535	508	3 300	2 631	2 206
1 300	610	580	3 350	2 395	2235
1 350	695	660	3 400	2 431	2 267
1 400	789	750	3 450	2 467	2 296
1 450	887	843	3 500	2 502	2 328
1 500	1 095	1 040	3 550	2 538	2 359
1 550	1 153	1 096	3 600	2 572	2 389
1 600	1 216	1 155	3 650	2 608	2 421
1 650	1 282	1 219	3 700	2 642	2 450
1 700	1 344	1 281	3 750	2 681	2 484
1 750	1 378	1 318	3 800	2 722	2 520
1 800	1 411	1 349	3 850	2 765	2 557
1 850	1 440	1 376	3 900	2 809	2 595
1 900	1 468	1 403	3 950	2 855	2 635
1 950	1 496	1 430	4 000	2 901	2 675
2 000	1 527	1 459	4 050	2 951	2 718
2 050	1 567	1 498	4 100	3 000	2 761
2 100	1 607	1 538	4 150	3 053	2 806
2 150	1 641	1 569	4 200	3 107	2 853
2 200	1 673	1 600	4 250	3 165	2 903
2 250	1 705	1 631	4 300	3 222	2 954
2 300	1 737	1 662	4 350	3 284	3 008
2 350	1 770	1 693	4 400	3 349	3 064
2 400	1 803	1 722	4 450	3 418	3 123
2 450	1 837	1 751	4 500	3 488	3 184
2 500	1 868	1 779	4 550	3 563	3 249
2 550	1 896	1 803	4 600	3 645	3 320
2 600	1 921	1 825	4 650	3 729	3 393
2 650	1 948	1 847	4 700	3 812	3 473
2 700	1 966	1 865	4 750	3 906	3 563
2 750	1 988	1 884	4 800	4 007	3 658
2 800	2 012	1 903	4 850	4 119	3 768
2 850	2 041	1 928	4 900	4 245	3 889
2 900	2 077	1 961	4 950	4 406	4 043
2 950	2 112	1 991	5 000	4 625	4 249
3 000	2 147	2 022	5 050	–	–
3 050	2 183	2 051	5 100	–	–
3 100	2 218	2 083	5 150	–	–
3 150	2 253	2 112	5 200	–	–
3 200	2 289	2 144	5 250	–	–
3 250	2 325	2 175	5 300	–	–

*) Nach Abzug etwaiger Freibeträge

Tabelle II: bei Sozialversicherungsfreiheit des höher verdienenden Ehegatten

Monatlicher Arbeitslohn A*) €	Monatlicher Arbeitslohn B*) in € bei . . . des geringer verdienenden Ehegatten		Monatlicher Arbeitslohn A*) €	Monatlicher Arbeitslohn B*) in € bei . . . des geringer verdienenden Ehegatten	
	Sozialversicherungspflicht	Sozialversicherungsfreiheit		Sozialversicherungspflicht	Sozialversicherungsfreiheit
1	2	3	4	5	6
1 250	634	602	3 300	2 823	2 607
1 300	717	681	3 350	2 868	2 646
1 350	812	771	3 400	2 915	2 687
1 400	1 054	1 001	3 450	2 962	2 728
1 450	1 113	1 058	3 500	3 015	2 773
1 500	1 176	1 118	3 550	3 066	2 818
1 550	1 243	1 182	3 600	3 122	2 868
1 600	1 315	1 250	3 650	3 177	2 915
1 650	1 354	1 292	3 700	3 239	2 968
1 700	1 390	1 329	3 750	3 302	3 022

A. Allgemeines

Monatlicher Arbeitslohn A*) €	Monatlicher Arbeitslohn B*) in € bei ... des geringer verdienenden Ehegatten		Monatlicher Arbeitslohn A*) €	Monatlicher Arbeitslohn B*) in € bei ... des geringer verdienenden Ehegatten	
	Sozialversicherungspflicht	Sozialversicherungsfreiheit		Sozialversicherungspflicht	Sozialversicherungsfreiheit
1	2	3	4	5	6
1 750	1 425	1 363	3 800	3 365	3 078
1 800	1 463	1 398	3 850	3 435	3 138
1 850	1 498	1 433	3 900	3 508	3 202
1 900	1 544	1 476	3 950	3 585	3 268
1 950	1 600	1 531	4 000	3 669	3 341
2 000	1 659	1 586	4 050	3 752	3 417
2 050	1 722	1 647	4 100	3 840	3 500
2 100	1 784	1 706	4 150	3 934	3 592
2 150	1 849	1 763	4 200	4 038	3 683
2 200	1 910	1 815	4 250	4 157	3 805
2 250	1 965	1 864	4 300	4 297	3 939
2 300	2 018	1 910	4 350	–	4 104
2 350	2 067	1 951	4 400	–	4 368
2 400	2 115	1 993	4 450	–	–
2 450	2 160	2 032	4 500	–	–
2 500	2 199	2 067	4 550	–	–
2 550	2 240	2 102	4 600	–	–
2 600	2 277	2 134	4 650	–	–
2 650	2 314	2 166	4 700	–	–
2 700	2 353	2 200	4 750	–	–
2 750	2 390	2 231	4 800	–	–
2 800	2 427	2 264	4 850	–	–
2 850	2 466	2 296	4 900	–	–
2 900	2 504	2 331	4 950	–	–
2 950	2 541	2 362	5 000	–	–
3 000	2 580	2 395	5 050	–	–
3 050	2 617	2 429	5 100	–	–
3 100	2 655	2 462	5 150	–	–
3 150	2 695	2 496	5 200	–	–
3 200	2 737	2 533	5 250	–	–
3 250	2 778	2 568	5 300	–	–

*) Nach Abzug etwaiger Freibeträge

Beispiel 1:

Ein Arbeitnehmer-Ehepaar, beide in allen Zweigen sozialversichert, bezieht Monatslöhne (nach Abzug etwaiger Freibeträge) von 3 000 € und 1 700 €. Da der Monatslohn des geringer verdienenden Ehegatten den nach dem Monatslohn des höher verdienenden Ehegatten in der Spalte 2 der Tabelle ausgewiesenen Betrag von 2 147 € nicht übersteigt, führt in diesem Falle die Steuerklassenkombination III/V zur geringsten Lohnsteuer.

Vergleich nach der Allgemeinen Monatslohnsteuer-Tabelle:

a) Lohnsteuer
  Für 3 000 € nach Steuerklasse III   240,50 €
  Für 1 700 € nach Steuerklasse V   351,66 €
  insgesamt also   **592,16 €**
b) Lohnsteuer
  Für 3 000 € nach Steuerklasse IV   475,91 €
  Für 1 700 € nach Steuerklasse IV   151,91 €
  insgesamt also   **627,82 €**

Beispiel 2:

Würde der Monatslohn des geringer verdienenden Ehegatten 2 500 € betragen, so würde die Steuerklassenkombination IV/IV insgesamt zur geringsten Lohnsteuer führen.

Vergleich nach der Allgemeinen Monatslohnsteuer-Tabelle:

a) Lohnsteuer
  für 3 000 € nach Steuerklasse III   240,50 €
  für 2 500 € nach Steuerklasse V   611,50 €
  insgesamt also   **852,00 €**
b) Lohnsteuer
  für 3 000 € nach Steuerklasse IV   475,91 €
  für 2 500 € nach Steuerklasse IV   343,83 €
  insgesamt also   **819,74 €**

VI. Faktorverfahren

27.1 Anstelle der Steuerklassenkombination III/V können Arbeitnehmer-Ehegatten ab dem Kalenderjahr 2010 auch die **Steuerklassenkombination IV/IV mit Faktor** wählen. Mit dem Faktor (0, ...) wird die steuermindernde Wirkung des Splitting-Verfahrens beim Lohnsteuerabzug berücksichtigt. Der Antrag kann beim Finanzamt formlos (Vorlage der jeweiligen ersten Lohnsteuerkarte) oder i. V. m. dem förmlichen Antrag auf Eintragung eines Freibetrags gestellt werden. Dabei sind die voraussichtlichen Arbeitslöhne aus den ersten Dienstverhältnissen anzugeben. Das Finanzamt berechnet danach den Faktor und trägt ihn jeweils zur Steuerklasse IV ein. Der Faktor ergibt sich aus der voraussichtlichen Einkommensteuer im Splitting-Verfahren („Y") geteilt durch die Summe der Lohnsteuer für die Arbeitnehmer-Ehegatten gem. Steuerklasse IV („X"). Ein etwaiger Freibetrag wird auf der Lohnsteuerkarte nicht eingetragen, weil er bereits bei der Berechnung der voraussichtlichen Einkommensteuer im Splitting-Verfahren berücksichtigt ist.

Die Höhe der steuermindernden Wirkung des Splitting-Verfahrens hängt von der Höhe der Lohnunterschiede ab. Mit dem Faktorverfahren wird der Lohnsteuerabzug der voraussichtlichen Jahressteuerschuld sehr genau angenähert. Damit können höhere Nachzahlungen (und ggf. auch Einkommensteuer-Vorauszahlungen) vermieden werden, die bei der Steuerklassenkombination III/V auftreten. In solchen Fällen ist die Summe der Lohnsteuer im Faktorverfahren dann folgerichtig höher als bei der Steuerklassenkombination III/V. Grundsätzlich führt die Steuerklassenkombination IV/IV-Faktor zu einer **erheblich anderen Verteilung der Lohnsteuer zwischen den Arbeitnehmer-Ehegatten als die Steuerklassenkombination III/V**. Die Ehegatten sollten daher beim Faktorverfahren – ebenso wie bei der Steuerklassenkombination III/V – daran denken, dass dies die Höhe der Entgelt-/Lohnersatzleistungen beeinflussen kann.

Beispiel zur Ermittlung des Faktors (Fortführung Beispiel 1 aus Rz. A 27):

Arbeitnehmer-Ehegatte A: 36 000 € (3 000 € monatlich),
Lohnsteuer Steuerklasse IV: (12 x 475,91 € =)   5 710,92 €
(im Vergleich bei III jährlich 12 x 240,50 = 2 886,00 €).
Arbeitnehmer-Ehegatte B: 20 400 € (1 700 € monatlich),
Lohnsteuer Steuerklasse IV: (12 x 151,91 =)   1 822,92 €
(im Vergleich bei V jährlich 12 x 351,66 = 4 219,92 €).
Die Summe der Lohnsteuer für die Ehegatten A und B
bei IV/IV („X") beträgt jährlich   7 533,84 €
(Im Vergleich: Die Summe Lohnsteuer A und B bei III/V beträgt 7 199,88 € jährlich.)
Die voraussichtliche Einkommensteuer im Splittingverfahren („Y") beträgt jährlich   7 322 €.

Der Faktor ist Y / X, also 7 322 / 7 533,84 = 0,971 (der Faktor wird mit drei Nachkommastellen berechnet und nur eingetragen, wenn er kleiner als 1 ist).

Arbeitnehmer-Ehegatte A:
Jahreslohnsteuer Steuerklasse IV = 475,91 € x
0,971 = 462,10 € x 12   5 545,20 €
Arbeitnehmer-Ehegatte B:
Jahreslohnsteuer Steuerklasse IV = 151,91 € x
0,971 = 147,49 € x 12   1 769,88 €
Summe Lohnsteuer im Faktorverfahren   7 315,08 €

Wie die Wahl der Steuerklassenkombination III/V führt auch die Wahl des Faktorverfahrens zur **Pflichtveranlagung**. Im Beispielfall führt die Veranlagung zur Einkommensteuer rechnerisch

– bei der Steuerklassenkombination **III/V** zu einer **Nachzahlung** i. H. v. **216,08 €** (voraussichtliche Einkommensteuer im Splittingverfahren 7 322 € – Summe Lohnsteuer III/V 7 105,92 € [2 886,00 + 4 219,92]),

– bei der Steuerklassenkombination **IV/IV** zu einer **Erstattung** i. H. v. **211,84 €** (voraussichtliche Einkommensteuer im Splittingverfahren 7 322 € – Summe Lohnsteuer IV/IV 7 533,84 € [5 710,92 + 1 822,92]),

E 11

– bei der Steuerklassenkombination **IV/IV-Faktor nur** zu einer **Rundungsdifferenz** i. H. v. – 6,92 €). Die **Lohnsteuer ist im Faktorverfahren zwischen den Ehegatten wesentlich anders verteilt** (5 545,20 € für A, 1 769,88 € für B) als bei der Steuerklassenkombination III/V (2 886,00 € für A, 4 219,92 € für B). Die Lohnsteuerverteilung im Faktorverfahren **entspricht der familienrechtlichen Verteilung der Steuerlast im Innenverhältnis der Ehegatten.**

VII. Kurzschema zur Ermittlung des zu versteuernden Einkommens

28 Die tarifliche Einkommensteuer bemisst sich nach dem **zu versteuernden Einkommen (Bemessungsgrundlage).** Auf das zu versteuernde Einkommen ist also die **Tarifformel** (→ Rz. A 21) anzuwenden. Es darf nicht verwechselt werden mit (Brutto-)Arbeitslohn, Einnahmen, Einkünften aus einzelnen Einkunftsarten u. a. Das zu versteuernde Einkommen ist wie folgt zu ermitteln (Kurzschema nach R 2 Abs. 1 EStR):

1		Summen der Einkünfte aus den Einkunftsarten
2	=	**Summe der Einkünfte**
3	./.	Altersentlastungsbetrag (§ 24a EStG)
4	./.	Entlastungsbetrag für Alleinerziehende (§ 24b EStG)
5	./.	Freibetrag für Land- und Forstwirte (§ 13 Abs. 3 EStG)
6	+	Hinzurechnungsbetrag (§ 52 Abs. 3 Satz 3 EStG sowie § 8 Abs. 5 Satz 2 AIG)
7	=	**Gesamtbetrag der Einkünfte** (§ 2 Abs. 3 EStG)
8	./.	Verlustabzug nach § 10d EStG
9	./.	Sonderausgaben (§§ 10, 10a, 10b, 10c EStG)
10	./.	außergewöhnliche Belastungen (§§ 33 bis 33b EStG)
11	./.	Steuerbegünstigung der zu Wohnzwecken genutzten Wohnungen, Gebäude und Baudenkmale sowie der schutzwürdigen Kulturgüter (§§ 10e bis 10i, § 52 Abs. 21 Satz 6 EStG i. d. F. v. 16.4.1997, BGBl. I 1997 S. 821, BStBl I 1997 S. 415, § 7 FördG)
12	+	zuzurechnendes Einkommen gem. § 15 Abs. 1 AStG
13	=	**Einkommen** (§ 2 Abs. 4 EStG)
14	./.	Freibeträge für Kinder (§§ 31, 32 Abs. 6 EStG)
15	./.	Härteausgleich nach § 46 Abs. 3 EStG, § 70 EStDV
16	=	**zu versteuerndes Einkommen** (§ 2 Abs. 5 EStG).

29 Die **Summe der Einkünfte** (§ 2 Abs. 3 EStG), vermindert um den Altersentlastungsbetrag (→ Rz. A 12), den Entlastungsbetrag für Alleinerziehende (→ Rz. A 14) und den Freibetrag für Land- und Forstwirte, ist der **Gesamtbetrag der Einkünfte.**

30 Anschließend erfolgt der **Verlustabzug** (§ 10d EStG). Im Veranlagungszeitraum bei Ermittlung des Gesamtbetrags der Einkünfte nicht ausgeglichene negative Einkünfte können bis zu 511 500 € (bei zusammenveranlagten Ehegatten bis zu 1 023 000 €) auf den vorangegangenen Veranlagungszeitraum zurückgetragen werden (**Verlustrücktrag**). Dann noch nicht ausgeglichene negative Einkünfte können (mit bestimmten Höchstgrenzen) in die folgenden Veranlagungszeiträume vorgetragen werden (**Verlustvortrag**). Private Veräußerungsverluste („Spekulationsverluste") können nur mit privaten Veräußerungsgewinnen ausgeglichen werden (auch jahresübergreifend; gesonderte Feststellung).

VIII. Kurzschema zur Ermittlung der festzusetzenden Einkommensteuer

31 Die **tarifliche Einkommensteuer** ergibt sich nicht stets, wenn die Tarifformel (→ Rz. A 21) auf das zu versteuernde Einkommen (→ Rz. A 28) angewandt wird, weil dabei z. B. der **Progressionsvorbehalt** für Lohnersatzleistungen oder Steuerbefreiungen nach Doppelbesteuerungsabkommen oder eine Tarifermäßigung für außerordentliche Einkünfte (Entlassungsentschädigungen) zu berücksichtigen sind.

32 Die **festzusetzende Einkommensteuer** ist wie folgt zu ermitteln (R 2 Abs. 2 EStR):

1		Steuerbetrag a) nach § 32a Abs. 1 und 5, § 50 Abs. 3 EStG oder b) nach dem bei Anwendung des Progressionsvorbehalts (§ 32b EStG) oder der Steuersatzbegrenzung sich ergebenden Steuersatz
2	+	Steuer auf Grund Berechnung nach den §§ 34, 34b EStG (z. B. Fünftelungsregelung)
2a	+	Steuer auf Grund Berechnung nach § 32d Abs. 3 EStG (ab VZ 2009)
3	+	Steuer auf Grund Berechnung nach § 34a Abs. 1, 4 bis 6 EStG
4	=	**tarifliche Einkommensteuer** (§ 32a Abs. 1 und 5 EStG)
5	./.	Minderungsbetrag nach Punkt 11 Ziffer 2 des Schlussprotokolls zu Art. 23 DBA Belgien in der durch Art. 2 des Zusatzabkommens v. 5.11.2002 geänderten Fassung (BGBl. II 2003 S. 1615)
6	./.	ausländische Steuern nach § 34c Abs. 1 u. 6 EStG, § 12 AStG
7	./.	Steuerermäßigung nach § 35 EStG
8	./.	Steuerermäßigung für Stpfl. mit Kindern bei Inanspruchnahme erhöhter Absetzungen für Wohngebäude oder der Steuerbegünstigungen für eigengenutztes Wohneigentum (§ 34f Abs. 1 und 2 EStG)
9	./.	Steuerermäßigung bei Zuwendungen an politische Parteien und unabhängige Wählervereinigungen (§ 34g EStG)
10	./.	Steuerermäßigung nach § 34f Abs. 3 EStG
11	./.	Steuerermäßigung nach § 35a EStG
12	+	Steuern nach § 34c Abs. 5 EStG
13	+	Nachsteuer nach § 10 Abs. 5 EStG i. V. m. § 30 EStDV
14	+	Zuschlag nach § 3 Abs. 4 Satz 2 Forstschäden-Ausgleichsgesetz
15	+	Anspruch auf Zulage für Altersvorsorge nach § 10a Abs. 2 EStG
16	+	Anspruch auf Kindergeld oder vergleichbare Leistungen, soweit in den Fällen des § 31 EStG das Einkommen um Freibeträge für Kinder gemindert wurde
17	=	**festzusetzende Einkommensteuer** (§ 2 Abs. 6 EStG).

B. Einkommensteuer

I. Bedeutung der Einkommensteuer

1 Als **Einkommensteuer** wird in der Bundesrepublik Deutschland die auf das Jahreseinkommen natürlicher Personen erhobene Steuer bezeichnet. Die Einkommensteuer haben **natürliche Personen** (im Gegensatz zu juristischen Personen) entsprechend ihrem zu versteuernden Einkommen an den Fiskus abzuführen. Das **Aufkommen** dieser Steuerart erhalten der Bund und die Länder zu je 42,5 % und die Gemeinden zu 15 %. Die gesamten Steuereinnahmen in der Bundesrepublik Deutschland betrugen im Kalenderjahr 2009 ca. 524 Mrd. €; davon entfielen auf die Lohnsteuer ca. 135,1 Mrd. € und auf die Umsatzsteuer etwa 176,9 Mrd. €. Damit ist die Lohnsteuer neben der Umsatzsteuer die bedeutendste Einnahmequelle der öffentlichen Haushalte.

2 Das Einkommen **juristischer Personen** des privaten Rechts, z. B. einer AG oder GmbH, unterliegt nicht der Einkommensteuer, sondern der **Körperschaftsteuer**. Einkommensteuer und Körperschaftsteuer stehen nebeneinander. Fließen natürlichen Personen aus ihren **Beteiligungen an juristischen Personen** (z. B. Aktien) Einnahmen zu (z. B. Dividenden), sind diese als Einnahmen aus Kapitalvermögen zu versteuern (§ 20 EStG, → Rz. B 57). Um eine steuerliche Doppelbelastung der ausgeschütteten Gewinne (z. B. der Dividenden) zu vermeiden, wurden diese von 2001 bis einschl. des Kalenderjahrs 2008 mit der Hälfte des Bruttobetrags in die Einkommensbesteuerung einbezogen (sog. **Halbeinkünfteverfahren**). Ab 1. 1. 2009 unterliegen auch diese Einnahmen der Abgeltungsteuer mit dem pauschalen Steuersatz i. H. v. 25 % zzgl. Solidaritätszuschlag und ggf. Kirchensteuer (→ Rz. B 8 f.). Personengesellschaften und Gemeinschaften des bürgerlichen Rechts, sog. **BGB-Gesellschaften** sind rechtlich unselbständig und deshalb keine Steuersubjekte. Ihre Einkünfte werden zunächst weder von der Körperschaftsteuer noch von der Einkommensteuer erfasst. Steuerpflichtig sind jedoch die jeweiligen Gesellschafter oder Gemeinschafter, denen die Einkünfte (Gewinne) der Gesellschaft/Gemeinschaft durch eine gesonderte und einheitliche Feststellung anteilig zugerechnet und im Rahmen der Veranlagung zur Einkommensteuer oder Körperschaftsteuer angesetzt wird.

II. Rechtsgrundlagen

3 Die wesentlichen Vorschriften für die Einkommensbesteuerung enthält das Einkommensteuergesetz, das zuletzt i. d. F. v. 8. 10. 2009 (BGBl. I 2009 S. 3366, BStBl I 2009, 1346) neu bekannt gemacht worden ist, unter Berücksichtigung der nachfolgenden Änderungen (in 2010: u. a. Jahressteuergesetz 2010 (JStG 2010)). Daneben sind die Einkommensteuer-Durchführungsverordnung 2000 v. 10. 5. 2000 (BGBl. I 2000 S. 717, BStBl I 2000 S. 596) sowie die Lohnsteuer-Durchführungsverordnung 1990 v. 10. 10. 1989 (BGBl. I 1989 S. 1848, BStBl I 1989 S. 405) unter Einbeziehung der zwischenzeitlichen Änderungen und der höchstrichterlichen Rechtsprechung zu beachten. Für eine einheitliche Anwendung des Einkommensteuer- und Lohnsteuerrechts enthalten die mit Zustimmung des Bundesrates erlassenen aktuellen Einkommensteuer-Richtlinien 2008 bzw. 2011 (falls solche noch bekannt gegeben werden) und die Lohnsteuer-Richtlinien 2011 sowie die maßgeblichen amtlichen Einkommensteuer- und Lohnsteuer-Hinweise 2011 Auslegungs- und Vereinfachungsregelungen sowie Weisungen an die Finanzämter. An diese allgemeinen Verwaltungsvorschriften sind die Finanzbehörden, nicht jedoch die (Finanz-)Gerichte gebunden. Letzteres gilt auch für die Steuerpflichtigen, doch sollten die amtlichen Richtlinien/Hinweise als „Leitlinien" betrachtet werden.

III. Steuerpflicht

1. Persönliche/sachliche Steuerpflicht

4 Das Einkommensteuergesetz unterscheidet zwischen persönlicher und sachlicher Steuerpflicht. **Persönlich** steuerpflichtig ist jede einzelne natürliche Person unabhängig von einer tatsächlich entstandenen Einkommensteuerschuld (potentieller Einkommensteuerschuldner). Mit dem Begriff **natürliche Person** (§ 1 BGB) erfasst das Einkommensteuergesetz alle Menschen von der Geburt bis zum Tod. Ohne Bedeutung sind das Lebensalter, das Geschlecht, der Familienstand, die Staatsangehörigkeit, die Geschäftsfähigkeit oder Verfügungsbeschränkungen des Steuerpflichtigen. Da die Steuerpflicht mit dem Tod erlischt, wird der Erbe eines verstorbenen Steuerpflichtigen Schuldner für dessen Einkommensteuer.

5 Die **sachliche Steuerpflicht** ergibt sich dann, wenn die im Einkommensteuergesetz aufgezählten Einkünfte (→ Rz. B 47 f.) bezogen werden und sich dadurch eine Einkommensteuerschuld ergibt. Für den Umfang der Steuerpflicht differenziert das Einkommensteuergesetz zwischen unbeschränkt und beschränkt steuerpflichtigen Personen (→ Rz. B 14 ff.). Diese Unterscheidung ist wichtig für die Frage, welche Einkünfte für die Besteuerung heranzuziehen und welche Vorschriften des Einkommensteuergesetzes für die Ermittlung des zu versteuernden Einkommens sowie der tariflichen Einkommensteuer anzuwenden sind. Unter welchen Voraussetzungen eine Einkommensteuererklärung abzugeben ist, regelt § 56 EStDV. Unabhängig von diesen Vorschriften kann das Finanzamt jeden Steuerpflichtigen zur Abgabe einer Einkommensteuererklärung auffordern, um die persönliche Steuersituation zu überprüfen.

6 Das steuerlich maßgebende **Einkommen** wird als Gesamtbetrag aus den im Einkommensteuergesetz aufgezählten sieben **Einkunftsarten** (→ Rz. B 47 f.) ermittelt, wobei die **Einkünfteermittlung** nach verschiedenen Grundsätzen erfolgt (→ Rz. B 49 ff.). Von den Einkünften können die folgenden nicht einkünftebezogenen Aufwendungen abgezogen werden: Sonderausgaben, z. B. Versicherungsbeiträge, gezahlte Kirchensteuern, Spenden (→ Rz. B 88 ff.) und außergewöhnliche Belastungen, z. B. wegen Krankheit oder Behinderung (→ Rz. B 92). Weil die für den Grundbedarf einer gewöhnlichen Lebensführung erforderlichen (Geld-)Mittel nicht besteuert werden dürfen, ist das steuerliche **Existenzminimum** – oder auch **Grundfreibetrag** genannt – als steuerfreier Bestandteil in den **Einkommensteuertarif** eingearbeitet (→ Rz. A 21, B 93).

7 Die **Einkommensbesteuerung** erfolgt nicht nur durch die Veranlagung zur Einkommensteuer. Von bestimmten Einkünften erhebt der Fiskus die Einkommensteuer im sog. **Quellenabzug**. Hierdurch werden die Einkünfte aus nichtselbständiger Arbeit und die Kapitalerträge erfasst. Deshalb hat der Arbeitgeber vom Bruttoarbeitslohn (Einkünfte aus nichtselbständiger Arbeit) die **Lohnsteuer** zu berechnen, sie einzubehalten und an das Finanzamt abzuführen (→ Rz. C 77 ff.). Weil mit dem Lohnsteuereinbehalt die steuerlichen Pflichten des Arbeitnehmers grundsätzlich erfüllt sind, werden Arbeit-

nehmer nur unter bestimmten Voraussetzungen zur Einkommensteuer veranlagt (§ 46 EStG, → Rz. B 23 ff.). Die Lohnsteuer ist lediglich eine besondere Erhebungsform der Einkommensteuer.

8 Als weitere **Quellensteuer** wurden vor 2009 **Kapitalertragsteuer** bzw. **Zinsabschlagsteuer** erhoben. Seit 1. 1. 2009 wurde in Deutschland für alle im Privatvermögen zufließenden Kapitaleinkünfte die sog. **Abgeltungsteuer** eingeführt. Dadurch werden Zinsen, Dividenden, Fondsausschüttungen sowie Kurs- und Währungsgewinne einheitlich mit 25 % zzgl. Solidaritätszuschlag und ggf. Kirchensteuer besteuert. Die Abgeltungsteuer fällt allerdings nur dann an, wenn die Einkünfte den **Sparer-Pauschbetrag** von 801 € bei Ledigen bzw. 1 602 € für Verheiratete übersteigen. Dieses neue Verfahren ersetzt die bisherige Kapitalertragsteuer und behandelt alle Zuflüsse beim steuerpflichtigen Privatanleger gleich. Sie berücksichtigt nicht, inwieweit diese Zuflüsse steuerlich vorbelastet sind, etwa weil sie aus schon auf der Ebene des ausschüttenden Unternehmens besteuerten Gewinnen stammen. Sie setzt bei den laufenden Erträgen die Bruttoeinnahmen an und berücksichtigt Verwaltungs- und Beratungskosten nur in pauschalierter Form über den Sparer-Pauschbetrag. Der Abzug tatsächlicher Werbungskosten ist gesetzlich ausgeschlossen.

Für die Abgeltungsteuer und die zugrunde liegenden Einkünfte gilt das sog. **Veranlagungswahlrecht**, wonach der Steuerpflichtige, dessen individueller Steuersatz über 25 % liegt, sich für die neue Besteuerung entscheiden kann; dadurch erhält die Quellensteuer eine Abgeltungswirkung (mit 25 %). Liegt sein persönlicher Steuersatz hingegen unter 25 %, so kann er wie bisher die Besteuerung mit dem individuellen Steuersatz wählen – und die mit 25 % „zu viel" gezahlte Zinsabschlagsteuer durch eine Veranlagung zur Einkommensteuer im Folgejahr zurückholen. In diesem Fall behält der Quellenabzug die Funktion einer Steuervorauszahlung. Weiterhin kann durch einen Freistellungsauftrag oder eine Nichtveranlagungsbescheinigung die Einbehaltung der Abgeltungsteuer vermieden werden.

9 Der einzubehaltende **Körperschaftsteuersatz** beträgt für einbehaltene und ausgeschüttete Gewinne 15 %; eine Anrechnung auf die Einkommensteuerschuld des Anteilseigners ist nicht möglich. Von der Bardividende (ausgeschüttetes Kapital) wird seit 2009 die Abgeltungsteuer mit 25 % erhoben, die rechtstechnisch weiterhin als Kapitalertragsteuer bezeichnet wird.

10 Für die Ermittlung der mit Körperschaftsteuer belasteten Einkünfte wurde bis zum Wirtschaftsjahr 2000 als Einnahme der erzielte Bruttobetrag, also der Auszahlungsbetrag zuzüglich der einbehaltenen Kapitalertragsteuer und des Solidaritätszuschlags, angesetzt. Im Gegenzug wurden die einbehaltenen Steuerbeträge auf die Einkommensteuerschuld angerechnet.

11 Seit dem Veranlagungszeitraum 2001 waren bis 2008 die Gewinnausschüttungen einer Kapitalgesellschaft (z. B. Dividenden) zur Vermeidung der steuerlichen Doppelbelastung nur mit der Hälfte des Ausschüttungsbetrags nach Körperschaftsteuer steuerpflichtig, deshalb die Bezeichnung als Halbeinkünfteverfahren (§ 3 Nr. 40 EStG).

12 Knüpfen **außersteuerliche** Rechtsnormen (z. B. das Investitionszulagengesetz, das Wohnungsbau-Prämiengesetz und sozialrechtliche Leistungsgesetze) an die im Einkommensteuergesetz definierten Begriffe an, z. B. Summe oder Gesamtbetrag der Einkünfte (→ Rz. B 67) oder zu versteuerndes Einkommen (→ Rz. B 69), so erhöhten sich vor 2009 für deren Zwecke diese steuerlichen Beträge um die steuerfrei belassenen Einnahmen aus den Kapitalanlagen. Im Gegenzug konnten die bei der Einkommensteuerveranlagung nach § 3c Abs. 2 EStG hälftig nicht berücksichtigten Ausgaben abgezogen werden (§ 2 Abs. 5a EStG). Gleiches galt für **Zuschlagsteuern**, die nach der Einkommensteuer bemessen werden (de facto nur die Kirchensteuer, § 51a EStG). Nunmehr werden die mit 25 % besteuerten Zinseinkünfte nicht mehr berücksichtigt.

13 Seit dem Kalenderjahr 2002 haben Bauherren bzw. Empfänger von bestimmten **Bauleistungen** (Unternehmer i. S. d. § 2 UStG) für Rechnung des Bauleistenden vom Rechnungsbetrag pauschal 15 % einzubehalten und dem Betriebsstättenfinanzamt des Leistenden (Auftragnehmers) anzumelden und dorthin abzuführen (sog. **Bauabzugsteuer**). Dieser Steuerabzug bedeutet jedoch keine neue Steuerquelle für den Fiskus. Vielmehr soll dadurch sichergestellt werden, dass der leistende Unternehmer (Auftragnehmer) seinen Verpflichtungen zur Abführung der Lohnsteuer und der Zahlung von Einkommen- bzw. Körperschaftsteuer nachkommt. Die Bauabzugsteuer wird auf diese Beträge angerechnet. Der Steuerabzug ist nicht vorzunehmen, wenn der Leistende eine Freistellungsbescheinigung des Finanzamts vorlegt oder falls in bestimmten Fällen die Summe der in Rechnung gestellten Bruttobeträge (Gegenleistung) im Kalenderjahr bei ausschließlich steuerfreien Umsätzen aus Vermietung und Verpachtung (§ 4 Nr. 12 Satz 1 UStG) 15 000 € oder in den übrigen Fällen 5 000 € voraussichtlich nicht übersteigen wird.

2. Unbeschränkte/beschränkte Einkommensteuerpflicht

14 **Unbeschränkt einkommensteuerpflichtig** ist jede natürliche Person (→ Rz. B 4), wenn sie im Inland einen Wohnsitz (→ Rz. B 15) oder gewöhnlichen Aufenthalt (→ Rz. B 16) hat. Diese Personen sind mit ihrem Welteinkommen in Deutschland steuerpflichtig, wobei eine Doppelbesteuerung der im Ausland erzielten Einkünfte durch Anrechnung der dort entrichteten Steuer auf die Einkommensteuerschuld oder durch Abzug bei der Ermittlung der Einkünfte vermieden wird. Die unbeschränkte Einkommensteuerpflicht beginnt mit der Geburt des Steuerpflichtigen im Inland oder mit der Begründung eines Wohnsitzes bzw. eines gewöhnlichen Aufenthalts im Inland. Behält ein Steuerpflichtiger, der sich aus beruflichen Gründen im Ausland aufhält und dort einen zweiten Wohnsitz begründet hat, seine Familienwohnung im Inland bei, endet seine unbeschränkte Einkommensteuerpflicht im Inland nicht.

15 Einen **Wohnsitz** hat eine natürliche Person dort, wo sie eine Wohnung innehat, die darauf schließen lässt, dass sie die Wohnung beibehalten und benutzen wird (§ 8 AO). Ob diese Voraussetzungen vorliegen, ist dabei grundsätzlich unter Berücksichtigung sämtlicher objektiver Umstände nach den tatsächlichen und wirtschaftlichen Gegebenheiten des Einzelfalls zu beurteilen. Der Begriff der **Wohnung** im steuerlichen Sinn ist weit auszulegen und umfasst solche Räumlichkeiten, die zum Wohnen auf Dauer geeignet sind. Dies sind z. B. Einfamilienhäuser, Eigentums- und Mietwohnungen, aber auch auf Dauer angemietete (möblierte) Zimmer, Hotelzimmer, Wohncontainer, Barackenunterkünfte sowie Wochenend- oder Ferienhäuser. Die Größe und Ausstattung der Wohnung sowie deren Möblierung mit eigenen oder fremden Möbeln sind in diesem Zusammenhang ohne Bedeutung. Maßgebendes Kriterium ist allein, dass der Steuerpflichtige die Wohnung innehat, also dauerhafte Verfügbarkeit. Die polizeiliche Anmeldung ist für die Begründung eines Wohnsitzes regelmäßig nicht ausschlaggebend.

16 Der **gewöhnliche Aufenthalt** ist dort, wo der Steuerpflichtige sich nicht nur vorübergehend aufhält, unabhängig von einer Ortsgebundenheit. Dabei kommt es nicht auf den Willen oder die Absicht der natürlichen Person an, einen gewöhnlichen Aufenthalt auch zu begründen oder diesen gar zu vermeiden. Maßgebend ist allein der durch den Lebenssachverhalt begründete objektive Tatbestand im Gebiet der Bundesrepublik Deutschland. Ein gewöhnlicher Aufenthalt wird stets dann angenommen, wenn sich eine natürliche Person länger als sechs Monate (bzw. 183 Tage) im Inland aufhält, wobei kleine kurzfristige Unterbrechungen von bis zu zwei bis drei Wochen unberücksichtigt bleiben. Der Sechs-Monats-Zeitraum muss nicht in ein Kalenderjahr fallen. Diese Grundsätze gelten dann nicht, wenn der Aufenthalt in der Bundesrepublik Deutschland ausschließlich Besuchs-, Erholungs-, Kur- oder ähnlichen privaten Zwecken dient und nicht länger als ein Jahr dauert. Die unbeschränkte Einkommensteuerpflicht endet mit dem Tod des Steuerpflichtigen oder mit dem Tag, an dem der Wohnsitz oder der gewöhnliche Aufenthalt im Inland aufgegeben wird.

17 Für bestimmte Sonderfälle sind die zuvor genannten Grundsätze nicht anzuwenden. So begründet ein sog. Grenzgänger/-pendler im Tätigkeitsstaat regelmäßig keinen gewöhnlichen Aufenthalt, zudem sehen viele zwischenstaatliche Vereinbarungen, wie z. B. für Bedienstete der EU und Angehörige der (NATO-)Streitkräfte, andere steuerliche Regelungen vor.

18 Als weitere Variante kennt das Einkommensteuergesetz die **erweiterte unbeschränkte** Einkommensteuerpflicht. Zum einen werden hierdurch insbesondere deutsche Staatsangehörige im Ausland, die von einer inländischen Behörde beschäftigt werden (§ 1 Abs. 2 EStG), sowie deren Angehörige erfasst. Dies sind z. B. die von der Bundesrepublik Deutschland in das Ausland entsandten deutschen Staatsangehörigen, die Mitglied einer diplomatischen Mission oder einer konsularischen Vertretung sind, ggf. einschließlich der zu ihrem Haushalt gehörenden Angehörigen.

19 Zum anderen können beschränkt steuerpflichtige natürliche Personen und Staatsangehörige eines anderen EU-Mitgliedsstaates oder eines zum EWR gehörenden Staates (Island, Liechtenstein oder Norwegen), soweit sie inländische Einkünfte erzielen, auf Antrag in Deutschland als unbeschränkt einkommensteuerpflichtig behandelt werden (§§ 1 Abs. 3, 1a EStG). Voraussetzung hierfür ist, dass diese Personen ihr Einkommen ganz oder fast ausschließlich in Deutschland erzielen. Dies ist dann der Fall, wenn die im Kalenderjahr bezogenen Einkünfte mindestens zu 90 % der deutschen Einkommensteuer unterliegen oder falls die nicht der deutschen Einkommensteuer unterliegenden Einkünfte den Grundfreibetrag (→ Rz. B 93) im Kalenderjahr nicht übersteigen (ab 2010: 8 004 €, bei Zusammenveranlagung 16 008 €). Für manche Staaten ist diese Einkunftsgrenze nach den Verhältnissen und der Kaufkraft des Wohnsitzstaates entsprechend der durch BMF-Schreiben bekannt gemachten steuerlichen Ländergruppeneinteilung zu kürzen. Diese erweiterte Steuerpflicht bewirkt, dass der betroffene Personenkreis auch steuerliche Regelungen (Vergünstigungen) beanspruchen kann, welche ansonsten die unbeschränkte Steuerpflicht voraussetzen.

20 **Beschränkt einkommensteuerpflichtig** sind natürliche Personen, die im Inland keinen Wohnsitz (→ Rz. B 15) oder gewöhnlichen Aufenthalt (→ Rz. B 16) haben. Diese Personen sind nur mit bestimmten inländischen Einkünfte steuerpflichtig (§ 49 EStG). Die beschränkte Steuerpflicht beginnt mit dem Bezug von inländischen Einkünften (i. S. v. § 49 EStG) oder mit Aufgabe des Wohnsitzes oder des gewöhnlichen Aufenthalts im Inland, falls weiterhin inländische Einkünfte bezogen werden. Die beschränkte Steuerpflicht endet, wenn keine inländischen Einkünfte mehr bezogen werden, mit Zuzug ins Inland oder durch den Tod des Steuerpflichtigen. Wegen Besonderheiten bei der Abgrenzung zwischen unbeschränkter und beschränkter Steuerpflicht für **Arbeitgeber** und **Arbeitnehmer** wird auf → Rz. C 7 ff., 18 f. verwiesen.

21 Seit 1972 können natürliche Personen, die als deutsche Staatsangehörige ihren Wohnsitz oder gewöhnlichen Aufenthalt in das **Ausland** verlegt haben, nach dem **Außensteuergesetz** weiterhin mit ihren inländischen Einkünften in Deutschland steuerpflichtig sein. Voraussetzung hierfür ist, dass diese Person ihren Wohnsitz in ein sog. **Niedrigsteuerland** verlegt hat, bei Wegzug die wesentlichen wirtschaftlichen Interessen im Inland bestehen (z. B. falls die Summe der inländischen Gesamteinkünfte über 16 500 € liegt) und die unbeschränkte Steuerpflicht in den letzten zehn Jahren vor den Wegzug mindestens fünf Jahre bestanden hat. In der Regel umfasst diese erweiterte Steuerpflicht die im Inland erzielten Einkünfte für einen Zeitraum von zehn Jahren nach dem Wegzug ins Ausland unter Aufgabe der unbeschränkten Einkommensteuerpflicht.

22 Zusammenfassend sind folgende **Fallgruppen** der **unbeschränkten** und beschränkten **Einkommensteuerpflicht** zu unterscheiden:

1. Personen, die im Inland einen Wohnsitz oder gewöhnlichen Aufenthalt haben:

    unbeschränkte Steuerpflicht nach § 1 Abs. 1 EStG;

2. die an einem ausländischen Dienstort tätigen Deutschen im diplomatischen und konsularischen Dienst nebst Angehörigen:

    unbeschränkte Steuerpflicht nach § 1 Abs. 2 EStG;

3. verheiratete und unverheiratete Personen ohne EU-Staatsangehörigkeit oder unverheiratete Personen mit EU-Staatsangehörigkeit ohne Wohnsitz oder gewöhnlichen Aufenthalt im Inland, die ihr Einkommen ganz oder fast ausschließlich in Deutschland erzielen (sog. Grenzgänger/-pendler):

    auf Antrag unbeschränkte Einkommensteuerpflicht nach § 1 Abs. 3 EStG (kein Splittingtarif);

4. verheiratete Personen mit EU-/EWR-Staatsangehörigkeit, wenn der Ehegatte im EU-/EWR-Ausland wohnt und das gemeinsame Einkommen ganz oder fast ausschließlich in Deutschland erzielt wird:

    auf Antrag unbeschränkt steuerpflichtig nach § 1a Abs. 1 EStG (Splittingtarif);

5. verheiratete Angehörige des öffentlichen Dienstes, wenn sie aus dienstlichen Gründen im Nicht-EU-Ausland wohnen und das gemeinsame Einkommen ganz oder fast ausschließlich in Deutschland erzielt wird:

    auf Antrag unbeschränkt steuerpflichtig nach § 1a Abs. 2 EStG (Splittingtarif);

6. Personen ohne Wohnsitz oder gewöhnlichen Aufenthalt im Inland, die nicht von den Fallgruppen 2. bis 5. erfasst werden, falls sie inländische Einkünfte haben:

    beschränkt steuerpflichtig nach § 1 Abs. 4 EStG (grundsätzlich keine personen- und familienbezogenen Abzüge und Entlastungen, kein Splittingtarif).

IV. Veranlagungspflichten

1. Pflichtveranlagung nach § 46 EStG

23 Unter welchen Voraussetzungen **Arbeitnehmer** zur Einkommensteuer zu veranlagen sind, regelt § 46 EStG. Dort wird unterschieden zwischen einer Veranlagung von Amts wegen (Amtsveranlagung, § 46 Abs. 2 Nr. 1 bis 7 EStG) und einer Antragsveranlagung (§ 46 Abs. 2 Nr. 8 EStG). **Zwingend** vorgeschrieben ist eine **Einkommensteuerveranlagung** (Amtsveranlagung) für Arbeitnehmer, deren Arbeitslohn dem Lohnsteuerabzug unterlag, unter folgenden Voraussetzungen:

- die positiven Nebeneinkünfte, die nicht dem Lohnsteuerabzug unterlagen, betragen insgesamt mehr als 410 € im Kalenderjahr;

- die positive Summe der ausländischen Einkünfte und der Lohnersatzleistungen, die dem Progressionsvorbehalt unterliegen, beträgt mehr als 410 € im Kalenderjahr;

- der Arbeitnehmer hat nebeneinander aus mehreren Dienstverhältnissen Arbeitslohn bezogen, es sei denn, ein Dritter hat die von mehreren Arbeitgebern bezogenen Arbeitslöhne für den Lohnsteuerabzug zusammengefasst und abgerechnet;

- die beim Lohnsteuerabzug berücksichtigte Vorsorgepauschale ist höher als die tatsächlichen Vorsorgeaufwendungen (Sonderausgaben);

- bei Ehegatten, die zusammen zur Einkommensteuer zu veranlagen sind und die beide Arbeitslohn bezogen haben, wenn einer von ihnen zumindest während eines Teils des Kalenderjahres nach der Steuerklasse V oder VI oder unter Anwendung des Faktors (→ Rz. A 13.2) besteuert worden ist;

- auf der Lohnsteuerkarte ist vom Finanzamt ein persönlicher Freibetrag eingetragen worden, z. B. zur Berücksichtigung der tatsächlichen Werbungskosten, Sonderausgaben oder außergewöhnlichen Belastungen, und der im Kalenderjahr insgesamt erzielte Arbeitslohn eines Ledigen übersteigt 10200 € oder der von Ehegatten insgesamt erzielte Arbeitslohn übersteigt 19 00 € (falls sie die Voraussetzungen für eine Zusammenveranlagung erfüllen). Diese neuen Arbeitslohngrenzen gelten auch für die an ausländischen Dienstorten tätigen Deutschen im diplomatischen und konsularischen Dienst nebst Angehörigen sowie für einen beschränkt einkommensteuerpflichtigen Arbeitnehmer, wenn die zuvor genannten Freibeträge auf einer vom Finanzamt ausgestellten Bescheinigung für den Lohnsteuerabzug eingetragen wurden;

- der Arbeitnehmer hat Entlassungs- oder andere Entschädigungen oder Vergütungen für eine mehrjährige Tätigkeit erhalten, für die eine ermäßigte Lohnsteuer einbehalten wurde, oder ein Dritter hat unmittelbar gegen sich gerichtete tarifvertragliche Geldansprüche gezahlt (§ 38 Abs. 3a Satz 1 EStG, z. B. Sozialkassen des Baugewerbes) und diese mit 20 % pauschal versteuert (→ Rz. C 132);

- der Arbeitgeber hat die Lohnsteuer für einen sonstigen Bezug ohne Kenntnis (Berücksichtigung) des beim früheren Arbeitgeber bezogenen Arbeitslohns berechnet (→ Rz. C 129; Großbuchstabe S);

- bei geschiedenen oder dauernd getrennt lebenden Eheleuten oder bei Eltern eines nichtehelichen Kindes soll der Ausbildungsfreibetrag oder ein dem Kind zustehender Behinderten- oder Hinterbliebenen-Pauschbetrag abweichend vom Lohnsteuerabzugs-Verfahren (je zur Hälfte) berücksichtigt werden;

- die Ehe des Arbeitnehmers ist im Kalenderjahr aufgelöst worden und er oder sein Ehegatte aus der aufgelösten Ehe hat wieder geheiratet;

- beim Arbeitnehmer ist für den Lohnsteuerabzug auf der Lohnsteuerkarte bzw. der Bescheinigung des Betriebsstättenfinanzamts nach § 39c Abs. 4 EStG der Ehepartner berücksichtigt worden, der außerhalb des Inlands in einem Mitgliedsstaat der EU oder den Staaten Island, Liechtenstein oder Norwegen ansässig ist;

- der Arbeitnehmer ist nicht im Inland ansässig, aber als unbeschränkt einkommensteuerpflichtig (§ 1 Abs. 3 EStG) behandelt worden.

2. Antrag auf Einkommensteuerveranlagung

24 Liegen die zuvor genannten Voraussetzungen für eine Pflichtveranlagung zur Einkommensteuer nicht vor, hat ein unbeschränkt einkommensteuerpflichtiger Arbeitnehmer dennoch die Möglichkeit und das Recht, eine Veranlagung zu beantragen. Dies gilt insbesondere zur Anrechnung der einbehaltenen Lohnsteuer auf die festzusetzende Einkommensteuer, um dadurch die Erstattung der zu viel einbehaltenen Lohnsteuer zu erreichen, oder um einen Verlust aus der Vermietung einer Immobilie geltend zu machen (→ Rz. B 58). Der Antrag auf Veranlagung musste früher bis zum Ablauf des auf den Veranlagungszeitraum folgenden zweiten Kalenderjahres gestellt worden sein. Durch das JStG 2008 wurde diese Frist ab 2005 und für sämtliche noch nicht entschiedene Veranlagungsanträge vor 2007 aufgehoben. Nunmehr gilt die übliche Frist von vier Jahren (Festsetzungsfrist).

25 Der Antrag auf Durchführung der Veranlagung kann bis zur Bestandskraft des Einkommensteuerbescheids grundsätzlich zurückgenommen werden. Die Antragsrücknahme muss also innerhalb der Rechtsbehelfsfrist entweder durch Einspruch oder mit Antrag auf schlichte Änderung erfolgen. Hierdurch kann der Arbeitnehmer eine Veranlagung, die zu einer Nachzahlung führt, verhindern, falls die Einkommensteuerveranlagung nicht zwingend vorgeschrieben ist (→ Rz. B 23).

Beispiel:

Ein Arbeitnehmer hat die Einkommensteuerveranlagung beantragt, damit er Verluste aus einer vermieteten Eigentumswohnung abziehen kann. Das Finanzamt erkennt jedoch die geltend gemachten Werbungskosten nicht an und setzt neben den Einkünften aus nichtselbständiger Arbeit die Einkünfte aus Vermietung und Verpachtung i. H. v. 400 € an (keine weiteren Einkünfte). Dies würde zu einer Einkommensteuernachzahlung i. H. v. 150 € führen. Der Arbeitnehmer nimmt innerhalb der Rechtsbehelfsfrist seinen Antrag auf Veranlagung zurück. Das Finanzamt muss nun den Steuerbescheid aufheben, weil eine Pflichtveranlagung nach § 46 Abs. 2 EStG ausscheidet und die Antragsveranlagung nicht mehr durchgeführt werden kann.

26 Das Finanzamt kann unabhängig von einer Antragsveranlagung zu **wenig erhobene Lohnsteuer** vom Arbeitnehmer **nachfordern.** Dies ist z. B. dann möglich, wenn der Arbeitgeber vom Arbeitslohn versehentlich zu wenig Lohnsteuer einbehalten hat und das Betriebsstättenfinanzamt einen Lohnsteuer-Nachforderungsbescheid nach § 42d Abs. 3 Satz 4 Nr. 1 EStG erlässt.

V. Einkommensteuerveranlagung

27 Die Einkommensteuerveranlagung wird stets für ein ganzes Kalenderjahr, dem sog. **Veranlagungszeitraum**, durchgeführt. Dieses Kalenderjahrprinzip ist unabhängig davon, ob die beschränkte oder unbeschränkte persönliche Steuerpflicht das gesamte Kalenderjahr bestanden hat und ob die Einnahmen im Kalenderjahr einmalig oder laufend zugeflossen sind. Der Veranlagung wird das im Zeitraum der Steuerpflicht bezogene (erzielte) Einkommen zu Grunde gelegt.

28 Ist eine Person während des Kalenderjahres sowohl beschränkt als auch unbeschränkt einkommensteuerpflichtig, wird für dieses Kalenderjahr nur eine Veranlagung nach den Vorschriften für unbeschränkt steuerpflichtige Personen durchgeführt. Dabei werden die während der beschränkten Steuerpflicht erzielten inländischen Einkünfte den unbeschränkt einkommensteuerpflichtigen Einkünften hinzugerechnet. Die nicht der deutschen Einkommensteuer unterliegenden Einkünfte werden durch den Progressionsvorbehalt berücksichtigt (§ 32b Abs. 1 Satz 1 Nr. 2 und 3 sowie Abs. 1a EStG).

29 Der **Progressionsvorbehalt** (§ 32b EStG) lässt zwar die steuerfrei bezogenen Einkommensteile (z. B. die Aufstockungsbeträge für Altersteilzeit) steuerunbelastet; sie werden aber gleichwohl bei der Ermittlung des anzuwendenden Einkommensteuersatzes berücksichtigt, indem für die Berechnung des Einkommensteuersatzes die dem Progressionsvorbehalt unterliegenden Einnahmen bzw. Einkünfte dem zu versteuernden Einkommen hinzugerechnet werden. Für diesen erhöhten Betrag wird nun der fällige Einkommensteuersatz ermittelt. Weil der Einkommensteuertarif progressiv ansteigt (→ Rz. A 21 f.), kann dies im Einzelfall einen recht hohen Steuersatz ergeben. Dieser erhöhte Steuersatz wird dann auf das zu versteuernde Einkommen (ohne steuerfreie Einkommensteile) angewandt, wodurch sich regelmäßig eine erhöhte Einkommensteuer ergibt. Begründet wird der Progressionsvorbehalt mit dem Grundsatz der Besteuerung nach der Leistungsfähigkeit. Zumindest bei Lohnersatzleistungen scheint er jedoch vielmehr als Korrektiv eingesetzt werden zu müssen, um ganzjährig arbeitende Arbeitnehmer durch die Belastung mit Steuern und Sozialabgaben letztlich nicht schlechter zu stellen als solche Steuerpflichtige, die teilweise im Kalenderjahr sowohl Arbeitslohn beziehen als auch steuerfreie Bezüge bzw. Sozialleistungen erhalten. Ansonsten könnte z. B. durch steuerfreie Aufstockungsbeträge für Altersteilzeit oder durch Altersübergangsgeld und Arbeitslosengeld ein höheres Einkommen erzielt werden, als dem ganzjährig beschäftigten Arbeitnehmer letztlich nach den gesetzlichen Abzügen an Nettolohn verbliebe.

VI. Veranlagungsarten

1. Allgemeines

30 Grundsätzlich wird jede steuerpflichtige Person mit ihrem zu versteuernden Einkommen einzeln zur Einkommensteuer veranlagt (sog. **Einzelveranlagung**). Die Einkommensteuer wird nach dem Grundtarif, der sog. (Einkommensteuer-)**Grundtabelle**, berechnet (→ Rz. A 19). Ehegatten, die beide unbeschränkt einkommensteuerpflichtig sind und nicht dauernd getrennt leben und bei denen diese Voraussetzungen zu Beginn des Veranlagungszeitraums vorgelegen haben oder im Laufe dieses Zeitraums eingetreten sind, können zwischen der **getrennten Veranlagung** (Grundtarif) und der **Zusammenveranlagung** mit Anwendung des Splittingtarifs bzw. der sog. (Einkommensteuer-)**Splittingtabelle** (→ Rz. A 19 f.) wählen. Für das Heiratsjahr können die Steuerpflichtigen auch die sog. **besondere Veranlagung** nach § 26c EStG wählen (→ Rz. B 41 f.).

31 Für im Inland ansässige Staatsangehörige eines Mitgliedstaates der Europäischen Union oder der Staaten Island, Liechtenstein oder Norwegen gilt das Wahlrecht auch dann, wenn der Ehepartner in einem der genannten Staaten wohnt. Es ist nicht Voraussetzung, dass der Ehegatte ebenfalls Staatsangehöriger dieses Staates ist. Jedoch müssen die Einkünfte beider Eheleute zu mindestens 90 % der deutschen Einkommensteuer unterliegen oder ihre nicht der deutschen Einkommensteuer unterliegenden Einkünfte dürfen seit 2008 den doppelten Grundfreibetrag (ab 2010: 16 008 €) nicht übersteigen (§ 1a Abs. 1 Nr. 2 EStG, → Rz. B 19). Diese Voraussetzungen sind auch zu beachten, wenn der Personenkreis auf Antrag nach § 1 Abs. 3 EStG in Deutschland als unbeschränkt einkommensteuerpflichtig erfasst werden soll (→ Rz. B 22). Die nicht der deutschen Einkommensteuer unterliegenden Einkünfte sind jeweils durch eine Bescheinigung der zuständigen ausländischen Steuerbehörde nachzuweisen.

2. Zusammenveranlagung

32 Bei der Zusammenveranlagung zur Einkommensteuer werden die von den Ehegatten erzielten Einkünfte zunächst getrennt ermittelt. Im Anschluss daran werden diese Einkünfte zusammengerechnet (nunmehr ein Betrag) und beide Eheleute als ein Steuerpflichtiger behandelt. Dies bedeutet, dass die vom Gesamtbetrag der Einkünfte abziehbaren Sonderausgaben und außergewöhnlichen Belastungen für beide Steuerpflichtige einheitlich zu ermitteln sind, unabhängig davon, wer von ihnen die Aufwendungen tatsächlich getragen hat.

33 Die tarifliche Einkommensteuer beider Eheleute berechnet sich nach dem Splitting-Verfahren (§ 32a Abs. 5 EStG, Splittingtabelle → Rz. A 19 f.). Dazu wird das gemeinsam zu versteuernde Einkommen beider Eheleute zunächst halbiert und die auf diesen Betrag entfallende Einkommensteuer nach der Grundtabelle ermittelt. Dieser Steuerbetrag wird anschließend verdoppelt. Das **Splitting-Verfahren** mildert so die Progressionswirkung des Einkommensteuertarifs und gewährleistet, dass Ehegatten nach ihrer Eheschließung grundsätzlich insgesamt keine höhere Einkommensteuer zu zahlen haben als vor ihrer Eheschließung. Sind die Einkommen beider Ehegatten gleich hoch, so ist die Einkommensteuer (Gesamtbelastung) vor und nach der Eheschließung die gleiche. Eine gewisse Steuerentlastung durch das Splitting-Verfahren kann nur bei unterschiedlich hohen Einkünften der Eheleute eintreten. Für Eheleute ist die Zusammenveranlagung i. d. R. günstiger als die getrennte Veranlagung (→ Rz. B 36).

34 Die Zusammenveranlagung berücksichtigt in typisierender Weise, dass in einer intakten Ehe jeder unbeschränkt steuerpflichtige Ehegatte an den Einkünften und Lasten des anderen zur Hälfte teilhat und deshalb – anders als bei getrennt lebenden unbeschränkt Steuerpflichtigen – Unterhaltsleistungen nicht abziehbar sind. Das Bundesverfassungsgericht betrachtet folgerichtig das Ehegattensplitting nicht als Steuervergünstigung, sondern hält es wegen der Teilhabe beider Ehegatten am Einkommen entsprechend dem für die Einkommensbesteuerung maßgebenden Grundsatz der Besteuerung nach der Leistungsfähigkeit für erforderlich.

35 In der vom Verlag herausgegeben **Einkommensteuer-Tabelle** ist für ausgewählte zu versteuernde Einkommen zusammenveranlagter Eheleute die **Einkommensteuer** nach der Splittingtabelle, die zu entrichtende **Kirchensteuer** (8 % oder 9 %) und der **Solidaritätszuschlag** sofort und unmittelbar ablesbar. Die komplizierte Berechnung über die Halbierung des zu versteuernden Einkommens und Verdopplung der nach der Grundtabelle ermittelten Einkommensteuer entfällt somit.

Beispiel:

Ein Ehepaar ohne Kinder erzielt im Kalenderjahr 2011 ein zu versteuerndes Einkommen von	44 528,— €
die abzulesende Einkommensteuer (Splittingtabelle) ergibt sich aus der Stufe „ bei 44 528 €"	6 646,— €
die dafür zu entrichtenden weiteren Abgaben bzw. Steuerbeträge sind ebenfalls in der Tabelle aufgeführt und betragen:	
Solidaritätszuschlag 5,5 %	365,53 €
Kirchensteuer 8 % oder	531,68 €
Kirchensteuer 9 %	598,14 €

3. Getrennte Veranlagung

36 Die Eheleute werden getrennt zur Einkommensteuer veranlagt, wenn einer der Ehegatten diese Veranlagungsart beantragt. Die zur Ausübung der Wahl erforderlichen Erklärungen sind beim Finanzamt schriftlich (i. d. R. auf dem Mantelbogen ESt 1 A der Einkommensteuererklärung) oder gesondert zu Protokoll abzugeben. Bei der getrennten Veranlagung werden jedem Ehegatten die von ihm bezogenen Einkünfte zugerechnet. Die Sonderausgaben können jeweils nur bei der Veranlagung des Ehepartners abgezogen werden, der die Aufwendungen geleistet hat. Anders verhält es sich bei den Aufwendungen, die als außergewöhnliche Belastungen berücksichtigungsfähig sind. Diese werden zunächst für die Ehegatten einheitlich nach den für die Zusammenveranlagung geltenden Grundsätzen ermittelt. Dieser Betrag wird bei jedem Ehegatten grundsätzlich je zur Hälfte abgezogen, falls sie nicht gemeinsam eine andere Aufteilung beantragen. Die Höhe der Einkommensteuer bemisst sich jeweils nach der Einkommensteuer-Grundtabelle (→ Rz. A 19).

37 Eheleute können mit der Wahl der getrennten Veranlagung in bestimmten Fällen eine günstigere steuerliche Gesamtbelastung erzielen als durch die Zusammenveranlagung. Ein steuerlich **günstigeres Ergebnis** ergibt sich meist dann, wenn beide Ehegatten Einkünfte erzielen und die Entscheidung, ob bestimmte (Steuer-)Vorteile zu gewähren oder bestimmte Einkünfte in die Besteuerung einzubeziehen sind, von der Höhe der Einkünfte oder des Einkommens abhängig ist, z. B. für die Höhe des Verlustrücktrags nach § 10d EStG, die Anwendung des Progressionsvorbehalts, die Einbeziehung außerordentlicher Einkünfte und, falls beide Ehegatten als Arbeitnehmer neben dem Arbeitslohn noch andere Einkünfte (Nebeneinkünfte) beziehen, die zweimalige Inanspruchnahme der Freigrenze für Arbeitnehmer von 410 € und des sog. Härteausgleichs für andere Einkünfte nach § 46 Abs. 3 EStG (→ Rz. B 93).

38 Mitunter wählen Eheleute ohne Rücksicht auf eine eventuell daraus folgende geringfügig höhere steuerliche Gesamtbelastung aus Gründen einer klaren wirtschaftlichen Abgrenzung ihrer steuerlichen Verpflichtungen oder aus anderen Motiven die getrennte Veranlagung an Stelle der Zusammenveranlagung.

39 Bei der getrennten Veranlagung sind für jeden Ehegatten die Steuerbeträge nach der Grundtabelle aus der vom Verlag herausgegebenen Einkommensteuer-Tabelle für ausgewählte zu versteuernde Einkommen ablesbar.

4. Vergleich zwischen Zusammenveranlagung und getrennter Veranlagung

40 Ein Vergleich zwischen dem steuerlichen Ergebnis einer Zusammenveranlagung (Splittingtabelle) und der getrennten Veranlagung (Grundtabelle) ist mit der vom Verlag herausgegebenen Einkommensteuer-Tabelle mühelos durchzuführen. Zunächst lesen die Eheleute die auf ihr zu versteuerndes Gesamteinkommen entfallenden Steuerbeträge entsprechend der Stufe in der Spalte „Splittingtabelle" ab und danach die auf das Einkommen der Ehegatten entfallenden Steuerbeträge in der betreffenden Stufe der Spalte „Grundtabelle". Die Steuerbeträge nach der Grundtabelle sind zusammenzurechnen und dann mit der für die Zusammenveranlagung ermittelten Einkommensteuer zu vergleichen. Ebenso ist für den Solidaritätszuschlag und die Kirchensteuer zu verfahren.

Beispiel:

Ein verheiratetes Ehepaar ohne Kinder hat im Kalenderjahr 2011 folgendes zu versteuerndes Einkommen:

Einkommen des Ehemannes	30 920 €
Einkommen der Ehefrau	30 740 €
Einkommen der Ehegatten	61 660 €

1. Schritt: Berechnung der Steuerbeträge bei Zusammenveranlagung (Splittingtabelle)

näherungsweise abzulesende Einkommensteuer in der Stufe „bei 61 664 €"	11 778,— €
Solidaritätszuschlag 5,5 %	647,79 €
Kirchensteuer 9 %	1 060,02 €

2. Schritt: Getrennte Veranlagung (Grundtabelle)

Ehemann abzulesende Einkommensteuer in der Stufe „bei 30 920 €"	5 917,— €
Solidaritätszuschlag 5,5 %	325,43 €
Kirchensteuer 9 %	532,53 €
Ehefrau abzulesende Einkommensteuer in der Stufe „bei 30 740 €"	5 860,— €
Solidaritätszuschlag 5,5 %	322,30 €
Kirchensteuer 9 %	527,40 €

3. Schritt: Vergleich

	Steuern bei Zusammenveranlagung (Splittingtabelle)	Steuern bei getrennter Veranlagung (Grundtabelle)	
		Ehemann	Ehefrau
Einkommensteuer	11 778,— €	5 917,— €	5 860,— €
Solidaritätszuschlag	647,79 €	325,43 €	322,30 €
Kirchensteuer 9 %	1 060,02 €	532,53 €	527,40 €
		6 774,96 €	6 709,70 €
Summe	13 485,81 €	13 484,66 €	

Ergebnis:
Bei getrennter Veranlagung ergibt sich eine geringe steuerliche Ersparnis im Vergleich mit einer Zusammenveranlagung.

5. Besondere Veranlagung von Ehegatten im Heiratsjahr

41 Unbeschränkt Steuerpflichtige, die im Veranlagungszeitraum geheiratet haben und nicht dauernd getrennt leben, können neben der Zusammenveranlagung (→ Rz. B 32 ff.) und getrennten Veranlagung (→ Rz. B 36 ff.) auch die besondere Veranlagung (§ 26c EStG) wählen. Die besondere Veranlagung muss wie die getrennte Veranlagung von beiden Eheleuten gewählt werden. Dazu haben beide Ehegatten eine eigene Einkommensteuererklärung abzugeben.

42 Bei der besonderen Veranlagung werden die Eheleute so behandelt, als ob sie die Ehe nicht geschlossen hätten. Das bedeutet, dass jedem die von ihm bezogenen Einkünfte zugerechnet werden. Ebenso wird die Abzugsfähigkeit der Sonderausgaben (Vorsorgepauschale oder Höchstbetrag) und der außergewöhnlichen Belastungen nach den Grundsätzen für Unverheiratete ermittelt.

43 Der Ansatz des Entlastungsbetrags für Alleinerziehende (Steuerklasse II) ist nicht möglich, da die Eheleute die Voraussetzungen für die Ehegattenveranlagung nach § 26 Abs. 1 EStG erfüllen (→ Rz. B 84 ff.). Die Einkommensteuer wird grundsätzlich nach der Grundtabelle ermittelt.

6. Veranlagung von verwitweten, geschiedenen und allein erziehenden Personen

44 Für **verwitwete Personen** sieht das Einkommensteuergesetz eine Sonderregelung vor, um den Übergang vom Splitting-Verfahren zur Besteuerung nach der Grundtabelle zu mildern. Danach ist die verwitwete Person in dem auf das Todesjahr des Ehepartners folgenden Veranlagungszeitraum (Kalenderjahr) nach dem Splitting-Verfahren (Splittingtabelle) zu besteuern. Für spätere Veranlagungszeiträume ist diese Veranlagungsart jedoch nicht mehr möglich. Dann wird das zu versteuernde Einkommen nach der Grundtabelle besteuert. Voraussetzung für die Anwendung des Splittingtarifs ist, dass in dem Todesjahr für das Ehepaar die Voraussetzungen für eine Zusammenveranlagung vorgelegen haben (unbeschränkte Einkommensteuerpflicht, kein dauerndes Getrenntleben, → Rz. B 32 ff.). Nicht entscheidend ist, welche Veranlagungsart für das Todesjahr gewählt worden ist.

45 War ein Steuerpflichtiger im Veranlagungszeitraum **zweimal verheiratet** und lagen jeweils die Voraussetzungen für die Wahl des Splitting-Verfahrens vor, kann der Steuerpflichtige entscheiden, für welche Ehe diese Veranlagungsart gewählt werden soll. Der nicht in die Zusammenveranlagung einbezogene Steuerpflichtige (nicht wiederverheiratet oder der „neue" Ehegatte) wird für dieses Kalenderjahr nach der Splitting-Tabelle allein veranlagt.

46 Als Ausgleich für besondere Belastungen erhalten sog. echte **Alleinerziehende** seit dem Kalenderjahr 2004 den Entlastungsbetrag für Alleinerziehende (→ Rz. B 84 ff.). Kommt ein Elternteil seinen Unterhaltsverpflichtungen nicht nach, kann auf Antrag des anderen Elternteils der Freibetrag für den Betreuungs- und Erziehungs- oder Ausbildungsbedarf des Kindes (Bedarfsfreibetrag) auf ihn übertragen werden (→ Rz. B 80 ff.). Gleiches gilt, wenn das Kind in der Wohnung eines Elternteils nicht gemeldet ist (→ Rz. B 83).

VII. Ermittlung des zu versteuernden Einkommens

1. Besteuerungsgrundlagen

47 Das Einkommensteuergesetz kennt nur die folgenden **sieben Einkunftsarten**, die der Einkommensteuer unterliegen:

1. Einkünfte aus Land- und Forstwirtschaft;
2. Einkünfte aus Gewerbebetrieb;
3. Einkünfte aus selbständiger Arbeit;
4. Einkünfte aus nichtselbständiger Arbeit;
5. Einkünfte aus Kapitalvermögen;
6. Einkünfte aus Vermietung und Verpachtung;
7. sonstige Einkünfte (z. B. Rente aus der gesetzlichen Rentenversicherung, der Ertragsanteil der Leistungen aus einer privaten Rentenversicherung, Unterhalts-/Versorgungsleistungen, Leistungen auf Grund eines schuldrechtlichen Versorgungsausgleichs, Leistungen aus Altersvorsorgeverträgen, bestimmte Leistungen der betrieblichen Altersversorgung oder Einkünfte aus privaten Veräußerungsgeschäften ab 600 €).

48 Außerhalb der gesetzlichen Einkunftsarten anfallende Vermögensmehrungen (Einnahmen/Erträge) werden von der Einkommensbesteuerung nicht erfasst. Keine steuerbaren Einkünfte sind u. a. Kapitalzuflüsse aus privaten Lebensversicherungen, die für die Dauer von mindestens zwölf Jahren und vor dem 1. 1. 2005 abgeschlossen wurden, Ehrenpreise, Spiel- und Wetteinnahmen, Schadensersatzleistungen für Schäden im privaten Bereich sowie Veräußerungserlöse von Grundstücken und Gegenständen des Privatvermögens, falls der Gesamtgewinn aus privaten Veräußerungsgeschäften innerhalb der sog. Spekulationsfrist (zehn Jahre bei Grundstücken, sonst ein Jahr) weniger als 600 € im Kalenderjahr beträgt oder wenn die Veräußerung nach Ablauf dieser Frist erfolgt. Gebäude, Eigentumswohnungen etc., die zu eigenen Wohnzwecken genutzt wurden, sind jedoch grds. von der Veräußerungsgewinnbesteuerung ausgenommen, auch wenn der Gewinn mehr als 600 € beträgt. Veräußerungen von Gegenständen des täglichen Gebrauchs (z. B. Gebrauchtfahrzeuge) werden steuerlich ebenfalls nicht erfasst[1]. Private Verluste und Vermögensminderungen werden bei der Ermittlung der Einkünfte regelmäßig nicht berücksichtigt.

2. Ermittlung der Einkünfte

49 Die Einkünfte werden – je nach Einkunftsart – unterschiedlich ermittelt. Einkünfte nach dem Einkommensteuergesetz sind:

– bei Betrieben der Land- und Forstwirtschaft, Gewerbebetrieben oder bei selbständiger Arbeit: der **Gewinn** (sog. Gewinneinkünfte).

Wer nach Handels- oder Steuerrecht verpflichtet ist, Bücher zu führen und regelmäßig Abschlüsse zu machen, ermittelt den Gewinn auf Grund seiner Bilanzen durch den Betriebsvermögensvergleich. Gleiches gilt für Selbständige und Gewerbetreibende, die freiwillig Bücher führen und regelmäßige Abschlüsse machen. Besteht keine Buchführungspflicht, ist der Gewinn durch die Gegenüberstellung der Betriebseinnahmen und der Betriebsausgaben zu ermitteln. Kleinbetriebe der Land- und Forstwirtschaft haben ein Wahlrecht; sie können den Gewinn auch nach sog. Durchschnittssätzen ermitteln.

Als Betriebseinnahmen sind alle Zugänge von Wirtschaftsgütern in Form von Geld oder Geldeswert, die durch den Betrieb oder die selbständige Tätigkeit veranlasst sind, zu erfassen. Betriebsausgaben sind Aufwendungen, die durch den Betrieb oder durch die selbständige Tätigkeit veranlasst sind;

– bei den übrigen Einkunftsarten: der **Überschuss der Einnahmen über die Werbungskosten** (sog. Überschusseinkünfte).

---
[1] Die Regelung zu den Gegenständen des täglichen Gebrauchs ist Teil des JStG 2010, dem der Bundesrat am 26. 11. 2010 zugestimmt hat.

Einnahmen sind Güter in Geld oder Geldeswert, die in einem wirtschaftlichen Zusammenhang mit einer bestimmten Einkunftsart zufließen. Werbungskosten sind Ausgaben in Geld oder Geldeswert zur Erwerbung, Sicherung und Erhaltung der Einnahmen (→ Rz. B 87 bezüglich der Werbungskosten bei den Einkünften aus nichtselbständiger Arbeit).

50 **Vermögenszugänge oder Vermögensabgänge**, die nicht mit einer Einkunftserzielung zusammenhängen, werden steuerlich nicht berücksichtigt. Gleiches gilt für die **Kosten der Lebensführung** und wenn das Finanzamt keine Einkünfteerzielungsabsicht (Gewinnerzielungs-, Überschusserzielungsabsicht) unterstellt, bei sog. Liebhaberei (z. B. Pferdezucht); eine einkommensteuerrechtlich unbeachtliche Liebhaberei kann i. Ü. auch bei den Einkünften aus nichtselbständiger Arbeit vorliegen. Ausnahmen lässt das Einkommensteuergesetz nur bei Sonderausgaben (→ Rz. B 88 ff.), den außergewöhnlichen Belastungen (→ Rz. B 92) und bei erwerbsbedingten Kinderbetreuungskosten (→ Rz. B 87 *Kinderbetreuungskosten*) zu. Deshalb stellen z. B. die Aufwendungen für Ernährung, Kleidung und Wohnung nicht abziehbare Lebenshaltungskosten dar und dürfen weder als Betriebsausgaben noch als Werbungskosten abgezogen werden. Dies gilt auch für Aufwendungen, die die wirtschaftliche oder gesellschaftliche Stellung des Steuerpflichtigen mit sich bringt, unabhängig davon, ob sie den Beruf oder die Tätigkeit fördern. **Gemischte Aufwendungen** können grundsätzlich in als Betriebsausgaben oder Werbungskosten abziehbare sowie in privat veranlasste und damit nicht abziehbare Teile aufgeteilt werden, soweit nicht gesetzlich etwas anderes geregelt ist oder es sich um Aufwandspositionen handelt, die durch das steuerliche Existenzminimum abgegolten oder als Sonderausgaben oder als außergewöhnliche Belastungen abziehbar sind.

51 Der Ermittlung der Einkünfte wird grundsätzlich ein Zwölf-Monats-Zeitraum zu Grunde gelegt. Dies ist bei Einkünften aus Gewerbebetrieb unter bestimmten Voraussetzungen ein vom Kalenderjahr abweichendes Wirtschaftsjahr, bei Einkünften aus Land- und Forstwirtschaft i. d. R. der Zeitraum vom 1. Juli bis 30. Juni des Folgejahres und in allen anderen Fällen das Kalenderjahr.

3. Besonderheiten bei einzelnen Einkunftsarten

a) Land- und Forstwirtschaft

52 Einkünfte aus Land- und Forstwirtschaft werden bei der Ermittlung des Gesamtbetrags der Einkünfte nur berücksichtigt, soweit sie 670 € oder bei der Zusammenveranlagung von Ehegatten 1 340 € übersteigen. Der **Freibetrag** ist nicht betriebsbezogen; er steht dem Steuerpflichtigen nur einmal zu, auch wenn er an mehreren Betrieben der Land- und Forstwirtschaft beteiligt ist. Andererseits steht er jedem Beteiligten an einem land- und forstwirtschaftlichen Betrieb zu. Der Freibetrag wird ungeschmälert gewährt, auch wenn im Laufe eines Veranlagungszeitraums ein Betrieb der Land- und Forstwirtschaft übernommen, veräußert oder aufgegeben wird. Voraussetzung für die Anwendung des Freibetrags ist jedoch, dass die Summe der Einkünfte 30 700 € oder bei der Zusammenveranlagung von Ehegatten 61 400 € nicht übersteigt. Für einen Betrieb der Land- und Forstwirtschaft ist der **Gewinn nach Durchschnittssätzen** zu ermitteln, wenn

1. der Steuerpflichtige nicht auf Grund gesetzlicher Vorschriften verpflichtet ist, Bücher zu führen und regelmäßig Abschlüsse zu machen, und

2. die selbstbewirtschaftete Fläche der landwirtschaftlichen Nutzung ohne Sonderkulturen nicht 20 Hektar überschreitet und

3. die Tierbestände insgesamt 50 Vieheinheiten nicht übersteigen und

4. der Wert der selbstbewirtschafteten Sondernutzung nicht mehr als 2 000 Deutsche Mark je Sondernutzung beträgt.

Der Durchschnittssatzgewinn selbst ermittelt sich insbesondere nach einem nach den Vorschriften des Bewertungsgesetzes zu ermittelnden Hektarwert der selbstbewirtschafteten Fläche und festgelegten Euro-Beträgen je Hektar der landwirtschaftlichen Nutzung.

Zu den Einkünften aus Land- und Forstwirtschaft gehören auch Gewinne, die bei der **Veräußerung** oder **Aufgabe** eines land- oder forstwirtschaftlichen Betriebs erzielt werden; bestimmte Freibeträge werden jedoch berücksichtigt.

b) Gewerbebetrieb

53 Bei bestimmten gewerblichen Tätigkeiten (u. a. gewerbliche Tierzucht oder Tierhaltung, bestimmte Termingeschäfte, Beteiligungen mit beschränkter Haftung und Beteiligungen an Steuerstundungsmodellen) gibt es **zusätzliche Verlustverrechnungsbeschränkungen**. Auch Gewinne aus der **Veräußerung** oder **Aufgabe** eines Gewerbebetriebs werden – in bestimmten Fällen unter Berücksichtigung eines einmaligen Freibetrags (max. 45 000 €) – erfasst. Werden **Anteile an Kapitalgesellschaften** (z. B. GmbH-Anteile) veräußert, können ebenfalls gewerbliche Einkünfte vorliegen, auch wenn die Anteile nicht im Betriebsvermögen gehalten werden.

c) Selbständige Arbeit

54 Bei der Ermittlung der Einkünfte aus selbständiger Arbeit kann bei hauptberuflicher selbständiger, schriftstellerischer oder journalistischer Tätigkeit, aus wissenschaftlicher, künstlerischer und schriftstellerischer Nebentätigkeit sowie aus nebenamtlicher Lehr- und Prüfungstätigkeit an Stelle der tatsächlichen Betriebsausgaben eine **Betriebsausgabenpauschale** abgezogen werden. Die Betriebsausgabenpauschale beträgt:

– bei hauptberuflicher selbständiger schriftstellerischer oder journalistischer Tätigkeit 30 % der Betriebseinnahmen aus dieser Tätigkeit, höchstens jedoch 2 455 € jährlich;

– bei wissenschaftlicher, künstlerischer und schriftstellerischer Nebentätigkeit (auch Vortrags- oder nebenberufliche Lehr- und Prüfungstätigkeit), soweit es sich nicht um eine Tätigkeit i. S. d. § 3 Nr. 26 EStG (→ Rz. C 161, *Übungsleiterpauschale*) handelt, 25 % der Betriebseinnahmen aus dieser Tätigkeit, höchstens jedoch 614 € jährlich. Der Höchstbetrag von 614 € wird für alle Nebentätigkeiten, die unter die Vereinfachungsregelung fallen, nur einmal gewährt.

Höhere Betriebsausgaben können aber nachgewiesen werden.

55 Zu den Einkünften aus selbständiger Arbeit gehören auch Gewinne, die bei der **Veräußerung** des Vermögens, das der selbständigen Arbeit dient, oder der **Aufgabe** der selbständigen Tätigkeit entstehen; in bestimmten Fällen wird ein einmaliger Freibetrag in Höhe von max. 45 000 € berücksichtigt.

d) Nichtselbständige Arbeit

56 Bei der Ermittlung der Einkünfte aus nichtselbständiger Arbeit wird von den Einnahmen an Stelle der Werbungskosten ein **Arbeitnehmer-Pauschbetrag** von 920 € jährlich abgezogen, wenn die tatsächlichen Werbungskosten diesen Pauschbetrag nicht übersteigen (→ Rz. B 87 *Arbeitnehmer-Pauschbetrag*). Erwerbsbedingte Kinderbetreuungskosten (→ Rz. B 87 *Kinderbetreuungskosten*) werden neben dem Arbeitnehmer-Pauschbetrag berücksichtigt.

Handelt es sich bei den Einnahmen um **Versorgungsbezüge**, gilt **seit 2005** Folgendes:

Von den Versorgungsbezügen bleiben ein nach einem Vomhundertsatz ermittelter, auf einen Höchstbetrag begrenzter **Versorgungsfreibetrag** (→ Rz. B 93 *Versorgungsfreibetrag*) und ein **Zuschlag zum Versorgungsfreibetrag** steuerfrei. Der maßgebende Vomhundertsatz, der Höchstbetrag des Versorgungsfreibetrags und der Zuschlag zum Versorgungsfreibetrag sind einer **Tabelle** in § 19 Abs. 2 EStG zu entnehmen.

Außerdem wird von den Versorgungsbezügen an Stelle der Werbungskosten ein **Werbungskosten-Pauschbetrag** von 102 € abgezogen, wenn die tatsächlichen Aufwendungen diesen Pauschbetrag nicht übersteigen (→ Rz. B 87 *Werbungskosten-Pauschbetrag bei Versorgungsbezügen*).

e) Kapitalvermögen

57 Für Kapitaleinkünfte gilt eine **Abgeltungsteuer** (Kapitalertragsteuer mit abgeltender Wirkung). Zinsen, Dividenden und Fondsausschüttungen etc., aber auch **Kurs- und Währungsgewinne** werden pauschal mit **25 %** zzgl. Solidaritätszuschlag (→ Rz. D 1 ff.) und ggf. **Kirchensteuer** (→ Rz. E 1 ff.) besteuert. Die Abgeltungsteuer fällt allerdings nur dann an, wenn die Kapitalerträge höher sind als der **Sparer-Pauschbetrag von 801 €** (Alleinstehende) bzw. **1 602 €** (Verheiratete). **Werbungskosten** werden **nicht** berücksichtigt. Zur Berücksichtigung des Sparer-Pauschbetrags kann beim Kreditinstitut ein **Freistellungsauftrag** erteilt werden.

Die Abgeltungsteuer wird **direkt** von den Banken, Bausparkassen etc., bei denen die Kapitalanlagen gehalten werden, **einbehalten** und an das Finanzamt abgeführt. Für die Kapitalerträge gilt also ähnlich wie bei der Lohnsteuer ein **Quellenabzugsverfahren**. Sofern keine Sonderfälle geltend gemacht werden, sind bei der **Einkommensteuererklärung** die Kapitaleinkünfte **nicht** gesondert **anzugeben**. Bezüglich der Einzelfragen zur Abgeltungsteuer siehe auch BMF-Schreiben vom 22.12.2009 (BStBl I 2010 S. 94).

Für die Abgeltungsteuer gilt das sog. **Veranlagungswahlrecht**, d. h., es kann die Einbeziehung der Kapitaleinkünfte bei der Einkommensteuerveranlagung beantragt werden. Liegt der individuelle (Grenz-)Steuersatz über 25 %, ist grds. die Abgeltungsteuer günstiger. Liegt der (Grenz-)Steuersatz unter 25 %, ist grds. die Besteuerung mit dem individuellen Steuersatz günstiger. Durch das Jahressteuergesetz 2010[1] ist im Übrigen geregelt worden, dass bei der Günstigerprüfung im Rahmen der Abgeltungsteuer nicht allein auf die festgesetzte Einkommensteuer, sondern auf die gesamte Steuerbelastung einschließlich Zuschlagsteuern (z. B. Solidaritätszuschlag) abzustellen ist.

Für bestimmte Anlagen gibt es **Bestandsschutzregelungen**. So bleiben z. B. Gewinne aus der Veräußerung von Kapitalanlagen, die **vor dem 31. 12. 2008 erworben** wurden, auch in Zukunft steuerfrei, wenn die Spekulationsfrist von einem Jahr (Haltedauer) eingehalten wurde. Für Wertpapiere, die ab dem 1. 1. 2009 gekauft werden, fällt aber Abgeltungsteuer an – unabhängig von der Haltedauer; dies gilt auch für Anteile, die im Rahmen von Fondssparplänen erworben wurden.

Auf Anlageformen, die ausschließlich der **privaten Altersvorsorge** dienen, wird **keine Abgeltungsteuer** erhoben, d. h., Riester-Fondssparpläne, sog. Rürup-Renten und die betriebliche Altersversorgung bleiben von der Abgeltungsteuer ausgenommen. Ebenfalls unberührt von der Abgeltungsteuer bleiben **private Renten- und Kapitallebensversicherungen**, sofern die Verträge **vor dem 1. 1. 2005 abgeschlossen** wurden und die Haltedauer mindestens zwölf Jahre beträgt. Bei einem Vertragsschluss **nach dem 31. 12. 2004** ist der Unterschiedsbetrag steuerpflichtig; bei zwölfjähriger Laufzeit und Vollendung des 60. Lebensjahrs wird nur der hälftige Unterschiedsbetrag angesetzt. Es wird hier grundsätzlich die Abgeltungsteuer erhoben; der halbe Unterschiedsbetrag kann aber im Rahmen der Veranlagung berücksichtigt werden.

f) Vermietung und Verpachtung

58 Bei den Einkünften aus Vermietung und Verpachtung ist die Nutzungsüberlassung in einen entgeltlichen und einen unentgeltlichen Teil aufzuteilen, wenn das Entgelt für die Überlassung einer Wohnung weniger als 56 % der ortsüblichen Marktmiete beträgt. Beträgt das Entgelt für die Überlassung einer Wohnung, d. h. die Kaltmiete zuzüglich der gezahlten Umlagen, mindestens 56 % der ortsüblichen Miete (ortsübliche Kaltmiete zuzüglich der nach der Zweiten Berechnungsverordnung umlagefähigen Kosten), können die auf die Wohnung entfallenden Werbungskosten in vollem Umfang abgezogen werden. Die vorgenannte Regelung hat insbesondere Bedeutung für die verbilligte Überlassung einer Wohnung an Angehörige. Sie dient der Vereinfachung, weil durch sie in der Mehrzahl der Fälle Streitigkeiten zwischen dem Finanzamt und dem Steuerpflichtigen über die Höhe der ortsüblichen Marktmiete vermieden werden.

> **Beispiel:**
> A vermietet im Jahr 2011 an seine Tochter eine Eigentumswohnung für einen Mietpreis von monatlich 270 € (inkl. Nebenkosten). Die ortsübliche Miete für diese Wohnung beträgt 500 € (inkl. umlagefähiger Nebenkosten). Bei A sind für die Wohnung im Jahr 2011 Werbungskosten (Wasser, Heizkosten, Müllabfuhr, Zinsen, Abschreibung etc.) i. H. v. 5 000 € angefallen.
>
> Da das Entgelt für die Überlassung der Wohnung weniger als 56 % der ortsüblichen Miete beträgt, können die Aufwendungen nur in dem Verhältnis als Werbungskosten abgezogen werden, wie die Überlassung entgeltlich erfolgt ist. Der Anteil der abzugsfähigen Werbungskosten beträgt 54 % (270 € : 500 € x 100).
>
> | | |
> |---|---:|
> | Einnahmen (12 Monate x 270 €) | 3 240 € |
> | Werbungskosten (5 000 € x 54 %) | ./. 2 700 € |
> | Einkünfte aus Vermietung und Verpachtung in 2011 | 540 € |
>
> Hätte die Miete z. B. 290 € betragen, wären die Aufwendungen als Werbungskosten voll abzugsfähig gewesen, wenn auch die Überschussprognose (siehe unten) zu einem positiven Ergebnis führt.
>
> | | |
> |---|---:|
> | Einnahmen (12 Monate x 290 €) | 3 480 € |
> | Werbungskosten | ./. 5 000 € |
> | Einkünfte aus Vermietung und Verpachtung in 2011 | ./. 1 520 € |

Zusätzlich ist zu beachten, dass bei einem Mietzins von **56 % und mehr**, jedoch **weniger als 75 %**, anhand einer **Überschussprognose** die Einkünfteerzielungsabsicht zu prüfen ist. Führt diese zu einem positiven Ergebnis, sind die mit der verbilligten Vermietung zusammenhängenden Werbungskosten in voller Höhe abziehbar. Ist die Überschussprognose negativ, sind die Werbungskosten nur anteilig abziehbar.

---

[1] Der Bundesrat hat dem Gesetz am 26. 11. 2010 zugestimmt.

g) Sonstige Einkünfte

59 Leibrenten und andere Leistungen aus den **gesetzlichen Rentenversicherungen**, den **landwirtschaftlichen Alterskassen**, den **berufsständischen Versorgungseinrichtungen** und aus bestimmten anderen Rentenversicherungen unterliegen der sog. **Kohortenbesteuerung**. **Bemessungsgrundlage** für den der Besteuerung unterliegenden Anteil ist dabei der Jahresbetrag der Rente. Der der Besteuerung unterliegende Anteil ist nach dem **Jahr des Rentenbeginns** und dem in diesem Jahr **maßgebenden Vomhundertsatz** aus einer Tabelle in § 22 Nr. 1 Satz 3 Buchstabe a Doppelbuchstabe aa EStG zu entnehmen.

So beträgt z. B. der steuerbare Anteil bei einem Rentenbeginn im Jahr **2011 62 %**. Der **steuerbare Anteil** der Rente wird für jeden neu hinzukommenden Rentnerjahrgang (Kohorte) bis zum Jahre 2020 in Schritten von 2 %-Punkten auf 80 % und anschließend in Schritten von 1 %-Punkten **bis zum Jahre 2040 auf 100 % angehoben**. Der sich nach Maßgabe dieser Prozentsätze ergebende **steuerfrei bleibende Teil** der Jahresbruttorente wird grundsätzlich für jeden Rentnerjahrgang auf Dauer **festgeschrieben**.

Bei der Ermittlung der sonstigen Einkünfte werden **Leibrenten**, die **nicht** der **Kohortenbesteuerung** unterliegen (z. B. aus privaten Rentenversicherungen mit Beitragsrückgewähr), nicht in voller Höhe, sondern nur mit dem sog. **Ertragsanteil** als Einnahmen erfasst. Der Ertragsanteil ist nach dem Lebensalter bei Rentenbeginn festgelegt. Er beträgt z. B. für eine Rente, die nach Vollendung des 65. Lebensjahres beginnt, 18 % der Rente.

Soweit bei den sonstigen Einkünften wiederkehrende Bezüge, Unterhaltsleistungen – die vom Geber als Sonderausgaben abgezogen werden können – und Leistungen aus Altersvorsorgeverträgen, Pensionsfonds, Pensionskassen sowie Direktversicherungen erfasst werden, wird an Stelle der Werbungskosten ein **Werbungskosten-Pauschbetrag von 102 €** abgezogen, wenn die tatsächlichen Werbungskosten diesen Pauschbetrag nicht übersteigen (→ Rz. B 93 *Werbungskosten-Pauschbetrag bei bestimmten sonstigen Einnahmen*). Der Pauschbetrag darf aber auch nur bis zur Höhe der Einnahmen berücksichtigt werden.

Zu den sonstigen Einkünften gehören im Übrigen auch die Einkünfte aus **privaten Veräußerungsgeschäften**; ausgenommen sind Veräußerungen von Gegenständen des täglichen Gebrauchs (z. B. Gebrauchtfahrzeuge)[1]. Zur 600 €-Freigrenze → Rz. B 48.

4. Ermittlung des zu versteuernden Einkommens im Einzelnen

60 Bemessungsgrundlage für die tarifliche Einkommensteuer ist das zu versteuernde Einkommen. Als Vorstufen dazu nennt das Einkommensteuergesetz drei Zwischenergebnisse (Ermittlungsschema → Rz. A 28):

a) Summe der Einkünfte

61 Bei der Ermittlung der Einkünfte werden auch die in den Einkunftsarten erzielten Verluste berücksichtigt, wobei insbesondere im Zusammenhang mit **Steuerstundungsmodellen** erwirtschaftete Verluste nur begrenzt berücksichtigt werden.

62 **Negative Einkünfte**, die nicht ausgeglichen werden können, können bis zu einem Betrag von **511 500 €** (bei Ehegatten bis zu einem Betrag von 1 023 000 €) in den vorangegangenen Veranlagungszeitraum zurückgetragen werden. Nicht ausgeglichene negative Einkünfte können aber auch in den folgenden Veranlagungszeiträumen bis zu einem Gesamtbetrag der Einkünfte von **1 000 000 €** (**bei Ehegatten**, die zusammen veranlagt werden, bis zu **2 000 000 €**) unbeschränkt, darüber hinaus bis zu 60 % des 1 000 000 € bzw. 2 000 000 € übersteigenden Gesamtbetrags der Einkünfte abgezogen werden.

63 **Private Veräußerungs-(Spekulations-)verluste** können nur mit solchen Gewinnen ausgeglichen werden. Gleiches gilt für Verluste aus **gewerblicher Tierzucht, gewerblicher Tierhaltung**, Beteiligungen mit **beschränkter Haftung**, im Zusammenhang mit **Steuerstundungsmodellen** oder aus **Kapitalvermögen**.

64 Ein **Steuerstundungsmodell** liegt vor, wenn auf Grund einer modellhaften Gestaltung steuerliche Vorteile in Form negativer Einkünfte erzielt werden sollen. Dies ist der Fall, wenn auf Grund eines vorgefertigten Konzepts die Möglichkeit geboten werden soll, zumindest in der Anfangsphase der Investition Verluste mit übrigen Einkünften zu verrechnen. Die Beschränkung ist jedoch nur anzuwenden, wenn innerhalb der Anfangsphase das Verhältnis der Summe der prognostizierten Verluste zur Höhe des gezeichneten und nach dem Konzept auch aufzubringenden Kapitals oder bei Einzelinvestoren des eingesetzten Eigenkapitals 10 % übersteigt.

65–66 Nach einer **Übergangsregelung** ist der beschränkte Ausgleich von Verlusten im Zusammenhang mit Steuerstundungsmodellen nur anzuwenden, wenn der Steuerpflichtige dem Modell nach dem 10. 11. 2005 beigetreten ist oder für das Modell nach dem 10. 11. 2005 mit dem Außenvertrieb begonnen wurde. Besteht das Steuerstundungsmodell nicht im Erwerb eines Anteils an einem geschlossenen Fonds, ist die Beschränkung anzuwenden, wenn die Investition nach dem 10. 11. 2005 rechtsverbindlich getätigt wurde.

b) Gesamtbetrag der Einkünfte

67 Der Gesamtbetrag der Einkünfte ergibt sich aus der Summe der Einkünfte abzüglich des Altersentlastungsbetrags (→ Rz. B 93 *Altersentlastungsbetrag*), des Entlastungsbetrags für Alleinerziehende (→ Rz. B 84) und des Freibetrags für Land- und Forstwirtschaft (→ Rz. B 93 *Freibetrag für Land- und Forstwirtschaft*).

c) Einkommen

68 Aus dem Gesamtbetrag der Einkünfte ergibt sich nach Abzug der Sonderausgaben (→ Rz. B 88 ff.), der außergewöhnlichen Belastungen (→ Rz. B 92), der Steuerbegünstigung der zu Wohnzwecken genutzten Wohnungen, Gebäude und Baudenkmale sowie der schutzwürdigen Kulturgüter (→ Rz. B 91 *Kulturgüter*) und des Verlustabzugs nach § 10d EStG (→ Rz. B 91 *Verlustabzug*) und nach Hinzurechnung von Einkommen nach dem Außensteuergesetz das Einkommen.

d) Zu versteuerndes Einkommen

69 Zieht man vom Einkommen den Kinderfreibetrag und den Freibetrag für den Betreuungs- und Erziehungs- oder Ausbildungsbedarfs des Kindes (→ Rz. B 80 ff.) sowie den Härteausgleich zur Milderung der Steuerbelastung von Nebeneinkünften (→ Rz. B 93 *Härteausgleich*) ab, erhält man das zu versteuernde Einkommen, das die **Bemessungsgrundlage** für die **tarifliche Einkommensteuer** bildet. Die beiden Frei-

---
[1] Die Regelung zu den Gegenständen des täglichen Gebrauchs ist Teil des JStG 2010, dem der Bundesrat am 26. 11. 2010 zugestimmt hat.

beträge für Kinder berücksichtigt das Finanzamt im Rahmen der Einkommensteuerveranlagung, vorausgesetzt, die Steuerersparnis durch den Ansatz dieser Freibeträge ist höher als das im Kalenderjahr zustehende Kindergeld (→ Rz. B 79).

Auf das Kurzschema zur Ermittlung des zu versteuernden Einkommens (→ Rz. A 28) wird verwiesen.

5. Kinder
a) Allgemeines

70 Die **steuerliche Freistellung** eines Einkommensbetrags in Höhe des Existenzminimums eines Kindes einschließlich des Bedarfs für Betreuung und Erziehung oder Ausbildung wird im gesamten Veranlagungszeitraum durch

– den Kinderfreibetrag und den Freibetrag für den Betreuungs- und Erziehungs- oder Ausbildungsbedarf **oder**

– das Kindergeld

bewirkt.

71 Im laufenden Jahr wird immer nur Kindergeld gewährt. Erst bei der Einkommensteuerveranlagung prüft das Finanzamt, ob durch das Kindergeld das steuerliche Existenzminimum des Kindes einschließlich des Bedarfs für Betreuung und Erziehung oder Ausbildung steuerfrei belassen worden ist oder der Kinderfreibetrag sowie der Freibetrag für den Betreuungs- und Erziehungs- oder Ausbildungsbedarf des Kindes gewährt werden muss (sog. **Günstigerprüfung**), wobei auf den Anspruch auf Kindergeld und nicht auf das tatsächlich ausgezahlte Kindergeld abgestellt wird. Bei der Günstigerprüfung sind die im Kalenderjahr geleisteten und als Sonderausgaben berücksichtigungsfähigen Altersvorsorgebeiträge einschließlich der dafür zustehenden Altersvorsorgezulage (→ Rz. B 91 *Altersvorsorgebeiträge*) abzuziehen.

Beispiel 1:
Ein zusammenveranlagtes Ehepaar hat im Kalenderjahr 2011 für ein zu berücksichtigendes Kind Kindergeld i. H. v. 2 068 € (12 x 184 €) erhalten. Das zu versteuernde Einkommen beträgt ohne Berücksichtigung des Kinderfreibetrags und des Freibetrags für den Betreuungs- und Erziehungs- oder Ausbildungsbedarf 80 000 €.

a)	zu versteuerndes Einkommen	80 000 €
	Einkommensteuer nach Splittingtarif	18 014 €
b)	zu versteuerndes Einkommen	80 000 €
	abzüglich Kinderfreibetrag	./. 4 368 €
	abzüglich Freibetrag für den Betreuungs- und Erziehungs- oder Ausbildungsbedarf	./. 2 640 €
		72 992 €
	Einkommensteuer nach Splittingtarif	15 540 €
	Unterschiedsbetrag der Steuer zwischen a) und b)	2 474 €
	Kindergeld	2 208 €

Die steuerliche Freistellung durch die Zahlung des Kindergelds ist nicht sichergestellt. Freibeträge für Kinder werden im Rahmen der Einkommensteuerveranlagung berücksichtigt.

Um eine Doppelberücksichtigung zu vermeiden, wird das Kindergeld der festgesetzten Einkommensteuer hinzugerechnet.

Beispiel 2:
Wie Beispiel 1, jedoch beträgt das zu versteuernde Einkommen 60 000 €.

a)	zu versteuerndes Einkommen	60 000 €
	Einkommensteuer nach Splittingtarif	11 250 €
b)	zu versteuerndes Einkommen	60 000 €
	abzüglich Kinderfreibetrag	./. 4 368 €
	abzüglich Freibetrag für den Betreuungs- und Erziehungs- oder Ausbildungsbedarf	./. 2 640 €
		52 992 €
	Einkommensteuer nach Splittingtarif	9 096 €
	Unterschiedsbetrag der Steuer zwischen a) und b)	2 154 €
	Kindergeld	2 208 €

Die steuerliche Freistellung durch die Zahlung des Kindergelds ist sichergestellt. Im Rahmen der Einkommensteuerveranlagung werden die Freibeträge für Kinder nicht berücksichtigt.

b) Berücksichtigungsfähige Kinder

72 Zu den **Kindern** zählen:

– leibliche Kinder (sofern das Verwandtschaftsverhältnis zu ihnen nicht durch Adoption erloschen ist);

– Adoptivkinder;

– Pflegekinder (dazu gehören nicht Kinder, die zu Erwerbszwecken in den Haushalt aufgenommen worden sind).

73 Folgende Altersgrenzen sind zu berücksichtigen:

– Kinder **unter 18 Jahren** werden ohne weitere Einschränkungen berücksichtigt.

– Kinder, die das **18. Lebensjahr** vollendet haben, werden berücksichtigt, wenn sie

1. noch nicht das **21. Lebensjahr** vollendet haben, nicht in einem Beschäftigungsverhältnis stehen und bei einer Agentur für Arbeit im Inland als Arbeitssuchende gemeldet sind oder

2. noch nicht das **25. Lebensjahr** vollendet haben und

– für einen Beruf ausgebildet werden – darunter ist auch die Schulausbildung zu verstehen – oder

– sich in einer **Übergangszeit** von höchstens vier Monaten befinden, die zwischen zwei Ausbildungsabschnitten oder zwischen einem Ausbildungsabschnitt und der Ableistung des gesetzlichen Wehr- oder Zivildienstes, einer vom Wehr- oder Zivildienst befreienden Tätigkeit als Entwicklungshelfer oder als Dienstleistender im Ausland nach § 14b des Zivildienstgesetzes oder der Ableistung eines europäischen Freiwilligendienstes, eines anderen Dienstes im Ausland i. S. v. § 14 des Zivildienstgesetzes oder einem entwicklungspolitischen Freiwilligendienst „weltwärts" liegt, oder

– eine Berufsausbildung mangels Ausbildungsplatzes nicht beginnen oder fortsetzen können oder

– ein freiwilliges soziales oder ökologisches Jahr, den europäischen Freiwilligendienst, einen anderen Dienst im Ausland i. S. d. § 14b des Zivildienstgesetzes, einen entwicklungspolitischen Freiwilligendienst „weltwärts" oder einen Freiwilligendienst aller Generationen i. S. v. § 2 Abs. 1a SGB VII leisten, oder

3. wegen körperlicher, geistiger oder seelischer Behinderung außer Stande sind, sich selbst zu unterhalten, wenn die Behinderung vor dem 25. (aber auch → Rz. B 74) Lebensjahr eingetreten ist.

– Bei Kindern, die **Wehrdienst** (auch freiwillig für nicht mehr als drei Jahre), **Zivildienst** oder eine befreiende Tätigkeit als **Entwicklungshelfer** geleistet haben, verlängert sich der Zeitraum der Berücksichtigung des Kindes um eine der Dienstzeit entsprechende Zeitspanne, höchstens für die Dauer des gesetzlichen Grundwehr- oder Zivildienstes, und zwar

– über das 21. Lebensjahr hinaus bei Kindern, die nicht in einem Beschäftigungsverhältnis stehen und bei einer Agentur für Arbeit im Inland als Arbeitssuchende gemeldet sind, und

– über das 25. Lebensjahr hinaus bei Kindern in Berufsausbildung oder bei Kindern, die sich in einer **Über-**

gangszeit von höchstens vier Monaten befinden, die zwischen zwei Ausbildungsabschnitten oder zwischen einem Ausbildungsabschnitt und der Ableistung des gesetzlichen Wehr- oder Zivildienstes, einer vom Wehr- oder Zivildienst befreienden Tätigkeit als Entwicklungshelfer oder als Dienstleistender im Ausland nach § 14b des Zivildienstgesetzes oder der Ableistung eines europäischen Freiwilligendienstes oder einem anderen Dienst im Ausland i. S. v. § 14 des Zivildienstgesetzes oder dem entwicklungspolitischen Freiwilligendienst „weltwärts" oder einen Freiwilligendienst aller Generationen i. S. v. § 2 Abs. 1a SGB VII liegt, befinden.

74 Mit Wirkung **ab 2007** wurde die Altersgrenze für die Gewährung von Kindergeld bzw. kinderbedingten Steuerfreibeträgen auf die Zeit vor Vollendung des 25. Lebensjahres **abgesenkt** (zuvor 27. Lebensjahr). Bei **behinderten Kindern** wirkt sich die Absenkung der Altersgrenze für den Anspruch auf Kindergeld/kindbedingte Steuerfreibeträge jedoch erstmals bei solchen Kindern aus, die im Veranlagungszeitraum 2007 außer Stande sind, sich selbst zu unterhalten, wenn dies auf eine körperliche, geistige oder seelische Behinderung zurückzuführen ist, die vor Vollendung des 25. Lebensjahres eingetreten ist. Weder die Behinderung selbst noch die Vollendung des 25. Lebensjahres müssen zeitlich in den Veranlagungszeitraum 2007 fallen. Kinder, die vor dem 1. 1. 2007 in der Zeit ab ihrem 25. Geburtstag und vor ihrem 27. Geburtstag eine Behinderung erlitten haben, deretwegen sie außer Stande sind, sich selbst zu unterhalten, werden auch im Veranlagungszeitraum 2007 und darüber hinaus berücksichtigt. Dadurch bleiben bisher schon erfasste Kinder weiterhin berücksichtigungsfähig.

75 Über 18 Jahre alte Kinder, denen **Einkünfte und Bezüge von mehr als 8 004 €** im Kalenderjahr zustehen, werden nicht berücksichtigt. Bezüge, die für besondere Ausbildungszwecke verwendet werden, bleiben außer Betracht. Die 8 004 €- Grenze gilt nicht für behinderte Kinder im Sinne der Nr. 3 (→ Rz. B 73, 2. Spiegelstrich). Jedoch können hierbei eigene Einkünfte und Bezüge von mehr als 8 004 € dazu führen, dass die Kinder trotz Behinderung im Stande sind, ihren Unterhalt selbst zu bestreiten.

76 **Verzichtet** das Kind auf Teile der zustehenden Einkünfte und Bezüge, damit kein Verlust des Anspruchs auf Kindergeld oder der Freibeträge für Kinder eintritt, ist dies steuerrechtlich **unbeachtlich**.

77 Der **Begriff „Einkünfte"** entspricht dabei der Legaldefinition des Einkommensteuerrechts (→ Rz. B 47 ff.). **Bezüge** sind alle Einnahmen in Geld oder Geldeswert, die nicht im Rahmen der einkommensteuerrechtlichen Einkunftserzielung erfasst werden. Das **Elterngeld** in Höhe der Mindestbeträge je Kind von monatl. **300 €** bzw. **150 €** gehört jedoch nicht zu den Bezügen. Bei der Feststellung der anzurechnenden Bezüge einschließlich der Ausbildungshilfe aus öffentlichen Mitteln sind aus Vereinfachungsgründen insgesamt **180 €** im Kalenderjahr abzuziehen, wenn nicht höhere Aufwendungen, die im Zusammenhang mit dem Zufluss der entsprechenden Einnahmen stehen, nachgewiesen oder glaubhaft gemacht werden (sog. Kostenpauschale). Bei der Prüfung, ob der Jahresgrenzbetrag überschritten ist, sind bei der Ermittlung der Bemessungsgrundlage die **Pflichtbeiträge** zur gesetzlichen **Sozialversicherung** und die Beiträge zu einer **freiwilligen gesetzlichen** oder einer **privaten Krankenversicherung** (nicht jedoch zu einer privaten Zusatzkrankenversicherung) von den Einkünften und Bezügen des Kindes abzuziehen.

Beispiel:
Ein 20-jähriger Lehrling erhält im Kalenderjahr 2011 eine Ausbildungsvergütung i. H. v. 11 000 €. Zusätzlich hat er steuerfreie Einnahmen i. H. v. 500 €. Der Arbeitnehmeranteil zur Sozialversicherung beträgt 2 296 €.

Einnahmen aus nichtselbständiger Arbeit	11 000 €
Arbeitnehmer-Pauschbetrag	./. 920 €
Einkünfte	10 080 €
stfr. Einnahmen	500 €
Kostenpauschale	180 €
Bezüge	320 €
Summe der Einkünfte und Bezüge	10 400 €
abzügl. SV-Beiträge	./. 2 296 €
verbleiben	8 104 €

Da der Jahresgrenzbetrag von 8 004 € im Kalenderjahr überschritten würde, wird das Kind im Rahmen des Familienleistungsausgleichs (Kindergeld, steuerliche Freibeträge) nicht berücksichtigt.

78 Lebt das Kind im **Ausland**, kann sich die Grenze für die eigenen Einkünfte und Bezüge nach den Verhältnissen des Wohnsitzstaats mindern (Berücksichtigung ausländischer Verhältnisse durch die Ländergruppeneinteilung; s. auch BMF v. 6. 11. 2009 – IV C 4 – S 2285/07/0005 –, BStBl I 2009 S. 1323).

c) Kindergeld

79 Das Kindergeld beträgt für das erste und zweite Kind jeweils **184 €**, für das dritte Kind **190 €** und für das vierte und jedes weitere Kind jeweils **215 €** monatlich. Das Kindergeld erhalten die bei privaten Arbeitgebern beschäftigten Arbeitnehmer von der Familienkasse der Bundesagentur für Arbeit. Angehörige des öffentlichen Dienstes erhalten das Kindergeld von den Familienkassen des öffentlichen Dienstes (z. B. Bundesfamilienkasse im Bundesamt für zentrale Dienste und offene Vermögensfragen. Familienkasse im Landesamt für Besoldung und Versorgung NRW).

d) Freibeträge für Kinder

80 Der **Kinderfreibetrag** beträgt jährlich **2 184 €**. Zusätzlich wird für jedes zu berücksichtigende Kind ein Freibetrag für den Betreuungs- und Erziehungs- oder Ausbildungsbedarf (**Bedarfsfreibetrag**) von **1 320 €** jährlich abgezogen.

Bei **Ehegatten**, die zusammen zur Einkommensteuer veranlagt werden, verdoppeln sich die Beträge auf **4 368 €** (Kinderfreibetrag) und **2 640 €** (Bedarfsfreibetrag).

Die verdoppelten Beträge kommen auch zum Abzug, wenn

– der andere Elternteil verstorben oder nicht unbeschränkt einkommensteuerpflichtig ist oder

– der Steuerpflichtige allein das Kind angenommen hat oder das Kind nur zu ihm in einem Pflegekindschaftsverhältnis steht.

81 Lebt das Kind im **Ausland**, können sich der Kinderfreibetrag und der Bedarfsfreibetrag mindern (Berücksichtigung ausländischer Verhältnisse durch die Ländergruppeneinteilung; s. auch BMF v. 6. 11. 2009 – IV C 4 – S 2285/07/0005 –, BStBl I 2009 S. 1323).

82 Für jeden Monat, in dem die Voraussetzungen für den Kinderfreibetrag und den Bedarfsfreibetrag nicht vorliegen, ermäßigen sich die Jahresbeträge um je **ein Zwölftel**.

83 Bei einem unverheirateten oder dauernd getrennt lebenden Elternpaar kann auf Antrag eines Elternteils der dem anderen Elternteil zustehende **Kinderfreibetrag** auf ihn **übertragen** werden, wenn er, nicht jedoch der andere Elternteil seiner Unterhaltspflicht gegenüber dem Kind für das Kalenderjahr im Wesentlichen nachkommt; bei minderjährigen Kindern wird der dem Elternteil, in dessen Wohnung das Kind nicht gemel-

det ist, zustehende **Bedarfsfreibetrag** auf Antrag auf den anderen Elternteil **übertragen**.

Zur Berücksichtigung von Kindern im Lohnsteuerverfahren → Rz. C 54 ff.

e) Entlastungsbetrag für Alleinerziehende

84 **Alleinstehende** können steuerlich einen Entlastungsbetrag in Höhe von **1 308 €** im Kalenderjahr abziehen, wenn zu ihrem Haushalt mindestens ein Kind gehört, für das ihnen ein **Freibetrag für Kinder** oder **Kindergeld** (→ Rz. B 70 ff.) zusteht. Die Zugehörigkeit zum Haushalt wird angenommen, wenn das Kind in der Wohnung des Alleinlebenden mit **Haupt- oder Nebenwohnsitz** gemeldet ist. Ist das Kind bei mehreren Personen gemeldet, steht der Entlastungsbetrag demjenigen Alleinstehenden zu, der die Voraussetzungen auf Auszahlung des Kindergeldes erfüllt oder erfüllen würde in Fällen, in denen nur ein Anspruch auf einen Freibetrag für Kinder besteht (→ Rz. B 71). **Allein stehend** sind Steuerpflichtige, die nicht die Voraussetzungen für die Anwendung des Splitting-Verfahrens erfüllen oder verwitwet sind und keine Haushaltsgemeinschaft mit einer anderen volljährigen Person bilden, es sei denn, für diese steht ihnen ein Freibetrag für Kinder oder Kindergeld zu oder es handelt sich um ein Kind, das den gesetzlichen Grundwehr- oder Zivildienst leistet, sich freiwillig für die Dauer von nicht mehr als drei Jahren zum Wehrdienst verpflichtet hat oder eine Tätigkeit als Entwicklungshelfer ausübt. Ist die andere Person mit Haupt- oder Nebenwohnsitz in der Wohnung des Alleinstehenden gemeldet, wird vermutet, dass sie mit dem Arbeitnehmer gemeinsam wirtschaftet (**Haushaltsgemeinschaft**). Diese Vermutung ist jedoch widerlegbar, es sei denn, der Arbeitnehmer und die andere Person leben in einer **eheähnlichen Gemeinschaft** oder in einer **eingetragenen Lebenspartnerschaft**. Zu den weiteren Einzelheiten s. auch BMF-Schreiben vom 29. 10. 2004 – IV C 4 – S 2281 – 0000/04 – (BStBl I 2004 S. 1042).

85 Für jeden vollen Kalendermonat, in dem die Voraussetzungen für den Abzug nicht vorgelegen haben, mindert sich der Entlastungsbetrag um **ein Zwölftel**.

86 Damit sich der Entlastungsbetrag für Alleinerziehende bereits im **Lohnsteuerabzugsverfahren** steuermindernd auswirkt, ist er in die **Steuerklasse II** eingearbeitet. **Verwitwete Arbeitnehmer** können sich im Todesjahr des Ehegatten und im Folgejahr für den Entlastungsbetrag für Alleinerziehende einen Freibetrag auf der Lohnsteuerkarte eintragen lassen, weil der Entlastungsbetrag für Alleinerziehende bei verwitweten Arbeitnehmern nicht über das Steuerklassensystem berücksichtigt werden kann (→ Rz. C 43).

6. ABC der Werbungskosten (Einkünfte aus nichtselbständiger Arbeit)

87 Werbungskosten sind Aufwendungen für den Erwerb, zur Sicherung und zur Erhaltung der Einnahmen. Sie sind bei der Einkunftsart abzuziehen, bei der sie erwachsen sind. Ein Werbungskostenabzug kommt bei der Ermittlung der Einkünfte aus **nichtselbständiger Arbeit** und aus **Vermietung und Verpachtung** sowie der Ermittlung der **sonstigen Einkünfte** in Betracht. Bei der Ermittlung der **Einkünfte aus Kapitalvermögen** wird für Werbungskosten der Sparer-Pauschbetrag von 801 €, bei zusammen veranlagten Ehegatten von 1 602 € abgezogen; tatsächliche Werbungskosten werden hier nicht berücksichtigt.

Gemischte Aufwendungen können grundsätzlich in als Werbungskosten abziehbare sowie in privat veranlasste und damit nicht abziehbare Teile **aufgeteilt** werden, soweit nicht gesetzlich etwas anderes geregelt ist oder es sich um Aufwandspositionen handelt, die durch das steuerliche Existenzminimum abgegolten oder als Sonderausgaben (→ Rz. B 88 ff.) oder als außergewöhnliche Belastungen (→ Rz. B 92) abziehbar sind. Zu den diesbezüglichen Einzelheiten s. auch BMF-Schreiben vom 6.7.2010 – IV C 3 – S 2227/07/10003:002 – (BStBl I 2010 S. 614).

Das folgende **ABC** bezieht sich **ausschließlich** auf Werbungskosten bei den Einkünften aus **nichtselbständiger Arbeit**.

Hinweis: Querverweise auf Stichwörter innerhalb des ABC sind durch einen voranstehenden Pfeil gekennzeichnet (z. B.: → *Arbeitsmittel*).

Abschreibung → *Arbeitsmittel*
Die Nutzungsdauer beträgt z. B. für Computer 3 Jahre, Telefongeräte 5 Jahre, Faxgeräte 6 Jahre und Büromöbel 13 Jahre.

Abzugsverbot
Aufwendungen für Ernährung, Kleidung (→ *Bürgerliche Kleidung*) und Wohnung sowie Repräsentationsaufwendungen sind i. d. R. Aufwendungen für die Lebensführung und somit nicht als Werbungskosten abzugsfähig. Nicht abzugsfähig sind auch Aufwendungen für eine erstmalige Berufsausbildung und für ein Erststudium, wenn diese nicht im Rahmen eines Dienstverhältnisses stattfinden (→ *Berufsausbildung* und → Rz. B 91 *Berufsausbildung* zum Sonderausgabenabzug). Zur Aufteilung bei **gemischten Aufwendungen** s. auch Einleitung zu → Rz. 87.

Aktienoption
Räumt ein Arbeitgeber einem Arbeitnehmer Aktienoptionen als Ertrag der Arbeit ein, sind damit zusammenhängende Aufwendungen des Arbeitnehmers nicht im Jahr der Zahlung, sondern erst im Jahr der **Verschaffung der verbilligten** Aktien zu berücksichtigen. Verfällt das Optionsrecht, sind die Optionskosten im Jahr des Verfalls als vergebliche Werbungskosten abziehbar.

Angemessenheit
Als Werbungskosten können nur Aufwendungen geltend gemacht werden, soweit sie nach der allgemeinen Verkehrsauffassung nicht als unangemessen anzusehen sind. Nicht angemessen sind z. B. Aufwendungen für die Nutzung eines Privatflugzeugs bei Auswärtstätigkeiten.

Arbeitnehmer-Pauschbetrag
Von den Einnahmen aus **nichtselbständiger Arbeit** wird ein Arbeitnehmer-Pauschbetrag von **920 €** jährlich abgezogen, wenn nicht höhere Werbungskosten nachgewiesen werden. Der Arbeitnehmer-Pauschbetrag ist auch dann **nicht zu kürzen**, wenn feststeht, dass keine oder nur geringe Werbungskosten angefallen sind. Erwerbsbedingte → *Kinderbetreuungskosten* werden immer neben dem Arbeitnehmer-Pauschbetrag berücksichtigt.

Der Arbeitnehmer-Pauschbetrag darf nur bis zur Höhe der Einnahmen abgezogen werden. Bei Versorgungsbezügen wird der Arbeitnehmer-Pauschbetrag nicht berücksichtigt (→ *Werbungskosten-Pauschbetrag bei Versorgungsbezügen*).

Bei **Ehegatten**, die beide Einnahmen aus nichtselbständiger Arbeit beziehen, wird für jeden Ehegatten der Arbeitnehmer-Pauschbetrag berücksichtigt.

Arbeitskleidung → *Berufskleidung*

Arbeitsmittel

Aufwendungen (Anschaffungs-, Reinigungs- und Instandhaltungskosten) für Gegenstände, die ausschließlich oder fast überwiegend der Berufsausübung dienen (Arbeitsmittel), sind Werbungskosten (z. B. Werkzeug, typische Berufskleidung, Fachliteratur).

Die Anschaffungs- oder Herstellungskosten von abnutzbaren beweglichen und selbständig nutzungsfähigen Arbeitsmitteln einschließlich Umsatzsteuer können im Jahr der Anschaffung oder Herstellung in voller Höhe als Werbungskosten abgesetzt werden, wenn sie ausschließlich der Umsatzsteuer für das einzelne Arbeitsmittel **410 €** nicht übersteigen (= geringwertige Wirtschaftsgüter). Anschaffungs- oder Herstellungskosten von mehr als 410 € sind auf die Kalenderjahre der voraussichtlichen Gesamtnutzungsdauer des Arbeitsmittels zu verteilen und in jedem dieser Jahre anteilig als Werbungskosten zu berücksichtigen (→ *Abschreibung*). Im Jahr der Anschaffung oder Herstellung ist der Absetzungsbetrag um **jeweils ein Zwölftel** für jeden vollen Monat, der dem Monat der Anschaffung oder Herstellung vorangeht, zu mindern. Wird ein als Arbeitsmittel genutztes Wirtschaftsgut veräußert, ist ein sich eventuell ergebender Veräußerungserlös bei den Einkünften aus nichtselbständiger Arbeit nicht zu erfassen.

Arbeitszimmer[1)]

Der Werbungskostenabzug in Bezug auf ein häusliches Arbeitszimmer wird nur zugelassen, wenn für die betriebliche oder berufliche Tätigkeit **kein anderer Arbeitsplatz** zur Verfügung steht. Damit scheidet in der Mehrzahl der Arbeitnehmer-Fälle ein Werbungskostenabzug in Bezug auf die Aufwendungen für ein Arbeitszimmer aus, denn hier befindet sich der Betätigungsmittelpunkt i. d. R. in der Firma des Arbeitgebers.

Die Höhe der abziehbaren Aufwendungen ist auf **1 250 €** begrenzt; die Beschränkung der Höhe nach gilt jedoch nicht, wenn das Arbeitszimmer den **Mittelpunkt** der gesamten betrieblichen und beruflichen Betätigung bildet.

Die beschriebenen Regelungen gelten rückwirkend ab 2007, jedoch nur für **„offene" Fälle**. „Offen" sind nur solche Fälle, in denen entweder noch kein Steuer- oder Feststellungsbescheid ergangen ist, derartige Bescheide hinsichtlich der Aufwendungen für ein häusliches Arbeitszimmer vorläufig oder unter dem Vorbehalt der Nachprüfung ergangen sind oder über einen gegen den Steuer- oder Feststellungsbescheid eingelegten außergerichtlichen oder gerichtlichen Rechtsbehelf noch nicht unanfechtbar entschieden worden ist.

Vom Abzugsverbot bzw. von der Abzugsbeschränkung nicht betroffen sind Aufwendungen für **Arbeitsmittel** wie z. B. Schreibtisch, Bücherregal und PC (→ *Arbeitsmittel;* s. auch BMF-Schreiben vom 3. 4. 2007, BStBl I 2007 S. 442, Rz. 7). Diese Aufwendungen sind bei beruflicher Veranlassung neben den Aufwendungen für ein häusliches Arbeitszimmer als Werbungskosten zu berücksichtigen.

Die Kosten eines häuslichen Arbeitszimmers können im Übrigen nur dann als Werbungskosten berücksichtigt werden, wenn feststeht, dass das Zimmer so gut wie ausschließlich **für berufliche Zwecke genutzt** wird. Eine private und damit schädliche Mitbenutzung kann i. d. R. angenommen werden, wenn ohne das Arbeitszimmer für das normale Wohnbedürfnis kein ausreichender Raum zur Verfügung steht oder wenn das Arbeitszimmer ständig durchquert werden muss, um andere privat genutzte Räume der Wohnung zu erreichen. Die private Mitbenutzung des Arbeitszimmers ist dagegen von untergeordneter Bedeutung, wenn es nur durchquert werden muss, um z. B. das Schlafzimmer zu erreichen.

Es gilt im Übrigen der Grundsatz, dass – auch bei zusammenveranlagten Ehegatten – nur derjenige **Aufwendungen** steuerlich abziehen kann, der sie tatsächlich **getragen** hat (Problematik des sog. Drittaufwands).

Zum Werbungskostenabzug bei Telearbeiten → *Telearbeit*. Zum Werbungskostenabzug bei doppelter Haushaltsführung → *Doppelte Haushaltsführung*.

Aufwendungen für die Wege zwischen Wohnung und Arbeitsstätte

Aufwendungen des Arbeitnehmers für die Wege zwischen Wohnung und regelmäßiger Arbeitsstätte sind Werbungskosten.

Zur Abgeltung dieser Aufwendungen wird für jeden Arbeitstag, an dem der Arbeitnehmer die regelmäßige Arbeitsstätte aufsucht, eine Entfernungspauschale für jeden vollen **Kilometer der Entfernung** zwischen Wohnung und regelmäßiger Arbeitsstätte von **0,30 €** angesetzt. Angefangene Kilometer werden nicht berücksichtigt.

Die **Entfernungspauschale** gilt unabhängig von der Art des benutzten Verkehrsmittels (Pkw, öffentliche Verkehrsmittel, Fahrrad etc.) oder den tatsächlich entstandenen Aufwendungen, somit also auch für Fußgänger. Die Entfernungspauschale kann für **jeden Arbeitstag nur einmal** angesetzt werden, auch wenn der Weg zwischen Wohnung und regelmäßiger Arbeitsstätte mehrfach zurückgelegt wird. Bei Arbeitnehmern, die in **mehreren Dienstverhältnissen** stehen und denen Aufwendungen für die Wege zu mehreren auseinander liegenden regelmäßigen Arbeitsstätten entstehen, ist die Entfernungspauschale für jeden Weg zur regelmäßigen Arbeitsstätte anzusetzen, wenn der Arbeitnehmer am Tag zwischenzeitlich in die Wohnung zurückkehrt.

Wird an einem Tag lediglich ein Hin- oder Rückweg ausgeführt, weil sich z. B. an den Hinweg eine Auswärtstätigkeit anschließt, die in der Wohnung des Arbeitnehmers endet, ist die Entfernungspauschale für diesen Tag nur mit der **Hälfte** anzusetzen. Fallen die Hin- und Rückfahrt zur regelmäßigen Arbeitsstätte auf verschiedene Arbeitstage, kann unterstellt werden, dass die Fahrten an einem Arbeitstag durchgeführt wurden.

---

1) Das Bundesverfassungsgericht hatte mit Beschluss vom 6.7.2010 (2 BvL 13/09) entschieden, dass § 4 Abs. 5 Satz 1 Nr. 6b EStG in der seit Inkrafttreten des Steueränderungsgesetzes 2007 vom 19.7.2006 (BGBl. I S. 1652) geltenden Fassung mit dem allgemeinen Gleichheitsgrundsatz des Artikel 3 Abs. 1 GG unvereinbar ist, soweit das Abzugsverbot Aufwendungen für ein häusliches Arbeitszimmer auch dann umfasst, wenn für die betriebliche oder berufliche Tätigkeit kein anderer Arbeitsplatz zur Verfügung steht. Auf Grund dieses Beschlusses sollen die entsprechenden gesetzlichen Regelungen durch das JStG 2010 angepasst werden. Es ist die Rechtslage unter Berücksichtigung der Änderungen durch das JStG 2010 dargestellt, dem der Bundesrat am 26. 11. 2010 zugestimmt hat.

Es ist ein **Höchstbetrag 4 500 €** im Kalenderjahr zu beachten, der jedoch nicht gilt, soweit der Arbeitnehmer einen eigenen oder ihm zur Nutzung überlassenen **Kraftwagen** benutzt. Im Zweifel muss der Arbeitnehmer einen solchen Fall dem Finanzamt glaubhaft machen, dass tatsächlich der eigene oder zur Nutzung überlassene Kraftwagen und nicht z. B. öffentliche Verkehrsmittel benutzt worden sind. Ein Nachweis der tatsächlichen Aufwendungen für den Kraftwagen ist für den Ansatz eines höheren Betrages als 4 500 € jedoch nicht erforderlich.
Die Entfernungspauschale wird jedem Teilnehmer einer **Fahrgemeinschaft** gewährt.
Die Entfernungspauschale vermindert sich um **pauschal versteuerte Zuschüsse** des Arbeitgebers zu den Fahrtaufwendungen (→ Rz. C 161 *Fahrtkostenzuschüsse, Fahrtkosten* und → Rz. C 225).
Abgegolten sind durch die Entfernungspauschale z. B. Parkgebühren für das Abstellen des Kraftfahrzeugs während der Arbeitszeit, Finanzierungskosten, Beiträge zu Kraftfahrerverbänden, Versicherungsbeiträge für einen Insassenunfallschutz, Aufwendungen infolge Diebstahls, die Kosten eines Austauschmotors anlässlich eines Motorschadens auf einer Fahrt zwischen Wohnung und regelmäßiger Arbeitsstätte sowie eine bei Leasingbeginn zu erbringende Sonderzahlung. **Unfallkosten** können als außergewöhnliche Aufwendungen neben der Entfernungspauschale berücksichtigt werden (→ *Unfallkosten*).
Die Entfernungspauschale gilt nicht für **Flugstrecken** und Strecken mit steuerfreier **Sammelbeförderung** (→ Rz. C 161 *Sammelbeförderung*); in diesen Fällen sind die tatsächlichen Aufwendungen des Arbeitnehmers (z. B. Aufwendungen für das Flug-Ticket, Zuzahlungsbetrag an den Arbeitgeber) anzusetzen.
Eine **Fährverbindung** ist, soweit sie zumutbar erscheint und wirtschaftlich sinnvoll ist, mit in die Entfernungsberechnung einzubeziehen. Die Fahrtstrecke der Fähre selbst ist dann jedoch nicht Teil der maßgebenden Entfernung. An ihrer Stelle können die **tatsächlichen Fährkosten** berücksichtigt werden. Gebühren für die Benutzung eines **Straßentunnels** oder einer **mautpflichtigen Straße** dürfen dagegen nicht neben der Entfernungspauschale berücksichtigt werden, weil sie nicht für die Benutzung eines Verkehrsmittels (siehe unten) entstehen.
Für die Bestimmung der Entfernung ist die **kürzeste Straßenverbindung** zwischen Wohnung und regelmäßiger Arbeitsstätte maßgebend; eine andere als die kürzeste Straßenverbindung kann zu Grunde gelegt werden, wenn diese offensichtlich verkehrsgünstiger ist und vom Arbeitnehmer regelmäßig für die Wege zwischen Wohnung und regelmäßiger Arbeitsstätte benutzt wird.
Unter den **Rabattfreibetrag** (→ Rz. C 161 *Preisnachlässe, Personalrabatte*) fallende steuerfreie Sachbezüge für Fahrten zwischen Wohnung und regelmäßiger Arbeitsstätte mindern den abziehbaren Betrag (z. B. wenn ein Mietwagenunternehmer seinen Arbeitnehmern einen Mietwagen für die Fahrten zwischen Wohnung und regelmäßiger Arbeitsstätte überlässt). Ist der Arbeitgeber selbst der Verkehrsträger, ist dafür der Preis anzusetzen, den ein dritter Arbeitgeber an den Verkehrsträger zu entrichten hat. Auch unter die **44 €-Freigrenze** (→ Rz. C 161 *Preisnachlässe, Personalrabatte*) fallende Sachbezüge für die Wege zwischen Wohnung und regelmäßiger Arbeitsstätte mindern die Entfernungspauschale.
Hat ein Arbeitnehmer **mehrere Wohnungen**, sind die Wege von einer Wohnung, die nicht der regelmäßigen Arbeitsstätte am nächsten liegt, nur zu berücksichtigen, wenn sie den Mittelpunkt der Lebensinteressen des Arbeitnehmers bildet und nicht nur gelegentlich aufgesucht wird.
Auch bei Benutzung **öffentlicher Verkehrsmittel** wird die Entfernungspauschale angesetzt. Übersteigen die Aufwendungen für die Benutzung öffentlicher Verkehrsmittel die anzusetzende Entfernungspauschale, können diese übersteigenden Aufwendungen zusätzlich angesetzt werden.
Behinderte Menschen,
1. deren Grad der Behinderung mindestens 70 beträgt,
2. deren Grad der Behinderung weniger als 70, aber mindestens 50 beträgt und die in ihrer Bewegungsfähigkeit im Straßenverkehr erheblich beeinträchtigt sind,

können an Stelle der Entfernungspauschale die **tatsächlichen Aufwendungen** für die Wege zwischen Wohnung und regelmäßiger Arbeitsstätte ansetzen. Die Voraussetzungen der Nummern 1 und 2 sind vom Arbeitnehmer durch amtliche Unterlagen nachzuweisen. Bei Benutzung eines privaten Fahrzeugs können die Fahrtkosten ohne Einzelnachweis mit den pauschalen Kilometersätzen angesetzt werden. Bei Benutzung eines eigenen oder zur Nutzung überlassenen Kraftwagens kann danach ohne Einzelnachweis der Kilometersatz von **0,30 € je gefahrenen Kilometer** angesetzt werden. → **Unfallkosten**, die auf einer Fahrt zwischen Wohnung und regelmäßiger Arbeitsstätte entstanden sind, können neben dem pauschalen Kilometersatz berücksichtigt werden.
Werden die Wege zwischen Wohnung und regelmäßiger Arbeitsstätte mit verschiedenen Verkehrsmitteln zurückgelegt, kann das Wahlrecht – Entfernungspauschale oder tatsächliche Kosten – für beide zurückgelegten **Teilstrecken** nur einheitlich ausgeübt werden.
Zu den Familienheimfahrten im Rahmen einer **doppelten Haushaltsführung** → *Doppelte Haushaltsführung*.
Zu **weiteren Einzelheiten** siehe BMF-Schreiben v. 31. 8. 2009 – VI C 5 – S 2351/09/10002 – (BStBl I 2009 S. 891).

Austauschmotor → *Aufwendungen für die Wege zwischen Wohnung und Arbeitsstätte*, → *Reisekosten*

Auswärtstätigkeit
Eine Auswärtstätigkeit liegt vor, wenn der Arbeitnehmer vorübergehend **außerhalb** seiner **Wohnung** und an **keiner** seiner → *Regelmäßigen Arbeitsstätten* beruflich tätig wird. Eine Auswärtstätigkeit liegt ebenfalls vor, wenn der Arbeitnehmer bei seiner individuellen beruflichen Tätigkeit typischerweise
– nur an **ständig wechselnden Tätigkeitsstätten** (→ *Ständig wechselnde Tätigkeitsstätten*) oder
– **auf einem Fahrzeug** tätig wird (→ *Tätigkeiten auf einem Fahrzeug*).

Eine weitere Differenzierung nach Art der Auswärtstätigkeit (Dienstreise, Fahrtätigkeit, Einsatzwechseltätigkeit) wird nicht vorgenommen.
Bei einer so gut wie ausschließlich beruflich veranlassten Auswärtstätigkeit können folgende → *Reisekosten* als Werbungskosten geltend gemacht werden:
– Fahrtkosten,
– Verpflegungsmehraufwendungen,
– Übernachtungskosten und
– Reisenebenkosten.

Eine beruflich veranlasste Auswärtstätigkeit ist auch der **Vorstellungsbesuch** eines Stellenbewerbers. Erledigt der Arbeitnehmer im Zusammenhang mit der beruflich veranlassten Auswärtstätigkeit auch in einem mehr als geringfügigen Umfang **private Angelegenheiten**, sind die beruflich veranlassten von den privat veranlassten Aufwendungen zu trennen. Ist das nicht – auch nicht durch Schätzung – möglich, gehören die gesamten Aufwendungen zu den nicht abziehbaren Aufwendungen für die Lebensführung. Aufwendungen, die nicht so gut wie ausschließlich durch die beruflich veranlasste Auswärtstätigkeit entstanden sind (z. B. Bekleidungskosten oder Aufwendungen für die Anschaffung von Koffern und anderen Reiseausrüstungen), sind **keine Reisekosten**. Die **berufliche Veranlassung** der Auswärtstätigkeit, die **Reisedauer** und den **Reiseweg** hat der Arbeitnehmer aufzuzeichnen und anhand geeigneter Unterlagen, z. B. Fahrtenbuch, Tankquittungen, Hotelrechnungen, Schriftverkehr, nachzuweisen oder glaubhaft zu machen.

Eine Auswärtstätigkeit ist **vorübergehend**, wenn der Arbeitnehmer voraussichtlich an die → Regelmäßige Arbeitsstätte zurückkehren und dort seine berufliche Tätigkeit fortsetzen wird. Eine Auswärtstätigkeit ist **nicht vorübergehend**, wenn nach dem Gesamtbild der Verhältnisse anzunehmen ist, dass die auswärtige Tätigkeitsstätte vom ersten Tag an regelmäßige Arbeitsstätte geworden ist, z. B. bei einer Versetzung. Eine **längerfristige vorübergehende Auswärtstätigkeit** ist noch als dieselbe zu beurteilen, wenn der Arbeitnehmer nach einer Unterbrechung die Auswärtstätigkeit mit gleichem Inhalt, am gleichen Ort und im zeitlichen Zusammenhang mit der bisherigen Tätigkeit ausübt. Bei Reisen auf einem seegehenden **Schiff** findet die nämliche Auswärtstätigkeit regelmäßig ihr Ende, sobald das Schiff in den Heimathafen zurückkehrt.

Berufsausbildung

Aufwendungen für den **erstmaligen Erwerb von Kenntnissen**, die zur Aufnahme eines Berufs befähigen, beziehungsweise für ein **erstes Studium** sind Kosten der Lebensführung und nur als **Sonderausgaben** (→ Rz. B 91 *Berufsausbildung*) abziehbar.

Werbungskosten liegen dagegen vor, wenn die **erstmalige Berufsausbildung** oder das **Erststudium** Gegenstand eines **Dienstverhältnisses** (Ausbildungsdienstverhältnis, z. B. Ausbildung eines Lehrlings) ist. Ist einer Berufsausbildung oder einem Studium eine abgeschlossene erstmalige Berufsausbildung oder ein abgeschlossenes Erststudium vorausgegangen (**weitere Berufsausbildung** oder **weiteres Studium**), handelt es sich bei den durch die weitere Berufsausbildung oder das weitere Studium veranlassten Aufwendungen um Werbungskosten, wenn ein hinreichend konkreter, objektiv feststellbarer Zusammenhang mit späteren im Inland steuerpflichtigen Einnahmen aus der angestrebten beruflichen Tätigkeit besteht. Entsprechendes gilt für ein Erststudium nach einer abgeschlossenen nichtakademischen Berufsausbildung.

Zur Berücksichtigung der **Aufwendungen** im Zusammenhang mit einer auswärtigen Ausbildungsstätte finden die Erläuterungen zu den → *Reisekosten,* den → *Aufwendungen für die Wege zwischen Wohnung und Arbeitsstätte* und der → *Doppelten Haushaltsführung* sinngemäß Anwendung. Danach sind die **Grundsätze für Auswärtstätigkeiten** (→ *Auswärtstätigkeit*) maßgebend, wenn der Arbeitnehmer im Rahmen seines Ausbildungsdienstverhältnisses vorübergehend eine außerhalb seiner regelmäßigen Arbeitsstätte (→ *Regelmäßige Arbeitsstätte*) im Betrieb des Arbeitgebers gelegene Ausbildungsstätte aufsucht. Das gilt auch dann, wenn die Ausbildung in der Freizeit, z. B. am Wochenende stattfindet. Eine Bildungseinrichtung ist jedoch als regelmäßige Arbeitsstätte anzusehen, wenn diese über einen längeren Zeitraum hinweg zum Zwecke eines Vollzeitunterrichts aufgesucht wird. Liegen weder im Betrieb des Arbeitgebers noch in der Wohnung des Arbeitnehmers die Voraussetzungen für die Annahme einer regelmäßigen Arbeitsstätte vor, ist der jeweilige Ausbildungsort vom ersten Tag an regelmäßige Arbeitsstätte; für die Ermittlung der Aufwendungen gelten die Erläuterungen zu den → *Aufwendungen für die Wege zwischen Wohnung und Arbeitsstätte* und der → *Doppelter Haushaltsführung*. Aufwendungen für das **Erlernen der deutschen Sprache** werden nicht berücksichtigt, und zwar auch dann nicht, wenn ausreichende Deutschkenntnisse für einen angestrebten Ausbildungsplatz förderlich sind.

Siehe auch → *Berufsfortbildung,* → *Umschulung,* → Rz. B 91 *Berufsausbildung* zum Sonderausgabenabzug und BMF-Schreiben vom 22.9.2010 – IV C 4 – S 2227/07/10002:002 –, BStBl I 2010 S. 721.

Berufsfortbildung

Die Aufwendungen für die **Fortbildung** in einem bereits erlernten Beruf sind als **Werbungskosten** abziehbar. Das gilt auch für die Aufwendungen für ein **weiteres Studium**, wenn dieses in einem hinreichend konkreten objektiv feststellbaren Zusammenhang mit späteren steuerpflichtigen Einnahmen aus der angestrebten beruflichen Tätigkeit steht. Aufwendungen während des **Erziehungsurlaubs**/der **Elternzeit** können vorab entstandene Werbungskosten im Rahmen der Berufsfortbildung sein; jedoch ist der berufliche Verwendungsbezug darzulegen, wenn er sich nicht bereits aus den Umständen von Umschulungs- und Qualifizierungsmaßnahmen ergibt. Aufwendungen für den Erwerb eines **Privatflugzeugführerscheins** führen regelmäßig nicht zu Werbungskosten; dies gilt jedoch nicht, wenn Aufwendungen für den Erwerb eines Verkehrsflugzeugführerscheins im Rahmen einer Fachausbildung anfallen und die Fachausbildung auch den Erwerb eines Privatflugzeugführerscheins einschließt. Aufwendungen von Lehrern für **Snowboardkurse** können als Werbungskosten bei den Einkünften aus nichtselbständiger Arbeit abziehbar sein, wenn ein konkreter Zusammenhang mit der Berufstätigkeit besteht; dies ist im Rahmen einer Gesamtwürdigung aller Umstände des Einzelfalls zu bestimmen. Aufwendungen von Führungskräften für Seminare zur Persönlichkeitsentfaltung können Berufsfortbildungskosten sein.

Zur Berücksichtigung der Aufwendungen im Zusammenhang mit einer **auswärtigen Fortbildungsstätte** finden die Erläuterungen zu den → *Reisekosten,* den → *Aufwendungen für die Wege zwischen Wohnung und Arbeitsstätte* und der → *Doppelten Haushaltsführung* sinngemäß Anwendung. Danach sind die **Grundsätze für Auswärtstätigkeiten** (→ *Auswärtstätigkeit*) maßgebend, wenn ein Arbeitnehmer als Ausfluss eines Dienstverhältnisses zu Fortbildungszwecken vorübergehend eine außerhalb seiner regelmäßigen Arbeitsstätte (→ *Regelmäßige Arbeitsstätte*) im Betrieb des Arbeitgebers gelegene Fortbildungsstätte aufsucht. Das gilt auch dann, wenn die Fortbildung in der Freizeit, z. B. am Wochenende stattfindet. Eine Fortbildungsstätte ist jedoch als regelmäßige Arbeitsstätte anzusehen, wenn diese über einen längeren Zeitraum hinweg zum Zwecke eines Vollzeitunterrichts aufgesucht wird. Jedoch wird eine Bildungseinrichtung im Allgemeinen nicht zu einer weiteren regelmäßigen Arbeitsstätte, wenn ein vollbeschäftigter Arbeitnehmer eine längerfristige, jedoch vorübergehende berufliche Bildungsmaßnahme durchführt. Liegen weder im Betrieb des Arbeitgebers noch in der Wohnung des Arbeitnehmers die Voraussetzungen für die Annahme einer regelmäßigen Arbeits- oder Fortbildungsstätte vor, ist der jeweilige Ausbildungsort vom ersten Tag an

regelmäßige Arbeitsstätte; für die Ermittlung der Aufwendungen gelten die Erläuterungen zu den → *Aufwendungen für die Wege zwischen Wohnung und Arbeitsstätte* und der → *Doppelten Haushaltsführung*.
Siehe auch → *Berufsausbildung*, → *Umschulung* und → Rz. B 91 *Berufsausbildung* zum Sonderausgabenabzug

Berufskleidung
Aufwendungen für typische Berufskleidung sind Werbungskosten. Dazu gehören Kleidungsstücke, die
- als **Arbeitsschutzkleidung** auf die jeweils ausgeübte Berufstätigkeit zugeschnitten sind oder
- nach ihrer z. B. uniformartigen Beschaffenheit oder dauerhaft angebrachten Kennzeichnung durch ein Firmenemblem objektiv eine **berufliche Funktion** erfüllen,

wenn ihre private Nutzung so gut wie ausgeschlossen ist. Normale Schuhe und Unterwäsche sind z. B. keine typische Berufskleidung. Zu den Aufwendungen für typische Berufskleidung zählen auch die Reinigungskosten in privaten Waschmaschinen.

Berufsverbände
Beiträge an Berufsverbände sind als Werbungskosten abzugsfähig. Dazu gehören Beiträge zu berufsständischen Verbänden, wenn der Zweck nicht auf einen wirtschaftlichen Geschäftsbetrieb gerichtet ist (z. B. Gewerkschaftsbeiträge). Darüber hinaus sind als Werbungskosten auch die Aufwendungen anzusetzen, die einem Arbeitnehmer aus einer ehrenamtlichen Tätigkeit für den Berufsverband entstehen (z. B. Reisekosten bei Teilnahme an gewerkschaftlichen Sitzungen und Tagungen); der Schwerpunkt der Reise darf aber nicht allgemeintouristischen Zwecken dienen.

Bewerbungskosten
Bewerbungskosten sind als Werbungskosten abzugsfähig. Zu den Bewerbungskosten gehören insbesondere Kosten für Inserate, Telefon, Porto, Fotokopien, Präsentationsmappen, Briefpapier und Reisen anlässlich einer Vorstellung (→ *Reisekosten*). Ob die Bewerbung letztlich Erfolg hat, ist für den Werbungskostenabzug unerheblich. Erstattungen – insbesondere der Reisekosten – sind gegenzurechnen.

Bewirtungskosten
Bewirtungskosten anlässlich persönlicher Ereignisse sind grundsätzlich nicht als Werbungskosten abziehbar. Bewirtungskosten können jedoch auch Werbungskosten sein. Für einen Werbungskostenabzug sind zu den Umständen der Bewirtung (wie Anlass der Feier, Ort der Veranstaltung, Teilnehmer, sonstige Begleitumstände) schriftliche Angaben zu machen; hat die Bewirtung in einer Gaststätte stattgefunden, so genügen Angaben zu Anlass und Teilnehmern der Bewirtung; die Rechnung über die Bewirtung ist beizufügen. Der Werbungskostenabzug ist auf **70 %** der Bewirtungskosten beschränkt. Bewirtet jedoch ein leitender Arbeitnehmer mit variablen Bezügen seine Arbeitskollegen, insbesondere ihm unterstellte Mitarbeiter, so unterliegen die Bewirtungsaufwendungen nicht dieser Abzugsbeschränkung. Die Nachweisanforderungen und die Abzugsbeschränkung sind im Übrigen nur zu beachten bzw. zu berücksichtigen, wenn der Arbeitnehmer selbst als bewirtende Person auftritt; ein Arbeitnehmer, der aus beruflichem Anlass Kosten für eine Bewirtung im Namen seines Arbeitgebers übernimmt, kann diese Kosten ungekürzt und ohne Verpflichtung zur Benennung der Gäste als Werbungskosten abziehen.

Bürgerliche Kleidung
Aufwendungen für bürgerliche Kleidung sind auch bei außergewöhnlich hohen Aufwendungen nicht als Werbungskosten abziehbar.

Computer
Aufwendungen für einen privat angeschafften und beruflich genutzten Computer (z. B. → *Abschreibung*, Verbrauchsmaterial wie Druckerpatronen, Papier, Disketten, CD-Rohlinge) und für den Internetzugang (z. B. Verbindungsentgelte [→ *Telekommunikationsaufwendungen*]) können als Werbungskosten abgezogen werden.
Die **Peripheriegeräte** einer PC-Anlage (Monitor, Drucker, Scanner etc.) sind in der Regel nicht selbständig nutzungsfähig und damit **keine geringwertigen Wirtschaftsgüter**; die Anschaffungskosten können daher nicht im Jahr der Anschaffung in voller Höhe geltend gemacht werden, auch wenn die Aufwendungen für das einzelne Gerät 410 € nicht übersteigen (→ *Arbeitsmittel*).
Die Kosten eines privat angeschafften und sowohl **beruflich** als auch **privat** genutzten Computers sind im Hinblick auf den **Anteil** der beruflichen Nutzung als **Werbungskosten** absetzbar und fallen insoweit **nicht** unter das **Aufteilungs- und Abzugsverbot** des § 12 Nr. 1 Satz 2 EStG, denn es gibt **keine generelle Vermutung** dafür, dass ein privat angeschaffter und in der privaten Wohnung aufgestellter Computer weit überwiegend privat genutzt wird. Kann der Arbeitnehmer gegenüber dem Finanzamt eine nicht unwesentliche berufliche Nutzung des Gerätes **nachweisen** oder zumindest **glaubhaft** machen, sind die Aufwendungen **anteilig** zu berücksichtigen. Bei einer **privaten Mitbenutzung** von **nicht mehr als etwa 10 %** können die **gesamten Aufwendungen** steuerlich geltend gemacht werden. Gegebenenfalls muss der berücksichtigungsfähige Umfang der beruflichen Nutzung auch geschätzt werden. Dabei kann unter bestimmten Voraussetzungen von einer **hälftigen privaten bzw. beruflichen Nutzung** ausgegangen werden.

Darlehensverlust
Nach Hingabe eines Darlehens durch einen Arbeitnehmer an den Arbeitgeber ist als Werbungskosten der Verlust der Darlehensforderung zu berücksichtigen, wenn der Arbeitnehmer das Risiko des Darlehensverlustes aus **beruflichen Gründen** bewusst auf sich genommen hat. Indiz für die Annahme beruflicher Gründe ist, dass ein Außenstehender – insbesondere eine Bank – mit Rücksicht auf die Gefährdung der Darlehensforderung das Darlehen nicht gewährt hätte. Ob im konkreten Einzelfall berufliche Gründe vorliegen, ist vielmehr durch Abwägung aller Umstände zu entscheiden. Der Annahme einer beruflichen Veranlassung steht nicht entgegen, dass im Rahmen der Darlehensgewährung eine normale Zinshöhe vereinbart war (→ *Zinsen*).

Dienstreise
Seit 2008 wird statt des Begriffs „Dienstreise" der umfassende Begriff → *„Auswärtstätigkeit"* verwendet.

Doppelte Haushaltsführung
Eine doppelte Haushaltsführung im steuerlichen Sinne führt nur, wer
- außerhalb des Ortes beschäftigt ist, in dem er einen eigenen Hausstand unterhält, und
- am Beschäftigungsort übernachtet; die Anzahl der Übernachtungen ist dabei unerheblich.

Da eine doppelte Haushaltsführung den Bezug einer Zweitwohnung am Ort einer → *regelmäßigen Arbeitsstätte* voraussetzt, richtet sich der Abzug der Aufwendungen eines Arbeitnehmers mit → *ständig wechselnden Tätigkeitsstätten* nach Reisekostengrundsätzen (→ *Reisekosten*).

Aufwendungen eines Arbeitnehmers für eine Zweitwohnung an einem auswärtigen Beschäftigungsort sind aber auch dann wegen doppelter Haushaltsführung als Werbungskosten abziehbar, wenn der Arbeitnehmer **zugleich am Ort seines Hausstands beschäftigt** ist.

Wird die doppelte Haushaltsführung aus beruflichem Anlass begründet, können die hierdurch entstehenden **notwendigen Mehraufwendungen** als Werbungskosten abgesetzt werden. Der berufliche **Veranlassungszusammenhang** einer doppelten Haushaltsführung wird jedoch nicht allein dadurch beendet, dass ein Arbeitnehmer seinen **Familienhausstand** innerhalb desselben Ortes **verlegt**. Eine aus beruflichem Anlass begründete doppelte Haushaltsführung kann auch dann vorliegen, wenn ein Steuerpflichtiger seinen **Haupthausstand aus privaten Gründen** vom Beschäftigungsort **wegverlegt** und er darauf in einer Wohnung am Beschäftigungsort einen Zweithaushalt begründet, um von dort seiner bisherigen Beschäftigung weiter nachgehen zu können. In den Fällen, in denen bereits zum Zeitpunkt der Wegverlegung des Lebensmittelpunkts vom Beschäftigungsort ein **Rückumzug** an den Beschäftigungsort geplant ist oder feststeht, handelt es sich hingegen nicht um eine doppelte Haushaltsführung.

Ein **eigener Hausstand** setzt eine eingerichtete Wohnung voraus, die der Arbeitnehmer aus eigenem Recht (z. B. als Eigentümer oder Mieter) nutzt. In dieser Wohnung muss der Arbeitnehmer einen Haushalt unterhalten, d. h., er muss die Haushaltsführung bestimmen oder wesentlich mitbestimmen. Die Wohnung muss außerdem der auf Dauer angelegte **Mittelpunkt des Lebensinteresses** des Arbeitnehmers sein. Unterhält ein **Alleinstehender**, der am Beschäftigungsort wohnt, an einem anderen Ort einen eigenen Hausstand, besteht mit zunehmender Dauer besonderer Anlass zu prüfen, wo sich sein **Lebensmittelpunkt** befindet. Im Rahmen einer Gesamtwürdigung aller Umstände ist zu klären, ob ein allein stehender Arbeitnehmer einen eigenen Hausstand unterhält oder in einem fremden Haushalt eingegliedert ist. Ob der Arbeitnehmer für die Kosten des Haushalts aufkommt, ist hier zwar ein besonders gewichtiges Indiz, aber keine zwingende Voraussetzung für die Anerkennung einer doppelten Haushaltsführung. Ein eigener Hausstand liegt nicht bei Arbeitnehmern vor, die – wenn auch gegen Kostenbeteiligung – in den Haushalt der Eltern eingegliedert sind oder in der Wohnung der Eltern lediglich ein Zimmer bewohnen. Für das Vorliegen einer doppelten Haushaltsführung kommt es nicht darauf an, ob die dem Arbeitnehmer am Ort des Lebensmittelpunkts zur ausschließlichen Nutzung zur Verfügung stehenden Räumlichkeiten den bewertungsrechtlichen Anforderungen an eine Wohnung gerecht werden.

Eine doppelte Haushaltsführung wird auch dann anerkannt, wenn Personen, die an verschiedenen Orten wohnen und dort arbeiten, nach der **Eheschließung** eine der beide Wohnungen zur Familienwohnung machen; dies gilt jedoch nicht in jedem Fall bei einer **nicht ehelichen Lebensgemeinschaft**. Die Gründung eines doppelten Haushalts kann z. B. bei nicht verheirateten Personen beruflich veranlasst sein, wenn sie vor der Geburt eines gemeinsamen Kindes an verschiedenen Orten berufstätig sind, dort wohnen und im zeitlichen Zusammenhang mit der Geburt des Kindes eine der beiden Wohnungen zur Familienwohnung machen. Bei **beiderseits berufstätigen Ehegatten** ist die Verlegung des Familienwohnsitzes an den Beschäftigungsort des anderen Ehegatten unter Beibehaltung der ursprünglichen Familienwohnung als Erwerbswohnung für das Vorliegen einer doppelten Haushaltsführung unerheblich.

Arbeitnehmer **ohne** eigenen Hausstand außerhalb des Beschäftigungsortes können die Voraussetzungen für eine **doppelte Haushaltsführung nicht** erfüllen. Gleichwohl können die **Heimfahrten** an den bisherigen Wohnort als Fahrten zwischen Wohnung und Arbeitsstätte mit der Entfernungspauschale (siehe unten und → *Aufwendungen für die Wege zwischen Wohnung und Arbeitsstätte*) geltend gemacht werden, wenn sich der Lebensmittelpunkt weiterhin am bisherigen Wohnort befindet.

Mehraufwendungen wegen einer aus beruflichem Anlass begründeten doppelten Haushaltsführung sind mit Ausnahme der Verpflegungsmehraufwendungen (s. unten) **zeitlich unbegrenzt** abzugsfähig.

Die folgenden Aufwendungen sind bei einer doppelten Haushaltsführung abziehbar:

- Die tatsächlichen Kosten für die **erste Fahrt zum neuen Beschäftigungsort** und für die **letzte Fahrt vom Beschäftigungsort** zurück zum Ort des Hausstands.

  Wird ein eigener Kraftwagen benutzt, können die Aufwendungen ohne Einzelnachweis durch die Anwendung des Kilometersatzes von 0,30 €/Kilometer, der auch bei Auswärtstätigkeiten anerkannt wird (→ *Reisekosten*), ermittelt werden.

- Die Kosten für eine **Familienheimfahrt** pro Woche.

  Es wird zur Abgeltung der Aufwendungen für eine Familienheimfahrt eine **Entfernungspauschale** (→ *Aufwendungen für die Wege zwischen Wohnung und Arbeitsstätte*) von **0,30 €** für jeden vollen Kilometer der Entfernung zwischen dem Ort des eigenen Hausstands und dem Beschäftigungsort angesetzt. Die Entfernungspauschale gilt aber nicht für **Flugstrecken** und Strecken mit **steuerfreier Sammelbeförderung** (→ Rz. C 161 *Sammelbeförderung*); hierfür sind die tatsächlichen Aufwendungen anzusetzen. Die Begrenzung der Entfernungspauschale auf 4 500 € gilt nicht für Familienheimfahrten. Aufwendungen für Heimfahrten mit einem vom Arbeitgeber überlassenen Dienstwagen sind nicht abziehbar.

  Soweit die Aufwendungen für die Benutzung **öffentlicher Verkehrsmittel** den als Entfernungspauschale abziehbaren Betrag übersteigen, können diese angesetzt werden.

  Wegen des Abzugs der tatsächlichen Aufwendungen bei **behinderten Menschen** → *Aufwendungen für die Wege zwischen Wohnung und Arbeitsstätte*.

- Die Aufwendungen für die Unterbringung am Beschäftigungsort (**Unterkunftskosten**, z. B. Miete für die Wohnung, das möblierte Zimmer, Hotelkosten), und zwar in nachgewiesener Höhe, soweit sie notwendig und angemessen sind. Unterkunftskosten am Beschäftigungsort sind nicht überhöht, wenn sie den **Durchschnittsmietzins** einer **60-qm-Wohnung** am Beschäftigungsort nicht überschreiten. Unterkunftskosten sind jedoch nur unter der Voraussetzung abziehbar, dass die Unterkunft nicht vom Arbeitgeber gestellt wird. Ein **häusliches Arbeitszimmer** in der Zweitwohnung am Beschäftigungsort ist bei der Ermittlung der abziehbaren Unterkunftskosten nicht zu berücksichtigen; der Abzug der hierauf entfallenden Aufwendungen richtet sich nach den Regelungen für → *Arbeitszimmer*. Ist in dem Zahlungsbeleg für die Aufwendungen (insbesondere Hotelrechnung) nur ein Gesamtpreis für Unterkunft und Frühstück ausgewiesen, ist der Gesamtpreis zur Ermittlung der Unterkunftskosten bei einer Übernachtung im **Inland** um **20 %** des Pauschbetrags für Verpflegungsmehraufwendungen bei einer Auswärtstätigkeit mit einer Abwesenheitsdauer von mindestens 24 Stunden zu kürzen, d.h. im Inland von 24 €.

Anfallende **Umzugskosten** anlässlich der Begründung, Beendigung oder des Wechsels einer doppelten Haushaltsführung gehören grds. zu den abziehbaren Kosten der Unterkunft. Die Pauschalen nach dem Bundesumzugskostengesetz (→ *Umzugskosten*) gelten nicht für einen Umzug im Rahmen der doppelten Haushaltsführung. Kosten des Rückumzugs sind ebenfalls abziehbar.

Für einen Zeitraum von **drei Monaten** nach Bezug der Wohnung am neuen Beschäftigungsort werden **Verpflegungsmehraufwendungen** anerkannt und zwar für jeden Kalendertag der Abwesenheit von der Wohnung am Lebensmittelpunkt mit den für Auswärtstätigkeit geltenden Pauschalen (→ *Reisekosten*). Liegt der Beschäftigungsort im Inland, können demnach bis zu 24 € je Kalendertag abgezogen werden. Ist der Tätigkeit am Beschäftigungsort eine Auswärtstätigkeit an diesen Ort unmittelbar vorausgegangen, ist deren Dauer auf die Drei-Monats-Frist anzurechnen. Zu den Verpflegungsmehraufwendungen bei einer doppelten Haushaltsführung im Ausland siehe BMF-Schreiben vom 17. 12. 2009 – IV C 5 – S 2353/08/10006 – (BStBl I 2009 S. 1601).

Ehrenamtliche Tätigkeit → *Berufsverbände*

Einsatzwechseltätigkeit
Seit 2008 wird statt des Begriffs „Einsatzwechseltätigkeit" der umfassende Begriff → *„Auswärtstätigkeit"* verwendet.
→ *Ständig wechselnde Tätigkeitsstätten*

Entfernungspauschale → *Aufwendungen für die Wege zwischen Wohnung und Arbeitsstätte*, → *Doppelte Haushaltsführung*

Fachliteratur
Bücher und Zeitschriften stellen als Arbeitsmittel Werbungskosten dar, wenn sichergestellt ist, dass die erworbenen Bücher und Zeitschriften ausschließlich oder ganz überwiegend beruflichen Zwecken dienen (z. B. Steuergesetzbuch für einen Steuerfachangestellten).

Fahrgemeinschaft → *Aufwendungen für die Wege zwischen Wohnung und Arbeitsstätte*

Fahrtätigkeit
Seit 2008 wird statt des Begriffs „Fahrtätigkeit" der umfassende Begriff → *„Auswärtstätigkeit"* verwendet.
→ *Tätigkeiten auf einem Fahrzeug*

Fahrtkosten → *Reisekosten*

Fernsprechgebühren → *Telekommunikationsaufwendungen*

Fortbildung → *Berufsfortbildung*

Geldbußen und -auflagen
Geldbußen sind nicht als Werbungskosten abziehbar. Dies gilt auch für Geldauflagen, soweit die Auflagen nicht der Wiedergutmachung des durch die Tat verursachten Schadens dienen.

Geschenke
Geschenke eines Arbeitnehmers anlässlich persönlicher Feiern sind nicht als Werbungskosten abziehbar.

Heimarbeit → *Arbeitszimmer* und → *Telearbeit*

Kinderbetreuungskosten
Ein Arbeitnehmer kann Kinderbetreuungskosten (Kindergarten, Tagesmutter etc.), die wegen seiner Erwerbstätigkeit anfallen **(erwerbsbedingte Kinderbetreuungskosten), wie Werbungskosten** abziehen. Im Einzelnen gilt Folgendes:
Bei Kindern, die
a) das **14. Lebensjahr noch nicht vollendet** haben oder
b) wegen einer vor Vollendung des 25. Lebensjahres eingetretenen körperlichen, geistigen oder seelischen **Behinderung** außer Stande sind, sich selbst zu unterhalten,

können die Kinderbetreuungskosten in Höhe von **zwei Dritteln** der Aufwendungen, **höchstens 4 000 €** je Kind, wie Werbungskosten **neben dem Arbeitnehmer-Pauschbetrag** von 920 € abgezogen werden.

Zur Übergangsregelung wegen der Absenkung der Altersgrenze behinderter Kinder ab 2007 siehe § 52 Abs. 23f EStG.

Im Falle des **Zusammenlebens der Elternteile** gilt dies jedoch nur dann, wenn **beide Elternteile erwerbstätig** sind. Zum Abzug ist der Elternteil berechtigt, der die Aufwendungen getragen hat. Haben beide Elternteile erwerbsbedingte Kinderbetreuungskosten getragen, so können gleichwohl je Kind nur maximal 4 000 € wie Werbungskosten geltend gemacht werden. Sofern die Eltern nicht eine andere Aufteilung wählen, ist der Betrag **je zur Hälfte** bei der Einkünfteermittlung zu berücksichtigen.

Der Abzug ist **nicht möglich** für Aufwendungen für Unterricht (z. B. Schulgeld, Nachhilfe-, Fremdsprachenunterricht), die Vermittlung besonderer Fähigkeiten (z. B. Musikunterricht, Computerkurse) sowie für sportliche und andere Freizeitbetätigungen (z. B. Mitgliedschaft in Sportvereinen oder anderen Vereinen, Tennis-, Reitunterricht usw.). Bei **Kindern im Ausland** wird eine Kürzung nach den Verhältnissen im Wohnsitzstaat vorgenommen (siehe BMF-Schreiben vom 6. 11. 2009 – IV C 4 – S 2285/07/0005 –, BStBl I 2009 S. 1323). Der Werbungskostenabzug wird jedoch nur dann zugelassen, wenn der Arbeitnehmer für die Aufwendungen eine **Rechnung** erhalten hat und die **Zahlung auf das Konto** des Erbringers der Leistung erfolgt ist.

Zu **weiteren Einzelheiten** siehe BMF-Schreiben vom 19. 1. 2007 – IV C 4 – S 2221 – 2/07 – (BStBl I 2007 S. 184)[1].

Zu den **nicht erwerbsbedingten Kinderbetreuungskosten**, die unter bestimmten Voraussetzungen als Sonderausgaben abziehbar sind, → Rz. B 91 *Kinderbetreuungskosten*.

---
[1] Die Gesetzeszitate im BMF-Schreiben sind z. T. überholt.

Kontoführungsgebühren

Kontoführungsgebühren werden insoweit als Werbungskosten anerkannt, als sie durch Buchungen von Gutschriften für Einnahmen aus dem Dienstverhältnis und durch beruflich veranlasste Überweisungen entstanden sind. Die berufliche Veranlassung wird unterstellt, wenn der Arbeitnehmer für Kontoführungsgebühren nicht mehr als **16 €** jährlich als Werbungskosten geltend macht.

Kostenbeteiligung bei Kraftfahrzeuggestellung

Der **BFH** sieht **Zuzahlungen** zu den Anschaffungskosten eines dem Arbeitnehmer zur privaten Nutzung überlassenen betrieblichen Kraftfahrzeugs als **Werbungskosten** bei den Einkünften aus nichtselbständiger Arbeit an (Urteil v. 18. 10. 2007, VI R 59/06, BStBl II 2009 S. 200); es handelt es sich um Aufwand, der wie Anschaffungskosten eines **Nutzungsrechts** zu behandeln ist, so dass **AfA** für das Nutzungsrecht wie für ein materielles Wirtschaftsgut vorgenommen werden kann. Die Anschaffungskosten des Nutzungsrechts sind laut BFH über die voraussichtliche Gesamtdauer des Nutzungsrechts **linear abzuschreiben**. Die **Verwaltung** wendet das Urteil jedoch nicht an (**Nichtanwendungserlass** v. 6. 2. 2009 – IV C 5 – S 2334/08/10003 –, BStBl I 2009 S. 413). Die Verwaltung sieht in Höhe der selbst getragenen Zuzahlungen des Arbeitnehmers zu den Anschaffungskosten eines ihm auch zur privaten Nutzung überlassenen betrieblichen Kraftfahrzeugs **keine Werbungskosten**, sondern eine **Minderung des geldwerten Vorteils**. Nach der Anrechnung im Zahlungsjahr verbleibende Zuschüsse können in den darauf **folgenden Kalenderjahren** auf den privaten Nutzungswert für das jeweilige Kraftfahrzeug angerechnet werden (Nichtanwendungserlass des BMF v. 6. 2. 2009 – VI C 5 – S 2334/08/10003 – BStBl I 2009 S. 413 und R 8.1 Abs. 9 Nr. 4 LStR).

Des Weiteren hat der BFH entschieden (Urteil v. 18. 10. 2007, VI R 57/06, BStBl II 2009 S. 199), dass bei der Ermittlung des geldwerten Vorteils nach der Fahrtenbuchmethode in die Gesamtkosten eines dem Arbeitnehmer vom Arbeitgeber zur privaten Nutzung überlassenen Kraftfahrzugs auch **vom Arbeitnehmer selbst getragene Aufwendungen** eingehen; diese Aufwendungen sind **Werbungskosten**. Eine Berücksichtigung der selbst getragenen Aufwendungen als Werbungskosten kommt dagegen laut BFH bei der 1 %-Regelung nicht in Betracht. Auch dieses Urteil wendet die Verwaltung nicht an (**Nichtanwendungserlass** des BMF v. 6. 2. 2009, BStBl I 2009 S. 412 und R 8.1 Abs. 9 Nr. 4 Satz 8 LStR). Nach Auffassung der Verwaltung fließen vom Arbeitnehmer selbst getragene Aufwendungen **nicht** in die **Gesamtkosten** ein und erhöhen nicht den individuell zu ermittelnden geldwerten Vorteil. Bei der 1 %-Regelung mindern vom Arbeitnehmer selbst getragene Aufwendungen nicht den pauschal ermittelten geldwerten Vorteil; sie stellen auch kein Nutzungsentgelt dar.

Körperpflege und Kosmetika

Aufwendungen für Körperpflege und Kosmetika sind auch bei außergewöhnlich hohen Aufwendungen nicht als Werbungskosten abziehbar.

Nachträgliche Werbungskosten

Werbungskosten können auch im Hinblick auf ein früheres Dienstverhältnis entstehen.

Parkgebühren → *Aufwendungen für die Wege zwischen Wohnung und Arbeitsstätte*, → *Fahrtkosten*

Regelmäßige Arbeitsstätte

Der Begriff der „Regelmäßigen Arbeitsstätte" spielt eine Rolle bei
- den → *Aufwendungen für die Wege zwischen Wohnung und Arbeitsstätte,*
- den → *Auswärtstätigkeiten,* wozu auch die Tätigkeiten an → *Ständig wechselnden Tätigkeitsstätten* und die → *Tätigkeiten auf einem Fahrzeug* gehören,
- einer → *Doppelten Haushaltsführung.*

Eine regelmäßige Arbeitsstätte ist der **ortsgebundene Mittelpunkt** der **dauerhaft angelegten beruflichen Tätigkeit** des Arbeitnehmers, unabhängig davon, ob es sich um eine Einrichtung des Arbeitgebers handelt. Regelmäßige Arbeitsstätte ist insbesondere jede **ortsfeste** dauerhafte betriebliche Einrichtung des Arbeitgebers, der der Arbeitnehmer zugeordnet ist und die er mit einer gewissen **Nachhaltigkeit** immer wieder aufsucht. Nicht maßgebend sind Art, Umfang und Inhalt der Tätigkeit. Von einer regelmäßigen Arbeitsstätte ist auszugehen, wenn die betriebliche Einrichtung des Arbeitgebers vom Arbeitnehmer durchschnittlich im Kalenderjahr **an einem Arbeitstag je Arbeitswoche aufgesucht** wird oder auf Grund der **dienst-/arbeitsrechtlichen Vereinbarung** aufzusuchen ist. Bei einer vorübergehenden Auswärtstätigkeit (z. B. befristete Abordnung) an einer anderen betrieblichen Einrichtung des Arbeitgebers oder eines verbundenen Unternehmens wird diese nicht zur regelmäßigen Arbeitsstätte. **Betriebliche Einrichtungen von Kunden** des Arbeitgebers sind unabhängig von der Dauer der dortigen Tätigkeit keine regelmäßigen Arbeitsstätten seiner Arbeitnehmer, wenn die Arbeitnehmer im Rahmen des Dienstverhältnisses zu ihrem Arbeitgeber mit wechselnden Tätigkeitsstätten rechnen müssen.

Der Betrieb oder eine ortsfeste Betriebsstätte des Arbeitgebers stellt auch dann eine regelmäßige Arbeitsstätte dar, wenn der Arbeitnehmer diesen Ort stets nur aufsucht, um dort die **täglichen Aufträge entgegenzunehmen**, abzurechnen und **Bericht zu erstatten**, oder wenn er dort ein **Dienstfahrzeug übernimmt**, um damit anschließend von der Arbeitsstätte aus eine Auswärtstätigkeit anzutreten. Dabei ist es nicht von Belang, in welchem **zeitlichen Umfang** der Arbeitnehmer an dieser Arbeitsstätte beruflich tätig wird.

Ein Arbeitnehmer kann innerhalb desselben Dienstverhältnisses auch **mehrere** regelmäßige Arbeitsstätten nebeneinander haben. Der **Heimatflughafen** einer Flugbegleiterin ist regelmäßige Arbeitsstätte.

Als **regelmäßige Arbeitsstätte** kommen auch in Betracht:
- betriebliche Einrichtungen (z. B. Bus-/Straßenbahndepots oder Verkaufsstellen für Fahrkarten),
- außerbetriebliche Einrichtungen (z. B. wenn das Dienstverhältnis an einen anderen Arbeitgeber ausgelagert wird und der Arbeitnehmer weiterhin an seiner bisherigen regelmäßigen Arbeitsstätte tätig ist (Outsourcing) oder
- der Leiharbeitnehmer vom Verleiher für die gesamte Dauer seines Dienstverhältnisses dem Entleiher überlassen wird).

Keine regelmäßigen Arbeitsstätten sind öffentliche Haltestellen, Schiffanlegestellen ohne weitere Arbeitgebereinrichtungen.

Reisekosten

Reisekosten sind
- Fahrtkosten,
- Verpflegungsmehraufwendungen,

- Übernachtungskosten sowie
- Reisenebenkosten

anlässlich einer → *Auswärtstätigkeit*, wozu auch die Tätigkeiten an → *ständig wechselnden Tätigkeitsstätten* und die → *Tätigkeiten auf einem Fahrzeug* gehören.

Reisekosten können als Werbungskosten berücksichtigt werden, wenn diese durch eine so gut wie ausschließlich beruflich veranlasste → *Auswärtstätigkeit* des Arbeitnehmers außerhalb seiner Wohnung und an keiner seiner → *regelmäßigen Arbeitsstätte* veranlasst sind und soweit sie nicht vom Arbeitgeber ersetzt wurden.

Fahrtkosten

Fahrtkosten können ohne Einzelnachweis als Werbungskosten mit folgenden Kilometersätzen berücksichtigt werden:
- Kraftwagen   bis zu **0,30 €**,
- Motorrad/Motorroller   bis zu **0,13 €**,
- Moped/Mofa   bis zu **0,08 €**,
- Fahrrad   bis zu **0,05 €**.

Die Kilometersätze gelten für jeden gefahrenen Kilometer und nicht für die Entfernungskilometer. Mit diesen Sätzen sind alle Fahrtkosten, einschließlich der durch die Mitnahme von Gepäck verursachten Aufwendungen und einer bei einem Fahrzeugleasing ggf. bei Leasingbeginn zu erbringenden Sonderzahlung, abgegolten. Dagegen können z. B. Park- und Straßenbenutzungsgebühren, außergewöhnliche Kosten (nicht vorhersehbare Aufwendungen für Reparaturen, die nicht auf Verschleiß oder die auf Unfallschäden [→ *Unfallkosten*] beruhen, oder Aufwendungen infolge Diebstahls) sowie Aufwendungen für Insassen- und Unfallversicherungen neben den Kilometersätzen berücksichtigt werden. Für die Mitnahme jeder weiteren an der Auswärtstätigkeit teilnehmenden Person im eigenen Kraftwagen erhöht sich der Kilometersatz um **0,02 €** oder bei Mitnahme auf dem Motorrad/Motorroller um **0,01 €**. Die Kilometersätze sind nicht anzusetzen, soweit sie im Einzelfall zu einer offensichtlich unzutreffenden Besteuerung führen würden (z. B. bei einer Jahresfahrleistung von mehr als 40 000 km).

Statt der festen Kilometersätze kann auch auf Grund der für einen Zeitraum von zwölf Monaten ermittelten Gesamtkosten **errechnete Kilometersatz** angesetzt werden, und zwar so lange, bis sich die Verhältnisse wesentlich ändern. Dabei ist von einem Abschreibungssatz für den Pkw i. H. v. 12,5 %, d. h. von einer achtjährigen (Gesamt-)Nutzungsdauer, auszugehen.

Bei **öffentlichen Verkehrsmitteln** ist der entrichtete Fahrpreis einschließlich etwaiger Zuschläge absetzbar.

Verpflegungsmehraufwendungen

Verpflegungsmehraufwendungen werden als Werbungskosten einheitlich in Höhe der folgenden Pauschbeträge berücksichtigt:

Dauer der Abwesenheit am Kalendertag	für jeden Kalendertag
24 Stunden	24 €
weniger als 24 Stunden aber mindestens 14 Stunden	12 €
weniger als 14 Stunden aber mindestens acht Stunden	6 €

Bei einer → *Auswärtstätigkeit* zählt die **Abwesenheit** von der Wohnung oder der regelmäßigen Arbeitsstätte.

Bei Auswärtstätigkeiten **im Ausland** treten an die Stelle des Pauschbetrags für den vollen Kalendertag länderweise unterschiedliche Pauschbeträge (Auslandstagegelder), die vom BMF bekannt gemacht werden (siehe z. B. Schreiben v. 17. 12. 2009 – IV C 5 – S 2353/08/10006 – (BStBl I 2009 S. 1601) für Auswärtstätigkeiten ab 1. 1. 2010.

Zum Werbungskostenabzug von Verpflegungsmehraufwendungen bei der **Mahlzeitengestellung** im Zusammenhang mit einer Auswärtstätigkeit → auch BMF-Schreiben vom 13. 7. 2009 (BStBl I 2009 S. 771) und → H 8.1 (8) Auswärtstätigkeit LStH 2011.

Übernachtungskosten

Übernachtungskosten sind tatsächliche Aufwendungen, die dem Arbeitnehmer für die persönliche Inanspruchnahme einer Unterkunft zur Übernachtung entstehen. Sie müssen grundsätzlich im Einzelnachweis nachgewiesen werden; sie können jedoch geschätzt werden, wenn sie dem Grunde nach zweifelsfrei entstanden sind. Die Möglichkeit des Arbeitgebers, für jede Übernachtung im Inland ohne Einzelnachweis einen Pauschbetrag von 20 € steuerfrei zu zahlen, bedeutet nicht, dass auch pauschal 20 € als Werbungskosten abgesetzt werden können.

Aus der Rechnung für die Übernachtung sind die Kosten herauszurechnen, die nicht zu den Übernachtungskosten gehören. Wird durch Zahlungsbelege (z. B. Hotelrechnung) nur ein **Gesamtpreis für Unterkunft und Verpflegung** nachgewiesen und lässt sich der Preis für die Verpflegung nicht feststellen (z. B. Tagungspauschale), ist der Gesamtpreis zur Ermittlung der Übernachtungskosten wie folgt zu **kürzen**:
1. für Frühstück um 20 %,
2. für Mittag- und Abendessen um jeweils 40 %

Des für den Unterkunftsort maßgebenden Pauschbetrags für Verpflegungsmehraufwendungen bei einer Auswärtstätigkeit mit einer Abwesenheitsdauer von mindestens 24 Stunden, d. h. bei einer Auswärtstätigkeit im Inland von 24 €. Ist in der Rechnung die Beherbergungsleistung gesondert ausgewiesen und daneben ein **Sammelposten für Nebenleistungen**, ohne dass der Preis für die Verpflegung zu erkennen ist, so ist die Kürzungsregelung sinngemäß auf den Sammelposten für Nebenleistungen anzuwenden; der verbleibende Teil des Sammelpostens ist als Reisenebenkosten (s. unten) zu behandeln, wenn die Bezeichnung des Sammelpostens für die Nebenleistungen keinen Anlass gibt für die Vermutung, darin seien steuerlich nicht anzuerkennende Nebenleistungen enthalten (Minibar etc.).

Reisenebenkosten

Reisenebenkosten können als Werbungskosten abgezogen werden, soweit sie nicht vom Arbeitgeber steuerfrei erstattet werden.

Zu den Reisenebenkosten gehören die tatsächlichen Aufwendungen z. B. für
- Beförderung und Aufbewahrung von Gepäck,
- Ferngespräche und Schriftverkehr beruflichen Inhalts mit dem Arbeitgeber oder dessen Geschäftspartner,

- Straßen- und Parkplatzbenutzung,
- Schadensersatzleistungen infolge von Verkehrsunfällen, wenn die jeweils damit verbundenen Fahrtkosten als Reisekosten anzusetzen sind, sowie
- Beiträge zu Unfallversicherungen, soweit sie Berufsunfälle bei einer Reisetätigkeit abdecken.
- Keine Reisenebenkosten in diesem Sinne sind die Aufwendungen z. B. für private Ferngespräche, Massagen, Minibar oder Pay-TV.

Reisenebenkosten → *Reisekosten*

Repräsentationsaufwendungen → *Abzugsverbot*

Schuldzinsen → *Zinsen*

Ständig wechselnde Tätigkeitsstätten

Wird ein Arbeitnehmer bei seiner individuellen beruflichen Tätigkeit typischerweise nur an ständig wechselnden Tätigkeitsstätten tätig, liegt eine → *Auswärtstätigkeit* vor.

Es können bei Vorliegen einer ständig wechselnden Tätigkeitsstätte folgende → *Reisekosten* als Werbungskosten geltend gemacht werden:
- Fahrtkosten,
- Verpflegungsmehraufwendungen,
- Übernachtungskosten und
- Reisenebenkosten.

Es gelten **folgende Besonderheiten:**
Für die **Wege** eines Arbeitnehmers zwischen Wohnung und ständig wechselnden Tätigkeitsstätten ist nicht die Entfernungspauschale (→ *Aufwendungen für die Wege zwischen Wohnung und Arbeitsstätte*), sondern der nachgewiesene oder glaubhaft gemachte Aufwand anzusetzen. Bei **Übernachtung** am auswärtigen Tätigkeitsort ist die Entfernungspauschale weder für die Wege zwischen Wohnung und Tätigkeitsort noch – unabhängig von der Entfernung – für die Wege zwischen auswärtiger Unterkunft und Tätigkeitsstätte anzusetzen. Die Aufwendungen für solche Fahrten sind in der nachgewiesenen oder glaubhaft gemachten Höhe abziehbar. Wird ein eigener Kraftwagen benutzt, können 0,30 €/Kilometer angesetzt werden (→ *Reisekosten*). Fahrten des Arbeitnehmers zwischen seiner **Wohnung** und dem **Betriebs- bzw. Firmensitz**, von dem aus die Auswärtstätigkeit auf wechselnden Tätigkeitsstätten angetreten wird, betreffen die Wege zwischen Wohnung und Arbeitsstätte (→ *Aufwendungen für die Wege zwischen Wohnung und Arbeitsstätte*); es kommt die Entfernungspauschale zum Ansatz.

Statusfeststellungsverfahren

Bestehen Zweifel hinsichtlich der sozialversicherungsrechtlichen Einordnung einer Erwerbstätigkeit als selbständige Tätigkeit oder abhängige Beschäftigung, verschafft das sog. Statusfeststellungsverfahren nach § 7a SGB IV hierüber Rechtssicherheit für die Beteiligten. Aufwendungen im Zusammenhang mit dem Statusfeststellungsverfahren sind durch das Arbeitsverhältnis veranlasst und deshalb als **Werbungskosten** zu berücksichtigen.

Steuerberatungskosten

Arbeitnehmer können Steuerberatungskosten als Werbungskosten geltend machen, soweit sie bei der **Ermittlung der Einkünfte** aus nichtselbständiger Arbeit anfallen. Zu den Steuerberatungskosten können dabei auch Fahrtkosten zum Steuerberater, Aufwendungen für Fachliteratur und sonstige Hilfsmittel (z. B. Software) sowie Unfallkosten gehören. Steuerberatungskosten sind im Übrigen auch Beiträge zu Lohnsteuerhilfevereinen.

Soweit die Steuerberatungskosten **privat veranlasst** sind → Rz. B 91 *Steuerberatungskosten*.

Im Übrigen gelten **folgende Besonderheiten**: Steuerberatungskosten, die für Steuern entstehen, die sowohl beruflich als auch privat verursacht sein können, sind anhand ihrer **Veranlassung** den Aufwendungen zuzuordnen (z. B. Zweitwohnungssteuer); als Aufteilungsmaßstab dafür ist grundsätzlich die Gebührenrechnung des Steuerberaters heranzuziehen. Entstehen **Aufwendungen, die sowohl beruflich als auch privat** veranlasst sind, wie z. B. Beiträge an Lohnsteuerhilfevereine, Anschaffungskosten für Steuerfachliteratur zur Ermittlung der Einkünfte und des Einkommens, Beratungsgebühren für einen Rechtsstreit, der sowohl die Ermittlung von Einkünften als auch z. B. den Ansatz von außergewöhnlichen Belastungen umfasst, ist im Rahmen einer **sachgerechten Schätzung** eine Zuordnung zu den Werbungskosten oder nicht abziehbaren Kosten der Lebensführung vorzunehmen. Dies gilt auch in den Fällen einer **Vereinbarung einer Pauschalvergütung** nach § 14 der Steuerberatergebührenverordnung (StBGebV). Bei Beiträgen an **Lohnsteuerhilfevereine**, Aufwendungen für **steuerliche Fachliteratur** und **Software** wird es von der Finanzverwaltung nicht beanstandet, wenn diese Aufwendungen i. H. v. **50 %** den **Werbungskosten** zugeordnet werden. Dessen ungeachtet wird aus Vereinfachungsgründen der Zuordnung des Arbeitnehmers bei Aufwendungen für **gemischte Steuerberatungskosten** bis zu einem Betrag von **100 €** im Veranlagungszeitraum gefolgt.

Beispiel:
Der Arbeitnehmer zahlt in 2011 einen Beitrag an einen Lohnsteuerhilfeverein i. H. v. 120 €. Davon ordnet er 100 € den Werbungskosten zu. Diese Zuordnung wird nicht beanstandet.

Studienreisen, Fachkongresse

Aufwendungen für eine Studienreise oder den Besuch eines Fachkongresses sind Werbungskosten, wenn die Reise oder Teilnahme an dem Kongress so gut wie ausschließlich beruflich veranlasst ist. Eine berufliche Veranlassung ist anzunehmen, wenn **objektiv** ein Zusammenhang mit dem Beruf besteht und **subjektiv** die Aufwendungen zur Förderung des Berufs gemacht werden. Die Befriedigung privater Interessen muss nach dem Anlass der Reise, den vorgesehenen Programmen und der tatsächlichen Durchführung nahezu ausgeschlossen sein. Die Entscheidung, ob berufsbedingte Aufwendungen vorliegen, ist nach Würdigung aller Umstände und Merkmale des Einzelfalls zu treffen.

Für berufsbedingte Aufwendungen können z. B. folgende Merkmale sprechen:
- ein homogener Teilnehmerkreis;
- eine straffe und lehrgangsmäßige Organisation;
- ein Programm, das auf die beruflichen Bedürfnisse und Gegebenheiten der Teilnehmer zugeschnitten ist;

- die Gewährung von Dienstbefreiung oder Sonderurlaub;
- Zuschüsse des Arbeitgebers.

Gegen berufsbedingte Aufwendungen sprechen dagegen z. B. folgende Merkmale:
- der Besuch bevorzugter Ziele des Tourismus;
- häufiger Ortswechsel;
- bei kürzeren Veranstaltungen die Einbeziehung vieler Sonn- und Feiertage, die zur freien Verfügung stehen;
- die Mitnahme des Ehegatten oder anderer naher Angehöriger;
- die Verbindung mit einem privaten Aufenthalt;
- die Reise in den heimischen Kulturkreis;
- entspannende und kostspielige Beförderung (z. B. Schiffsreise).

Tätigkeiten auf einem Fahrzeug
Wird ein Arbeitnehmer bei seiner individuellen beruflichen Tätigkeit typischerweise auf einem Fahrzeug tätig, liegt eine → *Auswärtstätigkeit* vor. Es können bei der Tätigkeit auf einem Fahrzeug folgende **Reisekosten als** → *Werbungskosten* geltend gemacht werden:
- Fahrtkosten,
- Verpflegungsmehraufwendungen,
- Übernachtungskosten und
- Reisenebenkosten.

Die Fahrten eines **Linienbusfahrers** zwischen seiner **Wohnung** und **unterschiedlichen Busdepots**, an denen er das zu führende Fahrzeug in wechselndem Turnus zu übernehmen hat und die er mit einer gewissen Nachhaltigkeit fortdauernd und immer wieder aufsucht, sind Fahrten zwischen Wohnung und Arbeitsstätte (→ *Aufwendungen für die Wege zwischen Wohnung und Arbeitsstätte*). Der Einsatz eines Arbeitnehmers auf einem Fahrzeug auf dem Betriebsgelände bzw. unter Tage im Bergwerk des Arbeitgebers ist keine Fahrtätigkeit.

Telearbeit
Aufwendungen im Zusammenhang mit der Telearbeit sind als Werbungskosten abzugsfähig; dies gilt jedoch nicht, soweit sie vom Arbeitgeber steuerfrei ersetzt wurden. Für den Werbungskostenabzug in Betracht kommen hier insbesondere Aufwendungen für das → *Arbeitszimmer*, für → *Arbeitsmittel* (→ *Abschreibung*, → *Computer*) und für → *Telekommunikationsaufwendungen*. Bezüglich der Aufwendungen eines Telearbeiters für ein **häusliches Arbeitszimmer** gilt, dass bei einem Steuerpflichtigen, der eine in qualitativer Hinsicht gleichwertige Arbeitsleistung wöchentlich an drei Tagen an einem häuslichen Telearbeitsplatz und an zwei Tagen im Betrieb seines Arbeitgebers zu erbringen hat, der Mittelpunkt der gesamten beruflichen Betätigung im häuslichen Arbeitszimmer liegt; der Werbungskostenabzug ist somit uneingeschränkt möglich.

Telekommunikationsaufwendungen
Telekommunikationsaufwendungen sind Werbungskosten, soweit sie beruflich veranlasst sind. Wird der berufliche Anteil der beruflich veranlassten Aufwendungen an den Gesamtaufwendungen für einen Zeitraum von **drei Monaten** im Einzelnen **nachgewiesen**, kann dieser berufliche Anteil für den gesamten Veranlagungszeitraum zu Grunde gelegt werden. Dabei können die Aufwendungen für das Nutzungsentgelt der Telefonanlage sowie für den Grundpreis der Anschlüsse entsprechend dem beruflichen Anteil der Verbindungsentgelte an den gesamten Verbindungsentgelten (Telefon und Internet) abgezogen werden. Fallen erfahrungsgemäß beruflich veranlasste Telekommunikationsaufwendungen an, können aus Vereinfachungsgründen ohne Einzelnachweis bis zu **20 %** des Rechnungsbetrags, jedoch höchstens **20 €** monatlich als Werbungskosten anerkannt werden. Der monatliche Durchschnittsbetrag, der sich aus den Rechnungsbeträgen für einen repräsentativen Zeitraum von drei Monaten ergibt, kann auch für den gesamten Veranlagungszeitraum zu Grunde gelegt werden.

Übernachtungskosten → *Reisekosten*

Umschulung
Aufwendungen für die einen **Berufswechsel** vorbereitenden **Umschulungsmaßnahmen** sind unabhängig vom Bestehen eines Dienstverhältnisses als **Werbungskosten** abziehbar. Dies gilt z. B. für Aufwendungen für eine Umschulungsmaßnahme, die die Grundlage dafür bildet, von einer Berufsart oder Erwerbsart zu einer anderen überzuwechseln, wenn sie in einem hinreichend konkreten, objektiv feststellbaren Zusammenhang mit späteren Einnahmen stehen und die Ausbildung für den neuen Beruf der **Überwindung oder Vermeidung von Arbeitslosigkeit** dient.
Zur Berücksichtigung der Aufwendungen im Zusammenhang mit einer **auswärts durchgeführten Umschulung** finden die Erläuterungen zu den → *Reisekosten*, den → *Aufwendungen für die Wege zwischen Wohnung und Arbeitsstätte* und der → *Doppelten Haushaltsführung* sinngemäß Anwendung.
Siehe im Übrigen auch → *Berufsausbildung*, → *Berufsfortbildung* und → *Rz. B 91 Berufsausbildung* zum Sonderausgabenabzug.

Umzugskosten
Als Werbungskosten abzugsfähig sind alle Kosten, die einem Arbeitnehmer durch einen beruflich bedingten Umzug an einen anderen Ort – z. B. Antritt der ersten bzw. einer neuen Arbeitsstelle – entstehen. Ein Wohnungswechsel ist **beruflich veranlasst**, wenn
- durch ihn die Entfernung zwischen Wohnung und Arbeitsstätte erheblich verkürzt wird und die verbleibende Wegezeit im Berufsverkehr als normal angesehen werden kann,
- er im ganz überwiegenden betrieblichen Interesse des Arbeitgebers durchgeführt wird oder
- er das Beziehen oder die Aufgabe der Zweitwohnung im Zusammenhang mit einer beruflich veranlassten → *doppelten Haushaltsführung* betrifft.

Eine **erhebliche Verkürzung der Entfernung** zwischen Wohnung und Arbeitsstätte ist anzunehmen, wenn sich die Dauer der täglichen Hin- und Rückfahrt insgesamt wenigstens zeitweise um **mindestens eine Stunde** verringert. Fahrzeitersparnisse beiderseits berufstätiger Ehegatten sind nicht zusammenzurechnen; sie sind also weder zu addieren noch zu saldieren. In überwiegend betrieblichem Interesse ist im Übrigen insbesondere das Beziehen oder Räumen einer Dienstwohnung.

Die berufliche Veranlassung des Umzugs wird nicht dadurch beeinträchtigt, dass der Wechsel der Familienwohnung erst im Anschluss an eine längere doppelte Haushaltsführung durchgeführt wird.

Die privaten Motive für die Auswahl der neuen Wohnung sind im Fall der beruflichen Veranlassung des Umzugs grundsätzlich unbeachtlich.

Die Kosten eines Umzugs werden im Allgemeinen ohne weitere Nachprüfungen in der Höhe anerkannt, die nach dem Bundesumzugskostengesetz und der Auslandsumzugskostenverordnung als Umzugskostenvergütung höchstens gezahlt werden können (siehe auch BMF-Schreiben v. 11. 10. 2010 – IV C 5 – S 2353/08/10007 –, BStBl I 2010 S. 767).

Als Umzugskosten kommen insbesondere in Betracht:
– Beförderungsauslagen für das Umzugsgut;
– → *Reisekosten*: Verpflegungsmehraufwendungen werden jedoch nur bis zur Höhe der steuerlichen Pauschbeträge anerkannt;
– Mietentschädigung für die alte Wohnung, solange die Miete wegen bestehender Kündigungsfristen neben der Miete für die neue Wohnung gezahlt werden muss;
– Wohnungsvermittlungsgebühren;
– Auslagen für den durch den Umzug bedingten zusätzlichen Unterricht der Kinder bei Beendigung des Umzugs ab dem 1. 1. 2010 i. H. v. **1 603 €**;
– Pauschalen für sonstige Umzugsauslagen bei Beendigung des Umzugs ab dem 1. 1. 2010 i. H. v. **1 271 €** (Verheiratete), **636 €** (Ledige) bzw. **280 €** (jede weitere im Haushalt lebende Person mit Ausnahme des Ehegatten).

Aufwendungen für die **Ausstattung der neuen Wohnung** und **Maklergebühren** für die Anschaffung einer eigenen Wohnung sind – auch bei einem beruflich veranlassten Umzug – nicht als Werbungskosten abziehbar.

Unfallkosten

Ein Arbeitnehmer kann **Unfallkosten** u. a. geltend machen, wenn diese durch einen Verkehrsunfall während einer → *Auswärtstätigkeit* oder einer Fahrt im Rahmen eines beruflich veranlassten **Umzugs** (→ *Umzugskosten*) entstanden sind. Dabei gelten auch die Fahrten zwischen mehreren regelmäßigen Arbeitsstätten oder innerhalb eines weiträumigen Arbeitsgebiets von einer Tätigkeitsstätte zur nächsten als Auswärtstätigkeit. Abziehbar sind die Unfallkosten, die vom Arbeitnehmer selbst getragen werden müssen. Der Abzug ist neben den Kilometersätzen (0,30 € bei Benutzung eines Pkw) möglich; auf die Höhe der Unfallkosten kommt es dabei nicht an. Voraussetzung für den Werbungskostenabzug ist, dass für den Unfall nicht private Gründe ursächlich waren, z. B. absichtlich herbeigeführter Unfall, Alkoholgenuss, Wettfahrt mit anderen Verkehrsteilnehmern o. Ä.

Ebenfalls abziehbar sind Unfallkosten, die durch einen Verkehrsunfall während einer **Fahrt zwischen Wohnung und regelmäßiger Arbeitsstätte** (→ *Aufwendungen für die Wege zwischen Wohnung und Arbeitsstätte*) oder einer **Familienheimfahrt** im Rahmen einer doppelten Haushaltsführung (→ *Doppelte Haushaltsführung*) entstanden sind. Unfallkosten für entsprechende Fahrten werden als außergewöhnliche Aufwendungen neben der Entfernungspauschale berücksichtigt.

Zu den **abziehbaren Unfallkosten** gehören neben den reinen Reparaturaufwendungen auch Absetzungsbeträge für die durch den Unfall eingetretene außergewöhnliche Abnutzung. Lässt der Arbeitnehmer das unfallbeschädigte Fahrzeug z. B. bei einem Totalschaden nicht reparieren, so wird als Werbungskosten nur die **Wertminderung** anerkannt, die sich ergibt, wenn vom fiktiven Buchwert des Fahrzeugs **vor dem Unfall** (Anschaffungskosten abzüglich linearer Absetzungsbeträge für Abnutzung) der Zeitwert des Fahrzeugs **nach dem Unfall** abgezogen wird. Der sog. **merkantile Minderwert** eines reparierten und weiterhin benutzten Fahrzeugs wird **nicht** als Werbungskosten anerkannt. Schadensersatzleistungen, die der Arbeitnehmer selbst getragen hat, gehören ebenfalls zu den abziehbaren Unfallkosten. Der Verzicht auf Geltendmachung eines dem Arbeitnehmer zustehenden Anspruchs auf Ersatz der Unfallkosten steht ihrem Abzug als Werbungskosten nicht entgegen. Aus diesem Grunde sind vom Arbeitnehmer getragene Unfallkosten am Kraftfahrzeug des Unfallgegners auch dann als Werbungskosten abziehbar, wenn der Arbeitnehmer von seiner Haftpflichtversicherung Ersatz verlangen konnte, dies jedoch zur Erhaltung eines Schadensfreiheitsrabatts unterlassen hat. Zu den als Werbungskosten abziehbaren Unfallkosten gehören auch die **Unfallfolgekosten**, wie Krankheitskosten, Prozesskosten, Kosten für Telefonate, Fernschreiben, Porto und Taxi.

Ersatzleistungen Dritter (z. B. aus einer Haftpflichtversicherung) werden auf die Unfallkosten angerechnet.

Unfallversicherung

a) Versicherungen des Arbeitnehmers

Aufwendungen des Arbeitnehmers für eine Versicherung ausschließlich gegen Unfälle, die mit der **beruflichen Tätigkeit** in unmittelbarem Zusammenhang stehen (einschließlich der Unfälle auf dem Weg von und zur regelmäßigen Arbeitsstätte), sind **Werbungskosten** (s. auch BMF-Schreiben v. 28. 10. 2009 – IV C 5 – S 2332/09/10004 –, BStBl I 2009 S. 1275). Aufwendungen des Arbeitnehmers für eine Unfallversicherung, die das Unfallrisiko sowohl im beruflichen als auch im außerberuflichen Bereich abdeckt, sind zum einen Teil Werbungskosten und zum anderen Teil Sonderausgaben (→ Rz. B 91 *Unfallversicherung*); dabei kann der Gesamtbeitrag im Verhältnis **50:50** aufgeteilt werden, wenn keine andere Angaben des Versicherungsunternehmens vorliegen.

Vom Arbeitgeber übernommene Beiträge des Arbeitnehmers sind als Werbungskosten abzugsfähig, soweit sie auf den beruflichen Bereich entfallen und nicht als Vergütungen für Reisenebenkosten steuerfrei waren; auch → Rz. C 161 *Unfallversicherung, freiwillige*).

b) Versicherungen des Arbeitgebers

Der Arbeitnehmer kann auch bei einer vom Arbeitgeber abgeschlossenen Unfallversicherung die Beiträge als Werbungskosten abziehen, soweit sie auf den beruflichen Bereich entfallen und nicht als Vergütungen für Reisenebenkosten steuerfrei waren; auch → Rz. C 161 *Unfallversicherung, freiwillige*.

Verpflegungsmehraufwendungen → *Reisekosten*

Versorgungsausgleich

Ausgleichzahlungen, die ein zum Versorgungsausgleich verpflichteter Beamter an seinen auf den Versorgungsausgleich verzichtenden Ehegatten leistet, um Kürzungen seiner Versorgungsbezüge zu vermeiden, sind sofort abziehbare Werbungskosten. Werden die Ausgleichszahlungen fremdfinanziert, können die dadurch entstehenden **Schuldzinsen** ebenfalls als **Werbungskosten** bei den Einkünften aus nichtselbständiger Arbeit abgezogen werden.

Vertragsstrafe

Die Zahlung einer in einem Ausbildungsverhältnis begründeten Vertragsstrafe kann zu Erwerbsaufwendungen (Werbungskosten oder Betriebsausgaben) führen.

Werbungskosten-Pauschbetrag bei Versorgungsbezügen

Von den Einnahmen aus nichtselbständiger Arbeit wird, soweit es sich um **Versorgungsbezüge** handelt (→ Rz. B 93 *Versorgungsfreibetrag*), ein Pauschbetrag für Werbungskosten von **102 €** abgezogen. Der Pauschbetrag darf jedoch nur bis zur Höhe der um den Zuschlag zum Versorgungsfreibetrag geminderten Einnahmen abgezogen werden.

Werkzeug → *Arbeitsmittel*

Zinsen

Beruflich veranlasste Zinsaufwendungen (z. B. auf Grund der Anschaffung von → *Arbeitsmitteln*) sind als **Werbungskosten** bei den Einkünften aus nichtselbständiger Arbeit abziehbar. Schuldzinsen für Darlehen, mit denen Arbeitnehmer den Erwerb von Gesellschaftsanteilen an ihrer Arbeitgeberin finanzieren, um damit die arbeitsvertragliche Voraussetzung für die Erlangung einer höher dotierten Position zu erfüllen, sind regelmäßig Werbungskosten bei den Einkünften aus **Kapitalvermögen**. → *Darlehensverlust*, → *Versorgungsausgleich*.

7. ABC der Sonderausgaben

Sonderausgaben sind bestimmte, im Einkommensteuergesetz abschließend aufgezählte Aufwendungen der privaten Lebensführung, die die **steuerliche Leistungsfähigkeit mindern** und deshalb bei der Einkommensermittlung vom Gesamtbetrag der Einkünfte abgezogen werden dürfen. Durch den Sonderausgabenabzug werden aber auch bestimmte Aufwendungen aus besonderen **sozial- oder gesellschaftspolitischen Gründen** steuerlich begünstigt.

Bei **Ehegatten**, die zusammen zur Einkommensteuer veranlagt werden, kommt es für den Abzug von Sonderausgaben nicht darauf an, ob sie der Ehemann oder die Ehefrau geleistet hat.

Aufwendungen sind für das **Kalenderjahr** als Sonderausgaben abzuziehen, in dem sie **geleistet** worden sind.

Aufwendungen können nur in der Höhe als Sonderausgaben abgezogen werden, in der sie die **erstatteten** oder **gutgeschriebenen Beträge** der gleichen Art (z. B. erstattete Kirchensteuer, rückvergütete Versicherungsbeiträge) übersteigen. Werden bei der Einkommensteuerfestsetzung berücksichtigte Sonderausgaben erstattet oder vergütet und ist in diesem Jahr ein Ausgleich mit gleichartigen Aufwendungen nicht oder nicht in voller Höhe möglich, ist der Sonderausgabenabzug des Jahres der Verausgabung insoweit um die nachträgliche Erstattung oder Vergütung zu mindern. Ist die Einkommensteuer vom Finanzamt bereits bestandskräftig festgesetzt, wird der Steuerbescheid wegen dieses rückwirkenden Ereignisses geändert.

Hinweis: Querverweise auf Stichwörter innerhalb des ABC sind durch einen voranstehenden Pfeil gekennzeichnet (z. B.: → *Vorsorgeaufwendungen*).

Altersvorsorgebeiträge

Der Aufbau einer kapitalgedeckten freiwilligen Altersversorgung bei Personen, die von der Absenkung des Rentenniveaus in der gesetzlichen Rentenversicherung oder der Absenkung des Besoldungsniveaus betroffen sind (z. B. in der inländischen **gesetzlichen Rentenversicherung** versicherte **Arbeitnehmer**, **Beamte** mit inländischerBesoldung, beurlaubte Beamte; nicht jedoch z. B. in einem berufsständischen Versorgungswerk versicherte Arbeitnehmer), wird steuerlich besonders gefördert. Gefördert werden Beiträge zu Rentenversicherungen sowie Anlagen in Investmentfonds- und Banksparpläne, die mit laufenden Auszahlungen und mit einer Absicherung für das hohe Alter verbunden sind. Dazu können auch Direktversicherungen, Pensionskassen und Pensionsfonds (betriebliche Altersversorgung) gehören, zu denen Beiträge aus dem individuell versteuerten Arbeitslohn des Arbeitnehmers geleistet werden. Auch die selbst genutzten eigenen Wohnimmobilien und selbst genutzten Genossenschaftswohnungen im Rahmen der sog. Riester-Renten werden gefördert (sog. Wohn-Riester).
Die konkreten Fördervoraussetzungen enthält das Altersvorsorgeverträge-Zertifizierungsgesetz. Die Vertragsanbieter bzw. deren Unternehmensverbände können von der Bundesanstalt für Finanzdienstleistungsaufsicht in Bonn für entsprechende Muster- oder Einzelverträge ein **Zertifikat** erhalten, in dem bescheinigt wird, dass ihr Produkt den gesetzlichen Förderkriterien entspricht und damit steuerlich gefördert werden kann. Produkte der betrieblichen Altersversorgung (s. oben) müssen nicht zertifiziert werden.
Die Förderung besteht aus einer **Zulage** und ggf. einem zusätzlichen **Sonderausgabenabzug**. Die Zulage setzt sich aus einer Grund- und einer Kinderzulage zusammen. Die **Grundzulage** beträgt **154 €** und die **Kinderzulage** für jedes Kind, für das dem Zulageberechtigten Kindergeld ausgezahlt wird, **185 €**. Für nach dem 31. 12. 2007 geborene Kinder wird eine erhöhte Kinderzulage von **300 €** gewährt. Für Zulageberechtigte, die zu Beginn des Beitragsjahrs das 25. Lebensjahr noch nicht vollendet haben, erhöht sich die Grundzulage um einmalig **200 €** (sog. Berufseinsteiger-Bonus).
Die Zulagen für das Jahr 2011 werden gekürzt, wenn in 2011 nicht mindestens 4 % der in 2010 erzielten rentenversicherungspflichtigen Einnahmen oder der in 2010 bezogenen Besoldung, **maximal 2 100 €, vermindert um die zustehenden Zulagen**, in einen Altersvorsorgevertrag gezahlt werden. Als **Sockelbetrag** ist ein Betrag von 60 € zu leisten.
Auch ein grundsätzlich nicht begünstigter Ehegatte (z. B. Selbständiger, in einem berufsständischen Versorgungswerk versicherter Arbeitnehmer) kann eine Zulage erhalten, wenn er auf seinen Namen einen Altersvorsorgevertrag abgeschlossen hat und der andere Ehegatte zum begünstigten Personenkreis gehört (**mittelbarer/abgeleiteter Zulagenanspruch**).

Die Zulage ist nach amtlich vorgeschriebenem Vordruck bis zum Ablauf des zweiten Kalenderjahrs, das auf das Beitragsjahr folgt, bei dem Anbieter seines Vertrags zu beantragen. D. h., die Zulage für das Jahr 2011 muss bis spätestens 31. 12. 2013 beantragt werden. Es gibt bei der Beantragung die Möglichkeit des vereinfachten Antragsverfahrens (**Dauerzulageantrag**). Bei diesem Verfahren kann der Zulageberechtigte den Anbieter seines Vertrags schriftlich bevollmächtigen, für ihn die Zulage für jedes Beitragsjahr zu beantragen. Der Zulageberechtigte wird dadurch nicht mit dem jährlichen Zulageantrag belastet. Er ist jedoch verpflichtet, Änderungen, die sich auf den Zulageanspruch auswirken (z. B. Beendigung der Zugehörigkeit zum berechtigten Personenkreis, Familienstand, Anzahl der Kinder, Zuordnung der Kinder, Zuordnung bei mehreren Verträgen), dem Anbieter unverzüglich mitzuteilen.

Im Rahmen der **Einkommensteuerveranlagung** wird auf Antrag geprüft, ob der besondere Sonderausgabenabzug der Altersvorsorgeaufwendungen unter Berücksichtigung der Freibeträge für Kinder günstiger als die Zulage (ohne Berufseinsteiger-Bonus i. H. v. 200 €) ist . Ist dies der Fall, wird die Altersvorsorgezulage der tariflichen Einkommensteuer hinzugerechnet und dadurch die Steuerminderung auf den Mehrbetrag beschränkt. Maximal als Sonderausgaben abzugsfähig sind jährlich **2 100 €** (Altersvorsorgebeiträge zuzüglich der Zulage). Der Sonderausgabenabzug wird nur vorgenommen, wenn dem Anbieter eine Einwilligung zur Datenübermittlung der Altersvorsorgebeiträge an die zentrale Stelle vorliegt; in bestimmten Fällen gilt die Einwilligung als erteilt.

Soweit eine Förderung erfolgte, werden die späteren Versorgungsleistungen **nachgelagert besteuert** (→ Rz. B 47).

Zu den **weiteren Einzelheiten** siehe BMF-Schreiben vom 31.3.2010 – IV C 3 – S 2222/09/10041 / IV C 5 – S 2333/07/0003 –, BStBl I 2010 S. 270.

Arbeitslosenversicherung → *Vorsorgeaufwendungen*

Berufsausbildung

Aufwendungen für die **erstmalige Berufsausbildung** oder ein **Erststudium** sind keine Werbungskosten, es sei denn, die Bildungsmaßnahme findet im Rahmen eines Dienstverhältnisses statt (Ausbildungsdienstverhältnis). **Aufwendungen für die eigene Berufsausbildung,** die nicht Werbungskosten darstellen, können bis zu 4 000 € im Kalenderjahr als **Sonderausgaben** abgezogen werden. Der Höchstbetrag von 4 000 € gilt bei der Zusammenveranlagung von Ehegatten für jeden Ehegatten gesondert. Beim Abzug von Berufsausbildungskosten als Sonderausgaben sind die beim Betriebsausgaben-/Werbungskostenabzug geltenden Beschränkungen für Arbeitsmittel, häusliche Arbeitszimmer, Kfz-Fahrten, doppelte Haushaltsführung und Verpflegung anzuwenden. Erhält der Steuerpflichtige zur unmittelbaren Förderung seiner Berufsausbildung steuerfreie Bezüge, mit denen die Aufwendungen abgegolten werden, entfällt insoweit der Sonderausgabenabzug. Das gilt auch dann, wenn die zweckgebundenen steuerfreien Bezüge erst nach Ablauf des betreffenden Kalenderjahrs gezahlt werden.

Aufwendungen für die Berufsausbildung können aber auch Werbungskosten sein (→ Rz. B 87 *Berufsausbildung*). Siehe im Übrigen auch → Rz. B 87 *Berufsfortbildung* und → Rz. B 87 *Umschulung* und BMF-Schreiben vom 22.9.2010 – IV C 4 – S 2227/07/10002:002 –, BStBl I 2010 S. 721.

Berufsunfähigkeitsversicherung → *Vorsorgeaufwendungen*

Direktversicherung

Beiträge für eine Direktversicherung können in bestimmten Fällen als Sonderausgaben abgezogen werden (→ *Vorsorgeaufwendungen,* → *Höchstbeträge für Vorsorgeaufwendungen*).

Führerschein

Aufwendungen für den Erwerb des Führerscheins Klasse 3 (bei Umtausch: B, BE, C1E, M L und S) sind i. d. R. nicht als Berufsausbildungskosten (→ *Berufsausbildung*) abzugsfähig. Die Kosten für den Erwerb einer Fahrerlaubnis für eine Fahrzeugklasse, die im privaten Alltagsleben nicht üblich ist, können hingegen Werbungskosten sein.

Grundhöchstbetrag → *Höchstbeträge für Vorsorgeaufwendungen*

Haftpflichtversicherung → *Vorsorgeaufwendungen*

Hausratversicherung

Die Beiträge sind keine Sonderausgaben.

Höchstbeträge für Vorsorgeaufwendungen

a) **Rechtslage bis einschließlich 2004 (siehe aber auch unter „c) Günstigerprüfung")**

Die Vorsorgeaufwendungen sind insgesamt nur im Rahmen bestimmter Höchstbeträge als Sonderausgaben begünstigt. Im Einzelnen gilt Folgendes:

Beiträge zu einer freiwilligen **Pflegeversicherung** für Steuerpflichtige, die nach dem 31. 12. 1957 geboren sind, können gesondert bis zu einem Höchstbetrag von **184 €** als Sonderausgaben abgezogen werden. Bei der Zusammenveranlagung von Ehegatten, die beide die Altersvoraussetzung erfüllen, können Beiträge zu einer freiwilligen Pflegeversicherung für jeden Ehegatten bis zum Höchstbetrag von 184 € berücksichtigt werden.

Die von dem besonderen Höchstbetrag nicht erfassten Beiträge zu einer Pflegeversicherung können zusammen mit den übrigen Versicherungsbeiträgen im Rahmen eines **Vorwegabzugs** berücksichtigt werden, der den Selbständigen einen Ausgleich dafür bieten soll, dass sie keine steuerfreien Arbeitgeberbeiträge zur gesetzlichen Renten-, Pflege- und Krankenversicherung erhalten. Der Vorwegabzug ist deshalb bei Steuerpflichtigen zu kürzen, die von dritter Seite steuerfreie Leistungen für ihre Zukunftssicherung erhalten; das sind Steuerpflichtige mit Einnahmen aus nichtselbständiger Arbeit, ausgenommen Versorgungsbezüge, und Steuerpflichtige mit Einnahmen aus der Ausübung eines Abgeordnetenmandats. Der Vorwegabzug beträgt im Jahr 2011 **2 700 €**; bei Ehegatten, die beide unbeschränkt einkommensteuerpflichtig sind und nicht dauernd getrennt leben, beträgt er **5 400 €**. Die Kürzung beträgt einheitlich 16 % der bezeichneten Einnahmen aus nichtselbständiger Arbeit und der Abgeordnetenbezüge, soweit sie nicht steuerfrei sind.

Soweit die Vorsorgeaufwendungen nicht im Rahmen des besonderen Höchstbetrags oder des Vorwegabzugs abziehbar sind, können sie im Rahmen eines **Grundhöchstbetrags** berücksichtigt werden. Dieser Grundhöchstbetrag beträgt **1 334 €** bzw. bei der Zusammenveranlagung von Ehegatten **2 668 €**.

Soweit die Vorsorgeaufwendungen auch den Grundhöchstbetrag übersteigen, können sie noch zur Hälfte berücksichtigt werden. Dieser hälftige Abzug ist auf die Hälfte des allgemeinen Höchstbetrags beschränkt. Es ergibt sich somit ein hälftiger Höchstbetrag von **667 €** bzw. von **1 334 €** bei der Zusammenveranlagung von Ehegatten.

b) Rechtslage ab 2010 (siehe aber auch unter „c) Günstigerprüfung")

Nach den Änderungen durch das Bürgerentlastungsgesetz Krankenversicherung gilt ab 2010 Folgendes:
Altersvorsorgeaufwendungen werden grundsätzlich bis zu **20 000 €** berücksichtigt. Bei zusammenveranlagten **Ehegatten** verdoppelt sich der Höchstbetrag auf **40 000 €**. Der Höchstbetrag wird aber bei bestimmten nicht rentenversicherungspflichtigen Personen (z. B. bei Beamten) um einen fiktiven Gesamtbetrag (Arbeitgeber- und Arbeitnehmeranteil) zur allgemeinen Rentenversicherung gekürzt. Im Kalenderjahr **2011** werden **72 %** der ermittelten Vorsorgeaufwendungen angesetzt, also höchstens 14 400 € bzw. 28 800 €. Der sich ergebende Betrag vermindert sich dann noch um den steuerfreien Arbeitgeberanteil zur gesetzlichen Rentenversicherung, einen diesem gleichgestellten steuerfreien Zuschuss des Arbeitgebers und im Zusammenhang mit einer geringfügigen Beschäftigung vom Arbeitgeber erbrachte pauschale Beiträge zur Rentenversicherung, wenn der Arbeitnehmer im letztgenannten Fall die Hinzurechnung dieser Beiträge zu den Vorsorgeaufwendungen beantragt hat. Der **Höchstbetrag** von 72 % **erhöht** sich in den folgenden Kalenderjahren **bis** zum Kalenderjahr **2025** um je **2 %-Punkte** je Kalenderjahr.

Beiträge zu **Basiskrankenversicherungen** (für sich oder eine unterhaltsberechtigte Person, z. B. Ehegatten, Kinder, eingetragene Lebenspartner) sind grds. in unbegrenzter Höhe abziehbar. Dies gilt für die gesetzliche und die private Krankenversicherung. Beitragsanteile, die auf das Krankengeld und Komfortleistungen entfallen, werden nicht berücksichtigt. Ergibt sich aus den Beiträgen zur gesetzlichen Krankenversicherung ein Anspruch auf **Krankengeld** wird der jeweilige Beitrag pauschal um **4 % vermindert**. Beiträge zu **gesetzlichen Pflegeversicherungen** (soziale Pflegeversicherung und private Pflege-Pflichtversicherung) werden daneben in voller Höhe berücksichtigt. Es werden im Übrigen auch die im Rahmen der Unterhaltsverpflichtung getragenen eigenen Beiträge eines Kindes berücksichtigt, für das ein Anspruch auf einen Freibetrag für Kinder oder auf Kindergeld besteht. Für geschiedene oder dauernd getrennt lebende Ehegatten gibt es Sonderregelungen. Entsprechende Vorsorgeaufwendungen werden nur berücksichtigt, wenn der Steuerpflichtige gegenüber dem Versicherungsunternehmen, dem Träger der gesetzlichen Kranken- und Pflegeversicherung oder der Künstlersozialkasse in eine **Datenübermittlung** eingewilligt hat; die Einwilligung gilt als erteilt, wenn die Beiträge mit einer elektronischen Lohnsteuerbescheinigung oder einer Rentenbezugsmitteilung übermittelt werden. **Steuerfreie Zuschüsse** zu einer Kranken- und Pflegeversicherung werden von den Basiskranken- und Pflegeversicherungsbeiträgen abgezogen.

Weitere sonstige Vorsorgeaufwendungen – das sind Beiträge zu Kranken- und Pflegeversicherungen (inkl. Komfortleistungen und Krankengeldanteil), Beiträge zu Versicherungen gegen Arbeitslosigkeit, zu bestimmten Erwerbs- und Berufsunfähigkeitsversicherungen, zu Unfall- und Haftpflichtversicherungen sowie zu Risikoversicherungen –, die nur für den Todesfall eine Leistung vorsehen, können je Kalenderjahr insgesamt **bis 2 800 €** abgezogen werden; Beiträge zu bestimmten Renten- und Kapitalversicherungen werden hier ebenfalls berücksichtigt (auch → *Vorsorgeaufwendungen*). Der Höchstbetrag beträgt **1 900 €**, wenn ein Anspruch auf Erstattung oder Übernahme von Krankheitskosten besteht (z. B. bei Beamten und Beamtenpensionären wegen des eigenen Beihilfeanspruchs) oder steuerfreie Leistungen für eine Krankenversicherung erbracht werden (z. B. bei sozialversicherungspflichtigen Arbeitnehmern, bei Rentnern, die aus der gesetzlichen Rentenversicherung steuerfreie Zuschüsse zur Krankenversicherung erhalten, und bei Personen, für die steuerfreie Leistungen der Künstlersozialkasse erbracht werden). Für Angehörige, die in der gesetzlichen Krankenversicherung ohne eigene Beiträge familienversichert sind, beträgt der Höchstbetrag ebenfalls 1 900 €. Bei **zusammenveranlagten Ehegatten** bestimmt sich der gemeinsame Höchstbetrag aus der Summe der jedem Ehegatten zustehenden Höchstbeträge. Ein Abzug dieser weiteren sonstigen Vorsorgeaufwendungen kommt nur in Betracht, wenn der Abzug der Vorsorgeaufwendungen für die **Basiskrankenversicherung** und die **gesetzlichen Pflegeversicherungen** (siehe oben) nicht günstiger ist.

c) Günstigerprüfung

Um Schlechterstellungen in der Übergangsphase bis zur vollständigen Freistellung der Altersvorsorgeaufwendungen zu vermeiden, werden im Wege einer Günstigerprüfung bis zum Jahr **2019** mindestens so viele Vorsorgeaufwendungen bei der Ermittlung der einkommensteuerrechtlichen Bemessungsgrundlage berücksichtigt, wie dies nach dem bis einschließlich 2004 geltenden Recht möglich ist – Vergleichsrechnung zwischen a) und b). Allerdings wird bei der Günstigerprüfung **ab 2011** der bisherige **Vorwegabzug** schrittweise **abgesenkt** (aktueller Betrag siehe unter a).

Bei bestimmten Personengruppen (z. B. bei ledigen Selbständigen, die nicht in einer berufsständischen Versorgungseinrichtung pflichtversichert sind) führte die „einfache" Günstigerprüfung in besonders gelagerten Fällen dazu, dass eine zusätzliche Beitragszahlung zu Gunsten einer Basisrente die als Sonderausgaben zu berücksichtigenden Beträge nicht erhöht. Um diesen Zustand zu beseitigen, wurde ein **Erhöhungsbetrag** eingeführt. Mit dem Erhöhungsbetrag wirken sich die vom Steuerpflichtigen geleisteten Beiträge zu Gunsten einer Basisrente mindestens mit dem in Buchstabe b genannten Prozentsatz (2011: 72 %) als Sonderausgaben aus, sofern für die geleisteten Beiträge noch ein entspechendes Abzugsvolumen vorhanden ist.
Zu den **weiteren Einzelheiten** siehe BMF-Schreiben vom 13.9.2010 – IV C 3 – S 2222/09/10041 / IV C 5 – S 2345/08/0001 – (BStBl I 2010 S. 681).

Kapitalversicherung → *Vorsorgeaufwendungen*, → *Höchstbeträge für Vorsorgeaufwendungen*

Kaskoversicherung
Die Beiträge sind keine Sonderausgaben.

Kinderbetreuungskosten
Bei den Aufwendungen für die Kinderbetreuung (Kindergarten, Tagesmutter etc.) wird danach unterschieden, ob die **Aufwendungen erwerbsbedingt** (dann Abzug wie Werbungskosten, → Rz. B 87 *Kinderbetreuungskosten)* oder **nicht erwerbsbedingt** sind (dann Sonderausgaben).

Kinderbetreuungskosten werden in Höhe von **zwei Drittel** der Aufwendungen (**höchstens 4 000 € je Kind**) als Sonderausgaben berücksichtigt
a) für ein Kind, das das **dritte Lebensjahr** vollendet, das **sechste Lebensjahr** aber **noch nicht** vollendet hat und

b) für ein Kind, das
   aa) das 14. **Lebensjahr** noch nicht vollendet hat oder
   bb) wegen einer vor Vollendung des 25. Lebensjahres eingetretenen körperlichen, geistigen oder seelischen **Behinderung** außer Stande ist, sich selbst zu unterhalten, wenn der **Elternteil** sich in **Ausbildung** befindet, körperlich, geistig oder seelisch **behindert** oder **krank** ist.

Bei **zusammenlebenden Eltern** kommt ein Sonderausgabenabzug nur dann in Betracht, wenn bei beiden Elternteilen die Voraussetzungen vorliegen oder **ein Elternteil erwerbstätig** ist und der **andere Elternteil** sich in Ausbildung befindet, körperlich, geistig oder seelisch behindert oder krank ist. Zur Übergangsregelung wegen der Absenkung der Altersgrenze behinderter Kinder ab 2007 siehe § 52 Abs. 23f EStG.

Aufwendungen für **Unterricht** (z. B. Schulgeld, Nachhilfe-, Fremdsprachenunterricht), die **Vermittlung besonderer Fähigkeiten** (z. B. Musikunterricht, Computerkurse) sowie für sportliche und andere **Freizeitbetätigungen** (z. B. Mitgliedschaft in Sportvereinen oder anderen Vereinen, Tennis-, Reitunterricht usw.) werden nicht berücksichtigt.

Voraussetzung für den Abzug ist, dass der Steuerpflichtige für die Aufwendungen eine **Rechnung** erhalten hat und die **Zahlung auf das Konto** des Erbringers der Leistung erfolgt ist. Bei **Kindern im Ausland** sind die Verhältnisse im Wohnsitzstaat zu beachten (siehe BMF-Schreiben vom 9. 9. 2008, BStBl I 2008 S. 936). Es werden im Übrigen nur Aufwendungen berücksichtigt, wenn die **Leistung** und die **Zahlung nach dem 31. 12. 2005** erbracht worden sind. Zu weiteren Einzelheiten siehe BMF-Schreiben vom 19. 1. 2007 – IV C 4 – S 2221 – 2/07 – (BStBl I 2007 S. 184)[1].

Kirchensteuer
Die im Veranlagungszeitraum gezahlte Kirchensteuer und gezahlte Kirchenbeiträge sind abzugsfähig. Dazu gehören nicht die freiwilligen Beiträge, die an öffentlich-rechtliche Religionsgemeinschaften oder an andere religiöse Gemeinschaften entrichtet werden. Die im Veranlagungszeitraum erstattete Kirchensteuer ist gegenzurechnen.

Krankentagegeldversicherung
Krankentagegeldversicherungen gehören zu den Krankenversicherungen und sind Vorsorgeaufwendungen (→ *Vorsorgeaufwendungen*). Beiträge zu Krankentagegeldversicherungen gehören jedoch **nicht** zu den **Basiskrankenversicherungsbeiträgen** (→ *Höchstbeträge für Vorsorgeaufwendungen*).

Krankenversicherung → *Vorsorgeaufwendungen*, → *Höchstbeträge für Vorsorgeaufwendungen*

Kulturgüter
Abzugsfähig sind Aufwendungen für Herstellungs- und Erhaltungsmaßnahmen an eigenen schutzwürdigen Kulturgütern im Inland, soweit sie öffentliche oder private Zuwendungen oder etwaige aus diesen Kulturgütern erzielte Einnahmen übersteigen, im Kalenderjahr des Abschlusses der Maßnahme und in den neun folgenden Kalenderjahren jeweils bis zu **9 %**.

Lebensversicherung → *Vorsorgeaufwendungen*, → *Höchstbeträge für Vorsorgeaufwendungen*

Lohnsteuerhilfeverein → *Steuerberatungskosten*

Pensionskasse
Beiträge an eine Pensionskasse können in bestimmten Fällen als Sonderausgaben abgezogen werden (→ *Vorsorgeaufwendungen*, → *Höchstbeträge für Vorsorgeaufwendungen*).

Pflegerenten-/Pflegekrankenversicherung
Die Beiträge sind Vorsorgeaufwendungen (→ *Vorsorgeaufwendungen*, → *Höchstbeträge für Vorsorgeaufwendungen*).

Pflegeversicherung → *Vorsorgeaufwendungen*, → *Höchstbeträge für Vorsorgeaufwendungen*

Politische Parteien
Abzugsfähig sind Zuwendungen an politische Parteien bis zu einem Betrag von **1 650 €** bzw. bei der Zusammenveranlagung von Ehegatten bis zu **3 300 €**. In gleicher Höhe werden vorab Zuwendungen an politische Parteien sowie unabhängige Wählervereinigungen jeweils zur Hälfte nach § 34g EStG von der tariflichen Einkommensteuer abgezogen (→ Rz. A 32).

Renten und dauernde Lasten
Abzugsfähig sind Renten und dauernde Lasten, die auf besonderen Verpflichtungen beruhen und nicht mit Einkünften in wirtschaftlichem Zusammenhang stehen; bei Leibrenten kann nur der sog. Ertragsanteil (→ Rz. B 59) abgezogen werden. Dies gilt jedoch nur noch für auf besonderen Verpflichtungsgründen beruhenden Renten und dauernde Lasten, die auf **vor dem 1. 1. 2008 vereinbarten Vermögensübertragungen** beruhen.
Zur Regelung bei Versorgungsleistungen, die auf **nach dem 31. 12. 2007 vereinbarten Vermögensübertragungen** beruhen, → *Versorgungsleistungen*.

Rentenversicherung → *Vorsorgeaufwendungen*, → *Höchstbeträge für Vorsorgeaufwendungen*

Risikoversicherung → *Vorsorgeaufwendungen*, → *Höchstbeträge für Vorsorgeaufwendungen*

Sachversicherung
Die Beiträge sind keine Sonderausgaben.

Schulgeld
30 % des Entgelts, **höchstens 5 000 €**, das der Steuerpflichtige für jedes Kind, für das er Anspruch auf einen Freibetrag für Kinder oder auf Kindergeld hat, für dessen Besuch einer Schule in freier Trägerschaft oder einer überwiegend privat finanzierten Schule entrichtet, können als Sonderausgaben abgezogen werden. Das Entgelt für Beherbergung, Betreuung und Verpflegung ist nicht zu berücksichtigen. Voraussetzung für den Sonderausgabenabzug ist, dass die Schule in einem Mitgliedstaat der Europäischen Union oder in einem Staat belegen ist, auf den das Abkommen über den Europäischen Wirtschaftsraum Anwendung findet, und die Schule zu einem von dem zuständigen inländischen Ministerium eines Landes, von der Kultusministerkonferenz der Länder oder von einer inländischen Zeugnisanerkennungsstelle anerkannten bzw. einem inländischen Ab-

---
[1] Die Gesetzeszitate im BMF-Schreiben sind z. T. überholt.

schluss als gleichwertig anerkannten allgemein bildenden oder berufsbildenden Schul-, Jahrgangs- oder Berufsabschluss führt. Der Besuch einer anderen Einrichtung, die auf einen Schul-, Jahrgangs- oder Berufsabschluss ordnungsgemäß vorbereitet, steht einem Schulbesuch gleich. Der Besuch einer Deutschen Schule im Ausland steht dem Besuch einer solchen Schule gleich, unabhängig von ihrer Belegenheit. Der Höchstbetrag von 5 000 € wird für jedes Kind, bei dem die Voraussetzungen vorliegen, je Elternpaar nur einmal gewährt.

Zu den **weitere Einzelheiten** siehe BMF-Schreiben vom 9.3.2009 – IV C 4 – S 2221/07/0007 – (BStBl I 2009 S. 487).

Selbst genutzte Baudenkmale

Abzugsfähig sind Aufwendungen der Eigentümer selbst genutzter Baudenkmale oder Gebäude, die in Sanierungsgebieten oder städtebaulichen Entwicklungsbereichen gelegen sind. Die Aufwendungen können im Kalenderjahr des Abschlusses der Baumaßnahmen und in den neun folgenden Kalenderjahren jeweils bis zu **9 %** als Sonderausgaben abgezogen werden.

Selbst genutzte Wohnungen

Der Eigentümer kann von den Anschaffungs- und Herstellungskosten einer selbst genutzten Wohnung und von der Hälfte der Anschaffungskosten für den dazugehörenden Grund und Boden bis zu bestimmten Höchstbeträgen bestimmte Prozentsätze als Sonderausgaben abziehen. Diese sog. **§ 10e-Förderung** gilt nur noch für Objekte, mit deren Herstellung vor dem 1. 1. 1996 begonnen wurde oder die vor dem 1. 1. 1996 angeschafft wurden.

Die Förderung durch den Sonderausgabenabzug wurde bei späterem Herstellungsbeginn oder einer späteren Anschaffung durch die **Eigenheimzulage** ersetzt. Die Eigenheimzulage wird jedoch seit 1. 1. 2006 nicht mehr neu gewährt (Gesetz zur Abschaffung der Eigenheimzulage). Sie wird aber noch für den vollen Förderzeitraum gewährt, wenn vor dem 1. 1. 2006 der notarielle Kaufvertrag beurkundet oder der Bauantrag für eine neu zu errichtende Wohnung gestellt wurde.

Seit 2008 werden die selbst genutzten eigenen Wohnungen (Wohnungen im eigenen Haus und Eigentumswohnungen) und selbst genutzten Genossenschaftswohnungen im Rahmen der sog. Riester-Renten gefördert (sog. **Wohn-Riester**). → *Altersvorsorgebeiträge*

Sonderausgaben-Pauschbetrag

Für bestimmte Sonderausgaben wird ein Pauschbetrag von **36 €** gewährt (Sonderausgaben-Pauschbetrag), wenn nicht höhere Aufwendungen nachgewiesen werden. Folgende Sonderausgaben fallen unter den Sonderausgaben-Pauschbetrag:

- Unterhaltsleistungen an den geschiedenen oder dauernd getrennt lebenden Ehegatten (→ *Unterhaltsleistungen an den geschiedenen oder dauernd getrennt lebenden Ehegatten*);
- Renten und dauernde Lasten (→ *Renten und dauernde Lasten*);
- bestimmte Versorgungsleistungen (→ *Versorgungsleistungen*);
- Kirchensteuer (→ *Kirchensteuer*);
- Kosten der eigenen Berufsausbildung (→ *Berufsausbildung)*;
- Schulgeld (→ *Schulgeld*);
- Aufwendungen für steuerbegünstigte Zwecke (→ *Steuerbegünstigte Zwecke*).

Bei der Zusammenveranlagung von **Ehegatten** verdoppelt sich der Betrag auf **72 €**.

Steuerbegünstigte Zwecke

Abzugsfähig sind Zuwendungen (**Spenden** und **Mitgliedsbeiträge**) zur Förderung **steuerbegünstigter Zwecke** i. S. d. §§ 52 bis 54 AO. Der Abzug beträgt insgesamt bis zu
1. **20 %** des Gesamtbetrags der Einkünfte oder
2. **vier Promille** der Summe der gesamten Umsätze und der im Kalenderjahr aufgewendeten Löhne und Gehälter.

Voraussetzung für den Abzug ist u. a., dass diese Zuwendungen an eine juristische Person des öffentlichen Rechts oder an eine öffentliche Dienststelle, die in einem **Mitgliedstaat der EU** oder in einem Staat belegen ist, auf den das **EWR-Abkommen** Anwendung findet, oder an eine **steuerbefreite Körperschaft**, Personenvereinigung oder Vermögensmasse oder an eine Körperschaft, Personenvereinigung oder Vermögensmasse, die in einem Mitgliedstaat der EU oder in einem Staat belegen ist, auf den das EWR-Abkommen Anwendung findet, und die **im Inland steuerbefreit wäre**, geleistet werden.

Abziehbar sind **auch** Mitgliedsbeiträge an Körperschaften, die Kunst und Kultur fördern, soweit es sich nicht um Mitgliedsbeiträge an Körperschaften handelt, die kulturelle Betätigungen fördern, die in erster Linie der Freizeitgestaltung dienen, auch wenn den Mitgliedern Vergünstigungen gewährt werden.

Nicht abziehbar sind Mitgliedsbeiträge an Körperschaften, die
1. den Sport,
2. kulturelle Betätigungen, die in erster Linie der Freizeitgestaltung dienen,
3. die Heimatpflege und Heimatkunde oder
4. Zwecke i. S. d. § 52 Abs. 2 Nr. 23 AO (Förderung der Tierzucht, der Pflanzenzucht, der Kleingärtnerei etc.)

fördern.

Abziehbare Zuwendungen, die die Höchstbeträge überschreiten oder die den um die Beträge nach § 10 Abs. 3 und 4, § 10c und § 10d EStG verminderten Gesamtbetrag der Einkünfte übersteigen, sind im Rahmen der Höchstbeträge in den **folgenden Veranlagungszeiträumen** als Sonderausgaben abzuziehen.

Steuerberatungskosten

Bis 2005 waren Steuerberatungskosten der Höhe nach unbegrenzt als **Sonderausgaben** abziehbar, soweit die Aufwendungen nicht zu den Werbungskosten oder Betriebsausgaben gehörten.

Nachdem jedoch die gesetzliche Regelung zum Sonderausgabenabzug mit Wirkung ab **1. 1. 2006 aufgehoben** wurde, wirkt sich nunmehr nur noch der Teil der Steuerberatungskosten steuerlich aus, der Werbungskosten oder Betriebsausgaben darstellt (→ auch Rz. B 87 *Steuerberatungskosten*). Der andere Teil (z. B. für die Beratung in Tarif- und Veranlagungsfragen, die Erstellung der Einkommensteuererklärung) führt zu nicht abziehbaren Kosten der privaten Lebensführung. Zu weiteren Einzelheiten siehe auch BMF-Schreiben vom 21. 12. 2007 – IV B 2 – S 2144/07/0002 – (BStBl I 2008 S. 256).

Steuerfachliteratur
Die Beiträge gehören zu den Steuerberatungskosten (→ *Steuerberatungskosten*) oder Werbungskosten (→ Rz. B 87 *Fachliteratur*).

Stiftungen
Spenden in den **Vermögensstock einer Stiftung** können im Veranlagungszeitraum der Zuwendung und in den folgenden neun Veranlagungszeiträumen bis zu einem Gesamtbetrag von **1 000 000 €** zusätzlich zu den unter → *Steuerbegünstigte Zwecke* genannten Höchstbeträgen als Sonderausgaben abgezogen werden. Der besondere Abzugsbetrag bezieht sich dabei auf den gesamten Zehnjahreszeitraum und kann der Höhe nach innerhalb dieses Zeitraums nur einmal in Anspruch genommen werden. Hinsichtlich des Kreises der betroffenen Stiftungen gelten die Erläuterungen unter → *Steuerbegünstigte Zwecke* entsprechend.

Unfallversicherung
→ *Vorsorgeaufwendungen*, → *Höchstbeträge für Vorsorgeaufwendungen*
Aufwendungen der Arbeitnehmer für Unfallversicherungen, die auch das Unfallrisiko im beruflichen Bereich abdecken, sind teilweise Werbungskosten (auch → Rz. B 87 *Unfallversicherung*). Es ist eine Aufteilung zwischen den Sonderausgaben und den Werbungskosten vorzunehmen, entweder anhand der Angaben des Versicherungsunternehmens oder durch eine Aufteilung 50:50.

Unterhaltsleistungen an den geschiedenen oder dauernd getrennt lebenden Ehegatten
Abgezogen werden können Unterhaltsleistungen an den geschiedenen oder dauernd getrennt lebenden Ehegatten bis zu einem Betrag von **13 805 €** jährlich, wenn der Unterhaltsleistende dies mit Zustimmung des Empfängers beantragt. In diesem Fall hat der Empfänger die Unterhaltsleistungen als sonstige Einkünfte zu versteuern; der Sonderausgabenabzug führt also zum sog. **Realsplitting**. Der Höchstbetrag von 13 805 € erhöht sich um den Betrag der für die Absicherung des geschiedenen oder dauernd getrennt lebenden unbeschränkt einkommensteuerpflichtigen Ehegatten aufgewandten **Basiskranken- und Pflegeversicherungsbeiträge** (→ *Höchstbeträge für Vorsorgeaufwendungen*). Der Empfänger kann seine Zustimmung nur mit Wirkung für die Zukunft widerrufen.
Es ist unerheblich, ob die Unterhaltsleistungen freiwillig oder auf Grund gesetzlicher Unterhaltspflicht erbracht werden. Auch als Unterhalt erbrachte Sachleistungen sind zu berücksichtigen.

Verlustabzug
Abzugsfähig sind negative Einkünfte, die bei der Ermittlung des Gesamtbetrags der Einkünfte nicht ausgeglichen werden und deren Ausgleich oder Abzug nicht nach anderen Vorschriften ausgeschlossen ist. Sie können wahlweise zunächst in das unmittelbar vorangegangene Jahr bis zu **511 500 €** (**bei Ehegatten**, die zusammen veranlagt werden, bis zu 1 023 00 €) zurückgetragen werden; soweit dies nicht geschieht, sind sie – zeitlich unbeschränkt – auf die Folgejahre vorzutragen. Nicht ausgeglichene negative Einkünfte können dabei in den folgenden Veranlagungszeiträumen bis zu einem Gesamtbetrag der Einkünfte von **1 000 000 €** (**bei Ehegatten**, die zusammen veranlagt werden, bis zu **2 000 000 €**) unbeschränkt, darüber hinaus bis zu **60 %** des 1 000 000 € bzw. 2 000 000 € übersteigenden Gesamtbetrags der Einkünfte abgezogen werden. Der Verlustabzug wird bei der Ermittlung des Einkommens berücksichtigt.

Versorgungsausgleich
Abzugsfähig sind Leistungen auf Grund eines **schuldrechtlichen** Versorgungsausgleichs, soweit die ihnen zu Grunde liegenden Einnahmen beim Ausgleichsverpflichteten der Besteuerung unterliegen. Die Änderungen durch das Gesetz zur Strukturreform des Versorgungsausgleichs (VAStrRefG) sind zu beachten[1]. Zu den **Einzelheiten** siehe BMF-Schreiben vom 9.4.2010 – IV C 3 – S 2221/09/10024 – (BStBl I 2010 S. 323).

Versorgungsleistungen
Abzugsfähig sind bei **nach dem 31. 12. 2007 vereinbarten Vermögensübertragungen** auf besonderen Verpflichtungsgründen beruhende, lebenslange und wiederkehrende Versorgungsleistungen, die nicht mit Einkünften in wirtschaftlichem Zusammenhang stehen, die bei der Veranlagung außer Betracht bleiben, wenn der Empfänger unbeschränkt einkommensteuerpflichtig ist. Dies gilt nur für bestimmte Versorgungsleistungen im Zusammenhang mit der Übertragung von Mitunternehmeranteilen an Personengesellschaften, von Betrieben oder Teilbetrieben sowie GmbH-Anteilen.
Zur Regelung bei Versorgungsleistungen, die auf **vor dem 1. 1. 2008 vereinbarten Vermögensübertragungen** beruhen, → *Renten und dauernde Lasten*.

Vorsorgeaufwendungen
Zu den berücksichtigungsfähigen Vorsorgeaufwendungen, die in 2011 bis zu einem Höchstbetrag von 14 400 € (**20 000 € x 72 %**) berücksichtigungsfähig sind (→ *Höchstbeträge für Vorsorgeaufwendungen*), gehören folgende Altersvorsorgeaufwendungen:
- Beiträge zu den **gesetzlichen Rentenversicherungen**,
- Beiträge zu **landwirtschaftlichen Alterskassen**,
- Beiträge zu den **berufsständischen Versorgungseinrichtungen**, die den gesetzlichen Rentenversicherungen vergleichbare Leistungen erbringen,
- Beiträge zum Aufbau einer **eigenen kapitalgedeckten Altersversorgung**, wenn der Vertrag nur die Zahlung einer monatlichen lebenslangen **Leibrente** nicht vor Vollendung des **60. Lebensjahres** (für Vertragsabschlüsse nach dem 31. 12. 2011: „nicht vor Vollendung des 62. Lebensjahres") oder die ergänzende Absicherung des Eintritts der Berufsunfähigkeit (Berufsunfähigkeitsrente), der verminderten Erwerbsfähigkeit (Erwerbsminderungsrente) oder von Hinterbliebenen (Hinterbliebenenrente) vorsieht (sog. Basis- oder „Rürup"-Rente). Die Ansprüche des Steuerpflichtigen aus dieser Altersversorgung dürfen **nicht vererblich, nicht übertragbar, nicht beleihbar, nicht veräußerbar** und **nicht kapitalisierbar** sein und es darf darüber hinaus **kein Anspruch auf Auszahlungen** bestehen.

---

[1] Durch das JStG 2010 ist die einschlägige Vorschrift (§ 10 Abs. 1 Nr. 1b EStG) in ihrer Terminologie an das Versorgungsausgleichsgesetz angepasst worden. Der Bundesrat hat dem Gesetz am 26. 11. 2010 zugestimmt.

B. Einkommensteuer

Zu den Beiträgen gehört auch der **steuerfreie Arbeitgeberanteil** zur gesetzlichen Rentenversicherung und ein diesem gleichgestellter **steuerfreier Zuschuss des Arbeitgebers**. Auf **Antrag** des Arbeitnehmers werden auch im Zusammenhang mit einer **geringfügigen Beschäftigung** erbrachte, pauschale Beiträge zur Rentenversicherung berücksichtigt; dies kann vorteilhaft sein, wenn sich der Arbeitnehmer im Rahmen des geringfügigen Beschäftigungsverhältnisses für die Entrichtung der Regelbeiträge zur Sozialversicherung entschieden hat.

Basiskrankenversicherungsbeiträge, die an die gesetzliche Krankenversicherung oder für eine private Krankenversicherung entrichtet werden, stellen grds. in voller Höhe Vorsorgeaufwendungen dar (→ *Höchstbeträge für Vorsorgeaufwendungen*). Es handelt sich um Beiträge, soweit diese zur Erlangung eines durch das SGB XII bestimmten sozialhilfegleichen Versorgungsniveaus erforderlich sind. Auf das **Krankengeld** entfallende Beitragsanteile werden nicht berücksichtigt. Wenn sich aus den Beiträgen für die gesetzliche Krankenversicherung ein Anspruch auf Krankengeld oder ein Anspruch auf eine Leistung, die anstelle von Krankengeld gewährt wird, ergeben kann, wird der jeweilige Beitrag pauschal um 4 % gemindert. Ein eventuell an die gesetzliche Krankenversicherung geleisteter **Zusatzbeitrag** wird steuerlich berücksichtigt. Beiträge für **Wahl- bzw. Zusatztarife** werden steuerlich nicht berücksichtigt. Beiträge zu **gesetzlichen Pflegeversicherungen** (soziale Pflegeversicherung und private Pflege-Pflichtversicherung) werden in diesem Zusammenhang ebenfalls in voller Höhe angesetzt. Die Basiskranken- und Pflegeversicherungsbeiträge werden auch im Rahmen der weiteren sonstigen Vorsorgeaufwendungen berücksichtigt (siehe unten).

Zu den **weiteren sonstigen Vorsorgeaufwendungen**, die bis zu 2 800 € bzw. 1 900 € je Kalenderjahr berücksichtigt werden können (→ *Höchstbeträge für Vorsorgeaufwendungen*), gehören **folgende Vorsorgeaufwendungen**:
- Beiträge zur **Kranken- und Pflegeversicherungen**, wenn es sich nicht schon um Basiskranken- und Pflegeversicherungsbeiträge handelt (siehe oben),
- Beiträge zur **Arbeitslosenversicherung**,
- Beiträge zu bestimmten **Erwerbs- und Berufsunfähigkeitsversicherungen**,
- Beiträge zu **Unfall- und Haftpflichtversicherungen**,
- Beiträge zu **Risikoversicherungen**, die nur für den Todesfall eine Leistung vorsehen,
- Beiträge zu **Rentenversicherungen ohne Kapitalwahlrecht**, wenn die Versicherung vor dem 1. 1. 2005 begonnen hat und bis zum 31. 12. 2004 mindestens ein Versicherungsbeitrag entrichtet wurde,
- Beiträge zu **Rentenversicherungen mit Kapitalwahlrecht** gegen laufende Beitragsleistungen i. H. v. **88 %**, wenn die Auszahlung des Kapitals innerhalb von **zwölf Jahren** seit Vertragsabschluss ausgeschlossen ist, und wenn die Versicherung vor dem 1. 1. 2005 begonnen hat und bis zum 31. 12. 2004 mindestens ein Versicherungsbeitrag entrichtet wurde,
- Beiträge zu **Kapitalversicherungen** gegen laufende Beitragsleistungen mit Sparanteil i. H. v. **88 %**, wenn der Vertrag für die Dauer von mindestens **zwölf Jahren** abgeschlossen worden ist und wenn die Versicherung vor dem 1. 1. 2005 begonnen hat und bis zum 31. 12. 2004 mindestens ein Versicherungsbeitrag entrichtet wurde.

Fondsgebundene Lebensversicherungen sind vom Sonderausgabenabzug ausgeschlossen. **Renten- und Kapitalversicherungen**, die vor dem 1. 1. 2005 begonnen haben und bei denen bis zum 31. 12. 2004 mindestens ein Versicherungsbeitrag entrichtet wurde, sind von der steuerlichen Förderung ausgeschlossen, wenn sie zur **Tilgung oder Sicherung von Darlehen** eingesetzt werden. Steuerunschädlich ist jedoch der Einsatz von Lebensversicherungen zur Finanzierung des selbst genutzten Wohneigentums und zur Sicherung von Investitionsdarlehen, die für die Anschaffung oder Herstellung von Wirtschaftsgütern des betrieblichen Anlagevermögens bzw. von vergleichbaren Wirtschaftsgütern bei den Überschusseinkünften aufgenommen werden. Dabei ist unbeachtlich, wenn das Investitionsdarlehen die Anschaffungs- oder Herstellungskosten oder wenn die eingesetzten Versicherungsansprüche das Investitionsdarlehen jeweils um bis zu 2 556 € übersteigen. Bei einer insgesamt nur drei Jahre dauernden Sicherung betrieblich veranlasster Darlehen ist das Abzugsverbot für die Versicherungsbeiträge auf die Veranlagungszeiträume beschränkt, in denen Anspruch aus diesen Versicherungsverträgen der Darlehenssicherung dienten.

Allgemeine Voraussetzung für den Sonderausgabenabzug von Vorsorgeaufwendungen ist, dass die Aufwendungen **nicht** in unmittelbarem wirtschaftlichen **Zusammenhang** mit **steuerfreien Einnahmen** stehen, und
- an **Versicherungsunternehmen**, die ihren Sitz oder ihre Geschäftsleitung in einem Mitgliedstaat der Europäischen Gemeinschaft oder einem anderen Vertragsstaat des Europäischen Wirtschaftsraums haben und das Versicherungsgeschäft im Inland betreiben dürfen, und Versicherungsunternehmen, denen die Erlaubnis zum Geschäftsbetrieb im Inland erteilt ist,
- an **berufsständische Versorgungseinrichtungen**,
- an einen **Sozialversicherungsträger** oder
- an Anbieter von Altersvorsorgeverträgen, Pensionsfonds, Pensionskassen oder Lebensversicherungsunternehmen (bei Direktversicherungen)

geleistet werden. Steuerfreie Zuschüsse zu einer **Kranken- oder Pflegeversicherung** stehen im Übrigen insgesamt in unmittelbarem wirtschaftlichen Zusammenhang mit den Basiskranken- und Pflegeversicherungsbeiträgen (s. o.).

Zu den **weiteren Einzelheiten** siehe BMF-Schreiben vom 13.9.2010 – IV C 3 – S 2222/09/10041 / IV C 5 – S 2345/08/0001 – (BStBl I 2010 S. 681).

Vorsorgepauschale
Steuerpflichtigen mit **Einkünften aus nichtselbständiger Arbeit** wird eine Vorsorgepauschale gewährt. Diese hat den Zweck, die typischen Vorsorgeaufwendungen der Arbeitnehmer abzugelten.

Bis **einschließlich 2009** wurde eine Vorsorgepauschale sowohl im **Lohnsteuerabzugsverfahren** als auch bei der **Einkommensteuerveranlagung** angesetzt. Der pauschale Ansatz von Vorsorgeaufwendungen im **Veranlagungsverfahren** mittels Vorsorgepauschale ist jedoch **ab 2010 weggefallen**. Im Veranlagungsverfahren erfolgt ein Sonderausgabenabzug nunmehr ausschließlich entsprechend der tatsächlich geleisteten Vorsorgeaufwendungen (→ *Vorsorgeaufwendungen*, → *Höchstbeträge für Vorsorgeaufwendungen*).

Bezüglich der **Einzelheiten** zur Vorsorgepauschale im Lohnsteuerabzugsverfahren → Rz. A 5 ff. , C 68.1 ff. und BMF-Schreiben vom 22.10.2010 – IV C 5 – S 2367/10/10002 – BStBl I 2010 S. 1254.

Vorwegabzug → *Höchstbeträge für Vorsorgeaufwendungen*

Zukunftssicherungsleistungen
Beiträge des Arbeitgebers für die Zukunftssicherung des Arbeitnehmers (z. B. für eine Direktversicherung) können als Sonderausgaben des Arbeitnehmers abgezogen werden, es sei denn, die Beiträge sind steuerfrei oder der Arbeitgeber hat die Lohnsteuer für die Beiträge pauschal berechnet und übernommen (→ *Vorsorgeaufwendungen*).

8. ABC der Außergewöhnlichen Belastungen

Außergewöhnliche Belastungen sind Aufwendungen, die auf Grund besonderer Umstände zwangsläufig anfallen, z. B. die Ausgaben, die durch Krankheit, Behinderung, Todesfall, Unwetterschäden oder Ehescheidung entstehen.

Hinweis: Querverweise auf Stichwörter innerhalb des ABC sind durch einen voranstehenden Pfeil gekennzeichnet (z. B.: → *Bestattung*).

Adoption
Die Kosten einer Adoption sind nicht zwangsläufig und deshalb **nicht abzugsfähig**.

Aufenthaltsrecht
Prozesskosten, die durch ein verwaltungsgerichtliches Verfahren zur Erlangung eines dauerhaften Aufenthaltsrechts des ausländischen Partners entstanden sind, sind **nicht** als außergewöhnliche Belastung **abziehbar**.

Ausbildung → *Sonderbedarf bei Berufsausbildung*

Beerdigung → *Bestattung*

Behinderte Menschen
Wegen der außergewöhnlichen Belastung, die behinderten Menschen
- für die Hilfe bei den gewöhnlichen und regelmäßig wiederkehrenden Verrichtungen des täglichen Lebens,
- für die Pflege sowie
- für einen erhöhten Wäschebedarf

erwachsen, kann an Stelle der Steuerermäßigung für außergewöhnliche Belastungen allgemeiner Art ein **Behinderten-Pauschbetrag** geltend gemacht werden. Das Wahlrecht kann für die genannten Aufwendungen im jeweiligen Veranlagungszeitraum nur einheitlich ausgeübt werden. Der Pauschbetrag beträgt:

bei einem **Grad der Behinderung** von

25 und 30	310 €
35 und 40	430 €
45 und 50	570 €
55 und 60	720 €
65 und 70	890 €
75 und 80	1 060 €
85 und 90	1 230 €
95 und 100	1 420 €.

Bei einem Grad der Behinderung von weniger als 50, aber mindestens 25, wird der Pauschbetrag jedoch nur gewährt, wenn
- dem behinderten Menschen wegen seiner Behinderung nach gesetzlichen Vorschriften Renten (z. B. Unfallrenten, nicht aber aus der gesetzlichen Rentenversicherung) oder andere laufende Bezüge zustehen oder
- die Behinderung zu einer dauernden Einbuße der körperlichen Beweglichkeit geführt hat oder auf einer typischen Berufskrankheit beruht.

Blinde sowie **hilflose behinderte Menschen** erhalten einen Pauschbetrag von **3 700 €**. Die Voraussetzungen „blind" und „hilflos" sind durch den Schwerbehindertenausweis mit den Merkmalen „Bl" bzw. „H" oder durch einen Bescheid über die Einstufung in die Pflegestufe III nachzuweisen.

Steht der Behinderten-Pauschbetrag einem **Kind** zu, für das der Steuerpflichtige Anspruch auf einen Freibetrag für Kinder oder auf Kindergeld hat, kann der Pauschbetrag vom Steuerpflichtigen geltend gemacht werden, wenn das Kind den Pauschbetrag nicht selbst in Anspruch nimmt. Gleiches gilt, wenn dem **Ehegatten** ein Behinderten-Pauschbetrag zusteht. Neben dem Behinderten-Pauschbetrag können außergewöhnliche Belastungen allgemeiner Art (z. B. Operationskosten sowie Heilbehandlungen, Kuren, Arznei- und Arztkosten, Fahrtkosten) geltend gemacht werden.

Behindertengerechter Umbau
Die Aufwendungen für den Einbau eines Fahrstuhls und einen behindertengerechten Bau/Umbau (z. B. breite Türen, großes Bad) sind **keine außergewöhnlichen Belastungen**; das gilt auch dann, wenn die Umgestaltung erst später vorgenommen wurde und das Gebäude bereits vor Eintritt der Behinderung als Familienwohnung genutzt worden ist. Dagegen können Aufwendungen für medizinische Hilfsmittel (→ *Medizinische Hilfsmittel*) im engeren Sinne (z. B. Treppenschräglift) abgezogen werden.

Berufsausbildung → *Sonderbedarf bei Berufsausbildung*

Bestattung
Die Kosten der Bestattung eines Angehörigen können abgezogen werden, **soweit** sie den **Nachlass** und etwaige Ersatzleistungen **übersteigen** (z. B. Sterbegeld der Krankenkassen und andere Versicherungsleistungen). Es können aber nur Kosten berücksichtigt werden, die mit der Bestattung unmittelbar zusammenhängen (z. B. für Grabstätte, Sarg, Blumen, Kränze, Todesanzeigen). Die Kosten für die Trauerkleidung und die Bewirtung der Trauergäste sowie Reisekosten anlässlich der Bestattung werden nicht anerkannt. Die zumutbare Belastung ist zu beachten (→ *Zumutbare Belastung*).

Besuchsfahrten
Fahrtkosten, die lediglich wegen der **allgemeinen Pflege verwandschaftlicher Beziehungen** entstehen, sind **keine außergewöhnlichen Belastungen**.

Diätverpflegung
Die Aufwendungen für eine Diätverpflegung sind **keine außergewöhnlichen Belastungen**.

Ehescheidung
Die **unmittelbaren und unvermeidbaren Kosten** des Scheidungsprozesses sind als zwangsläufig erwachsen anzusehen und deshalb als außergewöhnliche Belastung abziehbar. Dies sind die Prozesskosten für die Scheidung und den Versorgungsausgleich. Die zumutbare Belastung ist zu beachten (→ *Zumutbare Belastung*).

Aufwendungen für die **Auseinandersetzung gemeinsamen Vermögens** anlässlich einer Scheidung sind dagegen nicht als außergewöhnliche Belastung zu berücksichtigen, unabhängig davon, ob die Eheleute die Vermögensverteilung selbst regeln oder die Entscheidung dem Familiengericht übertragen.

Fahrtkosten, allgemein
Unumgängliche Fahrtkosten, die dem Grunde nach als außergewöhnliche Belastung zu berücksichtigen sind, sind bei Benutzung eines Pkw nur in Höhe der **Kosten** für die Benutzung eines **öffentlichen Verkehrsmittels** abziehbar, es sei denn, es bestand keine zumutbare öffentliche Verkehrsverbindung. Siehe auch → *Kraftfahrzeugkosten behinderter Menschen* und → *Besuchsfahrten*.

Haushaltshilfe
Aufwendungen für eine Haushaltshilfe werden nicht als außergewöhnliche Belastung, sondern in Form des **Abzugs von der Steuerschuld** berücksichtigt; → Rz. B 93 *Steuerermäßigung für haushaltsnahe Beschäftigungsverhältnisse/Dienstleistungen und Handwerkerleistungen*.

Heim- oder Pflegeunterbringung
Aufwendungen für die Heim- oder Pflegeunterbringung werden nicht als außergewöhnliche Belastung in Form des **Abzugs von der Steuerschuld** berücksichtigt; → Rz. B 93 *Steuerermäßigung für haushaltsnahe Beschäftigungsverhältnisse/Dienstleistungen und Handwerkerleistungen*.

Hinterbliebene
Hinterbliebenen wird ein Pauschbetrag von **370 €** jährlich gewährt. Hinterbliebene sind Personen, denen laufende Hinterbliebenenbezüge bewilligt worden sind (z. B. nach dem Bundesversorgungsgesetz oder nach der gesetzlichen Unfallversicherung). Der Pauschbetrag wird auch gewährt, wenn das Recht auf die Bezüge ruht oder der Anspruch auf die Bezüge durch Zahlung eines Kapitalbetrags abgefunden worden ist.

Steht der Hinterbliebenen-Pauschbetrag einem **Kind** zu, für das der Steuerpflichtige Anspruch auf einen Freibetrag für Kinder oder auf Kindergeld hat, kann der Pauschbetrag vom Steuerpflichtigen geltend gemacht werden, wenn das Kind den Pauschbetrag nicht selbst in Anspruch nimmt. Gleiches gilt, wenn dem **Ehegatten** ein Hinterbliebenen-Pauschbetrag zusteht.

Kraftfahrzeugkosten behinderter Menschen
Kraftfahrzeugkosten können geltend gemacht werden für durch die Behinderung veranlasste und **unvermeidbare Fahrten** von Personen mit einem Grad der Behinderung von mindestens 80 oder von Personen, deren Grad der Behinderung mindestens 70 beträgt und die zugleich geh- und stehbehindert sind (Merkzeichen „G"). Ohne Nachweis der Kosten werden im Allgemeinen **900 €** (3 000 km zu 0,30 €) anerkannt.

Bei **außergewöhnlich Gehbehinderten**, die sich außerhalb des Hauses nur mit Hilfe eines Kraftfahrzeugs bewegen können (Merkzeichen „aG"), bei Personen mit dem Merkzeichen „H" oder „Bl" und Personen, die in Pflegestufe III eingestuft sind, werden in angemessenem Rahmen (regelmäßig bis zu 15 000 km jährlich) alle private Fahrten anerkannt. Die tatsächliche Fahrleistung ist nachzuweisen oder glaubhaft zu machen. Ein höherer **Kilometersatz** als **0,30 €** wird vom Finanzamt nicht berücksichtigt, weil er unangemessen ist. Das gilt auch dann, wenn sich der höhere Aufwand wegen einer nur geringen Jahresfahrleistung ergibt. Die zumutbare Belastung ist zu beachten (→ *Zumutbare Belastung*).

Krankheitskosten
Krankheitskosten sind außergewöhnliche Belastungen, soweit sie nicht von dritter Seite (z. B. einer Krankenkasse) steuerfrei ersetzt worden sind oder noch ersetzt werden. Die Zwangsläufigkeit, die Notwendigkeit und die Angemessenheit der Aufwendungen sind grundsätzlich durch die Verordnung eines Arztes oder Heilpraktikers, durch ein amtsärztliches Attest oder das Attest eines behandelnden Krankenhausarztes **nachzuweisen**. Bei Aufwendungen für eine **Augen-Laser-Operation** ist die Vorlage eines amtsärztlichen Attests i.Ü. nicht erforderlich; → *Sehhilfe*. Die zumutbare Belastung ist zu beachten (→ *Zumutbare Belastung*).

Künstliche Befruchtung
Die Aufwendungen einer **homologen künstlichen Befruchtung** können außergewöhnliche Belastungen sein, nicht jedoch die Aufwendungen einer **heterologen künstlichen Befruchtung**. Aufwendungen für eine künstliche Befruchtung (In-vitro-Fertilisation), die infolge veränderter Lebensplanung wegen einer früher freiwillig zum Zweck der Empfängnisverhütung vorgenommenen **Sterilisation** erforderlich werden, sind keine außergewöhnliche Belastung. Aufwendungen einer **nicht verheirateten** empfängnisunfähigen Frau für Maßnahmen zur Sterilitätsbehandlung durch sog. In-vitro-Fertilisation ist als außergewöhnliche Belastung **abziehbar**, wenn die Maßnahmen in Übereinstimmung mit den Richtlinien der ärztlichen Berufsordnungen vorgenommen werden, insbesondere eine festgefügte Partnerschaft vorliegt und der Mann die Vaterschaft anerkennen wird. Sind die Aufwendungen berücksichtigungsfähig, ist die zumutbare Belastung zu beachten (→ *Zumutbare Belastung*).

Kur
Kurkosten werden als außergewöhnliche Belastung berücksichtigt, wenn die Notwendigkeit der Kur durch Vorlage eines vor Kurbeginn ausgestellten **amtsärztlichen Zeugnisses** nachgewiesen wird, sofern dies nicht schon aus anderen Unterlagen (z. B. bei Pflichtversicherten aus einer Bescheinigung der Versicherungsanstalt) offensichtlich ist. Die zumutbare Belastung ist zu beachten (→ *Zumutbare Belastung*).

B. Einkommensteuer

Legasthenie
Hat eine Lese- und Rechtschreibschwäche Krankheitswert, können die Aufwendungen für die Behandlung **außergewöhnliche Belastungen** sein (Nachweis durch amtsärztliches Attest). Die zumutbare Belastung ist zu beachten (→ *Zumutbare Belastung*).

Medizinische Hilfsmittel
Bei Vorlage eines amtsärztlichen Attests können Aufwendungen für medizinische Hilfsmittel **außergewöhnliche Belastungen** sein. Die zumutbare Belastung ist zu beachten (→ *Zumutbare Belastung*).

Opfergrenze
Unterhaltsleistungen (→ *Unterhaltsaufwendungen*) werden nur anerkannt, wenn sie in einem angemessenen **Verhältnis zum Nettoeinkommen** des Leistenden stehen und noch angemessene **Mittel zum Lebensbedarf** für den Leistenden sowie gegebenenfalls für seine Ehefrau und seine Kinder verbleiben (sog. Opfergrenze). Unterhaltsleistungen an den/die in einer Haushaltsgemeinschaft lebende/n, mittellose/n **Lebenspartner/in** sind ohne Berücksichtigung der sog. Opfergrenze als außergewöhnliche Belastung abziehbar.

Pflegekosten
→ *Haushaltshilfe*, → *Heim- und Pflegeunterbringung* und → *Rz. B 93 Steuerermäßigung für haushaltsnahe Beschäftigungsverhältnisse/Dienstleistungen und Handwerkerleistungen*.

Pflege-Pauschbetrag
Aufwendungen, die durch die persönliche Pflege einer hilflosen Person (Merkzeichen „H" im Schwerbehindertenausweis oder Pflegestufe III) entstehen, werden pauschal mit **924 €** jährlich anerkannt, wenn der Pflegende für die Pflege keine Einnahmen erhält, wobei zu den Einnahmen unabhängig von der Verwendung nicht das von den Eltern eines behinderten Kindes für dieses Kind empfangene Pflegegeld zählt. Höhere Aufwendungen werden nur bei Nachweis und nach Anrechnung der zumutbaren Belastung (→ *Zumutbare Belastung*) berücksichtigt.

Privatschule
Für ein behindertes Kind **kann** das Schulgeld für eine Privatschule als außergewöhnliche Belastung geltend gemacht werden, wenn eine geeignete öffentliche Schule oder eine schulgeldfreie Privatschule nicht zur Verfügung steht. Der **Nachweis** der Erforderlichkeit des Besuchs der Privatschule muss durch Vorlage einer Bestätigung der zuständigen Landesbehörde erfolgen. Die zumutbare Belastung ist zu beachten (→ *Zumutbare Belastung*).

Prozesskosten
Prozesskosten sind grundsätzlich **nicht** als außergewöhnliche Belastungen **abziehbar**. Ein Abzug kommt ausnahmsweise in Betracht, wenn der Steuerpflichtige ohne den Rechtsstreit Gefahr liefe, seine Existenzgrundlage zu verlieren und seine lebensnotwendigen Bedürfnisse im üblichen Rahmen nicht mehr befriedigen zu können. Die zumutbare Eigenbelastung ist zu beachten (→ *Zumutbare Belastung*). → *Aufenthaltsrecht*, → *Ehescheidung*, → *Studienplatz*, → *Umgangsrecht*, → *Vaterschaftsfeststellungsprozess*, → *Zivilprozess*.

Sehhilfe
Aufwendungen für eine Sehhilfe (z. B. Brille) sind eine **außergewöhnliche Belastung** (→ *Krankheitskosten*). Wurde die Notwendigkeit einer Sehhilfe einmal durch einen Augenarzt festgestellt, genügt als Nachweis ggü. dem Finanzamt auch die Folgerefraktionsbestimmung durch einen **Augenoptiker**. Als Nachweis reicht grds. auch die Vorlage der Erstattungsmitteilung einer privaten Krankenversicherung oder eines Beihilfebescheids. Die zumutbare Belastung ist zu beachten (→ *Zumutbare Belastung*). Bezüglich einer Augen-Laser-Operation → *Krankheitskosten*.

Sonderbedarf bei Berufsausbildung
Zur Abgeltung des Sonderbedarfs eines sich in Berufsausbildung befindenden Kindes kommt ein Freibetrag i. H. v. **924 €** jährlich in Betracht, wenn das Kind das **18. Lebensjahr** vollendet hat und **auswärts untergebracht** ist. Voraussetzung für den Abzug des Freibetrags ist, dass für das Kind ein Anspruch auf einen Freibetrag für Kinder oder Kindergeld besteht.
Unter Berufsausbildung ist auch die (Hoch-)Schulausbildung (z. B. Studium an einer Universität) zu verstehen. Die Tätigkeit im Rahmen eines freiwilligen sozialen Jahres ist dagegen grundsätzlich nicht als Berufsausbildung zu beurteilen.
Der Freibetrag vermindert sich jeweils um die **eigenen Einkünfte und Bezüge** des Kindes, die zur Bestreitung seines Unterhalts oder seine Berufsausbildung bestimmt oder geeignet sind, soweit sie 1 848 € im Kalenderjahr übersteigen, sowie um die vom Kind als Ausbildungshilfe aus öffentlichen Mitteln oder von Förderungseinrichtungen, die hierfür öffentliche Mittel erhalten, bezogenen Zuschüsse. Bei der Ermittlung der anrechenbaren Einkünfte sind die Pflichtbeiträge zur gesetzlichen Sozialversicherung und die Beiträge zu einer **freiwilligen gesetzlichen** oder einer **privaten Krankenversicherung** von den Einkünften abzuziehen. Nicht angerechnet werden darlehensweise gewährte Leistungen.
Sind die Eltern geschieden oder verheiratet, aber dauernd getrennt lebend, wird der Freibetrag **jedem Elternteil**, dem Aufwendungen für die Berufsausbildung des Kindes entstehen, zur Hälfte zuerkannt. Gleiches gilt bei Eltern nichtehelicher Kinder. Auf gemeinsamen Antrag der Eltern ist eine andere Aufteilung möglich.

Studienplatz
Prozesskosten der Eltern zur Erlangung eines Studienplatzes für ihr Kind in einem Numerus-clausus-Fach sind **nicht** als außergewöhnliche Belastung **abziehbar**.

Umgangsrecht
Unter engen Voraussetzungen sind die Kosten eines entsprechenden Prozesses als **außergewöhnliche Belastungen** abziehbar. Die zumutbare Eigenbelastung ist zu beachten (→ *Zumutbare Belastung*).

Unterhaltsaufwendungen
Unterhaltsleistungen sind bis zum **Höchstbetrag** von **8 004 €** jährlich abziehbar, wenn der Empfänger gegenüber dem Steuerpflichtigen gesetzlich unterhaltsberechtigt ist oder wenn mit Rücksicht auf die Unterstützungsleistungen öffentliche Mittel, die der Empfänger für den Unterhalt erhält, gekürzt werden oder – bei einem entsprechenden Antrag – gekürzt würden. Der Höchstbetrag von **8 004 € erhöht** sich um den Betrag, der für die Absicherung von **Krankheits- und Pflegerisiko** der unter-

haltsberechtigten Person aufgewandten Beiträge; dies gilt nicht für Kranken- und Pflegeversicherungsbeiträge, die als Sonderausgaben anzusetzen sind. Voraussetzung für die Anerkennung der Unterhaltsleistungen ist, dass niemand Anspruch auf Freibeträge für Kinder oder auf Kindergeld für die unterstützte Person hat. Dem Grunde nach gesetzlich unterhaltsberechtigt sind neben dem Ehegatten Verwandte in gerader Linie wie Kinder, Eltern und Großeltern. Aber auch Unterhaltsleistungen an den eingetragenen Lebenspartner können berücksichtigt werden; die gesetzliche Unterhaltsverpflichtung ergibt sich aus § 5 des Lebenspartnerschaftsgesetzes. Auf den Höchstbetrag von 8 004 €, bzw. den erhöhten Höchstbetrag, jährlich werden die **eigenen Einkünfte und Bezüge** der unterhaltenen Person angerechnet, soweit sie 624 € jährlich übersteigen; Pflichtbeiträge zur gesetzlichen Sozialversicherung und die Beiträge zu einer **freiwilligen gesetzlichen** oder einer **privaten Krankenversicherung** sind abzuziehen. Die Höchstbeträge vermindern sich außerdem um Ausbildungsbeihilfen, die die unterstützte Person aus öffentlichen Mitteln oder von Förderungseinrichtungen bezieht, die für diese Zwecke öffentliche Mittel erhalten.

Lebt die unterhaltene Person im **Ausland**, können sich der Höchstbetrag und der anrechnungsfreie Betrag um ein Viertel, ein Halb oder drei Viertel ermäßigen; s. auch BMF v. 6. 11. 2009 – IV C 4 – S 2285/07/0005 – (BStBl I 2009 S. 1323).

Allgemeine Hinweise zur Berücksichtigung von Unterhaltsaufwendungen als außergewöhnliche Belastung finden sich im BMF-Schreiben vom 7. 6. 2010 – IV C 4 – S 2285/07/0006:001 – (BStBl I 2010 S. 582). Zur Berücksichtigung von Aufwendungen für den Unterhalt von Personen im Ausland als außergewöhnliche Belastung siehe BMF-Schreiben vom 7. 6. 2010 – IV C 4 – S 2285/07/0006:001 – (BStBl I 2010 S. 588).

→ *Opfergrenze*

Vaterschaftsfeststellungsprozess
Die Kosten sind in bestimmten Fällen als **außergewöhnliche Belastung** abziehbar. Die zumutbare Eigenbelastung ist zu beachten (→ *Zumutbare Belastung*).

Wiederbeschaffungskosten
Kosten der Wiederbeschaffung für lebensnotwendige Vermögensgegenstände, wie Hausrat und Kleidung, die durch ein **unabwendbares Ereignis** (z. B. Brand oder Hochwasser) beschädigt oder zerstört wurden, sind außergewöhnliche Belastungen. Sie können jedoch nicht steuermindernd als außergewöhnliche Belastung berücksichtigt werden, wenn der Geschädigte es unterlassen hat, eine allgemein übliche und zumutbare Versicherung (z. B. eine Hausratversicherung) abzuschließen. Die zumutbare Belastung ist zu beachten (→ *Zumutbare Belastung*).

Zivilprozess
Kosten anderer Zivilprozesse als Scheidungsprozesse (→ *Ehescheidung*) sind regelmäßig **nicht** als **außergewöhnliche Belastung** abziehbar, unabhängig davon, ob der Steuerpflichtige Kläger oder Beklagter ist. → *Umgangsrecht,* → *Vaterschaftsfeststellungsprozess.*

Zumutbare Belastung
Es wird davon ausgegangen, dass eine **außergewöhnliche Belastung selbst getragen** werden kann, soweit bestimmte Beträge nicht überschritten werden. Diese zumutbare Belastung beträgt (Angaben in % des Gesamtbetrags der Einkünfte) bei einem Gesamtbetrag der Einkünfte

	bis 15 340 €	über 15 340 € bis 51 130 €	über 51 130 €
– bei Ledigen oder dauernd getrennt Lebenden ohne Kinder	5	6	7
– bei zusammenveranlagten Ehegatten	4	5	6
– wenn ein oder zwei Kinder zu berücksichtigen sind	2	3	4
– wenn drei oder mehr Kinder zu berücksichtigen sind	1	1	2

Auch bei **getrennter Veranlagung** von Ehegatten wird die zumutbare Belastung vom Gesamtbetrag der Einkünfte beider Ehegatten berechnet; es ist der bei einer Zusammenveranlagung (mit Splitting-Verfahren) in Betracht kommende Prozentsatz anzuwenden.

9. ABC der Sonstigen Freibeträge, Freigrenzen, Pauschbeträge, Abzugsbeträge

Neben den Werbungskosten (→ Rz. B 87), Sonderausgaben (→ Rz. B 88 ff.) und außergewöhnlichen Belastungen (→ Rz. B 92) haben noch andere Beträge im Lohn- und Einkommensteuerrecht Bedeutung. Im nachfolgenden ABC sind die wichtigsten Beträge zusammengestellt.

Hinweis: Querverweise auf Stichwörter innerhalb des ABC sind durch einen voranstehenden Pfeil gekennzeichnet (z. B.: → *Versorgungsfreibetrag*)

Altersentlastungsbetrag
Der Altersentlastungsbetrag soll bei **über 64 Jahre** alten Personen (für Kalenderjahr 2011: vor dem 2. 1. 1947 geborene Steuerpflichtige) einen Ausgleich schaffen für Einkünfte, die nicht wie Renten und Pensionen begünstigt besteuert werden. Die Regelungen zum Altersentlastungsbetrag wurden ab 2005 geändert, weil der Altersentlastungsbetrag keine Rechtfertigung mehr hat, wenn in der Endstufe der nachgelagerten Besteuerung die Renten und Versorgungsbezüge zu 100 % besteuert werden (Übergang zur nachgelagerten Besteuerung durch das Alterseinkünftegesetz ab 2005).

Im Einzelnen gilt **Folgendes:**

Der Altersentlastungsbetrag ist bis zu einem **Höchstbetrag** im Kalenderjahr ein nach einem **Vomhundertsatz** ermittelter Betrag des Arbeitslohns und der **positiven Summe der Einkünfte,** die nicht solche aus nichtselbständiger Arbeit sind. Versorgungsbezüge i. S. d. § 19 Abs. 2 EStG, Einkünfte aus Leibrenten i. S. d. § 22 Nr. 1 Satz 3 Buchst. a EStG, Einkünfte i. S. d. § 22 Nr. 4 Satz 4 Buchst. b EStG, Einkünfte i. S. d. § 22 Nr. 5 Satz 1 EStG, soweit § 52 Abs. 34c EStG anzuwenden ist, und Einkünfte i. S. d. § 22 Nr. 5 Satz 2 Buchst. a EStG bleiben bei der Bemessung des Betrags außer Betracht. Im Fall der **Zusammenveranlagung von Ehegatten** zur Einkommensteuer sind die Regelungen zum Altersentlastungsbetrag für jeden Ehegatten gesondert anzuwenden. Der maßgebende Vomhundertsatz und der Höchstbetrag des Altersentlastungsbetrags sind einer **Tabelle** in § 24a EStG zu entnehmen. Mit der Tabelle wird sichergestellt, dass für den einzelnen Bezieher von Alterseinkünften die Besteuerungssituation in dem auf die Vollendung des 64. Lebensjahrs folgenden Jahr „eingefroren" wird.

So beträgt der Altersentlastungsbetrag in **2011** für einen Steuerpflichtigen, der im Jahr 2010 das 64. Lebensjahr vollendet hat, **30,4 %** der Einkünfte, **höchstens jedoch 1 444 €**. Der in 2011 anzuwendende Vomhundertsatz und der Höchstbetrag werden für diesen Steuerpflichtigen **zeitlebens** berücksichtigt.

Arbeitnehmer-Pauschbetrag

Der Arbeitnehmer-Pauschbetrag beträgt **920 €**. Zu den Einzelheiten → Rz. B 87 *Arbeitnehmer-Pauschbetrag.*

Begünstigungsbetrag bei nicht entnommenen Gewinnen

Sind in dem zu versteuernden Einkommen nicht entnomme Gewinne aus Land- und Forstwirtschaft, Gewerbebetrieb oder selbständiger Arbeit enthalten, wird die Einkommensteuer für diese Gewinne (Begünstigungsbetrag) auf Antrag des Steuerpflichtigen ganz oder teilweise mit einem **Steuersatz** von **28,25 %** berechnet. Soweit der begünstigt besteuerte Gewinn in späteren Jahren vom Steuerpflichtigen entnommen wird, entfällt der Begünstigungsgrund und es wird insoweit eine Nachversteuerung i. H. v. 25 % vorgenommen. Im Übrigen gibt es weitere Gründe für eine Nachversteuerung (z. B. Aufgabe oder Veräußerung eines Betriebes oder Mitunternehmeranteils, Antrag des Steuerpflichtigen).

Betriebsausgabenpauschale

Bei der Ermittlung der Einkünfte aus **selbständiger Arbeit** kann bei hauptberuflicher selbständiger, schriftstellerischer oder journalistischer Tätigkeit, bei wissenschaftlicher, künstlerischer und schriftstellerischer Nebentätigkeit sowie bei nebenamtlicher Lehr- und Prüfungstätigkeit an Stelle der tatsächlichen Betriebsausgaben eine Betriebsausgabenpauschale abgezogen werden. Die Betriebsausgabenpauschale beträgt:

– bei hauptberuflicher selbständiger, schriftstellerischer oder journalistischer Tätigkeit **30 %** der Betriebseinnahmen aus dieser Tätigkeit, höchstens jedoch **2 455 €** jährlich;
– bei wissenschaftlicher, künstlerischer und schriftstellerischer Nebentätigkeit (auch Vortrags- oder nebenberufliche Lehr- und Prüfungstätigkeit), soweit es sich nicht um eine Tätigkeit i. S. d. § 3 Nr. 26 EStG (→ Rz. C 159 *Übungsleiterpauschale*) handelt, **25 %** der Betriebseinnahmen aus dieser Tätigkeit, höchstens jedoch **614 €** jährlich. Der Höchstbetrag von 614 € wird für alle Nebentätigkeiten, die unter die Vereinfachungsregelung fallen, nur einmal gewährt.

Freibetrag für Land- und Forstwirtschaft

Einkünfte aus Land- und Forstwirtschaft werden bei der Ermittlung des Gesamtbetrags der Einkünfte (→ Rz. B 67) nur berücksichtigt, soweit sie **670 €** bzw. bei Zusammenveranlagung von Ehegatten **1 340 €** übersteigen.

Der gewährte Freibetrag ist nicht **betriebsbezogen**; er steht dem Steuerpflichtigen nur einmal zu, auch wenn er an mehreren Betrieben der Land- und Forstwirtschaft beteiligt ist. Andererseits steht er jedem Beteiligten an einem land- und forstwirtschaftlichen Betrieb zu. Der Freibetrag wird ungeschmälert gewährt, auch wenn im Laufe eines Veranlagungszeitraums ein Betrieb der Land- und Forstwirtschaft übernommen, veräußert oder aufgegeben wird.

Voraussetzung für die Anwendung des Freibetrags ist jedoch, dass die Summe der Einkünfte (→ Rz. B 61 ff.) **30 700 €** bzw. bei Zusammenveranlagung von Ehegatten **61 400 €** nicht übersteigt.

Freigrenze bei privaten Veräußerungsgeschäften

Gewinne aus privaten Veräußerungsgeschäften (Veräußerung von Grundstücken und anderen Wirtschaftsgütern, nicht aber Finanzanlagen [siehe 3. Absatz]) bleiben steuerfrei, wenn der aus den privaten Veräußerungsgeschäften erzielte Gesamtgewinn im Kalenderjahr weniger als **600 €** betragen hat. Veräußerungen von Gegenständen des täglichen Gebrauchs (z. B. Gebrauchtfahrzeuge) werden dabei steuerlich nicht erfasst.[1] Es handelt sich bei dem Betrag i. H. v. 600 € nicht um einen Freibetrag, d. h., bei einem Gesamtgewinn von z. B. 700 € ist der gesamte Gewinn i. H. v. 700 € zu versteuern.

Haben beide zusammenveranlagten Ehegatten Veräußerungsgewinne erzielt, steht jedem Ehegatten die Freigrenze – höchstens jedoch bis zur Höhe seines Gesamtgewinns aus privaten Veräußerungsgeschäften – zu.

Gewinne aus der Veräußerung von **Finanzanlagen** (z. B. Aktien, Investmentfonds) gehören bei Anschaffungen nach dem 31. 12. 2008 zu den Einkünften aus Kapitalvermögen (→ Rz. B 57); es greift die **Abgeltungsteuer**. Die Freigrenze von 600 € ist bei Finanzanlagen nicht mehr maßgeblich; hier greift der → *Sparer-Pauschbetrag.*

Freigrenze für Geschenke

Aufwendungen für Geschenke an Personen, die nicht Arbeitnehmer des Steuerpflichtigen sind, dürfen nicht als Betriebsausgaben abgezogen werden, wenn die Anschaffungs- oder Herstellungskosten der dem Empfänger im Wirtschaftsjahr zugewendeten Gegenstände insgesamt **35 €** übersteigen. Es handelt sich bei dem Betrag i. H. v. 35 € nicht um einen Freibetrag, d. h., bei Aufwendungen für ein Geschenk i. H. v. z. B. 50 € ist der gesamte Betrag nicht abziehbar.

Für die Frage, ob die Freigrenze i. H. v. 35 € überschritten ist, ist von den Anschaffungs- oder Herstellungskosten abzüglich eines darin enthaltenen Vorsteuerbetrags, also vom reinen Warenpreis ohne Vorsteuer (Nettowert), auszugehen, wenn der Vorsteuerbetrag umsatzsteuerrechtlich abziehbar ist. Ist die Vorsteuer umsatzsteuerrechtlich nicht abziehbar, ist vom Warenpreis einschließlich der Umsatzsteuer auszugehen.

Grundfreibetrag

Bis zur Höhe des Grundfreibetrags wird keine Einkommensteuer erhoben. Der Grundfreibetrag ist dabei in die Formel zur Berechnung der Einkommensteuer eingearbeitet (§ 32a EStG).

Der Grundfreibetrag beträgt **seit 2010**

– für Ledige und dauernd getrennt lebende Ehegatten	8 004 € und
– für zusammenveranlagte Ehegatten	16 008 €.

---

1) Die Regelung zu den Gegenständen des täglichen Gebrauchs ist Teil des JStG 2010, dem der Bundesrat am 26. 11. 2010 zugestimmt hat.

B. Einkommensteuer

Härteausgleich
Bei der Veranlagung von Arbeitnehmern zur Einkommensteuer wird ein Freibetrag in Höhe der Einkünfte, die nicht der Lohnsteuer unterlegen haben, vom Einkommen abgezogen, wenn diese Einkünfte insgesamt nicht mehr als **410 €** betragen haben. Haben sie mehr als 410 € betragen, wird als Freibetrag vom Einkommen der Betrag abgezogen, um den die Einkünfte den Betrag von **820 €** unterschritten haben. Soweit diese Einkünfte zum Abzug des → *Altersentlastungsbetrags* oder des → *Freibetrags für Land- und Forstwirtschaft* geführt haben, vermindert sich jedoch der Freibetrag um den Anteil des Altersentlastungsbetrags, der auf ihn entfällt, sowie um den Freibetrag für Land- und Forstwirte.

Sonderausgaben-Pauschbetrag
Für bestimmte Sonderausgaben wird ein Pauschbetrag von **36 €** gewährt (Sonderausgaben-Pauschbetrag), wenn nicht höhere Aufwendungen nachgewiesen werden. Wegen der Einzelheiten → Rz. B 91 *Sonderausgaben-Pauschbetrag*. Bei der Zusammenveranlagung von **Ehegatten** verdoppelt sich der Betrag auf **72 €**.

Sparer-Freibetrag
Von den Einnahmen aus Kapitalvermögen wurde **bis einschließlich 2008** nach Abzug der Werbungskosten – ggf. des Werbungskosten-Pauschbetrags (→ *Werbungskosten-Pauschbetrag bei Einnahmen aus Kapitalvermögen*) – ein Sparer-Freibetrag i. H. v. **750 €** abgezogen.
Mit Einführung der Abgeltungsteuer **ab 2009** (→ Rz. B 57) wurden der Sparer-Freibetrag und der → *Werbungskosten-Pauschbetrag bei Einnahmen aus Kapitalvermögen* durch den → *Sparer-Pauschbetrag* i. H. v. 801 € abgelöst.

Sparer-Pauschbetrag
Zum **1. 1. 2009** wurde die **Abgeltungsteuer** eingeführt (→ Rz. B 57). Es werden von den Einnahmen aus Kapitalvermögen nunmehr nicht mehr der → *Sparer-Freibetrag* und → *der Werbungskosten-Pauschbetrag bei den Einnahmen aus Kapitalvermögen* abgezogen, sondern der **Sparer-Pauschbetrag**.
Der Sparer-Pauschbetrag wird für Werbungskosten abgezogen und beträgt **801 €**; der Nachweis und Abzug der **tatsächlichen Werbungskosten** ist seit 2009 **nicht** mehr **möglich**.
Ehegatten, die zusammen veranlagt werden, wird ein gemeinsamer Sparer-Pauschbetrag von **1 602 €** gewährt. Der gemeinsame Sparer-Pauschbetrag wird bei der Einkunftsermittlung bei jedem Ehegatten **je zur Hälfte** abgezogen; sind die Kapitalerträge eines Ehegatten niedriger als 801 €, ist der anteilige Sparer-Pauschbetrag insoweit, als er die Kapitalerträge dieses Ehegatten übersteigt, **bei dem anderen Ehegatten** abzuziehen.

Steuerermäßigung bei ausländischen Einkünften
Bei unbeschränkt Steuerpflichtigen, die mit ausländischen Einkünften in dem Staat, aus dem die Einkünfte stammen, zu einer der deutschen Einkommensteuer entsprechenden Steuer herangezogen werden, wird die festgesetzte und gezahlte und um einen entstandenen Ermäßigungsanspruch gekürzte ausländische Steuer auf die deutsche Einkommensteuer **angerechnet**, die auf die Einkünfte aus diesem Staat entfällt. Statt einer Anrechnung wird die ausländische Steuer auf Antrag bei der Ermittlung der Einkünfte **abgezogen**.

Steuerermäßigung bei Belastung mit Erbschaftsteuer
Sind bei der Ermittlung des Einkommens Einkünfte berücksichtigt worden, die im Veranlagungszeitraum oder in den vorangegangenen vier Veranlagungszeiträumen als Erwerb von Todes wegen der Erbschaftsteuer unterlegen haben, so wird auf Antrag die um sonstige Steuerermäßigungen gekürzte tarifliche **Einkommensteuer**, die auf diese Einkünfte entfällt, um einen bestimmten Prozentsatz **ermäßigt**. Die Regelung verringert eine **Doppelbelastung** mit Erbschaftsteuer und Einkommensteuer. Sie ist beschränkt auf Fälle, in denen beim Erben Einkünfte tatsächlich mit Einkommensteuer belastet werden, die zuvor als Vermögen oder Bestandteil von Vermögen bereits der Erbschaftsteuer unterlagen.
Die Regelung **gilt nicht**, soweit Erbschaftsteuer als Sonderausgabe abgezogen wird (→ Rz. B 91 *Versorgungsleistungen*).

Steuerermäßigung bei Einkünften aus Gewerbebetrieb
Die tarifliche Einkommensteuer ermäßigt sich, soweit sie anteilig auf im zu versteuernden Einkommen enthaltene gewerbliche Einkünfte entfällt, bei Einkünften aus gewerblichen Unternehmen um **das 3,8-fache** des festgesetzten **Gewerbesteuer-Messbetrags**, bei Mitunternehmern und persönlich haftenden Gesellschaftern einer Kommanditgesellschaft auf Aktien um das 3,8-fache des festgesetzten anteiligen Gewerbesteuer-Messbetrags. Der Abzug des Steuerermäßigungsbetrags ist auf die tatsächlich zu zahlende Gewerbesteuer beschränkt.

Steuerermäßigung für haushaltsnahe Beschäftigungsverhältnisse/Dienstleistungen und Handwerkerleistungen
Für haushaltsnahe Beschäftigungsverhältnisse, bei denen es sich um eine **geringfügige Beschäftigung** i. S. d. § 8a SGB IV handelt, ermäßigt sich die tarifliche Einkommensteuer, vermindert um die sonstigen Steuerermäßigungen, um **20 %, höchstens 510 €**, der Aufwendungen des Steuerpflichtigen.
Für **andere haushaltsnahe Beschäftigungsverhältnisse** oder für die **Inanspruchnahme von haushaltsnahen Dienstleistungen**, die nicht Handwerkerleistungen sind, ermäßigt sich die tarifliche Einkommensteuer, vermindert um die sonstigen Steuerermäßigungen, um **20 %, höchstens 4 000 €**, der Aufwendungen des Steuerpflichtigen. Die Steuerermäßigung kann auch in Anspruch genommen werden für die Inanspruchnahme von **Pflege- und Betreuungsleistungen** sowie für Aufwendungen, die wegen der Unterbringung in einem **Heim** oder zur **dauernden Pflege** erwachsen, soweit darin **Kosten für Dienstleistungen** enthalten sind, die mit denen einer Hilfe im Haushalt vergleichbar sind.
Für die Inanspruchnahme von **Handwerkerleistungen** für Renovierungs-, Erhaltungs- und Modernisierungsmaßnahmen ermäßigt sich die tarifliche Einkommensteuer, vermindert um die sonstigen Steuerermäßigungen, auf Antrag um **20 %, höchstens 1 200 €**, der Aufwendungen. Dies gilt nicht für öffentlich geförderte Maßnahmen, für die zinsverbilligte Darlehen oder steuerfreie Zuschüsse in Anspruch genommen werden[1]. Der Abzug von der tariflichen Einkommensteuer gilt nur für **Arbeitskosten**.

---
1) Geändert durch JStG 2010, dem der Bundesrat am 26. 11. 2010 zugestimmt hat.

B. Einkommensteuer

Die Steuerermäßigung i. H. v. bis zu 510 €, 4 000 € und 1 200 € kann nur in Anspruch genommen werden, wenn das Beschäftigungsverhältnis, die Dienstleistung oder die Handwerkerleistung in einem **in der Europäischen Union** oder dem **Europäischen Wirtschaftsraum** liegenden Haushalt des Steuerpflichtigen oder bei Pflege- und Betreuungsleistungen in einem Haushalt der gepflegten oder betreuten Person ausgeübt oder erbracht wird. In den Fällen der Inanspruchnahme von Pflege- und Betreuungsleistungen sowie für Aufwendungen, die wegen der Unterbringung in einem Heim oder zur dauernden Pflege erwachsen, ist Voraussetzung, dass das **Heim** oder der **Ort der dauernden Pflege** in der Europäischen Union oder dem Europäischen Wirtschaftsraum liegt.

Die Steuerermäßigungen i. H. v. bis zu 510 €, 4 000 € und 1 200 € können nur in Anspruch genommen werden, soweit die Aufwendungen nicht Betriebsausgaben oder Werbungskosten darstellen und soweit sie nicht als Sonderausgaben (→ Rz. B 88 ff.) oder außergewöhnliche Belastungen (→ Rz. B 92) berücksichtigt worden sind; für Aufwendungen, die dem Grunde nach als Kinderbetreuungskosten zu berücksichtigen sind (→ Rz. B 87 *Kinderbetreuungskosten* und → Rz. B 91 *Kinderbetreuungskosten*), ist eine Inanspruchnahme ebenfalls ausgeschlossen[1]. Voraussetzung für die Inanspruchnahme der Steuerermäßigung für **haushaltsnahe Dienstleistungen i. H. v. bis zu 4 000 €** oder für **Handwerkerleistungen** ist, dass der Steuerpflichtige für die Aufwendungen eine **Rechnung** erhalten hat und die **Zahlung auf das Konto** des Erbringers der Leistung erfolgt ist; **Barzahlungen** sind nicht begünstigt. Leben **zwei Alleinstehende** in einem Haushalt zusammen, können sie die Höchstbeträge insgesamt jeweils **nur einmal** in Anspruch nehmen.

Zu den **weiteren Einzelheiten** siehe BMF-Schreiben vom 15.2.2010 – IV C 4 – S 2296-b/07/0003 – (BStBl I 2010 S. 140).

Steuerermäßigung bei Zuwendungen an politische Parteien und an unabhängige Wählervereinigungen

Die tarifliche Einkommensteuer ermäßigt sich bei Zuwendungen an politische Parteien und bestimmte Vereine ohne Parteicharakter um **50 %** der Ausgaben, höchstens **825 €**, im Fall der Zusammenveranlagung von **Ehegatten** höchstens **1 650 €**. → Rz. A 32 und → B 91 *Politische Parteien*.

Veräußerungsfreibetrag

Für Gewinne aus der Veräußerung
- eines ganzen Gewerbebetriebs oder eines Teilbetriebs,
- eines Anteils eines Gesellschafters, der als Unternehmer (Mitunternehmer) eines Betriebs anzusehen ist, oder
- eines Anteils eines persönlich haftenden Gesellschafters einer Kommanditgesellschaft auf Aktien

wird ein Freibetrag i. H. v. **45 000 €** gewährt, wenn der Steuerpflichtige das 55. Lebensjahr vollendet hat oder er im sozialversicherungsrechtlichen Sinn dauernd berufsunfähig ist. Als Veräußerung gilt auch die Aufgabe einer entsprechenden Tätigkeit. Der Freibetrag wird nur einmal (im Leben) gewährt. Er ermäßigt sich um den Betrag, um den der Veräußerungsgewinn den Betrag von **136 000 €** übersteigt. Bei der Veräußerung des Vermögens oder eines selbständigen Teils des Vermögens oder eines Anteils am Vermögen, das der **selbständigen Arbeit** dient, gilt die Freibetragsregelung entsprechend. Gleiches gilt bei Aufgabe einer selbständigen Tätigkeit.

Versorgungsfreibetrag

Mit dem **Alterseinkünftegesetz** wurde die einkommensteuerrechtliche Behandlung von Altersvorsorgeaufwendungen und Altersbezügen neu geordnet. Auch bei den Versorgungsbezügen und dem damit in Zusammenhang stehenden Versorgungsfreibetrag hat es umfangreiche Änderungen gegeben. Im Einzelnen gilt **seit 2005 Folgendes**:

Von Versorgungsbezügen bleiben ein **Versorgungsfreibetrag** und ein **Zuschlag zum Versorgungsfreibetrag** steuerfrei. Der Versorgungsfreibetrag ist dabei ein nach einem **Vomhundertsatz** ermittelbarer, auf einen **Höchstbetrag** begrenzter Betrag. **Versorgungsbezüge** sind Bezüge aus einem früheren Dienstverhältnis, die nach den Beamten-(Pensions-)Gesetzen oder entsprechenden Regelungen oder in anderen Fällen wegen Erreichens einer Altersgrenze, Eintritts der Berufs- oder Erwerbsunfähigkeit oder als Hinterbliebenenbezüge gewährt werden.

Der maßgebende Vomhundertsatz, der Höchstbetrag des Versorgungsfreibetrags und der Zuschlag zum Versorgungsfreibetrag werden aus einer **Tabelle** in § 19 Abs. 2 EStG entnommen. So beträgt bei einem Versorgungsbeginn in 2011 der Versorgungsfreibetrag 30,4 % der Versorgungsbezüge, höchstens aber 2 280 €, und der Zuschlag zum Versorgungsfreibetrag 684 €. Die genannten Beträge werden **bis zum Jahr 2040 auf 0 % bzw. 0 €** abgeschmolzen.

Bemessungsgrundlage für den Versorgungsfreibetrag ist bei Versorgungsbeginn vor 2005 das Zwölffache des Versorgungsbezugs für Januar 2005 und bei Versorgungsbeginn ab 2005 das Zwölffache des Versorgungsbezugs für den ersten vollen Monat, jeweils zuzüglich voraussichtlicher Sonderzahlungen im Kalenderjahr, auf die zu diesem Zeitpunkt ein Rechtsanspruch besteht. Der einmal berechnete Versorgungsfreibetrag und Zuschlag zum Versorgungsfreibetrag gelten für die **gesamte Laufzeit** des Versorgungsbezugs. **Regelmäßige Anpassungen** des Versorgungsbezugs führen nicht zu einer Neuberechnung. Allerdings sind der Versorgungsfreibetrag und der Zuschlag zum Versorgungsfreibetrag **neu zu berechnen**, wenn sich der Versorgungsbezug wegen Anwendung von Anrechnungs-, Ruhens-, Erhöhungs- oder Kürzungsregelungen erhöht oder vermindert. Für jeden **vollen Kalendermonat**, für den **keine Versorgungsbezüge** gezahlt werden, wird der Versorgungsfreibetrag und der Zuschlag zum Versorgungsfreibetrag in diesem Kalenderjahr um je **ein Zwölftel ermäßigt**. Zu weiteren Einzelheiten und Besonderheiten siehe BMF-Schreiben v. 13. 9. 2010 – IV C 3 – S 2222/09/10041 / IV C 5 – S 2345/08/0001 – (BStBl I 2010 S. 681).

Werbungskosten-Pauschbetrag bei bestimmten sonstigen Einnahmen

Von bestimmten **sonstigen Einnahmen** wird ein Werbungskosten-Pauschbetrag von **102 €** jährlich abgezogen, wenn nicht höhere Werbungskosten nachgewiesen werden. Der Pauschbetrag darf nur bis zur Höhe der Einnahmen abgezogen werden.

Folgende Einnahmen sind vom Werbungskosten-Pauschbetrag betroffen:
- Einnahmen aus wiederkehrenden Bezügen (z. B. die Altersrente aus der gesetzlichen Rentenversicherung, Renten wegen verminderter Erwerbsfähigkeit oder Witwen- und Witwerrenten);
- Einnahmen aus Unterhaltsleistungen an den geschiedenen oder dauernd getrennt lebenden Ehegatten, soweit sie vom Geber als Sonderausgaben abgezogen werden können;
- Leistungen aus Altersvorsorgeverträgen, Pensionsfonds, Pensionskassen und Direktversicherungen.

---

[1] Geändert durch JStG 2010, dem der Bundesrat am 26. 11. 2010 zugestimmt hat.

Werbungskosten-Pauschbetrag bei Einnahmen aus Kapitalvermögen

Von den Einnahmen aus **Kapitalvermögen** wurde **bis einschließlich 2008** ein Werbungskosten-Pauschbetrag von **51 €** jährlich abgezogen, wenn nicht höhere Werbungskosten nachgewiesen wurden.

Mit Einführung der Abgeltungsteuer **ab 2009** (→ Rz. B 57) ist der Werbungskosten-Pauschbetrag bei Einnahmen aus Kapitalvermögen entfallen. Er wurde neben dem → *Sparer-Freibetrag* betragsmäßig in den neuen → *Sparer-Pauschbetrag* i. H. v. 801 € integriert.

Zuschlag zum Versorgungsfreibetrag → *Versorgungsfreibetrag*

VIII. Steuererhebungsformen/ Einkommensteuer-Vorauszahlungen

94 Die **Einkommensteuer** wird grundsätzlich nach Ablauf des Kalenderjahrs (Veranlagungszeitraums) nach dem Einkommen veranlagt, das der Steuerpflichtige in diesem **Veranlagungszeitraum** bezogen hat, soweit nicht Einkünfte aus nichtselbständiger Arbeit sowie Einkünfte aus Kapitalvermögen vorliegen und eine Veranlagung unterbleibt. Von den Lohn- und Kapitaleinkünften erhebt der Fiskus die Einkommensteuer im sog. Quellenabzug. Daneben kann er Einkommensteuer-Vorauszahlungen festsetzen.

1. Einkünfte aus nichtselbständiger Arbeit (Lohnsteuer)

95 Bei Einkünften aus nichtselbständiger Arbeit wird die Einkommensteuer durch **Abzug vom Arbeitslohn** erhoben (Lohnsteuer). Der Arbeitgeber hat vom Bruttoarbeitslohn des Arbeitnehmers die Lohnsteuer zu berechnen, sie einzubehalten und an das Finanzamt abzuführen (→ Rz. C 1 ff.). Die vom Arbeitgeber laut elektronischer Lohnsteuerbescheinigung, Lohnsteuerbescheinigung auf der Lohnsteuerkarte oder besonderer Lohnsteuerbescheinigung einbehaltene Lohnsteuer wird **auf die festgesetzte Einkommensteuer angerechnet**.

Pauschal besteuerter Arbeitslohn und die darauf entfallende pauschale Lohnsteuer bleiben bei einer Einkommensteuerveranlagung jedoch grds. unberücksichtigt. Ausnahme ist hier die Pauschalbesteuerung mit einem Steuersatz von 20 % bei Arbeitslohnzahlungen auf Grund von tarifvertraglichen Ansprüchen des Arbeitnehmers gegen einen Dritten (z. B. gegenüber den Sozialkassen des Baugewerbes); → Rz. C 132 letzter Absatz.

2. Einkünfte aus Kapitalvermögen (Abgeltungsteuer – eigentl. Kapitalertragsteuer)

96 Seit 1. 1. 2009 gilt für Kapitaleinkünfte eine **Abgeltungsteuer** (Kapitalertragsteuer mit abgeltender Wirkung). Zinsen, Dividenden und Fondsausschüttungen etc., aber auch **Kurs- und Währungsgewinne** werden pauschal mit **25 %** besteuert. Die Abgeltungsteuer wird **direkt** von den Banken, Bausparkassen etc., bei denen die Kapitalanlagen gehalten werden, **einbehalten** und an das Finanzamt abgeführt. In der Regel (Ausnahme z. B.: unterbliebener Kirchensteuerabzug [→ Rz. E 13]) sind bei der **Einkommensteuererklärung** deshalb die Kapitaleinkünfte **nicht** ges**ondert anzugeben**.

Für die Abgeltungsteuer gilt jedoch das sog. **Veranlagungswahlrecht**, d. h., es kann die Einbeziehung der Kapitaleinkünfte bei der Einkommensteuerveranlagung beantragt werden. Liegt der individuelle (Grenz-)Steuersatz über 25 %, ist grds. die Abgeltungsteuer günstiger. Liegt der (Grenz-) Steuersatz unter 25 %, ist grds. die Besteuerung mit dem individuellen Steuersatz günstiger; die einbehaltene Abgeltungsteuer wird in diesem Fall angerechnet.

Durch einen **Freistellungsauftrag** (Berücksichtigung des Sparer-Pauschbetrags, → Rz. B 93 *Sparer-Pauschbetrag*) oder eine **Nichtveranlagungs-Bescheinigung** kann die Einbehaltung der Abgeltungsteuer vermieden werden.

Zu **weiteren Einzelheiten** → Rz. B 57 und BMF-Schreiben vom 22. 12. 2009 – IV C 1 – S 2252/08/10004 – (BStBl I 2010 S. 94) zu den Einzelfragen zur Abgeltungsteuer.

3. Einkommensteuer-Vorauszahlung

97 Der Steuerpflichtige hat am **10. März, 10. Juni, 10. September** und **10. Dezember** eines Jahres Vorauszahlungen auf die Einkommensteuer zu entrichten, die er für dieses Jahr voraussichtlich schulden wird. Die Vorauszahlungen bemessen sich grundsätzlich nach der Einkommensteuer, die sich nach Anrechnung der Steuerabzugsbeträge bei der letzten Veranlagung ergeben hat. Vorauszahlungen werden nur festgesetzt, wenn sie mindestens **400 €** im Kalenderjahr und mindestens **100 €** für einen Vorauszahlungszeitpunkt betragen.

98 Einkommensteuer-Vorauszahlungen müssen insbesondere Steuerpflichtige entrichten, die Einkünfte aus Gewerbebetrieb, selbständiger Arbeit, Land- und Forstwirtschaft und Vermietung und Verpachtung erzielen. **Arbeitnehmer**, die neben ihren Einkünften aus nichtselbständiger Arbeit keine weiteren Einkünfte erzielen, brauchen in der Regel keine Einkommensteuer-Vorauszahlungen zu leisten, weil die Lohneinkünfte bereits dem Lohnsteuerabzug unterliegen; jedoch ist das Finanzamt nicht gehindert, Einkommensteuer-Vorauszahlungen festzusetzen, auch wenn ausschließlich Einkünfte aus nichtselbständiger Arbeit erzielt werden (z. B. bei einem Steuerabzug nach Steuerklasse III [→ Rz. C 44] und einer anschließenden getrennten Veranlagung [→ Rz. B 36 ff.] oder Arbeitnehmer-Ehegatten mit der Steuerklassenkombination III/V). Erzielt ein Arbeitnehmer neben seinen Einkünften aus nichtselbständiger Arbeit weitere Einkünfte, kann das Finanzamt ebenfalls Einkommensteuer-Vorauszahlungen festsetzen.

98.1 Einkommensteuer-Vorauszahlungen können vom Finanzamt auch nachträglich erhöht werden. Ist dies der Fall, wird die letzte Vorauszahlung für den Veranlagungszeitraum angepasst. Festgesetzte Vorauszahlungen werden aber nur nachträglich erhöht, wenn sich der **Erhöhungsbetrag** auf **mindestens 5 000 €** beläuft.

98.2 Die für einen Veranlagungszeitraum entrichteten Einkommensteuer-Vorauszahlungen werden auf die festgesetzte Einkommensteuer **angerechnet**.

C. Lohnsteuer

I. Begriffsdefinitionen

1 Der Fiskus hat dem Staatsbürger vielfältige Pflichten auferlegt. Eine der bedeutendsten trifft den Arbeitgeber. Er hat auf Grund öffentlich-rechtlicher Verpflichtung grundsätzlich bei jeder Lohnzahlung an seine Mitarbeiter die dafür fällige **Lohnsteuer** zu ermitteln, sie einzubehalten und zu den gesetzlich bestimmten Terminen dem Finanzamt anzumelden und dorthin abzuführen (→ Rz. C 77 f.). Dies gilt auch für die Kirchensteuer und seit 1990 für den Solidaritätszuschlag i. H. v. 5,5 % der Lohnsteuer. Die **einheitliche Pauschsteuer** i. H. v. 2 % des Arbeitsentgelts geringfügig Beschäftigter ist hingegen an die Deutsche Rentenversicherung Knappschaft–Bahn–See (Kurzbezeichnung: Minijob-Zentrale) in Essen anzumelden und abzuführen (→ Rz. C 174 f.). Hierfür hat der Arbeitgeber den Beitragsnachweis zu verwenden (→ Rz. C 175). Für Privathaushalte als Arbeitgeber sind die Sonderregelungen des **Haushaltsscheckverfahrens** zu beachten (→ Rz. C 175).

2 Seit dem Kalenderjahr 2006 ist grundsätzlich jeder Arbeitgeber gesetzlich verpflichtet, die Lohnsteuerbescheinigung der Finanzverwaltung **elektronisch** zu übermitteln (→ Rz. C 89); Ausnahme: keine maschinelle Lohnabrechnung bei geringfügiger Beschäftigung im Privathaushalt (→ Rz. C 92). Bei elektronischer Übermittlung ist dem Arbeitnehmer ein nach amtlich vorgeschriebenem Muster gefertigter Ausdruck der elektronischen Lohnsteuerbescheinigung auszuhändigen oder elektronisch bereitzustellen. Dieser Ausdruck darf nicht mit der Lohnsteuerkarte verbunden werden; auf der Lohnsteuerkarte/ Ersatzbescheinigung (s. die ab 2011 geltende neue „Bescheinigung für den Lohnsteuerabzug 2011", → Rz. C 32 ff.) sind dann keine Eintragungen vorzunehmen. Die Lohnsteuerkarte ist dem Arbeitnehmer nur beim Ausscheiden während des Kalenderjahres, z. B. Arbeitgeberwechsel, oder nach Ablauf des Kalenderjahres, falls darauf Lohnsteuerbescheinigungen erteilt wurden, auszuhändigen. Lohnsteuerkarten, die für Kalenderjahre **vor 2010** ausgestellt wurden und keine Lohnsteuerbescheinigungen enthalten, konnte der Arbeitgeber nach Ablauf des Kalenderjahres vernichten. Die **Lohnsteuerkarte** für **2010** darf nach Ablauf des Kalenderjahres 2010 **nicht** vernichtet werden. Weil die Gemeinden für das Kalenderjahr 2011 keine Lohnsteuerkarten mehr ausstellen, gilt die Lohnsteuerkarte 2010 im Jahr 2011 weiter (→ Rz. C 32 ff.). Wurde der Arbeitslohn pauschal versteuert, ist weder eine Lohnsteuerbescheinigung zu übermitteln noch ein Ausdruck zu erstellen.

3 Wer ist lohnsteuerlicher **Arbeitgeber** und **Arbeitnehmer**, welche Zahlungen und Vorteile rechnen zum **Arbeitslohn** und wie regelt das Einkommensteuergesetz die Abführung der **Lohnsteuer** an das Finanzamt? Die folgenden Abschnitte geben Antworten auf diese Fragen und erläutern ergänzend die steuerlichen Pflichten von Arbeitgeber und Arbeitnehmer (→ Rz. C 6 ff.).

1. Lohnsteuer-Anmeldung

4 Der inländische Arbeitgeber hat die bei der Lohnzahlung (→ Rz. C 77 f.) einzubehaltende und zu übernehmende **Lohnsteuer** dem Betriebsstättenfinanzamt anzumelden und an dessen Finanzkasse abzuführen (zu überweisen, → Rz. C 81). Ist der Arbeitgeber nicht zur elektronischen Übermittlung der Lohnsteuer-Anmeldung verpflichtet (→ Rz. C 79), hält die Finanzverwaltung einen entsprechenden Erklärungsvordruck bereit, die Lohnsteuer-Anmeldung. Die Anmeldung kann an das Finanzamt auch per Telefax (Papierform) übermittelt werden. Abhängig von der Höhe der abzuführenden Lohnsteuer des vorangegangenen Kalenderjahres sieht das Einkommensteuergesetz drei verschiedene Anmeldungszeiträume vor (→ Rz. C 79). Mit der Umschreibung „zu übernehmende Lohnsteuer" ist die vom Arbeitgeber zu tragende pauschale Lohnsteuer gemeint. Zu den **Ausnahmen** bei der Lohnsteuer-Pauschalierung mit der **einheitlichen** Pauschsteuer i. H. v. 2 % des Arbeitsentgelts → Rz. C 1, 169 ff. und zum Haushaltsscheckverfahren → Rz. C 1, 175.

5 Die Lohnsteuer-Anmeldung (Vordruck) ist wie jede Steuererklärung zu unterschreiben, wobei die **Unterschrift** des Arbeitgebers gesetzlich nicht verlangt wird. Stattdessen kann auch eine mit der Lohnabrechnung beauftragte Person, z. B. ein Mitarbeiter, diese Anmeldung unterschreiben.

2. Arbeitgeber

6 **Arbeitgeber** sind Gewerbetreibende, Freiberufler, Personenvereinigungen und Körperschaften usw., die natürliche Personen im Rahmen eines Dienstverhältnisses beschäftigen oder die an Personen Arbeitslohn auf Grund eines derzeitigen, früheren oder im Hinblick auf ein zukünftiges Dienstverhältnis zahlen. Arbeitgeber können auch nicht rechtsfähige Personenzusammenschlüsse (z. B. OHG und KG) oder gemeinnützige Vereine wie z. B. Sportvereine sein. So kann ein Sportverein Arbeitgeber der eingesetzten Amateursportler sein, falls ihnen eine Vergütung gezahlt wird. Arbeitgeber ist derjenige, dem der Arbeitnehmer die Arbeitsleistung schuldet. Arbeitgeber ist auch, wer als Verleiher einem Dritten Arbeitnehmer zur Arbeitsleistung überlässt. Seit dem Kalenderjahr 2004 kann nach Zustimmung des Finanzamts auch ein Dritter die Pflichten des Arbeitgebers im eigenen Namen erfüllen (Dienstleister, § 38 Abs. 3a EStG).

7 Zum Lohnsteuerabzug sind nur inländische Arbeitgeber bzw. inländische Vertreter ausländischer Arbeitgeber oder Verleiher verpflichtet. **Inländischer** Arbeitgeber ist derjenige, der in Deutschland „zu Hause" bzw. ansässig ist. Steuertechnisch heißt dies, wer im Inland seinen Wohnsitz (→ Rz. B 15), den gewöhnlichen Aufenthalt (→ Rz. B 16) seine Geschäftsleitung (→ Rz. C 10) oder seinen Firmensitz bzw. seine Betriebsstätte (→ Rz. C 10 f.) hat. Inländischer Arbeitgeber ist deshalb auch ein im **Ausland** ansässiger Arbeitgeber, der im Inland eine Betriebsstätte oder einen ständigen Vertreter hat.

8 Abweichend hiervon hat ein ausländischer **Verleiher**, der seine Arbeitnehmer zur Arbeitsleistung im Inland gewerbsmäßig überlässt, für die im Inland eingesetzten Arbeitnehmer auch dann die Arbeitgeberpflichten zu übernehmen, wenn er im Inland weder einen Sitz noch eine Betriebsstätte oder einen gewöhnlichen Aufenthalt hat. Führt der ausländische Verleiher keine Lohnsteuer ab, haftet der **Entleiher**, also der Auftraggeber, gegenüber dem Finanzamt für die abzuführende Lohnsteuer der für ihn tätigen Arbeitnehmer. Bei erlaubter Arbeitnehmerüberlassung (§ 1 Arbeitnehmerüberlassungsgesetz) haftet der Entleiher nicht (R 42 d.2 Abs. 4 Satz 4 LStR). Im Falle einer unerlaubten Arbeitnehmerüberlassung scheidet die Haftung des Entleihers aus, wenn dieser über das Vorliegen einer Arbeitnehmerüberlassung ohne Verschulden irrte. Haben weder ein inländischer Arbeitgeber noch ein ausländischer Arbeitnehmerverleiher für einen ausländischen Arbeitnehmer den Lohnsteuerabzug vorgenommen, kann die

9 Entsendet eine im **Ausland** ansässige **Kapitalgesellschaft** bzw. Obergesellschaft eines Konzerns (Organträger) die von ihr eingestellten Arbeitnehmer an eine inländische Tochtergesellschaft (internationale Arbeitnehmerentsendung), ist die inländische Tochtergesellschaft bzw. das im Inland ansässige Unternehmen seit dem Kalenderjahr 2004 für den Lohnsteuereinbehalt inländischer Arbeitgeber, wenn sie den Arbeitslohn für die bei ihr geleistete Arbeit wirtschaftlich trägt. Hierfür ist nicht entscheidend, ob das inländische Unternehmen dem Arbeitnehmer den Arbeitslohn im eigenen Namen und für eigene Rechnung auszahlt.

10 Unter der **Geschäftsleitung** wird der Mittelpunkt der geschäftlichen Oberleitung verstanden (§ 10 AO). Den **Sitz** hat eine Körperschaft, Personenvereinigung oder Vermögensmasse an dem Ort, der durch Gesetz bzw. Gesellschaftsvertrag, Satzung, Stiftungsgeschäft oder dergleichen bestimmt ist (§ 11 AO).

11 Die lohnsteuerliche **Betriebsstätte** ist der Betrieb oder Teilbetrieb des Arbeitgebers, in dem der für die Durchführung des Lohnsteuerabzugs maßgebende Arbeitslohn ermittelt wird. Dies ist der Ort, an dem der Arbeitgeber die für den Lohnsteuereinbehalt bedeutsamen Lohnteile oder bei maschineller Lohnabrechnung die Eingabewerte zusammenfasst. Unerheblich ist z. B., wo die Lohnsteuerkarten aufbewahrt werden. Wird der maßgebende Arbeitslohn nicht in dem Betrieb oder einem Teilbetrieb oder nicht im Inland ermittelt, so gilt als Betriebsstätte der Mittelpunkt der geschäftlichen Leitung des Arbeitgebers im Inland. Die lohnsteuerliche Betriebsstätte kann eine andere sein als die, die sich nach der Abgabenordnung (§ 12 AO) ergeben würde. Erfüllt bei einer **Wohnungseigentümergemeinschaft** der Verwalter sämtliche Arbeitgeberpflichten, befindet sich an seinem Sitz der Ort der geschäftlichen Leitung bzw. die lohnsteuerliche Betriebsstätte der Gemeinschaft.

12 Ein **ausländischer Arbeitgeber** unterhält eine inländische Betriebsstätte insbesondere dann, wenn er einzelne oder mehrere ohne Unterbrechung aufeinander folgende Bauausführungen oder Montagen durchführt, die länger als sechs Monate dauern (§ 12 Satz 2 Nr. 8 AO). Ständiger Vertreter eines ausländischen Arbeitgebers kann eine Person sein, welche die Aufsicht über einen Bautrupp ausübt. In beiden Fällen gilt der ausländische Arbeitgeber lohnsteuerlich als inländischer Arbeitgeber, und zwar unabhängig vom Betriebsstättenbegriff eines Abkommens zur Vermeidung der Doppelbesteuerung (DBA). Werden mehrere Arbeitnehmerkolonnen eingesetzt oder wechselt eine Kolonne ihren Einsatzort ständig, wird regelmäßig jedes Finanzamt, in dessen Bezirk die Leiharbeitnehmer tätig werden, als Betriebsstättenfinanzamt anzusehen sein.

13 Der Arbeitgeber trägt im Lohnsteuerabzugs-Verfahren das Risiko für zu wenig einbehaltene Lohnsteuer und kann dafür vom Finanzamt als **Haftungsschuldner** in Anspruch genommen werden. In diesem Fall muss er die zu gering einbehaltene bzw. nicht übernommene Lohnsteuer an das Finanzamt zahlen und ggf. vom Arbeitnehmer einfordern, der sie im Rahmen der Einkommensteuererklärung anrechnen lassen kann (→ Rz. B 24 ff.). Arbeitsrechtlich ist der Arbeitgeber verpflichtet, vom Lohn des Mitarbeiters die zutreffende Lohnsteuer einzubehalten.

3. Arbeitnehmer
a) Arbeitnehmereigenschaft

14 Steuerlich gehören zu diesem Personenkreis zunächst einmal alle Beschäftigten, die mit dem Abschluss eines Arbeitsvertrags ein Dienstverhältnis eingegangen sind. Der Vertrag kann sowohl mündlich, durch konkludente Handlung oder schriftlich abgeschlossen sein. Ferner sind solche Personen **Arbeitnehmer**, die Arbeitslohn auf Grund eines früheren Dienstverhältnisses beziehen. Arbeitnehmer sind auch Witwen und Waisen, die als **Rechtsnachfolger** auf Grund eines früheren Arbeitsverhältnisses des Ehemanns bzw. Vaters von dessen ehemaligen Arbeitgeber Werksrenten oder Bezüge erhalten. In diesen Fällen ist der Bezug von Arbeitslohn für die steuerliche Einstufung entscheidend.

15 Ein Dienstverhältnis („Arbeitsverhältnis") liegt dann vor, wenn der Beschäftigte dem Auftraggeber seine Arbeitskraft schuldet, d. h., wenn er bei Ausführung seiner Tätigkeit unter der Leitung des Auftraggebers steht oder in dessen geschäftlichen Organismus (Betrieb) eingegliedert und dabei dessen Vorgaben und Anweisungen zu folgen verpflichtet ist. Die **arbeitsrechtliche** Fiktion eines Dienstverhältnisses ist steuerrechtlich nicht maßgebend.

16 Für eine Arbeitnehmereigenschaft sprechen insbesondere folgende Kriterien:

– persönliche Abhängigkeit, Weisungsgebundenheit hinsichtlich Ort, Zeit, Umfang und Inhalt der Tätigkeit;

– feste Arbeitszeiten;

– feste Bezüge;

– Urlaubsanspruch;

– Anspruch auf Sozialleistungen und Fortzahlung der Bezüge im Krankheitsfall;

– Vergütungsanspruch für geleistete Überstunden;

– Unselbständigkeit des Einzelnen in der Organisation und Durchführung der Tätigkeit;

– Eingliederung des Einzelnen in den Betrieb des Arbeitgebers;

– fehlendes Unternehmerrisiko, keine Unternehmerinitiative, kein Kapitaleinsatz;

– keine Verpflichtung zur Beschaffung von Arbeitsmitteln für die Tätigkeit;

– Schulden der Arbeitskraft und nicht eines Arbeitserfolgs;

– Ausführung von einfachen Tätigkeiten, bei denen ein Weisungsrecht des Auftraggebers/Arbeitgebers die Regel ist.

17 Die im **Sozialversicherungsrecht** zu beachtenden Regelungen zur Abgrenzung der Selbständigkeit von der Arbeitnehmereigenschaft sind nicht stets in das Steuerrecht übertragbar. Hierdurch kann es vorkommen, dass eine steuerlich selbständige (z. B. freiberufliche) Tätigkeit sozialversicherungsrechtlich als Arbeitnehmertätigkeit eingestuft wird.

18 Unterhält ein **ausländischer Arbeitnehmer** keinen Wohnsitz im Inland oder hält er sich hier nicht mehr als sechs Monate bzw. 183 Tage auf, ist er mit seinen aus einer Tätigkeit in Deutschland stammenden Einkünften aus nichtselbständiger Tätigkeit beschränkt einkommensteuerpflichtig (→ Rz. B 16, 20). Im Inland bezogener Arbeitslohn (Inlandseinkünfte, § 49 Abs. 1 Nr. 4 EStG) ausländischer Arbeitnehmer wird nicht in Deutschland, sondern im Ansässigkeitsstaat des Arbeitnehmers besteuert, wenn

- der Arbeitnehmer sich im Inland nicht länger als 183 Tage während eines Kalenderjahres (Veranlagungszeitraum) aufgehalten hat (Art. 15 Abs. 2a OECD-Musterabkommen zur Vermeidung der Doppelbesteuerung auf dem Gebiet der Steuern vom Einkommen und vom Vermögen) und

- die Vergütungen von einem Arbeitgeber oder für einen Arbeitgeber gezahlt werden, der nicht im Inland ansässig ist (Art. 15 Abs. 2b OECD-Musterabkommen) und

- die Vergütungen nicht von einer inländischen Betriebsstätte des Arbeitgebers getragen werden (Art. 15 Abs. 2c OECD-Musterabkommen).

19 In Fällen, in denen ein **ausländischer Arbeitnehmer** in einer **Betriebsstätte** des ausländischen (Werkvertrags-)Unternehmers/Arbeitgebers in Deutschland i. S. d. Art. 5 OECD-Musterabkommens bzw. des Doppelbesteuerungsabkommens zwischen dem Sitzstaat des **ausländischen Arbeitgebers** und der Bundesrepublik Deutschland tätig wird, erfolgt eine Besteuerung der Einkünfte aus nichtselbständiger Tätigkeit des Arbeitnehmers im Inland nach § 49 Abs. 1 Nr. 4 EStG. Eine inländische Betriebsstätte eines **ausländischen** Unternehmers/Arbeitgebers liegt bei **Bauausführungen** und **Montagen** regelmäßig dann vor, wenn diese die Dauer von zwölf Monaten (Regelfall) bzw. sechs Monaten (z. B. Luxemburg und Portugal) oder neun Monaten (z. B. Belgien) übersteigen. Soweit eine Betriebsstätte besteht, werden die Vergütungen regelmäßig von ihr getragen. Der **ausländische Arbeitgeber** ist in diesen Fällen zur Durchführung des Lohnsteuerabzugs verpflichtet. Die Lohnsteuer ist nach der Steuerklasse I oder, wenn die Bescheinigung des Betriebsstättenfinanzamts für den Lohnsteuerabzug (§ 39d Abs. 1 Satz 3 EStG) schuldhaft nicht vorgelegt wird, nach der Steuerklasse VI zu bemessen.

20 Die Frage, ob eine Person **selbständig** oder **nichtselbständig** ist, kann in Grenzfällen zweifelhaft sein. Oft sprechen bestimmte Merkmale für die Selbständigkeit und andere Gesichtspunkte für die Unselbständigkeit. In solchen Fällen ist das Gesamtbild maßgebend, d. h., die für und gegen die Unselbständigkeit (Arbeitnehmereigenschaft) sprechenden Tatsachen sind gegeneinander abzuwägen. Die jeweils gewichtigeren Umstände sind für die Entscheidung ausschlaggebend. **Zusammenfassend** lässt sich sagen, dass das entscheidende Merkmal einer Arbeitnehmertätigkeit in der persönlichen Abhängigkeit vom Arbeitgeber und in der Weisungsgebundenheit, der Verpflichtung zu einer Arbeitsleistung sowie dem Anspruch auf Arbeitslohn zum Ausdruck kommen.

21 Arbeitgeber und Arbeitnehmer können zur Absicherung ihrer Auffassung beim Betriebsstättenfinanzamt eine **Anrufungsauskunft** (→ Rz. C 98 f.) darüber einholen, ob steuerlich eine Arbeitnehmereigenschaft zu bejahen ist oder nicht.

b) Aushilfstätigkeit, Nebentätigkeit

22 Ob eine Aushilfstätigkeit oder Nebentätigkeit in einem Dienstverhältnis oder selbständig ausgeübt wird, ist nach den allgemeinen Abgrenzungsmerkmalen zu entscheiden (→ Rz. C 14 ff.). Dabei ist die Aushilfs- oder Nebentätigkeit i. d. R. für sich allein zu beurteilen. Die Art einer etwaigen **Haupttätigkeit** ist für die Beurteilung der weiteren Tätigkeit nur dann wesentlich, wenn beide unmittelbar zusammenhängen. Dies ist insbesondere dann zu prüfen, wenn bei einem Arbeitgeber sowohl eine Haupt- als auch eine Aushilfs- oder Nebentätigkeit ausgeübt wird; zur Lohnsteuer-Pauschalierung → Rz. C 201 ff.

c) Dienstverhältnis zwischen Familienangehörigen

23 Dienstverhältnisse können auch zwischen **Eheleuten** als Arbeitgeber und Arbeitnehmer vereinbart werden. Solche Dienstverhältnisse werden steuerlich jedoch nur dann anerkannt, wenn die **folgenden Voraussetzungen** vorliegen:

- Das Dienstverhältnis muss ernsthaft vereinbart und tatsächlich durchgeführt werden;

- wegen erhöhter Anforderungen an den Nachweis der Ernsthaftigkeit des Arbeitsverhältnisses sind eindeutige Vereinbarungen (regelmäßig Schriftform) erforderlich;

- die vertraglichen Gestaltungen und ihre Durchführung müssen auch unter Dritten üblich sein;

- durch die Arbeit des Ehegatten wird eine fremde Arbeitskraft ersetzt (nicht nur gelegentliche Hilfeleistungen);

- die Höhe des Arbeitslohns muss eindeutig und zweifelsfrei festgelegt sein;

- der Arbeitslohn muss i. d. R. zu den üblichen Lohnzahlungszeitpunkten tatsächlich und in voller Höhe gezahlt werden;

- aus dem Dienstverhältnis müssen alle damit zusammenhängenden Folgerungen gezogen werden (z. B. die Einbehaltung und Abführung von Steuern und Sozialabgaben);

- unbare Lohnzahlungen sollten auf ein eigenes Konto des Arbeitnehmers überwiesen werden; zumindest auf ein „Oder-Konto" (ein gemeinschaftliches Konto der Eheleute, über das jeder Ehepartner allein verfügungsberechtigt ist). Eine Überweisung auf das Konto des Arbeitgeber-Ehegatten, über das der Arbeitnehmer-Ehegatte nur ein Mitverfügungsrecht besitzt, kann bei der Gesamtbeurteilung der Abgrenzungskriterien gegen die steuerliche Anerkennung des Arbeitsverhältnisses sprechen.

24 Auch bei einem steuerlich anzuerkennenden Dienstverhältnis zwischen Eheleuten kann die Vergütung an den Arbeitnehmer-Ehegatten nur insoweit als Arbeitslohn behandelt werden, als sie angemessen ist und nicht den Betrag übersteigt, den ein fremder Arbeitnehmer für eine gleichartige Tätigkeit erhalten würde (Fremdvergleich).

25 Arbeitsverträge über Hilfsleistungen der **Kinder** im elterlichen Betrieb werden steuerlich nicht anerkannt, wenn die Tätigkeit wegen ihrer Geringfügigkeit oder Eigenart üblicherweise nicht auf arbeitsvertraglicher, sondern auf familienrechtlicher Grundlage geleistet werden, z. B. gelegentliche Hilfeleistungen.

II. Lohnsteuerverfahren

1. Lohnkonto

26 Der Arbeitgeber hat am **Ort der Betriebsstätte** für jeden Arbeitnehmer und jedes Kalenderjahr ein Lohnkonto zu führen. Dies gilt seit dem Kalenderjahr 2000 auch dann, wenn keine Lohnsteuer einzubehalten ist (z. B. auf Grund eines Freibetrags auf der Lohnsteuerkarte/der Ersatzbescheinigung oder wegen des geringen Arbeitslohns). Zum Abschluss des Lohnkontos → Rz. C 88 ff.

27 Die **Form des Lohnkontos** und die **Art der Führung** (z. B. in Kartei- oder Buchform) stehen im Ermessen des Arbeitgebers. In dem Lohnkonto sind alle für den Lohnsteuerabzug und die Lohnsteuerzerlegung erforderlichen Merkmale aufzuzeichnen (z. B. die persönlichen Daten des Arbeitnehmers wie Vor- und Familienname, Geburtstag, Wohnsitz, Steuerklasse, Zahl der Kinder, die Konfession, die Freibeträge auf der Lohnsteuerkarte/der Ersatzbescheinigung und der Hinzurechnungsbetrag).

28 Bei jeder Lohnzahlung **sind** der Tag der Lohnzahlung, der Lohnzahlungszeitraum und die Höhe des Bruttoarbeitslohns sowie die einbehaltene Lohnsteuer, der Solidaritätszuschlag und die Kirchensteuer aufzuzeichnen. Ebenso sind im Lohnkonto die steuerfreien Gehaltsteile sowie die pauschal besteuerten Bezüge zu vermerken. Eine Ausnahme bilden die steuerfreien Vorteile des Arbeitnehmers aus der privaten Nutzung von betrieblichen Personalcomputern und Telekommunikationsgeräten sowie steuerfreie Trinkgelder.

29 Des Weiteren **sind** aufzuzeichnen: Vergütungen für eine mehrjährige Tätigkeit, ermäßigt besteuerte (Entlassungs-)Entschädigungen, Sachbezüge und die vom Arbeitgeber auszuzahlenden Lohnersatzleistungen (z. B. das Kurzarbeitergeld – einschließlich Saison-Kurzarbeitergeld –, der Zuschuss zum Mutterschaftsgeld, ein Zuschuss bei Beschäftigungsverboten nach beamtenrechtlichen Vorschriften und Aufstockungsbeträge nach dem Altersteilzeitgesetz oder beamtenrechtlichen Vorschriften); ferner ist aufzuzeichnen der Großbuchstabe „U", wenn wegen Krankheit der Anspruch des Arbeitnehmers auf Arbeitslohn für mindestens fünf zusammenhängende Arbeitstage im Wesentlichen entfallen war. Des Weiteren ist zusätzlich der Großbuchstabe „S" zu vermerken, wenn in einem ersten Dienstverhältnis die Lohnsteuer von einem sonstigen Bezug ohne Berücksichtigung des Arbeitslohns aus früheren Dienstverhältnissen berechnet wurde.

30 In bestimmten Fällen lassen sich oftmals bei **pauschal besteuerten Bezügen** die auf den einzelnen Arbeitnehmer entfallenden Beträge nicht ohne weiteres ermitteln (Pauschalierung bei Nacherhebung wegen nicht vorschriftsmäßigem Einbehalt → Rz. C 209, Mahlzeiten → Rz. C 211 ff., Betriebsveranstaltung → Rz. C 219, Erholungsbeihilfen → Rz. C 220, Personalcomputer, Zubehör sowie Internetzugang → Rz. C 222 ff.). Es wird in diesen Fällen zugelassen, den Arbeitslohn in einem Sammelkonto (**Sammellohnkonto**) anzuschreiben. Das Sammelkonto muss die **folgenden Angaben** enthalten: Tag der Zahlung, Zahl der bedachten Arbeitnehmer, Summe der insgesamt gezahlten Bezüge, Höhe der Lohnsteuer sowie Hinweise auf die als Belege zum Sammelkonto aufzubewahrenden Unterlagen, insbesondere Zahlungsnachweise, Bestätigung des Finanzamts über die Zulassung der Lohnsteuerpauschalierung.

31 Nicht im Lohnkonto zu vermerken sind nichtsteuerbare Zahlungen des Arbeitgebers (z. B. Zuwendungen an eine Unterstützungskasse, → Rz. C 161 Unterstützungskasse) oder Beiträge für eine Rückdeckungsversicherung (→ Rz. C 161 Rückdeckungsversicherung), die vom Arbeitgeber abgeschlossen wird und die nur dazu dient, dem Arbeitgeber die Mittel zur Leistung einer dem Arbeitgeber zugesagten Versorgung zu verschaffen).

2. Lohnsteuerkarte 2010/Bescheinigung für den Lohnsteuerabzug 2011[1)]

a) Verfahren bis einschließlich 2010[2)]

32 Im Rahmen des Lohnsteuerabzugsverfahrens bis einschließlich 2010 stellten die Gemeinden für ein **erstes** und jedes **weitere Dienstverhältnis** die **Lohnsteuerkarten** mit den Besteuerungsmerkmalen (z. B. Geburtsdatum, Steuerklasse, Religionszugehörigkeit etc.) aus und übersandten diese dem Arbeitnehmer. Der Arbeitnehmer war verpflichtet, dem Arbeitgeber die Lohnsteuerkarte zu Beginn des Kalenderjahres bzw. des Beschäftigungsverhältnisses **vorzulegen**. Der Arbeitgeber hatte die Lohnsteuerkarte entgegenzunehmen und den **Lohnsteuerabzug** nach den auf der Vorderseite der Lohnsteuerkarte bescheinigten Lohnsteuerabzugsmerkmalen durchzuführen und diese im **Lohnkonto** aufzuzeichnen.

33 Für **geringfügig Beschäftigte** und **Aushilfskräfte** (→ Rz. C 164 ff.), für die die Lohnsteuer pauschal erhoben wird, erfolgt die Erhebung der Lohnsteuer ohne Lohnsteuerkarte/Ersatzbescheinigung.

34 Solange der Arbeitnehmer dem Arbeitgeber eine **Lohnsteuerkarte schuldhaft nicht vorlegte** oder die **Rückgabe** der ihm ausgehändigten Lohnsteuerkarte **schuldhaft verzögert**, hatte der Arbeitgeber die Lohnsteuer nach der **Steuerklasse VI** zu ermitteln. Dies galt jedoch nicht, wenn der Arbeitnehmer nachwies, dass er die Nichtvorlage oder verzögerte Rückgabe der Lohnsteuerkarte nicht zu vertreten hat. Im **Januar** konnte der Arbeitgeber die Lohnsteuer von dem Arbeitslohn auf Grund der Eintragungen auf der Lohnsteuerkarte für das vorhergehende Kalenderjahr ermitteln, wenn der Arbeitnehmer bis zur Lohnabrechnung keine Lohnsteuerkarte für das neue Kalenderjahr vorgelegt hatte. Nach Vorlage der neuen Lohnsteuerkarte war die Lohnsteuerermittlung für den Monat Januar zu überprüfen und erforderlichenfalls zu ändern. Legte der Arbeitnehmer bis zum **31. März** keine Lohnsteuerkarte vor, war vom Arbeitgeber rückwirkend die Lohnsteuer nach der **Steuerklasse VI** einzubehalten.

b) Verfahren ab 2012

35 In dem voraussichtlich ab 1.1.2012 maßgeblichen neuen Verfahren **ELStAM** (Elektronische Lohnsteuerabzugsmerkmale) wird der Verfahrensweg von der Ausstellung der Lohnsteuerkarte durch die Gemeinden bis zur Aushändigung an den Arbeitnehmer bzw. Arbeitgeber neu geregelt. Dabei werden die bisherigen Rechte und Pflichten der Arbeitnehmer beibehalten. Den Arbeitgebern werden die ELStAM für die Arbeitnehmer maschinell verwertbar zum Abruf zur Verfügung gestellt. Der Arbeitgeber hat die ELStAM abzurufen, in das Lohnkonto zu übernehmen und sie für die Dauer des Dienstverhältnisses anzuwenden. Etwaige Änderungen wird die Finanzverwaltung dem Arbeitgeber **zum Abruf** bereitstellen

c) Verfahren in 2011

36 Die Ausstellung einer **Lohnsteuerkarte** erfolgt **letztmalig** für das Kalenderjahr **2010** (→ Rz. C 32). Die Gemeinden stellen für Kalenderjahre ab 2011 keine Lohnsteuerkarten mehr aus. In dem so entstehenden **Übergangszeitraum** bis zur Einführung der ELStAM (→ Rz. C 35) sind grundsätzlich die allgemeinen Vorschriften des Lohnsteuerabzugsverfahrens (→ Rz. C 32 ff.) weiter anzuwenden. Die **Lohnsteuerkarten 2010** ist bis zur erstmaligen Anwendung der ELStAM **weiter gültig**.

---

1) Es ist die Rechtslage für den Lohnsteuerabzug 2011 unter Berücksichtigung der Änderungen durch das Jahressteuergesetz 2010 dargestellt, dem der Bundesrat am 26. 11. 2010 zugestimmt hat. Auf die Darstellung der Rechtslage ab 2012, d.h. die erstmalige Anwendung und den erstmaligen Abruf der ELStAM (Elektronische Lohnsteuerabzugsmerkmale) wird an dieser Stelle verzichtet. Eine Darstellung der ab 2012 maßgeblichen Rechtslage erfolgt in den Erläuterungen zu den Stollfuß Tabellen 2012. Die Einführung der elektronischen Lohnsteuerabzugsmerkmale für die Durchführung des Lohnsteuerabzugs ab 2011 ist wegen der fehlenden Bedeutung für das Kalenderjahr 2010 nicht berücksichtigt. Auf § 39e EStG wird jedoch hingewiesen.

2) Regelungen gelten grds. auch für das Kalenderjahr 2011 (→ Rz. C 36 ff.).

37 Wird ein in 2010 **bestehendes Dienstverhältnis** nach Ablauf des Jahres 2010 fortgesetzt, hat der Arbeitgeber die auf der Lohnsteuerkarte 2010 eingetragenen Lohnsteuerabzugsmerkmale unter Beachtung zwischenzeitlich geänderter Eintragungen im Übergangszeitraum weiterhin anzuwenden. Daraus folgt, dass der Arbeitgeber die Lohnsteuerkarte 2010 auch im Übergangszeitraum aufbewahren muss und nicht vernichten darf. Er hat dem Arbeitnehmer die Lohnsteuerkarte zur Änderung der Eintragungen vorübergehend zu überlassen. Mit Einführung des neuen ELStAM-Verfahrens hat der Arbeitgeber die Lohnsteuerkarte 2010 grds. zu vernichten.

38 In den Fällen des **Arbeitgeberwechsels** oder bei der **Beendigung des Dienstverhältnisses** im Übergangszeitraum hat der Arbeitgeber dem Arbeitnehmer die Lohnsteuerkarte 2010 innerhalb einer angemessenen Frist nach Beendigung des Dienstverhältnisses auszuhändigen. Beginnt der Arbeitnehmer ein **neues Dienstverhältnis**, hat er dem neuen Arbeitgeber die **Lohnsteuerkarte 2010** vorzulegen.

39 Enthält die Rückseite der Lohnsteuerkarte 2010 eine Lohnsteuerbescheinigung kann die Lohnsteuerkarte 2010 nicht beim Arbeitgeber verbleiben. Der Arbeitgeber kann in diesem Fall bei fortbestehendem Dienstverhältnis die **Lohnsteuerabzugsmerkmale der Lohnsteuerkarte 2010** im Übergangszeitraum **weiter anwenden**, wenn der Arbeitnehmer **schriftlich bestätigt**, dass die Abzugsmerkmale der Lohnsteuerkarte 2010 auch für den Lohnsteuerabzug im Übergangszeitraum zutreffend sind.

40 Für sämtliche **Eintragungen** auf der Lohnsteuerkarte 2010 mit Wirkung **ab dem 1.1.2011** liegt die Zuständigkeit bei der Finanzverwaltung, d.h. grds. beim **Wohnsitzfinanzamt**. Für die Verwaltung der **Meldedaten**, wie z. B. bei Heirat, Geburt, Kirchenein- oder -austritt, bleiben weiterhin die Gemeinden zuständig.

40.1 Weicht die Eintragung der Steuerklasse (z. B. nach der Trennung der Ehegatten) oder die Zahl der Kinderfreibeträge auf der Lohnsteuerkarte 2010 von den Verhältnissen zu Beginn des jeweiligen Kalenderjahres im Übergangszeitraum zu Gunsten des Arbeitnehmers ab, oder ist die Steuerklasse II bescheinigt (→ Rz. C 43) und sind die Voraussetzungen für die Berücksichtigung des Entlastungsbetrags für Alleinerziehende (→ Rz. C 84 ff.) im Laufe des Kalenderjahres entfallen, besteht eine **Anzeigepflicht des Arbeitnehmers**.

40.2 **Arbeitnehmer ohne Lohnsteuerkarte 2010**, die im Übergangszeitraum Besteuerungsmerkmale für ein Dienstverhältnis benötigen, haben grundsätzlich beim Finanzamt eine „Bescheinigung für den Lohnsteuerabzug 2011" (**Ersatzbescheinigung**).

40.3 Für unbeschränkt einkommensteuerpflichtige ledige Arbeitnehmer, die ab dem Kalenderjahr 2011 ein **Ausbildungsverhältnis** als **erstes Dienstverhältnis** beginnen, gibt es eine **Vereinfachungsregelung**. Es wird typisierend unterstellt, dass Lohnsteuerkarten für 2010 nicht ausgestellt wurden und regelmäßig die **Steuerklasse I** gilt. Der Arbeitgeber kann in diesen Fällen den Lohnsteuerabzug **ohne** Vorlage einer Lohnsteuerkarte 2010 oder Ersatzbescheinigung nach der Steuerklasse I vornehmen. Der Auszubildende muss seinem Arbeitgeber die Identifikationsnummer, den Tag der Geburt und die rechtliche Zugehörigkeit zu einer steuererhebenden Religionsgemeinschaft **mitteilen** und **schriftlich bestätigen**, dass es sich um ein erstes Dienstverhältnis handelt. Liegen bei einem Auszubildenden die Voraussetzungen für die Anwendung der Vereinfachungsregelung nicht vor, **hat** er eine **Ersatzbescheinigung** zu beantragen. Liegen die Voraussetzungen einer günstigeren Steuerklasse vor, z. B Steuerklasse II oder III, **kann** eine **Ersatzbescheinigung** beantragt werden.

d) Steuerklasse

aa) Steuerklassensystem

41 Durch das System der Steuerklassen wird erreicht, dass unterschiedliche **Einkommensteuertarife** (Grund- und Splittingtarif) sowie verschiedene **Frei- und Pauschbeträge** bei der Lohnsteuerberechnung berücksichtigt werden können.

42 Die **Steuerklasse I** gilt für Arbeitnehmer, wenn sie

– ledig oder geschieden sind,

– verheiratet sind, aber von ihrem Ehegatten dauernd getrennt leben oder wenn der Ehegatte nicht im Inland wohnt, oder

– verwitwet sind und der Ehegatte vor 2009 verstorben ist.

Heiratet ein Arbeitnehmer, kann auf Antrag mit Wirkung vom Tag der Eheschließung an die Steuerklasse III (ggf. in Kombination mit der Steuerklasse V beim anderen Ehegatten) bescheinigt werden.

43 Die **Steuerklasse II** erhalten die in der Steuerklasse I aufgeführten Arbeitnehmer, wenn ihnen der Entlastungsbetrag für Alleinerziehende zusteht (→ Rz. B 84 ff.).

44 Die **Steuerklasse III** gilt für

– verheiratete Arbeitnehmer, die beide im Inland ansässig sind, nicht dauernd getrennt leben und bei denen nur ein Ehegatte Arbeitslohn bezieht oder der andere Partner zwar arbeitet, aber in der Steuerklasse V eingestuft ist, und für

– verwitwete Arbeitnehmer, wenn der Ehegatten nach dem 31. 12. 2009 verstorben ist und wenn beide vor dem Tod im Inland ansässig waren und nicht dauernd getrennt lebten (ob ein Kind zu berücksichtigen ist, spielt für die Eingliederung in diese Steuerklasse keine Rolle).

45 Die **Steuerklasse IV** gilt für verheiratete Arbeitnehmer, die beide im Inland ansässig sind, nicht dauernd getrennt leben und beide Arbeitslohn beziehen. Zum Faktorverfahren → Rz. C 53.1 ff.

46 Die **Steuerklasse V** tritt für einen Ehegatten an die Stelle der Steuerklasse IV, wenn der andere Ehegatte in die Steuerklasse III eingestuft ist.

47 Die **Steuerklasse VI** wird auf der zweiten oder weiteren Lohnsteuerkarte/Ersatzbescheinigung für einen Arbeitnehmer eingetragen, der gleichzeitig Arbeitslohn von mehreren Arbeitgebern bezieht. Zur Einbehaltung der Lohnsteuer nach der Steuerklasse VI bei Nichtvorlage einer Lohnsteuerkarte/ einer Ersatzbescheinigung→ Rz. C 34.

bb) Steuerklassenwahl

48 Berufstätige **Ehepaare** werden grundsätzlich gemeinsam besteuert. Der Arbeitgeber kann jedoch die Lohnsteuer jeweils nur von dem Lohn berechnen, den einer der Ehegatten bei ihm verdient. Damit Ehegatten mit ihren Steuerabzügen aber dem Betrag, den sie auf Grund ihres gemeinsamen Einkommens im Jahr zu zahlen haben, möglichst nahe kommen, können sie zwischen zwei **Steuerklassenkombinationen** wählen. Dabei gilt die Faustregel (→ Rz. A 33 ff.):

– bei etwa gleich hohen Einkommen: Steuerklassenkombination IV/IV,

– bei unterschiedlich hohen Einkommen: Steuerklassenkombination III/V.

Zum Faktorverfahren → Rz. C 53.1 ff.

49 Bei der Steuerklassenkombination IV/IV kann es grundsätzlich **nicht** vorkommen, dass – gemessen an der Jahressteuer beider Ehegatten – **zu wenig Lohnsteuer** einbehalten wird, die vom Finanzamt nachgefordert werden müsste. Daher werden Ehegatten mit dieser Steuerklassenkombination nicht zur Einkommensteuer veranlagt, es sei denn, dass die Ehegatten aus anderen Gründen zur Einkommensteuer veranlagt werden müssen, z. B. weil sie neben ihrem Arbeitslohn noch andere Einkünfte (z. B. aus Vermietung und Verpachtung oder selbständiger Arbeit) haben oder weil sie die Veranlagung zur Einkommensteuer beantragen.

50 Bei **unterschiedlich hohen Einkommen** zahlt ein Ehepaar dagegen regelmäßig zu viel Lohnsteuer, die dann erst im folgenden Jahr erstattet wird. Daher ist hier die Kombination III/V besser, bei der der mehr Verdienende in die Steuerklasse III, der andere Partner in die Steuerklasse V eingestuft wird. Bei dieser Steuerklassenkombination muss allerdings nach einer Faustformel dann mit Nachzahlungen gerechnet werden, wenn der Partner mit Steuerklasse V weniger als **40 %** des gemeinsamen Jahreseinkommens verdient. Das Finanzamt führt deshalb für Ehegatten mit der Steuerklassenkombination III/V stets eine Einkommensteuerveranlagung durch. Es kann so die zu wenig abgezogene Lohnsteuer nachträglich noch hereinholen und zudem – je nach der Höhe der Nachforderung – Vorauszahlungen festsetzen. Andererseits kann es bei einer möglichen Überzahlung den entsprechenden Betrag erstatten.

Das Bundesministerium der Finanzen gibt in der Regel alljährlich ein **Merkblatt zur Steuerklassenwahl** heraus, das insbesondere Tabellen zur Erleichterung der Wahl enthält (→ Rz. A 23 ff.).

51 Bei der Wahl der Steuerklasse sollte man einen Aspekt nicht vergessen: Viele **Sozialleistungen** richten sich nach dem Netto-Arbeitsentgelt (z. B. Mutterschaftsgeld, Arbeitslosengeld I, Elterngeld), so dass die Steuerklassenkombination auch Auswirkungen auf die Höhe solcher Leistungen haben kann. Die Leistungsgesetze sehen allerdings Einschränkungen für den Fall vor, dass die gewählte Steuerklasseneinteilung nicht dem Verhältnis der Arbeitslöhne entspricht.

52 Arbeitnehmer-Ehegatten haben die Möglichkeit, die **Steuerklasseneintragung** auf ihren Lohnsteuerkarten 2010/ihre Ersatzbescheinigungen mit Wirkung ab 1. 1. 2011 vom Wohnsitzfinanzamt **ändern** zu lassen bzw. **erstmals zu wählen**. Ein **Steuerklassenwechsel** im Laufe des Jahres 2011 kann i. d. R. nur einmal, und zwar spätestens bis zum 30. 11. 2011, beantragt werden. Der Steuerklassenwechsel erfolgt frühestens mit Wirkung vom Beginn des Kalendermonats, der auf die Antragstellung folgt. Nur in den Fällen, in denen im Laufe des Jahres 2011 der Ehegatte aus dem Dienstverhältnis ausscheidet oder verstirbt, kann das Wohnsitzfinanzamt bis zum 30. 11. 2011 auch noch **ein weiteres Mal** einen **Steuerklassenwechsel** vornehmen. Das Gleiche gilt, wenn ein Ehegatte nach vorangegangener Arbeitslosigkeit wieder ein Dienstverhältnis eingeht oder wenn sich die Ehegatten im Laufe des Jahres auf Dauer getrennt haben. Eine im Kalenderjahr 2010 mit Wirkung **ab dem 1. 1. 2011** vorgenommene Steuerklassenänderung ist **kein Steuerklassenwechsel** in diesem Sinne; dies gilt auch für die erstmalige Änderung der Steuerklassen im Kalenderjahr 2011 aus Anlass der **Eheschließung**. Die Ehegatten müssen in jedem Fall beim Finanzamt **beide Lohnsteuerkarten/Ersatzbescheinigungen** vorlegen.

53 Wird die Ehe eines Arbeitnehmers **geschieden** oder haben die Ehegatten sich **dauernd getrennt**, werden die Eintragungen auf der Lohnsteuerkarte /der Ersatzbescheinigungen grundsätzlich nicht geändert (→ aber Rz. C 40.1 für das folgende Kalenderjahr). Jedoch kann ein Steuerklassenwechsel beantragt werden (→ Rz. C 52).

53.1 Wird eine Ehe durch **Tod** aufgelöst, ist auf der Lohnsteuerkarte/der Ersatzbescheinigung des anderen Ehegatten auf Antrag mit Wirkung vom Beginn des ersten auf den Todestag des Ehegatten folgenden Kalendermonats an die **Steuerklasse III** zu bescheinigen. Voraussetzung ist, dass der Arbeitnehmer und sein verstorbener Ehegatte zu Beginn oder im Laufe des Kalenderjahrs unbeschränkt einkommensteuerpflichtig waren und nicht dauernd getrennt gelebt haben.

cc) Faktorverfahren bei Ehegatten

53.2 Durch das Faktorverfahren soll die als hoch empfundene Besteuerung in Steuerklasse V (→ Rz. C 46 und 50) reduziert und damit die Hemmschwelle für eine Beschäftigungsaufnahme beseitigt werden. Das Faktorverfahren tritt dabei **an die Stelle** der Steuerklassenkombination III/V (→ Rz. C 48 und 50). Im Einzelnen gilt Folgendes:

53.3 Das Finanzamt trägt auf Antrag beider Ehegatten auf der Lohnsteuerkarte/der Ersatzbescheinigung jeweils die **Steuerklasse IV** in Verbindung mit einem **Faktor** zur Ermittlung der Lohnsteuer ein. Der Faktor ist dabei stets **kleiner 1** und wird mit **drei Nachkommastellen ohne Rundung** berechnet. Zur Ermittlung des Faktors im Einzelnen → Rz. A 13.2.

53.4 Für die Einbehaltung der Lohnsteuer vom Arbeitslohn hat der Arbeitgeber die **Steuerklasse IV** und den **Faktor** anzuwenden (→ Rz. A 27.1 mit ausführlichem Beispiel).

53.5 Die Regelungen zum **Steuerklassenwechsel** (→ Rz. C 52) gelten entsprechend. Das Faktorverfahren ist nach **amtlich vorgeschriebenem Vordruck** zu beantragen, jedoch nur, wenn bei der Faktorermittlung zugleich andere Beträge als Freibetrag auf der Lohnsteuerkarte/der Ersatzbescheinigung berücksichtigt werden sollen (→ Rz. C 61 ff.). Nach Anwendung des Faktorverfahrens darf der Arbeitgeber **keinen Lohnsteuer-Jahresausgleich** durchführen (→ Rz. C 235 ff.). Das Faktorverfahren ist mit einer **Pflichtveranlagung** verbunden (→ Rz. B 23). Es wird im Übrigen auch bei der Berechnung der **Kirchensteuer** (→ Rz. E 19) und des **Solidaritätszuschlags** (→ Rz. D 8) berücksichtigt.

e) Eintragungen auf der Lohnsteuerkarte/der Ersatzbescheinigung

aa) Allgemeines für den Übergangszeitraum ab 2011

53.6 Die **Eintragungen** auf der Lohnsteuerkarte **2010 gelten** grds. auch für die Lohnsteuererhebung im Kalenderjahr 2011 **fort**. Ein erneuter Antrag des Arbeitnehmers ist dafür nicht erforderlich. Ein für 2010 eingetragener Freibetrag oder Faktor ist – unabhängig von der eingetragenen Gültigkeit – vom Arbeitgeber auch im **Lohnsteuerabzugsverfahren 2011** zu berücksichtigen ist, soweit für 2011 keine abweichenden Eintragungen erfolgt sind. Dabei hat der Arbeitgeber nicht zu prüfen, ob die Voraussetzungen für diesen Freibetrag in 2011 dem Grunde oder der Höhe nach noch vorliegen.

Die Änderung eines Freibetrags/Hinzurechnungsbetrags kann nur bis zum 30. November des laufenden Kalenderjahres beantragt werden. Selbstverständlich besteht auch 2011 die Möglichkeit, **erstmals** einen **Freibetrag/Hinzurechnungsbetrag** oder **Faktor** auf der Lohnsteuerkarte 2010/der Ersatzbescheinigung eintragen zu lassen.

bb) Kinder

54 Die **Freibeträge für Kinder** werden im Lohnsteuerverfahren bei der Berechnung der Lohnsteuer grundsätzlich **nicht berücksichtigt**. Die Lohnsteuer ist daher für Arbeitnehmer mit und ohne Kinder gleich.

55 Die Freibeträge für Kinder haben aber Bedeutung für die sog. **Annexsteuern** (Kirchensteuer und Solidaritätszuschlag) und werden deshalb (insbesondere bei Kindern über 18 Jahre) auf der Lohnsteuerkarte/der Ersatzbescheinigung eingetragen. Bei der Berechnung dieser Steuern wird nicht die tatsächlich gezahlte Lohnsteuer zu Grunde gelegt, sondern eine **fiktive Lohnsteuer** (sog. Maßstabssteuer). Für die Steuerberechnung wird in allen Fällen – auch wenn das Kindergeld günstiger ist – die Lohnsteuer ermittelt, die sich ergibt, wenn die Freibeträge für Kinder abgezogen werden. Für die Ermittlung der Bemessungsgrundlage für Zuschlagsteuern (Solidaritätszuschlag und Kirchensteuer) werden dabei aus Vereinfachungsgründen sowohl beim Lohnsteuer-Jahresausgleich des Arbeitgebers als auch im Veranlagungsverfahren des Arbeitnehmers immer die **Freibeträge für ein volles Jahr** angesetzt, selbst wenn das Kind nur für einen kürzeren Zeitraum des Jahres berücksichtigt werden kann (z. B. bei Beendigung der Berufsausbildung im Laufe des Jahres).

56 Jedes Kind wird auf der Lohnsteuerkarte/der Ersatzbescheinigung mit dem **Zähler 0,5** (jährlicher Freibetrag: 2 184 € + 1 320 €) berücksichtigt. Der **Zähler** erhöht sich auf **1** (jährlicher Freibetrag: 4 368 € + 2 640 €), wenn

- die im Inland wohnenden leiblichen Eltern oder Pflegeeltern eines Kindes miteinander verheiratet sind und nicht dauernd getrennt leben,
- nicht dauernd getrennt und im Inland wohnende Ehegatten ein Kind gemeinsam adoptiert haben,
- der andere leibliche Elternteil oder Adoptivelternteil eines Kindes vor 2011 verstorben ist,
- der Arbeitnehmer oder sein nicht dauernd getrennt lebender Ehegatte allein das Kind adoptiert hat,
- der Wohnsitz des anderen Elternteils nicht zu ermitteln ist,
- der Vater des Kindes amtlich nicht feststellbar ist (z. B. weil die Mutter den Namen des Vaters nicht bekannt gegeben hat), oder
- der andere Elternteil während des gesamten Jahres nicht im Inland ansässig ist und keinen Anspruch auf einen Kinderfreibetrag für das Kind hat.

57 Steht bei einem im Inland ansässigen Elternpaar jedem Elternteil nur der Zähler 0,5 zu, kann ein Elternteil den **Zähler** des anderen Elternteil auf sich **übertragen** lassen, wenn voraussichtlich nur er, nicht jedoch der andere Elternteil seiner Unterhaltspflicht gegenüber dem Kind für das Kalenderjahr im Wesentlichen nachkommt.

58 Die Kinderfreibetragszahl kann auch auf einen **Stiefelternteil** oder auf die **Großeltern** übertragen werden, wenn sie das Kind in ihrem Haushalt aufgenommen haben. Für die Übertragungsfälle hält das Finanzamt einen besonderen Vordruck (Anlage K) bereit.

59 Die Summe der Zähler wird auf der Lohnsteuerkarte/der Ersatzbescheinigung als „**Zahl der Kinderfreibeträge**" eingetragen.

Kinder im **Ausland** werden bei der Kinderfreibetragszahl nur berücksichtigt, wenn die dortigen Lebenshaltungskosten in etwa denen im Inland entsprechen (Berücksichtigung ausländischer Verhältnisse durch Ländergruppeneinteilung; s. auch BMF-Schreiben v. 6. 11. 2009 – IV C 4 – S 2285/07/0005 – BStBl I 2009 S. 1323). Freibeträge für Kinder, die in Ländern mit niedrigeren Lebenshaltungskosten leben, werden bei der Berechnung des Solidaritätszuschlags und der Kirchensteuer erst nach Ablauf des Kalenderjahres im Rahmen der Einkommensteuerveranlagung berücksichtigt.

60 Ist die auf der Lohnsteuerkarte/der Ersatzbescheinigung bescheinigte Kinderfreibetragzahl **niedriger**, als es den tatsächlichen Verhältnissen entspricht, **kann** die **Änderung** beantragt werden. Der Antrag ist an das Finanzamt zu richten. Ist die auf der Lohnsteuerkarte/der Ersatzbescheinigung bescheinigte Kinderfreibetragzahl **höher**, als es den tatsächlichen Verhältnissen am 1. Januar entspricht, **ist** der Arbeitnehmer **verpflichtet**, die Eintragung ändern zu lassen. Tritt im Laufe des Jahres eine Änderung der Verhältnisse zu Ungunsten des Arbeitnehmers ein, braucht die bescheinigte Zahl der Kinder nicht geändert zu werden. Einem Antrag auf Änderung ist eine steuerliche **Lebensbescheinigung** beizufügen, wenn ein Inlandskind unter 18 Jahren eingetragen werden soll, das nicht beim Antragsteller mit Wohnung gemeldet ist oder wenn es sich um ein Auslandskind handelt. Diese Lebensbescheinigung muss der Antragsteller vorher von der Gemeinde anfordern, in der das Kind gemeldet ist. Des Weiteren ist ein Arbeitnehmer verpflichtet, die **Steuerklasse II** ändern zu lassen, wenn im Laufe des Jahres die Voraussetzungen für die Berücksichtigung des Entlastungsbetrages für Alleinerziehende entfallen (→ Rz. B 84 ff.).

Zu der steuerlichen Behandlung von Kindern im Allgemeinen auch → Rz. B 70 ff.

cc) Freibeträge bei Werbungskosten etc.

61 Der Steuerabzug, den der Arbeitgeber bei der Lohn- bzw. Gehaltszahlung abziehen muss, wird niedriger, wenn auf der Lohnsteuerkarte/der Ersatzbescheinigung Freibeträge eingetragen sind. Der Antrag auf Lohnsteuerermäßigung ist auf **amtlichem Vordruck** zu stellen und kann für das Kalenderjahr 2011 bis zum 30. 11. 2011 beim Finanzamt eingereicht werden.

62 **Unabhängig von ihrer Höhe** können auf der Lohnsteuerkarte/der Ersatzbescheinigung eingetragen werden:

- Pauschbetrag für behinderte Menschen und Hinterbliebene (→ Rz. B 92 *Behinderte Menschen, Hinterbliebene*);
- Verluste aus anderen Einkunftsarten, insbesondere aus Vermietung und Verpachtung, sowie die Beträge, die für die eigengenutzte Wohnung als Sonderausgaben abgezogen werden können (→ Rz. B 91 *Selbst genutzte Wohnungen*);
- die in einen Freibetrag umgerechnete Steuerermäßigung für haushaltsnahe Beschäftigungsverhältnisse/Dienstleistungen und Handwerkerleistungen (→ Rz. B 93 *Steuerermäßigung für haushaltsnahe Beschäftigungsverhältnisse/Dienstleistungen und Handwerkerleistungen*).

63 Eine Berücksichtigung von Freibeträgen wegen

- Werbungskosten (→ Rz. B 87),
- Sonderausgaben (→ Rz. B 88 ff.),
- allgemeiner außergewöhnlichen Belastungen (→ Rz. B 92),
- außergewöhnlicher Belastungen in Sonderfällen (→ Rz. B 92) und

- des Entlastungsbetrags für Alleinerziehende bei Verwitweten (→ Rz. B 85)

ist dagegen nur möglich, wenn die Aufwendungen bzw. die abziehbaren Beträge insgesamt eine **Antragsgrenze von 600 €** überschreiten. Für die Feststellung, ob die Antragsgrenze überschritten wird, dürfen die Werbungskosten nicht in voller Höhe, sondern nur mit dem Betrag angesetzt werden, der den Arbeitnehmer-Pauschbetrag von 920 € übersteigt. Eine Ausnahme gibt es hier für die abziehbaren **erwerbsbedingten Kinderbetreuungskosten** (→ Rz. B 87 *Kinderbetreuungskosten*); diese Kinderbetreuungskosten werden bei der Prüfung, ob die Antragsgrenze überschritten ist, berücksichtigt, auch wenn sie den Arbeitnehmer-Pauschbetrag nicht übersteigen. Für Sonderausgaben sind die tatsächlichen Aufwendungen anzusetzen, auch wenn diese Aufwendungen geringer als der Pauschbetrag sind. Bei außergewöhnlichen Belastungen allgemeiner Art sind die Aufwendungen (ohne Kürzung um die zumutbare Belastung) und bei außergewöhnlichen Belastungen in besonderen Fällen die abziehbaren Beträge maßgebend. **Verheiratete Arbeitnehmer** können den Antrag stellen, wenn die hiernach zu berücksichtigenden Aufwendungen bzw. die abziehbaren Beträge beider Ehegatten zusammen mehr als 600 € betragen.

64 Der Freibetrag wird mit **Wirkung** vom 1. 1. 2011 an auf der Lohnsteuerkarte/der Ersatzbescheinigung eingetragen, wenn der Antrag vor dem 1. 2. 2011 gestellt wird. Ansonsten wirkt der Freibetrag erst mit Beginn des auf die Antragstellung folgenden Monats. Der monatliche Freibetrag wird ermittelt, indem der Jahresfreibetrag gleichmäßig auf die Monate der Wirksamkeit verteilt wird.

65 In bestimmten Fällen muss nur der vereinfachte zweiseitige Antragsvordruck ausgefüllt werden und zwar, wenn die Zahl der Kinderfreibeträge und ggf. die Steuerklasse I in II geändert oder ein geringerer Freibetrag als für 2010 auf der Lohnsteuerkarte 2010/der Ersatzbescheinigung für den Lohnsteuerabzug 2011 eingetragen werden soll.

65.1 Wird auf Grund eines Antrags auf Lohnsteuerermäßigung ein Steuerfreibetrag gewährt – ausgenommen Behinderten-/Hinterbliebenen-Pauschbetrag oder Änderungen bei der Zahl der Kinderfreibeträge – und übersteigt der im Kalenderjahr insgesamt erzielte Arbeitslohn 10 200 €, bei zusammenveranlagten Ehegatten der von den Ehegatten insgesamt erzielte Arbeitslohn 19 400 €, besteht die **Pflicht**, für das Kalenderjahr 2011 bis spätestens zum 28. 5. 2012 eine **Einkommensteuererklärung** abzugeben (→ Rz. B 23)[1]. Die Pflicht besteht unabhängig davon, ob der Freibetrag bereits 2010 eingetragen war oder erstmals für 2011 eingetragen worden ist.

66 **Werbungskosten** können auf der Lohnsteuerkarte/der Ersatzbescheinigung als Freibetrag nur eingetragen werden, soweit sie den beim Lohnsteuerabzug berücksichtigten Arbeitnehmer-Pauschbetrag (→ Rz. B 87 *Arbeitnehmer-Pauschbetrag*) von 920 € jährlich übersteigen. Eine Ausnahme gibt es hier für die abziehbaren **erwerbsbedingten Kinderbetreuungskosten** (→ Rz. B 87 *Kinderbetreuungskosten*); diese Kinderbetreuungskosten werden berücksichtigt, auch wenn sie den Arbeitnehmer-Pauschbetrag nicht übersteigen.

67 **Sonderausgaben** (→ Rz. B 88 ff.) sind bestimmte, im Gesetz abschließend aufgezählte Aufwendungen. Bei diesen Ausgaben ist zu unterscheiden zwischen Vorsorgeaufwendungen (→ Rz. C 68.1) und den übrigen Sonderausgaben. Für Vorsorgeaufwendungen kann ein Freibetrag nicht eingetragen werden, da diese im Lohnsteuerabzug bereits durch die Vorsorgepauschale berücksichtigt werden. Die übrigen Sonderausgaben werden als Freibetrag auf der Lohnsteuerkarte/der Ersatzbescheinigung eingetragen, soweit sie den Sonderausgaben-Pauschbetrag von 36 € bei allein stehenden Arbeitnehmern und von 72 € bei verheirateten, nicht dauernd getrennt lebenden Ehegatten übersteigen. Bei Ehegatten werden die Sonderausgaben gemeinsam ermittelt; insbesondere ist es gleichgültig, welcher der Ehegatten sie geleistet hat.

68 Entstehen einem Arbeitnehmer größere Aufwendungen als der überwiegende Mehrzahl der Steuerpflichtigen gleicher Einkommens- oder Vermögensverhältnisse sowie gleichen Familienstands, sind sie als **außergewöhnliche Belastung** (→ Rz. B 92) abziehbar, wenn sich der Steuerpflichtige diesen Aufwendungen aus rechtlichen, tatsächlichen oder sittlichen Gründen nicht entziehen kann. Ein Abzug sowie die Eintragung eines Freibetrags kommen nur insoweit in Betracht, als die Aufwendungen den Umständen nach notwendig sind, einen angemessenen Betrag nicht übersteigen und außerdem höher sind als die anzurechnende zumutbare Belastung. In bestimmten Fällen außergewöhnlicher Belastungen werden Aufwendungen nur bis zur Höhe genau festgelegter Höchstbeträge bzw. Freibeträge berücksichtigt, u. a.

- Unterhaltsaufwendungen,
- Sonderbedarf bei Berufsausbildung,
- Pauschbeträge für behinderte Menschen, Hinterbliebene und Pflegepersonen.

Die Kürzung um die zumutbare Belastung entfällt in den genannten Fällen.

Beispiel:

Ein lediger Arbeitnehmer wird im Kalenderjahr 2011 voraussichtlich an 220 Arbeitstagen mit seinem Pkw zur Arbeitsstätte fahren. Die kürzeste Straßenverbindung zwischen Wohnung und Arbeitsstätte beträgt 40 Kilometer. Die zu zahlende Kirchensteuer wird voraussichtlich 500 € betragen. Im Januar 2011 stellt er beim Finanzamt einen Antrag auf Eintragung eines Freibetrags.

1. Schritt: Prüfung, ob die 600 €-Antragsgrenze überschritten ist:

Werbungskosten

(Entfernungspauschale: 220 Tage x 40 km x 0,30 €)	2 640 €
abzüglich Arbeitnehmer-Pauschbetrag	./. 920 €
verbleiben	1 720 €
Sonderausgaben	500 €
zusammen	2 220 €

Da die Grenze von 600 € überschritten ist, kann grundsätzlich die Eintragung eines Freibetrags auf der Lohnsteuerkarte/der Ersatzbescheinigung erfolgen.

2. Schritt: Ermittlung der Höhe des Freibetrags

Werbungskosten (siehe oben)	2 640 €
abzüglich Arbeitnehmer-Pauschbetrag	./. 920 €
verbleiben	1 720
Sonderausgaben	500 €
abzüglich Sonderausgaben-Pauschbetrag	./. 36 €
verbleiben	464 €
zusammen	2 184 €

Auf der Lohnsteuerkarte/der Ersatzbescheinigung wird ein Jahresfreibetrag von 2 184 € eingetragen. Der Monatsfreibetrag beträgt bei einer Antragstellung bis zum 1. 2. 2011 182 € (2 184 €/12 Monate).

---

[1] Geändert durch das JStG 2010, dem der Bundesrat am 26. 11. 2010 zugestimmt hat.

dd) Vorsorgeaufwendungen

68.1 Für Vorsorgeaufwendungen kann **kein Freibetrag** auf der Lohnsteuerkarte/der Ersatzbescheinigung eingetragen werden, da diese beim Lohnsteuerabzug bereits durch die **Vorsorgepauschale** (→ Rz. A 5 ff. und B 91 *Vorsorgepauschale*) berücksichtigt werden. Deshalb können auch Beiträge für eine sog. Riester-Rente oder eine sog. Rürup-Rente erst bei der Veranlagung zur Einkommensteuer berücksichtigt werden. Die beim Lohnsteuerabzug zu berücksichtigende Vorsorgepauschale setzt sich aus einzelnen **Teilbeträgen** zusammen:

– einem Teilbetrag für die **Rentenversicherung**, wenn Versicherungspflicht in der gesetzlichen Rentenversicherung oder wegen der Versicherung in einer berufsständischen Versorgungseinrichtung eine Befreiung von der gesetzlichen Rentenversicherung vorliegt,

– einem Teilbetrag für die **Krankenversicherung** und

– einem Teilbetrag für die **Pflegeversicherung**.

Ob die Voraussetzungen für den Ansatz der einzelnen Teilbeträge vorliegen, ist jeweils gesondert zu prüfen; hierfür ist immer der Versicherungsstatus am Ende des jeweiligen Lohnzahlungszeitraums maßgebend und das Dienstverhältnis nicht auf Teilmonate aufzuteilen. Die Teilbeträge sind separat zu berechnen; die Summe aller Teilbeträge ergibt die anzusetzende Vorsorgepauschale.

68.2 Bemessungsgrundlage für die Berechnung dieser einzelnen Teilbeträge der neuen Vorsorgepauschale ist der Arbeitslohn. Entschädigungen werden hier nicht als Arbeitslohnbestandteil berücksichtigt. Die jeweilige Beitragsbemessungsgrenze ist bei allen Teilbeträgen der Vorsorgepauschale zu beachten. Bei den Rentenversicherungsbeiträgen ist folglich auch zwischen der sog. Beitragsbemessungsgrenze West und der Beitragsbemessungsgrenze Ost zu unterscheiden.

68.3 Für die **Rentenversicherung** beträgt der zu berücksichtigende Anteil im Kalenderjahr 2011 44 % des Arbeitnehmeranteils. Der berücksichtigungsfähige Teilbetrag der Vorsorgepauschale für die Rentenversicherung steigt parallel zum Sonderausgabenabzug der Rentenversicherungsbeiträge (→ Rz. B 91 *Höchstbeträge für Vorsorgeaufwendungen*). Der Prozentsatz steigt bis zum Jahr 2024 in jedem Kalenderjahr um 4 %-Punkte.

68.4 Der Teilbetrag für die **gesetzliche Krankenversicherung** und **soziale Pflegeversicherung** wird bei Arbeitnehmern angesetzt, die in der gesetzlichen Krankenversicherung versichert sind; dies gilt für pflichtversicherte und freiwillig versicherte Arbeitnehmer. Es wird hier ein fiktiver Arbeitnehmeranteil berücksichtigt.

68.5 Bei **privat versicherten Arbeitnehmern** werden die als Sonderausgabenabzug abziehbaren privaten Basiskranken- und Pflege-Pflichtversicherungsbeiträge berücksichtigt (→ Rz. B 91 *Vorsorgeaufwendungen*). Steuerfreie Arbeitgeberzuschüsse zu einer privaten Kranken- und Pflegeversicherung werden gegengerechnet. Der Arbeitgeber kann die entsprechenden Daten für die eigene private Krankenversicherung und private Pflegepflichtversicherung des Arbeitnehmers einschließlich der Beiträge für mitversicherte, nicht dauernd getrennt lebende, unbeschränkt einkommensteuerpflichtige Ehegatten, Lebenspartner und Kinder aus der **ELSTAM-Datenbank** (Elektronische Lohnsteuerabzugsmerkmale) abrufen und diese beim Lohnsteuerabzug berücksichtigen. Eine Speicherung in der ELSTAM-Datenbank erfolgt allerdings nur auf Antrag des Steuerpflichtigen. Bis die Daten mittels ELSTAM zur Verfügung stehen, können die Arbeitnehmer mit entsprechenden **Beitragsrechnungen** gegenüber dem Arbeitgeber die als Sonderausgaben abziehbaren privaten Basiskranken- und Pflege-Pflichtversicherungsbeiträge mitteilen. Die dem Arbeitgeber im Kalenderjahr 2009, 2010 oder in der Zeit vom 1. 1. bis zum 31. 3. 2011 mitgeteilten Beiträge über die voraussichtlichen privaten **Basiskranken- und Pflege-Pflichtversicherungsbeiträge** des **Kalenderjahres 2010** sind auch im Rahmen des **Lohnsteuerabzugs 2011** (weiter) zu berücksichtigen, wenn keine neue Beitragsmitteilung erfolgt. Für den in 2011 vorzunehmenden Lohnsteuerabzug kann der Arbeitnehmer dem Arbeitgeber eine Beitragsbescheinigung des Versicherungsunternehmens vorlegen, die

– die voraussichtlichen privaten Basiskranken- und Pflege-Pflichtversicherungsbeiträge des Kalenderjahres 2011 oder

– die nach § 10 Abs. 2a Satz 4 Nr. 2 EStG an die Finanzverwaltung übermittelten Daten für das Kalenderjahr 2010

enthält.

68.6 Für die Krankenversicherung und Pflegeversicherung wird eine **Mindestvorsorgepauschale** gewährt. Sie beträgt **12 %** des Arbeitslohns, höchstens **1 900 €** in den Steuerklassen I, II, IV, V, VI bzw. höchstens **3 000 €** in der **Steuerklasse III**. Sind die tatsächlich geleisteten und abziehbaren Beiträge für die Kranken- und Pflegeversicherung höher als die Mindestvorsorgepauschale, werden die höheren Beiträge berücksichtigt. Neben der Mindestvorsorgepauschale wird der Teilbetrag der Vorsorgepauschale für die **Rentenversicherung** (s. o.) berücksichtigt, wenn die entsprechenden Voraussetzungen vorliegen.

Weitere, detaillierte Erläuterungen zur Berücksichtigung der Vorsorgepauschale im Lohnsteuerabzugsverfahren finden sich im BMF-Schreiben vom 22.10.2010 – IV C 5 – S 2367/09/10002 –.

ee) Freibetrag/Hinzurechnungsbetrag bei Steuerklasse VI

69 Arbeitnehmer mit mehreren Dienstverhältnissen haben für den Arbeitslohn aus dem zweiten oder jedem weiteren Dienstverhältnis Lohnsteuer auch dann zu entrichten, wenn der Arbeitslohn sehr gering ist und zusammen mit dem Arbeitslohn aus dem ersten Dienstverhältnis unter dem Grundfreibetrag liegt. Um in diesen Fällen die nach dem Gesamtergebnis nicht berechtigte Steuerbelastung bereits im Lohnsteuerabzugsverfahren zu vermeiden, kann sich der Arbeitnehmer einen **Freibetrag** auf der Lohnsteuerkarte/der Ersatzbescheinigung mit der Steuerklasse VI eintragen lassen, wenn für den Arbeitslohn aus dem ersten Dienstverhältnis noch keine Lohnsteuer anfällt. Zum Ausgleich trägt das Finanzamt allerdings einen entsprechend hohen Betrag als **Hinzurechnungsbetrag** auf der Lohnsteuerkarte/der Ersatzbescheinigung für das erste Dienstverhältnis ein.

70 Die Höhe des einzutragenden Freibetrags/Hinzurechnungsbetrags kann der Arbeitnehmer im Rahmen folgender Höchstbeträge bestimmen, die von der für das erste Dienstverhältnis maßgebenden Steuerklasse und von der Höhe der Vorsorgepauschale (→ Rz. C 68.1 ff) abhängen. Die Höchstbeträge entsprechen den Arbeitslöhnen, für die bei der jeweiligen Steuerklasse keine Lohnsteuer anfällt; sie betragen z. B.:

in der Steuerklasse im ersten Dienstverhältnis	Höchstbetrag bei	
	sozialversicherungspflichtigen Arbeitnehmern	Empfängern von Betriebsrenten und Versorgungsempfängern
I/IV	10 724 €	13 693 €
II	12 288 €	15 179 €
III	20 305 €	22 797 €
V	1 152 €	2 179 €

71 Eine Beschränkung dahin gehend, dass nur die nicht ausgeschöpfte Eingangsstufe übertragen werden kann, gibt es aus Vereinfachungsgründen nicht. Wer vermeiden möchte, dass wegen des Hinzurechnungsbetrags Lohnsteuer für den Arbeitslohn aus dem ersten Dienstverhältnis erhoben wird, sollte den Freibetrag begrenzen, und zwar auf den Betrag, um den der maßgebende Höchstbetrag den voraussichtlichen Jahresarbeitslohn aus dem ersten Dienstverhältnis übersteigt.

Beispiel:
Ein Arbeitnehmer bezieht aus einem ersten Dienstverhältnis monatlich 600 € und aus einem zweiten Dienstverhältnis monatlich 200 €. Der Arbeitnehmer ist in allen Sozialversicherungszweigen versichert (Allgemeine Lohnsteuer-Tabelle bei manueller Berechnung der Lohnsteuer). Im ersten Dienstverhältnis hat der Arbeitnehmer eine Lohnsteuerkarte mit der Steuerklasse I vorgelegt.

Jahresarbeitslohn aus dem ersten Dienstverhältnis (600 € x 12)	7 200 €
Jahresarbeitslohn aus dem zweiten Dienstverhältnis (200 € x 12)	2 400 €
Der für die Steuerklasse I maßgebende Höchstbetrag beträgt	10 724 €
und überschreitet den voraussichtlichen Jahresarbeitslohn aus dem ersten Dienstverhältnis von	7 200 €
um	3 524 €

Der Freibetrag für die Steuerklasse VI und der Hinzurechnungsbetrag für die Steuerklasse I sollten auf 3 524 € begrenzt werden.

72 Auch die Eintragung eines Freibetrags/Hinzurechnungsbetrags hat zur Folge, dass der Arbeitnehmer zur Einkommensteuer veranlagt werden muss und verpflichtet ist, für 2011 unaufgefordert bis zum 31. 5. 2012 eine Einkommensteuererklärung abzugeben (→ Rz. B 23).

ff) Freibetrag bei Verlusten aus anderen Einkunftsarten

73 **Negative Einkünfte**, die neben dem Arbeitslohn voraussichtlich entstehen (z. B. aus Gewerbebetrieb, aus selbständiger Arbeit oder aus Vermietung) können ebenfalls berücksichtigt werden. In die Ermittlung eines Freibetrags wegen negativer Einkünfte sind sämtliche Einkünfte aus Land- und Forstwirtschaft, Gewerbebetrieb, selbständiger Arbeit, Vermietung und Verpachtung und die sonstigen Einkünfte, die der Arbeitnehmer und sein von ihm nicht dauernd getrennt lebender unbeschränkt einkommensteuerpflichtiger Ehegatte voraussichtlich erzielen werden; negative Einkünfte aus Kapitalvermögen werden nur berücksichtigt, wenn sie nicht unter das Verlustausgleichsverbot nach § 20 Abs. 6 Satz 2 EStG fallen. Das bedeutet, dass sich der Betrag der negativen Einkünfte des Arbeitnehmers z. B. um die positiven Einkünfte des Ehegatten vermindert. Außer Betracht bleiben stets die Einkünfte aus nichtselbständiger Arbeit und positive Einkünfte aus Kapitalvermögen.

74 Negative Einkünfte aus **Vermietung und Verpachtung** eines Gebäudes können grundsätzlich erst für das Kalenderjahr berücksichtigt werden, das auf das Kalenderjahr der Fertigstellung oder der Anschaffung des Gebäudes folgt. Das Objekt ist angeschafft, wenn der Kaufvertrag abgeschlossen ist und Besitz, Nutzen, Lasten und Gefahr auf den Erwerber übergangen sind. Das Objekt ist fertig gestellt, wenn es nach Abschluss der wesentlichen Bauarbeiten bewohnbar ist; die Bauabnahme ist nicht erforderlich. Wird ein Objekt vor der Fertigstellung angeschafft, ist der Zeitpunkt der Fertigstellung maßgebend.

gg) Freibetrag bei haushaltsnahen Beschäftigungsverhältnissen/Dienstleistungen und Handwerkerleistungen

75 Die Steuerermäßigung bei Aufwendungen für **haushaltsnahe Beschäftigungsverhältnisse** und für die Inanspruchnahme **haushaltsnaher Dienstleistungen** sowie **Handwerkerleistungen** (→ Rz. B 93 *Steuerermäßigung für haushaltsnahe Beschäftigungsverhältnisse/Dienstleistungen und Handwerkerleistungen*) kann bei Arbeitnehmern vom Finanzamt auf der Lohnsteuerkarte/der Ersatzbescheinigung als vom Arbeitslohn abzuziehender Freibetrag eingetragen werden, damit sich die Steuerermäßigung bereits im Laufe des Jahres auswirkt. Da es sich bei der Steuerermäßigung um einen Abzugsbetrag von der Steuerschuld und nicht von der Bemessungsgrundlage handelt, wird sie durch **Vervierfachung** in einen Freibetrag umgerechnet.

hh) Freibetrag für den Entlastungsbetrag für Alleinerziehende bei Verwitweten

76 Erfüllen **verwitwete Arbeitnehmer** die Voraussetzungen für den Abzug des Entlastungsbetrags für Alleinerziehende (→ Rz. B 84 ff.), können sie sich im **Todesjahr** des Ehegatten und im **Folgejahr** für diesen Entlastungsbetrag einen **Freibetrag auf der Lohnsteuerkarte/der Ersatzbescheinigung** eintragen lassen. Diese Möglichkeit wurde geschaffen, weil der Entlastungsbetrag für Alleinerziehende bei verwitweten Arbeitnehmern nicht über das Steuerklassensystem berücksichtigt werden kann. Der Entlastungsbetrag für Alleinerziehende wird grundsätzlich mit der **Steuerklasse II** berücksichtigt (→ Rz. C 43); für **verwitwete Arbeitnehmer** ist jedoch im Kalenderjahr des Todes des Ehegatten und für das folgende Kalenderjahr das Splittingverfahren möglich und damit insbesondere die **Steuerklasse III** (→ Rz. C 44).

3. Lohnsteuerabzug, Anmeldung und Abführung der Lohnsteuer

77 Der Arbeitgeber hat die **Lohnsteuer** bei jeder Lohnzahlung vom Arbeitslohn **einzubehalten**.

Für die Einbehaltung der Lohnsteuer vom laufenden Arbeitslohn hat der Arbeitgeber die Höhe des Arbeitslohns und den Zeitraum festzustellen, für den der Lohn gezahlt wird (**Lohnzahlungszeitraum**).

78 Die Lohnsteuer ist seit 2001 primär elektronisch zu berechnen (→ Rz. A 2). Sie kann aber auch mittels Tabellen manuell ermittelt werden (→ Rz. A 3 f.). Ausgehend von den aus der Lohnsteuerkarte/der Ersatzbescheinigung entnommenen Besteuerungsmerkmalen und dem ermittelten steuerpflichtigen Arbeitslohn kann in der für den Lohnzahlungszeitraum maßgebenden **Lohnsteuer-/Gesamtabzug-Tabelle** (Monats- oder Tages-Tabelle) der jeweils einzubehaltende Lohnsteuerbetrag abgelesen werden. Für Lohnzahlungszeiträume, für die Lohnsteuer-/Gesamtabzug-Tabellen nicht aufgestellt sind, ergibt sich die Lohnsteuer aus den mit der Zahl der Kalendertage dieser Zeiträume vervielfachten Beträgen der Tages-Tabelle.

79 Der Arbeitgeber muss die bei der Lohn- bzw. Gehaltszahlung erhobene Lohnsteuer **monatlich**, **vierteljährlich** oder **einmal im Jahr anmelden** und **abführen**, je nachdem, wie hoch der Lohnsteuerbetrag im Vorjahr war, wobei die Lohnsteuer-Anmeldung nach amtlich vorgeschriebenem Datensatz durch Datenfernübertragung nach Maßgabe der Steuerdaten-Übermittlungsverordnung zu übermitteln ist. Auf Antrag kann das Finanzamt zur Vermeidung unbilliger Härten auf eine elektronische Übermittlung verzichten; in diesem Fall ist die Lohnsteuer-Anmeldung nach amtlich vorgeschriebenem **Vordruck** in Papierform oder per Fax sowie unterschrieben einzureichen. Bestehen mehrere Betriebsstätten, sind für diese jeweils gesonderte Lohnsteuer-Anmeldungen zu übermitteln oder abzugeben.

Lohnsteuer-Anmeldungszeitraum ist:

– der **Kalendermonat**, wenn die abzuführende Lohnsteuer im vorangegangenen Kalenderjahr **mehr als 4 000 €** betragen hat;

– das **Kalendervierteljahr**, wenn die abzuführende Lohnsteuer im vorangegangenen Kalenderjahr **mehr als 1 000 €**, aber **nicht mehr als 4 000 €** betragen hat;

– das **Kalenderjahr**, wenn die abzuführende Lohnsteuer im vorangegangenen Kalenderjahr **nicht mehr als 1 000 €** betragen hat.

80 Die für den Lohnsteuer-Anmeldungszeitraum maßgebende abzuführende Lohnsteuer ist die **Summe der** von sämtlichen Arbeitnehmern einbehaltenen und übernommenen **Lohnsteuer** (pro Betrieb/-sstätte).

Wenn die Betriebsstätte im vorangegangenen Kalenderjahr noch nicht bestanden hat, ist die auf einen Jahresbetrag umgerechnete, für den ersten vollen Kalendermonat nach der Eröffnung der Betriebsstätte abzuführende Lohnsteuer maßgebend.

81 Spätestens am **10. Tag** nach Ablauf des Anmeldungszeitraums sind dem Betriebsstättenfinanzamt die abzuführende Lohnsteuer sowie der Solidaritätszuschlag und ggf. die Kirchensteuer durch die Lohnsteuer-Anmeldung **mitzuteilen** und an die Finanzkasse zu **überweisen**. Ergibt sich kein Zahlbetrag, ist eine sog. Nullmeldung abzugeben. Der Arbeitgeber braucht erst dann keine weiteren Lohnsteuer-Anmeldungen mehr zu übermitteln oder abzugeben, wenn er Mitarbeiter, für die er Lohnsteuer einzubehalten oder zu übernehmen hat, nicht mehr beschäftigt oder er keine Lohnsteuer einzubehalten oder zu übernehmen hat, weil der Arbeitslohn nicht steuerbelastet ist, und er dies dem Betriebsstättenfinanzamt auch mitgeteilt hat. Das **Betriebsstättenfinanzamt** ist für den Privathaushalt als Arbeitgeber regelmäßig das für die Veranlagung zur Einkommensteuer zuständige (Wohnsitz-)Finanzamt; für andere Arbeitgeber das Finanzamt, in dessen Bezirk sich der Betrieb bzw. die Betriebsstätte befindet.

4. Änderung des Lohnsteuerabzugs

82 Was ist zu tun, wenn **zu viel** oder **zu wenig Lohnsteuer abgezogen** wurde, wenn man z. B. erst nach einiger Zeit erkennt, dass man bisher nicht vorschriftsmäßig vorgegangen ist, oder wenn ein Mitarbeiter eine Lohnsteuerkarte/eine Ersatzbescheinigung mit einer Eintragung vorlegt, die sich rückwirkend auch auf frühere Lohnzahlungszeiträume bezieht?

83 Solange ein Arbeitgeber die Lohnkonten noch nicht abgeschlossen und noch keine Lohnsteuerbescheinigung übermittelt oder ausgeschrieben hat (→ Rz. C 89), darf er den Steuerabzug **neu berechnen** und bei der folgenden Lohnzahlung entweder bisher zu wenig abgezogene Lohnsteuer nachträglich einbehalten oder zu viel einbehaltene Lohnsteuer erstatten. Das gilt selbstverständlich nur, wenn der Arbeitgeber noch bei ihm beschäftigt ist und Arbeitslohn bezieht, und im Übrigen nur insoweit, als die geänderte Eintragung auf der Lohnsteuerkarte/der Ersatzbescheinigung nicht auf einen Zeitpunkt vor Beginn des Dienstverhältnisses zurückwirkt. Die zurückzuzahlende Lohnsteuer ist dabei dem Gesamtbetrag der vom Arbeitgeber in demselben Lohnzahlungszeitraum einbehaltenen Lohnsteuer zu entnehmen. Sollte die Erstattung aus dem Gesamtbetrag nicht gedeckt werden können, hat das Finanzamt dem Arbeitgeber auf Antrag den Fehlbetrag zu ersetzen.

84 Eine etwaige Erstattung zu viel einbehaltener Lohnsteuer nach Ablauf des Kalenderjahrs ist jedoch nur im Wege des **Lohnsteuer-Jahresausgleichs** (→ Rz. B 235 ff.) zulässig, also nur bei den Arbeitnehmern, für die der Arbeitgeber einen Lohnsteuer-Jahresausgleich durchführen darf.

5. Anzeigepflichten

85 Erkennt der Arbeitgeber, dass er zu wenig Lohnsteuer einbehalten hat, und will oder kann er dies nicht korrigieren, muss er diese Fälle seinem **Betriebsstättenfinanzamt anzeigen**. Diese Anzeige über die zu geringe Einbehaltung der Lohnsteuer ist ggf. auch für die zurückliegenden vier Jahre zu erstatten – ohne Rücksicht auf die Verjährung eines Steueranspruchs. Eine Anzeigepflicht des Arbeitgebers besteht auch, wenn der Arbeitnehmer seiner Anzeigepflicht beim Erhalt von Bezügen von Dritten nicht nachkommt oder erkennbar unrichtige Angaben macht. Ist es dem Arbeitgeber wirtschaftlich zumutbar, ist er jedoch verpflichtet, den Lohnsteuerabzug zu korrigieren.

86 Eine rechtzeitige Anzeige schließt die **Haftung** des Arbeitgebers (→ Rz. C 93 ff.) aus (es ist zu empfehlen, einen Durchschlag der Anzeige bei den Lohnkontounterlagen abzuheften). Für die Anzeige gibt es bei den Finanzämtern entsprechende Vordrucke.

87 Die Berechtigung oder die Pflicht zur Neuberechnung (→ Rz. C 85) bzw. die Pflicht zur Anzeige (→ Rz. C 86) gelten auch in den Fällen, in denen sich die **Rechtslage rückwirkend** durch Gesetz **geändert** hat.

6. Abschluss des Lohnsteuerabzugs

88 Bei Beendigung des Dienstverhältnisses oder am Ende des Kalenderjahrs hat der Arbeitgeber das **Lohnkonto** des Arbeitnehmers (→ Rz. C 26 ff.) **abzuschließen**.

89 Bei Beendigung eines Dienstverhältnisses oder am Ende des Kalenderjahrs hat der **authentifizierte** Arbeitgeber spätestens bis zum **28. Februar** des Folgejahrs nach amtlich vorgeschriebenem Datensatz auf elektronischem Weg nach Maßgabe der Steuerdaten-Übermittlungsverordnung eine **elektronische Lohnsteuerbescheinigung** zu übermitteln. Diese elektronische Lohnsteuerbescheinigung muss u. a. folgende Angaben enthalten:

– Name, Vorname, Geburtsdatum, Anschrift und Identifikationsnummer des Arbeitnehmers, die Bezeichnung und die Nummer des Finanzamts, an das die Lohnsteuer abgeführt worden ist, sowie die Steuernummer des Arbeitgebers;

– Dauer des Dienstverhältnisses während des Kalenderjahres sowie die Anzahl der vermerkten Großbuchstaben „U";

- Art und Höhe des gezahlten Arbeitslohns sowie den vermerkten Großbuchstaben „S";
- einbehaltene Lohnsteuer, Solidaritätszuschlag und Kirchensteuer;
- u. a. Kurzarbeitergeld einschließlich Saison-Kurzarbeitergeld, der Zuschuss zum Mutterschaftsgeld, der Zuschuss bei Beschäftigungsverbot für die Zeit vor oder nach einer Entbindung sowie für den Entbindungstag während der Elternzeit nach beamtenrechtlichen Vorschriften, die Verdienstausfallentschädigung nach dem Infektionsschutzgesetz, Aufstockungsbeträge und Altersteilzeitzuschläge;
- pauschal besteuerte Arbeitgeberleistungen für Fahrten zwischen Wohnung und Arbeitsstätte;
- für die steuerfreie Sammelbeförderung den Großbuchstaben „F";
- steuerfrei gezahlte Verpflegungszuschüsse und Vergütungen bei doppelter Haushaltsführung;
- Beiträge zu den gesetzlichen Rentenversicherungen und an berufsständische Versorgungseinrichtungen, jeweils getrennt nach Arbeitgeber- und Arbeitnehmeranteil;
- die steuerfrei gezahlten Zuschüsse zur Kranken- und Pflegeversicherung;
- die Beiträge des Arbeitnehmers zur gesetzlichen Krankenversicherung und zur sozialen Pflegeversicherung (seit 2011 getrennt);
- die Beiträge des Arbeitnehmers zur Arbeitslosenversicherung;
- den bei der Vorsorgepauschale für eine private Kranken- und Pflegeversicherung berücksichtigten Teilbetrag (nach dem BMF-Schreiben v. 23. 8. 2010 – IV C 5 – S 2378/09/10006 – [BStBl I 2010 S. 665] die vom Arbeitnehmer nachgewiesenen Beiträge zur privaten Basiskranken- und privaten Pflege-Pflichtversicherung).

Als Arbeitslohn ist der Gesamtbetrag des Bruttoarbeitslohns, einschließlich des Werts eventueller Sachbezüge, zu bescheinigen. **Bruttoarbeitslohn** ist die Summe aus dem **laufenden Arbeitslohn**, der für Lohnzahlungszeiträume gezahlt worden ist, die im Kalenderjahr geendet haben, und den **sonstigen Bezügen**, die dem Arbeitnehmer im Kalenderjahr zugeflossen sind. Zum Bruttoarbeitslohn gehören auch Urlaubsgeld, Weihnachtszuwendungen sowie vermögenswirksame Leistungen (→ Rz. F 2). Der Bruttobetrag darf nicht um den Versorgungsfreibetrag (→ Rz. B 93 *Versorgungsfreibetrag*), den Zuschlag zum Versorgungsfreibetrag oder den Altersentlastungsbetrag (→ Rz. B 93 *Altersentlastungsbetrag*) gekürzt werden. Auch auf der Lohnsteuerkarte/der Ersatzbescheinigung eingetragene Freibeträge (→ Rz. C 61 ff.) dürfen nicht abgezogen werden, ein eingetragener Hinzurechnungsbetrag (→ Rz. C 69 ff.) darf nicht hinzugerechnet werden. Netto gezahlter Arbeitslohn ist mit dem umgerechneten Bruttobetrag anzusetzen. Sofern bei Sachbezügen der **Rabattfreibetrag** (→ Rz. C 161 *Preisnachlässe, Personalrabatte*) anzuwenden ist, ist nur der steuerpflichtige Teil der Sachbezüge zu bescheinigen.

90 Der Arbeitgeber hat dem Arbeitnehmer die elektronische Lohnsteuerbescheinigung mit Angabe der **steuerlichen Identifikationsnummer** auszuhändigen oder elektronisch bereitzustellen. Seit dem 1. 11. 2010 ist eine Verwendung der sog. **eTIN** (vom Arbeitgeber aus dem Namen, Vornamen und Geburtsdatum des Arbeitnehmers gebildete Nummer) nur noch zulässig, wenn

- die steuerliche Identifikationsnummer nicht auf der Lohnsteuerkarte/der Ersatzbescheinigung des Arbeitnehmers eingetragen ist und
- der Arbeitnehmer sie nicht mitgeteilt hat und
- die Ermittlung der Identifikationsnummer im Rahmen der Anfragemöglichkeit durch den Arbeitgeber nicht zum Erfolg geführt hat oder
- in Fällen der bloßen Korrektur einer mit eTIN unrichtig übermittelten Lohnsteuerbescheinigung.

91 Wenn das Dienstverhältnis vor Ablauf des Kalenderjahrs beendet wird, hat der Arbeitgeber dem Arbeitnehmer die **Lohnsteuerkarte 2010/die Ersatzbescheinigung** auszuhändigen. Der Arbeitgeber muss die Lohnsteuerkarte 2010 im **Übergangszeitraum** (→ Rz. C 36 ff.) weiter aufbewahren; er darf sie nicht vernichten. Nach Ablauf des Kalenderjahres 2011 muss der Arbeitgeber die Lohnsteuerkarte aushändigen, wenn sie eine Lohnsteuerbescheinigung (auch eine von einem früheren Arbeitgeber) enthält und der Arbeitnehmer zur Einkommensteuer veranlagt wird. Dem Arbeitnehmer nicht ausgehändigte Lohnsteuerkarten ohne Lohnsteuerbescheinigungen kann der Arbeitgeber vernichten; zu beachten ist hier, dass eine Vernichtung der Lohnsteuerkarte 2010 erst mit der Einführung des neuen Verfahrens ELStAM (→ Rz. C 35) zulässig ist. Nicht ausgehändigte Lohnsteuerkarten mit Lohnsteuerbescheinigungen hat der Arbeitgeber dem Betriebsstättenfinanzamt einzureichen.

92 Arbeitgeber **ohne maschinelle Lohnabrechnung**, die ausschließlich Arbeitnehmer im Rahmen einer geringfügigen Beschäftigung im **Privathaushalt** beschäftigen und keine elektronische Lohnsteuerbescheinigung erteilen, haben eine entsprechende Lohnsteuerbescheinigung auf der Lohnsteuerkarte des Arbeitnehmers zu erteilen. Liegt dem Arbeitgeber eine Lohnsteuerkarte des Arbeitnehmers nicht vor, hat er die „**Besondere Lohnsteuerbescheinigung**" zu erteilen. Der Arbeitgeber hat dem Arbeitnehmer die Lohnsteuerbescheinigung auszuhändigen, wenn das Dienstverhältnis vor Ablauf des Kalenderjahres beendet wird oder der Arbeitnehmer zur Einkommensteuer veranlagt wird. In den übrigen Fällen hat der Arbeitgeber die Lohnsteuerbescheinigung dem Betriebsstättenfinanzamt einzureichen.

7. Haftung

93 Das Finanzamt überwacht durch **Lohnsteuer-Außenprüfungen** die Einbehaltung und Abführung der Lohnsteuer. Diese Prüfungen betreffen auch den Solidaritätszuschlag und die Kirchensteuer.

Wenn die Finanzbehörden dabei eine Steuerschuld (mehr als 10 €) errechnen, werden der Arbeitgeber, unter Umständen aber auch der Arbeitnehmer, zur Kasse gebeten. Denn es besteht eine **Gesamtschuldnerschaft**.

94 **Der Arbeitgeber haftet**

- für die richtige Einbehaltung der Lohnsteuer und für ihre richtige Abführung,
- für die Lohnsteuer, die er beim Lohnsteuer-Jahresausgleich zu Unrecht erstattet hat,
- für die Lohn- oder Einkommensteuer, die dem Arbeitnehmer auf Grund fehlerhafter Angaben im Lohnkonto oder in der Lohnsteuerbescheinigung vom Finanzamt zu viel erstattet – oder die bei der Einkommensteuerveranlagung zu niedrig festgesetzt – wird, sowie
- für die Lohnsteuer, die ein Dritter zu übernehmen hat.

Der Arbeitgeber haftet auch dann, wenn ein **Dritter** die Pflichten trägt.

Neben dem Arbeitgeber haftet unter bestimmten Voraussetzungen auch derjenige, dem von einem Verleiher Arbeitnehmer gewerbsmäßig zur Arbeitsleistung überlassen werden (**Entleiher**). Näheres → Rz. C 8.

Der Arbeitgeber haftet nicht, wenn

- der Arbeitnehmer seinen Anzeigepflichten zur Änderung der Lohnsteuerkarte nicht nachgekommen ist, und deshalb zu wenig Lohnsteuer einbehalten wurde,

- zu wenig Lohnsteuer einbehalten wurde, weil auf der Lohnsteuerkarte/der Ersatzbescheinigung ein Freibetrag unzutreffend eingetragen wurde,

- der Arbeitnehmer seiner Verpflichtung, dem Arbeitgeber Lohnsteuerfehlbeträge zur Verfügung zu stellen, nicht nachkommt und der Arbeitgeber dies dem Betriebsstättenfinanzamt anzeigt,

- der Arbeitgeber dem Finanzamt angezeigt hat, dass dem Arbeitnehmer von einem Dritten Bezüge gewährt wurden, der Arbeitnehmer aber dazu keine oder erkennbar unrichtige Angaben macht.

Der **Arbeitnehmer** kann im Rahmen der Gesamtschuldnerschaft grundsätzlich stets in Anspruch genommen werden, und zwar durch einen Nachforderungsbescheid oder im Rahmen der Einkommensteuerveranlagung. Ausgenommen sind lediglich die Fälle, in denen der Arbeitgeber die Lohnsteuer einbehalten, aber nicht an das Finanzamt gemeldet hat und der Arbeitnehmer von der fehlenden Anmeldung keine Kenntnis hatte.

Das Finanzamt muss die Wahl, an welchen Gesamtschuldner es sich halten will, nach **pflichtgemäßem Ermessen**, nach **Recht und Billigkeit** und unter **verständiger Abwägung der Interessen** aller Beteiligten treffen.

8. Anrufungsauskunft

Ist sich der Arbeitgeber über die steuerliche Behandlung bestimmter Sachverhalte nicht im Klaren, kann er sich an das für ihn zuständige **Betriebsstättenfinanzamt** wenden. Dieses Finanzamt ist verpflichtet, auf Anfrage **Auskunft** darüber zu erteilen, ob und inwieweit die Vorschriften über die Lohnsteuer in dem vorgetragenen Fall anzuwenden sind. Die Anfrage sollte schriftlich gestellt werden. Auch der Arbeitnehmer kann sich mit einer Anrufungsauskunft an das Betriebsstättenfinanzamt wenden. Die schriftlich und ggf. befristet erteilte Auskunft ist für das Lohnsteuerabzugsverfahren verbindlich, nicht jedoch für die Einkommensteuerveranlagung des Arbeitnehmers. Verbindliche Auskünfte des Finanzamts sind grundsätzlich gebührenpflichtig (§ 89 AO); eine Lohnsteuer-Anrufungsauskunft ist jedoch gebührenfrei.

Sind für einen Arbeitgeber **mehrere Betriebsstättenfinanzämter** zuständig, weil er mehrere lohnsteuerliche Betriebsstätten hat, erteilt das Betriebsstättenfinanzamt die Auskunft, in dessen Bezirk sich die Geschäftsleitung des Arbeitgebers befindet. Befindet sich am Sitz der Geschäftsleitung keine lohnsteuerliche Betriebsstätte, ist das Betriebsstättenfinanzamt zuständig, in dessen Bezirk sich die lohnsteuerliche Betriebsstätte mit den meisten Arbeitnehmern befindet.

III. Arbeitslohn

1. Einnahmen, Arbeitslohn

In diesem Abschnitt wird zunächst erläutert, nach welchen Regeln der Arbeitslohn festzustellen, mit welchen Berechnungsmethoden davon die Lohnsteuer zu ermitteln ist und welche Besonderheiten dabei zu beachten sind. Daran anschließend wird die steuerliche Behandlung einzelner Lohnteile im ABC des Arbeitslohns kommentiert (→ Rz. C 161).

Als Einkünfte aus **nichtselbständiger Arbeit** werden steuerlich sämtliche Einnahmen erfasst, die ein Arbeitnehmer für eine Beschäftigung (aus einem Dienstverhältnis) erhält (Arbeitslohn). Dabei spielt es keine Rolle, unter welcher Bezeichnung und in welcher Form ihm Einnahmen zufließen (Bar- oder Sachleistungen, → Rz. C 102 ff.). Es ist auch unbeachtlich, ob die Einnahmen auf Grund des gegenwärtigen, eines früheren oder für ein zukünftiges Dienstverhältnis geleistet werden, ob sie einmalig oder laufend gezahlt werden oder ein Rechtsanspruch auf sie besteht.

Nach dem Einkommensteuergesetz sind **Einnahmen** sowohl Bar- und Sachbezüge als auch sonstige Vorteile. Dies können Geldbeträge in bar oder unbar, Waren, (Sach-)Geschenke oder Dienstleistungen sein, z. B. Lohnzuschläge für Mehrarbeit, Erschwerniszuschläge, Entschädigungen für nicht genommenen Urlaub, Urlaubs- und Weihnachtsgeld, Personalrabatte, von Dritten gegebene Belohnungen oder Lohnteile, z. B. Rabatte oder Vorteile aus Aktienoptionen im Konzernverbund; ausgenommen sind freiwillige Trinkgelder, die seit dem Kalenderjahr 2002 in voller Höhe steuerfrei sind.

Wird der Arbeitslohn in einer gängigen **ausländischen Währung** gezahlt, sind dies Einnahmen in Geld und kein Sachbezug (keine 44 €-Freigrenze für Sachbezüge). **Umrechnungsmaßstab** ist der auf den Umrechnungszeitpunkt bezogene Euro-Referenzkurs der Europäischen Zentralbank. Solche Lohnzahlungen sind – wie üblich – bei Zufluss Arbeitslohns und bei Zufluss anhand der von der Europäischen Zentralbank veröffentlichten monatlichen Durchschnittsreferenzkurse umzurechnen, denen die im BStBl I veröffentlichten Umsatzsteuer-Umrechnungskurse entsprechen. Für Währungen, die in der Veröffentlichung der Umsatzsteuer-Umrechnungskurse nicht enthalten sind, können die monatlichen Durchschnittsreferenzkurse der Europäischen Zentralbank unter http://www.bundesbank.de/statistik/statistik_devisen.php abgerufen werden.

Aus Vereinfachungsgründen lässt die Finanzverwaltung zu, dass der in ausländischer Währung gezahlte Bruttoarbeitslohn anhand eines jahresbezogenen Umrechnungskurses für das Kalenderjahr auf Basis der gesamten monatlichen Durchschnittsreferenzkurse der Europäischen Zentralbank ermittelt, in Euro umgerechnet und das Ergebnis auf volle 50 Cent abgerundet wird. Nach diesem Durchschnittskurs kann der Jahresarbeitslohn angesetzt werden.

Als **Sachbezüge** rechnen z. B. vom Arbeitgeber kostenlos oder verbilligt gestellte Mahlzeiten und Unterkünfte sowie bestimmte Vorteile durch Betriebsveranstaltungen und der zur privaten Nutzung überlassene Geschäftswagen zum Arbeitslohn. Belohnungen Dritter für die Arbeitsleistung des Arbeitnehmers sind z. B. Incentive-Reisen. Steuerlicher **Arbeitslohn** ist regelmäßig der arbeitsvertraglich festgelegte und gezahlte Bruttolohn. Leistet der Arbeitgeber freiwillig zusätzlich Sonderzahlungen oder Sachbezüge, sind diese für die Lohnsteuerermittlung dem vereinbarten Arbeitslohn hinzuzurechnen.

103 Nicht zum Arbeitslohn rechnen **Sachleistungen** des Arbeitgebers, die auch im gesellschaftlichen Verkehr üblicherweise ausgetauscht werden, zu keiner ins Gewicht fallenden Bereicherung des Arbeitnehmers führen und allgemein als **Aufmerksamkeiten** angesehen werden (z. B. Blumen, Genussmittel, Bücher oder CDs, die dem Arbeitnehmer oder seinen Angehörigen aus Anlass eines besonderen persönlichen Ereignisses zugewendet werden, falls der Wert der Sachleistungen pro Anlass **40 €** nicht übersteigt, → Rz. C 161). Zu den Aufmerksamkeiten gehören auch Getränke und Genussmittel (keine Mahlzeiten), die der Arbeitgeber den Arbeitnehmern zum Verzehr im Betrieb bzw. am Arbeitsplatz bereitstellt, und Speisen bis zu einem Wert von 40 €, die der Arbeitgeber den Arbeitnehmern anlässlich und während eines **außergewöhnlichen Arbeitseinsatzes** (z. B. während der Inventur) überlässt (→ Rz. C 161).

104 Für bestimmte Sachbezüge, wie kostenlos oder verbilligt gestellte bzw. überlassene **Mahlzeiten** und **Unterkünfte** (z. B. möblierte Zimmer, Sammelunterkünfte), ist der Wert nach der amtlichen **Sozialversicherungsentgeltverordnung** zu ermitteln. Die Sachbezugswerte gelten auch für Arbeitnehmer, die nicht der gesetzlichen Rentenversicherungspflicht unterliegen. Werden vorgesehene Sachbezüge durch eine Barvergütung abgegolten, ist der Barlohn zu versteuern. Für **andere Sachbezüge** ist aus Vereinfachungsgründen der steuerliche Wert mit 96 % des ortsüblichen Endpreises des Sachbezugs anzusetzen (§ 8 Abs. 3 EStG, R 8.1 Abs. 2 Satz 9 LStR). Hinweis auf → Rz. C 161 *Mahlzeiten*, → *Sachbezüge*, → *Preisnachlässe*, → Rz. C 211 ff. Die Sachbezugswerte für das **Kalenderjahr 2011** betragen bundesweit:

Freie Verpflegung

Personenkreis		Frühstück €	Mittagessen €	Abendessen €	Verpflegung insgesamt €
Arbeitnehmer einschließlich Jugendliche u. Auszubildende	mtl.	47,00	85,00	85,00	217,00
	ktgl.	1,57	2,83	2,83	7,23

Freie Unterkunft

Sachverhalt		alte und neue Bundesländer einschließlich Berlin	
Unterkunft belegt mit		Unterkunft allgemein €	Aufnahme im Arbeitgeberhaushalt/Gemeinschaftsunterkunft €
volljährige Arbeitnehmer			
1 Beschäftigtem	mtl.	206,00	175,10
	ktgl.	6,87	5,84
2 Beschäftigen	mtl.	123,60	92,70
	ktgl.	4,12	3,09
3 Beschäftigten	mtl.	103,00	72,10
	ktgl.	3,43	2,40
mehr als 3 Beschäftigten	mtl.	82,40	51,50
	ktgl.	2,57	1,72
Jugendliche/Auszubildende			
1 Beschäftigtem	mtl.	175,10	144,20
	ktgl.	5,84	4,81
2 Beschäftigen	mtl.	92,70	61,80
	ktgl.	3,09	2,06
3 Beschäftigten	mtl.	72,10	41,20
	ktgl.	2,40	1,37
mehr als 3 Beschäftigten	mtl.	51,50	20,60
	ktgl.	1,72	0,69

Eine **Aufnahme in den Arbeitgeberhaushalt** liegt vor, wenn der Arbeitnehmer sowohl in die Wohnungs- als auch in die Verpflegungsgemeinschaft des Arbeitgebers aufgenommen wird. Bei ausschließlicher Zurverfügungstellung von Unterkunft liegt dagegen keine „Aufnahme" in den Arbeitgeberhaushalt vor, so dass der ungekürzte Unterkunftswert anzusetzen ist.

Eine **Gemeinschaftsunterkunft** stellen z. B. Lehrlingswohnheime, Schwesternwohnheime, Kasernen etc. dar. Charakteristisch für Gemeinschaftsunterkünfte sind gemeinschaftlich zu nutzende Wasch- bzw. Duschräume, Toiletten und ggf. Gemeinschafts-Küche oder Kantine. Allein eine Mehrfachbelegung einer Unterkunft hat dagegen nicht die Bewertung als Gemeinschaftsunterkunft zur Folge; vielmehr wird der Mehrfachbelegung bereits durch gesonderte Abschläge Rechnung getragen.

Für **freie Wohnung** ist kein amtlicher Sachbezugswert festgesetzt. Vielmehr ist für freie Wohnung grundsätzlich der **ortsübliche Mietpreis** anzusetzen. Eine Wohnung ist im Gegensatz zur Unterkunft eine in sich geschlossene Einheit von Räumen, in denen ein selbständiger Haushalt geführt werden kann. Wesentlich ist, dass eine Wasserversorgung und -entsorgung, zumindest eine einer Küche vergleichbare Kochgelegenheit sowie eine Toilette vorhanden sind. Danach stellt z. B. ein Einzimmerappartement mit Küchenzeile und WC als Nebenraum eine Wohnung dar, während bei Mitbenutzung von Bad, Toilette und Küche lediglich eine Unterkunft vorliegt. Wird mehreren Arbeitnehmern eine Wohnung zur gemeinsamen Nutzung (Wohngemeinschaft) zur Verfügung gestellt, liegt insoweit nicht freie Wohnung, sondern lediglich freie Unterkunft vor.

Ist die Feststellung des ortsüblichen Mietpreises mit außerordentlichen Schwierigkeiten verbunden, kann die Wohnung in **sämtlichen Bundesländern** einschließlich West-Berlin im Kalenderjahr 2011 mit 3,59 € monatlich je Quadratmeter bzw. bei einfacher Ausstattung (ohne Sammelheizung oder ohne Bad oder Dusche) mit 2,91 € monatlich je Quadratmeter bewertet werden. Die Unterscheidung zwischen „West" und „Ost" ist seit 2008 entfallen.

Bei der Gewährung von unentgeltlichen oder verbilligten **Mahlzeiten im Betrieb** (§ 40 Abs. 2 Satz 1 Nr. 1 EStG) sind sowohl für volljährige Arbeitnehmer als auch für Jugendliche und Auszubildende für 2010 nachstehende Beträge anzusetzen:

Frühstück	1,57 €
Mittag-/Abendessen	2,83 €

105 Damit steuerlich der gesamte Ertrag aus der nichtselbständigen Tätigkeit als Arbeitslohn erfasst wird, sind grundsätzlich auch **Leistungen von Dritten** (anderen Personen als dem Arbeitgeber) als Arbeitslohn zu erfassen, insbesondere dann, wenn der Arbeitgeber an der Verschaffung des Sachbezugs mitgewirkt hat (z. B. durch Inkassotätigkeit). Voraussetzung dafür ist, dass es sich hierbei um Leistungen im Zusammenhang mit dem Arbeitsverhältnis handelt (Ausfluss der Tätigkeit). Hierunter fallen z. B. Sachbezüge bei konzernmäßiger Verflechtung zwischen Arbeitgeber und Drittem (Aktienoptionen), Incentive-Reisen sowie Rabatte und Preisnachlässe Dritter (z. B. von mit dem Arbeitgeber verbundenen Unternehmen, wie Konzern-Rabatte). **Bestechungsgelder** sind kein Arbeitslohn, sondern als sonstige Einkünfte steuerpflichtig.

106 Der gezahlte **Arbeitslohn** ist regelmäßig **steuerpflichtig**, d. h., der Arbeitgeber hat davon Lohnsteuer, Solidaritätszuschlag und ggf. Kirchensteuer einzubehalten. Zum Arbeitslohn gehören auch **versehentliche Überweisungen** des Arbeitgebers, die dieser zurückfordern kann. **Zahlt** der Arbeitnehmer Arbeitslohn **zurück**, ist dies erst im Zeitpunkt des tatsächlichen Abflusses arbeitslohn- bzw. einkünftemindernd

zu berücksichtigen. Arbeitslohn kann jedoch **steuerfrei** gezahlt werden, wenn er nach den Regelungen des Einkommensteuergesetzes nicht der Besteuerung unterliegt; z. B. die Zuschläge für Nacht- und Feiertagsarbeit bis zu bestimmten Prozentsätzen, Verpflegungspauschalen). Hiervon zu unterscheiden ist die **steuerunbelastete** Auszahlung von steuerpflichtigem Arbeitslohn, falls bzw. solange für diesen noch keine Lohnsteuer anfällt, sowie Zuwendungen des Arbeitgebers, die nicht zum Arbeitslohn rechnen, z. B. Aufmerksamkeiten, übliche Betriebsveranstaltungen und betriebseigene Sozialräume (→ Rz. C 161).

107 **Steuerfreier** Arbeitslohn wird bei der Berechnung der Lohnsteuer nicht berücksichtigt. Eine Übersicht über steuerpflichtige und steuerfreie sowie der nicht zum Arbeitslohn rechnenden Lohnbestandteile gibt das ABC des Arbeitslohns (→ Rz. C 161). Hat der Arbeitgeber zu Unrecht keine oder zu wenig Lohnsteuer einbehalten, ist dies zu korrigieren. Ansonsten haftet er für die zu gering einbehaltene und abgeführte Lohnsteuer (→ Rz. C 13).

108 Für den Lohnsteuereinbehalt ist der **Lohnzahlungszeitraum** neben den auf der Lohnsteuerkarte (für 2011: Lohnsteuerkarte 2010 oder Ersatzbescheinigung des Finanzamts) vermerkten persönlichen Merkmalen des Arbeitnehmers entscheidend. Über den Beginn und das Ende dieses Zeitraums entscheidet der Arbeitsvertrag. Üblicherweise ist der Kalendermonat der Lohnzahlungszeitraum. Die Höhe der Lohnsteuer richtet sich nach dem im Lohnzahlungszeitraum bezogenen Arbeitslohn.

109 Der **laufende Arbeitslohn** (→ Rz. C 113 ff.) gilt unabhängig vom tatsächlichen Zufluss mit Beendigung des Lohnzahlungs- oder Lohnabrechnungszeitraums als bezogen. Den Begriff des „Beziehens" versteht das Steuerrecht nicht im Sinne eines tatsächlichen Vorgangs, sondern als eine **zeitliche Zuordnung** (→ Rz. C 111). Durch diese Regelung ist der Arbeitgeber z. B. von der Pflicht enthoben, bei Lohnzahlungen für kalenderjahrübergreifende Lohnzahlungszeiträume die Arbeitslöhne nach ihrem wirtschaftlichen Gehalt auf das abgelaufene und das begonnene Kalenderjahr aufzuteilen.

110 Durch diese zeitraumbezogene Zuordnung wird für die Lohnsteuer vom **Zuflussprinzip** des § 11 EStG abgewichen. Diese Abweichung betrifft jedoch – wie bereits erläutert – nur die zeitliche Zuordnung des Arbeitslohns als **Bemessungsgrundlage** für die Lohnsteuer. Hingegen wird nicht der Zufluss selbst fingiert. Für die **Besteuerung** des Arbeitslohns ist stets der tatsächliche Zufluss, also die Erlangung der wirtschaftlichen Verfügungsmacht, Grundvoraussetzung. Auch für die Beantwortung der Fragen, wann die Lohnsteuerschuld entsteht, zu welchem Zeitpunkt sie vom Arbeitgeber einzubehalten und abzuführen ist, gilt diese Fiktion nicht. Vielmehr kommt es hierbei darauf an, wann der Arbeitslohn dem Arbeitnehmer **zugeflossen** ist. Arbeitslohn ist dem Arbeitnehmer dann zugeflossen, wenn er darüber verfügen kann (z. B. bei Entgegennahme der Barzahlung, eines Schecks oder Verrechnungsschecks; bei einer Gehaltsüberweisung dann, wenn der Arbeitgeber die Überweisungsträger an das Kreditinstitut gegeben hat). Arbeitslohn fließt auch dann zu, wenn der Arbeitgeber an Stelle der Auszahlung (Überweisung) eine mit dem Arbeitnehmer getroffene **Lohnverwendungsabrede** (konstitutive Verwendungsauflage) erfüllt. Keinen Lohn erhält der Arbeitnehmer hingegen, wenn er auf Lohn **verzichtet** und keine Bedingungen an die Verwendung der frei gewordenen Mittel knüpft.

111 Wie zuvor erläutert, ist üblicherweise der Kalendermonat der **Lohnzahlungszeitraum**. Mitunter werden für die Lohnzahlung jedoch auch kürzere Zeiträume vereinbart (z. B. eine Woche oder einzelne Tage bei Aushilfsbeschäftigungen). Ist kein Lohnzahlungszeitraum feststellbar, so tritt an seine Stelle die Summe der tatsächlichen Arbeitstage oder der tatsächliche Arbeitswochen. Solange das Dienstverhältnis fortbesteht, sind auch in den Lohnzahlungszeitraum fallende Arbeitstage mitzuzählen, für die der Arbeitnehmer keinen Lohn erhält. Der Lohnzahlungszeitraum kann sich auch über zwei Kalenderjahre erstrecken (z. B. vom 15. Dezember bis zum 13. Januar des Folgejahres).

> **Beispiele zum Lohnzahlungszeitraum:**
> 1. Ein Monatsgehalt wird für die Zeit vom ersten bis zum letzten Tag eines Monats gezahlt. Das Dezembergehalt 2009 wird erst am 11. 1. 2011 (Folgejahr) ausgezahlt. Da laufender Arbeitslohn vorliegt und der Lohnzahlungszeitraum am 31. 12. 2010 endete, ist das Dezembergehalt dem Kalenderjahr 2010 zuzuordnen.
> 2. Ein Monatsgehalt wird für die Zeit vom ersten bis zum letzten Tag eines Monats gezahlt. Das Gehalt für den Januar 2011 wird bereits am 29. 12. 2010 ausgezahlt. Da laufender Arbeitslohn vorliegt und der Lohnzahlungszeitraum am 31. 1. 2011 endet, ist das Januargehalt dem Kalenderjahr 2011 zuzuordnen.
> 3. Ein Monatsgehalt wird für die Zeit vom ersten bis zum letzten Tag eines Monats gezahlt. Das Dezembergehalt 2010 wird erst am 2. 2. 2011 ausgezahlt. Der Arbeitslohn ist nicht dem Kalenderjahr 2010 zuzurechnen, weil die Auszahlung nicht innerhalb von drei Wochen nach Ablauf des Lohnzahlungszeitraums erfolgte und demzufolge kein laufender Arbeitslohn angenommen wird (→ Rz. C 116). Hierdurch können sich für die Praxis vor dem Hintergrund geplanter Steuersatzsenkungen interessante Gestaltungsmöglichkeiten ergeben.

112 Für die **Lohnsteuerermittlung** hat der Arbeitgeber stets die aktuellen steuerlichen Verhältnisse des jeweiligen Beschäftigungsverhältnisses zu berücksichtigen. Dies sind die auf der Lohnsteuerkarte (für 2011: Lohnsteuerkarte 2010 oder Ersatzbescheinigung des Finanzamts) eingetragenen Merkmale, die für den Tag gelten, an dem der Lohnzahlungszeitraum endet. Übt der Arbeitnehmer bei anderen Arbeitgebern noch eine (oder ggf. mehrere) weitere Beschäftigung(en) aus, ist dies vom Arbeitgeber für den Lohnsteuerabzug und die Ermittlung der Lohnsteuer nicht zu berücksichtigen. Reichen die dem Arbeitgeber zur Verfügung stehenden Mittel zur **Zahlung** des vollen vereinbarten Arbeitslohns nicht aus, und erhält deshalb der Arbeitnehmer einen **geringeren** Betrag, ist die Lohnsteuer von dem tatsächlich ausgezahlten Arbeitslohn zu berechnen und einzubehalten. **Einwendungen** gegen den Lohnsteuerabzug muss der **Arbeitnehmer** sofort vortragen. Hat er dies versäumt, kann er eine Korrektur nicht verlangen, indem er die Lohnsteuerbescheinigung angreift und deren Berichtigung verlangt.

2. Laufender Arbeitslohn

113 Nach der Festlegung des steuerpflichtigen Arbeitslohns, dessen Wertansatzes und des Lohnzahlungszeitraums hat der Arbeitgeber als nächsten Schritt die Lohnsteuer zu ermitteln. Das Steuerrecht unterscheidet für die Lohnsteuerermittlung zwischen dem sog. **laufenden Arbeitslohn** (→ Rz. C 116 ff.) und dem **sonstigen Bezug** (→ Rz. C 125 ff.). Die Unterscheidung zwischen laufend gezahltem Arbeitslohn und einem sonstigen Bezug ist für die zutreffende Lohnsteuerermittlung erforderlich.

114 Für fortlaufend gezahlten Arbeitslohn ist die Lohnsteuer entsprechend dem Lohnzahlungszeitraum (→ Rz. C 108 ff.) aus der dafür vorgesehenen **Lohnsteuer-Tabelle** (→ Rz. A 5 ff.) abzulesen. Diese Lohnsteuer-Tabellen unterstellen, dass der Arbeitslohn im Kalenderjahr stets in gleich bleibender Höhe zufließt. Deshalb wird der Lohn des Lohnzahlungszeitraums auf einen Jahreslohn hochgerechnet, z. B. Monatslohn × 12, und die so ermittelte Jahreslohnsteuer durch die Anzahl der Lohnzahlungszeiträume dividiert, z. B. Jahreslohnsteuer : 12 = Monatslohnsteuer. Ein **sonstiger Bezug** wird jedoch einmalig und nicht regelmäßig wiederkehrend gezahlt. Folglich wird er zur Lohnsteuerermittlung nicht dem laufenden Arbeitslohn, sondern dem voraussichtlichen Jahresarbeitslohn hinzugerechnet.

115 Würde z. B. zur **Lohnsteuerermittlung** ein Weihnachtsgeld i. H. v. 900 € dem monatlichen laufend gezahlten Arbeitslohn zugerechnet, ergäbe dies regelmäßig eine unzutreffende Lohnsteuer.

Beispiel zum Vergleich der Lohnsteuerbeträge:

Ein Arbeitnehmer erhält im Kalenderjahr 2011 einen monatlichen Arbeitslohn von 3 200 €. Für die Steuerklasse I (keine Kinder) sind monatlich 529,08 € Lohnsteuer zu zahlen. Dies ergibt eine jährliche Lohnsteuer von 12 × 536,33 € = 6 348,96 €.

Würde das im Juni gezahlte Urlaubsgeld i. H. v. 1 000 € dem monatlich laufend gezahlten Arbeitslohn zugerechnet, ergäbe dies eine Lohnsteuer von 847,91 €.

Als Jahressteuer ergäben sich 11 × 529,08 € + 847,91 € = 6 667,79 €.

Bei zutreffender Behandlung als sonstiger Bezug ergibt sich jedoch folgende jährliche Lohnsteuer:

12 × 529,08 € =	6 348,96 €
zzgl. der Lohnsteuer für den sonstigen Bezug	283,00 €
Summe	6 631,96 €
Demnach ergibt sich ein Unterschiedsbetrag i. H. v.	35,83 €

Deshalb wird die Lohnsteuer für **sonstige Bezüge** nach einem besonderen Berechnungsverfahren ermittelt (→ Rz. C 127 ff.). Wie das Beispiel zeigt, wird die Lohnsteuer für einen sonstigen Bezug regelmäßig mit einem höheren Prozentsatz als für den laufenden Arbeitslohn erhoben; das besondere Berechnungsverfahren ergibt jedoch einen niedrigeren Steuerbetrag als bei einem Zuschlag zum laufenden Arbeitslohn (→ Rz. C 116 ff.).

116 Was versteht das Lohnsteuerrecht unter laufendem Arbeitslohn? Der Begriff **laufender Arbeitslohn** wird im Einkommensteuergesetz nicht näher definiert. Er wird in den Lohnsteuer-Richtlinien jedoch beschrieben als Arbeitslohn, der dem Arbeitnehmer regelmäßig fortlaufend zufließt (z. B. Monatsgehälter, Wochen- und Tagelöhne, Mehrarbeitsvergütungen, Zuschläge und Zulagen). Hierzu zählen auch Nachzahlungen und Vorauszahlungen, wenn sich diese ausschließlich auf Lohnzahlungszeiträume beziehen, die im Kalenderjahr der Zahlung enden, sowie Arbeitslohn für Lohnzahlungszeiträume des abgelaufenen Kalenderjahres, wenn dieser innerhalb der ersten **drei** Wochen des nachfolgenden Kalenderjahres zufließt (→ Beispiel Rz. C 111).

117 Entscheidend sind die Verhältnisse des einzelnen Kalenderjahres. So stellen Bezüge, die im Kalenderjahr nur einmal gezahlt werden (z. B. Urlaubsgeld), keinen laufenden Arbeitslohn, sondern einen **sonstigen Bezug** dar, selbst wenn sie sich in den aufeinander folgenden Jahren wiederholen.

118 Auch regelmäßig gezahlte Bezüge bzw. Arbeitslohn(teile), deren **Höhe** schwankt, weil sie sich z. B. nach einer nicht gleich bleibenden Bemessungsgrundlage richtet (z. B. erzielte Umsätze), sind laufender Arbeitslohn. Erhält z. B. ein Außendienstmitarbeiter ein monatliches Fixum von 2 500 € und zuzüglich 2 % des Umsatzes, rechnet der so ermittelte Betrag (2 % des Umsatzes) ebenfalls zum laufenden Arbeitslohn.

119 Zum laufenden Arbeitslohn gehören auch regelmäßig zufließende Sachbezüge wie z. B. geldwerte Vorteile durch die private Nutzung eines überlassenen betrieblichen Kraftfahrzeugs (der Nutzungswert), der Wert für unentgeltlich oder verbilligt erhaltene Mahlzeiten sowie für eine vom Arbeitgeber gestellte Unterkunft.

120 Zahlt der Arbeitgeber laufenden Arbeitslohn **im Voraus** oder im **Nachhinein** für einen im **Kalenderjahr** der Zahlung endenden Lohnzahlungszeitraum, so ist die Vorauszahlung oder Nachzahlung für die Berechnung der Lohnsteuer den Lohnzahlungszeiträumen zuzurechnen, für die sie geleistet werden (laufender Arbeitslohn). Die Voraus- oder Nachzahlung ist auf die Zahlungsmonate (Lohnzahlungszeiträume) zu **verteilen**, für die sie geleistet wird. Wird also im August Arbeitslohn für die Monate Januar bis April nachgezahlt, ist der Gesamtbetrag aufzuteilen, und die einzelnen Beträge dem jeweiligen Monat zuzuordnen.

Beispiel zur Berechnung der Lohnsteuer bei Nachzahlungen: 121

Ein Arbeitnehmer mit einem laufenden Bruttoarbeitslohn von 2 300 € monatlich erhält im September 2011 eine Nachzahlung von 400 € für die Monate Januar bis August.

Von dem Monatslohn von 2 300 € ist nach der maßgebenden Steuerklasse I eine Lohnsteuer von 292,16 € einzubehalten. Von dem um die anteilige Nachzahlung erhöhten Monatslohn (der Monate Januar bis August) von 2 350 € ist eine Lohnsteuer von 304,50 € einzubehalten. Auf die anteilige monatliche Nachzahlung von 50 € entfällt mithin eine Lohnsteuer von 12,34 €. Dieser Betrag, vervielfacht mit der Zahl der in Betracht kommenden Monate, ergibt dann die Lohnsteuer für die Nachzahlung (12,34 € × 8 = 98,72 €).

Alternativ können Nachzahlungen und Vorauszahlungen aus Vereinfachungsgründen als sonstige Bezüge behandelt werden. In diesen Fällen hat der Arbeitgeber die Lohnsteuer im Lohnzahlungszeitraum des Zuflusses einzubehalten.

122 Von dem Grundsatz, bei jeder Lohnzahlung ist vom Arbeitslohn die Lohnsteuer einzubehalten, gibt es für **Abschlagszahlungen** eine Ausnahme. Leistet der Arbeitgeber zunächst Arbeitslohn für den üblichen Lohnzahlungszeitraum nur in ungefährer Höhe (Abschlagszahlung), und nimmt er die genaue Lohnabrechnung später für einen längeren Zeitraum vor, so braucht er die Lohnsteuer erst bei dieser Lohnabrechnung einzubehalten. Dieser gewählte Abrechnungszeitraum ist dann der Lohnzahlungszeitraum. Voraussetzung hierfür ist, dass der **Lohnabrechnungszeitraum fünf** Wochen nicht übersteigt und die **Lohnabrechnung** innerhalb von **drei** Wochen nach Ablauf des Lohnabrechnungszeitraums erfolgt. Lohnzahlungszeitraum und Lohnabrechnungszeitraum fallen insoweit auseinander. In diesen Fällen kann die Monatstabelle nur dann angewandt werden, wenn der Abrechnungszeitraum auch tatsächlich einen Monat umfasst. Ansonsten ist die Lohnsteuer nach der Tagestabelle zu berechnen.

123 Die **Lohnabrechnung** gilt als abgeschlossen, wenn der Zahlungsbeleg den Bereich des Arbeitgebers verlassen hat. Auf den zeitlichen Zufluss des Arbeitslohns beim Arbeitnehmer kommt es nicht an (→ Rz. C 110). Wird die Lohnabrechnung für den letzten Abrechnungszeitraum des abgelaufenen Kalenderjahres erst im **nachfolgenden** Kalenderjahr, aber noch innerhalb der Drei-Wochen-Frist (→ Rz. C 116) vorgenommen, so handelt es sich um Arbeitslohn und einbehaltene Lohnsteuer dieses Lohnabrechnungszeitraums (→ Rz. C 122). Dieser Arbeitslohn und die darauf entfallende Lohnsteuer sind deshalb im Lohnkonto und in der Lohnsteuerbescheinigung des abgelaufenen Kalenderjahres zu erfassen (→ Rz. C 89, 92). Die einbehaltene **Lohnsteuer** ist aber für die Anmeldung und Abführung an das Finanzamt als Lohnsteuer des Kalendermonats bzw. Kalendervierteljahres (Lohnsteuer-Anmeldungszeitraum) zu erfassen, in dem die

Lohnabrechnung tatsächlich vorgenommen wird (mit Beendigung des Lohnabrechnungszeitraums).

Beispiele zum Zeitpunkt des Lohnsteuereinbehalts bei Abschlagszahlungen:

1. Ein Arbeitgeber mit kalendermonatlichen Abrechnungszeiträumen leistet jeweils am 20. eines Monats eine Abschlagszahlung. Die Lohnabrechnung wird am 10. des folgenden Monats mit der Auszahlung von Spitzenbeträgen vorgenommen.

   Der Arbeitgeber ist berechtigt, auf den Lohnsteuereinbehalt bei Zahlung des Abschlags zu verzichten und die Lohnsteuer erst bei der Schlussabrechnung einzubehalten.

2. Ein Arbeitgeber mit kalendermonatlichen Abrechnungszeiträumen leistet jeweils am 28. für den laufenden Monat eine Abschlagszahlung und nimmt die Lohnabrechnung am 28. des folgenden Monats vor.

   Die Lohnsteuer ist bereits von der Abschlagszahlung einzubehalten, da die Abrechnung nicht innerhalb von drei Wochen nach Ablauf des Lohnabrechnungszeitraums erfolgt. War die Abrechnung zunächst innerhalb der Drei-Wochenfrist geplant, ändert die nun planwidrig spätere Abrechnung nichts an dem vorgenannten Ergebnis.

3. Auf den Arbeitslohn für Dezember werden Abschlagszahlungen geleistet. Die Lohnabrechnung erfolgt am 15. Januar des folgenden Jahres.

   Der Lohnzahlungszeitraum ist der Kalendermonat, die Lohnabrechnung erfolgt innerhalb von drei Wochen nach Ablauf des Lohnzahlungszeitraums. Die einzubehaltende Lohnsteuer ist spätestens am 10. Februar als Lohnsteuer des Monats Januar anzumelden und abzuführen (bei monatlichem Lohnsteuer-Anmeldungszeitraum). Sie gehört gleichwohl zum Arbeitslohn des abgelaufenen Kalenderjahres und ist in die Lohnsteuerbescheinigung für das abgelaufene Kalenderjahr aufzunehmen.

Entsprechend der üblichen Lohnzahlungszeiträume gibt der Verlag **Tabellen** zur Ermittlung der Lohnsteuer vom **Monatslohn** und **Tageslohn** heraus. Bei nicht monatlicher Beschäftigung ist für die Lohnsteuerermittlung die Tageslohnsteuer-Tabelle entsprechend der Beschäftigungsdauer anzuwenden.

124 Neben dieser Lohnsteuerermittlung nach den Lohnzahlungszeiträumen kann der Arbeitgeber die Lohnsteuer auch durch einen **permanenten Lohnsteuer-Jahresausgleich** ermitteln.

3. Sonstige Bezüge
a) Begriff

125 **Sonstige Bezüge** sind solche dem Arbeitnehmer aus einem Dienstverhältnis zufließende Lohnteile, die nicht zum laufenden Arbeitslohn rechnen. Sonstige Bezüge werden dem Arbeitnehmer demnach nicht regelmäßig oder laufend gezahlt, sondern nur einmalig oder wenige Male im Kalenderjahr. Dies sind z. B.

- das dreizehnte und vierzehnte Monatsgehalt,
- Urlaubs- und Weihnachtsgeld,
- nicht fortlaufend gezahlte Gratifikationen und Tantiemen,
- Vergütungen für Erfindungen,
- Jubiläumszuwendungen sowie
- nur einmalig gezahlte Abfindungen und Entschädigungen.

Auch Nachzahlungen und Vorauszahlungen des Arbeitslohns rechnen dazu, wenn sich der Gesamtbetrag oder ein Teilbetrag der Nachzahlung oder der Vorauszahlung auf solche Lohnzahlungszeiträume bezieht, die in einem anderen Jahr als dem der Zahlung enden. Nachzahlungen in diesem Sinne liegen auch dann vor, wenn Arbeitslohn für Lohnzahlungszeiträume des abgelaufenen Kalenderjahres später als drei Wochen nach Ablauf dieses Jahres zufließt.

126 Die zeitliche Zuordnung der sonstigen Bezüge für den Lohnsteuereinbehalt richtet sich ausschließlich nach dem **Zuflussprinzip** des § 11 EStG (→ Rz. C 110). Werden sonstige Bezüge und laufender Arbeitslohn zusammen ausgezahlt, müssen die Beträge auseinander gerechnet und entsprechend – ggf. dem jeweiligen Kalenderjahr – zugeordnet werden.

b) Lohnsteuerermittlung

127 Für sonstige Bezüge ist die Lohnsteuer stets zu dem Zeitpunkt einzubehalten, an dem der Arbeitslohnteil dem Arbeitnehmer zufließt. Der sonstige Bezug erhöht bei Zahlung also den Arbeitslohn des Lohnzahlungszeitraums. Die Sonderregelung für neben dem laufenden Arbeitslohn gezahlte sonstige Bezüge bis zu 150 € im Lohnzahlungszeitraum ist seit dem Kalenderjahr 2004 aufgehoben. Für die Lohnsteuerermittlung sind die auf der Lohnsteuerkarte eingetragenen Merkmale maßgebend, die für den Tag des **Lohnzuflusses** gelten.

128 Für sonstige Bezüge ist die **Lohnsteuer** nach einem besonderen gesetzlich vorgeschriebenen Verfahren zu ermitteln (§ 39b Abs. 3 EStG). Dazu wird zunächst die Jahreslohnsteuer für den **Jahresarbeitslohn** ohne sonstigen Bezug berechnet und anschließend die sich für den Jahresarbeitslohn einschließlich des sonstigen Bezugs ergebende Jahreslohnsteuer. Die **Differenz** beider Steuerbeträge ist die Lohnsteuer, die für den sonstigen Bezug einzubehalten ist. Danach erfolgt die Berechnung der Lohnsteuer in drei Schritten.

1. Schritt

129 Zunächst hat der Arbeitgeber den **voraussichtlichen Jahresarbeitslohn** des Arbeitnehmers ohne sonstigen Bezug und die darauf entfallende Lohnsteuer zu ermitteln. Bei der Ermittlung des voraussichtlichen Jahresarbeitslohns sind auch zuvor gezahlte sonstige Bezüge im Kalenderjahr zu berücksichtigen. Deshalb ist der laufende Arbeitslohn für die im Kalenderjahr bereits abgelaufenen Lohnzahlungszeiträume und die im Kalenderjahr bereits gezahlten sonstigen Bezüge mit dem Betrag **zusammenzurechnen**, der voraussichtlich als laufender Arbeitslohn für die verbleibenden Monate des Kalenderjahres gezahlt werden wird. **Künftige sonstige Bezüge**, die bis zum Jahresende noch erwartet werden, z. B. das 13. oder 14. Monatsgehalt oder Weihnachtsgeld, sind bei der Feststellung des voraussichtlichen Jahresarbeitslohns **nicht** zu berücksichtigen. Zu Besonderheiten für Zahlungen nach **Beendigung** des Dienstverhältnisses → Rz. C 135 ff. Liegen die Lohnsteuerbescheinigungen früherer Arbeitgeber auf Grund der elektronisch übermittelten Lohnsteuerbescheinigung (→ Rz. C 89) nicht vor, ist bei der Ermittlung des voraussichtlichen Jahresarbeitslohns der Arbeitslohn für Beschäftigungszeiten bei früheren Arbeitgebern mit dem Betrag anzusetzen, der sich ergibt, wenn der laufende Arbeitslohn im Monat der Zahlung des sonstigen Bezugs entsprechend der Beschäftigungsdauer bei früheren Arbietgebern hochgerechnet wird (§ 39b Abs. 3 Satz 2 EStG).

Beispiel zur Ermittlung des Arbeitslohns:

Am 1. 12. 2011 wird ein sonstiger Bezug gezahlt; der laufende Arbeitslohn im Dezember beträgt 3 500 €. Der Arbeitnehmer war vom 1. 1. 2011 bis 31. 5. 2011 bei einem anderen Arbeitgeber beschäftigt; der dort bezogene Arbeitslohn ist nicht bekannt.

Für die Monate Januar bis Mai 2011 ist der im Dezember gezahlte laufende Arbeitslohn i. H. v. 3 500 € anzusetzen, also 3 500 € × 5 = 17 500 €.

Im Regelfall dürfte der Ansatz des **hochzurechnenden Arbeitslohns** unproblematisch sein. Es stellt sich jedoch die Frage, ob der aktuelle Arbeitslohn auch dann anzusetzen ist, wenn er erkennbar niedriger ist als der zuvor bezogene Arbeitslohn, z. B. durch aktuelle Fehlzeiten, Krankheit oder Teilzeitbeschäftigung. Weil auch in den Lohnsteuer-Richtlinien diese Sonderfälle nicht angesprochen sind, ist für die Monate der Vorbeschäftigung der im Monat der Zahlung des sonstigen Bezugs zufließende laufende Arbeitslohn anzusetzen (§ 39b Abs. 3 Satz 2 EStG, H 39b.6 LStH). Weist der Arbeitnehmer Zeiten mit Arbeitslosigkeit nach, wird dafür kein fiktiver Arbeitslohn angesetzt. Ein unzutreffender Lohnsteuereinbehalt kann im Rahmen einer Einkommensteuerveranlagung korrigiert werden, da der Arbeitnehmer in Fällen der Hochrechnung des Arbeitslohns zur Abgabe einer Einkommensteuererklärung verpflichtet ist (§ 46 Abs. 2 Nr. 5a EStG). Hat der Arbeitnehmer den **früher bezogenen Arbeitslohn** mitgeteilt, ist dieser für die Ermittlung des voraussichtlichen Jahresarbeitslohns maßgebend. War der Arbeitnehmer zuvor **nicht beschäftigt**, z. B. wegen Studiums oder Schulausbildung, bleiben diese Zeiten unberücksichtigt (keine frühere Beschäftigung). Hat der frühere Arbeitgeber die Lohnsteuer nicht maschinell ermittelt, ist der auf der Lohnsteuerkarte eingetragene Arbeitslohn (wie bisher) anzusetzen.

Anschließend sind die lohnsteuerlich abziehbaren Beträge wie der Versorgungsfreibetrag, der Zuschlag zum Versorgungsfreibetrag, der Altersentlastungsbetrag und der auf der Lohnsteuerkarte eingetragene Jahresfreibetrag festzustellen und von dem voraussichtlichen Jahresarbeitslohn **abzuziehen**. Ein eventueller Hinzurechnungsbetrag (laut Lohnsteuerkarte) ist ebenfalls zu berücksichtigen und dem voraussichtlichen Jahresarbeitslohn **hinzuzurechnen**. Der sich so ergebende Betrag ist der **maßgebende Jahresarbeitslohn**.

Statt der Prognose, welchen Arbeitslohn der Arbeitnehmer im Kalenderjahr noch erhalten wird, kann der voraussichtlich im Kalenderjahr noch zu zahlende laufende Arbeitslohn durch die Umrechnung des bisher zugeflossenen laufenden Arbeitslohns berechnet werden. Hierbei ist zu beachten, dass seit dem Kalenderjahr 2004 sonstige Bezüge bis zu 150 € nicht mehr als laufender Arbeitslohn behandelt werden.

Bereits im Kalenderjahr gezahlte ermäßigt besteuerte sonstige Bezüge wie Entlassungsentschädigungen, Entschädigungen und Vergütungen für eine mehrjährige Tätigkeit (i. S. d. § 34 Abs. 1 und 2 Nr. 2 und 4 EStG) sind nur mit einem Fünftel des Gesamtbetrags anzusetzen (→ Rz. C 141 ff.).

130 2. Schritt

Für den so berechneten **maßgebenden Jahresarbeitslohn** hat der Arbeitgeber die Jahreslohnsteuer aus der Allgemeinen oder Besonderen Tabelle (→ Rz. A 5 ff.) für sonstige Bezüge abzulesen. Dabei ist die auf der Lohnsteuerkarte eingetragene Steuerklasse maßgebend.

Anschließend ist die Jahreslohnsteuer für den maßgebenden Jahresarbeitslohn **zuzüglich** des sonstigen Bezugs festzustellen.

131 3. Schritt

Der **Differenzbetrag** zwischen der Lohnsteuer für den maßgebenden Jahresarbeitslohn mit dem sonstigen Bezug und der Lohnsteuer für den maßgebenden Jahresarbeitslohn ohne den sonstigen Bezug ist die für den sonstigen Bezug einzubehaltende Lohnsteuer. Des Weiteren sind im Lohnsteuerabzugs-Verfahren auch der Solidaritätszuschlag und die Kirchensteuer von sonstigen Bezügen zu erheben (Einzelheiten hierzu → Rz. D 1 ff., → Rz. E 1 ff.).

Beispiel zur Lohnsteuerermittlung:

Der Arbeitgeber A zahlt einem rentenversicherungspflichtigen Arbeitnehmer (AN) mit der Steuerklasse I im August 2011 einen sonstigen Bezug von 2 500 €. Aus der Lohnsteuerkarte bzw. dem (freiwillig) vorgelegten Ausdruck der elektronischen Lohnsteuerbescheinigungen des AN ergeben sich folgende Eintragungen:

1. Dienstverhältnis vom 1. Januar bis 31. Mai bei Arbeitgeber B, Arbeitslohn 15 000 €;
2. Dienstverhältnis vom 1. Juni bis 30. Juni bei Arbeitgeber C, Arbeitslohn 3 500 €.

Das Dienstverhältnis bei Arbeitgeber A besteht ab 1. Juli. Für den Monat Juli und die späteren Monate wird jeweils ein Gehalt von 3 500 € gezahlt. Außerdem erhält der Arbeitnehmer im Dezember ein 13. Monatsgehalt.

Die Lohnsteuer für den sonstigen Bezug von 2 500 € im Monat August errechnet sich wie folgt:

Arbeitslohn vom 1. 1.–31. 5.	15 000 €
Arbeitslohn vom 1. 6.–30. 6.	3 500 €
Arbeitslohn vom 1. 7.–31. 12.	21 000 €
das 13. Monatsgehalt ist ein künftiger sonstiger Bezug und deshalb nicht anzusetzen	0 €
voraussichtlicher Jahresarbeitslohn	39 500 €
Bemessungsgrundlage I	
(= maßgebender Jahresarbeitslohn ohne sonstigen Bezug)	39 500 €
zzgl. sonstiger Bezug	2 500 €
Bemessungsgrundlage II	
(= maßgebender Jahresarbeitslohn + sonstiger Bezug)	42 000 €

Lohnsteuer nach Steuerklasse I der Allgemeinen Tabelle „Sonstige Bezüge"

	Lohnsteuer	SolZ
für 42 000 € (Bemessungsgrundlage II)	7 385 €	406,17 €
für 39 500 € (Bemessungsgrundlage I)	./. 6 661 €	./. 366,35 €
Lohnsteuer für den sonstigen Bezug	724 €	
Solidaritätszuschlag (SolZ) für den sonstigen Bezug		39,82 €

Anmerkung: Ist der Arbeitslohn der Vorarbeitgeber nicht bekannt, z. B. weil der Arbeitnehmer den Ausdruck der elektronischen Lohnsteuerbescheinigungen nicht vorgelegt hat, ist dieser Betrag seit dem Kalenderjahr 2005 „hochzurechnen". Basis ist der aktuelle Monatslohn bei Zahlung des sonstigen Bezugs; im Beispielsfall wären anzusetzen: 3 500 € × 6 = 21 000 €

c) Höhe der Lohnsteuer

132 Der Lohnsteuerabzug für den sonstigen Bezug wird regelmäßig als sehr hoch kritisiert. Weshalb ergibt sich ein solch relativ hoher Abzugsbetrag, weshalb liegt der prozentuale (Lohnsteuer-)Satz über dem des laufenden Arbeitslohns? Ursache dafür ist der **progressiv** ansteigende **Einkommensteuertarif** (→ Rz. A 21 f.), der Grundlage für die Lohnsteuerermittlung ist, sowie die **abweichende** Lohnsteuerermittlung für laufenden Arbeitslohn und für sonstige Bezüge (→ Rz. C 115, C 127 ff.). Die Lohnsteuerberechnung für den laufenden Arbeitslohn unterstellt, dass ein solch hoher Arbeitslohn zwölfmal im Kalenderjahr bezogen wird. Zudem werden die anzusetzenden Grund- und Freibeträge anteilig steuermindernd berücksichtigt (z. B. der Grundfreibetrag, Arbeitnehmer-Pauschbetrag für Werbungskosten und die Vorsorgepauschale für begrenzt abzugsfähige Sonderausgaben). Hierdurch erscheint der Steuersatz regelmäßig als niedrig. Hingegen ist für einen sonstigen Bezug die besondere Lohnsteuerermittlungsvorschrift (→ Rz. C 127 ff.) maßgebend. Für solche Arbeitslohnteile wird die Lohnsteuer nicht nach der Monatslohnsteuer-Tabelle, sondern nach dem Jahresbetrag (siehe die vom Verlag herausgegebene Lohnsteuer-Tabelle „Sonstige Bezüge") ermittelt. Durch dieses Berechnungsverfahren ist sichergestellt, dass die dem Arbeitnehmer zustehenden Frei- und Pauschbeträge – soweit möglich – bereits bei der Besteuerung des laufenden Arbeitslohns – also monatlich – ausgeschöpft werden. Der sonstige Bezug wird auf den Jahresarbeitslohn hingegen „aufgesattelt", Freibeträge werden regelmäßig nicht mehr berücksichtigt. Dies führt i. d. R. zu einer Besteuerung mit einem hohen progressiven Steuersatz. Demgemäß unterliegen die sonstigen Bezüge einer höheren durchschnittlichen Steuerbelastung als der laufende Arbeitslohn. Bezogen auf den **Jahresarbeitslohn** wird jedoch unabhängig vom Verhältnis des laufenden Arbeitslohns zu den sonstigen Bezügen regelmäßig die zutreffende Jahreslohnsteuer erhoben.

Seit dem Kalenderjahr 2004 ist auch ein **Dritter**, der unmittelbar gegen sich gerichtete tarifvertragliche Arbeitslohnansprüche in Geld erfüllt, zum **Lohnsteuerabzug** verpflichtet. Damit wird für Sonderfälle die Steuerabzugsverpflichtung eingeführt, in denen z. B. ein drittes Unternehmen zentral tarifliche Teilleistungen zahlt, die Arbeitslohn (aus gegenwärtigen oder früheren Dienstverhältnissen bei zahlreichen Arbeitgebern) sind (z. B. Sozialkassen des Baugewerbes). Dieser Dritte kann die Lohnsteuer für sonstige Bezüge mit einem festen Steuersatz von 20 % erheben. Voraussetzung ist, dass der von dem Dritten für den Arbeitnehmer gezahlte Jahresarbeitslohn einschließlich des sonstigen Bezugs 10 000 € nicht übersteigt (§ 39c Abs. 5 EStG). Der gezahlte Betrag wird im Rahmen einer Einkommensteuerveranlagung als Einnahmen angesetzt, die einbehaltene Steuer (20 %) wird auf die Einkommensteuerschuld angerechnet.

d) Besonderheiten bei der Lohnsteuerermittlung von sonstigen Bezügen

aa) Besonderheiten bei Jahresfreibeträgen

133 Der Arbeitgeber hat bei der Lohnsteuerermittlung einen auf der Lohnsteuerkarte eingetragenen **Jahresfreibetrag** stets zu berücksichtigen. Ist der voraussichtliche Jahresarbeitslohn geringer als der auf der Lohnsteuerkarte eingetragene Jahresfreibetrag, ergibt sich ein **negativer** maßgebender Arbeitslohn (§ 39b Abs. 3 Satz 3 und 4 EStG), der mit dem sonstigen Bezug zu verrechnen ist (R 39b.6 Abs. 1 Satz 3 LStR). Dieser Betrag mindert den anzusetzenden sonstigen Bezug. Ebenso ist zu verfahren für verbleibende, also beim voraussichtlichen Jahresarbeitslohn nicht berücksichtigte Teile des Versorgungsfreibetrags, des maßgebenden Zuschlags zum Versorgungsfreibetrag und des Altersentlastungsbetrags. Auch diese Beträge sind von den steuerpflichtigen sonstigen Bezügen abzuziehen, soweit sie beim angesetzten voraussichtlichen Jahresarbeitslohn nicht berücksichtigt werden konnten.

134 Eine Kürzung um die vorgenannten Beträge kommt jedoch nicht in Betracht, wenn es sich um einen sonstigen Bezug handelt, für den die Lohnsteuer nach der **Fünftelungsregelung** (→ Rz. C 141 ff.) berechnet wird. Dies sind Vergütungen für eine mehrjährige Tätigkeit und Entlassungsgelder bzw. -entschädigungen (§ 39b Abs. 3 Satz 6 EStG).

> **Beispiel zur Lohnsteuerermittlung:**
> Ein Arbeitgeber zahlt im April 2011 einem 65-jährigen Arbeitnehmer mit der Steuerklasse I einen sonstigen Bezug (Umsatzprovision für das vorangegangene Kalenderjahr) i. H. v. 2 500 €. Der Arbeitnehmer ist am 28. 2. 2011 in den Ruhestand getreten. Der Arbeitslohn betrug bis dahin monatlich 3 500 €. Seit dem 1. 3. 2011 erhält der Arbeitnehmer neben dem Altersruhegeld aus der gesetzlichen Rentenversicherung Versorgungsbezüge i. S. d. § 19 Abs. 2 EStG von monatlich 900 €. Der Arbeitnehmer ist damit einverstanden, dass zur Vermeidung etwaiger späterer Nachzahlungen die Lohnsteuer nach der Besonderen Tabelle „Sonstige Bezüge" erhoben wird.
>
> Der maßgebende Jahresarbeitslohn, der zu versteuernde Teil des sonstigen Bezugs und die einzubehaltende Lohnsteuer sind wie folgt zu ermitteln:
>
> 1. Arbeitslohn für die Zeit vom 1. 1. bis 28. 2. 2010
>   (2 x 3 500 € =) 7 000 €
>   Versorgungsbezüge (beginnend ab dem 1. 3. 2010
>   werden voraussichtlich gezahlt (10 x 900 € =) 9 000 €
>   voraussichtlicher Jahresarbeitslohn 16 000 €
> 2. Vom voraussichtlichen Jahresarbeitslohn sind folgende Beträge abzuziehen:
>   a) der zeitanteilige Versorgungsfreibetrag i. H. v. 30,4 % der im voraussichtlichen Jahresarbeitslohn enthaltenen Versorgungsbezüge, höchstens 2 280 €, und der zeitanteilige Zuschlag zum Versorgungsfreibetrag, höchstens 684 €, 30,4 % von 10 800 €[1] = 3 283,20 €,
>   höchstens 2 280 €
>   zuzüglich 684 € 684 €
>   2 964 €
>   davon 10/12 **2 470 €**
>   b) der Altersentlastungsbetrag i. H. v. 30,4 % des voraussichtlichen Jahresarbeitslohns (7 000 €) ohne die Versorgungsbezüge, höchstens 1 444 €, unabhängig von der Höhe des bisher berücksichtigten Betrags
>   (33,4 % von 7 000 €, höchstens) **1 444 €**
>   Gesamtabzugsbetrag somit 3 914 €
> 3. **Bemessungsgrundlage I**
>   (= maßgebender Jahresarbeitslohn ohne sonstigen Bezug) 16 000 € ./. 3 914 € = 12 086 €
> 4. Sonstiger Bezug 2 500 €
>   abzgl. Altersentlastungsbetrag i. H. v. 30,4 %, höchstens jedoch der Betrag, um den der Jahreshöchstbetrag von 1 444 € den bei der Ermittlung des maßgebenden Jahresarbeitslohns abgezogenen Betrag überschreitet (30,4 % von 7 000 €, höchstens 1 444 € abzüglich 1 444 €), mithin ./. 0 €
>   zu versteuernder Teil des sonstigen Bezugs 2 500 €
>   **Bemessungsgrundlage II**
>   (= maßgebender Jahresarbeitslohn zzgl. sonstiger Bezug) 12 086 € + 2 500 € = 14 586 €
>
> Lohnsteuer nach Steuerklasse I der Besonderen Tabelle **„Sonstige Bezüge"**
>
> | | Lohnsteuer | SolZ |
> |---|---|---|
> | für 14 586 € (Bemessungsgrundlage II) | 679,— € | 0,— € |
> | für 12 086 € (Bemessungsgrundlage I) | ./. 260,— € | ./. 0,— € |
> | Lohnsteuer für den sonstigen Bezug | 419,— € | |
> | Solidaritätszuschlag (SolZ) für den sonstigen Bezug | | 0,— € |

bb) Ausscheiden aus dem Dienstverhältnis

135 Ist der Arbeitnehmer bei Zahlung des sonstigen Bezugs nicht mehr beim Arbeitgeber beschäftigt, wird für die Lohnsteuerberechnung des sonstigen Bezugs dennoch eine Lohnsteuerkarte (für 2011: Lohnsteuerkarte 2010 oder Ersatzbescheinigung des Finanzamts) benötigt. Deshalb ist zu unterscheiden, ob der Arbeitnehmer beim Zufluss des sonstigen Bezugs noch im Betrieb tätig ist oder ob er bei einem anderen Arbeitgeber in einem Dienstverhältnis steht.

---

[1] Maßgebend ist der erste Versorgungsbezug: 900 € x 12 Monate ergibt 10 800 € als Bemessungsgrundlage.

● **Keine weitere Beschäftigung**

136 Ist der Arbeitnehmer zum Zahlungszeitpunkt nicht bei einem anderen Arbeitgeber beschäftigt, so hat er dem früheren Arbeitgeber die erste Lohnsteuerkarte vorzulegen. In diesem Fall erfolgt die Lohnsteuerermittlung für den sonstigen Bezug nach den Merkmalen dieser Lohnsteuerkarte (für 2011: Lohnsteuerkarte 2010 oder Ersatzbescheinigung des Finanzamts) und den allgemeinen Regelungen. Der voraussichtliche Jahresarbeitslohn ist dann auf Grund der Angaben des Arbeitnehmers zu ermitteln. Macht der Arbeitnehmer keine Angaben, ist der beim bisherigen Arbeitgeber ggf. zugeflossene Arbeitslohn auf einen Jahresbetrag hochzurechnen.

137 Die zuvor beschriebene Hochrechnung ist nicht erforderlich, wenn mit dem Zufließen von weiterem Arbeitslohn im Laufe des Kalenderjahres, z. B. wegen Alters oder Erwerbsunfähigkeit des Arbeitnehmers, nicht zu rechnen ist.

138 Ist – in einem Ausnahmefall – aber gleichwohl anzunehmen, dass dem Arbeitnehmer künftig Arbeitslohn in nicht unerheblichem Umfang (also ein größerer Betrag) zufließen wird, so ist der voraussichtliche Jahresarbeitslohn zu schätzen. Diese Schätzung bzw. Berechnung ist im Lohnkonto (Lohnunterlagen) zu dokumentieren.

● **Weiteres Beschäftigungsverhältnis**

139 Bezieht der Arbeitnehmer im Zeitpunkt der Zahlung des sonstigen Bezugs von einem anderen Arbeitgeber Arbeitslohn, so hat er seinem früheren Arbeitgeber für die Besteuerung des sonstigen Bezugs eine zweite oder weitere (bereits vorhandene) Lohnsteuerkarte 2010 oder Ersatzbescheinigung des Finanzamts mit der Steuerklasse VI vorzulegen. In diesen Fällen hat der Arbeitgeber den voraussichtlichen Jahresarbeitslohn des Arbeitnehmers nicht zu berücksichtigen. Die Lohnsteuer ist allein für den sonstigen Bezug nach der Jahreslohnsteuer-Tabelle zu ermitteln.

140 Legt der Arbeitnehmer keine Lohnsteuerkarte 2010/Ersatzbescheinigung vor, ist die Lohnsteuer für den sonstigen Bezug ebenfalls nach der Steuerklasse VI zu ermitteln (wegen schuldhafter Nichtvorlage der Lohnsteuerkarte). In diesem Fall hat der Arbeitgeber jedoch eine besondere Lohnsteuerbescheinigung (→ Rz. 92) auszustellen, falls er nicht zur elektronischen Übermittlung verpflichtet ist.

e) **Ermäßigter Steuersatz bei Bezügen für Entschädigungen und eine mehrjährige Tätigkeit**

aa) Fünftelungsregelung

141 Sonstige Bezüge sind für die Lohnsteuerermittlung grundsätzlich in Höhe des zugeflossenen Betrags anzusetzen, und zwar unabhängig davon, ob sie zum laufenden Kalenderjahr (Zahlungsjahr) oder ob sie zu mehreren Kalenderjahren gehören. Diese Besteuerung bei Zufluss kann mitunter zu einer erhöhten Steuerbelastung führen. Denn es ergäbe sich z. B. regelmäßig eine niedrigere Steuer, wenn der Arbeitgeber eine Jubiläumszahlung über mehrere Kalenderjahre verteilt auszahlen statt in einem Einmalbetrag (gleich bleibenden Jahresarbeitslohn unterstellt). Um für Einmalzahlungen eine überhöhte Steuerbelastung zu vermeiden, sieht das Einkommensteuergesetz die Steuerberechnung nach der sog. Fünftelungsregelung vor (§ 34 Abs. 1 EStG), die auch im Lohnsteuerabzugs-Verfahren zu berücksichtigen ist (§ 39b Abs. 3 Satz 9 EStG). Diese Fünftelungsregelung kommt in Betracht für Entschädigungen und Vergütungen für eine mehrjährige Tätigkeit (z. B. für den steuerpflichtigen Teil einer **Entlassungsabfindung** oder für eine **Jubiläumszuwendung**). Eine Tätigkeit ist dann „mehrjährig", wenn sie sich über zwei Kalenderjahre (Veranlagungszeiträume) erstreckt; auf die Dauer, z. B. mindestens zwölf Monate, kommt es nicht an.

142 Bei einer (Entlassungs-)**Abfindung** ist jedoch weitere Voraussetzung, dass die Zahlung des steuerpflichtigen Teils als Einmalbetrag beim Arbeitnehmer zu einer Zusammenballung von Einkünften führt. **Zusammenballung** bedeutet: Die (steuerpflichtige) Abfindung/Entschädigung fließt in einem Kalenderjahr zu und dieser Betrag übersteigt den Arbeitslohn, den der Arbeitnehmer ansonsten (bei ungestörter Fortsetzung des Dienstverhältnisses) im Kalenderjahr bekommen hätte. Übersteigt die Abfindung/Entschädigung den bis zum Jahresende wegfallenden Arbeitslohn nicht, ist eine weitere Prüfung erforderlich. Dazu ist die Abfindung/Entschädigung mit dem im Kalenderjahr bezogenen und dem voraussichtlich noch zu zahlenden Arbeitslohn zusammenzurechnen. Liegt der so ermittelte Betrag über dem Jahresarbeitslohn, den der Arbeitnehmer bei ungestörter Fortsetzung des Dienstverhältnisses insgesamt bezogen hätte, liegt ebenfalls ein Zusammenballung i. S. d. § 34 EStG vor. Weil der Jahresarbeitslohn bei vorzeitiger Beendigung des Dienstverhältnisses regelmäßig unbekannt ist, wird der Jahresarbeitslohn des Vorjahres herangezogen. Weitere Erläuterungen zur Frage, unter welchen Voraussetzungen der Arbeitgeber bei Entlassungsentschädigungen eine Zusammenballung annehmen kann, sowie zur Berücksichtigung einer lebenslangen Betriebsrente und späteren Zahlungen aus Gründen der sozialen Fürsorge, enthält das BMF-Schreiben v. 24. 5. 2004, BStBl I 2004 S. 505 (mit Berichtigung auf S. 633).

143 Wie ist die Lohnsteuer nach der Fünftelungsregelung zu berechnen? Bei der Fünftelungsregelung ist der sonstige Bezug mit einem Fünftel des steuerpflichtigen Gesamtbetrags anzusetzen. Für dieses Fünftel ist die Lohnsteuer nach den Regeln für sonstige Bezüge zu ermitteln (→ Rz. C 128 ff.). Dieser Lohnsteuerbetrag ist mit fünf zu multiplizieren, so dass der fünffache Steuerbetrag der auf das Arbeitslohn-Fünftel entfallenden Lohnsteuer einzubehalten ist. Ergibt sich ein **negativer** anzusetzender maßgebender Jahresarbeitslohn, ist seit dem Kalenderjahr 2004 zunächst der volle sonstige Bezug hinzuzurechnen. Der so erhöhte (und deshalb regelmäßig positive) Arbeitslohn wird durch fünf geteilt, die Lohnsteuer dafür berechnet und mit fünf vervielfacht.

144 Bei **Jubiläumszuwendungen** ist die Fünftelungsregelung stets dann – also ohne weitere Prüfung einer Zusammenballung – anzuwenden, wenn der Arbeitnehmer voraussichtlich nicht vor dem Ende des Kalenderjahres aus dem Dienstverhältnis ausscheidet.

145 **Vergleichsrechnung, Ansatz des niedrigeren Lohnsteuerbetrags:** die Fünftelungsregelung kann bei niedrigen sonstigen Bezügen mitunter zu einer höheren Lohnsteuer führen als die Regelbesteuerung mit dem vollen Betrag (als sonstiger Bezug). Weil die Lohnsteuer nach dem Gesetzeswortlaut jedoch zu ermäßigen ist, darf nach Auffassung der Finanzverwaltung der Arbeitgeber die Fünftelungsregelung in diesen Fällen nicht anwenden. Um den niedrigsten Lohnsteuerabzug vorzunehmen, hat der Arbeitgeber eine Vergleichsrechnung durchzuführen. Dazu ist zunächst die Lohnsteuer nach der Fünftelungsregelung und anschließend ohne diese Sonderregelung zu ermitteln. Anzusetzen ist der niedrigere Lohnsteuerbetrag. Entsprechend dem so gefundenen Ergebnis ist der sonstige Bezug auf der Lohnsteuerkarte oder der (Besonderen) Lohnsteuerbescheinigung entweder als (laufender) Bruttoarbeitslohn im Eintragungsfeld Nr. 3 auszuweisen oder als ermäßigt besteuerter Arbeitslohn für mehrere Kalenderjahre bzw. ermäßigt besteuerte Entschädigungen im Eintragungsfeld Nr. 10. Bei elektronischer Übermittlung der Lohnsteuerbescheinigung sind die Beträge in den Datensatz aufzunehmen und auf dem für den Arbeitnehmer bestimmten Ausdruck (nach amtlichem Muster) auszuweisen. Details zur Günstigerprüfung enthält das BMF-Schreiben v. 10. 1. 2000, BStBl I 2000 S. 138 (siehe auch H 39b.6 LStH).

146 Kann der Arbeitgeber die Voraussetzungen für die **Zusammenballung** des Arbeitslohns im Kalenderjahr nicht feststellen, so ist die Lohnsteuer vom sonstigen Bezug ohne Fünftelungsregelung zu ermitteln. In diesen Fällen kann der Arbeitnehmer die Anwendung der Fünftelungsregelung im Rahmen einer Einkommensteuerveranlagung beim Finanzamt beantragen. Daraufhin prüft das Finanzamt stets die günstigste Besteuerungsform.

147 Hat der Arbeitgeber von einem sonstigen Bezug die ermäßigte Lohnsteuer einbehalten, ist der Arbeitnehmer verpflichtet, eine Einkommensteuererklärung abzugeben.

148 Bei **beschränkt** einkommensteuerpflichtigen Arbeitnehmern ist ebenfalls der ermäßigte Steuersatz nach § 34 EStG anzuwenden.

bb) Ermittlung des Vorwegabzugsbetrags bei der Fünftelungsregelung – Vorsorgepauschale

149 Die als Sonderausgaben (→ Rz. B 88 ff.) abzugsfähigen Vorsorgeaufwendungen (z. B. Beiträge zu Kranken-, Pflege-, Unfall- und Haftpflichtversicherungen, zur gesetzlichen Rentenversicherung sowie zu Lebensversicherungen) werden beim **Lohnsteuerabzug** durch den Ansatz der (ggf. „bereinigten") Beiträge zur Rentenversicherung, Krankenversicherung und Pflegeversicherung oder einer prozentualen Vorsorgepauschale berücksichtigt (→ Rz. B 91). Privatkrankenkassenversicherte Arbeitnehmer können hierfür dem Arbeitgeber die Bescheinigung der Krankenkasse vorlegen. In 2011 gilt die für 2010 vorgelegte Bescheinigung fort. Die **Vorsorgepauschale** ist für die Steuerklassen I bis V in die Lohnsteuer-Tabellen eingearbeitet und wird dort jeweils nur in der Höhe berücksichtigt, die dem Arbeitslohn der jeweiligen Tabellenstufe entspricht. Weil ab 2010 nur Entlassungsabfindungen und ähnliche Zahlungen (Entschädigungen i. S. d. § 24 Nr. 1 EStG) bei der Ermittlung der Vorsorgepauschale nicht berücksichtigt werden, kann sich die **Fünftelungsregelung** weiterhin auf die Ermittlung der Vorsorgepauschale sowie der Sonderausgaben auswirken.

150 Weil nach dem gesetzlichen Berechnungsmodus bei Anwendung der Lohnsteuer-Tabelle nur ein Fünftel der außerordentlichen Einkünfte (→ Rz. C 149) angesetzt wird, kann auch nur die diesem Arbeitslohn entsprechende Vorsorgepauschale berücksichtigt werden. Folglich ergibt sich in bestimmten Fällen ein etwas zu geringer Abzugsbetrag. Abweichend hiervon erfolgt die Berechnung im Rahmen der Einkommensteuerveranlagung. Dort werden für die Feststellung des Vorwegabzugsbetrags die außerordentlichen Einkünfte in voller Höhe als Einnahmen berücksichtigt, wodurch sich mitunter Abweichungen vom Lohnsteuerabzug ergeben können.

151 Diese abweichende Berechnung der Vorsorgepauschale ist bei Anwendung von **Lohnsteuer-Tabellen** unvermeidlich. In seltenen Fällen können sich auch geringfügige Abweichungen zu der maschinell berechneten Lohnsteuer – auch bei der Fünftelungsregelung – ergeben. Die zuvor beschriebenen Abweichungen sind auch möglich, wenn die Lohnsteuerberechnung von dem um einen persönlichen Freibetrag (lt. Lohnsteuerkarte/Ersatzbescheinigung) geminderten Arbeitslohn oder einem Hinzurechnungsbetrag (→ Rz. A 15) erhöhten Arbeitslohn vorzunehmen ist.

152 Aus Gründen einer einheitlichen Lohnsteuerberechnung war in früheren Jahren die zutreffende Ermittlung der Vorsorgepauschale in dem amtlichen Programmablaufplan für die maschinelle Berechnung der Lohnsteuer nicht vorgesehen. Seit dem Kalenderjahr 2001 räumt das Einkommensteuergesetz jedoch der maschinellen Lohnsteuerberechnung den Vorrang ein. Deshalb können sich seit dem Kalenderjahr 2001 abweichende Lohnsteuerbeträge in Freibetrags- und Hinzurechnungsfällen ergeben (→ Rz. A 15).

cc) Ermäßigte Steuersätze für sonstige Bezüge

153 Trifft ein „üblicher" sonstiger Bezug i. S. d. § 39b Abs. 3 Satz 1 bis 7 EStG (z. B. Urlaubs- oder Weihnachtsgeld) mit einem sonstigen Bezug i. S. d. § 39b Abs. 3 Satz 9 EStG (z. B. für eine mehrjährige Tätigkeit, Jubiläumszuwendungen, Entlassungsabfindungen und Entschädigungen) zusammen, so ist zunächst die Lohnsteuer für den üblichen sonstigen Bezug i. S. d. § 39b Abs. 3 Satz 1 bis 7 EStG und anschließend die Steuer für den anderen sonstigen Bezug zu ermitteln.

Beispiel für Fünftelungsregelung:

Ein rentenversicherungspflichtiger Arbeitnehmer mit der Steuerklasse I erhält neben seinem laufenden Jahresarbeitslohn von 40 000 € im November 2011 ein Weihnachtsgeld von 3 000 € und daneben eine Jubiläumszuwendung i. H. v. 2 000 €, die nach § 39b Abs. 3 Satz 9 i. V. m. § 34 Abs. 1 und 2 Nr. 4 EStG zu besteuern ist.

Ermittlung der Lohnsteuer nach der Allgemeinen Tabelle „**Sonstige Bezüge**":

	Arbeitslohn	Lohnsteuer
1. Jahresarbeitslohn	40 000 €	
zzgl. Weihnachtsgeld	3 000 €	
	43 000 €	
Lohnsteuer für den Jahresarbeitslohn zzgl. Weihnachtsgeld (43 000 €)		7 681 €
Lohnsteuer für den Jahresarbeitslohn ohne Weihnachtsgeld (40 000 €)		./. 6 804 €
Lohnsteuer für das Weihnachtsgeld		877 €
2. Jahresarbeitslohn zzgl. Weihnachtsgeld	43 000 €	
zzgl. 1/5 der Jubiläumszuwendung	400 €	
	43 400 €	
Lohnsteuer für Jahresarbeitslohn zzgl. Weihnachtsgeld und 1/5 der Jubiläumszuwendung		7 800 €
Lohnsteuer für Jahresarbeitslohn zzgl. Weihnachtsgeld		./. 7 681 €
Lohnsteuer für 1/5 der Jubiläumszuwendung		119 €
anzusetzen ist das Fünffache dieses Betrags (119 € x 5 =)		595 €
3. Lohnsteuer insgesamt für die beiden sonstigen Bezüge		1 472 €

4. Nettoarbeitslohn

a) Nettolohnvereinbarung

154 Der Arbeitgeber kann mit dem Arbeitnehmer an Stelle eines Bruttolohns auch einen auszuzahlenden **Nettolohn** vereinbaren. In diesem Fall hat der Arbeitgeber die Lohnabzüge (Lohnsteuer, Kirchensteuer, Solidaritätszuschlag und ggf. den Arbeitnehmeranteil der Sozialversicherungsbeiträge) zu übernehmen. Bei solch einer Vereinbarung braucht sich der Arbeitnehmer die Steuerabzugsbeträge sowie die Sozialversicherungsbeiträge nicht anrechnen zu lassen. Eine Nettolohnvereinbarung muss aber arbeitsvertraglich eindeutig vereinbart sein. Der Hinweis des Arbeitgebers, dass bestimmte

Arbeitslohnteile steuerfrei verbleiben, ist noch keine Nettolohnvereinbarung.

155 Bei einer Nettolohnvereinbarung sind lohnsteuerliche Besonderheiten zu beachten. Da der Arbeitgeber neben dem Nettolohn noch weitere Beträge (Lohnabzüge, Arbeitnehmerbeiträge zur Sozialversicherung) übernimmt, sind auch diese für die Bemessung der Lohnsteuer als Arbeitslohn zu berücksichtigen. Die Lohnsteuer ist folglich nicht für den Nettolohn, sondern auch von den übernommenen Beträgen zu ermitteln. Die gesetzlichen Arbeitgeberbeiträge zur Sozialversicherung sind jedoch auch bei diesen Vereinbarungen steuerfrei. Wie ist bei einer Nettolohnvereinbarung die Lohnsteuer zu berechnen?

b) Nettolohn als laufender Arbeitslohn

156 Weil der Arbeitgeber den steuerlichen Gesamtarbeitslohn zunächst noch nicht kennt, sind für die Lohnsteuerberechnung mehrere Arbeitsschritte erforderlich. Zunächst hat der Arbeitgeber für den vereinbarten Nettoarbeitslohn die darauf entfallenden Steuerbeträge zu ermitteln. Dafür maßgebend sind die Eintragungen auf der Lohnsteuerkarte/Ersatzbescheinigung des Arbeitnehmers (z. B. die Lohnsteuerklasse und Zahl der Kinder). Insoweit besteht kein Unterschied zur üblichen Lohnsteuerermittlung. Anschließend werden der Nettoarbeitslohn und die Steuerbeträge zusammengerechnet und ergeben so den Bruttoarbeitslohn. In weiteren Berechnungsschritten wird nun geprüft, ob die für den so ermittelten neuen (höheren) Bruttoarbeitslohn einzubehaltende Lohnsteuer mit der zuvor ermittelten Lohnsteuer übereinstimmt. Falls dies so ist, ist mit einer abschließenden Berechnung zu prüfen, ob sich aus dem gefundenen Bruttoarbeitslohn abzüglich der Steuerbeträge der vereinbarte Nettoarbeitslohn ergibt.

157 Bei dieser Berechnung sind aus Vereinfachungsgründen vor der Steuerberechnung vom Nettolohn der auf den Lohnzahlungszeitraum entfallende Anteil der Freibeträge für Versorgungsbezüge (Versorgungsfreibetrag, Zuschlag zum Versorgungsfreibetrag) und des Altersentlastungsbetrags abzuziehen, falls die Voraussetzungen für den Abzug dieser Beträge jeweils erfüllt sind. Im Anschluss daran ist ein auf der Lohnsteuerkarte eingetragener Freibetrag vom Nettolohn abzuziehen, ein Hinzurechnungsbetrag erhöht hingegen den vereinbarten Nettoarbeitslohn. Weil sich so der maßgebende Arbeitslohn und die Lohnsteuer durch ein „Herantasten" ergeben, wird diese Berechnungsmethode lohnsteuerlich **Abtastverfahren** genannt (R 39b.9 LStR).

c) Nettolohn als sonstiger Bezug

158 Mitunter möchte der Arbeitgeber Sonderzuwendungen (→ Rz. C 125 f.) als Nettobeträge auszahlen. Auch in diesen Fällen sind die auf den sonstigen Bezug entfallende Lohnsteuer, Kirchensteuer und der Solidaritätszuschlag ggf. einschließlich des Arbeitnehmeranteils an den Sozialversicherungsbeiträgen als zusätzlicher Arbeitslohn anzurechnen. Die Lohnsteuer für den sonstigen Bezug ist ebenfalls im sog. Abtastverfahren mit der Lohnsteuer-Tabelle „Sonstige Bezüge" zu ermitteln. Das Berechnungsschema zur Ermittlung der Steuerabzugsbeträge gleicht dem für laufenden Arbeitslohn.

159 Bei der Lohnsteuerberechnung von **netto gezahlten sonstigen Bezügen** sind für die Ermittlung des maßgebenden Jahresarbeitslohns sowohl der voraussichtlich netto gezahlte laufende Jahresarbeitslohn als auch die zuvor netto gezahlten sonstigen Bezüge mit den entsprechenden Bruttobeträgen anzusetzen. Seit dem Kalenderjahr 2004 ist auch bei der Nettolohnbesteuerung ein netto gezahlter sonstiger Bezug bis zu 150 € (bzw. 115 € netto) nicht mehr dem laufenden Arbeitslohn zuzurechnen.

d) Lohnkonto, Lohnsteuerbescheinigung

160 Im Lohnkonto und in der regelmäßig elektronischen Lohnsteuerbescheinigung sind in den Fällen der Nettolohnzahlungen der jeweilige Bruttoarbeitslohn sowie die berücksichtigten Steuerbeträge zu vermerken bzw. anzugeben. Bei Streitigkeiten über die in der Lohnsteuerbescheinigung ausgewiesenen bzw. auszuweisenden Beträge von Arbeitslohn und Lohnsteuer kann eine Änderung auf dem Finanzrechtsweg nicht erreicht werden. Dies kann regelmäßig nur im Rahmen einer Veranlagung zur Einkommensteuer erreicht werden. Dort hat das Finanzamt die – ggf. fiktiv – gesetzlich einzubehaltende und abzuführende Lohnsteuer anzusetzen. Durch Einwendungen gegen die Lohnsteuerbescheinigung kann eine Berichtigung nicht verlangt werden.

5. ABC des Arbeitslohns (steuerpflichtig, steuerfrei, steuerbegünstigt)

161 Die folgende **Übersicht** erläutert, welche Lohnteile und Bezüge steuerpflichtig bzw. steuerfrei sind oder als steuerpflichtiger Arbeitslohn durch eine Freigrenze oder einen pauschalen Steuersatz begünstigt werden. Dazu sind die Lohnteile und Bezüge in alphabetischer Reihenfolge mit den zu beachtenden Voraussetzungen, mitunter einschließlich der maßgebenden gesetzlichen Vorschriften sowie den dazu ergangenen Verwaltungsanweisungen stichwortartig aufgelistet. **Freigrenze** bedeutet, dass bis zu dem genannten Betrag keine Lohnsteuer zu erheben ist. Übersteigt die Zahlung oder der Vorteil diesen Grenzbetrag (z. B. Freigrenze für Sachbezüge) nur um 1 Cent, ist der gesamte Betrag anzusetzen und bei Steuerpflicht ggf. Lohnsteuer einzubehalten. Bei einigen dieser Leistungen ist zu beachten, dass sie **zusätzlich** zum ohnehin geschuldeten Arbeitslohn gezahlt werden müssen. Dies bedeutet, dass nur derjenige Arbeitnehmer eine solche Zahlung (z. B. einen Kindergartenzuschuss) erhalten kann, der sie zu dem begünstigten Zweck verwendet. Als weitere Voraussetzung darf der vereinbarte Lohn anlässlich der zusätzlichen Leistung nicht herabgesetzt werden. Zu weiteren Details → Rz. C 228 ff.

Hinweis: Querverweise auf Stichwörter innerhalb des ABC sind durch einen voranstehenden Pfeil gekennzeichnet (z. B.: → *Geringfügiges Beschäftigungsverhältnis*).

---

400 €-Beschäftigung → *Geringfügiges Beschäftigungsverhältnis*

Abfindungen
Die Steuerbefreiung für Abfindungen wegen einer vom Arbeitgeber veranlassten oder gerichtlich ausgesprochenen Auflösung des Dienstverhältnisses wurde für Kündigungen seit dem 1.1.2006 aufgehoben; Abfindungszahlungen sind **seit 2009** stets steuerpflichtig.

Eine **Übergangsregelung** sah aus Vertrauensschutzgründen die Weiteranwendung der bisherigen begrenzten Steuerfreiheit vor für vor dem 1.1.2006 entstandene Ansprüche der Arbeitnehmer auf Abfindungen oder für Abfindungen wegen einer vor dem 1.1.2006 getroffenen Gerichtsentscheidung oder einer am 31.12.2005 anhängigen Klage, soweit die Abfindungen dem Arbeitnehmer vor dem 1.1.2009 zugeflossen sind. Erhielt der Arbeitnehmer bis dahin lediglich einen Teil der Abfindung, blieb nur dieser steuerfrei.

In die Übergangsregelung sind auch Abfindungen einzubeziehen, die auf Grund eines vor dem 1.1.2006 abgeschlossenen Sozialplans gezahlt werden, wenn der Arbeitnehmer in der zu Grunde liegenden Namensliste genannt war. Diese Steuerfreiheit kann von Amts wegen nur für eine erstmalige oder noch nicht bestandskräftige Einkommensteuerveranlagung für 2006 und 2007 gewährt werden. Ist der Bescheid bestandskräftig, muss der Arbeitnehmer die Änderung beantragen (Rechtsgrundlage § 52 Abs. 4a EStG).

Liegt im Auszahlungsjahr der Abfindung eine Zusammenballung vor und bezieht der Arbeitnehmer keine weiteren Einkünfte, können bei der Einordnung als außerordentliche Einkünfte auf Grund der weiterhin möglichen Fünftelungsregelung (→ Rz. C 141 ff.) Abfindungen bis zur Höhe von ca. 38 320 € (steuerfrei bzw.) ohne Steuerbelastung bleiben.

Abschlagszahlungen
Abschlagszahlungen auf den Arbeitslohn sind ebenso wie Teilzahlungen oder Vorauszahlungen grundsätzlich steuerpflichtig. Zum Lohnsteuereinbehalt → Rz. C 120 ff.

Aktienoptionen
Bei vom Arbeitgeber eingeräumten **nicht handelbaren Aktienoptionen** fließt dem Arbeitnehmer ein geldwerter Vorteil (als steuerpflichtiger sonstiger Bezug; → Rz. C 125 ff.) nicht bereits bei Einräumung des Optionsrechts auf den späteren Erwerb von Aktien zu einem bestimmten Übernahmepreis zu, sondern erst bei preisgünstigem **Erwerb der Aktien nach Ausübung der Option**. Nichts anderes gilt, wenn dem Arbeitnehmer ein **handelbares Optionsrecht** eingeräumt wird. Auch in diesem Fall erlangt er mit der Einräumung der Option lediglich eine steuerlich unerhebliche Chance.

Ob bei **handelbaren Aktienoptionen** etwas anderes gilt, wenn der **Arbeitgeber nicht** die Funktion eines **Stillhalters** innehat, er demzufolge nicht als Optionsgeber eigene Aktien bei Umwandlung überträgt, sondern sich am Markt Optionsrechte gegenüber einem Dritten verschafft hat, ist **höchstrichterlich** noch **nicht entschieden**. Ohne Optionsausübung fließt auch beim Verkauf einer **handelbaren Option** Arbeitslohn zu.

Geldwerte Vorteile aus einem Aktienoptionsprogramm bilden im Regelfall als Anreizlohn eine Vergütung für eine **mehrjährige Tätigkeit**, wenn die Laufzeit zwischen Einräumung und Ausübung der Optionsrechte mehr als zwölf Monate beträgt und der Arbeitnehmer in dieser Zeit auch bei seinem Arbeitgeber beschäftigt ist. Als Vergütung für eine mehrjährige Tätigkeit unterliegen die geldwerten Vorteile aus einem Aktienoptionsprogramm der geltenden **Tarifermäßigung** (Fünftelungsregelung, → Rz. C 141 ff.); diese ist auch im Lohnsteuerabzugsverfahren zu berücksichtigen. Bezogen auf die Anwendung der Tarifermäßigung ist es nicht erforderlich, dass Aktienoptionen, die auf der Grundlage eines **einheitlichen Optionsplans** gewährt wurden, vollständig in einem einzigen Veranlagungszeitraum ausgeübt werden.

Zeitpunkt des Zuflusses ist der Tag der **Erfüllung des Anspruchs** des Arbeitnehmers auf Verschaffung der **wirtschaftlichen Verfügungsmacht** über die Aktien.

Im Zuflusszeitpunkt liegt zu versteuernder Arbeitslohn vor in Höhe der **Differenz** zwischen dem **Kurswert** der überlassenen Aktie am maßgebenden Bewertungsstichtag und den **Aufwendungen** des Arbeitnehmers für die überlassenen Aktien.

Aktienoptionen sind keine Vermögensbeteiligungen i. S. d. Fünften Vermögensbildungsgesetzes. Eine **Steuerbefreiung** nach § 3 Nr. 39 EStG oder § 19a EStG i. V. m. § 52 Abs. 35 EStG (→ *Vermögensbeteiligung*) **scheidet** daher **aus**.

Werden einem Arbeitnehmer vom Arbeitgeber oder einem Dritten im Hinblick auf das Dienstverhältnis **Aktienankaufs- oder Vorkaufsrechte** eingeräumt, fließt dem Arbeitnehmer ein geldwerter Vorteil zu, wenn er gegen Zahlung eines Geldbetrags auf die Aktienankaufs- oder Vorkaufsrechte **verzichtet**. Der geldwerte Vorteil fließt hier aber nicht bereits zum Zeitpunkt der Rechtseinräumung zu, sondern erst zum **Zeitpunkt des entgeltlichen Verzichts**. → *Vermögensbeteiligungen*, → *Wandeldarlehen* und → *Wandelschuldverschreibung*

Aktienüberlassung → *Aktienoptionen* und → *Vermögensbeteiligung*

Altersrenten
Altersrenten, die vom früheren Arbeitgeber gezahlt werden, sind Arbeitslohn (z. B. Werkspensionen). Hat der Arbeitnehmer das 63. Lebensjahr bzw. als Schwerbehinderter das 60. Lebensjahr vollendet, kommen seit dem Kalenderjahr 2005 der (neue) Versorgungsfreibetrag sowie der Zuschlag zum Versorgungsfreibetrag zum Ansatz (→ Rz. B 93).

Altersteilzeit → *Aufstockungsbeträge*

Altersübergangsgeld
Altersübergangsgeld und Altersübergangsgeld-Ausgleichsbeträge nach § 249e AFG sind steuerfrei (§ 3 Nr. 2 EStG); sie unterliegen jedoch dem Progressionsvorbehalt nach § 32b EStG (→ Rz. B 29).

Amtseinführung
Übliche Sachleistungen des Arbeitgebers aus Anlass der Diensteinführung, eines Amts- oder Funktionswechsels oder der Verabschiedung eines Arbeitnehmers sind keine Gegenleistung für die individuelle Arbeitskraft und damit nicht als Arbeitslohn anzusehen. Liegen die Aufwendungen des Arbeitgebers einschließlich Umsatzsteuer jedoch über **110 €** je teilnehmender Person, so sind die Aufwendungen dem Arbeitslohn des Arbeitnehmers hinzuzurechnen; Geschenke bis zu einem Gesamtwert von **40 €** sind in die 110 €-Grenze einzubeziehen (→ *Betriebsveranstaltungen*).

Annehmlichkeiten → *Aufmerksamkeiten*

Anwesenheitsprämie
Vom Arbeitgeber geleistete Zahlungen sind stets steuerpflichtig.

Arbeitgeberbeiträge

Arbeitgeberbeiträge zur **gesetzlichen Sozialversicherung** des Arbeitnehmers sind nicht steuerbar, soweit sie auf Grund gesetzlicher Verpflichtung geleistet werden. Bei versicherungspflichtigen Arbeitnehmern hat der Arbeitgeber regelmäßig die Hälfte der Beiträge zur Renten-, Kranken-, Pflege- und Arbeitslosenversicherung zu tragen. Steuerfrei sind auch die pauschalen Renten- und Krankenversicherungsbeiträge i. H. v. 15 % bzw. 5 % und 13 % bzw. 5 % des Arbeitsentgelts für eine geringfügige Beschäftigung sowie die Arbeitnehmeranteile am Gesamtsozialversicherungsbeitrag, die der Arbeitgeber wegen der gesetzlichen Beitragslastverschiebung nachzuentrichten und zu übernehmen hat.

Die vom Arbeitgeber **übernommenen Arbeitnehmerbeiträge** zur Sozialversicherung sind Arbeitslohn (z. B. bei Nettolohnvereinbarung), es sei denn, der Arbeitgeber ist gesetzlich verpflichtet, die gesamten Beiträge allein zu entrichten (z. B. bei Geringverdienern nach § 249b SGB V oder bei der Nachentrichtung von Sozialversicherungsbeiträgen). Der **Beitragszuschlag** i. H. v. 0,25 % in der sozialen Pflegeversicherung und der **zusätzliche Krankenversicherungsbeitrag** i. H. v. 0,9 % können vom Arbeitgeber nicht steuerfrei erstattet werden.

Übernimmt der Arbeitgeber bei Altersteilzeit des Arbeitnehmers **zusätzliche Höherversicherungsbeiträge** zur gesetzlichen **Rentenversicherung** i. S. d. § 3 Abs. 1 Nr. 1 sowie Aufwendungen i. S. d. § 4 Abs. 2 Altersteilzeitgesetz, sind diese steuerfrei, wenn die Voraussetzungen des § 2 Altersteilzeitgesetz (z. B. Vollendung des 55. Lebensjahres, Verringerung der tariflichen regelmäßigen wöchentlichen Arbeitszeit auf die Hälfte) vorliegen (auch → *Aufstockungsbeträge*).

Vom Arbeitgeber zur Höherversicherung übernommene Beiträge i. S. d. **§ 187a SGB VI** an die **Rentenversicherung** sind steuerfrei bis zu 50 % der geleisteten Gesamtbeiträge (§ 3 Nr. 28 2. Alt. EStG). Diese Steuerfreiheit setzt kein Altersteilzeitarbeitsverhältnis voraus.

Zu Arbeitgeberbeiträgen zur **betrieblichen Altersversorgung** → *Betriebliche Altersversorgung*, → *Direktversicherung*, → *Direktzusage*, → *Pensionsfonds*, → *Pensionskasse*, → *Unterstützungskasse*.

Arbeitgeberdarlehen → *Darlehen*

Arbeitgeberzuschüsse

Arbeitgeberzuschüsse zur Krankenversicherung für von der Versicherungspflicht befreite Arbeitnehmer, zu Beiträgen auf Grund freiwilliger Versicherung in der gesetzlichen Rentenversicherung oder einer befreienden Lebensversicherung sind steuerfrei bis zur Höhe des bei einer Versicherungspflicht des Arbeitnehmers in Betracht kommenden Arbeitgeberbeitrags, höchstens jedoch bis zur Hälfte der vom Arbeitnehmer gezahlten Beträge.

Arbeitnehmererfindung

Besondere Zahlungen des Arbeitgebers für Erfindungen des Arbeitnehmers im Rahmen des Dienstverhältnisses sind steuerpflichtiger Arbeitslohn.

Arbeitnehmerjubiläum

Besondere Zahlungen des Arbeitgebers aus Anlass eines Betriebs- oder Arbeitnehmerjubiläums sind seit dem Kalenderjahr 1998 steuerpflichtiger Arbeitslohn. Als Bezüge für mehrere Kalenderjahre ist die Lohnsteuer regelmäßig nach der Fünftelungsregelung einzubehalten. Zu üblichen Sachleistungen des Arbeitgebers aus Anlass eines runden Arbeitnehmerjubiläums → *Amtseinführung*, → *Geschenke*.

Arbeitnehmer-Sparzulagen

Arbeitnehmer-Sparzulagen nach § 13 des 5. VermBG (→ Rz. F 9 ff.) zahlt das Finanzamt aus; sie sind **keine steuerpflichtigen Einnahmen** im Sinne des Einkommensteuergesetzes. Zum 5. VermBG im Einzelnen siehe BMF-Schreiben v. 9. 8. 2004 – IV C 5 – S 2430 – 18/04 – (BStBl I 2004 S. 717) mit Änderungen durch das BMF-Schreiben v. 16. 3. 2009 – IV C 5 – S 2430/09/10001 – (BStBl I 2009 S. 501) und das BMF-Schreiben v. 4.2.2010 – IV C 5 – S 2430/09/10002 – (BStBl I 2010 S. 195).

Arbeitsbedingungen

Aufwendungen des Arbeitgebers zur Verbesserung der Arbeitsbedingungen, wie die Bereitstellung von Aufenthalts- und Erholungsräumen sowie von betriebseigenen Dusch- und Badeanlagen werden der Belegschaft als Gesamtheit und damit im überwiegend betrieblichen Interesse zugewendet; diese Vorteile sind kein Arbeitslohn.

Arbeitsessen → *Aufmerksamkeiten*, → *Bewirtung*

Arbeitsförderungsgesetz

Arbeitsförderungsleistungen nach dem Dritten Buch Sozialgesetzbuch (z. B. Arbeitslosengeld, Teilarbeitslosengeld, Kurzarbeitergeld einschl. Saison-, Arbeitslosenhilfe, Übergangsgeld, Unterhaltsgeld, Eingliederungshilfe, Überbrückungsgeld) und die übrigen Leistungen nach dem Dritten Buch Sozialgesetzbuch und den entsprechenden Programmen des Bundes und der Länder sind steuerfrei, soweit sie Arbeitnehmern oder Arbeitsuchenden oder zur Förderung der Aus- oder Fortbildung der Empfänger gewährt werden. Diese steuerfreien Leistungen unterliegen jedoch überwiegend dem Progressionsvorbehalt nach § 32b EStG (→ Rz. B 29).

Arbeitsförderungsleistungen → *Arbeitsförderungsgesetz*

Arbeitskleidung → *Berufskleidung*

Arbeitslohn

Als Arbeitslohn bezeichnet das Steuerrecht die Summe aller Einnahmen in Geld oder Geldeswert, die durch ein individuelles Dienstverhältnis veranlasst sind. Ein Veranlassungszusammenhang zwischen Einnahmen und einem Dienstverhältnis ist anzunehmen, wenn die Einnahmen dem Empfänger nur mit Rücksicht auf das **Dienstverhältnis** zufließen und sich als Ertrag seiner nichtselbständigen Arbeit darstellen. Die letztgenannte Voraussetzung ist erfüllt, wenn sich die Einnahmen im weitesten Sinne als Gegenleistung für das Zurverfügungstellen der individuellen Arbeitskraft erweisen. Eine solche Gegenleistung liegt nicht vor, wenn die Vergütungen die mit der Tätigkeit zusammenhängenden Aufwendungen nur unwesentlich übersteigen (z. B. im Rahmen einer ehrenamtlichen Tätigkeit). Ebenfalls keine Gegenleistung sind Vorteile, die sich bei objektiver Würdigung aller Umstände nicht als Entlohnung, sondern lediglich als notwendige Begleiterscheinung **betriebsfunktionaler** Zielsetzungen erweisen. Im Ergebnis handelt es sich dann um Leistungen des Arbeitgebers, die er im ganz überwiegenden betrieblichen

Interesse erbringt. Die jeweiligen Leistungen des Arbeitgebers sind dabei im Rahmen einer Gesamtwürdigung einheitlich zu beurteilen; eine Aufteilung zwischen Arbeitslohn und Zuwendungen im betrieblichen Interesse ist grundsätzlich nicht zulässig. Ein ganz überwiegendes betriebliches Interesse muss über das an jeder Lohnzahlung bestehende betriebliche Interesse deutlich hinausgehen. Gemeint sind Fälle, in denen ein Vorteil der Belegschaft als Gesamtheit zugewendet wird oder in denen dem Arbeitnehmer ein Vorteil **aufgedrängt** wird, ohne dass ihm eine Wahl bei der Annahme des Vorteils bleibt und ohne dass der Vorteil eine Marktgängigkeit besitzt (z. B. das Angebot, kostenlos Duschmöglichkeiten zu nutzen, → *Arbeitsbedingungen*). Zum Arbeitslohn auch → Rz. C 101 ff. Ein **Nachwuchsförderpreis** rechnet ebenfalls zum **Arbeitslohn**, wenn der Preis für die fachlichen Leistungen und nicht für die Persönlichkeit des Arbeitnehmers vergeben worden ist; z. B. der angestellte Marktleiter eines Lebensmitteleinzelhandels erhält vom Händlerverband, dem auch der Arbeitgeber des Marktleiters angehört, einen Nachwuchsförderpreis in der Kategorie Marktleiter.

Arbeitslohnzuschläge für Sonntags-, Feiertags- oder Nachtarbeit

Steuerfrei sind Zuschläge zu dem sonst üblichen und vertraglich vereinbarten Stundenlohn (Grundlohn) in folgender Höhe (§ 3b EStG, R 3b LStR):

- für Sonntagsarbeit   bis zu 50 %
- für Feiertagsarbeit   bis zu 125 %
- für die Weihnachtsfeiertage, den 24. Dezember ab 14 Uhr und den 1. Mai   bis zu 150 %
- für Nachtarbeit zwischen 20 Uhr und 6 Uhr   bis zu 25 %
- bei Nachtarbeit mit Arbeitsbeginn vor 0 Uhr für die Zeit zwischen 0 Uhr und 4 Uhr   bis zu 40 %

des Grundlohns. Seit dem Kalenderjahr 2004 ist der anzusetzende Grundlohn auf höchstens 50 € begrenzt. Liegt der tatsächliche Grundlohn darüber, sind die steuerfreien Zuschläge von 50 € zu berechnen; sozialversicherungsrechtliche Grenze: 25 €. Für diesen Personenkreis ist die Zahlung steuerfreier Zuschläge nach wie vor möglich.

Als Sonntags- und Feiertagsarbeit gilt auch die Arbeit in der Zeit von 0 Uhr bis 4 Uhr des auf den Sonntag oder Feiertag folgenden Tages. Zur vereinbarten und vergüteten Arbeitszeit gehörende Waschzeiten, Schichtübergabezeiten und Pausen gelten als begünstigte Arbeitszeit i. S. d. § 3b EStG, soweit sie in den begünstigten Zeitraum fallen. Die tatsächlich geleistete Sonntags-, Feiertags- oder Nachtarbeit ist grundsätzlich im Einzelfall nachzuweisen.

Steuerfrei sind nur Zuschläge, die für **tatsächlich** geleistete Sonntags-, Feiertags- oder Nachtarbeit gezahlt werden. In diesen Fällen ist es unschädlich, wenn der Arbeitgeber zur **Glättung** von Lohnschwankungen die steuerfreien Zahlungen in einen „durchschnittlichen" Steuersatz einkalkuliert und bei geringen steuerfreien Zuschlägen einen steuerpflichtigen **Lohnausgleich** gewährt. Mit einem solchen Modell kann der Arbeitgeber z. B. einen festen monatlichen Arbeitslohn garantieren und gleichwohl steuerfreie Zuschläge für tatsächliche Arbeit zu begünstigten Zeiten zahlen. Soweit Zuschläge gezahlt werden, **ohne** dass der Arbeitnehmer in der begünstigten Zeit gearbeitet hat, z. B. bei Lohnfortzahlung im Krankheits- oder Urlaubsfall, bei Lohnfortzahlung an von der betrieblichen Tätigkeit freigestellten Betriebsratsmitglieder oder für Beträge, die in dem nach § 11 MuSchG gezahlten Mutterschutzlohn enthalten sind, sind sie **steuerpflichtig**.

Die Steuerfreiheit setzt voraus, dass neben dem Grundlohn auch ein Zuschlag für Sonntags-, Feiertags- oder Nachtarbeit gezahlt wird, der z. B. in einem Tarifvertrag, einer Betriebsvereinbarung oder einem Einzelarbeitsvertrag geregelt sein kann. Unschädlich ist es, wenn neben einem Zuschlag für die begünstigten Zeiten, die gleichzeitig Mehrarbeit ist, keine gesonderte Mehrarbeitsvergütung oder ein Grundlohn gezahlt wird, mit dem die Mehrarbeit bereits abgegolten ist. Auf die Bezeichnung der Lohnzuschläge kommt es grundsätzlich nicht an. Steuerfreie Zuschläge können auch gezahlt werden für Arbeitslöhne, die nach § 40a EStG mit 2 %, 5 %, 20 % oder 25 % pauschal versteuert werden (→ Rz. C 162 ff.).

Wird ein Zuschlag für Sonntags-, Feiertags- oder Nachtarbeit von weniger als einer **Stunde** gezahlt, so ist bei der Ermittlung des steuerfreien Zuschlags für diesen Zeitraum der Grundlohn entsprechend zu kürzen.

Die **Barabgeltung** eines Freizeitanspruchs oder eines Freizeitüberhangs (z. B. auf Grund von Sonntagsarbeit, Zuschlägen wegen Mehrarbeit oder bestimmten Erschwernissen) sind keine begünstigten Lohnzuschläge. Bei **zeitversetzter** Auszahlung (z. B. Arbeitszeitkonto) bleibt die Steuerfreiheit nur für den Zuschlag als solchen erhalten. Eine darauf beruhende Verzinsung oder Wertsteigerung ist hingegen nicht steuerfrei.

Grundlohn ist der Anspruch auf laufenden Arbeitslohn pro Arbeitsstunde, den der Arbeitnehmer im jeweiligen Lohnzahlungszeitraum für seine regelmäßige Arbeitszeit erwirbt. **Nicht** zum Grundlohn gehören Ansprüche auf Vergütungen für Überstunden (Mehrarbeitsvergütungen), Zuschläge für Sonntags-, Feiertags- oder Nachtarbeit in den begünstigten Zeiten, und zwar auch insoweit, als sie wegen Überschreitens der gesetzlichen Zuschlagssätze steuerpflichtig sind. Ebenfalls kein Grundlohn sind steuerfreie Lohnteile und Bezüge, die nach § 40 EStG pauschal besteuert werden. **Zum Grundlohn** gehören aber die nach § 3 Nr. 63 EStG steuerfreien Arbeitgeberbeiträge, soweit es sich um laufenden Arbeitslohn handelt. Wird an Sonntagen und Feiertagen oder in der zu diesen Tagen gehörenden Zeit Nachtarbeit geleistet, kann die Steuerbefreiung für Sonntags- und Feiertagsarbeit neben der für Nachtarbeit in Anspruch genommen werden. Dazu ist der steuerfreie Zuschlagssatz für Nachtarbeit mit dem steuerfreien Zuschlagssatz für Sonntags- oder Feiertagsarbeit auch dann zusammenzurechnen, wenn nur ein Zuschlag gezahlt wird. Ist ein Sonntag zugleich Feiertag, kann ein Zuschlag nur bis zur Höhe des jeweils in Betracht kommenden Feiertagszuschlags steuerfrei gezahlt werden. Dies gilt auch dann, wenn nur ein Sonntagszuschlag gezahlt wird.

Arbeitslosengeld

Arbeitslosengeld I und Arbeitslosengeld II sind steuerfrei; Arbeitslosengeld I unterliegt dem Progressionsvorbehalt nach § 32b EStG (→ Rz. B 29).

Arbeitsmittel

Vorteile durch Arbeitsmittel, die der Arbeitgeber dem Arbeitnehmer zum Gebrauch am Arbeitsplatz gestellt oder überlässt, sind kein Arbeitslohn; auch → *Werkzeuggeld*.

Arbeitszeitkonto

a) Allgemeines zu Zeitwert(Arbeitszeit)konten
Bei Zeitwertkonten (andere Begrifflichkeiten: Arbeitszeitkonten, Lebensarbeitszeitkonten) vereinbaren Arbeitgeber und Arbeitnehmer, dass der Arbeitnehmer **künftig fällig werdenden Arbeitslohn** nicht sofort ausbezahlt erhält, sondern dieser Arbeitslohn beim Arbeitgeber nur **betragsmäßig erfasst** wird, um ihn im Zusammenhang mit einer vollen oder teilweisen **Freistellung** von der Arbeitsleistung während des noch fortbestehenden Dienstverhältnisses auszuzahlen. In der Zeit der Arbeitsfreistellung wird das angesammelte Guthaben um den Vergütungsanspruch gemindert, der dem Arbeitnehmer in der Freistellungsphase gewährt wird. Der **steuerliche Begriff** des Zeitwertkontos entspricht dem Begriff der Wertguthabenvereinbarungen i. S. v. § 7b SGB IV.

b) Besteuerungszeitpunkt
Weder die **Vereinbarung** eines Zeitwertkontos noch die **Wertgutschrift** auf diesem Konto führen zum Zufluss von Arbeitslohn, sofern die getroffene Vereinbarung den Vorgaben der Finanzverwaltung entspricht (s. BMF-Schreiben vom 17. 6. 2009 – IV C 5 – S 2332/07/0004 –, BStBl I 2009 S. 1286). Erst die **Auszahlung** des Guthabens während der Freistellung löst **Zufluss von Arbeitslohn** und damit eine Besteuerung aus.

c) Verwendung von Guthaben zu Gunsten der betrieblichen Altersversorgung
Guthaben auf einem Zeitwertkonto können zu Gunsten einer **betrieblichen Altersversorgung** (→ *Betriebliche Altersversorgung*) verwendet werden. Der **Zeitpunkt des** Zuflusses der zu Gunsten der betrieblichen Altersversorgung verwendeten Beträge richtet sich nach dem **Durchführungsweg** der zugesagten betrieblichen Altersversorgung.

d) Begünstigter Personenkreis
Ein Zeitwertkonto wird für **alle Arbeitnehmer** im Rahmen eines gegenwärtigen Dienstverhältnisses anerkannt. Dazu gehören auch Arbeitnehmer mit einer **geringfügig entlohnten Beschäftigung**. Bei **befristeten Dienstverhältnissen** werden Zeitwertkonten steuerlich nur dann anerkannt, wenn die sich während der Beschäftigung ergebenden Guthaben bei normalem Ablauf während der Dauer des befristeten Dienstverhältnisses, d. h. innerhalb der vertraglich vereinbarten Befristung, durch Freistellung ausgeglichen werden. Vereinbarungen über die Einrichtung von Zeitwertkonten bei Arbeitnehmern, die zugleich als **Organ einer Körperschaft** bestellt sind – z. B. bei Mitgliedern des Vorstands einer Aktiengesellschaft oder Geschäftsführern einer GmbH –, werden aus steuerlicher Sicht **nicht anerkannt**. Infolgedessen führt bereits die Gutschrift des künftig fällig werdenden Arbeitslohns auf dem Zeitwertkonto zum Zufluss von Arbeitslohn. Dies gilt entsprechend für Arbeitnehmer, die von der **Körperschaft** beschäftigt werden, die sie **beherrschen**.

e) Modellinhalte
In ein Zeitwertkonto können keine weiteren Gutschriften mehr unversteuert eingestellt werden, sobald feststeht, dass die dem Konto zugeführten Beträge nicht mehr durch **Freistellung** vollständig **aufgebraucht** werden können. Bei Zeitwertkontenvereinbarungen, die die Anforderungen des § 7 Abs. 1a Satz 1 Nr. 2 SGB IV hinsichtlich der **Angemessenheit** der Höhe des während der Freistellung fälligen Arbeitsentgeltes berücksichtigen, wird davon ausgegangen, dass die dem Konto zugeführten Beträge durch Freistellung vollständig aufgebraucht werden können und somit eine solche Prognoseentscheidung regelmäßig entbehrlich ist. Für andere Zeitwertkonten ist **einmal jährlich** eine **Prognoseentscheidung** zu treffen.

f) Verzinsung
Zinsen, die das Guthaben des Zeitwertkontos erhöhen, sind erst bei tatsächlicher Auszahlung an den Arbeitnehmer als **Arbeitslohn** zu erfassen.

g) Zuführung von steuerfreiem Arbeitslohn
Wird vor der Leistung von steuerlich begünstigtem Arbeitslohn bestimmt, dass ein **steuerfreier Zuschlag** (→ *Arbeitslohnzuschläge für Sonntags-, Feiertags- oder Nachtarbeit*) auf dem Zeitwertkonto eingestellt und getrennt ausgewiesen wird, bleibt die **Steuerfreiheit** bei Auszahlung in der Freistellungsphase **erhalten**. Dies gilt jedoch nur für den Zuschlag als solchen, **nicht** hingegen für eine darauf beruhende etwaige **Verzinsung** oder **Wertsteigerung**.

h) Kein Rechtsanspruch gegenüber einem Dritten
Wird das Guthaben eines Zeitwertkontos auf Grund der Vereinbarung zwischen Arbeitgeber und Arbeitnehmer z. B. als Depotkonto bei einem Kreditinstitut oder Fonds geführt, darf der **Arbeitnehmer** zur Vermeidung eines Lohnzuflusses **keinen unmittelbaren Rechtsanspruch** gegenüber dem Dritten haben. **Vermögensminderungen/-mehrungen** haben dann erst bei Auszahlung der Beträge in der Freistellungsphase lohnsteuerliche Auswirkungen. Ein **Kapitalanlagewahlrecht** des Arbeitnehmers ist grds. unschädlich.

i) Zeitwertkontengarantie
Zeitwertkonten werden steuerlich nur dann anerkannt, wenn die zwischen Arbeitgeber und Arbeitnehmer getroffene Vereinbarung vorsieht, dass zum Zeitpunkt der planmäßigen Inanspruchnahme des Guthabens **mindestens** ein **Rückfluss** der dem Zeitwertkonto zugeführten **Arbeitslohn-Beträge** (Bruttoarbeitslohn im steuerlichen Sinne ohne den Arbeitgeberanteil am Gesamtsozialversicherungsbeitrag) gewährleistet ist (Zeitwertkontengarantie). **Wertschwankungen** sowie die Minderung des Zeitwertkontos (z. B. durch die Abbuchung von Verwaltungskosten und Depotgebühren) in der Zuführungsphase sind **lohnsteuerlich unbeachtlich**.
Wird das Guthaben eines Zeitwertkontos auf Grund der Vereinbarung zwischen Arbeitgeber und Arbeitnehmer bei einem **externen Anlageinstitut** (z. B. Kreditinstitut oder Fonds) geführt, muss eine Garantie durch das Anlageinstitut vorliegen.

j) Planwidrige Verwendung
Die Vereinbarungen zur Bildung von Guthaben auf einem Zeitwertkonto werden steuerlich auch dann noch anerkannt, sofern die Möglichkeit der Auszahlung des Guthabens bei fortbestehendem Beschäftigungsverhältnis neben der Freistellung von der Arbeitsleistung auf Fälle einer **existenzbedrohenden Notlage des Arbeitnehmers** begrenzt wird. Wenn entgegen der Vereinbarung ohne existenzbedrohende Notlage des Arbeitnehmers das Guthaben dennoch ganz oder teilweise ausgezahlt wird, ist bei dem einzelnen Arbeitnehmer das **gesamte Guthaben** – also neben dem ausgezahlten Betrag auch der verbleibende Guthabenbetrag – im Zeitpunkt der **planwidrigen Verwendung** zu besteuern.

Eine planwidrige Verwendung liegt im Übrigen vor, wenn das **Dienstverhältnis** vor Beginn oder während der Freistellungsphase **beendet** wird (z. B. durch Erreichen der Altersgrenze, Tod des Arbeitnehmers, Eintritt der Invalidität, Kündigung) und der **Wert des Guthabens** an den Arbeitnehmer oder seine Erben **ausgezahlt** wird. Lohnsteuerlich gelten dann die allgemeinen Grundsätze, d. h., der Einmalbetrag ist i. d. R. als sonstiger Bezug zu besteuern (→ Rz. C 125 ff.). Wurde das Guthaben über einen Zeitraum von mehr als zwölf Monaten hinweg angespart, ist eine **tarifermäßigte Besteuerung** vorzunehmen (Fünftelungsregelung bei Arbeitslohn für mehrjährige Tätigkeit; → Rz. C 141 ff.); dies gilt auch für das Lohnsteuerabzugsverfahren. Der Nichteintritt oder die Verkürzung der Freistellung durch **planwidrige Weiterbeschäftigung** ist ebenfalls eine planwidrige Verwendung. Eine lohnsteuerliche Erfassung erfolgt in diesen Fällen im Zeitpunkt der Auszahlung des Guthabens.

k) Beendigung des Dienstverhältnisses

Bei **Beendigung einer Beschäftigung** besteht die Möglichkeit, ein in diesem Beschäftigungsverhältnis aufgebautes Zeitwertkonto zu erhalten und nicht auflösen zu müssen.

Bei der **Übertragung** des Guthabens an den **neuen Arbeitgeber** tritt dieser an die Stelle des alten Arbeitgebers und übernimmt im Wege der Schuldübernahme die Verpflichtungen aus der Zeitwertkontenvereinbarung. Erst die Leistungen aus dem Zeitwertkonto durch den neuen Arbeitgeber sind Arbeitslohn, von dem bei Auszahlung Lohnsteuer einzubehalten ist.

Im Fall der **Übertragung** des Guthabens auf die **Deutsche Rentenversicherung Bund** wird die Übertragung steuerfrei gestellt. Bei der Auszahlung des Guthabens durch die Deutsche Rentenversicherung Bund handelt es sich um Arbeitslohn, für den die Deutsche Rentenversicherung Bund Lohnsteuer einzubehalten hat.

l) Übergangsregelungen

Bei Zeitwertkonten-Modellen, die vor dem 1. 1. 2009 eingerichtet wurden und ohne die Regelungen zur **Zeitwertkontengarantie** steuerlich anzuerkennen gewesen wären (s. unter Buchstabe i), werden aus Vertrauensschutzgründen der am 31.12.2008 vorhandene Wertbestand des Zeitwertkontos sowie die Zuführungen vom 1. 1. bis zum 31. 12. 2009 erst bei Auszahlung besteuert.

Bei Zeitwertkonten-Modellen für **Organe von Körperschaften** sowie als Arbeitnehmer beschäftigte **beherrschende Anteilseigner**, die bis zum 31. 1. 2009 eingerichtet wurden und aus Vertrauensschutzgründen steuerlich anzuerkennen gewesen wären, werden alle Zuführungen bis zum 31. 1. 2009 erst bei Auszahlung besteuert. Die Übergangsregelung gilt nicht für verdeckte Gewinnausschüttungen.

Danach als Arbeitslohn **zu besteuernde Zuführungen** sind im Zeitwertkonto **gesondert aufzuzeichnen**. Eine etwaige Verzinsung ist entsprechend aufzuteilen; die auf zu besteuernde Zuführungen nach dem Stichtag entfallenden **Zinsen** fließen dem Arbeitnehmer als **Einkünfte aus Kapitalvermögen** (→ Rz. B 57) zu.

Bei weiteren Fragen sollte auf das BMF-Schreiben vom 17. 6. 2009 – IV C 5 – S 2332/07/0004 – (BStBl I 2009 S. 1286) zurückgegriffen werden.

Ärztliche Betreuung

Ärztliche Betreuung durch Werks- oder Betriebsärzte stellt keinen Arbeitslohn dar → *Vorsorgeuntersuchungen*.

Auflassungsvergütungen

an Notariatsangestellte, die als Auflassungsbevollmächtigte tätig sind, rechnen zum steuerpflichtigen Arbeitslohn.

Aufmerksamkeiten

Aufmerksamkeiten des Arbeitgebers sind kein Arbeitslohn. Hierzu rechnen Sachleistungen des Arbeitgebers, die auch im gesellschaftlichen Verkehr üblicherweise ausgetauscht werden, zu keiner ins Gewicht fallenden Bereicherung der Arbeitnehmer führen und allgemein als Aufmerksamkeiten angesehen werden (z. B. Blumen, Genussmittel, ein Buch, eine CD oder ein Videofilm), wenn sie dem Arbeitnehmer oder seinen Angehörigen aus Anlass eines besonderen persönlichen Ereignisses zugewendet werden, falls der Wert der Sachleistungen **40 €** nicht übersteigt (Freigrenze) auch → *Geschenke*.

Zu den Aufmerksamkeiten gehören auch Getränke und Genussmittel (keine Mahlzeiten), die der Arbeitgeber den Arbeitnehmern zum Verzehr im Betrieb bzw. am Arbeitsplatz bereitstellt, und Speisen bis zu einem Wert von 40 €, die der Arbeitgeber den Arbeitnehmern anlässlich und während eines außergewöhnlichen Arbeitseinsatzes überlässt (z. B. während einer außergewöhnlichen betrieblichen Besprechung oder Inventur).

Aufstockungsbeträge

Aufstockungsbeträge und zusätzliche Beiträge des Arbeitgebers zur gesetzlichen Rentenversicherung i. S. d. § 3 Abs. 1 Nr. 1 sowie Aufwendungen i. S. d. § 4 Abs. 2 Altersteilzeitgesetz sind nach wie vor steuerfrei, wenn die Voraussetzungen des § 2 Altersteilzeitgesetz (z. B. Vollendung des 55. Lebensjahres, Verringerung der tariflichen regelmäßigen wöchentlichen Arbeitszeit auf die Hälfte) vorliegen. Die Vereinbarung über die **Arbeitszeitverminderung** muss sich zumindest auf die Zeit erstrecken, bis der Arbeitnehmer eine Rente wegen Alters beanspruchen kann. Dafür ist nicht erforderlich, dass diese Rente ungemindert ist. Der frühestmögliche Zeitpunkt, zu dem eine Altersrente in Anspruch genommen werden kann, ist die Vollendung des 60. Lebensjahres. Die Steuerfreiheit kommt nicht mehr in Betracht mit Ablauf des Kalendermonats, in dem der Arbeitnehmer die Altersteilzeitarbeit beendet oder die für ihn geltende gesetzliche Altersgrenze für die Regelaltersrente erreicht hat (i. d. R. das 65. Lebensjahr) (§ 5 Abs. 1 Nr. 1 Altersteilzeitgesetz). Die Steuerbefreiung gilt **auch für ab dem 1. 1. 2010 beginnende** Altersteilzeit.

Die Arbeitgeberleistungen sind auch dann steuerfrei, wenn kein Förderanspruch an die Bundesanstalt für Arbeit nach dem Altersteilzeitgesetz besteht (z. B. wenn der frei gewordene Arbeitsplatz nicht wieder besetzt wird). Durch eine vorzeitige **Beendigung** der Altersteilzeit (sog. **Störfall**) ändert sich der Charakter der bis dahin steuerfrei erbrachten Arbeitgeberleistungen nicht. Die Steuerfreiheit der Aufstockungsbeträge bleibt daher bis zum Eintritt des Störfalls erhalten.

Die Aufstockungsbeträge und zusätzlichen Beiträge zur gesetzlichen Rentenversicherung sind auch dann steuerfrei, wenn sie über die im Altersteilzeitgesetz genannten Mindestbeträge hinausgehen. Die **Steuerfreiheit** ist jedoch der Höhe nach begrenzt. Die Aufstockungsbeträge sind insoweit steuerfrei, als sie zusammen mit dem während der Altersteilzeit bezogenen Nettoarbeitslohn monatlich 100 % des maßgebenden Arbeitslohns nicht übersteigen. Maßgebend ist bei laufendem Arbeitslohn der Nettoarbeitslohn, den der Arbeitnehmer im jeweiligen Lohnzahlungszeitraum ohne Altersteilzeit üblicherweise erhalten hätte. Bei sonstigen Bezügen ist abzustellen auf den Arbeitslohn unter Berücksichtigung des voraussichtlichen Jahresnettoarbeitslohns unter Einbeziehung der sonstigen Bezüge bei einer unterstellten Vollzeitbeschäftigung. Unangemessene Erhöhungen vor oder während der Altersteilzeit sind dabei nicht zu berücksichtigen. Aufstockungsbeträge in Form von Sachbezügen (z. B. die weitere private Nutzung des betrieblichen Pkw) sind steuerfrei, wenn die Aufstockung betragsmäßig in Geld festgelegt und außerdem vereinbart ist, dass der Arbeitgeber an Stelle der Geldleistung Sachbezüge erbringen darf. Die Aufstockungsbeträge unterliegen dem Progressionsvorbehalt nach § 32b EStG (→ Rz. B 29).

Beispiele zur Begrenzung der Aufstockung auf 100 % des Nettoarbeitslohns:

Beispiel 1: Laufend gezahlter Aufstockungsbetrag

Ein Arbeitnehmer mit einem monatlichen Vollzeit-Bruttogehalt i. H. v. 8 750 € nimmt von der Vollendung des 62. Lebensjahres bis zur Vollendung des 64. Lebensjahrs Altersteilzeit in Anspruch. Danach scheidet er aus dem Arbeitsverhältnis aus. Der Mindestaufstockungsbetrag nach § 3 Abs. 1 Nr. 1 Buchst. a Altersteilzeitgesetz beträgt 875 €. Der Arbeitgeber gewährt eine weitere freiwillige Aufstockung i. H. v. 3 000 € (Aufstockungsbetrag insgesamt 3 875 €). Der steuerfreie Teil des Aufstockungsbetrags ist wie folgt zu ermitteln:

1. Ermittlung des maßgebenden Arbeitslohns		
Bruttoarbeitslohn bei fiktiver Vollarbeitszeit		8 750 €
abzgl. gesetzliche Abzüge (Lohnsteuer, Solidaritätszuschlag, Kirchensteuer, Sozialversicherungsbeiträge, hier unterstellte Beträge)		./. 3 750 €
maßgebender Nettoarbeitslohn		5 000 €
2. Vergleichsrechnung		
Bruttoarbeitslohn bei Altersteilzeit		4 375 €
abzgl. gesetzliche Abzüge (Lohnsteuer, Solidaritätszuschlag, Kirchensteuer, Sozialversicherungsbeiträge, hier unterstellte Beträge)		./. 1 725 €
Zwischensumme		2 650 €
zzgl. Mindestaufstockungsbetrag		875 €
zzgl. freiwilliger Aufstockungsbetrag		3 000 €
Nettoarbeitslohn		6 525 €

Durch den freiwilligen Aufstockungsbetrag von 3 000 € ergäbe sich ein Nettoarbeitslohn bei der Altersteilzeit, der den maßgebenden Nettoarbeitslohn um 1 525 € übersteigen würde. Demnach sind steuerfrei:

Mindestaufstockungsbetrag		875 €
zzgl. freiwilliger Aufstockungsbetrag	3 000 €	
abzgl. den Nettolohn übersteigenden Betrag	./. 1 525 €	
		1 475 €
steuerfreier Aufstockungsbetrag		2 350 €
3. Abrechnung des Arbeitgebers		
Bruttoarbeitslohn bei Altersteilzeit		4 375 €
zzgl. steuerpflichtiger Aufstockungsbetrag		1 525 €
steuerpflichtiger Arbeitslohn		5 900 €
abzgl. gesetzliche Abzüge (Lohnsteuer, Solidaritätszuschlag, Kirchensteuer, Sozialversicherungsbeiträge, hier unterstellte Beträge)		2 300 €
Zwischensumme		3 600 €
zzgl. steuerfreier Austockungsbetrag		2 350 €
Nettoarbeitslohn		5 950 €

Beispiel 2: Sonstiger Bezug als Aufstockungsbetrag

Ein Arbeitnehmer in Altersteilzeit hätte bei einer Vollzeitbeschäftigung Anspruch auf ein monatliches Bruttogehalt i. H. v. 4 000 € sowie im März auf einen sonstigen Bezug (Ergebnisbeteiligung) i. H. v. 1 500 € (brutto). Nach dem Altersteilzeitvertrag werden im März folgende Beträge gezahlt:

– Laufendes Bruttogehalt	2 000 €
– laufende steuerfreie Aufstockung (einschließlich freiwilliger Aufstockung des Arbeitgebers)	650 €
– Brutto-Ergebnisbeteiligung (50 % der vergleichbaren Vergütung auf Basis einer Vollzeitbeschäftigung)	750 €
– Aufstockungsleistung auf die Ergebnisbeteiligung	750 €
1. Ermittlung des maßgebenden Arbeitslohns	
jährlicher laufender Bruttoarbeitslohn bei fiktiver Vollarbeitszeitbeschäftigung	48 000 €
zzgl. sonstiger Bezug bei fiktiver Vollzeitbeschäftigung	1 500 €
abzgl. gesetzliche jährliche Abzüge (Lohnsteuer, Solidaritätszuschlag, Kirchensteuer, Sozialversicherungsbeiträge, hier unterstellten Beträge)	./. 18 100 €
maßgebender Jahresnettoarbeitslohn	31 400 €
2. Vergleichsberechnung	
jährlicher laufender Bruttoarbeitslohn bei Altersteilzeit	24 000 €
zzgl. steuerpflichtiger sonstiger Bezug bei Altersteilzeit	750 €
abzgl. gesetzliche jährliche Abzüge (Lohnsteuer, Solidaritätszuschlag, Kirchensteuer, Sozialversicherungsbeiträge, hier unterstellte Beträge)	./. 6 000 €
Zwischensumme	18 750 €
zzgl. Aufstockung Ergebnisbeteiligung	750 €
zzgl. steuerfreie Aufstockung (12 × 650 €)	7 800 €
Jahresnettoarbeitslohn	27 300 €

Durch die Aufstockung des sonstigen Bezugs wird der maßgebende Jahresnettoarbeitslohn von 31 400 € nicht überschritten. Demnach kann die Aufstockung des sonstigen Bezugs (Aufstockung Ergebnisbeteiligung) i. H. v. 750 € insgesamt steuerfrei bleiben.

Aufwandsentschädigungen
Erhalten öffentliche Dienste leistende Personen (hierzu rechnen regelmäßig auch ehrenamtlich Tätige) aus öffentlichen Kassen eine Aufwandsentschädigung, richtet sich deren steuerliche Behandlung nach § 3 Nr. 12 EStG und R 3.12 LStR. Danach sind **steuerfrei** aus einer Bundeskasse oder Landeskasse gezahlte Bezüge, die in einem Bundesgesetz oder Landesgesetz oder einer auf bundesgesetzlicher oder landesgesetzlicher Ermächtigung beruhenden Bestimmung oder von der Bundesregierung oder einer Landesregierung als Aufwandsentschädigung festgesetzt sind und als Aufwandsentschädigung im Haushaltsplan ausgewiesen werden. Nach § 3 Nr. 12 Satz 2 EStG gilt das Gleiche für andere Bezüge, die als Aufwandsentschädigung aus öffentlichen Kassen an öffentliche Dienste leistende Personen gezahlt werden, soweit nicht festgestellt wird, dass sie für Verdienstausfall oder Zeitverlust gewährt werden oder den Aufwand, der dem Empfänger erwächst, offenbar übersteigen.

Öffentliche Dienste leisten grundsätzlich alle Personen, die im Dienst einer juristischen Person des öffentlichen Rechts stehen und hoheitliche (einschl. schlichter Hoheitsverwaltung) Aufgaben ausüben, die nicht der Daseinsvorsorge zuzurechnen sind, z. B. Versichertenälteste. Keine öffentlichen Dienste im Sinne dieser Vorschrift leisten hingegen Personen, die in der fiskalischen Verwaltung tätig sind.

Von den aus öffentlichen Kassen gezahlten Aufwandsentschädigungen i. S. d. § 3 Nr. 12 Satz 2 EStG bleiben seit dem Kalenderjahr 2007 für alle in Betracht kommenden Personen regelmäßig steuerfrei:
- Für durch **Gesetz oder Rechtsverordnung** bestimmte Aufwandsentschädigungen monatlich ein Drittel, mindestens 175 €. Diese Regelung ist u. a. für kommunale Mandatsträger bedeutend, für die darüber hinaus weitere landesspezifische steuerliche Sonderregelungen gelten, sowie für bestimmte Gruppen der freiwilligen Feuerwehrleute;
- für nicht durch Gesetz oder Rechtsverordnung dem Grunde und der Höhe nach bestimmte (festgelegte) Aufwandsentschädigungen monatlich bis zu 175 €.

Liegt die monatliche Vergütung über dem steuerfrei bleibenden Höchstbetrag von 175 €, können weitere Steuerbefreiungsvorschriften zur Anwendung kommen. Insbesondere kann für Zahlungen an aktive Mitglieder der freiwilligen Feuerwehr die Übungsleiterpauschale oder allgemeine Ehrenamtspauschale in Betracht kommen (→ *Übungsleiterpauschale,* → *Ehrenamt*). Geförderter Personenkreis: **Begünstigt** sind regelmäßig Personen, die im kommunalen Bereich, für die öffentliche Verwaltung oder im kirchlichen Bereich ein Ehrenamt ausüben (z. B. ehrenamtliche Feuerwehrleute, sachkundige Bürger in der Kommunalverwaltung, ehrenamtliche Schöffen und Laienprediger; nicht jedoch Pflegekräfte in kirchlichen Vereinen, die im Rahmen der Nachbarschaftshilfe tätig sind).

Öffentliche Kassen sind die Kassen der inländischen juristischen Personen des öffentlichen Rechts und solche Kassen, die einer Dienstaufsicht und Prüfung der Finanzgebarung durch die inländische öffentliche Hand unterliegen. Hierzu gehören insbesondere die Kassen des Bundes, der Länder, der Gemeinden und die Kassen der öffentlich-rechtlichen Religionsgemeinschaften.

Übertragung nicht ausgeschöpfter steuerfreier Monatsbeträge
Soweit der steuerfreie Monatsbetrag i. H. v. 175 € nicht ausgeschöpft werden kann (z. B. weil die Einnahmen schwanken), besteht nach R 3.12 Abs. 3 Satz 8 und 9 LStR 2011 sowie gleich lautenden Ländererlassen seit dem 1. 1. 2002 die Möglichkeit der Übertragung des nicht ausgeschöpften Volumens in andere Tätigkeitsmonate im selben Kalenderjahr. Maßgebend für die Ermittlung der Anzahl der in Betracht kommen Monate ist die Dauer der ehrenamtlichen Funktion bzw. Amtsausübung im Kalenderjahr. Hierbei zählen angefangene Kalendermonate als volle Monate. Die Dauer des tatsächlichen Einsatzes im Ehrenamt ist für die Bestimmung dieses Zeitraums unbeachtlich.

Beispiel:
Für öffentliche Dienste in einem Ehrenamt in der Zeit vom 1. Januar bis 30. Juli werden folgende Aufwandsentschädigung i. S. d. § 3 Nr. 12 Satz 2 EStG und R 3.12 Abs. 3 Satz 3 LStR 2011 gezahlt:
Januar 0 €, Februar 150 €, März 250 €, April 175 €, Mai 160 €, Juni 250 €, Juli 0 €. Zeitaufwand wird nicht vergütet.
Von diesen Aufwandsentschädigungen kann ohne Nachweis ein steuerlich anzuerkennender Aufwand von 175 € monatlich angenommen werden. Der Tätigkeitszeitraum umfasst sieben Kalendermonate, so dass als steuerfreier Höchstbetrag ein Volumen von insgesamt 1 225 € (7 x 175 €) anzusetzen ist. Die gezahlten Aufwandsentschädigungen i. H. v. 964 € übersteigen das steuerfreie Volumen nicht. Demnach ist der Gesamtbetrag der Aufwandsentschädigungen steuerfrei.

Berücksichtigung der Übertragungsmöglichkeit beim Lohnsteuerabzug
Sind die Aufwandsentschädigungen den Einkünften aus nichtselbständiger Arbeit zuzuordnen, unterliegen sie dem Lohnsteuerabzug (§ 38 EStG). Es bestehen keine Bedenken, einen nicht ausgeschöpften steuerfreien Monatsbetrag mit steuerpflichtigen Aufwandsentschädigungen anderer Lohnzahlungszeiträume dieser Tätigkeit im Kalenderjahr zu verrechnen. Eine Verrechnung mit abgelaufenen Lohnzahlungszeiträumen ist zulässig; sie kann auch bei Beendigung der Tätigkeit oder zum Ende des Kalenderjahres für die Dauer der ehrenamtlichen Funktion bzw. Amtsausübung im Kalenderjahr vorgenommen werden. Bei mehreren Tätigkeiten für eine Körperschaft sind die Aufwandsentschädigungen für die Anwendung der Mindest- und Höchstbeträge zusammenzurechnen (R 3.12 Abs. 3 Satz 6 LStR).

Beispiel:
Für öffentliche Dienste in einem Ehrenamt in der Zeit vom 1. Januar bis 30. Juli werden folgende Aufwandsentschädigung i. S. d. § 3 Nr. 12 Satz 2 EStG und R 3.12 Abs. 3 Satz 3 LStR 2011 gezahlt:
Januar 250 €, Februar 50 €, März 180 €, April 100 €, Mai 200 €; Zeitaufwand wird nicht vergütet. Für den Lohnsteuerabzug können die nicht ausgeschöpften steuerfreien Monatsbeträge i. H. v. 175 € gem. den zuvor genannten Grundsätzen wie folgt mit den steuerpflichtigen Aufwandsentschädigungen der anderen Lohnzahlungszeiträume dieser Tätigkeit verrechnet werden:

C. Lohnsteuer

Monat	Gezahlte Aufwandsentschädigung	Steuerliche Behandlung nach R 3.12 Abs. 3 Satz 3 LStR		Steuerliche Behandlung bei Übertragung nicht ausgeschöpfter steuerfreier Monatsbeträge	
		steuerfrei sind:	steuerpflichtig sind:	steuerfreier Höchstbetrag	steuerpflichtig sind:
Januar	250 €	175 €	75 €	175 €	75 € (250 € ./. 175 €)
Februar	50 €	50 €	0 €	2 x 175 € = 350 €	0 € (250 € + 50 € ./. 350 €), Aufrollung des Januar
März	180 €	175 €	5 €	3 x 175 € = 525 €	0 € (250 € + 50 € +180 € ./. 525 €)
April	100 €	100 €	0 €	4 x 175 € = 700 €	0 € (250 € + 50 € + 180 € + 100 € ./. 616 €)
Mai	200 €	175 €	25 €	5 x 175 € = 875 €	0 € (250 € + 50 € + 180 € + 100 € + 200 € ./. 875 €)
Summe	780 €	675 €	105 €	5 x 175 € = 875 €	0 €

Bei Verrechnung des nicht ausgeschöpften Freibetragsvolumens mit abgelaufenen Lohnzahlungszeiträumen ist im Februar der Lohnsteuereinbehalt für den Monat Januar zu korrigieren.

Ausbildungsbeihilfen
eines privaten Arbeitgebers rechnen zum steuerpflichtigen Arbeitslohn; ebenso Ausbildungsvergütungen.

Auslagenersatz
Auslagenersatz des Arbeitnehmers und durchlaufende Gelder können vom Arbeitgeber steuerfrei ersetzt werden, falls die Ausgaben für und auf Rechnung des Arbeitgebers getätigt werden. Über die ausgelegten Beträge ist im Einzelnen abzurechnen. In diesen Fällen ist es gleichgültig, ob der Arbeitnehmer die Beträge im Namen des Arbeitgebers verauslagt oder im eigenen Namen (z. B. wessen Name auf der Rechnung vermerkt ist). Pauschaler Auslagenersatz führt regelmäßig zu Arbeitslohn. **Pauschaler** Auslagenersatz kann jedoch steuerfrei gezahlt werden, wenn er regelmäßig wiederkehrt und der Arbeitnehmer die entstandenen Aufwendungen für einen repräsentativen Zeitraum von drei Monaten im Einzelnen nachweist. Der pauschale Auslagenersatz bleibt grundsätzlich so lange steuerfrei, bis sich die Verhältnisse wesentlich ändern (z. B. durch eine Änderung der Berufstätigkeit); s. aber neuere BFH-Rechtsprechung zu tarifvertraglichen Regelungen, BFH-Urteil v. 28.3.2006, VI R 24/03.
Für **Telekommunikationsaufwendungen** sehen die Lohnsteuer-Richtlinien eine Sonderregelung vor, falls erfahrungsgemäß beruflich veranlasste Telekommunikationsaufwendungen entstehen. Ist dies so, können aus Vereinfachungsgründen ohne Einzelnachweis bis zu 20 % des Rechnungsbetrags, höchstens 20 € monatlich, steuerfrei ersetzt werden. Ermittelt der Arbeitnehmer einen monatlichen Durchschnittsbetrag für einen repräsentativen Zeitraum von drei Monaten, bleibt dieser grundsätzlich so lange steuerfrei, bis sich die Verhältnisse wesentlich ändern. Zu den Telekommunikationsaufwendungen rechnen auch das Nutzungsentgelt einer Telefonanlage sowie der Grundpreis der Anschlüsse. Der Aufteilungsmaßstab ergibt sich aus dem beruflichen Anteil der Verbindungsentgelte an den gesamten Verbindungsentgelten (Telefon und ggf. Internet).

Auslandstätigkeit, Auslandszulagen → *Kaufkraftausgleich*

Auslösungen
Als Auslösungen werden Arbeitgeberzahlungen an den Arbeitnehmer auf Grund einer beruflich veranlassten Auswärtstätigkeit (ab 2009: → *Reisekosten*, Auswärtstätigkeit, → Rz. B 87) bezeichnet. Diese besonderen Vergütungen sollen die entstehenden Mehrkosten ersetzen. In Betracht kommen steuerfreier Fahrtkostenersatz, steuerfreie Verpflegungspauschalen sowie Übernachtungskosten und bestimmte Nebenkosten. Ersetzt der Arbeitgeber nicht sämtliche Aufwendungen des Arbeitnehmers, kann dieser in der Einkommensteuererklärung die Differenz als Werbungskosten ansetzen, soweit das Steuerrecht nicht bestimmte Höchstbeträge vorsieht.

Aussperrungsunterstützungen → *Streikunterstützungen*

BahnCard
Der Arbeitgeber kann dem Arbeitnehmer die Aufwendungen für den Erwerb einer sog. BahnCard steuerfrei erstatten, wenn die erstatteten Aufwendungen für die BahnCard und die ermäßigt abgerechneten dienstlichen Fahrten insgesamt unter den Fahrtkosten liegen, die ohne Einsatz der BahnCard entstanden wären. Dieser Grundsatz ist auch für die BahnCard 100 anzuwenden. Erstattungen für die BahnCard 100 sind erst dann steuerfrei, wenn die – andernfalls für die Dienstreise entstehenden – Kosten für die dienstlichen Bahnfahrten den Kaufpreis für die Karte übersteigen. Der ggf. steuerpflichtige Vorteil fließt insgesamt bei Überlassung der BahnCard an den Arbeitnehmer zu (BFH-Urteil v. 12. 4. 2007, BStBl II 2007 S. 719).

Beihilfeleistungen → *Krankheitskosten*

Beitragszuschlag
Der Beitragszuschlag für Kinderlose in der sozialen Pflegeversicherung i. H. v. 0,25 % ist vom Arbeitnehmer allein zu tragen und kann deshalb vom Arbeitgeber nicht steuerfrei erstattet werden.

Beiträge an Vereine sowie Berufs- und Interessenverbände → *Mitgliedsbeiträge*

Belegschaftsaktien → *Vermögensbeteiligung*

Belegschaftsrabatte → *Preisnachlässe, Personalrabatte*

Belohnungen
Belohnungen des Arbeitgebers oder eines Dritten an den Arbeitnehmer für dessen Tätigkeit sind grundsätzlich steuerpflichtiger Arbeitslohn (z. B. Incentives); Ausnahmen → *Aufmerksamkeiten*, → *Trinkgelder*.

Bergmannsprämien
Solche Zahlungen sind steuerpflichtig. Die für verfahrene volle Schichten vor dem 1. 1. 2009 gezahlten Bergmannsprämien nach dem Gesetz über Bergmannsprämien sind steuerfrei.

Berufskleidung
Gestellt oder übereignet der Arbeitgeber typische Berufskleidung, ist der sich daraus ergebende Vorteil steuerfrei. Zur **typischen** Berufskleidung gehören Kleidungsstücke, die als Arbeitsschutzkleidung auf die jeweils ausgeübte Berufstätigkeit zugeschnitten sind oder nach ihrer z. B. uniformartigen Beschaffenheit oder dauerhaft angebrachten Kennzeichnung durch Firmenemblem o. Ä. objektiv eine berufliche Funktion erfüllen. Die private Nutzung der Kleidungsstücke muss so gut wie ausgeschlossen sein. Typische Berufskleidung ist z. B. Kleidung, die nach Unfallverhütungsvorschriften, Tarifvertrag oder Betriebsvereinbarung vorgeschrieben ist (z. B. Sicherheitsschuhe, Kittel). Normale Schuhe und Unterwäsche sind keine typische Berufskleidung. Erhält der Arbeitnehmer die Berufskleidung ohne Anrechnung auf seinen Arbeitslohn – also zusätzlich –, ist nach den Lohnsteuer-Richtlinien (R 3.31 LStR) regelmäßig anzunehmen, dass es sich um typische Berufskleidung handelt – es sei denn, das Gegenteil ist offensichtlich. Gestellt der Arbeitgeber einheitliche, während der Arbeitszeit zu tragende **bürgerliche** Kleidung, ergibt sich für den Arbeitnehmer dann kein steuerpflichtiger Vorteil, wenn das eigenbetriebliche Interesse des Arbeitgebers im Vordergrund steht (BFH-Urteil v. 22. 6. 2006, BStBl II 2006 S. 915); anders regelmäßig bei Überlassung hochwertiger Kleidung (BFH-Urteil v. 11. 4. 2006, BStBl II 2006 S. 691).

An Stelle der Sachzuwendung kann der Arbeitgeber auch die Aufwendungen des Arbeitnehmers für die Anschaffung sowie den Unterhalt (z. B. Reinigung) steuerfrei erstatten. Voraussetzung ist, dass der Arbeitnehmer nach Unfallverhütungsvorschriften, Tarifvertrag oder Betriebsvereinbarung typische Berufskleidung zu tragen hat, er einen Anspruch auf Gestellung von typischer Berufskleidung hat und die Beschaffung der Kleidungsstücke durch den Arbeitnehmer für den Arbeitgeber vorteilhafter ist. Pauschale **Zahlungen** für den Einsatz der Berufskleidung bleiben steuerfrei, soweit sie die regelmäßigen Abschreibungen für die Abnutzung und die üblichen Instandhaltungs- und Instandsetzungsarbeiten der typischen Berufskleidung abgelten.

Berufskraftfahrer → *Reisekosten, Auswärtstätigkeit*

Betriebliche Altersversorgung
Für die betriebliche Altersversorgung sieht das maßgebliche Betriebsrentengesetz folgende **fünf Durchführungswege** vor:
- Direktzusage;
- Unterstützungskasse;
- Pensionskasse;
- Pensionsfonds;
- Direktversicherung.

Wann der **steuerliche Zufluss von Arbeitslohn** vorliegt, richtet sich grundsätzlich nach dem Durchführungsweg. Bei der Versorgung über eine Direktzusage und Unterstützungskasse fließt Arbeitslohn erst im Zeitpunkt der Zahlung der (Alters)Versorgungsleistungen zu. Bei der Versorgung im Rahmen der anderen Durchführungswege (Pensionskasse, Pensionsfonds, Direktversicherung) liegt Zufluss von Arbeitslohn bereits im Zeitpunkt der Zahlung der Beiträge durch den Arbeitgeber an die entsprechende Versorgungseinrichtung oder das Versicherungsunternehmen vor.

Die steuerlichen Folgen werden auch gezogen, wenn es sich um Beiträge handelt, die durch eine steuerlich anerkannte **Entgeltumwandlung** (→ *Entgeltumwandlung zu Gunsten einer betrieblichen Altersversorgung*) finanziert werden.

Arbeitgeberbeiträge an eine **Pensionskasse**, einen **Pensionsfonds** oder für eine **Direktversicherung** sind bis zu bestimmten Höchstbeträgen steuerfrei. Zu den Einzelheiten siehe → *Pensionskasse*, → *Pensionsfonds* und → *Direktversicherung*.

Zuwendungen an eine **Pensionskasse** und Beiträge für eine **Direktversicherung** können unter bestimmten Voraussetzungen und bis zu bestimmten Höchstbeträgen auch **pauschal besteuert** werden (→ *Pensionskasse*, → *Direktversicherung* und → Rz. C 191 ff.).

Zu den Beiträgen des Arbeitgebers für eine **Rückdeckungsversicherung** → *Rückdeckungsversicherung* und an eine **Unterstützungskasse** → *Unterstützungskasse*.

Betriebsausflug → *Betriebsveranstaltungen*

Betriebsrenten
Betriebsrenten, die vom früheren Arbeitgeber gezahlt werden, sind Arbeitslohn (auch → *Betriebliche Altersversorgung*). Hat der Arbeitnehmer das 63. Lebensjahr bzw. als Schwerbehinderter das 60. Lebensjahr vollendet, kommen seit 2005 der (neue) Versorgungsfreibetrag und der Zuschlag zum Versorgungsfreibetrag zum Ansatz (→ Rz. B 93 *Versorgungsfreibetrag*).

Betriebssport
Die Überlassung betriebseigener Sportanlagen und Sportgeräte an die Arbeitnehmer liegt dann im überwiegend eigenbetrieblichen Interesse des Arbeitgebers und stellt keinen Arbeitslohn dar, wenn deren Nutzung allen Mitarbeitern möglich ist. Dies gilt insbesondere für die Mannschaftssportarten. Mietet der Arbeitgeber jedoch Sportanlagen für sog. Einzelsportarten zur Nutzung an (z. B. Tennis- oder Squashplätze), so führt dies regelmäßig zu steuerpflichtigem Arbeitslohn für die spielenden bzw. nutzenden Arbeitnehmer, weil sie sich insoweit die Platzmiete ersparen.

Gleiches gilt, wenn der Arbeitgeber die vom Arbeitnehmer getragenen Mieten (z. B. für Tennis- und Squashplätze) oder Vereinsbeiträge übernimmt sowie für den Ersatz der Aufwendungen des Arbeitnehmers zur Ausübung des Betriebssports (z. B. Fahrtkosten, Verpflegungsmehraufwendungen, Nebenkosten). Ausnahmen gelten dann, wenn Arbeitnehmer vom Arbeitgeber in „offizieller" Funktion als Repräsentant des Unternehmens zur Organisation und Durchführung von regionalen bzw. überregionalen Betriebssportveranstaltungen abgeordnet werden.

Betriebsveranstaltungen
Aufwendungen des Arbeitgebers für Betriebsveranstaltungen gehören als Leistungen im ganz überwiegenden betrieblichen Interesse des Arbeitgebers nicht zum Arbeitslohn, wenn es sich um herkömmliche (übliche) Betriebsveranstaltungen und um bei diesen Veranstaltungen übliche Zuwendungen handelt.

Betriebsveranstaltungen sind Veranstaltungen auf betrieblicher Ebene, die gesellschaftlichen Charakter haben und an denen alle Betriebsangehörigen teilnehmen können (z. B. Betriebsausflüge, Weihnachtsfeiern, Jubiläumsfeiern). Veranstaltungen für nur einen beschränkten Kreis von Arbeitnehmern sind dann steuerliche Betriebsveranstaltungen, wenn die Begrenzung des Teilnehmerkreises nicht eine Bevorzugung bestimmter Arbeitnehmergruppen darstellt. Betriebsveranstaltungen sind deshalb auch z. B. Feiern
- nur für alle Arbeitnehmer einer Organisationseinheit des Betriebs,
- nur für alle im Ruhestand befindlichen früheren Arbeitnehmer des Unternehmens (Pensionärstreffen),
- nur für solche Arbeitnehmer, die bereits im Unternehmen ein rundes (z. B. 10- oder 50-jähriges) Arbeitnehmerjubiläum gefeiert haben oder in Verbindung mit der Betriebsveranstaltung feiern (Jubilarfeiern).

Eine nur für Führungskräfte eines Unternehmens vorbehaltene Abendveranstaltung ist mangels Offenheit keine Betriebsveranstaltung. Die Ehrung eines einzelnen Jubilars oder eines einzelnen Arbeitnehmers bei dessen Ausscheiden aus dem Betrieb, auch unter Beteiligung weiterer Arbeitnehmer, ist keine Betriebsveranstaltung; Sachzuwendungen aus Anlass einer solchen Feier sind Arbeitslohn.

Die Teilnahme an bis zu zwei Veranstaltungen jährlich führt nicht zu Arbeitslohn (Freigrenze beachten); auf die Dauer der einzelnen Veranstaltung kommt es hierbei nicht an; begünstigt ist auch eine zweitägige Veranstaltung. Leistet der Arbeitnehmer einen (Bar-)Zuschuss in die Gemeinschaftskasse der Arbeitnehmer für einen Betriebsausflug, ist dies kein Arbeitslohn, wenn die Voraussetzungen 110 €-Grenze und höchstens zweitägige Dauer vorliegen.

Bei einer gemischt veranlassten Betriebsveranstaltung, z. B. tagsüber Betriebsversammlung auf einem Dampfschiff mit nachfolgendem abendlichen Betriebsfest (ggf. in einem Hotel), können die Aufwendungen des Arbeitgebers entsprechend zugeordnet werden. Gemischt veranlasste Aufwendungen, die sowohl Elemente einer Betriebsveranstaltung als auch einer sonstigen betrieblichen Veranstaltung enthalten, sind grundsätzlich aufzuteilen. Soweit sie auf die Betriebsveranstaltung entfallen, sind sie in die Prüfung der Freigrenze einzubeziehen. Die Aufwendungen des Arbeitgebers einschließlich Umsatzsteuer für die Betriebsveranstaltung dürfen pro teilnehmendem Arbeitnehmer nicht mehr als **110 € je Veranstaltung** betragen (Freigrenze). Der anteilige Betrag ist zu ermitteln aus den Gesamtaufwendungen, die nach Köpfen den teilnehmenden Personen zuzurechnen sind. Liegt der dem Arbeitnehmer zugerechnete Betrag darüber (z. B. weil der Arbeitnehmer von einer nicht beim Arbeitgeber beschäftigten Person begleitet wurde), ist der Gesamtbetrag steuerpflichtig. In die Betragsgrenze von 110 € gehören insbesondere folgende vom Arbeitgeber getragene Zuwendungen: Speisen, Getränke, Tabakwaren und Süßigkeiten, Übernachtungs- und Fahrtkosten, Eintrittskarten für kulturelle und sportliche Veranstaltungen, wenn sich die Betriebsveranstaltung nicht im Besuch einer kulturellen oder sportlichen Veranstaltung erschöpft, Aufwendungen für den äußeren Rahmen (z. B. für Räume, Musik, Kegelbahn, für künstlerische und artistische Darbietungen, wenn die Darbietungen nicht der wesentliche Zweck der Betriebsveranstaltung sind) sowie Geschenke. Hierzu gehört auch die nachträgliche Überreichung der Geschenke an solche Arbeitnehmer, die aus betrieblichen oder persönlichen Gründen nicht an der Betriebsveranstaltung teilnehmen konnten.

Barzuwendungen (Geldgeschenke) sind stets Arbeitslohn, es sei denn, sie werden als Zehrgelder an Stelle der zuvor genannten üblichen Sachzuwendungen gewährt und ihre zweckentsprechende Verwendung ist sichergestellt (BFH-Urteil v. 7. 2. 1997, BStBl II 1997 S. 365).

Ist der auf den Arbeitnehmer entfallende Vorteil **steuerpflichtig**, kann die Lohnsteuer dafür nach den allgemeinen Vorschriften oder pauschal erhoben werden (→ Rz. C 210, 219). Das gilt auch für nicht übliche Zuwendungen (z. B. Geschenke, deren Gesamtwert 40 € übersteigt) oder Zuwendungen an einzelne Arbeitnehmer aus Anlass – nicht nur bei Gelegenheit – der Betriebsveranstaltung.

Gewinne aus einer Verlosung, die während einer Betriebsveranstaltung durchgeführt wurde, gehören zum Arbeitslohn, wenn an der Verlosung nicht sämtliche an der Betriebsveranstaltung teilnehmenden Arbeitnehmer beteiligt werden, sondern diese Verlosung nur einem bestimmten (z. B. herausgehobenen) Personenkreis vorbehalten ist → *Losgewinne*.

Lädt ein Arbeitgeber anlässlich eines runden **Geburtstags** des Arbeitnehmers Geschäftsfreunde, Repräsentanten des öffentlichen Lebens, Vertreter von Verbänden und Berufsorganisationen sowie Mitarbeiter zu einem Empfang ein (Geburtstagsfeier), ist nach Auffassung des BFH unter Berücksichtigung aller Umstände des Einzelfalls zu entscheiden, ob es sich um ein Fest des Arbeitgebers (betriebliche Veranstaltung) oder um ein privates Fest des Arbeitnehmers handelt (R 19.3 Abs. 2 Nr. 4 LStR, BFH v. 28. 1. 2003, BStBl II 2003 S. 724).

Für ein Fest des Arbeitgebers kann sprechen, wenn dieser als Gastgeber auftritt, er die Gästeliste nach geschäftsbezogenen Gesichtspunkten bestimmt, in seine Geschäftsräume einlädt und wenn das Fest den Charakter einer betrieblichen Veranstaltung und nicht einer privaten Feier des Arbeitnehmers aufweist. Bei einer solchen betrieblichen Veranstaltung stellen die Sachleistungen des Arbeitgebers für den Arbeitnehmer (Jubilar) keinen Arbeitslohn dar. Die anteiligen Aufwendungen des Arbeitgebers, die auf den Arbeitnehmer selbst, seine Familienangehörigen sowie private Gäste des Arbeitnehmers entfallen, gehören jedoch zum steuerpflichtigen Arbeitslohn, wenn die Aufwendungen des Arbeitgebers mehr als 110 € je teilnehmender Person betragen; auch Geschenke bis zu einem Gesamtwert von 40 € sind in die 110 €-Grenze einzubeziehen.

Incentive-Reisen, die der Arbeitgeber veranstaltet, sind keine Betriebsveranstaltungen (→ *Incentive-Reisen*).

Betriebsversammlung
Kostenerstattungen des Arbeitgebers aus Anlass einer Betriebsversammlung gehören zum steuerpflichtigen Arbeitslohn; bei Betriebsversammlungen außerhalb des Betriebs können die anfallenden Fahrtkosten steuerfrei ersetzt werden.

Bewirtung
Mahlzeiten, die der Arbeitgeber im ganz überwiegenden betrieblichen Interesse an die Arbeitnehmer abgibt, gehören nicht zum Arbeitslohn. Dies sind Mahlzeiten im Rahmen herkömmlicher Betriebsveranstaltungen, für ein sog. Arbeitsessen sowie für die Beteiligung von Arbeitnehmern an einer geschäftlich veranlassten Bewirtung i. S. d. § 4 Abs. 5 Satz 1 Nr. 2 EStG (→ *Aufmerksamkeiten*).

Bonusmeilen → *Sachprämien*

Brille → *Schutzbrille*

Business-Seats
Überlässt der Arbeitgeber den Arbeitnehmern unentgeltlich oder verbilligt sog. Business-Seats zur privaten Verwendung, ist der lohnsteuerliche Vorteil als Arbeitslohn zu erfassen. Für die Lohnbesteuerung gelten dieselben Grundsätze wie für → *VIP-Logen*.

Computer → *Telekommunikation/-kommunikationsgeräte, Personalcomputer, Verbindungsentgelte*

D&O-Versicherung
Die Vorteile für eine Directors&Officers-Versicherung (D&O-Versicherung) liegen im überwiegend eigenbetrieblichen Interesse und sind nicht steuerpflichtig, falls folgende Voraussetzungen erfüllt sind:
- Es handelt sich um eine Vermögensschaden-Haftpflichtversicherung, die in erster Linie der Absicherung des Unternehmens oder des Unternehmenswertes gegen Schadensersatzforderungen Dritter gegenüber dem Unternehmen dient, die ihren Grund in dem Tätigwerden oder Untätigbleiben der für das Unternehmen verantwortlich handelnden und entscheidenden Organe und Leitungsverantwortlichen haben;
- die D&O-Verträge enthalten besondere Klauseln zur Firmenhaftung oder zum sog. Company Reimbursement, die im Ergebnis dazu führen, dass der Versicherungsanspruch aus der Versicherungsleistung dem Unternehmen als Versicherungsnehmer zusteht;
- regelmäßig ist das Management als Ganzes versichert, der Versicherungsschutz kommt für einzelne Personen nicht in Betracht;
- Basis der Prämienkalkulation sind nicht individuelle Merkmale der versicherten Organmitglieder, sondern Betriebsdaten des Unternehmens, wobei die Versicherungssummen deutlich höher sind als typischerweise das Privatvermögen der Versicherten.

Ein überwiegend eigenbetriebliches Interesse ist hingegen zu verneinen, wenn Risiken versichert werden, die üblicherweise durch eine individuelle Berufshaftpflichtversicherung abgedeckt werden.

Darlehen
Gewährt der Arbeitgeber oder auf Grund des Dienstverhältnisses ein Dritter dem Arbeitnehmer unverzinsliche oder im Vergleich zum niedrigsten Marktangebot zinsverbilligte Darlehen, so sind die Zinsvorteile steuerpflichtiger Arbeitslohn. **Keine** Arbeitgeberdarlehen sind insbesondere Reisekostenvorschüsse, ein vorschüssiger Auslagenersatz, als Arbeitslohn zufließende Lohnabschläge und Lohnvorschüsse, sofern es sich bei Letzteren nur um eine abweichende Auszahlungsvereinbarung handelt. Zinsvorteile sind **nur dann steuerpflichtig,** wenn die Summe der noch nicht getilgten Darlehen am Ende des Lohnzahlungszeitraums **2 600 €** übersteigt. Die 44 €-Freigrenze (→ *Sachbezüge, Freigrenze*) ist anwendbar.

Vergibt der Arbeitgeber **geschäftsmäßig gleichartige** Darlehen am Markt (z. B. Banken), ist der geldwerte Vorteil nach § 8 Abs. 3 EStG zu bewerten und nicht nach den folgenden Grundsätzen; dafür kommt der Rabattfreibetrag (→ *Preisnachlässe, Personalrabatte*) zur Anwendung. In anderen Fällen sind Zinsvorteile als Sachbezüge zu versteuern. Bei verbilligten oder zinslosen Arbeitgeberdarlehen entstand vor 2008 ein geldwerter Vorteil, soweit der Effektivzins den Maßstabzins von 5 % unterschritt (R 31 Abs. 11 Satz 3 LStR 2005). Seit 2007 bemisst sich der geldwerte Vorteil nach dem **Unterschiedsbetrag** zwischen dem Maßstabszinssatz für vergleichbare Darlehen am Abgabeort und dem Zinssatz, der im konkreten Einzelfall vereinbart ist. Dies gilt z. B. hinsichtlich der Kreditart, wie Wohnungsbaukredit, Konsumentenkredit/Ratenkredit oder Überziehungskredit, der Laufzeit des Darlehens und der Dauer der Zinsfestlegung; sie müssen im Wesentlichen übereinstimmen. Für Arbeitgeberdarlehen mit Zinsfestschreibung ist für die gesamte Vertragslaufzeit der Maßstabszinssatz bei Vertragsabschluss maßgeblich. Nach Ablauf der Zinsfestschreibung ist der Zinsvorteil ggf. neu zu ermitteln. Bei variablem Zinssatz ist für die Ermittlung des geldwerten Vorteils der jeweils aktuelle Maßstabszinssatz heranzuziehen. Die Grundlagen für den ermittelten Zinsvorteil sind als Belege zum Lohnkonto zu nehmen.

Weil der Arbeitgeber das (niedrigste) Marktangebot kaum ermitteln kann, lässt die Finanzverwaltung es zu, für die **Feststellung des Maßstabszinssatzes** die bei Vertragsabschluss von der Deutschen Bundesbank zuletzt veröffentlichten Effektivzinssätze heranzuziehen. Diese sind im Internet veröffentlicht unter: http://www.bundesbank.de/statistik/statistik_zinsen_tabellen.php unter der Rubrik „EWU-Zinsstatistik [Bestände, Neugeschäft]". Maßgebend sind die Effektivzinssätze unter „Neugeschäft". Von dem sich danach ergebenden Effektivzinssatz kann ein Abschlag von 4 % vorgenommen werden. Aus der Differenz zwischen diesem Maßstabszinssatz und dem Zinssatz, der im konkreten Einzelfall vereinbart ist, sind die **Zinsverbilligung** und der geldwerte Vorteil zu ermitteln, wobei die Zahlungsweise der Zinsen (z. B. monatlich, jährlich) unmaßgeblich ist. Zwischen den einzelnen Arten von Krediten (z. B. Wohnungsbaukredit, Konsumentenkredit/Ratenkredit, Überziehungskredit) ist zu unterscheiden.

Beispiel:
Ein Arbeitnehmer erhält im Juni 2008 ein Arbeitgeberdarlehen von 16 000 € zu einem Effektivzinssatz von 2 % jährlich; Laufzeit vier Jahre mit monatlicher Tilgung und monatlicher Fälligkeit der Zinsen.

Der bei Vertragsabschluss im Juni 2008 von der Deutschen Bundesbank für Konsumentenkredite mit anfänglicher Zinsbindung von über ein bis fünf Jahre veröffentlichte Effektivzinssatz – Erhebungszeitraum April 2008 – beträgt 5,68 %. Nach Abzug des Abschlags von 4 % (von 5,68 % = 0,227) ergibt sich ein Maßstabszinssatz von 5,45 %.

Die **Zinsverbilligung** beträgt somit 3,45 % (5,45 % abzgl. 2 %). Danach ergibt sich im Juni 2008 ein geldwerter Vorteil von 46 € (3,45 % von 16 000 € × 1/12). Dieser Vorteil ist, da die 44 €-Freigrenze überschritten ist, lohnsteuerpflichtig. Der geldwerte Vorteil ist jeweils bei Tilgung des Arbeitgeberdarlehens für die Restschuld neu zu ermitteln.

Für **Bestandsdarlehen mit Vertragsabschluss vor dem 1. 1. 2003** kann wie vorstehend verfahren werden, jedoch ist die frühere Bundesbank-Zinsstatistik „Erhebung über Soll- und Habenzinsen ausgewählter Kredit- und Einlagenarten" heranzuziehen. Näheres wird im BMF-Schreiben vom 1. 10. 2008, BStBl 2008 I S. 892 erläutert.

Zinsersparnisse und Aufwendungszuschüsse aus **Wohnungsfürsorgemitteln** für Angehörige des **öffentlichen Dienstes** bleiben steuerfrei, wenn sie nur gegen Einräumung eines Besetzungsrechts oder unter Verzicht auf einen Teil der Miete bei Fremdvermietung gewährt werden.

Diebstahl
Ersetzt der Arbeitgeber dem Arbeitnehmer den Wert gestohlener Gegenstände, die aus beruflicher Veranlassung mitzuführen waren, weil er sie beruflich benötigte (z. B. auf einer Auswärtstätigkeit), ist dies kein Arbeitslohn (berufsspezifische Gefährdung).

Dienstantritt eines Arbeitnehmers
Zu üblichen Sachleistungen des Arbeitgebers aus Anlass des Dienstantritts des Arbeitnehmers im Betrieb → *Amtseinführung*.

Dienstreise → *Reisekosten*

Directors&Officers-Versicherung → *D&O-Versicherung*

Direktversicherung
Beiträge des Arbeitgebers für eine Direktversicherung führen zum **Zufluss** von Arbeitslohn (→ Rz. C 100 ff.).
Beiträge des Arbeitgebers aus dem **ersten Dienstverhältnis** für eine Direktversicherung zum Aufbau einer **kapitalgedeckten betrieblichen Altersversorgung** sind jedoch bis zur Höhe von **4 %** der Beitragsbemessungsgrenze in der **allgemeinen Rentenversicherung** steuerfrei (in 2011 – wie schon in 2010 – bis zur Höhe von 2 640 € [66 000 € × 4 %]), wobei auch für Arbeitnehmer in den neuen Ländern und Ost-Berlin die Beitragsbemessungsgrenze (West) maßgeblich ist. Voraussetzung für die Steuerfreiheit ist, dass bei der Direktversicherung eine Auszahlung der zugesagten Alters-, Invaliditäts- oder Hinterbliebenenversorgungsleistungen in Form einer **Rente** oder eines **Auszahlungsplans** vorgesehen ist; die Möglichkeit, später eine Einmalkapitalzahlung zu wählen, steht der Steuerfreiheit aber noch nicht entgegen. Der Höchstbetrag i. H. v. 4 % der Beitragsbemessungsgrenze erhöht sich um **1 800 €**, wenn die Beiträge auf Grund einer **Versorgungszusage** geleistet werden, die **nach dem 31. 12. 2004 erteilt** wurde (sog. Neuzusage).
Aus Anlass der **Beendigung des Dienstverhältnisses** geleistete Beiträge für eine Direktversicherung sind steuerfrei, soweit sie 1 800 € vervielfältigt mit der Anzahl der Kalenderjahre, in denen das Dienstverhältnis des Arbeitnehmers zu dem Arbeitgeber bestanden hat, nicht übersteigen. Der vervielfältigte Betrag vermindert sich allerdings um die steuerfreien Beiträge, die der Arbeitgeber in dem Kalenderjahr, in dem das Dienstverhältnis beendet wird, und in den sechs vorangegangenen Kalenderjahren erbracht hat. Kalenderjahre vor 2005 werden dabei jeweils nicht berücksichtigt.
Der Arbeitgeber kann die Beiträge für eine Direktversicherung unter bestimmten Voraussetzungen und bis zu bestimmten Grenzen auch **pauschal** mit 20 % zzgl. Solidaritätszuschlag und ggf. Kirchensteuer **besteuern** (→ Rz. C 191 ff.).

Direktzusage
Eine Direktzusage (Pensionszusage) des Arbeitgebers führt erst im Zeitpunkt der Zahlung der (Alters)Versorgungsleistungen zum Zufluss von Arbeitslohn. In der „Aktivphase" ist kein zusätzlicher Arbeitslohn zu versteuern.
Steuerfrei sind in diesem Zusammenhang Beiträge in den Fällen der **Insolvenzsicherung, Einstellung der Betriebstätigkeit** und **Liquidation** sowie der **Erwerb von Ansprüchen** durch den Arbeitnehmer gegenüber einem Dritten im Falle der Eröffnung des Insolvenzverfahrens oder in gleichgestellten Fällen, soweit der Dritte neben dem Arbeitgeber für die Erfüllung von Ansprüchen auf Grund bestehender Versorgungsverpflichtungen oder Versorgungsanwartschaften gegenüber dem Arbeitnehmer und dessen Hinterbliebenen einsteht; dies gilt entsprechend, wenn der Dritte für Wertguthaben aus einer Vereinbarung über die Altersteilzeit nach dem Altersteilzeitgesetz oder auf Grund von Wertguthaben aus einem → *Arbeitszeitkonto* einsteht (§ 3 Nr. 65 EStG).

Doppelte Haushaltsführung
Einen doppelten Haushalt führen Arbeitnehmer, die beruflich außerhalb des Ortes beschäftigt sind, an dem sie einen eigenen Hausstand haben (wohnen), wenn sie am Beschäftigungsort eine Zweitwohnung innehaben. Aus beruflichem Anlass werden also zwei Wohnungen geführt (R 9.11 LStR). Bei Arbeitnehmern, die auf Grund ihrer individuellen Tätigkeit typischerweise nur an ständig wechselnden Tätigkeitsstätten eingesetzt werden, richtet sich die Erstattung der Aufwendungen nach Reisekostengrundsätzen (→ *Reisekosten*). Eine aus beruflichem Anlass begründete doppelte Haushaltsführung liegt nunmehr auch dann vor, wenn ein Arbeitnehmer seinen Haupthaushalt aus privaten Gründen vom Beschäftigungsort **wegverlegt** und er anschließend in einer Wohnung am Beschäftigungsort einen Zweithaushalt begründet, um von dort seiner Beschäftigung weiter nachgehen zu können; dies kann auch die bisherige Wohnung sein. In den Fällen, in denen bereits zum Zeitpunkt der Wegverlegung des Lebensmittelpunktes vom Beschäftigungsort ein Rückumzug an den Beschäftigungsort geplant ist oder feststeht, handelt es sich hingegen nicht um eine doppelte Haushaltsführung (z. B. vorübergehender Aufenthalt im Ferienhaus).
Einen doppelten Haushalt können auch ausländische Arbeitnehmer (z. B. Erntehelfer) führen; für **Seeleute** und bei Auswärtstätigkeit → *Reisekosten*.
Der Arbeitgeber kann bei einer doppelten Haushaltsführung des Arbeitnehmers **steuerfrei zahlen**:
- **Fahrtkosten** aus Anlass des Wohnungswechsels zu Beginn und am Ende der doppelten Haushaltsführung (An- und Abreise); bei Fahrt mit dem eigenem Pkw können pauschal bis zu 0,30 € pro gefahrenem Kilometer steuerfrei gezahlt werden.
- Mehraufwendungen für Verpflegung (Verpflegungspauschalen)
  Als **Verpflegungspauschale** kann bei einer Abwesenheit von der Familienwohnung von 24 Stunden bis zu 24 € pro Tag steuerfrei gezahlt werden, längstens für die ersten drei Monate der Abwesenheit vom Lebensmittelpunkt bzw. der doppelten Haushaltsführung. Bei einer Abwesenheit von weniger als 24, aber mindestens 14 Stunden können bis zu 12 € und von weniger als 14, aber mindestens 8 Stunden bis zu 6 € steuerfrei gezahlt werden. Im zuvor beschriebenen **Wegverlegungsfall** vom Beschäftigungsort liegen notwendige Verpflegungsmehraufwendungen nur vor, wenn und soweit der Arbeitnehmer am Beschäftigungsort zuvor nicht bereits drei Monate gewohnt hat. Die Dauer eines unmittelbar der Begründung des Zweithaushalts am Beschäftigungsort vorausgegangenen Aufenthalts am Ort des Zweithaushalts ist auf die Dreimonatsfrist anzurechnen.
- Kosten der Zweitwohnung, Übernachtungskosten
  Steuerfrei gezahlt werden können die tatsächlichen **Übernachtungskosten** am Beschäftigungsort. Stattdessen kann der Arbeitgeber die Unterkunft kostenlos zur Verfügung stellen oder, falls der Arbeitnehmer die Unterkunft selbst bezahlt, pauschal 20 € pro Übernachtung in den ersten drei Monaten der Abwesenheit von der Familienwohnung bzw. der doppelten

Haushaltsführung an diesen zahlen. Anschließend können bis zu 5 € pro Übernachtung steuerfrei gezahlt werden, solange der doppelte Haushalt fortgeführt wird. Bei Übernachtung im Ausland dürfen die Übernachtungskosten ohne Einzelnachweis der tatsächlichen Aufwendungen mit Pauschbeträgen (Übernachtungsgelder) steuerfrei erstattet werden; die Pauschbeträge werden vom BMF bekannt gegeben (→ *Reisekosten*).
– Familienheimfahrten
Von den Aufwendungen des Arbeitnehmers für wöchentliche **Heimfahrten** an den Ort des eigenen Hausstands kann der Arbeitgeber einen Betrag bis zur Höhe der Entfernungspauschale von **0,30 €** pro Entfernungskilometer für jeweils eine mit dem Kraftfahrzeug tatsächlich durchgeführte Heimfahrt wöchentlich steuerfrei ersetzen. Die Entfernungspauschale gilt **nicht** für Flugstrecken; hier sind vorbehaltlich der Angemessenheit die tatsächlichen Aufwendungen anzusetzen. Aufwendungen für Fahrten mit einem im Rahmen des Dienstverhältnisses zur Nutzung **überlassenen Kraftfahrzeug** (Firmenwagen) können nicht steuerfrei erstattet werden; im Gegenzug ist kein steuerpflichtiger geldwerter Vorteil anzusetzen. Werden öffentliche Verkehrsmittel genutzt, kann der Arbeitgeber die tatsächlichen Aufwendungen steuerfrei ersetzen.

Eine beruflich bedingte doppelte Haushaltsführung wird für unbegrenzte Zeit steuerlich anerkannt. Bei Arbeitnehmern in den Steuerklassen III, IV oder V kann der Arbeitgeber ohne weiteres unterstellen, dass sie einen eigenen Hausstand haben. Bei anderen Arbeitnehmern darf der Arbeitgeber einen eigenen Hausstand nur dann anerkennen, wenn sie schriftlich erklären, dass sie neben einer Zweitwohnung am Beschäftigungsort außerhalb des Beschäftigungsortes **einen eigenen Hausstand** unterhalten, und die Richtigkeit dieser Erklärung durch Unterschrift bestätigen. Diese Erklärung ist als Beleg zum Lohnkonto aufzubewahren.

Für die steuerfreie Erstattung hat der Arbeitnehmer dem Arbeitgeber die Belege über die entstandenen Kosten sowie die entsprechenden Reisekostenabrechnungen usw. vorzulegen. Der Arbeitgeber hat diese Unterlagen als Belege zum Lohnkonto aufzubewahren.

Durchlaufende Gelder
Durchlaufende Gelder, die der Arbeitnehmer vom Arbeitgeber erhält, um sie für ihn auszugeben, sind kein Arbeitslohn; darüber hinaus sind sie steuerfrei gestellt (→ *Auslagenersatz*).

Ehrenamt
Im Einkommensteuerrecht gibt es keine besonderen Vorschriften für eine „ehrenamtliche" Tätigkeit, so dass die allgemeinen steuerlichen Regelungen auch für ehrenamtlich Tätige gelten. Wird eine ehrenamtliche Tätigkeit unentgeltlich ausgeübt, so ist dies einkommensteuerlich ohne Bedeutung, da es in diesen Fällen an einem Zufluss von Einnahmen auf Seiten des ehrenamtlich Tätigen fehlt und der Tatbestand der Einkunftserzielung nicht erfüllt ist. Der Einkommensteuer unterliegen nur diejenigen Einkünfte, die einer der in § 2 Abs. 1 EStG genannten Einkunftsarten zuzuordnen sind (→ Rz. B 47 f.). Erhalten die Betroffenen für ihre Tätigkeit einen finanziellen Ausgleich (Vergütung) – auch wenn dieser als Aufwandsentschädigung bezeichnet wird –, so kann es sich – je nach Art und rechtlicher Ausgestaltung der Tätigkeit – um Einkünfte aus selbständiger Arbeit (§ 18 EStG), nichtselbständiger Arbeit (§ 19 EStG) oder um sonstige Einkünfte (§ 22 Nr. 3 EStG) handeln. Werden hingegen nur die tatsächlich angefallenen Aufwendungen im steuerlichen Sinn erstattet, liegen keine einkommensteuerrelevanten Einkünfte vor, da kein Gewinn bzw. Überschuss der Einnahmen über die Ausgaben angestrebt bzw. erzielt wird (→ Rz. B 50). Der Gesichtspunkt, dass die gezahlte Entschädigung bei der Umrechnung einen geringen Stundenlohn ergibt, spricht nicht gegen die Steuerpflicht. Erhalten öffentliche Dienste leistende Personen Aufwandsentschädigungen aus öffentlichen Kassen, → *Aufwandsentschädigungen*.

Seit 2007 kann der **neue** allgemeine **Freibetrag** für Einnahmen aus **nebenberuflichen Tätigkeiten** (Ehrenamtsfreibetrag) in EU- oder EWR-Staaten im gemeinnützigen, mildtätigen oder kirchlichen Bereich i. H. v. **500 €** im Kalenderjahr angesetzt werden (§ 3 Nr. 26a EStG). Mit diesem Freibetrag wird der Aufwand, der solchen nebenberuflich tätigen Personen durch ihre Beschäftigung entsteht, pauschal abgegolten. Übersteigen die als Betriebsausgaben oder Werbungskosten abziehbaren Aufwendungen den Freibetrag, sind die gesamten Aufwendungen dem Finanzamt nachzuweisen oder glaubhaft zu machen. Der Freibetrag wird für dieselbe Tätigkeit jedoch nicht zusätzlich zu den Steuerbefreiungen für → *Aufwandsentschädigungen* aus öffentlichen Kassen oder dem sog. Übungsleiterfreibetrag (→ *Übungsleiterpauschale*) gewährt.

Dieser Freibetrag kann bereits beim **Lohnsteuerabzug** angesetzt werden, sodass Zahlungen des Arbeitgebers bis zu 500 € im Kalenderjahr steuerfrei bleiben. Näheres zur Berücksichtigung des Freibetrags beim Lohnsteuerabzug → *Übungsleiterpauschale*. → *Freibetrag für Betreuer*

Ein-Euro-Job
Die als Mehraufwand gezahlte Vergütung ist steuerfrei, wenn dem Beschäftigten als Entschädigung lediglich die Zuschüsse der Agentur für Arbeit gezahlt bzw. diese weitergeleitet werden. Die Zahlungen unterliegen nicht dem Progressionsvorbehalt nach § 32b EStG (→ Rz. B 29).

Einkaufsgutscheine → *Warengutscheine*

Einsatzwechseltätigkeit
Ab 2009: Beruflich veranlasste Auswärtstätigkeit (Rz. B 87), → *Reisekosten*

Eintrittskarten
Eintrittskarten, die der Arbeitgeber verbilligt oder kostenlos überlässt, sind grundsätzlich steuerpflichtiger Arbeitslohn. Zu beachten ist jedoch die Freigrenze für Sachbezüge i. H. v. 44 € monatlich (→ *Sachbezüge, Freigrenze*); als Teil einer Betriebsveranstaltung ggf. steuerfrei → *Betriebsveranstaltungen*, → *VIP-Logen*.

Entgeltumwandlung zu Gunsten einer betrieblichen Altersversorgung
Vereinbaren Arbeitgeber und Arbeitnehmer, **künftige Arbeitslohnansprüche** zu Gunsten einer betrieblichen Altersversorgung **herabzusetzen**, liegt eine arbeitnehmerfinanzierte betriebliche Altersversorgung (Entgeltumwandlung) vor (→ *Betriebliche Altersversorgung*). Die steuerlichen Folgen richten sich nach dem Durchführungsweg. Eine Vereinbarung zur Entgeltumwandlung wird steuerlich anerkannt, wenn noch nicht fällig gewordene Anteile des Arbeitslohns umgewandelt werden. Dies gilt auch, wenn eine **Einmal-** oder **Sonderzahlung** einen Zeitraum von mehr als einem Jahr betrifft.

Bei einer Herabsetzung laufenden Arbeitslohns zu Gunsten einer betrieblichen Altersversorgung wird eine Entgeltumwandlung steuerlich auch dann anerkannt, wenn der bisherige **ungekürzte Arbeitslohn** weiterhin **Bemessungsgrundlage** für künftige Erhöhungen des Arbeitslohns oder andere Arbeitgeberleistungen (wie z. B. Weihnachtsgeld, Tantieme, Jubiläumszuwendungen, betriebliche Altersversorgung) bleibt, die Gehaltsminderung zeitlich begrenzt oder vereinbart wird, dass der Arbeitnehmer oder der Arbeitgeber sie für künftigen Arbeitslohn einseitig ändern können.

Entlassungsentschädigungen → *Abfindungen*

Entschädigungen
Entschädigungen sind Zahlungen an den Steuerpflichtigen, um eine finanzielle Einbuße ausgleichen. Eine Entschädigung setzt voraus, dass an Stelle der bisher geschuldeten Leistung eine andere tritt. Diese andere Leistung muss auf einem anderen, eigenständigen Rechtsgrund beruhen. Keine Entschädigungen sind demnach Zahlungen, die nicht an die Stelle weggefallener Einnahmen treten, sondern sich aus dem bestehenden Rechtsverhältnis ergeben. Für steuerpflichtige Entschädigungen als Ersatz für entgangene oder entgehende Einnahmen kommt die ermäßigte Besteuerung nach der Fünftelungsregelung für außerordentliche Einkünfte (→ Rz. C 141 f.) in Betracht; auch → *Abfindungen.*

Erfindung, Erfindervergütung → *Arbeitnehmererfindung*

Erfolgsbeteiligungen, Ergebnisbeteiligungen
sind steuerpflichtige Arbeitslöhne.

Erholungsbeihilfen
sind steuerpflichtiger Arbeitslohn, der unter bestimmten Voraussetzungen pauschal versteuert werden kann (→ Rz. C 210, 220).

Erschwerniszuschläge
sind steuerpflichtiger Arbeitslohn; auch → *Arbeitslohnzuschläge für Sonntags-, Feiertags- oder Nachtarbeit.*

Essen → *Mahlzeiten*

Essenmarke → *Mahlzeiten,* → Rz. C 210 ff.

Existenzgründungszuschuss
Der nach § 421I SGB III gezahlte Existenzgründungszuschuss ist steuerfrei; er unterliegt nicht dem Progressionsvorbehalt.

Fahrtätigkeit
Ab 2009: Beruflich veranlasste Auswärtstätigkeit (→ Rz. B 87), → *Reisekosten*

Fahrten zwischen Wohnung und Arbeitsstätte → *Fahrtkostenzuschüsse, Fahrtkostenersatz,* → Rz. C 210, 225 ff.

Fahrtkostenzuschüsse, Fahrtkostenersatz
Fahrtkostenzuschüsse bzw. Fahrtkostenersatz des Arbeitgebers für die Fahrten des Arbeitnehmers zwischen Wohnung und Arbeitsstätte sind steuerpflichtiger Arbeitslohn, soweit die Leistungen nicht Reisekosten (→ *Reisekosten*) darstellen oder es sich nicht um eine unentgeltliche oder verbilligte Sammelbeförderung (→ *Sammelbeförderung*) handelt. Als **Fahrtkostenzuschüsse** für die arbeitstäglichen Fahrten zwischen Wohnung und Arbeitsstätte kommen nun wieder (auch ab 2007) ab dem ersten Kilometer folgende Möglichkeiten der **pauschal besteuerungsfähigen** Lohnzahlung bzw. Erstattung der Aufwendungen des Arbeitnehmers in Betracht:

- **Fahrten mit eigenem Kraftfahrzeug**
  Fährt der Arbeitnehmer mit einem Pkw oder einem anderen eigenen Transportmittel zur Arbeitsstätte, können zusätzlich zum ohnehin geschuldeten Arbeitslohn geleistete Fahrtkostenzuschüsse mit einer pauschalen Lohnsteuer i. H. v. 15 % versteuert werden. Pro Arbeitstag kann zwar ein Zuschuss pro Hin- und Rückfahrt gezahlt werden, steuerlich bemisst sich der Höchstbetrag jedoch nach den **Entfernungskilometern** (einfache Entfernung), wobei der pauschalierungsfähige Betrag ab dem ersten Entfernungskilometer zu ermitteln ist. Folgende Höchstbeträge können gezahlt und pauschal versteuert werden:

Fahrt mit	pro Entfernungskilometer (ab dem ersten km) zwischen Wohnung und Betrieb
Pkw	0,30 €
Motorrad, Motorroller	0,13 €
Moped, Mofa	0,08 €
Fahrrad	0,05 €

  Näheres → Rz. C 225 ff.
- **Job-Ticket, Fahrkarte öffentliche Verkehrsmittel**
  Erstattet der Arbeitgeber die Kosten des Arbeitnehmers für die Fahrten zwischen Wohnung und Arbeitsstätte mit öffentlichen Verkehrsmitteln (im Linienverkehr), ist die Pauschalversteuerung mit 15 % bis zu 0,30 € pro Entfernungskilometer (höchstens 4 500 € im Kalenderjahr) oder bis zur Höhe der tatsächlichen Aufwendungen des Arbeitnehmers möglich. Näheres → Rz. C 225 ff. Überlässt der Arbeitgeber ein Job-Ticket oder eine andere Fahrberechtigung, ist die 44 €-Freigrenze anzuwenden → *Sachbezüge, Freigrenze.* Dies gilt auch bei der monatlichen Überlassung einer Monatsmarke oder monatlichen Fahrberechtigung für ein Job-Ticket, das für einen längeren Zeitraum gilt; Näheres → Rz. C 225 ff.

Für **Auswärtstätigkeiten** → *Reisekosten.*

Familienheimfahrten → *Doppelte Haushaltsführung*

Fehlgeldentschädigungen (Mankogelder)
An Arbeitnehmer, die im Kassen- und (Geld-)Zähldienst beschäftigt sind, kann für ein eventuell vom ihm auszugleichendes Fehlgeld ein steuerfreier Lohnzuschlag gezahlt werden. Steuerfrei ist eine Fehlgeldentschädigung von höchstens 16 € pro Kalendermonat. Ersetzt der Arbeitgeber nur die jeweils konkreten Kassenfehlbestände oder verzichtet er auf einen Ausgleich durch den Arbeitnehmer, ist dies steuerfrei bzw. regelmäßig kein Arbeitslohn.

C. Lohnsteuer

Feiertagsarbeit → *Arbeitslohnzuschläge für Sonntags-, Feiertags- oder Nachtarbeit*

Feuerwehr → *Aufwandsentschädigungen*

Firmentelefon → *Telekommunikation/-kommunikationsgeräte, Personalcomputer, Verbindungsentgelte des Arbeitnehmers*

Firmenwagen → *Kraftwagengestellung*

Forderungsverzicht

Verzichtet der Arbeitgeber auf Forderungen gegenüber seinen Arbeitnehmern, ist der Verzicht grundsätzlich steuerpflichtiger Arbeitslohn. Aus Vereinfachungsgründen braucht kein Arbeitslohn angesetzt zu werden, wenn die Forderung auf einem Unfall mit dem Firmen-Pkw beruht und der Arbeitnehmer den Schaden als Werbungskosten ansetzen kann; auch → *Fehlgeldentschädigungen*, → *Schadensersatzleistungen*.

Fort- und Weiterbildung

Berufliche Fort- oder Weiterbildungsleistungen des Arbeitgebers führen **nicht** zu Arbeitslohn, wenn diese Bildungsmaßnahmen im ganz überwiegenden betrieblichen Interesse durchgeführt werden. Diese Voraussetzung liegt vor, wenn die Einsatzfähigkeit des Arbeitnehmers im Betrieb des Arbeitgebers erhöht werden soll. Dabei ist es gleichgültig, ob die Bildungsmaßnahmen am Arbeitsplatz, in zentralen betrieblichen Einrichtungen oder in außerbetrieblichen Einrichtungen durchgeführt werden. Begünstigt sind auch sprachliche Bildungsmaßnahmen, wenn sie für die Tätigkeit erforderlich sind; hierunter fallen auch Deutschkurse für ausländische Mitarbeiter; weitere Bildungsmaßnahmen sind z. B. Rhetorik- und Computerkurse.

Auch wenn die Fort- oder Weiterbildungsleistungen nach den vorstehenden Regelungen nicht zu Arbeitslohn führen, sind die Aufwendungen des Arbeitgebers, die zwar durch die Teilnahme des Arbeitnehmers an der Bildungsveranstaltung veranlasst sind, jedoch neben den Kosten für die eigentliche Fort- oder Weiterbildungsmaßnahme anfallen (z. B. Reisekosten), nach den dafür maßgebenden steuerlichen Vorschriften zu behandeln.

Fährt der Arbeitnehmer zur regelmäßigen Arbeitsstätte, um sich freiwillig fortzubilden, z. B. außerhalb der Arbeitszeit, sind die Fahrten zwischen Wohnung und Arbeitsstätte keine Dienstreisen (Ansatz der Entfernungspauschale). Führt ein vollbeschäftigter Arbeitnehmer eine längerfristige, jedoch vorübergehende berufliche Bildungsmaßnahme durch, wird der Veranstaltungsort im Allgemeinen nicht zu einer weiteren regelmäßigen Arbeitsstätte; z. B. bei einer ca. 4-jährigen Maßnahme.

Freibetrag für Betreuer

Ab dem Kalenderjahr 2011 erhalten Steuerpflichtige, die als ehrenamtliche Vormünder (§§ 1793 ff. BGB), als ehrenamtliche rechtliche Betreuer (§§ 1896 ff BGB) oder als ehrenamtliche Pfleger (§§ 1909 ff. BGB) eine Aufwandsentschädigung (nach § 1835a BGB) erhalten, einen neuen steuerfreien Betrag von 2 100 € im Kalenderjahr (§ 3 Nr. 26b EStG). Bis zu dieser Höhe bleiben die Einnahmen steuerfrei. Hierbei ist zu beachten, dass bei einer evtl. weiteren ehrenamtlichen Tätigkeit als Übungsleiter, Ausbilder usw. insgesamt nur einmal bis zu 2 100 € steuerfrei bleiben. → *Übungsleiterpauschale*

Freigrenze für Sachbezüge → *Sachbezüge*

Funktionswechsel eines Arbeitnehmers

Zu üblichen Sachleistungen des Arbeitgebers aus Anlass eines Funktionswechsels des Arbeitnehmers im Betrieb → *Amtseinführung*.

Geburtsbeihilfen

Geburtsbeihilfen des Arbeitgebers anlässlich der Geburt eines Kindes der Arbeitnehmerin/des Arbeitnehmers sind seit 2006 steuerpflichtig.

Geburtstagsfeier → *Betriebsveranstaltungen*

Gehaltsverzicht

Gehaltsverzicht liegt vor, wenn der Arbeitnehmer auf ihm zustehende Bezahlung verzichtet und keine Bedingungen für die Verwendung der verzichteten Gehaltsteile stellt. Diese Gehaltsteile stellen keinen Arbeitslohn dar. Zur Frage, ob ein bedingungsfreier Gehaltsverzicht oder eine lohnsteuerpflichtige Gehaltskürzung unter Verwendungsauflage vorliegt, → *Lohnverwendungsabrede* und → *Entgeltumwandlung zu Gunsten einer betrieblichen Altersversorgung*.

Geldstrafen

Geldstrafen und Geldauflagen, z. B. § 153a Strafprozessordnung, § 17 OWiG, die der Arbeitgeber für den Arbeitnehmer übernimmt (zahlt), sind **steuerpflichtiger** Arbeitslohn. Übernimmt ein Arbeitgeber aus eigenbetrieblichem Interesse die Zahlung von Verwarnungsgeldern, die gegen seine Fahrer verhängt worden sind, weil sie das Halteverbot verletzt haben, liegt **kein** Arbeitslohn vor (BFH-Urteil v. 7. 7. 2004, BStBl II 2005 S. 367). Im Urteilsfall waren in einem Paketzustelldienst angestellte Fahrer gehalten, ihre Fahrzeuge in unmittelbarer Nähe zum Kunden und notfalls auch in Fußgängerzonen und im Halteverbot abzustellen, um die vorgegebenen Lieferzeiten einzuhalten. Wurden die Fahrer deswegen mit Verwarnungsgeldern belegt, zahlte diese der Arbeitgeber aus überwiegend eigenbetrieblichem Interesse.

Gelegenheitsgeschenke → *Aufmerksamkeiten*

Genussmittel

Genussmittel sind regelmäßig kein Arbeitslohn (→ *Aufmerksamkeiten*).

Geringfügiges Beschäftigungsverhältnis

Das Arbeitsentgelt ist stets **steuerpflichtig** und unterliegt dem Lohnsteuerabzug. Der Arbeitgeber kann die Lohnsteuer pauschal oder nach den Merkmalen der Lohnsteuerkarte/ Ersatzbescheinigung erheben. Einzelheiten zu den gesetzlichen Regelungen → Rz. C 169 ff.

Geschenke
Geschenke und Aufmerksamkeiten, die der Arbeitnehmer aus persönlichen Anlässen erhält, sind steuerfrei, wenn der Warenwert (einschließlich Umsatzsteuer) 40 € nicht übersteigt. Gemeint sind Sachgeschenke, die anlässlich Geburtstag, Hochzeit oder anderer persönlicher Ereignisse des Arbeitnehmers oder seiner Familienangehörigen zugewendet werden; auch → *Aufmerksamkeiten*; Lose als Geschenke → *Lose*.

Gesundheitsvorsorge → *Vorsorgeuntersuchungen, Vorsorgeleistungen*

Getränke
Getränke, die der Arbeitgeber den Arbeitnehmern zur Verfügung stellt, sind regelmäßig kein Arbeitslohn; auch → *Aufmerksamkeiten*.

Gewinnbeteiligungen
Gewinnbeteiligungen, die dem Arbeitnehmer ausgezahlt oder gutgeschrieben werden, sind steuerpflichtiger Arbeitslohn.

Handy → *Telekommunikation/-kommunikationsgeräte, Personalcomputer, Verbindungsentgelte*

Heimarbeiterzuschläge
Heimarbeiterzuschläge können an Heimarbeiter im Sinne des Heimarbeitergesetzes als Lohnzuschlag i. H. v. bis zu 10 % des Grundlohns steuerfrei gezahlt werden (R 9.13 Abs. 2 LStR).

Heimfahrten → *Doppelte Haushaltsführung* (Familienheimfahrten)

Heiratsbeihilfen
Heiratsbeihilfen des Arbeitgebers anlässlich der Heirat der Arbeitnehmerin/des Arbeitnehmers sind seit 2006 steuerpflichtig.

Incentive-Reisen
Veranstaltet der Arbeitgeber sog. Incentive-Reisen, um bestimmte Arbeitnehmer für besondere Leistungen zu belohnen und zu weiteren Leistungssteigerungen zu motivieren, so erhalten die Arbeitnehmer damit einen **steuerpflichtigen** geldwerten Vorteil (Arbeitslohn), wenn auf den Reisen ein Besichtigungsprogramm angeboten wird, das einschlägigen Touristikreisen entspricht, und der Erfahrungsaustausch zwischen den Arbeitnehmern demgegenüber zurücktritt. Dieser Grundsatz gilt selbst dann, wenn ein Arbeitnehmer bei einer von seinem Arbeitgeber veranstalteten sog. Händler-Incentive-Reise Betreuungsaufgaben hat, falls der Arbeitnehmer auf der Reise von seinem Ehegatten begleitet wird. Ein geldwerter Vorteil entsteht jedoch nicht, wenn die Betreuungsaufgaben das Eigeninteresse des Arbeitnehmers an der Teilnahme des touristischen Programms in den Hintergrund treten lassen (BFH-Urteil v. 5. 2. 2006, BStBl II 2007 S. 312).
Die Vorteile für den Arbeitnehmer (z. B. in Form einer Auslandsreise) sind im Rahmen der Gesamtwürdigung einheitlich zu beurteilen. Eine Aufteilung in Arbeitslohn und Leistungen im betrieblichen Interesse ist grundsätzlich nicht zulässig. Ausnahmsweise kann eine Aufteilung zwischen Arbeitslohn und Zuwendungen im betrieblichen Interesse in Betracht kommen, wenn sich die Kosten für die betriebsfunktionalen Elemente leicht und eindeutig von sonstigen Zuwendungen mit Entlohnungscharakter abgrenzen lassen.
Veranstaltet der Arbeitgeber oder auf Grund von Geschäftsbeziehungen ein Dritter (z. B. Lieferant des Arbeitgebers) eine solche Reise, um bestimmte Arbeitnehmer für besondere Leistungen zu entlohnen und zu weiteren Leistungen zu motivieren, ist der Vorteil ebenfalls steuerpflichtiger Arbeitslohn und keine Betriebsveranstaltung (→ *Betriebsveranstaltungen*).
Da es sich stets um einen Sachbezug handelt, ist die pauschale Besteuerung mit dem betriebsindividuellen Pauschsteuersatz (→ Rz. C 202 ff.) oder mit 30 % (→ Rz. C 234) möglich.

Insolvenzgeld
Insolvenzgeld nach § 183 Abs. 3 SGB III ist steuerfrei; es unterliegt jedoch dem Progressionsvorbehalt nach § 32b EStG (→ Rz. B 29). Leistet der Arbeitgeber auf Grund des gesetzlichen **Forderungsübergangs** (§ 115 SGB X) eine Lohnnachzahlung unmittelbar an die **Arbeitsverwaltung**, ist die Zahlung als **Arbeitslohn** des Arbeitnehmers anzusehen und ggf. Lohnsteuer einzubehalten (R 3.2 LStR, H 3.2 LStH).

Internet → *Telekommunikation/-kommunikationsgeräte, Personalcomputer, Verbindungsentgelte*

Job-Ticket → *Fahrtkostenzuschüsse, Fahrtkostenersatz*

Jubiläumsfeier → *Betriebsveranstaltungen*

Jubiläumszuwendungen
Jubiläumszuwendungen als Sonderzahlungen des Arbeitgebers für Firmen- und Arbeitnehmerjubiläen sind seit 1999 steuerpflichtiger Arbeitslohn. Soweit es sich um Vergütungen für mehrjährige Tätigkeiten handelt, kommt eine Besteuerung als außergewöhnliche Einkünfte nach § 34 EStG (Fünftelungsregelung) in Betracht.

Kaufkraftausgleich
Kaufkraftausgleich kann als Zuschlag zum Arbeitslohn an Arbeitnehmer, die sich vorübergehend im Ausland aufhalten, steuerfrei gezahlt werden. Der steuerfreie Kaufkraftausgleich soll für den privaten Dienst den im öffentlichen Dienst steuerfrei gezahlten Kaufkraftzuschlag ausgleichen. Die Höhe der steuerfrei zahlbaren Prozentsätze vom Arbeitslohn werden vom BMF vierteljährlich bekannt gegeben (Gesamtübersicht zum 1. 1. 2010 s. BMF-Schreiben vom 9. 1. 2010 – IV C 5 – IV C 5 – S 2341/09/10001; DOK: 2009/0872534, BStBl I 2010 S. 23; Anpassungen folgten). Die Gesamtübersicht zum 1. 1. 2011 lag bei Redaktionsschluss noch nicht vor.

Kinderbetreuung → *Kindergartenbeiträge*

Kindergartenbeiträge
Zuschüsse des Arbeitgebers an Arbeitnehmer zur Unterbringung und Betreuung von nicht (grund-)schulpflichtigen Kindern in Kindergärten oder vergleichbaren Einrichtungen sind steuerfrei. Es muss sich um Arbeitgeberleistungen für ein Kind des Arbeitnehmers handeln; der Arbeitnehmer braucht die Aufwendungen für die Kinderbetreuung nicht selbst zu tragen. Danach sind Arbeitgeberleistungen für die Betreuung des gemeinsamen Kindes eines unverheirateten Elternpaares auch dann steuer-

frei, wenn der nicht beim Arbeitgeber beschäftigte Elternteil die Betreuungsaufwendungen trägt. Begünstigt sind auch Beiträge für den Besuch einer Vorschule und von Vorklassen.

Die Kindergartenzuschüsse müssen zusätzlich zum ohnehin geschuldeten Arbeitslohn gezahlt werden (→ Rz. C 228 ff.). Der Arbeitgeber muss die sachgerechte Verwendung der Zuschüsse nachweisen können (z. B. durch Vorlage der vom Arbeitnehmer zur Verfügung gestellten Quittungen bzw. durch Überweisungsformulare der monatlichen Zahlungen an den Kindergarten oder Träger der Einrichtung). Diese Nachweise müssen im Original als Beleg zum Lohnkonto des Arbeitnehmers aufbewahrt werden.

Kleidung → *Berufskleidung*

Konkursausfallgeld → *Insolvenzgeld*

Kontoführungsgebühren

Kontoführungsgebühren, die der Arbeitgeber an den Arbeitnehmer zahlt, sind steuerpflichtiger Arbeitslohn.

Kraftwagengestellung

Überlässt der Arbeitgeber oder auf Grund des Dienstverhältnisses ein Dritter dem Arbeitnehmer ein **Kraftfahrzeug** unentgeltlich (oder verbilligt) zur privaten Nutzung, liegt hierin ein steuerpflichtiger **geldwerter Vorteil** (Sachbezug für private Nutzung), der als Arbeitslohn zu erfassen ist. Dieser Vorteil kann anhand gesetzlich festgelegter **Pauschalen** oder durch **Einzelnachweis** der auf die Privatfahrten entfallenden Aufwendungen ermittelt werden. Bei der Privatnutzung ist zu unterscheiden zwischen **Privatfahrten**, Fahrten zwischen **Wohnung** und Arbeitsstätte und den **Heimfahrten** i. R. einer doppelten Haushaltsführung. Allein aus der **beruflichen Gestellung** eines **Werkstattwagens** kann eine Privatnutzung nicht unterstellt werden, BFH-Urteil v. 18. 12. 2008, VI R 34/07, BStBl II 2009 S. 381; allerdings wäre in diesem Fall bei einer Privatnutzung die 1%-Regelung nicht anwendbar (s. zuvor genanntes BFH-Urteil).

Kein steuerpflichtiger Vorteil (weil steuerfrei) ist anzusetzen für folgende Fahrten des Arbeitnehmers:
- Fahrten anlässlich von Dienstreisen einschl. Fahrten zwischen Wohnung und Betrieb, wenn dadurch die Dienstreise an der Wohnung begonnen oder beendet wird,
- Fahrten von der Wohnung bzw. dem Betrieb zu den (ständig wechselnden) Einsatzstellen bei Auswärtstätigkeiten, auch wenn der Arbeitnehmer auswärts übernachtet → *Dienstreise*, → Rz. B 87,
- Fahrten anlässlich des Wohnungswechsels zu Beginn und am Ende der doppelten Haushaltsführung,
- wöchentliche Heimfahrten (Familienheimfahrten) anlässlich einer doppelten Haushaltsführung; 1 × pro Woche, soweit Werbungskostenansatz möglich;
- Sammelbeförderung für mehrere Arbeitnehmer → *Sammelbeförderung*;
- wenn der Arbeitnehmer das Firmenfahrzeug ausschließlich an den Tagen für die Fahrten zwischen Wohnung und Arbeitsstätte erhält, an denen es erforderlich werden kann, dass er die dienstliche Fahrt von der Wohnung aus antritt, z. B. bei Bereitschaftsdienst in Versorgungsunternehmen.

Steuerpflichtig sind die sich aus der Nutzung eines Kraftwagens für andere Fahrten ergebenden Vorteile, die wie folgt zu berechnen sind:

● **Ermittlung des privaten Nutzungswerts durch Pauschalierung**

Vereinbaren Arbeitgeber und Arbeitnehmer für die Ermittlung des privaten Nutzungswerts die gesetzlichen **Pauschalen**, ist der geldwerte Vorteil nach den folgenden Grundsätzen zu ermitteln:

Der Arbeitgeber hat den Nutzungswert für die **Privatnutzung** mit **monatlich** 1 % des inländischen Listenpreises des Kraftfahrzeugs (Listenpreis) anzusetzen. Dieser Wert gilt unabhängig davon, in welchem Umfang/Verhältnis Privatfahrten durchgeführt werden; Unfallkosten sind nicht anzusetzen. Trägt der Arbeitnehmer bei Wahl der 1 %-Regelung die **Treibstoffkosten selbst**, **mindert** dies **weder** den Nutzungswert **noch** können sie als Werbungskosten angesetzt werden, s. auch BMF-Schreiben v. 6. 2. 2009, BStBl I 2009 S. 412. Kann das Kraftfahrzeug auch zu Fahrten zwischen **Wohnung** und Arbeitsstätte genutzt werden, so ist für diese Nutzungsmöglichkeit zusätzlich ein **monatlicher** Betrag i. H. v. **0,03 %** des Listenpreises für jeden Entfernungskilometer zwischen Wohnung und Arbeitsstätte dem Arbeitslohn zuzurechnen; dies gilt auch bei Nutzung eines Werkstattwagens. Die Monatswerte für die Privatnutzung und für Fahrten zwischen Wohnung und Arbeitsstätte sind auch dann anzusetzen, wenn das Kraftfahrzeug dem Arbeitnehmer im Kalendermonat nur zeitweise zur Verfügung steht; die tatsächliche Nutzung ist nicht entscheidend.

Für die Fahrten zwischen Wohnung und Arbeitsstätte ist die **einfache**, auf den nächsten vollen Kilometerbetrag abgerundete **Entfernung** anzusetzen. Maßgebend ist die kürzeste benutzbare Straßenverbindung. Der pauschale Nutzungswert ist nicht zu erhöhen, wenn der Arbeitnehmer das Kraftfahrzeug an einem Arbeitstag mehrmals zwischen Wohnung und Arbeitsstätte benutzt. Setzt der Arbeitnehmer das ihm überlassene Kraftfahrzeug bei den Fahrten zwischen Wohnung und Arbeitsstätte oder bei Familienheimfahrten nur für eine Teilstrecke ein, weil er regelmäßig die andere **Teilstrecke** mit öffentlichen Verkehrsmitteln zurücklegt, so ist der Ermittlung des pauschalen Nutzungswerts grundsätzlich die gesamte Entfernung zu Grunde zu legen. Die **mit dem Kraftfahrzeug tatsächlich zurückgelegte Strecke** kommt nur in Betracht, wenn das Kraftfahrzeug vom Arbeitgeber **nur** für diese Teilstrecke zur Verfügung gestellt worden ist und der Arbeitgeber die Einhaltung des Verbots **überwacht**. Nach dem BMF-Schreiben vom 23. 10. 2008, BStBl I 2008 S. 961, kann jedoch aus Billigkeitsgründen der pauschale Nutzungswert auch dann nach der mit dem Kraftfahrzeug tatsächlich zurückgelegten Entfernung ermittelt werden, z. B. in Park-and-Ride-Fällen, wenn für die restliche Teilstrecke z. B. eine auf den Arbeitnehmer ausgestellte Jahres-Bahnfahrkarte vorgelegt wird.

Diese **Monatsbeträge** für Privatnutzung und Fahrten zwischen Wohnung und Arbeitsstätte brauchen nicht angesetzt zu werden
- für volle Kalendermonate, in denen dem Arbeitnehmer kein betriebliches Kraftfahrzeug zur Verfügung steht, oder
- wenn dem Arbeitnehmer das Kraftfahrzeug aus besonderem Anlass nur gelegentlich (von Fall zu Fall) für nicht mehr als fünf Kalendertage im Kalendermonat überlassen wird. In diesem Fall ist die Nutzung zu Privatfahrten und zu Fahrten zwischen Wohnung und Arbeitsstätte je Fahrtkilometer mit 0,001 % des inländischen Listenpreises des Kraftfahrzeugs zu bewerten (Einzelbewertung). Zum Nachweis der Fahrtstrecke müssen die Kilometerstände festgehalten werden.

Nutzt der Arbeitnehmer das Kraftfahrzeug im Rahmen einer doppelten Haushaltsführung zu **mehr** als einer **Familienheimfahrt** wöchentlich, erhöht sich der zu versteuernde Nutzungswert für **jeden Kilometer** der Entfernung zwischen dem Beschäftigungsort und dem Ort des eigenen Hausstands um **0,002 %** des Listenpreises **pro Familienheimfahrt** → Rz. B 86 *Doppelte Haushaltsführung*. Solch ein Wert ist demnach anzusetzen für die zweite und jede weitere Heimfahrt innerhalb einer Woche.
Listenpreis im Sinne dieser Vorschrift ist die auf volle hundert Euro abgerundete unverbindliche Preisempfehlung des Herstellers für das genutzte Kraftfahrzeug im Zeitpunkt seiner Erstzulassung im Inland einschließlich der Zuschläge für Sonderausstattungen und der Umsatzsteuer; der Wert eines Autotelefons einschl. einer Freisprecheinrichtung sowie der Wert eines weiteren Satzes Reifen (z. B. Winterreifen) einschl. der Felgen bleibt außer Ansatz, Aufwendungen für **Navigations-** und **Diebstahlsicherungsgeräte** sind als Sonderausstattung zu erfassen. Wird Sonderausstattung nachträglich eingebaut, sind deren Kosten (einschl. Umsatzsteuer) dem Listenpreis zuzurechnen. Diese Grundsätze gelten auch bei **gebraucht** erworbenen oder **geleasten** Fahrzeugen. Für **reimportierte** Fahrzeuge ist der inländische Listenpreis des Kraftfahrzeugs im Zeitpunkt seiner Erstzulassung maßgebend. Nicht im Listenpreis erfasste Sonderausstattung ist werterhöhend, eine geringerwertige Ausstattung ist wertmindernd zu berücksichtigen. Ist ein Kraftwagen aus **Sicherheitsgründen** gepanzert, kann der Listenpreis des leistungsschwächeren Fahrzeugs zu Grunde gelegt werden, das dem Arbeitnehmer zur Verfügung gestellt würde, wenn seine Sicherheit nicht gefährdet wäre.
Beispiel:
Ermittlung des steuerpflichtigen geldwerten Vorteils für die private Kfz-Nutzung durch Pauschalierung
a) Privatnutzung
Der Brutto-Listenpreis des vom Arbeitnehmer privat genutzten betrieblichen Kfz beträgt im Zeitpunkt der Erstzulassung 38 000 €. Das Kfz wird im Kalenderjahr 2011 neben den Privatfahrten auch an 230 Tagen für Fahrten zwischen Wohnung und Arbeitsstätte genutzt. Die einfache Entfernung beträgt 20 km. Die steuerpflichtigen Jahresbeträge sind wie folgt zu ermitteln:
1 % von 38 000 € × 12 Monate = 4 560 €
Der steuerpflichtige Sachbezug für die private Pkw-Nutzung beträgt 4 560 €.
b) Wege zwischen Wohnung und Arbeitsstätte
0,03 % von 38 000 € × 20 km × 12 Monate = 2 736 €
Der steuerpflichtige Sachbezug für die Fahrten zwischen Wohnung und Arbeitsstätte beträgt 2 736 €. Anzusetzen ist ein steuerpflichtiger Jahresbetrag i. H. v. 7 296 €.
Der pauschale Nutzungswert kann die dem Arbeitgeber für das Fahrzeug insgesamt entstandenen Kosten übersteigen. Wird dies im Einzelfall nachgewiesen, so ist der Nutzungswert höchstens mit dem Betrag der Gesamtkosten des Kraftfahrzeugs anzusetzen, wenn nicht auf Grund des Nachweises der Fahrten durch ein Fahrtenbuch ein geringerer Wertansatz in Betracht kommt **(Begrenzung des pauschalen Nutzungswerts)**. Der mit dem Betrag der Gesamtkosten anzusetzende Nutzungswert ist um 50 % zu erhöhen, wenn das Kraftfahrzeug mit Fahrer zur Verfügung gestellt worden ist (BMF-Schreiben v. 28. 5. 1996, BStBl I 1996 S. 654).
Übersteigt die Zahl der Nutzungsberechtigten die in einem **Fahrzeugpool** zur Verfügung stehenden Kraftfahrzeuge, so ist bei pauschaler Nutzungswertermittlung für Privatfahrten der geldwerte Vorteil mit **monatlich** 1 % der Listenpreise aller Kraftfahrzeuge zu ermitteln und die Summe entsprechend der Zahl der Nutzungsberechtigten aufzuteilen. Für Fahrten zwischen Wohnung und Arbeitsstätte ist der geldwerte Vorteil mit 0,03 % der Listenpreise aller Kraftfahrzeuge zu ermitteln und die Summe durch die Zahl der Nutzungsberechtigten zu teilen. Dieser Wert ist beim einzelnen Arbeitnehmer mit der Zahl seiner zurückgelegten Entfernungskilometer zu multiplizieren. Wird **ein** Kraftfahrzeug von **mehreren** Arbeitnehmern genutzt, so ist bei pauschaler Nutzungswertermittlung für Privatfahrten der monatliche geldwerte Vorteil i. H. v. 1 % des Listenpreises entsprechend der Zahl der Nutzungsberechtigten aufzuteilen. Für Fahrten zwischen Wohnung und Arbeitsstätte ist bei jedem Arbeitnehmer der monatliche geldwerte Vorteil mit 0,03 % des Listenpreises je Entfernungskilometer zu ermitteln und dieser Wert durch die Zahl der Nutzungsberechtigten zu teilen.

● **Ermittlung des privaten Nutzungswerts durch Fahrtenbuchmethode**
Anstelle der pauschalen Ermittlung kann der Arbeitgeber den geldwerten Vorteil für die **Privatnutzung** anhand der **tatsächlichen** Fahrleistung (Privatnutzung zuzüglich Fahrten zwischen Wohnung und Arbeitsstätte sowie Familienheimfahrten) und der darauf entfallenden Aufwendungen für das Kraftfahrzeug ermittelt werden. Dabei bleiben vom Arbeitnehmer selbst getragene Aufwendungen (Kosten) außer Ansatz (R 8.1 Abs. 9 Nr. 2 Satz 8 LStR 2011, für Jahre zuvor s. BMF-Schreiben v. 6. 2. 2009, BStBl I 2009 S. 412). Maßgebend ist das Verhältnis der privaten zu den übrigen Fahrten; sie sind durch ein ordnungsgemäßes Fahrtenbuch nachzuweisen (**Fahrtenbuchmethode**). Dabei sind die dienstlich und privat zurückgelegten Fahrtstrecken gesondert und laufend im Fahrtenbuch nachzuweisen. Für dienstliche Fahrten sind grundsätzlich die folgenden Angaben erforderlich (strenge Formvorschriften der Finanzverwaltung beachten!):
– Datum und Kilometerstand zu Beginn und am Ende jeder einzelnen Auswärtstätigkeit, z. B. Dienstreise,
– Reiseziel und bei Umwegen auch die Reiseroute,
– Reisezweck und aufgesuchte Geschäftspartner.
Für **Privatfahrten** genügen jeweils Kilometerangaben; für Fahrten zwischen Wohnung und Arbeitsstätte genügt jeweils ein kurzer Vermerk im Fahrtenbuch. Die Führung des Fahrtenbuchs kann nicht auf einen repräsentativen Zeitraum beschränkt werden, selbst wenn die Nutzungsverhältnisse keinen größeren Schwankungen unterliegen. Anstelle des Fahrtenbuchs kann ein Fahrtenschreiber eingesetzt werden, wenn sich daraus dieselben Erkenntnisse gewinnen lassen.
Der private **Nutzungswert** ist der Anteil an den Gesamtkosten des Kraftwagens, der dem Verhältnis der Privatfahrten zur Gesamtfahrtstrecke entspricht.
Zu den **Gesamtkosten** gehören nur solche Kosten, die dazu bestimmt sind, unmittelbar dem Halten und dem Betrieb des Kraftfahrzeugs zu dienen und im Zusammenhang mit seiner Nutzung typischerweise entstehen. Sie sind als Summe der Nettoaufwendungen (**ohne Unfallkosten**) zuzüglich Umsatzsteuer und Absetzungen für Abnutzung zu ermitteln. Den Absetzungen für Abnutzung sind die tatsächlichen Anschaffungs- oder Herstellungskosten einschließlich der Umsatzsteuer zu Grunde zu legen. Als voraussichtliche Nutzungsdauer ist von einer **achtjährigen** (Gesamt-)Nutzungsdauer auszugehen. Für gebraucht erworbene Kraftfahrzeuge kommt eine entsprechend kürzere Nutzungsdauer in Betracht.

Nicht zu den Gesamtkosten gehören z. B. Beiträge für einen auf den Namen des Arbeitnehmers ausgestellten Schutzbrief, Straßen- oder Tunnelbenutzungsgebühren und Unfallkosten. Außergewöhnliche Aufwendungen, z. B. durch Unfall, gehören **nicht** mehr zu den Gesamtkosten. Dabei ist es unerheblich, ob sich der Unfall auf einer privaten oder beruflichen Fahrt ereignete. **Verbleiben** nach Erstattungen durch Dritte **Unfallkosten** bis zur Höhe von 1 000 € (zzgl. Umsatzsteuer) je Schaden, ist es aber nicht zu beanstanden, wenn diese als Reparaturkosten in die Gesamtkosten einbezogen werden. Ist der Arbeitnehmer gegenüber dem Arbeitgeber wegen Unfallkosten nach allgemeinen zivilrechtlichen Regeln **schadensersatzpflichtig**, z. B. Unfall auf Privatfahrten oder Trunkenheitsfahrten, und verzichtet der Arbeitgeber (z. B. durch arbeitsvertragliche Vereinbarungen) auf diesen Schadensersatz, so liegt in Höhe des Verzichts ein gesonderter geldwerter Vorteil vor. Erstattungen durch Dritte, z. B. durch eine Versicherung, sind unabhängig vom Zahlungszeitpunkt zu berücksichtigen, so dass der geldwerte Vorteil regelmäßig in Höhe des vereinbarten Selbstbehalts anzusetzen sein wird.

Hat der Arbeitgeber auf den Abschluss einer Versicherung verzichtet, ist aus Vereinfachungsgründen so zu verfahren, als bestünde eine Versicherung mit einem Selbstbehalt i. H. v. **1 000 €**, wenn es bei bestehender Versicherung zu einer Erstattung gekommen wäre. Liegt keine Schadensersatzpflicht des Arbeitnehmers vor, z. B. Fälle höherer Gewalt, Verursachung des Unfalls durch einen Dritten, oder ereignet sich der Unfall auf einer beruflich veranlassten Fahrt (Auswärtstätigkeit oder Fahrt zwischen Wohnung und regelmäßige Arbeitsstätte), liegt kein geldwerter Vorteil vor, vorausgesetzt der Arbeitnehmer ist gegenüber dem Arbeitgeber nicht schadensersatzpflichtig (R 8.1 Abs. 9 Nr. 2 Satz 12 ff. LStR 2011.

Diese Auffassung gilt entgegen den Regelungen in den LStR 2008 (R 8.1 Abs. 9 Nr. 2 Satz 8 LStR 2008) auch für frühere Jahre. Dem geldwerten Vorteil kann ein möglicher Werbungskostenabzug aus Vereinfachungsgründen bereits im Lohnsteuerabzugsverfahren **gegengerechnet** werden (dann keine Besteuerung).

Beispiel:
Ermittlung des steuerpflichtigen geldwerten Vorteils für die private Kfz-Nutzung nach Fahrtenbuchmethode
Arbeitnehmer und Arbeitgeber haben sich für die individuelle Bewertung des geldwerten Vorteils für das von der Firma für Privatfahrten und Fahrten zwischen Wohnung und Arbeitsstätte überlassene Kfz im Wert von 30 000 € entschieden. Die Entfernung Wohnung-Arbeitsstätte beträgt 8 km. Die gesamten Aufwendungen für das Kfz einschließlich AfA betragen im Kalenderjahr 8 000 €. Aus dem Fahrtenbuch ergibt sich, dass der Arbeitnehmer 2 200 km zwischen Wohnung und Arbeitsstätte sowie 9 600 km privat und außerdem 13 200 km für die Firma gefahren ist.

Die Aufwendungen betragen somit 8 000 € : 25 000 Km = 0,32 € je km. Der geldwerte Vorteil für dieses Kalenderjahr errechnet sich folgendermaßen:

für Privatnutzung (9 600 × 0,32 € =)	3 072 €
zuzüglich für Fahrten zwischen Wohnung und Arbeitsstätte (2 200 × 0,32 € =)	704 €
steuerpflichtiger Jahresbetrag	3 776 €.

Der Arbeitgeber muss in **Abstimmung** mit dem Arbeitnehmer die Anwendung eines der beiden Verfahren für jedes **Kalenderjahr** festlegen; das Verfahren darf bei demselben Kraftfahrzeug während des Kalenderjahres nicht gewechselt werden. Soweit die genaue Erfassung des privaten Nutzungswerts nach der Fahrtenbuchmethode nicht möglich ist, kann für die Erhebung der Lohnsteuer monatlich ein Zwölftel des Vorjahresbetrags zu Grunde gelegt werden. Nach Ablauf des Kalenderjahres oder nach Beendigung des Dienstverhältnisses ist der tatsächlich zu versteuernde Nutzungswert zu ermitteln und eine etwaige Lohnsteuerdifferenz auszugleichen (§§ 41c, 42b EStG). Bei der Veranlagung zur **Einkommensteuer** ist der Arbeitnehmer für den Werbungskostenansatz nicht an das für die Lohnsteuererhebung gewählte Verfahren gebunden.

Zuzahlungen des Arbeitnehmers zu den Anschaffungskosten, z. B. für Sonderausstattung, eines ihm auch zur privaten Nutzung überlassenen betrieblichen Kraftfahrzeugs **können nicht nur** im Zahlungsjahr, sondern **auch** in den darauf **folgenden Kalenderjahren** auf den geldwerten Vorteil angerechnet werden (R 8.1 Abs. 9 Nr. 2 Satz 8 LStR 2011 und für frühere Jahre ab 2007 entgegen der Regelung in R 8.1 Abs. 9 Nr. 4 Satz 3 LStR 2008: s. BMF-Schreiben v. 6. 2. 2009, BStBl I 2009 S. 413). Voraussetzung ist, dass die Zuzahlungen nicht bereits beim Ansatz der **Anschaffungskosten** berücksichtigt wurden, da dies einen geringeren Betrag für die Abschreibung (AfA) ergibt.

Beispiel:
Arbeitgeber A hat Arbeitnehmer B in den Jahren 2007 bis 2009 einen Dienstwagen zur privaten Nutzung überlassen. B konnte das Kraftfahrzeug auch für Fahrten zwischen Wohnung und Arbeitsstätte nutzen. B leistete in 2007 zu den Anschaffungskosten seines Dienstwagens eine Zuzahlung von 10 000 €. Der geldwerte Vorteil aus der Überlassung des Kraftfahrzeugs zu Privatfahrten und Fahrten zwischen Wohnung und Arbeitsstätte betrug 3 000 €. In 2007 wurde die Zuzahlung auf den geldwerten Vorteil angerechnet. Die Einkommensteuerbescheide für 2007 und 2008 sind bestandskräftig. Seit Januar 2010 nutzt B einen anderen Dienstwagen.

Lösung:
Da die Zuzahlung im Zahlungsjahr 2007 auf den geldwerten Vorteil angerechnet wurde, verblieb ein Betrag von 7 000 € für 2008. In 2008 war der geldwerte Vorteil materiell um 3 000 € zu mindern, denn B erhielt wegen der geleisteten Zuzahlung auch in diesem Jahr den geldwerten Vorteil aus der Überlassung seines Dienstwagens nicht unentgeltlich und war daher insoweit nicht bereichert. Die Minderung war jedoch wegen der Bestandskraft des Einkommensteuerbescheides 2008 formell nicht mehr möglich (der Betrag ist dennoch „verbraucht"). Es verbleibt somit ein Zuzahlungsbetrag von 4 000 € für 2009. Im Rahmen der Veranlagung des B zur Einkommensteuer 2009 kann der geldwerte Vorteil bis auf 0 € gemindert werden. Der verbleibende Zuzahlungsbetrag von 1 000 € ist im Jahr 2010 nicht auf den geldwerten Vorteil aus der Überlassung des neuen Dienstwagens übertragbar. Die nicht verbrauchten Zuzahlungen können in den auf das Zuzahlungsjahr **folgenden** Kalenderjahren jeweils auf den geldwerten Vorteil (bis +/–0) angerechnet werden, solange ihm dieses Kraftfahrzeug auch zur privaten Nutzung überlassen wird.

Zahlt der Arbeitgeber **Zuzahlungen** an den Arbeitnehmer **zurück**, sind sie als Arbeitslohn **steuerpflichtig**, soweit sie den Arbeitslohn (regelmäßig den geldwerten Vorteil) gemindert haben.

● **Ergänzende Vorschriften**
Übernimmt der Arbeitgeber die Beiträge für einen auf seinen Arbeitnehmer ausgestellten **Schutzbrief** und die **Straßenbenutzungsgebühr** (Maut) für die mit dem Firmenwagen unternommenen Privatfahrten des Arbeitnehmers, ist dies Arbeitslohn (geldwerter Vorteil), der nicht von der 1 %-Regelung erfasst wird.

Fahrergestellung
Stellt der Arbeitgeber dem Arbeitnehmer neben dem Firmenwagen für die **Privatfahrten** auch einen **Fahrer** zur Verfügung, ist dies ein als Arbeitslohn zu erfassender geldwerter Vorteil. Für Fahrten zwischen Wohnung und Arbeitsstätte und für Familienheimfahrten (mit Fahrer) ist der entsprechende Nutzungswert um 50 % zu erhöhen.
Steht der Fahrer für andere Privatfahrten zur Verfügung, so ist der private Nutzungswert des Kraftfahrzeugs zu erhöhen
- um 50 %, wenn der Fahrer überwiegend in Anspruch genommen wird,
- um 40 %, wenn der Arbeitnehmer das Kraftfahrzeug häufig selbst steuert, oder
- um 25 %, wenn der Arbeitnehmer das Kraftfahrzeug weit überwiegend selbst steuert.

Diese Prozentsätze sind sowohl bei der pauschalen Nutzungswertermittlung als auch bei der Fahrtenbuchmethode anzusetzen.
Wird dem Arbeitnehmer aus **Sicherheitsgründen** ein sondergeschütztes (gepanzertes) Kraftfahrzeug mit Fahrer zur Verfügung gestellt, ist kein geldwerter Vorteil für die Fahrergestellung anzusetzen, wenn das Kraftfahrzeug zum Selbststeuern nicht geeignet ist. Hierfür ist die Einordnung des Arbeitnehmers in eine Gefährdungsstufe nicht erforderlich (R 8.1 Abs. 10 LStR).

Zahlungen für Garage
Zahlungen, die der Arbeitgeber an die Arbeitnehmer dafür leistet, dass sie ihren Dienstwagen in der **eigenen Garage** (oder der des Ehepartners) unterstellen (Garagengeld), sind regelmäßig kein Arbeitslohn (BFH-Urteil v. 7. 6. 2002, BStBl II 2002 S. 829, H 19.3 LStH analog). Solche Zahlungen sind als Einkünfte aus Vermietung und Verpachtung zu erfassen. Die Garagengestellung ist kein zusätzlicher Vorteil.
Hat der Arbeitnehmer eine Garage selbst **angemietet**, kann der Arbeitgeber die Garagenmiete als Auslagenersatz steuerfrei erstatten (→ *Auslagenersatz*). Ein Vorteil für die Übernahme der Garagenmiete bzw. der Pkw-Unterstellung ist bei der 1%-Methode nicht zu erfassen.

Zahlungen für Wagenpflege
Zahlt der Arbeitgeber seinen Mitarbeitern eine pauschale Vergütung für die Pflege des betrieblichen Kraftfahrzeugs (sog. Wagenpflegepauschale), ist diese grundsätzlich steuerpflichtig. Gleiches gilt, wenn eine solche Zahlung für das private Kraftfahrzeug geleistet wird. Das BFH-Urteil v. 26. 7. 2001 (BStBl II 2001 S. 844) zur **Wagenpflegepauschale** ist nach Auffassung der Finanzverwaltung begrenzt auf die dort genannten Zahlungen – soweit sie noch geleistet werden – anzuwenden. Will der Arbeitgeber die Aufwendungen des Arbeitnehmers für die Pflege des Firmenkraftfahrzeugs (z. B. Wagenwäsche, Lackpflege) steuerfrei ersetzen, ist dies nur als pauschaler **Auslagenersatz** nach R 3.50 LStR 2011 möglich → *Auslagenersatz*.

Krankheitskosten, Unterstützungen
Krankheitskosten, die der Arbeitgeber dem Arbeitnehmer ersetzt, sind grundsätzlich Arbeitslohn.
Steuerfrei sind jedoch die aus **öffentlichen Mitteln** geleistete Beihilfen in Krankheits-, Geburts- und Todesfällen nach den Beihilfevorschriften des Bundes und der Länder sowie Unterstützungen in besonderen Notfällen, die aus öffentlichen Kassen gezahlt werden, sowie entsprechende Zahlungen an Arbeitnehmer von Körperschaften, Anstalten und Stiftungen des öffentlichen Rechts auf Grund von Beihilfevorschriften (Beihilfegrundsätzen) und Unterstützungsvorschriften (Unterstützungsgrundsätzen) des Bundes oder der Länder oder entsprechender Regelungen.
Die von **privaten Arbeitgebern** an einzelne Arbeitnehmer gezahlten **Unterstützungen** sind ebenfalls steuerfrei, wenn die Unterstützungen dem Anlass nach gerechtfertigt sind (z. B. in Krankheits- und Unglücksfällen). Voraussetzung für die Steuerfreiheit ist:
1. Die Unterstützungen werden aus einer mit eigenen Mitteln des Arbeitgebers geschaffenen, aber von ihm unabhängigen und mit ausreichender Selbständigkeit ausgestatteten Einrichtung (z. B. Unterstützungskasse oder Hilfskasse für Fälle der Not und Arbeitslosigkeit) gewährt.
2. Die Unterstützungen werden aus Beträgen gezahlt, die der Arbeitgeber dem Betriebsrat oder sonstigen Vertretern der Arbeitnehmer zu dem Zweck überweist, aus diesen Beträgen Unterstützungen an die Arbeitnehmer ohne maßgebenden Einfluss des Arbeitgebers zu gewähren.
3. Die Unterstützungen werden vom Arbeitgeber selbst erst nach Anhörung des Betriebsrats oder sonstiger Vertreter der Arbeitnehmer gewährt oder nach einheitlichen Grundsätzen, denen der Betriebsrat oder sonstige Vertreter der Arbeitnehmer zugestimmt haben, bewilligt.

Die Voraussetzungen der Nummern 1 bis 3 brauchen nicht vorzuliegen, wenn weniger als fünf Arbeitnehmer beschäftigt werden.
Die Steuerfreiheit dieser Unterstützungen ist auf einen Betrag von 600 € je Kalenderjahr begrenzt. Der 600 € **übersteigende** Betrag gehört nur dann nicht zum steuerpflichtigen Arbeitslohn, wenn er aus **Anlass eines besonderen Notfalls** gewährt wird. Bei der Beurteilung, ob ein solcher **Notfall** vorliegt, sind auch die Einkommensverhältnisse und der Familienstand des Arbeitnehmers zu berücksichtigen. Drohende oder bereits eingetretene Arbeitslosigkeit begründet für sich keinen besonderen Notfall (i. S. dieser Vorschrift).
Steuerfrei sind auch Leistungen des Arbeitgebers zur Aufrechterhaltung und Erfüllung eines **Beihilfeanspruchs** nach beamtenrechtlichen Vorschriften sowie zum Ausgleich von Beihilfeaufwendungen früherer Arbeitgeber im Fall der Beurlaubung oder Gestellung von Arbeitnehmern oder des Übergangs des öffentlich-rechtlichen Dienstverhältnisses auf den privaten Arbeitgeber, wenn Versicherungsfreiheit in der gesetzlichen Krankenversicherung nach § 6 Abs. 1 Nr. 2 SGB V besteht.

Kreditkarten
Vorteile durch Kreditkarten, die der Arbeitgeber seinem Arbeitnehmer unentgeltlich zur betrieblichen Verwendung gestellt, führen zu keinem Arbeitslohn, wenn deren Nutzung für private Zwecke so gut wie ausgeschlossen ist.

Kundenbindungsprogramme → *Miles & More*

Kurzarbeitergeld
Kurzarbeitergeld einschl. Saison-Kurzarbeitergeld ist als Leistung nach dem SGB III (→ *Arbeitsförderungsgesetz*) steuerfrei, es unterliegt jedoch dem Progressionsvorbehalt nach § 32b EStG (→ Rz. B 29).

C. Lohnsteuer

Lehrgänge → *Fort- und Weiterbildung*

Leistungsprämien
Leistungsprämien sind steuerpflichtiger Arbeitslohn.

Lohnsteuer
Vom Arbeitgeber übernommene Lohnsteuer ist steuerpflichtiger Arbeitslohn, mit Ausnahme der vom Arbeitgeber zu übernehmenden pauschalen Lohnsteuer (→ Rz. C 190). Bei den ohne entsprechende Nettolohnvereinbarung übernommenen Lohnsteuerbeträgen handelt es sich um Arbeitslohn des Kalenderjahres, in dem der Arbeitgeber (nach Zahlung an das Finanzamt) auf den Ausgleichsanspruch gegen den Arbeitnehmer verzichtet. Entsprechendes gilt für übernommene(n) Solidaritätszuschlag und Kirchensteuer. Zur vom Arbeitgeber getragenen Lohnsteuer bei einer Nettolohnvereinbarung → Rz. C 154 ff.

Lohnverwendungsabrede
Arbeitslohn fließt auch dann zu, wenn der Arbeitgeber an Stelle der Auszahlung (Überweisung) eine mit dem Arbeitnehmer getroffene Lohnverwendungsabrede (konstitutive Verwendungsauflage) erfüllt. Keinen Lohn erhält der Arbeitnehmer hingegen dann, wenn der Arbeitnehmer auf Lohn verzichtet und keine Bedingungen an die Verwendung der freigewordenen Mittel knüpft → *Gehaltsverzicht*.

Lose
Erhält der Arbeitnehmer vom Arbeitgeber ein Los (**Geschenklos**) für die Teilnahme an einer von einem **fremden Dritten** durchgeführten Lotterie, so ist für den Arbeitnehmer die Schenkung ein geldwerter Vorteil, der mit dem Kaufpreis des Loses anzusetzen ist. Weil es sich um einen Sachbezug handelt, kommt die Freigrenze von 44 € zum Ansatz, → *Sachbezüge, Freigrenze*. Ein etwaiger Lotteriegewinn steht nicht im Zusammenhang mit dem Arbeitsverhältnis, es erfolgt kein Ansatz als Arbeitslohn.

Losgewinne
Losgewinne, die der Arbeitgeber als Belohnung für die Arbeitstätigkeit finanziert, sind grundsätzlich steuerpflichtiger Arbeitslohn. Ausnahmen sind übliche Geschenke als Aufmerksamkeiten (→ *Aufmerksamkeiten*) und anlässlich von Betriebsveranstaltungen, falls alle teilnehmenden Arbeitnehmer gewinnberechtigt sind (→ *Betriebsveranstaltungen*). Hat der Arbeitnehmer für den Loserwerb auf Arbeitslohn **verzichtet** (Einbehalt) oder es bezahlt, rechnet der Gewinn **nicht** zum Arbeitslohn.

Mahlzeiten
Für die steuerliche Behandlung von Mahlzeiten, die der Arbeitgeber dem Arbeitnehmer kostenlos oder verbilligt zukommen lässt, ist der Anlass der Gestellung entscheidend. Grundsätzlich rechnet der geldwerte Vorteil einer kostenlos oder verbilligt erhaltenen Mahlzeit zum Arbeitslohn; der Wertansatz erfolgt regelmäßig nach den Vorschriften der Sozialversicherungsentgeltverordnung (→ Rz. C 104, 211 ff.). Mahlzeiten, die zur üblichen Beköstigung des Arbeitnehmers anlässlich oder während einer beruflichen **Auswärtstätigkeit** oder im Rahmen einer doppelten Haushaltsführung abgegeben werden, sind grundsätzlich mit dem Abgabepreis anzusetzen. Ein Ansatz des i. d. Regel günstigeren **Sachbezugs** ist jedoch dann zulässig, wenn der Wert der Mahlzeit 40 € nicht übersteigt.

Als **Mahlzeit** bezeichnet das Steuerrecht sämtliche Speisen und Lebensmittel, die üblicherweise der Ernährung dienen einschl. der dazugehörenden Getränke. Dies können z. B. belegte Brötchen, ein Salat, eine Suppe (Zwischenmahlzeit) oder auch eine Mahlzeit mit mehreren Gängen sein.

Nicht zum Arbeitslohn rechnen Genussmittel und Getränke (falls nicht im Zusammenhang mit einer Mahlzeit) sowie Mahlzeiten (Speisen) aus besonderem Anlass bzw. eines außergewöhnlichen Arbeitseinsatzes → *Aufmerksamkeiten*, Mahlzeiten aus Anlass einer Betriebsveranstaltung → *Betriebsveranstaltungen*, → *Geburtstagsfeier*, → *Arbeitnehmerjubiläum* sowie Mahlzeiten anlässlich einer geschäftlichen Bewirtung von Geschäftspartnern und Kunden des Arbeitgebers → *VIP-Loge*.

Zum Arbeitslohn rechnen vom Arbeitgeber gestellte Belohnungsessen → *Sachbezüge*, arbeitstägliche Mahlzeiten → Rz. C 210 ff. sowie Mahlzeiten zur üblichen Beköstigung anlässlich oder während einer Auswärtstätigkeit → *Reisekosten*.

Medizinische Betreuung → *Vorsorgeuntersuchungen*

Metergeld
Metergeld im Speditions- und Transportgewerbe ist steuerpflichtiger Arbeitslohn.

Mietvorteile
Mietvorteile durch verbilligt oder unentgeltlich überlassenen Wohnraum ist grundsätzlich ein steuerlicher Sachbezug, der nach dem ortsüblichen Mietpreis zu bewerten ist. In Ausnahmefällen und bei Gestellung einer Unterkunft sind die maßgebenden Werte der Sozialversicherungsentgeltverordnung anzusetzen.

Steuerfrei sind jedoch:
- Mietvorteile, die im Rahmen eines Dienstverhältnisses gewährt werden und die auf der Förderung nach dem Zweiten Wohnungsbaugesetz, dem Wohnraumförderungsgesetz oder dem Wohnungsbaugesetz für das Saarland oder den Landesgesetzen zur Wohnraumförderung beruhen;
- Mietvorteile, die sich aus dem Einsatz von Wohnungsfürsorgemitteln aus öffentlichen Haushalten ergeben.

Bei einer Wohnung, die ohne Mittel aus öffentlichen Haushalten errichtet worden ist, gilt Folgendes:
Die Mietvorteile im Rahmen eines Dienstverhältnisses sind steuerfrei, wenn die Wohnung im Zeitpunkt ihres Bezugs durch den Arbeitnehmer für eine Förderung mit Mitteln aus öffentlichen Haushalten in Betracht gekommen wäre. Die Steuerfreiheit kommt deshalb nur bei Wohnungen in Betracht, die im Geltungszeitraum der genannten Wohnungsbaugesetze errichtet worden sind, d. h. auf Baujahrgänge ab 1957. Es muss nicht geprüft werden, ob der Arbeitnehmer nach seinen Einkommensverhältnissen als Mieter einer geförderten Wohnung in Betracht kommt. Der Höhe nach ist die Steuerbefreiung auf die Mietvorteile begrenzt, die sich aus der Förderung nach den genannten Wohnungsbaugesetzen ergeben würden (BMF-Schreiben v. 10. 10. 2005, BStBl I 2005 S. 959).

Ist der Förderzeitraum abgelaufen, sind die Mietvorteile steuerpflichtig. Ist der Förderzeitraum im Zeitpunkt des Bezugs der Wohnung durch den Arbeitnehmer noch nicht abgelaufen, ist ein Mietvorteil bis zur Höhe des Teilbetrags steuerfrei, auf den der Arbeitgeber gegenüber der Vergleichsmiete verzichten müsste, wenn die Errichtung der Wohnung nach den Wohnungsbaugesetzen gefördert worden wäre. Dieser steuerfreie Teilbetrag verringert sich in dem Maße, in dem der Arbeitgeber nach den Förderregelungen eine höhere Miete verlangen könnte. Mit Ablauf der Mietbindungsfrist läuft auch die Steuerbefreiung aus. Soweit später zulässige Mieterhöhungen (z. B. nach Ablauf des Förderzeitraums) im Hinblick auf das Dienstverhältnis unterblieben sind, sind sie in den steuerpflichtigen Mietvorteil einzubeziehen.

Miles & More → *Sachprämien*

Mitarbeiter PC Programme (MPP) → *Telekommunikation/-kommunikationsgeräte, Personalcomputer, Verbindungsentgelte des Arbeitnehmers,* → Rz. C 222 ff.

Mitgliedsbeiträge
Mitgliedsbeiträge, die der Arbeitgeber für den Arbeitnehmer übernimmt, sind steuerpflichtiger Arbeitslohn. Dies gilt selbst dann, wenn die Mitgliedschaft des Arbeitnehmers im Interesse des Arbeitgebers besteht (z. B. Beiträge einer angestellten Rechtsanwältin an den deutschen Anwaltsverein „Kammerbeiträge" oder an einen Sportverein, Tennis- oder Golf-Club).

Mutterschutz
Die Leistungen nach dem Mutterschutzgesetz sind steuerfrei, unterliegen jedoch dem Progressionsvorbehalt nach § 32b EStG (→ Rz. B 29).

Nachtarbeit → *Arbeitslohnzuschläge für Sonntags-, Feiertags- oder Nachtarbeit*

Outplacement-Beratung
Pauschale Zahlungen des Arbeitgebers an ein Dienstleistungsunternehmen, das sich verpflichtet, alle Arbeitnehmer des Auftraggebers kostenlos in persönlichen und sozialen Angelegenheiten zu beraten und zu betreuen, sind kein Arbeitslohn. Hierzu gehören z. B. eine Outplacement-Beratung oder die Übernahme der Vermittlung von Betreuungspersonen für Familienangehörige. Individuell vereinbarte Beratungs- und Betreuungsaufwendungen des Arbeitgebers zur beruflichen Neuorientierung des Arbeitnehmers wegen der Auflösung des Dienstverhältnisses sind regelmäßig steuerpflichtiger Arbeitslohn.

Parkgebühren
Parkgebühren, die der Arbeitgeber auf Grund einer Dienstreise erstattet, sind steuerfreie Reisenebenkosten. Werden sie arbeitstäglich für die Fahrten zwischen Wohnung und Arbeitsstätte erstattet, sind sie steuerpflichtiger Arbeitslohn.

Parkplätze
Parkplätze, die der Arbeitgeber den Mitarbeitern zur Verfügung stellt, führen zu keinem geldwerten Vorteil. Dieser ist erst dann anzunehmen, wenn der Arbeitnehmer einen bestimmten angemieteten Parkplatz zur ausschließlichen Nutzung erhält.

Payback-Gutschrift
Vorteile aus dienstlich erworbenen Payback-Punkten sind steuerpflichtiger Arbeitslohn, der bereits bei Gutschrift der Punkte auf dem privaten Punktekonto zufließt und nicht erst bei deren Einlösung. Für den Lohnsteuerabzug sind die auf dem privaten Punktekonto gutgeschriebenen Payback-Punkte dem dienstlichen Bereich und dem privaten Bereich zuzuordnen und aufzuteilen; hilfsweise kommt ggf. eine sachgerechte Schätzung in Betracht. Sofern sich ein steuerpflichtiger Betrag ergibt, hat der Arbeitgeber auf Grund der Mitteilung des Arbeitnehmers den Lohnsteuerabzug vorzunehmen; bei (geplanter späterer) Wahl eines Sachbezugs kommt die monatliche Freigrenze für Sachbezüge von 44 € (→ *Sachbezüge*) zur Anwendung. Die Pauschalierungsmöglichkeit für Kundenbindungsprogramme (§ 3 Nr. 38 EStG), z. B. Miles und More, ist nicht möglich.

Pensionsfonds
Beiträge, die der Arbeitgeber an einen Pensionsfonds leistet, führen zum **Zufluss** von Arbeitslohn (→ Rz. C 100 ff.). Zahlungen des Arbeitgebers zur Erfüllung der Solvabilitätsvorschriften nach § 114 des Versicherungsaufsichtsgesetzes und Zahlungen des Arbeitgebers in der Rentenbezugszeit nach § 112 Abs. 1a des Versicherungsaufsichtsgesetzes gehören dagegen nicht zu den Einkünften aus nichtselbständiger Arbeit.
Die Beiträge des Arbeitgebers aus dem **ersten Dienstverhältnis** an einen Pensionsfonds zum Aufbau einer **kapitalgedeckten betrieblichen Altersversorgung** sind bis zur Höhe von **4 %** der Beitragsbemessungsgrenze in der **allgemeinen Rentenversicherung** steuerfrei (in 2011 – wie schon in 2010 – bis zur Höhe von 2 640 € [66 000 € × 4 %]), wobei auch für Arbeitnehmer in den neuen Ländern und Ost-Berlin die Beitragsbemessungsgrenze (West) maßgeblich ist. Der Höchstbetrag in Höhe von 4 % der Beitragsbemessungsgrenze erhöht sich um **1 800 €**, wenn die Beiträge auf Grund einer **Versorgungszusage** geleistet werden, die **nach dem 31. 12. 2004 erteilt** wurde (sog. Neuzusage).
Aus Anlass der **Beendigung des Dienstverhältnisses** geleistete Beiträge an einen Pensionsfonds sind steuerfrei, soweit sie 1 800 € vervielfältigt mit der Anzahl der Kalenderjahre, in denen das Dienstverhältnis des Arbeitnehmers zu dem Arbeitgeber bestanden hat, nicht übersteigen. Der vervielfältigte Betrag vermindert sich allerdings um die steuerfreien Beiträge, die der Arbeitgeber in dem Kalenderjahr, in dem das Dienstverhältnis beendet wird, und in den sechs vorangegangenen Kalenderjahren erbracht hat. Kalenderjahre vor 2005 sind dabei jeweils nicht zu berücksichtigen.
Der Arbeitgeber kann die Beiträge an einen Pensionsfonds nicht pauschal besteuern.

Pensionskasse
Beiträge, die der Arbeitgeber an eine Pensionskasse leistet, führen grds. zum **Zufluss** von Arbeitslohn (→ Rz. C 100 ff.). Zahlungen des Arbeitgebers zur Erfüllung der Solvabilitätsvorschriften nach § 53c des Versicherungsaufsichtsgesetzes gehören dagegen nicht zu den Einkünften aus nichtselbständiger Arbeit.
Die Beiträge des Arbeitgebers aus dem **ersten Dienstverhältnis** an eine Pensionskasse zum Aufbau einer **kapitalgedeckten betrieblichen Altersversorgung** sind bis zur Höhe von **4 %** der Beitragsbemessungsgrenze in der **allgemeinen Rentenversicherung** steuerfrei (in 2011 – wie schon in 2010 – bis zur Höhe von 2 640 € [66 000 € × 4 %]), wobei auch für Arbeitnehmer in den neuen Ländern und Ost-Berlin die Beitragsbemessungsgrenze (West) maßgeblich ist. Voraussetzung für die Steuerfreiheit ist, dass eine Auszahlung der zugesagten Alters-, Invaliditäts- oder Hinterbliebenenversorgungsleistungen in Form einer

Rente oder eines **Auszahlungsplans** vorgesehen ist; die Möglichkeit, später eine Einmalkapitalzahlung zu wählen, steht der Steuerfreiheit aber noch nicht entgegen. Der Höchstbetrag i. H. v. 4 % der Beitragsbemessungsgrenze erhöht sich um **1 800 €**, wenn die Beiträge auf Grund einer **Versorgungszusage** geleistet werden, die **nach dem 31. 12. 2004 erteilt** wurde (sog. Neuzusage).

Aus Anlass der **Beendigung des Dienstverhältnisses** geleistete Beiträge an eine Pensionskasse sind steuerfrei, soweit sie 1 800 € vervielfältigt mit der Anzahl der Kalenderjahre, in denen das Dienstverhältnis des Arbeitnehmers zu dem Arbeitgeber bestanden hat, nicht übersteigen. Der vervielfältigte Betrag vermindert sich allerdings um die steuerfreien Beiträge, die der Arbeitgeber in dem Kalenderjahr, in dem das Dienstverhältnis beendet wird, und in den sechs vorangegangenen Kalenderjahren erbracht hat. Kalenderjahre vor 2005 sind dabei jeweils nicht zu berücksichtigen.

Der Arbeitgeber kann die Zuwendungen an eine Pensionskasse unter bestimmten Voraussetzungen und bis zu bestimmten Grenzen auch **pauschal** mit 20 % zzgl. Solidaritätszuschlag und ggf. Kirchensteuer **besteuern** (→ Rz. C 191 ff.), wenn er mehr als 4 % der Beitragsbemessungsgrenze leistet.

Bei der **umlagefinanzierten betrieblichen Altersversorgung** gibt es des Weiteren folgende Besonderheiten:

Zu den Einkünften aus nichtselbständiger Arbeit gehören auch **Sonderzahlungen**, die der Arbeitgeber neben den laufenden Beiträgen und Zuwendungen an eine solche Versorgungseinrichtung leitet, mit **Ausnahme** von **Sanierungsgeldern**. Sonderzahlungen des Arbeitgebers sind danach insbesondere Zahlungen an eine Pensionskasse anlässlich

a) seines Ausscheidens aus einer nicht im Wege der Kapitaldeckung finanzierten betrieblichen Altersversorgung oder
b) des Wechsels von einer nicht im Wege der Kapitaldeckung zu einer anderen nicht im Wege der Kapitaldeckung finanzierten betrieblichen Altersversorgung.

Von **Sonderzahlungen** i. S. d. Buchstaben b ist bei laufenden und wiederkehrenden Zahlungen entsprechend dem periodischen Bedarf jedoch nur auszugehen, soweit die Bemessung der Zahlungsverpflichtungen des Arbeitgebers in das Versorgungssystem nach dem Wechsel die Bemessung der Zahlungsverpflichtung zum Zeitpunkt des Wechsels übersteigt. **Sanierungsgelder**, die nicht zu den Einkünften aus nichtselbständiger Arbeit gehören, sind Sonderzahlungen des Arbeitgebers an eine Pensionskasse anlässlich der Systemumstellung einer nicht im Wege der Kapitaldeckung finanzierten betrieblichen Altersversorgung auf der Finanzierungs- oder Leistungsseite, die der Finanzierung der zum Zeitpunkt der Umstellung bestehenden Versorgungsverpflichtungen oder Versorgungsanwartschaften dienen; bei laufenden und wiederkehrenden Zahlungen entsprechend dem periodischen Bedarf ist nur von Sanierungsgeldern auszugehen, soweit die Bemessung der Zahlungsverpflichtungen des Arbeitgebers in das Versorgungssystem nach der Systemumstellung die Bemessung der Zahlungsverpflichtung zum Zeitpunkt der Systemumstellung übersteigt.

Zahlungen des Arbeitgebers anlässlich der **Umstellung** der Finanzierung auf **Kapitaldeckung** führen nicht zum Zufluss von Arbeitslohn.

Nach § 3 Nr. 56 EStG sind Zuwendungen des Arbeitgebers aus dem ersten Dienstverhältnis an eine Pensionskasse zum Aufbau einer **nicht kapitalgedeckten betrieblichen Altersversorgung** (Umlagezahlungen), bei der eine Auszahlung der zugesagten Alters-, Invaliditäts- oder Hinterbliebenenversorgung in Form einer Rente oder eines Auszahlungsplans vorgesehen ist, steuerfrei, soweit diese Zuwendungen im Kalenderjahr **1 %** der **Beitragsbemessungsgrenze** in der **allgemeinen Rentenversicherung** (in 2011 – wie schon in 2010 – 660 € [66 000 € × 1 %]) nicht übersteigen. Der genannte Höchstbetrag erhöht sich ab 1.1.2014 auf 2 %, ab 1.1.2020 auf 3 % und ab 1.1.2025 auf 4 %. Die Beträge sind jedoch jeweils um die nach § 3 Nr. 63 Satz 1, 3 oder 4 steuerfreien Beträge zu mindern.

Zu **Pauschalierung bei Sonderzahlungen** → Rz. C 198.

Personalcomputer → *Telekommunikation/-kommunikationsgeräte, Personalcomputer, Verbindungsentgelte*

Personalrabatte → *Preisnachlässe, Personalrabatte*

Pflegegelder

Pflegegelder des Jugendamts sowie aus der Pflegeversicherung an Angehörige oder sittlich Verpflichtete für die Grundpflege oder hauswirtschaftliche Versorgung und Betreuung der pflegebedürftigen Person sind steuerfrei. Zur steuerlichen Behandlung von (Geld-)Leistungen nach dem SGB VIII für die Kindertages- und Vollzeitpflege vgl. BMF-Schreiben v. 10. 11. 2007, BStBl I 2007 S. 824 sowie v. 17. 12. 2008, BStBl I 2009 S. 15. Ferner sind steuerfrei Vergütungen an die Gastfamilie für die Aufnahme eines behinderten Menschen für die Pflege, Unterbringung, Betreuung und Verpflegung, wenn sie von einem Leistungsträger nach dem SGB stammen (§ 3 Nr. 10 EStG). Daneben sind die im Rahmen der Vollzeit-/Bereitschafts- und Kindertagespflege gezahlten Erstattungen für Versicherungsbeiträge der Pflegepersonen steuerfrei.

Prämien

Prämien und Preise, die der Arbeitgeber oder ein Dritter für eine Arbeitsleistung zahlt, sind als Sach- oder Geldleistungen grundsätzlich steuerpflichtiger Arbeitslohn (→ *Incentive-Reisen*, → *Losgewinne*, → *Sachbezüge, Freigrenze*, → *Sachprämien*, → *Trinkgelder*, Nachwuchsförderpreis → *Arbeitslohn*).

Preisnachlässe, Personalrabatte

Preisnachlässe und Personalrabatte beim Bezug von Waren, die im Betrieb nicht überwiegend für den Bedarf der Mitarbeiter hergestellt oder vertrieben werden, sind bis zu einem Jahresbetrag von 1 080 € steuerfrei (**Rabattfreibetrag**). Der Personalrabatt (geldwerter Vorteil) für den Sachbezug ist wie folgt zu ermitteln: 96 % des üblichen Verkaufspreises an fremde Dritte (Endpreis) abzüglich einer eventuellen Zuzahlung des Arbeitnehmers (§ 8 Abs. 3 EStG, R 8.2 LStR).

Für den Ansatz des **Rabattfreibetrags** kommt es darauf, ob der Arbeitgeber die mit Rabatt an den Arbeitnehmer abgegebenen Waren oder Leistungen auch am Markt tatsächlich erbringt. Sie müssen zur **Produktpalette** des Arbeitgebers gehören und (durch das Unternehmen selbst oder über Dritte) Fremden angeboten werden; die Abgabe an die Belegschaft darf nicht überwiegen. Hierbei ist nicht entscheidend, ob die verbilligte Ware bzw. Leistung für den Betrieb des Arbeitgebers typisch ist. Unter den Rabattfreibetrag fällt auch die verbilligte Abgabe von Medikamenten an die Belegschaft eines Krankenhauses, wenn Medikamente dieser Art zumindest im gleichen Umfang an die Patienten abgegeben werden. Ebenso Waren, die der Arbeitgeber im Auftrag und nach den Plänen und Vorgaben eines anderen produziert (z. B. Zeitungs- und Zeitschriftendruck).

Liegen die vorgenannten Voraussetzungen vor, kann der dem Arbeitnehmer zuzurechnende geldwerte Vorteil um den Rabattfreibetrag gekürzt werden. Kommt die Rabattregelung **nicht** zur Anwendung, ist die Lohnversteuerung nach § 8 Abs. 2 EStG (Vergleich mit üblichem Endpreis und Anwendung der 44 €-Freigrenze) durchzuführen (→ *Sachbezüge, Freigrenze*).
Der Rabattfreibetrag für **Arbeitgeberdarlehen** an Mitarbeiter kann angesetzt werden, wenn der Arbeitgeber solche Darlehen am Markt – abgesehen vom Zinssatz – zu den gleichen Konditionen (z. B. Laufzeit, Zinsfestlegung, Sicherung) anbietet und überwiegend an Dritte vergibt (BFH-Urteil v. 9. 10. 2002, BStBl II 2003 S. 373). Deshalb kommt für Verbraucherkredite, die z. B. eine Hypothekenbank oder eine Bausparkasse ihren Arbeitnehmern einräumt, und für Baudarlehen, die ein Kreditinstitut ausschließlich oder überwiegend nur seinen Arbeitnehmern gewährt, der Rabattfreibetrag nicht in Betracht (BMF-Schreiben v. 21. 7. 2003, BStBl I 2003 S. 391). Ebenso können Mitarbeiter der Deutschen Bundesbank und der Landeszentralbanken bei verbilligten Arbeitgeberdarlehen den Rabattfreibetrag nicht in Anspruch nehmen, weil solche Kredite im Leistungskatalog dieser Banken nicht enthalten sind.

Rabatte → *Preisnachlässe, Personalrabatte*

Reisegepäckversicherung
Prämien des Arbeitgebers für eine auf den Arbeitnehmer abgeschlossene Reisegepäckversicherung sind regelmäßig Arbeitslohn, wenn dem Arbeitnehmer der Anspruch gegen die Versicherung zusteht. Ist der Versicherungsschutz auf Dienstreisen beschränkt, rechnen die Arbeitgeberleistungen zum steuerfreien Reisekostenersatz. Bezieht sich der Versicherungsschutz auf sämtliche Reisen des Arbeitnehmers, kann die Gesamtprämie in einen beruflich und einen privat veranlassten Anteil aufgeteilt werden, falls die Versicherung den Prozentsatz (oder ggf. die Kalkulation) mitteilt.

Reisekosten
Der Arbeitgeber kann dem Arbeitnehmer als Reisekosten die **Fahrtkosten, Verpflegungsmehraufwendungen** sowie **Übernachtungs-** und **Reisenebenkosten steuerfrei** zahlen (§ 3 Nr. 13, 16 EStG, R 3.13, 3.16 und 9.4 ff. LStR). Diese Aufwendungen müssen durch eine so gut wie ausschließlich beruflich veranlasste Auswärtstätigkeit des Arbeitnehmers entstehen. Einzelheiten zum steuerfreien Arbeitgebersatz bei einer beruflich bedingten **doppelten Haushaltsführung** des Arbeitnehmers → *Doppelte Haushaltsführung*.
Seit 2008 unterscheidet das Steuerrecht für die steuerfreie Erstattung **nicht mehr** zwischen Reisekosten auf Grund einer Dienstreise, einer Fahrtätigkeit oder einer Einsatzwechseltätigkeit, sondern fragt nur noch, ob es sich um eine so gut wie ausschließlich beruflich veranlasste **Auswärtstätigkeit** handelt. Hierzu rechnet auch der Vorstellungsbesuch eines Stellenbewerbers (auch wenn dieser keine regelmäßige Arbeitsstätte hat). Aufwendungen, die nicht so gut wie ausschließlich durch die beruflich veranlasste Auswärtstätigkeit entstanden sind, z. B. Bekleidungskosten sowie Aufwendungen für die Anschaffung von Koffern und anderen Reiseausrüstungen, sind **keine** Reisekosten. Der Arbeitgeber hat von dem Arbeitnehmer **Unterlagen** zu verlangen, aus denen die Voraussetzungen für die steuerfreie Zahlung ersichtlich sein müssen; z. B. berufliche Veranlassung, Reisedauer und Reiseweg sowie Belege über die Ausgaben wie Tankquittungen und Hotelrechnungen. Diese Unterlagen sind als Belege zum **Lohnkonto** aufzubewahren.
Wurden dem Arbeitnehmer nicht die gesamten beruflich veranlassten Aufwendungen ersetzt, kann er in der Einkommensteuererklärung die Differenz als **Werbungskosten** ansetzen, soweit das Steuerrecht nicht bestimmte Höchstbeträge vorsieht.

Auswärtstätigkeit
Eine (beruflich veranlasste) **Auswärtstätigkeit** liegt vor, wenn der Arbeitnehmer **vorübergehend** außerhalb seiner Wohnung und an keiner seiner **regelmäßigen** Arbeitsstätten beruflich tätig wird. Eine solche Auswärtstätigkeit liegt **ebenfalls** vor, wenn der Arbeitnehmer bei seiner individuellen beruflichen Tätigkeit typischerweise nur an **ständig wechselnden Tätigkeitsstätten** oder auf einem **Fahrzeug** tätig wird (R 9.4 LStR 2011 und H 9.4 LStH).
Regelmäßige Arbeitsstätte ist der ortsgebundene Mittelpunkt der dauerhaft angelegten beruflichen Tätigkeit des Arbeitnehmers, unabhängig davon, ob es sich um eine Einrichtung des Arbeitgebers handelt. Regelmäßige Arbeitsstätte ist insbesondere jede ortsfeste dauerhafte betriebliche Einrichtung des Arbeitgebers, der der Arbeitnehmer zugeordnet ist und die er mit einer gewissen Nachhaltigkeit immer wieder aufsucht, z. B. um dort die täglichen Aufträge entgegenzunehmen, abzurechnen und Bericht zu erstatten, oder wenn er dort ein Dienstfahrzeug übernimmt, um damit anschließend von der Arbeitsstätte aus eine Auswärtstätigkeit anzutreten. Nicht maßgebend sind Art, zeitlicher Umfang und Inhalt der Tätigkeit an dieser Arbeitsstätte. Von einer regelmäßigen Arbeitsstätte ist auszugehen, wenn die betriebliche Einrichtung des Arbeitgebers vom Arbeitnehmer **durchschnittlich im Kalenderjahr** an **einem Arbeitstag** je Arbeitswoche aufgesucht wird; zuletzt auch BFH-Urteil v. 4. 4. 2008, BStBl II 2008 S. 887, Bestätigung von R 9.4 Abs. 3 Satz 3 LStR 2011.
Als regelmäßige Arbeitsstätten kommen **betriebliche Einrichtungen** (z. B. Bus-/Straßenbahndepots oder Verkaufsstellen für Fahrkarten) und **außerbetriebliche Einrichtungen** (z. B. wenn das Dienstverhältnis an einen anderen Arbeitgeber ausgelagert wird und der Arbeitnehmer weiterhin an seiner bisherigen regelmäßigen Arbeitsstätte tätig ist – Outsourcing – oder ein Leiharbeitnehmer vom Verleiher für die gesamte Dauer seines Dienstverhältnisses überlassen wird) in Betracht. **Keine regelmäßige Arbeitsstätten** sind öffentliche Haltestellen oder Schiffsanlegestellen ohne weitere Arbeitgebereinrichtung und **betriebliche Einrichtungen von Kunden** des Arbeitgebers, auch wenn der Arbeitnehmer beim Kunden des Arbeitgebers längerfristig eingesetzt ist.
Ein Arbeitnehmer kann innerhalb desselben Dienstverhältnisses auch mehrere regelmäßige Arbeitsstätten nebeneinander haben (BFH-Urteil v. 7. 6. 2002, BStBl II 2002 S. 878 betreffend den Bezirksleiter einer Einzelhandelskette). Gleiches gilt im öffentlichen Dienst bei Lehrern, die auf Dauer an mehreren Schulen unterrichten. Bedienstete der Spielbankaufsicht haben regelmäßig keine regelmäßige Arbeitsstätte, weil sie stets nur vorübergehend an einer Spielbank tätig sind. Bei einer Flugbegleiterin ist der Heimatflughafen regelmäßige Arbeitsstätte (BFH-Urteil v. 5. 8. 2004, BStBl II 2004 S. 1074).
Bei einer **vorübergehenden Auswärtstätigkeit** an einer anderen betrieblichen Einrichtung des Arbeitgebers oder eines verbundenen Unternehmens wird diese nicht zur regelmäßigen Arbeitsstätte, z. B. bei einer befristeten Abordnung. Eine Auswärtstätigkeit ist **vorübergehend**, wenn der Arbeitnehmer voraussichtlich an die regelmäßige Arbeitsstätte zurückkehren und dort seine berufliche Tätigkeit fortsetzen wird (BFH-Urteil v. 10. 10. 1994, BStBl II 1995 S. 137). Sie ist **nicht vorübergehend**, wenn nach dem Gesamtbild der Verhältnisse anzunehmen ist, dass die auswärtige Tätigkeitsstätte vom ersten Tag an

regelmäßige Arbeitsstätte geworden ist, z. B. bei einer Versetzung eines Soldaten, der im Rahmen seiner Ausbildung an die jeweiligen Lehrgangsorte versetzt wird. Eine längerfristige vorübergehende Auswärtstätigkeit ist noch als dieselbe zu beurteilen, wenn der Arbeitnehmer nach einer Unterbrechung die Auswärtstätigkeit mit gleichem Inhalt, am gleichen Ort und im zeitlichen Zusammenhang mit der bisherigen Tätigkeit ausübt. Bei Reisen auf einem **seegehenden Schiff** findet die nämliche Auswärtstätigkeit regelmäßig ihr Ende, sobald das Schiff in den Heimathafen zurückkehrt (BFH-Urteil v. 19. 12. 2005, BStBl II 2006 S. 378).

Für einen Arbeitnehmer einer **Zeitarbeitsfirma** wird die Entleihfirma nicht zur regelmäßigen Arbeitsstätte, wenn er damit rechnen muss, nach Beendigung der jeweiligen Tätigkeit an einer anderen Tätigkeitsstätte eingesetzt zu werden. Dies ist insbesondere der Fall, wenn der Überlassungsvertrag keine zeitliche Befristung enthält („bis auf Weiteres"). Eine solche Befristung kann auch projektbezogen sein, z. B. Überlassungen des Leiharbeitnehmers bis zum Abschluss eines konkreten Bauvorhabens.

Beispiel:
Ein bei einer Zeitarbeitsfirma beschäftigter Hochbauingenieur wird in regelmäßigem Wechsel verschiedenen Entleihfirmen überlassen und auf deren Baustellen eingesetzt. Den Betrieb seines Arbeitgebers sucht er nur hin und wieder auf, ohne dort eine regelmäßige Arbeitsstätte zu begründen. Er wird für einen vor Beginn der Tätigkeit festgelegten Zeitraum von zwei Jahren an eine Baufirma überlassen und von dieser während des gesamten Zeitraums auf ein- und derselben Großbaustelle eingesetzt. Die Großbaustelle wird nicht zur regelmäßigen Arbeitsstätte, weil die dortige Tätigkeit vorübergehend, d. h. auf eine von vornherein bestimmte Dauer angelegt ist.

Fahrtkosten
Bei (beruflich veranlassten) **Auswärtstätigkeiten** können Aufwendungen für folgende Fahrten als **Reisekosten** angesetzt werden:
1. Fahrten zwischen Wohnung oder regelmäßiger Arbeitsstätte und auswärtiger Tätigkeitsstätte oder Unterkunft im Sinne der Nummer 3 einschließlich sämtlicher Zwischenheimfahrten; die Dreimonatsfrist ist ab 2009 nicht mehr zu beachten.
2. Innerhalb desselben Dienstverhältnisses Fahrten zwischen mehreren auswärtigen Tätigkeitsstätten, mehreren regelmäßigen Arbeitsstätten oder innerhalb eines weiträumigen Arbeitsgebietes und
3. Fahrten zwischen einer Unterkunft am Ort der auswärtigen Tätigkeitsstätte oder in ihrem Einzugsbereich und der auswärtigen Tätigkeitsstätte.
4. Fahrten zu nicht dem Betrieb des Arbeitgebers zuzurechnenden gleichbleibenden Treffpunkten bei anschließender Auswärtstätigkeit.

Wechselt der **Tätigkeitsort** des Arbeitnehmers **ständig**, können die Fahrtkosten als Reisekosten steuerfrei erstattet werden. Die 30-km-Grenze ist seit 2008 nicht mehr zu beachten.

Die Höhe der steuerfreien Erstattung richtet sich nach dem benutzten **Beförderungsmittel**. Benutzt der Arbeitnehmer **öffentliche Verkehrsmittel** (z. B. Bahn), Flugzeug oder Taxi, kann der Arbeitgeber den entrichteten (Fahr-)Preis einschließlich etwaiger Zuschläge steuerfrei ersetzen.

Verwendet der **Arbeitnehmer** sein **Fahrzeug**, kann der Arbeitgeber die vom Arbeitnehmer nachgewiesenen tatsächlichen Aufwendungen oder pauschale Beträge bis zu den steuerlichen Kilometersätzen (→ Pauschale Kilometersätze) steuerfrei zahlen. Gestellt der **Arbeitgeber** für die Auswärtstätigkeit ein Kraftfahrzeug, können die pauschalen Kilometersätze nicht steuerfrei erstattet werden (auch nicht teilweise).

● **Einzelnachweis der Gesamtkosten für ein Kraftfahrzeug**
Anzusetzen ist der Teilbetrag der jährlichen **Gesamtkosten** des vom Arbeitnehmer gestellten (genutzten) Fahrzeugs, der dem Anteil der zu berücksichtigenden Fahrten an der Jahresfahrleistung entspricht. Von den für einen Zeitraum von zwölf Monaten ermittelten Gesamtkosten ist ein Kilometersatz zu errechnen, der so lange angesetzt werden darf, bis sich die Verhältnisse wesentlich ändern, z. B. bis zum Ablauf des Abschreibungszeitraums oder bis zum Eintritt veränderter Leasingbelastungen für das Fahrzeug. Zu den **Gesamtkosten** gehören folgende Aufwendungen:
– die Betriebsstoffkosten, die Wartungs- und Reparaturkosten, die Kosten einer Garage am Wohnort, die Kraftfahrzeugsteuer, die Aufwendungen für die Halterhaftpflicht- und Fahrzeugversicherungen, die Absetzungen für Abnutzung des Fahrzeugs, die Zinsen für ein Anschaffungsdarlehen, nicht jedoch Aufwendungen infolge von Verkehrsunfällen (→ *Kraftwagengestellung*).
– bei einem **geleasten** Fahrzeug gehört eine Leasingsonderzahlung im Kalenderjahr der Zahlung in voller Höhe zu den Gesamtkosten.

Nicht zu den Gesamtkosten gehören z. B. Park- und Straßenbenutzungsgebühren, Aufwendungen für Insassen- und Unfallversicherungen, Verwarnungs-, Ordnungs- und Bußgelder sowie die Unfallkosten. Diese Aufwendungen sind mit Ausnahme der Verwarnungs-, Ordnungs- und Bußgelder sowie der Unfallkosten als **Reisenebenkosten** abziehbar. Ein Teilnachweis der tatsächlichen Gesamtkosten ist möglich.

Für die Berechnung der **Absetzungen für Abnutzung** (AfA) ist bei Personenkraftwagen und Kombifahrzeugen grundsätzlich eine Nutzungsdauer von sechs Jahren zu Grunde zu legen, wenn das Fahrzeug nach dem 31. 12. 2000 angeschafft wurde. Bei einer hohen Fahrleistung kann auch eine kürzere Nutzungsdauer angesetzt werden. Bei Kraftfahrzeugen, die im Zeitpunkt der Anschaffung nicht neu gewesen sind, ist die entsprechende Restnutzungsdauer unter Berücksichtigung des Alters, der Beschaffenheit und des voraussichtlichen Einsatzes des Fahrzeugs zu schätzen.

● **Pauschale Kilometersätze**
Ohne Einzelnachweis können an den Arbeitnehmer **pro gefahrenen Kilometer** die folgenden pauschalen **Kilometersätze** (Höchstbeträge) steuerfrei gezahlt werden:

Pkw	0,30 €
Motorrad, Motorroller	0,13 €
Moped, Mofa	0,08 €
Fahrrad	0,05 €

Die steuerfreie Erstattung der pauschalen Kilometersätze ist **nicht** zulässig, wenn der Arbeitgeber dem Arbeitnehmer für die Auswärtstätigkeit ein Kraftfahrzeug zur Verfügung stellt.

Für jede **Person**, die aus beruflicher Veranlassung bei einer Dienstreise **mitgenommen** wird, erhöhen sich der Kilometersatz für den Pkw um 0,02 € und der Kilometersatz für Motorrad/Motorroller um 0,01 €. Zusätzliche Aufwendungen, die durch die Mitnahme von **Gepäck** anfallen, sind durch die Kilometersätze abgegolten. Erstattet der Arbeitgeber die pauschalen Kilometersätze, hat er nicht zu prüfen, ob dies zu einer unzutreffenden Besteuerung führt.

Mit den pauschalen Kilometersätzen ist auch eine **Leasingsonderzahlung** abgegolten **Neben** den Kilometersätzen können etwaige **außergewöhnliche Kosten** angesetzt werden, wenn diese durch Fahrten entstanden sind, für welche die Kilometersätze anzusetzen sind. Außergewöhnliche Kosten sind nur die nicht voraussehbaren Aufwendungen für Reparaturen, welche nicht auf Verschleiß oder die auf Unfallschäden beruhen, und Absetzungen für außergewöhnliche technische Abnutzung und Aufwendungen infolge eines Schadens, der durch den Diebstahl des Fahrzeugs entstanden ist. Dabei sind entsprechende Schadensersatzleistungen auf die Kosten anzurechnen.

Verpflegungsmehraufwendungen

Bei beruflich veranlassten **Auswärtstätigkeiten** kann der Arbeitgeber für **Verpflegungsmehraufwendungen** bis zu den gesetzlichen Pauschbeträgen steuerfreien Ersatz leisten. Bei Nachweis höherer Verpflegungsmehraufwendungen können keine höheren Beträge steuerfrei gezahlt werden. Die Pauschbeträge sind auch dann anzuwenden, wenn der Arbeitnehmer Mahlzeiten vom Arbeitgeber oder auf dessen Veranlassung von einem Dritten unentgeltlich oder teilentgeltlich erhalten hat. Für den gestellten Sachbezug sind dem Arbeitslohn jedoch folgende Werte (2011) hinzuzurechnen: Für ein Frühstück 1,57 €, für ein Mittag- oder Abendessen je 2,83 €.

Weil die Pauschbeträge gesetzlich festgelegt sind, hat das Finanzamt nicht das Recht, die Verhältnismäßigkeit der steuerfreien Erstattung zu prüfen. Als **Reisetag** gilt jeweils der einzelne Kalendertag. Ist ein Arbeitnehmer an einem Tag **mehrfach** auswärts tätig, sind die Abwesenheitszeiten zusammenzurechnen. Kommt für **denselben** Kalendertag ein Verpflegungspauschbetrag wegen einer Auswärtstätigkeit oder einer doppelten Haushaltsführung in Betracht, ist der höchste Pauschbetrag maßgebend. Eine Tätigkeit, die nach 16 Uhr **begonnen** und vor 8 Uhr des folgenden Kalendertags **beendet** wird, ohne dass der Arbeitnehmer übernachtet, ist mit der gesamten Abwesenheitsdauer dem Kalendertag der überwiegenden Abwesenheit zuzurechnen.

Die steuerfreie Erstattung des **Verpflegungspauschbetrags** ist bei Arbeitnehmern auf die ersten **drei Monate** derselben Auswärtstätigkeit beschränkt. Nach Ablauf dieser Dreimonatsfrist kommt die Steuerfreiheit nicht mehr in Betracht. **Dieselbe** Auswärtstätigkeit **liegt nicht vor**, wenn die auswärtige Tätigkeitsstätte an nicht mehr als (ein bis) zwei Tagen wöchentlich aufgesucht wird. Eine längerfristige vorübergehende Auswärtstätigkeit ist noch als dieselbe Auswärtstätigkeit zu beurteilen, wenn der Arbeitnehmer nach einer Unterbrechung die Auswärtstätigkeit mit gleichem Inhalt, am gleichen Ort und im zeitlichen Zusammenhang mit der bisherigen Tätigkeit ausübt. Eine urlaubs- oder krankheitsbedingte Unterbrechung bei derselben Auswärtstätigkeit hat auf den Ablauf der Dreimonatsfrist keinen Einfluss. Andere Unterbrechungen, z. B. durch vorübergehende Tätigkeit an der regelmäßigen Arbeitsstätte, führen nur dann zu einem Neubeginn der Dreimonatsfrist, wenn die Unterbrechung mindestens vier Wochen gedauert hat.

Die Dreimonatsfrist für den Abzug der Verpflegungspauschalen findet auch dann Anwendung, wenn ein **Seemann** auf einem Hochseeschiff auswärts eingesetzt ist (BFH-Urteil v. 19. 12. 2005, BStBl II 2006 S. 378). Seeleute können für die ersten drei Monate eines jeden vorübergehenden Einsatzes an Bord eines Schiffes Verpflegungsmehraufwendungen wegen Auswärtstätigkeit geltend machen (BFH-Urteil v. 16. 11. 2005, BStBl II 2006 S. 267). Zur Pauschalierungsmöglichkeit der über die steuerfreien Beträge hinausgehenden Verpflegungszuschüsse → Rz. C 221.

Für das Inland können folgende Pauschbeträge für **Verpflegungsmehraufwendungen** steuerfrei gezahlt werden:
Bei einer Abwesenheit von

24 Stunden	24 €
weniger als 24 Stunden, mindestens aber 14 Stunden	12 €
weniger als 14 Stunden, mindestens aber 8 Stunden	6 €

Dabei ist grundsätzlich die Dauer der Abwesenheit von der Wohnung am jeweiligen Kalendertag maßgebend. Ausnahme: Die Auswärtstätigkeit wird von der Arbeitsstelle aus angetreten bzw. dort beendet oder der Arbeitnehmer fährt den Betrieb des Arbeitgebers mit einer gewissen Nachhaltigkeit (fortdauernd und immer wieder) an, um von dort weiter zu den ständig wechselnden Tätigkeitsstätten zu fahren bzw. befördert zu werden.

Für den Ansatz von Verpflegungspauschalen bei **Auslandstätigkeiten** gelten länderweise unterschiedliche Pauschbeträge, die sog. **Auslandstagegelder**. Diese wurden ab 2010 mit BMF-Schreiben v. 17. 12. 2009 (BStBl I 2009 S. 1601) bekannt gemacht; ab 2011 werden Änderungen erwartet. Für die in der Bekanntmachung **nicht** erfassten Länder ist der für Luxemburg geltende Pauschbetrag maßgebend; für die nicht erfassten **Übersee-** und **Außengebiete** eines Landes ist der für das Mutterland geltende Pauschbetrag anzusetzen. Werden an einem Kalendertag Auswärtstätigkeiten im In- und Ausland durchgeführt, ist für diesen Tag das entsprechende Auslandstagegeld selbst dann maßgebend, wenn die überwiegende Zeit im Inland verbracht wird.

Bei **Flugreisen** gilt ein Land in dem Zeitpunkt als erreicht, in dem das Flugzeug dort landet; Zwischenlandungen bleiben unberücksichtigt, es sei denn, dass durch sie Übernachtungen notwendig werden. Erstreckt sich eine Flugreise über mehr als zwei Kalendertage, so ist für die Tage, die zwischen dem Tag des Abflugs und dem Tag der Landung liegen, das für Österreich geltende Tagegeld anzusetzen. Bei **Schiffsreisen** ist das für Luxemburg geltende Tagegeld und für die Tage der **Einschiffung** und Ausschiffung das für den Hafenort geltende Tagegeld maßgebend. Für das **Personal** auf **deutschen Staatsschiffen** sowie für das Personal auf Schiffen der **Handelsmarine** unter deutscher Flagge auf **Hoher See** gilt das Inlandstagegeld.

Übernachtungskosten

Werden **Übernachtungskosten** aus öffentlichen Kassen gezahlt (z. B. durch Bund, Länder und Gemeinden), ist die Erstattung durch den Arbeitgeber steuerfrei (§ 3 Nr. 13 EStG).

Andere Arbeitgeber haben Folgendes zu beachten:

Der Arbeitgeber kann für jede Übernachtung des Arbeitnehmers anlässlich einer beruflich veranlassten Auswärtstätigkeit die **tatsächlichen Aufwendungen steuerfrei ersetzen** (als Reisekosten). Benutzt der Arbeitnehmer ein Mehrbettzimmer **gemeinsam** mit Personen, die nicht Arbeitnehmer des Arbeitgebers sind, so können die Aufwendungen steuerfrei ersetzt werden, die bei Inanspruchnahme eines Einzelzimmers im selben Haus entstanden wären. Dementsprechend sind auch die Mehraufwendungen auszuscheiden, wenn der Arbeitnehmer ein Haus oder eine Wohnung gemeinsam mit Personen benutzt, die zu seinem Arbeitgeber in keinem Dienstverhältnis stehen.

Beispiel:

Ein Arbeitnehmer wird aus dem Ausland für eine auf vier Jahre befristete Tätigkeit ins Inland entsandt; die Ehefrau und zwei Kinder begleiten ihn. Die Familie behält ihren ausländischen Wohnsitz für den Zeitraum der Entsendung bei. Der Arbeitgeber gestellt dem Arbeitnehmer und seiner Familie ein Einfamilienhaus mit 140 qm Wohnfläche unentgeltlich. Weil der Arbeitnehmer von seiner Familie begleitet wird, stehen ihm 50 qm mehr zur Verfügung, als wenn er alleine nach Deutschland gekommen wäre. Der Arbeitgeber zahlt für das gemietete Einfamilienhaus monatlich 1 900 € Miete.

Die privat veranlasste Unterbringung der Familie des Arbeitnehmers (50 qm) führt zu steuerpflichtigem Arbeitslohn. Die vom Arbeitgeber gezahlte Miete ist daher aufzuteilen in einen steuerfreien und steuerpflichtigen Teil (steuerfrei: 90/140 und steuerpflichtig: 50/140 der Mietzahlung).

Führt die weitere Person auch eine beruflich veranlasste Auswärtstätigkeit durch, so sind die tatsächlichen Unterkunftskosten gleichmäßig aufzuteilen.

Wird in der Hotelrechnung (dem Zahlungsbeleg) nur ein **Gesamtpreis** für Unterkunft und Frühstück bzw. eine Tagespauschale nachgewiesen, und lässt sich der Preis für das Frühstück oder weitere Essen nicht feststellen, so ist der Gesamtpreis zur Ermittlung der Übernachtungskosten wie folgt **zu kürzen**:

- bei einer Übernachtung im Inland und im Ausland **um 20 %** des für den Unterkunftsort maßgebenden **Pauschbetrags für Verpflegungsmehraufwendungen** bei einer Dienstreise mit einer Abwesenheitsdauer von mindestens 24 Stunden (Inland 4,80 €); für ein Mittag- und Abendessen um jeweils 40 % (Inland 9,60 €).

Seit 2010 hat sich die Reisekostenerstattung bei Übernachtungen im Inland aufgrund der unterschiedlichen Mehrwertsteuersätze für Übernachtung (Beherbergung) und das gestellte Frühstück verkompliziert. Regelmäßig wird das Frühstück gesondert oder als bzw. im Sammelposten für Nebenleistung(en) ausgewiesen. Wird das Frühstück **gesondert** ausgewiesen, erübrigt sich eine Kürzung; die Aufwendungen für Übernachtung und das Frühstück stehen fest; weshalb der Arbeitgeber die Kosten für Übernachtung **steuerfrei** zahlen kann; nicht jedoch die Kosten des Frühstücks.

Ist in der Rechnung die Beherbergungsleistung gesondert ausgewiesen und daneben ein **Sammelposten für Nebenleistungen** ohne dass sich der Preis für die Verpflegung feststellen lässt, so ist die vorgenannte prozentuale Kürzung auf den Sammelposten für Nebenleistungen möglich; für das Frühstück 20 % des maßgebenden Pauschbetrags für Verpflegungsmehraufwendungen = 4,80 € (BMF Schreiben v. 5.3.2010, BStBl I 2010 S. 259, Teil II).

Der verbleibende Teil des Sammelpostens ist als **Reisenebenkosten** zu behandeln, wenn die Bezeichnung des Sammelpostens für die Nebenleistungen keinen Anlass gibt für die Vermutung, darin seien steuerlich nicht anzuerkennen Nebenleistungen enthalten. **Keine** Reisenebenkosten in diesem Sinne sind die Aufwendungen für private Ferngespräche, Massagen, Minibar oder Pay-TV.

Beispiel:

Der Übernachtungspreis für das Hotelzimmer im Inland beträgt 150 € zzgl. 30 € für das sehr umfangreiche Frühstücksbüffet. Hat das Hotel vor 2010 den Preis für das Frühstück gesondert ausgewiesen, waren lediglich die Übernachtungskosten i. H. v. 150 € ansetzbar. War in der Hotelrechnung jedoch der Gesamtpreis i. H. v. 180 € für die Übernachtung und das Frühstück angegeben, konnte der Arbeitgeber diesen Betrag für den Frühstücksanteil um 20 % von 24 € kürzen (= 4,80 €). Folglich waren steuerfrei ersetzbar: 180 € ./. 4,80 € = 175,20 €.

Ab dem Kalenderjahr 2010 muss das Hotel den neben der Beherbergungsleistung (150 €) den Preis für das Frühstück (30 €) gesondert ausweisen. Folglich ist (nur) die Beherbergungsleistung mit 150 € steuerfrei ersetzbar.

Weist das Hotel hingegen einen Sammelposten für andere, dem allgemeinen Umsatzsteuersatz unterliegende Leistungen einschließlich Frühstück aus, so ist die vorgenannte Vereinfachungsregelung anwendbar und für das Frühstück 20 % des maßgebenden Pauschbetrags für Verpflegungsmehraufwendungen = 4,80 € anzusetzen und herauszurechnen. Der verbleibende Teil dieses Sammelpostens ist als Reisenebenkosten steuerfrei ersetzbar (25,20 €).

Für jede Übernachtung im **Inland** darf der Arbeitgeber ohne Nachweis der tatsächlichen Aufwendungen einen **Pauschbetrag** bis zu **20 €** steuerfrei zahlen. Dies gilt nicht, wenn der Arbeitnehmer die Unterkunft vom Arbeitgeber oder auf Grund seines Dienstverhältnisses von einem Dritten unentgeltlich oder teilentgeltlich erhalten hat. Bei Benutzung eines **Schlafwagens** oder einer **Schiffskabine** darf der Pauschbetrag nur dann steuerfrei gezahlt werden, wenn die Übernachtung in einer anderen Unterkunft begonnen oder beendet worden ist. Die steuerfreie Zahlung des Pauschbetrags bzw. eines Übernachtungsgeldes für eine Übernachtung im Fahrzeug, z. B. im Lkw, ist nicht zulässig.

Bei Übernachtungen im **Ausland** kann der Arbeitgeber für Übernachtungskosten ohne einen Einzelnachweis der tatsächlichen Aufwendungen die vom BMF veröffentlichten Pauschbeträge (Übernachtungsgelder) steuerfrei zahlen. Diese wurden ab 2010 mit BMF-Schreiben v. 17. 12. 2009 (BStBl I 2009 S. 1601) bekannt gemacht: für 2011 werden Änderungen erwartet.

Reisenebenkosten

Reisenebenkosten sind die tatsächlichen Aufwendungen für die Beförderung und Aufbewahrung von Gepäck, für Telefongespräche und Schriftverkehr beruflichen Inhalts mit dem Arbeitgeber oder dessen Geschäftspartner, für Straßenbenutzung (Maut) und Parkplatz sowie Schadensersatzleistungen infolge von Verkehrsunfällen, wenn die jeweils damit verbundenen Fahrtkosten als Reisekosten anzusetzen sind. Der Arbeitgeber kann die tatsächlichen Reisenebenkosten steuerfrei erstatten.

Rentenversicherung → *Arbeitgeberbeiträge,* → *Sozialversicherungsbeiträge*

Restaurantgutscheine → Rz. C 216

Rückdeckungsversicherung

Zahlt der Arbeitgeber Beiträge für eine Rückdeckungsversicherung, um sich die Mittel zur Leistung einer dem Arbeitnehmer zugesagten Versorgung (Durchführungswege: → *Direktzusage* und → *Unterstützungskasse*) zu verschaffen, liegt **kein steuerlicher Lohnzufluss** vor.

Sachbezüge, Freigrenze

Sachbezüge, die nicht unter den Rabattfreibetrag nach § 8 Abs. 3 EStG i. H. v. **1 080 €** (→ *Preisnachlässe, Personalrabatte*) fallen und nicht nach Durchschnittswerten (z. B. Sachbezugswerte nach der Sozialversicherungsentgeltverordnung) zu bewerten sind, bleiben bis zu einer monatlichen Freigrenze von **44 €** steuerfrei (§ 8 Abs. 2 Satz 9 EStG). Hierunter fallen z. B. Fahrkarten für öffentliche Verkehrsmittel, Belohnungsessen und Geschenke, die nicht bereits als Annehmlichkeiten steuerfrei sind (→ *Aufmerksamkeiten*) sowie Vorteile aus der Überlassung eines zinslosen oder zinsverbilligten Arbeitgeberdarlehens. Begünstigt sind Lohnteile, die nach § 8 Abs. 2 Satz 1 EStG mit dem um übliche Preisnachlässe geminderten üblichen Endpreis am Abgabeort zu bewerten sind.

Für die Feststellung, ob die Freigrenze überschritten ist, sind die in einem Kalendermonat zufließenden und in die Freigrenze einzubeziehenden Vorteile auch dann zusammenzurechnen, soweit hierfür Lohnsteuer einbehalten worden ist.

Zu beachten ist, dass bei Überschreiten der Freigrenze der **Gesamtbetrag** als steuerpflichtiger Arbeitslohn zu erfassen ist; auch → *Warengutscheine*, → *Preisnachlässe, Personalrabatte*.

Auf zweckgebundene Geldleistungen, z. B. Zuschüsse des Arbeitgebers für Mitgliedsbeiträge des Arbeitnehmers an einen Sportverein oder Fitnessclub, ist die Freigrenze nicht anzuwenden. Lohnzahlungen in einer gängigen ausländischen Währung sind Einnahmen in Geld und kein Sachbezug.

Sachprämien

Erhält der Arbeitnehmer auf Grund seiner Berufsausübung durch Kundenbindungsprogramme von einem Dritten Sachprämien (z. B. Bonusmeilen), so rechnen diese Vorteile zum beruflichen Bereich, wenn der Arbeitgeber die Aufwendungen getragen hat (z. B. Erstattung der Reisekosten). Werden die so erworbenen Prämien für berufliche Zwecke eingesetzt, entstehen keine steuerlich zu erfassenden geldwerten Vorteile. Verzichtet der Arbeitgeber auf den arbeitsrechtlichen Herausgabeanspruch, ist die private Verwendung der Sachprämie bzw. des Vorteils insoweit steuerpflichtiger Arbeitslohn, als der jährliche Freibetrag i. H. v. 1 080 € überschritten ist. Nicht begünstigt sind z. B. Rückvergütungen, Preisnachlässe, sie mindern die steuerfrei erstattungsfähigen Reisekosten. → *Payback-Gutschrift*

Darüber hinaus kann das prämiengewährende Unternehmen den Prämienwert pauschal mit 2,25 % versteuern mit der Folge, dass kein Arbeitslohn anzusetzen ist. Durch Freibetrag und Pauschalierung ist der mit der Inanspruchnahme der Sachprämie zufließende geldwerte Vorteil oftmals nicht als steuerpflichtiger Arbeitslohn anzusetzen. Nicht steuerpflichtig sind Sachprämien, die außerhalb der beruflichen Tätigkeit erworben wurden.

Sammelbeförderung

Die unentgeltliche oder verbilligte Sammelbeförderung von Mitarbeitern zwischen Wohnung und Arbeitsstätte oder zwischen verschiedenen Arbeitsstätten durch arbeitgebereigene oder vom Arbeitgeber gestellte Fahrzeuge ist steuerfrei. Voraussetzung ist, dass diese Beförderung wegen des betrieblichen Einsatzes bzw. aus betrieblichen Gründen erforderlich ist. Die Sammelbeförderung muss regelmäßig durch den Arbeitgeber veranlasst oder organisiert sein und darf nicht auf einem Entschluss des Arbeitnehmers beruhen. Das Vorliegen einer Sammelbeförderung bedarf grundsätzlich einer besonderen Rechtsgrundlage, z. B. Tarifvertrag oder Betriebsvereinbarung. Allein die Beförderung weiterer Kollegen im auch zur privaten Nutzung überlassenen Firmenwagen stellt – ohne Vereinbarung zw. Arbeitgeber und Arbeitnehmer – keine unentgeltliche oder verbilligte Sammelbeförderung dar.

Schadensersatzleistungen

Schadensersatzleistungen des Arbeitgebers an seine Mitarbeiter sind kein Arbeitslohn, soweit der Arbeitgeber zur Leistung gesetzlich verpflichtet ist oder einen zivilrechtlichen Schadensersatzanspruch des Arbeitnehmers wegen schuldhafter Verletzung arbeitsvertraglicher Fürsorgepflichten erfüllt, z. B. nach dem Allgemeinen Gleichbehandlungsgesetz (AGG). **Erlässt** der Arbeitgeber jedoch dem Arbeitnehmer eine Schadensersatzforderung, ist dies steuerpflichtiger Arbeitslohn im Zeitpunkt des wirksamen Verzichts; ausgenommen sind Fälle, in denen der Schadensersatz beim Arbeitnehmer zu Werbungskosten führen würde.

Schichtzulagen

Schichtzulagen sind steuerpflichtig, es sei denn, es handelt sich um Zuschläge für Sonntags-, Feiertags- und Nachtarbeit (→ *Arbeitslohnzuschläge für Sonntags-, Feiertags- oder Nachtarbeit*).

Schmiergelder

Schmiergelder sind steuerpflichtig. Sie werden jedoch weder als Arbeitslohn noch als → *Trinkgelder* erfasst; sie sind sonstige Einkünfte nach § 22 Nr. 3 EStG.

Schutzbrille

Gestellt der Arbeitgeber nach den Unfallverhütungsvorschriften, z. B. dem ArbSchG, erforderliche Schutzbrillen, rechnet dies nicht zum Arbeitslohn. Gleiches gilt für die vom Arbeitgeber auf Grund gesetzlicher Verpflichtung übernommenen angemessenen Kosten für eine spezielle **Sehhilfe**, wenn auf Grund einer Untersuchung der Augen und des Sehvermögens durch eine fachkundige Person i. S. d. § 6 Abs. 1 BildscharbV die spezielle Sehhilfe notwendig ist, um eine ausreichende Sehfähigkeit in den Entfernungsbereichen des Bildschirmarbeitsplatzes zu gewährleisten.

Schutzkleidung → *Berufskleidung*

Sicherheitsaufwendungen

Vom Arbeitgeber getragene oder ersetzte Aufwendungen für Maßnahmen zum Schutz des Arbeitnehmers vor Übergriffen Dritter und Diebstahl seines Privateigentums sind grundsätzlich Arbeitslohn. Ausnahmen gelten für Personen, die auf Grund ihrer beruflichen Position den Angriffen gewaltbereiter politisch motivierter Personen ausgesetzt sind (Positionsgefährdung). Unter diesen Voraussetzungen können steuerfrei sein:

- Aufwendungen für das ausschließlich mit dem Personenschutz des Arbeitnehmers befasste Personal.
- Aufwendungen für den Einbau von Sicherheitseinrichtungen (Grund- und Spezialschutz) in eine Mietwohnung oder in ein selbstgenutztes Wohneigentum zum Schutz positionsgefährdeter Arbeitnehmer, wobei sich die Steuerfreiheit nach dem Maß der Gefährdung des Arbeitnehmers richtet. Es ist unerheblich, ob die Sicherheitseinrichtungen in das Eigentum des Arbeitnehmers übergehen oder nicht. Die Höhe der steuerfrei bleibenden Beträge richtet sich nach der von der Gefährdungsanalyse zuständigen Behörde (Sicherheitsbehörde) eingeschätzten Gefährdungsstufe.

Ersetzt der Arbeitgeber dem Arbeitnehmer Aufwendungen für Sicherheitseinrichtungen oder mit diesen Einrichtungen verbundene laufende Betriebs- oder Wartungskosten, ist der Ersatz unter den vorgenannten Voraussetzungen ebenfalls kein steuerpflichtiger Arbeitslohn, ggf. jedoch nur anteilig nach dem Verhältnis des nicht steuerpflichtigen Anteils an den Gesamteinbaukosten. Dies gilt allerdings nur dann, wenn die Aufwendungen in zeitlichem Zusammenhang mit dem Einbau bzw. der Zahlung durch den Arbeitnehmer ersetzt werden; andernfalls ist der Aufwendungsersatz steuerpflichtiger Arbeitslohn.

Sonntagszuschläge → *Arbeitslohnzuschläge für Sonntags-, Feiertags- oder Nachtarbeit*

Soziale Leistungen

Maßnahmen zur Verbesserung der Arbeitsbedingungen → *Arbeitsbedingungen,* → *Vorsorgeuntersuchungen, Vorsorgeleistungen*

Sozialversicherungsbeiträge

Arbeitnehmerbeiträge zur gesetzlichen Sozialversicherung sind steuerpflichtig und aus dem Nettolohn zu entrichten; auch → *Arbeitgeberbeiträge,* → *Arbeitgeberzuschüsse.*

Steuerübernahme

Vom Arbeitgeber getragene (Lohn- und Kirchen-)Steuern sind Arbeitslohn; → *Lohnsteuer*, Rz. C 155 ff., 205 und → Rz. E 1 ff. Dieser Grundsatz gilt nicht für die pauschale Lohnsteuer, die der Arbeitgeber als Steuerschuldner zu übernehmen hat.

Streikunterstützungen

Streikunterstützungen sind kein Arbeitslohn; sie gehören keiner Einkunftsart an.

Studiengebühren

Übernimmt der Arbeitgeber im Rahmen eines **Ausbildungsdienstverhältnisses** die vom studierenden Arbeitnehmer geschuldeten Studiengebühren einer **Berufsakademie**, liegt auf Grund des ganz überwiegenden betrieblichen Interesses des Arbeitgebers kein Arbeitslohn (Vorteil mit Arbeitslohncharakter) vor, wenn sich der Arbeitgeber arbeitsvertraglich zur Übernahme der Studiengebühren verpflichtet. Dieses Interesse muss durch eine Rückzahlungsverpflichtung des Studierenden dokumentiert sein, wenn er das ausbildende Unternehmen auf eigenen Wunsch innerhalb von zwei Jahren nach Studienabschluss verlässt. Ebenso liegt kein steuerpflichtiger Arbeitslohn vor, wenn der Arbeitgeber auf Grund eines Kooperationsvertrages mit der **Berufsakademie** alleiniger Schuldner der Studiengebühren ist und eine eigene Verpflichtung hat. Die Zahlung erfolgt auch hier aus ganz überwiegendem eigenbetrieblichen Interesse.

Telearbeit

Erledigt der Mitarbeiter einen Teil seiner beruflichen Arbeiten mit Zustimmung des Arbeitgebers in der privaten Wohnung, sog. Telearbeit, stellt sich die Frage nach den zu beachtenden steuerlichen Regelungen.

1. **Der Arbeitgeber gestellt die Teleplatzausstattung**

    Schafft der Arbeitgeber das Mobiliar (Schränke, Schreibtisch usw.) einschl. der Telekommunikationsgeräte (PC, Fax-, Kopiergerät, Telefon usw.) an, und stellt er dies dem Arbeitnehmer ausschließlich für die Dauer der Telearbeit zur Verfügung, ergeben sich regelmäßig keine lohnsteuerlichen Folgerungen. Nutzt der Arbeitnehmer das Mobiliar gelegentlich (in geringem Umfang) **privat**, ist dies von untergeordneter Bedeutung. Falls ein Kopiergerät auch privat genutzt werden kann, sollte sich der Arbeitgeber die Kosten für privat erstellte Kopien erstatten lassen. Ansonsten wäre die private Nutzung der Freigrenze für **Sachbezüge** i. H. v. monatlich 44 € zuzuordnen, falls diese nicht schon anderweitig ausgeschöpft ist, → *Sachbezüge*. Die private Nutzung des PC sowie der Telekommunikationsgeräte ist **steuerfrei**. Gleiches gilt für die vom Arbeitgeber getragenen Verbindungsentgelte und anfallenden Telekommunikationsgebühren für die berufliche und private Nutzung (→ *Telekommunikation/-kommunikationsgeräte, Personalcomputer, Verbindungsentgelte des Arbeitnehmers*).

    Das vom Arbeitgeber zur Verfügung gestellte Büromaterial (Schreibpapier, Kugelschreiber usw.) ist steuerlich unbeachtlich.

2. **Der Arbeitgeber übereignet die Teleplatzausstattung**

    Falls der Arbeitgeber die Teleplatzausstattung dem Arbeitnehmer übereignet, stellt dies einen geldwerten Vorteil dar, der als **Arbeitslohn** zu erfassen ist. Die Vorteile für die PC-Übereignung einschl. des Zubehörs sind grundsätzlich nach den Merkmalen der vorliegenden Lohnsteuerkarte/Ersatzbescheinigung zu versteuern; sie können aber auch pauschal mit 25 % (zzgl. Solidaritätszuschlag und ggf. Kirchensteuer) versteuert werden, → Rz. C 222 ff.

3. **Der Arbeitgeber stellt die Teleplatzausstattung zur Verfügung**

    Nutzt der Arbeitnehmer eigenes Mobiliar sowie die Telekommunikationsausstattung, kann der Arbeitgeber die Telekommunikationsaufwendungen sowie die Betriebskosten der Telekommunikationsgeräte (Strom) als Auslagenersatz **steuerfrei** ersetzen, → *Auslagenersatz*. Nach Auffassung der Finanzverwaltung ist dies für das zur Verfügung gestellte Mobiliar nicht möglich. Pauschal gezahlte Nutzungsentschädigungen o. Ä. sind als Arbeitslohn zu erfassen.

4. **Zahlungen für das Telearbeitszimmer**

    Mietet der **Arbeitgeber** das Arbeitszimmer als Telearbeitsplatz an, ist die Prüfung für die Erfassung der Zahlungen als Arbeitslohn einerseits oder als Einkünfte aus Vermietung und Verpachtung andererseits danach vorzunehmen, in wessen vorrangigem Interesse die Nutzung des Büros erfolgt. Dient die Nutzung in erster Linie den Interessen des Arbeitnehmers, so ist davon auszugehen, dass die Zahlungen des Arbeitgebers (im weitesten Sinne) als Gegenleistung für das Zurverfügungstellen der individuellen Arbeitskraft des Arbeitnehmers erfolgen. Die Einnahmen sind dementsprechend als Arbeitslohn zu erfassen. So verhält es sich regelmäßig, wenn der Arbeitnehmer im Betrieb des Arbeitgebers über einen weiteren Arbeitsplatz verfügt und die Nutzung des häuslichen Arbeitszimmers vom Arbeitgeber lediglich gestattet bzw. geduldet wird.

Wird der betreffende Raum jedoch vor allem im betrieblichen Interesse des Arbeitgebers genutzt und geht dieses Interesse – objektiv nachvollziehbar – über die Entlohnung des Arbeitnehmers bzw. über die Erbringung der jeweiligen Arbeitsleistung hinaus, so ist anzunehmen, dass die betreffenden Zahlungen auf einer neben dem Dienstverhältnis gesondert bestehenden Rechtsbeziehung beruhen. Anhaltspunkte hierfür können sich beispielsweise daraus ergeben, dass der Arbeitgeber entsprechende Rechtsbeziehungen zu gleichen Bedingungen auch mit fremden Dritten, die nicht in einem Dienstverhältnis zu ihm stehen, eingegangen ist. Doch handelt es sich insoweit lediglich um ein Indiz, nicht um eine zwingende Voraussetzung. Haben die Beteiligten eine ausdrückliche, schriftliche Vereinbarung über die Bedingungen der Nutzung des überlassenen Raumes getroffen, so kann dies ebenfalls ein Indiz für ein besonderes, über das Dienstverhältnis hinausgehendes betriebliches Interesse sein. Allerdings schließt eine solche Vereinbarung einerseits nicht aus, dass die Zahlungen gleichwohl als Arbeitslohn zu erfassen sind, falls ein entsprechendes betriebliches Interesse des Arbeitgebers nicht nachgewiesen werden kann. Andererseits ist eine ausdrückliche schriftliche Vereinbarung keine zwingende Voraussetzung für die Annahme einer eigenständigen Rechtsbeziehung, denn ein steuerlich anzuerkennendes Nutzungsverhältnis kann auch mündlich oder konkludent begründet werden (BFH-Urteil v. 16.9.2004, VI R 25/02, BStBl II 2006 S. 10).

Eindeutige **Kriterien** sind u. a. räumliche Trennung von der Wohnung (separater Eingang) und ein unbeschränktes Zutrittsrecht des Arbeitgebers. Liegen diese Voraussetzungen vor, sind die Mietzahlungen regelmäßig als Einkünfte aus Vermietung und Verpachtung zu behandeln. In anderen Fällen ist nach den einschlägigen Urteilen des BFH und den dort genannten Kriterien zu entscheiden, z. B. bei Anmietung eines Raumes von dem als Außendienstmitarbeiter tätigen Arbeitnehmer. In diesem Fall sind die Mietzahlungen dann nicht dem **Lohnsteuerabzug** zu unterwerfen, wenn der Arbeitgeber gleich lautende Mietverträge auch mit fremden Dritten abschließt und die Anmietung des Raumes im eigenbetrieblichen Interesse des Arbeitgebers erfolgt (Außendienstmitarbeiterbüro). Dieses ist jedenfalls dann anzunehmen, wenn der Arbeitnehmer über keinen weiteren Arbeitsplatz im Betrieb des Arbeitgebers verfügt (BFH-Urteil v. 19.10.2001, BStBl II 2002 S. 300); weiteres BFH-Urteil v. 20.3.2003, BStBl II 2003 S. 519 zu einem im Kellergeschoss des Hauses eines auch im Außendienst tätigen Mitarbeiters gelegenen Büroraums mit ca. 35 qm Nutzfläche. Die berufliche Nutzung dieses Büroraums betrug vom zeitlichen Umfang mehr als 50 % der gesamten beruflichen Tätigkeit.

In anderen Fällen sind die sog. Mietzahlungen dem Arbeitslohn zuzurechnen. Die vorgenannten Grundsätze gelten auch, wenn der Arbeitgeber die anfallenden Betriebskosten des Telearbeitszimmers (Heizung, Strom usw.) übernimmt. Ggf. kann der Arbeitnehmer jedoch den Werbungskostenabzug in Anspruch nehmen → Rz. B 87 *Telearbeit*.

Telefon → *Telekommunikation/-kommunikationsgeräte, Personalcomputer, Verbindungsentgelte des Arbeitnehmers*

Telekommunikation/-kommunikationsgeräte, Personalcomputer, Verbindungsentgelte des Arbeitnehmers
Private Nutzung betrieblicher Geräte, Erstattung der Verbindungsentgelte des Arbeitnehmers
Die Vorteile des Arbeitnehmers aus der privaten Nutzung betrieblicher Telekommunikationsgeräte, Personalcomputer und Mobiltelefone (Handys) einschließlich der Verbindungsentgelte für Privatgespräche sind unabhängig vom Umfang der beruflichen Nutzung steuerfrei (§ 3 Nr. 45 EStG). Die Steuerfreiheit ist nicht auf die private Nutzung im Betrieb beschränkt, sondern gilt z. B. auch für Geräte im betrieblichen oder privaten Pkw oder in der Wohnung des Arbeitnehmers. Es kommt nicht darauf an, wo sich das betriebliche Gerät im Zeitpunkt der Privatnutzung durch den Arbeitnehmer befindet.
Voraussetzung für die Steuerfreiheit ist die Nutzungsüberlassung der Geräte durch den Arbeitgeber oder auf Grund des Dienstverhältnisses durch einen Dritten. In diesen Fällen sind auch die vom Arbeitgeber getragenen privaten Verbindungsentgelte (Grundgebühr und sonstige laufende Kosten) des Arbeitnehmers, die durch die Nutzung der betrieblichen Geräte entstehen, steuerfrei. Für die Steuerfreiheit kommt es nicht darauf an, ob die Vorteile zusätzlich zum ohnehin geschuldeten Arbeitslohn oder auf Grund einer Vereinbarung über die Herabsetzung von Arbeitslohn erbracht werden.
Übereignung von Personalcomputern, sonstiger PC-Hardware, technischem Zubehör, Software (Sachzuwendungen) und eines Internetanschlusses, Verbindungsentgelte
Zur Pauschalierung der Lohnsteuer für diese Arbeitslohnteile mit einem Pauschsteuersatz von 25 % → Rz. C 222 ff.

Trinkgelder
Von Dritten freiwillig und ohne Verpflichtung für eine Dienstleistung des Arbeitnehmers gezahlte Trinkgelder sind seit dem Kalenderjahr 2002 in voller Höhe steuerfrei. Incentives und Zahlungen aus dem Spielbanktronc sind keine (steuerfreien) Trinkgelder.

Überbrückungsgeld
Das nach dem SGB III gezahlte Überbrückungsgeld ist steuerfrei; es unterliegt **nicht** dem Progressionsvorbehalt nach § 32b EStG (→ Rz. B 29).

Übungsleiterpauschale
Übungsleiter und die anderen begünstigten nebenberuflich Tätigen können von ihren Einnahmen die Übungsleiterpauschale i. H. v. 2 100 € (seit 2007, zuvor 1 848 €) als Betriebsausgaben bzw. Werbungskosten abziehen und zwar gleichgültig, ob sie steuerlich als Selbständiger oder als Arbeitnehmer tätig sind. Bis zur Höhe der Übungsleiterpauschale bleiben **steuerfrei** die Einnahmen von Personen, die im Dienst oder Auftrag einer juristischen Person des öffentlichen Rechts, die in der EU oder im EWR-Raum belegen ist, oder einer gemeinnützigen Körperschaft
- eine nebenberufliche Tätigkeit als Übungsleiter, Ausbilder, Erzieher, Betreuer bzw. eine vergleichbare nebenberufliche Tätigkeit, oder
- eine nebenberufliche künstlerische Tätigkeit ausüben, oder
- nebenberuflich alte, kranke oder behinderte Menschen pflegen.

Unbeachtlich ist, ob diese Tätigkeit selbständig oder unselbständig ausgeübt wird.
Zu den **begünstigten Tätigkeiten** gehören z. B. die Tätigkeit eines Sporttrainers, eines Chorleiters oder Orchesterdirigenten, die Lehr- und Vortragstätigkeit im Rahmen der allgemeinen Bildung und Ausbildung (z. B. Kurse und Vorträge an Schulen und Volkshochschulen, Mütterberatung, Erste-Hilfe-Kurse, Schwimm-Unterricht) oder im Rahmen der beruflichen Ausbildung und Fortbildung. Ebenso begünstigt sind juristische Personen des öffentlichen Rechts in EU/EWR-Mitgliedstaaten; z. B. Zahlungen einer **französischen** Universität für eine nebenberufliche Lehrtätigkeit.

Die Pflege alter, kranker oder behinderter Menschen umfasst außer der Dauerpflege auch Hilfsdienste bei der häuslichen Betreuung durch ambulante Pflegedienste (z. B. Unterstützung bei der Grund- und Behandlungspflege), bei häuslichen Verrichtungen und Einkäufen, beim Schriftverkehr, bei der Altenhilfe entsprechend § 75 des Bundessozialhilfegesetzes (z. B. Hilfe bei der Wohnungs- und Heimplatzbeschaffung), in Fragen der Inanspruchnahme altersgerechter Dienste und bei Sofortmaßnahmen gegenüber Schwerkranken und Verunglückten (z. B. durch Rettungssanitäter und Ersthelfer).

Nicht begünstigt sind z. B. die in einem gemeinnützigen Verein tätigen Vereinsvorsitzende, Schriftführer, Geräte- und Platzwarte, Hausmeister, Kassierer und Reinigungskräfte; für sie kommt der allgemeine Ehrenamtsfreibetrag in Betracht → *Ehrenamt*.

Die Pauschale ist ein **Jahresbetrag** und unabhängig davon, wie lange und wie viele Tätigkeiten als Übungsleiter ausgeübt wurden. Übersteigen die tatsächlichen Werbungskosten bzw. Betriebsausgaben diesen Freibetrag, können sie mit dem übersteigenden Betrag von den Einnahmen abgezogen werden. Ist der Übungsleiter (oder eine andere unter § 3 Nr. 26 EStG fallende Person) steuerlich als Arbeitnehmer einzustufen, ist es unseres Erachtens im Auslegungsweg der Regelungen des § 39b Abs. 1 EStG vertretbar, in den Fällen auf die Vorlage einer Lohnsteuerkarte/Ersatzbescheinigung zu verzichten, in denen nur steuerfreie Einnahmen gezahlt werden.

Eine Tätigkeit wird **nebenberuflich** ausgeübt, wenn sie – bezogen auf das Kalenderjahr – nicht mehr als ein Drittel der Arbeitszeit eines vergleichbaren Vollzeiterwerbs in Anspruch nimmt. Es können deshalb auch solche Personen nebenberuflich tätig sein, die im steuerrechtlichen Sinne keinen Hauptberuf ausüben (z. B. Hausfrauen, Vermieter, Studenten, Rentner oder Arbeitslose). Übt ein Steuerpflichtiger mehrere verschiedenartige Tätigkeiten i. S. d. § 3 Nr. 26 EStG aus, ist die Nebenberuflichkeit für jede Tätigkeit getrennt zu beurteilen. Mehrere gleichartige Tätigkeiten sind zusammenzufassen, wenn sie sich nach der Verkehrsanschauung als Ausübung eines einheitlichen Hauptberufs darstellen (z. B. Unterricht von jeweils weniger als dem dritten Teil des Pensums einer Vollzeitkraft in mehreren Schulen). Eine Tätigkeit wird **nicht** nebenberuflich ausgeübt, wenn sie als Teil der Haupttätigkeit anzusehen ist.

Der Freibetrag wird nur gewährt, wenn die Tätigkeit im Dienst oder im Auftrag einer der in § 3 Nr. 26 EStG genannten Personen erfolgt. Dies sind

1. juristische Personen des öffentlichen Rechts, die in einem EU- oder EWR-Land belegen ist, z. B. Bund, Länder, Gemeinden, Gemeindeverbände, Industrie- und Handelskammern, Handwerkskammern, Rechtsanwaltskammern, Steuerberaterkammern, Wirtschaftsprüferkammern, Ärztekammern, Universitäten oder die Träger der Sozialversicherung in Betracht.
2. Einrichtungen i. S. d. § 5 Abs. 1 Nr. 9 KStG, z. B. Körperschaften, Personenvereinigungen, Stiftungen und Vermögensmassen, die nach der Satzung oder dem Stiftungsgeschäft und nach der tatsächlichen Geschäftsführung ausschließlich und unmittelbar gemeinnützige, mildtätige oder kirchliche Zwecke verfolgen (z. B. Sport- und Musikvereine, Einrichtungen der Wohlfahrtspflege). Die Begriffe der gemeinnützigen, mildtätigen und kirchlichen Zwecke ergeben sich aus den §§ 52 bis 54 AO. Eine Tätigkeit dient auch dann der selbstlosen Förderung begünstigter Zwecke, wenn sie diesen Zwecken nur mittelbar zugute kommt. Wegen weiterer Einzelheiten siehe R 3.26 LStR.

Nicht zu den begünstigten Einrichtungen gehören z. B. Berufsverbände (Arbeitgeberverband, Gewerkschaft) oder Parteien. Fehlt es an einem begünstigten Auftraggeber/Arbeitgeber, so kann der Steuerfreibetrag nicht in Anspruch genommen werden.

Der Freibetrag kann bereits beim **Lohnsteuerabzug** angesetzt werden, sodass Zahlungen des Arbeitgebers bis zu 2 100 € im Kalenderjahr steuerfrei bleiben. Eine zeitanteilige Aufteilung des steuerfreien Höchstbetrags von 2 100 € jährlich nicht erforderlich; das gilt auch dann, wenn feststeht, dass das Dienstverhältnis nicht bis zum Ende des Kalenderjahres besteht. Der Arbeitnehmer hat dem Arbeitgeber jedoch schriftlich zu **bestätigen**, dass die Steuerbefreiung nicht bereits in einem anderen Dienst- oder Auftragsverhältnis berücksichtigt worden ist oder berücksichtigt wird. Diese Erklärung ist zum Lohnkonto zu nehmen; → *Ehrenamt*.

Umzugskosten

Umzugskosten des Arbeitnehmers wegen eines beruflich veranlassten Wohnungswechsels können durch den Arbeitgeber steuerfrei erstattet werden bis zu den Beträgen, die als Werbungskosten abziehbar wären (→ Rz. B 87). Der Arbeitnehmer hat seinem Arbeitgeber Unterlagen vorzulegen, aus denen die tatsächlichen Aufwendungen ersichtlich sein müssen. Der Arbeitgeber hat diese Unterlagen als Belege zum Lohnkonto aufzubewahren. Nunmehr kann auch eine Wegverlegung der Wohnung vom Beschäftigungsort zu einer beruflich veranlassten doppelten Haushaltsführung führen (R 9.11 Abs. 2 Satz 5 und 6 LStR 2011; H 9.11 (1–4) (Berufliche Veranlassung) LStH 2011.

Steuerfrei sind grundsätzlich Erstattungsleistungen bis zur Höhe der Beträge, die nach dem Bundesumzugskostengesetz (BUKG) und der Auslandsumzugskostenverordnung (ausgenommen §§ 11, 12 AUV) als Umzugskostenvergütung höchstens gezahlt werden könnten, sowie Maklergebühren für die Vermittlung der eigenen Wohnung. Die Steuerfreiheit der Pauschbeträge für Verpflegungsmehraufwendungen richtet sich nach den Grundsätzen für Dienstreisen (→ *Reisekosten*). Weist der Arbeitnehmer höhere Umzugskosten nach, so ist insgesamt zu prüfen, ob und inwieweit diese Aufwendungen Werbungskosten oder nicht abziehbare Kosten der Lebensführung sind (z. B. bei Aufwendungen für die Neuanschaffung von Einrichtungsgegenständen). Für bestimmte Kosten sind Pauschalen vorgesehen (z. B. die Pauschvergütung nach § 10 BUKG für sonstige Umzugsauslagen, siehe BMF-Schreiben v. 16. 12. 2008, BStBl I 2008 S. 1076).

In folgenden Fällen ist ein Wohnungswechsel beruflich veranlasst:
- wenn durch ihn eine erhebliche Verkürzung der Entfernung zwischen Wohnung und Arbeitsstätte eintritt und die verbleibende Wegezeit im Berufsverkehr als normal angesehen werden kann. Es ist nicht erforderlich, dass der Wohnungswechsel mit einem Wohnortwechsel oder mit einem Arbeitsplatzwechsel verbunden ist;
- wenn er im ganz überwiegenden betrieblichen Interesse des Arbeitgebers durchgeführt wird, insbesondere beim Beziehen oder Räumen einer Dienstwohnung, die aus betrieblichen Gründen bestimmten Arbeitnehmern vorbehalten ist, z. B. um deren jederzeitige Einsatzmöglichkeit zu gewährleisten;
- wenn er aus Anlass der erstmaligen Aufnahme einer beruflichen Tätigkeit durchgeführt wird;
- wenn der eigene Hausstand zur Beendigung einer doppelten Haushaltsführung an den Beschäftigungsort verlegt wird.

Eventuell private Motive für die Auswahl der neuen Wohnung sind grundsätzlich unbeachtlich. Erfolgt ein Umzug aus Anlass einer Eheschließung von getrennten Wohnorten in eine gemeinsame Familienwohnung, so ist die berufliche Veranlassung des Umzugs eines jeden Ehegatten gesondert zu beurteilen.

Eine erhebliche Verkürzung der Entfernung zwischen Wohnung und Arbeitsstätte ist anzunehmen, wenn sich die Dauer der täglichen Hin- und Rückfahrt insgesamt wenigstens zeitweise um mindestens eine Stunde ermäßigt dazu sind die Änderungen der Fahrzeiten (positive und negative) beider berufstätigen Ehegatten nicht zu saldieren. Steht bei einem Umzug eine arbeitstägliche Fahrzeitersparnis von mindestens einer Stunde fest, sind private Gründe (z. B. Gründung eines gemeinsamen Haushalts aus Anlass einer Eheschließung) unbeachtlich.

Unfallversicherung, freiwillige

a) Versicherungen des Arbeitnehmers

Vom Arbeitgeber **übernommene Beiträge** für eine freiwillige Unfallversicherung des Arbeitnehmers sind **steuerpflichtiger Arbeitslohn** (→ Rz. C 100 ff.). Das gilt **nicht**, soweit Beiträge zu Versicherungen gegen berufliche Unfälle und Beiträge zu Versicherungen gegen alle Unfälle auch das Unfallrisiko bei Auswärtstätigkeiten (→ *Reisekosten*) abdecken. Beiträge zu Unfallversicherungen sind als Reisenebenkosten steuerfrei, soweit sie Unfälle bei einer Auswärtstätigkeit abdecken.

Bei der Aufteilung des auf den **beruflichen Bereich** entfallenden Beitrags/Beitragsanteils in steuerfreie Reisekostenerstattungen (→ *Reisekosten*) und steuerpflichtigen Werbungskostenersatz (z. B. Unfälle auf Fahrten zwischen Wohnung und regelmäßiger Arbeitsstätte [→ *Fahrtkostenzuschüsse*, → *Fahrtkostenersatz*]) kann der auf **steuerfreie Reisekostenerstattungen** entfallende Anteil auf **40 %** geschätzt werden. Der auf den **beruflichen Bereich** entfallende Beitrag/Beitragsanteil kann wiederum mit **50 %** des Gesamtbeitrags geschätzt werden. Der Beitragsanteil, der als Werbungskostenersatz dem Lohnsteuerabzug zu unterwerfen ist, gehört zu den Werbungskosten des Arbeitnehmers (→ Rz. B 87 *Unfallversicherung*).

b) Versicherungen des Arbeitgebers

Bei vom Arbeitgeber abgeschlossenen Unfallversicherungen seiner Arbeitnehmer, bei denen die Ausübung der **Rechte** aus dem Versicherungsvertrag **ausschließlich dem Arbeitgeber** zusteht, stellen die Beiträge im Zeitpunkt der Zahlung durch den Arbeitgeber **keinen Arbeitslohn** dar.

Erhält ein Arbeitnehmer **Leistungen** aus einem entsprechenden Vertrag, führen die bis dahin entrichteten, auf den Versicherungsschutz des Arbeitnehmers entfallenden **Beiträge** im Zeitpunkt der Auszahlung oder Weiterleitung der Leistung an den Arbeitnehmer zu **Arbeitslohn** in Form von **Barlohn**, begrenzt auf die dem Arbeitnehmer ausgezahlte Versicherungsleistung; das gilt unabhängig davon, ob der Unfall im beruflichen oder außerberuflichen Bereich eingetreten ist, und ob es sich um eine Einzelunfallversicherung oder eine Gruppenunfallversicherung handelt. Bei einer **Gruppenunfallversicherung** ist der auf den einzelnen Arbeitnehmer entfallende Teil der Beiträge ggf. zu schätzen. Es kann sich bei den im Zuflusszeitpunkt zu versteuernden Beiträgen um eine Vergütung für eine **mehrjährige Tätigkeit** (→ Rz. C 141 ff.) handeln. Zu weiteren Besonderheiten → BMF-Schreiben vom 28. 10. 2009 – IV C 5 – S 2332/09/10004 – (BStBl I 2009 S. 1275). Der auf das Risiko **beruflicher Unfälle** entfallende Anteil der Beiträge ist zum Zeitpunkt der Leistungsgewährung steuerfreier Reisekostenersatz (→ *Reisekosten*) oder steuerpflichtiger Werbungskostenersatz des Arbeitgebers. Für die Aufteilung und Zuordnung gilt die oben unter Buchstabe a genannte Aufteilung entsprechend. Versicherungsleistungen aus einer entsprechenden Unfallversicherung können ausnahmsweise auch **Entschädigungen** für entgangene oder entgehende Einnahmen sein; dann liegen zusätzliche steuerpflichtige Einkünfte aus nichtselbständiger Arbeit (steuerpflichtiger Arbeitslohn) vor. Bei den Leistungen kann es sich im Übrigen auch um eine **Leibrente** handeln, die mit dem Ertragsanteil steuerpflichtig ist (→ Rz. B 59).

Kann der **Arbeitnehmer** den Versicherungsanspruch bei einer vom Arbeitgeber abgeschlossenen Unfallversicherung **unmittelbar** gegenüber dem Versicherungsunternehmen **geltend machen**, sind die Beiträge bereits im Zeitpunkt der Zahlung durch den Arbeitgeber als → *Zukunftssicherungsleistungen* Arbeitslohn in Form von **Barlohn**. Das gilt unabhängig davon, ob es sich um eine Einzelunfallversicherung oder eine Gruppenunfallversicherung handelt; Beiträge zu **Gruppenunfallversicherungen** sind ggf. nach der Zahl der versicherten Arbeitnehmer auf diese aufzuteilen. **Steuerfrei** sind Beiträge, die das Unfallrisiko bei Auswärtstätigkeiten abdecken und deshalb zu den steuerfreien Reisekostenerstattungen gehören (→ *Reisekosten*). Für die **Aufteilung** eines auf den beruflichen Bereich entfallenden Gesamtbetrags in steuerfreie Reisekostenerstattungen und steuerpflichtigen Werbungskostenersatz gilt das oben Gesagte entsprechend. Leistungen aus einer entsprechenden Unfallversicherung gehören nur zu den Einkünften aus nichtselbständiger Arbeit (steuerpflichtiger Arbeitslohn), soweit sie **Entschädigungen** für entgangene oder entgehende Einnahmen darstellen, der Unfall im beruflichen Bereich eingetreten ist und die Beiträge ganz oder teilweise Werbungskosten bzw. steuerfreie Reisenebenkostenerstattungen waren.

c) Arbeitgeber als Versicherer

Gewährt ein Arbeitgeber als Versicherer Versicherungsschutz, handelt es sich um **Sachleistungen** (→ *Preisnachlässe*, → *Personalrabatte*). Der **Rabattfreibetrag** i. H. v. 1 080 € kommt zur Anwendung.

d) Lohnsteuerabzug von Beitragsleistungen

Soweit die Beiträge zu Unfallversicherungen steuerpflichtiger Arbeitslohn sind, sind sie im Zeitpunkt ihres Zuflusses dem Lohnsteuerabzug nach den **allgemeinen Regelungen** zu unterwerfen, wenn nicht eine **Pauschalbesteuerung** mit einem Steuersatz von **20 %** (→ Rz. C 199) erfolgt.

Unfallversicherung, gesetzliche

Beiträge des Arbeitgebers zur gesetzlichen Unfallversicherung und **Leistungen** aus der gesetzlichen Unfallversicherung sind **steuerfrei**.

Unterstützungen

Unterstützungsleistungen des Arbeitgebers an Arbeitnehmer anlässlich besonderer persönlicher Anlässe oder Notsituationen können steuerfrei sein → *Krankheitskosten, Unterstützungen*.

Unterstützungskasse

Die Versorgung über eine Unterstützungskasse führt erst im Zeitpunkt der Zahlung der (Alters)Versorgungsleistungen zum Zufluss von Arbeitslohn. In der „Aktivphase" ist kein zusätzlicher Arbeitslohn zu versteuern, auch wenn der Arbeitgeber Zuwendungen an die Unterstützungskasse leistet, die der Zukunftssicherung des Arbeitnehmers dienen. → *Betriebliche Altersversorgung*.

Urlaubsansprüche
Die Barabgeltung von Urlaubsansprüchen ist steuerpflichtiger Arbeitslohn; auch → *Erholungsbeihilfen*.

VBL
Die Versorgungsanstalt des Bundes und der Länder (VBL), die den Arbeitern und Angestellten des öffentlichen Dienstes eine Zusatzversorgung gewährt, ist im steuerrechtlichen Sinne eine Pensionskasse. Zur steuerlichen Behandlung, d.h. dem Zufluss von Arbeitslohn und der ab 2009 greifenden Steuerbefreiungsvorschrift → *Pensionskasse*, zur Pauschalbesteuerung → Rz. C 191 ff.

Verabschiedung eines Arbeitnehmers
Zur steuerlichen Behandlung der üblichen Sachleistungen des Arbeitgebers aus einem solchen Anlass → *Amtseinführung*.

Verbesserungsvorschläge
Zahlungen des Arbeitgebers für Verbesserungsvorschläge des Arbeitnehmers sind steuerpflichtiger Arbeitslohn; auch → *Arbeitnehmererfindung*.

Verlosungen → *Losgewinne*

Vermögensbeteiligung
Übereignet der Arbeitgeber dem Arbeitnehmer unentgeltlich oder verbilligt Unternehmensanteile (z. B. Aktien, Genussscheine, Anteile an Mitarbeiterbeteiligungs-Sondervermögen und Anteile an Investmentfonds), führt dies zu einem geldwerten Vorteil beim Arbeitnehmer. Der Vorteil ist – mit Ausnahme von Fällen, der Überlassung von Anteilen an Investmentfonds – **steuerfrei**, soweit er insgesamt **360 €** im Kalenderjahr nicht übersteigt. **Voraussetzung** für die Steuerfreiheit ist, dass die Beteiligung mindestens **allen Arbeitnehmern** offensteht, die im Zeitpunkt der Bekanntgabe des Angebots **ein Jahr** oder länger ununterbrochen in einem gegenwärtigen **Dienstverhältnis** zum Unternehmen stehen. Nach den Änderungen durch das Gesetz zur Umsetzung steuerlicher EU-Vorgaben sowie zur Änderung steuerlicher Vorschriften ist auch die Entgeltumwandlung zulässig und zwar rückwirkend ab 2009.

Als Unternehmen des Arbeitgebers in diesem Sinne gilt auch ein Unternehmen i. S. d. § 18 AktG. Als Wert der Vermögensbeteiligung ist der **gemeine Wert** anzusetzen.

Nach einer **Übergangsregelung** in § 52 Abs. 35 EStG greift noch die „alte" Steuerbefreiungsvorschrift des § 19a EStG (Steuerfreiheit bis zu 135 €, begrenzt auf den halben Wert der Beteiligung), wenn
- die Vermögensbeteiligung **vor dem 1. 4. 2009** überlassen wird oder
- auf Grund einer am **31. 3. 2009** bestehenden **Vereinbarung** ein Anspruch auf die unentgeltliche oder verbilligte Überlassung einer Vermögensbeteiligung besteht sowie die Vermögensbeteiligung **vor dem 1. 1. 2016 überlassen** wird

und der Arbeitgeber bei demselben Arbeitnehmer im Kalenderjahr nicht die „neue" Steuerbefreiungsvorschrift des § 3 Nr. 39 EStG anzuwenden hat.

Zu den **weiteren Einzelheiten** siehe BMF-Schreiben vom 8.12.2009 – IV C 5 – S 2347/09/10002 –, BStBl I 2009 S. 1513.

Versorgungsausgleich
Durch Steuerbefreiungsvorschriften in § 3 Nr. 55a und Nr. 55b EStG wird sichergestellt, dass sich durch den ab 2009 neu geregelten Versorgungsausgleich bei **Ehescheidung** für die betroffenen Personen **keine belastenden steuerlichen Konsequenzen** ergeben. Dies gilt für die **interne Teilung** nach § 10 des Versorgungsausgleichsgesetzes – VersAusglG – (d. h. Teilung jedes Anrechts innerhalb des Versorgungssystems) und die **externe Teilung** nach § 14 VersAusglG (Zahlung eines Ausgleichswerts).

Bei **Leistungen**, die die ausgleichsberechtigte Person auf Grund der internen oder externen Teilung später aus einer → *Direktzusage* oder von einer → *Unterstützungskasse* erhält, handelt es sich i. Ü. um **Einkünfte aus nichtselbständiger Arbeit**. Bei der ausgleichspflichtigen Person liegen Einkünfte aus nichtselbständiger Arbeit nur hinsichtlich der verbleibenden Leistungen vor.

Zur **laufenden Versorgung** in Form eines Versorgungsbezugs i. S. d. § 19 EStG als schuldrechtliche Ausgleichzahlung siehe BMF-Schreiben vom 9.4.2010 – IV C 3 – S 2221/09/10024 – (BStBl I 2010 S. 323). → i. Ü. auch Rz. B 87 *Versorgungsausgleich* und Rz. B 91 *Versorgungsausgleich*.

Verwarnungsgelder → *Geldstrafen*

VIP-Logen
Nimmt der Arbeitnehmer an einer Veranstaltung in einer vom Arbeitgeber angemieteten VIP-Loge oder Operngala (z. B. in Sportstätten oder einem sog. Business-Seat) aus privaten Gründen unentgeltlich oder verbilligt teil, rechnet der sich dadurch ergebende geldwerte Vorteil zum Arbeitslohn. Dieser Vorteil ist grundsätzlich als Sachbezug zu bewerten, die Freigrenze für Sachbezüge i. H. v. 44 € monatlich ist anwendbar (→ *Sachbezüge, Freigrenze*). Für VIP-Logen und Business-Seats hat der Arbeitgeber die Möglichkeit, den auf eigene Arbeitnehmer entfallenden Vorteil mit einem Pauschsteuersatz i. H. v. 30 % zu versteuern; → Rz. C 233 f.

Der Vorteil gehört **nicht** zum steuerpflichtigen Arbeitslohn, wenn der Besuch der VIP-Loge/die Nutzung des Business-Seats bzw. die Teilnahme an der dortigen Veranstaltung beruflich erforderlich ist bzw. sie im ganz überwiegenden betrieblichen Interesse erfolgt, z. B. Teilnahme als Arbeitszeit zur Betreuung von Geschäftskunden oder der Arbeitgeber lädt seine leitenden Angestellten anlässlich eines Geschäftsabschlusses neben den Geschäftspartnern zur Teilnahme ein. Arbeitslohn liegt auch nicht vor, wenn die VIP-Loge/der Business-Seat für eine übliche Betriebsveranstaltung angemietet wurde (→ *Betriebsveranstaltungen*).

Vorsorgeuntersuchungen, Vorsorgeleistungen
Trägt der Arbeitgeber die Kosten für Vorsorgeuntersuchungen (z. B. für leitende Angestellte), ist dies kein Arbeitslohn → *Ärztliche Betreuung*.

Durch das Jahressteuergesetz 2009 wurden rückwirkend ab 2008 Dienstleistungen und Barzuschüsse des **Arbeitgebers** zur **Verbesserung** des allgemeinen **Gesundheitszustands** des Arbeitnehmers sowie zur betrieblichen **Gesundheitsförderung** steuerbefreit. Gleiches gilt für entsprechende extern durchgeführte Maßnahmen. Insgesamt sind im Kalenderjahr bis zu **500 €**

je Arbeitnehmer **steuerfrei** (Höchstbetrag). Begünstigt sind z. B. betriebliche Gesundheitsförderung (Vorbeugung und Reduzierung arbeitsbedingter Belastungen des Bewegungsapparats), Maßnahmen zur Verbesserung des allgemeinen Gesundheitszustands (Prävention), der Bewegungsgewohnheiten (Reduzierung von Bewegungsmangel, Vorbeugung und Reduzierung gesundheitlicher Risiken durch verhaltens- und gesundheitsorientierte Bewegungsprogramme), des Ernährungsverhaltens (Vermeidung von Mangel- und Fehlernährung sowie von Übergewicht einschl. Reduktion), zur Stressbewältigung und Entspannung sowie gegen Suchtmittelkonsum (Raucherentwöhnungskurse, gesundheitsgerechter Umgang mit Alkohol). Eine Anrechnung auf den vereinbarten Arbeitslohn oder Lohnumwandlungen sind nicht zulässig; → Rz. C 228 ff. Bezuschusst der Arbeitgeber vergleichbare, vom Arbeitnehmer extern gebuchte Kurse/Seminare, hat der Arbeitnehmer Nachweise vorzulegen, die der Arbeitgeber im Lohnkonto aufzubewahren hat.

Waisengelder
Vom Arbeitgeber des verstorbenen Arbeitnehmers gezahlte Waisengelder sind steuerpflichtiger Arbeitslohn (Vorlage der Lohnsteuerkarte 2010 oder einer vom Finanzamt ausgestellten Ersatzbescheinigung).

Wandeldarlehen
Gewährt ein Arbeitnehmer dem Arbeitgeber ein Darlehen, das mit einem Wandlungsrecht zum Bezug von Aktien ausgestattet ist (**Wandeldarlehen**), fließt dem Arbeitnehmer **nicht** bereits bei **Hingabe** des Darlehens Arbeitslohn zu. Ein geldwerter Vorteil aus dem Bezug von Aktien zu einem unter dem Kurswert liegenden Übernahmepreis fließt dem Arbeitnehmer im Falle der **Ausübung** des Wandlungsrechts grundsätzlich zu, wenn dem Arbeitnehmer durch Erfüllung des Anspruchs das **wirtschaftliche Eigentum an den Aktien** verschafft wird. Der geldwerte Vorteil bemisst sich im Falle der Ausübung des Wandlungsrechts aus der **Differenz** zwischen dem Börsenpreis der Aktien an dem Tag, an dem der Arbeitnehmer die wirtschaftliche Verfügungsmacht über die Aktien erlangt, und den Erwerbsaufwendungen. **Überträgt** der Arbeitnehmer das Darlehen nebst Wandlungsrecht dagegen gegen Entgelt auf einen Dritten, fließt dem Arbeitnehmer ein geldwerter Vorteil im Zeitpunkt der Übertragung zu. Wird ein **Wandeldarlehen veräußert**, ist der Gewinn ein geldwerter Vorteil, soweit sich die bis dahin latent bestehende Möglichkeit zum verbilligten Aktienerwerb verwirklicht. → *Aktienoptionen, Vermögensbeteiligung* und *Wandelschuldverschreibung*.

Wandelschuldverschreibung
Wird einem Arbeitnehmer im Rahmen seines Arbeitsverhältnisses durch Übertragung einer **nicht handelbaren Wandelschuldverschreibung** ein Anspruch auf die Verschaffung von Aktien eingeräumt, fließt dem Arbeitnehmer (noch) kein Arbeitslohn zu. Ein geldwerter Vorteil fließt grundsätzlich erst im Falle der **Ausübung** des Wandlungsrechts durch den Arbeitnehmer zu, wenn dem Arbeitnehmer durch Erfüllung des Anspruchs das wirtschaftliche Eigentum an den Aktien verschafft wird. Dies gilt unabhängig davon, dass der Arbeitnehmer die Aktien auf Grund einer Sperrfrist nicht veräußern kann oder zur Rückübertragung verpflichtet ist, wenn das Arbeitsverhältnis während der Sperrfrist aufgelöst wird. → *Aktienoptionen, Vermögensbeteiligung* und *Wandeldarlehen*.

Warengutscheine, Einkaufsgutscheine
An Stelle einer konkreten Ware kann der Arbeitgeber dem Arbeitnehmer auch einen Warengutschein aushändigen mit dem Ziel, die Freigrenze für Sachbezüge → *Sachbezüge* auszuschöpfen. Der bei einem Dritten einzulösende Warengutschein muss die bestimmte Ware oder Dienstleistung nach Art und Menge konkret bezeichnen (z. B. der Titel eines Buches). Es ist nicht zulässig, neben der Ware/Dienstleistung auf dem Gutschein einen anzurechnenden Betrag oder Höchstbetrag anzugeben. Ansonsten wendet die Finanzverwaltung die → *Freigrenze* nach § 8 Abs. 2 Satz 9 EStG (44 €) nicht an. Ist der Gutschein bei einem Dritten einzulösen, fließt der Arbeitslohn mit Hingabe des Gutscheins an den Arbeitnehmer zu. Ist der Gutschein zur Einlösung beim Arbeitgeber bestimmt, liegt Arbeitslohnzufluss erst bei Einlösung des Gutscheins vor. Die Umwandlung von Barlohn in Sachlohn (Gehaltsumwandlung) ist möglich. Sie setzt voraus, dass der Arbeitnehmer unter Änderung des Anstellungsvertrags auf einen Teil seines Barlohns verzichtet und dass ihm der Arbeitgeber stattdessen Sachlohn gewährt.

Beispiele für Warengutscheine
Beispiel 1:
Der Arbeitgeber gewährt seinem Arbeitnehmer folgenden Gutschein: „30 Liter Diesel im Wert von höchstens 44 €", der bei einer bestimmten Tankstelle einzulösen ist. Der Arbeitgeber hat ermittelt, dass bei Hingabe des Gutscheins der Liter Diesel 1,419 € kostete.
Da ein Höchstbetrag angegeben ist, liegt kein Sachbezug vor; die 44-Euro-Freigrenze ist nicht anwendbar. Der Wert des Gutscheins i. H. v. 42,57 € ist steuerpflichtiger Arbeitslohn.

Beispiel 2:
Der Arbeitgeber gewährt seinem Arbeitnehmer folgenden Gutschein: „30 Liter Diesel". Der Arbeitnehmer bezahlt die Tankfüllung und lässt sich den eingelösten Gutschein vom Tankwart bestätigen. Nach Vorlage des unterzeichneten Gutscheins und der Quittung beim Arbeitgeber erhält der Arbeitnehmer von diesem den Betrag laut Quittung erstattet.
Da der Arbeitnehmer vom Arbeitgeber Bargeld erhält, ist die Ausgestaltung des Gutscheins unmaßgeblich. Die Bargeldzahlung ist steuerpflichtiger Arbeitslohn.

Beispiel 3:
Der Arbeitgeber gewährt seinem Arbeitnehmer folgenden Gutschein: „30 Liter Diesel". Der Arbeitnehmer bezahlt mit der vom Arbeitgeber zur Verfügung gestellten Tankkarte. Da die Tankkarte die Funktion einer Firmenkreditkarte hat, führt die Begleichung der Rechnung zu einer steuerpflichtigen Barlohnzahlung. Die Ausgestaltung des Gutscheins ist unmaßgeblich.

Beispiel 4:
Der Arbeitgeber gewährt auf Grund einer mit der Tankstelle getroffenen Vereinbarung seinem Arbeitnehmer folgenden Gutschein: „30 Liter Diesel". Nach Einlösung des Gutscheins rechnet die Tankstelle gegenüber dem Arbeitgeber ab. Der Arbeitgeber hat ermittelt, dass bei Hingabe des Gutscheins der Liter Diesel 1,419 € kostete. Da die Ware konkret bezeichnet und kein Höchstbetrag angegeben ist, liegt ein Sachbezug vor; die 44-Euro-Freigrenze ist anwendbar. Unter der Voraussetzung, dass keine weiteren Sachbezüge im Monat gewährt werden, ist der Vorteil i. H. v. 40,86 € (96 % von 42,57 €) steuerfrei.

Werbungskostenersatz
Werbungskostenersatz des Arbeitgebers ist steuerpflichtiger Arbeitslohn; auch → *Auslagenersatz,* → *Werkzeuggeld.*

Werkspensionen
Werkspensionen, die vom früheren Arbeitgeber gezahlt werden, sind Arbeitslohn. Hat der Arbeitnehmer das 63. Lebensjahr bzw. als Schwerbehinderter das 60. Lebensjahr vollendet, kommen seit dem Kalenderjahr 2005 der (neue) Versorgungsfreibetrag und der Zuschlag zum Versorgungsfreibetrag zum Ansatz (→ Rz. B 93 *Versorgungsfreibetrag*).

Werkswohnung → *Mietvorteile*

Werkzeuggeld
Benutzt der Arbeitnehmer selbst angeschaffte Werkzeuge für seine berufliche Tätigkeit (z. B. im Betrieb, auf der Baustelle), ist die Erstattung der dem Arbeitnehmer dafür entstandenen Aufwendungen **steuerfrei**. Als Werkzeuge werden allgemein nur Handwerkzeuge angesehen, die zur leichteren Handhabung, Herstellung oder zur Bearbeitung eines Gegenstands verwendet werden. Steuerfrei gezahlt werden können die jeweiligen Aufwendungen des Arbeitnehmers für die Anschaffung des Werkzeugs. Bei Anschaffungskosten über 410 € sind diese Kosten und Zahlungen auf die betriebsgewöhnliche Nutzungsdauer zu verteilen. Steuerfreie pauschale Zahlungen sind möglich für die Abschreibung der Werkzeuge, für die üblichen Betriebs-, Instandhaltungs- und Instandsetzungskosten sowie die Beförderung zwischen der Wohnung des Arbeitnehmers und dem Betrieb.

Wintergeld
Mehraufwands- sowie Zuschuss-Wintergeld, das an Arbeiter im Baugewerbe aus Mitteln der Bundesagentur für Arbeit zur Abgeltung der witterungsbedingten Mehraufwendungen bei Arbeit in der witterungsungünstigen Jahreszeit gezahlt wird, ist steuerfrei; sie unterliegen nicht dem Progressionsvorbehalt. Winterbeihilfen in der Bauwirtschaft sind hingegen steuerpflichtiger Arbeitslohn.

Witwengelder
Vom Arbeitgeber des verstorbenen Arbeitnehmers gezahlte Witwengelder sind steuerpflichtiger Arbeitslohn.

Zehrgelder → *Betriebsveranstaltungen*

Zinsersparnisse → *Darlehen*

Zukunftssicherungsleistungen
Leistungen des Arbeitgebers für die Zukunftssicherung des Arbeitnehmers sind regelmäßig Arbeitslohn (→ Rz. C 100 ff.). Unter Umständen sind sie begünstigt durch Steuerfreiheit (→ *Arbeitgeberbeiträge;* → *Arbeitgeberzuschüsse;* → *Aufstockungsbeträge;* → *Betriebliche Altersversorgung;* → *Unfallversicherung, gesetzliche*) oder einen pauschalen Steuersatz → Rz. C 191 ff.

Zusätzlicher Krankenversicherungsbeitrag
Der zusätzliche Krankenversicherungsbeitrag i. H. v. 0,9 % ist vom Arbeitnehmer allein zu tragen und kann deshalb vom Arbeitgeber nicht steuerfrei erstattet werden.

IV. Pauschalierung der Lohnsteuer

Bisher wurde erläutert, wie der Arbeitgeber den Arbeitslohn ermittelt, welche Vorschriften für den Lohnsteuereinbehalt zu beachten sind, und wie die Lohnsteuer auf Grund der auf der Lohnsteuerkarte (für 2011: Lohnsteuerkarte 2010 oder Ersatzbescheinigung des Finanzamts) des Arbeitnehmers eingetragenen persönlichen Merkmale aus der Lohnsteuer-Tabelle abzulesen ist. Das Einkommensteuergesetz bietet daneben aber auch die Möglichkeit, die Lohnsteuer nach bestimmten festen Pauschsteuersätzen zu erheben (pauschale Lohnsteuererhebung). Diese Möglichkeit besteht

– bei Aushilfs-, kurzfristigen und geringfügigen Beschäftigungen,

– für Zukunftssicherungsleistungen und

– in besonderen Fällen für bestimmte Arbeitslohnteile.

Bei der Lohnsteuer-Pauschalierung übernimmt der Arbeitgeber die (pauschale) Lohnsteuer zuzüglich Solidaritätszuschlag und ggf. der Kirchensteuer. Der pauschal besteuerte Arbeitslohn und die pauschale Lohnsteuer bleiben bei einer Veranlagung des Arbeitnehmers zur Einkommensteuer und beim betrieblichen Lohnsteuer-Jahresausgleich außer Ansatz (→ Rz. C 234 ff.). Die pauschale Lohnsteuer ist weder auf der Lohnsteuerkarte (für 2011: Lohnsteuerkarte 2010 oder Ersatzbescheinigung des Finanzamts) noch in der (elektronischen) Lohnsteuerbescheinigung oder dem Papierausdruck auszuweisen. Die **Pauschalierung** der Lohnsteuer für einen **sonstigen Bezug** mit 20 % bei **Lohnzahlungen Dritter** (→ Rz. C 132) rechnet **nicht** zu den hier beschriebenen Formen der Lohnsteuerpauschalierung.

1. Teilzeitbeschäftigungen

Das Einkommensteuergesetz kennt drei verschiedene Formen von Teilzeitbeschäftigungen mit jeweils unterschiedlichen **Pauschsteuersätzen** (§ 40a EStG):

– Die **kurzfristige Beschäftigung** und die zu einem **unvorhersehbaren** Zeitpunkt **sofort erforderliche** kurzfristige Beschäftigung mit einem Pauschsteuersatz von jeweils 25 % des Arbeitslohns (→ Rz. C 166 ff.);

– geringfügige Beschäftigungen im Sinne des Sozialversicherungsrechts (Mini-Job, § 8 Abs. 1 Nr. 1 oder § 8a SGB IV) mit einem (einheitlichen) Pauschsteuersatz von 2 % oder 20 % des Arbeitslohns (Arbeitsentgelts, → Rz. C 169 ff.);

– die Tätigkeit als **Aushilfskraft** in **land- und forstwirtschaftlichen Betrieben** mit ebensolchen typischen Tätigkeiten. Bei dieser Beschäftigungsform beträgt der Pauschsteuersatz 5 % des Arbeitslohns (→ Rz. C 176 f.).

165 **Voraussetzung** für eine Lohnsteuer-Pauschalierung ist, dass die Aushilfskraft bzw. die kurzfristig oder geringfügig beschäftigte Person nicht noch für eine andere Beschäftigung bei demselben Arbeitgeber Arbeitslohn erhält, für den die Lohnsteuer nach der vorgelegten Lohnsteuerkarte (für 2011: Lohnsteuerkarte 2010 oder Ersatzbescheinigung des Finanzamts) ermittelt wird (zu ermitteln ist). Der Arbeitgeber braucht jedoch nicht zu prüfen, ob diese Kraft in einem weiteren Dienstverhältnis bei einem anderen Arbeitgeber beschäftigt ist.

a) Kurzfristige Beschäftigung

166 Der Arbeitgeber kann bei Arbeitnehmern, die nur kurzfristig beschäftigt werden, die Lohnsteuer mit einem Pauschsteuersatz von 25 % des Arbeitslohns erheben. Nach dem Steuerrecht liegt eine **kurzfristige Beschäftigung** vor, wenn der Arbeitnehmer bei dem Arbeitgeber gelegentlich, d. h. nicht regelmäßig wiederkehrend, beschäftigt wird. Dabei darf die jeweilige Beschäftigungsdauer 18 zusammenhängende **Arbeitstage** nicht übersteigen. Hierzu gehören auch solche Tage, für die der Arbeitslohn wegen Urlaubs, Krankheit oder gesetzlicher Feiertage fortgezahlt wird. Nach den Lohnsteuer-Richtlinien ist entscheidend, dass die Beschäftigung ohne feste Wiederholungsabsicht ausgeübt wird. Tatsächlich kann es jedoch zu wiederholten Beschäftigungen kommen. In diesen Fällen ist entscheidend, dass die erneute Tätigkeit nicht bereits von vornherein vereinbart worden ist. Liegen diese Voraussetzungen vor, kommt es für die Beurteilung nicht darauf an, wie oft die Aushilfskraft im Laufe des Kalenderjahres tatsächlich beschäftigt wird. Die sozialversicherungsrechtliche Einordnung als kurzfristige Beschäftigung ist für die Pauschalierung mit 25 % nicht entscheidend.

167 Ferner darf während der Beschäftigungsdauer der Arbeitslohn durchschnittlich je Arbeitstag 62 € nicht übersteigen; der durchschnittliche Arbeitslohn je Arbeitsstunde ist auf durchschnittlich höchstens 12 € begrenzt (→ Rz. C 179 ff.). Für die weiter zu beachtenden Regelungen → Rz. C 178 ff.

b) Unvorhersehbare sofort erforderliche kurzfristige Beschäftigung

168 Eine unvorhersehbare und sofort erforderliche kurzfristige Beschäftigung setzt voraus, dass das Dienstverhältnis für den **akuten Bedarf** einer zusätzlichen oder den Ersatz einer ausgefallenen Arbeitskraft abgeschlossen wird. Hierzu rechnet grundsätzlich **nicht** die Beschäftigung von Aushilfen, deren Einsatz schon längere Zeit zuvor feststeht (z. B. bei Volksfesten, Inventur oder Ausstellungsmessen). Anders ist es jedoch, wenn die Aushilfskraft entgegen dem vorhersehbaren Bedarf zusätzlich beschäftigt werden muss, z. B. im Hotel- oder Gaststättengewerbe wegen unerwartet starkem Ausflugsverkehr. Bei dieser Beschäftigungsform ist die Arbeitslohngrenze von durchschnittlich 62 € je Arbeitstag nicht zu beachten; der Pauschsteuersatz beträgt 25 % des Arbeitslohns. Für die weiter zu beachtenden Regelungen → Rz. C 178 ff.

c) Besteuerung des Arbeitsentgelts für geringfügig entlohnte Beschäftigungen

169 Der Arbeitgeber kann die auf das Arbeitsentgelt für eine geringfügig entlohnte Beschäftigung im Sinne des Sozialversicherungsrechts entfallende Lohnsteuer pauschal oder nach den Merkmalen der Lohnsteuerkarte (für 2011: Lohnsteuerkarte 2010 oder Ersatzbescheinigung des Finanzamts) erheben. Die **monatliche** Arbeitsentgeltgrenze beträgt für solche Beschäftigungen **400 €**, eine **Stundenlohnbegrenzung** ist nicht zu beachten.

170 Für die **Lohnsteuerpauschalierung** bei geringfügig Beschäftigten ist zu unterscheiden zwischen der **einheitlichen Pauschsteuer** i. H. v. **2 %** (§ 40a Abs. 2 EStG) und der **pauschalen Lohnsteuer** mit einem Steuersatz i. H. v. **20 %** des Arbeitsentgelts (§ 40a Abs. 2a EStG). Beide Möglichkeiten der Lohnsteuerpauschalierung setzen **eine geringfügige Beschäftigung** (Mini-Job i. S. d. § 8 Abs. 1 Nr. 1 oder § 8a SGB IV) voraus. Das Steuerrecht knüpft damit an die Einordnung nach dem SGB IV an. Jedoch erfolgt im Steuerrecht keine Zusammenrechnung mit weiteren geringfügigen Beschäftigungen bei anderen Arbeitgebern. D. h. die Geringfügigkeit ist stets für die jeweilige Beschäftigung zu prüfen. **Bemessungsgrundlage** für die Lohnsteuerpauschalierung ist das sozialversicherungsrechtliche **Arbeitsentgelt**, unabhängig davon, ob dies steuerpflichtiger oder steuerfreier Arbeitslohn wäre (BFH-Urteil v. 29. 5. 2008, VI R 57/05). Für Arbeitslohnteile, die nicht zum sozialversicherungsrechtlichen Arbeitsentgelt gehören, ist die Lohnsteuerpauschalierung nicht zulässig; sie unterliegen dem Lohnsteuerabzug nach den allgemeinen Regelungen (Lohnsteuerkarte).

aa) Einheitliche Pauschsteuer i. H. v. 2 %

171 Der Arbeitgeber kann unter Verzicht auf die Vorlage einer Lohnsteuerkarte (für 2011: Lohnsteuerkarte 2010 oder Ersatzbescheinigung des Finanzamts) die Lohnsteuer einschließlich Solidaritätszuschlag und Kirchensteuer

- für das Arbeitsentgelt aus einer geringfügigen Beschäftigung i. S. d. § 8 Abs. 1 Nr. 1 (geringfügig entlohnte Beschäftigung) oder des § 8a SGB IV (geringfügig entlohnte Beschäftigung im Privathaushalt),
- für das er die pauschalen Beiträge zur gesetzlichen Rentenversicherung i. H. v. 15 % oder 5 % nach § 168 Abs. 1 Nr. 1b oder 1c (geringfügig versicherungspflichtig Beschäftigte) oder nach § 172 Abs. 3 oder 3a (geringfügig versicherungsfrei Beschäftigte) SGB VI zu entrichten hat,

mit einem einheitlichen **Pauschsteuersatz** i. H. v. insgesamt 2 % des Arbeitsentgelts erheben (einheitliche Pauschsteuer, § 40a Abs. 2 EStG). Weil alleinig die sozialversicherungsrechtliche Einordnung der Beschäftigung maßgebend ist, braucht eine steuerliche Arbeitslohngrenze nicht geprüft zu werden.

In dieser einheitlichen Pauschsteuer sind neben der Lohnsteuer auch der Solidaritätszuschlag und die **Kirchensteuer** enthalten. Der Steuersatz i. H. v. 2 % ist auch anzuwenden, wenn der Arbeitnehmer keiner erhebungsberechtigten Religionsgemeinschaft angehört.

bb) Pauschale Lohnsteuer i. H. v. 20 %, Besteuerung nach Lohnsteuerkarte

172 Hat der Arbeitgeber für das Arbeitsentgelt einer geringfügig entlohnten Beschäftigung im Sinne des Sozialversicherungsrechts den pauschalen Beitrag zur gesetzlichen Rentenversicherung i. H. v. 15 % oder 5 % nicht zu entrichten, kann er die **pauschale Lohnsteuer** mit einem Steuersatz i. H. v. 20 % des Arbeitsentgelts erheben. Hinzu kommen der Solidaritätszuschlag (5,5 % der Lohnsteuer → Rz. D 8 f.) und die Kirchensteuer nach dem jeweiligen Landesrecht (→ Rz. E 11 ff.). Bei einer **kurzfristigen Beschäftigung** im

173 Wählt der Arbeitgeber die pauschale Lohnversteuerung nicht, so ist die Lohnsteuer vom Arbeitsentgelt nach Maßgabe der vorgelegten **Lohnsteuerkarte** (für 2011: Lohnsteuerkarte 2010 oder Ersatzbescheinigung des Finanzamts) zu erheben. Die Höhe des Lohnsteuerabzugs hängt dann von der Lohnsteuerklasse ab. Bei den Lohnsteuerklassen I (Alleinstehende), II (bestimmte Alleinerziehende mit Kind) oder III und IV (verheiratete Arbeitnehmer/innen) fällt für das Arbeitsentgelt einer geringfügigen Beschäftigung (höchstens 400 € monatlich) keine Lohnsteuer an. Bei den Lohnsteuerklassen V oder VI ist jedoch stets der Lohnsteuerabzug zu prüfen. Zu beachten ist, dass das ggf. (lohn-)steuerunbelastet gezahlte Arbeitsentgelt i. R. einer **Veranlagung** zur Einkommensteuer als **steuerpflichtiger** Arbeitslohn angesetzt wird. Dies kann zu einer **Einkommensteuerschuld** führen, soweit der Arbeitslohn 920 € (Werbungskosten- bzw. Arbeitnehmer-Pauschbetrag) übersteigt.

cc) Anmeldung und Abführung der Lohnsteuer

174 Das Verfahren für die Anmeldung und die Abführung der Lohnsteuer (→ Rz. C 77 ff.) bei geringfügig entlohnter Beschäftigung richtet sich danach, ob die einheitliche Pauschsteuer i. H. v. 2 % erhoben wird oder nicht.

Für die Fälle der **einheitlichen Pauschsteuer** i. H. v. 2 % vom Arbeitsentgelt ist stets – wie für die pauschalen Beiträge zur gesetzlichen Renten- und Krankenversicherung – die Deutsche Rentenversicherung Knappschaft-Bahn-See (Minijob-Zentrale) in 45115 Essen zuständig. Das gilt sowohl für den Privathaushalt als auch für andere (gewerbliche) Arbeitgeber.

175 Bei geringfügig entlohnter Beschäftigung in **Privathaushalten** ist zur Abwicklung der einheitlichen Pauschsteuer der **Haushaltsscheck** zu verwenden. Auf dem Haushaltsscheck hat der Arbeitgeber das Arbeitsentgelt anzugeben und ob die Lohnsteuer mit der einheitlichen Pauschsteuer erhoben werden soll. Die Deutsche Rentenversicherung Knappschaft-Bahn-See berechnet nach diesen Angaben ggf. die einheitliche Pauschsteuer und zieht sie zusammen mit den pauschalen Beiträgen zur gesetzlichen Sozialversicherung jeweils am 15. Juli und zum 15. Januar vom Arbeitgeber ein. Andere **Arbeitgeber**, z. B. Betriebe, berechnen die einheitliche Pauschsteuer und teilen der Deutschen Rentenversicherung Knappschaft-Bahn-See den Betrag mit dem seit 2006 elektronischen **Beitragsnachweis** mit.

Wird die Lohnsteuer nicht mit der einheitlichen Pauschsteuer, sondern **pauschal** i. H. v. **20 %** des Arbeitsentgelts oder nach Maßgabe der vorgelegten **Lohnsteuerkarte/Ersatzbescheinigung** erhoben, so ist stets das Betriebsstättenfinanzamt zuständig. Diese Lohnsteuer ist ggf. mit weiteren Lohnsteuerbeträgen getrennt nach pauschaler und nach Lohnsteuerkarte erhobener Lohnsteuer in der (elektronischen) Lohnsteuer-Anmeldung anzugeben und an das Betriebsstättenfinanzamt abzuführen (zur Abgabe der elektronischen Lohnsteuer-Anmeldung → Rz. C 79 ff.).

d) Aushilfskräfte in der Land- und Forstwirtschaft

176 Für Aushilfskräfte, die in Betrieben der Land- und Forstwirtschaft i. S. d. § 13 Abs. 1 EStG ausschließlich mit **typisch** land- oder forstwirtschaftlichen Arbeiten beschäftigt werden, kann die Lohnsteuer mit dem **Pauschsteuersatz** von 5 % des Arbeitslohns erhoben werden. Aushilfskräfte im Sinne dieser Vorschrift sind Personen, die für typisch land- und forstwirtschaftliche Arbeiten, die nicht ganzjährig anfallen, beschäftigt werden. Keine Aushilfskräfte sind Arbeitnehmer, die zu den land- und forstwirtschaftlichen Fachkräften gehören.

177 Eine Beschäftigung der Aushilfskraft mit **anderen**, also mit **nicht typisch** land- und forstwirtschaftlichen Arbeiten, ist jedoch unschädlich, wenn deren Dauer 25 % der Gesamtbeschäftigungsdauer der Aushilfskraft nicht überschreitet. Wird die Aushilfskraft hingegen an mehr als **180 Tagen** im Kalenderjahr beschäftigt, ist die Lohnsteuer-Pauschalierung mit 5 % nicht zulässig. Für Aushilfskräfte, die in einem **Gewerbebetrieb** i. S. d. § 15 EStG tätig sind, kommt diese Lohnsteuer-Pauschalierung auch dann **nicht** in Betracht, wenn sie mit typisch land- und forstwirtschaftlichen Arbeiten beschäftigt werden; dies gilt nicht, wenn ein Betrieb, der Land- und Forstwirtschaft betreibt, ausschließlich wegen seiner Rechtsform als Gewerbebetrieb gilt. Für die weiter zu beachtenden Regelungen → Rz. C 178 ff.

e) Ergänzende Vorschriften

178 Die Lohnsteuer-Pauschalierung kann auch bei **beschränkt einkommensteuerpflichtigen** Aushilfskräften, kurzfristig und geringfügig Beschäftigten gewählt werden. Sie ist jedoch selbst bei Vorliegen der übrigen Voraussetzungen nicht möglich, wenn der Arbeitnehmer beim Arbeitgeber in einem **weiteren Dienstverhältnis** steht, für das die Lohnsteuer vom Arbeitslohn nach einer vorgelegten Lohnsteuerkarte/Ersatzbescheinigung erhoben wird. Die Pauschalierung ist jedoch **zulässig** für teilzeitbeschäftigte Vorruheständler, die bei ihrem früheren Arbeitgeber tätig sind und von diesem lohnsteuerpflichtige Vor-/Ruhestandsgelder (z. B. eine Werkspension) erhalten. Der Arbeitgeber braucht nicht zu prüfen, ob die Aushilfs- oder Teilzeitkraft noch in einem Dienstverhältnis zu einem anderen Arbeitgeber steht. Die Lohnsteuer-Pauschalierung muss nicht einheitlich für alle in Betracht kommenden Arbeitnehmer durchgeführt werden; der Arbeitgeber kann die Pauschalierung auf bestimmte Arbeitnehmer oder Tätigkeiten beschränken.

179 Für die Lohnsteuer-Pauschalierung mit **25 %** und **5 %** ist die jeweilige Arbeitslohnhöhe entscheidend. Sie sollte stets besonders sorgfältig geprüft werden. Als weitere Voraussetzung für diese beiden Pauschalierungen ist zu beachten, dass der Arbeitslohn **durchschnittlich 12 €** pro **Arbeitsstunde** nicht übersteigen darf. Die Arbeitsstunde ist mit 60 Minuten (Zeitstunde) anzusetzen. Wird der Arbeitslohn für **kürzere** Zeiteinheiten gezahlt (z. B. für 45 Minuten), ist der Lohn zur Prüfung der Pauschalierungsgrenze von 12 € entsprechend auf 60 Minuten **umzurechnen**.

Der **Durchschnittsbetrag** ergibt sich aus dem im Lohnzahlungszeitraum gezahlten Arbeitslohn und den geleisteten Arbeitsstunden. So kann eine höhere Stundenvergütung (über 12 €) durch einen geringeren Lohn (z. B. für andere Arbeitszeiten) ausgeglichen werden. Als **Arbeitstag** ist grundsätzlich der Kalendertag zu verstehen. Der Arbeitstag kann jedoch auch eine auf zwei Kalendertage fallende Nachtschicht sein. Die vorgenannten Begrenzungen sind bei geringfügig Beschäftigten i. S. d. § 8 Abs. 1 Nr. 1 und § 8a SGB IV nicht zu beachten. **Bemessungsgrundlage** für die **Pauschsteuer** i. H. v. **2 %** und **20 %** ist das sozialversicherungsrechtliche Arbeitsentgelt. Lohnteile, die nicht dazu rechnen, bleiben für diese Lohnsteuerpauschalierung außer Ansatz; für sie ist die Lohnsteuer nach Lohnsteuerkarte/Ersatzbescheinigung zu erheben (→ Rz. C 170).

180 Die **weiteren** Voraussetzungen gelten für jede der drei zuvor genannten Beschäftigungsformen. Zum **Arbeitslohn** der

Aushilfskräfte, kurzfristig und geringfügig Beschäftigten gehören sämtliche steuerpflichtigen Einnahmen, die dem unbeschränkt oder beschränkt einkommensteuerpflichtigen Arbeitnehmer aus der Beschäftigung zufließen. Bei Verwendung des **Haushaltsschecks** wird jedoch nicht in Geld gewährter Arbeitslohn (z. B. Sachbezüge) bei der Ermittlung des (maßgebenden) Arbeitsentgelts **nicht** berücksichtigt (s. o.). Direktversicherungsbeiträge des Arbeitgebers sind bei der Prüfung der Pauschalierungsgrenzen selbst dann zu berücksichtigen, wenn sie bereits nach § 40b EStG mit 20 % pauschal besteuert wurden (→ Rz. C 182). Frei- und Pauschbeträge (z. B. der Altersentlastungsbetrag) dürfen vom pauschal zu versteuernden Arbeitslohn und Arbeitsentgelt nicht abgezogen werden.

181 **Steuerfreie** Einnahmen bleiben hingegen für die Lohnsteuer-Pauschalierung und die Prüfung der Arbeitslohngrenzen außer Betracht; ggf. anders beim Arbeitsentgelt. Auf die Pauschalierungsgrenzen werden auch nicht angerechnet die mit 15 % pauschal besteuerten Arbeitgeberzuschüsse für Fahrten zwischen Wohnung und Arbeitsstätte (→ Rz. C 225 ff.).

182 Bei der Prüfung der Pauschalierungsgrenzen sind nicht zum laufenden Arbeitslohn gehörende **sonstige Bezüge** (Sonderzahlungen) rechnerisch gleichmäßig auf die Lohnzahlungs- oder Lohnabrechnungszeiträume zu verteilen, in denen die Arbeitsleistung erbracht wird, für welche die Zahlungen eine Belohnung darstellen. Weihnachtsgeld, Urlaubsgeld und Einmalbeiträge für eine Direktversicherung sind deshalb i. d. R. auf die gesamte Beschäftigungszeit des Kalenderjahres zu verteilen. Werden dadurch im Lohnzahlungs- oder Lohnabrechnungszeitraum die monatlichen Pauschalierungsgrenzen nicht überschritten, so kann in diesem Zeitraum der Arbeitslohn pauschal besteuert werden. Für die Pauschalbesteuerung des sonstigen Bezugs ist die Lohnhöhe im Monat der Zahlung entscheidend (Lohnhöhe nach rechnerischer Verteilung des sonstigen Bezugs). **Unzulässig** ist jedoch, für einen Arbeitnehmer im Laufe des Kalenderjahres zwischen der Regelbesteuerung und der Pauschalbesteuerung **nur deshalb** zu wechseln, um hierdurch die mit der Arbeitslohnbesteuerung verbundenen Frei- und Pauschbeträge auszuschöpfen.

183 Werden **Sonderzahlungen** (sonstige Bezüge) hingegen erst **nach Ablauf** des Kalenderjahres geleistet, in dem die entsprechende Arbeitsleistung erbracht wurde, sind sie nur bei der Pauschalierungsgrenze des Lohnzahlungs- oder Lohnabrechnungszeitraums zu berücksichtigen, in dem die Sonderzahlung zugeflossen ist/geleistet worden ist.

184 Für die Beurteilung der **Beschäftigungsdauer** ist der Lohnzahlungs- bzw. Lohnabrechnungszeitraum maßgebend. Zur Beschäftigungsdauer gehören auch solche Zeiträume, in denen der Arbeitslohn wegen Urlaub, Krankheit oder gesetzlicher Feiertage fortgezahlt wird. Sind in einem Zeitraum die Pauschalierungsgrenzen (Monats-, Tages- oder Stundenlohn) überschritten, so kann für diesen Zeitraum die Lohnsteuer nicht pauschal erhoben werden. Stattdessen ist für diesen Lohnzahlungszeitraum der Arbeitslohn nach den allgemeinen Grundsätzen (Lohnsteuerkarte 2010 oder Ersatzbescheinigung des Finanzamts) zu erheben. In den anderen Zeiträumen kann die Lohnsteuer jedoch pauschal erhoben werden.

185 Der Arbeitgeber darf die Pauschalbesteuerung **nachholen** (z. B. am Jahresende), solange noch keine Lohnsteuerbescheinigung ausgeschrieben ist, eine Lohnsteuer-Anmeldung für das jeweilige Kalenderjahr noch berichtigt werden kann und falls noch keine Festsetzungsverjährung eingetreten ist. Hat der Arbeitgeber den Arbeitslohn zu Unrecht (fehlerhaft) pauschaliert, bindet dies nicht das Finanzamt, das die Veranlagung des Arbeitnehmers durchführt. Es kann den Arbeitslohn im Rahmen einer Einkommensteuerveranlagung ansetzen.

Der Arbeitgeber hat **Aufzeichnungen** zu den Teilzeitbeschäftigungen zu führen. So sind im **Lohnkonto** der Aushilfs- oder Teilzeitkraft folgende Angaben zu vermerken: Name und Anschrift des Beschäftigten, Beschäftigungsdauer, Näheres zur Lohnzahlung (z. B. Tag der Zahlung, Höhe des Arbeitslohns) und bei Arbeitskräften im land- und forstwirtschaftlichen Betrieb zusätzlich noch die Art der Beschäftigung. **186**

Als Beschäftigungsdauer ist jeweils die Zahl der tatsächlichen **Arbeitsstunden** (60 Minuten) in dem jeweiligen Lohnzahlungs- oder Lohnabrechnungszeitraum **aufzuzeichnen**. Diese Aufzeichnungen bzw. **Lohnunterlagen** sollen die Voraussetzungen für die Lohnsteuer-Pauschalierung belegen. Für Bezüge, die auf das Kalenderjahr zu verteilen sind (→ Rz. C 182), muss deren Verteilung auf die Beschäftigungszeit im Lohnkonto vermerkt werden. Kann der Arbeitgeber keine Aufzeichnungen zu den Aushilfs- oder Teilzeitbeschäftigten vorlegen oder sind die Aufzeichnungen fehlerhaft, ist die Pauschalierung nur zulässig, wenn die **Pauschalierungsvoraussetzungen** in anderer Weise (z. B. durch Arbeitsnachweise, Zeitkontrollen, Zeugenaussagen) nachgewiesen oder glaubhaft gemacht werden können. Das Risiko einer verstärkten Nachweispflicht für zurückliegende Jahre sollte jedoch besser vermieden werden. **187**

In der Vereinbarung über eine Lohnsteuer-Pauschalierung liegt nicht zugleich eine **Nettolohnvereinbarung**. Deshalb kann diese bei einer fehlgeschlagenen Pauschalierung nicht unterstellt werden. **188**

Wird die Lohnsteuer pauschal erhoben, ist der **Solidaritätszuschlag** stets i. H. v. 5,5 % der pauschalen Lohnsteuer zu berechnen, ggf. zzgl. der Kirchensteuer (Ausnahme: einheitliche Pauschsteuer i. H. v. 2 %, → Rz. C 171). Der pauschal besteuerte Arbeitslohn und die pauschale Lohnsteuer bleiben bei einer **Veranlagung** des Arbeitnehmers zur **Einkommensteuer** außer Ansatz. Dies hat zur Folge, dass für diese Tätigkeiten der Werbungskostenansatz ausgeschlossen ist, und die pauschale Lohnsteuer weder auf die Jahreslohnsteuer noch auf die Einkommensteuerschuld angerechnet werden kann. **189**

Der Arbeitgeber ist **Steuerschuldner** der von ihm zu übernehmenden pauschalen Lohnsteuer einschließlich des darauf entfallenden Solidaritätszuschlags und der Kirchensteuer. Dies schließt jedoch nicht aus, dass arbeitsrechtlich die pauschalen Steuerbeträge im Innenverhältnis vom Arbeitnehmer übernommen werden können. Trägt der Arbeitnehmer die **pauschale Lohnsteuer** (sog. Abwälzung), mindert dies nicht die Bemessungsgrundlage (den Arbeitslohn) für die Pauschsteuer bzw. bei der Besteuerung von Zukunftssicherungsleistungen mit 20 % oder Sonderzahlungen mit 15 % (§ 40b EStG) den individuell zu versteuernden Arbeitslohn. Vielmehr gilt die **abgewälzte** Lohnsteuer als zugeflossener Arbeitslohn, d. h., der Arbeitnehmer hat sie aus dem Nettolohn zu zahlen. **190**

Die Übernahme der pauschalen Lohnsteuer kann für den Arbeitnehmer unter Umständen günstiger sein als die Lohnversteuerung nach seinem individuellen Einkommensteuersatz. Eine sog. **Abwälzung** liegt jedoch nicht vor, wenn der Lohn neu festgesetzt, also herabgesetzt wird und die Differenz für die Pauschsteuer verwandt wird. In diesem Fall hat der Arbeitgeber die pauschale Lohnsteuer zu tragen. Eine solche **Lohnänderungsvereinbarung** muss aber ernsthaft vereinbart sein, d. h., daraus müssen sämtliche rechtliche Folgerungen gezogen werden.

Wer ausführlichere Einzelheiten über die **Lohnsteuer-Pauschalierungsmöglichkeiten** für Aushilfs- und Teilzeitbeschäftigungen wissen möchte, sollte sich anhand des hierzu von Stollfuß Medien herausgegebenen Ratgebers „Aushilfslöhne 2011" informieren. Dieser Ratgeber informiert leicht verständlich über die gesetzlichen Regelungen und beantwortet mit praxisnahen Beispielen sämtliche Fragen zur Lohnsteuer-Pauschalierung, zum Solidaritätszuschlag, zur Kirchensteuer und zu vermögenswirksamen Leistungen. Darüber hinaus werden auch Möglichkeiten zum **Steuersparen** aufgezeigt. Weitere Teile zum **Sozialversicherungsrecht**, **Arbeitsrecht** und zur **Kirchensteuer** sowie ergänzende Praxisfragen und Antworten einschließlich entsprechender **Übersichten** runden diesen Ratgeber ab.

2. Zukunftssicherungsleistungen

191 **Ab 2005** wurde für Beiträge, die zum Aufbau einer **kapitalgedeckten betrieblichen Altersversorgung** für eine **Direktversicherung** oder an eine **Pensionskasse** geleistet werden, grundsätzlich die Möglichkeit der **Pauschalbesteuerung aufgehoben**. Es können nunmehr von den Beiträgen des Arbeitgebers für eine Direktversicherung und von den Zuwendungen des Arbeitgebers an eine Pensionskasse die Lohnsteuer nur noch mit einem festen Pauschsteuersatz von **20 %** (zzgl. Solidaritätszuschlag [→ Rz. D 9] und ggf. Kirchensteuer [→ Rz. E 10 f.]) erhoben werden, wenn

- es sich um eine **nicht kapitalgedeckte betriebliche Altersversorgung** handelt, d. h. um die umlagefinanzierte Zusatzversorgung des öffentlichen Dienstes (zur Besonderheit bei Sonderzahlungen → Rz. C 198),

- die Beiträge und Zuwendungen auf Grund einer **Versorgungszusage** geleistet werden, die **vor dem 1. 1. 2005 erteilt** wurde (sog. **Altzusage**). Sofern die Beiträge für eine Direktversicherung die Voraussetzungen der Steuerfreiheit nach § 3 Nr. 63 EStG erfüllen, ist eine Pauschalbesteuerung nur möglich, wenn der Arbeitnehmer gegenüber dem Arbeitgeber für diese Beiträge auf die Steuerfreiheit verzichtet hat.

In einer Vielzahl von Fällen der betrieblichen Altersversorgung ist somit auch nach 2004 noch eine Pauschalierung der Lohnsteuer mit dem festen Pauschsteuersatz möglich.

Beispiel 1:
Für einen in allen Sozialversicherungszweigen versicherten Arbeitnehmer, der in der Pflegeversicherung einen Beitragszuschlag für Kinderlose zahlt, mit einer Versorgungszusage, die vor dem 1. 1. 2005 erteilt wurde, und einem Monatsgehalt von 4 000 € überweist der Arbeitgeber monatlich Beiträge i. H. v. 146 € zu Gunsten einer Direktversicherung. Die Direktversicherung sieht ausschließlich eine Einmalkapitalauszahlung vor; die Beiträge sind somit nicht nach § 3 Nr. 63 EStG steuerfrei. Dem Arbeitgeber liegt eine Lohnsteuerkarte 2010 mit der Steuerklasse I vor. Auf der Lohnsteuerkarte sind keine Kinderfreibeträge eingetragen; der Arbeitnehmer gehört keiner Religionsgemeinschaft an.
Bei einem Lohnsteuerabzug anhand der individuellen Merkmale auf der Lohnsteuerkarte ergibt sich Folgendes:

lfd. Monatsgehalt	4 000,— €
zzgl. Direktversicherungsbeitrag	146,— €
steuerpflichtiger Arbeitslohn	4 146,— €
Lohnsteuer	828,58 €
Solidaritätszuschlag (5,5 %)	45,57 €
zusammen	**874,15 €**

Pauschaliert der Arbeitgeber dagegen die Lohnsteuer für die Zukunftssicherungsleitung, ergibt sich Folgendes:

lfd. Monatsgehalt	4 000,— €
Lohnsteuer	777,08 €
Solidaritätszuschlag (5,5 %)	42,73 €
zusammen (vom Arbeitslohn einzubehalten)	**819,81 €**
Direktversicherungsbeitrag	146,— €
pauschale Lohnsteuer i. H. v. 20 %	29,20 €
Solidaritätszuschlag (5,5 %)	1,60 €
zusammen (an das Finanzamt abzuführen)	**30,80 €**

Bei den Beiträgen des Arbeitgebers kann es sich auch um Beiträge handeln, die aus einer **Entgeltumwandlung** stammen, d. h., Arbeitgeber und Arbeitnehmer haben vereinbart, Arbeitslohnansprüche zu Gunsten einer betrieblichen Altersversorgung herabzusetzen. 192

Bei Beiträgen an eine **Pensionskasse** ist zu beachten, dass Arbeitgeberbeiträge an eine Pensionskasse bis zu **4 %** der Beitragsbemessungsgrenze in der allgemeinen Rentenversicherung (West) **steuerfrei** sind. Eine Pauschalierung der Lohnsteuer ist grundsätzlich nur möglich, soweit die Steuerfreiheit betragsmäßig ausgeschöpft ist. 193

Die Pauschalierung ist nur möglich, wenn die Zukunftssicherungsleistungen aus einem **ersten Dienstverhältnis** bezogen werden; sie ist demnach bei Arbeitnehmern in der Steuerklasse VI nicht anwendbar. Gegenüber dem Finanzamt muss der **Arbeitgeber** die pauschale Lohnsteuer für die Zukunftssicherungsleistungen übernehmen; er ist **Schuldner der pauschalen Lohnsteuer**. Das bedeutet jedoch nicht, dass der Arbeitgeber in jedem Fall durch die pauschale Lohnsteuer belastet ist. Im Innenverhältnis kann zwischen Arbeitgeber und Arbeitnehmer vereinbart sein, dass die pauschale Lohnsteuer vom Arbeitnehmer getragen wird (Abwälzung der pauschalen Lohnsteuer). Die abgewälzte pauschale Lohnsteuer gilt jedoch als zugeflossener Arbeitslohn und mindert nicht die Bemessungsgrundlage für die individuelle Lohnbesteuerung. 194

Beispiel 2:
Ein in allen Sozialversicherungszweigen versicherter Arbeitnehmer, der in der Pflegeversicherung einen Beitragszuschlag für Kinderlose zahlt, mit einer Versorgungszusage, die vor dem 1. 1. 2005 erteilt wurde, und einem Monatsgehalt von 4 146 € vereinbart mit seinem Arbeitgeber, dass monatlich 146 € zu Gunsten einer Direktversicherung verwendet werden (Entgeltumwandlung) und die Lohnsteuer – soweit möglich – pauschaliert wird. Die pauschale Lohnsteuer und den Solidaritätszuschlag soll der Arbeitnehmer tragen. Die Direktversicherung sieht ausschließlich eine Einmalkapitalauszahlung vor; die Beiträge sind somit nicht nach § 3 Nr. 63 EStG steuerfrei. Dem Arbeitgeber liegt eine Lohnsteuerkarte 2010 mit der Steuerklasse I vor. Auf der Lohnsteuerkarte sind keine Kinderfreibeträge eingetragen; der Arbeitnehmer gehört keiner Religionsgemeinschaft an.
Bezüglich des Lohnsteuerabzugs ergibt sich Folgendes:

lfd. Monatsgehalt	4 146,— €
abzgl. Direktversicherungsbeitrag	./. 146,— €
anhand der Merkmale auf der Lohnsteuerkarte zu versteuernder Arbeitslohn	4 000,— €
Lohnsteuer	777,08 €
Solidaritätszuschlag (5,5 %)	42,73 €
zusammen (vom Arbeitslohn einzubehalten)	**819,81 €**
Direktversicherungsbeitrag	146,— €
pauschale Lohnsteuer von 20 %	29,20 €
Solidaritätszuschlag (5,5 %)	1,60 €
zusammen (wird vom Nettolohn abgezogen)	**30,80 €**

Der Arbeitnehmer hat durch die Pauschalierung der Lohnsteuer für die Zukunftssicherungsleistung gegenüber der individuellen Versteuerung des gesamten steuerpflichtigen Arbeitslohns von 4 146 € (siehe Beispiel 1) einen steuerlichen Vorteil von monatlich **23,54 €** (874,15 € ./. 819,81 € ./. 30,80 €).

195 Die pauschale Lohnsteuer bemisst sich grundsätzlich nach den tatsächlichen Beiträgen, die der Arbeitgeber für den einzelnen Arbeitnehmer erbringt. Wird für **mehrere Arbeitnehmer** gemeinsam ein pauschaler Versicherungsbeitrag geleistet und kann der auf die einzelnen Arbeitnehmer entfallende Teil nicht festgestellt werden, ist dem einzelnen Arbeitnehmer der Anteil zuzurechnen, der sich bei einer Aufteilung des Gesamtbeitrags nach der Zahl der begünstigten Arbeitnehmer ergibt. Werden Leistungen des Arbeitgebers für die tarifvertragliche Zusatzversorgung der Arbeitnehmer mit einem Prozentsatz der Bruttolohnsumme des Betriebs erbracht, ist die Arbeitgeberleistung Bemessungsgrundlage der pauschalen Lohnsteuer.

196 Die Lohnsteuer-Pauschalierung ist auf Leistungen von bis zu **1 752 €** jährlich je Arbeitnehmer begrenzt. Die Pauschalierungsgrenze kann auch dann voll ausgeschöpft werden, wenn dem Arbeitnehmer bereits aus einem vorangegangenen Dienstverhältnis im selben Kalenderjahr pauschal besteuerte Zukunftssicherungsleistungen zugeflossen sind. Soweit der Grenzbetrag von 1 752 € überschritten wird, sind die Beiträge dem normalen Lohnsteuerabzug zu unterwerfen. Sind mehrere Arbeitnehmer gemeinsam in einem Direktversicherungsvertrag (z. B. in einer Gruppenversicherung) oder einer Pensionskasse versichert, ist für die Feststellung der Pauschalierungsgrenze eine **Durchschnittsberechnung** anzustellen. Arbeitnehmer, für die Beiträge und Zuwendungen von mehr als **2 148 €** im Kalenderjahr geleistet werden, sind in diese Durchschnittsberechnung nicht einzubeziehen.

197 Erbringt der Arbeitgeber für den Arbeitnehmer aus Anlass der **Beendigung des Dienstverhältnisses** entsprechende Zukunftssicherungsleistungen, vervielfältigt sich der Höchstbetrag von 1 752 € mit der Anzahl der Kalenderjahre, in denen das Dienstverhältnis des Arbeitnehmers zu dem Arbeitgeber bestanden hat. Wurden in dem Kalenderjahr, in dem das Dienstverhältnis beendet wird, und in den sechs vorangegangenen Kalenderjahren Zukunftssicherungsleistungen pauschaliert, vermindert sich der vervielfältigte Höchstbetrag.

> **Beispiel:**
> Der seit 2003 bei einem Arbeitgeber beschäftigte Arbeitnehmer hat eine betriebliche Altersversorgung in Form einer Direktversicherung erhalten. Die Beiträge für die Direktversicherung (Rentenversicherung ohne Kapitalwahlrecht) wurden jeweils im Dezember erbracht und pauschal besteuert. Im Januar 2005 erklärt der Arbeitnehmer gegenüber dem Arbeitgeber, dass er auf die Steuerfreiheit nach § 3 Nr. 63 EStG verzichtet (→ Rz. C 191). Am 1.7.2011 scheidet der Arbeitnehmer wegen Erreichens der Altersgrenze aus dem Dienstverhältnis aus. Arbeitgeber und Arbeitnehmer vereinbaren, dass die Abfindung in die Direktversicherung fließt und soweit wie möglich pauschal besteuert wird.
>
> Der Arbeitgeber kann die Abfindung in folgender Höhe mit 20 % (zzgl. Solidaritätszuschlag und ggf. Kirchensteuer) pauschal besteuern:
>
> | | |
> |---|---:|
> | 9 Kalenderjahre × 1 752 € | 15 768 € |
> | Minderung um 6 Jahre × 1 752 € | − 10 521 € |
> | Pauschalbesteuerung möglich bis | **5 257 €** |
>
> Die laufenden Leistungen aus der Rentenversicherung werden als sonstige Einkünfte lediglich mit dem Ertragsanteil besteuert.

198 Bestimmte Sonderzahlungen des Arbeitgebers an Pensionskassen (z. B. die Gegenwertzahlung nach § 23 Abs. 2 der Satzung der Versorgungsanstalt des Bundes und der Länder – **VBL** –) werden im Einkommensteuergesetz per Legaldefinition als steuerpflichtiger Arbeitslohn bestimmt (→ Rz. C 161 *Pensionskasse*). Daneben gibt es eine **Pauschalbesteuerungspflicht** des Arbeitgebers mit einem Steuersatz von **15 %**. Diese Pflicht zur Pauschalbesteuerung mit **Abgeltungscharakter** dient zum einen dazu, die Durchführung der Besteuerung wesentlich zu vereinfachen. Zum anderen wird dadurch der Tatsache Rechnung getragen, dass hierdurch vorrangig die Sicherung der bereits bestehenden, nicht aber der Erwerb neuer Ansprüche finanziert wird und der Arbeitgeber die Sonderzahlung auslöst. Die **Überwälzung** der Pauschalsteuer auf den Arbeitnehmer ist – wie auch in den anderen Fällen der Pauschalbesteuerung – grundsätzlich möglich.

Im Gegensatz zu den mit 15 % zu pauschalierenden Sonderzahlungen sind die laufenden, **regelmäßig wiederkehrenden Zahlungen** des Arbeitgebers mit **20 %** pauschal oder aber individuell zu besteuern.

198.1 Zu **weiteren Einzelheiten/Besonderheiten** siehe BMF-Schreiben vom 31.3.2010 – IV C 3 – S 2222/09/10041 / IV C 5 – S 2333/09/10005 – (BStBl I 2010 S. 270).

199 Beiträge für eine **Unfallversicherung** des Arbeitnehmers (→ Rz. C 161 *Unfallversicherung, freiwillige*) kann der Arbeitgeber ebenfalls pauschal mit **20 %** (zzgl. Solidaritätszuschlag und ggf. Kirchensteuer) der Beiträge besteuern, wenn mehrere Arbeitnehmer gemeinsam in einem Unfallversicherungsvertrag versichert sind, und der Teilbetrag, der sich bei einer Aufteilung der gesamten Beiträge nach Abzug der Versicherungssteuer durch die Zahl der begünstigten Arbeitnehmer ergibt, **62 €** im Kalenderjahr nicht übersteigt. Sofern der Durchschnittsbetrag 62 € übersteigt, ist er dem normalen Lohnsteuerabzug zu unterwerfen.

200 Eine Pauschalierung der Lohnsteuer kann **nicht** mehr im Rahmen einer **Veranlagung zur Einkommensteuer** des Arbeitnehmers erfolgen.

3. Lohnsteuer-Pauschalierung in besonderen Fällen

201 Neben der Ermittlung der Lohnsteuer nach der vorgelegten Lohnsteuerkarte (für 2011: Lohnsteuerkarte 2010 oder Ersatzbescheinigung des Finanzamts) oder der Pauschalierung vom Arbeitslohn der Aushilfskräfte, kurzfristig und geringfügig Beschäftigten lässt das Einkommensteuergesetz für bestimmte Lohnteile die Lohnsteuererhebung mit Pauschsteuersätzen zu. Hierbei sind zwei Möglichkeiten zu unterscheiden:

– Lohnsteuer-Pauschalierung mit einem durchschnittlichen Steuersatz für **sonstige Bezüge** und **Nacherhebungsfälle**, z. B. nach einer Lohnsteuer-Außenprüfung,

– Lohnsteuer-Pauschalierung für **bestimmte Lohnteile** mit festen Steuersätzen von 25 % und 15 %.

a) Lohnsteuer-Pauschalierung mit durchschnittlichem Steuersatz

202 Auf Antrag des Arbeitgebers kann das Betriebsstättenfinanzamt zulassen, dass der Arbeitgeber die Lohnsteuer für bestimmte Arbeitslohnteile mit einem **durchschnittlichen** oder auch sog. **betriebsindividuellen** Pauschsteuersatz erhebt. Dies ist dann möglich, wenn

– der Arbeitgeber in einer größeren Zahl von Fällen **sonstige Bezüge** zahlt (§ 40 Abs. 1 Satz 1 Nr. 1 EStG) oder

– die Lohnsteuer in einer größeren Zahl von Fällen nachzuerheben ist, weil der Arbeitgeber sie nicht vorschriftsmäßig einbehalten hat (§ 40 Abs. 1 Satz 1 Nr. 2 EStG). In solchen **Nacherhebungsfällen** (z. B. auf Grund einer Lohnsteuer-Außenprüfung) ist die Pauschalierung auch für Teile des laufenden Arbeitslohns zulässig.

aa) Lohnsteuer-Pauschalierung für besondere Arbeitslohnzahlungen als sonstige Bezüge

203 Die Lohnsteuer-Pauschalierung von **sonstigen Bezügen** setzt die Zustimmung des Betriebsstättenfinanzamts voraus (Ermessensentscheidung). Hierfür ist ein formfreier **Antrag** des Arbeitgebers beim Betriebsstättenfinanzamt erforderlich, dem die Berechnung des pauschalen Steuersatzes beizufügen ist. Der Arbeitgeber ist nach der Zustimmung des Finanzamts jedoch nicht verpflichtet, die pauschale Versteuerung auch durchzuführen.

204 Mit einer **größeren** Zahl von Fällen meint das Lohnsteuerrecht die Anzahl der Arbeitnehmer, deren besondere Arbeitslohnteile pauschal besteuert werden sollen. Nach den Lohnsteuer-Richtlinien ist eine solch größere Zahl von Fällen ohne weitere Prüfung dann anzunehmen, wenn mindestens 20 Arbeitnehmer in die Pauschalbesteuerung einbezogen werden. Wird ein Antrag auf Lohnsteuer-Pauschalierung für weniger als 20 Arbeitnehmer gestellt, so kann das Finanzamt im Einzelfall dennoch dem Antrag zustimmen. Entscheidend für die Lohnsteuer-Pauschalierung mit dem betriebsindividuellen durchschnittlichen Pauschsteuersatz ist die sich dadurch ergebende Arbeitserleichterung.

205 Für den Arbeitgeber ist zu beachten, dass die Pauschalierung pro Arbeitnehmer nur für sonstige Bezüge bis zu **1 000 €** im **Kalenderjahr** zulässig ist. Diese Voraussetzung ist vom Arbeitgeber vor jedem Pauschalierungsantrag zu prüfen. Übersteigt der zu zahlende sonstige Bezug zusammen mit den bisher pauschal besteuerten sonstigen Bezügen den Betrag von 1 000 €, so ist insoweit die Lohnsteuerermittlung nach den allgemeinen Regelungen für sonstige Bezüge durchzuführen. Bei der Berechnung des Pauschsteuersatzes ist zu berücksichtigen, dass nach dem Gesetzestext die vom Arbeitgeber getragene Pauschalsteuer ein geldwerter Vorteil für den Arbeitnehmer ist, weil er den Arbeitslohn ohne weitere Abzüge erhält. Deshalb ist der ermittelte betriebsindividuelle Steuersatz ein Bruttosteuersatz, der in einen Nettosteuersatz umzurechnen ist. Diese Berechnungsformel lautet:

100 x Bruttosteuersatz : (100 ./. Bruttosteuersatz) = Nettosteuersatz.

> **Beispiel:**
> Der nach → Rz. C 206 ermittelte betriebsindividuelle Pauschsteuersatz beträgt 25 %. Dieser Wert ergibt nach der vorstehenden Berechnungsformel folgenden Nettosteuersatz:
>
> 100 x 25 % : (100 ./. 25 %) = 33,33 % oder aber:
>
> 100 x ¼ x : (100 ./. ¼) = ⅓

206 Wie hat der Arbeitgeber diesen durchschnittlichen (betriebsindividuellen) Steuersatz zu ermitteln? Der durchschnittliche Steuersatz ist auf Grund der durchschnittlichen Jahresarbeitslöhne und der sich daraus ergebenden Jahreslohnsteuer für diejenigen Arbeitnehmer zu ermitteln, die diese Bezüge erhalten. Berechnungsdetails hierfür legt das Einkommensteuergesetz nicht fest; eine exemplarische Möglichkeit wird jedoch in den Lohnsteuer-Richtlinien aufgezeigt. Danach kann der durchschnittliche Steuersatz folgendermaßen ermittelt werden.

> **Beispiel: Ermittlung der Ausgangswerte**
> 1. **Durchschnittsbetrag** der pauschal zu versteuernden Bezüge;
> 2. **Zahl** der Arbeitnehmer, denen die sonstigen Bezüge gezahlt werden und zwar getrennt nach drei oder vier Gruppen:
>   a) Arbeitnehmer mit den Steuerklassen I, II und IV;
>   b) Arbeitnehmer in der Steuerklasse III;
>   c) Arbeitnehmer mit den Steuerklassen V und VI. Weil ab 2010 auch in der Lohnsteuerklasse V die Vorsorgepauschale be-

rücksichtigt wird, sollten anstelle dieser einen Gruppe zwei Gruppen, jeweils getrennt für die Steuerklassen V und VI gebildet werden;

> 3. **Summe** der **Jahresarbeitslöhne** der betroffenen Arbeitnehmer: Dabei sind für jeden Arbeitnehmer ggf. der Versorgungsfreibetrag, der Zuschlag zum Versorgungsfreibetrag, der Altersentlastungsbetrag, ein auf der Lohnsteuerkarte eingetragener Jahresfreibetrag und der Entlastungsbetrag für Alleinerziehende bei Steuerklasse II sowie ein eventueller Hinzurechnungsbetrag durch Ab- bzw. Hinzurechnung zu berücksichtigen. Die Verrechnung der Lohnsteuer mit Kindergeld und die Berücksichtigung von Kinderfreibeträgen ist nicht zulässig (BFH-Urteil v. 26. 7. 2007, VI R 48/03, BStBl II 2007 S. 844).

Ebenso braucht ein auf der Lohnsteuerkarte 2010 oder Ersatzbescheinigung des Finanzamts eingetragener „**Faktor**" (→ Rz. A 27.1) nicht berücksichtigt zu werden.

Werden die sonstigen Bezüge an Arbeitnehmer gezahlt, deren Lohnsteuer teilweise nach der Allgemeinen Tabelle (→ Rz. A 5 ff.) und teilweise nach der Besonderen Tabelle (→ Rz. A 8 f.) ermittelt wird, so **kann** der durchschnittliche Steuersatz für jeweils **beide** Gruppen gesondert ermittelt und angewendet werden.

Anstelle der beiden Gruppen kann seit 2010 aus Vereinfachungsgründen davon ausgegangen werden, dass die betroffenen Arbeitnehmer in **allen Zweigen** der Sozialversicherung **versichert** sind und keinen Beitragszuschlag für Kinderlose (§ 55 Abs. 3 SGB XI) leisten (Bildung nur einer Gruppe mit Lohnsteuer nach der Allgemeinen Tabelle).

Zur Festsetzung eines Pauschsteuersatzes für das laufende Kalenderjahr können für die Ermittlung der **Summe** der **Jahresarbeitslöhne** auch die Verhältnisse des Vorjahres zu Grunde gelegt werden.

Aus dem nach **Nummer 3** ermittelten Betrag (Summe der Jahresarbeitslöhne) hat der Arbeitgeber den durchschnittlichen Jahresarbeitslohn der erfassten Arbeitnehmer zu berechnen.

Für jede der nach **Nummer 2** gebildeten Gruppe hat der Arbeitgeber sodann den **Steuerbetrag** zu ermitteln, dem der Durchschnittsbetrag der pauschal zu versteuernden Bezüge unterliegt, wenn er dem durchschnittlichen Jahresarbeitslohn hinzugerechnet wird. Dabei ist für die Gruppe der Nummer 2 Buchstabe a die **Steuerklasse I**, für die der Nummer 2 Buchstabe b die **Steuerklasse III** und für die der Nummer 2 Buchstabe c die **Steuerklasse V** maßgebend.

Der **Durchschnittsbetrag** der pauschal zu besteuernden Bezüge ist auf den nächsten durch 216 ohne Rest teilbaren Euro-Betrag aufzurunden.

Durch **Multiplikation** der **Steuerbeträge** mit der Zahl der in der entsprechenden Gruppe erfassten Arbeitnehmer und Division der sich hiernach ergebenden Summe der Steuerbeträge durch die Gesamtzahl der Arbeitnehmer und den Durchschnittsbetrag der pauschal zu besteuernden Bezüge ist hiernach die **durchschnittliche** Steuerbelastung zu berechnen, der die pauschal zu besteuernden Bezüge unterliegen.

Es ist üblicherweise **Aufgabe des Finanzamts**, den Pauschsteuersatz nach dieser Steuerbelastung so **zu berechnen**, dass unter Berücksichtigung der Übernahme der pauschalen Lohnsteuer durch den Arbeitgeber insgesamt nicht zu wenig Lohnsteuer erhoben wird. Dazu sind die Prozentsätze der durchschnittlichen Steuerbelastung und des Pauschsteuersatzes mit einer Dezimalstelle anzusetzen, die nachfolgenden Dezimalstellen sind fortzulassen.

207 Weil diese Berechnungsmethode recht aufwändig ist, lassen die Lohnsteuer-Richtlinien eine **weitere Vereinfachung** zu. Danach kann für die Ermittlung der in → Rz. C 206, Nummer 2 und 3 beschriebenen Anzahl und Beträge auch eine repräsentative Auswahl der in die Pauschalierung einzubeziehenden Arbeitnehmer zu Grunde gelegt werden. Wegen weiterer Details siehe R 40.1 LStR 2011 und H 40.1 LStH.

208 Diese zuvor beschriebenen Berechnungsmethoden werden von Arbeitgeberseite oft **kritisiert**, weil sie einen zu hohen Steuersatz ergeben sollen. Gleichwohl ist diese Berech-

bb) Pauschalierung bei Nacherhebung wegen nicht vorschriftsmäßigen Einbehalts

209 Die Pauschalierungsmöglichkeit wegen **nicht vorschriftsmäßiger Einbehaltung** der Lohnsteuer durch den Arbeitgeber wird regelmäßig nach einer Lohnsteuer-Außenprüfung angewandt. Die Lohnsteuer ist nicht vorschriftsgemäß einbehalten worden, wenn der Einbehalt nicht dem geltenden Recht entspricht. Weil die Gesetzesvorschrift keine bestimmte Arbeitslohnform und auch keine Höchstgrenze für den zu pauschalierenden Arbeitslohn nennt, können nicht nur Fehler bei der Einbehaltung der Lohnsteuer vom laufenden Arbeitslohn oder bei der Besteuerung von sonstigen Bezügen korrigiert werden, sondern auch bei unzulässigerweise pauschal erhobener Lohnsteuer oder für fälschlicherweise nicht besteuerte Lohnteile.

Der **anzuwendende Steuersatz** ist, wie in → Rz. C 206 ff. beschrieben, zu berechnen. Die **Pauschalierungsgrenze** von 1 000 € ist bei dieser Form der Lohnsteuer-Pauschalierung nicht zu beachten. Diese Pauschalierung kann im Rahmen einer Lohnsteuer-Außenprüfung nur mit Zustimmung des Arbeitgebers gewählt werden.

b) Fester Pauschsteuersatz für bestimmte Arbeitslohnteile

210 Eine weitere Möglichkeit, die Lohnsteuer für bestimmte Arbeitslohnteile mit einem Pauschsteuersatz zu erheben, wird im folgenden Abschnitt beschrieben. Für die Anwendung der gesetzlich festgelegten Pauschsteuersätze ist die zuvor genannte 1 000 €-Grenze nicht zu beachten.

Mit dem Pauschsteuersatz von 25 % bzw. 15 % kann die Lohnsteuer für die folgenden Arbeitslohnzahlungen erhoben werden:

- **Arbeitstägliche Mahlzeiten**, die im Betrieb unentgeltlich oder verbilligt an die Arbeitnehmer abgegeben werden oder Barzuschüsse, die der Arbeitgeber an ein anderes Unternehmen zahlt, das seinerseits arbeitstäglich Mahlzeiten an die Arbeitnehmer unentgeltlich oder verbilligt abgibt. Voraussetzung für die Pauschalierung ist, dass die Mahlzeiten nicht als Lohnbestandteile vereinbart sind (→ Rz. C 211 ff.); Pauschsteuersatz 25 %;

- Arbeitslohn (Sachzuwendungen oder zweckgebundene Zehrgelder), den der Arbeitnehmer anlässlich einer **Betriebsveranstaltung** erhält, soweit die Arbeitgeberleistungen nicht steuerfrei sind (→ Rz. C 219); Pauschsteuersatz 25 %;

- **Erholungsbeihilfen**, falls diese zusammen mit bereits erhaltenen Erholungsbeihilfen im selben Kalenderjahr folgende Beträge nicht übersteigen: Für den Arbeitnehmer 156 €, für dessen Ehegatte 104 € und 52 € für jedes Kind (→ Rz. C 220); Pauschsteuersatz 25 %;

- **Verpflegungspauschalen** für eine Auswärtstätigkeit des Arbeitnehmers, soweit die Pauschalen den anzusetzenden steuerfreien Betrag übersteigen, bis zur Höhe dieses Freibetrags (→ Rz. C 221); Pauschsteuersatz 25 %;

- Vorteile durch unentgeltlich oder verbilligt überlassene **Personalcomputer**, Zubehör sowie einen **Internetzugang** oder für Zuschüsse zu den Aufwendungen des Arbeitnehmers zur **Internetnutzung**, falls der Arbeitnehmer diese Vorteile bzw. Zahlungen zusätzlich zum ohnehin geschuldeten Arbeitslohn erhält (→ Rz. C 222 ff.); Pauschsteuersatz 25 %;

- Arbeitgeberzuschüsse zu den Aufwendungen des Arbeitnehmers für **Fahrten** zwischen **Wohnung und Arbeitsstätte**, falls die Zahlungen zusätzlich zum ohnehin geschuldeten Arbeitslohn geleistet werden (→ Rz. C 225 ff.); Pauschsteuersatz 15 %.

aa) Arbeitstägliche Mahlzeiten im Betrieb

211 Der als Arbeitslohn anzusetzende Wert für verbilligt oder kostenlos erhaltene arbeitstägliche Mahlzeiten im Betrieb kann pauschal mit einem Lohnsteuersatz von 25 % versteuert werden. Für diese Mahlzeiten sind besondere Wertermittlungsvorschriften zu beachten.

212 Der geldwerte Vorteil für vom Arbeitgeber in einer **selbst betriebenen Kantine**, Gaststätte oder vergleichbaren Einrichtung (im Betrieb) kostenlos oder verbilligt abgegeben arbeitstäglichen Mahlzeit ist seit 2007 mit dem maßgebenden amtlichen Sachbezugswert nach der Sozialversicherungsentgeltverordnung zu bewerten.

Für das Kalenderjahr 2011 betragen die Sachbezugswerte

- für ein Frühstück 1,57 €,
- für ein Mittag- und Abendessen je 2,83 €.

Kein Sachbezugswert, sondern der um 4 % geminderte tatsächliche Wert (übliche Endpreis) ist anzusetzen, wenn die Mahlzeiten überwiegend nicht für die Arbeitnehmer zubereitet werden; z. B. Speisen und Menüs, die Angestellte eines Restaurants vom Arbeitgeber erhalten. In diesen Fällen ist zunächst die Berücksichtigung des Rabattfreibetrags (→ Rz. C 161 *Preisnachlässe*) zu prüfen.

213 Zum Betrieb rechnen auch die Niederlassungen bzw. Betriebsteile des Arbeitgebers außerhalb der regelmäßigen Arbeitsstelle des Arbeitnehmers, d. h., der Arbeitgeber kann den Vorteil auch dann in die Pauschalierung einbeziehen, wenn der Arbeitnehmer auf Dienstreisen in einem auswärtigen Betriebsteil unentgeltliche oder verbilligte Kantinenmahlzeiten erhält.

214 Gibt der Arbeitgeber Mahlzeiten in einer **nicht selbst betriebenen Kantine**, Gaststätte oder vergleichbaren Einrichtung ab, ist ebenfalls der amtliche Sachbezugswert anzusetzen, wenn der Arbeitgeber auf Grund vertraglicher Vereinbarung durch Barzuschüsse oder andere Leistungen an die die Mahlzeiten vertreibende Einrichtung zur Verbilligung der Mahlzeiten beiträgt (z. B. durch verbilligte Überlassung von Räumen, Energie oder Einrichtungsgegenständen).

215 **Zahlt** der Arbeitnehmer für die Mahlzeit etwas **zu**, ist der anzusetzende geldwerte Vorteil (Sachbezugswert) um diese Zuzahlung zu mindern. Lohnsteuerlicher Arbeitslohn ist nur ein **verbleibender** positiver Betrag.

Gibt der Arbeitgeber **Essenmarken** zur Einlösung **im Betrieb** aus, ist deren **Verrechnungswert** anzusetzen, falls der Essenmarkenwert unter dem Sachbezugswert der Mahlzeit liegt und der sich durch die Zuzahlung des Arbeitnehmers ergebende Betrag den Sachbezugswert der Mahlzeit nicht übersteigt. **Übersteigen** die Zuzahlung und der Wert der Essenmarke den Sachbezugswert, ist die Differenz zwischen Sachbezugswert und Zuzahlung als geldwerter Vorteil anzusetzen.

Beispiel 1:

Ein Arbeitnehmer erhält eine Essenmarke mit einem Wert von 1 €. Die Mahlzeit kostet 2 €.

Preis der Mahlzeit	2,00 €
abzgl. Wert der Essenmarke	./. 1,00 €
Zahlung des Arbeitnehmers	1,00 €
Sachbezugswert der Mahlzeit (2011)	2,83 €
abzgl. Zahlung des Arbeitnehmers	./. 1,00 €
verbleibender Wert	1,83 €

Anzusetzen ist der niedrigere Wert der Essenmarke (1,00 €).

Beispiel 2:

Ein Arbeitnehmer erhält eine Essenmarke mit einem Wert von 3 €. Die Mahlzeit kostet 3 €.

Preis der Mahlzeit	3,00 €
abzgl. Wert der Essenmarke	./. 3,00 €
Zahlung des Arbeitnehmers	0,00 €
Sachbezugswert der Mahlzeit (2011)	2,83 €
abzgl. Zahlung des Arbeitnehmers	./. 0,00 €
verbleibender Wert	2,83 €

Anzusetzen ist der Sachbezugswert (2,83 €).

216 Gibt der Arbeitgeber an Stelle von Mahlzeiten Essenmarken (Essensgutscheine, Restaurantschecks) aus, die **außerhalb des Betriebs** von einer Gaststätte oder vergleichbaren Einrichtung (Annahmestelle) in Zahlung genommen werden, ist ebenfalls der Sachbezugswert für die entsprechende Mahlzeit anzusetzen, wenn der Essenmarkenwert höchstens um 3,10 € über dem Sachbezugswert der jeweiligen Mahlzeit liegt (für 2011 bis zu 4,67 € für ein Frühstück und bis zu 5,93 € für ein Mittag-/Abendessen).

217 Essenmarken an Arbeitnehmer auf einer Auswärtstätigkeit sind stets mit dem Verrechnungswert anzusetzen. Eine pauschale Versteuerung mit 25 % ist in diesem Fall nicht möglich.

218 Will der Arbeitgeber den auf sämtliche Mahlzeiten entfallenden und für die Pauschalierung maßgebenden geldwerten Vorteil (Arbeitslohn) ermitteln, ist der Wert dieser ausgegebenen Mahlzeiten zu ermitteln. Das kann mitunter sehr aufwändig sein. Deshalb lassen die Lohnsteuer-Richtlinien Vereinfachungen zu. Gibt der Arbeitgeber unterschiedliche Speisen zu verschiedenen Preisen ab, kann dafür ein **Durchschnittspreis** als geldwerter Vorteil der Pauschalbesteuerung zu Grunde gelegt werden. Diese Durchschnittsermittlung pro Mahlzeit ist jedoch nur zulässig, wenn der geldwerte Vorteil pauschal besteuert wird. Wird der geldwerte Vorteil für die Mahlzeit dem Arbeitnehmer individuell zugeordnet bzw. versteuert, ist der jeweilige Vorteil pro Mahlzeit zu erfassen. Der Durchschnittspreis kann wie folgt ermittelt werden.

Beispiel 1: Pauschale Lohnsteuer vom Sachbezugswert

Ein Arbeitgeber bietet in der selbst betriebenen Kantine als Mittagessen verschiedene Menüs unentgeltlich an. Im Monat Januar 2011 werden insgesamt 220 Menüs ausgegeben. Der geldwerte Vorteil wird pauschal versteuert.

Der Wert für die erhaltene Mahlzeit ist mit dem Sachbezugswert anzusetzen; er beträgt im Kalenderjahr 2011 pro Mittagessen 2,83 €. Der Pauschalbesteuerung ist der amtliche Sachbezugswert zu Grunde zu legen, d. h. pro Mahlzeit 2,83 €. Weil die Arbeitnehmer keine Zuzahlungen leisten, ist dieser Betrag nicht zu kürzen. Insgesamt entsteht im Januar 2011 ein geldwerter Vorteil von 622,60 € (220 x 2,83 €).

Die pauschale Lohnsteuer ist wie folgt zu berechnen:

Lohnsteuer (25 % von 622,60 €)	155,65 €
Solidaritätszuschlag (5,5 % von 155,65 €)	8,56 €
pauschale Kirchensteuer (6 % von 155,65 €)	9,33 €
insgesamt	173,54 €

Beispiel 2: Sachbezugswert abzüglich Eigenbeitrag

Sachverhalt wie in Beispiel 1, aber der Arbeitgeber hat mit seinen Arbeitnehmern vereinbart, dass sie pro Mahlzeit 1 € zuzahlen.

Durch die Zuzahlung vermindert sich der geldwerte Vorteil pro Mahlzeit, so dass ein Betrag von 1,83 € zu versteuern ist (Sachbezugswert 2,83 € ./. 1,00 €). Dies ergibt im Januar 2011 einen steuerpflichtigen geldwerten Vorteil von 402,60 € (220 Mittagessen × 1,83 €). Hierfür sind die pauschalen Steuern wie in Beispiel 1 dargestellt zu ermitteln.

Der Arbeitgeber hat folgende Beträge zu zahlen:

Lohnsteuer (25 % von 396,00 €)	100,65 €
Solidaritätszuschlag (5,5 % von 100,65 €)	5,53 €
pauschale Kirchensteuer (6 % von 100,65 €)	6,03 €
insgesamt	112,21 €

Beispiel 3: Arbeitnehmer tragen die pauschale Lohnsteuer

Abwandlung von Beispiel 2. Der Arbeitgeber hat mit seinen Arbeitnehmern vereinbart, dass sie die pauschale Lohnsteuer einschließlich Solidaritätszuschlag und Kirchensteuer übernehmen.

Die **Übernahme** der pauschalen Lohnsteuer durch den Arbeitnehmer mindert nicht die steuerliche Bemessungsgrundlage (→ Rz. C 190). Die Pauschalsteuer wird somit wie in Beispiel 1 **vom Sachbezugswert 2,83 €** ermittelt mit der Folge, dass die in Beispiel 2 beschriebene **Minderung** der steuerlichen Bemessungsgrundlage und dadurch auch der Steuerbelastung **nicht** erfolgt.

Der Arbeitgeber hat vom Arbeitslohn jedes Arbeitnehmers pro Mahlzeit einen Betrag i. H. v. 0,77 € (25 % Lohnsteuer von 2,83 = 0,70 €, Solidaritätszuschlag 0,03 € und Kirchensteuer 0,04 €) einzubehalten.

Diese Betrachtungsweise führt zu dem **ungewöhnlichen** Ergebnis, dass trotz **Zuzahlung** des Arbeitnehmers zur Mahlzeit die steuerliche Belastung **unverändert hoch** ist. Dieses Beispiel verdeutlicht, wie wichtig im steuerlichen Bereich die **zutreffende Sachverhaltsgestaltung** ist.

Beispiel 4: Berechnung eines Durchschnittswerts pro Menü

Ein Arbeitgeber gibt in einer selbst betriebenen Kantine verschiedene Menüs zu verschiedenen Preisen ab (Zahlung der Arbeitnehmer). Im Monat Januar 2011 (Lohnzahlungszeiträume sind die Kalendermonate 2011) hat er folgende Essen abgegeben:

Menüart	Preis	Anzahl der Essen	Insgesamt
Menü I	1,00 €	200	200,— €
Menü II	2,50 €	150	375,— €
Menü III	4,— €	200	800,— €
Salatteller	1,50 €	100	150,— €
Zahl der verbilligten Essen		650	
Essenspreis für alle Arbeitnehmer			1 525,— €

Der Durchschnittswert aller Menüs errechnet sich wie folgt:

$$\frac{\text{Menüpreis für alle Arbeitnehmer}}{\text{Anzahl der insgesamt ausgegebenen Menüs}} = \ldots\text{€} \times \ldots = \ldots\text{€}$$

Im Beispiel beträgt der Durchschnittswert also 1 525 : 650 Essen = 2,35 €.

Für den Monat Januar ist pro Mahlzeit zu versteuern die Differenz zwischen dem maßgebenden Sachbezugswert und dem von den Arbeitnehmern gezahlten Durchschnittspreis der Mahlzeit, also 0,38 € (2,83 € ./. 2,45 €) je Essen. Bei 650 abgegebenen Mahlzeiten ergibt sich ein Betrag von 227,50 €.

Die Pauschalsteuer beträgt

Lohnsteuer (25 % von 247,00 €)	61,75 €
Solidaritätszuschlag (5,5 % von 61,75 €)	3,369 €
pauschale Kirchensteuer (6 % von 61,75 €)	3,76 €
insgesamt	68,90 €

bb) Betriebsveranstaltung

219 Ergeben sich anlässlich einer Betriebsveranstaltung steuerpflichtige Lohnteile, kann der Arbeitgeber dafür die pauschale Lohnversteuerung mit 25 % vornehmen. Steuerpflichtiger Arbeitslohn kommt nur in Betracht, wenn der auf den Arbeitnehmer entfallende Anteil der Aufwendungen für eine (übliche) Betriebsveranstaltung 110 € übersteigt (Freigrenze) oder falls der Arbeitnehmer an mehr als zwei Betriebsveran-

staltungen im Kalenderjahr teilnimmt (Steuerpflicht ab dritter Veranstaltung). In diesen Fällen ist stets der auf den Arbeitnehmer entfallende Teil der Gesamtaufwendungen für die Betriebsveranstaltung (lohn-)steuerpflichtig. Nimmt der Arbeitnehmer mit einer nicht beim Arbeitgeber beschäftigten Person an der Betriebsveranstaltung teil, ist ihm der darauf entfallende Teil der Aufwendungen zuzurechnen; die Freigrenze von 110 € erhöht sich deshalb nicht (→ Rz. C 161 *Betriebsveranstaltungen*). Pauschalierungsfähig sind nur Vorteile, die sämtliche Arbeitnehmer erhalten. Deshalb ist für Goldmünzen, die der Arbeitgeber i. R. einer Betriebsveranstaltung einzelnen Arbeitnehmern überreicht, die Pauschalierungsmöglichkeit ausgeschlossen (BFH-Urteil v. 7. 11. 2006, BStBl II 2007 S. 128).

cc) Erholungsbeihilfen

220 Vom Arbeitgeber gezahlte Erholungsbeihilfen sind Arbeitslohn, von dem unter bestimmten Voraussetzungen die Lohnsteuer mit 25 % pauschal erhoben werden kann. Dabei ist zu beachten, dass sie entsprechend der Bestimmung für die Erholung des Arbeitnehmers und seiner Angehörigen verwendet werden müssen. Deshalb sind sie im Zusammenhang mit dem Jahresurlaub des Arbeitnehmers zu zahlen. Pauschalierungsfähig sind folgende Jahreshöchstbeträge: 156 € für den Arbeitnehmer, 104 € für dessen Ehegatte und 52 € für jedes Kind. Die Beträge sind stets personenbezogen und nicht familienbezogen zu prüfen. Übersteigen die Erholungsbeihilfen im Einzelfall den maßgebenden Jahreshöchstbetrag, so sind für diese Person die gesamten Beihilfezahlungen als sonstige Bezüge nach den allgemeinen Regelungen zu besteuern.

dd) Verpflegungspauschalen

221 Zahlt der Arbeitgeber anlässlich einer beruflichen Auswärtstätigkeit (→ Rz. C 161 *Reisekosten*) Verpflegungsmehraufwendungen, die über den steuerfreien Verpflegungspauschalen liegen, ist der Mehrbetrag steuerpflichtiger Arbeitslohn. Der die steuerfreien Pauschalen übersteigende Betrag kann sich auch aus der Zusammenfassung der einzelnen Aufwendungsarten, z. B. Wegstreckenentschädigung, ergeben. Aus Vereinfachungsgründen kann der den steuerfreien Vergütungsbetrag übersteigende Betrag einheitlich als Verpflegungsmehraufwendungen behandelt werden.

Für diesen steuerpflichtigen Teil kann der Arbeitgeber eine pauschale Lohnversteuerung i. H. v. 25 % wählen. Der pauschalierungsfähige Betrag ist jedoch begrenzt auf die für die Abwesenheit steuerfrei zahlbare Verpflegungspauschale (→ Rz. C 161 *Reisekosten*). Dies sind im Inland bei mindestens 24-stündiger Abwesenheit 24 €, bei mindestens 14-stündiger Abwesenheit 12 € und bei mindestens achtstündiger Abwesenheit 6 €. Demnach kann der Arbeitgeber für eine 14-stündige **Dienstreise** des Arbeitnehmers im Inland an Verpflegungspauschalen **steuerbegünstigt zahlen**: 12 € steuerfrei und bis zu 12 € mit pauschaler Lohnsteuererhebung i. H. v. 25 %.

Nicht pauschalierungsfähig sind steuerpflichtige Verpflegungspauschalen bei **doppelter Haushaltsführung**.

ee) Personalcomputer, Zubehör sowie Internetzugang

222 Pauschalierungsfähig mit einer Lohnsteuer von 25 % sind Vorteile durch die unentgeltliche oder verbilligte Übereignung von Personalcomputern und für die Internetnutzung einschließlich sonstiger PC-Hardware, technischem Zubehör und Software. Hierzu rechnet auch die Übereignung von Geräten als Erstausstattung oder als Ergänzung, Aktualisierung und Austausch einer bereits vorhandenen PC-Anlage. Für Telekommunikationsgeräte, die nicht Zubehör eines Personalcomputers sind oder nicht für die Internetnutzung verwendet werden können, ist die Pauschalierung ausgeschlossen. Hat der Arbeitnehmer einen Internetzugang, sind auch Lohnzahlungen (Barzuschüsse) des Arbeitgebers für die Internetnutzung des Arbeitnehmers pauschalierungsfähig. Zu solchen Aufwendungen rechnen die laufenden Kosten (Grundgebühr für den Internetzugang, laufende Gebühren für die Internetnutzung, Flatrate) und die Kosten für die Einrichtung des Internetzugangs (z. B. ein ISDN-Anschluss sowie die dafür erforderlichen Geräte wie Modem und Personalcomputer).

223 Falls der Arbeitgeber einen Lohnteil (Barzuschuss) für die private Internetnutzung zahlen möchte, reicht seit dem 1. 1. 2004 die Mitteilung des Arbeitnehmers über seine Aufwendungen für die laufende Internetnutzung im Monat aus. Voraussetzung hierfür ist, dass die Arbeitgeberzahlungen 50 € im Monat nicht übersteigen. Sollen höhere Zuschüsse für die Internetnutzung pauschal besteuert werden, hat der Arbeitnehmer seine Aufwendungen dem Arbeitgeber nachzuweisen. Dazu kann der Nachweis für einen repräsentativen Zeitraum von drei Monaten geführt werden. Bis zur Höhe des sich hiernach ergebenden monatlichen Betrags kann der Arbeitgeber dann so lange die Barzuschüsse pauschal versteuern, bis sich die Verhältnisse des Arbeitnehmers wesentlich ändern.

224 Voraussetzung für die Pauschalierung ist, dass diese Leistungen (Sachleistungen oder Barzuschüsse) zusätzlich zum ohnehin geschuldeten Arbeitslohn gezahlt werden (→ Rz. C 228 ff.).

ff) Fahrten zwischen Wohnung und Arbeitsstätte

225 Durch die gesetzliche Neuregelung zur Entfernungspauschale (vom 20. 4. 2009, BGBl. I 2009 S. 774) kann ab dem Kalenderjahr 2007 die Lohnsteuer von den Arbeitgeberzuschüssen zu den Aufwendungen des Arbeitnehmers für Fahrten zwischen Wohnung und regelmäßiger Arbeitsstätte wieder ab dem ersten Entfernungskilometer pauschal mit 15 % erhoben werden. Gleiches gilt für die aus einer unentgeltlichen oder verbilligten Gestellung eines Kraftfahrzeugs an den Arbeitnehmer für die Fahrten zwischen Wohnung und Arbeitsstätte entstehenden Vorteile.

Weil die Pauschalierungsmöglichkeit durch die Entscheidung des BVerfG erstmals eröffnet wurde, war der Arbeitgeber berechtigt, für nach dem 31. 12. 2006 beginnende Lohnzahlungszeiträume eine **rückwirkende Pauschalierung** für die ersten 20 Entfernungskilometer vorzunehmen. Dies galt auch, wenn die Lohnsteuerbescheinigung für 2008 bereits übermittelt oder erteilt worden ist; sie war bei Wahl der rückwirkenden Pauschalierungsmöglichkeit nicht zu ändern.

Pauschalierungsvoraussetzung ist jeweils, dass diese Arbeitgeberleistungen **zusätzlich zum ohnehin geschuldeten** Arbeitslohn gezahlt werden (→ Rz. C 228 ff.). **Pauschalierungsfähig** sind weiterhin **höchstens** folgende – als Werbungskosten (→ Rz. B 87) abziehbare – Beträge:

– Für den geldwerten Vorteil durch die unentgeltliche oder verbilligte **Gestellung** eines **Kraftwagens** (z. B. Firmen-Pkw)
  – bei behinderten Arbeitnehmern i. S. d. § 9 Abs. 2 EStG die tatsächlichen Kosten in vollem Umfang,
  – bei anderen Arbeitnehmern bis zur Höhe der Entfernungspauschale (0,30 € für jeden vollen Entfernungs-

kilometer) für jeden Arbeitstag, an dem der Kraftwagen für die Fahrten zwischen Wohnung und Arbeitsstätte benutzt wird. Aus Vereinfachungsgründen kann die Kfz-Nutzung an 15 Arbeitstagen im Kalendermonat unterstellt werden;

- für den **Ersatz** von Aufwendungen des Arbeitnehmers für Fahrten zwischen Wohnung und Arbeitsstätte (Fahrtkostenzuschüsse)
  - bei behinderten Arbeitnehmern i. S. d. § 9 Abs. 2 EStG die tatsächlichen Kosten in vollem Umfang,
  - bei anderen Arbeitnehmern bei Benutzung eines **eigenen** oder zur Nutzung überlassenen Kraftfahrzeugs mit Ausnahme der o. g. Alternative die Aufwendungen des Arbeitnehmers in Höhe der Entfernungspauschale (→ Rz. B 87 *Entfernungspauschale*); bei Benutzung **öffentlicher Verkehrsmittel** bis zur Höhe der nachgewiesenen (ggf. auch über der Pauschale) liegenden tatsächlichen Aufwendungen (Fahrkarte), ohne Nachweis jedoch höchstens 4 500 €, und bei Benutzung des **Flugzeugs** bis zur Höhe der tatsächlichen Aufwendungen des Arbeitnehmers (→ Rz. B 87).

Beispiele

1. Nutzung des eigenen Pkw

Der Arbeitnehmer nutzt den eigenen Pkw für die Fahrten zwischen Wohnung und Arbeitsstätte, die kürzeste Entfernung beträgt 35 km (einfache Strecke). **Pro Arbeitstag** ist folgender Betrag pauschalierungsfähig:

35 km (tatsächliche Entfernungs-km) × 0,30 € = 10,50 € (**pauschalierungsfähiger Höchstbetrag**)

1.1 Der Arbeitgeber zahlt einen Fahrtkostenzuschuss ab dem 21. Entfernungskilometer in Höhe von 0,30 €. Der Zuschuss beträgt: 35 km – 20 km = 15 km, 15 km × 0,30 € = **4,50 €**.

Der Fahrtkostenzuschuss übersteigt den pauschalierungsfähigen Höchstbetrag nicht, der Fahrtkostenzuschuss kann mit 15 % pauschal besteuert werden.

1.2 Der Arbeitgeber zahlt einen Fahrtkostenzuschuss i. H. v. 0,20 € pro Entfernungskilometer. Der Zuschuss beträgt: 35 km × 0,20 € = 7,00 €.

Der Fahrtkostenzuschuss übersteigt den pauschalierungsfähigen Höchstbetrag nicht, der Fahrtkostenzuschuss kann mit 15 % pauschal besteuert werden.

2. Nutzung öffentlicher Verkehrsmittel

Nutzt der Arbeitnehmer für die Fahrten zwischen Wohnung und Arbeitsstätte die öffentlichen Verkehrsmittel, gelten für die Ermittlung des pauschalierungsfähigen Betrags die Beispiele unter 1. entsprechend; der Arbeitgeber kann jedoch auch die höheren Aufwendungen des Arbeitnehmers für die Fahrkarte ansetzen.

2.1 Zuschuss bis zum Fahrkartenpreis

Wie Beispiel 1.1:

Ein Arbeitnehmer fährt mit der U-Bahn zur Arbeitsstätte. Einschließlich der Fußwege und der U-Bahnfahrt beträgt die zurückgelegte Entfernung 15 km. Die kürzeste Straßenverbindung beträgt 10 km. Die tatsächlichen Aufwendungen für die Bahnfahrten betragen monatlich 83 €. Der Arbeitgeber möchte den höchstmöglichen Fahrtkostenzuschuss zahlen und die darauf entfallende Lohnsteuer pauschalieren.

Für die Ermittlung der Entfernungspauschale ist eine Entfernung von 10 km anzusetzen. Dies ergibt eine monatliche Pauschale i. H. v. 10 km × 0,30 € × 20 Arbeitstage = 60 €. Weil die tatsächlichen Aufwendungen für die benutzte U-Bahn höher sind, kann der Arbeitgeber auch für den die Pauschale übersteigenden Betrag die pauschale Lohnsteuer erheben; pauschalierungsfähiger Höchstbetrag: 83 €.

Als Zahlbetrag ergeben sich:
Pauschale Lohnsteuer: 15 % von 83 € = 12,45 €
Solidaritätszuschlag: 5,5 % von 12,45 € = 0,68 €
 13,13 €
zzgl. Kirchensteuer nach Landesrecht

2.2 Zuschuss übersteigt Fahrkartenpreis

Ein Arbeitnehmer fährt mit der U-Bahn zur Arbeitsstätte. Die kürzeste Straßenverbindung beträgt 20 km. Die tatsächlichen Aufwendungen für die Bahnfahrten betragen monatlich 83 €. Der Arbeitgeber möchte den höchstmöglichen Fahrtkostenzuschuss zahlen und die darauf entfallende Lohnsteuer pauschalieren.

Für die Ermittlung der Entfernungspauschale ist eine Entfernung von 20 km anzusetzen. Dies ergibt eine monatliche Pauschale i. H. v. 20 km × 0,30 € × 20 Arbeitstage = 120 €. Obwohl die tatsächlichen Aufwendungen für die benutzte U-Bahn unter der anzusetzenden Entfernungspauschale liegen, kann der Arbeitgeber für einen Fahrtkostenzuschuss bis zu 120 € die pauschale Lohnsteuer erheben.

Nutzt der Arbeitnehmer eine **steuerfreie Sammelbeförderung** → Rz. C 161 kann der Arbeitgeber keine pauschal besteuerten Fahrtkostenzuschüsse zahlen. Anders verhält es sich, wenn der Arbeitnehmer für die Sammelbeförderung einen eigenen Beitrag zu leisten hat; dieser ist pauschalierungsfähig. Die vom Arbeitgeber zu tragenden Unfallkosten bzw. die Lohnteile, die er zur Behebung des Unfallschadens verwendet, können nicht der pauschalen Lohnsteuer unterworfen werden.

Bei einer **Auswärtstätigkeit** mit typischerweise ständig wechselnden Tätigkeitsstätten können seit 2008 die Fahrten zwischen Wohnung und regelmäßiger Arbeitsstätte nach den vorstehenden Grundsätzen berücksichtigt werden, wenn der Arbeitnehmer den Betrieb bzw. Firmensitz fortdauernd und immer wieder anfährt, um z. B. von dort weiter zur Einsatzstelle zu fahren oder befördert zu werden.

226

Zu beachten ist, dass **pauschal besteuerte** Fahrtkostenzuschüsse die abziehbaren **Werbungskosten** für die Fahrten zwischen Wohnung und Arbeitsstätte (→ Rz. B 87) **mindern**. Die Möglichkeit der Lohnsteuer-Pauschalierung gilt auch für Aushilfs- und Teilzeitbeschäftigte i. S. d. § 40a EStG (→ Rz. C 164 ff.), wobei die pauschal besteuerten Fahrtkostenzuschüsse in die Prüfung der für die Pauschalierung maßgebenden Arbeitslohngrenzen (Stundenlohn 12 €, Tageslohn 62 €) nicht einzubeziehen sind (→ Rz. C 181). Für geringfügige Beschäftigungen ist die monatliche Arbeitsentgeltgrenze von 400 € nach den sozialversicherungsrechtlichen Vorschriften zu prüfen.

227

gg) Merkmal „Zusätzlich zum ohnehin geschuldeten Arbeitslohn"

Mitunter ist Voraussetzung für die Pauschalierung der Lohnsteuer oder für steuerfreie Lohnzahlungen, dass diese Leistungen (Sachleistungen oder Barzuschüsse) **zusätzlich** zum ohnehin geschuldeten Arbeitslohn gezahlt werden. Das gilt z. B. für

228

- die **Steuerfreiheit**
  - von Arbeitgeberleistungen zur Unterbringung und Betreuung von nicht schulpflichtigen Kindern in Kindergärten und
  - bestimmter Arbeitgeberleistungen zur Verbesserung des allgemeinen Gesundheitszustands und der betrieblichen Gesundheitsförderung;

- die Pauschalierung von Fahrtkostenzuschüssen des Arbeitgebers für Fahrten zwischen Wohnung und regelmäßiger Arbeitsstätte mit 15 %.

Seit 2010 hat die Finanzverwaltung ihre Auffassung geändert. **Zuvor** erforderte die Zusätzlichkeitsvoraussetzung, dass die zweckbestimmte Leistung zu dem Arbeitslohn hinzukommt, den der Arbeitgeber schuldet, wenn die maßgebende Zweckbestimmung nicht getroffen wird. Dies galt selbst dann, wenn die Umwandlung auf Grund einer tarifvertraglichen Öffnungsklausel erfolgte oder wenn sie unter Anrechnung auf eine freiwillige Sonderzahlung (z. B. Weihnachtsgeld oder Gratifikation) erbracht wurde.

229 Durch die neuere Rechtsprechung des BFH (Urteil v. 1.10.2009, BStBl II 2010 S. 487) ist es nunmehr **lediglich erforderlich**, dass die zweckbestimmte Leistung zu dem Arbeitslohn hinzukommt, den der Arbeitgeber arbeitsrechtlich schuldet (Zusätzlichkeitsvoraussetzung). Der ohnehin geschuldete Arbeitslohn ist regelmäßig der arbeitsrechtlich geschuldete; entweder durch Vereinbarung oder etwa durch eine dauernde betriebliche Übung. **Entscheidend** ist deshalb nicht der hypothetische Umstand, ob der Arbeitgeber ansonsten die Leistung erbracht hätte, sondern, ob er sie als „geschuldet" hätte erbringen müssen.

Wird eine zweckbestimmte Leistung jedoch unter **Anrechnung** auf den **vereinbarten** arbeitsrechtlich geschuldeten Arbeitslohn oder durch dessen Umwandlung gewährt, liegt **keine** zusätzliche Leistung vor.

Eine **zusätzliche** Leistung liegt aber – anders als bisher – dann vor, wenn sie unter Anrechnung auf eine andere **freiwillige** Sonderzahlung, z. B. freiwillig geleistetes Weihnachtsgeld, erbracht wird. Unschädlich ist es, wenn der Arbeitgeber verschiedene zweckgebundene Leistungen zur Auswahl anbietet oder die übrigen Arbeitnehmer die freiwillige Sonderzahlung erhalten.

> **Beispiel:**
> Eine Arbeitnehmerin hat einen arbeitsrechtlichen Anspruch auf einen Arbeitslohn von 2 000 € monatlich. Im Juli 2011 vereinbart sie mit ihrem Arbeitgeber, dass ab 1. 8. 2011 der Arbeitslohn um 150 € gemindert wird (1 850 €) und zzgl. ein monatlicher Kindergartenzuschuss i. H. v. 150 € gezahlt wird.
>
> Der ab August 2011 gezahlte Kindergartenzuschuss ist nicht steuerfrei, weil er durch Umwandlung des vom Arbeitgeber arbeitsrechtlich geschuldeten Arbeitslohns vereinbart wurde; er wird folglich nicht zusätzlich zum ohnehin geschuldeten Arbeitslohn gezahlt. Es liegt eine „schädliche" Gehaltsumwandlung vor.

230 Weiterhin ist es unschädlich, wenn der Arbeitgeber verschiedene zweckgebundene Leistungen zur Auswahl anbietet oder ein Teil der Arbeitnehmer keine freiwilligen Sonderzahlungen erhalten (z. B. Zuschüsse zur Betreuung der Kinder im Kindergarten, zur Gesundheitsförderung oder zu den Aufwendungen für die Fahrten zwischen Wohnung und Arbeitsstätte). Kann ein Arbeitnehmer keine dieser zusätzlichen Leistungen mehr in Anspruch nehmen, darf er dafür nicht – zum „gerechten" Ausgleich – einen entsprechend höheren Arbeitslohn bekommen.

> **Beispiel:**
> Der Arbeitgeber zahlt seinen Arbeitnehmern freiwillig eine jährliche Sonderzahlung, die mit einer möglichst geringen Lohnsteuer belastet sein soll. Diese Sonderzahlung kommt zu dem Arbeitslohn hinzu, den der Arbeitgeber arbeitsrechtlich schuldet. Folglich prüft er, ob die Arbeitnehmer steuerfreie Leistungen oder einen pauschalierungsfähigen Fahrtkostenzuschuss erhalten können.
>
> Soweit dies nicht möglich ist, zahlt er den Restbetrag als üblichen Arbeitslohn aus und erhebt die Lohnsteuer nach den individuellen Merkmalen auf der Lohnsteuerkarte 2010/Ersatzbescheinigung des Arbeitnehmers. Arbeitnehmern, die keine begünstigten Lohnteile erhalten können, wird die Sonderzahlung in voller Höhe steuerpflichtig ausgezahlt.
>
> Die neuen **Zusätzlichkeitsvoraussetzungen** sind erfüllt, da die begünstigten Sonderzahlungen zu dem Arbeitslohn hinzukommen, den der Arbeitgeber arbeitsrechtlich schuldet. Unschädlich ist, dass ein Teil der Arbeitnehmer die freiwillige Sonderzahlung in voller Höhe steuerpflichtig erhalten.

hh) Anrechnung von begünstigten Lohnteilen auf die Werbungskosten

231 Soweit die pauschal besteuerten oder steuerfreien Lohnteile (Sachbezüge bzw. Geldleistungen) auf Werbungskosten entfallen, ist der **Werbungskostenabzug** grundsätzlich ausgeschlossen.

232 Eine Ausnahmeregelung sehen die Lohnsteuer-Richtlinien für die pauschal besteuerten **Arbeitgeberzuschüsse** zur privaten **Internetnutzung** des Arbeitnehmers vor. Zu Gunsten des Arbeitnehmers werden die pauschal besteuerten Arbeitgeberzuschüsse zunächst auf den privat veranlassten Teil der Aufwendungen angerechnet, so dass nur der übersteigende Teilbetrag den als Werbungskosten berücksichtigungsfähigen Betrag mindert. Aus Vereinfachungsgründen unterbleibt jedoch stets eine Anrechnung auf die Werbungskosten, falls die monatlichen Arbeitgeberzuschüsse 50 € nicht übersteigen.

c) Besonderer Pauschsteuersatz von 30 %

233 Nutzt der Arbeitnehmer eine vom Arbeitgeber angemietete **VIP-Loge**, z. B. in einer Sportstätte, während einer Veranstaltung aus privaten Gründen unentgeltlich oder verbilligt, rechnet der sich dadurch ergebende geldwerte Vorteil zum Arbeitslohn (→ Rz. C 161 *VIP-Logen*). Der geldwerte Vorteil ist grundsätzlich mit den üblichen Endpreisen am Abgabeort zu bewerten, die Freigrenze für Sachbezüge i. H. v. 44 € im Kalendermonat (→ Rz. C 161 *Sachbezüge, Freigrenze*) ist anwendbar.

Für **VIP-Logen in Sportstätten** hat der Arbeitgeber seit 2007 aus Vereinfachungsgründen die Möglichkeit, einen auf **eigene Arbeitnehmer** entfallenden steuerpflichtigen Vorteil mit dem Pauschsteuersatz i. H. v. 30 % zu versteuern (stets der auf sämtliche Arbeitnehmer entfallende Gesamtbetrag). Bemessungsgrundlage für diesen Pauschsteuersatz ist der sich für die Arbeitnehmer ergebende Anteil am Gesamtbetrag der Aufwendungen für die Bewirtung und Geschenke (BMF-Schreiben v. 22. 8. 2005, BStBl I 2005 S. 845, Tz. 14 und 19).

Danach kann der Arbeitgeber den **betrieblich** veranlassten Gesamtbetrag der Aufwendungen für die VIP-Loge (Werbeleistungen, Bewirtung, Eintrittskarten usw.) pauschal aufteilen in 40 % für Werbung, 30 % für die **Bewirtung** und 30 % für **Geschenke**, wobei die Geschenkaufwendungen ohne Nachweis je zur Hälfte den Geschäftsfreunden und den eigenen Arbeitnehmern zugerechnet werden können. An Stelle dieser 50 : 50-Aufteilung der Geschenkaufwendungen kann der Arbeitgeber eine andere Zuordnung nachweisen.

Sind im Gesamtbetrag der Aufwendungen nur die Leistungen **Werbung** und **Eintrittskarten** enthalten, und liegt für die Bewirtung eine Einzelabrechnung vor, z. B. bei Vertrag mit externem Caterer, ist die Vereinfachungsregelung im Hinblick auf die Pauschalaufteilung 40 : 30 : 30 nicht anwendbar. In diesem Fall ist für den Werbeanteil und den Ticketanteil ein anderer angemessener Aufteilungsmaßstab (sachgerechte Schätzung) zu finden; der Bewirtungsanteil steht fest. Eine Pauschalbesteuerung mit 30 % für den auf die eigenen Arbeitnehmer entfallenden geldwerten Vorteil durch den Arbeitgeber ist möglich.

Überlässt der Arbeitgeber sog. **Business-Seats**, bei denen im Gesamtbetrag der Aufwendungen nur die Leistungen Eintrittskarten und Rahmenprogramm (steuerliche Zuwendung) und Bewirtung enthalten sind, ist der in Rechnung gestellte **Gesamtbetrag** sachgerecht aufzuteilen; ggf. pauschale Aufteilung entsprechend der vorgenannten Grundsätze mit 50 % für Geschenke und 50 % für Bewirtung. Gleiches gilt, wenn im Gesamtbetrag auch Werbeleistungen enthalten sind (Anteil für Werbung 40 %). Findet eine **andere Veranstaltung**, z. B. kultureller Art, Operngala, in einer Sportstätte statt, können die vorstehenden Regelungen angewendet werden (Pauschsteuersatz 30 %); ebenso bei Veranstaltungen **außerhalb von Sportstätten**; zu Einzelheiten vgl. BMF-Schreiben v. 22. 8. 2005, BStBl I 2005 S. 845, sowie v. 11. 7. 2006, BStBl I 2006 S. 447.

Unter Aufwendungen für VIP-Logen in Sportstätten versteht die Finanzverwaltung **Aufwendungen** eines **Arbeitgebers** (Steuerpflichtigen) anlässlich sportlicher Veranstaltungen, für die er vom Empfänger der „gesponserten" Veranstaltung bestimmte Gegenleistungen mit Werbecharakter erhält. Neben den üblichen Werbeleistungen (z. B. Werbung über Lautsprecheransagen, auf Videowänden, in Vereinsmagazinen) werden dem sponsernden Unternehmer auch Eintrittskarten für VIP-Logen überlassen, die nicht nur zum Besuch der Veranstaltung berechtigen, sondern auch die Möglichkeit der Bewirtung des Arbeitgebers und Dritter (z. B. Geschäftsfreunde, Arbeitnehmer) beinhalten. Regelmäßig werden diese Maßnahmen in einem Gesamtpaket vereinbart, wofür dem Sponsor (Arbeitgeber) ein Gesamtbetrag in Rechnung gestellt wird.

Weil die Höhe des Pauschsteuersatzes von 30 % typisierend berücksichtigt, dass der Arbeitgeber diese Zuwendungen an einen Teil seiner Arbeitnehmer im ganz überwiegend betrieblichen Interesse erbringt und die Vorteile folglich nicht als Arbeitslohn anzusetzen sind, ist insoweit eine weitere Aufteilung der anzusetzenden Beträge für die Bewirtung und Geschenke nicht zulässig. Wegen weiterer Einzelheiten vgl. BMF-Schreiben v. 22. 8. 2005, BStBl I 2005 S. 845 sowie BMF-Schreiben v. 29. 4. 2008, BStBl I 2008 S. 566.

233.1 Der Arbeitgeber ist gegenüber dem Fiskus Schuldner der pauschalen Lohnsteuer (→ Rz. C 190). Dies gilt unabhängig von evtl. privatrechtlichen Vereinbarungen zwischen Arbeitgeber und Arbeitnehmer, wonach der Arbeitnehmer im Innenverhältnis die pauschale Lohnsteuer zu übernehmen hat.

d) Pauschalierung der Lohnsteuer für Sachzuwendungen

234 Seit 2007 können Arbeitgeber bzw. Unternehmen die geldwerten Vorteile für die aus betrieblicher Veranlassung gegebenen **Sachzuwendungen** (einschl. Leistungen) an Kunden, Geschäftsfreunde und deren Familienangehörige und Arbeitnehmer sowie an die selbst beschäftigten Arbeitnehmer pauschal mit 30 % besteuern (Pauschalierung der Einkommensteuer bei Sachzuwendungen, § 37b EStG). Die Zuwendungsempfänger können auch Unternehmen sein, einschl. Organmitglieder.

Diese Pauschalierung ist nur einheitlich möglich für alle innerhalb eines Wirtschaftsjahres gewährten betrieblich veranlassten Sachzuwendungen, die zusätzlich zur ohnehin vereinbarten Leistung oder Gegenleistung erbracht werden, und für steuerliche Geschenke (§ 4 Abs. 5 Satz 1 Nr. 1 EStG). Demnach müssen die Sachzuwendungen an die selbst beschäftigten **Arbeitnehmer zusätzlich** zum ohnehin geschuldeten Arbeitslohn erbracht werden (keine Lohnumwandlung).

Als Sachzuwendungen kommen in Betracht z. B. Incentive-Reisen, steuerpflichtige Arbeitsessen, Zinsvorteile bei einem Arbeitgeberdarlehen mit ermäßigtem Steuersatz, steuerpflichtige Sachzuwendungen aus Anlass eines Geburtstages, Eintrittskarten für Opern- und Fußballspiele.

Voraussetzung für diese Pauschalierung ist, dass die Bewertung der Sachbezüge nach dem üblichen Wert erfolgt und nicht nach besonderen Bewertungsvorschriften erfolgt. Demnach sind **ausgeschlossen**: die Firmenwagenbesteuerung, amtliche Sachbezugswerte, Arbeitslohnteile mit Rabattfreibetrag sowie Pauschalierungsfälle mit gesetzlichem Pauschsteuersatz nach § 40 Abs. 2 EStG (→ Rz. C 210 bis 227). Eine Einbeziehung der Sachbezüge, die mit dem durchschnittlichen Pauschsteuersatz (nach § 40 Abs. 1 Satz 1 EStG, → Rz. C 201 ff.) besteuert werden können, ist zulässig, jedoch nicht erforderlich.

Der **Pauschsteuersatz** beträgt **30 %** zzgl. Solidaritätszuschlag und Kirchensteuer. **Bemessungsgrundlage** sind die Aufwendungen des Arbeitgebers/Unternehmens einschl. der Umsatzsteuer. Bei Zuwendungen an Arbeitnehmer in verbundenen Unternehmen ist als Bemessungsgrundlage zumindest der übliche Angebots-/Endpreis am Abgabeort (nach § 8 Abs. 3 Satz 1 EStG) anzusetzen.

Die Pauschalierung ist ausgeschlossen, soweit die Aufwendungen je Empfänger und Wirtschaftsjahr den Betrag von 10 000 € übersteigen oder wenn die Aufwendungen für die einzelne Zuwendung diesen Betrag übersteigen.

Das **Wahlrecht** zur Pauschalierung kann für alle Zuwendungen (auch an eigene Arbeitnehmer) im Wirtschaftsjahr nur einheitlich ausgeübt werden. Es wird durch die Anmeldung der Pauschalsteuer ausgeübt und kann nicht widerrufen werden.

Die pauschal besteuerten Sachzuwendungen bleiben bei der Einkünfteermittlung des Empfängers außer Ansatz; ebenso die pauschale Einkommensteuer, die der Arbeitgeber/das Unternehmen zu übernehmen hat. Sie gilt als Lohnsteuer und ist in der Lohnsteuer-Anmeldung nach den allgemeinen Regelungen zu erklären und abzuführen (→ Rz. C 77 ff.). Die Arbeitnehmer/Empfänger sind über die Pauschalierung zu unterrichten, z. B. Aushang am „Schwarzen Brett" oder Hinweis in der Lohnabrechnung. Nähere Erläuterung enthält das BMF-Schreiben v. 29. 4. 2008, BStBl I 2008 S. 566.

V. Lohnsteuer-Jahresausgleich durch den Arbeitgeber, Einkommensteuerveranlagung

235 Während des Kalenderjahres ist die Lohnsteuer von dem im Lohnzahlungszeitraum (→ Rz. C 108 ff.) gezahlten Arbeitslohn einzubehalten. Mit Ablauf des Kalenderjahres wird die Lohnsteuer jedoch zu einer Jahressteuer. Deshalb ist der Arbeitgeber gesetzlich verpflichtet, das Lohnsteuerabzugs-Verfahren nach Ablauf des Kalenderjahres mit dem betrieblichen **Lohnsteuer-Jahresausgleich** abzuschließen.

Für den Jahresausgleich ist die im Kalenderjahr einbehaltene Lohnsteuer mit der auf den Jahresarbeitslohn entfallenden Jahreslohnsteuer zu vergleichen. Ergibt sich eine Differenz, hat der Arbeitgeber den Steuerbetrag grundsätzlich zu korrigieren (→ Rz. C 245). Gleiches gilt für den Solidaritätszuschlag (→ Rz. D 1 ff.) und die Kirchensteuer (→ Rz. E 1 ff.). Abweichende Steuerbeträge können sich z. B. auf Grund schwankender monatlicher Arbeitslöhne ergeben, weil zur Lohnsteuerermittlung der jeweilige Monatslohn zunächst auf einen Jahresarbeitslohn hochgerechnet wird (Multiplikation mit 12). Von diesem fiktiven Jahresarbeitslohn wird die Jahreslohnsteuer ermittelt, die auf eine Monatslohnsteuer umgerechnet wird (Division durch 12).

C. Lohnsteuer

1. Lohnsteuer-Jahresausgleich

236 Der Arbeitgeber ist gesetzlich **verpflichtet,** den betrieblichen Lohnsteuer-Jahresausgleich durchzuführen, wenn er am 31. 12. des Kalenderjahres mindestens zehn Arbeitnehmer beschäftigt. Für diese Grenze sind auch solche Arbeitnehmer zu berücksichtigen, von deren Arbeitslohn keine Lohnsteuer einzubehalten war oder für die kein Lohnsteuer-Jahresausgleich in Betracht kommt.

Sind am Jahresende weniger als zehn Arbeitnehmer beschäftigt, kann der Arbeitgeber (freiwillig) dennoch für die Arbeitnehmer einen Lohnsteuer-Jahresausgleich durchführen. Dies ist die alleinige Entscheidung des Arbeitgebers.

237 Der Jahresausgleich ist für die **unbeschränkt** einkommensteuerpflichtigen Arbeitnehmer durchzuführen, die während des Ausgleichsjahres ständig in einem Dienstverhältnis gestanden haben und am 31. Dezember beim Arbeitgeber beschäftigt sind oder zu diesem Zeitpunkt von ihm Arbeitslohn für ein früheres Dienstverhältnis beziehen, falls deren Lohnsteuerkarte (für 2011: Lohnsteuerkarte 2010 oder Ersatzbescheinigung des Finanzamts) (noch) vorliegt. Für die Frage, ob das Dienstverhältnis das gesamte Kalenderjahr bestanden hat, sind auch Zeiträume einzubeziehen, für die der Arbeitnehmer Arbeitslohn in einem früheren Dienstverhältnis erhalten hat. In diesen Fällen müssen sämtliche Lohnsteuerbescheinigungen für die vorangegangenen Dienstverhältnisse vorliegen (einschließlich der Papierausdrucke für die elektronisch übermittelten Lohnsteuerbescheinigungen).

Ruht das Arbeitsverhältnis wegen der Einberufung zum **Grundwehr-** oder **Zivildienst,** kann ein Jahresausgleich durchgeführt werden, wenn die weiteren Voraussetzungen vorliegen.

238 **Kein Lohnsteuer-Jahresausgleich** ist durchzuführen:

- für Arbeitnehmer, die beantragt haben, den Jahresausgleich nicht vorzunehmen;
- für Arbeitnehmer, die im Ausgleichsjahr oder für einen Teil dieses Jahres nach der Steuerklasse V oder VI, oder nur für einen Teil des Ausgleichsjahres nach der Steuerklasse II, III oder IV zu besteuern waren;
- für Arbeitnehmer, die im Ausgleichsjahr Kurzarbeitergeld, steuerfreie Aufstockungsbeträge oder Zuschläge für Altersteilzeitarbeit nach dem Altersteilzeitgesetz oder dem Bundesbesoldungsgesetz, Zuschüsse zum Mutterschaftsgeld nach dem Mutterschutzgesetz oder Zuschüsse bei Beschäftigungsverboten für die Zeit vor oder nach einer Entbindung während der Elternzeit nach beamtenrechtlichen Vorschriften oder Entschädigungen für Verdienstausfall nach dem Infektionsschutzgesetz bezogen haben;
- für Arbeitnehmer, die Arbeitslohn bezogen haben, der im Ausgleichsjahr nach der Allgemeinen Lohnsteuer-Tabelle und nach der Besonderen Lohnsteuer-Tabelle zu besteuern war;
- für Arbeitnehmer, die im Ausgleichsjahr ausländische Einkünfte aus nichtselbständiger Arbeit bezogen haben, die nach einem Abkommen zur Vermeidung der Doppelbesteuerung oder unter Progressionsvorbehalt nach § 34c Abs. 5 EStG von der Lohnsteuer freigestellt waren;
- für Arbeitnehmer, deren Lohnsteuerkarte/Ersatzbescheinigung nicht vorliegt (z. B. wegen vorzeitiger Rückgabe);
- für Arbeitnehmer, bei deren Lohnsteuerberechnung ein Freibetrag oder ein Hinzurechnungsbetrag berücksichtigt worden ist oder ein auf der Lohnsteuerkarte eingetragener Faktor (→ Rz. 27.1) angewandt wurde;
- für Arbeitnehmer, in deren Lohnkonto oder Lohnsteuerbescheinigung mindestens ein Großbuchstabe U eingetragen ist.

239 Der Arbeitgeber nimmt den Jahresausgleich am besten im Zusammenhang mit einer Lohnabrechnung vor. Frühestens ist dies die Abrechnung für den letzten im Ausgleichsjahr endenden Lohnzahlungszeitraum (Dezember). Die späteste Möglichkeit für die Durchführung des Jahresausgleichs ist die Lohnabrechnung für den Lohnzahlungszeitraum, der im Monat März des folgenden Jahres endet. Der Arbeitgeber darf vor Durchführung des Jahresausgleichs die **Lohnsteuerkarte** (für 2011: Lohnsteuerkarte 2010 oder Ersatzbescheinigung des Finanzamts) nicht endgültig zurückgeben, vernichten oder die Lohnsteuerbescheinigung erstellen (→ Rz. C 88 ff.). Eine Vernichtung der Lohnsteuerkarte 2010 vor Beginn des ELStAM-Verfahrens ist nicht zulässig.

240 Sind im Ausgleichsjahr die steuerlichen Vorschriften (z. B. das Einkommensteuergesetz) mit Rückwirkung geändert worden, so ist der Arbeitgeber ab 2009 gesetzlich verpflichtet, die neuen bzw. geänderten Regelungen auch für zurückliegende Lohnzahlungen, also für den gesamten Ausgleichszeitraum anwenden.

Folgende Schritte sind für den Jahresausgleich vorzunehmen: Ermittlung des Jahresarbeitslohns sowie der Jahreslohnsteuer; Korrektur der Lohnsteuerabzüge und Abschlussbuchungen im Lohnkonto.

241 Zunächst ist der **Jahresarbeitslohn** des Arbeitnehmers festzustellen. War der Arbeitnehmer während des Ausgleichsjahres noch bei anderen Arbeitgebern tätig, ist der dort erhaltene Arbeitslohn einzubeziehen. Dazu ist das Lohnkonto anhand der vorgelegten Lohnsteuerbescheinigungen entsprechend zu ergänzen. Kopien dieser Lohnsteuerbescheinigungen sollten in den Lohnunterlagen aufbewahrt werden.

242 Als Jahresarbeitslohn sind grundsätzlich sämtliche Einnahmen zu berücksichtigen, die der Arbeitnehmer im Ausgleichsjahr erhalten hat.

243 Nicht hinzuzurechnen sind **steuerfreie** Einnahmen, Bezüge für mehrjährige Tätigkeit und ermäßigt besteuerte Entschädigungen für entgangenen oder entgehenden Arbeitslohn (die außerordentlichen Einkünfte), es sei denn, der Arbeitnehmer beantragt die Einbeziehung dieser Arbeitslohnteile in den Jahresausgleich, sowie pauschal besteuerte Lohnteile (Bezüge).

Von dem so ermittelten Jahresarbeitslohn sind der in Betracht kommende Versorgungsfreibetrag, der Zuschlag zum Versorgungsfreibetrag und der Altersentlastungsbetrag abzuziehen.

244 Hat der Arbeitgeber nach den zuvor beschriebenen Schritten den Jahresarbeitslohn des Arbeitnehmers für das Ausgleichsjahr berechnet, ist dafür die Jahreslohnsteuer aus der vom Verlag herausgegebenen Tabelle „Lohnsteuer-Jahresausgleich" abzulesen. Sollten auf der Lohnsteuerkarte verschiedene Steuerklassen eingetragen sein, ist die zuletzt eingetragene Steuerklasse maßgebend.

245 Daran anschließend folgt der **Vergleich** mit der (auch von Vorarbeitgebern) einbehaltenen Lohnsteuer. Zu vergleichen sind die im Kalenderjahr insgesamt einbehaltenen (Lohnsteuer-)Beträge und die zum Jahresarbeitslohn ausgewiesenen Beträge. Wurden zu viel Steuern einbehalten, ist dem Arbeitnehmer der entsprechende Betrag zu erstatten.

Für die Erstattung kann der Arbeitgeber die im Lohnzahlungszeitraum vom Arbeitslohn einbehaltenen Lohnsteuerbeträge verwenden. In diesen Fällen ist in der Lohnsteuer-Anmeldung nur der Differenzbetrag als abzuführende Lohnsteuer zu erklären. Sollte die zu erstattende Lohnsteuer größer sein als die einbehaltene Lohnsteuer und die an das Finanzamt abzuführende pauschale Lohnsteuer, ist der Erstattungsbetrag in der (elektronischen) Lohnsteuer-Anmeldung als Minus-Betrag zu kennzeichnen. In diesen Fällen ist die Lohnsteuer-Anmeldung ein Erstattungsantrag.

2. Abschlussbuchungen

Im Lohnkonto ist die im Lohnsteuer-Jahresausgleich erstattete Lohnsteuer gesondert einzutragen. Zudem sind die Berechnungsschritte bzw. die Berechnung des Jahresarbeitslohns darzustellen.

Auf der **Lohnsteuerkarte** bzw. in der Lohnsteuerbescheinigung (für 2011: ggf. auf der Lohnsteuerkarte 2010) ist der sich nach Verrechnung der einbehaltenen mit der erstatteten Lohnsteuer ergebende Betrag als erhobene Lohnsteuer anzugeben.

3. Permanenter Lohnsteuer-Jahresausgleich

Unter den Voraussetzungen für die Durchführung des betrieblichen Lohnsteuer-Jahresausgleichs kann der Arbeitgeber bereits die Lohnsteuer für die einzelnen Lohnzahlungszeiträume nach dem voraussichtlichen Jahresarbeitslohn ermitteln. Durch diese Berechnungsart wird zu viel oder zu wenig gezahlte Lohnsteuer schon im jeweiligen Lohnzahlungszeitraum ausgeglichen, also nicht wie beim betrieblichen Lohnsteuer-Jahresausgleich erst zum Jahresende.

Der permanente Lohnsteuer-Jahresausgleich umfasst nur die **laufenden** und nicht die sonstigen Bezüge. Aus dem bisher bezogenen Arbeitslohn und dem noch erwarteten Arbeitslohn ist der Jahresarbeitslohn zu ermitteln; davon die Jahreslohnsteuer. Von diesem Betrag ist der Teilbetrag zu berechnen, der auf die abgelaufenen Lohnzahlungs-/-abrechnungszeiträume (→ Rz. C 108 ff.; also **auch** den abzurechnenden Zeitraum) entfällt. Der so ermittelte Teilbetrag ist um die bisher vom laufenden Arbeitslohn erhobene Lohnsteuer zu kürzen; der Unterschiedsbetrag ist die einzubehaltende Lohnsteuer.

Anders als der betriebliche kann der permanente Lohnsteuer-Jahresausgleich unabhängig von der Steuerklasse des Arbeitnehmers durchgeführt werden; ebenso bei Steuerklassenwechsel. Voraussetzung für diese Lohnsteuerermittlungsmethode ist ein formloser Antrag des Arbeitgebers bei dem zuständigen Betriebsstättenfinanzamt, dem regelmäßig zugestimmt wird. Beachtet der Arbeitgeber jedoch die vorgenannten Voraussetzungen, so gilt die Genehmigung des Betriebsstättenfinanzamts grundsätzlich als erteilt, falls sie nicht im Einzelfall widerrufen wird (z. B. nach einer Lohnsteuer-Außenprüfung).

Ausführliche Erläuterungen zur Durchführung des jährlichen Lohnsteuer-Jahresausgleichs enthält die vom Verlag jeweils im September des jeweiligen Jahres herausgegebene Tabelle „Lohnsteuer-Jahresausgleich 201x", Art.Nr: 33 73.

4. Einkommensteuerveranlagung durch das Finanzamt

Unabhängig davon, ob der Arbeitgeber einen betrieblichen Lohnsteuer-Jahresausgleich durchgeführt hat, kann der Arbeitnehmer zur Erstattung zu viel gezahlter Lohnsteuer stets eine Veranlagung zur Einkommensteuer beantragen (→ Rz. B 24 ff.). In vielen Fällen wird jedoch bereits eine gesetzliche Verpflichtung zur Abgabe einer Einkommensteuererklärung bestehen.

Im Rahmen dieser Einkommensteuerveranlagung können die Arbeitnehmer ebenso wie die anderen Steuerpflichtigen einkommensmindernde Aufwendungen wie Werbungskosten, Sonderausgaben und außergewöhnliche Belastungen geltend machen. Weil solche Aufwendungen die Bemessungsgrundlage für die festzusetzende Einkommensteuer mindern, können sie zu einer Einkommensteuerrückzahlung führen. In diesem Fall erstattet das Finanzamt die – gemessen am zu versteuernden Einkommen und der danach festgesetzten Einkommensteuer – zu viel einbehaltenen Lohnsteuerbeträge (einschließlich Solidaritätszuschlag und Kirchensteuer).

D. Solidaritätszuschlag

I. Rechtsgrundlagen

1 Die Erhebung des Solidaritätszuschlags ist im Solidaritätszuschlaggesetz 1995 v. 23.6.1993 (BGBl. I 1993 S. 944, 975; BStBl I 1993 S. 510, 523) geregelt. Für den Veranlagungszeitraum (2011 ist das Solidaritätszuschlaggesetz 1995 i.d.F. der Bekanntmachung v. 15.10.2002 (BGBl. I 2002 S. 4130, BStBl I 2002 S. 1154) und mit den Änderungen maßgebend, die es zuletzt durch (das Wachstumsbeschleunigungsgesetz vom 22.12.2009 (BGBl. I 2009 S. 3950, BStBl I 2010 S. 2) erfahren hat.[1]

2 Der Solidaritätszuschlag wird als Zuschlag zur Einkommensteuer (und Körperschaftsteuer) erhoben; er ist eine Ergänzungsabgabe i. S. d. Art. 106 Abs. 1 Nr. 6 GG, deren Aufkommen in vollem Umfang dem Bund zufließen. Der Solidaritätszuschlag ist eine selbständige Steuer, die aus technischen Gründen an die Einkommensteuer (und Körperschaftsteuer) anknüpft. Dementsprechend werden dem Solidaritätszuschlag alle Einkommensteuerpflichtigen nach Maßgabe ihrer einkommensteuerlichen Leistungsfähigkeit unterworfen. (Das Niedersächsische FG hatte dem BVerfG kürzlich in einem Normenkontrollverfahren die Frage vorgelegt, ob das Solidaritätszuschlaggesetz 1995 verfassungswidrig ist; das BVerfG hat den Normenkontrollantrag mit Beschluss vom 8.9.2010 – 2 BvL 3/10 – für unzulässig erklärt).

II. Höhe des Solidaritätszuschlags

3 Der Solidaritätszuschlag beträgt grundsätzlich **5,5 %** der im Veranlagungsverfahren festgesetzten Einkommensteuer. Für Stpfl. mit Kindern ist jedoch die Einkommensteuer maßgebend, die unter Berücksichtigung der **Kinderfreibeträge** und der **Freibeträge für den Kinderbetreuungs- und Erziehungs- oder Ausbildungsbedarf** festzusetzen wäre. Danach sind diese Freibeträge auch in den Fällen zu berücksichtigen, in denen sie bei der Festsetzung der Einkommensteuer nur deshalb nicht angesetzt werden, weil das Kindergeld für den Stpfl. günstiger ist.

4 Aus sozialen Gründen wird der Solidaritätszuschlag bis zu rund 50 € oder im Splitting-Verfahren bis zu rund 100 € nicht erhoben (sog. **Nullzone**). Deshalb ist der Solidaritätszuschlag von einkommensteuerpflichtigen Personen nur zu erheben, wenn die maßgebende Einkommensteuer **972 €** oder bei Anwendung des Splitting-Verfahrens **1 944 €** übersteigt. Zur Vermeidung eines Fallbeileffekts wird bei höheren Einkommensteuerbeträgen der Solidaritätszuschlag nur insoweit erhoben, als er 20 % des Unterschiedsbetrags zwischen der Bemessungsgrundlage und den maßgebenden Freigrenzen nicht übersteigt.

4.1 Der Solidaritätszuschlag auf die **Abgeltungsteuer** (→ Rz. B 57) beträgt **stets 5,5 %**. Freibeträge für Kinder werden nicht berücksichtigt (→ Rz. D 3); die Nullzone und die Milderungsregelung (→ Rz. D 4) sind unbeachtlich.[2]

III. Solidaritätszuschlag und Lohnsteuer

1. Allgemeines

5 Beim Lohnsteuerabzug **bemisst sich** der Solidaritätszuschlag **nach der Lohnsteuer**. Er ist von der Lohnsteuer für den laufenden Arbeitslohn und für sonstige Bezüge sowie von der pauschalen Lohnsteuer jeweils gesondert zu berechnen. Der einbehaltene und der ggf. vom Arbeitgeber übernommene Solidaritätszuschlag ist beim Betriebsstättenfinanzamt **anzumelden** und an dieses **abzuführen** (zur Besonderheit bei einer geringfügigen Beschäftigung → Rz. D 10).

2. Berücksichtigung von Kindern

6 Sind auf der Lohnsteuerkarte /der Ersatzbescheinigung Kinderfreibeträge bescheinigt, berechnet sich der Solidaritätszuschlag nicht nach der tatsächlichen Lohnsteuer. **Bemessungsgrundlage** ist vielmehr eine **fiktive Lohnsteuer**, die sich ergibt, wenn die entsprechenden Freibeträge für Kinder abgezogen werden. Für die Ermittlung der Bemessungsgrundlage für den Solidaritätszuschlag werden dabei aus Vereinfachungsgründen sowohl beim Lohnsteuer-Jahresausgleich des Arbeitgebers als auch im Veranlagungsverfahren immer die ungekürzten Freibeträge für Kinder angesetzt, selbst wenn das Kind nur für einen kürzeren Zeitraum des Jahres berücksichtigt werden kann (z. B. bei Beendigung der Berufsausbildung im Laufe des Jahres oder Geburt eines Kindes im Dezember des Jahres).

3. Milderung des Solidaritätszuschlags

7 Zur Lohnsteuer des laufenden Arbeitslohns wird ein Solidaritätszuschlag nur erhoben, wenn die Bemessungsgrundlage in Steuerklasse III monatlich **162 €**, wöchentlich **37,80 €** oder täglich **5,40 €** und in den anderen Steuerklassen monatlich **81 €**, wöchentlich **18,90 €** oder täglich **2,70 €** überschreitet. Im Anschluss an diese Nullzone wird in einem Übergangsbereich auf die Erhebung des vollen Satzes von 5,5 % stufenweise übergeleitet (→ Rz. D 4).

4. Faktorverfahren bei Ehegatten

8 Bei Anwendung des erstmals ab 2010 zulässigen **Faktorverfahrens bei Ehegatten** (→ Rz. A 13.2 und C 53.1 ff.) ist für die Berechnung des Solidaritätszuschlags beim Steuerabzug die Lohnsteuer zu Grunde zu legen, die sich bei **Anwendung des entsprechenden Faktors** ergibt. Dies gilt für laufenden Arbeitslohn und sonstige Bezüge. Beim laufenden Arbeitslohn ist die Besonderheit in den Fällen der Bescheinigung von Freibeträgen für Kinder auf der Lohnsteuerkarte /der Ersatzbescheinigung zu beachten (→ Rz. D 6).

Bei **maschineller** Berechnung der Lohnsteuer werden die Besonderheiten durch das Lohnsteuerberechnungsprogramm berücksichtigt.

Bei der **manuellen** Berechnung der Lohnsteuer mittels Lohnsteuertabellen ist die Ermittlung des Solidaritätszuschlags mit weiteren Besonderheiten – auch wegen der sog. Nullzone (→ Rz. D 4) und der Milderungsregelung (→ Rz. D 7) – verbunden. Hier gibt es grds. zwei Möglichkeiten:

---

[1] Das Solidaritätszuschlaggesetz 1995 soll sich durch das Jahressteuergesetz 2010 ändern. Der Bundesrat hat dem Gesetz am 26. 11. 2010 zugestimmt.

[2] Mit dem Jahressteuergesetz 2010 soll zudem geregelt werden, dass auch bei einer Besteuerung mit 25 % im Veranlagungsverfahren (§ 32d Abs. 3 und 4 EStG) die Nullzone und die Milderungsregelung nicht zu beachten sind. Damit sollen in Einzelfällen Schlechterstellungen vermieden werden. Der Bundesrat hat dem Gesetz am 26. 11. 2010 zugestimmt.

Möglichkeit 1

Der Arbeitgeber berechnet den Solidaritätszuschlag mit 5,5 % der um den Faktor geminderten Lohnsteuer. Im Bereich der sog. Nullzone wird bei dieser Methode ein Solidaritätszuschlag erhoben, obwohl eigentlich kein Solidaritätszuschlag zu erheben wäre. In dem Bereich, in dem die Milderungsregelung greift, ist der Solidaritätszuschlag zu hoch, denn diese Methode berücksichtigt die Milderungsregelung nicht.

> **Beispiel:**
> Auf der Lohnsteuerkarte/der Ersatzbescheinigung des sozialversicherungspflichtigen Arbeitnehmers ist der Faktor 0,875 eingetragen. Der monatliche Arbeitslohn beträgt 1 500 €.
>
> | | |
> |---|---:|
> | Lohnsteuer nach Steuerklasse IV = | 105,00 € |
> | × 0,875 (Faktor) = | 91,88 € |
> | × 5,5 % (Solidaritätszuschlag) = | 5,05 € |

Möglichkeit 2

Der Arbeitgeber berechnet den Solidaritätszuschlag, indem er die Lohnsteuer aus der Lohnsteuertabelle heraussucht, die der mittels des Faktors ermittelten Lohnsteuer entspricht oder unmittelbar darüber liegt. Für diese Lohnsteuer liest er sodann den entsprechenden Solidaritätszuschlag ab.

> **Beispiel:**
> Auf der Lohnsteuerkarte/der Ersatzbeschinigung des sozialversicherungspflichtigen Arbeitnehmers ist der Faktor 0,875 eingetragen. Der monatliche Arbeitslohn beträgt 1 500 €.
>
> | | |
> |---|---:|
> | Lohnsteuer nach Steuerklasse IV = | 105,00 € |
> | × 0,875 (Faktor) = | 91,88 € |
> | Solidaritätszuschlag bei einer Lohnsteuer von 92,50 € = | 2,30 € |
>
> Man erkennt, dass man sich im Bereich der Milderungsregelung befindet, denn bei einer Lohnsteuer von 91,88 € würde der Solidaritätszuschlag ohne Milderungsregelung 5,05 € betragen (91,88 € × 5,5 %).

Sind bei der Berechnung des Solidaritätszuschlags **Freibeträge für Kinder** zu berücksichtigen (→ Rz. D 6), ist die Sache komplizierter. Hier ist in einem ersten Schritt die Bemessungsgrundlage für den Solidaritätszuschlag zu ermitteln. Dies geschieht am besten mittels der abgedruckten Kirchensteuer, weil hier die sog. Nullzone und die Milderungsregelung keine Rolle spielen. In einem zweiten Schritt sucht man die Lohnsteuer aus der Lohnsteuertabelle heraus, die der mittels des Faktors ermittelten Lohnsteuer entspricht oder unmittelbar darüber liegt. Für diese Lohnsteuer liest man sodann den entsprechenden Solidaritätszuschlag ab (allerdings ohne Berücksichtigung der Freibeträge für Kinder).

> **Beispiel:**
> Auf der Lohnsteuerkarte/der Ersatzbescheinigung des sozialversicherungspflichtigen Arbeitnehmers mit 3 Kindern ist der Faktor 0,875 eingetragen. Der monatliche Arbeitslohn beträgt 4 000 €.
>
> | | |
> |---|---:|
> | Lohnsteuer nach Steuerklasse IV = | 781,16 € |
> | × 0,875 (Faktor) = | 683,52 € |
> | Kirchensteuer bei einem Arbeitslohn von 4.000 € unter Berücksichtigung von drei Freibeträgen für Kinder bei 9 % = | 43,37 € |
> | Bemessungsgrundlage für die Zuschlagsteuern (43,73 €/9 × 100) = | 481,89 € |
> | × 0,875 (Faktor) = | 421,65 € |
> | Solidaritätszuschlag ohne Berücksichtigung von Freibeträgen für Kinder bei einer Lohnsteuer von 421,65 € = | 23,22 € |

Es ist davon auszugehen, dass die Finanzverwaltung keine der beiden Methoden beanstandet, weil in keinem Fall ein zu niedriger Solidaritätszuschlag erhoben wird.

5. Lohnsteuer-Pauschalierung/Sonstige Bezüge

Von der Lohnsteuer, die pauschal erhoben wird (→ Rz. C 162 ff.), ist der Solidaritätszuschlag **gesondert zu berechnen**. Er beträgt in diesen Fällen **stets 5,5 %**, auch wenn der Arbeitslohn im Bereich der Nullzone oder des Übergangsbereichs (→ Rz. D 4) liegt. Freibeträge für Kinder dürfen nicht berücksichtigt werden. Auch von der Lohnsteuer für sonstige Bezüge, die unter Berücksichtigung der entsprechenden Jahreslohnsteuer (bei manueller Ermittlung der Lohnsteuer mit Hilfe der Lohnsteuer-Tabelle „Sonstige Bezüge") ermittelt wird, ist der Solidaritätszuschlag stets mit 5,5 % zu erheben.

Wenn der Arbeitgeber unter Verzicht auf die Vorlage einer Lohnsteuerkarte/der Ersatzbescheinigung die Lohnsteuer bei pauschal besteuertem Arbeitsentgelt aus einer **geringfügigen Beschäftigung** mit dem **einheitlichen Pauschalsteuersatz** i. H. v. 2 % erhebt (→ Rz. C 169 ff.), ist kein zusätzlicher Solidaritätszuschlag zu erheben, weil in dem einheitlichen Pauschsteuersatz der Solidaritätszuschlag bereits mit einem Anteil von 5 % enthalten ist. Die einheitliche Pauschsteuer (inkl. Solidaritätszuschlag) wird beim Arbeitgeber zusammen mit den Sozialversicherungsbeiträgen von der Deutschen Rentenversicherung Knappschaft-Bahn-See eingezogen.

6. Abweichende Lohnzahlungszeiträume

Für andere als monatliche oder tägliche Lohnzahlungszeiträume ist die Lohnsteuer bei manueller Berechnung unter Anwendung der Lohnsteuer-Tabelle „Tag" zu berechnen. Für den Tageslohnsteuerbetrag ist der Solidaritätszuschlag abzulesen und sodann mit der Zahl der in den abweichenden Lohnzahlungszeitraum fallenden Kalendertage zu vervielfältigen.

7. Nettolohnvereinbarung

Übernimmt der Arbeitgeber bei der Nettolohnvereinbarung (→ Rz. C 154 ff.) neben der Lohnsteuer auch den Solidaritätszuschlag, ist die Lohnsteuer **aus dem Bruttoarbeitslohn zu berechnen**, der nach Abzug der Lohnsteuerabzüge einschließlich des Solidaritätszuschlags den ausgezahlten Nettobetrag ergibt. Bezieht sich eine Nettolohnvereinbarung auf die vor dem 1.1.1995 geltenden Lohnabzüge und wird der Solidaritätszuschlag vom Arbeitgeber nicht nachträglich übernommen, so bleibt dieser bei der Berechnung des Bruttoarbeitslohns außer Betracht. Der zur Lohnsteuer zu entrichtende Solidaritätszuschlag muss in diesem Fall den Nettolohn entsprechend mindern.

8. Änderung des Lohnsteuerabzugs

Macht der Arbeitgeber von seiner Berechtigung zur Änderung des Lohnsteuerabzugs **Gebrauch** oder ist er dazu **verpflichtet** (→ Rz. C 82 ff.), ist auch der **Solidaritätszuschlag neu zu ermitteln**. Unterschiedsbeträge zum bisher erhobenen Solidaritätszuschlag sind zu erstatten oder nachzuerheben.

Macht der Arbeitgeber von seiner Berechtigung zur Änderung des Lohnsteuerabzugs **keinen Gebrauch**, ist er verpflichtet, seinem Betriebsstättenfinanzamt eine **Anzeige** zu erstatten. Das Finanzamt **fordert** dann einen zu wenig erhobenen **Solidaritätszuschlag** vom Arbeitnehmer **nach**, wenn der nachzufordernde Betrag 10 € übersteigt.

9. Nachzahlungen und Vorauszahlungen von Arbeitslohn

14 Nachzahlungen oder Vorauszahlungen von Arbeitslohn gehören **zum laufenden Arbeitslohn**, wenn sich der Gesamtbetrag der Nachzahlung oder Vorauszahlung ausschließlich auf Lohnzahlungszeiträume bezieht, die in dem Kalenderjahr der Zahlung enden. In diesen Fällen ist die Nachzahlung oder Vorauszahlung für die Berechnung der Lohnsteuer auf die Lohnzahlungszeiträume zu verteilen, für die sie geleistet werden. Die Lohnsteuer und der Solidaritätszuschlag für diese Lohnzahlungszeiträume sind neu zu berechnen.

Gehören Nachzahlungen oder Vorauszahlungen von Arbeitslohn **zu den sonstigen Bezügen**, weil sie ganz oder teilweise ein anderes Kalenderjahr betreffen, gehört die zu erhebende Lohnsteuer **zur Bemessungsgrundlage für den mit 5,5 % zu erhebenden Solidaritätszuschlag**. Dasselbe gilt, wenn Nachzahlungen oder Vorauszahlungen von Arbeitslohn zur Ermittlung der Lohnsteuer ohne Widerspruch des Arbeitnehmers als sonstige Bezüge behandelt werden, obwohl es sich dem Grunde nach um laufenden Arbeitslohn handelt.

10. Lohnsteuer-Jahresausgleich durch den Arbeitgeber

15 Wenn der Arbeitgeber für den Arbeitnehmer einen Lohnsteuer-Jahresausgleich durchführt (→ Rz. C 235 ff.), ist **auch für den Solidaritätszuschlag** ein Jahresausgleich vorzunehmen. **Bemessungsgrundlage** für den Solidaritätszuschlag ist die im Jahresausgleich festgestellte Jahreslohnsteuer. Dabei gelten sowohl eine **Nullzone** (→ Rz. D 4) **als auch** eine **Überleitungsregelung**, nach der der Solidaritätszuschlag stufenweise auf 5,5 % der Jahreslohnsteuer angehoben wird (→ Rz. D 7). Ist die festgestellte Jahreslohnsteuer in der Steuerklasse III nicht höher als 1 944 € und in den übrigen Steuerklassen nicht höher als 972 €, beträgt der Solidaritätszuschlag 0 €. Übersteigt die Summe der einbehaltenen Solidaritätszuschläge den im Jahresausgleich errechneten Solidaritätszuschlag, ist der **Unterschiedsbetrag** dem Arbeitnehmer vom Arbeitgeber **zu erstatten**. Ist dagegen der im Jahresausgleich errechnete Solidaritätszuschlag höher als die Summe der einbehaltenen Solidaritätszuschlagsbeträge, ist der Unterschiedsbetrag vom Arbeitgeber **nicht nachträglich einzubehalten**. Die nachträgliche Einbehaltung des Unterschiedsbetrags durch den Arbeitgeber kommt nur in den Fällen einer Änderung des Lohnsteuerabzugs in Betracht.

11. Permanenter Lohnsteuer-Jahresausgleich

16 Das Betriebsstättenfinanzamt kann allgemein oder auf Antrag des Arbeitgebers zulassen, dass die Lohnsteuer nach dem **voraussichtlichen Jahresarbeitslohn** des Arbeitnehmers ermittelt wird (permanenter Lohnsteuer-Jahresausgleich, → Rz. C 247). Die nach diesem Verfahren für den laufenden Arbeitslohn eines Lohnzahlungszeitraums ermittelte Lohnsteuer ist **auch Bemessungsgrundlage für den Solidaritätszuschlag**, wobei ebenfalls die Nullzone (→ Rz. D 4) und die Überleitungsregelung (→ Rz. D 7) gelten.

12. Aufzeichnung und Bescheinigung des Solidaritätszuschlags

17 Der Solidaritätszuschlag ist im **Lohnkonto** gesondert einzutragen und in der elektronischen **Lohnsteuerbescheinigung** gesondert neben der Lohnsteuer und ggf. der Kirchensteuer zu bescheinigen. Für die Bescheinigung des Solidaritätszuschlags auf der Lohnsteuerkarte/der Ersatzbescheinigung enthält Abschnitt V entsprechende Eintragungsfelder, wobei zu beachten ist, dass eine **Lohnsteuerbescheinigung auf der Lohnsteuerkarte** nur im Ausnahmefall zulässig ist (keine maschinelle Lohnabrechnung, geringfügige Beschäftigung im Privathaushalt). Ist auf der Lohnsteuerkarte 2010, die nach dem Jahressteuergesetz 2010[1] auch für den Steuerabzug vom Arbeitslohn ab dem 1.1.2011 bis zur erstmaligen Anwendung der elektronischen Lohnsteuerabzugsmerkmale gilt, eine Lohnsteuerbescheinigung erteilt und die Lohnsteuerkarte an den Arbeitnehmer herausgegeben worden, hat der Arbeitgeber die **Besondere Lohnsteuerbescheinigung** zu erteilen.

Wird die Lohnsteuerbescheinigung nicht elektronisch übermittelt und liegt dem Arbeitgeber in anderen Fällen eine Lohnsteuerkarte des Arbeitnehmers nicht vor, muss die Lohnsteuerbescheinigung ebenfalls auf der Besonderen Lohnsteuerbescheinigung erteilt werden. Auch in diese Lohnsteuerbescheinigung ist der Solidaritätszuschlag einzutragen.

---

[1] Der Bundesrat hat dem Jahressteuergesetz 2010 in der vom Deutschen Bundestag beschlossenen Entwurfsfassung am 26.11.2010 zugestimmt.

E. Kirchensteuer

I. Einführung

1 Kirchensteuer sind die Geldleistungen, die von den als Körperschaft des öffentlichen Rechts anerkannten Religionsgemeinschaften auf Grund der bürgerlichen Steuerlisten zur Finanzierung kirchlicher Aufgaben nach Maßgabe landesrechtlicher Bestimmungen von ihren Mitgliedern erhoben werden können (Art. 140 GG i. V. m. Art. 137 Abs. 6 WRV). Sie sind echte Steuern i. S. d. AO (§ 3 AO). Die wichtigste Form ist die als Zuschlag zur Lohn-, Einkommen- und Kapitalertragsteuer.

II. Schuldner und Gläubiger der Kirchensteuer

1. Schuldner der Kirchensteuer

2 Schuldner der Kirchensteuer ist das Kirchenmitglied mit Wohnsitz bzw. gewöhnlichem Aufenthalt (§§ 8 f. AO) im Gebiet einer steuererhebenden Religionsgemeinschaft.

Kirchensteuerpflichtig sind in der Bundesrepublik Deutschland nur natürliche, unbeschränkt steuerpflichtige, einer steuererhebenden Religionsgemeinschaft angehörende Personen. Ausländer sind kirchensteuerpflichtig, wenn sie in der Bundesrepublik ihren Wohnsitz (§§ 8 f. AO) haben und sie einer steuererhebenden Kirche angehören, gleichgültig, ob in ihrem Heimatland Kirchensteuer erhoben wird oder nicht. Deutsche Auslandsbeamte sind – trotz unbeschränkter Steuerpflicht – nicht kirchensteuerpflichtig, sofern sie ihren einzigen Wohnsitz im Ausland haben.

2. Gläubiger der Kirchensteuer

3 Gläubiger der Kirchensteuer ist diejenige Religionsgemeinschaft, in deren Gebiet das Kirchenmitglied seinen Wohnsitz (§§ 8 f. AO) hat (→ Rz. E 22, 24).

III. Höhe der Kirchensteuer

1. Kirchensteuerhebesatz

4 Die Kirchensteuer wird als Zuschlag zur Einkommen-, Lohn- und Kapitalertragsteuer mit folgendem **Hebesatz** erhoben:
- in Baden-Württemberg und Bayern 8 %;
- in den übrigen Bundesländern 9 %.

2. Korrekturen der Bemessungsgrundlage für die Berechnung der Kirchensteuer

5 Die Kirchensteuer wird bei zwei Fallgestaltungen abweichend berechnet. Sind Kinder vorhanden und/oder hat der Steuerpflichtige Einkünfte i. S. v. § 3 Nr. 40 EStG (Halb- bzw. Teileinkünfte) bzw. solche aus Gewerbebetrieb (§ 35 EStG), wird die Bemessungsgrundlage korrigiert (§ 51a EStG).

a) Berücksichtigung von Kindern

6 Abweichend vom staatlichen Recht (vgl. § 31 EStG) werden für Zwecke der Berechnung der Kirchensteuer immer die Freibeträge nach § 32 Abs. 6 EStG mindernd berücksichtigt, selbst dann, wenn nach staatlichem Recht nur Kindergeld gezahlt wird (§ 51a Abs. 2 EStG). Die Freibeträge (pro 0,5 Kind: Kinderfreibetrag: 2 184 €, Betreuungs-, Erziehungs-, Ausbildungsfreibetrag: 1 320 €) sind in die Tabellen eingearbeitet.

Beispiel: Berechnung Kirchensteuer bei zwei Kindern	€
Zu versteuerndes Einkommen	35 000
Kinderfreibetrag nach § 32 Abs. 6 Satz 1 1. Hs. EStG (2 × 4 368)	./. 8 736
Freibetrag nach § 32 Abs. 6 Satz 1 2. Hs. EStG (2 × 2 640)	./. 5 280
Zu versteuerndes Einkommen (fiktiv)	20 984
Einkommensteuer (Splittingtabelle; fiktiv)	808
Kirchensteuer 9 %	72,72
ohne die Berücksichtung der Kinder hätte die Kirchensteuer betragen:	367,38

b) Halb- bzw. Teileinkünfteverfahren und Anrechnung des Gewerbesteuermessbetrags

7 Im Rahmen der Veranlagung zur Einkommensteuer wird die Bemessungsgrundlage für die Berechnung der Kirchensteuer um die steuerfreien Halb- bzw. Teileinkünfte (bis 2008 bzw. ab 2009) korrigiert (Hinzu- bzw. Abrechnung). Bei vom Halbeinkünfteverfahren erfassten Einkünften betrug die Bemessungsgrundlage für die Kirchensteuer nach altem Recht (Anrechnungsverfahren) 100 % (Bardividende zzgl. KSt-Gutschrift). Nach Abzug der definitiven KSt (25 %) wird beim Halbeinkünfteverfahren die Barausschüttung (75 %) nur noch zur Hälfte für die Berechnung der Einkommensteuer herangezogen. Zur gleichmäßigen Belastung der Kirchensteuerpflichtigen mit unterschiedlichen Einkünfte, aber gleicher Leistungsfähigkeit werden die Halbeinkünfte für Zwecke der Berechnung der Kirchensteuer durch § 51a Abs. 2a Satz 2 EStG korrigiert mittels Ansatzes des vollen Ausschüttungsbetrags (BVerwG-Urteil v. 20.8.2008 – 9 C 9.07 –, DStRE 2009 S. 483; BFH-Urteil v. 1.7.2009 – I R 76/08 –, DStR 2009 S. 1901; FG Münster, Urteil v. 7.6.2010, EFG 2010 S. 1479, Rev. eingelegt, Az. des BFH: I R 53/10; vgl. Homburg, Das Halbeinkünfteverfahren und die Kirchensteuer, FR 2008 S. 153 ff.; ders., Neues zur Kirchensteuer, DStR 2009 S 2179 passim; Petersen in K/S/M, § 51a Rz. C 9 ff.; ders., Kirchensteuer kompakt, S. 103 ff.). Mit dem Unternehmensteuerreformgesetz 2008 sind die im Privatvermögen erzielten Kapitaleinkünfte durch die Einführung der Abgeltungsteuer neu geregelt worden. In diesem Zuge ist das Halbeinkünfteverfahren zum Teileinkünfteverfahren für Einkünfte aus Kapitalvermögen im Betriebsvermögen sowie Einkünfte nach § 17 EStG fortentwickelt worden. § 51a Abs. 2a Satz 2 EStG wurde nicht geändert (vgl. Homburg, Das Halbeinkünfteverfahren und die Kirchensteuer, DStR 2009 S. 2179).

Der Gewerbesteuermessbetrag (§ 35 EStG) wird nicht angerechnet (Einzelheiten s. Petersen in K/S/M, § 51a Rz. C 51; ders., Kirchensteuer kompakt, S. 108).

§ 51a EStG wird auch bei der Berechnung der Mindestbetrags-Kirchensteuer (→ Rz. E 9), bei der Kappung (→ Rz. E 8), bei der Kirchensteuer in glaubensverschiedener Ehe (→ Rz. E 17) und bei der Bemessungsgrundlage für das Kirchgeld in glaubensverschiedener Ehe (→ Rz. E 17) berücksichtigt.

3. Begrenzung der Kirchensteuer (sog. Kappung)

Die Kirchensteuer beträgt 8 % oder 9 % der Einkommensteuer, jedoch nicht mehr als einen gewissen Prozentsatz (2,75 % bis 4 %) des – auf den vollen Euro-Betrag abgerundeten – zu versteuernden Einkommens. Die Kirchensteuer wird in diesen Fällen nicht auf Grund der Bemessungsgrundlage „Steuerschuld", sondern vom „zu versteuernden Einkommen" berechnet.

Bundesland	KiSt-Satz in % der Steuer	Kappung in % des zu versteuernden Einkommens	Berücksichtigung
Baden-Württemberg[1]	8	2,75 bzw. 3,5	auf Antrag
Bayern	8	–	keine Kappung
Berlin	9	3	VAw (von Amts wegen)
Brandenburg	9	3	VAw
Bremen	9	3,5	VAw
Hamburg[2]	9	3	VAw
Hessen[3]	9	3,5 bzw. 4	auf Antrag
Mecklenburg-Vorpommern[4]	9	3	VAw
Niedersachsen[5]	9	3,5	VAw
Nordrhein-Westfalen[3]	9	3,5 bzw. 4	auf Antrag
Rheinland-Pfalz[3]	9	3,5 bzw. 4	auf Antrag
Saarland[3]	9	3,5 bzw. 4	auf Antrag
Sachsen	9	3,5	VAw
Sachsen-Anhalt	9	3,5	VAw
Schleswig-Holstein	9	3	VAw
Thüringen	9	3,5	VAw

1) Ev. Kirche Württemberg 2,75 %; Ev. Kirche Baden und kath. Diözesen 3,5 %.
2) Nordelbische Ev.-luth. Kirche: auch für die im Land Niedersachsen liegenden Gebietsteile.
3) Nur ev. Kirchen in diesen Bundesländern; kath. Diözesen 4 %.
4) Von Amts wegen nur kath. Kirche; Pommersche ev. Kirche 3,5 % auf Antrag; Ev.-Luth. Landeskirche Mecklenburg in Mecklenburg-Vorpommern und Brandenburg keine Kappung.
5) Ev.-luth. Landeskirche Hannover: auch für die im Land Hamburg liegenden Gebietsteile.

Beispiel: 2011
zu versteuerndes Einkommen 150 000 €
Einkommensteuer (Grundtabelle) 54 828 €
Kirchensteuer 9 % 4 934 €
Kirchensteuer bei Kappung 3 % des zvE 4 500 €
Kappungsvorteil 434 €

Beginn der Kappung bei einem zu versteuernden Einkommen von:

KiSt-Satz in %	Kappungssatz in % des zvE	Grundtabelle €	Splittingtabelle €
8	2,75	107 179	214 358
8	3,5	1 255 548	2 511 096
9	3	94 297	188 594
9	3,5	256 817	513 634

Je anzurechnendes Kind erhöht sich die Grenze um 3 504 € (0,5 Kind) bzw. 7 008 € (1,0 Kind).

Die Erlassanträge sind zu stellen an: Ev. Kirche von Westfalen bei den Kreiskirchenämtern, Ev. Kirche im Rheinland bei der Gemeinsamen Kirchensteuerstelle beim Landeskirchenamt, übrige Landeskirchen beim Landeskirchenamt; Kath. Kirche bei den Diözesen bzw. Generalvikariaten; andere Religionsgemeinschaften bei den Geschäftsstellen bzw. Gemeinden.

Die Kappungsmöglichkeit ist zwar auch bei einem auf das zu versteuernde Einkommen umgerechneten Monatslohn/-gehalt möglich. Da jedoch eine monatsweise Berücksichtigung der Kappung eine Nacherhebung auf die Jahreskirchensteuer nicht ausschließt, sollte sie beim monatlichen Kirchensteuerabzug unbeachtet bleiben. Die Kappung kommt bei der Kirchensteuer als Zuschlag zur Kapitalertragsteuer nicht zur Anwendung.

4. Mindestbetrags-Kirchensteuer

Mindestbetrags-Kirchensteuer wird erhoben, wenn unter Beachtung von § 51a EStG auch Einkommensteuer festzusetzen oder Lohnsteuer einzubehalten ist (bzw. wäre), 8 % bzw. 9 % hiervon aber einen niedrigeren Betrag ergeben würde als den jeweils geltenden Mindestbetrag. Auf Kirchensteuer als Zuschlag zur Kapitalertragsteuer wird die Mindestbetrags-Kirchensteuer nicht erhoben.

Die Mindestbetrags-Kirchensteuer wird von den Kirchen in folgenden Bundesländern erhoben:

– Hamburg;
– Hessen;
– Mecklenburg-Vorpommern;[1]
– Sachsen;[2]
– Sachsen-Anhalt;[2]
– Schleswig-Holstein;
– Thüringen.[2]

1) Nur Erzbistum Hamburg und Erzbistum Berlin im Land Mecklenburg-Vorpommern
2) Nur ev. Kirche

In den übrigen Ländern bemisst sich die Kirchensteuer nach dem normalen Hebesatz. Übersicht über die Mindestbeträge → Rz. E 27.

5. Kirchensteuer bei Lohnsteuerpauschalierung, einheitliche Pauschsteuer

Wird die Lohnsteuer pauschal erhoben (§§ 37a, 37b, 40, 40a Abs. 1, 2a und 3, 40b EStG, → Rz. E 11), gilt dies auch für die Kirchensteuer. Schuldner ist in jedem Fall der Arbeitgeber. Da persönliche Besteuerungsmerkmale des Arbeitnehmers durch die Typik des Verfahrens nicht berücksichtigt werden können, wird gegenüber dem allgemeinen Hebesatz ein niedriger Steuersatz angewandt. Der geringere Steuersatz berücksichtigt, dass nicht alle Arbeitnehmer, für die der Arbeitgeber die Pauschalierung wählt, kirchensteuerpflichtig sind (vereinfachtes Verfahren). Der Arbeitgeber kann aber die Erhebung der Kirchensteuer in bestimmten Fällen durch Nachweis der Nichtzugehörigkeit vermeiden (Nachweisverfahren).

Der Arbeitgeber hat bei der Kirchensteuer auf pauschale Lohnsteuer also zwei Möglichkeiten (s. gleich lautende Ländererlasse v. 17.11.2006, BStBl I 2006 S. 716 und v. 28.12.2006, BStBl I 2007 S. 76; R 41.1 Abs. 4 LStR 2011):

Beim **vereinfachten Verfahren** wird seit 2007 die Kirchensteuer bei pauschaler Lohnsteuer in einer Summe gesondert in der Lohnsteueranmeldung erfasst (Zeile 24 des Vordrucks) (Muster für die LSt-Anmeldung 2011, BStBl I 2010 S. 660).

Bundesland	Pausch KiLSt in % vereinfachtes Verfahren
Baden-Württemberg	6
Bayern	7
Berlin	5
Brandenburg	5

E. Kirchensteuer

Bundesland	Pausch KiLSt in % vereinfachtes Verfahren
Bremen (Bremerhaven)	7
Hamburg	4
Hessen	7
Mecklenburg-Vorpommern	5
Niedersachsen	6
Nordrhein-Westfalen	7
Rheinland-Pfalz	7
Saarland	7
Sachsen	5
Sachsen-Anhalt	5
Schleswig-Holstein	6
Thüringen	5

Beim **Nachweisverfahren** kann er von der Erhebung der Kirchensteuer für diejenigen Arbeitnehmer absehen, die nachgewiesenermaßen keiner steuererhebenden Religionsgemeinschaft angehören. Der Nachweis wird geführt durch die Vorlage der Lohnsteuerkarte bzw. nach amtlich vorgeschriebenem Muster (s. Ziff. 2b gleich lautende Ländererlasse v. 17.11.2006, BStBl I 2006 S. 716). Für die übrigen Arbeitnehmer ist die Kirchensteuer mit dem normalen Hebesatz (8 % oder 9 %) zu erheben, wobei § 51a EStG keine Anwendung findet.

Die Kirchensteuer wird getrennt nach Konfessionen abgeführt.

12 Der Arbeitgeber kann bei den sog. Mini-Jobs die Besteuerung mittels einer **einheitlichen Pauschsteuer** durchführen. Durch das Zweite Gesetz für moderne Dienstleistungen (v. 23.12.2002, BGBl. I 2002 S. 4621) ist § 40a Abs. 2 EStG neu gefasst worden. Danach kann der Arbeitgeber bei den sog. Mini-Jobs (§§ 8 Abs. 1 Nr. 1, 8a SGB IV) unter Verzicht auf die Vorlage einer Lohnsteuerkarte die Lohnsteuer einschließlich Solidaritätszuschlag und Kirchensteuer (einheitliche Pauschsteuer) mit einem einheitlichen Pauschsteuersatz i. H. v. 2 % des Arbeitsentgelts erheben. Dies gilt auch, wenn der Arbeitnehmer keiner kirchensteuererhebenden Religionsgemeinschaft angehört. Für die Erhebung der einheitlichen Pauschsteuer nach § 40a Abs. 2 EStG ist die Bundesknappschaft zuständig (§ 40a Abs. 6 EStG).

Auf diese Form der vom Bundesgesetzgeber beschlossenen (zusammengefassten) Steuer sind die vorgenannten Ausführungen zur Erhebung der Kirchensteuer bei Pauschalierung der Lohnsteuer nicht anzuwenden. Es handelt sich um eine staatliche Steuer mit gesetzlicher Verwendungsbestimmung.

6. Kirchensteuer nach dem Lohnsteuer-Faktorverfahren

12.1 Wird die Lohnsteuer auf Antrag der Ehegatten ab dem Jahr 2010 nach dem Faktorverfahren (§ 39f EStG) berechnet, bemisst sich die Kirchensteuer nach der in diesem Verfahren berechneten Lohnsteuer (§ 51a Abs. 2a Satz 3 EStG).

Beispiel:

Arbeitnehmer, Ehegatte 1, ev: 32 444 €, Lohnsteuerklasse IV: 4 800 €; Ehegatte 2, ev: 10 000 €, Lohnsteuerklasse IV: 0 €, Gesamtsteuer IV/IV: 4 800 € (X)

Gesamtsteuer nach Splittingverfahren: 4 000 € (Y) (wird vom Finanzamt ermittelt).

Faktor = Y/X = 4 000 €/4 800 € = 0,833. Der Faktor wird auf den Lohnsteuerkarten der Ehegatten jeweils neben Steuerklasse IV vom Finanzamt eingetragen.

	Bemessungsgrundlage	LSt × Faktor	Lohnsteuer	Kirchensteuer 9 %
Ehegatte 1	30 000	4 800 × 0,833	3 998,40	359,85
Ehegatte 2	10 000	0 × 0,833	0,00	0,00

7. Kirchensteuer auf Kapitalertragsteuer (Abgeltungsteuer) ab 2009

Die Kirchensteuer auf Kapitalertragsteuer (ab 2009) beträgt 13 für Kirchensteuerpflichtige mit Wohnsitz in Bayern oder Baden-Württemberg höchstens 8 % und in den übrigen Bundesländern 9 % von (maximal) 25 % Kapitalertragsteuer; der Steuerabzug hat abgeltende Wirkung. Die Wirkung des Sonderausgabenabzugs ist bei der Berechnung der Kirchensteuer gleich berücksichtigt.

Beispiel vereinfacht	ESt 2011 gem. § 32a Abs. 1	2011
Kapitalerträge	100 000	
Einkommensteuer	25 694	
Kapitalertragsteuer 25 %[1]		24 450
Kirchensteuer 9 %	2 312,46	2 200

1) 24,45 % durch Sonderausgabenabzugswirkung

Sofern der persönliche Steuersatz unter 25 % liegt, erhält der Steuerpflichtige i.R.d. Veranlagung zuviel einbehaltene Kirchensteuer erstattet. Die bisher mögliche Steuerfreistellung von Kapitalerträgen (z. B. Sparer-Pauschbetrag, NV-Bescheinigung) bleibt erhalten.

Beispiel vereinfacht Günstigerprüfung	KapESt 25 %	ESt unter 25 %
Kapitalerträge	25 000	
Kapitalertragsteuer 25 %[1]	6 112	
Kirchensteuer 9 %	550	
Einkommensteuer		4 106
Kirchensteuer 9 %		369
Erstattung Kirchensteuer		181

1) 24,45 % durch Sonderausgabenabzugswirkung

Beispiel vereinfacht Sparerpauschbetrag		KapErtSt 25 %
Kapitalerträge	750	
Sparerpauschbetrag	./. 810	
Verbleibt	0	
KapErtSt		0
Kirchensteuer		0

Für den Einbehalt der Kirchensteuer teilt das Kirchenmitglied der die Kapitalerträge auszahlenden Stelle, i. d. R. seiner Bank (Abzugsverpflichteter), seine Religionszugehörigkeit mit und die Bank behält die Kirchensteuer ein. Die Bank hält entsprechende Vordrucke bereit bzw. sendet sie dem Kunden zu. Maßgebend für den Einbehalt ist die Kenntnis der Bank von der Religionszugehörigkeit im Zeitpunkt des Zuflusses der Kapitalerträge. Die Regelungen der Mindestbetrags-Kirchensteuer und der Zwölftelung gelten hierfür nicht. Teilt das Kirchenmitglied gegenüber seiner Bank die Religionszugehörigkeit nicht mit, dann müssen die Kapitalerträge zur Festsetzung der Kirchensteuer erklärt werden. Dies geschieht im Rahmen einer isolierten Kirchensteuerveranlagung (§ 51a Abs. 2d EStG) oder bei der Einkommensteuerveranlagung (§ 32d Abs. 3, 4, 6 EStG).

Bei einem Wechsel der Religionszugehörigkeit ist dies der Bank anzuzeigen oder die Veranlagung zu wählen.

Ehegatten erklären gemeinschaftlich ihre Religionszugehörigkeit gegenüber der auszahlenden Stelle und den Anteil, mit dem sie an den gemeinschaftlichen Kapitaleinkünften beteiligt sind. Machen sie keine Angaben, wird ein hälftiger Anteil unterstellt.

Bei Personenmehrheiten (außer Ehegatten) wird die Kirchensteuer durch die auszahlende Stelle nur einbehalten, wenn alle Personen derselben Religionsgemeinschaft angehören; i. Ü. ist die Veranlagung durchzuführen.

Bei thesaurierenden Fonds ist mangels Geldzufluss beim Anleger – trotz Antragstellung i.Ü. – ein Kirchensteuereinbehalt durch das Kreditinstitut (derzeit) nicht möglich. In diesem Fall ist eine Veranlagung erforderlich.

Dieses duale Verfahren sollte zunächst für die Jahre 2009 und 2010 gelten. Nunmehr wird höchstwahrscheinlich zum 1. 1. 2012 den auszahlenden Stellen auf der technischen Basis des Elster-Lohn-Verfahrens (§ 39e EStG) das Religionsmerkmal unter Beachtung des Datenschutzes anonymisiert übermittelt. Die Veranlagungsoption bei einem persönlichen Steuersatz unter 25 % bleibt allerdings erhalten. Die rechtlichen Voraussetzungen werden noch geschaffen (Einzelheiten s. Petersen in K/S/M, § 51a Rz. C 171 ff; ders., Kirchensteuer kompakt, S. 45 ff.; BT-Drucks. 17/2865 v. 3.9.2010, S. 12 ff.).

Ergänzende Informationen unter:
www.kirchenabgeltungssteuer.de

IV. Besteuerung der Ehegatten

14 Die Kirchensteuer knüpft an die persönliche Kirchenmitgliedschaft des Ehegatten an (Grundsatz der Individualbesteuerung). Bei verheirateten Arbeitnehmern ist daher zu unterscheiden:

15 In einer **konfessionsgleichen Ehe** gehören beide Ehegatten derselben steuererhebenden Kirche an. Bei Zusammenveranlagung zur Einkommensteuer errechnet sich die Kirchensteuer aus der gemeinsam ermittelten Bemessungsgrundlage. Bei getrennter Veranlagung oder bei der gesonderten Veranlagung im Jahr der Eheschließung wird die Kirchensteuer aus der Einkommensteuerschuld eines jeden Ehegatten errechnet.

16 Bei einer **konfessionsverschiedenen Ehe** gehören die Ehegatten verschiedenen im betreffenden Bundesland steuererhebenden Kirchen an (z. B. ev/rk). Bei gemeinsamer Veranlagung werden sie auch gemeinsam zur Kirchensteuer herangezogen. Die Kirchensteuer wird für jeden Ehegatten berechnet und hälftig auf die Religionsgemeinschaften aufgeteilt und an sie abgeführt. In Bayern wird von diesem Halbteilungsgrundsatz abgewichen, indem die volle Kirchensteuer des Steuerpflichtigen für die Religionsgemeinschaft einbehalten wird, der er angehört. Für Bremen und Niedersachsen gilt dies nur beim Einbehalt der Kirchenlohnsteuer. Die Ehegatten sind Gesamtschuldner der Kirchensteuer.

Beispiel Veranlagung:
Ehepaar, wohnhaft in Hamburg, Ehegatte 1 röm.-katholisch, Ehegatte 2 evangelisch. Gemeinsame Einkommensteuer (= Bemessungsgrundlage 8 500 €); rk Kirchensteuer Ehegatte 1 9 % aus (1/2 von 8 500 €) 4 250 € = 382,50 €; ev. Kirchensteuer Ehegatte 2 9 % aus (1/2 von 8 500 €) 4 250 € = 382,50 €.

Beispiel Lohnsteuerabzug:

Wohnort Hamburg	Ehegatte 1 rk	Ehegatte 2 ev
Lohnsteuerklasse	III	V
Bruttomonatslohn	4 500 €	2 500 €
Lohnsteuer	610,16 €	616,16 €

Wohnort Hamburg	Ehegatte 1 rk		Ehegatte 2 ev	
Kirchensteuer 9 %	54,91 €		55,45 €	
hälftiger Betrag	27,45 €		27,72 €	
Arbeitgeber führt ab	rk	ev	rk	ev
	27,45 €	27,45 €	27,72 €	27,72 €
Wohnort Bayern	Ehegatte 1 rk		Ehegatte 2 ev	
Lohnsteuerklasse	III		V	
Bruttomonatslohn	4 500 €		2 500 €	
Lohnsteuer	610,16 €		616,16 €	
Kirchensteuer 9 %	54,91 €		55,45 €	
Arbeitgeber führt ab	rk	ev	rk	ev
	54,91 €	–	–	55,45 €

17 Gehört nur ein Ehegatte einer in dem betreffenden Bundesland steuererhebenden Kirche an, der andere Ehegatte dagegen nicht, liegt eine **glaubensverschiedene Ehe** vor. Die monatliche Kirchenlohnsteuer wird nach den allgemeinen Grundsätzen vom Kirchensteuerpflichtigen einbehalten.

Im Rahmen der Veranlagung wird zur Feststellung des Kirchensteueranteils (im Beispiel Nr. 1) des kirchenangehörenden Ehemannes die Einkommensteuer beider Ehegatten (im Beispiel Nr. 2) im Verhältnis der Einkommensteuerbeträge aufgeteilt, die sich nach der Grundtabelle auf die Einkünfte eines jeden Ehegatten ergeben würde (im Beispiel Nr. 3).

	Ehemann	Ehefrau	Gesamt
Gesamtbetrag der Einkünfte[1]	35 000 €	11 000 €	46 000 €
3 ESt lt. Grundtabelle	7 259 €	501 €	
3 Anteil daran	93,5 %	6,5 %	
./. div. Hinzu-/Abzugsbeträge[2]			7 008 €
Einkommen/zu versteuerndes Einkommen			38 992 €
2 ESt lt. Splittingtabelle = Bemessungsgrundlage für KiSt			5 130 €
1 Anteil Ehemann 93,5 % =			4 796 €
1 KiSt Ehemann davon 9 % =			431,64 €

1) Unter Berücksichtigung von Korrekturen wegen des Halb- bzw. Teileinkünfteverfahrens.
2) Im Beispiel Kinderfreibetrag nach § 32 Abs. 6 EStG für ein Kind.

Auch bei der Berechnung der Kirchensteuer in glaubensverschiedener Ehe werden die Freibeträge des § 32 Abs. 6 Satz 1 EStG berücksichtigt. Da die gemeinsame Einkommensteuer auf die Ehegatten nach deren Leistungsfähigkeit aufzuteilen ist, werden im Rahmen der Ermittlung der Anteile die dem Halb- bzw. Teileinkünfteverfahren unterworfenen Einkünfte bei den Ehegatten korrigiert. § 51a Abs. 2 Satz 2 EStG ist bei der Ermittlung der Einkünfte eines jeden Ehegatten entsprechend anzuwenden.

18 Das **Kirchgeld in glaubensverschiedener Ehe** (sog. besonderes Kirchgeld) wird von dem der Kirche angehörenden nicht verdienenden oder – im Vergleich zum Ehepartner – geringer verdienenden Ehegatten erhoben. Hat das in einer glaubensverschiedener Ehe lebende Kirchenmitglied keine eigenen oder im Vergleich zum anderen Ehegatten geringere steuerpflichtige Einkünfte (bei höheren Einkünften → Rz. E 16), so ist es nach Maßgabe seines „Lebensführungsaufwandes", ausgedrückt im gemeinsam zu versteuernden Einkommen – als Hilfsmaßstab zur Feststellung der wirtschaftlichen Leistungsfähigkeit der Eheleute – zu einem Kirchgeld in glaubensverschiedener Ehe (besonderes Kirchgeld) zu veranlagen. § 51a Abs. 2 und 2a EStG ist bei der Ermittlung der Bemessungsgrundlage anzuwenden. Die Erhebung und Festsetzung erfolgt im Rahmen der Vorauszahlungen und Steuerveranlagung. Bereits entrichtete Kirchenlohnsteuer wird angerechnet.

Das besondere Kirchgeld wird von den evangelischen und röm.-katholischen Kirchen sowie einigen kleineren steuererhebenden Religionsgemeinschaften nach folgender Tabelle erhoben:

Stufe	Bemessungsgrundlage (gemeinsam zu versteuerndes Einkommen nach § 2 Abs. 5 EStG) €	jährliches besonderes Kirchgeld*) €
1	30 000 – 37 499	96
2	37 500 – 49 999	156
3	50 000 – 62 499	276
4	62 500 – 74 999	396
5	75 000 – 87 499	540
6	87 500 – 99 999	696
7	100 000 – 124 999	840
8	125 000 – 149 999	1 200
9	150 000 – 174 999	1 560
10	175 000 – 199 999	1 860
11	200 000 – 249 999	2 220
12	250 000 – 299 999	2 940
13	300 000 und mehr	3 600

*) In Baden-Württemberg (nur ev), Bayern (nur ev), Berlin, Brandenburg, Bremen, Hamburg, Hessen (auch Freirel. Gemeinde Mainz u. Offenbach, jüd. Gemeinden Frankfurt, Bad Nauheim, Darmstadt, Fulda, Gießen, Kassel, Offenbach), Meckl.-Vorpommern, Niedersachsen, Nordrhein-Westfalen (nur ev), Rh.-Pfalz (ev und Bistum Limburg, Mainz, Speyer, Trier, Freireligiöse Gemeinde Mainz), Saarland (ev und Bistum Speyer), Sachsen, Sachsen-Anhalt, Schl.-Holstein und Thüringen.

Beispiel:

gemeinsam zu versteuerndes Einkommen der Ehegatten	82 000 €
./. Kinderfreibeträge für 2 Kinder	14 016 €
Bemessungsgrundlage für das Kirchgeld	67 984 €
Kirchgeld lt. Tabelle Stufe 4	396 €
./. bereits entrichtete Kirchenlohnsteuer	240 €
verbleibende Kirchensteuer	156 €

Gehört ein Ehegatte einer Religionsgemeinschaft an, die eine Kirchensteuer oder damit vergleichbare (auch freiwillige – BFH-Urteil v. 16.5.2007 – I R 38/06 –, BStBl I 2008 S. 202) Umlage erhebt, aber die Verwaltung nicht den Finanzbehörden übertragen hat (z. B. Mennoniten), kann das besondere Kirchgeld (evt.) auf Antrag erstattet werden bzw. es wird erst gar nicht erhoben. Die Regelungen über das Ob und Wie sind in den einzelnen Bundesländern allerdings unterschiedlich. Teilweise auch von der Altkatholischen Kirche und jüdischen Gemeinden.

19 Kapitaleinkünfte werden mit der Einführung der Algeltungsteuer grundsätzlich nicht mehr beim Gesamtbetrag der Einkünfte bzw. beim zu versteuernden Einkommen berücksichtigt. Die gesondert ermittelte Einkommensteuer/Kirchensteuer ist vielmehr dem kirchensteuerpflichtigen Ehegatten zuzurechnen, soweit die gesondert besteuerten Kapitaleinkünfte auf ihn entfallen (Einzelheiten s. Petersen, Kirchensteuer kompakt, S. 58 ff., 98 f.).

V. Beginn und Ende der Kirchensteuerpflicht

20 Kirchensteuerpflichtig ist nur das Mitglied einer steuererhebenden Religionsgemeinschaft. Da die Kirchenmitgliedschaft durch die Taufe begründet wird, beginnt die Kirchensteuerpflicht frühestens zu diesem Zeitpunkt. I.Ü. **beginnt** sie bei **Zuzug** des Kirchenangehörigen mit dem Monat nach der Wohnsitznahme bzw. Begründung des gewöhnlichen Aufenthalts; beim **Kircheneintritt** (auch beim Wiedereintritt) mit Beginn des auf den Eintritt folgenden Monats; beim **Übertritt** aus einer anderen steuerberechtigten Religionsgemeinschaft mit Beginn des auf den Übertritt folgenden Monats, nicht jedoch vor dem Ende der bisherigen Kirchensteuerpflicht. Bei einem Wohnsitzwechsel innerhalb des Bundesgebietes in ein anderes Bundesland oder in das Erhebungsgebiet einer anderen Kirche innerhalb des Bundesgebiets bleibt die Kirchensteuerpflicht erhalten. Es kommt lediglich zu einem Wechsel der steuerberechtigten Kirche.

21 Die Steuerpflicht **endet** bei **Tod** des Kirchenmitgliedes mit Ablauf des Sterbemonats; durch **Wohnsitzwechsel** mit Ablauf des Kalendermonats, in dem der Wohnsitz im Gebiet der steuerberechtigten Religionsgemeinschaft aufgegeben wurde; durch **Kirchenaustritt** zu unterschiedlichen Zeitpunkten, die im Einzelnen in den kirchlichen Steuer- bzw. Kirchenaustrittsgesetzen der Länder bestimmt sind. Für die Austrittserklärung sind in den verschiedenen Bundesländern unterschiedliche Stellen zuständig (eine für den Kirchenaustritt erhobene staatliche Gebühr verletzt nicht die Grundrechte des Austretenden: BVerfG-Beschluss v. 2. 7. 2008 – 1 BvR 3006/07 –, HFR 2008 S. 1068, NJW 2008 S. 2978).

	Ende der KiSt-Pflicht	Austritt zu erklären bei
Baden-Württemberg	Kalendermonat	Standesamt
Bayern	Kalendermonat	Standesamt
Berlin	Folgemonat	Amtsgericht
Brandenburg	Folgemonat	Amtsgericht
Bremen	Folgemonat	Kirchenkanzlei/Standesamt
Hamburg	Folgemonat	Standesamt
Hessen	Folgemonat	Amtsgericht
Mecklenburg-Vorpommern	Folgemonat	Standesamt
Niedersachsen	Kalendermonat	Standesamt
Nordrhein-Westfalen	Kalendermonat	Amtsgericht
Rheinland-Pfalz	Kalendermonat	Standesamt
Saarland	Kalendermonat	Standesamt
Sachsen	Folgemonat	Standesamt
Sachsen-Anhalt	Kalendermonat	Amtsgericht
Schleswig-Holstein	Folgemonat	Amtsgericht
Thüringen	Folgemonat	Standesamt

Für den Arbeitgeber sind der Eintrag auf der Lohnsteuerkarte bzw. die Daten nach § 39e EStG maßgebend.

VI. Zwölftelung der Kirchensteuer

22 Im Rahmen der Veranlagung wird die Kirchensteuer bei unterjähriger Kirchenzugehörigkeit (→ Rz. E 20 f.) gezwölftelt. Bemessungsgrundlage für die Kirchensteuer ist dabei die auf die Dauer der Kirchenzugehörigkeit entfallende Jahreseinkommensteuer. Abweichend davon endet die Steuerpflicht beim Tod des Steuerpflichtigen am Todestag.

Beispiel:

Kirchensteuerpflicht besteht für sieben Monate. Bei einer Einkommensteuer in Höhe von 6 000 € beträgt die Kirchensteuer (6 000 × 7/12 × 9 % =) 315 €.

Da die Kirchensteuer eine Jahressteuer ist, wird auch ein nach dem Kirchenaustritt erzieltes höheres Einkommen, z. B. auf Grund einer Gehaltssteigerung, in die Berechnung nach der Zwölftelungsmethode einbezogen. Dies gilt z. B. auch für eine kurz nach dem Austritt im selben Jahr gezahlte Abfindung, denn sie wird für die vorfristige Beendigung eines Arbeitsverhältnisses gewährt und ist damit während der Kirchenzugehörigkeit angelegt (FG Köln, Urteil v. 16.2.2005 – 11 K 2/04 –, EFG 2005 S. 898). Nur bei außerordentlichen, nach der Kirchenzugehörigkeit erzielten Einkommenszuwächsen gebietet im Einzelfall der Gleichheitsgrundsatz, die Kirchensteuer im Wege des Erlasses auf eine den Gesamtumständen Rechnung tragende, dem Steuerpflichtigen zuzumutende und deshalb billige Höhe zurückzuführen (BVerwG-Urteil v. 12.2.1988 – 8 C 16.86 –, BVerwGE 79 S. 62).

Beispiel:

Der Steuerpflichtige tritt mit Wirkung zum 30.6. aus der Kirche aus. Sein reguläres Einkommen beträgt 60 000 € p.a. Er erzielt am 15.12. einen steuerpflichtigen Veräußerungsgewinn i. H. v. 600 000 €. Bemessungsgrundlage für die Kirchensteuer kann 50 % (6/12) der auf 60 000 € entfallenden Einkommensteuer sein, sofern bei Einbezug des Veräußerungsgewinns die Grenze der Sachwidrigkeit überschritten ist (BVerwG-Urteil v. 12.2.1988 – 8 C 16.86 –, BVerwGE 79 S. 62).

VII. Erlass der Kirchensteuer

KirchensteuerNeben den Erlasstatbeständen des § 227 AO eröffnen die Kirchensteuergesetze der Länder den Religionsgemeinschaften einen Gestaltungsrahmen, über Anträge auf Erlass aus Billigkeitsgründen (sowie Anträge auf Stundung, Niederschlagung oder Erstattung), die nur die Kirchensteuer betreffen, unabhängig von der Maßstabsteuer zu entscheiden. Hierdurch werden kirchenspezifische Billigkeitsgründe anerkannt und abstrakt-gesetzlich normiert (vgl. z. B. Evangelische Kirche von Westfalen: Richtlinien gem. § 3 Abs. 3 Nr. 4 Finanzausgleichsgesetz für die Arbeit der Gemeinsamen Kirchensteuerstelle (RiLi GemKiStStelle), v. 23.6.2005, KiABl. 2005 S. 178; Evangelische Kirche der Pfalz: § 1 Abs. 1 Ziff. 3 Kirchensteuerbeschluss, v. 5.5.1999, ABl. 1999 S. 109, zuletzt geändert durch Änderungsbeschluss vom 12.11.2008, ABl. S. 206; Evangelische Kirche im Rheinland: http://www.ekir.de/www/ueber-uns/83442C72609643D0AB7EAB628E2F781E.php). Jede Religionsgemeinschaft entscheidet dabei autonom für ihren Bereich, ob und in welcher Höhe sie von Erlassmaßnahmen Gebrauch macht. Auf Grund der Mitgliederbezogenheit darf die Kirchenzugehörigkeit nicht nur für die Steuerpflicht als solche, sondern auch für deren Reduzierung maßgebend sein (BVerwG-Urteil v. 21.5.2003 – 9 C 12.02 –, BVerwGE 118 S. 201, NJW 2003 S. 3001; BFH-Urteil v. 1.7.2009 – I R 81/08 –, BB 2009 S. 2226, BFH/NV 2009 S. 1908).

Beispiel:

Ein Steuerpflichtiger erzielt Einkünfte aus Vermietung und Verpachtung i. H. v. 100 sowie außerordentliche Einkünfte (Abfindung) i. H. v. 600 wegen Verlusts seines Arbeitsplatzes. Zur Vermeidung von Belastung mit Kirchensteuer tritt er im Jahr der Zahlung der Abfindung aus der Kirche aus. Im Folgejahr stellt er den Antrag, die auf die Abfindung entfallende Kirchensteuer um 50 % zu erlassen. Da der Steuerpflichtige nicht mehr der Kirche angehört, kann die Kirche den Erlassantrag ablehnen.

Der Hauptanwendungsfall des Erlasses (zu weiteren Erlasstatbeständen: Petersen, Kirchensteuer kompakt, S. 128 ff.) ist die Ermäßigung der Kirchensteuer bei außerordentlichen Einkünften nach § 34 Abs. 2 EStG. Hat der Kirchensteuerpflichtige Einkünfte nach § 34 Abs. 2 EStG, wird die hierauf entfallende Kirchensteuer i. d. R. – aber nicht von allen Kirchen – auf Antrag um (bis zu) 50 % ermäßigt.

Beispiel: 50 %-Erlass Kirchensteuer bei Veräußerungsgewinn (vereinfacht):

	KiSt mit V-Gewinn (lt. ESt-Bescheid)	KiSt ohne V-Gewinn	
Einkünfte aus ...	50 000 €	50 000 €	
Veräußerungsgewinn	50 000 €		
Gesamtbetrag der Einkünfte	100 000 €	50 000 €	
div. Abzüge	5 000 €	5 000 €	
zvE	95 000 €	45 000 €	
ESt	31 728 €	10 870 €	
KiSt 9 %	2 855,52 €	978,30 €	
KiSt-Differenz			1 877,22 €
50 % Erlass	./. 938,61 €		938,61 €
Endgültig zu zahlende KiSt	1 916,91 €		

Grundtabelle

Ein Erlass wird auf Antrag gewährt. Dem Antrag sind die notwendigen Unterlagen (z. B. Steuerbescheid, Bilanzen, GuV-Rechnungen etc.) beizufügen. Zuständig für einen Erlass ist grundsätzlich die Religionsgemeinschaft, in der der Steuerpflichtige im Zeitpunkt der Antragstellung Mitglied ist. Die Erlassanträge sind zu stellen bei: Ev. Kirche von Westfalen bei den Kreiskirchenämtern, Ev. Kirche im Rheinland: gemeinsame Kirchensteuerstelle beim Landeskirchenamt, übrige ev. Landeskirchen beim Landeskirchenamt; röm.-kath. Kirche bei den Diözesen bzw. Generalvikariaten; übrige Religionsgemeinschaften bei den (Verbands-/Gemeinde-) Geschäftsstellen.

VIII. Abzug der Kirchenlohnsteuer durch den Arbeitgeber

Die Kirchensteuer ist getrennt von der Lohnsteuer und getrennt nach Religionsgemeinschaften im Lohnkonto zu buchen. Sie wird zusammen mit der Lohnsteuer vom Arbeitgeber einbehalten und für jeden Lohnzahlungszeitraum an das Finanzamt der Betriebsstätte abgeführt. Die Abführung erfolgt getrennt nach Konfessionen.

Bei der Einbehaltung und Abführung der Kirchenlohnsteuer hat sich der Arbeitgeber nach dem auf der Lohnsteuerkarte (bzw. den Daten nach § 39e EStG) vermerkten Religionszugehörigkeitsschlüssel (z. B. ev, rk) zu richten (§ 4 Abs. 1 Nr. 1 und Abs. 2 Nr. 8 LStDV, R 39.1 Abs. 4, 7 LStR 2011, R 41.1 Abs. 4 LStR 2011; Muster für die LSt-Anmeldung 2011, BStBl I 2010 S. 660; zu den elektronischen Lohnsteuerabzugsmerkmalen (ELSTAM) s. BMF-Schreiben v. 5.10.2010, IV C 5 – S 2363/07/0002-03, BStBl I 2010 S. 762). Diese Merkmale werden von den einzelnen Bundesländern mit Gültigkeit für ihren Bereich exakt festgelegt. Bei verheirateten Arbeitnehmern wird bei der Ausstellung der Lohnsteuerkarte durch die ausstellende Gemeinde die Religionszugehörigkeit der Ehegatten nur noch bei konfessionsverschiedener Ehe eingetragen, in allen übrigen Fällen nur diejenige des Arbeitnehmers.

E. Kirchensteuer

Religionszugehörigkeit		Eintrag im Feld
Arbeitnehmer	Ehegatte	Kirchensteuerabzug
Ev	rk	ev rk
Ev	ev	ev
Rk	–	rk
–	ev	–
–	–	–

Aus den Angaben müssen die Religionsgemeinschaften erkennbar sein, die die Erhebung der Kirchensteuer den Finanzbehörden übertragen haben. Die Lohnsteuer-Richtlinien verwenden dabei die folgenden Abkürzungen:

Ev	evangelisch (protestantisch)
Rk	römisch-katholisch
Ak	altkatholisch

Darüber hinaus finden in den einzelnen Bundesländern noch folgende Abkürzungen Verwendung:

lt	evangelisch-lutherisch, protestantisch
ev	evangelisch-lutherisch
fr	französisch-reformiert
fa, fb, fm, fg oder fs	freireligiöse Gemeinde
ib, il, is, iw, ih	israelitisch
jd, jh	jüdisch
rf	evangelisch-reformiert
rk	römisch-katholisch
–*)	kein Kirchensteuerabzug

*) Der Eintrag „–" auf der Lohnsteuerkarte besagt nur, dass keine Zugehörigkeit zu einer kirchensteuererhebenden Religionsgemeinschaft gegeben ist. Er besagt nicht, dass diese Person keiner Religionsgemeinschaft angehört.

Das Kirchensteuermerkmal und die Kirchensteuer sind im Lohnkonto aufzuzeichnen. Die für die Anmeldung und Abführung der Lohnsteuer geltenden Angaben sind auch für die Kirchenlohnsteuer zu machen.

Für den Kirchenlohnsteuerabzug gilt in allen Bundesländern das Prinzip der Betriebsstättenbesteuerung. Danach hat der Arbeitgeber die Kirchenlohnsteuer auch für solche kirchensteuerpflichtigen Arbeitnehmer (mit dem am Sitz der Betriebsstätte geltenden Hebesatz) einzubehalten und abzuführen, die ihren Wohnsitz oder gewöhnlichen Aufenthalt in einem anderen Bundesland als dem der Betriebsstätte haben. (Ist in einem Bundesland nur der Merker „ev" zugelassen, hat der Arbeitgeber die Kirchenlohnsteuer auch von den Arbeitnehmern einzubehalten und als „ev" abzuführen, die eine Lohnsteuerkarte mit den Merkern „lt", „rf" oder „fr" vorlegen). In Niedersachsen, Nordrhein-Westfalen und Rheinland-Pfalz kann er beim Finanzamt beantragen, die Kirchensteuer mit dem am Wohnsitz des Arbeitnehmers geltenden Hebesatz einzubehalten.

Sofern ein Dritter die Pflichten des Arbeitgebers übernommen hat (§ 38 Abs. 3a EStG, R 38.5 LStR 2011), gilt dies auch für die Kirchensteuer.

Zur einheitlichen Pauschsteuer bei den sog. Mini-Jobs nach § 40a Abs. 2 EStG → Rz. E 12.

24 Bei **Einkommensteuerpflichtigen** wird die Kirchensteuer – auch das Kirchgeld in glaubensverschiedener Ehe (→ Rz. E 18) – im Rahmen der Vorauszahlungen festgesetzt und ist zu den Vorauszahlungsterminen zu leisten. Zur Kirchensteuer auf Kapitalertragsteuer (Abgeltungsteuer) → Rz. E 13. Die Veranlagung zur Kirchensteuer erfolgt durch die Finanzverwaltung; nur in Bayern durch die Steuerämter der steuererhebenden Religionsgemeinschaften.

IX. Verwaltung der Kirchensteuer in den Bundesländern

25 Die Verwaltung der Kirchensteuer ist von folgenden Religionsgemeinschaften der Finanzverwaltung des Bundeslandes übertragen worden:

Bundesland	Religionsgemeinschaft
In allen Bundesländern	Evangelische, Lutherische, Reformierte Landeskirchen; Röm.-katholische (Erz-)Diözesen
Baden-Württemberg	Altkatholische Kirche; Israelitische Religionsgemeinschaft Württemberg; Israelische Religionsgemeinschaft Baden; Freireligiöse Landesgemeinde Baden
Bayern*)	Altkatholische Kirche; Israelitische Bekenntnissteuer (Landesverband der Israelitischen Kultusgemeinden)
Berlin	Altkatholische Kirche
Brandenburg	Altkatholische Kirche; Israelitische/Jüdische Kultussteuer; Freireligiöse Gemeinde Mainz; Israelitische Kultussteuer der kultussteuerberechtigten Gemeinde Hessen
Hamburg	Altkatholische Kirche; Jüdische Kultussteuer (Jüdische Gemeinde)
Hessen	Altkatholische Kirche; Israelitische Kultussteuer (Jüdische Gemeinde Frankfurt); Israelitische Kultussteuer der kultssteuerberechtigten Gemeinden (Jüdische Gemeinden Gießen, Kassel, Darmstadt, Bad Nauheim); Freireligiöse Gemeinden Mainz und Offenbach
Niedersachsen	Altkatholische Kirchengemeinden Hannover-Niedersachsen; Jüdische Gemeinde Hannover
Nordrhein-Westfalen	Altkatholische Kirche; Jüdische Kultussteuer (Jüdische Kultusgemeinden von Nordrhein, von Westfalen-Lippe, Synagogengemeinde Köln)
Rheinland-Pfalz	Altkatholische Kirche; Jüdische Kultussteuer (Jüdische Kultusgemeinde Koblenz); Freireligiöse Gemeinde Mainz; Freireligiöse Landesgemeinde Pfalz; Freie Religionsgemeinschaft Alzey
Saarland	Altkatholische Kirche; Israelitische Kultussteuer (Synagogengemeinde Saar)
Schleswig-Holstein	Altkatholische Kirche; Jüdische Kultussteuer (Jüdische Gemeinde)

*) In Bayern erfolgt nur der Kirchenlohnsteuereinzug durch die Finanzämter; ansonsten erfolgt die Verwaltung der Kirchensteuer durch die Kirchensteuerämter (→ Rz. E 23)

X. Kirchensteuer-Übersicht

1. Zusammenfassender Überblick nach Bundesländern

Bundesland	KiSt-Satz %	Kappung des zu versteuernden Einkommens[1]) %	KiSt-Satz bei pauschaler LSt %	Besonderes Kirchgeld in glaubensverschiedener Ehe €
Baden-Württemberg	8	2,75 bzw. 3,5 (auf Antrag)	6	96 – 3 600[2])
Bayern	8	–	7	96 – 3 600[2])
Berlin	9	3	5	96 – 3 600
Brandenburg	9	3	5	96 – 3 600
Bremen	9	3,5	7	96 – 3 600
Bremerhaven	9	3,5	7	96 – 3 600
Hamburg	9	3	4	96 – 3 600
Hessen	9	3,5 bzw. 4 (auf Antrag)	7	96 – 3 600
Mecklenburg-Vorpommern	9	3	5	96 – 3 600
Niedersachsen	9	3,5	6	96 – 3 600

E. Kirchensteuer

Bundesland	KiSt-Satz %	Kappung des zu versteuernden Einkommens[1] %	KiSt-Satz bei pauschaler LSt %	Besonderes Kirchgeld in glaubensverschiedener Ehe €
Nordrhein-Westfalen	9	3,5 bzw. 4 (auf Antrag)	7	96 – 3 600[2]
Rheinland-Pfalz	9	3,5 bzw. 4 (auf Antrag)	7	96 – 3 600
Saarland	9	3,5 bzw. 4 (auf Antrag)	7	96 – 3 600[3]
Sachsen	9	3,5	5	96 – 3 600
Sachsen-Anhalt	9	3,5	5	96 – 3 600
Schleswig-Holstein	9	3	6	96 – 3 600
Thüringen	9	3,5	5	96 – 3 600

1) Zu den unterschiedlichen Kappungsregelungen bei den Kirchen im Einzelnen → Rz. E 8.
2) Nur ev. Kirche.

2. Mindestbetrags-Kirchensteuer

27 Nachfolgende Beträge gelten nicht für Kirchensteuer auf Kapitalertragsteuer.

	jährlich €	monatlich €	wöchentlich €	täglich €
Hamburg	3,60	0,30	0,07	0,00
Hessen	1,80	0,15	0,04	0,01
Mecklenburg-Vorpommern[1]	3,60	0,30	0,07	0,00
Sachsen[2]	3,60	0,30	0,07	0,01
Sachsen-Anhalt[2]	3,60	0,30	0,07	0,01
Schleswig-Holstein	3,60	0,30	0,07	0,00
Thüringen[2]	3,60	0,30	0,07	0,01

1) Nur Erzbistümer Hamburg und Berlin im Bundesland Mecklenburg-Vorpommern.
2) Nur ev. Kirche.

XI. Auskünfte in Kirchensteuerfragen

28 Bei Einzel- oder in Zweifelsfragen erteilen die örtlichen Finanzämter oder die folgenden Kirchenbehörden Auskunft:

Evangelische Landeskirchen

Evang.	Behörde	Str./Ort	Tel.	Fax
Anhalt	Landeskirchenrat	Friedrichstr. 22/24 06844 Dessau www.landeskirche-anhalts.de	0340 2526–0	2526–130
Baden	Ev. Oberkirchenrat	Blumenstr. 1–7 76133 Karlsruhe www.ekiba.de	0721 9175–0	9175–550
Bayern	Ev.-Luth. Landeskirchenamt	Katharina-v.-Bora-Str. 11-13 80333 München www.bayern-evangelisch.de	089 5595–0	5595–444
Berlin-Brandenburg-schlesische Oberlausitz	Konsistorium Ev. Kirche Berlin-Brandenburg-schlesische Oberlausitz	Georgenkirchstr. 69/70 10249 Berlin www.ekbo.de	030 24344–0	24344–500
Braunschweig	Landeskirchenamt	Dietr.-Bonhoeffer- Str. 1 38300 Wolfenbüttel www.landeskirche-braunschweig.de	05331 802–0	802–700
Bremen	Evangelische Kirchenkanzlei	Franziuseck 2–4 28199 Bremen www.kirche-bremen.de	0421 5597–0	5597–265
Hannover	Ev.-Luth. Landeskirchenamt	Rote Reihe 6 30169 Hannover www.landeskirche-hannover.de	0511 1241–0	1241–266
Hessen-Nassau	Kirchenverwaltung	Paulusplatz 1 64285 Darmstadt www.ekhn.de	06151 405–0	405–440
Kurhessen-Waldeck	Landeskirchenamt	Wilhelmshöher Allee 330 34131 Kassel www.ekkw.de	0561 9378–0	9378–400
Lippe	Landeskirchenamt	Leopoldstr. 97 32756 Detmold www.lippische-landeskirche.de	05231 976–60	976–8164
Mecklenburg	Oberkirchenrat	Münzstr. 8 19055 Schwerin www.kirche-mv.de	0385 5185–0	5185–170
Mitteldeutschland[1]	Landeskirchenamt der EKM	Am Dom 2 39104 Magdeburg Moritz-Mitzenheim-Str. 2a 99817 Eisenach www.ekmd-online.de	0391 5346–0 03691 67899	5346–111 678355
Nordelbien (Schl.-H./ HH)	Nordelbisches Kirchenamt	Dänische Str. 21/35 24103 Kiel www.nordelbien.de	0431 9797–0	9797–999
Oldenburg	Ev.-Luth. Oberkirchenrat	Philosophenweg 1 26121 Oldenburg www.ev-kirche-oldenburg.de	0441 7701–0	7701–299
Pfalz	Landeskirchenrat	Domplatz 5 67346 Speyer www.evpfalz.de	06232 667–0	667–199
Pommersche Ev. Kirche	Konsistorium	Bahnhofstr. 35/36 17489 Greifswald www.kirche-mv.de	03834 55–4790	55–4715
Reformierte Kirche	Reformierter Synodalrat	Saarstraße 6 26789 Leer www.reformiert.de	0491 9198–0	9198–251
Rheinland	Landeskirchenamt	H.-Böckler-Str. 7 40476 Düsseldorf www.ekir.de	0211 4562–0	4562–444
Sachsen (Landeskirche)	Landeskirchenamt	Lukasstr. 6 01069 Dresden www.landeskirche-sachsen.de	0351 4692–0	4692–144
Schaumburg-Lippe	Ev.-Luth. Landeskirchenamt	Herderstr. 27 31675 Bückeburg www.landeskirche-schaumburg-lippe.de	05722 960–0	960–10
Westfalen	Landeskirchenamt	Altstädter Kirchplatz 5 33602 Bielefeld www.ekvw.de	0521 594–0	594–129
Württemberg	Ev. Oberkirchenrat	Gänsheidestr. 2 70184 Stuttgart www.elk-wue.de	0711 2149–0	2149–236

1) Die Ev. Kirche der Kirchenprovinz Sachsen und die Ev.-Luth. Kirche in Thüringen haben sich zum 1.1.2009 zusammengeschlossen zur Evangelischen Kirche in Mitteldeutschland (EKM). Das gemeinsame Landeskirchenamt in Erfurt wird 2010 bezogen.

Katholische Kirchen

(Erz-)Bistum	Str./Ort	Tel.	Fax
Aachen	Klosterplatz 7 52062 Aachen www.bistum-aachen.de	0241 452–0	452–496
Augsburg	Fronhof 4 86152 Augsburg www.bistum-augsburg.de	0821 3166–0	3166–209

E 133

E. Kirchensteuer

(Erz-)Bistum	Str./Ort	Tel.	Fax
Bamberg	Domplatz 1–5 96049 Bamberg www.erzbistum-bamberg.de	0951 502–0	502–279
Berlin	Niederwallstr. 8–9 10117 Berlin ww.erzbistumberlin.de	030 32684–0	32684–276
Dresden	Käthe-Kollwitz-Ufer 84 01309 Dresden www.bistum-dresden-meissen.de	0351 3364–6	3364–791
Eichstätt	Luitpoldstr. 2 85072 Eichstätt www.bistum-eichstaett.de	08421 50–0	50–209
Erfurt	Hermannsplatz 9 99084 Erfurt www.bistum-erfurt.de	0361 6572–0	6572–444
Essen	Zwolfling 16 45127 Essen www.bistum-essen.de	0201 2204–1	2204–507/570
Freiburg	Schoferstr. 2 79098 Freiburg www.erzbistum-freiburg.de	0761 2188–0	2188–505
Fulda	Paulustor 5 36037 Fulda www.bistum-fulda.de	0661 87–0	87–578
Görlitz	C. v. Ossietzky-Str. 41 02826 Görlitz www.bistum-goerlitz.de	03581 4782–0	4782–12
Hamburg	Danziger Str. 52a 20099 Hamburg www.erzbistum-hamburg.de	040 24877–0	24877–233
Hildesheim	Domhof 18 31134 Hildesheim www.bistum-hildesheim.de	05121 307–0	307–488
Köln	Marzellenstr. 32 50668 Köln www.erzbistum-koeln.de	0221 1642–0	1642–1700
Limburg	Roßmarkt 4 65549 Limburg www.bistumlimburg.de	06431 295–0	295–476
Magdeburg	Max-Josef-Metzger-Str. 1 39104 Magdeburg www.bistum-magdeburg.de	0391 5961–0	5961–100
Mainz	Bischofsplatz 2 55116 Mainz www.bistum-mainz.de	06131 253–0	253–401
München-Freising	Rochusstr. 5 80333 München www.erzbistum-muenchen-und-freising.de	089 2137–0	2137–1585
Münster	Domplatz 27 48143 Münster www.bistummuenster.de	0251 495–0	495–6086
Osnabrück	Hasestr. 40a 49074 Osnabrück www.bistum-osnabrueck.de	0541 318–0	318–117
Paderborn	Domplatz 3 33098 Paderborn www.erzbistum-paderborn.de	05251 125–0	125–1470
Passau	Residenzplatz 8 94032 Passau www.bistum-passau.de	0851 393–0	393–830
Regensburg	Niedermünstergasse 1 93043 Regensburg www.bistum-regensburg.de	0941 597–01	597–1055
Rottenburg-Stuttgart	Eugen-Bolz-Platz 1 72108 Rottenburg www.drs.de	07472 169–0	169–561
Speyer	Kleine Pfarrengasse 16 67346 Speyer www.bistum-speyer.de	06232 102–0	102–300
Trier	Hinter dem Dom 6 54290 Trier www.bistum-trier.de	0651 7105–0	7105–498
Vechta	Bahnhofstr. 6 49377 Vechta www.bistummuenster.de	04441 872–0	872–199
Würzburg	Domerschulstraße 2 97070 Würzburg www.bistum-wuerzburg.de	0931 386–0	386–334

Andere Religionsgemeinschaften

	Str./Ort	Tel.	Fax
Katholisches Bistum der Alt-Katholiken in Deutschland	Gregor-Mendel-Straße 28 53115 Bonn www.alt-katholisch.de	0228 232285	238314
Freie Religionsgemeinschaft Alzey	Am Rabenstein 14 55232 Alzey, www.sb-az.de/gemeinde/index.htm	06731 2591	
Freireligiöse Landesgemeinde Baden	T 6, 26 68 161 Mannheim www.freireligioese-baden.de	0621 22805	28289
Freireligiöse Landesgemeinde Mainz	Gartenfeldstr. 1 55118 Mainz www.freireligioesegemeinde-mainz.de	06131 674940	611095
Freireligiöse Gemeinde Offenbach	Schillerplatz 1 63067 Offenbach www.freireligioese-offenbach.de	069 8008060	8008061-0
Freireligiöse Landesgemeinde Pfalz	Wörthstr. 6 a 67059 Ludwigshafen www.freireligioese-pfalz.de	0621 512582	626633
Israelitische Religionsgemeinschaft Baden	Gartenstraße 76–80 76135 Karlsruhe www.irg-baden.de	0721 972500	97250–20
Jüdische Gemeinde Bad-Nauheim	Karlstr. 34 61231 Bad Nauheim www.jg-badnauheim.de	06032 5605	938956
Landesverband der Israelitischen Kultusgemeinden (Bayern)	Effnerstraße 68 81925 München www.ikg-bayern.de	089 989442	9827354
Jüdische Gemeinde Darmstadt K.d.ö.R.	Wilhelm-Glässing-Str. 26 64283 Darmstadt	06151 28897	296320
Jüdische Gemeinde Frankfurt/M.	Westendstraße 43 60325 Frankfurt/M. www.jg-ffm.de	069 7680360	7680361-49
Jüdische Gemeinde Gießen	Burggraben 4–6 35390 Gießen www.jg-giessen.de	0641 932890	9328925
Jüdische Gemeinde Hannover	Haeckelstr. 10 30173 Hannover www.religionen-in-hannover.de/ajudg.htm	0511 810472	852983
Jüdische Gemeinde Hamburg	Grindelhof 30 20146 Hamburg www.zentralratdjuden.de/de/topic/59.html?gemeinde=66	040 4409444-3	4108430
Landesverband der Jüdischen Gemeinden in Hessen	Hebelstr. 6 60318 Frankfurt/M. www.zentralratdjuden.de/de/topic/59.html?landesverband=8		
Jüdische Gemeinde Kassel	Bremer Str. 3 34117 Kassel	0561 7880930	7880931-2
Synagogengemeinde Köln	Ottostraße 85 50823 Köln-Ehrenfeld www.sgk.de	0221 716620	7166259-9
Landesverband der Jüdischen Kultusgemeinden von Nordrhein	Paul-Siegel-Platz 1 40476 Düsseldorf www.zentralratdjuden.de/de/topic/59.html?landesverband=13	0211 446809	488401

	Str./Ort	Tel.	Fax
Landesverband der Jüdischen Gemeinden Rheinland-Pfalz	Aspeltstr. 9 55118 Mainz www.zentralratdjuden.de/de/topic/59.html?landesverband=14	06131 616254	
Synagogengemeinde Saar	Lortzingstraße 8 66111 Saarbrücken www.synagogengemeindesaar.de	0681 910380	9103813

	Str./Ort	Tel.	Fax
Landesverband der Jüdischen Gemeinden von Westfalen-Lippe	Prinz-Friedrich-Karl-Str. 12 44135 Dortmund www.zentralratdjuden.de/de/topic/59.html?landesverband=19	0231 528495	5860372
Israelitische Religionsgemeinschaft Württemberg	Hospitalstraße 36 70174 Stuttgart www.irgw.de	0711 228360	2283618

F. Vermögensbildung

I. Allgemeines

1 Die Vermögensbildung der Arbeitnehmer durch vereinbarte vermögenswirksame Leistungen der Arbeitgeber wird nach den Vorschriften des **Fünften Vermögensbildungsgesetzes** v. 4.3.1994 (BGBl. I 1994 S. 406, BStBl I 1994 S. 237) geregelt, das zuletzt durch das Bürgerentlastungsgesetz Krankenversicherung vom 16.7.2009 (BGBl. I 2009 S. 1959, BStBl I 2009 S. 782) geändert worden ist.[1] Zur Anwendung des Fünften Vermögensbildungsgesetzes ab 2009 siehe auch BMF-Schreiben v. 9.8.2004 – IV C 5 – S 2430 – 18/04 – (BStBl I 2004 S. 717) mit Änderungen durch das BMF-Schreiben vom 16.3.2009 – IV C 5 – S 2430/09/10001 (BStBl I 2009 S. 501) und das BMF-Schreiben vom 4.2.2010 – IV C 5 – S 2430/09/10002 – (BStBl I 2010 S. 195).[2]

2 Das Fünfte Vermögensbildungsgesetz gilt für alle Arbeitnehmer im arbeitsrechtlichen Sinne sowie für Beamte, Richter und Soldaten. Bei Arbeitnehmern muss das Arbeitsverhältnis grds. deutschem Arbeitsrecht unterliegen.

II. Vermögenswirksame Leistungen

3 **Vermögenswirksame Leistungen** sind Geldleistungen, die der Arbeitgeber für den Arbeitnehmer anlegt. Entweder kann es sich bei den vermögenswirksamen Leistungen um eine zusätzliche Zahlung des Arbeitgebers handeln, oder aber der Arbeitnehmer kann verlangen, dass der Arbeitgeber Teile des ohnehin geschuldeten Arbeitslohns vermögenswirksam anlegt. Vermögenswirksame Leistungen sind arbeitsrechtlich Bestandteil des Lohns oder Gehalts. Sie gehören zu den **steuerpflichtigen Einnahmen** im Sinne des Einkommensteuergesetzes bzw. zum Einkommen, Verdienst oder Entgelt (Arbeitsentgelt) im Sinne der Sozialversicherung.

4 Die **Anlagearten** sind vielfältig. So können vermögenswirksame Leistungen angelegt werden:

– als Sparbeiträge des Arbeitnehmers auf Grund eines Sparvertrags über Wertpapiere oder andere Vermögensbeteiligungen;

– als Aufwendungen des Arbeitnehmers auf Grund eines Wertpapier-Kaufvertrags mit dem Arbeitgeber;

– als Aufwendungen des Arbeitnehmers auf Grund eines Beteiligungs-Vertrags;

– als Aufwendungen des Arbeitnehmers auf Grund eines Beteiligungs-Kaufvertrags mit dem Arbeitgeber;

– als Aufwendungen des Arbeitnehmers nach dem Wohnungsbau-Prämiengesetz;

– als Aufwendungen des Arbeitnehmers in Form der Verwendung zum Wohnungsbau;

– als Sparbeiträge des Arbeitnehmers auf Grund eines Sparvertrags;

– als Beiträge des Arbeitnehmers auf Grund eines Kapitalversicherungsvertrags.

5 Die vermögenswirksamen Leistungen können dabei z. B. **angelegt werden in**

– Aktien,
– Wandelschuldverschreibungen,
– Gewinnschuldverschreibungen,
– Investmentfondsanteile,
– Anteile an Mitarbeiterbeteiligungs-Sondervermögen,
– Genussscheine,
– Beteiligungen an bestimmten Genossenschaften,
– GmbH-Beteiligungen,
– stille Beteiligungen an Unternehmen,
– Darlehensforderungen,
– Genussrechte,
– Bausparverträge.

6 Die vermögenswirksamen Leistungen hat der Arbeitgeber für den Arbeitnehmer **unmittelbar** an das Institut oder Unternehmen (Kreditinstitut, Kapitalanlagegesellschaft, Bausparkasse oder Versicherungsunternehmen) **zu leisten**, bei dem die Anlage erfolgen soll. Dies gilt nicht bei der Anlage vermögenswirksamer Leistungen auf Grund eines Wertpapier-Kaufvertrags, Beteiligungs-Vertrags und Beteiligungs-Kaufvertrags mit dem Arbeitgeber sowie bei Anlagen zum Erwerb von Grundstücken und zum Bau, Erwerb oder Ausbau von Wohneigentum.

7 Bei der Überweisung an das Institut oder Unternehmen hat der Arbeitgeber die vermögenswirksamen Leistungen als solche zu **kennzeichnen**. Bei der Überweisung im Januar oder Dezember ist außerdem anzugeben, welchem Kalenderjahr die vermögenswirksamen Leistungen zuzuordnen sind.

8 Bei der Anlage vermögenswirksamer Leistungen im eigenen Unternehmen muss der Arbeitgeber in Zusammenarbeit mit dem Arbeitnehmer Vorkehrungen zur **Absicherung** dieser Anlage für den Fall treffen, dass das Unternehmen innerhalb der Sperrfrist **zahlungsunfähig** wird.

---

[1] Durch das Jahressteuergesetz 2010 ergeben sich Änderungen des Fünften Vermögensbildungsgesetzes. Der Bundesrat hat dem Gesetz am 26. 11. 2010 zugestimmt. Zu den Einzelheiten → Fußnote zu Rz. F 10.
[2] Eine konsolidierte Fassung der drei BMF-Schreiben kann unter www.bundesfinanzministerium.de abgerufen werden.

III. Arbeitnehmer-Sparzulage

9 Die Anlage vermögenswirksamer Leistungen wird durch die Gewährung einer **Arbeitnehmer-Sparzulage** gefördert. Dies gilt jedoch nicht, wenn die vermögenswirksamen Leistungen als Sparbeiträge des Arbeitnehmers auf Grund eines Sparvertrags oder als Beiträge des Arbeitnehmers auf Grund eines Kapitalversicherungsvertrags angelegt werden (sog. Nullförderung).

10 Anspruch auf eine Arbeitnehmer-Sparzulage haben nur Arbeitnehmer, deren **Einkommen** folgende **Grenzen** nicht übersteigt:

1. Bei in Beteiligungen am Produktivkapital (z. B. Anlagen in einem Investmentsparplan) angelegten vermögenswirksamen Leistungen gilt eine erhöhte Einkommensgrenze von **20 000 €/40 000 €** (Ledige oder getrennt Lebende/zusammenveranlagte Ehegatten).

2. Bei den übrigen geförderten Anlageformen (z. B. Bausparverträge, wohnungswirtschaftliche Verwendungen) gilt eine Einkommensgrenze von **17 900 €/35 800 €** (Ledige oder getrennt Lebende/zusammenveranlagte Ehegatten).

Maßgeblich ist jeweils das **zu versteuernde Einkommen**.[1] Bei der Ermittlung des zu versteuernden Einkommens sind stets die in Betracht kommenden **Freibeträge für Kinder** (→ Rz. B 70 ff. und 80) abzuziehen, auch wenn es beim auszuzahlenden Kindergeld (→ Rz. B 70 ff. und 79) verbleibt; dabei sind stets die Freibeträge für das gesamte Sparjahr zu Grunde zu legen (z. B. bei Geburt eines Kindes im Dezember des Sparjahres oder Beendigung der Ausbildung im Juli des Sparjahres).

11 Die Arbeitnehmer-Sparzulage beträgt:

– für Beteiligungen am **Produktivkapital 20 %** der so angelegten vermögenswirksamen Leistungen, soweit diese **400 €** jährlich nicht überschreiten;

– für die **übrigen Anlageformen 9 %** der so angelegten vermögenswirksamen Leistungen, soweit diese **470 €** jährlich nicht übersteigen.

Werden beide Anlageformen bedient (→ Rz. F 10), beträgt die Arbeitnehmer-Sparzulage höchstens

400 € × 20 %	80,– €
470 € × 9 % (aufgerundet)	+ 43,– €
	123,– €

12 Die Arbeitnehmer-Sparzulage wird nach Ablauf eines jeden Kalenderjahres auf Antrag des Arbeitnehmers durch dessen **Wohnsitzfinanzamt** festgesetzt. Der Antrag ist auf dem Vordruck der Einkommensteuererklärung zu stellen, und zwar auch dann, wenn keine Einkommensteuerveranlagung durchgeführt werden soll. Dem Antrag ist die **Anlage VL** beizufügen.

13 Bei Antrag auf Festsetzung einer Arbeitnehmer-Sparzulage gelten die „normalen" Antragsfristen nach der Abgabenordnung, d.h. die vierjährige Festsetzungsfrist. Der Antrag auf Festsetzung einer Arbeitnehmer-Sparzulage für die in 2011 angelegten vermögenswirksamen Leistungen kann bis zum 31.12.2015 (31.12.2011 + vier Jahre) gestellt werden. Am 31.12.2011 läuft die Antragsfrist für die in 2007 angelegten vermögenswirksamen Leistungen ab (31.12.2007 + vier Jahre).

14 Das Finanzamt **sammelt** die jährlich festgesetzten Beträge **an** und **zahlt** sie in einer Summe **aus**, wenn

– die für die Anlageform geltenden Sperr- oder Rückzahlungsfristen abgelaufen sind,

– vor Ablauf der Frist über die Anlage unschädlich verfügt worden ist oder

– der Bausparvertrag, auf den die vermögenswirksamen Leistungen eingezahlt worden sind, zugeteilt wird.

Unschädliche Verfügungen kommen in Betracht bei:

15

– Tod und völliger Erwerbsunfähigkeit,

– Heirat,

– Arbeitslosigkeit,

– Verwendung zu Weiterbildungszwecken,

– Aufgabe der nichtselbständigen Arbeit und Aufnahme einer selbständigen Erwerbstätigkeit,

– Veräußerung festgelegter Wertpapiere und Wiederverwendung des Erlöses zum Erwerb anderer Wertpapiere.

16 Lediglich in den Fällen **ohne Sperrfrist** (z. B. Anlage zum Erwerb von Grundstücken und zum Bau, Erwerb oder Ausbau von Wohneigentum) bzw., wenn die **Sperrfrist** bereits **abgelaufen** ist, erfolgt die Auszahlung jährlich.

17 Die Arbeitnehmer-Sparzulage gilt – im Gegensatz zu den vermögenswirksamen Leistungen (→ Rz. F 3) – **weder** als **steuerpflichtige Einnahme** im Sinne des Einkommensteuergesetzes **noch** als Einkommen, Verdienst oder Entgelt (**Arbeitsentgelt**) im Sinne der Sozialversicherung.

---

[1] Mit dem Jahressteuergesetz 2010 ist hinsichtlich der Einkünfte aus Kapitalvermögen geregelt worden, dass diese bei der Ermittlung der maßgebenden Einkommensgrenzen grundsätzlich außer Betracht bleiben; nur in den Fällen, in denen Arbeitnehmer die Besteuerung ihrer Einkünfte aus Kapitalvermögen mit dem – günstigeren – individuellen Steuersatz beantragen (→ Rz. B 57), sollen diese Einkünfte in das zu versteuernde Einkommen einfließen. Der Bundesrat hat dem Gesetz am 26.11.2010 zugestimmt.

G. Stichwortverzeichnis

Die fetten Buchstaben verweisen auf das Kapitel, die mageren Zahlen auf die Randziffer.

A

ABC
  Arbeitslohn **C** 161
  außergewöhnliche Belastungen **B** 92
  Sonderausgaben **B** 88 ff.
  sonstige Freibeträge, Freigrenzen, Pauschbeträge, Abzugsbeträge **B** 93
  Werbungskosten (nichtselbständige Arbeit) **B** 87
Abfindung **B** 23; **C** 161
Abführung
  der Kirchensteuer **E** 22
  der Lohnsteuer **C** 77 ff.
Abgeltungsteuer **B** 57, 96
  Solidaritätszuschlag **D** 4.1
Abschlagszahlung **C** 122, 161
Abschreibung **B** 87
Abtastverfahren
  bei Nettolohnvereinbarung **C** 157
Abzugsverbot **B** 87
Adoption **B** 92
Aktienoption **B** 87; **C** 161
Aktienüberlassung **C** 161
Alleinerziehende
  Einkommensteuerveranlagung **B** 44 ff.
  Entlastungsbetrag **B** 84 ff.
Allgemeine Lohnsteuer-Tabelle
  Einkommensteuerveranlagung **B** 23
Allgemeine Tabelle **A** 5 ff.
Altersentlastungsbetrag **B** 93
  Anwendung der Tabelle **A** 12
Altersgrenze
  für die steuerliche Berücksichtigung von Kindern **B** 73 f.
Altersrenten **C** 161
Altersübergangsgeld **C** 161
Altersvorsorgebeiträge **B** 91
Amtseinführung **C** 161
Angemessenheit **B** 87
Anmeldung
  der Lohnsteuer **C** 77 ff.
Anrufungsauskunft **C** 21, 98 f.
Antragsveranlagung **B** 24 ff.
Anwendung **A** 1
  Abweichung zwischen Tabelle und Software **A** 15
  Altersentlastungsbetrag **A** 12
  Ermittlung Bruttoarbeitslohn **A** 10
  Faktorverfahren **A** 13.2
  Freibetrag **A** 11
  Nachweis höherer privater Kranken- und Pflegeversicherungsbeiträge **A** 13.1
  Software **A** 1
  Tabelle **A** 1 ff.
  Tabellenfreibetrag **A** 14
  Versorgungsfreibetrag **A** 13
Anwesenheitsprämie **C** 161
Anzeigepflichten
  im Lohnsteuerverfahren **C** 85 ff.
Arbeitgeber **C** 4 ff.
  ausländischer **C** 12
  bei Arbeitnehmerentsendung **C** 9
  Dritter als – **C** 6, 132
  Haftung **C** 13
Arbeitgeberbeiträge
  zur Höherversicherung **C** 161
  zur Sozialversicherung **C** 161
Arbeitgeberpflichten
  Anzeigepflichten **C** 85 ff.
  Arbeitgeberhaftung **C** 93 ff.
  im Lohnsteuerverfahren **C** 85
  Kirchensteuer **E** 22
  Lohnkonto **C** 26 ff., 88
  Lohnsteuer-Anmeldung **C** 4 f.
  Lohnsteuer-Bescheinigung **C** 89 ff.
Arbeitgeberzuschüsse
  zur Krankenversicherung **C** 161
Arbeitnehmer
  Arbeitnehmereigenschaft **C** 16
  ausländischer **C** 18 f.
  Begriff **C** 14 ff.
  steuerliche Pflichten **B** 7
  SV-Recht, Selbständigkeit **C** 17
Arbeitnehmer-Ehegatte **C** 41 ff.
Arbeitnehmer-Pauschbetrag **B** 87, 93
  Tabellenfreibetrag **A** 14
Arbeitnehmer-Sparzulage **F** 9 ff.; **C** 161
Arbeitnehmerbeiträge
  zur Sozialversicherung **C** 161
Arbeitnehmerentsendung
  Arbeitgeber bei – **C** 9
Arbeitnehmererfindung **C** 161
Arbeitnehmerjubiläum **C** 161
Arbeitsbedingungen **C** 161
Arbeitsförderungsgesetz **C** 161
Arbeitskleidung **B** 87
Arbeitslohn **C** 101, 161
  Abschlagszahlungen **C** 122
  ausländische Währung **C** 102
  Dritter **C** 105
  Einkommensteuerveranlagung **B** 23
  Erfassung **C** 105 ff.
  laufender **C** 109, 113 ff.
  Nachzahlungen **C** 116 ff.
  Netto-Arbeitslohn **C** 154 ff.
  Rückzahlung **C** 106
  steuerfrei, steuerpflichtig **C** 105 ff.
  versehentliche Überweisung **C** 106
  Vorauszahlungen **C** 116 ff.
  Zahlungen im Nachhinein **C** 116 ff.
  Zahlungen im Voraus **C** 116 ff.
  zusätzlich zum ohnehin geschuldeten **C** 228 ff.
Arbeitslohnhöhe
  bei Teilzeitbeschäftigung **C** 178 ff.
Arbeitslohnverzicht **C** 161
Arbeitslohnzuschläge
  für Sonntags-, Feiertags- oder Nachtarbeit **C** 161
Arbeitslosengeld **C** 161
Arbeitslosenversicherung **B** 91
Arbeitsmittel **B** 87; **C** 161
Arbeitstag
  bei Teilzeitbeschäftigung **C** 179
Arbeitsverhältnis **C** 15 ff.
Arbeitszeitkonto **C** 161
Arbeitszimmer **B** 87
Ärztliche Betreuung **C** 161
Aufenthaltsrecht **B** 92
Auflassungsvergütungen **C** 161
Aufmerksamkeiten **C** 103
  des Arbeitgebers **C** 161
Aufstockungsbeträge **C** 161
Aufwandsentschädigungen **C** 161
Aufwendungen für die Wege zwischen Wohnung und Arbeitsstätte **B** 87
Aufzeichnung
  im Lohnkonto **C** 31
Aufzeichnungen
  bei Teilzeitbeschäftigung **C** 186 f.
  im Lohnkonto **C** 28 ff.
  Solidaritätszuschlag **D** 17
Ausbildung **B** 92
Ausbildungsbeihilfen **C** 161
Aushilfskräfte
  in der Land- und Forstwirtschaft **C** 176 f.
Aushilfstätigkeit **C** 22
Auskunft in Kirchensteuerfragen **E** 28
Auslagenersatz **C** 161
Ausländische Währung
  Arbeitslohn **C** 102
Auslandszulagen **C** 161
Außensteuergesetz
  Steuerpflicht **B** 21
Außergewöhnliche Belastungen
  ABC **B** 92
  Eintragung von Freibeträgen auf der Lohnsteuerkarte/der Ersatzbescheinigung **C** 61 ff.
Außersteuerliche Rechtsnormen **B** 12
Austauschmotor **B** 87
Austritt aus der Kirche **E** 20
Auswärtstätigkeit **B** 87

B

Bahn-Card **C** 161
Bauabzugsteuer **B** 13
Bauausführungen **C** 19

Baugewerbe
  Urlaubskasse,
    Einkommensteuerveranlagung **B** 23
  Urlaubskasse, pauschale Lohnsteuer
    C 132
Bauleistungen **B** 13
Bedarfsfreibetrag **B** 80 ff.
  Übertragung **B** 46
Beendigung
  der selbständigen Arbeit **B** 54
Beendigung des Dienstverhältnisses
  Pauschalbesteuerung von
    Zukunftssicherungsleistungen
    C 197
Beerdigung **B** 92
Beginn der Kirchensteuerpflicht **E** 20
Begrenzung der Kirchensteuer **E** 8
Begriffsdefinition
  Lohnsteuer **C** 1
Begünstigungsbetrag
  bei nicht entnommenen Gewinnen
    B 93
Beherbergungsleistung
  s. Reisekosten **C** 161
Behinderte Menschen **B** 92
Behindertengerechter Umbau **B** 92
Beitragsnachweis **C** 210 ff.
  Begriffsdefinitionen **C** 1
  Herausgabe an Arbeitnehmer **C** 1
Beitragszuschlag **C** 161
Belohnungen des Arbeitgebers **C** 161
Bergmannsprämien **C** 161
Berufsakademie **C** 161
Berufsausbildung **B** 87, 91 f.
Berufsfortbildung **B** 87
Berufskleidung **B** 87; **C** 161
Berufsunfähigkeitsversicherung **B** 91
Berufsverbände **B** 87
Beschäftigungsdauer
  bei Teilzeitbeschäftigung **C** 179, 184
Bescheinigung
  für den Lohnsteuerabzug **C** 36 ff.
Beschränkte Einkommensteuerpflicht
  B 20
  Einkommensteuerveranlagung **B** 28
Besondere Arbeitslohnzahlungen
  Lohnsteuer-Pauschalierung **C** 201 ff.
Besondere Lohnsteuer-Tabelle
  Einkommensteuerveranlagung **B** 23
Besondere Lohnsteuerbescheinigung
  C 92
  Solidaritätszuschlag **D** 16
Besondere Tabelle **A** 5 f., 8
Besondere Veranlagung **B** 41 ff.
Bestattung **B** 92
Bestechungsgelder **C** 105
Besteuerungsgrundlagen **B** 47 f.
Besuchsfahrten **B** 92
Beteiligungen
  Verluste aus - mit beschränkter Haftung
    B 63
Betreuer
  Freibetrag **C** 161

Betriebliche Altersversorgung **C** 161
Betriebsaufgabe
  Gewerbebetrieb **B** 53
  Land- und Forstwirtschaft **B** 52
Betriebsausgabenpauschale
  bei selbständiger Arbeit **B** 54, 93
Betriebsindividueller Pauschsteuersatz
  Ermittlung **C** 206
  Lohnsteuer-Pauschalierung **C** 202 ff.
Betriebsrenten **C** 161
Betriebssport **C** 161
Betriebsstätte **C** 11, 81
  Führung des Lohnkontos **C** 26
Betriebsstättenfinanzamt **C** 81
Betriebsveranstaltungen **C** 161
  Lohnsteuer-Pauschalierung **C** 210, 219
Betriebsveräußerung
  Gewerbebetrieb **B** 53
  Land- und Forstwirtschaft **B** 52
Betriebsversammlung **C** 161
Bewerbungskosten **B** 87
Bewirtung **C** 161
Bewirtungskosten **B** 87
BGB-Gesellschaften
  Steuerpflicht **B** 2
Brille
  Sehhilfe **B** 92
Bürgerliche Kleidung **B** 87
Business-Seats **C** 161, 233

C

Computer
  s. auch Telekommunikation **B** 87

D

Darlehen **C** 161
Darlehensverlust **B** 87
Diätverpflegung **B** 92
Diebstahl **C** 161
Dienstantritt **C** 161
Dienstreise
  s. auch Reisekosten **B** 87
Dienstverhältnis **C** 15 ff.
  mit Kindern **C** 25
  zwischen Ehegatten **C** 23 ff.
Direktversicherung **B** 91; **C** 161
  Pauschalbesteuerung **C** 191 ff.
Direktzusage **C** 161
D&O-Versicherung **C** 161
Doppelbesteuerung **C** 18 f.
Doppelte Haushaltsführung **B** 87;
  C 161
Dritter als Arbeitgeber **C** 6, 130
Durchschnittlicher Steuersatz
  Lohnsteuer-Pauschalierung **C** 202
Durchschnittsberechnung
  Pauschalbesteuerung von
    Zukunftssicherungsleistungen
    C 196
Durchschnittssatzgewinnermittlung
  bei Land- und Forstwirtschaft **B** 52

E

Ehegatten
  Dienstverhältnis **C** 23 ff.
  Faktorverfahren **C** 53.2
  Kirchensteuer **E** 14 ff.
  Solidaritätszuschlag bei Faktorverfahren
    D 8
Ehescheidung **B** 92
Ehrenamt **C** 161
Ehrenamtliche Tätigkeit
  s. auch Berufsverbände **B** 87
Ein-Euro-Job **C** 161
Eingangssteuersatz **A** 21
Einheitliche Pauschsteuer **C** 4
  Kirchensteuer **E** 12
Einkaufsgutscheine
  s. auch Warengutscheine **C** 161
Einkommen **B** 6
  Ermittlung des – **B** 68
Einkommensbesteuerung **B** 7
  Rechtsgrundlage **B** 3
Einkommensgrenzen
  für die steuerliche Berücksichtigung von
    Kindern **B** 75
Einkommensteuer
  Aufkommen **B** 1
  Bedeutung **B** 1
  Begriff **B** 1
  festzusetzende **A** 32
  tarifliche **A** 31 f.
Einkommensteuer-Tabelle **A** 9
  gesetzliche **A** 2
  Grund-/Splitting-Tabelle **A** 17, 19
  Grundtabelle **B** 30
  Splittingtabelle **B** 30
Einkommensteuer-Vorauszahlungen
  B 96 f.
Einkommensteuerbelastung **A** 22
Einkommensteuererklärung
  Abgabefrist **B** 24
  Abgabeverpflichtung **B** 5
Einkommensteuerpflicht **E** 23
  beschränkte **B** 20
  erweiterte unbeschränkte **B** 18
  persönliche **B** 4
  Sachliche **B** 5
  unbeschränkte **B** 14 ff.
Einkommensteuertarif **B** 6
Einkommensteuerveranlagung
  allein erziehende Personen **B** 43 ff.
  Antrag zur – **B** 24 f.
  besondere **B** 41 ff.
  durch das Finanzamt **C** 248
  geschiedene Personen **B** 43 ff.
  getrennte **B** 36 ff.
  Kalenderjahrprinzip **B** 27
  Pflichtveranlagung **B** 23; **C** 65.1
  Veranlagungswahlrecht bei Einkünften
    aus Kapitalvermögen **B** 57
  Veranlagungszeitraum **B** 27
  Vergleich Zusammenveranlagung,
    getrennte Veranlagung **B** 40

Stichwortverzeichnis

verwitwete Personen **B** 43 ff.
Zusammenveranlagung **B** 32 ff.
Einkünfte
aus nichtselbständiger Arbeit **C** 101
Besonderheiten bei der Ermittlung **B** 52 ff.
Ermittlung **B** 49 ff.
Summe **A** 29
Einkünfte
Gesamtbetrag **A** 28
Summe **A** 28
Einkünfte und Bezüge
von Kindern **B** 75 ff.
von Kindern, Begriffsdefinition **B** 77
Einkünfteermittlung **B** 6
Kapitalvermögen **B** 10 f.
Einkünfteerzielungsabsicht **B** 50
Einkunftsarten **B** 6, 47
Besonderheiten bei einzelnen – **B** 52 ff.
Ermittlung der Einkünfte **B** 49 ff.
Einnahmen **C** 100
Einsatzwechseltätigkeit
s. auch Reisekosten **B** 87
Eintrittskarten **C** 161
Einzelveranlagung **B** 30
Elektronische Lohnsteuerabzugsmerkmale
Lohnsteuerabzug ab 1.1.2012 **C** 35
Elektronische Lohnsteuerbescheinigung **C** 89 ff.
ELStAM
Lohnsteuerabzug ab 1.1.2012 **C** 35
Elterngeld
Einkünfte und Bezüge von Kindern **B** 77
Ende der Kirchensteuerpflicht **E** 20
Entfernungspauschale **B** 87
Entgeltumwandlung
betriebliche Altersversorgung **C** 161
Entlassungsentschädigung
bei sonstigen Bezügen **C** 141 ff.
Einkommensteuerveranlagung **B** 23
Entlastungsbetrag für Alleinerziehende **B** 42, 46, 83 ff.; **C** 206
Freibetrag auf der Lohnsteuerkarte/der Ersatzbescheinigung **C** 76
Tabellenfreibetrag **A** 14
Entschädigungen **C** 161
ermäßigter Steuersatz **C** 141 ff.
Erbschaftsteuer
Steuerermäßigung bei Belastung mit – **B** 93
Erfindervergütung **C** 161
Erfolgsbeteiligungen **C** 161
Ergebnisbeteiligungen **C** 161
Erholungsbeihilfen **C** 161
Lohnsteuer-Pauschalierung **C** 210, 220
Pauschalbesteuerung **C** 210, 220
Ermäßigte Lohnsteuer
Einkommensteuerveranlagung **B** 23
Ermäßigter Steuersatz
bei einer mehrjährigen Tätigkeit **C** 141 ff.

bei Entschädigungen **C** 141 ff.
für sonstige Bezüge **C** 153
Ermäßigung
der Freibeträge für Kinder **B** 82
Ermittlung
der festzusetzenden Einkommensteuer **A** 31 f.
des zu versteuernden Einkommens **A** 28, 30
Ersatzbescheinigung
Eintragungen auf der – **C** 54
für den Lohnsteuerabzug **C** 36 ff.
Erschwerniszuschläge **C** 161
Erweiterte unbeschränkte Einkommensteuerpflicht **B** 18
Essenmarke **C** 161
Lohnsteuer-Pauschalierung **C** 215 ff.
Essensgutscheine
Lohnsteuer-Pauschalierung **C** 215 ff.
EU-Bedienstete **B** 17
Existenzgründungszuschuss **C** 161
Existenzminimum **B** 6
Freistellung für Kinder **B** 70

F

Fachliteratur **B** 87
Fahrgemeinschaft **B** 87
Fahrtätigkeit **B** 87
Fahrten zwischen Wohnung und Arbeitsstätte **C** 161
Lohnsteuer-Pauschalierung **C** 210, 225 ff.
Pauschalbesteuerung **C** 210, 225 ff.
Fahrtkosten **B** 87; **C** 161
allgemein, außergewöhnliche Belastung **B** 92
Fahrtkostenersatz
s. auch Reisekosten **C** 161
Fahrtkostenzuschüsse **C** 161
Faktorverfahren
bei Ehegatten **C** 53.2
Solidaritätszuschlag **D** 8
Steuerklassenwahl **A** 13.2
Fehlgeldentschädigungen **C** 161
Fernsprechgebühren **B** 87
Fester Pauschsteuersatz
Lohnsteuer-Pauschalierung **C** 210 ff.
Feststellung
gesonderte und einheitliche **B** 2
Firmentelefon **C** 161
Forderungsverzicht **C** 161
Fortbildung **B** 87; **C** 161
Freibetrag
Anwendung der Tabelle **A** 10 f.
bei Land- und Forstwirtschaft **B** 52, 93
Einkommensteuerveranlagung **B** 23
für Kinder **B** 80 ff.
Lohnsteuerkarte/Ersatzbescheinigung **C** 61 ff.
Lohnsteuerkarte/Ersatzbescheinigung bei allein erziehenden Verwitweten **C** 76

Lohnsteuerkarte/Ersatzbescheinigung bei haushaltsnahen Beschäftigungsverhältnissen/Dienstleistungen **C** 75
Lohnsteuerkarte/Ersatzbescheinigung bei Steuerklasse VI **C** 69 ff.
Lohnsteuerkarte/Ersatzbescheinigung bei Verlusten aus anderen Einkunftsarten **C** 73
Lohnsteuerkarte/Ersatzbescheinigung bei Verlusten aus anderen Einkunftsarten **C** 74
Freibetrag
Betreuer **C** 161
Freigrenze bei privaten Veräußerungsgeschäften **B** 93
Freigrenze für Geschenke **B** 93
Freistellungsauftrag **B** 96
Führerschein **B** 91
Fünftelungsregelung
Lohnsteuerermittlung **C** 141 ff.
Vorsorgepauschale **C** 149 ff.
Fünftes Vermögensbildungsgesetz **F** 1 ff.

G

Geburtsbeihilfen **C** 161
Gegenwert
Ausscheiden aus einer Pensionskasse **C** 198
Gehaltsverzicht **C** 161
Gekürzte Vorsorgepauschale
Einkommensteuerveranlagung **B** 23
Geldbußen und -auflagen **B** 87
Geldstrafen **C** 161
Gemischte Aufwendungen
Aufteilung **B** 50, 87
Geringfügig Beschäftigte **C** 161, 169 f., 176 ff.
Einkommensteuerveranlagung **B** 23
Gesamtbetrag der Einkünfte **A** 29
Ermittlung **B** 67
Geschäftsleitung **C** 10
Geschenke
Freigrenze für – **B** 93
s. auch Aufmerksamkeiten **B** 87
Geschiedene Personen
Einkommensteuerveranlagung **B** 43 ff.
Getrennte Veranlagung **B** 36 ff.
Vergleich mit Zusammenveranlagung **B** 40
Gewerbebetrieb
Besonderheiten **B** 53
Gewerbesteuer-Messbetrag **E** 7
Gewinnbeteiligung **C** 161
Gewinneinkünfte **B** 49
Gewöhnlicher Aufenthalt **B** 16
Glaubensverschiedene Ehe **E** 17 ff.
Gläubiger der Kirchensteuer **E** 3
Grenzsteuersatz **A** 22
Größere Zahl von Fällen
Lohnsteuer-Pauschalierung **C** 204
Grundfreibetrag **B** 6, 93
Tabellenfreibetrag **A** 14
Tarifformel **A** 21

Grundhöchstbetrag B 91
Grundtabelle B 30
Grundtarif A 19
Gruppenversicherung
   Zukunftssicherungsleistungen C 195
Günstigerprüfung
   steuerliche Berücksichtigung von Kindern B 71

H

Haftpflichtversicherung B 91
Haftung
   Lohnsteuer C 93 ff.
Halbeinkünfteverfahren B 2; E 7; B 10 f.
Handwerkerleistungen
   Steuerermäßigung C 75; B 93
Härteausgleich B 93
Haushaltshilfe B 92
Haushaltsnahe Beschäftigungsverhältnisse/Dienstleistungen und Handwerkerleistungen
   Freibetrag auf der Lohnsteuerkarte/der Ersatzbescheinigung C 75
   Steuerermäßigung für – B 93
Haushaltsscheckverfahren C 169, 176 ff.
Häusliches Büro
   s. Telearbeit B 87
Hausratversicherung B 91
Hebesatz E 4
Heim- oder Pflegeunterbringung B 92
Heimarbeit B 87
Heimarbeiterzuschläge C 161
Heiratsbeihilfen C 161
Hinterbliebene B 92
Hinzurechnungsbetrag
   Anwendung der Tabelle A 10 f.
   Lohnsteuerkarte/Ersatzbescheinigung bei Steuerklasse VI C 69 ff.
Höchstbetrag
   Pauschalbesteuerung von Zukunftssicherungsleistungen C 196
Höchstbeträge für Vorsorgeaufwendungen B 91
Höhe der Kirchensteuer E 4 ff.

I

Incentive-Reisen
   s. auch Betriebsveranstaltungen C 161
Insolvenzgeld C 161
Internetanschluss C 161
Internetzugang
   Lohnsteuer-Pauschalierung C 210, 222 ff.
   Pauschalbesteuerung C 210, 222 ff.

J

Jahresarbeitslohn
   Ermittlung bei Lohnsteuer-Jahresausgleich C 242 ff.
Jahresfreibetrag
   bei sonstigen Bezügen C 133

Jahreslohnsteuer
   Ermittlung bei Lohnsteuer-Jahresausgleich C 241 ff.
Job-Ticket
   s. auch Fahrtkostenzuschüsse C 161
Jubiläumszuwendung C 161
   Lohnsteuerermittlung C 141
Juristische Personen
   Steuerpflicht B 2

K

Kalenderjahrprinzip
   Einkommensteuerveranlagung B 27
Kapitalertragsteuer B 8, 96
Kapitalvermögen
   Einkünfte aus –, Besonderheiten B 57
   Einkünfteermittlung B 10 f.
   Verluste bei den Einkünften aus – B 63
   Werbungskosten-Pauschbetrag bei Einnahmen aus – B 93
Kapitalversicherung B 91
Kappung der Kirchensteuer E 8
Kaskoversicherung B 91
Kaufkraftausgleich C 161
Kinder
   Arbeitsverträge C 25
   Berücksichtigung bei der Kirchensteuer E 6
   berücksichtigungsfähige B 72 ff.
   Dienstverhältnis C 25
   Entlastungsbetrag für Alleinerziehende B 84 ff.
   Ersatzbescheinigung C 54 ff.
   im Ausland C 59; B 78
   Lohnsteuerkarte C 54 ff.
   Solidaritätszuschlag D 3, 6
   steuerliche Berücksichtigung B 70 ff.
Kinderbetreuungskosten B 87, 91
Kinderfreibetrag B 80 ff.
   Tabellenfreibetrag A 14
Kindergartenbeiträge C 161
Kindergeld
   Höhe, Auszahlung B 79
Kirchensteuer E 20; B 91
   Abführung E 23
   Abgeltungssteuer E 13
   Abgeltungsteuer B 57
   Ausländer E 2
   Austritt E 21
   Auswirkung der Freibeträge für Kinder C 55
   Beginn des Kirchensteuerabzugs E 20
   Begrenzung der Kirchensteuer E 8
   Ehegatten E 14 ff.
   Einbehalt durch Arbeitgeber E 23
   Einführung E 1
   einheitliche Pauschsteuer E 12
   Ende der Kirchensteuerpflicht E 21
   Faktorverfahren E 12.1
   Gläubiger der Kirchensteuer E 3
   Halb- bzw. Teileinkünfteverfahren E 7
   Hebesatz E 4

   Höhe E 4 ff.
   Kapitaleinkünfte E 13
   Kapitalertragsteuer E 13
   Kappung der Kirchensteuer E 8
   Kinder E 6
   Kirchenmitgliedschaft E 2
   Kirchgeld in glaubensverschiedener Ehe E 18
   Korrektur der Bemessungsgrundlage E 5 ff.
   Lohnsteuer E 12.1
   Mindestbeträge E 9
   Pauschalierung der Lohnsteuer E 10 f.
   Schuldner der Kirchensteuer E 2
   Teileinkünfteverfahren E 7
   Verwaltung E 25
   Zwölftelung E 22
Kirchensteuer auf Kapitalertragsteuer E 19
Konfessionsgleiche Ehe E 15
Konfessionsverschiedene Ehe E 16
Konkursausfallgeld C 161
Kontoführungsgebühren B 87; C 161
Körperpflege, Kosmetika B 87
Körperschaft
   Sitz C 10
Körperschaftsteuer B 2, 9
Kostenbeteiligung bei Kraftfahrzeuggestellung B 87
Kostenpauschale
   bei Bezügen B 77
Kraftfahrzeugkosten behinderter Menschen B 92
Kraftwagengestellung C 161
Krankentagegeldversicherungen B 91
Krankenversicherung B 91
   Nachweis höherer privater Beiträge A 13.1
Krankheitskosten B 92; C 161
Kreditkarten C 161
Kulturgüter B 91
Kundenbindungsprogramme
   s. auch Sachprämien C 161
Künstliche Befruchtung B 92
Kur B 92
Kurzarbeitergeld C 161
Kurzfristige Beschäftigung C 166 f.

L

Land- und Forstwirtschaft
   Aushilfskräfte C 176 f.
   Besonderheiten B 52
Ländergruppeneinteilung B 19
   Kinder im Ausland C 59; B 77, 80
Laufender Arbeitslohn C 109, 113 ff.
Leasingsonderzahlung C 161
   s. Reisekosten C 161
Lebenshaltungskosten B 50
Lebensversicherung B 91
Legasthenie B 92
Leistungsprämie C 161
Liebhaberei B 50
Lohnabrechnung C 122

Stichwortverzeichnis

Lohnersatzleistungen
  Einkommensteuerveranlagung **B** 23
  Faktorverfahren **A** 27.1
  Steuerklassenwahl **A** 26
Lohnkonto **E** 22; **C** 26 ff.
  Abschluss **C** 88
  bei Nettolohnvereinbarung **C** 160
Lohnsteuer **B** 7
  Abzug, Anmeldung, Abführung **C** 77 ff.
  Änderung des – **C** 82 ff.
  Berechnung bei sonstigem Bezug **C** 127 ff.
  Haftung **C** 93 ff.
  Solidaritätszuschlag **D** 5 ff.
  Verpflichtung **C** 7
  vom Arbeitgeber übernommene – **C** 161
Lohnsteuer-Anmeldung **C** 4 f., 77 ff.
Lohnsteuer-Jahresausgleich
  Abschlussbuchung **C** 246
  Ausschluss vom – **C** 238 f.
  durch den Arbeitgeber **C** 235 ff.
  Durchführung des – **C** 239 ff.
  Ermittlung der Jahreslohnsteuer **C** 234
  Ermittlung des Jahresarbeitslohns **C** 241
  permanenter **C** 244
  Solidaritätszuschlag **D** 15 f.
  Verpflichtung zum – **C** 236 f.
Lohnsteuer-Pauschalierung **C** 162 ff.
  arbeitstägliche Mahlzeiten im Betrieb **C** 210 ff.
  bei Nacherhebung **C** 209
  betriebsindividueller Pauschsteuersatz **C** 206
  Betriebsveranstaltung **C** 210, 219
  Erholungsbeihilfen **C** 210, 219
  Essenmarkenwert **C** 215 ff.
  Essensgutscheine **C** 216
  Fahrten zwischen Wohnung und Arbeitsstätte **C** 210, 225 ff.
  fester Pauschsteuersatz **C** 210 ff.
  für besondere Arbeitslohnzahlungen **C** 203 ff.
  größere Zahl von Fällen **C** 204
  in besonderen Fällen **C** 201 ff.
  Internetzugang **C** 210, 222 ff.
  Kirchensteuer **E** 10 f.
  mit durchschnittlichem Steuersatz **C** 202 ff.
  Personalcomputer **C** 207, 219 ff.
  Restaurantschecks **C** 213
  Solidaritätszuschlag **D** 8
  Verpflegungspauschalen **C** 210, 221
  VIP-Logen **C** 233
  von sonstigen Bezügen **C** 201 ff.
Lohnsteuer-Tabelle
  Allgemeine/Besondere **A** 5 ff.
  gesetzliche **A** 2
Lohnsteuerabzug **C** 77 ff.; **B** 94 f.
Lohnsteuerabzug bis 2010 **C** 32
Lohnsteuerberechnung
  bei Nettolohnvereinbarung **C** 156 ff.

Lohnsteuerbescheinigung **C** 89 ff.
  Ausdruck für Arbeitnehmer **C** 2
  bei Nettolohnvereinbarung **C** 160
  elektronische Übermittlung **C** 2
  Solidaritätszuschlag **D** 16
Lohnsteuerermittlung **C** 112
  bei sonstigen Bezügen **C** 127 ff.
Lohnsteuerhilfevereine **B** 91
Lohnsteuerkarte
  Eintragungen auf der – **C** 54
  Herausgabe an Arbeitnehmer **C** 2
  Lohnsteuerbescheinigung **C** 89 ff.
Lohnsteuernacherhebung
  Lohnsteuer-Pauschalierung **C** 208
Lohnsteuertabelle **A** 8
Lohnsteuerverfahren **C** 26 ff.
Lohnverwendungsabrede **C** 161
Lohnzahlungszeitraum **C** 108 ff.
Lohnzufluss **C** 109 ff.
  bei sonstigen Bezügen **C** 125 f.
Lose **C** 161
Losgewinne **C** 161

M

Mahlzeiten **C** 161
  im Betrieb **C** 210 ff.
  Sachbezugswert **C** 210 ff.
  Wertansatz **C** 104
Maßstabsteuer **A** 14
Medizinische Hilfsmittel **B** 92
Mehrere Dienstverhältnisse
  Einkommensteuerveranlagung **B** 23
Mehrjährige Tätigkeit
  bei sonstigen Bezügen **C** 141 ff.
  ermäßigter Steuersatz **C** 141 ff.
Metergeld **C** 161
Mietvorteile **C** 161
Milderung
  des Solidaritätszuschlags **D** 4, 7
Mindestbeträge der Kirchensteuer **E** 9, 26
Mindestvorsorgepauschale **A** 6 ff.
  Korrekturbetrag bei nachgewiesenen höheren privaten Kranken- und Pflegeversicherungsbeiträgen **D** 8; **A** 13.2
Mini-Jobs
  Kirchensteuer **E** 12
Mitarbeiter PC Programme **C** 161
Mitgliedsbeiträge
  s. auch Sachbezüge **C** 161
Montagen **C** 19
Mutterschutz
  Leistungen nach Mutterschutzgesetz **C** 161

N

Nacherhebung Lohnsteuer
  Lohnsteuer-Pauschalierung **C** 209
Nachholung
  der Pauschalbesteuerung **C** 186
Nachträgliche Werbungskosten **B** 87

Nachwuchsförderpreis **C** 161
Nachzahlungen **C** 116 ff.
  Solidaritätszuschlag **D** 14
NATO-Streitkräfte **B** 17
Natürliche Person **B** 4
Nebeneinkünfte
  Einkommensteuerveranlagung **B** 23
Nebentätigkeit **C** 22
Netto-Arbeitslohn **C** 154 ff.
Nettolohn
  als sonstiger Bezug **C** 158 f.
Nettolohnvereinbarung **C** 155
  Abtastverfahren **C** 159
  als sonstiger Bezug **C** 158 ff.
  Lohnkonto **C** 160
  Lohnsteuerberechnung **C** 156 ff.
  Lohnsteuerbescheinigung **C** 160
  Solidaritätszuschlag **D** 11
Nichtselbständige Arbeit
  Besonderheiten **B** 56
  Einkünfte **B** 7; **C** 101
  Liebhaberei **B** 50
Nichtselbständige Tätigkeit **C** 20
Nichtveranlagungs-Bescheinigung **B** 96
Niedrigsteuerland
  Steuerpflicht **B** 21
Nullmeldung
  Lohnsteuer **C** 81
Nullzone **A** 21
  bei Solidaritätszuschlag und Faktorverfahren **D** 8; **A** 13.2

O

OECD-Musterabkommen **C** 16 f.
Öffentliche Kassen **C** 161
Opfergrenze **B** 92
Outplacement-Beratung **C** 161

P

Parkgebühren **B** 87; **C** 161
Parkplätze **C** 161
Pauschalbesteuerung
  Einkommensteuerveranlagung **C** 200
  Erholungsbeihilfen **C** 210, 220
  Fahrten zwischen Wohnung und Arbeitsstätte **C** 210, 225 ff.
  Internetzugang **C** 210, 222 ff.
  Nachholung der – **C** 186
  Personalcomputer **C** 210, 222 ff.
  Verpflegungspauschalen **C** 210, 221
  VIP-Logen **C** 233
  Zukunftssicherungsleistungen **C** 191 ff.
Pauschale Lohnsteuer
  Steuerschuldner **C** 233.1
Pauschsteuersätze
  Teilzeitbeschäftigungen **C** 164 ff.
Payback-Gutschrift **C** 161
Pensionsfonds **C** 161
Pensionskasse **B** 91; **C** 161
  Pauschalbesteuerung **C** 191 ff.

E 141

Stichwortverzeichnis

Permanenter Lohnsteuer-Jahresausgleich C 247 f.
Personalcomputer
  Lohnsteuer-Pauschalierung C 210, 222 ff.
  Pauschalbesteuerung C 210, 222 ff.
  s. auch Telekommunikation C 161
Personalrabatte
  s. Preisnachlässe C 161
Personenvereinigung
  Sitz C 10
Pflege-Pauschbetrag B 92
Pflegegelder C 161
Pflegekosten B 92
Pflegerenten-/Pflegekrankenversicherung B 91
Pflegeversicherung B 91
  Nachweis höherer privater Beiträge A 13.1
Pflichtveranlagung nach § 46 EStG B 23
  Faktorverfahren A 27.1
  Steuerklassenkombination III/V A 25
Politische Parteien B 91
Praxishinweis
  zur Anwendung der Tabelle A 10 ff.
Praxishinweise
  zur Anwendung der Tabelle A 17
Preisnachlässe C 161
Private Veräußerungs-(Spekulations-)verluste
  Ausgleich bei der Ermittlung der Summe der Einkünfte B 63
Privatschule B 92
Progressionsvorbehalt B 29
  Einkommensteuerveranlagung B 23
  tarifliche Einkommensteuer A 31 f.
Progressionszone A 21
Proportionalzone A 21
Prozesskosten B 92

Q

Quellenabzug B 7 f.
Quellensteuer B 7 f.

R

Rechtsgrundlage
  für die Einkommensbesteuerung B 3
Regelmäßige Arbeitsstätte B 87
Reisegepäckversicherung C 161
Reisekosten B 87; C 161
Reisenebenkosten
  s. auch Reisekosten B 87
Religionsmerkmal E 22
Renten und dauernde Lasten B 91
Rentenversicherung B 91
  Arbeitgeberbeiträge C 161
Repräsentationsaufwendungen B 87
Restaurantgutscheine C 161
Restaurantschecks
  Lohnsteuer-Pauschalierung C 215 ff.
Risikoversicherung B 91
Rückdeckungsversicherung C 161

S

Sachbezüge
  als Arbeitslohn, Wertansatz C 104
  Arbeitslohn C 102 f.
  Freigrenze C 161
Sachbezugswert
  Mahlzeiten im Betrieb C 210 ff.
Sachprämien C 161
Sachsen
  Besonderheit in der Pflegeversicherung A 7
Sachversicherung B 91
Sammelbeförderung C 161
Sammellohnkonto C 30
Sammelposten für Nebenleistungen
  s. Reisekosten C 161
Schadensersatzleistungen
  des Arbeitgebers C 161
Schichtzulagen C 161
Schmiergelder C 161
Schuldner der Kirchensteuer E 2
Schuldzinsen B 87
Schulgeld B 91
Schutzbrille C 161
Schutzkleidung
  s. Berufskleidung C 161
Sehhilfe
  Brille B 92
Selbst genutzte Baudenkmale B 91
Selbst genutzte Wohnungen B 91
Selbständige Arbeit
  Besonderheiten B 54
Selbständige Tätigkeit C 20
Selbständigkeit
  Abgrenzung, Arbeitnehmer C 17
Sicherheitsaufwendungen
  des Arbeitgebers C 161
Sitz
  einer Körperschaft C 10
  einer Personenvereinigung C 10
  einer Vermögensmasse C 10
Software A 1
Solidaritätszuschlag D 1 f.
  Abgeltungsteuer B 57; D 4.1
  Auswirkung der Freibeträge für Kinder D 6; C 55
  Höhe des – D 3 f.
Sonderausgaben
  ABC B 88 ff.
  bei Ehegatten B 89
  Eintragung von Freibeträgen auf der Lohnsteuerkarte/der Ersatzbescheinigung C 61 ff.
  Erstattung, Gutschrift von Beträgen B 90
  zeitliche Zuordnung B 91
Sonderausgaben-Pauschbetrag B 91, 93
  Tabellenfreibetrag A 14
Sonderbedarf bei Berufsausbildung B 92
Sonderzahlungen
  bei Teilzeitbeschäftigung C 182 f.
Sonstige Bezüge
  Begriff C 125 ff.
  Berechnung der Lohnsteuer C 127 ff.
  Entlassungsentschädigungen C 141 ff.
  Großbuchstabe S, Einkommensteuerveranlagung B 23
  mehrjährige Tätigkeit C 141 ff.
  Nettolohn C 158 f.
Sonstige Einkünfte
  Besonderheiten B 59
Sonstige Freibeträge, Freigrenzen, Pauschbeträge, Abzugsbeträge
  ABC B 93
Soziale Leistungen C 161
Sozialversicherungsbeiträge C 161
Sozialversicherungsentgeltverordnung C 161
  freie Unterkunft, Wertansatz C 104
  freie Verpflegung, Wertansatz C 104
Sparer-Freibetrag B 93
Sparer-Pauschbetrag B 57, 93
Spitzensteuersatz A 21
Splittingtabelle B 30 ff.
Splittingtarif A 19
Splittingverfahren B 30 ff.
Ständig wechselnde Tätigkeitsstätten B 87
Statusfeststellungsverfahren B 87
Steuerbegünstigte Zwecke B 91
Steuerberatungskosten B 87, 91
Steuerberechnung
  elektronische A 3
  manuelle A 3
  Unterschiede Tabellensteuer/maschinelle Steuer A 15 f.
Steuererhebende Religionsgemeinschaft E 24, 26
Steuererhebungsformen B 94 ff.
Steuerermäßigung
  ausländische Einkünfte B 93
  bei Belastung mit Erbschaftsteuer B 93
  bei Einkünften aus Gewerbebetrieb B 93
  Freibetrag auf der Lohnsteuerkarte/der Ersatzbescheinigung bei haushaltsnahen Beschäftigungsverhältnissen/Dienstleistungen und Handwerkerleistungen C 75
  für haushaltsnahe Beschäftigungsverhältnisse/Dienstleistungen und Handwerkerleistungen B 93
  Zuwendungen an politische Parteien und unabhängige Wählervereinigungen B 93
Steuerfachliteratur B 91
Steuerfreie Einnahmen
  bei Teilzeitbeschäftigung C 181
Steuerklassen
  Steuerklassensystem C 41 ff.
  Steuerklassenwahl C 48 ff.
Steuerklassenwahl-Tabelle A 23, 27
  Faktorverfahren A 27.1

Steuerpflicht
  Begriff **B** 14 ff.
  Zusammenfassung **B** 22
Steuersatz
  ermäßigter **C** 153
Steuerschuldner
  pauschale Lohnsteuer **C** 233.1
Steuerstundungsmodelle
  Übergangsregelung **B** 65
  Verluste aus - **B** 63
  Verluste aus – **B** 61, 64
Steuertarif A 18, 22
Steuerübernahme
  durch Arbeitgeber **C** 161
Stiftungen B 91
Streikunterstützungen C 161
Studiengebühren C 161
Studienplatz B 92
Studienreisen, Fachkongresse B 87
Stufenbildung A 2
Summe der Einkünfte
  Ermittlung der – **B** 61 ff.

T

Tabelle A 2
  Allgemeine oder Besondere **A** 5 ff.
  Anwendung **A** 1, 3 f.
  Einkommensteuer **A** 17
  Praxishinweis zur Anwendung **A** 10 ff.
  Praxishinweise zur Anwendung **A** 17
  s. auch Einkommensteuer-Tabelle **A** 4
  s. auch Lohnsteuer-Tabelle **A** 4
Tabellenart A 5
Tabellenfreibetrag A 14
Tabellensteuer
  Unterschiede zur maschinell ermittelten Lohnsteuer **A** 15 f.
Tarifformel A 2, 18, 21
Tätigkeiten auf einem Fahrzeug B 87
Teilzeitbeschäftigung
  Arbeitslohnhöhe **C** 162 f.
  Arbeitstag **C** 179
  Aufzeichnungen **C** 186 f.
  Aushilfskräfte **C** 168, 176 f.
  Beschäftigungsdauer **C** 184
  gegen geringen Arbeitslohn **C** 162 f.
  in der Land- und Forstwirtschaft **C** 176 f.
  in geringem Umfang **C** 162 f.
  kurzfristige Beschäftigung **C** 181 ff.
  Nachholung der Pauschalbesteuerung **C** 185
  Pauschalbesteuerung **C** 164 ff.
  Pauschsteuersätze **C** 164
  Sonderzahlungen **C** 182
  steuerfreie Einnahmen **C** 181
Telearbeit C 161
  s. auch Telekommunikation **B** 87
Telekommunikation C 161
Telekommunikationsaufwendungen B 87
Telekommunikationsgeräte C 161

Tierzucht/-haltung
  Verluste aus gewerblicher – **B** 63
Tod des Kirchensteuerpflichtigen E 20
Trinkgelder C 161

U

Überbrückungsgeld C 161
Übergangszeitraum
  Lohnsteuerabzug **C** 36 ff., 53.6
Übernachtungskosten
  s. auch Reisekosten **B** 87
Überschusseinkünfte B 49
Übersicht
  beschränkte/unbeschränkte Steuerpflicht **B** 22
  zur Kirchensteuer **E** 25
Übertragung
  des Kinderfreibetrags und des Bedarfsfreibetrags **B** 83
Übungsleiterpauschale
  Zahlungen einer französischen Universität **C** 161
Umgangsrecht B 92
Umschulung B 87
Umzugskosten B 87; **C** 161
Unbeschränkte Einkommensteuerpflicht B 14 ff.
  Einkommensteuerveranlagung **B** 28
Unfallkosten B 87
Unfallversicherung B 87, 91
  freiwillige **C** 161
  gesetzliche **C** 161
  Pauschalbesteuerung **C** 199
Ungekürzte Vorsorgepauschale
  Einkommensteuerveranlagung **B** 23
Unterhaltsaufwendungen B 92
Unterhaltsleistungen an den geschiedenen oder dauernd getrennt lebenden Ehegatten B 91
Unterkunft
  freie –, Wertansatz **C** 104
Unterstützungen C 161
Unterstützungskasse C 161
Unvorhersehbare Beschäftigung C 168
Urlaubsansprüche C 161

V

Vaterschaftsfeststellungsprozess B 92
VBL C 161
Veranlagungsarten B 30 ff.
Veranlagungswahlrecht
  Einkünfte aus Kapitalvermögen **B** 57
Veranlagungszeitraum B 27
Veräußerungsfreibetrag B 93
Veräußerungsgeschäfte
  Freigrenze bei privaten – **B** 93
Verbesserungsvorschläge C 161
Verbindungsentgelte
  des Arbeitnehmers **C** 161
Vereinfachtes Antragsverfahren
  Freibetrag auf der Lohnsteuerkarte/der Ersatzbescheinigung **C** 65

Vergütungen für mehrjährige Tätigkeit
  Einkommensteuerveranlagung **B** 23
Verleiher
  ausländischer **C** 8
Verlustabzug A 30; **B** 91
Verlustausgleich
  bei der Ermittlung der Summe der Einkünfte **B** 62
Verlustrücktrag/-vortrag
  bei der Ermittlung der Summe der Einkünfte **B** 62
Vermietung und Verpachtung
  Besonderheiten bei verbilligter Überlassung einer Wohnung **B** 58
Vermögensbeteiligung C 161
Vermögensbildung F 1 ff.
Vermögensmasse
  Sitz **C** 10
Vermögenswirksame Leistungen F 3 ff.
Verpflegung
  freie –, Wertansatz **C** 104
Verpflegungsmehraufwendungen
  s. auch Reisekosten **B** 87
Verpflegungspauschale
  Lohnsteuer-Pauschalierung **C** 210, 221
  Pauschalbesteuerung **C** 210, 221
  s. auch Doppelte Haushaltsführung **C** 221
  s. auch Reisekosten **C** 221
Versorgungsausgleich B 87, 91; **C** 161
Versorgungsbezug
  Werbungskostenpauschbetrag **A** 13
Versorgungsbezüge
  Werbungskosten-Pauschbetrag **B** 87
Versorgungsfreibetrag B 93
  Anwendung der Tabelle **A** 10, 13
Versorgungsleistungen B 91
Vertragsstrafe B 87
Verwaltung
  Kirchensteuer **E** 25
Verwitwete Personen
  Einkommensteuerveranlagung **B** 44 ff.
Verzicht
  auf Einkünfte und Bezüge eines Kindes **B** 76
VIP-Logen C 161, 233
Vorauszahlungen C 116 ff.
  Solidaritätszuschlag **D** 14
Vorsorgeaufwendungen B 91
Vorsorgepauschale B 91; **C** 68.1
  allgemeine **A** 5 ff.
  bei Fünftelungsregelung **C** 149 ff.
  Berechnung **A** 7
  besondere **A** 5 f., 8
  Einkommensteuerveranlagung **B** 23
  Mindestvorsorgepauschale **A** 6 ff., 13.1
  Sachsen **A** 7
  Tabellenart **A** 5
  Tabellenfreibetrag **A** 14
Vorsorgeuntersuchungen C 161

Vorwegabzug B 91

W

Waisengelder C 161
Wandeldarlehen C 161
Wandelschuldverschreibung C 161
Warengutscheine C 161
Weisungsgebundenheit C 16 ff.
Werbungskosten
   ABC (nichtselbständige Arbeit) B 87
   Eintragung von Freibeträgen auf der Lohnsteuerkarte/der Ersatzbescheinigung C 61 ff.
Werbungskosten-Pauschbetrag
   bei bestimmten sonstigen Einnahmen B 93
   bei Einnahmen aus Kapitalvermögen B 93
   bei Versorgungsbezügen B 87
Werbungskostenersatz C 161
Werkspensionen C 161
Werkzeug B 87
Werkzeuggeld C 161
Wiederbeschaffungskosten B 92
Wintergeld C 161
Wirtschaftsjahr
   abweichendes B 51

Witwengelder C 161
Wohnsitz B 15
Wohnung B 15
   frei –, Wertansatz C 104
Wohnungseigentümergemeinschaft C 11

Z

Zahlungen
   im Nachhinein C 116 ff.
   im Voraus C 116 ff.
   nach § 187a SGB VI C 161
   nach § 199a SGB VI C 161
Zinsabschlagsteuer B 8
Zinsen B 87
Zivilprozess B 92
Zu versteuerndes Einkommen
   Ermittlung des – B 47 ff.
   Ermittlung des –, Einzelheiten B 60 ff., 69
   Ermittlung des –, Kurzschema A 28
Zuflussprinzip C 110
Zukunftssicherungsleistungen B 91; C 191 ff.
   Ausscheiden aus einer Pensionskasse C 198

   s. auch Betriebliche Altersversorgung C 161
   s. auch Direktversicherung C 161
   s. auch Lohnsteuer-Pauschalierung C 161
   s. auch Pensionsfonds C 161
   s. auch Pensionskasse C 161
   s. auch Unfallversicherung C 161
Zumutbare Belastung B 92
Zusammenballung
   von Einkünften C 142
Zusammenveranlagung B 32 ff.
   Vergleich mit getrennter Veranlagung B 40
Zusätzlich zum ohnehin geschuldeten Arbeitslohn C 229 f.
   Zusätzlichkeitsvoraussetzung C 228
Zusätzlicher Krankenversicherungsbeitrag C 161
Zuschlag zum Versorgungsfreibetrag A 13
   s. Versorgungsfreibetrag B 93
Zuschlagsteuern B 12; A 14